GESCHICHTE UND GESCHEHEN

Autoren:
Daniela Bender (Hanau)
Dr. Michael Epkenhans (Friedrichsruh)
Prof. Dr. Karl-Heinz Gräfe (Freital)
Rüdiger Fleiter (Bonn)
Dr. Andreas Grießinger (Konstanz)
Wolfram Lippert (Berlin)
Prof. Dr. Joachim Rohlfes (Bielefeld)
Reinhard Sturm (Diekholzen)
Martin Thunich (Wathlingen)

Ernst Klett Schulbuchverlag Leipzig
Leipzig Stuttgart Düsseldorf

1. Auflage   1 7 6 5 4 | 2011 2010 2009 2008

Alle Drucke dieser Auflage sind unverändert und können im Unterricht nebeneinander verwendet werden. Die letzten Zahlen bezeichnen jeweils die Auflage und das Jahr des Druckes.

© Ernst Klett Schulbuchverlag Leipzig GmbH, Leipzig 2005.
Alle Rechte vorbehalten.
Internetadresse: www.klett.de

Autoren:

Daniela Bender (Hanau)	S. 124–129, 132–187
Dr. Michael Epkenhans (Friedrichsruh)	S. 522–563
Prof. Dr. Karl-Heinz Gräfe (Freital)	S. 489–521
Rüdiger Fleiter (Bonn)	S. 98–103, 106–123
Dr. Andreas Grießinger (Konstanz)	S. 8–57, 284–295, 298–309, 312–357, 360–401
Wolfram Lippert (Berlin)	S. 402–447
Dr. Björn Opfer (Leipzig)	S. 84–85, 104–105, 130–131, 234–235, 296–297, 310–311, 358–359
Prof. Dr. Joachim Rohlfes (Bielefeld)	S. 448–488
Reinhard Sturm (Diekholzen)	S. 188–233, 236–247
Martin Thunich	S. 58–83, 86–97, 248–283

Redaktion: Dr. Björn Opfer, Dr. Gabriele Möhring
Herstellung: Krystyna Müller

Reproduktion: Meyle + Müller, Medien-Management, Pforzheim
Kartenbearbeitung: Kartografische Büro Borleis & Weis, Leipzig
   Ingenieurbüro für Kartografie Joachim Zwick, Gießen
Piktogramme: Erhard Müller, Leipzig
Druck: Firmengruppe APPL,aprinta druck, Wemding

Printed in Germany

ISBN-13: 978-3-12-430020-1

Inhalt

Das neue Buch auf einen Blick   6

1. Die Französische Revolution – ein Projekt   8
1.1 Historische Projektarbeit – was ist das?   8
1.2 Ein Projekt durchführen – Modell in 5 Phasen   9
1.3 Die Französische Revolution: Raster zur Entwicklung
von Fragestellungen und Hypothesen   10
    Methode: Moderationsmethode und Gruppenpuzzle   12
1.4 Vorgeschichte der Französischen Revolution   13
1.5 Die liberale Phase der Revolution 1789 –1791   21
1.6 Die Radikalisierung der Revolution 1791–1793   28
1.7 „Terreur" und „Grande Terreur" 1793 –1794   35
1.8 Die Verbürgerlichung der Revolution 1794–1799   43
1.9 Die Revolution und ihre Wirkung   50

**2. Veränderungen in Wirtschaft und Gesellschaft
durch die Industrialisierung**   58
2.1 Warum an diesem Ort – warum zu dieser Zeit?   58
    Methode: Die britische Industrie um 1800 – eine Karte
gibt Auskunft   62
2.2 Die Durchsetzung des Industriesystems   70
    Methode: Die Industrialisierung in Zahlen – Arbeit mit Statistiken   76
    Geschichte Regional: Industrialisierungsprozesse in
Mitteldeutschland   84
2.3 Leben und Arbeiten im Zeitalter der Industrialisierung   86
    Standpunkte: Was bringt das 21. Jahrhundert?   94

3. 1848 – Brüderlichkeit europäischer Nationalbewegungen?   98
3.1 Europa zwischen Restauration und Revolution 1815–1847   98
    Geschichte Regional: Die Pfalz wird zum Sammelort des Protests
Das Hambacher Fest 1832   104
3.2 1848 in Deutschland. Das Scheitern von Einheit und Freiheit   109

**4. Zwischen Demokratie und Obrigkeitsstaat:
Deutschland 1848 –1933**   124
4.1 Reichsgründung und „Revolution von oben"   124
    Methode: Verfassung und Verfassungsschaubild   128
    Geschichte Regional: Die Schleswig-Holstein-Frage 1848 –1920   130
4.2 Politische Kultur im Kaiserreich   133
    Geschichte erinnern: Nationale Gedenktage im Kaiserreich   138
4.3 Das Kaiserreich und der Erste Weltkrieg   142
4.4 Vom Obrigkeitsstaat zur Demokratie   154
    Standpunkte: Die Revolution 1918/19 – eine verpasste Chance
zum Neuanfang?   159
    Methode: Politik und Plakate   160
    Geschichte erinnern: Die Symbolik historischer Orte – Versailles   166
4.5 Zwischen Selbstbehauptung und Scheitern –
die Weimarer Republik   168
    Standpunkte: Warum scheiterte die Weimarer Republik?   184

**5. Die Zerstörung der Demokratie durch den
Nationalsozialismus**   188
5.1 Deutschland, ein schwieriges Vaterland – eine
Bestandsaufnahme   188

1

2

3

4

5

5.2	Die Ideologie des Nationalsozialismus und der moderne Antisemitismus	191
	Methode: Ideologiekritik	194
	Standpunkte: Der moderne Antisemitismus im historischen Urteil	197
5.3	Diktatur statt Demokratie	199
	Methode: Faschismus in Italien – Nationalsozialismus in Deutschland	212
5.4	Außenpolitik und Zweiter Weltkrieg	216
	Standpunkte: Anständige Soldaten oder Verbrecher? – Die Rolle der Wehrmacht im Zweiten Weltkrieg	222
5.5	Auschwitz als Zivilisationsbruch	225
	Geschichte erinnern: Gedenkstätte eines NS-Verbrechens: Hadamar	234
5.6	Der Widerstand gegen die NS-Diktatur	237
5.7	Der historische Ort des „Dritten Reiches"	242
	Standpunkte: Nationalsozialismus und deutsche Geschichte – Vergangenheit, die nicht vergeht?	246
6.	**Der Ost-West-Konflikt und die Teilung Deutschlands**	**248**
6.1	Von der Kooperation zur Konfrontation	248
	Standpunkte: War der Kalte Krieg unvermeidlich?	256
6.2	Neubeginn im besiegten Land	258
	Geschichte erinnern: CARE-Pakete halfen überleben	270
6.3	Der Weg in die Teilung	272
7.	**Die gesellschaftspolitische Entwicklung im geteilten und vereinten Deutschland**	**284**
7.1	Internationale Politik 1949–1991: Der Kalte Krieg und seine Überwindung	284
7.2	Die Anfänge der „Ära Adenauer" – Westintegration der Bundesrepublik	288
	Geschichte Regional: Ein Sonderweg der deutschen Geschichte – das Saarland	296
7.3	Die Anfänge der „Ära Ulbricht" – Aufbau des Sozialismus in der DDR	298
7.4	In der Bundesrepublik: Soziale Marktwirtschaft und struktureller Wandel	303
	Geschichte Regional: Strukturwandel durch forcierte Industrialisierung	310
7.5	In der DDR: Planwirtschaft und neue soziale Strukturen	312
7.6	Die DDR vom Juni-Aufstand 1953 bis zum Mauerbau 1961	315
7.7	Zeiten des Übergangs: Von der Ära Adenauer zur „Großen Koalition"	323
7.8	Die außerparlamentarische Opposition	328
7.9	Relative Stabilisierung der DDR im Schatten der Mauer	334
7.10	Die Bundesrepublik zur Zeit der sozial-liberalen Koalition	338
7.11	Die Ära Honecker – Der autoritäre Versorgungsstaat in der Krise	345
7.12	Von Brandt zu Schmidt: Die pragmatische Wende in der Bundesrepublik	350
	Methode: „Im Prinzip ja …". Der Witz – eine historische Quelle	358
7.13	Neue gesellschaftliche und politische Bewegungen in der Bundesrepublik	360
7.14	Die Bundesrepublik zur Zeit der christlich-liberalen Koalition	364
7.15	Die DDR in den 1980er-Jahren: Von der Stagnation zum Zusammenbruch	373
7.16	Der Weg zur Einheit – 1989/90	377

7.17 Berliner Republik. Chancen und Probleme des
vereinigten Deutschlands 385
Standpunkte: Die historische Bedeutung des Jahres 1989:
Wendepunkt – Umbruch – Epochenjahr? 390
Geschichte erinnern: Ist Vergangenheitsbewältigung möglich? 392
7.18 Deutschland und seine Nachbarn – Frankreich 394
7.19 Deutschland und seine Nachbarn – Polen 397

8. Der Islam in der Moderne 402
8.1 Religion und Politik im islamischen Kulturkreis 402
8.2 Orientierung am Westen – vom Osmanischen Reich zur Türkei 406
8.3 Konfliktregion Naher Osten – der Traum
von der arabischen Einheit 411
8.4 Eine islamische Lösung 414
8.5 Iran – eine islamische Gesellschaft 417
8.6 Europa und der Islam 420
Standpunkte: Die Scharia als Grundlage der
gesellschaftlichen Ordnung 441
Methode: Facharbeit – Die Re-Islamisierung der modernen Türkei 444
Vorschläge zur Projektarbeit 446

9. Die europäische Integration 448
9.1 Sehnsucht nach Frieden: Europakonzepte vor 1945 448
9.2 Nach dem Zweiten Weltkrieg: Aufbruch nach Europa 451
Standpunkte: Nationale und europäische Identität 454
9.3 Stationen der europäischen Integration 456
9.4 Vom Europa-6 zum Europa-27 468
9.5 Europa in der internationalen Politik 473
9.6 Brennpunkte der europäischen Integration 480
Methode: Demoskopie – Was denken die Europäer über Europa? 486

10. Der Balkan als Konfliktherd 489
10.1 Völker – Kulturen – Religionen 489
10.2 Der Balkan als Spielball der Großmächte 490
10.3 Frieden im Kalten Krieg? 493
10.4 Ein neuer Krisenherd: Jugoslawien 494
Methode: Konflikte im Vielvölkerstaat Jugoslawien –
Infografiken geben Auskunft 498
Standpunkte: Völkerrecht und Menschenrechte im Widerspruch? 500
Geschichte erinnern: Mythos, Symbole und Rituale
des serbischen Kosovokultes 510

11. Asien und Afrika – Aufstieg und Zerfall? 522
11.1 China – „Wenn der Drache sich erhebt" 522
Standpunkte: China – ein Machtzentrum im 21. Jahrhundert 539
Geschichte erinnern: Die Person Mao Zedongs 540
11.2 Der Kongo – ein Land ohne Hoffnung? 542

Glossar 562

Internetadressen 569

Personenregister 570
Sachregister 575
Bildnachweis 589

8

9

10

11

Das neue Buch auf einen Blick

Zielsetzung und zentrale Inhalte des Buches

Die neue Oberstufenausgabe „Geschichte und Geschehen" ist ein facettenreiches und multiperspektivisches Lern- und Arbeitsbuch. Seine auf den einzelnen Lehrplänen basierende Themenvielfalt vermittelt zentrale Grundlagen und Anregungen, sich mit der Neueren Geschichte, ihren Entwicklungslinien und Gegenwartsbezügen sowie dem oft immer noch kontroversen Diskussionsstand der Geschichtswissenschaft auseinander zu setzen.

Aufbau des Buches: Kapitel, Themen, Register, Glossar

Das Buch gliedert sich in elf Kapitel, die wiederum in mehrere Themen unterteilt sind. Ein Sachregister und ein kompaktes Begriffsglossar erleichtern das effiziente und zielorientierte Arbeiten.

... Verfassertext und Materialteil

Jedes Thema bzw. Unterthema wird durch einen Verfassertext (VT) und einen sich anschließenden Materialteil (M) inhaltlich aufbereitet. Letzterer berücksichtigt neben Karten und Statistiken alle Gattungen von Text- und Bildquellen.

Restauration

Innerhalb der Verfassertexte wird mitunter auf wichtige Fachbegriffe Bezug genommen, die entweder als bekannt vorausgesetzt werden können oder an anderer Stelle eingeführt werden. Eine Reihe dieser Begriffe ist im Glossar aufgenommen, darauf verweist das links stehende Signet.

Arbeitsvorschläge

Die Themen oder Unterthemen enden in der Regel mit Arbeitsvorschlägen, wobei Wert darauf gelegt wurde, diese unterschiedlich zu gewichten. Neben Arbeitsaufträgen, die dem Verarbeiten der Darstellungstexte und des Materials dienen, gibt es solche, die darüber hinausgehen:

Nebenstehendes Signet kennzeichnet Arbeitsvorschläge, die dazu anregen, übergreifende Zusammenhänge herzustellen, Vergleiche vorzunehmen, Urteile abzugeben. Um diese Arbeitsvorschläge realisieren zu können, werden Sie häufig auf andere Themen in diesem Band oder auf Wissen zurückgreifen müssen, das Sie sich im bisherigen Geschichtsunterricht bzw. in anderen Fächern erarbeitet haben.

Ein weiteres Signet (links) verweist darauf, dass die Aufgabenlösung eine eigenständige Recherche erfordert und selbstständiges forschendes Lernen ermöglicht. Dabei kann es sich sowohl um Literaturrecherche aus Fachbüchern bzw. dem Internet handeln als auch um die Arbeit an solchen außerschulischen Lernorten wie Archiven, Museen oder Gedenkstätten. Auch die Expertenbefragung und die Oral history können hierbei Berücksichtigung finden.

Alle Arbeitsaufträge sind generell als Vorschläge zu betrachten, sie zu modifizieren ist Sache aller am Lernprozess Beteiligten. Ihre interessengeleitete Abwandlung und Ergänzung ist ausdrücklich erwünscht.

... Standpunkte

Eingebettet in die Kapitel wurden Seiten, auf denen Wissenschaftler oder Publizisten zu einer speziellen Thematik Position beziehen. Die von ihnen vertretenen unterschiedlichen Standpunkte sind entweder kontrovers zueinander oder ergänzen sich. Davon ausgehend ergeben sich Möglichkeiten zur eigenen Urteilsfindung und Standortbestimmung. Hinweise zu den jeweiligen Autoren und Arbeitsvorschläge helfen Ihnen dabei.

An ausgewählten Beispielen wird sichtbar gemacht, wie Vergangenes in gegenwärtige Verhältnisse und Entwicklungen hineinragt, wie historische Kräfte weiterwirken, wie Traditionen entstanden und weitergegeben werden. Die Auseinandersetzung damit soll den Blick schärfen für die in der Gesellschaft herrschende Erinnerungskultur und gleichzeitig zu deren Kritik auffordern.

... Geschichte erinnern

Mit Fokus auf spezielle Regionen wird Ihnen ferner die Möglichkeit gegeben, zentrale Aspekte der Geschichte an einem konkreten Beispiel in das jeweilige eigene Bundesland einzubetten.

Zeittafeln am Ende der Kapitel geben einen zusammenfassenden Überblick. Aufgenommen wurden neben den im Kapitel behandelten wesentlichen Faktoren auch Ereignisse, die zum historischen Allgemeinwissen gehören und eine Einordnung der spezifischen Kapitelthemen erleichtern sowie zeitliche Zusammenhänge verdeutlichen.

... Zeittafeln

1848

Besonderes Augenmerk haben Autorinnen und Autoren darauf gelegt, Hinweise zu erarbeiten, wie historisches Material erschlossen, kritisch ausgewertet und so für den Lernprozess nutzbar gemacht werden kann. Sie haben sich dabei an den wissenschaftlichen Arbeitsmethoden von Historikern orientiert, so zum Beispiel die Auswertung von Infografiken, der Umgang mit Ideologien und nationalen Feiertagen oder die Auswertung des politischen Witzes als historische Quelle. Ein Kapitel wurde methodisch vollständig als Projektarbeit aufgebaut. Selbstverständlich konnte hierbei keine Vollständigkeit erzielt, vielmehr musste eine Auswahl getroffen werden.

... Methodentraining

Methodentraining

Zentrale Fragen wie der Kampf um die Rechte der Frau bzw. die Entwicklung der Menschenrechte und Phänomene wie Migration wurden nicht losgelöst von der allgemeinen Geschichte in gesonderten Kapiteln, sondern bewusst integrativ behandelt.

Geschichte und Geschehen Oberstufe berücksichtigt unter verschiedenen methodischen Ansätzen die deutsche Geschichte, ohne diese jedoch gegenüber der europäischen und außereuropäischen Geschichte in den Mittelpunkt zu stellen. Vielmehr wurde sowohl der „Vergessene Kontinent" Afrika am Fallbeispiel Zaire/Kongo und mit China die Entstehung eines neuen Machtzentrums in Asien berücksichtigt. Beide Themenkomplexe wurden nicht zuletzt wegen ihrer exemplarischen Prägnanz, ihrer internationalen Dimension als auch wegen ihres hohen Aktualitätsgrades ausgewählt.

Einen Schwerpunkt anderer Art stellt das Kapitel über die islamische Welt in der Moderne dar, wobei nicht zuletzt der Islam in Europa, die Frage eines Beitritts der Türkei zur EU als auch die aktuelle Entwicklung eines feministischen Islam anschaulich diskutiert werden. Vor dem Hintergrund der Frage nach einem gemeinsamen europäischen Identitätsbewusstseins darf natürlich auch die von schweren Krisen geprägte Geschichte des Balkans nicht fehlen.

1. Die Französische Revolution – ein Projekt

1.1 Historische Projektarbeit – was ist das?

Historische Projektarbeit ist eine Form offenen Lernens. Sie ist gekennzeichnet durch eine möglichst weitgehende Selbstorganisation der Lernenden, die damit zugleich einen erheblichen Teil der Verantwortung für ihren Lernprozess selbst übernehmen. Beginnend bei der Themenfindung bis hin zur Schlusspräsentation sollten sich deshalb im gesamten Prozess des gemeinsamen Arbeitens möglichst viele Entscheidungen an den Interessen der Beteiligten orientieren. Der Lehrer übernimmt eher die Rolle eines Moderators und Lernberaters.

Organisatorisch vollzieht sich der Projektprozess nach dem Muster der Binnendifferenzierung, d.h. im Wechsel zwischen der Arbeit im Plenum und in den Teilgruppen. Phasenweise wird der Klassen- bzw. Kursverband also in kleinere Teams von 3–6 Schülern aufgelöst, die bei definierter Aufgabenstellung jeweils eigenständige Lösungen erarbeiten und diese wiederum in den Projektprozess einbringen. Am Ende der Arbeit steht als Resultat ein gemeinsames „Produkt", das die Projektgruppe im Prozess selbstgesteuerten Lernens erarbeitet hat und einem Publikum in selbst gewählten Formen präsentiert. Im Fall des Gelingens geht die Projektarbeit einher mit einem erweiterten Problembewusstsein der Beteiligten am gewählten Thema und der Gegenwart, in der sie leben.

Neben dem fachspezifisch-kognitiven Erkenntnisfortschritt, der im Projektprozess erzielt wird, eignen sich die Schüler auf ihrem Lernweg Kompetenzen an, denen im Zuge des gegenwärtig sich vollziehenden Übergangs zur Informations-, Kommunikations- und Wissensgesellschaft eine wachsende Bedeutung zukommt:

Die Schüler erwerben methodische Kompetenzen, z.B. bei der selbstständigen Beschaffung, Auswahl, Aufbereitung und Präsentation von Informationen. Die historische Projektarbeit vermittelt ihnen darüber hinaus fachspezifische historische Methodenkompetenz, z.B. bei der Bibliotheks- und Archivrecherche, der Zeitzeugenbefragung, der Quellenkritik usw.

Die Schüler erwerben soziale Kompetenzen, z.B. trainieren sie Teamfähigkeit beim Planen und Strukturieren des gemeinsamen Vorgehens, beim Vorbereiten, Moderieren und Fällen von Gruppenentscheidungen sowie insgesamt bei der Übernahme von Verantwortung im Gruppenprozess. Sie erkennen außerdem den hohen Stellenwert psychologischer Dimensionen im Gruppenprozess und lernen Möglichkeiten, aber auch Grenzen kennen, gruppeninterne Spannungen auf der Beziehungsebene auszugleichen und einer konstruktiven Lösung zuzuführen.

Die Schüler erwerben personale und kommunikative Kompetenzen, weil sie sowohl im Falle des Konflikts als auch im Konsens lernen einander zuzuhören, aufeinander einzugehen, eigene Positionen zu vertreten und gegebenenfalls zu revidieren. Im Idealfall entwickeln sie dabei Selbstvertrauen und Einfühlungsvermögen gleichermaßen – und aus ihnen heraus Ich-Stärke.

1.2 Ein Projekt durchführen – Modell in 5 Phasen

Für einen erfolgreichen Projektverlauf ist es absolut unverzichtbar, dass zu Beginn der gemeinsamen Arbeit erkenntnisleitende Fragestellungen formuliert werden, die die grundlegenden Interessen der Lerngruppe definieren. Aus ihnen ergeben sich dann orientierende Hypothesen für die weitere Projektarbeit. Diese müssen im Verlauf des Arbeitsprozesses überprüft, d.h. entweder bestätigt (verifiziert), widerlegt (falsifiziert) oder differenziert werden. Da es nicht einfach ist, solche orientierenden Fragestellungen zu finden, findet sich auf der folgenden Doppelseite ein Raster, das einige – naturgemäß unvollständige – Vorschläge macht. Ergänzend ist eine zumindest kursorische Lektüre der Materialteile unerlässlich.

Phase 1: Fragestellungen formulieren

Die in Phase 1 formulierten Fragestellungen und Hypothesen müssen nun in 6 Gruppen gegliedert und den entsprechenden Materialteilen zugeordnet werden, innerhalb derer ihre Bearbeitung auf der Grundlage der bereitgestellten Arbeitsmaterialien möglich ist. Anschließend bilden sich 6 Teams mit je ca. 4–5 Schülern, die arbeitsteilig für die nun festgelegten Themenbereiche in der Erarbeitungsphase zuständig sind. (Tipp: Für die Auswahl der orientierenden Fragestellungen und Hypothesen sowie die Bildung der Arbeitsgruppen ist übrigens die → Moderationsmethode, siehe S. 12, besonders gut geeignet.)

Phase 2: Arbeitsgruppen bilden

Die aus der Moderationsphase hervorgegangenen Themenkärtchen bilden nun in jeder Gruppe die Grundlage für die anstehende Arbeits- und Zeitplanung. Dabei sind die zu beantwortenden Fragestellungen auf den Kärtchen in eine logische Ordnung zu bringen, inhaltlich zu strukturieren und in einen ersten Gliederungsplan zu integrieren. Auf die jeweiligen Prioritäten muss sich die Gruppe einigen, wobei es sehr wichtig ist, dass der Konsens von allen Teammitgliedern getragen wird, denn er ist die zwingende Voraussetzung für eine erfolgreiche Arbeit.

Phase 3: Die Planung des Arbeitsprozesses

Auf der Grundlage des in Phase 3 erstellten Arbeits- und Zeitplans suchen die 6 Arbeitsgruppen nun in ihrem jeweiligen Materialteil nach Antworten auf ihre Fragestellungen, die in die Abschlusspräsentation eingehen sollen. Dabei kann sich natürlich herausstellen, dass ergänzende Materialrecherchen durchgeführt werden müssen (z.B. in Bibliotheken, Archiven, Museen oder im Internet), sofern die Materialteile sich als nicht hinreichend ergiebig erweisen. Zu empfehlen ist, dass jedes Team vor der Abschlusspräsentation mindestens zwei Zwischenpräsentationen erarbeitet, die jeweils kurz im Plenum vorgestellt, diskutiert und gegebenenfalls modifiziert werden.

Phase 4: Die Arbeit am Material

Jedes Projekt endet damit, dass die in den 6 Teams erarbeiteten Ergebnisse so präsentiert werden, dass jeder Schüler umfassend über das Thema „Die Französische Revolution" informiert wird. Das breite Spektrum der Möglichkeiten reicht von Ausstellungen, Wandzeitungen, Lernplakaten über Vorträge, szenische bzw. halbszenische Darstellungsformen bis hin zu Features und Websites. Besonders geeignet ist auch das → Gruppenpuzzle, siehe S. 12.

Phase 5: Die Präsentation der Arbeitsergebnisse

1.3 Die Französische Revolution: Raster zur Entwicklung von Fragestellungen und Hypothesen

1. Vorgeschichte, Voraussetzungen, Ursachen, Anlässe, Auslöser:
a) Politische Situation vor der Revolution:
  · Internationale Rahmenbedingungen
  · Effizienz des politischen Systems, Erfolge und Misserfolge (Innenpolitik, Außenpolitik, Kriege)
  · Rekrutierung der politischen Elite, Zugangschancen zu den politischen Entscheidungszentralen
  · Artikulations- und Partizipationsmöglichkeiten innerhalb des politischen Systems
  · Reformfähigkeit der politischen Entscheidungsträger
  · Legitimationsprobleme des politischen Systems, Autoritätsverlust
  · Umgang mit Kritik, Rolle der öffentlichen Meinung
  · Subjektive Zufriedenheit mit dem politischen System
b) Wirtschaftliche Entwicklung vor der Revolution:
  · Internationale Rahmenbedingungen
  · Gesamtwirtschaftliche Entwicklung: Wachstum, Stagnation
  · Entwicklung in einzelnen Wirtschaftssektoren
  · Langfristige Trends
  · Kurzfristige Krisen (z. B. durch Missernten, Konjunktureinbrüche)
  · Technische Innovationen
  · Organisatorische Veränderungen bei den Produktionsmethoden
  · Staatliche Wirtschafts- und Finanzpolitik
c) Gesellschaftliche Entwicklung vor der Revolution:
  · Rolle gesellschaftlicher Gruppen (Stände, Klassen, Schichten usw.) und ihr Verhältnis zueinander
  · Position der alten Eliten in Staat und Gesellschaft (Kritik, Selbstkritik, Vertrauensverlust, Legitimationsdefizite usw.)
  · Gibt es neue Eliten mit neuen Ansprüchen (auf politische Partizipation, wirtschaftlichen Aufstieg, intellektuelle Hegemonie usw.) ?
  · Soziale Lage der Unterschichten und unterprivilegierten Gruppen (materielle Situation, Interessenlage, Mentalitäten)
d) Geistige Entwicklung und Mentalitäten vor der Revolution:
  · Gibt es einen gesellschaftlichen Basiskonsens über grundlegende Deutungsmuster (z. B. Religion), über ein gemeinsames, geschlossenes Weltbild?
  · Gibt es neue Ideen, die mit dem alten Weltbild unvereinbar sind?
  · Wer sind die Träger dieser Ideen? Wer sind die Träger des alten Weltbilds?
  · Werden die neuen Ideen auch von den Unterschichten geteilt? Oder gibt es Spannungen zwischen revolutionären Intellektuellen und Unterschichten?

2. Verlauf der Revolution
a) Phasen der Revolution:
  · Zäsuren im revolutionären Prozess (Höhepunkte, Wendepunkte, Schlüsselereignisse usw.)
  · Unterschiedliche Trägergruppen der Revolution in den verschiedenen Phasen, unterschiedliches Gewicht der einzelnen Trägergruppen, soziale oder politische Bündniskonstellationen und ihre Veränderung
  · Unterschiedliche Ziele und Forderungen in den verschiedenen Phasen, Richtungswechsel im revolutionären Prozess

- Der revolutionäre Prozess zwischen Progression und Reaktion, zwischen Fortschritt und Rückschritt: Phasen der Beschleunigung, retardierende oder regressive Phasen

b) Trägergruppen der Revolution:
- Gruppierungen im revolutionären Lager und ihre Abgrenzungskriterien voneinander (sozial, politisch-programmatisch, mental usw.)
- Verhältnis der Gruppierungen zueinander (einheitliche revolutionäre Front, Minimalkonsens, fragiles Bündnis)
- Verhältnis der Gruppierungen zu den alten Eliten (sozial, politisch, mental)
- Formen der Auseinandersetzung zwischen den Gruppierungen
- Übergänge, Fluktuation zwischen den Gruppierungen

c) Revolutionäre Führung und Massenbasis
- Gibt es revolutionäre Führer oder Führungsgruppen?
- Rekrutierung der revolutionären Führungsgruppe(n)
- Zugangschancen zur revolutionären Führung
- Artikulations- und Partizipationschancen für externe Gruppen und Individuen
- Umgang mit externen Impulsen und Kritik
- Verhältnis zwischen Führungsgruppe(n) und Massenbasis: Vorstellungen über Ziele und Formen der Revolution
- Verhältnis von Planung und Spontaneität
- Formen von Massenaktivitäten (Demonstrationen, Versammlungen, spontane Erhebungen, Streiks, Plünderungen usw.)

d) Rolle der Gewalt im revolutionären Prozess
- Formen der Gewaltanwendung (physisch, psychisch, defensiv, reaktiv, spontan, organisiert, systematisch, exzessiv usw.)
- Ausmaß von Gewalt, Bereiche der Gewaltanwendung
- Rolle von inneren und äußeren Feinden (Bürgerkriege, Krieg nach außen)

3. Ergebnisse und Auswirkungen der Revolution

a) Bereiche, in denen die Revolution Veränderungen herbeigeführt hat, und Ausmaß der eingetretenen Veränderungen:
- Politik
- Wirtschaft
- Gesellschaft und Sozialstruktur
- Denken und Mentalität

b) Erfolg und Misserfolg:
- Definitions- und Abgrenzungskriterien für die Begriffe „Erfolg" und „Misserfolg"
- Abwägung von Nutzen und Kosten der Revolution, Erörterung der Beurteilungskriterien (z. B. moralische Legitimation: „Der Zweck heiligt die Mittel"
- Rechtfertigung von Blutvergießen durch erzielte Fortschritte (für später lebende Generationen?)
- Verursachende Faktoren für Erfolg und Misserfolg

c) Sicherung der revolutionären Ergebnisse:
- Militärische Absicherung der neuen Ordnung
- Ideologisch-normative Legitimation des neuen Systems
- Artikulations- und Partizipationschancen nach der Revolution
- Stabilitätsbedingungen der neuen Ordnung

Methode: Moderationsmethode und Gruppenpuzzle

Moderationsmethode: Für die Auswahl erkenntnisleitender Fragestellungen und Hypothesen eignet sich die Moderationsmethode besonders gut. Ziel dieser Methode ist es, allen Schülern eine aktive Beteiligung zu ermöglichen, ihre Ideen zu nutzen und die Ergebnisse sofort sichtbar zu machen (zu „visualisieren"). Geleitet wird dieses Verfahren von einem Moderator, der nicht inhaltlich eingreift, sondern seine Aufgabe darin sieht, die Rahmenbedingungen für optimale Kommunikation und Kooperation sowie das Erreichen des gesteckten Ziels zu schaffen. Sinnvolle technische Hilfsmittel sind eine Pinnwand oder ein Flip-Chart, ca. 100 Kärtchen aus Karton, Filzstifte, Stecknadeln und Klebepunkte.

Der Moderationsprozess gliedert sich in die folgenden Phasen:

- Jede/r Schüler/in erhält 3 Kärtchen.
- Jede/r Schüler/in notiert zunächst individuell auf jeweils einem Kärtchen in Stichworten oder kurzen Hauptsätzen (gut lesbar!) je eine Fragestellung, eine Hypothese oder ein Erkenntnisinteresse.
- Die beschriebenen Kärtchen werden vom Moderator eingesammelt, vorgelesen und zunächst ungeordnet an die Pinnwand geheftet.
- Nun werden im gemeinsamen Gespräch Kärtchen verwandten Inhalts zu Gruppen sortiert („Clustering") und mit einem geeigneten Oberbegriff versehen.
- Jede/r Schüler/in erhält nun 6 Klebepunkte, die er/sie auf diejenigen der zuvor gebildeten Themengruppen verteilt, von denen er/sie glaubt, dass sie im Projektprozess bearbeitet werden sollten. Das Kumulieren von Klebepunkten ist dabei ausdrücklich erlaubt.
- Nun werden Arbeitsgruppen gebildet, die sich an den am höchsten bepunkteten Themengruppen orientieren. Sie können, müssen sich aber nicht den Oberbegriff einer der Cluster-Gruppen als Thema wählen.
- Es ist wichtig, dass die so ausgewählten Fragestellungen, Hypothesen und Erkenntnisinteressen abschließend notiert und bis zum Beginn der anschließenden Projektphase für alle vervielfältigt werden, damit sie für die folgende Erarbeitungsphase allen zur Verfügung stehen.

Gruppenpuzzle: Phase 1: Der Kurs wird in mehrere Stammgruppen mit je 4–5 Schülern aufgeteilt. Jede Stammgruppe erhält unterschiedliche, aber thematisch sich ergänzende Materialien mit Arbeitsaufträgen und legt fest, wer für welches Thema Experte werden soll. In jeder Stammgruppe muss mindestens ein Experte für jedes Thema sein.

Phase 2: Die Experten begeben sich in die aufgabenhomogenen Expertengruppen und erarbeiten gemeinsam ein Ergebnis auf der Grundlage der gestellten Arbeitsaufträge.

Phase 3: Die Experten begeben sich zurück in ihre Stammgruppen und präsentieren sich gegenseitig die erarbeiteten Ergebnisse, sodass am Ende jeder über alles informiert ist.

Phase 4: Die Stammgruppe erarbeitet eine Präsentation des Gesamtthemas, das im Plenum in Form eines mediengestützten Kurzvortrags vorgestellt wird. Die Stammgruppen diskutieren im Plenum Vorzüge und Mängel der verschiedenen Präsentationen. (Phase 4 kann auch entfallen.)

1.4 Vorgeschichte der Französischen Revolution

1774	Regierungsantritt Ludwigs XVI.
1775	Amtsantritt des Reformministers Turgot (bis 1776), schwere Teuerungskrawalle in Paris und Umgegend („Mehlkrieg") wegen der Freigabe des Kornhandels durch Turgot
1776	Unabhängigkeitserklärung der nordamerikanischen Kolonien Englands
1778	Kriegseintritt Frankreichs auf der Seite der USA
1783	Friede von Versailles zwischen Großbritannien und Frankreich
1786	Handelsvertrag zwischen Frankreich und Großbritannien
1787	Eröffnung der Notabelnversammlung in Versailles zur Behebung der Finanzkrise. Der Adel lehnt einen Verzicht auf seine Steuerprivilegien ab, was in zahlreichen Flugschriften kritisiert wird. Beginn der „Adelsrevolte" und Entlassung des Reformministers Calonne.
1788 (Juli)	Zerstörung der Getreideernte durch Wirbelstürme sowie Missernten im Weinbau in großen Teilen Frankreichs. Ludwig XVI. beschließt die Einberufung der Generalstände (erstmals seit 1614), um den drohenden Staatsbankrott abzuwenden, sowie die Aufhebung der Zensur.
1788 (August)	Berufung des Reformministers Necker
1788 (November)	Harter Winter, rascher Anstieg der Getreidepreise und Krise der gewerblichen Wirtschaft in den Städten
1788 (Dezember)	Ludwig XVI. genehmigt dem Dritten Stand die Verdopplung der Zahl seiner Mandate in den Generalständen ohne Entscheidung über den Abstimmungsmodus (nach Ständen oder nach Köpfen).
1789 (Januar)	Beginn der Wahlen zu den Generalständen (allgemeines Wahlrecht für Männer, die mindestens 25 Jahre alt und in Steuerrollen eingetragen sind); Flugschriftenkampagne für die Rechte des Dritten Standes, z. B. „Qu'est-ce que le Tiers Etat?" von Emmanuel de Sieyès
1789 (Februar)	Hungerrevolten wegen des harten Winters, Abfassung der Beschwerdehefte („Cahiers de doléances") an die Generalstände (bis Mai), wozu die Kommunen offiziell aufgefordert worden waren
1789 (April)	Arbeiterunruhen in Paris wegen Lohnsenkungen des Unternehmers Réveillon, Verweigerung von Feudalabgaben auf dem Land
1789 (Mai)	Eröffnung der Generalstände in Versailles

1 Charles de Montesquieu: De l'Esprit des Lois (1748)

Es stimmt, dass in Demokratien das Volk zu tun scheint, was es will; aber die politische Freiheit besteht keineswegs darin zu tun, was man will. In einem Staat, d. h. in einer Gesellschaft, in der es Gesetze gibt, kann die Freiheit nur darin bestehen, dass man tun kann, was man wollen darf, dass man aber nicht dazu gezwungen wird zu tun, was man nicht tun darf.

Man muss sich vergegenwärtigen, was Unabhängigkeit und was Freiheit ist. Die Freiheit ist das Recht alles zu tun, was die Gesetze gestatten; und wenn ein Bürger tun könnte, was sie verbieten, hätte er keine Freiheit mehr, weil die anderen ebenfalls diese Befugnis hätten.

Demokratie und Aristokratie sind ihrer Natur nach keineswegs freie Staaten. Politische Freiheit findet sich nur bei den gemäßigten Regierungen. Aber auch in den gemäßigten Staaten ist sie nicht immer vorhanden; sie ist nur dann da, wenn man die Gewalt nicht missbraucht. Aber es ist eine ewige Erfahrung, dass jeder Mensch, der Macht besitzt, dazu neigt sie zu missbrauchen; er geht so weit, bis er auf Grenzen stößt.

Damit man Macht nicht missbrauchen kann, muss eine derartige Regelung da sein, dass eine Gewalt die andere im Zaume hält. […] In jedem Staat gibt es drei Arten von Gewalten: die gesetzgebende Gewalt, die ausführende Gewalt für die Angelegenheiten des Völkerrechts und die ausführende Gewalt für die Angelegenheiten des bürgerlichen Rechts. Durch die erste Gewalt gibt der Fürst oder die Obrigkeit Gesetze auf eine gewisse Zeit oder auf immer und verbessert oder beseitigt die bestehenden. Durch die zweite schließt er Frieden oder führt er Krieg, schickt oder empfängt er Gesandtschaften, sorgt er für Sicherheit, kommt er feindlichen Einfällen zuvor. Durch die dritte straft er Verbrechen und entscheidet in Streitfällen der einzelnen Bürger. Man nennt diese letztere Gewalt die richterliche und die andere einfach die ausführende Gewalt des Staates. […]

Wenn die gesetzgebende Gewalt mit der ausführenden in einer Person oder in einer amtlichen Körperschaft vereinigt ist, dann gibt es keine Freiheit, weil man fürchten kann, derselbe Herrscher oder derselbe Senat werde tyrannische Gesetze geben um sie tyrannisch auszuführen. Es gibt auch keine Freiheit, wenn die richterliche Gewalt nicht von der gesetzgebenden und von der ausführenden Gewalt getrennt ist. Wenn sie mit der gesetzgebenden Gewalt vereinigt wäre, so würde die Gewalt über Leben und Freiheit der Bürger willkürlich sein; denn der Richter wäre Gesetzgeber. Wäre sie mit der ausführenden Gewalt verbunden, so könnte der Richter die Macht eines Unterdrückers besitzen.

Alles wäre verloren, wenn ein und derselbe Mensch oder ein und dieselbe Körperschaft der Vornehmen, des Adels oder des Volkes diese drei Gewalten ausübte, die gesetzgebende, die ausführende und die richterliche Gewalt. […]

In einem Staat gibt es immer Leute, die sich durch Geburt, Reichtum oder Ehre auszeichnen. Würden sie aber unter das Volk gemengt und hätten sie nur eine Stimme wie die anderen, so wäre die allgemeine Freiheit ihre Knechtschaft und sie hätten keinerlei Interesse daran sie zu verteidigen, da die meisten Beschlüsse gegen sie ausfallen würden. Der Anteil, den sie an der Gesetzgebung nehmen, muss also den anderen Vorteilen entsprechen, die sie im Staate besitzen; das geschieht, wenn sie eine Körperschaft bilden, die das Recht hat die Unternehmungen des Volkes aufzuhalten, so wie das Volk das Recht hat die ihrigen aufzuhalten. […] Derart ist also die grundlegende Verfassung der Regierung, von der wir sprechen. Da die gesetzgebende Körperschaft aus zwei Teilen zusammengesetzt ist, wird der eine Teil den anderen durch die gegenseitige Befugnis zum Verhindern im Zaume halten. Beide Teile sind durch die ausführende Gewalt gebunden, die ihrerseits durch die gesetzgebende Gewalt gebunden ist.

Zit. nach: I. und P. Hartig, Die Französische Revolution. Stuttgart 1979, S. 6 ff.

2 Denis Diderots Artikel über „Autorität" in der von ihm herausgegebenen „Enzyklopädie" (1751):

Kein Mensch hat von Natur das Recht erhalten den anderen zu gebieten. Die Freiheit ist ein Geschenk des Himmels und jedes Individuum von derselben Art hat das Recht sie zu genießen, sobald es Vernunft besitzt. Wenn die Natur irgendeine Autorität geschaffen hat, so ist es die väterliche Macht; aber die väterliche Macht hat ihre Grenzen und im Naturzustand würde sie aufhören, sobald die Kinder in der Lage wären sich selbst zu leiten. Jede andere Autorität entspringt einer anderen Quelle als der Natur. Man untersuche sie genau; dann wird man sie immer auf eine der zwei folgenden Quellen zurückführen können: entweder auf die Stärke und die Gewalt desjenigen, der sie an sich gerissen hat, oder auf die Zustimmung derjenigen, die sich ihr tatsächlich oder angeblich durch einen Vertrag zwischen ihnen und demjenigen, dem sie die Autorität übertrugen, unterworfen haben.

Der Fürst erlangt doch von den Untertanen selbst die Autorität, die er über sie hat, und diese Autorität ist durch die Gesetze der Natur und des Staates eingeschränkt. Die Gesetze der Natur und des Staates sind die Bedingungen, unter denen die Untertanen sich der Regierung des Fürsten tatsächlich unterworfen haben oder so anzusehen sind, als hätten sie dies getan. Eine dieser Bedingungen lautet: Da der Fürst Autorität und Gewalt über die Untertanen nur aufgrund ihrer Wahl und ihrer Zustimmung hat, darf er diese Autorität nie anwenden um die Urkunde oder den Vertrag aufzuheben, durch die sie ihm verliehen worden ist. Er würde in diesem Fall gegen sich selbst handeln, da seine Autorität nur aufgrund des Rechtstitels bestehen kann, der sie begründet hat. Wer das eine zu-

nichte macht, zerstört das andere. Der Fürst kann also über seine Gewalt und seine Untertanen weder ohne die
35 Zustimmung der Nation noch unabhängig von der im Unterwerfungsvertrag zutage getretenen Wahl verfügen. [...]

Zudem ist die Regierung, auch wenn sie in einer Familie erblich ist und in die Hände eines einzelnen gelegt wur-
40 de, kein privates Gut, sondern ein öffentliches, das eben deshalb nie dem Volk genommen werden darf, dem es – dem Wesen nach und als volles Eigentum – allein ge-hört. Daher verpachtet doch immer das Volk dieses Gut; es nimmt immer an dem Vertrag teil, der zu seiner Aus-
45 übung berechtigt. Der Staat gehört nicht dem Fürsten, sondern der Fürst gehört dem Staat.

Zit. nach: D. Diderot, Enzyklopädie. Philosophie und politische Texte aus der „Encyclopédie". München (stv) 1969, S. 198 ff.

3 **Aus einem Bericht des französischen Klerus an den König über die Philosophie der Zeit (1750):**
Eine schreckliche Philosophie hat sich wie ein tödliches Gift ausgebreitet und die Wurzeln des Glaubens in den Herzen fast aller Menschen vertrocknen lassen. Die Un-
5 gläubigkeit ist maßlos geworden, sie wird durch die Zahl und die Eigenschaft derjenigen, die in ihr leben, immer mehr ermutigt. Schriften voller Blasphemien werden jeden Tag zahlreicher, sie trotzen der Wachsamkeit der Behörden und dem Eifer der Seelsorger. Majestät, Sie
10 schulden heute mehr denn je dem katholischen Glauben und der Kirche Schutz, weil Glauben und Kirche noch nie so heftig angegriffen worden sind und alle Zeichen Ihrer Anhänglichkeit, die der Kirche immer schon unendlich kostbar gewesen sind, sind ihr heute unentbehrlich.

Zit. nach: P. Goubert, L'Ancien Régime, Bd. 2. Paris (Colin) 1969, S. 187.

4 **Man muss hoffen, dass dies Spiel bald endet.** Anonyme kolorierte Radierung, 1789, Paris.

5 **Ich wusste ja, dass wir auch mal an die Reihe kämen.** J.-A. de Peters zugeschriebene kolorierte Radie-rung, 1789, Paris.

6 **Aus einem Bericht des Parlaments von Paris über die Philosophie der Zeit[1]**

Die Schriftsteller machen es sich heutzutage zur Aufgabe alles zu bekämpfen, alles zu zerstören, alles umzustürzen.
5 Wenn sich der systematische Geist, der die Feder dieses Schriftstellers[2] geführt hat, unglücklicherweise der Menge bemächtigt, würde man die Verfassung der Monarchie alsbald vollständig und gänzlich erschüttert sehen; die Vasallen würden sich binnen kurzem gegen ihre Herren
10 und die Volksmassen gegen ihren Souverän erheben.

Zit. nach: Walter Markov/Albert Soboul, 1789 – Die Große Revolution der Franzosen. Köln (Pahl-Rugenstein) 1989, S. 42.

7 **Aus einem Bericht über Einflüsse aus Amerika (1778):**

Der Aufstand der Amerikaner[3] hat in Marseille eine so lebhafte Erregung verursacht, dass ein Fest geschaffen wurde, um die Erinnerung daran für immer zu bewahren
5 und zu feiern; es gibt da einen Klub nach englischem Vorbild; er setzt sich aus 13 Personen zusammen, die die 13 vereinigten Kolonien symbolisieren. Bei jedem dieser Festbankette werden Lieder gesungen, Verse und literarische Texte vorgelesen, die sich auf das Thema des Klubs
10 beziehen, und dann wird das Publikum zugelassen und kann an der Sitzung teilnehmen. [...]
Als ich den Saal betrat, war ich überrascht, als ich eine Fülle von Porträts wahrnahm, die alle berühmte Rebellen darstellen; aber das Franklins[4] hat vor allem meine
15 Aufmerksamkeit auf sich gezogen, und zwar durch den Wahrspruch: „Eripuit caelo fulmen sceptrumque tyrannis". [„Dem Himmel hat er den Blitz[5] und den Tyrannen das Szepter geraubt."]

Zit. nach: I. und P. Hartig, Die Französische Revolution. Stuttgart (Klett) 1979, S. 18 f.

8 **Die französische Ständegesellschaft 1789**

	Anteil an der Bevölkerung	Anteil am Grundbesitz
Klerus	130 000 (0,6%)	15%
Adel	350 000 (1,4%)	30%
Dritter Stand	26 600 000 (98%)	55%
Stadtbürger	4 100 000 (15%)	33%
Bauern	22 500 000 (83%)	22%

Zit. nach: Hans-Ulrich Thamer, Ursprünge und Ursachen der Französischen Revolution, in: Rolf Reichardt (Hrsg.), Die Französische Revolution. Freiburg, Würzburg (Ploetz) 1988, S. 8–24; hier: S. 10.

1 Es verurteilte zwischen 1775 und 1789 65 aufklärerische Schriften.
2 Gemeint ist der Verfasser der Schrift „Nachteile der Feudalrechte".
3 Gemeint ist der amerikanische Unabhängigkeitskrieg, in dem Frankreich 1777 auf die Seite der Aufständischen getreten war.
4 Nordamerikanischer Politiker, 1776–1785 in Paris als nordamerikanischer Gesandter, vermittelte 1778 das französisch-amerikanische Bündnis.
5 Franklin erfand 1752 den Blitzableiter.
6 Nördliches Pariser Becken.

9 **Bevölkerungsentwicklung in Frankreich 1715–1791**

Jahr	Bevölkerung
1715	18 000 000
1785	26 000 000
1791	27 150 000

Eberhard Weis, in: Theodor Schieder (Hrsg.), Handbuch der europäischen Geschichte, Band IV. Stuttgart (Union) 1968, S. 262 f.

10 **Sozialstruktur auf dem Land[6] 1685 und 1789**

	1685	1789
Großpächter	10,2%	8,4%
Mittelbauern	9,9%	3,0%
Kleinbauern	29,5%	33,0%
Dienstboten, Knechte	6,1%	11,2%
Handwerker	11,3%	15,9%
Händler	7,0%	4,4%

nach: Gerd van den Heuvel, Grundprobleme der französischen Bauernschaft 1730–1794. München u. a. 1982, S. 40, 43.

11 **Preisindex landwirtschaftlicher Erzeugnisse**

	1726–1741	1771–1789	1785–1789
Weizen	100	156	166
Roggen	100	160	171
Gerste	100	152	161
Hafer	100	174	176
Getreide	100	160	169
Dicke Bohnen	100	160	172
Wein	100	135	113
Fleisch	100	155	167
Brennholz	100	163	191
Generalindex	100	163	171,5

Zit. nach: F. Braudel/E. Labrousse (Hrsg.), Histoire économique et sociale de la France, Bd. II. Paris 1976, S. 399.

12 **Pro-Kopf-Belastung des Dritten Standes an direkten Steuern (in livres tournois) in Frankreich und England**

Frankreich		England	
1724	4,5	1725	3,2
1740	4,7	1728	4,6
1758	5,3	1750	4,4
1768	6,9	1759	5,8
1773	7,3	1775	6,3
1789	7,2	1788	4,8

P. C. Hartmann, Die Steuersysteme in Frankreich und England am Vorabend der Französischen Revolution. In: E. Hinrichs/E. Schmitt/R. Vierhaus (Hrsg.), Vom Ancien Régime zur Französischen Revolution. Göttingen (Vandenhoeck & Ruprecht) 1978, S. 43 ff.

13 Staatsverschuldung 1683–1789

1683	22 %
1715	86 %
1739	36 %
1763	62 %
1774	67 %
1789	100 %

Zit. nach: dtv-Atlas zur Weltgeschichte, Bd. 2, S. 16.

14 Anteil der Testamente, in denen die Erblasser die Mutter Gottes anrufen (Provence)

1690–1710	90 %
1740–1749	64 %
1750–1759	50 %
1760–1769	39 %
1770–1779	25 %
1780–1789	16 %

P. Goubert, L'Ancien Régime, Band 2. Paris (Colin) 1969, S. 220.

15 Ausgaben von Pariser Handwerkern und Arbeitern 1789

Beruf	Lohn pro Tag	Realverdienst pro Tag	Ausgaben für Brot in % des Einkommens bei			
			9 S	14,5 S	13,5 S	12 S
Arbeiter[7]	25 S	15 S	60	97	90	80
Bauarbeiter	30 S	18 S	50	80	75	67
Maurergeselle	40 S	24 S	37	60	56	50
Schlossergeselle	50 S	30 S	30	48	45	50
Goldschmied	100 S	60 S	15	24	22,5	20

G. Rudé: Die Massen in der Französischen Revolution. Wien 1961, S. 339.

16 Jacques Turgot, Finanzminister Ludwigs XVI. 1774–1776, in einem Brief an den König (24. August 1774):

Im Augenblick, Sire, beschränke ich mich darauf Ihnen diese drei Sätze ins Gedächtnis zurückzurufen:
5 Auf keinen Fall Staatsbankrott;
Auf keinen Fall Steuererhöhungen;
Auf keinen Fall Anleihen. […]
Sie müssen bedenken, von wo das Geld stammt, das Sie an Ihre Höflinge verteilen können, und Sie müssen das
10 Elend derer, denen man es oft unter den strengsten Maßnahmen herauspressen muss, mit der Lage der Personen vergleichen, die alle Möglichkeiten der Erlangung Ihrer Freigebigkeit besitzen. […]

Man darf hoffen, mit der Verbesserung des landwirtschaftlichen Anbaus, der Abschaffung von Missbräuchen 15 in der Steuererhebung und einer gerechteren Besteuerung insgesamt dem Volke eine fühlbare Erleichterung zu verschaffen, ohne dass dadurch die öffentlichen Einnahmen wesentlich verringert würden. […] Zudem muss man auf vermehrte Schwierigkeiten gefasst sein, 20 die durch das Geschrei und die Machenschaften derjenigen Menschen unterschiedlichster Art hervorgerufen werden, die an der Aufrechterhaltung der Missbräuche interessiert sind, denn es gibt keinen Missbrauch, von dem nicht so einige lebten. 25

Zit. nach: Wolfgang Lautemann, Geschichte in Quellen, Band 4. München 1981, S. 132 f.

17 Stellungnahme des Pariser Parlaments[7] zu Turgots Reformplänen (1776):

Majestät,
Die französische Monarchie setzt sich ihrem Aufbau nach aus mehreren voneinander unterschiedenen und 5 getrennten Ständen zusammen. Diese Unterscheidung von Lebensbedingungen und Menschen geht auf den Ursprung des Volkes zurück; sie ist mit seinen Lebensgewohnheiten entstanden; sie ist die kostbare Kette, die den Herrscher an seine Untertanen bindet. […] 10
In der Gesamtheit, die aus diesen verschiedenen Ständen gebildet wird, sind alle Menschen Ihres Königreiches Untertanen; alle sind verpflichtet, zu den Bedürfnissen des Staates beizutragen. Aber gerade in diesen Beiträgen erkennt man immer wieder die Ordnung und die allge15 meine Harmonie. Der besondere Dienst der Geistlichkeit besteht darin, alle Aufgaben zu erfüllen, die sich auf den Unterricht und den religiösen Kultus beziehen und zur Tröstung der Unglücklichen durch ihre Almosen beizutragen. Der Adlige weiht sein Blut der Verteidigung des 20 Staates und hilft dem Herrscher mit seinen Ratschlägen. Die letzte Klasse des Volkes, die dem Staat nicht so hervorragende Dienste erweisen kann, leistet ihren Beitrag durch die Abgaben, durch Arbeitsamkeit und durch körperliche Dienste. Das ist, Majestät, das uralte Gesetz der 25 Verpflichtungen und Pflichten Ihrer Untertanen. […]
Dadurch dass die Verordnung [Turgots] die unterste Klasse der Bauern von den Frondiensten befreit, denen sie bisher unterworfen waren, überträgt sie diese Last auf die beiden anderen Stände des Staates, die dazu nie verpflichtet wa30 ren. Es gibt keinen Unterschied mehr zwischen allen Ihren Untertanen; der Adlige und der Geistliche werden zu Frondiensten verpflichtet, oder – was auf dasselbe hinauskommt – sie werden zur Zahlung der Steuer verpflichtet, die an die Stelle des Frondienstes treten soll. 35

7 Die 13 Parlamente waren die obersten Gerichtshöfe in Frankreich bis 1789, zu denen ausschließlich Vertreter der beiden privilegierten Stände zugelassen waren. Sie beanspruchten die königliche Regierung zu kontrollieren.

Hierbei handelt es sich keineswegs, Majestät – wie man versucht hat es Ihnen darzustellen –, um einen Kampf der Reichen gegen die Armen. Es ist das eine politische Frage, und zwar eine der wichtigsten, da es darum geht
40 klarzustellen, ob alle Ihre Untertanen miteinander vermischt werden können und sollen, ob man aufhören muss anzuerkennen, dass es unter ihnen verschiedene Lebensbedingungen, Abstufungen, verbriefte Rechte und Vorrechte gibt.[8]

Zit. nach: I. und P. Hartig, Die Französische Revolution. Stuttgart 1979, S. 20 f.

18 Ludwig XVI. (1774–1792)

19 Charles de Calonne, Finanzminister Ludwigs XVI. seit 1783, vor der Notabelnversammlung[9] (22. Februar 1787):
Was bleibt um einen schrecklichen Fehlbetrag zu decken
5 und das ersehnte Gleichgewicht im Staatshaushalt herzustellen? Was bleibt uns um aufzukommen für alles, was uns fehlt, und herbeizuschaffen, was wir zur Wiederherstellung der Finanzen brauchen?
Die Missbräuche. [...]
10 Es handelt sich dabei um die Missbräuche, die auf der arbeitenden und erwerbenden Klasse lasten, die Missbräuche der Geldprivilegien, die Befreiungen vom gemeinen Recht und all die ungerechten Steuerfreiheiten, die einen Teil der Steuerpflichtigen nur dadurch entlasten, dass sie

das Los der anderen erschweren. Dazu gehören die allge- 15 meine Ungleichheit in der Erhebung der Abgaben, das ungeheure Missverhältnis in den Steuerleistungen der verschiedenen Provinzen und den Lasten der Untertanen ein und desselben Souveräns; die Härte und Willkür in der Erhebung der Taille[10] [...]. 20
Wenn so viele Missbräuche, Gegenstand ständigen Tadels, bis jetzt der öffentlichen Meinung, die sie längst verdammt hat, sowie den Anstrengungen der Administratoren, die nach Abhilfe gesucht haben, widerstanden haben, so rührt das daher, dass man geglaubt hat, man 25 könne die Unordnung überwinden ohne deren Ursachen zu behelligen. Durch einen teilweisen Eingriff hat man erreichen wollen, was nur im Rahmen einer allgemeinen Operation gelingen konnte; man wollte die Verwaltung des Staates verbessern ohne ihre Unstimmigkeiten zu 30 korrigieren und ohne die Verwaltung auf den Grundsatz der Einheitlichkeit zurückzuführen, der allein alle Schwierigkeiten im Einzelnen entfernen und den ganzen Körper des Königreichs neu beleben kann.
Die Ansichten, die der König Ihnen mitteilen will, haben 35 alle dieses Ziel im Auge [...].[11]

Zit. nach: Wolfgang Lautemann, Geschichte in Quellen, Bd. 4. München 1981, S. 143 f.

20 Emmanuel Sieyès: Was ist der dritte Stand (Januar 1789):
Der Plan dieser Schrift ist ganz einfach. Wir haben uns drei Fragen vorzulegen.
1. Was ist der dritte Stand? Alles. 5
2. Was ist er bis jetzt in der staatlichen Ordnung gewesen? Nichts.
3. Was verlangt er? Etwas darin zu werden.
Man wird sehen, ob die Antworten richtig sind. [...]
Was ist nötig, damit eine Nation bestehen kann und ge- 10 deiht? Arbeiten im Privatinteresse und öffentliche Dienste. Die dem Privatinteresse dienenden Arbeiten kann man in vier Kategorien einteilen:
1. Da die Erde und das Wasser den Rohstoff für alle Bedürfnisse des Menschen liefern, gehören nach der Ideen- 15 ordnung zur ersten Kategorie alle Familien, die Feldarbeit verrichten.
2. Zwischen dem ersten Absatz der Waren und ihrem Verbrauch oder Gebrauch verleiht ihnen eine zusätzliche, mehr oder weniger vielfältige Handarbeit einen mehr 20

8 Aufgrund der Proteste gegen seine Reformpläne wurde Turgot im Mai 1776 entlassen.
9 Notabelnversammlungen hießen seit dem 15. Jahrhundert die erweiterten Ratsversammlungen des Königs. Sie setzten sich aus Vertretern der zwei privilegierten Stände zusammen. Im Gegensatz zu den gewählten Generalständen fehlte den Notabelnversammlungen das Recht der Steuerbewilligung. Seit 1626 waren die Notabeln nicht mehr einberufen worden.
10 Abgabe, die in Form einer Einkommensteuer von allen Nichtadligen, Freien und Unfreien, dem Lehnsherrn gezahlt wurde.
11 Die Notabelnversammlung lehnte die beantragte einheitliche Grundsteuer sowie die Aufhebung der Steuerprivilegien ab. Daraufhin wurde Calonne im April 1787 entlassen.

oder weniger hohen Gesamtwert. So kann die Tätigkeit des Menschen die Gaben der Natur vervollkommnen und den Wert des Rohprodukts auf das Doppelte, Zehnfache, Hundertfache steigern. Das sind die Arbeiten der zweiten
25 Kategorie.

3. Zwischen der Erzeugung und dem Verbrauch wie auch zwischen den verschiedenen Herstellungsstufen schalten sich etliche Zwischenhändler ein, die den Erzeugern wie den Verbrauchern nützlich sind. Es sind die Kaufleute
30 und Großhändler: Die Großhändler, die fortwährend den Bedarf an verschiedenen Orten und zu verschiedenen Zeiten vergleichen und auf den Gewinn aus Lagerung und Transport spekulieren; die Kaufleute, die als letztes Glied den Verkauf übernehmen, im Großen wie im
35 Kleinen. Auf diese Weise sind die Arbeiten der dritten Kategorie nützlich.

4. Außer diesen drei Kategorien arbeitsamer und nützlicher Bürger, die sich mit den zum Verbrauch oder Gebrauch bestimmten Waren befassen, müssen in der Gesellschaft
40 noch eine Vielzahl von Arbeiten und Besorgungen verrichtet werden, die für den Menschen unmittelbar nützlich oder angenehm sind. Diese Kategorie reicht von den wichtigsten wissenschaftlichen und freien Berufen bis hinab zu den am wenigsten geachteten häuslichen Arbeiten.
45 Das sind die Arbeiten, die die Gesellschaft erhalten. Wer verrichtet sie? Der dritte Stand.

Auch alle öffentlichen Dienste lassen sich in der gegenwärtigen Lage in die vier bekannten Zweige einteilen: Militärdienst, Rechtspflege, Kirche und Staatsverwaltung. Es
50 wäre überflüssig sie einzeln durchzugehen um zu zeigen, dass der dritte Stand auf allen diesen Gebieten neunzehn

Zwanzigstel leistet, nur dass er mit allen wirklich beschwerlichen Arbeiten belastet wird, die der privilegierte Stand zu übernehmen sich weigert. Nur die einträglichen und ehrenvollen Stellen sind von Mitgliedern des privi- 55
legierten Standes besetzt. [...] Wie, kennt man nicht die Wirkungen des Monopols? Weiß man nicht, dass es die einen, die es ausschließt, niederdrückt, während es die anderen, die es begünstigt, untüchtig macht? Weiß man nicht, dass jede Arbeit teurer und schlechter wird, wenn 60
man sie dem freien Wettbewerb entzieht? [...] Wer könnte also die Behauptung wagen, der dritte Stand umfasse nicht alles, was zur Bildung einer vollständigen Nation nötig ist? Er ist der starke und kraftvolle Mann, dessen einer Arm noch angekettet ist. Wenn man den privilegier- 65
ten Stand entfernte, wäre die Nation nicht etwas weniger, sondern etwas mehr. Was also ist der dritte Stand? Alles, aber ein gefesseltes und unterdrücktes Alles. Was wäre er ohne den privilegierten Stand? Alles, aber ein freies und blühendes Alles. Nichts geht ohne ihn, alles würde un- 70
endlich viel besser gehen ohne die anderen. [...]
Daher steht es fest, dass der dritte Stand nur dann in den Generalständen vertreten sein und seine Stimme abgeben kann, wenn er wenigstens den gleichen Einfluss wie die Privilegierten bekommt. Er verlangt daher ebenso viele 75
Vertreter wie die beiden anderen Stände zusammen. Die Zahlengleichheit der Vertreter wäre aber vollkommen illusorisch, wenn jede Kammer nur eine Stimme hätte. Der dritte Stand verlangt daher, dass nach Köpfen und nicht nach Ständen abgestimmt wird. 80

Emmanuel Sieyès: Abhandlungen über die Privilegien. Was ist der dritte Stand? Hrsg. v. Rolf Hellmut Foerster. Frankfurt/Main 1968, S. 55 ff.

21 Eröffnung der Generalstände im „Salle des Menus Plaisirs" im Schloss von Versailles am 5. Mai 1789.

22 Aus den „Cahiers de doléances"[12] verschiedener Gemeinden (Frühjahr 1789):

a) Bears und Bouziès:

Die genannte Gemeinde stellt vor, dass es keinen un-
glücklicheren Menschen gibt als den Bauern und den Tagelöhner. Um diese Grundwahrheit zu beweisen, genügt
es zu betrachten, dass nach Abführung der königlichen
Steuern und nach Bezahlung der Feudallasten sowie nach
Abrechnung seiner Arbeit und des Saatgutes dem Bauern
und Eigentümer nicht einmal ein Zehntel des Ertrags von
seinem Boden bleibt, sodass er, um die genannten Lasten
und Steuern bezahlen zu können, gezwungen ist von ein
wenig Hirsebrot oder Buchweizen sich zu nähren, was
ihm oft genug auch noch fehlt. Er hat nichts als eine Suppe von Wasser und Salz, eine Nahrung, welche die Hunde
besser gestellter Menschen verweigern würden; und doch
ist dieser Arbeiter, der ständig schwerer Arbeit und der
Härte aller Jahreszeiten ausgesetzt ist, nichtsdestoweni-
ger ein Untertan des Staats, der nicht härter behandelt
werden sollte als andere Menschen auch. Diese Klagen
und Beschwerden sollen also der Ständeversammlung
vorgelegt werden, damit Abhilfe gegen die Überlastung
geschaffen werde, der der Bauer bislang ausgesetzt ist.

Zit. nach: Wolfgang Lautemann, Geschichte in Quellen, Bd. 4. München 1981, S. 148.

b) Guyancourt:

Die Einwohner dieser Gemeinde fordern:

1. dass alle Steuern von den drei Ständen ohne irgendwelche Ausnahme gezahlt werden, von jedem Stand
   gemäß seinen Kräften;
2. das gleiche Gesetz und Recht im ganzen Königreich;
3. die völlige Aufhebung der Sondersteuern und der
   Salzsteuer;
4. die Abgabenfreiheit aller Messen und Märkte und die
   Abschaffung aller Wegegelder;
5. die völlige Beseitigung jeglicher Art von Zehnten in
   Naturalien; [...]
8. dass die Eigentumsrechte heilig und unverletzlich
   sind;
9. dass rascher und mit weniger Parteilichkeit Recht gesprochen wird;
10. dass alle Frondienste, welcher Art sie auch sein mö-
    gen, beseitigt werden;
11. dass die Einziehung zum Heeresdienst nur in den
    dringenden Fällen erfolgt und dass in diesem Fall die
    Städte ohne irgendwelche Ausnahme oder Befreiung
    hierzu beitragen. [...]

Zit. nach: I. und P. Hartig, Die Französische Revolution. Stuttgart 1979, S. 31 f.

c) La Chapelle-Craonnaise:

1. Die Pfarrgemeinde [...] fordert, dass die Abgeordneten für die Generalstände dort die Wiederherstellung
   der unveräußerlichen Rechte der Nation beraten;
   folglich dass keine Steuer eingeführt wird ohne die
   Zustimmung der Generalstände.
2. Dass festgelegt wird, dass die Generalstände das Recht
   haben sich alle fünf Jahre zu versammeln, ohne dass
   jemand sie trennt oder ihre Einberufung verzögert.
3. Dass die Steuern nur für fünf Jahre erhoben werden,
   also bis zu der nächsten Versammlung der Generalstände. [...]
4. Die Abgeordneten sollen auch die gänzliche Abschaffung aller Privilegien des Adels und des Klerus beraten.
5. Die Abschaffung der Salzsteuer, [...] der Vermögens-
   steuer, der Kopfsteuer, des Zwanzigsten, der Binnenzölle [...].
6. Um diese Steuern zu ersetzen, soll eine persönliche
   Steuer von den Generalständen beschlossen werden,
   eine Grundsteuer und eine Einkommensteuer, diese
   Steuern sollen unterschiedslos von allen aus allen
   Ständen erhoben werden. [...]
7. In jeder Provinz sollen Provinzialstände errichtet
   werden und in jeder Pfarrei Gemeinderäte auf eine
   Weise, die die Generalstände festlegen sollen [...].
13. Dass die Bettelei ausgelöscht wird, dass in jeder Pfar-
    rei ein Wohltätigkeitsbüro eingerichtet wird für die
    Unterstützung der Armen und Kranken; auch die Un-
    terweisung der Jugend soll kostenlos sein, die Kos-
    ten sollen aus dem kirchlichen Vermögen bestritten
    werden. [...]
17. Dass in den Generalständen nach Köpfen und nicht
    nach Ständen abgestimmt wird.

Zit. nach: Volkmar Wittmütz, Die Französische Revolution. Frankfurt/Main (Hirschgraben) 1983, S. 22.

---

12 Die ca. 60 000 Beschwerdehefte dienten als Arbeitsgrundlage für die Abgeordneten der Generalstände, die Ludwig XVI. am 24. Januar 1789
einberufen ließ, nachdem die privilegierten Stände sich allen Steuer-
reformplänen beharrlich widersetzt hatten. Die Generalstände hatten
zuletzt 1614 getagt.

1.5 Die liberale Phase der Revolution 1789–1791

1789 17. Juni	Der Dritte Stand erklärt sich zur Nationalversammlung und beginnt die Erarbeitung einer neuen Verfassung.
20. Juni	Ballhausschwur
23. Juni	Die Nationalversammlung verweigert den königlichen Auflösungsbefehl.
6. Juli	Ludwig XVI. zieht um Paris 30 000 Soldaten zusammen.
11. Juli	Ludwig XVI. entlässt den Reformminister Necker.
12. Juli	Straßenkämpfe in Paris, Bildung einer Bürgergarde
14. Juli	Sturm auf die Bastille
15. Juli	Rückberufung des am 11. Juli entlassenen Necker, Beginn der Emigration von Adligen
Juli/August	Bauernunruhen in weiten Teilen Frankreichs („La Grande Peur")
4. August	Verzicht des Adels auf einen Teil seiner Privilegien
11. August	Abschaffung des Feudalsystems durch die Nationalversammlung
26. August	Erklärung der Menschen- und Bürgerrechte
5./6. Oktober	„Zug der Marktweiber nach Versailles": Frauen und Nationalgardisten zwingen den König zur Übersiedlung von Versailles nach Paris.
2. November	Verstaatlichung des Kirchenbesitzes
1790 19. Juni	Abschaffung des Adels
12. Juli	Zivilverfassung des Klerus
31. Oktober	Aufhebung der Binnenzölle
27. November	Dekret über den Priestereid
1791 2. März	Papst Pius VI. verurteilt die Zivilverfassung des Klerus vom 12.7.1790 in seinem Breve „Quot Aliquantum".
3. September	Verabschiedung der Verfassung durch die Nationalversammlung
28. September	Judenemanzipation
September	Olympe de Gouges: „Déclaration des droits de la femme et de la citoyenne"

1

1 Die Konstituierung der Nationalversammlung (17. Juni 1789):

Die Versammlung stellt in der an die Wahlprüfung anschließenden Beratung dieser Vollmachten fest, dass die
5 se Versammlung sich nunmehr aus von wenigstens 96 Hundertsteln der Nation auf direktem Wege entsandten Repräsentanten zusammensetzt.

Eine so große Zahl von Abgeordneten darf kaum untätig bleiben, nur weil die Abgeordneten einiger Kreise oder
10 Bürgerklassen fehlen; die trotz des an sie ergangenen Rufes Ferngebliebenen können die Anwesenden nicht an der vollen Ausübung ihrer Rechte hindern, besonders wenn die Ausübung dieser Rechte eine gebieterische und dringende Pflicht ist.

15 Da ferner nur die in ihrer Wahl bestätigten Repräsentanten an der Bildung des Nationalwillens mitzuwirken befugt sind und da alle in ihrer Wahl bestätigten Repräsentanten dieser Versammlung angehören müssen, so folgt hieraus zwingend, dass diese, und nur sie, befugt sind, den Ge
20 samtwillen der Nation auszudrücken und zu vertreten; es darf zwischen dem Thron und dieser Versammlung keinerlei Veto noch Ablehnungsinstanz stehen.

Die Versammlung erklärt demnach, dass das gemeinsame Werk der nationalen Neuordnung unverzüglich von den
25 anwesenden Abgeordneten in Angriff genommen werden kann und muss und dass diese sich ihm ohne Unterbrechung und Behinderung widmen soll. Die Bezeichnung „Nationalversammlung" ist die einzige, welche bei der gegenwärtigen Lage der Dinge der Versammlung zukommt.

Réimpression de l'ancien Moniteur, Seule histoire authentique et inaltérée de la Révolution francaise depuis la réunion des Etats Généraux jusqu'au Consulat. 32 Bände, Paris 1854–1870, hier: Band I, S.82f.

2 Der „Ballhausschwur" der Abgeordneten der Nationalversammlung (20. Juni 1789):

Wir schwören uns niemals von der Nationalversammlung zu trennen und uns überall zu versammeln, wo die
5 Umstände es notwendig machen werden, solange bis die Verfassung des Königreichs geschaffen und auf feste Grundlagen gestellt ist.

Réimpression de l'ancien Moniteur, Seule histoire authentique et inaltérée de la Révolution francaise depuis la réunion des Etats Généraux jusqu'au Consulat. 32 Bände, Paris 1854–1870, hier: Band I, S. 89f.

3 Schreiben des Marschalls de Broglie an den Prinzen Condé[1] (Juli 1789):

Ich habe es immer vorhergesehen und dies Eurer Majestät auch bereits einmal gesagt, dass die meisten nationalen
5 Abgeordneten hungrige Wölfe auf der Suche nach Beute sind. Dieses Opfer ist der Adel [...]. Je mehr man dem dritten Stand anfänglich zugestanden hat, desto stärker ist er jetzt [...]. Seine große Zahl gibt ihm Sicherheit und wir tun nichts, was ihn erschrecken oder entmutigen könn
10 te. Ich nähme es gern auf mich mit 50000 Mann diese

4 Die drei Stände schmieden die Verfassung.
Radierung, Paris 1789/90.

Schöngeister und Herde von Schafsköpfen auseinander zu jagen, die applaudiert, zuhört und ihm Mut gibt. Eine einzige Lage Kanonenschüsse oder eine Gewehrsalve würde diese Argumentierer rasch auseinander treiben und die sterbende Gewalt wird wieder an der Stelle des sich 15 formierenden republikanischen Geistes aufgerichtet.

P. Buchez/P. Roux-Lavergne (Hrsg.), Histoire parlementaire de la Révolution francaise. 40 Bände, Paris 1834–1838; hier: Band II, S.30f.

1 Die Echtheit des Schreibens ist nicht erwiesen, in jedem Fall gibt es aber die im Sommer 1789 weit verbreiteten Befürchtungen vor einer Konterrevolution zutreffend wieder.

5 Die monarchistische Zeitung „L'Ami du Roi" berichtet über die schwierige Versorgungslage in Paris im Juli 1789:

Je näher man dem 14. Juli kam, desto größer wurde der Mangel; jeder Bäckerladen war von einer Menge umlagert, 5 der das Brot mit der größten Knauserigkeit zugeteilt wurde, und jede Zuteilung war begleitet von Ängsten für die Versorgung von morgen. Diese Ängste verdoppelten sich noch durch die Klagen derer, die nichts erwischt hatten, obwohl sie den ganzen Tag vor der Türe eines Bäckers 10 gestanden hatten. Oft war der Platz vor dem Brotladen blutig; die Leute rissen sich die Nahrung aus den Händen und schlugen sich darum, die Werkstätten standen leer: Arbeiter und Handwerker verloren ihre Zeit mit Streitereien, mit dem Kampf um ein wenig Nahrung und dieser 15 Kampf setzte sie dann vor die Unmöglichkeit am nächsten Tag Brot zu bezahlen. Dieses Brot, das man mit so vielen Mühen ergatterte, war bei weitem kein gesundes Nahrungsmittel; meistens war es schwärzlich, erdig und bitter, brannte im Halse und rief Leibschmerzen hervor. 20

P. Buchez/P. Roux-Lavergne (Hrsg.), Histoire parlementaire de la Révolution francaise. 40 Bände, Paris 1834–1838; hier: Band II, S.40f.

7 Ein englischer Arzt über Truppenbewegungen um Paris (12. Juli 1789):

In Lille, Cambrai und Chantilly fuhren wir an mehreren Regimentern vorbei, die nach Paris marschierten, und bei
5 unsrer Ankunft erfuhren wir, dass sie aus allen Himmelsrichtungen seit mehreren Tagen herbeigeströmt waren, dass militärische Vorbereitungen in und um Paris getroffen wurden und dass ein großes Lager im Herzen der Stadt gebildet wurde. Diese unzweideutigen Zeichen, dass der
10 König die Absicht hatte sein Wort nicht zu halten[2], brachten bereits nicht nur Erregung in Paris hervor, sondern veranlassten eine kühne Adresse der Nationalversammlung an den König. Sie fragten, warum in Paris und Versailles Truppen zusammengezogen würden [...] und gaben der
15 Überzeugung Ausdruck, dass eine der Ursachen der Unzufriedenheit des Volks von Paris, nämlich die Brotknappheit, durch den Zuzug so vieler tausender von Soldaten nach Paris nicht verringert würde.

[...] als wir nach dem Palais Royal[3] kamen, fanden wir
20 das Volk in großer Erregung. Die Diskussion war mehr als gewöhnlich laut geworden und die Unzufriedenheit über das Verhalten des Hofes wurde mehr und mehr lärmend. [...] Die Straßen waren voll von Mob und Soldaten, mit allgemeinen Symptomen des Alarms: Schreien – Schimpfen
25 – Läuten großer Glocken – Fackelglanz – und entfernter Feuerschein. [...] Ungefähr um 11 Uhr am Montag [13. Juli] gingen wir zum Postamt und fanden alles in Verwirrung. [...] Der Pöbel zog immer noch in großen Trupps durch die Straßen. [...] Alle Gefängnisse mit Ausnahme der Bastille
30 wurden an diesem Tag geöffnet.

G. Landauer (Hrsg.), Briefe aus der Französischen Revolution. Frankfurt/M. 1919, Band I, S. 207 ff.

2 Der König hatte die Abberufung seines Ministers Necker, Zusicherungen hinsichtlich der Nationalversammlung sowie den Verzicht auf einen Militäreinsatz versprochen.
3 Die Gärten der Palais Royal – Eigentum Herzogs von Orléans, der der Polizei Zutritt versagte – waren Juli 1789 Treffpunkt der revolutionären Kräfte.

8 Gerüchte, die sich nach dem 14. Juli 1789 auf dem Land verbreiten:

[Mein Gewährsmann] hat mir versichert, dass die Aristokratenpartei sich längst noch nicht am Boden fühlt. Im Geheimen brüte sie über einer zweiten Verschwörung, die
5 nicht weniger abscheulich sei als die erste. Sie habe sich vorgesetzt alle ihre Kräfte zu einem neuen Angriff auf Paris zusammenzuraffen. Gegen Geld wolle man fremde Truppen anwerben und sie nächtlicherweile quer durch die Wälder auf Schleichwegen hierher bringen. [...]
10 Der Herr Graf von Artois kommt mit 40 000 Mann, alles Räuber, die er sich aus Schweden und aus anderen nördlichen Ländern besorgt hat. Unterwegs haben sie alle Sträflinge mitgenommen, die sie auf den Galeeren des Königs in Frankreich gefunden haben, und andere Verbrecher,
15 die in den Gefängnissen saßen, damit sie in ihrer Truppe dienten und sie verstärkten [...] mit dieser fürchterlichen Truppe möchte er Frankreich verheeren und den dritten Stand zähmen.

Georges Lefebvre, La Grande Peur de 1789. Paris 1932, S. 75, 189.

9 Ein Leutnant, der zu den Verteidigungstruppen der Bastille gehört, berichtet über den 14. Juli 1789:

Nachmittags um 3 Uhr wurden wir angegriffen.[...] Nachdem man die Belagerer umsonst ermahnte sich zu-
5 rückzuziehen, da wurde endlich befohlen auf dieselben zu schießen. [...] Auf diese Weise scharmützten wir drei Stunden. Die Belagerer hatten, wie wir seither gehört, 160 Tote und Verwundete. Als die Feinde sahen, dass ihr Geschoss ohnmächtig an den Mauern abprallte, machten sie Anstalten die Tore einzubrechen und brachten die
10 Stücke[5] auf die Brücke, welche zum Portal führte. Sobald Herr Launay[6] diese Anstalten von den Türmen aus sah, [...] ließ er durch einen Tambour das Zeichen zur Übergabe geben. [...] In einem Augenblick war die Festung

15 mit Volk angefüllt, das sich unser bemächtigte und uns
entwaffnete. Wir mussten fürchten auf hunderterlei Art
ermordet zu werden. Man plünderte das ganze Schloss.
Wir verloren alles, was wir bei uns hatten.

Endlich wurde ich mit einigen von meinen Soldaten,
20 die während dieser Verwirrung bei mir geblieben, hinaus
und nach dem Rathaus geführt, auf dem ganzen Weg,
welcher fast eine Viertelstunde weit ist, waren die Straßen und Häuser bis auf die Dächer hinauf mit unzähli-
gem Volk besetzt, welches mir nichts als Fluchworte und
25 Drohungen zurief. Unterwegs wurden zwei von meinen
Soldaten von dem rasenden Volke ermordet und mehrere
schwer verwundet. [...] So kam ich unter allgemeinem
Geschrei mit der Aussicht aufgehängt zu werden bis etwa
200 Schritte vom Rathaus entfernt, als man schon den
30 Kopf des Herrn Launay mir auf einer Lanze entgegen-
brachte und selben zum Betrachten darbot.[7]

G. Landauer (Hrsg.): Briefe aus der Französischen Revolution. Frankfurt/M.
1919, Bd. I, S. 265 f.

10 **Sturm auf die Bastille am 14. Juli 1789**
Die Angreifer führen den Kommandeur aus der Bastille,
um ihn wenig später hinzurichten. Zeitgen. Gemälde.

11 **„Grande Peur" – Leserbrief aus der gemäßigtlibe-
ralen Zeitung „Journal de Paris" (28. Juli 1789):**
Gestern, am 27. d. M., um ½ 9 Uhr vormittags verbreitete
sich hier das schreckliche Gerücht, dass eine große Schar
von Räubern die unreifen Getreidefelder im Valois zwi- 5
schen Verberie und Crépy abmähte; durch die Rundbrie-
fe mehrerer Bürgermeister schien es sich zu bestätigen.
Diese unerhörte Ruchlosigkeit [...] führte dazu, dass sich
innerhalb weniger Stunden in Verberie 6 000 bewaffnete
Menschen zusammenfanden, darunter Frauen aus der 10
Bürgerwehr und Kavallerieabteilungen aus Pont, Compiègne, Senlis und Crépy. Glücklicherweise war es nur
ein falscher Alarm, der auf den Streit von zwölf Bauern
zurückging, die sich in einem Kornfeld gerauft und die
Arbeiter auf den Feldern so erschreckt hatten, dass sie in 15
allen Gemeinden der Umgegend die Sturmglocken hatten läuten lassen. Durch ihre Verzweiflung erweckten sie
einen derartigen Schrecken, dass die unglücklichen Bauern ihre Hütten eilends verließen und von allen Seiten in
die benachbarten Städte flüchteten.

A. Soboul: 1789. L'an un de la Liberté. Paris 1973, S. 193.

12 „Grande Peur" – Bericht über eine Versammlung im Dorf St. Alban (Dauphiné) am 30. Juli 1789:

Am Donnerstag, dem 30. Juli 1789, versammelte sich das Volk dieser Pfarrei auf dem öffentlichen Platz [...].

5 M. Bertray, Notar dieses Ortes und Schlossverwalter von Vaulx, hielt folgende Rede:

Meine Herren und Mitbürger. Eine allgemeine Unruhe hat sich in dieser Gegend auf die Nachricht hin ausgebreitet, dass eine Gruppe von Verbrechern uns angreifen sollte, um

10 uns unser Gut zu rauben und mehr noch, unsere Frauen und Kinder sowie uns selbst zu töten. Um uns zu retten und zu verteidigen, sind wir dort zusammengekommen, wo die Gefahr drohte – glücklicherweise ist das, was man befürchtete, nicht eingetroffen, die Räuber sind nicht erschienen.

15 Bis hierhin verdienen unsere Aktionen nur Beifall. Aber wenn ich die düsteren Folgen oder vielmehr den panischen Schrecken, den dieser falsche Alarm gehabt hat, betrachte, werde ich traurig. Anstelle einer allgemeinen Beruhigung, die nach der Gefahr eigentlich hätte eintre-

20 ten sollen, ist eine schreckliche Unordnung eingetreten, ja ein unerhörtes Verbrechen begangen worden. Ihr behauptet, ich weiß, dass es gerecht gewesen sei. Das Gewicht des Feudalismus, sagt ihr, wog schwer auf euren Schultern und ihr wolltet das Joch abschütteln. Sehr gut! Ihr hättet

25 es aufschmelzen sollen, das wäre harmlos gewesen und hätte euer Gewissen nicht belastet [...]. Ihr aber habt zu Schwert, Feuer und Diebstahl gegriffen [...]. Nun könnt ihr zufrieden sein, dass ihr die feudalen Dokumente, Quelle eurer Klagen, zu Staub gemacht habt, dass eure Rache

30 damit genug hatte [...].

Die versammelten Männer, mit der Ausnahme des Herrn Collange, des Pfarrers und einiger anderer Einwohner, erklärten nun der Wahrheit gemäß, dass sie sich bewaffnet und gestern Morgen in großer Zahl zu-

35 sammengefunden hätten, dass sie sich dann zum Haus des Herrn Bertray, Notar dieses Ortes, und zum Haus des Gerichtsschreibers begeben hätten, dass sie mit Gewalt und mit Drohungen die Herausgabe aller Titel, Papiere und Dokumente erzwungen hätten, die den Herrn von

30 Vaulx beträfen, dass sie diese zum Marktplatz des Ortes getragen und dort verbrannt hätten.

O. Voilliard u. a.: Documents d'Histoire contemporaine. 1776–1850. Paris 1964, S. 40 f.

13 „Grande Peur" – Beratung in der Nationalversammlung (3. August 1789):

Nach Briefen aus allen Provinzen zu urteilen sieht es so aus, dass jede Form von Eigentum die Beute höchst

5 strafwürdiger Plünderung wird. Überall werden Schlösser verbrannt, Klöster zerstört und Pachthöfe geplündert. Steuer und Feudalabgaben werden nicht mehr gezahlt, die Gesetze sind machtlos, die Behörden ohne jede Autorität und das Recht ist nur noch ein Phantom, das man

10 vergeblich bei Gericht sucht.

Um solche Unordnung abzuschaffen, schlägt der Bericht erstattende Ausschuss folgende Maßnahmen zur Beschlussfassung vor: Die Nationalversammlung ist darüber informiert worden, dass die Zahlung der Renten, der Zehnten, Steuern, Grundsteuern und Feudalabgaben 15 hartnäckig verweigert wird. Dass außerdem sich in den Kirchspielen die Einwohner zusammenrotten und durch Taten ihre Teilnahme an diese Verweigerung bekunden. Dass zudem Leute, die dabei nicht mitmachen, schrecklichsten Drohungen ausgesetzt sind und übel behandelt 20 werden, dass bewaffnete Menschen sich der Gewalttätigkeit schuldig machen, indem sie in Schlösser eindringen, Papiere und Urkunden rauben und auf den Höfen verbrennen.

Die Nationalversammlung erklärt, dass [...] nichts die 25 Verweigerung der Steuerzahlung und aller anderen Abgaben rechtfertigen kann, bis sie selbst sich zu diesen verschiedenen Rechten geäußert hat; sie erklärt, dass kein Vorwand davon befreien kann sie zu bezahlen, dass sie voller Schmerz die Unruhen sieht, die aus dieser Verwei- 30 gerung entstehen, und dass sie ganz und gar den Prinzipien des öffentlichen Rechts zuwiderlaufen, die aufrechtzuerhalten die Versammlung niemals aufhören wird.

P. Buchez/P. Roux-Lavergne (Hrsg.): Histoire parlementaire de la Révolution francaise. 40 Bände, Paris 1834–1838; hier: Band II, S. 211 f.

14 Beschluss der Nationalversammlung zur Abschaffung des Feudalsystems (11. August 1789):

Art. 1. Die Nationalversammlung vernichtet das Feudalwesen völlig. Sie dekretiert, dass von den Feudal- wie Grundzinsrechten und -pflichten sowohl jene, die sich 5 aus unveräußerlichem Besitz an Sachen und Menschen und aus persönlicher Leibeigenschaft herleiten, als auch jene, die an ihre Stelle getreten sind, entschädigungslos aufgehoben werden; alle übrigen Lasten werden für ablösbar erklärt, die Summe sowie die Art und Weise der 10 Ablösung wird die Nationalversammlung festlegen. Die durch dieses Dekret nicht aufgehobenen Abgaben sollen dessen ungeachtet bis zu ihrer Rückzahlung weiter erhoben werden.

Art. 2. Das Sonderrecht, Taubenschläge und Taubenhäu- 15 ser zu halten, wird abgeschafft. Die Tauben werden zu von den Gemeinderäten festgesetzten Zeiten eingesperrt; während dieses Zeitraumes gelten sie als jagdbares Wild und jeder hat das Recht, sie auf seinem Grund und Boden zu töten. 20

Art. 3. Ebenso wird das Sonderrecht der Jagd und offenen Wildgehege abgeschafft. [...]

Art. 4. Jede grundherrliche Rechtsprechung wird entschädigungslos abgeschafft. Dessen ungeachtet sollen die Beamten dieser Gerichte bis zur Einführung einer 25 neuen Justizordnung durch die Nationalversammlung ihre Funktionen weiter ausüben. [...]

Art. 8. Die Nebeneinkünfte der Pfarrgeistlichen auf dem Lande werden abgeschafft und ihre Zahlung wird einge-
30 stellt, sobald für die Erhöhung des Jahresgehaltes und die Pension der Pfarrverweser gesorgt ist. Entsprechend wird eine Regelung für die finanzielle Sicherstellung der Pfarrgeistlichen in den Städten getroffen werden. [...]

Art. 11. Alle Bürger sollen, ohne Unterschied ihrer Ge-
35 burt, freien Zugang zu allen kirchlichen, zivilen und militärischen Ämtern und Würden haben; niemand, der einem Erwerbsberuf nachgeht, soll dadurch seines Adelsprädikates verlustig gehen. [...]

Art. 17. Die Nationalversammlung erklärt König Ludwig
40 XVI. feierlich zum Wiederhersteller der französischen Einheit.

J.-B. Duvergier (Hrsg.), Collection complète des lois, décrets, ordonnances, réglements, avis du conseil d'état. 106 Bände, Paris 1834, Band I, S. 33–35.

15 Erklärung der Menschen- und Bürgerrechte (26. August 1789):

Art. 1. Die Menschen sind und bleiben von Geburt frei und gleich an Rechten. Soziale Unterschiede dürfen nur
5 im gemeinen Nutzen begründet sein.

Art. 2. Das Ziel jeder politischen Vereinigung ist die Erhaltung der natürlichen und unveräußerlichen Menschenrechte. Diese Rechte sind Freiheit, Eigentum, Sicherheit und Widerstand gegen Unterdrückung.

10 Art. 3. Der Ursprung jeder Souveränität ruht letztlich in der Nation. Keine Körperschaften, kein Individuum können eine Gewalt ausüben, die nicht ausdrücklich von ihr ausgeht.

Art. 4. Die Freiheit besteht darin, alles tun zu können, was
15 einem anderen nicht schadet. So hat die Ausübung der natürlichen Rechte eines jeden Menschen nur die Grenzen, die den anderen Gliedern der Gesellschaft den Genuss der gleichen Rechte sichern. Diese Grenzen können allein durch Gesetz festgelegt werden. [...]

20 Art. 6. Das Gesetz ist Ausdruck des allgemeinen Willens. Alle Bürger haben das Recht, persönlich oder durch ihre Vertreter an seiner Formung mitzuwirken. Es soll für alle gleich sein, mag es beschützen, mag es bestrafen. Da alle Bürger in seinen Augen gleich sind, sind sie gleicher Weise
25 zu allen Würden, Stellungen und Beamtungen nach ihrer Fähigkeit zugelassen ohne einen anderen Unterschied als den ihrer Tugenden und Talente.

Art. 7. Jeder Mensch kann nur in den durch das Gesetz bestimmten Fällen und in den Formen, die es vorschreibt,
30 angeklagt, verhaftet und gefangen gehalten werden. [...]

Art. 10. Niemand soll wegen seiner Meinungen, selbst religiöser Art, beunruhigt werden, solange ihre Äußerungen nicht die durch das Gesetz festgelegte öffentliche Ordnung stören.

35 Art. 11. Die freie Mitteilung der Gedanken und Meinungen ist eines der kostbarsten Menschenrechte. Jeder Bürger kann also frei schreiben, reden, drucken unter Vor-

behalt der Verantwortlichkeit für den Missbrauch dieser Freiheit in den durch Gesetz bestimmten Fällen. [...]

Art. 16. Eine Gesellschaft, in der die Verbürgung der
40 Rechte nicht gesichert und die Gewaltenteilung nicht festgelegt ist, hat keine Verfassung.

Art. 17. Da das Eigentum ein unverletzliches und heiliges Recht ist, kann es niemandem genommen werden, wenn es nicht die gesetzlich festgelegte, öffentliche Notwendig-
45 keit augenscheinlich erfordert und unter der Bedingung der gerechten und vorherigen Entschädigung.

Günther Franz (Hrsg.): Staatsverfassungen. Eine Sammlung wichtiger Verfassungen der Vergangenheit und Gegenwart in Urtext und Übersetzung. 2. Aufl., München 1964, S. 303 ff.

16 Die Debatte über Aktiv- und Passivbürger sowie das Wahlrecht (1789):

Abbé de Sieyès: Alle Einwohner eines Landes müssen die Rechte des passiven Staatsbürgers genießen; alle haben Anspruch auf den Schutz ihrer Person, ihres Eigentums,
5 ihrer Freiheit usw. Aber nicht alle haben Anspruch auf tätige Teilnahme an der Bildung der öffentlichen Gewalten; nicht alle sind aktive Staatsbürger. Die Frauen, wenigstens so, wie sie jetzt sind, die Kinder, die Ausländer, auch die, welche in keiner Weise zur Erhaltung
10 der öffentlichen Einrichtungen beitragen, sollen keinen Einfluss auf das Gemeinwesen haben. Alle können die Vorteile der Gesellschaft genießen, aber nur die, welche zur Erhaltung der öffentlichen Einrichtungen beitragen, sind gleichsam die wahren Aktionäre des großen sozia-
15 len Unternehmens. Sie allein sind die wirklichen aktiven Staatsbürger, die wirklichen Mitglieder der Gesellschaft.

Orry de Mauperthuy: Trotzdem gibt es eine Klasse von Menschen und Mitbrüdern, die infolge der schlechten Gestaltung unserer Gesellschaften zur Vertretung der Na-
20 tion nicht berufen werden können. Das sind die heutigen Proletarier. Nicht weil sie arm und bloß sind, sondern weil sie nicht einmal die Sprache unserer Gesetze verstehen. Überdies ist ihre Ausschließung nicht ewig, sondern nur ganz vorübergehend. Vielleicht wird sie ihren Wett-
25 eifer anstacheln, unseren Beistand herauszufordern. In wenigen Jahren werden sie an unserer Seite sitzen und wie man es in einigen Schweizer Kantonen sieht, wird ein Hirt, ein Bauer von der Donau oder vom Rhein der würdige Vertreter seines Volkes sein.
30

Camille Desmoulins: Gegen das Dekret der Mark Silber[4] gibt es in der Hauptstadt nur eine Stimme. Bald wird es auch in den Provinzen so sein. Es schafft in Frankreich eine aristokratische Regierung. Dies ist der größte Sieg, den die schlechten Bürger in der Nationalversammlung 35

4 Gemeint ist das von der Nationalversammlung am 22.12.1789 verabschiedete Gesetz über die Einführung des Zensuswahlrechts, das die Staatsbürger in drei Klassen einteilte.

5 Aus einem Artikel Marats in der Zeitung „Ami du Peuple" vom Dezember 1789.

errungen haben. Um die ganze Sinnlosigkeit dieses De-
krets zu erfassen, braucht man nur zu sagen, dass Jean
Jacques Rousseau, Corneille, Mably nicht wählbar gewesen wären. […] Ihr aber, verächtliche Priester, stumpfsin-
40 nige Bonzen, sehr ihr denn nicht, das selbst euer Gott
nicht hätte gewählt werden können? Jesus Christus, den
ihr auf den Kanzeln, auf den Tribünen zum Gott erhebt,
ihn hebt ihr unter das Gesindel gestoßen! Und ihr fordert
45 von mir Achtung, ihr Priester eines Proletariergottes, der
nicht mal ein aktiver Bürger war! So achtet doch die
Armut, die er geadelt hat! Aber was meint ihr mit dem
so oft gebrauchten Wort „aktiver Bürger"? Die aktiven
Bürger, das sind die Eroberer der Bastille, das sind die,
50 welche den Acker bestellen, während die Nichtstuer im
Klerus und bei Hofe trotz ihrer Riesenbesitzungen nur
vegetierende Pflanzen sind, gleich jenem Baum eures
Evangeliums, der keine Frucht trägt und den man ins
Feuer werfen soll.
55 Jean-Paul Marat[5]: Dadurch dass die Vertretungsbefugnis
proportional von den direkten Steuern abhängt, wird
die Herrschaft wieder in die Hände der Reichen gelegt;
und das Los der Armen, die immer unterworfen, immer
unterjocht und immer unterdrückt sind, wird sich nie
60 mit friedlichen Mitteln verbessern lassen. Hier ist ein
schlagender Beweis für den Einfluss des Geldes auf die
Gesetze. Was haben wir gewonnen, die wir die Aristokratie der Adligen zerstörten, wenn sie durch die der Reichen
ersetzt wird? – Wenn ihr [Abgeordnete] uns wegen unse-
65 rer Armut das Bürgerrecht vorenthaltet, so zittert davor,
dass wir euch eines Tages euren Überfluss wegnehmen
könnten.

Zit. nach: E. Schulin, Die Französische Revolution. München 1989, S. 95.

17 Dekret der Nationalversammlung über die Nationalisierung der Kirchengüter (2. November 1789):

Art. 1. Alle kirchlichen Güter sollen zur Verfügung der
5 Nation stehen, mit der Einschränkung, dass, unter der
Aufsicht und nach den Weisungen der Provinzen, auf
angemessene Weise für die Kosten des Gottesdienstes,
den Unterhalt der Priester und die Armenpflege gesorgt
wird.
10 Art. 2. Bei den Verfügungen, welche die Bestreitung
des Unterhaltes der Priester betreffen, müssen für jede
Pfarrstelle mindestens 1200 Livres jährlich veranschlagt
werden, nicht eingerechnet die dazugehörige Wohnung
und Garten.

Archives Parlementaires de 1787 à 1860. Recueil complet des debats legislatifs et politiques des chambres francaises, hrsg. v. M. Mavidal und E. Laurent.
2. Aufl., Paris 1879, hier: Band IX, S. 649.

18 Dekret über die Judenemanzipation (28. September 1791):

In der Erwägung, dass die notwendigen Voraussetzungen
dafür ein französischer Bürger zu sein, durch die Verfassung festgelegt sind und dass jeder, der diese Vorausset- 5
zungen erfüllt und sich durch die Leistung des Bürgerei-
des zur Erfüllung aller von der Verfassung ihm auferlegten
Pflichten bereit erklärt, ein Recht auf sämtliche Vorteile
hat, die sie zusichert, widerruft die Nationalversammlung
alle in ihre früheren Dekrete aufgenommenen Benach- 10
teiligungen, Vorbehalte und Ausnahmebestimmungen
bezüglich der jüdischen Personen, die den Bürgereid leisten; dieser gilt als Verzicht auf alle in der Vergangenheit
zu ihren Gunsten beschlossenen Privilegien und Befreiungen.

Réimpression de l'ancien Moniteur, Seule histoire authentique et inalterée
de la Révolution francaise depuis la réunion des Etats Généraux jusqu'au
Consulat. 32 Bände, Paris 1854–1870, hier: Band IX, S. 795.

19 Aus der „Erklärung der Rechte der Frau und Bürgerin" von Marie Olympe de Gouges (1791):

Mann, bist du fähig gerecht zu sein? Eine Frau stellt dir
diese Frage. Dieses Recht wirst du ihr zumindest nicht
nehmen können. Sag mir, wer hat dir die selbstherrli- 5
che Macht verliehen, mein Geschlecht zu unterdrücken?
Deine Kraft? Deine Talente? Betrachte den Schöpfer in
seiner Weisheit. Durchlaufe die Natur in all ihrer Majestät, die Natur, der du dich nähern zu wollen scheinst,
und leite daraus, wenn es du wagst, ein Beispiel für diese 10
tyrannische Herrschaft ab. Geh zu den Tieren, befrage
die Elemente, studiere die Pflanzen, ja wirf einen Blick
auf den Kreislauf der Natur und füge dich dem Beweis,
wenn ich dir die Mittel dazu in die Hand gebe. Suche,
untersuche und unterscheide, wenn du es kannst, die 15
Geschlechter in der Ordnung der Natur, überall fin-
dest du sie ohne Unterschied zusammen, überall
arbeiten sie in einer harmonischen Gemeinschaft an diesem unsterblichen Meisterwerk.
Nur der Mann hat sich aus der Ausnahme ein Prinzip zu- 20
rechtgeschneidert. Extravagant, blind, von den Wissen-
schaften aufgeblasen und degeneriert, will er in diesem
Jahrhundert der Aufklärung und des Scharfsinns, doch
in krasser Unwissenheit, despotisch über ein Geschlecht
befinden, das alle intellektuellen Fähigkeiten besitzt.

Zit. nach: Ute Gerhard, Menschenrechte – Frauenrechte 1789, in: Viktoria
Schmidt-Linsenhoff (Hrsg.), Sklavin oder Bürgerin? Französische Revolution
und Neue Weiblichkeit 1760–1830. Marburg 1989, S. 68 f.

---

5 Gemeint sind 6 Kanonen, die die Belagerer mit sich führten.

1

1.6   Die Radikalisierung der Revolution 1791–1793

1791 23. Februar	Beginn der Vorbereitungen zum Aufbau einer Emigrantenarmee in Worms mit dem Ziel einer Gegenrevolution, geleitet vom Prinzen von Condé.
20./21. Juni	Flucht Ludwigs XVI. aus Paris, Festnahme in Varennes (Champagne) und Rückführung nach Paris, wo er von allen Funktionen entbunden wird.
15. Juli	Wiedereinsetzung Ludwigs XVI. in seine Funktionen
27. August	Deklaration von Pillnitz
6. September	„Lettre des Princes"
14. September	Eid Ludwigs XVI. auf die Verfassung
30. September	Letzte Sitzung der konstituierenden Nationalversammlung, die durch die Gesetzgebende Versammlung (750 Abgeordnete) ersetzt wird. Wichtigste Parteirichtungen: 264 Feuillants (monarchistische Konstitutionalisten) und 136 Jakobiner, die sich in gemäßigte (Girondisten) und radikale (unter der Führung Dantons) aufteilen. Die übrigen Abgeordneten sind unabhängig.
1792 Januar–März	Teuerungsunruhen, Plünderung von Schlössern, Angriffe auf Geldverleiher, eidverweigernde Priester und „Gegenrevolutionäre"
6. Februar	Antifranzösisches Bündnis zwischen Preußen und Österreich
August/ September	Vormarsch der preußisch-österreichischen Invasionsarmee nach Frankreich
3. August	47 von 48 Sektionen fordern die Absetzung Ludwigs XVI.
13. August	Internierung der königlichen Familie im Temple
2.–6. September	Septembermassaker mit 1100 Opfern (überwiegend eidverweigernde Priester)
3.–15. September	Wahlen zum Nationalkonvent (750 Abgeordnete) nach allgemeinem Wahlrecht
21. September	Zusammentreten des Nationalkonvents, wichtigste Parteirichtungen: 200 Girondisten, 120 Abgeordnete des radikalen Flügels der Jakobiner. Abschaffung des Königtums durch den Nationalkonvent, Anklage gegen Ludwig XVI. wegen Hochverrat
September/ Oktober	Militärische Erfolge der französischen Truppen
1793 21. Januar	Hinrichtung Ludwigs XVI.

1 **Erklärung der Nationalversammlung zum Fluchtversuch des Königs (22. Juni 1791):**

Ein schwerer Anschlag ist verübt worden. Die Nationalversammlung näherte sich dem Ziel ihrer langen
5 Tätigkeit, die Verfassung war fertig gestellt, die Stürme der Revolution legten sich: Da wollten die Feinde des Gemeinwohls durch ein einziges Verbrechen die ganze Nation ihrem Rachedurst zum Opfer bringen. Der König und die königliche Familie sind in der Nacht vom 20. auf
10 den 21. dieses Monats entführt worden. [...]
Gegen die Angriffe von außen sind die Nationalgarden, zunächst um 400000 Mann, verstärkt worden. Im Innern wie nach außen hat Frankreich also jeden Grund sich sicher zu fühlen, solange die Gemüter sich nicht in
15 Verwirrung stürzen lassen, sondern die Ruhe bewahren. Die Verfassung gebende Nationalversammlung steht an ihrem Platz, alle von der Verfassung eingesetzten öffentlichen Gewalten walten ihres Amtes, die Vaterlandsliebe der Bürger von Paris und seine Nationalgarde, deren Eifer
20 über jedes Lob erhaben ist, sind für die Sicherheit eurer Vertreter auf der Hut. Die Aktivbürger des gesamten Königreichs sind in die Wehrdienstlisten eingetragen: Frankreich kann seinen Feinden mit Ruhe entgegensehen. [...]

Franzosen! Die Abwesenheit des Königs wird die Regierung nicht zur Untätigkeit verdammen. Es gibt nur eine 25 wirkliche Gefahr, die euch bedroht. Ihr müsst euch wappnen gegen die Einstellung der Arbeit in den Fabriken und der Bezahlung der allgemeinen Steuern, gegen jede maßlose Agitation, die, entweder aus überschäumendem Patriotismus oder auf Anstiften unserer Feinde den Staat 30 unterwühlend, zunächst zur Anarchie und schließlich zum Bürgerkrieg führen würde. [...]
Das große, das beinahe einzige Interesse, das uns bewegen muss, insbesondere bis zu dem sehr nahen Zeitpunkt, wo die Nationalversammlung einen endgültigen Beschluss 35 gefasst haben wird, ist die Ordnung aufrechtzuerhalten. [...] Die Feinde der Verfassung sollen wissen: Um das Territorium dieses Reiches von neuem zu versklaven, müssten sie die Nation auslöschen. Der Despotismus kann, wenn er es will, einen solchen Plan fassen; er wird besiegt 40 werden oder, nach seinem grausigen Triumph, nur noch Ruinen vorfinden.

Archives Parlementaires de 1787 à 1860. Recueil complet des debats legislatifs et politiques des chambres francaises, hrsg. v. M. Mavidal und E. Laurent. 2. Aufl., Paris 1879, hier: Band XXVII, S. 420 f.

2 **Das Volk in Gestalt des Herkules vernichtet die Könige.** Radierung, 100 x 142 mm, aus: Les Révolutions de Paris, Nr. 217, 10.–18. Frimaire des Jahres II (30. November bis 8. Dezember).

3 Aus einer Rede des Abgeordneten Antoine Barnave in der Nationalversammlung (15. Juli 1791):

Ich stelle eine Frage, die von nationalem Interesse ist: Werden wir die Revolution beenden oder werden wir sie von neuem

5 beginnen? Wenn Ihr einmal der Verfassung misstraut, wo wird der Punkt sein, an dem Ihr dann einhalten werdet, und vor allem, wo werden eure Nachfolger einhalten?

Ich habe vor einiger Zeit gesagt, dass ich den Angriff der fremden Mächte und der Emigranten nicht fürchte; aber

10 heute sage ich mit derselben Aufrichtigkeit, dass ich die Fortsetzung der Unruhen und Gärungen fürchte, die uns so lange beschäftigen werden, als die Revolution nicht vollständig und friedlich beendet ist. […] Ihr habt getan, was gut war für die Freiheit und die Gleichheit; keine

15 willkürliche Gewalt ist verschont worden, […] keine widerrechtliche Besitzergreifung von Eigentum ist ungestraft geblieben; ihr habt alle Menschen vor dem Gesetz gleich gemacht, ihr habt dem Staat wiedergegeben, was ihm genommen wurde. Daraus ergibt sich diese große

20 Wahrheit, dass wenn die Revolution noch einen Schritt weitergeht, sie dies nicht ohne Gefahr tun kann; dass auf der Linie der Freiheit die erste Handlung, die noch folgen könnte, die Vernichtung des Königtums wäre; und dass auf der Linie der Gleichheit die erste Handlung, die noch

25 folgen könnte, der Angriff auf das Eigentum wäre […].

Heute, meine Herren, muss jedermann erkennen, dass es im Interesse der Allgemeinheit liegt, dass die Revolution einhält: Diejenigen, die verloren haben, müssen einsehen, dass es unmöglich ist sie rückgängig zu machen und dass

30 es nur noch darum gehen kann sie zu domestizieren. Diejenigen, die sie gemacht und gewollt haben, müssen einsehen, dass sie an ihrem letzten Ziel angelangt ist, dass das Glück ihres Vaterlandes und ihr eigener Ruhm es erforderlich machen, dass sie nicht länger andauert.

Zit. nach: P. Fischer (Hrsg.), Reden der Französischen Revolution. München (dtv) 1974, S. 36 ff.

4 Aus der Petition am Marsfeld an die Nationalversammlung (17. Juli 1791):

Ein großes Verbrechen geschieht: Ludwig XVI. flieht. Er verlässt würdelos seinen Posten; den Staat trennen nur

5 zwei Schritte von der Anarchie. Die Bürger verhaften ihn in Varennes, man führt ihn nach Paris zurück. […] Ihr [Abgeordnete] haltet hin. Haufenweise treffen Petitionen bei der Nationalversammlung ein. Alle Sektionen des Landes fordern gleichzeitig, dass Ludwig der Prozess

10 gemacht werde. Ihr, meine Herren, habt im Voraus seine Schuldlosigkeit und Unverletzlichkeit festgestellt, indem ihr in eurem Dekret vom 16. erklärt, dass die konstitutionelle Charta ihm vorgelegt werden wird, sobald die Verfassung fertig gestellt ist. Gesetzgeber! Das war nicht

15 der Wunsch des Volkes!

Zit. nach: W. Grab (Hrsg.), Die Französische Revolution. München 1973, S. 57 f.

5 Aus der Deklaration von Pillnitz (27. August 1791):

Der Kaiser und der König von Preußen haben die Wünsche und Vorstellungen Monsieurs, des ältesten Bruders des Königs von Frankreich und des Grafen Artois[1], vernommen und erklären gemeinschaftlich die Situation, in 5 der sich der König von Frankreich gegenwärtig befindet, als ein gemeinsames Interesse für alle Könige Europas. Sie hoffen, dass dieses Interesse nicht verfehlen wird, von den Mächten anerkannt zu werden, deren Hilfe angerufen worden ist, und dass sie sich in der Folge nicht 10 weigern werden, gemeinschaftlich mit den unterzeichneten Majestäten, gemäß ihren Kräften, die wirksamsten Mittel anzuwenden, um den König in den Stand zu setzen, in größter Freiheit die Grundlagen eines monarchischen Regiments zu festigen, die gleichermaßen den 15 Rechten der Souveräne und dem Wohl der französischen Nation entsprechen. Dann und in diesem Falle sind der Kaiser und der König von Preußen entschlossen, sofort in wechselseitigem Verständnis mit den notwendigen Hilfsmitteln zu handeln, um gemeinsam den erstrebten 20 Zweck zu erreichen. In der Voraussetzung werden sie ihren Truppen die geeigneten Befehle erteilen, um sie in den Stand zu setzen einzuschreiten.

Zit. nach: G. Landauer (Hrsg.), Briefe aus der Französischen Revolution. Frankfurt/Main 1919, Bd. I, S. 464.

6 Aus dem „Lettre des Princes" – einem offenen Brief der emigrierten Brüder Ludwigs XVI. zur Annahme der französischen Verfassung durch den König (10. September 1791):

Wir protestieren im Namen der Grundgesetze der Mo-   5 narchie, von denen es Ihnen, Sire, nicht erlaubt ist abzuweichen, die die Nation selbst für unverletzlich erklärt hat und die durch die Dekrete[2], die man Euch vorlegt, völlig umgestürzt würden. Dies gilt vor allem für jene Dekrete, die das Königtum selbst abschaffen,   10 indem sie den König von der Ausübung der gesetzgebenden Gewalt ausschließen, für jene, die alle Stützen der Monarchie zerstören, indem sie die Rangunterschiede der Zwischengewalten abschaffen, für jene, die sogar das Prinzip des Gehorsams vernichten, indem sie   15 alle Stände nivellieren […], schließlich für jene, die das Volk bewaffnet, die die öffentliche Gewalt abgeschafft und die in Frankreich die Tyrannei des Volkes eingeführt haben, indem sie alle Gewalten durcheinandergebracht haben.   20

Wir protestieren im Namen aller Stände des Staates. Unabhängig von der unerträglichen und unmöglichen Abschaffung der beiden ersten Stände sind alle Stände verletzt, gequält und beraubt worden. Wir fordern des-

1 Vgl. im Anschluss unten den „Lettre des Princes".
2 Gemeint sind die Artikel der Verfassung von 1791.

halb die Wiederherstellung sowohl der Rechte des Klerus [...] als auch der Rechte des Adels [...], sowohl der Rechte der höheren Richterschaft [...] als auch schließlich der Rechte aller Besitzenden, da es in Frankreich keinen Besitz mehr gibt, der noch respektiert wird.

Gazette Nationale ou Moniteur Universel, Nr. 266, 23.9.1791, S. 735.

7 Jacques René Hébert in der Zeitung „Père Duchesne" (Oktober 1791):

Ich hoffte, verflucht noch mal!, dass nach der Abschaffung der Einfuhrzölle ich mir einige Flaschen mehr genehmigen könnte, aber nein, verflucht noch mal! Statt billiger zu werden und bessere Qualität zu haben, ist der Wein genau so teuer wie zuvor und er vergiftet uns genauso. Ich hatte auch gehofft, die anderen Lebensmittel würden billiger werden, aber der Lebensmittelhändler André[3] und seine Kollegen sind immer noch dazu entschlossen uns den Pfeffer zum gleichen Preis wie einst zu verkaufen. [...]

Wie geht das zu? Verflucht noch mal! Wir haben also durch die Beseitigung der Schlagbäume nichts gewonnen. Man hat uns neue Steuern aufgebürdet und wir zahlen immer noch die gleichen Abgaben für die Lebensmittel. Zum Donnerwetter! Das geht nicht an. Überall wo man ein Leiden sieht, muss es ein Heilmittel geben. Ihr neuen Gesetzgeber, es ist eure Aufgabe es zu finden. Rottet die neuen Missbräuche aus, das ist eure Pflicht. Hängt alle Schieber bis zum letzten auf und all die Schurken von Kaufleuten, die mit Menschenfleisch spekulieren und sich am Blut der Unglücklichen mästen. [...] Ihr werdet erkennen, verflucht noch mal!, dass ein gemeines Komplott besteht, um uns in diesem Winter[4] ins tiefste Elend zu stürzen.

Père Duchesne, Nr. 83; zit. nach: I. und P. Hartig, Die Französische Revolution. Stuttgart (Klett) 1979, S. 61.

8 Jean-Paul Marat in der Zeitung „Ami du Peuple" über die Rechte der spontan entstehenden „patriotischen Gesellschaften" (4. März 1791):

Der Volksfreund fordert sie [die patriotischen Gesellschaften] auf sich ihre Rechte bewusst zu machen – Rechte, die sie allesamt verkennen, auch der Jakobinerclub. Mit Empörung höre ich, wie sie ihren Feinden töricht nachbeten: ‚Das dürfen wir nicht, wir sind keine beschlussfassenden Gesellschaften'. Welch dummer Irrtum! Keine freie Bürgervereinigung, keine brüderliche Gesellschaft, keine patriotische Versammlung hat das Recht sich in die öffentlichen Angelegenheiten einzumischen um sie zu bestimmen oder zu verwalten; das ist unbestreitbar. Zur Mitwirkung am Gemeinwohl haben sie lediglich das Recht Vorschläge zu machen, Ratschläge zu erteilen, Anträge und dringende Gesuche zu stellen; auch das ist unbestreitbar. Wenn es aber darum geht, Anschläge gegen die Freiheit und die öffentliche Sicherheit aufzuklären, den Machenschaften der Revolutionsfeinde entgegenzuwirken, die Verschwörer zu verfolgen und den Untergang des Vaterlandes zu verhindern, dann haben sie das Recht, nicht nur beschlussfassende, sondern auch handelnde, zur Verantwortung ziehende, strafende, ja hinrichtende Gesellschaften zu sein – jedenfalls nachdem sie auf legalem Wege vergeblich versucht haben die öffentlichen Feinde zur Rechenschaft zu ziehen, und wenn sich die Inhaber der politischen Gewalt mit diesen verbünden, um das Volk zu umgarnen, am Rande des Abgrunds einzulullen und seinen Untergang zu vollenden. In solchen Fällen handelt es sich schlicht und einfach um die Ausübung des Rechtes gegen Unterdrückung Widerstand zu leisten und über seine Unversehrtheit zu wachen; ein Recht, das jeder Mensch von Natur mit der Geburt besitzt, das alle freiheitlichen Regierungen anerkannt haben und das die Nationalversammlung selber feierlich verankert hat.

Ami du Peuple, Nr. 389 vom 4.3.1791, S. 9–12; zit. nach: R. Reichardt (Hrsg.), Die Französische Revolution. Freiburg, Würzburg (Ploetz) 1988, S. 49.

9 König Gustav III. von Schweden an König Friedrich Wilhelm II. von Preußen über die Französische Revolution (Juli 1791):

Ich betrachte die Revolution als die größte Gefahr, die der Ruhe Europas droht. Seit den Kränkungen, die der königlichen Würde in der Person Ludwigs XVI. zugefügt worden sind, empfinde ich diese Gefahr als bedrohlicher denn je zuvor. Ich glaube genügend Festigkeit zu besitzen, um derartige mich umringende Gefahren parieren zu können. Ich möchte Ihnen aber nicht verheimlichen, dass ich die Wiederkehr dieser Gefahren fürchte, wenn Straflosigkeit ein so düsteres Beispiel in einem Lande gibt, das doch so lange in der Lage war, in Europa den Ton anzugeben. [...] Ich bestehe auf der Wiederherstellung der französischen Monarchie, gleichgültig, ob Ludwig XVI., Ludwig XVII. oder Karl X. den Thron einnimmt, Hauptsache ist nur, dass er wiedererrichtet wird und das Ungeheuer in der Manège[5] niedergeschmettert wird. Alle jene für die Autorität verderblichen Prinzipien müssen mit der niederträchtigen Versammlung und der Höhle, in der sie ausgebrütet werden, verschwinden. Man muss verhindern, dass eine neue Legislatur im Namen der Nation[6] einen Teil der bereits dekretierten Attentate bestätigt. Dagegen gibt es nur ein Mittel: Eisen und Kanonen.

Zit. nach: Henri Leclerq, L'oeuvre de la constituante. Paris 1938, S. 35.

---

3 Ehemaliger Abgeordneter der Nationalversammlung, dem als Kolonialwarenhändler Spekulation und Warenhortung vorgeworfen wurden.
4 Im Winter 1791/92 führten Missernten und Inflation zu einem starken Preisanstieg, der Plünderungen in Paris und Unruhen auf dem Lande auslöste.

5 Die Reithalle in den Tuilerien, in der die Nationalversammlung tagte.
6 Die Wahlen zur Gesetzgebenden Versammlung waren in vollem Gange.

1

10 Kriegserklärung Frankreichs an Österreich (20. April 1792):

Die Nationalversammlung erklärt,

dass die französische Nation, den durch die Verfassung
5 geheiligten Grundsätzen getreu, keinen Krieg mit der Absicht der Eroberung zu unternehmen und niemals gegen
die Freiheit irgendeines Volkes die Waffen zu ergreifen,
die Waffen nur aufnimmt zur Verteidigung ihrer Freiheit
und Unabhängigkeit,

10 dass der Krieg, den sie gezwungen ist zu führen, kein
Krieg ist von Nation gegen Nation, sondern die gerechte
Verteidigung eines freien Volkes gegen den ungerechten
Angriff eines Königs […].

Nach Beratung des förmlichen Antrags des Königs und
15 nachdem die Dringlichkeit festgestellt worden ist, beschließt die Nationalversammlung den Krieg gegen den
König von Ungarn und Böhmen.

Zit. nach: W. Grab (Hrsg.), Die Französische Revolution. München (Nymphenburger) 1973, S. 101 f.

11 Aus dem Manifest des Herzogs von Braunschweig[7] (25. Juli 1792):

Überzeugt, dass der gesunde Teil des französischen Volks
die Ausschweifungen der herrschenden Partei verabscheut und dass der größere Teil der Bewohner mit Un-
5 geduld den Augenblick der Hilfe erwartet, um sich offen
gegen die verhassten Maßregeln seiner Unterdrücker zu
erklären, fordern Ihre Majestäten dieselben auf, ohne
Verzug zur Vernunft, zur Gerechtigkeit, zur Ordnung und
zum Frieden zurückzukehren. In dieser Hinsicht erklärt
10 der Unterzeichnende, Oberbefehlshaber der verbündeten
Heere, Folgendes: […]

2. dass die beiden verbündeten Höfe […] nicht die Absicht
haben sich in die innere Regierung Frankreichs zu mi-
15 schen; sondern dass sie nur den König, die Königin und
die königliche Familie aus der Gefangenschaft befreien
und Sr. Allerchristlichsten Majestät die Mittel verschaffen
wollen, ohne Gefahr und Hindernis die Einberufungen
vorzunehmen, die sie für notwendig finden sollte, um für
20 das Wohl ihres Volkes nach den Versprechungen und so
viel von ihr abhängen wird, zu arbeiten; […]

7. dass die Bewohner von Städten, Marktflecken und Dörfern, welche es wagen sollten, sich gegen die Heere Ihrer
Majestäten zu verteidigen […] sogleich nach der ganzen
25 Strenge des Kriegsrechts bestraft und ihre Wohnungen
zerstört oder angezündet werden sollen. […]

8. Die Stadt Paris und alle ihre Bewohner ohne Unterschied sind schuldig, sich sogleich ihrem König zu un-
30 terwerfen, ihn in volle Freiheit zu setzen und ihm sowie
allen Mitgliedern seiner Familie die Unverletzlichkeit
und Achtung zu versichern, auf welche nach dem Ver-

nunft- und Völkerrechte die Fürsten gegenüber ihren
Untertanen Anspruch zu machen haben. […] Ihre Majestäten erklären ferner auf Ihr kaiserliches und königliches
Ehrenwort, dass, wenn das Schloss der Tuilerien gestürmt 35
oder sonst verletzt, wenn die mindeste Beleidigung dem
Könige, der Königin und der ganzen königlichen Familie zugefügt, nicht unmittelbar für ihre Sicherheit, ihr
Leben und ihre Freiheit gesorgt wird, sie eine beispiellose
und für alle Zeiten denkwürdige Rache nehmen und die 40
Stadt Paris einer militärischen Exekution und einem gänz-
lichen Ruine preisgeben, die Verbrecher selbst aber dem
verdienten Tode überliefern werden.

Zit. nach: W. Grab (Hrsg.), Die Französische Revolution. München (Nymphenburger) 1973, S. 109 f.

**12 Die Revolution auf dem Weg zur Basisdemokratie?
– Ein typisches Beispiel für eine Demonstration der
Sansculotten[8] in einer Sitzung des Nationalkonvents
(20. Juni 1792):**

Die Bürger der Vorstädte Saint-Marcel und Saint- 5
Antoine und aller Sektionen von Paris erscheinen. Mit
dem Empfang der bewaffneten Menge wird die Diskussi-
on unterbrochen. Die Bürger halten Einzug, ihnen voraus
Trommler und eine kleine Musikkapelle. […] Mehrere
Abteilungen der bewaffneten Nationalgarde haben sich 10
in der Menge meist unbewaffneter Männer, Frauen und
Kinder aufgelöst. Von den bewaffneten Bürgern tragen
die einen Flinten und Piken, die anderen Doppeläxte,
Schuster- und Küchenmesser, Sicheln, Mistgabeln und
Knüppel. Einige Frauen tragen Säbel, Eisenspieße und 15
Wollmützen. Sie alle ziehen durch den Saal, indem sie
in wechselnden Abständen nach den Klängen des Ça ira
oder nach den Trommeln tanzen, welche abwechselnd
den Tanz- oder den Marschrhythmus schlagen. Dabei rufen sie: Es leben die Patrioten! Es leben die Sansculotten! 20
Es lebe die Nation! Es leben unsere Stellvertreter[9]! Es lebe
die Freiheit! Es lebe das Gesetz! Nieder mit dem Veto[10]!
Die Tribünen klatschen von Zeit zu Zeit Beifall.

Unter den Sinnbildern und Wahrzeichen, die der Zug
mit sich führte, befanden sich: ein Plakat-Nachdruck der 25
Menschenrechtserklärung in Form von Gesetzestafeln,
um den sich eine ansehnliche Zahl von Invaliden schar-
te; eine Schrifttafel mit der Parole Erzittert, Tyrannen!
Die Franzosen sind bewaffnet; Fahnen; eine zerrissene
schwarze Kniehose, aufgespießt auf einer Pike und um- 30
geben von Kokarden; ein Spruchband mit den Worten
Warnung an Ludwig XVI. Das Volk hat seine Leiden satt.

---

7 Oberbefehlshaber des preußisch-österreichischen Heeres, das im Sommer
1792 in Frankreich einmarschierte.

8 Träger der städtischen Volksbewegung, genannt nach der langen Bein-
kleidung der Handwerker und Arbeiter im Gegensatz zu den Knie-
hosen des Adels. Nach ihrem Selbstverständnis verkörperten sie das
souveräne Volk.
9 Gemeint sind die Abgeordneten des Konvents.
10 Dem König war in der Verfassung von 1791 ein Veto-Recht eingeräumt
worden.

13 Die Sansculotten tanzen die Carmagnole, während die österreichischen Husaren vor den französischen Kanonen fliehen. Radierung, koloriert, 1793 (?), Paris.

Freiheit oder Tod! Zuletzt trägt ein Mann auf der Spitze eines Spießes ein Kalbsherz und dabei eine Tafel mit
35 der Aufschrift Aristokratenherz. [...] Mitten während des Umzuges bleibt ein Bürger stehen und ruft: ‚Gesetzgeber, mit uns stellen sich Ihnen nicht 2000, sondern 20 Millionen Menschen zur Verfügung, eine ganze Nation muss sich bewaffnen, um die Tyrannen – ihre Feinde wie die
40 Eueren – zu bekämpfen.'
(Beifall. [...] Der Umzug, der um halb zwei begonnen hatte, endet erst um Viertel nach drei Uhr)
[Vor dem Umzug war von einem Sprecher der Demonstranten folgende Petition verlesen worden:]
45 Gesetzgeber, [...] wir gehören keiner Partei an; wir unterstützen nur die, die im Einklang mit der Verfassung steht. (Beifall.) Bilden sich die Feinde des Vaterlandes etwa ein, dass die Männer des 14. Juli eingeschlafen sind? Wenn sie das glauben, wird es für sie ein schreckliches Erwachen
50 geben. Jene haben nichts von ihrer Tatkraft verloren. [...] – Es ist Zeit. Ja, Gesetzgeber, es ist Zeit, dass das französische Volk sich seiner erworbenen Würde gewachsen zeigt. Wie es seine Vorurteile überwunden hat, so gedenkt es auch trotz aller Verschwörungen der Tyrannen frei zu
55 bleiben. Diese Tyrannen sind Ihnen bekannt, geben Sie ihnen nicht nach. [...] Die ausführende Gewalt[11] ist nicht mit Ihnen einig. [...] So hängt also das Glück einer Nation von der Laune eines Königs ab? Darf dieser König einen anderen Willen haben als das Gesetz? Das Volk verbietet
60 es und sein Kopf ist mindestens ebenso viel wert wie

das Haupt eines gekrönten Despoten. Dieser Kopf ist der Stammbaum der Nation und vor dieser stämmigen Eiche muss das Rohr nachgeben. – [...] Das Volk steht bereit; es wartet schweigend auf eine Antwort, die endlich seiner Souveränität würdig ist. (Murren.) Gesetzgeber, wir 65 wollen so lange dauernd unter Waffen bleiben, bis die Verfassung in die Tat umgesetzt ist. – Diese Petition wird nicht nur von den Einwohnern der Vorstadt Saint-Antoine unterstützt, sondern auch von allen Sektionen der Hauptstadt und der Umgebung von Paris. (Beifall links und auf den Tribünen.)

Zit. nach: R. Reichardt (Hrsg.), Die Französische Revolution. Freiburg, Würzburg (Ploetz) 1988, S. 53 f.

14 Aus einem Brief des Sansculotten-Führers Francois Babeuf (1760–1797):
Dulden wir keine Halb-Öffentlichkeit! Schaffen wir den Zuschauertribünen am Tagungsort der Nationalversammlung den größtmöglichen Raum! Alle Fragen von öffent- 5 lichem Interesse behandle man in der Vollversammlung! Keine Ausschüsse mehr, denn sie sind der Herd für Intrigen- und Cliquenwirtschaft; hier schmieden die Splittergruppen ihre freiheitsfeindlichen Pläne und verabreden deren Durchführung. Eine einzige Behörde nehme die 10 Anträge [des Volkes] entgegen [...]. Das Volk muss in der Lage sein, zu jeder Stunde seinen Willen kundzutun und zu jeder Stunde müssen seine beauftragten Vertreter bereit sein ihm Genugtuung zu leisten, wenn dieser Wille 15 falsch verstanden worden ist. [...]

11 Gemeint ist Ludwig XVI.

Die Möglichkeit und ständige Drohung des Mandatentzugs [für die Abgeordneten] ist heilsam und unbedingt notwendig; zusammen mit der Öffentlichkeit der Wahlen gewährleistet sie am besten die Wahrung der Interessen
20 des Volkes.

Zit. nach: P. Fischer (Hrsg.), Babeuf. Der Krieg zwischen Reich und Arm. Berlin (Wagenbach) 1975, S. 64 f.

15 **Aus dem offiziellen Bericht von Jacques Roux über die Hinrichtung Ludwigs XVI. am 21. Januar 1793 an den Generalrat der Kommune von Paris:**

Wir haben uns in den Temple begeben und dem Tyrannen
5 angekündigt, dass die Stunde der Hinrichtung gekommen sei. Er verlangte einige Minuten für seinen Beichtvater zu haben. Er wollte uns ein Päckchen geben, das wir euch zustellen sollten. Wir erwiderten, dass wir nur den Auftrag

hätten, ihn zum Schafott zu führen. Er antwortete: „Das ist richtig!" Er empfahl seine Familie und bat, Cléry, sein 10 Kammerdiener, solle Kammerdiener bei der Königin werden, dann verbesserte er sich schnell und sagte: bei meiner Frau. Übrigens bat er, dass seine früheren Diener in Versailles nicht vergessen würden. Dann sagte er zu Santerre: „Gehen wir!" Über den Hof ging er zu Fuß, dann stieg er in 15 den Wagen. Unterwegs herrschte das tiefste Schweigen. […] Wir haben Capet bis zur Guillotine nicht aus den Augen gelassen. Um 10 Uhr 10 Minuten kam er an; drei Minuten erforderte das Aussteigen aus dem Wagen. Er wollte zum Volke reden, jedoch hat Santerre dies nicht zugelassen. Sein 20 Kopf fiel. Die Bürger tauchten ihre Piken und ihre Taschentücher in sein Blut.

Zit. nach: W. Grab (Hrsg.), Die Französische Revolution. München (Nymphenburger) 1973, S. 129 f.

16 Die Königlichen Schweizergarden, die die Tuilerien verteidigten, werden am Abend des 10. August 1792 niedergemacht. Gemälde von Jaques Bertaux.

1.7 „Terreur" und „Grande Terreur" 1793 –1794

1793 **Februar**	Frankreich erklärt Großbritannien, Spanien und den Niederlanden den Krieg
Anfang März	Gegenrevolutionäre Aufständische in der Bretagne und der Vendée besiegen die Regierungstruppen, Fortdauer und Ausbreitung der Aufstände bis September, militärische Niederlagen Frankreichs (bis Juli)
10. März	Einrichtung des Revolutionstribunals
5. April	Einsetzung des Wohlfahrtsausschusses
29. April	Beginn der Gegenrevolution in Marseille und Lyon
2. Juni	Ausschluss der girondistischen Abgeordneten aus dem Nationalkonvent, Beginn der Jakobinerherrschaft
6. Juni	Beginn der föderalistischen Rebellion in mehreren Provinzen
13. Juli	Ermordung Marats durch die Royalistin Charlotte Corday
17. Juli	Entschädigungslose Abschaffung aller Feudalrechte
23. August	Einführung der „Levée en masse" (allgemeine Wehrpflicht)
17. September	Gesetz gegen die „Verdächtigen", Beginn der „Terreur"
29. September	Maximum für Preise und Löhne
Seit September	Militärische Erfolge der französischen Wehrpflichtarmeen
5. Oktober	Einführung des republikanischen Kalenders
10. Oktober	Diktatorische Vollmachten für den Wohlfahrtsausschuss des Nationalkonvents
10. November	Höhepunkt der Entchristianisierung, Schließung zahlreicher Kirchen
19. Dezember	Einführung der allgemeinen Schulpflicht
1794 **4. Februar**	Abschaffung der Sklaverei in den französischen Kolonien
26. Februar	Dekret zur Entschädigung der Armen durch den beschlagnahmten Besitz der Revolutionsfeinde
10. Juni	Verschärfung des Terrors, Übergang zur „Grande Terreur"
26. Juni	Französischer Sieg über die Österreicher bei Fleurus
27. Juli	Sturz Robespierres (9. Thermidor), Ende der Jakobinerherrschaft

1 Einmarsch französischer Truppen in Mainz am 22. Oktober 1792. Gemälde von H. Bellange, 1835.

2 Was ist ein Sansculotte? – Aus dem Entwurf einer Flugschrift (April 1793):

Ein Sansculotte, ihr Herren Schufte? Das ist einer, der immer zu Fuß geht, der keine Millionen besitzt, wie ihr
5 sie alle gern hättet, keine Schlösser, keine Lakaien zu seiner Bedienung, und der mit seiner Frau und seinen Kindern, wenn er welche hat, ganz schlicht im vierten oder fünften Stock wohnt.

Er ist nützlich, denn er versteht ein Feld zu pflügen, zu
10 schmieden, zu sägen, zu feilen, ein Dach zu decken, Schuhe zu machen und bis zum letzten Tropfen sein Blut für das Wohl der Republik zu vergießen. [...]

Am Abend tritt er vor seine Sektion, nicht etwa mit einer hübschen Larve, gepudert und gestiefelt, in der Hoff-
15 nung, dass ihn alle Bürgerinnen auf den Tribünen beachten, sondern vielmehr um mit all seiner Kraft die aufrichtigen Anträge zu unterstützen und jene zunichte

---

1 In der Vendée, einer Landschaft an der Atlantikküste südlich der Loiremündung, brach am 11. März 1793 eine royalistische Rebellion aus, die Bauern, Adel und eidverweigernde Priester vereinte. Anlass war die Aushebung von 300 000 Mann, gegen die sich die Bauern auflehnten. Der Bürgerkrieg, der weite Gebiete der Bretagne, Anjou und Poitou erfasste, wurde erst 1796 nach blutigen Kämpfen niedergeschlagen.

zu machen, die von der erbärmlichen Clique der erbärmlichen Politikaster stammen.

Übrigens: Ein Sansculotte hat immer seinen Säbel blank, 20 um allen Feinden der Revolution die Ohren abzuschneiden. Manchmal geht er mit seiner Pike ruhig seiner Wege; aber beim ersten Trommelschlag sieht man ihn nach der Vendée[1] gehen, zur Alpenarmee oder zur Nordarmee.

Zit. nach: W. Markov/A. Soboul (Hrsg.), Die Sansculotten von Paris. Ost-Berlin (Akademie) 1957, S. 3.

3 Der Nationalkonvent beschließt die „Levée en masse" (23. August 1793):

Art. 1. Ab sofort bis zu dem Augenblick, in dem die Feinde vom Territorium der Republik verjagt sein werden, unterliegen alle Franzosen der ständigen Einberufung 5 zum Heeresdienst.

Art. 2. Die jungen Männer gehen an die Front, die verheirateten schmieden Waffen und übernehmen Verpflegungstransport; die Frauen nähen Zelte, Uniformen und tun in den Hospitälern Dienst; die Kinder zupfen aus 10 altem Leinenzeug Scharpie, die Greise lassen sich auf öffentliche Plätze tragen, um den Soldaten Mut und Hass gegen die Könige zu predigen und ihnen die Einheit der Republik einzuschärfen.

Die nationalen Gebäude werden in Kasernen, die öf- 15 fentlichen Plätze zu Rüstungswerkstätten umgewandelt, die Kellerfußböden ausgelaugt, um Sapeter zu gewinnen. [...]

Zit. nach: W. Grab (Hrsg.), Die Französische Revolution. München (Nymphenburger) 1973, S. 171 f.

4 Forderungen der Pariser Sektion „Sans-Culottes" (2. September 1793):

1. Die ehemaligen Adligen sollen keinerlei militärische Funktionen ausüben noch irgendein öffentliches Amt bekleiden dürfen, welcher Art es auch sei; die ehemaligen 5 Priester, Parlamentsräte und Finanzleute sollen aus allen Verwaltungs- und Gerichtsämtern entfernt werden.

2. Alle Grundnahrungsmittel sind unveränderlich auf den Preis der so genannten „früheren Jahre" 1789 bis 1790 festzusetzen, jedoch in Ansehung ihrer unter- 10 schiedlichen Qualität.

3. Ebenso sollen die Rohstoffpreise festgesetzt werden, und zwar so, dass die Industrieprofite, die Arbeitslöhne und die Handelsgewinne durch Gesetz in Grenzen gehalten werden [...]. 15

5. Jedem Departement wird eine genügende Summe bewilligt, damit der Preis der Grundnahrungsmittel für alle Einwohner der Republik auf gleicher Höhe gehalten werden kann.

8. Es soll ein Maximum für Vermögen festgesetzt werden. 20 [...]

10. Keiner soll mehr Ländereien pachten dürfen, als für eine festgesetzte Anzahl von Pflügen gebraucht wird.

11. Ein Bürger soll nicht mehr als eine Werkstatt oder einen Laden besitzen dürfen.

12. Alle, die Waren oder Grund und Boden unter ihrem Namen innehaben, sollen als deren Eigentümer gelten.

Zit. nach: W. Markov, Revolution im Zeugenstand. Frankreich 1789–1799. Bd. 2, Leipzig 1986, S. 489 ff.

5 **Republikanischer Dekalog (1793/94):**

Du sollst allein dem Volke heiligen Gehorsam schwören.

Du sollst die von ihm bestätigten Gesetze treu einhalten.

Du sollst jedem König auf ewig Hass und Krieg schwören.

Du sollst bis zu deinem letzten Atemzug deine Freiheit bewahren.

Du sollst die Gleichheit ehren, indem du beständig nach ihr handelst.

Du sollst nicht eigensüchtig sein, weder unabsichtlich noch vorsätzlich.

Du sollst nicht nach Positionen trachten, die du nicht würdig ausfüllen kannst.

Du sollst allein auf die Vernunft hören, dich künftig nur von ihr leiten lassen.

Du sollst als Republikaner leben, damit du selig sterben kannst.

Du sollst bis zu Frieden revolutionär handeln.

Du sollst alle Verdächtigen einsperren, ohne die geringste Nachsicht zu üben.

Du sollst die Priester unverzüglich von deinem Grund und Boden vertreiben.

Du sollst jeden Emigranten, der zurückkehrt, unverzüglich einen Kopf kürzer machen.

Du sollst in deine Clubs weder einen Feuillanten noch einen Gemäßigten aufnehmen.

Du sollst den wucherhaften Hamsterer verfolgen wie auch den Gauner.

Du sollst keinem Eid eines ehemaligen Adligen vertrauen.

Du sollst täglich zu deinem Club gehen, um dich gründlich zu unterrichten.

Zit. nach: R. Reichardt (Hrsg.), Die Französische Revolution. a. a. O., S. 58 f.

Le Peuple Français,
Où le régime de Robespierre?

6 **Das Französische Volk oder Das Regime Robespierres.**
Anonyme Radierung, koloriert, 1794/95, Paris.

1

7 **Aus dem „Gesetz über die Verdächtigen", am 17. September 1793 vom Nationalkonvent beschlossen:**

Art. 1. Unmittelbar nach der Verkündigung dieses Gesetzes werden alle Verdächtigen, die sich auf dem Gebiet der Re-
5 publik befinden und noch auf freiem Fuße sind, verhaftet und eingesperrt.

Art. 2. Als verdächtig gelten:

1. diejenigen, die sich durch ihr Verhalten, ihre Beziehungen, ihre Reden oder ihre Schriften als Anhänger
10 der Tyrannei [...] und als Feinde der Freiheit zu erkennen gegeben haben;

2. diejenigen, die gemäß dem Gesetz vom 21. März d.J.[2] keinen Nachweis über ihre Existenzmittel und über die Erfüllung ihrer staatsbürgerlichen Pflichten
15 erbringen können[3] [...]

3. jene der einstmals Adligen, die Gatten und Gattinnen, Väter und Mütter, Söhne und Töchter, Brüder und Schwestern, die nicht beständig ihre Verbundenheit mit der Revolution bekundet haben, sowie
20 Emigranten;

4. diejenigen, die in der Zeit zwischen dem 1. Juli 1789 und der Veröffentlichung des Gesetzes vom 8. April 1792 emigriert sind, auch wenn sie in der vom Gesetz festgelegten Frist oder früher nach Frankreich zurückgekehrt sind.

Zit. nach: I. und P. Hartig, Die Französische Revolution. Stuttgart 1979, S. 93f.

8 **Aus einem Zeitungsartikel von Camille Desmoulins (24. Dezember 1793):**

Die Freiheit ist das Glück, ist die Vernunft, ist die Gleichheit, ist die Gerechtigkeit, die Erklärung der Rechte, ist
5 eure herrliche Verfassung! Soll ich sie anerkennen, soll ich ihr zu Füßen fallen, soll ich mein Blut für sie verströmen? Dann öffnet vorher die Zuchthäuser für die 200 000 Bürger, die ihr Verdächtige nennt, denn in der Erklärung der Rechte ist nirgends die Rede von Verdachtshäusern.
10 Für den Verdacht sind nicht die Gefängnisse, sondern der Staatsanwalt da. Es gibt keine Verdächtigen, sondern nur Beschuldigte, denen vom Gesetz vorgesehene Strafen angedroht werden. Und glaubt nur nicht, eine solche Maßnahme würde das Ende der Republik bedeuten. Sie
15 wäre die revolutionärste Tat, die ihr jemals vollbracht hättet. Ihr wollt alle eure Feinde mit der Guillotine austilgen. Hat man je einen größeren Aberwitz gesehen? Könnt ihr einen einzigen auf dem Schafott umbringen, ohne euch unter seinen Verwandten oder Freunden zehn
20 Feinde zu machen? [...]
Ich denke ganz anders als die, welche euch sagen, der Schrecken müsse auf der Tagesordnung bleiben. Ich bin im Gegenteil überzeugt, dass die Freiheit gefestigt und Europa

besiegt würde, wenn ihr einen Vergebungsausschuss hät-
tet. Ein solcher Ausschuss würde die Revolution vollenden, 25 denn auch das Vergeben ist eine revolutionäre Maßnahme, die wirksamste überhaupt, wenn sie klug eingesetzt wird.

Zit. nach: U. Friedrich Müller (Hrsg.), Die Französische Revolution 1789–1799. München 1988, S. 257f.

9 **Fragenkatalog aus Rochefort zur Beurteilung der revolutionären Gesinnung der Bürger (1793/94):**

1. Was hast du 1789, 1791, 1792 gemacht?

2. Wie hast du dich 1793 während der föderalistischen Krise[4] verhalten? 5

3. Wie groß war dein Vermögen 1789 und wie groß ist es 1793?

4. Wenn es angewachsen ist, wodurch?

5. Welches sind deine Verbindungen und welche Reden führst du? 10

6. Hast du konterrevolutionäre Adressen unterschrieben?

7. Hast du einem literarischen Zirkel oder einem antipatriotischen Klub angehört?

8. Hast du für schlechte Zeitungen geschrieben?

9. Was hast du eigentlich für die Revolution getan? 15

Zit. nach: S. Petersen, Die Große Revolution und die Kleinen Leute. Französischer Alltag 1789–1795. Köln 1988, S. 203.

10 **Robespierres „Regierungsprogramm" – Aus seiner Grundsatzrede vor dem Nationalkonvent (5. Februar 1794):**

Welches Ziel haben wir? Es heißt: friedlicher Genuss der Freiheit und Gleichheit, Herrschaft der ewigen Gerech- 5 tigkeit. [...] Was wir in unserem Land einführen wollen, ist Gemeinschaftsverantwortung statt Eigensucht, Anständigkeit statt Ehrgehabe, Grundsätze statt alter Gewohnheiten, Bürgerpflichten statt Anstandsregeln, Vernunftherrschaft statt Modentyrannei, Verachtung 10 des Lasters statt Verachtung des Unglücks, Selbstachtung statt Dünkel, Seelengröße statt Eitelkeit, Ruhmesliebe statt Geldgier, die guten und einfachen Leute statt der Leute der feinen Gesellschaft, Verdienst statt Intrigenspiel, Erfindungskraft statt Schöngeisterei, Wahrheit statt 15 hohlen Glanz, die Freuden des Glücks statt schaler Genusssucht, Größe des Menschen statt Bedeutungslosigkeit der Großen, ein großmütiges, mächtiges und glückliches Volk statt eines liebenswerten, aber leichtlebigen und verelendeten Volkes, das heißt Tugenden und wun- 20 derbare Wohltaten der Republik statt all der Laster und Lächerlichkeiten der Monarchie. – Mit einem Wort, wir wollen den Auftrag der Natur ausführen, die Menschheit

---

2 Gesetz über die Schaffung von Überwachungsausschüssen.
3 Gemeint sind in erster Linie die Spekulanten.

4 Im Juni/Juli 1793 breitete sich im Süden, Südwesten und in der Bretagne eine Rebellion gegen den Nationalkonvent aus, die als föderalistisch bezeichnet wurde und an der auch die entmachteten überlebenden Girondisten beteiligt waren.

ihrer Bestimmung zuführen, die Verheißungen der Auf-
25 klärung erfüllen, die lange Herrschaft des Verbrechens
und der Tyrannei bei der Vorsehung sühnen. [...]
Welche Art von Regierung kann diese Wunder vollbringen? Allein die demokratische oder republikanische Regierung: Diese beiden Wörter sind bedeutungsgleich, mögen
30 sie auch in der gewöhnlichen Sprache missbraucht werden; denn die Aristokratie ist ebenso wenig republikanisch
wie die Monarchie. Die Demokratie ist keine Regierungsform, in der das Volk dauernd versammelt ist und alle
öffentlichen Angelegenheiten selbst regelt; noch weniger
35 ist sie eine Regierungsform, in der 10000 Splittergruppen
des Volkes durch jeweils isolierte, überstürzte und wider-
sprüchliche Maßnahmen über das Schicksal der Gesellschaft insgesamt entscheiden: Eine solche Regierungsform
hat es nie gegeben und wenn es sie gäbe, könnte sie das
40 Volk nur zum Despotismus führen. [...] Die Demokratie ist
eine Regierungsform, in der das Volk unter Leitung selbst-
geschaffener Gesetze selber tut, was es gut kann, und durch
Beauftragte tut, was es selber nicht kann. [...]
Um aber unter uns die Demokratie zu gründen und zu
45 festigen, um die friedliche Herrschaft der Verfassungsge-
setze zu erreichen, gilt es zunächst, den Krieg der Freiheit
gegen die Tyrannei zu beenden und das stürmische Meer
der Revolution wohlbehalten zu überqueren; eben das ist
der Zweck des revolutionären Systems, das ihr gesetzlich
50 verankert habt [...].
Was ist nun das Grundprinzip der demokratischen Volksregierung? Wie heißt die Kraft, welche die Regierung trägt
und handlungsfähig macht? Es ist die Tugend; ich meine
jene öffentliche Tüchtigkeit, die im alten Griechenland
55 und im alten Rom so viele Wunder vollbracht hat und
im republikanischen Frankreich noch viel erstaunlichere
Wunder vollbringen wird; jene Tugend, die nichts anderes
ist als die Liebe zum Vaterland und dessen Gesetzen. – Da
aber das Wesen der Republik oder der Demokratie in der
60 Gleichheit besteht, so folgt daraus, dass die Vaterlandsliebe notwendig die Liebe der Gleichheit einschließt. [...] Die
Tugend ist nicht nur die Seele der Demokratie, sondern sie
kann auch nur in dieser Regierungsform bestehen [...].
Wenn die treibende Kraft der Volksregierung während
65 des Friedens in der Tugend besteht, so besteht sie während der Revolution in der Tugend und in der Terreur
zugleich; denn ohne Tugend ist die Terreur verderblich
und ohne Terreur ist die Tugend machtlos. Die Terreur
ist nichts anderes als unmittelbare, strenge, unbeugsa-
70 me Gerechtigkeit; sie ist also Ausfluss der Tugend; sie ist
weniger ein besonderes Prinzip als vielmehr die Konsequenz des allgemeinen Prinzips der Demokratie in seiner Anwendung auf die dringendsten Bedürfnisse des
Vaterlandes. [...] Die Regierung der Revolution ist der
75 Despotismus der Freiheit gegen die Tyrannei.

Zit. nach: Rolf Reichardt (Hrsg.), Die Französische Revolution. Freiburg,
Würzburg (Ploetz) 1988, S. 68 f.

11 **Der Pariser Sicherheitsausschuss[5] begründet sein
Verbot der revolutionären Frauen-Clubs (30. Oktober
1793):**

Die häuslichen Aufgaben, zu denen Frauen von Natur aus
bestimmt sind, gehören selbst zur allgemeinen Ordnung
der Gesellschaft. Diese soziale Ordnung resultiert aus dem 5
Unterschied, der zwischen Mann und Frau besteht. Jedes
Geschlecht ruft nach der ihm eigenen Art von Beschäftigung, bewegt sich in diesem Kreis, den es nicht überwinden kann. Denn die Natur, die dem Menschen diese
Grenzen gesetzt hat, befiehlt gebieterisch und hält sich 10
an kein Gesetz. Der Mann ist stark, robust, mit einer großen Energie, mit Kühnheit und Mut geboren. Er meistert
die Gefahren, die Rauheit der Jahreszeiten durch seine
Konstitution. Er widersteht allen Elementen. Er ist für die
Künste wie für die schweren Arbeiten geeignet. Und da 15
er fast ausschließlich für die Landwirtschaft, den Handel,
die Schifffahrt, die Reisen, den Krieg bestimmt ist, zu all
jenem also, was nach Kraft, Intelligenz und Kompetenz
verlangt, so scheint auch er allein zu jenen tief gehenden
und ernsthaften Meditationen geeignet, die eine große 20
Anstrengung des Geistes und lange Studien voraussetzen,
denen Frauen nicht nachgehen können.
Welches ist der der Frau eigentümliche Charakter? Die
Sitten und die Natur selbst haben ihr Aufgaben zugesprochen: die Erziehung der Menschen zu beginnen, den 25
Geist und das Herz der Kinder auf die öffentlichen Tugenden vorzubereiten, sie von früh an zum Guten hinzulen-
ken, ihr Gemüt zu entfalten, [...] neben den Sorgen um
den Haushalt. [...]
Wenn die Frauen all diese Aufgaben erfüllen, haben sie 30
sich um das Vaterland verdient gemacht. [...] Erlaubt es
die Sittsamkeit einer Frau, sich in der Öffentlichkeit zu
zeigen und gemeinsam mit den Männern zu kämpfen,
im Angesicht des Volkes über Fragen zu diskutieren, von
denen das Wohl der Republik abhängt? Im Allgemeinen 35
sind Frauen kaum zu hohen Vorstellungen und ernsthaf-
tem Nachdenken fähig. [...]
Wir glauben also [...], dass es nicht möglich ist, dass
Frauen politische Rechte ausüben. Vernichtet also diese
angeblichen Volksgesellschaften von Frauen, die der Adel 40
nur schuf, um sie mit Männern streiten zu lassen, um
diese zu entzweien, weil sie in den Auseinandersetzungen
Partei ergreifen sollten, und um Unruhe zu stiften.

Zit. nach: Susanne Petersen, Brot und Kokarden – Frauenalltag in der Revolution, in: Viktoria Schmidt-Linsenhoff (Hrsg.), Sklavin oder Bürgerin? Französische Revolution und Neue Weiblichkeit 1760–1830. Marburg 1989, S. 35 f.

5 Eingesetzt vom Nationalkonvent im Oktober 1792, zuständig für die
innere Sicherheit, insbesondere für Verhaftungen und die Einleitung von
Prozessen.

12 C. Dupius, **Der massenhafte Thronsturz.** Kolorierte Radierung, 1794. Paris.

13 **Adresse einer Volksgesellschaft (Sektion „Brutus")
an den Nationalkonvent (19. April 1794):**
Die Volksgesellschaften der verschiedenen Sektionen sind
jetzt in eine unerwartete Ungnade gefallen und scheinen
5 bei den Freunden der Freiheit Misstrauen und Besorgnis
zu erregen. Man beschuldigt sie, dass sie die unsittlichen
und freiheitsmörderischen Prinzipien der Cordeliers,
deren Führer unter dem Schwert des Gesetzes gefallen
sind, auffrischen und ihnen in ihrem Kreis huldigen. Das
10 Ansehen, das sie sich erworben haben, scheint sie der
strengen öffentlichen Meinung verdächtig zu machen.
Die Vorwürfe, die einige Intriganten den Gesellschaften,
deren Ausweise sie erschwindelt haben, zweifellos in die
Schuhe schieben wollten, kann man jedoch der Volksge-
15 sellschaft „Brutus" keineswegs machen.
Sie hat ernsthaft um ihre Erneuerung gerungen und
energisch die Intriganten bekämpft. Sie hat sich ständig
um das öffentliche Wohl bemüht und sich die Mutterge-
sellschaft zum Vorbild genommen. Sie hat stets die Nati-
20 onalversammlung als ihren Sammelplatz angesehen. Sie
war weit davon entfernt, Anteil an den verbrecherischen
Plänen der ruchlosen Partei zu nehmen, die euer wachsa-
mes und scharfblickendes Auge aufgedeckt hat. Sie ist vor
euch getreten, um euch den Abscheu zu bekunden, der
25 sie ergriffen hatte. Sie hat euch ihre Arme und ihr Leben
angeboten, noch ehe eure schrecklichen Keulenschläge
die Verschwörer getroffen haben.
Nun, diese gleiche Volksgesellschaft kommt heute aus
Sorge um das öffentliche Wohl, von dem sie sich leiten
30 lässt, zu euch, um zu erklären, dass sie von diesem Augenblick an ihre Sitzungen einstellt. Alle ihre Mitglieder

gehen nach Hause und erscheinen von jetzt an nur noch
in den Generalversammlungen. [...]
Bevor wir aber euer Hohes Haus verlassen, Volksvertreter,
wollen wir euch unsere klare politische Meinung über die 35
Sektionsgesellschaften zur Kenntnis bringen. Wir sind
der Meinung, dass der größte Teil ihrer Mitglieder makel-
los und rechtschaffen ist. Sie wollen für das Gute wirken
und versuchen ihm in den Herzen aller Eingang zu verschaffen. Dieses edle Streben ist uns immer eigen gewe- 40
sen. Aus diesem Grund übergeben wir eurem Präsidium
die Liste mit den Namen und Anschriften aller Mitglieder
der Gesellschaft, die zum größten Teil dieser Deputation
angehören, damit ihr ohne Unterschied aus diesem Ver-
zeichnis auswählen könnt, wenn ihr Patrioten braucht, 45
die euch mit Leib und Seele ergeben sind, Patrioten, die
immer bereit sind, euch zu achten und euch auf Leben
und Tod zu beschützen. Es lebe die Republik!

Zit. nach: W. Markov/A. Soboul, Die Sansculotten von Paris. Berlin 1957,
S. 387 f.

14 **Opfer der Schreckensherrschaft 1793/94**

Todesopfer insgesamt	30000–40000
Durch Revolutionstribunale ver- urteilt	16594
März bis September 1793	518
Oktober 1793 bis Mai 1794	10812
Juni bis Juli 1794	2554
August 1794	86

15 Soziale Verteilung der Opfer

Kleinbürgertum und Unterschicht (Sansculotten)	31,0%
Bauern	28,0%
Besitz- und Bildungsbürgertum	25,0%
Adel	8,5%
Klerus	6,5%

Schätzungen nach D. Greer, Incidence of the Terror during the French Revolution. Cambridge, Mass. 1935, S. 26 f.; A. Soboul, Französische Revolution und Volksbewegung: Die Sansculotten. Frankfurt/Main (Suhrkamp) 1978, S. 352 f.; nach: H. D. Schmid, Fragen an die Geschichte, Bd. 3, Frankfurt/Main (Hirschgraben) 1976, S. 145.

16 Aus dem Beschluss des Nationalkonvents zur Einsetzung des Revolutionstribunals[6] (10. Juni 1794):

Art. 4. Das Revolutionstribunal wird eingesetzt, um die Feinde des Volkes zu bestrafen.

5 Art 5. Die Feinde des Volkes sind diejenigen, die es versuchen, die öffentliche Freiheit zu vernichten, durch Gewalt oder durch List.

Art. 6. Als Feinde des Volkes sind diejenigen zu betrachten, die die Wiederherstellung des Königreichs bewirken
10 wollen oder die darauf aus sind, den Nationalkonvent verächtlich zu machen oder ihn aufzulösen und damit die republikanische Revolutionsregierung, deren Mittelpunkt der Konvent ist […],

diejenigen, die sich bemühen Entmutigung zu erzeugen,
15 um die Unternehmen der gegen die Republik alliierten Tyrannen zu begünstigen;

diejenigen, die Falschmeldungen verbreiten, um das Volk zu spalten oder zu beunruhigen; […]

Art. 7. Die Strafe für alle diese Verbrechen, deren Feststellung dem Revolutionstribunal obliegt, ist der Tod.

Zit. nach: I. und P. Hartig, Die Französische Revolution. Stuttgart 1979, S. 99 f.

17 Robespierres letzte Rede vor dem Nationalkonvent (26. Juli 1794):

Wir müssen auf alles Unheil gefasst sein, das jene Parteien nach sich ziehen können, die bei uns ungestraft agie-
5 ren. Inmitten so vieler glühender Leidenschaften und in einem so weitläufigen Reich ziehen sich Tyrannen, deren Armeen ich zwar flüchten, aber nicht eingekesselt und vernichtet sehe, zurück, um euch zur Beute eurer eigenen Zwistigkeiten, die sie selbst anzettelten, und zur Beu-
10 te einer Armee verbrecherischer Agenten, die ihr nicht einmal bemerken könnt, werden zu lassen. Lockert für

6 Dieses Gesetz, als Prairial-Gesetz bekannt, bezeichnet den Höhepunkt der Schreckensherrschaft. Es entsprang aus der Krisensituation im Frühjahr 1794, als die Gegenrevolution außen und innen Fortschritte machte und Mordanschläge auf Robespierre und Collot d'Herbois versucht worden waren. Unmittelbar nach Beschluss dieses Gesetzes begann eine neue Welle von Hinrichtungen (siehe Tabelle S. 40).

einen Augenblick die Zügel der Revolution, ihr werdet sehen, wie der militärische Despotismus diese Zügel ergreift und wie der Führer der Parteien die entwürdigte Volks-
15 vertretung umstößt. Ein Jahrhundert des Bürgerkriegs und des Elends wird unser Vaterland verwüsten und wir werden untergehen, weil wir es versäumt haben, in einem bestimmten Augenblick der Menschheitsgeschichte die Freiheit zu begründen; wir werden unser Vaterland
20 einem Jahrhundert des Elends aussetzen und das Volk wird unser Andenken verwünschen, das doch der ganzen Menschheit teuer sein sollte!

Volk, erinnere dich, dass die Freiheit nur ein eitler Name ist, wenn nicht die Gerechtigkeit in der Republik mit ab-
25 soluter Macht regiert und wenn das Wort Gerechtigkeit nicht Liebe zur Gleichheit und zum Vaterland bedeutet. Volk, das man fürchtet, dem man schmeichelt und das man verachtet, du anerkannter Souverän, den man immer als einen Sklaven behandelt, erinnere dich daran,
30 dass überall da, wo es keine Gerechtigkeit gibt, die Leidenschaften der Beamten herrschen, dass dann das Volk nur seine Ketten ausgewechselt, aber nicht sein Schicksal geändert hat.

Zit. nach: I. und P. Hartig, Die Französische Revolution. Stuttgart 1979, S. 100 f.

18 Bericht über die Hinrichtung Robespierres und der führenden Jakobiner am 10. Thermidor (28. Juli 1794):

Gegen sechs Uhr abends verließen der Tyrann und 21 sei-
5 ner Hauptmitschuldigen die Conciergerie, um zum Schafott zu fahren. Es waren drei Karren: Henriot, betrunken wie gewöhnlich, saß neben dem jüngeren Robespierre; der Tyrann neben Dumas, dem Werkzeug seines Wütens; Saint-Just neben dem Bürgermeister von Paris; Couthon
10 war auf dem dritten Karren. Henriot und der jüngere Robespierre hatten sich in den Kopf geschossen und waren mit Blut bedeckt; Couthon trug eine Binde; der Tyrann hatte den ganzen Kopf bis auf das Gesicht verbunden, weil er einen Pistolenschuss in die Kinnlade bekommen
15 hatte. Es ist keinem Menschen gegeben, hässlicher und feiger zu sein: Er war finster und niedergeschlagen. Die einen sagten, er sehe aus wie ein Tiger mit Maulkorb, andere, wie der Knecht eines Cromwell ausgesehen haben mag; die Haltung von Cromwell selber hatte er nicht
20 mehr. Alle, die ihn umgaben, hatten wie er ihr anmaßendes Auftreten verloren. Ihr geducktes Wesen reizte die Entrüstung noch mehr. Man erinnerte sich, dass die Verschwörer, die ihnen vorausgegangen waren, wenigstens zu sterben wussten. Diese hier hatte nicht einmal die
25 Kraft, miteinander zu reden oder das geringste Wort an das Volk zu richten.

Die Menge war zahllos; Laute der Freude, Beifall, Rufe: „Nieder mit den Tyrannen!", „Hoch die Republik!", Flüche jeder Art ertönten von allen Seiten längs des Weges.

30 Das Volk rächte sich so für die von der Schreckensherrschaft befohlenen Lobhudeleien oder die durch eine lange Scheinheiligkeit erschlichenen Huldigungen.
Es war ungefähr halb acht Uhr, als die Verräter auf der Place de la Révolution ankamen. Couthon wurde als
35 erster hingerichtet; der jüngere Robespierre folgte; der Kopf des Tyrannen fiel als vorletzter und der von Fleuriot Lescot als letzter.

Sie wurden dem Volk gezeigt, das die Luft widerhallen ließ von den nicht enden wollenden Rufen: „Hoch der Konvent!", „Hoch die Republik!"
40

Zit. nach: G. Pernoud/S. Flaissier (Hrsg.), Die Französische Revolution in Augenzeugenberichten. Düsseldorf (dtv) 1978, S. 389 f.

19 **J.-B.-M. Louvion nach M. Poirier, Die schroffe Vorgehensweise.** Farbradierung, 13. Mai 1795. Paris.

1.8 Die Verbürgerlichung der Revolution 1794–1799

1794 5. August	Nach dem Sturz Robespierres lassen die „Thermidorianer" zahlreiche politische Gefangene frei.
19. November	Schließung des Jakobinerclubs durch den Nationalkonvent
November	Eroberung Hollands durch französische Truppen (Batavische Republik)
24. Dezember	Abschaffung des Maximums, Rückkehr zum Wirtschaftsliberalismus
1795 17. Februar	Friedensvertrag zwischen dem Konvent und den Aufständischen der Vendée
1. April	Aufstand der Pariser Sansculotten („Brot und die Verfassung von 1793")
5. April	Friede von Basel zwischen Frankreich und Preußen
20. April	Friedensvertrag zwischen dem Konvent und den royalistischen Aufständischen in Westfrankreich
20.–23. Mai	Entwaffnung der aufständischen Sansculotten durch die Armee
22. Juli	Friede von Basel zwischen Frankreich und Spanien
1. Oktober	Anschluss der österreichischen Niederlande (Belgien) an Frankreich
1796 Februar bis Juni	Niederschlagung der royalistischen Aufstände in der Vendée und der Bretagne
2. März	Ernennung Napoleons zum Oberbefehlshaber der Italien-Armee
9. Juli	Gründung der Cisalpinischen Republik in Mailand
1797 17. Oktober	Friede von Campo Formio zwischen Frankreich und Österreich
1798 März	Besetzung der Schweizer Kantone durch Frankreich (Helvetische Republik)
11. Mai	Staatsstreich des Direktoriums gegen das Parlament, das von jakobinischen Abgeordneten „gesäubert" wird.
19. Mai	Ägypten-Expedition Napoleons, Eroberung Kairos (22. Juli)
1799 9./10. November	Staatsstreich Napoleons, Wahl von drei Konsuln (Napoleon, Sieyès, Lebrun)
15. Dezember	Napoleon wird Erster Konsul und faktischer Alleinherrscher

1 Joseph Fouché, Konventskommissar in Lyon, über die Vorgeschichte von Robespierres Sturz (1794):

Wir hatten den Höhepunkt von Revolution und Schrecken erreicht. Regiert wurde nur noch mit dem Eisen,
5 das die Köpfe abschnitt. Verdacht und Misstrauen nagten an allen Herzen und das blanke Entsetzen lag über allen. Ein einziger Mann im Konvent schien eine unangreifbare Popularität zu genießen, das war Robespierre […]. Gestützt auf sein Übergewicht im Wohlfahrtsaus-
10 schuss, strebte er ganz offen nicht mehr nur nach einer Tyrannis wie die Dezemvirn, sondern zum Despotismus einer Diktatur, wie Marius und Sulla sie ausgeübt hatten. Er brauchte nur noch einen einzigen Schritt zu tun, um absoluter Herr der Revolution zu sein, die nach
15 seinem Willen zu lenken er die stolze Kühnheit besaß, aber er braucht dazu noch dreißig Köpfe und er hatte sie bereits im Konvent gekennzeichnet[1]. Er wusste, dass ich ihn durchschaut hatte, und also hatte ich die Ehre, in seinem Notizbuch auf die Mordliste gesetzt zu werden.
20 […] Es machte mir nicht das geringste Vergnügen um meinen Kopf zu kämpfen oder bei heimlichen Treffen mit Kollegen, die ebenso wie ich bedroht waren, lange Beratungen halten zu müssen. Ich begnügte mich damit ihnen […] zu sagen: „Ihr seid auf der Liste! Ihr

seid genau so auf der Liste wie ich, dessen bin ich ganz 25 sicher!" Tallien, Barras, Bourdon de l'Oise und Dubois de Crancé zeigten einige Energie. Tallien […] war sogar entschlossen, den zukünftigen Diktator im Konvent mit seinem Dolche niederzustechen. Aber wie gefährlich war das! Robespierres Volkstümlichkeit hätte ihn überlebt 30 und uns hätte man auf seinem Grabe geschlachtet. Ich redete Tallien einen solchen Alleingang aus, der zwar den Mann zu Fall gebracht, sein System aber erhalten hätte. Überzeugt, dass es anderer Mittel bedürfe, ging ich geradewegs zu denen, die mit Robespierre an der Schreckens- 35 herrschaft teilhatten, von denen ich aber wusste, dass sie auf seine immense Popularität neidisch waren oder sie fürchteten. Ich zeichnete bei Collot d'Herbois, bei Carnot, Billaud de Varenne die Züge des modernen Appius und einzeln entwarf ich ihnen ein kräftiges und wah- 40 res Bild der Gefahr ihrer Stellung. […] „Zählt doch die Stimmen," sagte ich zu ihnen, „in eurem Komitee! Ihr werdet sehen, dass er, wenn ihr nur wirklich wollt, nur die ohnmächtige Minderheit Couthon und Saint-Just für sich hat! Verweigert ihm das Wort und ihr isoliert 45 ihn durch euren passiven Widerstand!"

Zit. nach: W. Lautemann, Geschichte in Quellen, Bd. 4. München (bsv) 1981, S. 435 f.

2 Die „Galerie de Bois" war unter dem Direktorium der Treffpunkt der aufwändig und modisch gekleideten Nutznießer der Revolution. In der Mitte ein herausgeputzter Stutzer (Muscadin) mit hoher Halsbinde, engem Rock mit weit herabhängenden Schößen und weichen, spitzen Stiefeln. Paris, 1798.

---

1 Mehr als dreißig Abgeordnete, unter ihnen Legendre, Courtois, Tallien, schliefen nicht mehr zu Hause, sondern in wechselnden Quartieren. Auch Fouché besaß länger als zwei Monate hindurch keine feste Wohnung, weil es so der Polizei erschwert wurde ihn zu überwachen oder gar festzunehmen. Diese Abgeordneten, die sich unmittelbar bedroht wussten, waren auch die, welche sich gegen Robespierre schließlich zusammenschlossen.

3 Der rechtsgerichtete Konventsabgeordnete Durand-Maillane über die Nacht vor Robespierres Sturz (26./27. Juni 1794):

Jeder Tyrann, der droht und nicht zuschlägt, wird
5 selbst geschlagen. Tallien, Bourdon[2] und zwei oder drei andere bedrohte Montagnards schliefen nicht mehr und zur eigenen Verteidigung konspirierten sie gegen ihn [Robespierre]. Aber was sollten sie tun, um ihn zu stürzen? Robespierre leitete alle Machtzentren in
10 Paris, alle Funktionäre der Klubs, und zu seinen ergebenen Parteigängern gehörte auch der Kommandant der bewaffneten Macht, Hanriot[3]. Nur ein Dekret des Konvents konnte diesen Koloss stürzen, denn in einem Kriege der Meinungen ist nichts mächtiger als die
15 moralische Kraft. Aber es gab noch ein Hindernis: Die rechte Seite [des Konvents], die zahlreicher an Stimmen war, stand den bedrohten Montagnards weniger freundlich gegenüber. Sie konnte das auch nicht, weil die Montagnards ihre Anklage und Verhaftung gefor-
20 dert hatten, während Robespierre sie immer geschützt hatte, wahrscheinlich um sich im Bedarfsfalle auf sie stützen zu können. Da es nun gar kein anderes Mittel gab, wandten sich die Montagnards an uns. Ihre Emissäre traten an uns heran. Sie wandten sich an Palasne-
25 Champeaux, an Boissy-d'Anglas und an mich, die wir alle drei Anhänger der Verfassung waren und deren Haltung die anderen stärken musste. [...] Es war nicht möglich, noch länger täglich sechzig, achtzig Köpfe ruhig fallen zu sehen.

Zit. nach: W. Lautemann, Geschichte in Quellen, Bd. 4. München (bsv) 1981, S. 438.

4 Der Sturz Robespierres am 27. Juni 1794 (9. Thermidor des Jahres II) – Aufruf der Kommune von Paris:

Bürger, noch nie war das Vaterland in so großer Gefahr! Verbrecher unterdrücken den Konvent und dik-
5 tieren ihm Gesetze. Man verfolgt Robespierre, der das trostreiche Prinzip von der Existenz des Höchsten Wesens und der Unsterblichkeit der Seele hat verkünden lassen. Man verfolgt Saint-Just, diesen Apostel der Tugend, der dem Verrat am Rhein und im Norden ein
10 Ende machte. Außerdem Lebas, der die Waffen der Republik zum Triumph führte zusammen mit Couthon, dem tugendreichen Bürger, bei dem nur noch Körper und Kopf leben[4], doch im patriotischen Eifer nur so brennen. [...] Und wer sind ihre Feinde? Ein gewisser
15 Amar, Adliger mit 30 000 Livres Rente; Dubarran, ein Vicomte, und andere Ungeheuer dieser Art [...]. Volk, steh auf! Wir wollen die Früchte des 10. August und des 31. Mai nicht einbüßen! Wir wollen alle Verräter ins Grab stürzen!

Zit. nach: W. Lautemann, Geschichte in Quellen, Bd. 4. München (bsv) 1981, S. 439f.

5 Der Sturz Robespierres am 27. Juni 1794 (9. Thermidor des Jahres II) – Unsicherheit in den Sektionen:

Der Faubourg Antoine an den Generalrat der Kommune Freiheit, Gleichheit oder Tod

5 Am 9. Thermidor im Jahre II der einen und unteilbaren Republik. Bürger, Behörden.

Die Bürger der Vorstadt Antoine, Sektion der Quinze-Vingt, haben noch nicht jene Energie verloren, welche die Republikaner kennzeichnet, aber unter den augenblicklichen Umständen unter einem Revolutionsregi-
10 ment haben sie es nötig, dass ihre Handlungen geleitet werden, damit sie nicht in die Fallen gehen, welche zu stellen die Feinde der Allgemeinheit nicht aufhören.

Sie stehen in diesem Moment unter den Waffen und erwarten Kenntnis zu erhalten von den Motiven, wel-
15 che zu der allgemeinen Ansammlung ihrer Mitbürger geführt haben. Fest in ihren revolutionären Grundsätzen, geloben sie feierlich, nur die eine und unteilbare Republik zu kennen.

Zit. nach: W. Lautemann, Geschichte in Quellen, Bd. 4. München (bsv) 1981, S. 440.

6 Aufruf des Konvents nach Robespierres Sturz (28. Juli 1794):

Kaum waren die Manöver der Verschwörer Robespierre, Saint-Just und Couthon und deren Komplizen bekannt geworden, da umgaben die Sektionen von Paris den
5 Nationalkonvent; die Bürger bildeten mit ihren Leibern einen Wall um die Abgeordneten und stützten sie mit ihren Waffen.

Wie schön und eurer würdig war dieser ergreifende Anblick von Pariser Bürgern, die sich spontan um den
10 Konvent geschart hatten [...]. Am 31. Mai machte das Volk die Revolution; am 9. Thermidor machte der Konvent die seine. Die Freiheit hat gleichermaßen beiden applaudiert.

Möge diese schreckliche Epoche [...] der letzte Sturm
15 der Revolution sein! Möge sie vor allem die Bürger aufklären über das Recht der Gleichheit! Vor dem Vaterland ist kein Bürger irgendetwas und die Freiheit gestattet weder Vorrang noch Vorzug. Ein Mann ist nichts als ein Mann vor dem Gesetz und wer sich
20 Rechte des Volkes anmaßt, ist kein Mann, sondern ein Schädling, der verschwinden muss.

Zit. nach: W. Lautemann, Geschichte in Quellen, Bd. 4. München (bsv) 1981, S. 440f.

2 Zwei führende Jakobiner, die sich von Robespierre abgewandt hatten.
3 Befehlshaber der Nationalgarde.
4 Couthon war an den Beinen gelähmt.

1

7 **Warenpreise in Paris 1795 (in Livres):**

Fleisch	8 (Juni)	15 (September)
Butter	16–18 (Juli)	30 (September)
Zucker	11 (Januar)	62 (September)
12 Eier	9 (Juli)	12 (September)
25 kg Kartoffeln	34 (Mai)	56 (Oktober)
Talgkerzen	5 (Januar)	50 (August)
Fuhre Kohle	75 (Juni)	175 (Oktober)
Brennholz (Zentner)	160 (Mai)	500 (September)

Zit. nach: Georges Rudé, Die Massen in der Französischen Revolution. München, Wien 1961, S. 214 f.

8 **Die Germinal-Unruhen (1. April 1795) – Tumulte im Konvent:**

Männer, Frauen und Kinder drängen die Saalwächter beiseite, dringen in Scharen in den Saal des Konvents ein,
5 schwenken ihre Freiheitsmützen und schreien: „Brot! Brot!" – Die Abgeordneten auf der äußersten Linken und die Personen auf der Tribüne über ihnen klatschen ihnen auf das lebhafteste zu. Einige dieser Männer tragen auf ihren Mützen und Hüten die Aufschrift: „Brot und die Ver-
10 fassung von 1793!", andere haben nur das Wort „Brot!" hingeschrieben. – Die große Mehrheit des Konvents hat das Schauspiel zuerst mit majestätischer Ruhe betrachtet; dann ist sie spontan mit dem Ruf: „Es lebe die Republik!" aufgestanden. – Die lebhafteste Bewegung herrscht auf
15 der äußersten Linken.
Legendre[5]: Wenn jemals der böse Wille, der sich regt [...] (Tausend Stimmen unterbrechen ihn mit dem Ruf: „Nieder! Nieder! Wir haben kein Brot!")
Huguet: Hier gibt es keinen bösen Willen (Lärm).
20 *Legendre:* Wenn der böse Wille [...] (neue Rufe: Nieder! Nieder! hindern ihn am Weitersprechen)
Merlin (de Thionville)[6]: mischt sich in die Menge, spricht mit mehreren Arbeitern, klärt sie auf, umarmt sie.
25 Einige Bourgeois und einige Mitglieder der äußersten Linken rufen ihm zu, er solle sich an seinen Platz begeben.
Merlin: Mein Platz ist mitten im Volke. Die Bürger haben mir gesagt, dass sie keinerlei böse Absicht haben.
Ruamps: Nur die Muscadins[7] haben böse Absichten.

Merlin: Sie haben mir gesagt, dass sie, voll Vertrauen in 30
die Nationalrepräsentation, weit davon entfernt seien, sie durch ihre Zahl schrecken zu wollen, dass sie nur deshalb hierher gekommen sind um sie empfinden zu lassen, wie dringend ihre Bedürfnisse sind (Rufe erheben sich: „Brot! Brot!") und dass sie bereit seien, diese zu verteidi- 35
gen (Beifall). [...]
Vanec[8]: Abgeordnete, ihr seht vor euch die Männer vom 14. Juli, vom 10. August und auch vom 31. Mai. (Die Mitglieder der äußersten Linken applaudieren rasend.) Sie haben geschworen frei zu leben oder zu sterben und 40
sie halten fest an der Verfassung von 1793 und an der Erklärung der Rechte (Der gleiche Beifall). Es ist Zeit, dass die Klasse der Bedürftigen nicht länger das Opfer des Egoismus der Reichen und der Gier der Kaufleute bleibt. (Die Menge: Ja! Ja! – lebhafter Beifall bei den Mitgliedern 45
der äußersten Linken.) [...]
Die Bürger, in deren Namen ich spreche, wollen die Verfassung von 1793; sie sind es satt, die Nächte vor den Türen der Bäcker zuzubringen; es ist Zeit, dass der, der die Lebensmittel heranbringt, der die Revolution gemacht 50
hat, auch leben kann. Wir fordern von euch die Freiheit für einige tausend patriotische Familienväter, die nach dem 9. Thermidor eingekerkert worden sind.

Zit. nach: W. Lautemann, Geschichte in Quellen, Bd. 4. München (bsv) 1981, S. 449 f.

9 **Die Reaktion des Konvents am selben Tag (1. April 1795):**

Barras[9]: In dieser Stunde, da man offen gegen die Republik konspiriert, muss der Konvent sich groß und gebieterisch zeigen. Wehe denen, die sich gegen die 5
Volksvertretung bewaffnet haben! Wehe denen, die die Einheit und Unteilbarkeit der Republik antasten wollen! Der Konvent, der das Volk in der Nacht des 9. Thermidor zu retten verstand, wird es auch hier retten können. Ich beantrage, dass der Konvent über die Stadt Paris den 10
Belagerungszustand verhängt; diese Maßnahme erlaubt es dem Kommandanten der bewaffneten Macht die Ordnung aufrechtzuerhalten. [...] Ich beantrage zudem, dass der Konvent General Pichegru zum Oberbefehlshaber der bewaffneten Macht ernennt. [...] 15
Bourdon (de l'Oise): Ich beantrage, dass Pichegru nur so lange Oberbefehlshaber von Paris bleibt, wie die Gefahr andauert.
Die Anträge von Barras und Bourdon werden angenommen.[10] 20

Zit. nach: W. Lautemann, Geschichte in Quellen, Bd. 4. München (bsv) 1981, S. 451.

---

5 Jakobinischer Konventsabgeordneter, Gegner Robespierres.
6 Ebenfalls jakobinischer Konventsabgeordneter und Gegner Robespierres.
7 Die Muscadins (Stutzer) waren Scharen junger Franzosen aus zumeist begüterten Familien, erkennbar an extravaganter Kleidung, die bewusst die revolutionären Mode- und Umgangsformen ablehnten und die sich zu politischen Gruppen zusammenschlossen. Sie attackierten vor allem die Jakobiner.

8 Ehemaliger Führer der Sansculotten-Sektion Cité.
9 Jakobiner, der gemeinsam mit Tallien und Fouché den Sturz Robespierres organisierte und später zum Royalisten wird.
10 Damit und mit Verhaftungen in den unruhigsten Sansculotten-Sektionen werden die Aufstände beendet.

10 **Die Prairial-Unruhen (20. Mai 1795) – aus einem Zeitungsbericht vom Vorabend:**

[...] überall sah man Gruppen, ganz überwiegend Frauen, die von einem Aufstand am nächsten Tage redeten.
5 Man sagte ganz offen, das der Konvent überfallen werden müsse, dass er schon allzu lange das Volk vor Hunger sterben lasse, dass er Robespierre und seine Komplizen nur deshalb umgebracht habe, um selbst die Regierung an sich zu reißen, das Volk zu tyrannisieren, es auszuhun-
10 gern durch Steigerung der Lebensmittelpreise und durch Schutz für die Händler, die vom Schweiße der Armen leben. Ein Flugblatt war verteilt worden, das den Plan zum Aufstand enthielt, die Mittel, die angewendet werden sollten, die Beschlüsse, die man fassen wollte. Man wollte
15 die Frauen vorausschicken, weil man sicher war, dass der Konvent nie auf sie würde schießen lassen, und setzte hinzu, dass die Männer ihnen zu Hilfe kommen würden, wenn sie den Weg frei gemacht hätten. Und dieser Plan wurde völlig ausgeführt.

Zit. nach: W. Lautemann, Geschichte in Quellen, Bd. 4. München (bsv) 1981, S. 451 f.

11 **Forderungen der Aufständischen (20. Mai 1795):**
1. Brot;
2. die Absetzung der Revolutionsregierung, deren verschiedene Faktionen der Reihe nach sämtlich ihre Macht
5 dazu missbraucht haben, das Volk zugrunde zu richten, es auszuhungern und zu versklaven;
3. um vom Nationalkonvent die sofortige Proklamation und Inkraftsetzung der demokratischen Verfassung von 1793 zu fordern [...];
10 5. die sofortige Freilassung aller Bürger, die in Haft gehalten werden, weil sie Brot verlangt und ihre Meinung frei geäußert haben; [...]
Art. 10. Der Schlachtruf des Volkes ist: „Brot und die demokratische Verfassung von 1793".

Zit. nach: W. Lautemann, Geschichte in Quellen, Bd. 4. München (bsv) 1981, S. 453 f.

12 **Erlass des Konvents am selben Tag (20. Mai 1795):**
Art. I. Die Kommune von Paris ist vor der gesamten Republik für jeden möglichen Angriff auf die Nationalvertretung verantwortlich.
5 Art. II. Alle Bürger werden einzeln und gemeinsam aufgefordert, sich mit ihren Waffen sofort zu den Sammelplätzen ihrer Sektionen zu begeben. Dort erhalten sie aus dem Munde ihrer Führer die Befehle des Nationalkonvents. [...]

Art. V. Anführer von Massenansammlungen werden außerhalb des Gesetzes gestellt; den guten Bürgern wird 10 nachdrücklich ihre Festnahme aufgetragen. Im Falle des Widerstands ist Gewalt anzuwenden. [...]
Art. IX. Der Nationalkonvent erklärt sich als in permanenter Sitzung befindlich, bis die öffentliche Ruhe in Paris wiederhergestellt ist.

Zit. nach: W. Lautemann, Geschichte in Quellen, Bd. 4. München (bsv) 1981, S. 454 f.

13 **Aus der Direktorialverfassung (23. September 1795):**
Art. 33. Jede Urversammlung ernennt, je auf 200, gegenwärtige oder abwesende Bürger, die in solcher Versammlung das Stimmrecht haben, einen Wähler. [...] 5
Art. 35. Niemand kann zum Wähler ernannt werden, wenn er nicht volle 25 Jahre alt ist und wenn er nicht mit den zur Ausübung der Rechte eines französischen Bürgers erforderlichen Eigenschaften eine der folgenden Bedingungen vereinigt, nämlich: 10
in den Gemeinden über 6000 Einwohnern – dass er Eigentümer oder Nutznießer eines Gutes, das zu einem Ertrag angeschlagen ist, das an Wert 100 Taglöhnen gleichkommt, oder eines Feldstückes sei, das 100 Taglöhnen gleichkommt; 15
in den Gemeinden unter 6000 Einwohnern – dass er Eigentümer oder Nutznießer eines Gutes sei, welches zu einem Ertrage angeschlagen ist, der so viel ausmacht, als der Lokalwert von 150 Tagen Arbeitslohn, oder Pächter einer Wohnung, die auf ein Einkommen angeschlagen 20 ist, das an Wert 100 Tagelöhnen gleichkommt, oder eines Feldstückes, das 100 Tagelöhnen gleichkommt;
und auf dem Lande – dass er Eigentümer oder Nutznießer eines Gutes sei, das zu einem Ertrag angeschlagen ist, der dem Lokalwerte von 150 Tagen Arbeitslohn gleich- 25 kommt, oder Pächter oder Meier von Gütern ist, die auf ein Einkommen angeschlagen sind, das an Wert 200 Tagelöhnen gleichkommt. [...]
Art. 44. Der gesetzgebende Körper ist aus einem „Rat der Alten" und einem „Rat der Fünfhundert" zusammenge- 30 setzt. [...]
Art. 132. Die vollziehende Gewalt ist einem Direktorium von fünf Gliedern übertragen, welche durch den gesetzgebenden Körper ernannt werden, der alsdann, im Namen der Nation, die Stelle einer Wahlversammlung 35 vertritt.

Zit. nach: W. Lautemann, Geschichte in Quellen, Bd. 4. München (bsv) 1981, S. 455 f.

14 Jacques-Louis Davids Gemälde der idealisierten Heldenfigur Bonapartes auf dem St. Bernhard.

Auf dem Boden sind die Namen seiner berühmten Vorgänger zu entziffern, die mit ihren Armeen die Alpen überquerten: Hannibal und Karl der Große. Das Gemälde entsprach der kaiserlichen Propaganda; in Wirklichkeit ritt Bonaparte nicht auf einem Pferd, sondern auf einem Maultier, und trug nicht seine Paradeuniform, sondern einen gewöhnlichen Waffenrock.

„Napoleon auf dem St. Bernhard", 1800.

15 Vertrauliche Erklärung Napoleons gegenüber dem französischen Gesandten in der Toskana (1. Juli 1797):

Glauben Sie, dass ich in Italien Siege erfechte um damit das Ansehen der Advokaten[11] des Direktoriums zu erhöhen, von Leuten wie Carnot und Barras? Glauben Sie vielleicht, dass ich eine Republik begründen will? Welcher Gedanke! [...] Das ist eine Wahnvorstellung, in die die Franzosen vernarrt sind, die aber auch wie so manches andere vergehen wird. Was sie brauchen, ist Ruhm, die Befriedigung ihrer Eitelkeit, aber von der Freiheit verstehen sie nichts. Blicken Sie auf die Armee! Die Erfolge und die Triumphe, die wir soeben davongetragen haben, die haben den wahren Charakter des französischen Soldaten wieder hervortreten lassen. Für ihn bin ich alles. Das Direktorium soll es sich nur einfallen lassen mir das Kommando über die Armee wegzunehmen! Dann wird man sehen, wer der Herr ist. Die Nation braucht einen Führer [...], aber keine Theorien über Regierung, keine großen Worte, keine Reden von Ideologien, die die Franzosen nicht verstehen. [...] Ich bin am Frieden nicht interessiert. Sie sehen, was ich bin, was ich jetzt in Italien vermag. Wenn Frieden geschlossen ist, wenn ich nicht mehr an der Spitze dieses mir ergebenen Heeres stehe, muss ich auf diese Macht, auf diese hohe Stellung, die ich mir verschafft habe, verzichten und im Luxemburg-Palast[12] Advokaten den Hof machen. Ich möchte Italien nur verlassen um in Frankreich eine Rolle zu spielen, ungefähr der ähnlich, die ich hier spiele; aber der Augenblick ist noch nicht gekommen, die Birne ist noch nicht reif. [...] Ich will gerne eines Tages die republikanische Partei schwächen, aber es soll zu meinem eigenen Nutzen sein und nicht zu dem der alten Dynastie. Vorläufig gilt es mit den Republikanern zu gehen.

Zit. nach: I. und P. Hartig, Die Französische Revolution. Stuttgart 1979, S. 108.

16 Proklamation Napoleons an die Italienarmee (14. Juli 1797:

Soldaten!

Heute ist der Jahrestag des 14. Juli. Vor euch seht ihr die Namen eurer Waffengefährten, die auf dem Felde der Ehre für die Freiheit des Vaterlandes gefallen sind. Sie haben euch das Beispiel gegeben; ihr gehört ganz der Republik, ihr gehört ganz den dreißig Millionen Franzosen und ihrem Glück, ihr gehört ganz dem Ruhm dieses Namens, der durch eure Siege neuen Glanz gewonnen hat.

Soldaten! Ich weiß, dass ihr tief betroffen seid vom Unglück, das dem Vaterland droht[13], aber das Vaterland kann nicht in wirkliche Gefahr geraten. Noch leben die Männer, die es zum Triumph über das vereinigte Europa geführt haben. Uns trennen Gebirge von Frankreich: Aber schnell wie der Adler werden wir sie überfliegen, wenn es nötig ist die Verfassung zu erhalten, die Freiheit zu verteidigen und die Regierung und die Republikaner zu schützen.

Soldaten! Die Regierung wacht über den Schatz der Gesetze, der ihr anvertraut ist. Sobald Royalisten sich zeigen, ist ihr Leben verloren. Seid also ruhig und lasst uns bei den Namen der Helden, die an unserer Seite für die Freiheit gefallen sind, schwören, lasst uns auf unsere neuen Fahnen schwören: Unversöhnlicher Krieg den Feinden der Republik und die Verfassung des Jahres III.

Zit. nach: W. Lautemann, Geschichte in Quellen, Bd. 4. München (bsv) 1981, S. 464 f.

11 Die meisten führenden Politiker des Direktorialsystems waren Juristen.

12 Pariser Königsschloss, Sitz der Direktorialregierung.
13 Nach dem überwältigenden Wahlerfolg royalistischer Kräfte im Frühjahr 1797 muss sich das Direktorium auf die Armee stützen, insbesondere auf die Generäle Hoche und Napoleon.

17 Aus einem Brief Napoleons an Talleyrand[14] über die Grundprinzipien einer künftigen Verfassung (19. September 1797):

Wir haben noch nicht definiert, was man unter ausfüh-
5 render, gesetzgebender und richterlicher Gewalt versteht.
Montesquieu[15] hat uns falsche Definitionen gegeben [...].
Warum aber sollte man der gesetzgebenden Gewalt wirklich das Recht zusprechen, Krieg zu erklären und Frieden
zu schließen, das Recht, Ausmaß und Art der Steuern
10 festzusetzen? [...] Warum soll man bei einer Regierung,
in der alle Macht vom Volke ausgeht, in der das Volk
der Herrscher ist, der gesetzgebenden Gewalt Befugnisse
zuerkennen, die ihr fremd sind?
Seit 50 Jahren sehe ich nur eine Sache, die wir gut defi-
15 niert haben, die Volkssouveränität, aber wir sind in der
Bestimmung dessen, was verfassungsmäßig ist, nicht
glücklicher gewesen als bei der Aufteilung der verschiedenen Staatsgewalten.
Die verfassungsmäßige Organisation des französischen
20 Volkes ist wirklich nur ein erster Entwurf.
Die Regierungsgewalt in ihrem ganzen Ausmaß, so wie
ich es sehe, sollte als der wahre Vertreter des Volkes betrachtet werden.

Zit. nach: I. und P. Hartig, Die Französische Revolution. Stuttgart (Klett) 1979,
S. 109f.

18 Napoleons Staatsstreich am 18. Brumaire des Jahres VIII (9. November 1799) – aus der Proklamation an seine Soldaten:

Soldaten,
5 das außerordentliche Dekret des Rates der Alten stimmt
mit den Artikeln 102 und 103 der Verfassungsakte überein. Er hat mir den Befehl über die Stadt und die Armee
übertragen. Ich habe den Befehl angenommen um die
Maßnahmen zu unterstützen, die er ergreifen wird und
10 die ganz zugunsten des Volkes sind.
Seit zwei Jahren wird die Republik schlecht regiert. Ihr
habt gehofft, meine Rückkehr werde so viel Übeln ein
Ende bereiten; ihr habt sie mit einer Einmütigkeit gefeiert, die mir Verpflichtungen auferlegt, die ich erfüllen
15 werde [...].
Freiheit, Sieg und Frieden werden die französische Republik auf den Rang heben, der ihr in Europa gebührt
und den sie nur durch Ungeschicklichkeit oder Verrat
verlieren konnte. Es lebe die Republik!

Zit. nach: W. Lautemann, Geschichte in Quellen, Bd. 4. München (bsv)
1981, S. 537.

14 Charles Maurice de Talleyrand (1754–1838), Bischof von Autun, seit 1789
Mitglied der Nationalversammlung, 1791–1796 im Ausland, am Staatsstreich Napoleons 1799 beteiligt, Außenminister 1798–1807, Vertreter
Frankreichs auf dem Wiener Kongress 1814–1815.
15 Historiker und Staatstheoretiker (1689–1755), der in seinem Werk „De
l'Esprit des Lois" 1748 die Lehre der Gewaltenteilung begründete (vgl.
S. 14, M 1).

19 Konsulat statt Direktorium (10. November 1799):
Der Rat der Fünfhundert erwägt die Lage der Republik,
beschließt die Dringlichkeit und fasst folgende Resolution: 5
Art. I. Es gibt kein Direktorium mehr und die folgenden
hiernach genannten Personen sind keine Vertreter der
Nation mehr wegen der Ausschreitungen und Angrif-
fe, die sie immer wieder unternommen haben und der
größte Teil von ihnen vor allem in der Sitzung dieses 10
Morgens. [...]
Art. II. Der Gesetzgebende Körper ernennt eine vorläufige
konsularische Exekutivkommission, die aus den Bürgern
Sieyès, Roger-Ducos und dem General Bonaparte besteht;
sie führen die Bezeichnung Konsuln der französischen 15
Republik.
Art. III. Dieser Kommission wird die gesamte Macht des
Direktoriums übertragen.

Zit. nach: W. Lautemann, Geschichte in Quellen, Bd. 4. München (bsv)
1981, S. 538.

20 Aus der Konsulatsverfassung (13.12.1799):
Art. 39. Die Regierung ist drei Konsuln, die auf 10 Jahre
ernannt werden und unbeschränkt wieder wählbar sind,
anvertraut. [...] Die Verfassung ernennt zum ersten Konsul den Bürger Bonaparte [...]. 5
Art. 41. Der erste Konsul verkündet die Gesetze; er ernennt und ersetzt nach seinem Willen die Mitglieder
des Staatsrats, die Minister, die Gesandten und andere
auswärtige Oberbeamte, die Offiziere der Land- und
Seemacht, die Mitglieder der örtlichen Verwaltungen 10
und die Regierungskommissare bei den Gerichtshöfen.
Er ernennt alle Straf- und Zivilrichter, ausgenommen
die Friedens- und Berufsrichter, ohne sie jedoch
absetzen zu können.
Art. 42. In den übrigen Verhandlungen haben der zweite 15
und der dritte Konsul beratende Stimme. [...]
Art. 44. Die Regierung schlägt die Gesetze vor.

Zit. nach: I. und P. Hartig, Die Französische Revolution. Stuttgart (Klett)
1979, S. 111f.

21 Proklamation der Konsuln an das französische Volk (15. Dezember 1799):

Franzosen, eine Verfassung wird euch vorgelegt. [...] Die
Verfassung beruht auf den wahren Prinzipien der repräsentativen Regierung und auf den geheiligten Rechten 5
des Eigentums, der Gleichheit und der Freiheit.
Die von ihr eingesetzten Gewalten werden stark und dauerhaft sein, wie es für die Garantie der Bürgerrechte und
der Staatsinteressen unabdingbar ist.
Bürger, die Revolution ist auf die sie auslösenden Prinzi- 10
pien zurückgeführt und damit beendet.

Zit. nach: W. Lautemann, Geschichte in Quellen, Bd. 4. München (bsv)
1981, S. 538.

1.9 Die Revolution und ihre Wirkung

1 Der deutsche Jakobiner Georg Friedrich Rebmann (1796):

Die größte Begebenheit unserer Tage und man kann wohl sagen, die größte Begebenheit aller Jahrhunderte, die
5 fränkische Revolution, musste auf jeden Menschen von einigem Gefühl eine entscheidende Wirkung äußern. Jeder, der nicht bloß für seine Existenz Sinn hatte, nahm auf irgendeine Art an dieser großen Erscheinung teil und mancher junge Mann, der sonst ein elendes Pflanzenle-
10 ben fortgeschleppt hätte, erhielt dadurch einen entscheidenden Stoß, der alle seine Kräfte in Bewegung setzte. Schöner und größer, als es leider! je zur Wirklichkeit kommen wird, stand das Ideal eines allgemeinen Brüderbundes vor der Seele des Menschen, der seine Mitbürger
15 liebte.

Georg Friedrich Rebmann, Vollständige Geschichte meiner Verfolgungen und meiner Leiden [Herbst 1796], in: ders., Werke und Briefe, hrsg. von Werner Greilin und Wolfgang Ritschel, Band II, Berlin 1990, S. 94 f.

2 Der deutsche Philosoph Immanuel Kant (1798):

Die Revolution eines geistreichen Volkes, die wir in unseren Tagen vor sich gehen sehen, mag gelingen oder scheitern; sie mag mit Elend und Gräueltaten dermaßen
5 angefüllt sein, dass ein wohldenkender Mensch sie, zum zweiten Male unternehmend, glücklich auszuführen hoffen könnte, doch das Experiment auf solche Kosten zu machen nie beschließen würde – diese Revolution, sage ich, findet doch in den Gemütern aller Zuschauer (die nicht selbst in diesem Spiele mit verwickelt sind) 10 eine Teilnehmung dem Wunsche nach, die nahe an Enthusiasm[us] grenzt, die keine andere als eine moralische Anlage im Menschengeschlecht zur Ursache haben kann. Ein solches Phänomen in der Menschengeschichte vergisst sich nicht mehr, weil es eine Anlage 15 und ein Vermögen in der menschlichen Natur zum Besseren aufgedeckt hat, dergleichen kein Politiker aus dem bisherigen Laufe der Dinge herausgeklügelt hätte. […] Aber, wenn der bei dieser Begebenheit beabsichtigte Zweck auch jetzt nicht erreicht würde, wenn die Revo- 20 lution gegen das Ende doch fehlschlüge oder, nachdem diese einige Zeit gewährt hätte, doch wiederum alles ins vorige Gleis zurückgebracht würde, so verliert jene Vorhersage doch nichts von ihrer Kraft. Denn jene Begebenheit ist zu groß, zu sehr mit dem Interesse der 25 Menschheit verwebt, als dass sie nicht den Völkern, bei irgendeiner Veranlassung günstiger Umstände, in Erinnerung gebracht und zur Wiederholung neuer Versuche dieser Art erweckt werden sollte.

I. Kant, Der Streit der Fakultäten, in: Werke in 12 Bänden, Bd. XI, Frankfurt/Main 1964, S. 358, 361.

3 Sitzung eines patriotischen Frauenclubs.

Die Leiterin liest aus dem „Moniteur" vor, die Teilnehmerinnen spenden Geld für nationale Zwecke. Es gab zahlreiche derartige Frauenvereine, deren Aufgabe es war, hilfsbedürftigen Patrioten beizustehen. Dort wurde aber auch über Gesetze der Nationalversammlung diskutiert und Kritik geübt.
Gouache von Lesueur, um 1790.

4   Der deutsche Publizist Ernst Moritz Arndt (1814):
Auch das hat die fürchterliche französische Revolution, die wir jetzt unsere, die europäische Revolution nennen müssen, uns heller als das Sonnenlicht gezeigt, dass
5 der alte Zustand Europas vergangen ist, dass wir in den Vorhallen einer neuen Zeit stehen, [...] dass wir dieser wilden und tollen Revolution unendlich viel verdanken, dass sie ein reiches Feuermeer ausgegossen hat, woraus jeder nicht lichtscheue Mann sein Teil hat schöpfen
10 können, dass sie Ideen in die Köpfe und Herzen gebracht hat, die zur Begründung der Zukunft die notwendigsten sind und die zu fassen vor zwanzig oder dreißig Jahren die meisten Menschen noch zitterten.

Ernst Moritz Arndt, Über zukünftige ständische Verfassungen in Teutschland [1814], in: ders., Ausgewählte Werke, hrsg. v. Robert Geerds, Teil 11, Leipzig 1908, S. 197–250; hier: S. 208 f.

5   Der deutsche Philosoph G. W. F. Hegel (1837):
Solange die Sonne am Firmamente steht und die Planeten um sie herumkreisen, war das nicht gesehen worden, dass der Mensch sich auf den Kopf, das ist, auf
5 den Gedanken stellt und die Wirklichkeit nach diesem erbaut. Anaxagoras hatte zuerst gesagt, dass der nous die Welt regiert; nun aber erst ist der Mensch dazu gekommen zu erkennen, dass der Gedanke die geistige Wirklichkeit regieren solle. Es war dieses somit ein herr-
10 licher Sonnenaufgang. Alle denkenden Wesen haben diese Epoche mitgefeiert. Eine erhabene Rührung hat in jener Zeit geherrscht, ein Enthusiasmus des Geistes hat die Welt durchschauert, als sei es zur wirklichen Versöhnung des Göttlichen mit der Welt nun erst gekommen.

Zit. nach: G. W. F. Hegel, Vorlesungen über die Philosophie der Geschichte. Leipzig o. J., S. 552.

6   Der deutsche Staatsrechtler Lorenz von Stein (1842):
Von Frankreich aus zog sich ein doppelter Strom in alle Länder des Westens hinein; der eine, ein Strom neuer
5 Gedanken und Hoffnungen, der andere ein Strom von Emigranten mit alten Ansprüchen. [...] Es ward plötzlich klar, dass es neben dem System des politischen Gleichgewichts für die Staaten noch ein zweites, vielleicht viel mächtigeres Band, eine gewaltige Solidarität in dem gan-
10 zen neueren Leben der Völker gebe: die Gleichartigkeit der Gesellschaft in der europäisch-germanischen Welt. Die verschiedenen Stände begannen die Gleichartigkeit des Kampfes, die Gemeinschaft der Siege und Niederlagen, der Entwicklung und Hemmung zu erkennen; die
15 Sache der Emigranten ward zur Sache des Privilegiums in ganz Europa, die Sache des Tiers-Etat zur Sache der unterdrückten Völker. Die Geschichte Europas hatte in ihrer Bewegung endlich das Element ergriffen, durch welches sie die Gemeinschaft der Völker auf immer hervorrief –

den Boden der gesellschaftlichen Zustände. [...] Hier in 20
der Tat und nicht in den Kriegen, Siegen und Staatenänderungen, welche alsbald folgten, liegt der Grund, weshalb wirklich die neueste Zeit sich von der früheren mit jenen Jahren scheidet.

Lorenz von Stein, Geschichte der sozialen Bewegung in Frankreich von 1789 bis auf unsere Tage [1842–1850], hrsg. v. Gottfried Salomon, 3 Bände, München 1921, hier: Band I, S. 265 f.

7   Der deutsche Historiker Gerhard Ritter (1950):
Die Französische Revolution hat eine bewusste Gegensätzlichkeit deutschen und französischen Staatsdenkens eigentlich erst geschaffen, indem sie die bis dahin bestehende Normalform kontinentalen Staatswesens, den in 5
Deutschland so eifrig nachgeahmten Militär- und Beamtenstaat des absoluten Fürstentums, in Frankreich selbst und im Bereich der unmittelbaren französischen Hegemonie zerstörte und stattdessen einen totalen Neubau auf der Grundlage rein rationaler Prinzipien wagte. [...] 10
Aber die Französische Revolution ist noch viel unmittelbarer für das Verständnis der uns heute bedrängenden Fragen wichtig. Indem sie den gewagten Versuch machte, ihren Staat ausschließlich auf rationale, d. h. jedem ohne weiteres einleuchtende Prinzipien statt auf uraltes 15
Herkommen und religiöse Gehorsamkeitsgebote zu begründen, hat sie die naive Selbstverständlichkeit erschüttert, mit der bis dahin in Europa historische Autoritäten als solche anerkannt worden waren. Die europäische Menschheit wurde zur kritischen Nachprüfung ihres 20
Autoritätsglaubens aufgerufen; die öffentliche Meinung wurde überall mobilisiert, ein ungeheurer Prozess der Politisierung eingeleitet, in den nach und nach alle Volksschichten hineingezogen wurden: zuerst das Bürgertum, zuletzt auch die Masse des Industrieproletariats. Was so 25
entstand, war ein Gärungsprozess, der seinem Wesen nach unendlich ist und eine ewig erneute Unruhe in das politisch-soziale Gefüge der europäischen Menschheit hineingebracht hat. Dabei war die Rationalisierung des politischen Lebens nur ein Teilstück der großen, seit dem 30
18. Jahrhundert siegreich vordringenden Bewegung zur Rationalisierung, Entzauberung, Technisierung der Welt überhaupt; ihr fiel auch die alte Herrschaft der Kirche über die Geister zum Opfer, sodass nun der Staat mehr als jemals früher zur beherrschenden Macht des öffentlichen 35
Lebens werden konnte. Mit der Umwandlung des alten Obrigkeitsstaats zum demokratischen Volksstaat und mit der Verdrängung der Kirchen aus dem Mittelpunkt des Lebens war grundsätzlich der Weg zum modernen Totalstaat eröffnet. [...] 40
Alle Welt ist heute eifrig bemüht nach den „Wurzeln des Nationalsozialismus“ in der deutschen Geschichte zu fahnden. Ein höchst notwendiges Geschäft! Aber es würde erfolglos bleiben, wollten wir bei dieser Suche unseren Gesichtskreis auf Deutschland beschränken. 45

1

Nicht irgendein Ereignis der deutschen Geschichte, sondern die Große Französische Revolution hat den festen Boden politischer Traditionen Europas entscheidend aufgelockert; sie hat aber auch die neuen Begriffe und
50 Schlagworte geprägt, mit deren Hilfe der moderne Volks- und Führerstaat sich selbst begründet. Vor allem: Sie hat das Vorbild eines solchen Staatswesens selbst geschaffen und hat mit dessen Waffen den ganzen europäischen Kontinent überschwemmt. Wie hätte das ohne tiefgreifende Dauerfolgen bleiben können?

Zit. nach: G. Ritter, Europa und die deutsche Frage. o. O. 1948, S. 42 ff.

8 Der schweizerische Journalist Herbert Lüthy (im Jahr 1954):

„La Révolution est un bloc", dieses berühmte Wort Clemenceaus ist das Dogma der Politiker wie der Geschichts-
5 schreiber und Geschichtslehrer geblieben, das unverdaut von Generation zu Generation weitergegeben wird. Die Revolution, wie sie alle Festredner der Republik feiern, die das Recht des Individuums, die Menschenrechte, die Volkssouveränität, die Freiheit und die Gleichheit pro-
10 klamierte, die Feudalrechte, die Kastenprivilegien und viele alte Missbräuche und Schikanen abschaffte; und der Amoklauf dieser Revolution, die weder die Menschenrechte noch die Volkssouveränität je zu verwirklichen wagte, die Musterverfassungen dutzendweise schuf und
15 nie anwandte, die im ständig engeren Teufelskreis der Diktatur das als souverän erklärte Volk in Ketten legte, die mit der Erstürmung eines leeren Gefängnisses begann und danach alle Gefängnisse des Landes bis zum Bersten füllte, die Verurteilungs- und Hinrichtungsme-
20 thoden industrialisierte, die erstmals die ‚Volksdemokratie' des Terrors und der zwangsmäßigen Einstimmigkeit, des Meinungsdelikts und der bloßen ‚Verdächtigkeit' als Kapitalverbrechen und der Denunziation als höchster Bürgerpflicht schuf, die Völkerbefreiung verkündete und
25 Europa mit von Paris aus regierten und geplünderten Satellitenstaaten übersäte: All dies ist ‚unteilbar' wie die Republik selbst, es muss en bloc bejaht oder verneint werden. Kann man es wirklich bejahen?

Zit. nach: H. Lüthy, Frankreichs Uhren gehen anders. o. O. 1954, S. 31 f.

9 Die schweizerische Soziologin Jeanne Hersch (im Jahr 1956):

Die Demokratie der Menschenrechte ging von der optimistischen Vorstellung aus, wonach der Mensch frei
5 ist, solange man ihn nicht daran hindert. Demnach genügt es, alle Fesseln zu beseitigen und zu verhindern, dass neue geschmiedet werden. Das Königtum und die Adelsprivilegien abschaffen, die Bastille stürmen – das bedeutet, dem Menschen seine natürliche Freiheit zu-
10 rückzugeben. [...] Eine neue Gesellschaftsform sollte die Herrschaft eines Tyrannen durch diejenige der Gesetze ablösen, die Voraussetzung und zugleich Garantie der

Freiheit sein sollten; tatsächlich aber ließ sie auf dem Gebiet der Wirtschaft eine völlige Anarchie entstehen, die allerdings wohl ausgestattet war mit einer philoso- 15 phischen Rechtfertigung. Diese Anarchie war sozusagen die Einführung des Wertes „Freiheit" als solchem in das praktische Leben; sie nannte sich Wirtschaftsfreiheit, Handels- und Gewerbefreiheit, freie Konkurrenz, Liberalismus usw. Sie spiegelte zugleich ein unerschütterli- 20 ches Vertrauen in die Natur, in die Weltordnung, in das Gleichgewicht der Kräfte wider. Sie gestattete vor einer entscheidenden Tatsache die Augen fest zu schließen und sie unwissentlich aus dem Feld der menschlichen Freiheit auszuschalten: Die Tatsache, dass unter dem Schutz der 25 politischen Demokratie ein wirtschaftlicher Dschungel rapid wucherte, in dem sich immer mächtigere, antidemokratische Strukturen entwickelten.

Zit. nach: J. Hersch, Die Ideologie und die Wirklichkeit. o. O. 1957, S. 258 f.

10 Der französische Historiker Albert Soboul (1962):

Zehn Jahre revolutionärer Ereignisse hatten die Lage in Frankreich im Wesentlichen in Übereinstimmung mit den Wünschen der Bourgeoisie und Besitzenden grundlegend verändert. Die alte Aristokratie war samt 5 ihren Privilegien und ihrer führenden gesellschaftlichen Bedeutung zerschlagen und die letzten Spuren der Feudalität waren beseitigt. Mit der radikalen Zerstörung der gesamten feudalen Hinterlassenschaft, der Befreiung der Bauern von den Herrenrechten, den kirchlichen Zehnten 10 und – eingeschränkt – auch von den kollektiven Zwängen (contraintes communautaires), mit der Aufhebung der Zunftmonopole und der Herstellung des nationalen Marktes beschleunigte die Französische Revolution die Entwicklung des Übergangs vom „Feudalismus" zum 15 Kapitalismus und bildete zugleich eine ihrer entscheidenden Etappen. Indem sie andererseits die provinziellen Besonderheiten und die lokalen Vorrechte aufhob und die Staatsgewalt des Ancien Régime zerbrach, schuf sie vom Direktorium bis zum Empire die Voraussetzungen 20 eines modernen Staates, der den wirtschaftlichen und sozialen Interessen der Bourgeoisie entsprach.

Als großartigste bürgerliche Revolution, die durch den bewegten Charakter ihrer Klassenkämpfe alle vorangegangenen Revolutionen in den Schatten stellt, ist die 25 Französische Revolution, um einen Ausdruck von Jaurès in seiner Histoire socialiste aufzugreifen, „im weitesten Sinne bürgerlich und demokratisch", während die amerikanische und englische Revolution „borniert bürgerlich und konservativ" blieben. Sie verdankt dies dem Wider- 30 stand der Aristokratie, die jeden politischen Kompromiss angelsächsischer Provenienz unmöglich machte und die Bourgeoisie zwang, nicht minder hartnäckig die totale Zerstörung der alten Ordnung zu betreiben: Dies aber konnte sie allein mit Unterstützung des Volkes durch- 35 führen. [...]

So entstehen aus der Französischen Revolution heraus Ideen, die nach einem Ausdruck von Marx „über die Ideen des ganzen alten Weltzustandes" hinausweisen:
40 die einer neuen Gesellschaftsverfassung, die nicht mehr die bürgerliche Ordnung sein wird.

Die Französische Revolution steht damit im Zentrum der modernen Weltgeschichte, am Kreuzweg verschiedener gesellschaftlicher und politischer Strömungen, welche die
45 Nationen entzweit haben und noch weiterhin entzweien werden. Ihr Enthusiasmus begeistert die Menschen, die sich an die Kämpfe für Freiheit und Unabhängigkeit und an ihren Traum von der brüderlichen Gleichheit erinnern – oder löst Hassgefühle aus. Ihr aufgeklärter Geist
50 lenkt die Angriffe gegen Privileg und Tradition oder reißt die Vernunft durch ihre großen Bemühungen mit fort, um die Gesellschaft auf rationale Grundlagen zu stellen. Ob bewundert oder gefürchtet – die Revolution lebt im Bewusstsein der Menschen weiter.

Zit. nach: A. Soboul, Die Große Französische Revolution. Frankfurt/Main (EVA) 1972, S. 571f.

8. Immanuel Kant.

11 **Dem Philosophen Immanuel Kant** galt die Französische Revolution als Beweis für die Existenz „einer moralischen Anlage im Menschengeschlecht", weil sie „ein Vermögen in der menschlichen Natur zum Besseren aufgedeckt hat". (vgl. S. 50, M2)

12 **Der deutsche Publizist Paul Sethe (1965):**
Das tragische Doppelantlitz der Revolution blickt uns heute noch an, wenn wir ihre Wirkungen zu untersuchen unternehmen. Die erste Revolution, die von 1789, hat dem Freiheitsgedanken eine Stoßkraft gegeben wie 5 kein europäisches Ereignis vor ihr. Schreckensherrschaft, Kaisertum und Restauration haben ihn zu unterdrücken versucht; doch in den Revolutionen des 19. Jahrhunderts ist seine Glut immer wieder aufgeflammt. […]
Aber das Bild wird sogleich um vieles düsterer, wenn wir 10 uns daran erinnern, dass auf die freiheitliche Revolution die totalitäre Revolution von 1793 gefolgt war. Die Herrschaft einer einzigen Partei; der hochmütige Wahn der Regierenden, sie allein seien im Besitz der Wahrheit und die Andersdenkenden müssten nicht nur niederge- 15 halten werden, sondern ausgerottet werden; der Eingriff des Staates in alle Bereiche des menschlichen Lebens, die Familie, die Erziehung, die Kirche – man spürt allzu sehr, wie uns diese Gefahren noch immer bedrohen. Nicht umsonst hat die russische Revolution unter ihre Vorbilder 20 Marat eingereiht. […]
Und beide Revolutionen haben der Welt ein unheilvolles Erbe hinterlassen, dessen Geist ihnen beiden gemeinsam ist. Indem die Revolution alle Schranken niederriss, die vorher den einzelnen von der Gesamtheit des Volkes trenn- 25 ten, hat sie ihn erst wirklich zum Staatsbürger gemacht und ihm das Empfinden der Vaterlandsliebe stärker mitgeteilt, als es vorher möglich war. Aber indem sie diesem Erlebnis ihre gewöhnliche Überhitztheit mitteilt, hat sie dem Patriotismus zugleich das Gift des Nationalismus 30 mitgegeben.

Zit. nach: P. Sethe, Die großen Tage. Von Mirabeau zu Bonaparte, München (dtv) 1965, 239 ff.

13 **Der deutsche Soziologe Kurt Lenk (1973):**
Ist Revolution die aktualisierte, potenzierte und intensivierte Form des Kampfes zwischen sozialen Klassen, die aus der Erhebung unkoordinierter und spontaner Volksmassen erwächst, stets aber eine tiefgreifende Struktur- 5 veränderung aller menschlichen Lebensbereiche zum Ziel hat, so setzt gerade dieser Anspruch, etwas grundlegend Neues schaffen zu wollen, einen – wenn auch nicht notwendig, so doch meist auch: gewaltsamen – Bruch mit der Tradition voraus. Im Sinne dieser Bestimmung gibt 10 es Revolutionen in der Tat erst seit der Französischen, da in Bürgerkriegen, Aufständen und Erhebungen vor 1789 keine radikale Veränderung der sozioökonomischen Gesamtstruktur einer Gesellschaft intendiert war, sondern, sei es die Vertreibung der Herrscher aus ihren Machtpo- 15 sitionen, sei es die Verbesserung der Lebenschancen einzelner Interessengruppen, d. h. stets: eine Veränderung der Rolle und Rangposition innerhalb der vorgegebenen, festgefügten Rang- und Herrschaftsstrukturen. Erst die Französische Revolution ist zudem erklärtermaßen eine 20

nicht nur national-französische, sondern eine, die weltgeschichtliche Mission beansprucht. Sie will eine neue
Epoche der Menschheitsgeschichte einleiten. In dieser
weltgeschichtlichen Bedeutung der Französischen Revo-
25 lution und der von ihr ausgehenden Revolutionen der
Folgezeit drückt sich eine spezifische Qualität revolutionären Handelns und Denkens aus, die es vordem noch
nicht gab. [...] Wer in ihr nichts anderes sieht als die
blanke Destruktion, die Guillotine, gleicht dem, der nur
30 die Sonne hinter den Hügeln verschwinden sieht und
nichts sonst. Die isolierte Perspektive der Untergangs-
stimmung ist Symptom der Welt von gestern. Umgekehrt
aber: Wer nur auf die Morgenröte starrt, vergisst, dass
das von der aufgehenden Sonne Beschienene noch keine
35 neue Erde sein muss, sondern die Welt von gestern in
neuem Licht.

Zit. nach: Theorien der Revolution. München (Fink) 1973, S. 20 f.

14 **Der deutsche Historiker Eberhard Schmitt (1976):**
Die tiefgreifendste und folgenreichste in der Abfolge
der „klassischen Revolutionen" des 17. und 18. Jahrhunderts ist die Französische Revolution gewesen. Von
5 allen Vorgängen gewaltsamen politischen und sozialen
Wandels in diesen beiden Jahrhunderten hat sie die Verhältnisse am einschneidendsten verändert, und zwar
– das ist wichtig zu sehen – nicht nur in Frankreich,
sondern darüber hinaus in weiten Teilen Europas. Sie
10 hat 1789 im eigenen Land die soziale Schicht des Besitz-
und Bildungsbürgertums an die Macht gebracht, sie hat
1791 den ersten demokratisch legitimierten modernen
Nationalstaat mit einer Repräsentativverfassung und
damit den im 19. und 20. Jahrhundert meistkopier-
15 ten Staatstypus überhaupt geschaffen, sie hat mit der
Liquidierung der alteuropäischen Stände-, Korporati-
onen- und Zünfteordnung in den Jahren 1789–1794
die meisten formalen Hindernisse für das Entstehen
kapitalistischer Großbetriebe in Frankreich beseitigt
20 [...] und sie hat trotz aller neuherbeigeführten Spannungen in ihrem Ursprungsland eine stärkere soziale
und politische Nivellierung in Gang gesetzt, als dort je
zuvor bestand.
Nicht weniger stark waren die Wirkungen im überna-
25 tionalen Bereich. Sie hat mit der Zerstörung des alten
Römischen Reiches Deutscher Nation das europäische
Staatensystem von Grund auf erschüttert und verändert. Damit hat sie – nach einer kurzen Phase der französischen Hegemonie unter der bürgerlichen Repub-
30 lik und während der Herrschaft Napoleons 1794–1814
– den Grund gelegt zum folgenreichen europäischen
Dualismus zwischen den sog. „westlichen Demokratien"
(E. Fraenkel) und den autoritativ-monarchischen Staaten
Mittel- und Osteuropas, zu einer Konstellation, die vor al-
35 lem die zweite Hälfte des 19. Jahrhunderts bestimmte und
die sich erst mit dem Ende des Ersten Weltkriegs auflöste.

Daneben hat die Revolution von 1789 auch vielfach mittelbar in das Innere fast aller europäischen Staaten stark
eingegriffen, so hat sie etwa die Stein-Hardenbergschen
Reformen in Preußen und das Montgelassche Reform- 40
werk in Bayern ausgelöst, sie hat indirekt die Einfügung
jenes berühmten Artikels 13 in die Bundesakte von 1815
zur Folge gehabt, wonach allen deutschen Staaten eine
„landständische Verfassung" angekündigt wurde, was
zu der Konstitutionalisierungswelle zwischen 1815 und 45
1819 in Mittel- und Süddeutschland führte und sie ist
ganz wesentlich bestimmend gewesen für das Aufkommen eines rüden Nationalismus in allen Staaten des
19. und frühen 20. Jahrhunderts in Europa.
So ist alles in allem die europäische Welt durch sie eine 50
andere geworden, als sie es vor 1789 war. Deshalb ist es
überzeugend und richtig, wenn man diese Revolution als
die wichtigste Zäsur im Verlauf der Neuzeit ansieht und
mit ihr die eigentliche Moderne beginnen lässt, die sog.
„histoire contemporaine", wie die seitherige Epoche von
der französischen Historie genannt wird. 55

Zit. nach: E. Schmitt (Hg.), Die Französische Revolution. Köln (Kiepenheuer
& Witsch) 1976, S. 11.

15 **Der französische Historiker Michel Vovelle (im
Jahr 1982):**
Innerhalb von zehn Jahren markiert die Französische
Revolution eine entscheidende und im Wesentlichen
irreversible Wende nicht nur in der Geschichte Frank- 5
reichs, sondern auch der Welt; und zwar nicht nur durch
das, was sie zerstört hat, sondern auch durch das, was
sie aufbaut oder ankündigt. Als eine mit Unterstützung
der Volksmassen vollzogene bürgerliche Revolution
entspricht ihre Bilanz den besonderen Bedingungen 10
Frankreichs am Ende des 18. Jahrhunderts [...]. Sie ist
die Revolution der Freiheit und der Gleichheit und sie
begründet am Ende des Jahrhunderts der Aufklärung eine
neue Gesellschaftsordnung. Ihre Botschaft ist aber nicht
monolithisch: In ihr verbinden sich nacheinander der 15
Diskurs der verfassungsgebenden Revolution – mit der
Verfassung von 1791 und zuvor schon mit der Erklärung
der Menschenrechte von 1789 –, darauf folgt die jakobinische Verfassung von 1793 bzw. des Jahres I – die bereits
mehr als nur eine Variante des ursprünglichen Textes ist, 20
vielmehr den Höhepunkt des Traums von der sozialen
Demokratie markiert – und schließlich die Verfassung des
Jahres III, die wieder zur Orthodoxie der neuen bürgerlichen Wertvorstellungen zurückkehrt. Die Revolution
ersetzt die ungleichen Hierarchien der Gesellschaft des 25
Ancien Régime durch das Prinzip der Gleichheit: „Die
Menschen werden frei geboren und bleiben frei und
gleich in all ihren Rechten." Dies setzt die Beseitigung
aller früheren Privilegien und Abhängigkeiten voraus.
Mit dieser Gleichheit ist vor allem die zivile Gleichheit in 30
jedweder Form gemeint: auch die der Protestanten und

der Juden (hier gibt es den stärksten Widerstand). Bedenken und Einschränkungen machen die Verfassungsgeber allerdings bei den Sklaven und der Gleichheit der
35 Schwarzen oder Mulatten geltend: Erst der jakobinische Konvent wird – kurzfristig – im emanzipatorischen Sinne entscheiden. Damit deutet sich an, dass die bürgerliche Revolution der Gleichheit auch Grenzen setzt. In politischer Hinsicht hat zwischen 1793 und dem Jahre II nur
40 eine einzige Erprobung des allgemeinen Wahlrechts für männliche Erwachsene stattgefunden: 1791 und im Jahre III herrscht dagegen das Zensuswahlrecht, das aktive und passive Bürger aufgrund eines Zensus unterscheidet. Diese politischen Beschränkungen bedeuten in Wahrheit
45 soziale Schranken, die die Grenzen der bürgerlichen Demokratie zu diesem Zeitpunkt markieren.
Die Revolution ist das Jahr I der Freiheit. Sie hat diese Freiheit mit weniger Einschränkungen als im Falle der Gleichheit von Anfang an proklamiert. [...] Die Verbrei-
50 tung der revolutionären Presse und die Vermehrung der Clubs zeigen, mit welcher Begeisterung diese Innovation angenommen wurde. Die politischen Freiheiten boten das Terrain für vielfältige und exemplarische Erfahrungen. Die Erklärung der Menschenrechte proklamiert die
55 Volkssouveränität, das Prinzip der Wählbarkeit auf allen Ebenen und die Notwendigkeit eines repräsentativen Staatswesens, basierend auf der Gewaltenteilung [...]. Erst durch die Revolution ist die moderne französische Nation entstanden und herangereift. Sie ist der Prototyp
60 und das begeisternde Vorbild aller großen nationalen Revolutionen des 19. Jahrhunderts.

Zit. nach: M. Vovelle, Die Französische Revolution. Soziale Bewegung und Umbruch der Mentalitäten. Frankfurt/Main (Fischer) 1985, S. 51 ff.

16 **Der deutsche Historiker Thomas Nipperdey (im Jahr 1983):**
Am Anfang war Napoleon. Die Geschichte der Deutschen, ihr Leben und ihre Erfahrungen in den ersten
5 eineinhalb Jahrzehnten des 19. Jahrhunderts, in denen die ersten Grundlagen eines modernen Deutschland gelegt worden sind, stehen unter seinem überwältigenden Einfluss. [...] Die Grundprinzipien der modernen Welt sind mit der Französischen Revolution ins Leben (und
10 ins Bewusstsein der Zeitgenossen) getreten, sie hat in der Weltgeschichte Epoche gemacht.
Die fast tausendjährige Geschichte des Heiligen Römischen Reiches deutscher Nation war zu Ende. Altmodisch, schwerfällig, ohne wirkliche Macht war es der Revolutio-
15 nierung der europäischen Verhältnisse nicht gewachsen; der ungeheure Machtdruck der französischen Armeen der Revolution wie Napoleons, die Sprengkraft der inneren Gegensätze, des preußisch-österreichischen Dualismus wie des Souveränitätsstrebens der Territorialfürsten, die
20 Überlebtheit der zersplitterten Herrschaftsorganisation von Reichskirche, Reichsadel und Reichsstädten – das

vernichtete seine Existenz. Es hatte bestehende Zustände stabilisiert, das Gleichgewicht in Europa, die Koexistenz der Partikulargewalten in Deutschland, deren Konflikte es regelte oder eindämmte, die feudale Herrschafts- 25 und Gesellschaftsordnung. Damit war es nun vorbei. Das Ende der bestehenden Ordnung, durchdringende Veränderungen, Neuordnung – das stand jetzt auf der Tagesordnung. [...]
Daneben dann gehört [...] der Versuch, innere Reformen 30 durchzusetzen: die Errungenschaften der Revolution, die Auflösung des feudalständischen Systems, so wie Napoleon sie konsolidiert hatte, zu übernehmen. Das hatte für Frankreich einen dreifachen, vor allem machtpolitischen Sinn. Die Gleichförmigkeit von Verwaltung, Rechtsnor- 35 men und Verfassung, die Gleichschaltung mit Frankreich, sollte die Einheit des Imperiums festigen und sichern. Die Reformen sollten die Staaten effektiver machen und alle ihre Kräfte zugunsten des Imperiums mobilisieren. Die Reformen sollten schließlich – im Sinne moralischer 40 Eroberung – die Anziehungskraft des Systems und damit seine Stabilität erhöhen. „Welches Volk wird unter die preußische Willkürherrschaft zurückkehren wollen, wenn es einmal die Wohltaten einer weisen und liberalen Verwaltung gekostet hat?" „Die Völker Deutschlands ver- 45 langen staatsbürgerliche Gleichheit und liberale Ideen" – das war das Programm Napoleons.

Zit. nach: Th. Nipperdey, Deutsche Geschichte 1800–1866. Bürgerwelt und starker Staat. München (C. H. Beck) 1983, S. 11 ff.

17 **Die amerikanische Historikerin Lynn Hunt (im Jahr 1989):**
In meinen Augen waren die sozialen und ökonomischen Veränderungen im Gefolge der Französischen Revolution nicht revolutionär. Die Adligen erhielten ihre Titel und 5 ein Gutteil ihres Landbesitzes zurück. Obwohl beträchtliche Mengen Land während der Revolution den Besitzer wechselten, blieb die Struktur des Grundbesitzes im Wesentlichen dieselbe; die Reichen wurden noch reicher und die Kleinbauern festigten ihre Position dank der Auf- 10 hebung der Feudalabgaben. Der industrielle Kapitalismus wuchs nach wie vor im Schneckentempo.
Im Bereich der Politik dagegen änderte sich fast alles. Tausende von Männern und auch viele Frauen sammelten unmittelbare Erfahrungen in der politischen Arena; sie 15 redeten, lasen und hörten auf neue Weise; sie wählten; sie traten in neue Organisationen ein; und sie gingen für ihre politischen Ziele auf die Straße. Die Revolution wurde zur Tradition und die Republik blieb eine fortdauernde Möglichkeit. Danach konnten Könige nicht mehr 20 ohne Versammlungen regieren und die Beherrschung der öffentlichen Angelegenheiten durch den Adel provozierte neue Revolutionen. Folglich betrieb Frankreich im 19. Jahrhundert die bürgerlichste Politik in ganz Europa, obwohl es zu keiner Zeit die führende Industriemacht 25

war. Erklärungsbedürftig ist daher nicht die Entstehung einer neuen Produktionsweise oder einer ökonomischen Modernisierungsbewegung, sondern die Herausbildung einer politischen Kultur der Revolution. [...]

30 Die Französische Revolution verwirrt uns noch heute, weil sie so viele zentrale Merkmale moderner Politik hervorgebracht hat. Sie war nicht lediglich ein Beispiel für die Gewalt und Instabilität, die durch den Modernisierungsprozess ausgelöst werden können, oder ein we-

35 sentlicher Schritt auf dem Weg zum Kapitalismus oder ein Glied im Prozess der Herausbildung des autoritären Staates, obwohl sie zu alledem beigetragen haben dürfte. Wichtiger ist die Tatsache, dass sie den Augenblick kennzeichnet, da die Politik als eine Tätigkeit mit gewaltigen

40 Möglichkeiten, als Agent zielstrebiger Veränderung, als Gussform für Charakter, Kultur und soziale Beziehungen erkannt wurde.

Zit. nach: L. Hunt, Symbole der Macht – Macht der Symbole. Die Französische Revolution und der Entwurf einer politischen Kultur. Frankfurt/Main 1989, S. 264 ff.

18 **Der französische Historiker F. Furet (1996):**
Der Aristokrat ist gegen den Bürger, jenen Vorboten einer von Geld und Rangverwischungen regierten Welt. Doch nach dem Zusammenbruch seiner Welt weiß er, dass er

5 unwiderruflich mit der bürgerlichen Welt verbunden ist. Die konterrevolutionäre Idee bietet ihm einen Zufluchtsort für seine Erinnerungen, doch er hütet sich, sie zur Grundlage seines Verhaltens zu machen. Durch einen zu ausgeprägten Hass auf den Bürger würde er seinen

10 Einfluss auf das öffentliche Leben verlieren. So müssen die Überlebenden der alten Welt im gesellschaftlichen Rahmen der neuen Welt ihre Verachtung für den Bürger zügeln. Sie bleiben ihren Sitten treu, und ihre Lebensformen verleihen ihnen mühelos Autorität gegenüber

15 dem Bürger, der gezwungen ist, ihre Vergangenheit anzuerkennen. Zusammenfassend kann man sagen, dass der Aristokrat des 19. Jahrhunderts, gerade weil er eine Revolution fürchtet, kein Konterrevolutionär ist. Aus eben diesem Grund übt auch der Bürger im poli-

20 tischen Leben Zurückhaltung. Die Ereignisse von 1789 haben ihm bewusst gemacht, mit welchen Schwierigkeiten das Regieren verbunden ist. Er ist sich der Gefahren der historischen Lage bewusst, die in seiner unsicheren Vormachtstellung und in dem Versprechen der demo-

25 kratischen Gleichheit begründet sind. So wählt er den „goldenen Mittelweg" und findet sich damit ab, den Dünkel des Adels und die Unwägbarkeiten der Monarchie zu ertragen, um im Schutz ihres Wohlwollens das Volk regieren zu können. Seine politische Zaghaftigkeit

30 resultiert aus dem Bewusstsein der eigenen Unfähigkeit, die entfesselten Kräfte zu lenken. Der Bürger zieht sich hinter Mittelmaß und Kleinmut zurück und wird nur noch verhasster, als es seine Vorfahren zwischen 1789

und 1793 schon waren. Doch andererseits schärft dieses Zaudern beständig seine Wachsamkeit gegenüber den 35 Gefahren der revolutionären Tradition.

So war die Politik des 19. Jahrhunderts von einem permanenten Kompromiss zwischen zwei Welten geprägt, der jene Erschütterung vermeiden sollte, die dem Niedergang des „Ancien régime" in Frankreich vorausge- 40 gangen war. Der Bürger muss die Ablehnung der Aristokratie hinnehmen, doch mit ihr oder durch ihre Hilfe gelingt es ihm zu regieren. Er lebt in der Furcht vor den Massen, doch er hat aus den eigenen Reihen mehr zu befürchten als vom Volk. Wenngleich sich die demo- 45 kratische Idee durch das gesamte Jahrhundert zieht und eine immer tiefere Kluft gräbt, ist es noch kein demokratisches Jahrhundert. Das Volk spielt nur eine untergeordnete Rolle und hält sich an die ihm von der Elite zugeschriebene Rolle. Das Scheitern der Revolution von 50 1848 in ganz Europa verdeutlicht dieses zeitgeschichtliche Phänomen am besten.

Mit der Zeit verringert sich die Kluft zwischen dem Bürger und dem Aristokraten immer mehr. Die Vorstellungen, Neigungen und selbst Lebensarten haben sich einander 55 immer mehr angenähert. Der Kult um die Nation, dem durch den Krieg eine unvorstellbare Kraft zugewachsen ist, hat sie zu einer gemeinsamen politischen Kraft, einem Willen zusammengeschweißt.

Zit. nach: F. Furet, Das Ende der Illusion. München/Zürich 1996, S. 31 f.

19 **Der Aufklärer und Kulturphilosoph Georg Forster** fungierte zu Beginn der Revolution als Bibliothekar des Mainzer Erzbischofs. Er war Mitbegründer der „Mainzer Republik" und einer der bedeutendsten revolutionären Demokraten Deutschlands.

20 **Der deutsche Historiker Rolf Reichardt (1998):**
Nicht nur in Leitideen wie Freiheit, Gleichheit und sozialer Gerechtigkeit bestand das Erbe der Französischen Revolution für Europa, sondern zunehmend in neuen
5 Formen der kollektiven Meinungsbildung, der Mobilisierung und Aktion der aufständischen Volksmenge, in der immer weiter ausgreifenden Vorstellung von der Machbarkeit und demokratischen Gesetzmäßigkeit einer Revolution nach Pariser Modell. Nicht von ungefähr war
10 das 19. Jahrhundert eine Epoche der Revolutionen, die 1830 und 1848 von Paris ausgehend weite Teile Europas ergriffen.

Zit. nach: R. Reichardt, Das Blut der Freiheit. Französische Revolution und demokratische Kultur. Frankfurt/Main (Fischer) 1998, S. 333.

21 **Der deutsche Historiker Ernst Schulin (2004):**
Die Französische Revolution hat das, was schon der fortschrittliche Absolutismus wollte, aber nicht erreichte, geschaffen: nämlich den festen, einheitlichen zentralen
5 Regierungsapparat, der alle Umstürze des 19. Jahrhunderts überlebte und der das eigentliche stabile, „konservative" Element des Staates war. Mit diesen beiden, nämlich mit der politischen Demokratie und der Zentralregierung, hängt zusammen der moderne Nationalismus,
10 die allgemeine Schulpflicht, die allgemeine Wehrpflicht und dergleichen. [...]
Die politisch bestimmende Gesellschaftsschicht war seither das Bürgertum in seinem schwer abzugrenzenden Umfang. Wenn man sagt, das „reiche Bürgertum" oder
15 das „kapitalistische", ist das schon zu abgegrenzt. Sein bestimmtes Interesse, nämlich die Sicherung des Eigentums, die Freiheit für die wirtschaftliche Unternehmung und für den sozialen Aufstieg, ist aber seit 1789 zu erkennen. Es ist zu erkennen in der Abschaffung der Stände
20 einerseits, in der Begrenzung des Weges zur radikalen Demokratisierung andererseits. [...]
Das europäische Bürgertum wollte liberal sein wie das französische, es wollte die Errungenschaften der ersten Phase der Französischen Revolution haben, also Verfassung,
25 konstitutionelle Monarchie. Aber der Liberalismus war diskreditiert als gewaltsamer französischer Import. Der Nationalismus – auch er in Frankreich in der Gefahren-

zeit in seinem modernen Sinne entstanden – war, als Gegenkraft gegen Napoleons Universalreich, weit stärker. Er wurde [...] zur wirkungsvollsten Ideologie des 19. 30 Jahrhunderts.
Das Bürgertum ist durch diese Modifizierungen, Brechungen der Revolution in den verschiedenen Staaten des 19. Jahrhunderts in ein Lavieren geraten, das es diskreditiert hat. Es wurde angreifbar von rechts und von links, 35 weil sein Klasseninteresse dabei deutlich hervortrat. Die ernst gemeinte Idee, allgemeine Menschenrechte zu vertreten, ständelos zu sein, blieb allzu sehr Idee angesichts der weiterbestehenden Aristokratie und angesichts der Vorsichtsmaßnahmen gegen das zunehmende Proletariat. 40 Diese Idee konnte also als Ideologie angegriffen werden. Marx und Engels konnten im Kommunistischen Manifest 1848 feststellen, dass statt der bisherigen Stände eine wirtschaftlich noch weit kräftigere – politisch allerdings ungeschickt handelnde – Klasse die Herrschaft ergriffen 45 habe, und da sie Klasse sei und alle Geschichte in Klassenkämpfen bestehe, müsse sich das Proletariat seiner Klasse bewusst werden und im revolutionären Kampf gegen die Bourgeoisie auftreten. Das hat das Proletariat weitgehend nicht getan, weil dieser Klassencharakter weniger sicht- 50 bar und wirksam war als der frühere Ständecharakter, weil also in den meisten Fällen durch revolutionären Kampf erreicht werden konnte, was Marx nur durch revolutionären Umsturz erreichbar glaubte.
Der Streit zwischen diesen beiden Formen der Weiter- 55 entwicklung ist aber auch heute noch nicht zuende. Er wird immer wieder aufflammen, wenn die Entwicklung faktisch allzu sehr stagniert.
Hergeleitet werden muss dieser Streit aus der Großen Französischen Revolution [...], welche epochale Bedeu- 60 tung gehabt hat. Sie ist die erste große, auf völlige Neuerung ausgehende Revolution gewesen – Vorbild für alle gescheiterten oder gelungenen, künstlichen oder echten Revolutionen der Folgezeit, aber auch für die Reformen der Folgezeit. Darin liegt ihre lebendige geschichtliche 65 Wirkung bis heute.

Zit. nach: E. Schulin, Die Französische Revolution. München (C.H. Beck), 4. Aufl. 2004, S. 266 f.

2. Veränderungen in Wirtschaft und Gesellschaft durch die Industrialisierung

2.1 Warum an diesem Ort – warum zu dieser Zeit?

Lange Traditionen weisen den Weg

Warum begann die industrielle Revolution eigentlich in Europa und nicht in den islamischen Ländern, in China oder Afrika? Und warum kam sie ausgerechnet im letzten Drittel des 18. Jahrhunderts in Gang?

Um diese Fragen zu beantworten, blicken Historiker heute viele Jahrhunderte zurück. In einem niemals wirklich unterbrochenen Prozess sammelte sich in Europa theoretisches Wissen und technisches Know-how an. Aber unbelebte Kraftquellen – wie Wasser- oder Windmühlen – und neue Produktionsweisen reichten nicht aus, um eine industrielle Revolution in Gang zu setzen. Das galt auch für wissenschaftliche und technische Leistungen in anderen Kulturkreisen. Es kamen weitere Faktoren hinzu, die es so nur in Europa gab:

Selbstbewusste Forscher

Spätestens seit dem ausgehenden Mittelalter drängten die weltlichen Obrigkeiten und die allmählich wachsenden religiösen Oppositionsbewegungen von unten den Einfluss der Kirche in Europa zurück. Wann immer ein weltlicher Herrscher sich von einer neuen Idee Nutzen und Vorteil gegenüber einem Rivalen versprach, förderte er diese neuen Gedanken nach Kräften, auch wenn sie den traditionellen Lehren der Kirche widersprachen. Das Ergebnis war die zunehmende Autonomie der Wissenschaftler, deren Forschungen auf unvoreingenommenem Denken und Beobachten basierten. Was einmal gedacht war, wurde in Europa nicht mehr zurückgenommen. Alle Versuche, dogmatisch begründete Denkverbote durchzusetzen, scheiterten.

Planvolles Experimentieren

Die europäischen Gelehrten schufen eine über Staats- und Kulturgrenzen hinweg anerkannte Methode wissenschaftlichen Forschens. Die machtvolle Verbindung von Wahrnehmen einerseits und Messen, Verifizieren und nachvollziehbarer Deduktion andererseits war unter den Forschern üblich geworden. Es war ein intellektueller Sprung, als die Forscher dazu übergingen, etwas absichtlich im Experiment geschehen zu lassen, statt wie bisher abzuwarten, bis etwas von selbst geschieht. Vor allem Galileo Galilei systematisierte im ausgehenden 16. Jahrhundert das Experiment, das die Möglichkeit zur wiederholten und wiederholbaren Beobachtung bot. Auf diesem Weg konnten die Forscher nun das komplexe Ganze von natürlichen Vorgängen erklären.

Verbreitung des Wissens

Im vorakademischen Europa des 16. Jahrhunderts arbeiteten Forscher allein und hielten ihre Ergebnisse möglichst lange geheim. Erst in der Folgezeit gingen sie dazu über, ihre Experimente und Erkenntnisse öffentlich zu machen. Die über ganz Europa zerstreut lebenden Forscher traten untereinander in Verbindung. Dabei half ihnen das Latein als gemeinsame europäische Sprache der Wissenschaft sowie ein funktionierendes Post- und Kurierwesen. Es wurden Wissenschaftliche Akademien wie 1660 die Londoner Royal Society oder 1666 die Académie des Sciences in Paris gegründet, die regelmäßige Sitzungen abhielten und eigene Zeitschriften herausgaben. Darüber hinaus gingen die Forscher auch dazu über, ihre Ergebnisse einem breiten Publikum bekannt zu machen. Überall erschienen in der Landessprache neue Zeitschriften. Forschen war nicht mehr eine elitäre, sondern eine populäre Sache geworden.

Es dauerte jedoch bis ins letzte Drittel des 18. Jahrhunderts, bevor sich die vielen verschiedenen, sich gegenseitig stützenden und fördernden Faktoren zu dem

1 Joseph Wright of Derby (1734 bis 1797): **Das Experiment mit der Luftpumpe, 1769.** In England ziehen Experimentatoren über Land und führen in den Salons einem Laienpublikum wissenschaftliche Experimente vor. Größte Schaueffekte garantierten Experimente mit dem Vakuum und der Elektrizität. Hier wird dem unter einer Glaskuppel hockenden Kakadu zunächst die Luft entzogen und dann wieder zugeführt.

einheitlichen Strom des Fortschritts vereinigten, der in die Industrialisierung mündete und dann das gesamte System des Feudalismus zum Einsturz brachte.

Wenn es auch über den Kontinent versprengte kleine Inseln früher Industrialisierung gab, wie eine mechanische Baumwollspinnerei 1784 in Ratingen bei Düsseldorf oder seit 1792 in Oberschlesien einen Kokshochofen, so fiel doch bereits früh im 18. Jahrhundert ausländischen Reisenden der wirtschaftliche Vorsprung Englands auf. Und dieser hatte seinen Ursprung zunächst in der Entwicklung der britischen Landwirtschaft. Sie hatte sich anders entwickeln können als die Landwirtschaft auf dem Kontinent und zu einer hohen Effizienz geführt.

Die agrarische Revolution als Triebfeder des wirtschaftlichen Wandels in England

Bereits im späten Mittelalter war in England die feudale Ständeordnung in einem weitreichenden Auflösungsprozess begriffen. An die Stelle der Abhängigkeitsverhältnisse unfreier Höriger traten geregelte Pachtverhältnisse zwischen Grundherren und Pächtern. So kam es früh zu einer Kommerzialisierung von Anbau und Warenvertrieb. Im 18. Jahrhundert praktizierten die Engländer im Ackerbau und in der Viehzucht, orientiert an holländischen Vorbildern, moderne Methoden der Bewässerung, der Düngung, des Fruchtwechsels und der gemischten Landwirtschaft. Dies führte zu einer beträchtlichen Steigerung der Erträge. Einen kaum zu überschätzenden Anteil an der Effizienzsteigerung der Landwirtschaft hatte die Enclosure-Bewegung (Einhegungen) im 18. und 19. Jahrhundert: Der Zwang, offene Felder zu haben, wurde zugunsten der Möglichkeit aufgehoben, eigene Ländereien zusammenzulegen und einzuzäunen. Diese Flurbereinigung beseitigte die Gemengelage von Grundstücken und überführte Gemeindeland in Privateigentum. Es entstanden agrarische Großbetriebe, die rationelles Wirtschaften ermöglichten. Allerdings verloren Mittel- und Kleinbauern dabei oft ihre Existenzgrundlage. Die Landwirtschaft, wie sie in Großbritannien üblich wurde, lohnte sich für Besitzer und Pächter und wurde vom Adel mit Leidenschaft betrieben. Sie war kein Hort des Konservativismus, sondern eine Triebfeder des wirtschaftlichen Wandels. Auch war die Landwirtschaft in der Lage, die – wie überall in Westeuropa – sprunghaft angewachsene einheimische Bevölkerung zu ernähren. Bis weit ins 19. Jahrhundert hinein war England nicht auf Nahrungsmittelimporte angewiesen. Das Bevölkerungswachstum erhöhte zudem das Arbeitskräfte- und Nachfragepotenzial.

 **Fruchtwechsel**

2

2 **Einsatz einer frühen Dampfmaschine zur Förderung und zum Antrieb von Pumpen in einem englischen Kohlebergwerk.** Gemälde eines unbekannten englischen Künstlers, 1792.

Neue Technologien prägen die englische Wirtschaft

In keinem Land Europas wurden in der 2. Hälfte des 18. Jahrhunderts so viele Erfindungen gemacht wie in England. In der Textil- und Eisenindustrie sowie bei der Energiegewinnung und Mechanisierung erwarben sich die Briten einen Technologievorsprung, den die übrigen Länder erst Jahrzehnte später aufholten. Der Beginn war unspektakulär: 1698 meldete Thomas Savery unbeachtet von der Öffentlichkeit ein Patent für eine Vorrichtung an, die mit Hilfe von Dampf eine Pumpe antrieb. Nur ein paar Tüftler durchschauten die Möglichkeiten dieser atmosphärischen Dampfmaschine und entwickelten die Vorrichtung in den nächsten Jahrzehnten weiter. Ein großer Schritt nach vorne gelang 1782 James Watt, als er die Kolbenbewegung der Dampfmaschine in eine Drehbewegung umsetzte, so die Energie viel besser ausnutzte und gleichzeitig das Tempo der Maschine erhöhte. Aber auch sie war noch längst nicht perfekt. Es brauchte noch 100 Jahre und viele Ingenieure und Mechaniker, die mit Geduld, Sorgfalt und Fantasie die kleinen und großen Fertigungs- und Wartungsprobleme lösten. Alles in allem dauerte es 200 Jahre, bis endlich aus der Idee eine wirklich wirtschaftlich und universell einsetzbare Kraftmaschine wurde!

Die Industrialisierung bricht sich Bahn

Die industrielle Revolution verlief ungleichmäßig und wirkte sich erst nach und nach aus, sie begann in manchen Industriezweigen früher, in anderen später, der Durchbruch beschränkte sich zunächst immer nur auf wenige Sektoren und Regionen. Der breite Übergang zur neuen mechanisierten Massenproduktion erfolgte zunächst in der Baumwollspinnerei, dem ersten industriellen Führungssektor. Langfristig von noch größerer Bedeutung war Englands Vorsprung bei dem Einsatz fossiler Brennstoffe und die damit verbundenen Fortschritte im Bereich der Montanindustrie.

Führungssektor, Montanindustrie

Die politischen Rahmenbedingungen

All diese Punkte beschreiben die Situation in Großbritannien, aber sie erklären noch nicht hinreichend, warum die Industrielle Revolution nun ausgerechnet dort ihren Anfang nahm. Großbritannien war sehr früh eine politische und wirtschaftliche Einheit mit einem einheitlichen Währungs-, Steuer- und Zollsystem. Es war ferner geprägt durch Loyalität, gemeinsame Identität und Gleichheit der Bürger. Politische Freiheiten wurden zwar anfangs nur für den Adel erteilt, entscheidend war aber, dass sie nach und nach durch Gesetzgebung, Alltagspraxis und Kriege auf das ganze Volk ausgedehnt wurden. Nun war England alles andere als vollkommen. Es hatte seine Armen, es gab Privilegien, Klassen- und Standesunterschiede. Aber all das ist relativ. So stellte sich die englische Gesellschaft der frühen Neuzeit zwar als hierarchisch gegliederte Statusgesellschaft dar, die jedoch nicht durch feste Standesschranken unterteilt war, wenn man einmal von der Aristokratie absieht. Die Zeitgenossen verstanden die englische Gesellschaft als eine Gesellschaft mit großer sozialer Mobilität. Große Vermögen bzw. politische Verdienste waren oftmals die wichtigste Voraussetzung für die Erhebung in den Adelsstand. Es gab ein starkes Bürgertum, das die Wirtschafts- und Finanzpolitik entscheidend mitbestimmte. So vermittelte England seinen Untertanen das Gefühl der Bewegungsfreiheit.

Startkapital als Voraussetzung

Handel, Seemacht und Kolonien waren die drei sich gegenseitig bedingenden Faktoren des englischen Nationalreichtums. Überseeische Rohstoffquellen und Absatzmärkte ließen Großbritannien zur Handelsnation Nummer eins werden. Für die damalige Zeit war der breite englische Mittelstand, die Kaufleute, Fabrikanten, Geschäftsinhaber und Bankiers, die Rechtsanwälte und andere Angehörige freier Berufe außerordentlich reich. So war genügend Kapital im Lande vorhanden, um in die neu aufkommenden Industrien zu investieren und es gab genügend Menschen, die unternehmerisch tätig wurden.

Wirtschaftliche Freiheiten und Calvinismus

Schließlich waren die Engländer frei von allen den Markteintritt behindernden Zwängen und sie profitierten vom Wissen und von Fertigkeiten, die Einwanderer mitbrachten. Weil unter den frühen Erfindern und Unternehmern überproportional viele Calvinisten waren, werden auch die religiösen Verhältnisse in England als ein Grund für den Aufstieg genannt. So verspricht Calvins Lehre beruflichen und wirtschaftlichen Erfolg auf Erden sowie religiöses Heil im Jenseits.

Die naturräumlichen Bedingungen

Auch die günstigen naturräumlichen Bedingungen Englands leisteten ihren Beitrag zur Industrialisierung. Energiequellen und Rohstoffe waren leicht verfügbar und meistens verkehrsgünstig gelegen. Nahezu alle Straßen und Kanäle waren von privaten Investoren errichtet worden. Um profitabel zu sein, achteten die Erbauer auf wirtschaftlich sinnvolle Streckenführung und angemessene Bequemlichkeit, denn nur wenn ihre Verkehrswege von möglichst vielen Menschen benutzt wurden, flossen reichlich Mautgelder in die Kassen der Investoren.

Die Wirtschaftslehre des Adam Smith

Vor diesem Hintergrund entwarf der am 5. Juni 1723 in der kleinen schottischen Seestadt Kirkcaldy geborene Adam Smith in seinem grundlegenden Werk „An Inquiry into the Nature and the Causes of the Wealth of Nations", das 1776 in London erschien, die Lehre vom Wirtschaftsliberalismus, die die Grundlage für die freie Marktwirtschaft werden sollte. Smith verkündete eine optimistische Botschaft: Die Versorgung eines Volkes mit Bedarfs- und Luxusgütern hänge neben der Bevölkerungsentwicklung von der Geschicklichkeit und Findigkeit ab, mit der die Menschen ihre Arbeit verrichteten. Wenn der Produktionsprozess geschickt gegliedert würde, könne sich die Arbeitsproduktivität verdoppeln, ja prinzipiell vertausendfachen. Die Politik müsse nur Bedingungen für einen freien Markt und für Wettbewerb schaffen und alle Investitionshemmnisse beseitigen. Im Übrigen solle sie sich auf die Bereiche konzentrieren, die ein Privatmann nicht erledigen könne, wie Landesverteidigung, innere Sicherheit, Rechtspflege, Ausbildung sowie Umwelt- und Brandschutz.

Methode: Die britische Industrie um 1800 – eine Karte gibt Auskunft

2

Historische Karten und Geschichtskarten

Um 1800 war in Großbritannien die Industrialisierung so weit fortgeschritten, dass bereits weite Teile des Landes davon geprägt waren. Ein Blick auf die Karte verdeutlicht diesen Prozess, denn Karten können schnell und unkompliziert Informationen vermitteln. Grundkenntnisse über das Kartenlesen helfen dabei. Man unterscheidet zwischen historischen Karten und Geschichtskarten. Der Begriff „historisch" bezieht sich dabei auf den Entstehungszeitpunkt der Karte, sagt aber noch nichts über Inhalt oder Zielsetzung der Karte. Auch eine topografische Karte Deutschlands aus dem letzten Jahrhundert ist heute eine „historische" Karte. Historische Karten haben also den Rang und Erkenntniswert einer historischen Quelle. Im Unterschied dazu verfolgen so genannte „Geschichtskarten" das Ziel, Zustände, Entwicklungen und Zusammenhänge der Vergangenheit darzustellen. Dabei orientieren sie sich am jeweiligen Stand der wissenschaftlichen Forschung. Sie sind komplexe Gebilde, weil sie das Dargestellte nicht nur im Raum abbilden, sondern auch in die jeweilige Zeit einordnen. Andererseits wird jede Geschichtskarte irgendwann zu einer historischen Karte. So sind beispielsweise Karten aus den Geschichtsatlanten der Nationalsozialisten oder aus DDR-Schulbüchern heute

3 Die britische Industrie um 1800

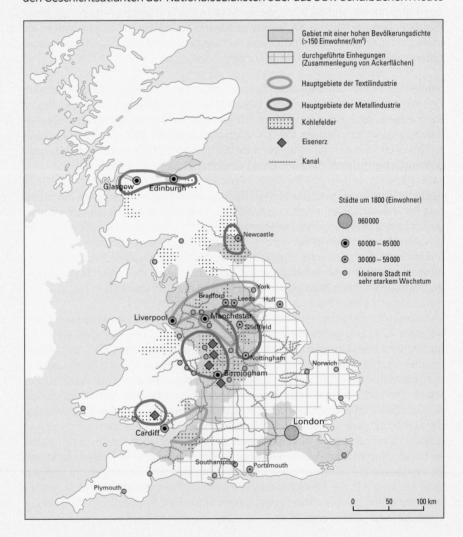

als historische Karten zu interpretieren. Im Schulunterricht wird in der Regel mit Geschichtskarten gearbeitet.

Karten nutzen nur demjenigen, der neben Orientierungswissen über den Raum auch historisches Basiswissen über die dargestellte Zeit mitbringt. Der Umgang mit Geschichtskarten erfordert ein analytisches Vorgehen, bei dem die dargestellten Sachverhalte versprachlicht werden. Dabei ist zu bedenken, dass Geschichtskarten immer auf die wichtigsten Aussagen reduziert sind und historische Sachverhalte nur vereinfacht dargestellt werden können. Um zu befriedigenden Ergebnissen zu gelangen, bieten sich folgende Schritte an:

Zunächst wird man sich orientieren, auf welche Fragestellungen die Karte Auskunft geben kann. Kartentitel und Legende geben hierzu Hinweise, aber auch der Kartentyp. So enthalten topografische Karten Angaben zu Siedlungs- und Geländeformen sowie zu Gewässern. Thematische Karten können alle Gegenstandsbereiche der Geschichte abbilden: Es gibt politik-, wirtschafts-, sozial-, kultur- und umweltgeschichtliche Karten. Auch die Zeitebene spielt eine Rolle. Eine Geschichtskarte kann als statische Karte konzipiert sein, die den Zustand zu einem bestimmten Zeitpunkt abbildet. Zuweilen werden mehrere statische Karten übereinander geschichtet. Solche dynamischen Karten veranschaulichen historische Entwicklungen oder Bewegungen.

Orientierung

Der Orientierung folgt die Kartenbeschreibung, die der Bildbeschreibung ähnelt. Zuerst werden die hauptsächlichen Grundinformationen benannt, ohne sich in nachgeordneten Details zu verlieren, danach die Einzelheiten. Viele Geschichtskarten enthalten verschiedene Informationsschichten, die erkannt und abgetragen werden müssen. Die Kartenlegende, gegebenfalls auch die Generallegende eines Atlasses helfen dabei. Augenfälligstes Gestaltungsmerkmal ist die Farbgebung. In deutschen Atlanten hat es sich eingebürgert, für Karten einer Epoche einzelnen Ländern bestimmte Farben zuzuweisen. Zum Beispiel wird das preußische Staatsgebiet meist blau unterlegt. Abgestufte Farbintensitäten werden oft benutzt, um Gebietsverluste oder -erweiterungen darzustellen. Verwendete Symbole sind in der Regel leicht verständlich wie gekreuzte Schwerter für eine Schlacht. Um Karten zu dynamisieren, werden oft Pfeile verwendet. Sie besitzen eine starke Suggestivkraft, können emotionalisieren oder Feindbilder betonen. Es ist sinnvoll, die Informationen übersichtlich gegliedert zu notieren.

Kartenbeschreibung

Der nächste Schritt ist die Auswertung: Verbindungen oder Beziehungen zwischen den Einzelinformationen der Karte werden erläutert bzw. erklärt, mögliche Auswirkungen und Folgen abgeleitet – so zum Beispiel der Zusammenhang von Rohstoffvorkommen, Industriestandorten und Verstädterung.

Auswertung

Abschließend erfolgt die Kartenkritik: Geschichtskarten sind immer eine subjektive Interpretation eines historischen Sachverhalts. Auch wenn sich heute Geschichtsatlanten und Schulbücher um größtmögliche Objektivität bemühen, lohnt es sich doch, darüber nachzudenken, ob eine bestimmte Sichtweise transportiert werden soll und dazu bestimmte Einzelheiten besonders gewichtet wurden. In diesem Zusammenhang ist auch die Frage unverzichtbar, was die Karte nicht zeigt, und zu welchen Einzelaspekten in anderen Materialien (v. a. in Büchern und Internet) Informationen gesucht werden müssen.

Kartenkritik

Arbeitsvorschlag
Stellen Sie anhand der Karte M3 Merkmale der Industrialisierung in England zusammen.

2

4 Auszug aus der Navigationsakte

Bis zur Mitte des 17. Jahrhunderts lag der Handel mit europäischen und überseeischen Waren fast ganz in Händen der Niederländer, die über mehr als die Hälfte des gesamten
5 *Schiffsraums der europäischen Handelsschifffahrt verfügten. Die Navigationsakte, die das englische Parlament 1651 verabschiedete, löste den englisch-niederländischen Seekrieg von 1652 bis 1654 aus, durch den die Vormachtstellung der Niederlande auf den Meeren gebrochen wurde.*

10 Zur Vergrößerung des Schiffsbestandes und zur Förderung der Schifffahrt Englands, die durch Gottes gütige Vorsehung von so großem Nutzen für Wohlfahrt und Sicherheit dieser unserer Republik sind, wird von dem gegenwärtigen Parlament beschlossen, dass vom 1. De-
15 zember 1651 an Güter oder Erzeugnisse jeder Art aus Asien, Afrika oder Amerika nach England, Irland oder irgendwelchen dazugehörigen Ländern, Inseln oder Kolonien nur noch auf Schiffen eingeführt werden dürfen, die einwandfrei Leuten unseres Volkes gehören und de-
20 ren Kapitäne und Matrosen zum größten Teil Leute unseres Landes sind, bei Strafe des Verlustes sowohl der Ware als auch des Schiffes.

Und es ist ferner durch Beschluss des gegenwärtigen Parlamentes verboten, nach dem 1. Dezember 1651 Güter
25 oder Erzeugnisse irgendwelcher Art, die in Europa gewachsen sind oder dort erzeugt oder auf gewerbliche Weise hergestellt wurden, in England oder Irland oder den dazugehörigen Gebieten auf anderen Schiffen einzuführen als auf solchen, die entweder einwandfrei Leuten
30 unseres Volkes oder dann Angehörigen derjenigen Länder und Orte zu eigen sind, in denen die besagten Güter gewachsen sind, erzeugt oder hergestellt wurden, oder die aus Häfen stammen, in denen die erwähnten Güter ausschließlich oder üblicherweise verschifft werden.

35 Es ist ferner untersagt, von nun an nach England, Irland oder den dazugehörigen Gebieten einzuführen jegliche Art von Kabeljau, Leng [eine Art Schellfisch], Hering oder Sardinen sowie jegliche Art eingepökelter Fische, wie sie gewöhnlich von den Bewohnern unseres Landes gefan-
40 gen werden, […] außer Ware, die auf Schiffen gefangen wird, die einwandfrei Leuten unseres Volkes gehören. […] Und es ist ferner untersagt, irgendwelche Art von […] Fischen, die von Leuten unseres Landes gefangen und eingesalzen werden, nach dem 1. Februar 1653 von
45 irgendwelchen Orten dieser unserer Republik in anderen Schiffen auszuführen als in solchen, die Leuten unseres Landes gehören. […]

Zit. nach: Lautemann, W./Schlenke, M. (Hg.): Geschichte in Quellen Bd. III. München 1966, S. 417 f.

5 Der Eden-Vertrag aus dem Jahr 1786

Fallende Preise bei Wein und Getreide hatten seit 1783 in Frankreich die Kaufkraft der Landbevölkerung dramatisch verringert. Die Engländer hatten gerade den nachfragekräfti-
gen Absatzmarkt der 13 nordamerikanischen Kolonien verlo- 5
ren. Der englische Premierminister William Pitt d. J. erläuterte am 12. Februar 1787 im Unterhaus den Eden-Vertrag mit Frankreich:

Das Parlament sollte die tatsächlichen wirtschaftlichen Verhältnisse in beiden Königreichen berücksichtigen. 10
[…] Frankreichs ertragreiche Böden und sein freundliches Klima begünstigen die Qualität seiner landwirtschaftlichen Produkte. Großbritannien andererseits ist unbestritten in der gewerblichen Produktion überlegen. Es besteht kein Zweifel, dass im Hinblick auf die land- 15
wirtschaftlichen Produkte Frankreich in diesem Vertrag große Vorteile eingeräumt werden. Seine Weine und Cognacs, die verschiedenen Sorten Speiseöl und Kräuteressig […] sind von so großer Qualität, dass jeder Gedanke an Wettbewerbsfähigkeit in Bezug auf unsere landwirt- 20
schaftlichen Produkte abwegig ist. Aber ist es im Gegensatz dazu nicht genauso klar und unabweislich, dass eine Reihe von gewerblichen Produkten ausschließlich in Großbritannien hergestellt werden und dass unser Land bei anderen gewerblichen Produkten einen so großen 25
Wettbewerbsvorteil gegenüber den Nachbarn hat, dass wir jeden Gedanken an Konkurrenz nur belächeln können?

Das ist die Grundlage, auf der unsere Vorstellung, zwi- 30
schen beiden Ländern eine tragfähige Verbindung zu begründen, fußt. Jeder hat seine eigene Produktpalette, jeder hat das, was der andere braucht; es gibt keine Konkurrenz in den maßgeblichen Handelsgütern, die den jeweiligen Reichtum unserer Länder ausmachen.
[…] 35
Ein Markt mit so vielen Millionen Menschen, ein Markt, der nah und verfügbar ist, ein Markt des schnellen Austauschs und mit hohem Verbrauch, der für unsere Erzeugnisse und unseren Handel offen steht, das ist eine Sache, von der wir meinen, dass wir sie mit Eifer und Ehr- 40
geiz betreiben sollten. Um das zu erreichen, sollten wir keine Skrupel haben, freihändlerische Bedingungen einzuräumen. Wir sollten nicht zögern, weil das, was für uns so außerordentlich vorteilhaft ist, auch ihnen Vergünstigungen gewähren muss. Es ist ein großer Segen für un- 45
sere Wirtschaft, den wir zu leichten Bedingungen erreicht haben, und so sollten wir es auch ansehen. […]
Wenn wir die politische Seite des Vertrages ins Auge fassen, so sollten wir gegen die viel zu oft geäußerte Behauptung, dass Frankreich schon immer der Feind Groß- 50
britanniens war und es auch bleiben wird, angehen. […] Dieser Vertrag hat von seinem Geist her die Tendenz, dass beide Nationen in eine engere Verbindung zueinander treten und […] durch die Ergebnisse des gemeinsamen Gewinns […] wächst auch die Chance, dass die 55
Harmonie zwischen ihnen bewahrt werden kann. […]

Zit. nach: Aspinall, A./Smith, E. A. (Hg.): English Historical Documents Bd. 11. London 1959. Übersetzung: M. Thunich.

6 Penny of Scotland, 1797

7 Das einsichtige System der natürlichen Freiheit

Adam Smith über die Prinzipien einer freiheitlichen Wirtschaftsordnung, 1776:

Der Einzelne ist stets darauf bedacht, herauszufinden, wo
5 er sein Kapital, über das er verfügen kann, so vorteilhaft
wie nur irgend möglich einsetzen kann. Und tatsächlich
hat er dabei den eigenen Vorteil im Auge und nicht etwa den der Volkswirtschaft. Aber gerade das Streben
nach seinem eigenen Vorteil ist es, das ihn ganz von
10 selbst oder vielmehr notwendigerweise dazu führt, sein
Kapital dort einzusetzen, wo es auch dem ganzen Land
den größten Nutzen bringt. [...]
Tatsächlich fördert er in der Regel nicht bewusst das All-
gemeinwohl, noch weiß er, wie hoch der eigene Beitrag
15 ist. Wenn er es vorzieht, die nationale Wirtschaft anstatt
die ausländische zu unterstützen, denkt er eigentlich nur
an die eigene Sicherheit und wenn er dadurch die Erwerbstätigkeit so fördert, dass ihr Ertrag den höchsten
Wert erzielen kann, strebt er lediglich nach eigenem Ge-
20 winn. Und er wird in diesem wie auch in vielen anderen
Fällen von einer unsichtbaren Hand geleitet, um einen
Zweck zu fördern, den zu erfüllen er in keiner Weise beabsichtigt hat. [...] Alle, die jemals vorgaben, ihre Geschäfte dienten dem Wohl der Allgemeinheit, haben
25 meines Wissens niemals etwas Gutes getan. [...]
Ein Familienvater, der weitsichtig handelt, folgt dem
Grundsatz, niemals selbst etwas herzustellen versuchen,
was er sonstwo billiger kaufen kann. So sucht der Schneider, seine Schuhe nicht selbst zu machen, er kauft sie viel-
30 mehr vom Schuhmacher. Dieser wiederum wird nicht ei-
genhändig seine Kleider nähen, sondern lässt sie vom
Schneider anfertigen. [...] Was aber vernünftig im Verhalten einer einzelnen Familie ist, kann für ein mächti-

ges Königreich kaum töricht sein. Kann uns also ein anderes Land eine Ware liefern, die wir selbst nicht billiger 35
herzustellen imstande sind, dann ist es für uns einfach
vorteilhafter, sie mit einem Teil unserer Erzeugnisse zu
kaufen, die wir wiederum günstiger als das Ausland herstellen können. Die Erwerbstätigkeit im ganzen Lande
wird mithin genauso wenig zurückgehen wie in unserem 40
Beispiel mit den Handwerkern, denn sie steht ja in einem
festen Verhältnis zum eingesetzten Kapital und nur seine
vorteilhafteste Anlage unterliegt einer freien Wahl. [...]
Die Vorteile, die ein Land von Natur aus gegenüber einem
anderen in der Produktion einzelner Waren besitzt, sind 45
mitunter so groß, dass es, wie alle Welt weiß, vergeblich
wäre, ihm hierin Konkurrenz machen zu wollen. In Treib-
häusern, Mistbeeten und mit erwärmtem Mauerwerk lassen sich auch in Schottland recht gute Trauben ziehen
und daraus auch sehr gute Weine keltern, nur würden sie 50
etwa dreißigmal so viel kosten wie ein zumindest gleich
guter aus dem Ausland. Wäre es also sinnvoll, jegliche
Einfuhr von ausländischem Wein durch Gesetz zu verbieten, nur um den Anbau von Klarett und Burgunder in
Schottland anzuregen? [...] Es spielt in dieser Hinsicht 55
keine Rolle, ob es sich um natürliche oder erworbene Vorteile handelt, die ein Land gegenüber einem anderen besitzt. Solange es dem anderen überlegen ist, ist es für Letzteres immer vorteilhafter, Waren, die es braucht, zu
kaufen, anstatt sie selbst herzustellen. [...] 60
Gibt man daher alle Systeme der Begünstigung und Beschränkung auf, so stellt sich ganz von selbst das ein-
sichtige und einfache System der natürlichen Freiheit
her. Solange der Einzelne nicht die Gesetze verletzt, lässt
man ihm völlige Freiheit, damit er das eigene Interesse 65
auf seine Weise verfolgen kann und seinen Erwerbsfleiß
und sein Kapital im Wettbewerb mit jedem anderen oder
einem anderen Stand entwickeln oder einsetzen kann.
Im System der natürlichen Freiheit hat der Souverän lediglich drei Aufgaben zu erfüllen, die sicherlich von 70
höchster Wichtigkeit sind, aber einfach und dem normalen Verstand zugänglich: Erstens die Pflicht, das Land
gegen Gewalttätigkeit und Angriff anderer unabhängiger
Staaten zu schützen, zweitens die Aufgabe, jedes Mitglied
der Gesellschaft so weit wie möglich vor Ungerechtigkeit 75
oder Unterdrückung durch einen Mitbürger in Schutz
zu nehmen oder ein zuverlässiges Justizwesen einzurichten, und drittens die Pflicht, bestimmte öffentliche Anstalten und Einrichtungen zu gründen und zu unterhalten, die ein Einzelner oder eine kleine Gruppe aus 80
eigenem Interesse nicht betreiben kann, weil der Gewinn ihre Kosten niemals decken könnte, obwohl er
häufig höher sein mag als die Kosten für das ganze Gemeinwesen.

Smith, A.: Der Wohlstand der Nationen. Eine Untersuchung seiner Natur
und seiner Ursachen. München 1990, S. 369 ff. u. S. 582. Aus dem Englischen übertragen und herausgegeben von H. C. Recktenwald.

8 Bevölkerungsentwicklung in England und Wales

John Rickman (1771–1840), der Initiator der ersten englischen Volkszählung des Jahres 1801, lieferte aus diesem Anlass folgende Schätzungen für die Bevölkerungsentwicklung im 18. Jahrhundert und damit der modernen Forschung wichtiges Ausgangsmaterial.

Jahr	Bevölkerungszahl
1700	5 475 000
1710	5 240 000
1720	5 565 000
1730	5 796 000
1740	6 064 000
1750	6 467 000
1760	6 736 000
1770	7 428 000
1780	7 953 000
1790	8 675 000
1801	9 168 000

Rickman, J.: Eighteenth Century Population Calculations. In: Lane, P. (Hg.): Documents on British Economic and Social History. Bd. 1, London 1968.

9 Einhegungen (Enclosures)

Jedes Einhegungsverfahren bedurfte, weil es in Eigentumsrechte eingriff, eines Parlamentsgesetzes, in dem die Veränderungen der Besitzverhältnisse, die Entschädigungszahlungen usw. festgelegt wurden. Daher liegen Daten über die eingehegten Flächen vor. Umrechnung: 1 Acre = 4047 qm

	Gesetze	Eingehegte Fläche in Acres
1727–1760	56	74 518
1761–1792	339	478 259
1793–1801	182	273 891
1801–1815	564	739 743
1816–1845	244	199 300

Zusammengestellt nach: Slater, G.: The English Peasantry and the Enclosure of Common Fields. London 1907, S. 267.

10 Fortschritte in Viehzucht und Ackerbau

Arthur Young (1741–1820) war einer der bedeutendsten Agrarökonomen seiner Zeit. In zahlreichen Schriften sorgte er für eine weite Verbreitung zeitgenössischer landwirtschaftlicher Erfindungen und Verbesserungen.

Mister Bakewell aus Dishley, einer der bedeutendsten Bauern dieses Landes, hat [...] im Vergleich zu seinem Nachbarn seine Landwirtschaft in vielfacher Hinsicht verbessert, [...] seine Rinderzucht ist im ganzen Königreich berühmt. [...] Das Prinzip besteht darin, ein Tier – gleich, ob Rind oder Schaf – zu züchten, das das meiste Gewicht an den wertvollsten Stellen erreicht: Es besteht ein großer Unterschied zwischen einem Ochsen, der 50 „Stone" (317,5 kg) wiegt und 30 „Stone" (190 kg) Bratenstücke und 20 gewöhnliches Kochfleisch trägt, und einem andern mit 30 Stone von der letzten und 20 von der ersten Sorte. Und gleichzeitig, wie diese Züchtung nach dem Motto: größter Wert auf geringstem Raum, Gestalt annimmt, züchtet er, wie er aufgrund langjähriger Erfahrung versichert, eine Rasse, die widerstandsfähiger und leichter zu füttern ist als andere. Dies gilt gleichermaßen für Schafe und Ochsen.

Bei der Zucht Letzterer galt bislang, dass viele und große Knochen Platz für den Ansatz von Fleisch lieferten, und dementsprechend waren Viehzüchter darauf bedacht, nach Möglichkeit grobknochiges Vieh zu kaufen. Mister Bakewell hat nachgewiesen, dass dieses System völlig falsch war. Er macht demgegenüber geltend, dass, je zierlicher der Knochenbau, umso besser der Körperbau des Tieres sei – umso schneller wird es Fett ansetzen –, und der Anteil des wertvollen Fleisches am Gesamtgewicht wird, wie leicht einzusehen ist, größer sein. Fleisch – nicht Knochen ist es, was der Fleischer verlangt. [...]

Lassen Sie mich einen kurzen Überblick über die Landwirtschaft geben, welche den Namen dieser Grafschaft [Norfolk] so berühmt gemacht hat. [...] Große Fortschritte hat man durch folgende Maßnahmen erreicht:

1. Durch Einhegungen
2. Durch entschiedene Bodenverbesserung mit Hilfe von Mergel und Lehm
3. Durch die Einführung eines hervorragenden Fruchtwechsels
4. Durch den Rübenhackbau
5. Durch den Anbau von Klee
6. Durch langfristige Pachtverträge
7. Durch die Aufteilung der Grafschaft in große Höfe

Wäre nur eine der sieben Maßnahmen nicht erfolgt, hätten diese Fortschritte in Norfolk nicht erzielt werden können. [...] Schließlich hängt der Erfolg des gesamten Unternehmens [...] von einem vernünftigen Fruchtwechsel ab. [...] Die Bauern in Norfolk praktizieren vor allem die Reihenfolge: 1. Rüben, 2. Gerste, 3. Klee [...], 4. Weizen. [...] Bei dieser Reihenfolge werden die Rüben nach Möglichkeit gedüngt und desgleichen der Weizen. Es ist dies ein hervorragendes System, das den Boden fruchtbar erhält; auf einen [den Boden] erschöpfenden Anbau folgt einer, der ihn reinigt und verbessert [...] Angesichts der vorangegangenen Aufzählung wird deutlich, dass kein kleiner Bauer so Großes bewirkt haben würde, wie es in Norfolk der Fall war. Ausschließlich 40 Großbauern verfügen über die Voraussetzung, Einhegungen und Bodenverbesserungen vorzunehmen, zu düngen, indem sie eine Herde Schafe in einem Pferch halten. [...] Große Farmen sind von jeher das Herzstück der Landwirtschaft in Norfolk gewesen. Teilt sie in Pachtlandzellen mit einem Jahresertrag von jeweils 100 Pfund auf, und Ihr werdet im ganzen Land nur Bettler und Unkraut finden. Der reiche Mann erhält den Reichtum dieser Kulturlandschaft.

Zit. nach: Wende, P.: England als Vorbild Europas. Stuttgart, 1988, S. 60 f.

11 **Vorbildliche Entwässerungsanlage, aus dem „Handbuch der Landwirtschaft" des Botanikers Richard Bradley, 1727.** Zu sehen sind Drainagegräben, Schöpfräder, Zisterne, Teich und ein kunstvolles Rohrsystem, das Wasser aus einem Teich über einen Hügel in die nächstgelegene Ortschaft fließen lässt.

12 **Vorindustrielles Wirtschaften**

Daniel Defoe, der uns heute in erster Linie als Autor des Romans „Robinson Crusoe" bekannt ist, war auch einflussreicher Journalist und politischer Publizist. In seiner Reportage
5 *„A Tour through the whole Island of Great Britain" schrieb er 1724 über die Textilproduktion in Yorkshire:*
Nachdem wir den dritten Hügel erstiegen hatten, stießen wir auf ein lang gestrecktes Dorf. [...] Wir konnten vor jedem Haus einen Spannrahmen sehen und auf fast je-
10 dem Spannrahmen ein Stück Tuch. [...] Wohin wir auch immer unseren Blick richteten, nach oben auf den Hügel guckten, nach unten in die Niederungen, überall das gleiche Bild: zahllose Häuser mit Spannrahmen und ein weißes Stück Tuch auf jedem Rahmen. [...] Wo immer wir
15 an einem Haus vorbeikamen, stießen wir auf eine Rinne mit fließendem Wasser. [...] In jedem großen Haus war eine Manufaktur oder eine Werkstatt [...] und die kleinen Bäche [...] wurden mit Hilfe von Rohren und Rinnen derart kanalisiert [...], dass keines dieser Häuser ohne einen
20 Bach war [...], der in und durch ihre Werkstätten lief. [...]
Zwischen den Manufakturen sind endlose Hütten und kleine Wohnstätten verstreut, in denen die dort beschäftigten Arbeiter wohnen, die Frauen und Kinder fortwäh-
25 rend mit Wolle krempeln und spinnen beschäftigt sind, sodass keine Hand unbeschäftigt ruht und alle, vom Jüngsten bis zum Ältesten, stets ihr Brot verdienen. [...]
Solltet ihr fragen, wohin alle diese Waren verkauft und versandt werden [...], so will ich, in drei kurzen Abschnit-
30 ten, den Verbrauch und Versand der Waren, der über drei Handelswege läuft, beschreiben:
1. Für den inländischen Verbrauch [...] für die Bekleidung des einfachen Volkes: [...] Zu diesem Zweck reist eine Gruppe von Kaufleuten aus Leeds mit ihren Pack-
35 pferden auf alle Märkte und Marktflecken in ganz England. Hier [...] beliefern sie die Läden [...] als Großhändler, gewähren darüber hinaus große Kredite, so dass sie wahrhaft reisende Kaufleute sind [...].
2. Eine andere Käufergruppe sind diejenigen, die für den
40 Versand nach London kaufen, indem sie entweder aus London ihre Aufträge erhalten oder die Besitzer von Wa-renlagern in London mit dem Weiterverkauf beauftragen. [...] Diese [...] beliefern nicht nur Ladenbesitzer und Großhändler in London, sondern verkaufen große
45 Mengen [...] sowohl für den Export nach den englischen Kolonien in Amerika [...] als auch an Russlandhändler, die in wachsendem Maß nach Petersburg, Riga, Danzig, Narwa und nach Schweden und Pommern exportieren.
3. Die dritte Käufergruppe [...] sind diejenigen Händ-
50 ler [...], die im Auftrage von Hamburger und holländischen Kaufleuten [...] Tuch kaufen. Diese sind nicht nur zahlreich, sondern manche machen große Geschäfte bis hin nach Nürnberg, Frankfurt, Leipzig und selbst nach Wien und Augsburg und in die entlegensten deutschen
55 Provinzen.

Zit. nach: Ebenda, S. 63 f.

2

13 John Chamberlayne über Großbritannien, 1729

Das bekannte zeitgenössische Werk, erstmals 1669 von Edward Chamberlayne unter dem Titel „Angliae Notitia" veröffentlicht, später von seinem Sohn fortgesetzt, erlebte bis 1755 dreißig Auflagen.

Der erstaunliche Umfang unseres Welthandels ist es, der uns im Urteil der übrigen Welt so bedeutend macht; denn auf den drei Bereichen des Exports, des Transports oder Reexports und des Imports kann uns kein Königreich oder sonst ein Staat Konkurrenz machen. [...]
In einem Wort, zu Recht kann Großbritannien als die führende Handelsnation der ganzen Welt bezeichnet werden, und es besitzt in der Tat dafür die besten Voraussetzungen: es ist eine Insel, die über zahlreiche bequeme und natürliche Häfen verfügt, eine blühende Landwirtschaft sowie bedeutsame Manufakturen besitzt, der Staat fördert die Wirtschaft durch Zölle und Abgaben, die Schifffahrt wächst, zahlreiche Seeleute werden ausgebildet; hier herrscht Religionsfreiheit, das Klima ist angenehm und gesund, die Regierung sorgt für Ruhe und Ordnung: All dies wirkt sich positiv auf unseren Seehandel aus. Und für den Binnenhandel besitzen wir ähnlich günstige Voraussetzungen. Das Bürgerrecht der meisten Gemeinden ist leicht zu erwerben; außer den Sonntagen haben wir nur wenige Feiertage, an denen die Armen nicht arbeiten, d. h. außer gelegentlichem Fasten und dem Erntedankfest nur zwölf im Jahr. [...] Der Zinsfuß beträgt hier höchstens fünf Prozent, und wenn Sicherheiten geboten werden, ist er noch geringer.

Zit. nach: Ebenda, S. 42 f.

14 Entfaltung von Handel und Industrie

In seinem Buch „A Plan of the English Commerce, Being a Compleat Prospect of the Trade of this Nation, as well the Home Trade as the Foreign" schrieb Daniel Defoe 1728 über den Zusammenhang von Binnennachfrage und Wirtschaftsentwicklung:

Auf diese beiden Gruppen, die Fabrikanten [hier: die, die in der Fabrik arbeiten] und die Geschäftsinhaber, stütze ich die Hypothese, die ich dem Publikum vortragen möchte: Sowohl das Einkommen, das sie entweder aus ihrer Arbeit oder ihrem Gewerbe beziehen, als auch ihre unvorstellbar große Zahl sind der Grund dafür, dass der einheimische Verbrauch unserer eigenen und der aus anderen Ländern importierten Produkte so extrem groß ist und bei uns Handel und Industrie sich so prachtvoll entfalten, wie ich noch zeigen werde. [...]
Diese Menschen nehmen euch den Löwenanteil eurer Waren ab; für sie sind eure Märkte Samstagabend noch lange geöffnet; denn ihren Wochenlohn bekommen sie zumeist erst spät. [...] Sie sind zahlreich: nicht Hunderte oder Tausende oder Hunderttausende, sondern Millionen; dank ihrer großen Masse laufen die Räderwerke des Gewerbes, und Industriegüter ebenso wie Erzeugnisse der Bauern und Fischer werden verarbeitet, konserviert und für ausländische Märkte zurechtgemacht; dank ihrer hohen Einkommen können sie ihren Unterhalt sichern, und dank ihrer großen Zahl kann das gesamte Land ernährt werden; mit ihren Löhnen leben sie im Überfluss, und weil sie so aufwändig, groß- und freizügig leben, nimmt der inländische Verbrauch sowohl unserer eigenen als auch der ausländischen Produkte einen solchen Umfang an.

Zit. nach: Landes, D.: Wohlstand und Armut der Nationen. Warum die einen reich und die anderen arm sind. Berlin 1999, S. 237.

15 Soziale Mobilität

Daniel Defoe über das englische Handelsbürgertum, 1726:
Zweifellos ist der Reichtum der Nation bei dem Handel treibenden Teil der Bevölkerung konzentriert. [...] Wie viele Herrensitze glanzvoller als die Paläste souveräner Fürsten mancher Länder, sehen wir in der näheren Umgebung der Hauptstadt von Kaufleuten bzw. deren Söhnen erbaut, während die Stammsitze und Burgen des alten Adels baufällig ausschauen und wie deren Familien verfallen. [...]
Angesichts dieser besonderen englischen Situation und auf Grund der Tatsache, dass unser Handel so außerordentlich umfangreich ist, verwundert es nicht, dass Kaufleute die Listen unseres hohen und niederen Adels auffüllen; kein Wunder, dass Gentlemen aus den besten Familien die Töchter von Kaufleuten heiraten und ihre jüngeren Söhne die Güter des Ältesten aufkaufen und die materielle Grundlage der Familie wieder sicherstellen, nachdem der Älteste, das Oberhaupt der Familie, ausschweifend und liederlich das väterliche Erbteil verschleudert hat. [...]
Weit davon entfernt, unvereinbar mit dem Status eines Gentleman zu sein, ist es in England vielmehr gerade der Handel, der Gentlemen macht und diese Nation mit Gentlemen bevölkert hat. Denn nach ein oder zwei Generationen sind die Kinder oder zumindest die Enkel der Kaufleute genau so gute Gentlemen, Staatsmänner, Parlamentsabgeordnete, königliche Räte, Richter, Bischöfe und adelige Würdenträger wie diejenigen aus den altadeligen Familien – ihrem Aufstieg sind keine Grenzen gesetzt.

Zit. nach: Wende, P., a. a. O., S. 50 f.

16 „Frankreich würde an Kraft verlieren"

Bei der Vorbereitung der Verhandlungen, die zum Vertrag von Utrecht (1713) führten, warnte der erste Sekretär (premier commis) im französischen Außenministerium seine Vorgesetzten, keinesfalls England im Pazifik Fuß fassen zu lassen. Er führte aus, was passieren würde, überließe man ihm beispielsweise eine kleine Insel in der vor der chilenischen Küste gelegenen Juan-Fernandez-Gruppe:

[Es] kann als sicher gelten, dass sie [die Insel] – so verlassen sie heute noch sein mag – in den Händen der Engländer nach wenigen Jahren ganz anders aussähe: Sie hätte

17 Der Ostindienkai in London.
Gemälde von S. Scott, um 1750.

zahlreiche Einwohner, neu gebaute Häfen und das weltweit größte Zwischenlager für europäische und asiati-
sche Industriewaren, die die Engländer dann an die Kö-
15 nigreiche Peru und Mexiko verkaufen würden. [...]
Sechzig Millionen in Gold und Silber aus den Bergwer-
ken dieser Länder wären Ziel und Lohn ihres gewerblichen Fleißes. Was für Anstrengungen würde diese so geschickt Handel treibende und mit so vielen Schiffen
20 ausgestattete Nation nicht bereitwillig auf sich nehmen,

um diesen gigantischen Ertrag aus Amerika zu bekommen! [...] Und was für ein Verlust für Frankreich, wenn
es diesen Markt für seine vergoldeten Stücke (dorures),
seine Seiden- und Leinenwaren einbüßte; denn da die
Engländer diese Dinge nicht selber herstellen, würden sie 25
sie in China und dem Orient kaufen, und während diese Inselbewohner reich, ja zur stärksten Nation Europas
würden, würde Frankreich an Kraft verlieren.
Zit. nach: Landes, D., a. a. O., S. 249.

Arbeitsvorschläge

a) Vergleichen Sie die Bestimmungen der Navigationsakte (M 4) und des Eden-
Vertrags (M 5) und arbeiten Sie die jeweils zu Grunde liegenden wirschaftspo-
litischen Motive und Grundsätze heraus.

b) Fassen Sie M 7 thesenartig zusammen. Kennzeichnen Sie das Menschenbild,
auf dem die wirtschaftspolitische Lehre von Adam Smith beruht. Setzen Sie
sich mit der Behauptung auseinander, wer den eigenen Vorteil im Auge habe,
fördere stets auch das Wohl der Allgemeinheit.

c) Stellen Sie die Grundprinzipien und Maßnahmen zusammen, die zur Effizienzsteigerung der englischen Landwirtschaft im 18. Jahrhundert führten (VT,
M 9–M 12).

d) Skizzieren Sie die Voraussetzungen, die die vorindustrielle englische Gesellschaft und Wirtschaft mitbrachten, um den Sprung in die Industrialisierung
erfolgreich zu schaffen (VT, M 1–M 3, M 8, M 13–M 17).

e) „England gab den Menschen Bewegungsfreiheit." Erläutern Sie diese These des
amerikanischen Historikers David Landes aus dem Jahr 1998.

f) Kennzeichnen Sie die Traditionen, die dazu beitrugen, Europa zu dem Kontinent zu machen, von dem lange Zeit entscheidende Innovationen ausgingen.

2.2 Die Durchsetzung des Industriesystems

Die Situation in Europa

Zu Beginn des 19. Jahrhunderts war Großbritannien die unumstrittene industrielle Führungsmacht. Die Gesellschaften mit der besten Eignung für den Übergang zur Industrialisierung lagen allesamt im nordwestlichen Quadranten des alten Kontinents und im Nordosten der Neuen Welt. Belgien folgte am schnellsten dem englischen Beispiel, wohingegen sich Frankreich trotz eines großen einheitlichen Staatsgebietes wegen der andauernden Zerrüttung der Finanzen durch die Monarchie schwer tat, ab 1789 belasteten dann die Maßnahmen der revolutionären Regierungen und die Kriege zusätzlich.

Rahmenbedingungen in Deutschland . . .

Zwar gab es in Deutschland vor 1800 bereits langfristig günstige Entwicklungsfaktoren wie ein vergleichsweise fortschrittliches Schul- und Universitätswesen, einen gut ausgebildeten Verwaltungsapparat, ein hohes Maß an Rechtssicherheit, aber die hemmenden Faktoren überwogen bei weitem. Das Reichsgebiet war in der Vergangenheit immer wieder Schauplatz von Kriegen gewesen, die große Teile des Sozialprodukts verbraucht hatten. Die mehr als 300 Territorien des Alten Reiches, eine Vielzahl unterschiedlicher Maß-, Münz- und Gewichtssysteme, die

Stapelrecht

Stapelrechte und Handelsmonopole verhinderten eine Intensivierung binnenwirtschaftlicher Verflechtungen. Überkommene Rechts- und Zunftnormen, festgefügte Statusregeln und traditionelle Grundeinstellungen der Menschen ließen individuelles Erfolgsstreben, freie Konkurrenz und unternehmerische Expansion vielfach als sozial unerwünscht erscheinen. Dies alles änderte sich im Gefolge

Rheinbund

der napoleonischen Expansionspolitik. Nach der Gründung des Rheinbundes 1806 waren von der buntscheckigen Territorialkarte Südwestdeutschlands neben den beiden kleinen Fürstentümern der Hohenzollern nur noch das Großherzogtum Baden und das Königreich Württemberg übrig geblieben. Preußens katastrophale Niederlage gegen Napoleon 1806 schuf innerhalb des auf weniger als die Hälfte seines Territoriums geschrumpften preußischen Staates ein Klima für radikale Reformen. Zwei Komplexe waren für die Industrialisierung besonders bedeutend: die so genannte Bauernbefreiung und die Neuordnung der Gewerbegesetzgebung. Die Aufhebung der alten Agrarverfassung zog sich allerdings in weiten Teilen Deutschlands über mehrere Jahrzehnte hin und fand erst in der Revolution von 1848 ihren Abschluss. Während Preußen mit den Gewerbeedikten von 1810/11 konsequent den Kurs verfolgte, die wirtschaftshemmenden Zunftgesetze außer Kraft zu setzen, zögerten die meisten Staaten des Rheinbundes aus sozialpolitischen Erwägungen noch bis tief ins 19. Jahrhundert, die überkommene Zunft-

Zunft

verfassung vollständig aufzuheben. Württemberg gewährte erst 1861 die volle Gewerbefreiheit, Baden folgte 1862. Die publizistische Tätigkeit des in Reutlingen geborenen Friedrich List schärfte das Bewusstsein der Öffentlichkeit für die Problematik der deutschen Binnenzölle. Als Preußen seinen Nachbarn 1834 günstige Konditionen hinsichtlich der Verteilung der Zolleinnahmen anbot, traten diese dem preußisch dominierten Deutschen Zollverein bei.

. . . und in den USA

Keine 100 Jahre nach der Lösung vom englischen Mutterland waren die USA zur weltweit größten Volkswirtschaft geworden und haben diese Spitzenposition bis heute nicht abgegeben. Die Gründe dafür liegen nur zu einem Teil in der Geographie des Landes und in seinem natürlichen Reichtum. Da der Grund und Boden für jedermann nahezu kostenlos verfügbar war und notorischer Arbeitskräftemangel herrschte, zahlten die Arbeitgeber hohe Löhne, damit die Arbeitnehmer nicht abwanderten. Diese Mischung aus grundbesitzenden Farmern und relativ gut bezahlten Arbeitern erwies sich als der geeignete Nährboden für Demokratie und Unternehmertum. Das Nachfragepotenzial für Industriewaren war in den USA erheblich. Der riesige Binnenmarkt, auf dem es keine regionalen Besonder-

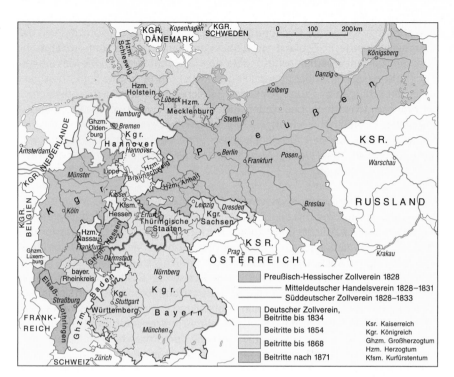

Map legend:

Preußisch-Hessischer Zollverein 1828

Mitteldeutscher Handelsverein 1828–1831

Süddeutscher Zollverein 1828–1833

Deutscher Zollverein,
Beitritte bis 1834

Beitritte bis 1854

Beitritte bis 1868

Beitritte nach 1871

Ksr. Kaiserreich
Kgr. Königreich
Ghzm. Großherzogtum
Hzm. Herzogtum
Kfsm. Kurfürstentum

heiten und keine Standesunterschiede gab, und der Mangel an Arbeitskräften zwang beim Produktionsprozess zu Standardisierung und Präzisionsfertigung, aber auch zu vereinfachten Produktionsmethoden, die auch von lediglich angelernten Arbeitskräften ausgeführt werden konnten. Das begann beim Hausbau mit standardisierten Fenstern und Türen und erstreckte sich bald auf nahezu alle Bereiche der Industrie. Dieses amerikanische Fabrikwarensystem war die eigentliche und entscheidende Innovation.

Auch in Deutschland fanden seit der zweiten Hälfte des 19. Jahrhunderts in der Landwirtschaft immer mehr Maschinen Verwendung. Wenn sich der monströse Dampfpflug auch nicht durchsetzte, so wurden doch häufiger Dresch- und Erntemaschinen eingesetzt, vor allem aber Drillmaschinen, die eine gleichmäßige Verteilung von Saat und Kunstdünger auf dem Acker ermöglichten. Nachdem der Chemiker Justus Liebig erkannt hatte, dass die Pflanzen nicht nur Licht, Wasser und Luft zum Wachstum brauchen, sondern auch Phosphor, Kali, Kalk sowie Stickstoff und Kunstdünger industriell hergestellt werden konnten, war es auch kleinen Betrieben möglich, preiswert dem Boden künstliche Nährstoffe zuzuführen. Demzufolge stiegen die Hektarerträge. Obwohl der Anteil der Weidefläche zurückging, stieg auch das Ergebnis bei der tierischen Produktion. Import von Zuchttieren und eigene Weiterzüchtungen ließen bei schnelleren Aufzuchtzeiten das Schlachtgewicht steigen, ebenso erhöhte sich die Milchleistung der Kühe. Die Betriebe begannen marktorientiert und kommerziell zu produzieren. Anfangs noch privat organisiert, dann bald staatlich gefördert, trugen landwirtschaftliche Vereine und Forschungsinstitute zur Verwissenschaftlichung der Landwirtschaft bei. Regelmäßige Landwirtschaftsausstellungen wie das Münchner Oktoberfest seit 1811 machten die Fortschritte in der Landwirtschaft einem breiten Publikum bekannt. So war es möglich, dass immer weniger in der Landwirtschaft Tätige immer mehr Menschen versorgten.

**Neue Methoden
in der Landwirtschaft**

2

Montanindustrie

Eine ähnlich strategische Bedeutung für den Industrialisierungsprozess wie die Baumwollindustrie in England ein halbes Jahrhundert zuvor kam in Deutschland der Montanindustrie, insbesondere dem Eisenbahnbau zu. Die vielfältigen Begleiteffekte des Eisenbahnbaus seit den 1840er-Jahren für die deutsche Volkswirtschaft schlugen sich zunächst in den Bereichen Schwerindustrie, Steinkohleförderung und Maschinenbau nieder. Auch in den USA waren die Rückkopplungseffekte des Eisenbahnbaus maßgeblich für die Entwicklung der Schwerindustrie, die zudem noch über den Vorteil nahe zusammenliegender Eisen- und Kohlevorkommen verfügte. Bald war der Maschinenbau der führende Sektor der amerikanischen Volkswirtschaft.

Die neuen Industrien: Elektrotechnik

Anfang des 19. Jahrhunderts fasste man Elektrizität noch als eine wissenschaftliche Kuriosität auf. Erst mit der Übermittlung von Nachrichten erlangte sie auch allmählich wirtschaftliche Bedeutung. Das Telefon, das im letzten Viertel des 19. Jahrhunderts aufkam, wurde aber bis zum Ausbruch des Ersten Weltkrieges wegen der hohen Kosten ausschließlich geschäftlich genutzt. Parallel zu diesem Schwachstromsegment entwickelte sich der Bereich der Starkstromtechnik. Aber erst mit der Entwicklung gebrauchsfähiger Drehstrommotoren begann sich in den 1890er-Jahren dank günstiger Tarife in Deutschland die Industrie und wenig später das Handwerk für diese neue Energiequelle zu interessieren. Der Elektromotor löste wegen seiner unübersehbaren Vorteile die Dampfmaschine ab. Bereits 1906 wurde mehr Strom für Motoren als für Beleuchtungsanlagen erzeugt.

2 Das Gesetz vom Minimum

3 Plakat der AEG Berlin, Louis Schmidt 1888

Die Entwicklung der chemischen Industrie vollzog sich anfangs als Folgeerscheinung der klassischen Industrien, vor allem der Textilindustrie mit ihrem Bedarf an Farben und Bleichstoffen sowie der Landwirtschaft mit dem Wunsch nach preiswertem Kunstdünger, aber auch als Folge der Urbanisierung und der dadurch erforderlichen besseren Hygiene. Der in Deutschland vor dem Ersten Weltkrieg wichtigste Anwendungsbereich der Chemie war die Farbenherstellung, deren wissenschaftliche Prinzipien Voraussetzung für andere Anwendungsbereiche wie die Pharmazie sind. Nicht selten bilden die Abfallstoffe des einen Produktionszweiges zugleich den Grundstoff für einen anderen.

. . . chemische Industrie

Bereits zu Beginn der 1880er-Jahre hatten die Badische Anilin- und Soda-Fabrik (BASF), Hoechst, Bayer, die Berliner Aktiengesellschaft für Anilinfabrikation (AGFA) und andere deutsche Chemieproduzenten einen Weltmarktanteil von 50 %, den sie um 1900 auf 90 % steigern konnten. Auf den Gebieten der Elektro- und chemischen Industrie wurde Deutschland zu einem Pionierland.

Ein dritter Schlüsselsektor war die optische Industrie, deren gesamtwirtschaftliches Gewicht hinter den beiden anderen zurückblieb, in dem aber die deutsche Industrie quasi eine Monopolstellung auf dem Weltmarkt erreichte. Ähnlich wie die Chemie durchlief sie im letzten Drittel des Jahrhunderts einen „Verwissenschaftlichungsprozess", in dessen Verlauf die Glasqualität entscheidend verbessert werden konnte. Namen wie Zeiss und Leitz stehen für diesen Sektor.

. . . optische Industrie

Ein potenzieller Führungssektor, der in Deutschland bis 1914 vergleichsweise unterentwickelt blieb, war die Automobilindustrie. Viele für die Entwicklung der Branche wichtige Erfindungen wurden zwar in Deutschland gemacht, aber der deutsche Markt war zu klein. Die Branche blieb zersplittert und drohte den Anschluss an den Weltmarkt zu verlieren. Ganz anders in Amerika, wo Henry Ford mit seinem am Fließband gefertigten legendären „Model T" die Massenmotorisierung auslöste. Der Autoboom förderte auch andere Industrien wie die Stahl-, Elektro-, Öl-, Glasbranche und beflügelte den Straßenbau.

. . . Automobilbau

Der Aufbau und die Anlaufphase eines Unternehmens verschlingen auch heute noch enorme Summen an Startkapital. In der Frühphase der Industrialisierung konnten sich viele Unternehmen noch selbst finanzieren, zunächst mit Eigenkapital der Unternehmer, ihrer Familien und Freunde, dann über einzelne Privatbankiers, von denen viele allerdings das Risiko eines Industrieengagements scheuten. Im Laufe des 19. Jahrhunderts wurden nun die Maschinen und Fabrikhallen immer größer und teurer, sodass sie die finanziellen Möglichkeiten auch der risikofreudigsten Privatbankhäuser sprengten. Unternehmen wurden jetzt unmittelbar als Aktiengesellschaften gegründet, bei denen der Kapitaleigner nur noch mit seiner Kapitaleinlage, aber nicht mit seinem gesamten Privatvermögen haftete. Die Unternehmensaktien konnten jederzeit an der Börse zum Tageskurs wieder verkauft werden. Beim Aufbau des Eisenbahnnetzes bescherte diese Unternehmensform den Aktionären glänzende Gewinne. Seit den 1850er-Jahren entstand der neue Typ der Aktienkreditbank, die auch bei Anlegern mit geringem Vermögen Kapital sammelte, das sie dann dem Geldmarkt zur Verfügung stellte. Die Gründer waren in der Regel erfolgreiche Privatbankiers. Die Gründung der Großbanken fiel in die Aufschwungphasen der fünfziger und frühen siebziger Jahre. Dem Schaffhausenschen Bankverein folgte 1851 die Diskontogesellschaft, 1853 die Darmstädter Bank, 1871 die Deutsche Bank und 1872 die Dresdner Bank. Am Ende des Jahrhunderts gehörten schon vier Fünftel der Großunternehmen und Großbanken diesem Typ an. Banken gaben den Unternehmen einerseits langfristige Kredite und brachten Aktien bei Kunden unter, andererseits hielten sie aber auch Aktien, wenn der Markt einmal nicht aufnahmefähig war. Die Banken

Das Banken- und Aktienwesen

4 Liebigs Analytisches Labor um 1840 war Werkstätte und Lebstätte zugleich. Es wurde bald zum Vorbild für alle Zweige der naturwissenschaftlichen Experimentalforschung.

übernahmen eine starke Stellung in den Aufsichtsräten der Großindustrie und ihnen kam ein im internationalen Vergleich außerordentlich starker Einfluss auf die Industrieentwicklung des Kaiserreichs zu. Eine wichtige Voraussetzung für ein funktionierendes Bankwesen war eine staatliche Zentralbank, die im Notfall bereit war, die Liquidität derjenigen Bankhäuser zu sichern, die über grundsätzlich solide, aber vorübergehend schwer zu realisierende Aktiva verfügten. Diese Funktion erfüllte für Preußen die 1846 gegründete Preußische Bank, nach der Reichsgründung übernahm die Reichsbank die Aufgabe als „Bank der Banken".

Bildung und Wissenschaft

Die britische Strategie des praktischen Lernens war angemessen gewesen, solange Technologie aus Verbesserungen und Neukombination bekannter Technik bestand. Doch die Entdeckung von Neuem durch das Anwenden sinnlicher Erfahrung hatte Grenzen. Für die Lösung komplexer ökonomisch-technischer Probleme reichte das „Pröbeln" der industriellen Pioniere nicht mehr aus. Die neuen Industrien erforderten erstmals den gezielten Einsatz wissenschaftlicher Forschung, die eine gute technische und wissenschaftliche Ausbildung von Facharbeitern und Ingenieuren voraussetzte. Höhere Schulen und Hochschulen, die eine Führungselite von Technikern und Aufsichtspersonal heranbildeten, wurden immer wichtiger. Die französische Initiative der 1794 gegründeten École Polytechnique fand Nachahmer in ganz Europa. Allerdings war das vermittelte Wissen stark intellektuell und theorielastig. Die Wirtschaft benötigte Schulen, die stärker praktisch ausgerichtet waren. So entstand in Deutschland ein Netz von Gewerbeschulen und der ersten 1825 in Karlsruhe gegründeten Technischen Hochschule folgten bald weitere, die als „Quasi-Universitäten" Chemiker und Ingenieure ausbildeten. In einem letzten Schritt wurde die naturwissenschaftliche Lehre und Forschung auch in die Universitäten integriert. Mit der Einrichtung von Lehrlabors durch Justus Liebig in den dreißiger Jahren des 19. Jahrhunderts wurde ein Bildungssystem abgeschlossen, das gegen Ende des Jahrhunderts weltweit Anerkennung erlangte.

Unternehmer und Manager

Anfangs wurde die Mehrzahl der Unternehmen von ihren Eigentümern selbst geführt. Sie entstammten zumeist der Mittelklasse, ein Aufstieg aus unteren oder gar bäuerlichen Schichten blieb die Ausnahme. Eine höhere Schulbildung, verbunden mit einer Allround-Lehre im familiären Unternehmen sowie Auslandsaufenthalte waren üblich. Zahlreiche Großbetriebe befanden sich in Familienbesitz: Krupp, Borsig, Siemens, die Gutehoffnungshütte der Familie Haniel, C. F. Stumms

Stahlunternehmen. Der Eigentümer-Unternehmer war anfangs technischer und kaufmännischer Direktor in einer Person und beanspruchte die unbedingte Organisationshoheit. Diesen Unternehmertyp kennzeichnete aus der deutschen Tradition heraus ein Zug zum Patriarchalismus, der sich sowohl in einer positiven Sozialpolitik wie in der schroffen Ablehnung des Klassenkampfes zeigte.

Im weiteren Verlauf der Industrialisierung wurde es für die Unternehmer zunehmend schwieriger, alle Führungs- und Kontrollaufgaben auszufüllen. Mit der Zeit wurde es üblich, gut ausgebildete Führungskräfte einzustellen. Diese Manager mussten als Leiter von Konzernen neue Fähigkeiten entwickeln, nämlich die Verhandlungskunst mit Aufsichtsräten, Banken, Kartellgenossen usw., die Führung großer Belegschaften und die langfristige Planung von Unternehmensstrategien. Der Typ des modernen Managers war zunächst bei den Eisenbahngesellschaften, dann bei Banken und bei Unternehmen der Montan- und Elektroindustrie zu finden. Solche Manager waren auch in ihren Entscheidungen freier, denn sie mussten keine Familienrücksichten nehmen, sie waren auf Kontinuität bedacht, akzeptierten eher eine geringere Dividende und hohe Reinvestitionen. Sie übernahmen voll und ganz die Unternehmerfunktion und unterschieden sich auch sozialpolitisch nicht von den Eigentümern.

Dividende

Erfolgreiche Unternehmer strebten danach, möglichst alle Produktions- und Vertriebsformen in einer Hand zu vereinen, also vertikal zu expandieren. Daneben beschritten sie den Weg der horizontalen Expansion mit der Übernahme ähnlicher oder konkurrierender Betriebe, sodass sie am Ende eine Monopolstellung innehatten. Häufiger wurde aber in Deutschland versucht, den ruinösen Wettbewerb durch die Bildung von Kartellen zwischen Anbietern gleicher oder ähnlicher Produkte zu erreichen. Diese Kartelle waren meist Kinder der Not und zerfielen bei der Besserung der Konjunktur wieder. Anders verlief die Entwicklung in den USA, wo es zum Zusammenschluss mehrerer zuvor selbstständiger Unternehmen unter dem zentralen Management eines Trusts kam, wie die 1882 von John D. Rockefeller gegründete Standard Oil Company. Die amerikanische Regierung versuchte mehrfach die Monopolstellung solcher Unternehmen durch eine Anti-Trust-Gesetzgebung einzuschränken, allerdings ohne nachhaltigen Erfolg.

Kartelle, Trusts und „big business"

Kartell

Trust

5 „Bosses of the Senate", Lithografie von Joseph Keppler, um 1890.

Methode: Die Industrialisierung in Zahlen – Arbeit mit Statistiken

2

Daten kritisch überprüfen und gegebenenfalls mit zusätzlichem Material vergleichen

„Traue keiner Statistik, die du nicht selbst gefälscht hast." Dieser böse Satz zeigt die ganze Problematik im Umgang mit Zahlenmaterial auf. Doch trotz aller Bedenken leisten Statistiken Wertvolles. Sie fassen eine große Zahl von unterschiedlichen Einzelangaben übersichtlich zusammen und informieren über allgemeine Entwicklungstrends. Zahlen geben sich leicht den Anschein von Präzision und werden gerne als etwas Objektives angesehen. Doch Leerstellen und Brüche werden mitunter überwunden, indem hemmungslos inter- und extrapoliert wird. Es wimmelt nur so von möglichen Fehlerquellen. Daher müssen sie genau wie andere Quellen kritisch überprüft werden: Was wurde untersucht? Wie wurden die Daten gewonnen? Wie zuverlässsig sind sie vermutlich? Ist mit einer Dunkelziffer zu rechnen? Gegebenenfalls müssen weitere Quellen und zusätzliches statistisches Material hinzugezogen werden.

Absolute und relative Werte zueinander in Bezug setzen

Bei statistischen Angaben muss man grundsätzlich zwischen absoluten und relativen Werten unterscheiden. Die Tabelle M 6 gibt beispielsweise die Bevölkerungszahlen ausgewählter Länder über einen Zeitraum von 110 Jahren in absoluten Zahlen wieder. Sie sagen noch nichts darüber aus, in welchen Ländern die Bevölkerung relativ stark und in welchen relativ schwach gewachsen ist. Das sieht man erst, wenn man die absoluten Zahlenwerte eines Jahres gleich 100 setzt und die übrigen Zahlen mit Hilfe des Dreisatzes in relative Zahlen umwandelt. Beispiel: Obwohl Russland 1910 mit 142 Millionen Menschen bevölkerungsreicher war als die USA, hatte sich die russische Bevölkerung seit 1850 nur etwas mehr als verdoppelt, die der USA aber etwa vervierfacht. Solche relativen Werte, wie sie vor allem durch Prozentangaben veranschaulicht werden, sind also häufig aussagekräftiger als absolute Zahlen.

Zusätzliches Material einbeziehen

Damit Zahlen überhaupt aussagefähig sind, braucht man häufig weitere Bezugsgrößen. So sagen Bevölkerungszahlen beispielsweise noch nichts über die Bevölkerungsdichte oder über bestimmte Ballungsgebiete aus, die durch die In-dustrialisierung entstanden. Um zu derartigen Aussagen zu gelangen, müssen weitere Angaben – in diesem Falle Länderflächen – und weiteres Material – zum Beispiel Karten – zurate gezogen werden.

Statistisches Material grafisch darstellen

Damit statistisches Material anschaulich und auf den ersten Blick aussagekräftig wird, empfiehlt es sich, grafische Darstellungen anzufertigen. Am häufigsten geschieht das in Form von Linien-, Kurven-, Balken-, Säulen-, Stab-, Kreis- oder Flächendiagrammen. Die einzelnen Diagrammtypen erfüllen unterschiedliche Zwecke. So verdeutlichen Linien- oder Kurvendiagramme besonders gut Entwicklungen oder Verläufe, z. B. die Entwicklung der Bevölkerungsdichte. Kreisdiagramme eignen sich gut die Verteilung innerhalb einer Gesamtheit zu zeigen. Das Säulen- oder Balkendiagramm dagegen ist zweckmäßig für den punktuellen Vergleich von Häufigkeiten. Die Umwandlung einer Tabelle in ein Diagramm geht besonders einfach mit spezieller Computersoftware wie z. B. Microsoft Excel.

Arbeitsvorschlag

Was sagen M 6–M 9, M 12 und M 13 über die Industrialisierung in den betreffenden Ländern aus? Wandeln Sie M 6, M 9, M 12 und M 13 in geeignete Diagramme um.

6 Bevölkerungsentwicklung ausgewählter Länder in Millionen

	1800	1850	1900	1910
Großbritannien	10,5	20,8	37,0	40,9
England u. Wales	8,9	17,9	32,5	36,1
Schottland	1,6	2,9	4,5	4,8
Irland	5,2	6,6	4,5	4,4
Frankreich	27,3	35,8	38,4	39,2
Belgien	3,0	4,4	6,7	7,4
Deutschland	24,5	35,1	56,4	64,9
Österreich-Ungarn	23,3	31,3	47,0	51,3
Italien	17,2	24,3	32,5	34,7
Schweden	2,3	3,5	5,1	5,5
Russland	?	67,0	129,0	142,0
USA	5,3	23,2	76,0	92,0

Sandweg, J./Stürmer, M.: Industrialisierung und Soziale Frage (Arbeitsmaterialien für den Geschichtsunterricht in der Kollegstufe).

8 Beschäftigte in den drei Wirtschaftsbereichen in verschiedenen Ländern um1850/1910

Sektor I: Landwirtschaft, Fischerei, Forstwirtschaft
Sektor II: Industrie und Bergbau
Sektor III: Dienstleistungen

7 Roheisenproduktion je Einwohner in verschiedenen Ländern der Erde

2

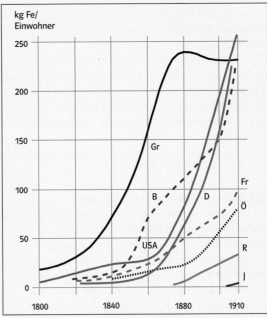

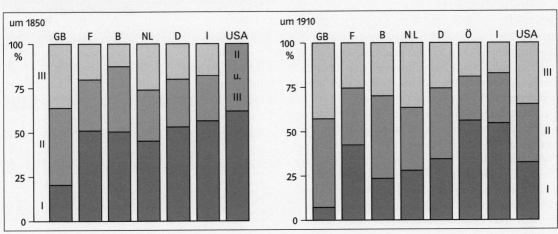

Aubin, H./Zorn, W. (Hg.): Handbuch der deutschen Wirtschafts- und Sozialgeschichte. Bd. 2, Stuttgart 1976, S. 215.

9 Geschätztes reales BIP pro Kopf der Bevölkerung (in US-Dollar von 1960)

	1830	1860	1913	1929	1950	1960	1970
Deutschland/BRD	240	345	775	900	995	1 790	2 705
Frankreich	275	380	670	890	1 055	1 500	2 535
Italien	240	280	455	525	600	985	1 670
Japan	180	175	310	425	405	855	2 130
Kanada	280	405	1 110	1 220	1 785	2 205	3 005
Russland/UdSSR	180	200	345	350	600	925	1 640
Großbritannien	370	600	1 070	1 160	1 400	1 780	2 225
USA	240	550	1 350	1 775	2 415	2 800	3 605

Nach: Bairoch, P./Lévy-Leboyer, M. (Hg.): Disparities in Economic Development Since the Industrial Revolution. London 1981, S. 10.

2

10 Die vollkommenste Landwirtschaft

Albrecht Thaer, Wegbereiter einer wissenschaftlichen Landwirtschaft, schrieb 1809:

§ 1 Die Landwirtschaft ist ein Gewerbe, welches zum
5 Zweck hat, durch Produktion Gewinn zu erzeugen oder
Geld zu erwerben.

§ 2 Je höher dieser Gewinn nachhaltig ist, desto vollständiger wird dieser Zweck erfüllt. Die vollkommenste
Landwirtschaft ist also die, welche den möglich höchs-
10 ten, nachhaltigen Gewinn, nach Verhältnis des Vermögens, der Kräfte und der Umstände, aus ihrem Betriebe
zieht.

Zit. nach: Franz, G. (Hg.): Quellen zur Geschichte des deutschen Bauernstandes
in der Neuzeit. Darmstadt 1976, S. 348.

11 Die mannigfaltigsten Maschinen

*Der preußische Statistiker von Viebahn über die beginnende
Mechanisierung der Landwirtschaft, 1859:*

Während Männer vom Fach noch vor wenigen Jahr-
5 zehnten einen ernstlichen Streit darüber führen konnten, ob der Gebrauch der Maschine in der deutschen
Landwirtschaft eine Zukunft habe, hat derselbe in den
letzten Jahren bedeutende und erfreuliche Fortschritte
gemacht, und gegenwärtig sind die mannigfachsten
10 landwirtschaftlichen Maschinen in den meisten Ländern [des Deutschen Bundes] in Anwendung. [...] Die am
meisten üblichen Arbeitsmaschinen sind zunächst die
Dreschmaschinen. [...] Sodann kommen Sämaschinen
[...]; Häcksel- und Rübenschneider, Getreide-Reini-
15 gungsmaschinen, Schrotmühlen, Drainröhrenpressen
und Buttermaschinen häufig vor. [...]

Durch den Gebrauch besserer Pflüge kann ein Drittel der
Zugkraft entbehrt, durch die Sämaschine ein Drittel des
Samens, durch die Dreschmaschine ein Drittel der
20 Dreschkosten erspart, durch zweckmäßige Futterschneider die Wirksamkeit des Futters bedeutend erhöht werden. Keineswegs aber darf bei diesen vollkommneren
Werkzeugen das Verständnis des Landwirts abnehmen:
Die Maschinen erfordern nicht bloß besseres und man-
25 nigfaltigeres Material in ihrem Bau und bei ihrer Unterhaltung: Auch Sorgfalt, Sachkenntnis und Direktionstalent mussten in gleichem Maße steigen. [...]

Auf der Münchener Ausstellung traten 103, auf der Londoner 440, auf der Pariser etwa 500 Aussteller landwirt-
30 schaftlicher Geräte und Maschinen auf, und jeder stellte durchschnittlich etwa vier Gegenstände aus. Diese
Zusammenstellungen der Ackerwerkzeuge der ganzen
Welt zeigten dem aufmerksamen Beobachter den Übergang des früheren landwirtschaftlichen Betriebes zu ei-
35 nem solchen, der neben der Erzeugungskraft des Bodens
auch die Macht des Kapitals und der Wissenschaft zur
Produktion benutzt [...].

Zit. nach: Pöls, W. (Hg.): Deutsche Sozialgeschichte. Dokumente und Skizzen. Bd. 1: 1815–1870, München 1973, S. 316 ff.

12 Die Entwicklung der Pro-Kopf-Erzeugung in Deutschland (errechnete Werte)

	1860	1883	1900	1913
Pflanzliche Produkte				
Getreide insges. dz	3,8	4,0	4,3	4,5
Kartoffeln insges. dz	0,9	6,2	7,5	7,1
Zuckerrüben insges. dz	0,0	2,3	2,5	2,6
Futter dz GE	4,2	3,5	3,6	3,4
Tierische Produkte				
Fleisch insges. kg	15,9	29,5	44,4	53,9
davon Schweinefleisch	5,3	14,2	25,3	34,1
Rind- und Kalbfleisch	8,5	12,6	17,2	16,9
Milch insges. kg	184	272	345	361
Wolle in g	506	1039	602	330
Eier in Stück	40	61	69	81

13 Index des Niveaus der landwirtschaftlichen Entwicklung

*(Index 100 = jährliche Nettoproduktion von 10 Mill. Kalorien
auf pflanzlicher Grundlage pro männlichen Erwerbstätigen in
der Landwirtschaft)*

Land	1810	1840	1860	1880	1900
Belgien	–	100	110	130	150
Deutschland	–	75	105	145	220
Frankreich	70	115	145	140	155
Italien	–	40	50	60	60
Österreich	–	75	85	100	110
Russland	–	70	75	70	90
Schweden	65	75	105	115	130
Schweiz	–	80	90	120	150
Spanien	–	–	110	70	75
Vereinigtes Königreich	140	175	200	235	225
Vereinigte Staaten	–	215	225	290	310

Alle Tabellen aus: Steitz, W. (Hg.): Quellen zur deutschen Wirtschafts- und Sozialgeschichte im 19. Jahrhundert bis zur Reichsgründung. Darmstadt 1980
(Ausgewählte Quellen zur deutschen Geschichte der Neuzeit. Freiherr vom
Stein-Gedächtnisausgabe. Bd. 36.), S. 338 ff.

14 Wer darf ein Gewerbe treiben?

*Aus dem preußischen Gewerbegesetz vom 7. September
1811:*

1. Die Lösung des Gewerbescheins ändert nichts in der
Verpflichtung, Bürger zu werden oder der Gemein[d]e 5
als Mitglied beizutreten und Kommunallasten zu übernehmen. [...]

2. Wem wegen Bescholtenheit das Recht, Bürger oder Gemeindemitglied zu sein, gesetzlich versagt wird, der darf
auch auf den Grund eines Gewerbescheins kein Gewerbe 10

selbstständig betreiben, dessen Betrieb das Bürgerrecht oder den Beitritt zur Gemeinde erfordert. [...]

6. Wer bisher nicht zünftig war, kann [...] auf den Grund
15 seines Gewerbescheins jedes Gewerbe treiben, ohne deshalb genötigt zu sein, irgendeiner Zunft beizutreten.

7. Er ist demohnerachtet auch berechtigt, Lehrlinge und Gehilfen anzunehmen. [...]

14. Wer bisher zünftig war, darf dem Zunftverbande zu
20 jeder Zeit entsagen.[...]

59. Der Gewerbeschein gibt [...] jedem Inhaber auch das Recht, mit den auf den Grund desselben verfertigten Erzeugnissen zu handeln.

Ebenda, S. 25 ff.

15 Klagen über die Gewerbe- und Zunftfreiheit

Aus der anonymen Schrift „Gedanken, Ansichten und Bemerkungen über die Unbill, und Not, und die Klagen unsrer Zeit", 1826:

5 Allein man klagt auch bei allen Zweigen der Fabrikation und bei den eigentlichen Handwerkern und Zunftarbeitern ganz vorzüglich die neue Gewerbe- und Zunftfreiheit als die Ursache an, dass dieselben ihren Mann nicht mehr gehörig nähren könnten, da sie fast alle überall
10 enorm mit Leuten, die sie betreiben, und Letztere besonders auch mit solchen, die auf eigne Hand arbeiten, übersetzt seien, die ohne Vermögen ihr Gewerbe anfangen, ihre schlechte Arbeit um sehr geringe Preise verschleudern, und dadurch, und insbesondere bei den
15 Handwerkern durch den Mangel an Gesellen, den sie bewirken, den guten Arbeitern unendlichen Schaden tun, aber auch das Publikum nur betrügen, und ihm am Ende als Bettler zur Last fallen. Man verlangt daher Aufhebung oder Beschränkung der neuen Gewerbe- und Zunft-
20 freiheit. – Und in der Tat sind jene Klagen zwar nicht ganz unbegründet; aber sie sind auch nicht ganz wahr. – Aber die Gewerbefreiheit selbst soll man wegen möglichen Missbrauchs doch nicht aufheben; um ihren unleugbaren, hohen, großen Segen nicht zu verlieren, und
25 selbst zu verscherzen; und da die Zünfte nicht ganz verboten sind und sein mögen, so mag man ihre Erhaltung, oder neue Begründung von ihrem inneren Wert, oder ihrer inneren Notwendigkeit von selbst erwarten, wenn diese [...] wirklich so stattfinden, wie man behauptet. –
30 Außerdem soll man aber auch durch Sorge für eine zweckmäßige bessere Bildung der Handwerker, sorgfältige Einrichtung des Reisens und Wanderns derselben und das Handwerk selbst zu veredeln bedacht sein. [...]

Ebenda, S. 95 ff.

16 Süddeutsche Interessen?

Der Abgeordnete Wilhelm Zais von Cannstadt führte am 6. Februar 1833 im württembergischen Landtag zur Frage der beabsichtigten Zollunion Württembergs und Bayerns mit
5 *Preußen aus:*

Unser Aktivhandel besteht in der Ausfuhr von Getreide, Sämereien, Zug- und Schlachtvieh, Holz, Salz, Pottasche, Wolle, Leim, Leder, Leinwand usw. Die Ausfuhr unserer übrigen Industrieerzeugnisse kommt hier wenig in Be-
10 tracht, und kann nicht als Aktivhandel aufgeführt werden, denn sie wird durch die bei weitem größere Einfuhr fremder Erzeugnisse aufgewogen. Der nicht unbedeutende Zwischenhandel dagegen ist mit dem Aktivhandel aufs Engste verbunden, er steigt und fällt mit demselben.
15 [...] Eine Zollvereinigung mit Preußen macht aber eine [...] Störung [unseres Aktivhandels] nicht nur möglich, sondern sogar höchst wahrscheinlich. Jede politische Spannung, noch mehr aber der Ausbruch von Feindseligkeiten zwischen Preußen und Frankreich, würde das
20 im Zollverband mit Preußen stehende Süddeutschland in eine nachteilige Stellung in Betreff seines Aktivhandels mit Frankreich bringen. [...]

Man sagt [...], unsere Fabrikanten werden durch vermehrte Konkurrenz zu größerer Betriebsamkeit, Fleiß und
25 Sparsamkeit angespornt, und ihre Gewerbe werden sich daher, wenn auch mit etwas weniger Vorteil, dennoch behaupten können. Das werden sie aber nicht können, wenn man ihnen nicht, wie z. B. in Rheinpreußen, einen Napoleon'schen Handels-Codex, wohlfeile Steinkohlen
30 und arme Leute im Überfluss zu Arbeitern verschafft, die sich zu ihrer täglichen Nahrung mit Kartoffeln und Zichorien-Kaffee begnügen, wenn man ihnen nicht ein an Kapitalien und Seehandel reiches Holland durch den Zauberstab einer wohltätigen Fee zum Nachbarstaate
35 gibt, wenn man nicht die klimatischen Verhältnisse und den daraus hervorgehenden Volkscharakter ändert, und endlich, wenn man nicht der Regierung das Recht einräumt, über die Staatsgelder unbeschränkt zum Vorteil des Handels und der Gewerbe zu verfügen; denn es ist be-
40 kannt, dass die preußische Regierung dem gewerblichen Unternehmungsgeist die größten Geldunterstützungen zufließen lässt, was eine an ständische Zustimmung gebundene Regierung nie auf eine so großartige Weise zu tun im Stande ist.

45 [...] Ganz anders stellt sich aber die Frage, wenn von einer allgemeinen Zoll- und Handelsvereinigung sämtlicher deutscher Bundesstaaten im Ernste die Rede ist; [...] dann wird Württemberg freudig dem deutschen Handelsbunde beitreten und in dem Wohl des Ganzen auch die Begrün-
50 dung seiner eigenen Wohlfahrt finden. Wenn sich aber dem durch die Not gebotenen natürlichen Verein zweier Bundesstaaten mittleren Rangs ein unsere Grenzen nicht berührender dritter Bundesstaat ersten Rangs, mit dem wir keinen Aktivhandel [t]reiben und dessen Überlegenheit
55 in allen Zweigen der Industrie unsere Erwerbsquellen bedroht, wenn ein solcher Staat sich anzuschließen sucht und es vorzieht, auf dem Wege von Separatverträgen ein preußisches Zollsystem nach und nach über ganz Deutschland zu verbreiten, statt seinen mächtigen Einfluss an

65 dem durchlauchtigsten Bundestag dahin zu verwenden, dass die sämtlichen Bundesstaaten zu einem deutschen Handelsstaat verbunden werden, und somit unsere Hoffnungen auf ein Bundeshandelssystem vernichtet, so muss ich pflichtgemäß die Überzeugung aussprechen, dass, da

70 schon der vorläufige Vertrag mit Preußen für Württemberg so nachteilig ist, ein definitiver Verein von den traurigsten Folgen für unser Vaterland sein würde. [...]

Zit. nach: Ebenda, S. 121–127.

17 David Hansemanns Schrift über den Staatsbahnbau in Preußen aus dem Jahr 1837

Die Eisenbahnen können, [...] den kühnsten Ansprüchen an Wohlfeilheit und Schnelligkeit der Transport-Mittel

5 entsprechen. Sie können die Boden-Kultur, die Gewerbetätigkeit, den allgemeinen Wohlstand und die politische Kraft des Staates in einem früher nie geahnten Grade steigern und die Ungunst der weiten Entfernungen innerhalb des eigenen Landes aus dem Wege räumen. Sie

10 sind mehr als schiffbare Flüsse, sie können einem weiten Kontinent ein ebenso gutes Transport-Mittel gewähren, als das Schiff auf dem Meere ist. Gerade Preußen hat von allen Staaten das höchste Interesse, dieses großartige Transport-Mittel sich eigen zu machen. [...]

15 Große Entfernungen; Länderstriche, in welchen die vorhandenen Produkte fast wertlos sind, weil wegen zu teuren Transports der Absatz nicht auf den vorteilhaftesten Punkten gesucht werden kann; zwischen den östlichen und westlichen Provinzen gar keine Strom- oder Kanal-Verbin-

20 dung; eine solche in den östlichen Provinzen nur mangelhaft, teils wegen Seichtigkeit der Ströme, teils wegen der langen Dauer des Winters; die Kunststraßen häufig, trotz der sorgfältigsten und einsichtsvollsten Bemühungen der Behörden, in schlechtem Zustande, weil das Material dazu

25 nicht so gut wie in England vorhanden ist; keinen eigenen Hafen an der Nordsee; die Schifffahrt auf der Ostsee schwierig und außerdem durch den Sundzoll erschwert. Welche Aufforderung, so große Nachteile zu beseitigen! [...]

Es besteht die politische Notwendigkeit, die neuerwor-

30 benen westlichen und östlichen Teile der Monarchie, sowohl in der Gemeinsamkeit der Interessen als der Gesinnung, mit dem Zentral-Punkte zu verschmelzen. Es bedarf keiner weitern Ausführung dieser Behauptung, die gewiss von jedem Staatsmanne verstanden wird und

35 unbestritten bleibt.

Ausgewählte Quellen zur deutschen Geschichte der Neuzeit. Freiherr von Stein-Gedächtnisausgabe, hrsg. von Walter Steitz, Bd. 36, Darmstadt 1980, S. 133 f.

18 Ein Geschäft wie ein Spiel

David Hansemann, der sich zur Finanzierung seines Unternehmens der Rechtsform der Aktiengesellschaften bediente, schrieb 1846 an den preußischen Staats- und Finanzminister

5 *von Duesberg über den Aktienhandel in Preußen:*

Nicht nur in Preußen sondern auch in andern Staaten, z. B. Österreich, Frankreich, Belgien und England, tritt die Erscheinung von Zeit zu Zeit fast in regelmäßig wiederkehrenden Perioden ein, dass das handeltreibende Publikum die Spekulationen übertreibt; insbesondere 10 geschieht dies in Unternehmungen, die auf Aktien gegründet wurden. Das Eigentümliche dieser Übertreibung besteht darin: dass die Hoffnung auf Gewinn zu hoch veranschlagt wird; dass also die ersten Zeichner solcher Aktien, sodann diejenigen Käufer derselben [finden], 15 welche zu nicht gar zu exorbitanten Kursen kauften [...]; dass dieses Geschäft durch den Umstand, dass nur ein kleiner Teil des Nominalwertes der Aktien einbezahlt ist, und folglich die Gewinn bringende Kursdifferenz einen hohen Prozentsatz auf das wirklich verausgabte Kapital 20 beträgt, eine schnelle Bereicherung ohne Aufwand von erheblichem Kapital in Aussicht stellt; dass endlich, als Folge der vorstehenden Verhältnisse nicht nur viele Handeltreibende, sondern auch somit manche Personen aus andern Ständen einem Geschäfte sich hingeben, welches 25 mit Spiel eine gewisse Ähnlichkeit hat, und den Nachteil mit sich führt, dass ein Teil der Nation von nützlichen, wahrhaft produktiven Beschäftigungen sich mehr oder weniger abwendet. Auf jede Übertreibung folgt notwendig eine andere im entgegengesetzten Sinne. Und so 30 dauert der vorstehend geschilderte Geschäftsstrudel regelmäßig nur eine gewisse Zeit, und es folgt dann ebenso regelmäßig die Erschlaffung oder Entmutigung, sodass das nämliche Publikum, welches früher die Geschäfte im rosenfarbensten Lichte betrachtete, bald nachher nir- 35 gends mehr eine gegründete Hoffnung auf Erfolg der Unternehmungen erblickt, und ohne Unterscheidung über den inneren Wert derselben, aus den eingegangenen Verpflichtungen herauszukommen sucht. Die Benutzung der so verschiedenen Stimmung des Publikums ist eines 40 der Hauptgeschäfte großer Handlungshäuser, insbesondere solcher, die eine europäische Bedeutung haben; sie ziehen auf diese Weise manchmal einen enormen Gewinn, den das Publikum bezahlt, können aber dennoch auch beträchtliche Verluste nicht immer bei diesen Ge- 45 schäften vermeiden.

Zit. nach: Ebenda, S. 214 f.

19 Der Siegeszug der Elektrizität läutete Ende des 19. Jahrhunderts ein neues Zeitalter ein

In seinem 1893 in Leipzig veröffentlichten Buch „Die Elektrizität" erklärte Arthur Wilke die Zeit der Dampfmaschine als endgültig beendet: 5

Es ist noch nicht lange her, da nannte man unsre Zeit „das Jahrhundert des Dampfes", und mit Recht, denn in erster Reihe hat ja die Dampfmaschine die modernen Erwerbs- und Verkehrsverhältnisse gestaltet. Kaum ist aber Sklave „Dampf" zu voller Kraft herangewachsen, da tritt 10 eine junge Riesin in den Dienst der Menschheit, die dem

20 Die Entwicklung von Bergbau, Industrie und Verkehr in Deutschland von 1850 bis 1910

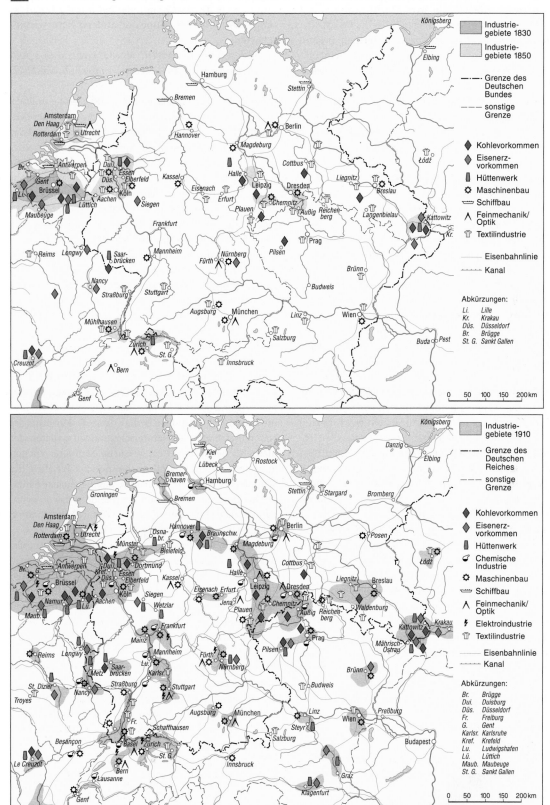

2

Anschein nach mit Bruder Dampf einträchtig zusammen für ihre Herren arbeiten will, in Wirklichkeit aber darauf ausgeht, ihn ganz zu verdrängen. Das ist die Elektrizität.
15 Jahrzehntelang im Wachstum zurückgeblieben, begann sie sich plötzlich vor etwa 25 Jahren zu entwickeln, und in dieser kurzen Zeit ist sie schon so weit herangewachsen, dass sie die Technik umzugestalten beginnt. Man sieht es ihr nicht mehr an, dass sie ihre langen Kinderjah-
20 re in den Laboratorien zugebracht hat und stille Gelehrte ihre ersten Schritte geleitet haben. Aber gerade diese einstige Verborgenheit und die jetzigen Erfolge fesseln das Interesse aller Gebildeten, weil der beispiellos rasche Siegeslauf auch den Unkundigen von ihr noch größere
25 Taten in der Zukunft erwarten lässt.

Und so ist es gekommen, dass der arme Dampf schon heute in der Meinung der Menge entthront und ihm die Würde aberkannt worden ist, dass das Jahrhundert nach ihm benannt werde. Nicht mehr das „Jahrhundert des Damp-
30 fes", nein, das „Zeitalter der Elektrizität" will die Jetztzeit genannt sein. Das ist nicht dankbar, aber erklärlich. Wir werden nämlich sehen, dass die Elektrizität eine Anzahl glänzender Eigenschaften in sich vereinigt, gegen welche diejenigen des Dampfes, der im Grunde genommen nur
35 kräftig schieben kann, weit zurücktreten. In erster Reihe ist es die sehr viel größere Unabhängigkeit der Elektrizität von ihrer Erzeugungsstätte, vermöge der sie, weit von der Letzteren entfernt, ihre Arbeit zu verrichten vermag, während der Dampf sich nur wenig weit von seinem Kes-
40 sel fortwagen kann und selbst für diesen beschränkten Fall einen mühsam hergestellten Weg verlangt, die Elektrizität aber blitzschnell durch den dünnen Draht über Höhen und Tiefen und Krümmungen läuft und, sich mit Leichtigkeit verteilend, an vielen Stellen zugleich ihres
45 Amtes waltet. Doch dies ist der kleinere Vorzug; vor allem ist es die Universalität der Leistungen, welche die Elektrizität auszeichnet. Brauchen wir Licht? Die Elektrizität spendet es uns und besser als jedes andre Agens [Mittel]. Verlangen wir bewegende Kraft, nun, dort steht der
50 elektrische Motor, ein Zwerg an Gestalt gegen die gleich kräftige Dampfmaschine. Wir frieren; derselbe Draht, der uns schon eben half, gibt uns auch Wärme, ein bisschen zu teuer zwar für die heutigen Verhältnisse, allein mit der Zeit wird sich dies schon ändern. Und so können wir
55 fortfahren und aufzählen, was alles die Elektrizität jetzt oder dereinst zu leisten vermag, aber wir fassen es lieber kurz zusammen und sagen: In der Elektrizität besitzen wir jede benötigte Energieform: bewegende Kraft, Licht, Wärme usw. in der bequemsten und intensivsten Form,
60 und damit haben wir ihren Wert bestimmt, welcher mit dem Augenblicke allerseits anerkannt werden wird, sobald die noch entgegenstehenden Schwierigkeiten einer billigen Erzeugung des Stromes beseitigt sein werden.

Zit. nach: Treue, W. u. a. (Hg.): Quellen zur Geschichte der Industriellen Revolution. Göttingen 1966, S. 222 f.

21 **Von zentraler Bedeutung für die Industrialisierung und den gesellschaftlichen Wandel war die Entwicklung besonders der Chemie und anderer Naturwissenschaften**

In seinen „Chemischen Briefen", die 1851 bereits in der 3. Auf- 5
lage erschienen, stellte der Gießener Chemiker Justus von Liebig fest:

Die Industrie hat aus der Kenntnis der Chemie unübersehbare Vorteile gezogen, die Mineralogie ist seit der Zeit, wo sie auf die Zusammensetzung der Mineralien und das 10
Verhalten ihrer Bestandteile Rücksicht nahm, zu einer neuen Wissenschaft geworden; es ist unmöglich, Fortschritte in der Geologie zu erwarten, wenn nicht mehr wie bisher, und zwar in gleicher Weise wie in der Mineralogie, die chemische Beschaffenheit und Zusammen- 15
setzung der Felsarten in Rechnung genommen wird. Die Chemie ist die Grundlage der Agrikultur.

Ohne Kenntnis der Chemie muss der Staatsmann dem eigentlichen Leben im Staate, seiner organischen Entwicklung und Vervollkommnung fremd bleiben, ohne 20
sie kann sein Blick nicht geschärft, sein Geist nicht geweckt werden für das, was dem Lande und der menschlichen Gesellschaft wahrhaft nützlich oder schädlich ist; die höchsten materiellen Interessen, die gesteigerte und vorteilhaftere Hervorbringung von Nahrung für Men- 25
schen und Tiere, die Erhaltung und Wiederherstellung der Gesundheit, sie sind aufs Engste geknüpft an die Verbreitung und das Studium der Naturwissenschaften, und insbesondere an das der Chemie; ohne die Kenntnis der Naturgesetze und der Naturerscheinungen scheitert der 30
menschliche Geist in dem Versuche, sich eine Vorstellung über die Größe und unergründliche Weisheit des Schöpfers zu schaffen; denn alles, was die reichste Fantasie, die höchste Geistesbildung an Bildern nur zu ersinnen vermag, erscheint, gegen die Wirklichkeit gehalten, 35
wie eine bunte, schillernde inhaltslose Seifenblase.

In der Begründung von Schulen, in denen die Naturwissenschaften als Gegenstände des Unterrichts die erste Stelle einnehmen, hat sich das Bedürfnis der neueren Zeit schon praktisch betätigt, es wird sich aus ihnen eine 40
kräftigere Generation entwickeln, kräftiger am Verstand und Geiste, fähig und empfänglich für alles, was wahrhaft groß und fruchtbringend ist. Durch sie werden die Hilfsmittel der Staaten zunehmen, in ihnen ihr Vermögen und ihre Kraft wachsen, und wenn der Mensch im 45
Drucke seiner Existenz erleichtert, von den Schwierigkeiten nicht mehr überwältigt wird, die irdischen Sorgen zu tragen und zu beseitigen, dann erst wird sich sein Sinn, reiner und geläutert, dem Höheren und Höchsten zuwenden können. 50

Zit. nach: Treue, W. u. a. (Hg.): Quellen zur Geschichte der Industriellen Revolution. Göttingen 1966, S. 229 f.

22 Neue Arbeitsmethoden

Frederick Winslow Taylor schrieb 1897 in seinem Werk „Die Grundsätze wissenschaftlicher Betriebsführung" über Rationalisierungsmaßnahmen bei der Bethlehem Steel Compagny in den USA:

Wir stellten fest, dass in dieser Kolonne jeder Einzelne durchschnittlich ungefähr 12,5 t pro Tag verlud; zu unserer Überraschung fanden wir aber bei eingehender Untersuchung, dass ein erstklassiger Roheisenverlader nicht 12,5 sondern 47 bis 48 t pro Tag verladen sollte. Dieses Pensum erschien uns so außerordentlich groß, dass wir uns verpflichtet fühlten, unsere Berechnung wiederholt zu kontrollieren, bevor wir unserer Sache vollkommen sicher waren. Einmal jedoch davon überzeugt, dass 47 t eine angemessene Tagesleistung für einen erstklassigen Roheisenverlader bedeuteten, stand uns klar vor Augen, was wir als Arbeitsleiter aufgrund der neuen Ideen zu tun hatten. Wir mussten darauf sehen, dass jeder Mann pro Tag 47 t verlud, anstatt 12,5 wie bisher. Wir mussten ferner darauf sehen, dass diese Arbeit ohne einen Ausstand, ohne Streitigkeiten mit den Arbeitern getan würde, und dass die Leute beim Verladen von täglich 47 t freudiger und zufriedener wären als bei den 12,5 t von früher. […] Unser erster Schritt war also, den rechten Mann zu finden, mit dem man anfangen konnte. Wir beobachteten deshalb die fraglichen 75 Mann sorgfältig etwa drei oder vier Tage lang. […]

Schließlich suchten wir einen unter den vieren aus als denjenigen, mit dem man am besten beginnen konnte. Er war ein untersetzter Pennsylvanier deutscher Abstammung, ein sog. „Pennsylvania Dutchman". Unserer Beobachtung nach legte er nach Feierabend einen ungefähr halbstündigen Heimweg ebenso frisch zurück wie morgens seinen Weg zur Arbeit. Bei einem Lohn von 1,15 Doll. pro Tag war es ihm gelungen, ein kleines Stück Grund und Boden zu erwerben. Morgens, bevor er zur Arbeit ging, und abends nach seiner Heimkehr arbeitete er daran, die Mauern für sein Wohnhäuschen darauf aufzubauen. Er galt für außerordentlich sparsam. […] Schmidt begann zu arbeiten und in regelmäßigen Abständen wurde ihm von dem Mann, der bei ihm als Lehrer stand, gesagt: „Jetzt heben Sie einen Barren auf und gehen Sie damit! Jetzt setzen Sie ihn hin und ruhen sich aus!" etc. Er arbeitete, wenn ihm befohlen wurde zu arbeiten, und ruhte sich aus, wenn ihm befohlen wurde, sich auszuruhen, und um halb sechs Uhr nachmittags hatte er 47,5 t auf den Waggon verladen.

Die drei Jahre hindurch, die ich in Bethlehem war, arbeitete er stets in diesem Tempo und leistete das verlangte Pensum tadellos. Er verdiente diese ganze Zeit hindurch etwas mehr als 1,85 Doll. durchschnittlich, während er vorher nie mehr als 1,15 Doll. täglich verdient hatte, was damals in Bethlehem der normale Taglohn war. Er erhielt also 60 % mehr Lohn als die anderen Arbeiter, die nicht unter dem Pensumsystem arbeiteten. Ein Mann nach dem anderen wurde ausgelesen und angelernt 47,5 t Roheisen pro Tag zu verladen, bis alles Roheisen auf diese Weise verladen war. Natürlich erhielten sämtliche Beteiligte 60 % mehr Lohn als die anderen.

Zit. nach: Ruppert, W.: Die Fabrik. Geschichte von Arbeit und Industrialisierung in Deutschland. München 1983, S. 43 f.

Arbeitsvorschläge

a) Inwiefern ebneten die preußischen Reformen der Industrialisierung in Deutschland den Weg (VT, M10–M15)?

b) In welchen verschiedenen Stufen vollzog sich die Agrarwende des 19. Jahrhunderts? In welchem Sinn wird der Begriff „Agrarwende" heute gebraucht?

c) Nehmen Sie Stellung, ob die Bestrebungen, ein gemeinsames Europa zu schaffen, in eine historische Tradition zum Deutschen Zollverein des 19. Jahrhunderts gestellt werden können. (M16, eigene Recherche)

d) Diskutieren Sie Chancen und Risiken der Tendenz seit der zweiten Hälfte des 19. Jahrhunderts immer mehr Unternehmen als Aktiengesellschaften zu gründen (VT, M18).

e) Erarbeiten Sie anhand der Karten (M20) die industriellen Profile der verschiedenen Entwicklungszentren und -regionen zwischen 1830–1850–1910. Untersuchen Sie, welche Standortfaktoren dabei jeweils eine Rolle spielten. Vergleichen Sie das für Ihre Heimatregion festgestellte industrielle Profil mit der gegenwärtigen Situation.

f) Decken Sie die Rolle der Naturwissenschaften für die Gesellschaft in der industriellen Revolution in Deutschland auf (M20, M21).

g) Nennen Sie Merkmale der Industrialisierung in den USA (VT, M5–M9, M22). Beschreiben Sie Taylors Arbeitsweise (M22) und setzen Sie sich mit seinem Anspruch auseinander, ein wissenschaftliches Verfahren der Betriebsführung entwickelt zu haben.

2

1 1838 gründeten 19 Bauern, Handwerker und Gastwirte eine Zuckerfabrik bei Klein Wanzleben im Bördeland. 1847 kam sie in den Besitz der Familie Rabbethage.

2 1946 enteignet, gehört die Zuckerfabrik Klein Wanzleben heute (2005) zum Zucker-Verband Nord AG.

Seit den 30er-Jahren des 19. Jahrhunderts wurde neben dem Rheinland und Berlin auch Sachsen und das Gebiet des heutigen Sachsen-Anhalt von einer zunehmenden Industrialisierung erfasst. Dabei fungierte als wichtiger Auslöser für diese Prozesse die von Napoleon 1806 verhängte Kontinentalsperre.

Zu dieser Zeit gehörte Zucker zu den Genussmitteln, die aus Übersee nach Europa kamen. Die Kontinentalsperre unterband die Einfuhr von Rohrzucker, woraufhin Unternehmer in ganz Europa nach alternativen Produkten suchten, so auch in der fruchtbaren Magdeburger Börde. Tatsächlich gelangen schließlich auch Erfolg versprechende Züchtungserfolge, u. a. durch Friedrich Carl Achard. Zwar sahen sich diese nach Aufhebung der Kontinentalsperre wieder der Konkurrenz des etablierten Zuckerrohrs ausgesetzt und die meisten Zuckerbetriebe mussten wieder schließen, doch war ein Grundstein gelegt. Darüber hinaus zeigten nun auch verschiedene Regierungen großes Interesse am Aufbau einer eigenen Zuckerindustrie, um sich von Importen unabhängig zu machen. So diente der deutsche Zollverein u. a. auch dazu, die Rübenzuckerindustrie gegen ausländische Konkurrenz zu schützen. Unterdessen waren in den zwei Jahrzehnten nach der napoleonischen Herrschaft weitere wichtige Züchtungserfolge gelungen, u. a. die „Magdeburger Zuckerrübe" mit einem wesentlich höheren Zuckergehalt. Diese bildete die Ausgangsbasis für die meisten der heutigen Zuckerrübensorten. Allein in der Magdeburger Börde stieg die Zahl der Zuckerfabriken zwischen 1841 und 1857 von 27 auf 52. Zur Begleitung dieser Entwicklung wurde von der preußischen Regierung an der Universität Halle der erste deutsche Lehrstuhl für Landwirtschaft gegründet.

Die Entwicklung der modernen Rübenzucht und die Steigerung der Zuckerproduktion forcierten auch den Ausbau anderer Industriezweige. So führte der nun entstehende hohe Bedarf an Brennstoffen zum verstärkten Braunkohleabbau u. a. in der Ascherslebener Mulde, später im Bitterfelder Gebiet sowie im Hallenser und Weißenfels-Zeitzer Revier. Später sollten daraus weitere Zweige chemischer Industrie entstehen. Parallel dazu wurden neue Kalivorkommen erschlossen, um die mittlerweile möglich gewordene Herstellung von künstlichem Dünger ausweiten zu können. Bereits 1839/40 hatte die Region eine Eisenbahnanbindung mit der Linie Magdeburg–Halle–Leipzig mit Anschluss nach Dresden erhalten. Dadurch verbilligte sich der Gütertransport für Industriewaren und der Zuzug von Arbeitskräften nahm rasant zu. Allein zwischen 1870 und 1895 wuchs die Bevölkerung Magdeburgs um fast 85 %. In großer Zahl zogen Saison- und Wanderarbeiter in die Bördedörfer ein, zunächst vorrangig aus dem Harz und dem Eichsfeld, später aus Nordhessen und Schleswig-Holstein. Am Ende des Jahrhunderts war Deutschland zum führenden Zucker- und Düngemittelproduzenten geworden.

Zu einem gravierenden Einschnitt dieser Entwicklung kam es erst mit dem Zweiten Weltkrieg und der anschließenden deutsch-deutschen Teilung. 1946 enteignete die sowjetische Militäradministration die wichtigsten Zuckerunternehmen der Börde. Einigen Unternehmern gelang zuvor noch der Wechsel in die britische Besatzungszone. Dort wagte beispielsweise die Familie Rabbethage in der niedersächsischen Region Einbeck einen Neuanfang, während in der Magdeburger Börde die DDR-Regierung eine staatliche Rübenzucht betrieb. Erst 1991 sollte der Einbecker Pflanzenzuchtbetrieb wieder zurückkehren.

Geschichte Regional: Industrialisierungsprozesse in Mitteldeutschland

3 Städtisches Bevölkerungswachstum im Zeitalter der Industrialisierung (in 1000)

	1816/17	um 1850	1870/71	1910
Leipzig	35	63	107	679
Dresden	65	97	177	548
Chemnitz	15	34	68	288
Magdeburg	35	52	84	280

Zusammengestellt aus: Jürgen Reulecke, Geschichte der Urbanisierung in Deutschland. Frankfurt a. M. (Suhrkamp) 1985, S. 203.

4 Maschinen verändern die Arbeitswelt

Der Publizist August Schumann schrieb in den 1820er-Jahren über die Einführung von Maschinen im Chemnitzer Spinngewerbe, die zur Errichtung der ersten Fabriken führte:

5 Unter den mächtigsten Hindernissen darf das Vorurteil nicht ungenannt bleiben. Da behauptete man bald, dergleichen Anstalten könnten auf vaterländischem Boden eben so wenig als Zuckerplantagen gedeihen, die Garne würden und könnten doch nie so schön ausfallen wie
10 die englischen, bald hielt man sie für schädlich, weil dadurch die Handspinnerei leidet, und tausend Hände außer Beschäftigung gesetzt werden würden. Die wunderliche Menge sah nicht ein, dass dieselben Folgen auch durch die Einfuhr der englischen Garne entstehen
15 mussten, und dass man durch inländische Maschinen also wenigstens den ausländischen Arbeitslohn im Lande erhielt.

Zit. nach: K. Schaller, „Einmal kommt die Zeit": Geschichte der Chemnitzer Arbeiterschaft vom Ende des 18. Jahrhunderts bis zum Ersten Weltkrieg. Bielefeld 2001, S. 17.

5 **Duell zwischen zwei Raffinirten.** Schauplatz ist hier der französische Zuckermarkt, symbolisiert durch zwei mächtige Zuckerhüte im Hintergrund. Ein Zeuge ist die pfeiferauchende Tabakpflanze. Das Zuckerrohr hat die Rübe fast überwältigt, da tritt die aufgebrachte einheimische Landwirtschaft dazwischen: in Gestalt der Mohrrübe. Sie trennt die beiden erbitterten Gegner und rettet der Rübe das Leben, d. h. der französischen Rübenzuckerfabrikation die Existenz. Karikatur von Grandville (1803–1847).

Arbeitsvorschläge

a) Zeichnen Sie in einem Diagramm die Entwicklung der Wirtschaftsregion Magdeburg im 19. Jahrhundert nach.

b) Die Folgen der napoleonischen Kontinentalsperre und moderne Züchtungsverfahren legten den Grundstein für die Entwicklung der deutschen Zuckerindustrie, welche in manchen Regionen zum Katalysator für die weitere Industrialisierung wurde. Erarbeiten Sie anhand eines von Ihnen recherchierten Beispiels, in welcher Wechselwirkung die moderne Naturwissenschaft mit der Industrialisierung trat.

c) Überlegen Sie, welche Standortvorteile die mitteldeutschen Industriegebiete im Vergleich zu anderen Regionen gehabt haben.

d) Die Entwicklung und gesellschaftsgeschichtliche Bedeutung des Zuckers wird seit 1904 im Zucker-Museum des Technikmuseums Berlin aufgezeigt. Informieren Sie sich über die Dauerausstellung und untersuchen Sie, mit welchem museumspädagogischen Konzept das Thema Zucker in der Geschichte aufgearbeitet wurde.

2

2.3 Leben und Arbeiten im Zeitalter der Industrialisierung

Naturerfahrung ändert sich

Die bis dahin als Urgewalt empfundene Natur wurde zunehmend als berechen- und beherrschbar wahrgenommen. Der Eisenbahnbau veränderte die Landschaft und die Eisenbahngeschwindigkeit vernichtete das traditionelle Raum-Zeit-Empfinden. Zeitgenossen fühlten sich durch die schnelle Folge der Reize und Eindrücke überfordert. Nicht wenige Menschen verweigerten sich dem neuen rationalistisch-technokratischen Umgang mit der Natur. Die aus heutiger Sicht modern anmutende Kritik an der industriellen Zerstörung basierte allerdings in erste Linie auf rückwärtsgewandten, politisch reaktionären oder bestenfalls naiven Grundüberzeugungen und trug in der Folgezeit als geistiger Wegbereiter zum Aufstieg des Nationalsozialismus bei.

Ordnung und Disziplin

Um einen reibungslosen Ablauf der Fabrikproduktion vor allem in den neuen Großfabriken zu gewährleisten, war die Arbeitszeit genau festgelegt und wurde streng kontrolliert. Die Maschine bestimmte das Tempo und den Rhythmus der Arbeitsabläufe. Das gesamte Verhalten in der Fabrik war durch strenge Vorschriften und Androhung empfindlicher Strafen geregelt. Das Modell der Unternehmensführung orientierte sich an paternalistischen Autoritäts- und Hierarchievorstellungen. Waren anfangs die Arbeiter in der Regel leicht ersetzbar, so wurde es mit steigender Komplexität und Technik der Produktionsprozesse immer kostspieliger, eingearbeitete Kräfte zu ersetzen. Spezialisten und handwerklich gut ausgebildete Fachkräfte waren selten und gesucht.

Kinderarbeit

Fabrikarbeit von Kindern war in der Frühphase der Industrialisierung weit verbreitet, wurde aber zunehmend als unmoralisch kritisiert. Die Schulbehörden verlangten eine konsequente Durchsetzung des Schulbesuchs, das Militär klagte, Kinderarbeit verursache gesundheitliche Schädigungen und mache zum Wehrdienst untauglich. Bereits 1839 wurden in Preußen erste Verordnungen zur Einschränkung der Kinderarbeit erlassen, 1853 wurde sie ganz verboten. Andere Länder folgten. Zahlenmäßig bedeutsamer, aber kaum zu kontrollieren war die Kinderarbeit in der Landwirtschaft und im Hausgewerbe.

1 „Am Ufer eines oberbayerischen Sees – vor 30 Jahren und heute". Heinrich Oberländer, Fliegende Blätter, 1888.

Auf dem Lande konnte man eine Stagnation der abhängigen weiblichen Arbeit feststellen. Die Arbeitsbedingungen waren hart und karg, Beschränkungen innerhalb der Sozialversicherung schlossen die ländlichen Arbeitskräfte von der allmählichen Verbesserung der Rechts- und Sozialchancen der industriellen Gesellschaft aus. Zu einer Domäne industrieller Frauenarbeit wurde die Textilbranche. Auftrieb erhielt die weibliche Textil-Heimarbeit durch die Erfindung der Nähmaschine und seit den 1860er-Jahren wurde die Näherin zu einem typischen Frauenberuf. Dass unverheiratete Frauen aus Arbeiterfamilien berufstätig waren, wurde im Laufe der Industrialisierung immer selbstverständlicher, ein mindestens zehnstündiger Fabrikarbeitstag war die Regel. Für die Frauenarbeit in der Industrie galten zwar besondere Schutzbestimmungen, die nach 1890 langsam ausgeweitet wurden: Mutterschutz, Nachtarbeitverbot, Maximalarbeitszeit, Krankengeld für Wöchnerinnen. Ausreichend waren diese Sonderregelungen freilich nicht, aber ein Fortschritt gegenüber der Frühindustrialisierung allemal. Ein weiterer typischer Arbeitsbereich von Frauen war das Dienstbotenwesen. Dienstmädchen rekrutierten sich aus den bäuerlichen und handwerklichen Unterschichten auf dem Lande und in den Kleinstädten, wo die Chance auf Versorgung und Beruf schlecht war. Auch in den höheren Schichten änderte sich die Situation. Die Schreibmaschine war die technische und die Bürokratisierung der Wirtschaft die organisatorische Revolution, die bürgerlichen Frauen ein ganz neues Arbeitsfeld eröffneten: Kontoristin oder Sekretärin, ferner die Telefonistin, das „Fräulein vom Amt". Die Angestelltentätigkeit war wie die Fabrikarbeit im Lebenslauf der Frau eine Durchgangsstation. Ungefähr drei Viertel der weiblichen Arbeitskräfte waren unter 30 Jahren. Bei Heirat oder bei der Geburt des ersten, spätestens des zweiten Kindes schieden die Frauen aus dem Berufsleben aus. Auch am oberen Rand der Sozialpyramide bildeten sich weibliche Berufe aus: zunächst die Lehrerin für Mädchenschulen, später Ärztin, daneben Geschäfts- und Kauffrau. Für alle diese Berufe galt, was für die Lehrerinnen zwingend Vorschrift war: Beruf war mit Ehelosigkeit verbunden, Heirat hieß Ausscheiden aus dem Beruf.

Frauenarbeit

2

Urbanisierung

Die explodierenden Bevölkerungszahlen und die Industrialisierung stellten alle europäischen Städte vor ähnliche Wachstums- und Entwicklungsprobleme. Sollte Stadtentwicklung nicht zum Wildwuchs werden, benötigte man brauchbare Planungsinstrumente. Für die wachsenden Einwohnermassen und ansässigen Industriebetriebe mussten neue Dienstleistungen bereitgestellt werden. Der Einzelne war nicht mehr in der Lage, sich mit frischem Wasser, Lebensmitteln, Koch-, Heiz-, Leuchtmaterial selbst zu versorgen. Die traditionelle Entsorgung der Abfälle und Abwässer wurde durch den Aufbau moderner Wasser- und Abwasseranlagen gelöst. Die Trennung von Wohn- und Arbeitsplatz erforderte in den Großstädten ein innerstädtisches Transportwesen. Im letzten Jahrzehnt des 19. Jahrhunderts setzten sich die elektrischen Straßenbahnen und wenig später Untergrundbahnen durch.

Die soziale Frage und

Die Industrialisierung schuf die Industriearbeiterschaft als neue soziale Gruppe. Zwar stiegen im Laufe des Jahrhunderts die Industrielöhne stärker als die Lebenshaltungskosten, aber zunächst blieb die Lage der Arbeiter vornehmlich durch drei Dinge bestimmt: durch Armut, durch Unsicherheit gegenüber den Wechselfällen des Lebens und durch die Entwurzelung aus dem traditionellen heimatlichen und familiären Umfeld. Die oft katastrophalen Arbeits- und Lebensverhältnisse wurden von den Zeitgenossen unter dem Begriff „soziale Frage" diskutiert.

... Versuche zur Lösung

Unternehmer ließen Wohnungen für ihre Arbeiter bauen, richteten Kranken- und Pensionskassen ein, um Arbeiter an ihren Betrieb zu binden. Große Teile der Arbeiterschaft sahen einen Weg im Zusammenschluss in einer Partei oder Gewerkschaft. Die Sozialdemokratische Partei träumte davon, auf legalem Weg einen Staat zu schaffen, in dem die politische und soziale Ungleichheit beseitigt sei. Die Kommunisten wollten dieses Ziel auf dem Weg einer Revolution erreichen und folgten dabei dem „wissenschaftlichen Sozialismus" eines Karl Marx und Friedrich Engels als einer Art „weltlicher Erlösungslehre". 1848 veröffentlichten beide das „Manifest der Kommunistischen Partei". Die beiden christlichen Kirchen neigten zu einer autoritär-karitativen Lösungsvariante. Die evangelischen Landeskirchen sahen ihre Aufgabe mehr in der Seelsorge als in wissenschaftlicher und sozialer Unterstützung oder gar politischer Beratung der Arbeiter. Die katholische Kirche agierte im Ganzen entschiedener und politischer. Sie förderte genossenschaftliche Bestrebungen der Arbeiterschaft, gründete christliche Gewerkschaften, die den Arbeitern eine politische und soziale Heimat gaben und schuf mit der Zentrumspartei sogar einen eigenen politischen Arm. So mündeten die unterschiedlichen Bestrebungen, die soziale Frage zu lösen, letztlich in der staatlichen Sozialpolitik Bismarcks. Das Deutsche Reich schlug in den 1880er-Jahren als eines der ersten Länder den Weg zum Sozialstaat ein. Per Gesetz wurden 1883 die Krankenversicherung, 1884 die Unfallversicherung sowie 1889 die Alters- und Invaliditätsversicherung eingeführt. Neu war der verpflichtende Charakter, Beitragszahlungen mussten der Arbeitnehmer und der Arbeitgeber leisten. Auf lange Sicht wurde der Sozialstaat tatsächlich das Mittel, die Klassengegensätze abzumildern und der Industriegesellschaft dank einem hohen Niveau sozialer Sicherheit Stabilität und Krisenfestigkeit zu verleihen. Bei aller noch so gerechtfertigten Kritik an den trostlosen Lebens- und Arbeitsbedingungen der ersten Generation der Fabrikarbeiter muss im Auge behalten werden, dass die Industrialisierung – anders als viele Zeitgenossen und auch lange Zeit die Historiker meinten – das Massenelend (Pauperismus) nicht hervorgebracht hat. Im Gegenteil, im Vergleich zum vorindustriellen Zeitalter war der durchschnittliche Arbeiter jetzt besser dran. Durch das beginnende Wachstum verblasste der Pauperismus und war eine Generation später nur noch dem Namen nach bekannt.

Pauperismus

3 **Vom Charme industrieller Produktion.** Krupp'sche Gussstahlfabrik in Essen um1865.

4 **Aufruf gegen den Bau einer chemischen Fabrik, verfasst 1874**

Gefahr im Verzuge! Der Bau einer chemischen Fabrik an der Ruhr. Ein Aufruf an die Bewohner von Horst u. Umgebung.

5 Die chemische Fabrik Rheinau zu Mannheim hat nunmehr das Konzessions-Gesuch für den Bau einer chemischen Fabrik in Horst an der Ruhr eingereicht und nun dürfte es an der Zeit sein, im allgemeinen Interesse, besonders im Interesse der Bewohner von Horst und
10 Umgegend, auf die Gefahren und Nachteile, welche die Fabrikation chemischer Stoffe meistens mit sich führt, aufmerksam zu machen. [...]
Nach eingezogenen Informationen liegt nämlich die Besorgnis nahe, dass sich die projektierte Fabrik nicht als
15 Quelle des Wohlstandes, sondern vielmehr als eine Quelle giftiger Chemikalien entpuppen und anstatt Segen über uns zu ergießen Luft und Wasser verderben werde. [...] Bei Herstellung von Chemikalien bilden sich je nach den in Gebrauch genommenen Rohprodukten und nach
20 Art und Weise der Fabrikation allerlei schädliche Dämpfe als: Schwefelwasserstoffgas, Chlorwasserstoffgas, Salzsäuredünste sc., welche beeinflusst durch Temperatur und Windrichtung die Luft bis zu 2000 m und noch weiter verderben, auf die menschliche Gesundheit nachteilig
25 einwirken und die Vegetation stören oder sogar vollständig vernichten. Es ist durch unzählige Gutachten von Sachverständigen und gerichtliche Erkenntnisse festgestellt, dass durch die aus den chemischen Fabriken ausströmenden Gase Pflanzen und Baumwuchs zugrunde
30 gehen; außerdem zeigt auch der Augenschein dem Laien bei einiger Beobachtung mit aller Bestimmtheit, welche nachteiligen Folgen die Säure-Dünste haben. [...] Die Wiesen und Kleefelder werden in doppelter Weise von den Ausdünstungen geschädigt und zwar erstens, weil
35 sie im Wachstum gestört werden, und dann auch noch, weil die betreffenden Futterstoffe, mögen sie frisch oder getrocknet sein, fürs Vieh ungenießbar werden.

Zit. nach: Brüggemeier, F.-J./Toyka-Seid, M. (Hg.), Industrie-Natur. Lesebuch zur Geschichte der Umwelt im 19. Jahrhundert. Frankfurt/M. 1995, S.71 ff.

5 **Die Schattenseiten: Zunehmende Kinderarbeit**

Die Kreis-Schulinspektion Zwickau erstattete am 16. Oktober 1838 Bericht über die geplante Fabrikschule zu Oberlungwitz:

Indem der hochgedachten Behörde wir nun diesen neuen 5 Plan zur gnädigsten Prüfung andurch übersenden, erlauben wir uns noch untertänigst gehorsam zu bemerken, wie es uns platterdings unmöglich erscheint, den Fabrikkindern während drei Wintermonaten täglich mehr als eine Stunde Schulunterricht erteilen zu lassen, denn sol- 10 len diese unglücklichen Geschöpfe, die den ganzen Tag in einer durch den feinsten von den Maschinen aufgeregten Wollstaub verpesteten Luft ohne sonderliche Bewegung sich aufhalten müssen, nicht ganz zugrunde gerichtet werden, so müssen sie wenigstens die Mittagspause frei 15 haben. Was können diesen beklagenswerten Kindern alle Kenntnisse helfen, wenn sie durch jene Lebensweise an Geist und Körper verkümmern müssen. Es wäre wirklich Christenpflicht, dass von der hohen Staatsregierung der Gebrauch dieser kleinen Kinder in den Spinnfabriken 20 während ihrer Schuljahre ein für allemal und auf das Strengste gänzlich verboten würde.

Zit. nach: Geschichte der Kinderarbeit in Deutschland 1750–1939, Bd. 1. Berlin 1955, S. 46.

6 **Über die Folgen der Industrialisierung**

Von einem Englandaufenthalt berichtet der Ingenieur und Schriftsteller Max Eyth 1861 in einem Brief an seine Eltern:
Was die Industrie Gutes und Böses leistet, lernt man in Manchester kennen. Den Hauptreichtum des Bezirks er- 5 zeugen die Millionen Spindeln seiner Baumwollindustrie. Reichtum! Nirgends in England habe ich bis jetzt eine so bleiche, kranke, von Elend und Unglück angefressene Bevölkerung gesehen, wie sie hier aus den niedern, rauchigen Häusern herausgrinst oder auf den engen, staubigen 10 Gassen der ärmeren Viertel herumliegt. Freilich ist das nur die Hefe des Volkes, aber die Hefe umfasst drei Viertel des Ganzen. Wenn die Engländer, selbst die ärmsten, nicht jenen eigentümlichen Reinlichkeitssinn in Betreff

2

15 der Wohnungen hätten, der nach unten hinsichtlich des Körpers und der Kleidung nur zu rasch verschwindet: Es wäre ein Bild bodenlosen „Fortschritts"! Töricht wäre es trotzdem, der Industrie einen Vorwurf daraus zu machen. Sie ist und bleibt das einzige Mittel, die 500 000 Men-
20 schen hier, die Millionen in England auch nur auf dieser Stufe des Lebens zu erhalten. Nicht die Industrie hat das Hässliche geschaffen, das ihr anhaftet. Es ist eine Zukunft denkbar, in der sie sich auch aus diesem Schmutz herausschaffen wird. […]

Zit. nach: W. Lautemann, Geschichte in Quellen, Bd. 5. München 1980, S. 749 f.

7 **Aus dem Kommunistischen Manifest**

Aus dem „Kommunistischen Manifest", das von Karl Marx und Friedrich Engels von Dezember 1847 bis Januar 1848 geschrieben und im Februar 1848 in London veröffentlicht wurde:

5 Die Geschichte aller bisherigen Gesellschaft ist die Geschichte von Klassenkämpfen. Freier und Sklave, Patrizier und Plebejer, Baron und Leibeigner, Zunftbürger und Gesell, kurz, Unterdrücker und Unterdrückte standen im steten Gegensatz zueinander, führten einen ununter-
10 brochenen, bald versteckten, bald offenen Kampf, einen Kampf, der jedes Mal mit einer revolutionären Umgestaltung der ganzen Gesellschaft endete oder mit dem gemeinsamen Untergang der kämpfenden Klassen.
Unsere Epoche, die Epoche der Bourgeoisie, zeichnet sich
15 jedoch dadurch aus, dass sie die Klassengegensätze vereinfacht hat. Die ganze Gesellschaft spaltet sich mehr und mehr in zwei große feindliche Lager, in zwei große einander direkt gegenüberstehende Klassen: Bourgeoisie und Proletariat. […]
20 In demselben Maße, worin sich die Bourgeoisie, d. h. das Kapital, entwickelt, in demselben Maße entwickelt sich das Proletariat, die Klasse der modernen Arbeiter, die nur so lange leben, als sie Arbeit finden, und die nur so lange Arbeit finden, als ihre Arbeit das Kapital vermehrt. Die-
25 se Arbeiter, die sich stückweise verkaufen müssen, sind eine Ware wie jeder anderer Handelsartikel und daher gleichmäßig allen Wechselfällen der Konkurrenz, allen Schwankungen des Marktes ausgesetzt. […]
Ist die Ausbeutung des Arbeiters durch den Fabrikanten
30 so weit beendigt, dass er seinen Arbeitslohn bar ausgezahlt erhält, so fallen alle anderen Teile der Bourgeoisie über ihn her, der Hausbesitzer, der Krämer, der Pfandleiher usw. Die bisherigen kleinen Mittelständler, die kleinen Industriellen, Kaufleute und Rentiers, die Hand-
35 werker und Bauern, alle diese Klassen fallen ins Proletariat hinab, teils dadurch, dass ihr kleines Kapital für den Betrieb der großen Industrie nicht ausreicht und der Konkurrenz mit den größeren Kapitalisten erliegt, teils dadurch, dass ihre Geschicklichkeit von neuen
40 Produktionsweisen entwertet wird. So rekrutiert sich das Proletariat aus allen Klassen der Bevölkerung. Das Proletariat macht verschiedene Entwicklungsstufen durch.

Sein Kampf gegen die Bourgeoisie beginnt mit seiner Existenz. Im Anfang kämpfen die einzelnen Arbeiter, dann die Arbeiter einer Fabrik, dann die Arbeiter eines 45 Arbeitszweiges an einem Ort gegen den einzelnen Bourgeois, der sie direkt ausbeutet. Sie richten ihre Angriffe nicht nur gegen die bürgerlichen Produktionsverhältnisse, sie richten sie gegen die Produktionsinstrumente selbst; sie vernichten die fremden konkurrierenden Wa- 50 ren, sie zerschlagen die Maschinen, sie stecken die Fabriken in Brand, sie suchen die untergegangene Stellung des mittelalterlichen Arbeiters wieder zu erringen. […]
Aber mit der Entwicklung der Industrie vermehrt sich nicht nur das Proletariat; es wird in größeren Massen zu- 55 sammengedrängt, seine Kraft wächst, und es fühlt sie mehr. Die Interessen, die Lebenslagen innerhalb des Proletariats gleichen sich immer mehr aus, indem die Maschinerie mehr und mehr die Unterschiede der Arbeit verwischt und den Lohn fast überall auf ein gleich nied- 60 riges Niveau herabdrückt. Die wachsende Konkurrenz der Bourgeois unter sich und die daraus hervorgehenden Handelskrisen machen den Lohn der Arbeit immer schwankender; die immer rascher sich entwickelnde, unaufhörliche Verbesserung der Maschinerie macht ihre 65 ganze Lebensstellung immer unsicherer; immer mehr nehmen die Kollisionen zwischen dem einzelnen Arbeiter und dem einzelnen Bourgeois den Charakter von Kollisionen zweier Klassen an. […]
Der Proletarier ist eigentumslos; sein Verhältnis zu Weib 70 und Kindern hat nichts mehr gemein mit dem bürgerlichen Familienverhältnis; die moderne industrielle Arbeit, die moderne Unterjochung unter das Kapital, dieselbe in England wie in Frankreich, in Amerika wie in Deutschland, hat ihm allen nationalen Charakter abge- 75 streift. Die Gesetze, die Moral, die Religion sind für ihn ebenso viele bürgerliche Vorurteile, hinter denen sich ebenso viele bürgerliche Interessen verstecken. […]
[D]ie Kommunisten unterstützen überall jede revolutionäre Bewegung gegen die bestehenden gesellschaftli- 80 chen und politischen Zustände. In allen diesen Bewegungen heben sie die Eigentumsfrage, welche mehr oder minder entwickelte Form sie auch angenommen haben möge, als die Grundfrage der Bewegung hervor.
Die Kommunisten arbeiten endlich überall an der Ver- 85 bindung und Verständigung der demokratischen Parteien aller Länder.
Die Kommunisten verschmähen es, ihre Ansichten und Absichten zu verheimlichen. Sie erklären es offen, dass ihre Zwecke nur erreicht werden können durch den gewalt- 90 samen Umsturz aller bisherigen Gesellschaftsordnung. Mögen die herrschenden Klassen vor einer kommunistischen Revolution zittern. Die Proletarier haben nichts in ihr zu verlieren als ihre Ketten. Sie haben eine Welt zu gewinnen. Proletarier aller Länder, vereinigt euch! 95

Ebenda, S. 865 ff., bearb. v. Günter Schönbrunn.

8 „Für eine sorgenfreie Existenz im Alter"

Werner Siemens schrieb 1872 an die Londoner Niederlassung seiner Firma über die Stiftung einer Pensionskasse:

Unsere Absicht war, durch die Stiftung in der Lösung des
5 berechtigten Teiles der sozialen Frage einen entscheidenden Schritt vorwärts zu machen und dieselbe in
ihrem unvermeidlichen Fortgange dadurch wenigstens
für uns ungefährlich zu machen. Für diesen berechtigten
Teil halten wir die den Arbeitern, die nur selten in der
10 Lage sind, sich Kapital zu ersparen, zu gebende Sicherheit
einer sorgenfreien Existenz im Alter und der Existenz ihrer Familie bei ihrem frühzeitigen Tode. […] Es ist aber –
abgesehen selbst von Streiks und anderen Arbeits-
störungen – von höchster Wichtigkeit, einen festen Ar-
15 beiterstamm zu schaffen, und zwar umso mehr, je weiter
die Arbeitsteilung und die Maschinenarbeit entwickelt
wird. Dies soll nun wesentlich durch unsere Pensionskasse bewirkt werden. […] Steht bei ihnen erst die Überzeugung unwandelbar fest, dass denen, die bei uns blei-
20 ben, die Sorge für ihr Alter und ihre Familie genommen
ist, so werden sie dadurch fest an das Geschäft geknüpft,
sie werden den Umsturztheorien der Sozialisten abhold,
werden sich Streiks widersetzen und haben eigenes In-
25 teresse am Gedeihen des Geschäftes.

Zit. nach: Ritter G. A./Kocka, J. (Hrsg.): Deutsche Sozialgeschichte. Dokumente und Skizzen, Bd. II: 1870–1914, München 1974, S. 14f.

9 „Kapitalistische Wohltaten", Karikatur von
A. Staehle, „Der wahre Jakob", 1905.
Die Unterschrift lautet: „Der Kapitalist: So! Der läuft
mir nicht mehr davon!"

10 Die Mitgliederentwicklung der Gewerkschaften und der Sozialdemokratie 1869–1910

Jahr	Beschäftigte in Industrie u. Handwerk	Gewerkschaftsmitglieder			Mitglieder der Sozialdemokratie
		Freie	Christliche	Hirsch-Duncker*	
1869	–	47 192		30 000	
1872	4 782 000 (1871)	19 695		18 803	
1878	5 300 000	56 275		16 525	ca. 38 000 (1876)
1885	6 005 000	85 687		51 000	
1890	7 337 000	294 551		62 643	
1895	7 524 000	255 521	5 500	66 759	
1900	8 950 000	680 427	7 744	91 661	
1905	9 572 000	1 344 803	191 690	116 143	384 327
1910	10 184 000	2 017 298	316 115	122 571	836 529

*Linksliberale bürgerliche Gewerkschaften.

Zusammengestellt nach: Hoffmann, W.: Das Wachstum der deutschen Wirtschaft seit Mitte des 19. Jahrhunderts. Berlin, Heidelberg, New York 1965, S. 196 ff.;
Hohorts, G., Kocka, J., Ritter, G. A.: Sozialgeschichtliches Arbeitsbuch, Band II: Materialien zur Geschichte des Kaiserreichs 1870–1914. München 2. Auflage
1978, S. 135 f.; dieselben: Sozialdemokratie im Deutschen Reich 1870–1914. Hamburg 1978, S. 64.

2

11 An meine Angehörigen

Der vorliegende Text ist der Entwurf einer Ansprache Krupps vom 11. Februar 1877. Anschließend wurde dieser Text überarbeitet, gedruckt und an die Arbeitnehmer der Firma verteilt.
5 *Nachdem Krupp im 1. Teil der Rede gegen die Sozialdemokratie Stellung genommen hat, fährt er fort:*

Es ist bekannt und braucht nicht wiederholt zu werden, dass im Jahre 1826 die verfallene Gussstahlfabrik ohne Vermögen mir zur Führung anvertraut wurde. Mit we-
10 nigen Leuten fing ich an, sie verdienten mehr und lebten besser als ich; so ging es fast fünfundzwanzig Jahre fort mit Sorgen und mühevoller Arbeit, und als ich dann eine größere Zahl von Leuten beschäftigte, war dennoch mein Vermögen geringer, als was heute mancher Ar-
15 beiter der Gussstahlfabrik besitzt. Es waren sehr brave Leute, mit denen ich die Arbeiten begonnen und durchgeführt habe, und ich danke ihnen allen, den meisten bereits verewigten, auch nachträglich für ihre Treue. [...]
20 Ich habe Kräfte gebraucht und solche engagiert, ich habe ihnen den geforderten Lohn gezahlt, meistens ihre Stellung verbessert und, nach gesetzlichen Bestimmungen, den Kontrakt verlängert oder sie entlassen. Mancher hat die Fabrik verlassen, um anderswo sich zu ver-
25 bessern, der eine ist gegangen und ein anderer hat die Stelle wieder besetzt, wo ursprünglich drei Mann beschäftigt waren, standen später 15 000. Im Laufe der Zeit haben mehr als 100 000 Mann solchen Wechsel auf meinen Werken durchgemacht. Jeder hat nach seiner
30 Kraft und nach seiner Fähigkeit seinen Lohn erhalten, und anstatt eines jeden konnte in den meisten Fällen auch ein anderer hingestellt werden, denn die Arbeiter haben nicht das Verdienst der Erfindungen und überall finden sich geschickte Arbeiter zum Ersatz. Es kann al-
35 so keine Rede davon sein, dass irgend jemand einen besonderen Anspruch behalte außer solchem, der selbstverständlich ist, der in Steigerung des Lohnes und des Gehaltes besteht und immer Folge größerer Leistung ist. [...] Die Lehre der Sozialisten streitet auch mit dem je-
40 dem Menschen eingeborenen Rechtsgefühl; so wie jedermann sein Eigentum verteidigt, so tue ich dasselbe. – Wenn mein Gedanke mein ist, so ist auch meine Erfahrung mein und die Frucht derselben. – Dasselbe gilt für die Gussstahlfabrik und ihre Produktion. Ich habe
45 die Erfindungen und neuen Produktionen eingeführt, nicht der Arbeiter. Er ist abgefunden mit seinem Lohne, und ob ich darauf gewinne oder verliere, das ist meine eigene Sache. [...]
Ich habe den Mut gehabt, für die Verbesserung der Lage
50 der Arbeiter Wohnungen zu bauen, worin bereits 20 000 Seelen untergebracht sind, ihnen Schulen zu gründen und Einrichtungen zu treffen zur billigen Beschaffung von allem Bedarf. Ich habe mich dadurch in eine Schuldenlast gesetzt, die abgetragen werden muss. Damit dies

geschehen kann, muss jeder seine Schuldigkeit tun in 55 Friede und Eintracht und in Übereinstimmung mit unsern Vorschriften. [...] Genießet, was Euch beschieden ist. Nach getaner Arbeit verbleibt im Kreise der Eurigen, bei den Eltern, bei der Frau und den Kindern und sinnt über Haushalt und Erziehung. Das sei Eure Politik, dabei 60 werdet Ihr frohe Stunden erleben. Aber für die große Landespolitik erspart Euch die Aufregung. Höhere Politik treiben erfordert mehr freie Zeit und Einblicke in die Verhältnisse, als dem Arbeiter verliehen ist. Ihr tut Eure Schuldigkeit, wenn Ihr durch Vertrauenspersonen emp- 65 fohlene Leute erwählt. Ihr erreicht aber sicher nichts als Schaden, wenn Ihr eingreifen wollt in das Ruder der gesetzlichen Ordnung. Das Politisieren in der Kneipe ist nebenbei sehr teuer, dafür kann man im Hause Besseres haben. [...] 70

Zit. nach: Schraepler, E.: Quellen zur Geschichte der sozialen Frage in Deutschland 1800–1870. Göttingen 1955, Bd. II. S. 96 ff.

12 Wettbewerb

Der amerikanische Stahl- und Bergbauunternehmer Andrew Carnegie schrieb 1889:

Das Gesetz des Wettbewerbs [...], selbst wenn es für den Einzelnen manchmal hart sein mag, ist es für die Men- 5 schen insgesamt optimal, denn es garantiert das Überleben des Fähigsten in jedem Wirtschaftsbereich. Deshalb akzeptieren wir als Bedingungen, denen wir uns anpassen müssen, große Ungleichheit in unserem Umfeld und die Konzentration von Unternehmen in Industrie und 10 Handel in den Händen weniger. Dabei erweist sich das Gesetz des Wettbewerbs nicht nur als Segen, sondern sogar als Voraussetzung für den künftigen Fortschritt der Menschheit. [...]
Der Sozialist oder Anarchist, der versucht, die derzeitigen 15 Verhältnisse umzustürzen, greift damit das Fundament an, auf dem die Zivilisation ruht. Diese nahm ihren Anfang an dem Tag, als der fähige, fleißige Arbeiter zu seinem unfähigen und faulen Arbeitskameraden sagte: „Wenn du nicht säst, sollst du nicht ernten." Und der 20 frühe Kommunismus endete damit, dass die Drohnen von den Bienen getrennt wurden. [...] Die Zivilisation überhaupt beruht auf der Heiligkeit des Eigentums – dem Recht des Arbeiters auf seine hundert Dollar auf der Sparkasse und dem legitimen Recht des Millionärs auf seine 25 Millionen. [...] Jene, die vorschlagen, diesen ausgeprägten Individualismus durch den Kommunismus zu ersetzen, erhalten zur Antwort: Die Menschen haben es bereits versucht. Jeglicher Fortschritt seit jener unkultivierten Zeit bis heute entstand durch Veränderung. Die 30 Anhäufung von Reichtum durch jene, die die Fähigkeit und Energie besaßen, ihn zu schaffen, hat den Menschen nur Vorteile gebracht.

A. Carnegie: Die Wahrheit über Reichtum und Geld. Nach den Übersetzungen von A. Gittinger u. a., Zürich 2000, S. 29 ff.

13 Staatssozialismus?

Aus zwei Reden Bismarcks, die er am 15. und 20. März 1884 im Reichstag gehalten hat:

Die Frage von Arbeitszeit und Lohnhöhe ist durch staat-
5 liche Einwirkung, überhaupt durch Gesetze außerordentlich schwierig zu lösen, durch irgendeine Gesetzgebung, die man macht, läuft man Gefahr, in die
persönliche Freiheit, seine Dienste zu verwerten, sehr erheblich und unnütz einzugreifen. Denn wenn man die
10 milchgebende Kuh oder die eierlegende Henne mit einem Male schlachtet, so geht damit die Industrie ein, um
die es sich handelt, weil sie die ihr aufzulegende Last der
kurzen Arbeit für hohe Löhne nicht tragen kann. Dann
leidet darunter der Arbeiter ebenso wie der Unterneh-
15 mer. Das ist also die Grenze, die geboten ist und vor der
jede gesetzliche Einwirkung haltmachen muss. [...]
Für den Arbeiter ist da immer eine Tatsache, dass der Armut und der Armenpflege in einer großen Stadt zu verfallen gleichbedeutend ist mit Elend, und diese Unsi-
20 cherheit macht ihn feindlich und misstrauisch gegen
die Gesellschaft. Das ist menschlich nicht unnatürlich,
und solange der Staat ihm da nicht entgegenkommt
oder solange er zu dem Entgegenkommen des Staats kein
Vertrauen hat, da wird er, wo er es finden mag, immer
25 wieder zu dem sozialistischen Wunderdoktor laufen
und ohne großes Nachdenken sich von ihm Dinge versprechen lassen, die nicht gehalten werden. Deshalb
glaube ich, dass die Unfallversicherung, mit der wir vorgehen, sobald sie namentlich ihre volle Ausdehnung be-
30 kommt auf die gesamte Landwirtschaft, auf die Bauge-
werbe vor allem, auf alle Gewerke, wie wir das erstreben,
doch mildernd auf die Besorgnis und auf die Verstimmung der arbeitenden Klasse wirken wird. [...]
Wenn man mir dagegen sagt, das ist Sozialismus, so
35 scheue ich das gar nicht. Es fragt sich nur, wo liegt die erlaubte Grenze des Staatssozialismus? Ohne eine solche
können wir überhaupt nicht wirtschaften. Jedes Armen-
pflegegesetz ist Sozialismus. [...]

Zit. nach: Meyer, H./Langenbeck, W. (Bearb.): Grundzüge der Geschichte. His-
torisch-politisches Quellenbuch. Frankfturt/Main u. a. 1966, Band II, S. 47 f.

14 „Die Natur hat alles zur Eintracht geordnet"

*Mit der Enzyklika „Rerum Novarum" („Über die neuen Din-
ge") von Papst Leo XIII. antwortete die katholische Kirche
1891 erstmals auf drängende Fragen im Zuge der Industrialisierung:*

Ein Grundfehler in der Behandlung der sozialen Frage ist
sodann auch der, dass man das gegenseitige Verhältnis
zwischen der besitzenden und der unvermögenden, arbeitenden Klasse so darstellt, als ob zwischen ihnen von
Natur ein unversöhnlicher Gegensatz Platz griffe, der sie 10
zum Kampf aufrufe. Ganz das Gegenteil ist wahr. Die Natur hat vielmehr alles zur Eintracht, zu gegenseitiger Harmonie hingeordnet; und so wie im menschlichen Leibe
bei aller Verschiedenheit der Glieder im wechselseitigen
Verhältnis Einklang und Gleichmaß vorhanden ist, so 15
hat auch die Natur gewollt, dass im Körper der Gesellschaft jene beiden Klassen in einträchtiger Beziehung zueinander stehen und ein gewisses Gleichgewicht darstellen. Die eine hat die andere durchaus notwendig. So
wenig das Kapital ohne die Arbeit, so wenig kann die Ar- 20
beit ohne das Kapital bestehen. Eintracht ist überall die
unerlässliche Vorbedingung von Schönheit und Ordnung; ein fortgesetzter Kampf dagegen erzeugt Verwil-
derung und Verwirrung. Zur Beseitigung des Kampfes
aber und selbst zur Ausrottung seiner Ursachen besitzt 25
das Christentum wunderbare und vielgestaltige Kräfte.
[...]
Von diesen Pflichten berühren folgende die arbeitenden
Stände: vollständig und treu die Arbeitsleistung zu verrichten, zu welcher sie sich frei und mit gerechtem Ver- 30
trage verbunden haben. [...] Die Pflichten, die hinwieder
die Besitzenden und Arbeitgeber angehen, sind die nach-
stehenden: Die Arbeiter dürfen nicht wie Sklaven angesehen und behandelt werden; ihre persönliche Würde,
welche geadelt ist durch ihre Würde als Christen, werde 35
stets heilig gehalten; [...] unehrenvoll dagegen und unwürdig ist es, Menschen bloß zu eigenem Gewinne auszubeuten und sie nur so hoch anzuschlagen, als ihre Arbeitskräfte reichen [...].

www.uni-bonn.de/ktf/seminare/cgl/RN.htm, Stand: 17. Oktober. 2001.

Arbeitsvorschläge

a) Wie lassen sich die Zeichnungen (M1) Heinrich Oberländers unter dem Gesichtspunkt von Modernisierungsgewinn und -verlust interpretieren?

b) Prüfen Sie die Argumente der Horster Bürger und wägen Sie das Ausmaß von
Vor- und Nachteilen für die am Konflikt Beteiligten ab (M4).

c) Arbeiten Sie heraus, worin Marx und Engels die Soziale Frage begründet sehen
(M7). Decken Sie auf, worin sich der Lösungsansatz von Marx und Engels von
den anderen zeitgenössischen Vorschlägen zur Lösung der Sozialen Frage
unterscheidet (M8, M9, M11–M14).

d) Beschreiben Sie die Entwicklung der Mitgliederzahlen der Arbeiterorganisationen (M10) und überlegen Sie, welche Rückschlüsse auf die Attraktivität der
angebotenen sozialpolitischen Konzepte möglich sind.

Standpunkte:
Was bringt das 21. Jahrhundert?

2

Politiker und Wissenschaftler verschiedenster Fachrichtungen beschäftigen sich seit längerem damit, wie sich die Entwicklung der Weltwirtschaft im Zeitalter von Globalisierung und sich rasant entwickelnden Informationstechnologien gestalten wird. Viele gehen dabei von einem Rückblick in die Geschichte aus, scheint doch gerade das Zeitalter der Industrialisierung mit seinen revolutionierenden Umbrüchen und Strukturwandlungen heutigen Dimensionen gesamtgesellschaftlicher Veränderungen ähnlich zu sein. Damals stand wie heute die Frage, wie technische und technologische Innovationen das Gefüge menschlichen Zusammenlebens berühren, welche Zukunftschancen für den Einzelnen und die Gesellschaft bestehen und welchen Anforderungen sich die Menschen stellen müssen. Dazu gibt es unterschiedliche Aussagen und Denkansätze, wie die folgenden beiden zeigen.

15 Wie wird die Zukunft aussehen?

Leo A. Nefiodow, geb. 1939 in Kaunas (Litauen), ist einer der angesehensten Vordenker der Informationsgesellschaft. Er war Berater des Bundesministeriums für Forschung und Tech-
5 *nologie und vieler anderer internationaler Organisationen. Seit 1974 arbeitet er als Wissenschaftler bei der Fraunhofer-Gesellschaft in Bonn. Sein Buch „Der sechste Kondratieff" liefert einen richtungsweisenden Beitrag zur frühzeitigen Erkennung des nächsten langen Konjunkturaufschwungs.*
10 *Nefiodow bezieht sich dabei auf die so genannten Kondratieffzyklen, die unten dargestellt sind.*

Kondratieffzyklen waren bis in die 1970er-Jahren in erster Linie ein Thema für die Konjunkturforscher. In der Öffentlichkeit werden Konjunkturen und Rezessionen
15 überwiegend als ein rein ökonomisches Phänomen angesehen. Diese Sicht ist nicht falsch, aber unvollständig. Wirtschaft und Gesellschaft sind aufs Engste miteinander verflochten. Betrachtet man den Kondratieffzyklus in diesem Lichte, dann ist es zu einseitig, ihn nur als ei-
20 ne Konjunkturwelle anzusehen. Man darf den Langzyklus nicht auf seine ökonomische Erscheinungsweise reduzieren, sonst geht das Wesentliche an ihm verloren. Der Kondratieffzyklus ist wesentlich mehr als ein Konjunkturzyklus, er ist ein Reorganisationsprozess der ge-
25 samten Gesellschaft, der mit dem Ziel stattfindet, ein oder mehrere große Bedarfsfelder zu erschließen. [...]
Der Übergang vom vierten zum fünften Kondratieff markierte aber nicht nur einen Wechsel zwischen zwei Langzyklen, er war zugleich ein historischer Wendepunkt in
30 der Entwicklung der westlichen Zivilisation. Kulturgeschichtlich betrachtet, beruhte die Expansionsdynamik des Westens bis in die 1970er-Jahre auf der Fähigkeit, immer neue und immer größere Energiemengen erschließen und verwerten zu können. Während der Früh-
35 formen der Kultur – die Phase des Jägers, Sammlers und der Agrargesellschaft – wurde die Energie des Windes, Feuers, Holzes, Wassers und der Nutztiere erschlossen. In der Industriegesellschaft kam die Energie der Kohle, der Elektrizität, der chemischen Bindungen und zuletzt, im vierten Kondratieff, von Erdöl, Erdgas und Kernspaltung 40 hinzu. Bis in die frühen 1970er-Jahre war der Begriff Energie mit Fortschritt und einem überwiegend positiven Inhalt verbunden. Wirtschaftswachstum und Energieverbrauch verliefen demzufolge direkt proportional zueinander. 45
Dies änderte sich erst auf dem Höhepunkt des vierten Kondratieff. Mit einem massenhaften Ausstoß unterschiedlichster Industriegüter und dem damit einhergehenden riesigen Rohstoff- und Energieverbrauch war ein Zustand erreicht, der die Umwelt zu überfordern drohte. 50 Mit aller Deutlichkeit wurde dies erstmalig in dem berühmten Bericht „On the Limits of Growth" des Club of Rome aus dem Jahre 1972 ausgesprochen. Damit war für die ökonomisch entwickelten Nationen eine ganz neue Situation eingetreten. Wirtschaftswachstum durfte 55 in Zukunft nicht mehr in erster Linie über eine weitere Steigerung des Energieverbrauchs angestrebt werden.
[...] In der Industriegesellschaft kam es primär darauf an, Rohstoffe zu erschließen, Maschinen, Fließbänder, Fabriken, Schornsteine und Straßen zu bauen, Energieflüsse zu 60 optimieren, naturwissenschaftlich-technische Fortschritte zu erzielen und das Angebot an materiellen Gütern zu steigern. Vereinfacht ausgedrückt: Im Mittelpunkt des Strukturwandels der Industriegesellschaft standen Hardware, Materialien und materielle Bedürfnisse. 65
In der Informationsgesellschaft hingegen kommt es in erster Linie auf die Erschließung und Nutzung der verschiedenen Erscheinungsweisen der Information an – also von Daten, Texten, Nachrichten, Bildern, Musik, Wissen, Ideen, Beziehungen, Strategien. 70
Die Industriewirtschaft orientierte sich an einem möglichst optimalen Material- und Energiefluss. Ein Stahlwerk beispielsweise wurde vorzugsweise in der Nähe von Kohlevorkommen errichtet (um die Transportwege kurz

75 zu halten), eine chemische Fabrik wurde möglichst in der Nähe eines Flusses gebaut (um kostengünstig entsorgen zu können). In der Informationswirtschaft spielen diese Kriterien keine Rolle. Informationsbetriebe orientieren sich nicht nach Rohstoffvorkommen oder Entsorgungs-
80 wegen, sondern suchen die Nähe ihrer Kunden, und zwar weltweit, um möglichst enge Informationsbeziehungen unterhalten zu können.
Entscheidend für den wirtschaftlichen und gesellschaftlichen Fortschritt ist damit der produktive und kreative
85 Umgang mit Information geworden. Auf Eigenschaften wie Lernbereitschaft, Denken in Systemen, Kommunikations- und Beziehungsfähigkeit kommt es jetzt in erster Linie an. Zusätzlich zur materiellen Nachfrage treten geistige, psychische und ökologische Bedürfnisse nach
90 vorne. Da der Mensch der wichtigste Erzeuger, Träger, Vermittler, Benutzer und Konsument von Informationen ist, rücken seine informationellen Bedürfnisse in den Mittelpunkt des Strukturwandels. […]
Am Ende des fünften Kondratieff arbeiten mehr als 80
95 Prozent der Menschen vorwiegend mit Menschen zusammen, ihre Beziehungen sind für die neuen Anforderungen nicht produktiv genug. Für die Fortsetzung des Wachstumsprozesses wird die unzureichende Produktivität der zwischenmenschlichen Informationsflüsse zum
100 Hauptproblem. Auch die ökologischen Schäden, die der Industrialisierungsprozess der letzten 250 Jahren hinterlassen hat und immer noch verursacht, behindern zunehmend das weitere Wachstum der Wirtschaft.
Von den fünf Kandidaten [Informationsmarkt, Umwelt-
105 markt, Biotechnologie, Optische Technologie, Gesundheit, M.T.], die den sechsten Kondratieff auslösen und tragen werden, dürfte der psychosozialen Gesundheit aus zwei Gründen die größte Bedeutung zukommen:
1. In der Informationsgesellschaft kommt es auf die pro-
110 duktive Nutzung von Informationen an. Für die Weiter-

entwicklung von Wirtschaft und Gesellschaft fehlt es vor allem an psychosozialer Gesundheit. Die größte Wachstumsbarriere am Ende des fünften Kondratieff sind die hohen Kosten der sozialen Entropie [hier: zunehmende 115 Kälte] – Angst, Mobbing, Aggressionen, Frust, Drogen, Kriminalität – also seelische und soziale Störungen und Erkrankungen und ihre Folgen. Das Volumen, das durch psychosoziale Informationen und Innovationen mobilisiert werden kann, ist um ein Mehrfaches größer als das 120 der anderen Kandidaten. Die Basisinnovation, um die sich der Strukturwandel in der ersten Hälfte des 21. Jahrhunderts zunehmend drehen wird, ist die Verbesserung der psychosozialen Gesundheit. Dieser neue Markt wird sich zunächst nicht innerhalb des herkömmlichen Ge- 125 sundheitsbetriebes entfalten. Das etablierte Gesundheitswesen ist bio-chemo-technisch orientiert, mit vielen internen Problemen belastet (völlig unzureichende Prävention und Aufklärung, innovationshemmende Partikularinteressen, standardisierter Massenbetrieb) und 130 auf die Erschließung psychosozialer Gesundheit wenig vorbereitet. Auch die öffentliche und private Forschung hat praktisch noch gar nicht auf dieses neue Gesundheitsfeld reagiert, ihre Schwerpunkte sind immer noch naturwissenschaftlich und technisch ausgerichtet (Herz- 135 und Kreislauferkrankungen, Rheuma, Krebs, Aids). Es wundert daher nicht, dass Unternehmensberatungen, private Seminarveranstalter und die Personal- und Gesundheitsabteilungen der Privatwirtschaft derzeit noch zu den aktivsten Förderern gehören. Auf mittlere Sicht 140 wird es aber nach und nach zu einer Verschmelzung beider Sektoren kommen müssen.
2. Fortschritte im psychosozialen Bereich sind eine unverzichtbare Voraussetzung zur Durchsetzung der für den sechsten Kondratieff notwendigen sozialen Innovationen. 145

L. A. Nefiodow: Der sechste Kondratieff. Wege zur Produktivität und Vollbeschäftigung im Zeitalter der Information. 4. überarb. Aufl., St. Augustin 2000, S. 2ff.

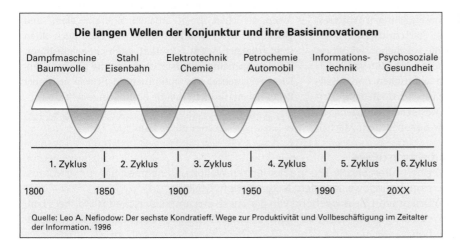

Die langen Wellen der Konjunktur und ihre Basisinnovationen

| Dampfmaschine Baumwolle | Stahl Eisenbahn | Elektrotechnik Chemie | Petrochemie Automobil | Informationstechnik | Psychosoziale Gesundheit |

| 1. Zyklus | 2. Zyklus | 3. Zyklus | 4. Zyklus | 5. Zyklus | 6. Zyklus |

| 1800 | 1850 | 1900 | 1950 | 1990 | 20XX |

Quelle: Leo A. Nefiodow: Der sechste Kondratieff. Wege zur Produktivität und Vollbeschäftigung im Zeitalter der Information. 1996

16 Kondratieffzyklen
Der russische Wissenschaftler Nikolai Kondratieff (1892–1938) behauptete 1926, dass in der wirtschaftlichen Entwicklung Westeuropas und der USA neben kurzen und mittleren auch lange Phasen von Prosperität und Rezession auftreten. Ihm zu Ehren werden diese langen Wellen Kondratieffzyklen genannt.

2

17 Wo geht die Reise hin?

David S. Landes, geb. 1924 in New York, lehrte bis zu seiner Emeritierung an der Harvard Universität. Er ist einer der führenden westlichen Wirtschaftshistoriker. Sein Buch „Wohl-
5 *stand und Armut der Nationen" von 1998 ist die Summe seines Forscherlebens. Es befasst sich mit der Frage, wer die Welt in das 21. Jahrhundert führen wird. Landes Antwort löste eine Debatte aus, die weit über die Grenzen des Faches Geschichte hinausgeht. Im Schlusskapitel des Buches heißt es*
10 *unter anderem:*

Die tausendjährige Bilanz scheint ziemlich simpel. Aus einer Welt der großen und kleinen Herrschaftsgebiete und Königreiche, die sich in Wohlstand und Macht etwa gleich waren, ist eine Welt der Nationalstaaten geworden,
15 von denen einige weitaus reicher und mächtiger sind als andere. Aus mehreren hundert Millionen Menschen sind 6 Milliarden geworden. Von der Arbeit mit einfachen, aber einfallsreichen Werkzeugen und Techniken haben wir uns zu Herren über große Maschinen und unsichtba-
20 re Kräfte gemausert. Magie und Aberglauben einmal beiseite gelassen, sind wir von der Bastelei und intelligenten Beobachtung zu einem riesigen und wachsenden Apparat wissenschaftlicher Erkenntnis fortgeschritten, der eine unablässige Flut nützlicher Anwendungen erzeugt.
25 Das meiste dient dem Wohl des Menschen, auch wenn intellektuelle und materielle Macht oft zu üblen und destruktiven Zwecken missbraucht werden. Oder einfach nur gebraucht werden, mit unbeabsichtigten, aber missliebigen Folgen. Wir leiden unter dem Ungleichgewicht
30 zwischen unserer Natur- und unserer Menschenkenntnis, zwischen dem Wissen über die Außenwelt und der Unwissenheit über uns selbst. Noch immer würden manche Menschen lieber zu früheren Zeiten zurückkehren. Wer sich von der reichen Welt des Materiellen lossagt, um spi-
35 rituelle Erneuerung in der Natur zu finden, kann seine Uhr wohl entbehren. Bücher, Brille und (industriell gefertigte) Kleidung aber nimmt er mit, manchmal sogar einen CD-Player, und in der Regel weiß er, wie er im Fall der Fälle medizinische Hilfe bekommt. [...]
40 Die treibende Kraft des über tausendjährigen Prozesses, den die meisten Menschen als Fortschrittsprozess verstehen, war bis vor kurzem die westliche Zivilisation mit ihren Errungenschaften: dem Erkenntnisstand, den technischen Fertigkeiten, den politischen und gesell-
45 schaftlichen Ideologien, gleich welcher Couleur. Ihr Einfluss beruht zum Teil auf der westlichen Vormachtstellung (denn Wissen und Know-how bedeuten Macht),

zum Teil auf der europäischen Kultur und zum Teil auf dem Ehrgeiz der Nacheifernden. Doch der Einfluss war nicht immer und überall gleich stark. Über weite 50 Strecken wird das westliche Vorbild auch als aggressiv empfunden und abgelehnt.
Schon die bloße Darstellung der westlichen Fortschrittsgeschichte ist heute in den Augen vieler ein aggressiver Akt. In einer Welt der relativen Werte und der morali- 55 schen Gleichheit gilt allein die Vorstellung einer westlich orientierten (eurozentrischen) globalen Geschichte als arrogant und repressiv. Beabsichtigt sei, wie es heißt, „die Herrschaft des Westens über den Osten durch den Hinweis auf europäische Überlegenheit zu rechtfertigen". 60 Was wir stattdessen brauchten, sei eine multikulturelle, globalistische, egalitäre Geschichte, die über alle etwas (am besten etwas Gutes) zu berichten weiß. [...] Diese Stoßrichtung des antieurozentrischen Denkens ist schlicht antiintellektuell und widerspricht außerdem den 65 Tatsachen. [...] Die technologische Überlegenheit des Westens ist Tatsache. Die Gründe dafür sollten wir kennen, wir alle, denn sie helfen uns, die Gegenwart zu verstehen und etwas über die Zukunft herauszufinden. [...] Und wie steht es nun um die armen Länder selbst? Die 70 Geschichte lehrt uns, dass die besten Heilmittel gegen die Armut aus dem betroffenen Land selbst kommen. Auswärtige Unterstützung kann helfen, aber wie plötzlicher Geldsegen auch verletzen. Sie kann entmutigen und ein lähmendes Gefühl der Unfähigkeit erzeugen. [...] Nein, 75 was zählt, sind Arbeit, Sparsamkeit, Redlichkeit, Geduld, Beharrlichkeit. Für Menschen, die unter Armut und Hunger leiden, erregt eine solche Empfehlung vielleicht den Verdacht selbstsüchtiger Gleichgültigkeit. Am Ende aber ist keine Ermächtigung so effektiv wie die Selbstermäch- 80 tigung. Zu viele von uns arbeiten, um zu leben, und leben, um glücklich zu sein. Daran ist nichts auszusetzen. Nur fördert es nicht unbedingt eine hohe Produktivität. Wenn man allerdings eine hohe Produktivität will, dann sollte man leben, um zu arbeiten, und das Glück als ei- 85 nen Nebeneffekt nehmen. Das ist nicht leicht. Menschen, die leben, um zu arbeiten, sind eine kleine und glückliche Elite. Eine Elite indes, die Neulingen offen steht, die sich selbst rekrutiert, Menschen aufnimmt, die eines gemeinsam haben: die Betonung des Positiven. 90 Diese Welt gehört den Optimisten, nicht weil sie immer Recht haben, sondern weil sie positiv eingestellt sind.

D. Landes: Wohlstand und Armut der Nationen. Warum die einen reich und die anderen arm sind. Berlin 1999, S. 514 ff.

Arbeitsvorschläge

a) Überprüfen Sie die Theorie der langen Wellen und nehmen Sie zu der Voraussage Nefiodows über den „6. Kondratieff" Stellung.
b) Diskutieren Sie ausgehend von der These des amerikanischen Historikers Landes die „Fortschrittsgeschichte" der wirtschaftlichen Entwicklung der Menschheit.

Die Zeit der Industrialisierung

1711	Thomas Newcomen baut die erste atmosphärische Dampfmaschine.
1733	J. Kay erfindet den Schnellschützen für Webstühle. 10 Spinner sind nun nötig, um einen Weber einen Tag lang zu beschäftigen.
1764–67	Der Weber James Hargreaves entwickelt die „Spinning Jenny".
1766	Das Puddleverfahren zur Gewinnung von Schmiedeeisen wird in England patentiert. 1780 wird es in der englischen Eisenindustrie eingeführt.
1769	James Watt meldet sein erstes Dampfmaschinenpatent an.
1782–84	James Watt entwickelt die doppelt wirkende Niederdruckdampfmaschine, die die Kolbenbewegung in eine drehende Bewegung umsetzt.
1786	Der englische Geistliche Edmund Cartwright entwickelt den mechanischen Webstuhl.
1815	Friedrich Krupp entwickelt in Essen die Herstellung von Gussstahl.
1819	Der Raddampfer „Savannah" überquert den Atlantik in 26 Tagen.
1825	Die erste Eisenbahn für Personenverkehr fährt von Stockton nach Darlington.
1833	Carl Fredrich Gauss und Wilhelm Weber bauen die erste elektromagnetische Telegrafenanlage.
1835	Zwischen Nürnberg und Fürth wird die erste deutsche Eisenbahnlinie eröffnet.
1840	Justus v. Liebig schreibt über die Anwendung der Chemie in der Landwirtschaft.
nach 1855	Die Stahlerzeugung wird durch das Bessemer-Verfahren (1855) und das Thomas-Verfahren (1879) entscheidend weiterentwickelt.
1856	Die Teerfarbenindustrie beginnt mit der Herstellung von Anilinviolett.
1861	Philipp Reis entwickelt einen Fernsprecher.
1866	Werner Siemens konstruiert seine Dynamomaschine.
1882	Thomas A. Edison baut in New York das erste elektrische Kraftwerk der Welt.
1883	Gottlieb Daimler und Wilhelm Maybach bauen ihren Benzinmotor.
1893	Rudolf Diesel entwickelt den Dieselmotor.
1895	Carl Benz baut das erste Auto mit einem 4-Takt-Motor.
1903	Die amerikanischen Gebrüder Wright führen ihren ersten Motorflug durch.
1913	Henry Ford setzt das Fließband zur Massenproduktion von Autos ein.

3. 1848 – Brüderlichkeit europäischer Nationalbewegungen?

3.1 Europa zwischen Restauration und Revolution 1815–1847

Die europäische Friedensordnung von 1815

Mit dem Siegeszug Napoleons durch Europa hatten sich die revolutionären Ideen der Französischen Revolution auf dem gesamten Kontinent verbreitet. Für das europäische Bürgertum waren sie in ihrem Streben nach Freiheit und Einheit zum Vorbild geworden, für die Kräfte der alten Ordnung zur Bedrohung. Nach der Niederschlagung Napoleons setzten die siegreichen Monarchen alles daran, die von den Franzosen vorgenommenen Veränderungen wieder rückgängig zu machen. Diese Bestrebungen bildeten den Hintergrund für den Wiener Kongress, auf dem die europäischen Machthaber 1814/15 zusammentraten. In Wien wurde feierlich die »Heilige Allianz« der europäischen christlichen Monarchien und das Ende der Revolution verkündet. Besonders der österreichische Staatskanzler Clemens Fürst Metternich sorgte dafür, dass die Wiener Friedensordnung zu einer Kampfansage an alle freiheitlichen und nationalen Bewegungen wurde.

Territoriale Neuordnung

Den Gang der Verhandlungen bestimmten die fünf europäischen Großmächte Russland, Österreich, Preußen, Großbritannien und Frankreich. Sie wollten in Europa ein Gleichgewicht der Großmächte schaffen, um dauerhaft für Stabilität und Frieden zu sorgen. Bei den beschlossenen territorialen Veränderungen fielen zwei Tendenzen ins Auge: Österreich gab seine Besitzungen am Ober- und Niederrhein auf, erhielt aber die Lombardei und Venezien in Oberitalien; es zog sich also aus dem engeren deutschen Raum zurück und verlagerte seinen Schwerpunkt nach (Süd-)Osten. Preußen hingegen musste in Osteuropa der russischen Großmachtstellung Rechnung tragen, gewann aber im Westen mit Westfalen und dem nördlichen Rheinland neues Territorium hinzu. Das Hohenzollernreich bestand nunmehr aus zwei voneinander getrennten Gebieten: Es erstreckte sich vom Memelgebiet im äußersten Nordosten bis nach Saarbrücken im Westen – ein Faktum, das in späteren Zeiten Wünsche nach nationaler Einheit unter der Führung Preußens befördern sollte. Doch das war Zukunftsmusik – in Wien standen nationale Wünsche hintenan.

Der Deutsche Bund

Der Wiener Kongress war von vornherein darauf angelegt, die nationale Bewegung im Keim zu ersticken. Folglich hatte auch niemand daran Interesse, einen deutschen Nationalstaat zu schaffen. Man beließ es bei der Souveränität der deutschen Einzelstaaten, die das Prinzip der »legitimen« Ordnung unterstützten und so den Fortbestand der fürstlichen Autorität und der Monarchie sicherten. Dennoch schien es zu gewagt, das Streben nach Einheit vollständig zu ignorieren. Daher wurden die deutschen Einzelstaaten in einem losen Staatenbund – dem Deutschen Bund – zusammengeschlossen. An der Spitze stand der Bundestag in Frankfurt unter österreichischem Vorsitz, zu dem die rund 40 Mitgliedsstaaten ihre Vertreter entsandten. In jedem Mitgliedsstaat galten eigene Gesetze; eine einheitliche Außen- oder Wirtschaftspolitik wurde nicht verfolgt. Die beiden Großmächte Österreich und Preußen gaben den Ton an. Der Deutsche Bund sollte Stabilität, Gleichgewicht und Frieden garantieren und durch die Vielstimmigkeit der Einzelinteressen verhindern, dass in der Mitte Europas ein expansives Deutschland entstünde. In der Tat bescherte er Europa eine nie da gewesene Friedenszeit. Doch dieser Stabilität standen Kosten entgegen: Das »System Metternich« unterdrückte die freiheitlichen und nationalen Bewegungen brutal.

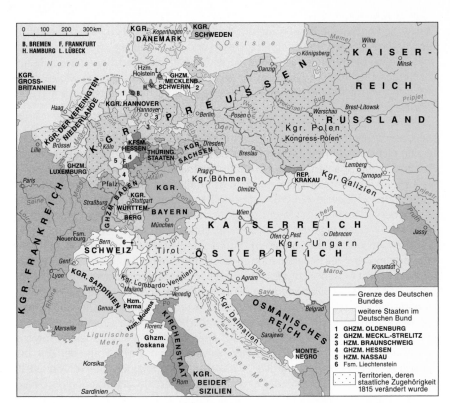

1 Europa nach dem Wiener Kongress
Die in Wien beschlossene Neuordnung Europas hatte etwa für ein halbes Jahrhundert Bestand. Wichtigstes Ergebnis war, dass eine Anzahl neuer Staaten entstand und eine Reihe von Napoleon zerstörter Staaten wieder restauriert wurde.

3

Verfassungsentwicklung

Gleichwohl konnten die Monarchen die Uhren nicht vollständig zurückdrehen. Einige Errungenschaften der Französischen Revolution – Sicherheit des Eigentums, religiöse Toleranz oder das Auswanderungsrecht – mussten sie als Zugeständnis an das Bürgertum in die Bundesakte übernehmen. Ferner stellte der Deutsche Bund für alle Einzelstaaten »landständische Verfassungen« in Aussicht. In süddeutschen Bundesstaaten wie Baden oder Württemberg, die vom revolutionären Nachbarland Frankreich geprägt waren, traten bereits 1818/19 erste moderne repräsentative Verfassungen mit erweiterten Grundrechten in Kraft. Doch diese Entwicklung wurde von Preußen und Österreich nicht mitgetragen: Preußen beließ es bei der Ankündigung einer Verfassung, während Metternich überall in seinem europäischen Einflussbereich versuchte den Parlamentarismus wieder zurückzudrängen. In der Wiener Schlussakte von 1820 wurden denn auch alle Bundesmitglieder zur Einhaltung des »monarchischen Prinzips« verpflichtet. Damit waren den süddeutschen Verfassungsentwicklungen die Grenzen aufgezeigt.

Restauration

Die national gesinnten Kräfte in Deutschland waren von den Ergebnissen des Wiener Kongresses enttäuscht. Allerdings konnten auch sie kein Konzept für eine nationale Staatsbildung vorlegen. So blieb es zunächst bei einzelnen Protestaktionen. Auf dem Wartburgfest am 18. Oktober 1817 – einer doppelten Gedenkfeier zum Jubiläum der Reformation und des Sieges über Napoleon in der Völkerschlacht bei Leipzig – verbrannten Studenten »undeutsche« Bücher. Das Fest wurde zum Gründungsimpuls für die Allgemeine Deutsche Burschenschaft. Diese studentische Verbindung strukturierte sich erstmals nicht landsmannschaftlich, sondern verstand sich national. Im März 1819 ermordete der Burschenschaftler Carl Ludwig Sand den Schriftsteller August von Kotzebue – das politische Attentat wirkte auf die Machthaber wie ein Schock.

3

Metternich nutzte die Empörung, um den Deutschen Bund zu einem verschärften Vorgehen gegen Universitäten, Presse und Parlamente zu bewegen. Wenig später legte Metternich der Bundesversammlung die »Karlsbader Beschlüsse« zur Verabschiedung vor: Von nun an wurden freiheitlich gesinnte Professoren entlassen, vermeintliche »Demagogen« verfolgt, Burschenschaften verboten und Schriften zensiert.

Nationale Bewegungen in Europa

Die Unterdrückung der nationalen Interessen auf dem Wiener Kongress hatte sich nicht auf den deutschen Raum beschränkt. Lediglich in Großbritannien, Frankreich und Spanien existierten Nationalstaaten. Nationale Bestrebungen in Neapel und Piemont-Sardinien sowie in den italienischen Besitzungen der Habsburgermonarchie waren in Wien abgewehrt worden – für Metternich handelte es sich bei Italien nur um einen »geografischen Begriff«. Polens Ruf nach einem Nationalstaat war ungehört geblieben – es befand sich seit seiner vierten Teilung von 1815 unter russischer, preußischer und österreichischer Herrschaft. Mit dem Vereinigten Königreich der Niederlande existierte ein künstliches Gebilde, das belgischen Interessen nicht gerecht wurde. In Südosteuropa strebten die slawischen Völker nach Unabhängigkeit. Griechenland kämpfte seit 1821 gegen die osmanische Herrschaft – sein Freiheitskampf wurde von Liberalen in ganz Europa mit Begeisterung verfolgt. Seine Unabhängigkeit erlangte Griechenland aber erst durch das Londoner Protokoll 1830. Zwar konnten die nationalen Proteste in Europa mühsam unterdrückt werden, es war aber nur eine Frage der Zeit, bis sie wieder hervorbrechen würden. Als in Frankreich mit der Julirevolution 1830 die nach Napoleons Sturz wieder eingeführte Monarchie gestürzt und durch ein Bürgerkönigtum ersetzt wurde, war der Zeitpunkt gekommen – die Konflikte flammten wieder auf.

Nationale Konflikte um 1830

Ermutigt durch die französischen Verhältnisse, opponierte Belgien erfolgreich gegen die niederländische Fremdherrschaft, die ihm im Wiener Kongress aufgezwungen worden war. Es entstand ein liberales Königreich Belgien mit konstitutioneller Verfassung. Einen ganz anderen Ausgang nahmen die nationalen Aufstände im November 1830 in Polen: Der polnischen Revolutionsarmee gelang es zwar zunächst, die russischen Truppen aus den zaristisch verwalteten Gebieten Polens zu vertreiben; im Januar 1831 rief das Parlament die Wiedererstehung des polnischen Staates aus. Doch am Ende konnte Russland mit preußischer und österreichischer Unterstützung die polnischen Truppen besiegen. Jetzt wurden sogar die wenigen Autonomierechte aufgehoben, die Polen 1815 verblieben waren. Mit einer Niederlage endeten ebenfalls die Aufstände der Freiheits- und Nationalbewegung in Italien.

Im Gefolge der Julirevolution kam es auch in einigen deutschen Staaten zu politischen und sozialen Aufständen. In Braunschweig und Sachsen mussten die Machthaber abdanken, in Kurhessen und Hannover wechselten die Regierungen. Immerhin bewirkten die Unruhen, dass immer mehr Staaten konstitutionelle Verfassungen beschlossen – die herrschende Ordnung konnten sie nicht erschüttern. Nach der Julirevolution zeichnete sich in Europa eine Zweiteilung ab: im Westen die freiheitlichen Staaten England und Frankreich, im Osten die Mächte der alten Ordnung: Preußen, Österreich und Russland.

Deutschland im Vormärz

Trotz der massiven Unterdrückung erlebte die Freiheitsbewegung in den 1830er-Jahren einen neuen Aufbruch. Ihre Ideen verbreiteten sich in Kunst und Literatur, etwa durch Bücher von Schriftstellern des »Jungen Deutschland«. Zu dieser Gruppe gehörte beispielsweise der Dichter des Deutschlandliedes, August Heinrich Hoffmann von Fallersleben. Feste und Feiern etablierten sich als neue

Protestform. Auf dem Hambacher Fest demonstrierten 1832 tausende unter der schwarz-rot-goldenen Flagge der Burschenschaften für gesetzliche Freiheit und deutsche Nationalwürde. Die Hauptredner wurden wegen Hochverrats angeklagt, Metternich sah sich zu einer Verschärfung der Unterdrückungspolitik durch den Deutschen Bund veranlasst. Die Universitäten wurden zum Zentrum oppositionellen Denkens. Darüber hinaus sammelten sich liberale, demokratische und nationale Ideen in den Parlamenten der Einzelstaaten, die bereits Verfassungen eingeführt hatten.

2   **Die gefangenen Griechen von Mamelucken* bewacht«.**
Ölgemälde (185,5 cm x 248 cm) von Adolf Friedrich Teichs, 1836.
Die Erinnerung an das antike Griechenland begeisterte die Gebildeten Europas für den griechischen Freiheitskampf gegen die osmanische Herrschaft, an dem sich Freiwillige aus vielen christlichen Ländern Europas beteiligten. Zwar erlangten die Griechen 1829 ihre Autonomie, mussten sich aber 1832 unter dem Druck Großbritanniens, Frankreichs und Russlands mit der Errichtung einer absoluten Monarchie abfinden.
* (Mameluck = Söldner islamischer Herrscher)

Arbeitsvorschläge
Informieren Sie Ihre Mitschülerinnen und Mitschüler in Form eines Kurzreferats über die »Karlsbader Beschlüsse«.

3 Metternichs politische Ordnungsvorstellungen

a) Aus einer Instruktion Metternichs für einen österreichischen Gesandten (1826):

Das erste Ziel der Bemühungen unserer Regierung und
5 aller seit der Wiederherstellung der Unabhängigkeit Europas mit ihr verbündeten Regierungen ist die Aufrechterhaltung der gesetzlichen Ordnung, die das glückliche Ergebnis dieser Wiederherstellung ist; eines Zustandes der Ruhe, der allen die Früchte eines so teuer erkauften
10 Friedens sichert. [...] Seit einigen Jahren sehen wir zu unserer Genugtuung, wie mehrere der Regierenden, die am spätesten die Notwendigkeit der zur Erreichung dieses Zieles geeigneten Maßnahmen einsahen, sich endlich zu der Überzeugung durchrangen, dass die Unterdrückung
15 des noch bestehenden Übels die erste und unerlässliche Vorbedingung dafür ist. Dieses Übel, man kann es nicht verhehlen, hat gerade seit der allgemeinen Befriedung erschreckende Fortschritte gemacht. Es ist allumfassend in seiner unheilvollen Betätigung, es äußert sich in allen möglichen
20 Formen, in fast allen Ländern. Da es in seiner destruktiven Betätigung allumfassend ist, kann es nur durch einen allumfassenden Widerstand bekämpft und besiegt werden. Dieses Übel ist der revolutionäre Geist, geboren aus jener ordnungswidrigen Unruhe, welche die Um-
25 wälzungen der Epoche der heutigen Generation aufgeprägt haben, gespeist durch begehrliche Leidenschaften und tiefe Entsittlichung der einen, begrüßt durch den Fanatismus der anderen.

Zit. nach: W. Näf (Hrsg.), Europapolitik zu Beginn des 19. Jahrhunderts, Bern 1953, S. 47.

b) Aus Metternichs »Politischem Testament« (1849–1855):

Eine Erwägung, welche der liberale Geist gewöhnlich außer Acht lässt und die in ihren Folgen dennoch zu den gewichtigsten gehört, ist die des Unterschiedes, welcher
5 sich praktisch in Staaten wie im Leben der Individuen zwischen Vorschreiten der Dinge in gemessenem Gange und in Sprüngen ergibt. Im Ersteren entwickeln sich die Bedingungen in einer logischen, naturgerechten Konsequenz, während Letztere den Zusammenhang unter
10 diesen Bedingungen zerreißen. Alles in der Natur verfolgt den Weg der Entwicklung, des Aneinanderreihens der Sachen; bei solchem Gange allein ist das Ausscheiden der schlechten Stoffe und die Ausbildung der guten denkbar. Sprungweise Übergänge bedingen stets neue Schöpfun-
15 gen, und schaffen können die Menschen nichts.

Fürst Richard von Metternich-Winneburg (Hrsg.), Aus Metternichs nachgelassenen Papieren, Bd. 7, Wien 1888 ff., S. 634 ff. Zit. nach: Geschichte in Quellen, Bd. 5: Das bürgerliche Zeitalter 1815–1914, bearb. v. Günter Schönbrunn, München 1980, S. 71 f.

4 Liberale und radikale Vorstellungen

a) Bedrohtes Licht der Wahrheit.
Lithografie, 1845.

b) Der liberale Württemberger Politiker und Schriftsteller Paul Pfizer, 1831:

Welcher Grad von Freiheit und von Gleichheit [...] möglich sei, ist nach der Verschiedenheit des Nationalcharakters, der Kulturperiode und der übrigen Momente des
5 Volkslebens sehr verschieden. Dieselben Institutionen, welche bei einem gebildeten Volke die Schutzwehr aller Freiheit und die Lebensbedingungen des Fortschritts sind, Pressefreiheit, Volksvertretung, Schwurgerichte, Nationalbewaffnung, können bei einem ungebildeten,
10 noch auf der Kindheitsstufe der Entwickelung stehenden Volke eine Quelle der Zerrüttung und Gesetzlosigkeit, ein Werkzeug der Gewalt und Unterdrückung werden, und von der bloß privatrechtlichen Freiheit und der rein passiven Gleichheit eines von jeder Teilnahme an der
15 Staatsgewalt ausgeschlossenen Volks bis zur demokratischen Selbstregierung liegt eine weite Stufenreihe liberaler Institutionen in der Mitte, von denen der vernünftige Liberalismus keine weder unbedingt verwerfen, noch für die absolut heilbringende erklären wird. [...] Dass
20 unter dem gleichen Rechte und der gleichen Freiheit al-

3

ler, welche der Liberalismus fordert, nicht die äußerliche Gleichheit von Besitz und Macht gemeint sein könne, indem Rechtsgleichheit himmelweit verschieden ist von
25 materieller Gleichheit des Besitzes, und die bleibende Durchführung der letztern ohne einen die Freiheit des Verkehrs, des Eigentums und der Verträge vernichtenden Despotismus gar nicht denkbar wäre, – dies wird [...] allmählich von den Gegnern des Liberalismus ebenso gut
30 als von den Liberalen selbst eingesehen.

Zit. nach: G. Küntzel (Hrsg.), Paul Achatius Pfizer. Politische Aufsätze und Briefe, Stuttgart 1924, S. 2 f.

c) Der Publizist und Politiker Philipp Jakob Siebenpfeiffer, Initiator und Hauptredner des Hambacher Festes, in einer gerichtlichen Verteidigungsrede, 1834:
Ich halte die Repräsentativ-Republik für die einzige
5 Staatsform, die einem größeren Volk, das seine Würde fühlt, geziemt, für die alleinige, die heute möglich. [...] Wir wollen nicht geistige Knechtschaft, wir wollen Freiheit des Denkens, Freiheit des Handelns für alle. Welche Staatsform, welches Gesetz jeweils einem Volke fromme, das bestimme das Volk selbst. Wollte das spanische
10 von Mönchen regiert sein, wer hat ein Recht es zu hindern? Will der Türke nichts von europäischer Zivilisation wissen, warum quält ihn der Sultan damit? Will Italien freie Institutionen, warum fesselt Österreich die

dortigen Regierungen? [...] Die monarchischen Gewalt- 15 haber behaupten ihre Systeme mit Kanonen; Marat und Robespierre wollten Republikaner mit der Guillotine machen; sind die einen im Unrecht, warum nicht die andern? So weit ist man jetzt einig in der denkenden Welt, dass der Mensch religiöse Gewissensfreiheit als 20 ein Recht anspricht; warum wollt ihr nicht die politische Gewissensfreiheit anerkennen? Nationen sind wie Individuen: Jede nach ihrer Weise bilde sich durch freie lichtvolle Verständigung ihren politischen Glauben, denke sich ihre politische Gottheit, weih' ihre Altäre! 25 Dies ist's, was ich Volkshoheit nenne. Ich will nicht, dass ein einzelner Mensch, sei's ein Napoleon oder [...] Joseph II., die Geschichte von Millionen nach seinen Einfällen bestimme; ich will, dass auch nicht irgendein Teil der Staatsglieder, seien's die Konservativen Eng- 30 lands oder die Pariser Sansculotten, herrschen; ich will, dass keine Partei die andere, nicht die Minderzahl die Mehrzahl, nicht einmal die Mehrheit die Minderzahl unterdrücke; ich will, dass die Gesamtheit herrsche, d. h. Geist und Gang der Regierung regle. [...] Der herr- 35 schende Gesamtwillen, der freie Ausdruck aller Volksinteressen – dies ist meine Republik.

F. Federici (Hrsg.), Der deutsche Liberalismus, Zürich 1946, S. 142 ff. Zit. nach: Geschichte in Quellen, Bd. 5: Das bürgerliche Zeitalter 1815–1914, bearb. von G. Schönbrunn, München 1980, S. 850 f.

5 Protest der Göttinger Sieben
Als 1837 König Ernst-August von Hannover die erst vier Jahre zuvor gewährte liberalere Verfassung wieder durch ein Patent aufhebt, verweigern sieben Göttinger Professoren die Teilnahme an der neuen Ständeversammlung, da sie das Patent als Verfassungsbruch ansehen.
Die sieben Professoren wurden daraufhin entlassen, drei des Landes verwiesen. In Windeseile wurden sie aber zum Symbol der bürgerlich-liberalen Freiheitsbewegung. Zu den „Göttinger Sieben" zählten: der Orientalist Heinrich Ewald, die Historiker Friedrich Christoph Dahlmann und Georg Gottfried Gervinius, die Gebrüder Jakob und Wilhelm Grimm, der Experimentalphysiker Wilhelm Eduard Weber sowie der Staats- und Kirchenrechtler Wilhelm Eduard Albrecht. Lithographie von Friedrich Eduard Ritmüller (1805–1868).

3

6 **Zug zum Schloss**
Hambach am 27. Mai 1832

7 **Einiges, freies Deutschland**

Rede Philipp Jakob Siebenpfeiffers, 27. Mai 1832:

Und es wird kommen der Tag, [...] wo der Deutsche vom Alpengebirg und der Nordsee, vom Rhein, der Donau und
5 der Elbe den Bruder im Bruder umarmt, wo die Zollstöcke und die Schlagbäume, wo alle Hoheitszeichen der Trennung und Hemmung und Bedrückung verschwinden, samt den Konstitutiönchen, die man etlichen mürrichen Kindern der großen Familien als Spielzeug verlieh: wo freie
10 Straßen und freie Ströme den freien Umschwung aller Nationalkräfte und Säfte bezeugen; wo die Fürsten die bunten Hermeline feudalistischer Gottstatthalterschaft mit der männlichen Toga deutscher Nationalwürde vertauschen und der Beamte, der Krieger statt mit der Bedientenjacke
15 des Herrn und Meisters mit der Volksbinde sich schmückt; wo nicht 34 Städte und Städtlein, von 34 Höfen das Almosen empfangend, um den Preis hündischer Unterwerfung, sondern wo alle Städte, frei emporblühend aus eigenem Saft, um den Preis patriotischer Tat ringen; wo jeder
20 Stamm, im Innern frei und selbstständig, zu bürgerlicher Freiheit sich entwickelt und ein starkes, selbst gewobenes Bruderband alle umschließt zu politischer Einheit und Kraft [...] Ja, er wird kommen, der Tag, wo ein gemeinsames deutsches Vaterland sich erhebt, das alle Söhne als Bürger
25 begrüßt und alle Bürger mit gleicher Liebe, mit gleichem Schutz umfasst. [...] Es lebe das freie, das einige Deutschland! Hoch leben die Polen, der Deutschen Verbündete! Hoch leben die Franken, der Deutschen Brüder, die unsere Nationalität und Selbstständigkeit achten! Hoch lebe jedes
30 Volk, das seine Ketten bricht und mit uns den Bund der Freiheit schwört!

Zit. nach: Was ist des Deutschen Vaterland? Dokumente zur Frage der deutschen Einheit 1800–1990, hrsg. von Peter Longerich, München 1990, S. 63 f.

8 **Bürger in Waffen**

Rede des Bürgers Becker aus Frankental:

Wir wissen, dass die Umtriebe der Regierungen auf die Unterdrückung der Völker hinzielen; wir wissen, dass die Regierungen umso tätiger sind, je dringender die Völker zeit-
5 gemäße, ihrer Würde entsprechende Reformen verlangen; wir wissen, dass sie in der Unterdrückung und Entwürdigung der Menschheit gehen so weit sie können, ich sage so weit sie können. Fragen wir: Wie weit können sie [die Regierungen] gehen? So müssen wir alle einstimmig antworten,
10 solange die Regierungen die Gesetze ungestraft verhöhnen, sie ungehindert mit Füßen treten können, solange unsere Forderungen unbeachtet bleiben dürfen: solange können die Regierungen gehen, so weit sie wollen, und aus uns machen, was sie wollen. Millionen sind auf dem Wege zur
15 Entwicklung bürgerlicher Freiheit, eine Handvoll Junker wagt es, entgegen zu treten, und während die Hand voll Junker Gewalt über Gewalt übt, dulden es Millionen. [...] Wir können protestieren, aber was nützen Protestationen, was ist davon zu hoffen? Die Regierungen hören ebenso
20 wenig auf Protestationen als auf die mächtige Opposition der öffentlichen Meinung. Protestationen waffen- oder wehrloser Bürger sind in den Augen der Regierungen nur lächerliche Vorstellungen; wenn wir daher protestieren, so muss es uns auch ernst sein, unsere Forderungen durch-
25 zusetzen. [...] Zum Schutze unserer Person, unsrer Ehre und unsres Eigentums, zur Erhaltung unsrer Rechte und zur Erringung der wahren Würde der Menschheit bedürfen wir nicht bloß einer freien Verfassung, sondern auch einer kraftvollen Garantie der Verfassung. Die beste Garantie wäre eine allgemeine Bürgerbewaffnung.

Zit. nach: Das Nationalfest der Deutschen zu Hambach, hrsg. von J. G. A. Wirth, Neustadt 1832, Nachdruck 1981, S. 85 f.

Geschichte Regional:
Die Pfalz wird zum Sammelort des Protests

Das Hambacher Fest 1832

Die Pfalz war 1797 von der französischen Republik annektiert worden. In den darauf folgenden Jahren bildete sich dort eine Gesellschaft heraus, die sich an den Ideen der Französischen Revolution orientierte. Auf dem Wiener Kongress 1815 wurde die linksrheinische Pfalz dem Königreich Bayern zugeschlagen, wenn auch das moderne französische Verwaltungs- und Justizsystem auch weiterhin bestehen blieb.

Hatte diese Region bereits schwer unter den Napoleonischen Kriegen gelitten, so forcierte ein rigides Zollsystem den wirtschaftlichen Niedergang zusätzlich. Missernten taten ein Übriges, um die Armut in der Pfalz zu fördern. Dies zusammen bildete einen zunehmenden Nährboden für liberale Ideen, die immer stärkere revolutionäre Impulse infolge der Julirevolution in Frankreich 1830, der Aufstände in Belgien, Italien und Polen sowie Unruhen in Hannover, Sachsen und Hessen erhielten. Die bayerische Regierung reagierte sofort mit einer Einschränkung bürgerlicher Freiheiten. Zensur und Druckverbote nahmen nun gravierende Ausmaße an.

1832 gründete sich in Opposition zu den bayerischen Zensurmaßnahmen der „Deutsche Press- und Vaterlandsverein". Die Pfalz entwickelte sich dadurch zu einer Hochburg oppositioneller, liberaler Presse. Besonders hervor taten sich die Publizisten Philipp Jakob Siebenpfeiffer und Johann Georg August Wirth. Diese beiden organisierten über den Press-Verein am 27. Mai 1832 auf dem Hambacher Schlossberg bei Neustadt an der Weinstraße ein „Volksfest" (politische Versammlungen waren verboten). Es versammelten sich nahezu 30 000 Menschen: Deutsche, Franzosen und Polen, Handwerker, Bauern, Studenten, Männer und Frauen. Zahlreiche Redner forderten Freiheit, Bürgerrechte und nationale Einheit. Mitgeführte Fahnen zeigten die Farben Schwarz-Rot-Gold, die späteren Nationalfarben Deutschlands.

Heinrich Heine schrieb später zurückblickend: „... während den Tagen des Hambacher Festes hätte mit einiger Aussicht guten Erfolges die allgemeine Umwälzung in Deutschland versucht werden können. Jene Hambacher Tage waren der letzten Termin, den die Göttin der Freyheit uns gewährte ...".

So symbolisch das Hambacher Fest aber auch für die liberale Bewegung wurde, so zeigte sich bereits die zunehmende Spaltung der liberalen Bewegung in verschiedene radikale und gemäßigte Richtungen. Eine Einigung über ein gemeinsames Ziel, eine gemeinsame Vorstellung des zukünftigen Deutschlands gab es nicht. Nach dem Hambacher Fest kam es zwar zu einer Serie von weiteren eindrucksvollen Demonstrationen, dann aber griffen die Behörden zu. Im Juni 1832 setzte eine Verhaftungswelle gegen die führenden Köpfe des Hambacher Festes ein.

Heute erinnert neben einer Dauerausstellung im Stadtarchiv Zweibrücken zum deutschen Vormärz und die Siebenpfeiffer-Stiftung an Philipp Jakob Siebenpfeiffer auch die Dauerausstellung „Ein Fest für die Freiheit" im Hambacher Schloss an die Stationen der deutschen Demokratiebewegung. Dabei werden die Lebensumstände der Menschen in der ersten Hälfte des 19. Jahrhunderts und die Ideen und Visionen dieser Zeit u. a. mit Hilfe von multimedialen Informationssystemen vermittelt.

Arbeitsvorschläge

a) Recherchieren Sie, ob es in Ihrer Region nach 1815 eine vergleichbare sozioökonomische Entwicklung wie in der Pfalz und eine ähnliche liberale Protestbewegung gab.

b) Analysieren Sie, welche Forderungen die Redner Siebenpfeiffer und Becker formulierten.

c) Überlegen Sie, welchen symbolischen Wert dem Hambacher Fest für die liberale Bewegung des Vormärz zukommen könnte.

3

9 Deutsches Nationalgefühl

a) Der Schriftsteller und Literaturwissenschaftler Ernst Moritz Arndt in seiner Schrift »Über Volkshass«, 1813:

Wir sind von Gott in den Mittelpunkt Europens gesetzt,
5 wir sind das Herz unseres Weltteils, wir sind auch der Mittelpunkt der neuen Geschichte und der Kirche und des Christentums. Gerade weil wir in der Mitte liegen, stürmen und strömen alle verschiedensten Völker Europens immer auf uns ein und suchen uns wegzuspülen und
10 wegzudrängen. [...] Wir haben also mehr als alle anderen Völker Ursache zu wachen, dass das Eigentümliche und Besondere, was uns als Deutsche, als ein bestimmtes Volk mit einem bestimmten Namen, auszeichnet, durch die Völkerflut und Geistesflut, die immer von uns und zu uns
15 geht, nicht weggespült und weggewaschen werde; wir müssen dreifache und vierfache Bollwerke und Schanzen um uns aufführen, damit wir nicht zuletzt matte Bilder werden, welche allem und nichts ähnlich sehen und welche, weil sie Gestalt und Gepräge verloren haben,
20 auch nichts andres gestalten und bilden können; dass ich es mit einem Wort sage, damit der Deutsche der große geistige Spiegel der Welt bleiben könne, muss er seine Eigentümlichkeit nicht verschleifen noch vertändeln: Er muss ein Deutscher bleiben.

H. Vogt (Hrsg.): Nationalismus gestern und heute, Opladen 1967, S. 103 f.

b) Aus den »Grundsätzen und Beschlüssen« der Deutschen Burschenschaften, 1817:

1. Ein Deutschland ist, und ein Deutschland soll sein und bleiben. Je mehr die Deutschen durch verschiedene Staaten getrennt sind, desto heiliger ist die Pflicht für je- 5 den frommen und edlen deutschen Mann und Jüngling, dahin zu streben, dass die Einheit nicht verloren gehe und das Vaterland nicht verschwinde. [...]

5. Die Lehre von der Spaltung Deutschlands in Norddeutschland und Süddeutschland ist irrig, falsch, ver- 10 rucht. Es ist eine Lehre, von einem bösen Feinde ausgegangen. Norddeutschland und Süddeutschland sind nicht verschiedener als Nordfrankreich und Südfrankreich. Die Unterscheidung ist lediglich geografisch. Es gibt ein Norddeutschland und ein Süddeutschland, wie 15 es eine rechte und eine linke Seite am Menschen gibt. Aber der Mensch ist eins und hat nur einen Sinn und ein Herz, und Deutschland ist eins und soll nur einen Sinn und ein Herz haben.

6. Die Lehre von der Spaltung Deutschlands in das katho- 20 lische und protestantische ist irrig, falsch, unglückselig. Es ist eine Lehre, von einem bösen Feinde ausgegangen. [...]

12. Die Sehnsucht nach Kaiser und Reich ist ungeschwächt in der Brust jedes frommen und ehrlichen deut- 25

c) Studenten verbrennen auf dem »Wartburgfest« »undeutsche Schriften«.
Zeitgenössischer Stich.

schen Mannes und Jünglings und wird bleiben, solange die Erinnerung an Kaiser und Reich nicht verschwunden und das Gefühl der Nationalehre nicht ausgetilgt und die Betrachtung der Lage des Vaterlandes zu anderen Völ-
30 kern und Ländern nicht vernichtet ist. Es ist die Pflicht jedes frommen und ehrlichen deutschen Mannes und Jünglings, diese Sehnsucht in sich selbst zu nähren und in anderen zu erregen.

H. Haupt (Hrsg.): Quellen und Darstellungen der deutschen Burschenschaft und der deutschen Einheitsbewegung, Bd. 4, Heidelberg 1913, S. 117 f.

10 Was macht eine Nation aus?

a) Der deutsche Sozialwissenschaftler und Historiker Eugen Lemberg, 1964:

Was also die Nationen zu Nationen macht oder – all-
5 gemeiner gesagt – große gesellschaftliche Gruppen zu selbstbewussten, aktionsfähigen, nationalen oder nation-ähnlichen Gemeinschaften bindet und von ihrer Umwelt abgrenzt, das ist nicht die Gemeinsamkeit irgendeines Merkmals, die Gleichheit der Sprache, der Abstammung,
10 des Charakters, der Kultur oder der Unterstellung unter eine gemeinsame Staatsgewalt, sondern umgekehrt: ein System von Vorstellungen, Wertungen und Normen, ein Welt- und Gesellschaftsbild, und das bedeutet: eine Ide-ologie, die eine durch irgendeines der erwähnten Merk-
15 male gekennzeichnete Großgruppe ihrer Zugehörigkeit bewusst macht und dieser Zusammengehörigkeit einen besonderen Wert zuschreibt. [...] Eine solche Ideologie muss a) aufgrund irgendeines charakteristischen Merk-mals ein Gesamtbild der zu integrierenden Gruppe ent-
20 halten, das diese Gruppe von ihrer Umgebung abgrenzt; b) dieser Gruppe eine Rolle in ihrer Umgebung zuweisen; c) die Gruppe mit dem Bewusstsein seiner Überlegen-heit über diese Umwelt erfüllen; d) ein gruppenbezo-genes Normensystem, eine Gruppenmoral, entwickeln,
25 die unter Umständen innerhalb der Gruppe ein anderes Verhalten vorschreibt als außerhalb; e) das Gefühl einer Bedrohung von außen, eine Feindvorstellung erzeugen; f) die Einheit der Gruppe als ein lebenswichtiges, gegen Spaltungen sorgsam zu hütendes Gut erscheinen lassen;
30 g) der Gruppe die Hingabe ihrer einzelnen Angehörigen verschaffen und diese Angehörigen für ihre Hingabe be-lohnen.

Eugen Lemberg: Nationalismus, Bd. 2. Reinbek 1964, S. 52 und 65.

b) Der deutsche Historiker Otto Dann, 1996:

Nationen sind Gesellschaften, die aufgrund gemein-samer geschichtlicher Herkunft eine politische Inter-essengemeinschaft bilden. Sie verstehen sich als eine
5 Solidargemeinschaft; denn sie gehen aus von der Rechts-gleichheit ihrer Mitglieder.

Nationen sind stets auf ein konkretes Territorium (pa-tria) bezogen. Ihr wichtigstes Anliegen ist die eigenver-antwortliche Gestaltung ihrer Lebensverhältnisse, d. h.

politische Selbstverwaltung (Souveränität) innerhalb ih-
10 res Territoriums bzw. ein eigener Staat.

Nationen werden zusammengehalten durch einen Grund-konsens über ihre politische Verfassung und Kultur. [...] Wie alle großen sozialen Gemeinschaften und Instituti-onen sind auch Nationen nicht von Natur aus gegeben, 15 sondern ein Resultat gesellschaftlicher Kultur und ge-schichtlicher Entwicklung. [...]

Eine politische Nation entsteht mit der Bildung von Na-tionalbewusstsein innerhalb einer Bevölkerung. Wir ver-stehen darunter den Prozess einer kollektiven politischen 20 Bewusstwerdung, in dem Mitglieder eines Volkes (Ethnie) bzw. Bewohner eines Territoriums entdecken, dass sie gemeinsame Traditionen und Interessen haben.

Eine nationale Bewusstwerdung führt Personen und Be-völkerungsgruppen zusammen, die bisher kaum etwas 25 miteinander zu tun hatten, weil sie in verschiedenen regionalen, ethnischen, religiösen oder sozialen Zusam-menhängen nebeneinander lebten. Sie motiviert sie zu gemeinsamen Aktionen und schafft zwischen ihnen ein Wir-Bewusstsein sowie emotionale Bindungen. Die 30 Abgrenzungen gegenüber Nachbarvölkern spielt dabei eine wichtige Rolle. Die Bildung einer Nation ist somit in erster Linie als ein Vorgang sozialer Integration zu verstehen. [...]

Wie jede politische Bewegung ist eine Nationalbewe- 35 gung geprägt von ihrer Programmatik, ihrer Ideologie (Der Begriff wird hier nicht negativ verstanden!). Eine nationale Ideologie stellt ihre Interpreten vor besondere Schwierigkeiten; denn bei der Legitimierung nationaler Bewegungen fließen zwei verschiedene Argumentationen 40 zusammen. Einerseits vertritt eine Nationalbewegung menschenrechtliche und demokratische Partizipations-forderungen, die universale Grundkonzeption moderner Nationen. Zum anderen hat eine Nationalbewegung zu begründen, warum sie innerhalb des von ihr beanspruch- 45 ten Gebietes politische Autonomie einfordert. Hier, bei der Selbstdarstellung und -legitimierung der Nation, kommen deren spezifische Identitätsmerkmale zum Tra-gen: eine gemeinsame Sprache, Kultur oder Religion, das eigene Siedlungsgebiet (Vaterland) und die gemeinsame 50 Geschichte. [...]

Wir verstehen unter Nationalismus ein politisches Ver-halten, das nicht von der Überzeugung der Gleichwertig-keit aller Menschen und Nationen getragen ist, sondern andere Völker und Nationen als minderwertig oder als 55 Feinde einschätzt und behandelt.

Otto Dann: Nation und Nationalismus in Deutschland. 1770–1990. Mün-chen 1996, S. 12 ff. und 19 f.

3

Arbeitsvorschläge

a) Wie berechtigt war Metternichs Bestehen auf dem Grundsatz der »Ordnung« (M3)?

b) Bewerten Sie Metternichs Unterscheidung von »gemessenem Gang« und »Sprüngen« hinsichtlich des »Vorschreitens der Dinge« (M 3b). Berücksichtigen Sie dabei die Eindrücke und Erfahrungen aus der Französischen Revolution.

c) Erörtern Sie Pfizers Verständnis von »Gleichheit« und »Freiheit« und setzen Sie sich kritisch mit seiner These von verschiedenen »Entwicklungsstufen des Liberalismus« auseinander (M 4b).

d) Zeigen Sie die Unterschiede und Gemeinsamkeiten der politischen Vorstellungen Pfizers und Siebenpfeiffers auf (M 4b und c).

e) Bewerten Sie die Behauptung »Nationen seien wie Individuen« und die daraus abgeleitete Auffassung vom politischen »Individualismus« der Nationen (M 4c).

f) Recherchieren Sie zu einem von Ihnen ausgewählten Professor der „Göttinger Sieben" dessen Lebenslauf, seinen weiteren Lebenslauf nach 1837 und stellen Sie dessen Rolle im Vormärz in einem Kurzreferat dar (M5).

g) Analysieren Sie die Argumente, die Arndt (M 9a) für die in seinen Augen herausragende Stellung des „deutschen Volkes" anführt. Setzen Sie sich kritisch mit der Arndt'schen Argumentation und den verwendeten Begriffen auseinander.

h) Erläutern Sie, inwiefern in den „Grundsätzen und Beschlüssen" der deutschen Burschenschaften (M 9b) ein romantisierender und rückwärts gewandter Begriff von der deutschen Nation zum Ausdruck kommt.

i) Wenden Sie Lembergs Merkmalskatalog a) bis g) (M 10a) auf die in den beiden Texten (M 9a und b) zum Ausdruck kommenden „nationalen" Vorstellungen an.

j) Erörtern Sie, inwiefern man dem Nationalismus mobilisierende und integrierende Wirkungen zuschreiben kann.

k) Zeigen Sie die Unterschiede und Gemeinsamkeiten der beiden Begriffsbestimmungen von „Nation" auf (M 10a und b). Diskutieren Sie, welche der beiden Definitionen Ihnen stichhaltiger erscheint.

l) Zeigen Sie Zusammenhänge zwischen der Französischen Revolution und der Entstehung der deutschen Nationalbewegung auf.

3.2 1848 in Deutschland: Das Scheitern von Einheit und Freiheit

Abermals gab Frankreich den Takt vor, als es im Februar 1848 das Bürgerkönigtum entthronte und die Revolution in Europa auslöste. Ein vergleichender Rundblick offenbart den unterschiedlichen Entwicklungsstand der Großmächte in Europa: Im industriell entwickelten England blieb die Revolution aus – es hatte stürmische Jahre im Innern hinter sich, aber durch rechtzeitige Reformen den Umsturz immer noch gerade verhindert. Während in Frankreich 1848 bereits zum dritten Mal eine Monarchie gestürzt und die Republik ausgerufen wurde, handelte es sich bei den deutschen Unruhen um erste revolutionäre Versuche. In den vorindustriellen deutschen Staaten opponierten die Revolutionäre gegen eine vom Adel dominierte Ständegesellschaft, während die französische Februarrevolution erste Züge einer sozialistischen Revolution annahm. In die Unruhen in Mittel- und Osteuropa mischten sich nationale Proteste – England und Frankreich hingegen waren bereits Nationalstaaten. Im industriell zurückgebliebenen Russland blieb es ruhig: Das Zarenregime konnte noch jeglichen Protest unterdrücken.

Europa 1848

Die Nachrichten vom französischen Umsturz verbreiteten sich wie ein Lauffeuer in allen europäischen Zentren. Die deutsche Opposition – unterstützt von einer spontanen Volksbewegung – drängte in diesen Tagen in den Einzelstaaten mit Petitionen, Kundgebungen und Umzügen auf die Erfüllung der »Märzforderungen«: Garantie der Grundrechte und der Pressefreiheit, Einrichtung von Schwurgerichten und Bürgerwehren. Gleichzeitig begann sie sich national zu organisieren. Am 5. März trafen sich in Heidelberg 51 prominente Oppositionspolitiker – unter ihnen Heinrich von Gagern und Friedrich Hecker. Sie beschlossen ein »Vorparlament« einzuberufen, das die verfassunggebende deutsche Nationalversammlung vorbereiten sollte. Damit brachen sie unwiderruflich mit dem alten System.

Märzforderungen

In der revolutionären Situation entluden sich auch soziale Spannungen. Die städtische Unterschicht – Tagelöhner, Handwerker, Proletarier – hatte in der vergangenen Jahren an den Strukturproblemen durch die fortschreitende Industriali-

Unruhen in Stadt und Land

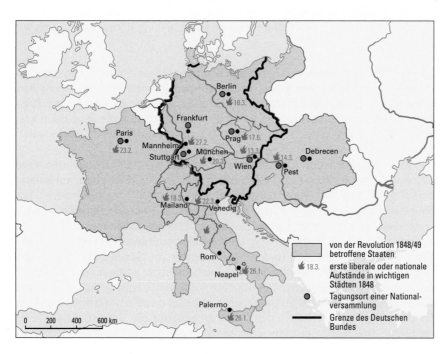

1 1848 – Das Frühjahr der Revolutionen

von der Revolution 1848/49 betroffene Staaten

🖐 18.3. erste liberale oder nationale Aufstände in wichtigen Städten 1848

● Tagungsort einer Nationalversammlung

— Grenze des Deutschen Bundes

3

sierung gelitten. Das allgemeine Massenelend in den Städten war 1845/46 durch zwei Missernten und ein Konjunkturtief noch verschärft worden. Auch auf dem Lande breiteten sich gewaltsame Aufstände aus: Die Landbevölkerung in Mittel- und Süddeutschland sowie Schlesien lehnte sich gegen Grundherren und Staatsbeamte auf, weil sie nach der Bauernbefreiung immer noch erdrückende Dienste und Abgaben zu leisten hatte. Die sozialen Proteste sorgten für die Massenbasis der Revolution. Als die Forderungen der Bauern erfüllt waren, zogen sie sich jedoch schnell vom revolutionären Geschehen zurück.

Revolution in Wien

Beeindruckt von der Wucht der Volksbewegung, leisteten die Monarchen in Wien und Berlin kaum Gegenwehr – auch wenn es zu blutigen Zusammenstößen zwischen Regierungstruppen und Revolutionären kam. In Wien stürmte die Menge am 13. März 1848 das Ständehaus. Als die tagende niederösterreichische Ständeversammlung sich den Forderungen des Volkes nicht sofort anschloss und das Militär versuchte, die Menge auseinander zu treiben, eskalierte die Situation. Soldaten schossen blind in die Menge und töteten fünf Demonstranten – es folgten blutige Straßenkämpfe. Die Wiener Hofburg entschloss sich, die Lage durch Zugeständnisse an die Demonstranten zu beruhigen. Metternich, der verhasste Repräsentant des alten Systems, wurde zum Bauernopfer bestimmt und musste fliehen. In Wien feierte man den Sieg der Revolution.

Revolution in Berlin

Die Ereignisse in Wien zeigten auch in Berlin Wirkung, wo am 14. März 1848 die ersten Unruhen ausbrachen. Preußens König Friedrich Wilhelm IV. erklärte sich zu Zugeständnissen bereit: Am 18. März hob er die Zensur auf und kündigte die Einberufung eines »Vereinigten Landtages« an. Als Gerüchte über diese Veränderungen die Runde machten, versammelten sich tausende Menschen vor dem Berliner Stadtschloss. Dort wartete eine provozierend hohe Zahl von Soldaten. In der unübersichtlichen Situation lösten sich aus den Reihen des Militärs zwei Schüsse – die Situation eskalierte. Über Nacht tobte in Berlin der Bürgerkrieg, über 200 Menschen – meist Arbeiter und Handwerker – starben. In Berlin war quasi »aus Versehen« die Revolution ausgebrochen. Am nächsten Morgen lenkte der König ein und ließ die Truppen abziehen. Friedrich Wilhelm IV. trat die Flucht nach vorn an: Er stimmte der Ausarbeitung einer Verfassung zu, bewilligte den Zusammentritt einer preußischen Nationalversammlung und bekannte sich zur Einheit der Nation.

Eines hatten die Ereignisse in Berlin und Wien gemeinsam – ganz im Unterschied zu denen in Paris: Die Revolution machte vor den Thronen Halt. Die Monarchen blieben und mit ihnen ihre Stützen in Bürokratie und Militär. Die Gewaltakte riefen innerhalb der Protestbewegung schnell die Frage auf, wann die Revolution »geschlossen« werden sollte. Es entwickelten sich zwei verschiedene Strömungen.

Liberalismus

Das liberale Lager wollte die Unruhen so schnell wie möglich beenden. Eine Revolution lag ihm völlig fern: Die Liberalen wollten die Gesellschaft von Anfang an auf dem Wege der »Vereinbarung« mit den alten Mächten reformieren, um die befürchtete Revolution gerade zu verhindern. Das liberale Bürgertum hatte durch die Industrialisierung wirtschaftlich an Einfluss gewonnen; nun forderte es auch politische Mitbestimmung. Die Liberalen strebten eine konstitutionelle Monarchie an. Zu ihren Kernforderungen gehörten die Garantie der Presse- und Versammlungsfreiheit, der persönlichen Freiheitsrechte sowie einer unabhängigen Justiz. Im wirtschaftlichen Bereich setzten sie auf Selbstorganisation und das Gesetz des freien Marktes. So könne mehr Wohlstand erreicht werden – zunächst für das Bürgertum, im Laufe der Zeit aber auch für die Unterschichten. Eine politische Mitwirkung der Unterschichten ging den meisten Liberalen jedoch zu

2 **Deutsche Nation siehe hier Deinen König!** Die Kreidelithografie von 1848 karikiert den Umritt des preußischen Königs in Berlin am 21. März 1848, mit dem er sich symbolisch an die Spitze der revolutionären Entwicklung setzen wollte.

(»Botanybai« = der Hafen der englischen Strafkolonie Australien)

weit, deshalb befürworteten sie ein Zensuswahlrecht. Ein Abgleiten in die soziale Revolution wollten sie um jeden Preis verhindern.

Im Gegensatz dazu wollten die Demokraten die Unterschichten in den gesellschaftlichen Reformprozess mit einbeziehen. Neben dem allgemeinen Wahlrecht klagten sie einen Ausgleich von Kapital und Arbeit ein – etwa durch eine progressive Einkommenssteuer. Die Demokraten wollten die traditionellen gesellschaftlichen Sozialverhältnisse mittels eines demokratischen Staates wiederherstellen. Sie forderten die weitgehende Entmachtung des Monarchen und die Ausrufung einer Republik. Die demokratischen Vertreter kamen ausschließlich aus dem intellektuellen Milieu, sahen sich jedoch als Sprecher der Unterschicht. Zu ihren Anhängern gehörten kleine Gewerbetreibende, sozial bedrohte Gruppen der Handwerkerschaft, anfangs auch Bauern.

Die Entscheidung über den zukünftigen Kurs übertrug das Vorparlament mit dem Hinweis auf die »Volkssouveränität« der zukünftigen Nationalversammlung. Sie wurde unter hoher Beteiligung nach dem allgemeinen und gleichen Männerwahlrecht von allen »selbstständigen« Staatsbürgern gewählt.

Am 18. Mai 1848 trat die deutsche Nationalversammlung zum ersten Mal feierlich in der Frankfurter Paulskirche zusammen. Sie bestand fast ausschließlich aus bürgerlichen Repräsentanten – Professoren, Juristen, höheren Verwaltungsbeamten. Die Nationalversammlung setzte mit Billigung der Fürsten und Regierungen eine Zentralgewalt ein, an deren Spitze der österreichische Erzherzog Johann als Reichsverweser stand. Der alte Bundestag des Deutschen Bundes beendete damit seine Tätigkeit. Zentrale Aufgabe der Frankfurter Abgeordneten war es nunmehr, einen deutschen National- und Verfassungsstaat zu schaffen. Noch gab es keine politischen Parteien im heutigen Sinne, dennoch waren drei große politische La-

Nationalversammlung

ger deutlich zu unterscheiden: eine zahlenmäßig eher schwache republikanische Linke, das konservative Lager und die große Mehrheit der liberalen Mitte.

Uneinigkeit der Revolutionäre und aggressiver Nationalismus

Die Arbeit der Nationalversammlung begann unter schwierigen Bedingungen, sodass sie ihrem eigentlichen Auftrag – der Erarbeitung einer Verfassung – zunächst kaum nachkommen konnte. Die Aufstände im Land waren mit ihrem Zusammentritt nicht beendet. Die soziale Situation der Handwerksmeister, Gesellen, Arbeiter und Tagelöhner war durch die Konjunkturkrise noch schlechter geworden. Hinzu trat ein nationaler Konflikt. Als Preußen im Krieg um Schleswig-Holstein mit Dänemark einen Waffenstillstand schloss und die Nationalversammlung dies schließlich (widerwillig) billigte, empörte sich das radikale Lager. Neue Gewaltakte erschütterten das Land. Die Radikalen sahen Schleswig-Holstein als Teil des deutschen Nationalstaates, auf den nicht verzichtet werden durfte. Sie warfen dem Parlament Verrat an Nation und Revolution vor – die Risse innerhalb der revolutionären Bewegung wurden immer deutlicher.

Der Konflikt um Schleswig-Holstein legte die Sprengkraft der nationalen Idee und erste Züge eines aggressiven deutschen Nationalismus offen. Waren im Vormärz nationale Freiheitsbewegungen in anderen europäischen Ländern – wie etwa in Polen – von den liberalen Kräften unterstützt worden, stellte jetzt die Mehrheit der Parlamentarier das Selbstbestimmungsrecht der Völker infrage. Mit der Brüderlichkeit der europäischen Nationalbewegungen war es vorbei. Daraus ergaben sich Ansatzpunkte für die Gegenrevolution: Sie spielte die verschiedenen Nationalbewegungen gegeneinander aus, die in der Paulskirche mehr und mehr aneinander gerieten. Die Kräfte der Reaktion gewannen wieder an Auftrieb. Die Nationalversammlung hatte bei der Verfassungsgebung ein ganzes Bündel von Fragen zu beantworten: Welche Grundrechte und wieviel Demokratie sollten

3 »Einzug der Mitglieder des Vorparlaments in die Paulskirche« Kolorierte Lithografie von Jean Nicolas Ventadour, 1848.

4 »Germania«
Aquarell (42,3 cm x 28,8 cm) von Philipp Veit, 1834. Die sieben Wappen stellen die sieben Kurfürsten dar, die seit 1356 den Kaiser wählten.

garantiert werden? Welche Staatsform – Republik oder eine Form der Monarchie – sollte Deutschland erhalten? Welche Stellung sollte die Zentralgewalt einnehmen? Zur alles überlagernden Frage wurde aber, welche Gebiete zum deutschen Nationalstaat dazugehören und welche Rolle Preußen und Österreich darin spielen würden. Zwei Auffassungen bildeten sich heraus:

Das großdeutsche Lager befand sich im Parlament zunächst in der Mehrheit. Es befürwortete eine Nationalstaatsbildung unter Einschluss der deutschen Gebiete Österreichs. Damit wäre faktisch das Ende der Habsburgermonarchie besiegelt worden – entsprechend leistete Wien erbitterten Widerstand gegen diese Lösung. Problematisch an diesem Vorschlag war aber auch, dass er sich nicht auf das deutschsprachige Österreich beschränkte: Auch Böhmen und Mähren sowie Welschtirol und Triest sollten dem deutschen Nationalstaat einverleibt werden. Die großdeutsche Neigung der Nationalversammlung trieb zudem die Tschechen, Slowaken, Kroaten und Slowenen in die Arme der Gegenrevolution. Sie wollten nicht als Minderheiten in einem deutschen und einem ungarischen Nationalstaat aufgehen – in dieser Lage lag ihnen der Erhalt des habsburgischen Vielvölkerstaates näher. Das kleindeutsche Lager hingegen favorisierte eine Lösung ohne das deutschsprachige Österreich unter der Führung eines preußischen Kaisers. Diese Variante lief auf eine Trennung von Österreich hinaus.

Im Oktober 1848 eroberte die Gegenrevolution Wien. Ende des Jahres 1848 hatte überall im revolutionären Europa – sogar in Frankreich – die Reaktion gesiegt. Mit der Niederlage der Revolution in Wien schied die großdeutsche Lösung aus. Dennoch waren nicht alle Abgeordneten der Paulskirche bereit, einer kleindeutschen Lösung unter einem preußischen Kaiser zuzustimmen und den Sieg der Reaktion in Österreich hinzunehmen. Die äußerste Linke forderte einen großen

Verabschiedung der Verfassung

3

europäischen Krieg gegen die Mächte der Beharrung – den russischen und österreichischen »Militärdespotismus«. Doch dieser Vorschlag setzte sich nicht durch: Am 27. März 1849 verabschiedete die Paulskirche mit knapper Mehrheit die Reichsverfassung. Tags darauf wurde Friedrich Wilhelm IV. zum Kaiser gewählt. Doch Friedrich Wilhelm IV. lehnte die Kaiserwürde ab: Er war nicht bereit, die Krone aus den Händen des Volkes entgegenzunehmen. Darüber hinaus wollte er keinen Krieg riskieren: Möglicherweise hätten Österreich und Russland gemein-

5 **Es ginge wohl aber es geht nicht«.**
Kolorierte Lithografie, 1849. Der gesichtslose Friedrich Wilhelm IV. zwischen »germanischen« Volksvertretern und Fürstenhäusern (Zar Alexander, Kaiser Franz Joseph, Könige von Hannover, Bayern, Württemberg und Sachsen).

Es ginge wohl aber es geht nicht.

sam versucht, die Ergebnisse der Revolution gewaltsam rückgängig zu machen, wie sie es im Sommer 1849 in Ungarn dann auch taten. Mit der Ablehnung Friedrich Wilhelms IV. scheiterte die Nationalversammlung: Zahlreiche Einzelstaaten zogen ihre Abgeordneten zurück, und auch die gemäßigten Liberalen legten ihr Mandat nieder. Sie hielten das Scheitern der Verfassung für das kleinere Übel, als einen Bürgerkrieg zu riskieren. Übrig blieb ein Rumpfparlament der Linken, das seinen Sitz nach Stuttgart verlegte. Letzte revolutionäre Kämpfe flackerten mit der »Reichsverfassungskampagne« und der »Mairevolution« in Baden noch einmal auf. Die radikalen Vertreter, die die Reichsverfassung mit Gewalt verteidigten, wurden brutal niedergeschlagen. Die Tätigkeit des Rumpfparlamentes wurde am 18. Juni gewaltsam beendet.

Scheitern der Revolution?

Die Revolution war überall in Europa – mit Ausnahme der Schweiz – gescheitert. Freilich hinterließ die Revolution Spuren: In Preußen galt nach 1848 eine Verfassung, der Absolutismus war überwunden. Die liberalen Ideen konnten nicht mehr vollständig beseitigt werden. Trotzdem waren in den nachfolgenden Jahrzehnten alle parlamentarischen und freiheitlichen Initiativen mit dem Makel des Scheiterns behaftet. Preußen blieb obrigkeitsstaatlich dominiert, die Freiheitsfrage ungelöst – das war eine schwere Hypothek für zukünftige politische Entwicklungen in Deutschland.

6 Verhaltene Revolution?

Die Schriftstellerin Fanny Lewald (1811–1889) berichtet in ihren Erinnerungen über die Revolution in Berlin, Eintrag unter dem 11. April 1848:

5 Wie stieg erst meine Verwunderung, als ich [...] die Straßen Berlins ohne Militär sah; [...] und als an allen Ecken unzensierte Zeitungsblätter und Plakate, ja selbst Zigarren verkauft wurden, während sonst das Rauchen auf der Straße bei 2 Taler Strafe verboten und sogar die Inschrif-
10 ten der Leichensteine zensurpflichtig waren.

Verwüstungen durch die Revolution bin ich in der Stadt nicht gewahr worden, soweit sie vom Volke ausgegangen sind. [...]

Nirgends hat sich das Volk gegen die Paläste des Königs
15 oder der Prinzen gewendet, nirgends das Eigentum angetastet; und es ist mir eine Genugtuung, dass sich keine Spur von Rohheit im Volke gezeigt, dass selbst der König in allen Proklamationen den Edelmut und die Mäßigung der Kämpfenden lobpreisend anerkannt hat. Was mir
20 aber, im Hinblick auf Paris, schmerzlich auffiel, das ist der Mangel an Freudigkeit über den Sieg, der fehlende Schwung des Enthusiasmus, die mich in Paris so sehr überraschten. Keine begeisternden Lieder, keine jener siegestrunkenen Zurufe, welche dort von Mund zu Mund
25 gingen und so elektrisch wirkten. [...] Wir haben keinen deutschen Volksgesang, und »Es lebe der überwundene Absolutismus« [...] kann man eben nicht rufen. Das aber ist noch nicht das Schlimmste. Was mich beängstigt, ist das Gefühl der Unsicherheit, das ich hier an so vielen
30 Menschen wahrnehme und von dem in Paris keine Spur vorhanden war. [...]

Ein großer und edler Teil der Bevölkerung sieht mit opferfreudiger Begeisterung in die Zukunft – aber der Untertänigkeitsgeist eines absolutistisch regierten Volkes, die
35 Angst vieler Besitzenden vor möglichen Verlusten und der weit verzweigte bürokratische Kastengeist sind damit noch lange nicht überwunden.

Zit. nach: Fanny Lewald, Erinnerungen aus dem Jahr 1848. Frankfurt/Main 1969, S. 74 ff.

7 Königlicher Charakter?

a) Aus der Proklamation Friedrich Wilhelms IV. »An mein Volk und die deutsche Nation« vom 21. März 1848:

An mein Volk und die deutsche Nation! Mit Vertrauen
5 sprach der König vor 35 Jahren in den Tagen hoher Gefahr zu seinem Volke, und sein Vertrauen ward nicht zuschanden; der König, mit seinem Volke vereint, rettete Preußen und Deutschland vor Schmach und Erniedrigung. Mit Vertrauen spreche ich heute, im Augenblicke,
10 wo das Vaterland in höchster Gefahr schwebt, zu der deutschen Nation, unter deren edelste Stämme mein Volk sich mit Stolz rechnen darf. Deutschland ist von innerer Gärung ergriffen und kann durch äußere Gefahr

von mehr als einer Seite bedroht werden. Rettung aus dieser doppelten dringenden Gefahr kann nur aus der 15 innigsten Vereinigung der deutschen Fürsten und Völker unter einer Leitung hervorgehen. Ich übernehme heute diese Leitung für die Tage der Gefahr. Mein Volk, das die Gefahr nicht scheut, wird mich nicht verlassen, und Deutschland wird sich mir mit Vertrauen anschließen. 20 Ich habe heute die alten deutschen Farben [Schwarz-Rot-Gold, Farben des Lützowschen Freikorps 1813] angenommen und mich und mein Volk unter das ehrwürdige Banner des deutschen Reiches gestellt. Preußen geht fortan in Deutschland auf. 25

Tim Klein, Der Vorkampf, Ebenhausen–München 1927, S. 209 ff.

b) Aus einem Brief Friedrich Wilhelms IV. vom 13. Dezember 1848 an den Gesandten Bunsen über die Kaiserkrone:

Ich will Ihnen das Licht darüber so kurz und hell als möglich schärfen. Die Krone ist erstlich keine Krone. Die Krone, die ein Hohenzoller nehmen dürfte, wenn 5 die Umstände es möglich machen könnten, ist keine, die eine, wenn auch mit fürstlicher Zustimmung eingesetzte, aber in die revolutionäre Saat geschossene Versammlung macht (in der Art der Straßenpflasterkrone Louis Philipps), sondern eine, die den Stempel Gottes trägt, die 10 den, dem sie aufgesetzt wird, nach der heiligen Ölung »von Gottes Gnaden« macht, weil und wie sie mehr denn 34 Fürsten zu Königen der Deutschen von Gottes Gnaden gemacht und den Letzten immer der alten Reihe gesellt. Die Krone, die die Ottonen, die Hohenstaufen, 15 die Habsburger getragen, kann natürlich ein Hohenzoller tragen; sie ehrt ihn überschwänglich mit tausendjährigem Glanze.

Die aber, die Sie leider meinen, verunehrt überschwänglich mit ihrem Ludergeruch der Revolution von 1848, 20 der albernsten, dümmsten, schlechtesten, wenn auch, gottlob, nicht bösesten dieses Jahrhunderts. Einen solchen imaginären Reif, aus Dreck und Letten [Ton, Lehm] gebacken, soll ein legitimer König von Gottes Gnaden und nun gar der König von Preußen sich geben lassen, 25 der den Segen hat, wenn auch nicht die älteste, doch die edelste Krone, die niemand gestohlen worden ist, zu tragen? [...]

Ich sage es Ihnen rund heraus: Soll die tausendjährige 30 Krone deutscher Nation, die 42 Jahre geruht hat, wieder einmal vergeben werden, so bin ich es und meinesgleichen, die sie vergeben werden. Und wehe dem, der sich anmaßt, was ihm nicht zukommt!

Leopold von Ranke: Aus dem Briefwechsel Friedrich Wilhelms IV. mit von Bunsen. Leipzig 1874, S. 147.

3

8 Wahlrechtsdebatte und »politische Unreife«

a) Aus dem Entwurf des Reichswahlgesetzes vom 15.2. 1849:
Art. I. § 1. Wähler ist jeder selbstständige, unbescholtene Deutsche, welcher das 25. Lebensjahr zurückgelegt hat.

5 § 2. Als nicht selbstständig, also von der Berechtigung zum Wählen ausgeschlossen, sollen angesehen werden: 1) Personen, welche unter Vormundschaft oder Kuratel stehen oder über deren Vermögen Konkurs- oder Fallitzustand [Bankrott] gerichtlich eröffnet worden ist [...]; 2)

10 Personen, welche eine Armenunterstützung aus öffentlichen Mitteln beziehen oder im letzten der Wahl vorhergegangenen Jahre bezogen haben; 3) Dienstboten; 4) Handwerksgehilfen und Fabrikarbeiter; 5) Tagelöhner.

F. Wigard (Hrsg.): Stenographischer Bericht über die Verhandlungen der deutschen constituirenden Nationalversammlung zu Frankfurt a. M., Bd. 8. Frankfurt/M. 1848, S. 5218 f.

b) Aus dem Debattenbeitrag des linksliberalen Abgeordneten Ziegert (Minden):
Aber, wendet man ferner ein, die politische Unreife des Volkes, die Bestechlichkeit! Meine Herren, kommen Sie

5 uns nicht mit der Behauptung der politischen Unreife, welche auf den früheren Satz des alten Polizeistaates vom beschränkten Untertanenverstande hinausläuft. Ich meine, die so genannten unteren Klassen, welche die Bewegung des vorigen Jahres mit durchgemacht haben, die zur

10 Verbesserung der jetzigen Zustände mit Hand angelegt und auch in dieser Zeit ebenso den Lockungen der Demagogen als den Verführungen der Reaktion Widerstand geleistet haben, welche in dem Versammlungsrecht, in der freien Presse, im freien Gemeinwesen und in der Öffentlichkeit

15 des Staatslebens die Mittel zur weiteren Ausbildung besitzen, sind nicht mehr politisch unreif zu nennen. [...] Sie können nicht leugnen, dass die Bewegung unserer Zeit nicht bloß eine politische, sondern auch eine soziale ist, und zwar in doppelter Richtung, einmal, indem die Besitz-

20 losen und Minderbegüterten mehr oder weniger gegen die Herrschaft des Besitzes und des Kapitals im Kampfe stehen, und sodann dadurch, dass die arbeitenden Klassen an der Verbesserung ihrer Lage sich organisch beteiligen wollen. Statten Sie jetzt, wo von uns zur Verbesserung der Lage

25 der arbeitenden Klassen noch nichts geschehen ist, den Besitz und das Kapital mit einer bevorzugten politischen Berechtigung aus und schließen Sie auf der anderen Seite die arbeitende Klasse von der Möglichkeit aus, Männer ihres Vertrauens in die Reichsversammlung zu wählen, so

30 wird der ohnehin gestörte Friede in der Gesellschaft dadurch nicht wiederhergestellt, es wird der Kampf dadurch nur noch vermehrt.

M. Freund (Hrsg.): Der Liberalismus. Stuttgart 1965, S. 146 f.

c) Aus dem Debattenbeitrag des liberalen Abgeordneten Wernher (Nierstein):
Es existiert eine tiefe Begriffsverwirrung über den Begriff von Volk, es gibt ein physisches Volk, unter das gehören

alle, Mann und Weib, Säuglinge und Greise, die Men- 5 schen im Zuchthaus wie derjenige, der die Zierde seines Volkes ist; aber das politische Volk ist zu allen Zeiten, wird zu allen Zeiten und muss zu allen Zeiten von dem physischen Volke unterschieden werden. [...] Der moderne Staat [...] bedarf zu seiner Erhaltung, um die hohen 10 Zwecke der Kultur zu erfüllen, moderner Mittel, Geld, Geld, und darum sind im modernen Staate alle diejenigen, die zum Bedürfnis des Staates etwas und ein Wesentliches beitragen, das eigentliche, das politische Volk; ich halte es für eine große Verkennung der Dinge, wenn man 15 darin eine Anmaßung der Bezahlenden findet. [...] Ich behaupte nach meiner getreuen Erfahrung, dass zur Beurteilung der Bedürfnisse eines großen Staates die untersten Klassen nicht geeignet sind. [...] Geben Sie diesen Klassen den innigsten Anteil an den Wahlen zur Beset- 20 zung der Gemeindeämter, das können sie erkennen und übersehen, und hier liegt die Basis ihrer unmittelbaren Beteiligung am Staate. Wenn Sie aber diesen unmittelbaren Anteil auf die Wahlen zur Vertretung eines so großen Staates wie Deutschland, welcher vom Belt bis zum 25 Adriatischen Meer sich erstrecken soll, ausdehnen, dann laden Sie jenen eine Bürde auf, welche sie nicht zu tragen vermögen.

M. Freund (Hrsg.), Der Liberalismus, Stuttgart 1965, S. 148 f.

9 Die nationale Frage

a) Der linksliberale Abgeordnete Wilhelm Jordan über die Zukunft der Provinz Posen, 24. Juli 1848:
Es steht als Tatsache fest, dass ein großer Teil von Posen gegenwärtig überwiegend deutsch ist, und von dieser Tat- 5 sache haben wir auszugehen. [...] Wer da sagt, wir sollten diese deutschen Bewohner von Posen den Polen hingeben und unter polnische Regierung stellen, den halte ich mindestens für einen unbewussten Volksverräter. [...] Polen bloß deswegen herstellen zu wollen, weil sein Unter- 10 gang uns mit gerechter Trauer erfüllt, das nenne ich eine schwachsinnige Sentimentalität. (Bravo von der Rechten, Zischen von der Linken) [...] Ich sage, die Politik, die uns zuruft: Gebt Polen frei, es koste, was es wolle, ist eine kurzsichtige, eine selbstver- 15 gessene Politik, eine Politik der Schwäche, eine Politik der Furcht, eine Politik der Feigheit. Es ist hohe Zeit für uns, endlich einmal zu erwachen aus jener träumerischen Selbstvergessenheit, in der wir schwärmten für alle möglichen Nationalitäten, während wir selbst in schmachvoller 20 Unfreiheit darniederlagen und vor aller Welt mit Füßen getreten wurden, zu erwachen zu einem gesunden Volksegoismus, um das Wort einmal geradeheraus zu sagen, welcher die Wohlfahrt und Ehre des Vaterlandes in allen Fragen obenan stellt. 25

F. Wigard (Hrsg.): Stenographischer Bericht über die Verhandlungen der deutschen constituirenden Nationalversammlung zu Frankfurt a. M., Bd. 2. Frankfurt/M. 1848, S. 1143 ff.

b) Der Abgeordnete der äußersten Linken, Arnold Ruge, 24. Juli 1848:

Die Intervention der Gewalt und Tyrannei ist überall das schmachvolle Unrecht, die Propaganda der Freiheit und
5 des Humanismus dagegen ist das welthistorische Recht der Völker des Geistes. [...] Darum ist es ein richtiges Gefühl, und das Gefühl der Völker irrt sich nicht, dass die Teilung Polens ein schmachvolles Unrecht war. [...] Die Polen sind das Element der Freiheit, das in das Sla-
10 wentum geworfen wurde. [...] Im Namen der Humanität und Gerechtigkeit verlange ich, dass Polen wiederhergestellt werde und dass wir das Vorparlament nicht Lügen strafen, welches erklärt hat, die Teilung Polens sei ein schmachvolles Unrecht. [...] An der Ehre Deutschlands
15 ist es, dass es die lang fortgesetzte Unterdrückung der slawischen Völker aufhebe; an der Ehre Deutschlands ist es, dass Deutschland die Freiheit nach Osten propagiere und nicht an der Grenze von Russland und Polen damit stehen bleibe. An unserer Ehre ist es, dass wir Freunde
20 aller befreiten Völker werden, dass wir die Italiener befreien und ihre Freunde werden und dass wir die Polen befreien und ihre Freunde werden. [...] Die Frage, die uns hier beschäftigt, ist die Rekonstruierung eines neuen Völkerrechts, die Rekonstruierung der europäischen zivi-
25 lisierten Nationen.

Ebenda, S. 1184.

c) Der linksliberale Abgeordnete Heinrich Reitter, Oktober 1848:

Doch ich sage selbst, dass Österreich in der Geschichte der Völker den Beruf hatte, die Kultur und Aufklärung des
5 Westens nach dem Osten zu bringen, und diesen Beruf

hat es erfüllt. [...] Nun sind aber die Nationen im Osten aufgeklärt, die Kultur hat sich Bahn gebrochen; damit dürfte auch der Einfluss, welcher bis jetzt von Österreich geäußert wurde, seinen Zweck erreicht haben. Wenn man aber Österreich in seiner früheren Beschaffenheit fort- 10 bestehen lassen wollte, so würde man es zwingen, sich selbst zu überleben. Nachdem die Völker sich selbst aufgeklärt haben, brauchen sie unsere Hilfe nicht mehr. Man wirft uns vor, dass wir hier Österreich zerreißen wollten. Nun, meine Herren, ich finde das sehr naiv in einem 15 Augenblicke, wo alles in Österreich selbst daran arbeitet, es zu zerreißen. Was tun denn die Ungarn, die Italiener? Arbeiten diese für die Erhaltung der Monarchie? [...] Man betrachte doch die geografische Gestaltung Österreichs, seine Abdachungen nach Süden, Norden und Westen, 20 also in drei verschiedenen Richtungen; diese verschiedenen Richtungen beweisen, dass keine Einheit der Interessen da ist.

Ebenda, Bd. 4, S. 2784.

d) Der rechtsliberale Präsident der Nationalversammlung, Heinrich von Gagern, Oktober 1848:

Ich glaube also, meine Herren, dass wir ein Verhältnis suchen müssen, wobei Österreich nicht genötigt wird, seine deutschen von seinen nichtdeutschen Provinzen abzu- 5 lösen, dennoch aber im innigsten Verband mit Deutschland erhalten wird. Die Frage steht also so: Ist es mehr im Interesse Deutschlands, dass das gesamte Deutschland sich nur so gestalte, eine so laxe Einheit eingehe, dass Österreich, ohne zur Trennung der Staatseinheit seiner 10 deutschen mit den nichtdeutschen Provinzen genötigt zu werden, unter gleichen Verhältnissen wie die übrigen

10 »Die universelle demokratische und soziale Republik. Der Bund«.
Kolorierte Lithografie von Frédéric Sorrieu, um 1849. Ein unendlicher Zug der Völker hat den Weg in die Freiheit – symbolisiert durch die Statue der weiblichen Allegorie der Freiheit – angetreten. Die Statue hält in der linken Hand die Fackel der Aufklärung, mit der rechten Hand stützt sie sich auf die Erklärung der Menschenrechte.

deutschen Staaten dem Reich angehören kann? Oder ist es nicht im Gesamtinteresse der Nation, sowohl Öster-
15 reichs als des übrigen Deutschlands, dass wenigstens das übrige Deutschland sich fester aneinander anschlie-ße; auch wenn Österreich wegen seiner außerdeutschen Provinzen unter gleichen Bedingungen in diesen engsten Bund nicht eintreten kann; dabei aber nichtsdestowe-
20 niger ein enges Bundesverhältnis zwischen Österreich und dem übrigen Deutschland aufrecht erhalten werde? […] Ich glaube, dass wir die Frage sofort zur Entschei-dung bringen und anerkennen müssen, dass Österreich in den engeren Bundesstaat, den das übrige Deutschland
25 will, vorerst nicht eintreten könne, einesteils, weil die Mehrheit der Österreicher die Bedingung dieses Eintritts in den engeren Bundesstaat, die staatliche Trennung der deutschen Provinzen von den nichtdeutschen nicht will; andernteils, weil diese Trennung und die Auflösung der
30 österreichischen Monarchie und das Aufgeben ihres welt-geschichtlichen, nun im engsten Bunde mit Deutschland zu erfüllenden Berufes ebenso wenig im deutschen Nati-onalinteresse liegt.

Ebenda, Bd. 4, S. 2898 f.

11 Der Stellenwert der »nationalen Idee«

a) Der Historiker Dieter Hein über den Stellenwert der »natio-nalen Idee« in der 1848er-Revolution, 2000:
Die stärkste dynamisierende Kraft ging 1848/49 zweifel-
5 los von der nationalen Idee aus. Wie fast überall in Eu-ropa zählte auch und gerade im staatlich zersplitterten, nur lose durch einen Staatenbund zusammengefassten Mitteleuropa die Begründung eines Nationalstaates zu

den zentralen politischen Zielen, die in nahezu allen po-litischen Lagern akzeptiert wurden. […]
10 Die Nation war geradezu die Projektion aller Verände-rungswünsche, die sich in den langen Jahrzehnten politi-scher Stagnation und Unterdrückung angestaut hatten. Sie war das genaue Gegenbild zum Staat der bürokratischen Bevormundung, der jede kritische Meinungsäußerung,
15 überhaupt jede Normverletzung unnachsichtig verfolgte, der jede spontane Menschenansammlung auflöste und jeden Organisationsansatz zu unterdrücken versuchte, der kaum wirtschaftliche Impulse zu geben vermochte,
20 zugleich aber die wachsenden sozialen Lasten von oben herab verteilte. Das Freiheits- und Partizipationsverspre-chen, das mit der nationalen Idee unauflöslich verknüpft war, war daher auch für breite Bevölkerungskreise alles andere als abstrakt. Es wurde jeweils sehr konkret in die eigene Lebenswelt übersetzt, auch mit Hoffnungen auf
25 eine greifbare Besserung der persönlichen wirtschaftli-chen und sozialen Situation verbunden. Speziell in den städtischen Gewerben, bei kleinen und mittleren Hand-werksmeistern, Gesellen, ja bis hinein in die noch nicht sehr zahlreiche Arbeiterschaft ging man davon aus, dass
30 der neue Gesamtstaat einen Schutz der nationalen Arbeit gewährleisten werde, durch ein System von Schutzzöl-len, das den nationalen Markt gegenüber ausländischer Konkurrenz abschirme, und durch eine nationale Gewer-beordnung, die einen nur allmählichen, schrittweisen
35 Übergang zur Gewerbefreiheit unter Mitsprache der Be-troffenen sichere. […]
Die führenden Repräsentanten der liberalen und demo-kratischen Bewegung verfügten nicht über ein schlüssi-

12 »Rundgemälde von Europa im August MDCCCXLIX«.
Federlithographie von Friedrich Schröder aus den Düsseldorfer Monatsheften, 1849.

40 ges Konzept dafür, wie sich der künftige deutsche Nationalstaat in das europäische Umfeld einfügen und wie er sich zu den nationalen Bestrebungen benachbarter Völker verhalten sollte. Dass auch die deutsche Nation auf das Wohlwollen ihrer Nachbarn und die Solidarität
45 der anderen Nationalbewegungen angewiesen sei, dass ihre Anhänger also aus wohlverstandenem Eigeninteresse das Unabhängigkeitsstreben der Italiener, der Ungarn, der Tschechen oder auch der Polen unterstützen müssten, geriet im Frühjahr 1848 schnell aus dem Blick.
50 Im Überschwang der nationalen Gefühle und aus einer vermeintlichen Position der Stärke heraus versagte die liberale und demokratische Mehrheit nicht nur den nationalen Minderheiten im bisherigen Deutschen Bund das Selbstbestimmungsrecht, sondern versuchte auch,
55 die deutschsprachige Bevölkerung außerhalb der Bundesgrenzen in den neuen Staat einzubeziehen. Vergeblich warnte der demokratische Abgeordnete Carl Vogt die Paulskirchenmehrheit, dass ihre Politik »in eine allgemeine Länderfresserei ausgeartet« sei.

Dieter Hein: Die deutsche Revolution 1848/49. In: Peter Wende (Hrsg.), Große Revolutionen der Geschichte. Von der Frühzeit bis zur Gegenwart, München 2000, S. 158–175, hier S. 168 f.

13 Europäische Dimensionen der Revolution von 1848/49.

Der deutsche Historiker Wolfram Siemann, 1997:

Es sind insgesamt acht Aspekte, welche den Ereignissen
5 von 1848 europäische Dimensionen zu verleihen imstande waren. […] Es werden die strukturellen Gemeinsamkeiten herausgestellt, welche mehrere europäische Staaten zugleich tangierten und dort revolutionäre Kräfte begünstigten oder freisetzten. […]
10 Als erste Gemeinsamkeit ist die sozialökonomische Krise vorindustrieller, handwerklicher Berufe zu nennen; sie beruhte auf der vormärzlichen Übervölkerung ganzer Regionen und begünstigte die beginnende Proletarisierung der Großstädte sowie weiter Teile des flachen Landes. Europä-
15 isch daran war der endgültige Zusammenbruch der alten Ständeordnung, die zugleich Rechts-, Lebens- und Sozialordnung war. Pauperismus [Massenarmut], Industrialisierung, Marktorientierung von Berufen und Klassen sowie die lang anhaltende Krise des Handwerks sind die neuen
20 Begriffe, die den tief greifenden Wandel der beiden vorrevolutionären Jahrzehnte fassen. Wo diese Probleme in der Bewegung von 1848/49 gipfelten, äußerte sich diese der Art nach weniger als Akt politischer Befreiung, mehr hingegen als gesellschaftliche Krise, und man kann noch verstärken:
25 Diese Krise orientierte sich vorwiegend nach rückwärts – als Abwehr gegenüber dem Neuen –, äußerte sich in Maschinenstürmen, Judenverfolgungen oder Forderungen nach Zunftschutz des Handwerks vor der Konkurrenz des Kapitals. Die Bewegung von 1848/49 war ihrem Wesen nach zwiespältig: Abwehrkrise und Emanzipationskampf. […]

Eine zweite europäische Dimension wird fassbar in den 30 Missernten – eine Folge der sich über Europa ausbreitenden Kartoffelfäule – und in den nachfolgenden Hunger- und Teuerungskrisen der Jahre 1845 und 1846, gipfelnd 1847. Auch die Reaktionen im Vorfeld der Revolution nahmen europäische Dimensionen an. Sie äußerten sich 35 einesteils in regional zerstreuten, stoßweise sich ausbreitenden Hungertumulten, andernteils in einer vehement ansteigenden Auswanderungswelle in der zweiten Hälfte der 1840er-Jahre, die ja den Namen der »hungry forties« erhalten haben. […] 40
Eine dritte Dimension […] [ist] […] die beginnende internationale Verflechtung der Handels- und Geldströme. […]
Eine vierte europäische Dimension liegt in der Systemverwandtheit konstitutioneller Forderungen. Dazu existierten 45 mehrere Anhaltspunkte: in der französischen Charte constitutionnelle von 1814, die Vorbild für alle einzelstaatlichen Verfassungen im vormärzlichen Deutschland wurde, ja sogar in der Deutschen Bundesakte von 1815, die in ihrem berühmten Artikel 13 verhieß: »In allen 50 Bundesstaaten wird eine landständische Verfassung stattfinden.« Sprengkraft erhielt dieses Prinzip durch die unerfüllten bürgerlichen Forderungen nach hinreichender politischer Beteiligung in den Staaten der monarchischlegitimistischen Restauration seit 1815. Überall entwi- 55 ckelten sich innere politische Kämpfe zum Kampf um eine neue Ordnung auf der Basis einer geschriebenen Verfassungsurkunde. Der revolutionäre Kampf äußerte sich auf diese Weise europaweit als Kampf um Recht und Verfassung – um Bürgerrechte und Konstitution. […] 60
Eine fünfte europäische Dimension liegt im Charakter der traditionellen internationalen Politik, gestützt auf völkerrechtliche Verträge und Beziehungen. Den zeitgenössischen Politikern, voran Metternich, war sogleich klar, dass im Frühjahr 1848 zugleich das auf dem Wiener 65 Kongress begründete internationale System auf dem Spiel stand. Hier handelte es sich um die Politik zwischen europäischen Staaten, und als ein solcher zählte auch der Deutsche Bund, der 1815 als völkerrechtliches Subjekt aus der Taufe gehoben worden war. 1848 stand er zur 70 Disposition. […]
[Die] Politik der europäischen Verfolgung – und der Niederringung der europäischen Revolution – stiftete eine sechste Dimension, welche ihrem europäischen Charakter entsprach: das europäische Exil. Die Schweiz und das 75 Elsass dienten vorübergehend dem Schutz, London entwickelte sich zum zentralen Durchgangsort, die USA zum eigentlichen Fluchtort. […]
Eine siebte Dimension hängt mit dem europäischen Charakter des Nationalismus zusammen. Für viele Nati- 80 onalitäten bildete sich in der ersten Hälfte des 19. Jahrhunderts der Mythos der »unerlösten« Nation; dazu waren in erster Linie die Griechen, Italiener, die Ungarn,

die Polen, darüber hinaus auch die Tschechen und nach
85 dem Wortlaut mancher oppositioneller Propaganda
auch die Deutschen zu rechnen. Die Wurzeln dieses Nationalismus lagen in der Französischen Revolution von
1789, welche das Vorbild für nationale Symbole, Farben
und Fahnen stiftete. [...] Eine letzte – achte – europäi-
90 sche Dimension ist erst in jüngster Zeit richtig wahrgenommen worden. Es ist der »pazifistische Internationalismus« (Dieter Langewiesche). Im September 1848 fand
in Brüssel ein erster internationaler Friedenskongress
statt, im August 1849 tagte man in Paris und ein Jahr
100 später in der Paulskirche. Die Kongresse forderten die
Staaten auf, abzurüsten, die stehenden Heere abzuschaffen, auf Interventionen zu verzichten und keine Kriege
dritter Mächte zu finanzieren.

Wolfram Siemann: Europäische Dimensionen der deutschen Revolution von
1848/49. In: Revolution 1848/49. Schriftenreihe »Deutschland und Europa«,
hrsg. von der Landeszentrale für politische Bildung Baden-Württemberg,
Heft 35 (2/1997), Stuttgart 1997, o. S.

14 **Die 48er-Revolution im Urteil heutiger Historiker**
a) Der Historiker Walter Grab, 1980:
Zweifellos wäre bei einem Sieg der bürgerlichen Revolution der Weg zum ersehnten deutschen Einheitsstaat
5 nicht über Staatsstreiche, aufgelöste Parlamente, oktroyierte Verfassungen und schließlich über Schlachtfelder
in drei Kriegen gegen andere Völker gegangen. Zweifellos hätte bei einem Triumph der Volksbewegung die Idee
der Demokratie, der aktiven Teilnahme der Öffentlich-
10 keit am politischen Entscheidungsprozess, tiefe Wurzeln
in den Köpfen von Millionen geschlagen, anstatt im
militärischen Obrigkeitsstaat zu verkümmern. Zweifellos hätte ein siegreiches 1848 die Ungeheuerlichkeiten,
die den deutschen Namen in unserem Jahrhundert be-
15 fleckt und geschändet haben, verhindert. Aber trotz ihres Scheiterns bildet das revolutionäre Sturmjahr einen
epochalen Einschnitt in der deutschen Geschichte. Die
bürgerlich-demokratische Revolution leitete einen nicht
mehr rückgängig zu machenden Prozess der Erneuerung
20 in allen Lebensbereichen ein. Erstmals eröffnete sich
der Ausblick auf eine von politischer Freiheit und sozialer Gleichheit bestimmte Gesellschaftsordnung, in
der der Einzelne nicht mehr Objekt fremder Befehls-
gewalt, sondern Subjekt eigener Entscheidungen ist.
25 Erstmals betrat die Arbeiterbewegung, die im Kampf
ihre Organisationen zu schaffen begann, die politische
Arena. Erstmals wurden 1848 laut und allen vernehm-
bar die Ideen des sozialen Wohlfahrtsstaats, der frei-
heitlich-parlamentarischen Demokratie, der Födera-
30 tivrepublik, der Abschaffung aller sozialen Privilegien
der Geburt und des Besitzes verkündet. Die geschichtliche Entwicklung hat gezeigt, dass die Ideen von 1848
mächtiger und zukunftsträchtiger waren als die Ideen
von 1871, auf denen der Obrigkeitsstaat Bismarcks be-
35 ruhte. [...] Das unter seiner Ägide in Blut und Eisen

geschaffene Reich, dessen Verfassung keinen Grund-
rechtskatalog besaß [...], ging nach weniger als einem
halben Jahrhundert blutig und eisern in einem Krieg
zugrunde. [...] Die Grundsätze hingegen, von denen
sich die 1848 unterlegenen republikanischen Volkstri- 40
bunen leiten ließen, nämlich die universalen Ideen der
unveräußerlichen Menschenrechte, der demokratischen
Sozialordnung und der brüderlichen Gleichberechtigung aller Nationen, sind heute ebenso gültig wie vor
vier Generationen. Ein Jahrhundert nach dem anschei- 45
nenden Triumph der Reaktion und dem Scheitern der
Revolution sind sie zum großen Teil im Grundgesetz der
Bundesrepublik verankert worden. An dieses stets neu zu
erkämpfende Vermächtnis der geschlagenen, aber unbe-
siegbaren Revolutionäre von 1848 gilt es anzuknüpfen. 50

Walter Grab, Die Revolution 1848/49. Eine Dokumentation, München
1980, S. 25 f. [Neuaufl. Stuttgart 1998]

*b) Der Historiker Heinrich August Winkler zum Ausgang der
Revolution von 1848:*
Gescheitert war die Revolution vor allem an einer politischen Überforderung des deutschen Liberalismus: Es erwies sich als unmöglich, Einheit und Freiheit zur gleichen 5
Zeit zu verwirklichen. In den alten Nationalstaaten des
europäischen Westens, in Frankreich und England zumal,
war die nationale Vereinheitlichung über Jahrhunderte
hinweg das Werk von Königen und Ständeversammlun-
gen gewesen; wer mehr Freiheit wollte, fand den staatli- 10
chen Rahmen schon vor, in dem die Veränderungen erfolgen sollten. In Deutschland musste der staatliche Rahmen
für das Vorhaben der Liberalen und Demokraten erst noch
hergestellt werden. Die Liberalen im engeren Sinn waren
sich durchaus bewusst, dass sie, während sie am staat- 15
lichen Rahmen des neuen Deutschland arbeiteten, die
Machtmittel der größeren deutschen Staaten mit Preußen
an der Spitze benötigten, um das Werk der nationalen
Einigung auch außen, gegen andere Mächte, abzusichern.
Schon deswegen (und nicht nur, weil sie die soziale Revo- 20
lution fürchteten) verbot sich aus ihrer Sicht eine Politik
der Konfrontation mit den alten Gewalten – eine Politik,
wie die Linke sie befürwortete und betrieb. [...]
Dass die Liberalen und Demokraten Einheit und Freiheit nicht aus eigener Kraft verwirklichen konnten, hat- 25
te verhängnisvolle Folgen für das deutsche politische
Bewusstsein: Es blieb obrigkeitlich verformt. Doch das
ehrgeizige Doppelziel war 1848 objektiv unerreichbar.
Und es war nicht nur ein Unglück, dass es nicht erreicht
wurde. Denn wenn die konsequenten Revolutionäre Ge- 30
legenheit erhalten hätten, ihr Programm in die Tat um-
zusetzen, wäre das Ergebnis vermutlich eine europäische
Katastrophe gewesen.

Heinrich August Winkler: Deutsche Geschichte vom Ende des Alten Reiches
bis zum Untergang der Weimarer Republik (Sonderausgabe für die Bundeszentrale und die Landeszentralen für politische Bildung von »Der lange Weg
nach Westen«, Bd. 1). Bonn 2000, S. 129 f.

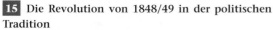

15 Die Revolution von 1848/49 in der politischen Tradition
a) oben: »Märzzeitung 1898«
b) oben rechts: »1848/1948«. Plakat zur Ausstellung im Alten Rathaus, (Ost-)Berlin
c) rechts: Titelblatt des »Spiegel« Nr. 7/1998

Arbeitsvorschläge
Analysieren Sie die Bilder vor dem politischen Hintergrund ihrer Entstehungszeit (M 15a–c):
a) Analysieren Sie die Darstellung der Personen auf dem Plakat von 1948 (M 15b). Was sollen sie jeweils verkörpern? Welche Vorstellung von Revolutionen lässt sich daraus ablesen?
b) Erläutern Sie die Reihe der gezeigten deutschen Politiker auf dem „Spiegel"-Titel (M 15c). Zeigen Sie die vorgenommene Bewertung der Revolution von 1848 auf. Suchen Sie nach einem historischen Zusammenhang, in den die drei Personen mit der Revolution gebracht werden.

3

Arbeitsvorschläge

a) Untersuchen Sie, wie die geplante Verfassung die Frage der Gewaltenteilung geregelt hätte und welche Stellung den Ländern in dem so verfassten Staatsgebilde zugekommen wäre.

b) Beschreiben Sie die Lage in Berlin, wie sie sich Fanny Lewald darbot. Gehen Sie dabei insbesondere auf die Unterschiede ein, die sie zwischen den Pariser und Berliner Ereignissen sah (M6).

c) Stellen Sie dar, welchen Ausweg aus den revolutionären Unruhen Friedrich Wilhelm IV. vorschlägt (M7a).

d) Stellen Sie die Auffassung Friedrich Wilhelms IV. in M7b seiner Haltung vom März 1848 gegenüber (M7a) und bewerten Sie sein Verhalten im Verlauf der Revolution.

e) Stellen Sie die Argumente zusammen, mit denen sich Ziegert gegen den Vorwurf der »politischen Unreife« des Volkes wendet (M8b).

f) Erläutern Sie, was Wernher unter dem Begriff des »physischen Volkes« im Gegensatz zum »politischen Volk« versteht (M8c).

g) Stellen Sie die Aussagen Ziegerts und Wernhers gegeneinander. Diskutieren Sie, welche Konsequenzen sich aus den verschiedenen Konzepten für den Verlauf der Revolution ergaben.

h) Diskutieren Sie Jordans und Ruges Auffassung vom Verhältnis zwischen nationalen Interessen und Völkerrecht (M9a und b). Worin liegt der grundsätzliche Unterschied zwischen beiden Standpunkten?

i) Grenzen Sie freiheitlich-demokratische und nationale Forderungen voneinander ab und zeigen Sie mögliche Konflikte, Probleme und Konsequenzen auf (M9c und d).

j) Beschreiben und erklären Sie die einzelnen Bildelemente (M10). Formulieren Sie anschließend, zu welcher Gesamtaussage sich die Elemente in der Darstellung verdichten.

k) Arbeiten Sie die innenpolitischen und außenpolitischen Dimensionen der »nationalen Idee« heraus.

l) Warum erwägt keiner, einen Gedenktag zu Ehren der Märzerhebung von 1848 und der Märzverfassung von 1849, etwa am letzten Märzsonntag, einzuführen?« Stellen Sie Argumente für und gegen den Vorschlag des Historikers Hans-Ulrich Wehler (1998) zusammen. Beziehen Sie Stellung: Mit welcher Begründung würden Sie einen Revolutionsgedenktag befürworten oder ablehnen?

m) Vergleichen Sie die unterschiedlichen Bewertungen der Revolution von 1848. Ist die Revolution von 1848 gescheitert? Stellen Sie aus den verschiedenen Beurteilungen die Gründe zusammen, die dafür und dagegen sprechen. Nehmen Sie selbst Stellung und begründen Sie Ihre Ansicht (M13, M14).

n) Arbeiten Sie heraus, welche positiven und negativen Folgen die Revolution nach Ansicht der Autoren für die nachfolgende Geschichte Deutschlands hatte.

Von der Restauration zur Revolution 1848/49

1815	Der Wiener Kongress beschließt die territoriale Neuordnung und verfassungspolitische Restauration Europas.
1817	Auf dem Wartburgfest feiern Studenten den Jahrestag des Sieges über Napoleon in der Völkerschlacht bei Leipzig und verbrennen „undeutsche" Bücher.
1819	Mit den „Karlsbader Beschlüssen" verschärft der Deutsche Bund die Unterdrückung aller oppositionellen Kräfte.
1820–1823	Unabhängigkeitskampf in Griechenland gegen die osmanische Herrschaft
1830	Die Julirevolution in Frankreich stärkt die Macht des Besitzbürgertums. Mehrere revolutionäre Erhebungen erzwingen in Mittel- und Norddeutschland konstitutionelle Staatsformen. Belgien trennt sich von den Niederlanden und wird zu einem liberalen Königreich. Aufstände in verschiedenen Regionen der italienischen Halbinsel
1830–1831	Aufstand in Polen gegen die russische Herrschaft, der aber durch die russische Armee mit deutscher und österreichischer Hilfe niedergeschlagen wurde.
1832	Das „Hambacher Fest" wird zu einer Kundgebung der liberalen, demokratischen und nationalen Opposition in Deutschland.
1844–1846	Schwere Konjunkturkrise in Mitteleuropa. Es kam vielerorts zu sozialen Protesten (Weber-Aufstand in Schlesien) und zu großen Migrationsbewegungen.
1847/48	Bürgerkrieg in der Schweiz
1848	Februar: Die Revolution stürzt den „Bürgerkönig" Louis Philippes. Frankreich wird Republik. März: Es brechen Unruhen in Wien und Berlin aus. Im Verlauf der Ereignisse kommt es zur Spaltung der liberalen Protestbewegung. Mai: Die erste Nationalversammlung tritt in der Frankfurter Paulskirche zusammen. Oktober: In Österreich siegt die Gegenrevolution.
1849	März: Die Nationalversammlung verabschiedet die Reichsverfassung. Sommer: Die ungarische Revolution wird mit russischer Hilfe von Österreich niedergeschlagen. „Mairevolution" in Baden. Juni: Die Nationalversammlung wird endgültig aufgelöst.

3

Wilhelm I.

4. Zwischen Demokratie und Obrigkeitsstaat: Deutschland 1848–1933

4.1 Reichsgründung und „Revolution von oben"

Am 18. Januar 1871 wurde in Versailles in Anwesenheit der deutschen Fürsten das Deutsche Reich gegründet. Und der preußische König Wilhelm I. wurde zum deutschen Kaiser ausgerufen. Er war einer der erbittertsten Gegner der Revolution von 1848 gewesen und hatte später die Niederschlagung des letzten Aufstands in Baden befehligt. Was hatte, nachdem die Reichseinheit 1849 nicht erreicht worden war, diese „Revolution von oben" möglich gemacht?

Preußen – Deutschlands wirtschaftliche Führungsmacht

Auch wenn Deutschland politisch kein einheitliches Reichsgebiet hatte, so wuchsen doch die wirtschaftlichen Verflechtungen: Seit 1834 förderte der Deutsche Zollverein die wirtschaftliche Einheit der deutschen Staaten. Preußen hatte die Führung im Deutschen Zollverein übernommen. Mit seinen Industriegebieten in Oberschlesien, an der Ruhr und im Saarland war es im Deutschen Bund die stärkste Wirtschaftsmacht. Es geriet daher in immer stärkeren Gegensatz zu Österreich, das dem Zollverein nicht angehörte und wirtschaftlich weit rückständiger war. Das besitzende Bürgertum, das von Industrialisierung und Wirtschaftsliberalismus profitierte, unterstützte die preußische Politik. Die Verwirklichung eines deutschen Nationalstaats ohne revolutionär-soziale Veränderungen entsprach den Interessen der Wirtschaftsbürger. „Realpolitik", die sich pragmatisch an den Gegebenheiten orientierte und flexibel reagierte, war angesagt.

Außenpolitische Konstellation

Die Kräftekonstellation auf dem Kontinent war für den Aufstieg einer neuen Macht – Preußen – günstig: Russland war bestrebt, seinen Einfluss im Osmanischen Reich zu vergrößern und das Schwarze Meer strategisch zu sichern. England hingegen fürchtete eine russische Expansion wegen der Handelswege nach Indien und im Mittelmeer. Es trat daher zusammen mit Frankreich in den Krimkrieg zwischen Russland und dem Osmanischen Reich ein, der eine russische Niederlage brachte. Ein Eingreifen Englands oder Russlands auf dem Kontinent war also nicht zu erwarten. Das Gleiche galt zunächst für Frankreich, das noch zwischen Preußen und Österreich lavierte. Österreich unterlag 1859 im Krieg gegen Piemont-Sardinien. Die Schwächung Österreichs begünstigte die Absicht Preußens, die Frage der nationalen Einheit zu eigenen Gunsten zu entscheiden.

Bismarck preußischer Ministerpräsident

1862 kam es in Preußen zu einer innenpolitischen Krise. Die liberale Mehrheit im Abgeordnetenhaus lehnte die vom König geplante Erhöhung des Wehretats ab. Wilhelm I. ernannte Otto von Bismarck, bis zum Zeitpunkt Gesandter Preußens in Paris, zum Ministerpräsidenten. Denn Bismarck signalisierte seine Bereitschaft, die Heeresreform auch ohne Haushaltsgesetz und damit gegen das Parlament durchzuführen. Aufgrund seiner Herkunft aus dem ostelbischen Junkertum und seiner scharf ablehnenden Haltung der Revolution 1848/49 galt Bismarck als reaktionär. Doch er erwies sich durchaus als „Realpolitiker". Konsequent verfolgte er das Ziel einer preußischen Hegemonie unter Ausschaltung Österreichs. Dabei zählte Bismarck auf die wirtschaftlichen Interessen des liberalen Bürgertums an der Einheit Deutschlands. Er wurde zum Verfechter der nationalen Sache.

Prägend für Bismarcks politisches Denken war die Vorstellung vom Obrigkeitsstaat, in dem die monarchische Gewalt und das Militär das Sagen hatten. Er war entschlossen, die deutsche Einigung nicht einer Volksbewegung zu überlassen: „Nicht durch Reden und Majoritätsbeschlüsse" würden die Fragen der Zeit entschieden, sondern durch „Blut und Eisen".

Dies bedeutete einerseits Krieg und andererseits den Versuch einer Revolution „von oben": 1863 wollte das dänische Königreich Schleswig annektieren, ein
Schritt, der in Deutschland Empörung auslöste. Nachdem Bismarck durch geschickte Diplomatie die Neutralität der europäischen Großmächte erreicht hatte,
zogen ein Jahr später unter preußischer Führung Österreicher und Preußen in den
Krieg gegen die dänischen Truppen. Nach seiner Niederlage musste Dänemark
die Herzogtümer Schleswig und Holstein abtreten. Preußen erhielt die Verwaltung Schleswigs, Österreichs die Holsteins. Bismarck jedoch betrieb die Annexion
beider Herzogtümer und ging dabei das Risiko eines Krieges gegen Österreich
bewusst ein. Im Bündnis mit dem italienischen Königreich Sardinien-Piemont
gelang 1866 den preußischen Truppen der Sieg über ihre österreichischen Gegner.
Gegenüber dem preußischen König und den Militärs setzte Bismarck moderate
Friedensbedingungen für Österreich durch. Den Deutschen Bund erklärte er für
aufgelöst. Österreich wurde damit aus Deutschland herausgedrängt – ein epo-
chaler Einschnitt. Preußen annektierte Schleswig und Holstein sowie Hannover,
Kurhessen, Nassau und Frankfurt. Es erreichte damit seine größte Ausdehnung.
Die innere Struktur Deutschlands wurde umgestaltet: An die Stelle des Deutschen
Bunds trat der Norddeutsche Bund, ein Bundesstaat aller Staaten nördlich der
Mainlinie unter preußischer Hegemonie. Schutzbündnisse mit den süddeutschen
Staaten garantierten deren Beistand im Kriegsfall.

Kriege gegen Dänemark und Österreich, Norddeutscher Bund

In Preußen war inzwischen die liberale Opposition im Abgeordnetenhaus zerbrochen: Die Nationalliberalen unterstützten Bismarcks Politik der nationalen Einigung „von oben" angesichts der Erfolge 1864 und 1866. Die Linksliberalen wollten

Spaltung der Liberalen

1 Deutschland 1871

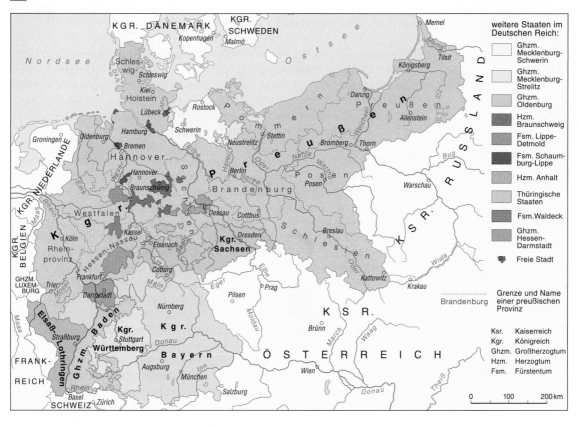

aber die Forderung nach politischer Mitsprache und Parlamentarismus nicht aufgeben. Von der Fortschrittspartei (1861 gegründet) spaltete sich 1867 die Nationalliberale Partei ab. Mit großer Mehrheit befürwortete das Abgeordnetenhaus Bismarcks „Indemnitätsvorlage" (nachträgliche Zustimmung des Parlaments zu einer verfassungswidrigen Maßnahme der Regierung) und billigte sein Verhalten von 1862. Damit anerkannte Bismarck zwar die Rechte des Parlaments. Er rechtfertigte zugleich aber seine „Lückentheorie", wonach die Verfassung nichts aussage über ein Vorgehen, wenn das Parlament das Budget nicht verabschiede. Durch alleinige Entscheidungsgewalt der Exekutive müsse aber diese Lücke geschlossen werden.

Süddeutsche Staaten

Bismarcks Einigungspolitik zielte jetzt auf die süddeutschen Staaten, die 1867 dem Zollverein beitraten. Denn wirtschaftliche Motive sprachen hier durchaus für eine Anlehnung an die Führungsmacht Preußen. Der Handel mit Norddeutschland machte 95 Prozent des süddeutschen Handelsvolumens aus. Mit der Einführung eines Zollbundesrates und eines Zollparlaments hoffte Bismarck, die wirtschaftliche Zusammenarbeit zu vertiefen. Vor allem in Bayern und Württemberg brachten die Wahlen zum Zollparlament aber einen Sieg der antipreußischen Kräfte.

Deutsch-französischer Krieg, Reichsgründung

Seit dem preußischen Sieg über Österreich fürchtete Frankreich um seine Vormachtstellung in Europa. Der Anlass für den offenen Konflikt war die Frage der spanischen Thronnachfolge. Bismarck setzte sich gegen französischen Widerstand für einen Hohenzollernprinzen ein. Weder Frankreich noch Preußen wollten eine diplomatische Niederlage hinnehmen. Dass Bismarck die in der „Emser Depesche" formulierten Forderungen Frankreichs in verschärfter Form der Presse weitergab, führte zur französischen Kriegserklärung. Für die süddeutschen Staaten trat der Bündnisfall ein: Die Nation vereinigte sich gegen den äußeren Feind. Frankreich wurde besiegt. Es musste Elsass-Lothringen abtreten und eine Kriegsentschädigung zahlen.

2 Medaille von 1895
Vorderseite: „Fürst Bismarck. Baumeister des Deutschen Reiches".

Die vier süddeutschen Staaten stimmten den Anschlussverträgen an den Norddeutschen Bund unverändert zu, nachdem Bismarck ihnen mit einigen Konzessionen entgegengekommen war. Am 18. Januar 1871 wurde in Versailles Wilhelm I. zum „Deutschen Kaiser" proklamiert. Die Reichsgründung war – wie das neue Kaiserreich – ein Zusammenschluss der Fürsten und nicht aus den Beschlüssen einer deutschen Nationalversammlung hervorgegangen.

Reichsverfassung

Noch im April 1871 trat die Reichsverfassung in Kraft. Sie entsprach weitgehend der des Norddeutschen Bundes und befestigte die Vormachtstellung Preußens. Der preußische König war zugleich deutscher Kaiser, er ernannte den Reichskanzler, der in der Regel zugleich Vorsitzender des Bundestages und preußischer Ministerpräsident war. Der Reichskanzler und die Reichsregierung waren abhängig vom Kaiser, nicht vom Parlament. Die Kompetenzen des Reichstages waren beschränkt. Er konnte Gesetze vorschlagen und über Gesetzesvorlagen abstimmen (Gesetzesinitiative), doch benötigten die Gesetze noch die Zustimmung des Bundesrates. Zusammen beschlossen Reichstag und Bundesrat über den Staatshaushalt (Budgetrecht). Im Bundesrat besaß Preußen mit 17 von 58 Vertretern der Einzelstaaten genügend Stimmen, um Verfassungsänderungen zu blockieren. (Die Sperrminorität von 14 Stimmen erreichten zusammen etwa auch die Länder Württemberg, Baden und Sachsen.) Dass Preußen, das Zweidrittel des Reichsgebiets und drei Fünftel der Reichseinwohner umfasste, eine im Vergleich niedrigere Stimmenanzahl besaß, war ein Zugeständnis an die anderen 24 Einzelstaaten. Der neu entstandene Bundesstaat ließ den einzelnen Bundesmitgliedern wichtige Souveränitätsrechte wie das Recht auf eigene Gesandtschaften.

3 Preußen – Großmacht oder Bundesstaat?

Bismarck in einem Brief an den Gesandten in Paris, Graf von der Goltz, 24. Dezember 1863:

[…] Die Frage ist, ob wir eine Großmacht sind oder ein
5 deutscher Bundesstaat, und ob wie, der ersteren Professoren, Kreisrichter und kleinstädtische Schwätzer zu regieren sind. Die Jagd hinter dem Phantom der Popularität „in Deutschland", die wir seit den vierziger Jahren betrieben, hat uns unsre Stellung in Deutschland und Europa
10 gekostet und wir werden sie nicht dadurch wieder gewinnen, dass wir uns vom Strome treiben lassen in der Meinung, ihn zu lenken, sondern nur dadurch, dass wir fest auf eignen Füßen stehen und zuerst Großmacht, dann Bundesstaat sind. […] Wenn wir jetzt den Großmächten
15 den Rücken drehen, um uns der in dem Netz der Vereinsdemokratie gefangenen Politik der Kleinstaaten in die Arme zu werfen, so wäre das die elendste Lage, in die man die Monarchie nach innen und außen bringen könnte. Wir würden geschoben, statt zu schieben, wir
20 würden uns auf Elemente stützen, die wir nicht beherrschen und die uns notwendig feindlich sind, denen wir uns aber auf Gnade und Ungnade ergeben hätten. Sie glauben, dass in der „deutschen öffentlichen Meinung", Kammern, Zeitungen etc. irgendetwas steckt, was uns in
25 einer Unions- oder Hegemoniepolitik stützen oder helfen könnte. Ich halte das für einen radikalen Irrtum, für ein Phantasiegebilde. Unsere Stärkung kann nicht aus Kammern- und Pressepolitik, sondern nur aus waffenmäßiger Großmachtpolitik hervorgehen.

Zit. nach: Lautemann, W./Schlenke, M. (Hg.): Geschichte in Quellen: Das bürgerliche Zeitalter 1815–1914. München 1980, S. 323 f.

4 Die deutsche Einigung als Zwangseinheit

Der linksliberale Abgeordnete Jacoby in einer Debatte des preußischen Abgeordnetenhauses, 23. August 1866:

Auch ich, meine Herren, erkenne in vollem Maße die
5 heldenmütige Tapferkeit des Heeres wie die Großartigkeit der kriegerischen Erfolge. Allein in den freudigen Siegesruf […] der Regierungspartei vermag ich nicht einzustimmen. Die Volkspartei hat nach meiner Ansicht weder ein Recht dazu noch auch einen triftigen Grund – kein Recht,
10 denn der Krieg ist ohne, ja gegen den Willen des Volkes unternommen, keinen triftigen Grund, denn nicht der Volkspartei, nicht der Freiheit kommt der errungene Sieg zugut, sondern dem unumschränkten Herrschertume, der Machtvollkommenheit des obersten Kriegsherrn. Meine
15 Herren! Seit einem Vierteljahrhundert kämpfe ich für den

Rechts- und Verfassungsstaat, für bürgerliche und staatliche Freiheit, Sie werden es mir schon zugute halten, wenn ich auch heute mich nicht dazu verstehen kann, an die Ereignisse der Gegenwart einen anderen Maßstab anzulegen als den altgewohnten der Freiheit. Tue ich dies aber, 20
so muss ich meine innige, aufrichtige Überzeugung dahin aussprechen, dass der eben beendete Krieg, gegen Deutsche geführt, im Bunde mit einer fremdländischen Macht, – trotz aller Siege des tapferen Heeres – dem preußischen Volk weder zur Ehre noch dem gesamten deutschen Va- 25
terland zum Heile gereicht. […] Ich glaube vielmehr, dass der Ausschluss Österreichs, das heißt die Ausstoßung von Millionen deutscher Brüder aus dem Vaterlande, dass die Spaltung Deutschlands durch die Mainlinie, beiläufig ein Plan, den die preußische Kabinettspolitik bereits seit dem 30
Jahre 1822 verfolgt, dass, mit einem Worte, die Verwirklichung des kleindeutschen Ideals eines Drittel- oder Zweidrittel-Deutschlands unter preußischer Herrschaft – uns von dem ersehnten Ziele deutscher Einheit und Freiheit weiter entfernt als selbst der frühere Bundestag und die vor 35
dem Krieg vorhandenen Zustände. […]
Täuschen wir uns doch nicht über die politische Bedeutsamkeit kriegerischer Erfolge. Mögen immerhin andere Völker Europas auf dem Wege der Gewalt, durch eine Art Blut- und Eisenpolitik zu ihrer staatlichen Ein- 40
heit gelangt sein, das deutsche Volk, eine tausendjährige Geschichte bezeugt es, hat von jeher allen solchen Einigungsversuchen Widerstand geleistet. Zwangseinheit, Einheit ohne Freiheit, ist eine Sklaveneinheit, die weder Wert hat noch Bestand, am allerwenigsten aber kann 45
man sie […] als eine Vorstufe zur Freiheit betrachten. Der Herr Ministerpräsident selbst hat Ihrer Kommission erklärt, vor allem komme es darauf an, „die Hausmacht Preußens zu stärken". Dem spezifisch-preußischen Sonderinteresse mag dies vielleicht entsprechen, von deut- 50
schem Standpunkte, d. h. vom Standpunkte der Freiheit aus, kann ich diese Stärkung preußischer Hausmacht durch Zwangserwerb, die Ausbreitung des Militärstaats Preußen über ganz Norddeutschland nicht als ein glückverheißendes Ereignis begrüßen. Dauert in Preußen das 55
bisherige Regierungssystem fort – und bis jetzt ist von einer Veränderung kaum etwas zu merken – dann würde die künftige Neugestaltung Deutschlands sich zu der früheren Zersplitterung und Ohnmacht nicht anders verhalten als wie zu Krankheiten der Tod. 60

Zit. nach: Fenske, H. (Hg.): Quellen zum politischen Denken der Deutschen im 19. und 20. Jahrhundert: Der Weg zur Reichsgründung: 1850–1870. Darmstadt 1977, S. 326 ff.

Arbeitsvorschläge

a) Fassen Sie die Überlegungen Bismarcks (M 3) in Thesen zusammen.
b) Arbeiten Sie die Argumente in M 4 gegen Bismarcks Politik heraus und vergleichen Sie die Einwände mit Bismarcks tatsächlichem politischen Vorgehen (VT, M 1).
c) Vergleichen Sie die Bedeutung der Jahre 1866 und 1871 für die Reichsgründung.

Methode: Verfassung und Verfassungsschaubild

Staatsform und Aufgaben der staatlichen Gewalt verdeutlichen

Bundesstaat, Legislative, Mehrheitswahlrecht – eine Verfassung, die rechtliche Grundordnung eines Staates, ist ein komplexes Gebilde. Verfassungen bestimmen in der Regel die Staatsform (Monarchie oder Republik) und seinen organisatorischen Aufbau (unitarisch oder föderalistisch). Sie nennen die Aufgaben der staatlichen Institutionen und die Rechte der Bevölkerung. Dabei schreiben Verfassungen meist die individuellen Grundrechte, auch oft die Gestaltung der Sozial- und Wirtschaftsordnung fest.

Die Reichsverfassung von 1849 garantiert Grundsätze wie Gewaltenteilung und Sicherung freiheitlich-bürgerlicher Rechte. Sie beschneidet die Machtstellung des Monarchen, der auch auf die Verfassung verpflichtet ist (konstitutionelle Monarchie). Nach wie vor besitzt die Exekutive aber eine starke Stellung. Der Kaiser steht der Regierung vor und ist Oberbefehlshaber der Streitkräfte.

Umsetzung der Gewaltenteilung skizzieren

Der Reichstag besitzt das Recht zur Gesetzgebung. (Zur besseren Unterscheidung sollte die Legislative im Verfassungsschema von Exekutive und Gerichten farblich abgehoben werden.) Die Gesetze wie auch der Staatshaushalt müssen von beiden Kammern des Reichstags, dem Volkshaus und dem Staatenhaus, mit einfacher Mehrheit beschlossen werden. Gegenüber den Reichtagsbeschlüssen verfügt der Kaiser nur über ein suspensives (aufschiebendes) Veto.

Föderalistische bzw. unitaristische Merkmale herausarbeiten

Die deutschen Einzelstaaten behalten weitgehend ihre Souveränität (föderalistisches Element). Über die Zweite Kammer des Reichstags, das Staatenhaus, sind sie an der Reichspolitik beteiligt. Gleichzeitig soll der Gesamtstaat durch umfangreiche Kompetenzen eine starke Stellung erhalten (unitarisches, d. h. Einheit und Zentralgewalt des Staates stärkendes Element): Das Reich besitzt die alleinige Zuständigkeit für die Außenpolitik und die Organisation des Heeres.

Rechte der Bevölkerung festhalten

Männer über 25 Jahre sind berechtigt, die Landtage der Einzelstaaten und das Volkshaus, die eine Kammer des gesamtdeutschen Reichstags, zu wählen. Die Wahlen sind allgemein und gleich, also nicht von der Steuerleistung abhängig (Zensuswahlrecht). Gleichheit vor dem Gesetz, Freiheit der Person, Glaubens- und Meinungsfreiheit, Freizügigkeit und Eigentumsrecht gehören zu den Grundrechten, die die Verfassung gewährleistet.

Machtverteilung und Formen der Kontrolle darstellen

Verfassungsschemata geben einen Überblick über staatliche Machtverteilung, Machtkonzentration und -beschränkung. Sie zeigen, woraus sich die staatliche Herrschaft ableitet. So bestimmen die wahlberechtigten Männer Abgeordnete der Parlamente zu Vertretern ihrer Interessen. Das Staatsoberhaupt ist als erblicher Kaiser nicht demokratisch legitimiert. Pfeile und Verbindungslinien zwischen den einzelnen Institutionen schaffen Klarheit, wie Organe sich gegenseitig beeinflussen – und überprüfen. So besitzt der Kaiser das Recht, die Regierung zu ernennen und zu entlassen. Er kann auch den Reichstag auflösen.

Arbeitsvorschläge

a) Entwerfen Sie auf der Grundlage des Textes der Verfassung von 1871 (M 6) ein Verfassungsschema (vollständiger Text unter www.documentarchiv.de).

b) Vergleichen Sie die Verfassung von 1849 (M 5) mit der Verfassung des Deutschen Reiches von 1871 und der Verfassung der Weimarer Republik. Fassen Sie anschließend Besonderheiten dieser Verfassungen unter den Stichpunkten Obrigkeitsstaat und politische Mitsprache zusammen.

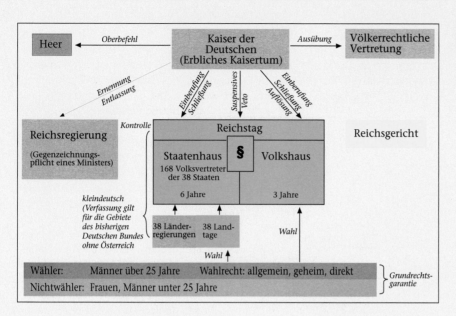

5 Schaubild der von der Nationalversammlung 1849 angenommenen Verfassung

---

6 Die Verfassung des Deutschen Reiches von 1871

II. Reichsgesetzgebung

Art. 5 Die Reichsgesetzgebung wird ausgeübt durch den Bundesrat und den Reichstag. Die Übereinstimmung der Mehrheitsbeschlüsse beider Versammlungen ist zu einem Reichsgesetze erforderlich und ausreichend. [...]

III. Bundesrat

Art. 6 Der Bundesrat besteht aus den [58 von den Regierungen entsandten] Vertretern der Mitglieder des Bundes. [Mit 17 Stimmen ist Preußen die stärkste Kraft, es kann z. B. Verfassungsänderungen blockieren.]

Art. 7 Der Bundesrat beschließt:

über die dem Reichstage zu machenden Vorlagen und die von demselben gefassten Beschlüsse; [...]

Jedes Bundesmitglied ist befugt, Vorschläge zu machen und in Vortrag zu bringen, und das Präsidium ist verpflichtet, dieselben der Beratung zu übergeben. [...]

IV. Präsidium

Art. 11 Das Präsidium des Bundes steht dem König von Preußen zu, welcher den Namen Deutscher Kaiser führt. Der Kaiser hat das Reich völkerrechtlich zu vertreten, im Namen des Reichs Krieg zu erklären und Frieden zu schließen, Bündnisse und andere Verträge mit fremden Staaten einzugehen [...]. Zur Erklärung des Krieges ist die Zustimmung des Bundesrats erforderlich, es sei denn, dass ein Angriff auf das Bundesgebiet [...] erfolgt. [...]

Art. 12 Dem Kaiser steht es zu, den Bundestag oder den Reichstag zu berufen, zu eröffnen, zu vertagen oder zu schließen. [...]

Art. 15 Der Vorsitz im Bundesrate und die Leitung der Geschäfte steht dem Reichskanzler [zugleich preußischer Ministerpräsident] zu, welcher vom Kaiser zu ernennen ist. [Der Reichskanzler ist Chef der Reichsregierung aus 10 Staatssekretären.]

Art. 17 Dem Kaiser steht die Ausfertigung und Verkündung der Reichsgesetze und die Überwachung und Ausführung derselben zu. Die Anordnungen und Verfügungen des Kaisers werden im Namen des Reichs erlassen und bedürfen zu ihrer Gültigkeit der Gegenzeichnung des Reichskanzlers, welcher dadurch die Verantwortlichkeit übernimmt. [...]

Art. 19 Wenn Bundesglieder ihre verfassungsmäßigen Pflichten nicht erfüllen, können sie dazu im Wege der Exekution angehalten werden. Diese Exekution ist vom Bundesrate zu beschließen und vom Kaiser zu vollstrecken.

V. Reichstag

Art. 20 Der Reichstag geht aus allgemeinen und direkten Wahlen mit geheimer Abstimmung hervor. [...]

Art. 23 Der Reichstag hat das Recht, innerhalb der Kompetenz des Reichs Gesetze vorzuschlagen und an ihn gerichtete Petitionen dem Bundesrate resp. Reichskanzler zu überweisen.

Art. 24 Die Legislaturperiode des Reichstages dauert drei Jahre. Zur Auflösung des Reichstages während derselben ist ein Beschluss des Bundesrates unter Zustimmung des Kaisers erforderlich. [...]

IX. Reichskriegswesen

Art. 63 Die gesamte Landmacht des Reiches wird ein einheitliches Heer bilden, welches in Krieg und Frieden unter dem Befehle des Kaisers steht. [...]

XII. Reichsfinanzen

Art. 69 Alle Einnahmen und Ausgaben des Reiches müssen für jedes Jahr veranschlagt [...] werden. [Der Reichshaushalts-Etat] wird vor Beginn des Etatjahres [...] durch ein Gesetz festgestellt.

[Das Reichsgericht wird erst 1879 gegründet.]

F. Siebert: Von Frankfurt nach Bonn. Hundert Jahre deutsche Verfassungen 1848–1949. Bonn 1978, S. 66 ff.

Die beiden Herzogtümer Schleswig und Holstein waren seit 1460 in Personalunion mit der dänischen Krone verbunden. Holstein war zugleich Teil des Heiligen Römischen Reiches Deutscher Nation. Erste Spannungen entstanden jedoch, als die dänische

deutsch-dänische Grenze 1866–1920

deutsch-dänische Grenze nach 1920

Dänische Sprache 1858:

dänische Kirchen- und Schulsprache

wechselnde dänische und deutsche Kirchensprache; dänische Schulsprache

Südgrenze der Verbreitung der dänischen Volkssprache

ab 1867 preußische Provinz Schleswig-Holstein

Monarchie versuchte, nach 1815 eine stärkere Zentralisierung durchzusetzen und sich in Nordschleswig eine „eiderdänische" Bewegung bildete, die eine Ausdehnung Dänemarks bis zur Eider forderte. Demgegenüber gewann das schleswig-holsteinische Bürgertum an Selbstbewusstsein und forderte aus wirtschaftlichen Gründen eine Einbindung in den deutschen Zollverein.

Zum offenen Konflikt kam es nach den ersten Erhebungen in Paris 1848, als sich auch in Kiel spontan Bürgerwehren bildeten. Der dänische König Friedrich VII. versuchte zunächst der schleswig-holsteinischen Bewegung durch eine liberalere Gesamtstaatsverfassung entgegen zu kommen, wurde aber von nationaldänischen Politikern gezwungen, seine ursprünglich reformbereite konservative Regierung aufzulösen und ein proeiderdänisches Kabinett zu berufen. Daraufhin bildete sich in Kiel eine „Provisorische Regierung", die die Einheit der beiden Herzogtümer betonte. Gleichzeitig wurde die „Schleswig-Holsteinische Frage" zum nationalen Symbol der revolutionären Bewegung in Deutschland und am 12. April 1848 erkannte der Deutsche Bundestag die „Provisorische Regierung" in Kiel an. Freiwillige aus anderen deutschen Fürstentümern kamen nach Schleswig-Holstein. Im Auftrage des Deutschen Bundes erfolgte unter preußischer Führung der Einmarsch von Truppen mehrerer deutscher Länder in

die Herzogtümer. Auf Druck der Großmächte kam es aber in Malmö zu einem dänisch-preußischen Waffenstillstand und zur Auflösung der Provisorischen Regierung in Kiel. Die Nationalversammlung in Frankfurt wurde dabei völlig übergangen, was die nationalen Emotionen erneut anheizte, zugleich aber auch die Machtlosigkeit der revolutionären Bewegung deutlich machte. Nachdem 1849 die Kämpfe noch einmal ausgebrochen waren, kam es endgültig zu einem Friedensvertrag zwischen Dänemark und Preußen. 1850 unterlagen die schleswig-holsteinischen Verbände den Dänen bei Idstedt. 1851 musste sich die Landesversammlung von Schleswig-Holstein wieder der Autorität des dänischen Königs unterstellen und die Großmächte erkannten im Londoner Protokoll vom 8. Mai 1852 die Integrität der beiden Herzogtümer an. Die dabei getroffene Regelung befriedigte jedoch weder die schleswig-holsteinische noch die eiderdänische Bewegung.

Am 15. November 1863 starb Friedrich VII. und sein Nachfolger Christian IX. versuchte wenige Tage später erneut, zumindest Schleswig mittels einer neuen Verfassung dem dänischen Nationalstaat anzuschließen. Der Deutsche Bund protestierte energisch dagegen. Unter maßgeblicher Federführung des preußischen Ministerpräsidenten Otto von Bismarck kam es schließlich zu einer preußisch-österreichischen Intervention in Schleswig-Holstein. Zum Inbegriff des deutsch-dänischen Krieges wurde der Sturm auf die Düppeler Schanze am 18. April 1864, der später in der nationalistischen deutsch-preußischen Mythenbildung einen festen Platz erhielt, letztlich allerdings militärisch, trotz hoher Verluste auf beiden Seiten, keine Entscheidung erbrachte. Erst als auch die Landung auf der Insel Alsen gelang und die dänische Armee ein weiteres Mal zurückgedrängt wurde, gab die dänische Regierung auf. Im Friedensvertrag von Wien musste Dänemark bedingungslos auf die Elbherzogtümer Schleswig und Holstein sowie das kleine Herzogtum Lauenburg verzichten. Diese wurden zunächst provisorisch von Preußen und Österreich gemeinsam verwaltet. Nach dem preußisch-österreichischen Krieg wurden jedoch beide Herzogtümer von Preußen annektiert. Nach dem Ersten Weltkrieg sollte schließlich der nördliche Teil von Schleswig nach einer Volksabstimmung 1920 wieder an Dänemark fallen.

Geschichte Regional:
Die Schleswig-Holstein-Frage 1848–1920

8 Proklamation der Schleswig-Holsteinischen Regierung am 24. März 1848. Gemälde von Hans Ode 1898, Schleswig-Holsteinische Landesbibliothek Kiel.

9 **Die Schleswig-Holstein-Frage als Mittel der Bismarck'schen Politik**

Depesche Bismarcks an den preußischen Gesandten in Wien über Preußens Bedingungen zur Bildung eines Staates
5 *Schleswig-Holstein, 22. Februar 1865:*
Eurer Exzellenz bin ich nunmehr in der Lage in näherer Formulierung die Bedingungen anzugeben, unter welchen wir die Bildung eines neuen Staates Schleswig-Holstein nicht als eine Gefahr für die Interessen Preußens und Deutschlands
10 ansehen dürften. […] Die Herzogtümer bilden einerseits vermöge ihrer geografischen Lage und der politischen Verhältnisse einen sehr exponierten Angriffs- und Verteidigungspunkt für das gesamte Norddeutschland und für Preußen insbesondere; andererseits würden sie in einer
15 isolierten militärischen Stellung nicht imstande sein, sich selbst zu schützen. Preußen wird daher immer ihren Schutz und ihre Verteidigung übernehmen müssen; und wenn es so weitgehende Verpflichtungen und die dafür erforderlichen Opfer auf sich nehmen soll, so muss es auch die
20 Mittel erhalten, diese Verpflichtungen in wirksamer Weise jederzeit erfüllen zu können. […] Der Deutsche Bund kann seinen Schutz nicht auf das Herzogtum Schleswig ausdehnen, welches nicht zu ihm gehört. […] Von der Sicherheit Schleswigs hängt die Sicherheit Holsteins ab. Letzteres ist
25 Bundesland, und der neue Souverän muss in den Stand gesetzt werden, seine Verpflichtungen gegen den Bund in militärischer wie in jeder anderen Hinsicht zu erfüllen. Holstein aber eine andere Militärorganisation zu geben als Schleswig würde zu einer neuen Schwächung des staat-
30 lichen Zusammenhanges führen und das Einschreiten Preußens in Kriegszeiten lähmen. Es muss also ein Modus gefunden werden, um dem neuen Staat eine einheitliche Militärorganisation und zugleich die unumgängliche Verbindung mit dem preußischen Militärsystem zu geben. […]
35 Für die Kriegsmarine der beiden Herzogtümer wird dieselbe organische Verschmelzung mit der preußischen beabsichtigt. […] Außerdem muss die königliche Regierung sich in zwei Punkten einen bestimmenden Einfluss vorbehalten. Der eine trifft den […] Nord-Ostsee-Kanal, über welchen,
40 da er die Verbindungslinie für die preußische Marine in der Nord- und Ostsee bildet, Preußen ein Oberaufsichtsrecht nach den in dem Entwurf entwickelten Grundsätzen in Anspruch nimmt. Der zweite bezieht sich auf das Post- und Telegrafenwesen in den Herzogtümern. […] Ohne die vor-
45 gängige und bindende Regelung der Verhältnisse zu Preußen nach diesen Grundsätzen würden wir in der Bildung eines neuen Staates, wie ich im Eingang bereits angedeutet, eine positive Gefahr für Preußen erkennen.

Zit. nach: L. Hahn, Fürst Bismarck. Sein politisches Leben und Wirken, Bd. 1. Berlin 1878, S. 271 f.

Arbeitsvorschläge

a) Skizzieren Sie die wichtigsten Stationen der „Schleswig-Holsteinischen Frage" zwischen 1815 und 1920.
b) Bismarck stand zunächst 1863/64 als preußischer Ministerpräsident einer schwierigen innenpolitischen Situation gegenüber. Überlegen Sie, aus welchen Beweggründen heraus er 1864 eine militärische Intervention gegen Dänemark forderte.
c) Klären Sie anhand der Textquelle die preußischen Interessen, wie sie in Bismarcks Bedingungen sichtbar werden. (M6)

Deutschland zwischen Revolution und Reaktion

1815	Auf dem Wiener Kongress kommt es zur Neuordnung Europas. Mit der Gründung des Deutschen Bundes beginnt die politische Restauration.
1832	Hambacher Fest: Auf dem Hambacher Schloss in der Pfalz findet eine Massenkundgebung der unterdrückten liberalen und demokratischen Opposition statt.
1834	Der Deutsche Zollverein wird unter preußischer Führung gegründet.
1848	Februar: Ein Aufstand in Paris endet mit der Ausrufung der Republik. März: Demonstrationen in den deutschen Staaten bringen liberale Reformregierungen an die Macht. In Wien und Berlin kommt es zu blutigen Straßenkämpfen. April: In Baden scheitert ein republikanischer Aufstand („Hecker-Zug"). Mai: Die Deutsche Nationalversammlung tritt in der Frankfurter Paulskirche zusammen. September: Struve versucht, von Lörrach aus die Republik zu errichten. Oktober: Der radikaldemokratische Volksaufstand in Wien wird von kaiserlichen Truppen niedergeschlagen. Dezember: Die Grundrechte werden verkündet.
1849	März: Die Verfassung wird durch die Nationalversammlung verabschiedet. April: Der preußische König lehnt die Kaiserkrone ab. Mai: Die Nationalversammlung in Frankfurt wird aufgelöst. Mai–Juli: In zahlreichen deutschen Staaten, insbesondere in Baden, kommt es zu Volkserhebungen für die Annahme der Verfassung, die niedergeschlagen werden.
1850	Die neue, vom König oktroyierte preußische Verfassung tritt in Kraft; sie stärkt die königliche Exekutive: Regierungsbildung unabhängig von den Kammermehrheiten, volles Vetorecht des Königs, Dreiklassenwahlrecht (Glossar).
1851	Der Deutsche Bund hebt die Grundrechte auf und führt die Zensur wieder ein.
1862	Bismarck wird preußischer Ministerpräsident.
1864	Deutsch-dänischer Krieg: Dänemark muss die Herzogtümer Schleswig und Holstein an Preußen und Österreich abtreten.
1866	Preußischer Sieg über Österreich: Der Deutsche Bund wird aufgelöst und der Norddeutsche Bund unter preußischer Führung gegründet.
1867	Spaltung der liberalen Bewegung: Gründung der Nationalliberalen Partei, die Bismarcks Politik der Reichseinigung unterstützt.
1870/71	Deutsch-französischer Krieg: Frankreich muss Elsass-Lothringen abtreten.
1871	Januar: Im Schloss von Versailles wird der preußische König Wilhelm I. zum Kaiser ausgerufen. April: Die Reichsverfassung tritt in Kraft.

4.2 Politische Kultur im Kaiserreich

4.2.1 Eine Gesellschaft der Gegensätze

1871 war der Wunsch nach nationaler Einheit für die Mehrheit der Deutschen in Erfüllung gegangen. Ein Blick auf soziale und regionale Gegensätze, konfessionelle und mentale Unterschiede zeigt jedoch, dass zur inneren Einheit noch viel fehlte. Den Kräften der Beharrung, Adel und bäuerliche Bevölkerung, standen die Kräfte der Reform, liberale Bürger und Arbeiter, gegenüber.
Territorial gesehen gab es eine Kluft zwischen dem industrialisierten Westen und dem agrarischen Osten. Auch die Konfessionen waren eine trennende Wand in den Köpfen: In Preußen dominierte der Protestantismus im Unterschied zu den katholischen Regionen West- oder Süddeutschlands. Schließlich bestanden zahlreiche hierarchische Schranken zwischen Adel und Nichtadel, Offizieren und Soldaten, Unternehmern und Arbeitern, Grundherren und Bediensteten.

Soziale, wirtschaftliche und konfessionelle Differenzen

Dennoch war die Gesellschaft nicht starr: Mit dem Wandel vom Agrar- zum Industriestaat war vielmehr eine neue Schicht entstanden: das besitzende Bürgertum, das Industrialisierung und Freihandel stützte. Aber obwohl der Adel an ökonomischer Macht verloren hatte, bewahrte er sich in vielen Bereichen seine Sonderstellung. Zum höheren Staatsdienst oder zur Generalität hatten praktisch nur Adlige Zugang. Trotz seiner wirtschaftlichen Erfolge konnte das besitzende Bürgertum mit Blick auf den sozialen Status nicht mit dem Adel gleichziehen. Nicht selten strebten aufsteigende Bürger daher einen Adelstitel an, erwarben Landbesitz und ahmten den adligen Lebensstil nach.

Hochindustrialisierter Staat mit feudaler Gesellschaft

Das liberale Wirtschaftsbürgertum fand zunächst Rückhalt in der Politik Bismarcks. Gestützt durch die von Frankreich gezahlte Kriegsentschädigung von 5 Mrd. Franc (= 4 Mrd. Reichsmark) erlebte die deutsche Wirtschaft nach 1871 zunächst einen deutlichen Aufschwung. Doch bereits 1873 brach die Konjunktur der deutschen Wirtschaft ein. Bismarck versuchte mit staatlicher Regulierung der Wirtschaftskrise entgegenzuwirken. In dieser Situation konnten konservative Interessenvertreter der Schwerindustrie und der Großgrundbesitzer ihre Forderung nach Schutzzöllen gegen ausländische Konkurrenzprodukte durchsetzen. 1876 entstand der konservative „Centralverband Deutscher Industrieller". Die alte Elite auf dem Land, die Großgrundbesitzer, vereinigte sich 1893 im „Bund der Landwirte", der mit der Deutschkonservativen Partei verflochten war.

Politik und Macht der konservativen Wirtschaftsverbände

Nicht nur die Vertreter der Wirtschaft organisierten sich, um ihre Forderungen zu artikulieren und öffentlich zu machen. Auch zahlreiche andere Interessengruppen schlossen sich in Vereinen zusammen, nicht zuletzt die Frauen. In der deutschen Frauenbewegung entstanden dabei zwei Richtungen, eine bürgerliche und eine proletarische. Die Möglichkeit, im Reichstag politische Ziele durchsetzen zu können, brachte den bereits bestehenden Parteien einen Aufschwung. Die Mitgliederzahlen stiegen, neue Parteien wurden gegründet. Die Parteien definierten sich über ihre ideologischen Grundlagen, aber sahen sich auch als Vertreter gesellschaftlicher Interessengruppen. Die Verfassung förderte die Ausrichtung der einzelnen Parteien auf die Interessen der unterschiedlichen sozialen Gruppen. Da sie an der Regierungsbildung und -verantwortung nicht direkt beteiligt waren, waren die Parteien auch nicht auf eine dauerhafte Mehrheitsbildung und parlamentarische Zusammenarbeit untereinander angewiesen. Dies verstärkte in der Öffentlichkeit das Urteil, Parteien seien über ihrer Interessenpolitik zerstritten, während die – überparteiliche – Exekutive das Gemeinwohl, den Staat „als Ganzes" repräsentiere.

Vereine, Frauenbewegung, Parteien

4

Kulturkampf gegen das Zentrum

Bismarck stand vor allem der konfessionellen Zentrumspartei und der Sozialdemokratie misstrauisch gegenüber. Im Zentrum sah er die Gegner der kleindeutschen Reichsgründung unter preußischer Führung versammelt und fürchtete ihre Verbindung zu den katholischen Mächten Frankreich und Österreich. Er konnte dabei mit der Zustimmung der Liberalen rechnen, die von der katholischen Kirche für Säkularisierung und Modernismus verantwortlich gemacht und angegriffen wurden. 1871 trat der „Kanzelparagraph" als Reichsgesetz in Kraft, nach dem Geistliche, die sich bei der Ausübung ihres Berufs kritisch zu politischen Fragen äußerten, entlassen oder verhaftet werden konnten. 1872 wurde der Kirche die geistliche Aufsicht über die Schulen untersagt, 1875 die Zivilehe eingeführt. (Sie blieb, ebenso wie die staatliche Schulaufsicht, bestehen.) Bismarcks Rechnung ging aber nicht auf: Der „Kulturkampf", wie der Führer der Fortschrittspartei Virchow die Auseinandersetzung mit der katholischen Kirche bezeichnete, stärkte den Zusammenhalt der Betroffenen.

1 Fahne der Breslauer Lassalleaner 1863

Bismarcks nächster innenpolitischer Vorstoß traf die SPD. Die Sozialistische Arbeiterpartei Deutschlands SAP war aus dem Zusammenschluss des Allgemeinen Deutschen Arbeitervereins (gegründet 1863 von Ferdinand Lassalle) mit der Sozialdemokratischen Arbeiterpartei (gegründet 1869 von August Bebel und Wilhelm Liebknecht) entstanden. Schon früh entwickelten hauptamtliche Parteifunktionäre mit Unterstützung der Gewerkschaften die SAP (ab 1891 SPD) zu einer Massenpartei. Zahlreiche Vereine und kulturelle Angebote, die die ganze Familie einbezogen, trugen zur Ausprägung einer eigenen „Arbeiterkultur" bei. Die SPD unterhielt Kindergärten, Sportvereine, Sparkassen und Bildungseinrichtungen.

Sozialistengesetze gegen die SPD

Die 1873 einsetzende Wirtschaftskrise stärkte die Arbeiterbewegung. Bismarck vermutete hier aber ein revolutionäres Potenzial mit internationalen Kontakten. Zwei Attentatsversuche gegen Kaiser Wilhelm I. dienten 1878 als Anlass, um gegen die „Umsturzpartei" vorzugehen: Mit dem Gesetz „wider die gemeingefährlichen Bestrebungen der Sozialdemokratie" wurden sozialdemokratische und sozialistische Vereine, Veranstaltungen und Zeitungen verboten. „Agitatoren" konnten ausgewiesen oder verhaftet werden. Das Gesetz wurde im Reichstag von der Mehrheit der Nationalliberalen und Konservativen angenommen und, zunächst befristet, bis 1890 verlängert.

Fehlende Integration der Arbeiter

Dreiklassenwahlrecht

August Bebel

Dabei sah Bismarck durchaus die Notwendigkeit, die Arbeiterschaft für den bestehenden Staat zu gewinnen (und damit gleichzeitig, wie er hoffte, die SPD zu schwächen). Mit der Einführung der Kranken-, Unfall- und Altersversicherung (1883–89) besaß das Kaiserreich eine vergleichsweise fortschrittliche und vorbildliche Sozialgesetzgebung. Zwei Drittel der Kosten für die Krankenversicherung trugen die Arbeitgeber, ein Drittel der Arbeitnehmer. Die Kosten für die Unfallversicherung wurden von den Arbeitgebern sogar ganz übernommen. Doch Bismarck erreichte sein Ziel nicht: Die Integration der Arbeiterbewegung und ihrer Partei in das politische System blieb zunächst aus. 1890 entfielen die meisten Wählerstimmen auf die SPD. Und die „Freien Gewerkschaften" vergrößerten ihre Mitgliederzahl von knapp 300 000 im Jahr 1890 auf zwei Millionen bis 1910. Erst 1912 besaß die SPD allerdings auch die meisten Mandate im Reichstag. Denn das absolute Mehrheitswahlrecht führte häufig zu Absprachen der bürgerlichen Parteien. In Preußen konnte die SPD aufgrund des Dreiklassenwahlrechts erst 1907 ins Abgeordnetenhaus einziehen.

2 Reichstagswahlergebnisse 1871, 1874, 1890, 1912: Prozent der Wahlstimmen (Prozent der Mandate)

	SPD	Zentrum	Linkslib. Parteien	Rechtslib. Parteien	Konserv. Parteien	*Sonstige*
1871	3,2 (0,5)	18,6 (16,5)	9,3 (12,3)	37,3 (40,6)	23,0 (24,6)	8,6 (5,5)
1874	6,8 (2,3)	27,9 (22,9)	9,0 (12,6)	30,7 (39,8)	14,1 (13,9)	11,5 (8,5)
1890	19,8 (8,8)	18,6 (26,7)	18,0 (19,1)	16,3 (10,6)	19,8 (24,6)	7,5 (10,2)
1912	34,8 (27,7)	16,4 (22,9)	12,3 (10,6)	13,6 (11,3)	12,8 (15,1)	10,1 (12,4)

3 Zielsetzungen einzelner Parteien

	Verfassung und Verwaltung:	Sozial- und Wirtschafts-politik:	Außen- und Wehrpolitik:
SPD (Erfurter Programm) *Arbeiter*	Abschaffung der Klassenherrschaft, allgemeines Wahlrecht, direkte Gesetzgebung des Volkes (Vorschlags- und Verwerfungsrecht), Entscheidung über Krieg und Frieden durch die Volkvertretung, freie Meinungsäußerung, Gleichberechtigung der Frau, weltliche Schulen	Vergesellschaftung des Eigentums an Produktionsmitteln, stufenweise steigende Einkommens- und Vermögenssteuer, Abschaffung indirekter Steuern und Zölle, Arbeiterschutzgesetze, staatliche Sozialversicherung, Koalitionsrecht	Volksheer statt stehender Heere, allgemeine Wehrhaftigkeit, internationales Schiedsgericht
Zentrum *vor allem katholische Wähler aus allen sozialen Schichten*	Erhaltung der Selbstständigkeit der Kirche, konfessionelle Schulen, Dezentralisierung der Verwaltung, Selbstbestimmung der Bundesländer	Lösung der sozialen Fragen auf gesetzlichem Boden, Förderung des Mittel- und Bauernstands, Beschränkung der Ausgaben zu Kriegszwecken	gegen Militarismus, festes Bündnis mit Österreich
Fortschrittliche Volkspartei *„Neuer" Mittelstand der Angestellten, freiberufliche Bürger*	Gleichberechtigung der Staatsbürger vor dem Gesetz und in der Verwaltung, allgemeines Wahlrecht, Bekenntnis zur Reichsverfassung im konstitutionellen Sinn, Festigung der Rechte der Volkvertretung, bürgerliche Freiheitsrechte, Trennung von Staat und Kirche	Progressive Einkommensbesteuerung, Arbeiterschutz, Herabsetzung der Zölle, Hebung der Lage der Lohnarbeiter und Angestellten, Koalitionsrecht, Förderung der Tarifverträge, gegen Kartelle, Erweiterung der Rechte der Frauen, Frauenbildung	Sicherung der vollen Wehrkraft, allgemeine Wehrpflicht, Ausbau des Völkerrechts, internationale Schiedsgerichtsbarkeit
Nationalliberale Partei *protestantisches und industrielles Bürgertum*	Unantastbarkeit des Reichstagswahlrechts, Verurteilung der zersetzenden Agitation der Sozialdemokratie, Bekämpfung der Machtansprüche des Zentrums, Gleichberechtigung aller Bürger	System des maßvollen Schutzzolls, Kräftigung des selbstständigen Mittelstands und der Interessen der Beamten, Koalitionsrecht	volle Leistungsfähigkeit von Heer und Flotte, Weltstellung Deutschlands, feste Vertretung nationaler Interessen nach außen
Deutsche Konservative Partei *preußische Großgrundbesitzer, Unternehmer, völkisch-national ausgerichtete Gruppen des Mittelstands*	Erhalt der Monarchie von Gottes Gnaden, Sicherung der bürgerlichen Freiheiten, Beteiligung der Nation an der Gesetzgebung, Zusammenwirken von Staat und Kirche, Kampf gegen den „zersetzenden jüdischen Einfluss", Kampf gegen vaterlandslose und auf Umsturz gerichtete Bestrebungen der Sozialdemokratie	konfessionelle christliche Volksschule, Vereinfachung der Sozialgesetzgebung, Besserung der Lage der Arbeiter, Stärkung des Mittelstands, Zollschutz für Landwirtschaft und Industrie	Erhalt der vollen Wehrkraft, zielbewusste Kolonialpolitik

4

4 **Der Kulturkampf und die Gesellschaft**

Der Mitbegründer und langjährige Vorsitzende des „Augustinusvereins zur Pflege der katholischen Presse" Eduard Hüsgen beschreibt 1907 die Auswirkungen des Kulturkampfs auf das
5 *wirtschaftliche und gesellschaftliche Leben besonders der kleineren und mittleren Städte. Hüsgen selbst wurde 1871 wegen Mitarbeit an einem Zentrumsblatt aus dem preußischen Justizdienst entlassen:*

Wie eine vergiftende Atmosphäre, wie eine Art Krank-
10 heit lag es in jenen Tagen über unserem Vaterlande. Katholik und Reichsfeind, katholisch und vaterlandslos, ultramontan und vaterlandsfeindlich, Zentrumsanhänger und Gegner jeder Kulturbestrebung waren nach landläufiger Auffassung gleichwerte Begriffe. Es gehör-
15 te gewissermaßen zum guten Ton, den Katholiken ihre politische und gesellschaftliche Minderwertigkeit möglichst deutlich zum Ausdruck zu bringen und ihnen im öffentlichen und privaten Leben die Gleichberechtigung abzusprechen. […]
20 Die konfessionellen und politischen Gegensätze waren so groß, dass ein klaffender Riss durch die Gesellschaft ging, der Spaltung und Zwietracht bis in den Schoß der Familie hineintrug. Ein überzeugungstreuer Katholik galt tatsächlich nur als Bürger zweiter Klasse. […] Nament-
25 lich in den kleineren und mittleren Städten waren die Katholiken aus den gesellschaftlichen Kreisen und vom freundschaftlichen Verkehr mit Nichtkatholiken nahezu ausgeschaltet. Sogar die geschäftlichen Beziehungen wurden durch das politische Parteiprogramm und die
30 konfessionelle Frage beeinflusst. […]
Wie hoch und heiß in solchen Wahlkämpfen bei politischen und noch mehr bei Gemeindewahlen das Feuer des konfessionellen Hasses aufloderte, lässt sich in unseren Tagen kaum mehr begreifen. Wurde doch vom Düs-
35 seldorfer liberalen Wahlkomitee das Ergebnis der Landtagswahl, bei welcher dank einer geradezu raffinierten Wahlkreisgeometrie der Zentrumspartei zwei Mandate entrissen und der liberalen Partei überliefert worden waren, dem Reichskanzler mit den Worten telegrafiert: „Ein
40 schöner Wahlkreis ist dem Vaterland wiedererobert!" […]
Es ist nichts anderes, meine Herren, als wie der Krieg, ein Angriffskrieg gegen denjenigen Feind, von dem wir gewiss sind, dass er uns angreifen wird, wenn ihm die Zeit günstig scheint. […]

G. A. Richter: Historisches Lesebuch 1871–1914. Frankfurt a. M. 1967,
S. 199 ff.

5 **Debatte über das Sozialistengesetz**

Der Abgeordnete August Bebel (SPD), 16. September 1878:
Man hat uns in einer Weise verfolgt, die an die dunkelsten Zeiten des Mittelalters erinnert. Wie man im Mit-
5 telalter religiös Andersgläubige, Juden, Hugenotten, Protestanten verfolgte, so hat man im letzten Viertel des neunzehnten Jahrhunderts einen allgemeinen Hetzkrieg gegen die Sozialdemokraten als politisch Andersgläubige, an dem sich fast alle Parteien beteiligt haben, in Szene
10 gesetzt. Man hat die Männer sozialdemokratischer Gesinnung aus Arbeit und Brot geworfen und ihnen die Existenz abzuschneiden versucht, man hat sie beschimpft und verleumdet, für ehr- und rechtlos erklärt. Man hat offenbar alles dies aufgeboten, um Unruhen zu provo-
15 zieren; man wollte uns aufs Äußerste reizen, damit wir zu Gewaltschritten irgendeiner Art uns verleiten ließen. […] Nie hat wohl eine Partei in einer solch schwierigen und gefährlichen Situation sich befunden wie die unsere, und nie hat wohl eine Partei mehr gezeigt wie die unsere,
20 dass sie sich ruhig und friedlich entwickeln will, dass sie nicht gewillt ist, auf Provokationen irgendeiner Art einzugehen, zu unbesonnenen Schritten sich verleiten zu lassen. […] Aber ich wiederhole: Wir verlangen, dass endlich diesen unbegründeten Hetzereien und Verdäch-
25 tigungen ein Ende gemacht wird […].

Der Abgeordnete Hans von Kleist-Retzow (Deutsche Konservative Partei):
Ich bleibe also dabei, dass die ganze Sozialdemokratie der Weg ist zum Hochverrat, dass sie eine Maulwurfsarbeit
30 übt, eine Untergrabung der Fundamente der Staatsordnung ist – das Wort passt vortrefflich, das im Gesetz steht, weil sie die Vorarbeit ist für den Umsturz, dieser noch nicht selbst, dass sie eine Schule des Hochverrats für die Arbeiter ist, – dass alle ihre Vereine und ihre ganze Presse
35 diese Tendenz der Verleitung zum Hochverrat haben und darum unter das Strafgesetz als solches fallen. Sind denn die Folgen, sind denn die Dinge, die sie da treiben, die Gesänge, die sie singen, die Schlachtgesänge, die Marseillaise der Zukunft, die sie selbst auf der Straße singen, etwa
40 bloß Kinderspiele, sind sie geringere Vorbereitungen, als wenn jemand Schrot und Pulver kauft? […] Über amtliche und private Wahlbeeinflussungen wissen die Akten der Wahlprüfungskommission aus jenen Tagen geradezu unglaubliche Dinge zu erzählen.
45

H. Fenske (Hg.): Quellen zum politischen Denken der Deutschen. a. a. O.,
S. 202 ff.

Arbeitsvorschläge

a) Untersuchen Sie die Wahlergebnisse von SPD und Zentrum (M 2) und erklären Sie die Ihnen dabei auffallenden Besonderheiten mit Hilfe des VT.
b) Analysieren Sie Unterschiede und Gemeinsamkeiten der politischen Zielsetzungen der verschiedenen Parteien (M 3).
c) Erläutern Sie die gesellschaftlichen Auswirkungen des Kulturkampfs und der Auseinandersetzung Bismarcks mit der SPD (M 4, M 5).

4.2.2. Wege der Integration

Soziale und politische Spannungen waren ein Kennzeichen der Gesellschaft des Kaiserreichs. Und durch die Reichsgründung „von oben" war ein Nationalstaat geschaffen worden, dem sich nicht alle Deutschen von vornherein verbunden fühlten. Entscheidend für die Identifikation mit dem neu gegründeten kleindeutschen Reich wurde der Reichsnationalismus. Seine Merkmale waren die Betonung der nationalen Gemeinschaft, die unbedingte Akzeptanz staatlicher Macht und die Distanz zum Parlamentarismus. Diese Ziele entsprachen nicht nur der Einstellung von Militär und Adel. Auch für kleinbürgerliche und bäuerliche Bevölkerungsgruppen besaß machtstaatliches, nationales Bewusstsein eine große Zugkraft. Nationale Gefühle gelebt werden konnten bei den jährlichen Feierlichkeiten zu „Kaisers Geburtstag". Die Kaiserverehrung war eines der wichtigsten nationalen Symbole.

Der Reichsnationalismus bedeutete einen Bruch gegenüber der eher liberal geprägten Nationalbewegung der ersten Hälfte des neunzehnten Jahrhunderts. Politisch wurde der Reichsnationalismus vor allem von Konservativen und Rechten vorangetrieben. Durch sie wurde auch eine neue Ausprägung des Antisemitismus verbreitet. Der Reichsnationalismus richtete sich damit aggressiv nach innen und nach außen. Das Bild von den inneren „Reichsfeinden" wurde um die Vorstellung vom äußeren Feind ergänzt. Insbesondere die französische Nation wurde als „Erbfeind" betrachtet. Viele Deutsche glaubten ferner, all das nachholen zu müssen, was Deutschland an „Weltgeltung" bis jetzt versäumt hatte. Bevölkerungswachstum, wirtschaftliche Expansion und Aufrüstung drängen zu mehr „Ellbogenfreiheit". Das Streben nach einer herausragenden weltpolitischen Machtstellung Deutschlands wurde nicht zuletzt mit der Überlegenheit der deutschen Kultur begründet.

Der Reichsnationalismus besaß Anziehungskraft. Das zeigen heute noch unzählige Denkmäler aus der Kaiserzeit. Neben den großen monumentalen Erinnerungsstätten wie dem Völkerschlachtdenkmal in Leipzig entstanden fast überall Kriegerdenkmäler in Erinnerung an die siegreichen Kriege, die der Gründung des Deutschen Reichs vorausgegangen waren. Ihr Leitthema war die Nation.
Beim Bau der Denkmäler engagierten sich besonders die verschiedenen Vereine. Großen Zulauf vor allem im ländlichen Raum hatten die Kriegervereine, in denen sich ehemalige Soldaten aus den Einigungskriegen 1864–1871 zusammengeschlossen hatten. Der Kyffhäuserbund, Dachverband aller regionalen Kriegerverbände, zählte 1910 2,6 Millionen Mitglieder.

Eng verknüpft mit dem nationalen, obrigkeitsstaatlichen Denken war die militärische Prägung weiter Teile der Gesellschaft. Seinen Ausdruck fand der Militarismus in der Vorliebe für Uniformen und Paraden und in einem am Militär orientierten Verhalten in Schule, Verwaltung und Vereinen. Der Offizier wurde zum gesellschaftlichen Leitbild. Er verkörperte Patriotismus, die Treue gegen den Kaiser, das Funktionieren von Ordnung und Autorität im Staat.
Großen Einfluss in der Öffentlichkeit besaß der „Deutsche Flottenverein", der über eine Million Mitglieder zählte. Er betrieb Propaganda für den systematischen Ausbau der deutschen Hochseeflotte. Im Alltagsbewusstsein der Bevölkerung wurde die Kriegsflotte zum nationalen Symbol. Flottenschauspiele, Kreuzfahrten auf Kriegsschiffen, Vortragsabende über die Bedeutung der Flotte und nicht zuletzt der beliebte Matrosenanzug – die Deutschen waren im „Flottenfieber" und glaubten den Plänen des Kaisers, Deutschlands Zukunft liege „auf dem Wasser".

Kleindeutscher Nationalstaat, Ideologie der Integration: der Reichsnationalismus

Nationalismus

4

Denkmäler und Kriegervereine

Militarisierung der Gesellschaft, Flottenverein

Militarismus

4

1 Das Brandenburger Tor auf einer Ansichtspostkarte zum 25. Jahrestag der Schlacht bei Sedan 1895

2 Der Beginn eines neues Zeitalters

Die konservative Kreuzzeitung, 2. September 1870:

Mit dem 2. September beginnt ein neues Zeitalter – die Hegemonie des germanischen Geistes auf Erden. In ein
5 Symbol, das jeder begreift, hat das Geschick diese Tatsache gekleidet. Als wir den Kaiser der Franzosen, seine Marschälle und Soldaten auf dem Schlachtfeld von Sedan gefangen nahmen, endete das Zeitalter französischer Gewalttaten, französischer Halbbarbarei und begann die
10 Periode des deutschen Friedens und der deutschen Bildung.

Kreuzzeitung, 2. September 1870

3 Der Sedantag und die Deutschen

Der Publizist und Historiker Sebastian Haffner:

Der Sedantag war ein rundes halbes Jahrhundert lang der deutsche Nationalfeiertag, mit Paraden, Beflaggung,
5 Schulfeiern, patriotischen Reden und allgemeinen Hochgefühlen. Und zwar war es, muss man wahrheitsgemäß und mit einiger Beschämung sagen, der einzige wirklich effektive Nationalfeiertag, den die Deutschen je gehabt
10 haben.

Was nachher an seine Stelle trat, der 1. Mai der Nazis, der 17. Juni der Bundesrepublik, das war alles nichts Rechtes mehr: halt ein freier Tag und ein paar Weihestunden und

Reden, die keinen sonderlich interessierten. Aber der
15 2. September, Sedantag, mein Gott, da war wirklich noch was los! Das war eine Stimmung – ich finde für die heutige Zeit keinen anderen Vergleich –, als ob die Nationalmannschaft die Fußballweltmeisterschaft gewonnen hätte, und zwar jedes Jahr aufs Neue. Alle Jahre wieder
20 wurde die große Schlacht im Geiste noch einmal siegreich durchkämpft, immer wieder brachen die französischen Kavallerieattacken im deutschen Musketenfeuer zusammen, immer wieder übergab der französische Kaiser als gebrochener Mann, dem es nicht vergönnt war, an
25 der Spitze seiner Truppen zu fallen, dem Preußenkönig seinen Degen. Jeder trug im Kopf die triumphalen Bilder, die damals zu hunderttausenden in Deutschlands guten Stuben hingen: König Wilhelm, der Heldengreis, inmitten seiner Paladine auf der Höhe von Frésnois; [...] der
30 gigantische Bismarck neben dem hässlichen Zwerg Napoléon auf der schütteren Holzbank vor dem Weberhäuschen in Domchérie – all diese Szenen des Triumphes jedes Jahr aufs Neue nachzuschmecken, das war ein wirkliches Fest. Von den Hochgefühlen patriotischen Selbst-
35 genusses, von denen das gefeiert wurde, macht man sich heute kaum noch eine Vorstellung.

S. Haffner: Im Schatten der Geschichte. Historisch-politische Variationen aus zwanzig Jahren. Stuttgart 1985, S. 65.

Geschichte erinnern:
Nationale Gedenktage im Kaiserreich

Kaum einer der Jüngeren heute verbindet etwas mit dem Datum 17. Juni. Dabei war dieser Tag über Jahrzehnte ein Feiertag in der Bundesrepublik. Anders sieht es wahrscheinlich mit dem 3. Oktober aus. Aber was war am 9. November? Oder gar am 27. Januar?

Dass während eines Jahres Feiertage den Zeitablauf unterteilen, ist kirchlichen Ursprungs: Ereignisse des Kirchenjahres, die Stationen des Lebens Jesu wie Geburt oder Passionszeit, bestimmten den Jahresablauf ebenso wie die Gedenktage an die Heiligen und ihr Wirken.

Nationale Gedenktage, mit denen ein Staat und seine Bevölkerung politischer Ereignisse gedenkt, sind Marksteine historischen Erinnerns in einer säkularisierten Welt. Gedacht wird freudiger Ereignisse wie der Vereinigung der beiden deutschen Staaten, aber auch des Terrors der Pogromnacht 1938. Die Erinnerung daran ist nicht immer einfach. Überhaupt: Woran sich erinnern? Und vor allem: Wie sich erinnern?

Nationale Gedenktage schaffen ein Zusammengehörigkeitsgefühl. Gerade die Identifikation mit einem gemeinsam erlebten – und gemeinsam erinnerten – Ereignis war für die politische Kultur des Kaiserreichs wichtig, fehlte es doch noch an Normvorstellungen und Werten, die die Nation zusammenhielten. Nationale Festtage waren auch eine Möglichkeit, am politischen Geschehen mitzuwirken – als Mitglied eines nationalen Vereins oder auch als Teilnehmer einer Veranstaltung.

Gefeiert wurde der Geburtstag des Kaisers, noch wichtiger aber waren die militärischen Erfolge, die zur Reichsgründung führten: der Sieg über Österreich 1866 bei Königgrätz und besonders die französische Kapitulation am 1. und 2. September 1870 bei Sedan.

Begangen wurde der 2. September mit Festgottesdienst und Reden, Parademärschen und Militärmusik, Kinderfest und Feuerwerk. Eine zentrale Rolle im jährlichen Ritual der Festveranstaltungen spielten die Kriegervereine.

Die Erinnerung an „St. Sedan" war allerdings häufig nur ein Fest der „Reichsfreunde", vor allem in den ersten Jahren des Deutschen Reiches. Oppositionelle mieden die Feierlichkeiten: Der „Westfälische Merkur" schildert den offiziellen Festakt im katholischen Münster und schließt: „Die Bürgerschaft enthielt sich, wie in den Vorjahren, der Teilnahme an dem Nationalfeste." Auch die Anhänger der SPD nahmen an den Sedanfeiern demonstrativ nicht teil. Die Sozialdemokraten pflegten eine eigene Erinnerungskultur. So gedachte die SPD am 18. März in Berlin der „Gefallenen" der Revolution von 1848.

Die Erinnerung an Sedan gehörte nicht nur zum Gründungsmythos des Deutschen Reichs. Mit ihr manifestierte sich auch die „Erbfeindschaft" zu Frankreich. Besonders in den Jahren vor dem Ersten Weltkrieg waren vielerorts anlässlich der Sedanfeiern Reden zu hören, die von aggressivnationaler Rhetorik geprägt waren.

Heute ist das Thema nationale Gedenk- oder Feiertage in Deutschland umstritten. Ein Blick über die Landesgrenzen zeigt, dass sich europäische Nachbarn mit nationalem Gedenken leichter tun: Ganz selbstverständlich wird in Frankreich der 14. Juli gefeiert. Der Tag, an dem bewaffnete Bürger in Paris das Stadtgefängnis stürmen und die Insassen befreien, gilt als Ausgangspunkt der Revolution und der Befreiung von absolutistischen Herrschaftsverhältnissen. Die Erfahrungen der Gewaltherrschaft Hitlers sind es vor allem, die „Geschichte erinnern" in Deutschland zu einer schwierigen Aufgabe machen. Um Gegenwart zu verstehen und Zukunft zu gestalten, darf die Erinnerung an die Geschichte jedoch nicht enden. Die Frage ist also immer neu zu stellen, woran und wie gemeinsam erinnert werden soll – an welche positiven wie negativen Ereignisse in der Geschichte.

Arbeitsvorschläge

a) Analysieren Sie mit Hilfe von M1–M3 die Bedeutung und die integrative Wirkung des Sedantags für die Gesellschaft des Kaiserreichs.

b) Vergleichen Sie Haffners Schilderung des Sedantags (M3) mit den Feierlichkeiten zum 3. Oktober heute. Diskutieren Sie, welchen Stellenwert nationale Gedenktage für uns heute habe könnten und sollten.

4

1 Kaiser Wilhelm II. und seine Familie

Die zeitgenössische Postkarte trägt die Unterschrift: „Guten Morgen, Majestät! Kompagnie zur Stelle!"

2 Die Kriegervereine sollten „Mittelpunkt des geistigen Lebens" werden, eine nationale Gesinnung verbreiten und durch die Förderung soldatischer Tugenden ihre Mitglieder und die gesamte Gesellschaft gegen umstürzlerisches Denken immunisieren. 5

a) In der Verbandszeitung des „Deutschen Kriegerbundes" hieß es 1898:

„Da gibt es nicht nur Anpreisung, sondern auch Betätigung aller der Tugenden, die ein alter Soldat üben soll, im täglichen Leben: Treue im Beruf und Treue gegen 10 Fürst und Vaterland, Gehorsam gegen die Obrigkeit, Genügsamkeit, Pflege der echten Kameradschaft, sittlicher Lebenswandel, Bescheidenheit, Gottesfurcht. Da gibt es aber auch seinerzeit Kampf, ehrlicher Kampf gegen alles unordentliche Wesen, gegen Unzufriedenheit und 15 Nörgelei, gegen Treulosigkeit und Umsturz. Das alles ist viel schwerer, aber auch viel wichtiger, als schöne Worte machen und in gehobener Stimmung Feste feiern und Hochs ausbringen."

Zit. nach: Th. Rohrkrämer, Der Militarismus der „kleinen Leute". Die Krieger- 20
vereine im Deutschen Kaiserreich 1871–1914, München 1990, S. 40.

b) An anderer Stelle wurde durch einen der Landesverbände im Hinblick auf die bevorstehende sog. „Hottentottenwahl" 1907, angesichts des Kolonialkrieges in Südwestafrika, dazu 25 aufgerufen:

„Wählt vor allem, Eurem Treueschwur stets eingedenk, keinen Anhänger der Sozialdemokratie. [...] Gebt keinem Eure Stimme, der Kaiser und Reich die unbedingt nötigen Mittel zur sofortigen, würdevollen Durchführung dieses 30 Kolonialkrieges verweigert. [...] Auf denn, Kameraden! Tretet Mann für Mann an die Wahlurne! Keine fehle! [...] Gedenkt, dass ihr Deutsche seid! Wählt daher für solche Männer in den Reichstag, die Deutschlands Ehre zu wahren verstehen." 35

Zit. nach: ebenda, S. 47.

Arbeitsvorschläge

a) Erläutern Sie das Ideal der kaiserlichen Familie (M 1) und analysieren Sie die in der Darstellung verwendeten Symbole. Berücksichtigen Sie dabei die mögliche Wirkung einer solchen Postkarte.

b) Untersuchen Sie M 2 unter dem Aspekt des Reichsnationalismus und der Militarisierung der Gesellschaft und erklären Sie die soziale Funktion der Kriegervereine.

c) Recherchieren Sie in den Archiven Ihrer Stadt nach Zeugnissen der politischen Kultur der Kaiserzeit und entwerfen Sie ein Bild des politischen Alltags dieser Zeit.

d) Beschreiben Sie in einer Kleingruppe die Denkmäler Ihrer Stadt, die an den Krieg 1870/71 erinnern. Bringen Sie etwas über ihre Entstehungsgeschichte in Erfahrung. Prüfen Sie auch, welche anderen Denkmäler oder Orte der Erinnerung es in Ihrer Stadt gibt, deren Thema die deutsche Nation ist.

Politische Kultur in der Kaiserzeit

1871	Die Nationalliberalen werden stärkste Kraft im ersten Reichstag, gefolgt vom Zentrum. Der Kulturkampf gegen die katholische Zentrumspartei beginnt: Der „Kanzelparagraph" untersagt Geistlichen bei der Ausübung ihres Amtes kritische politische Äußerungen.
1872	Der Jesuitenorden wird verboten und die zivile Schulaufsicht eingeführt.
1873	Nach einer dreijährigen Phase rasanten Wirtschaftswachstums erlebt die deutsche Wirtschaft den Beginn einer Rezession.
1875	Die Zivilehe wird eingeführt. Aus dem Zusammenschluss des Allgemeinen Deutschen Arbeitervereins und der Sozialdemokratischen Arbeiterpartei entsteht die Sozialistische Arbeiterpartei Deutschlands, die 1891 in Sozialdemokratische Partei Deutschland umbenannt wird.
1876	Der „Centralverband deutscher Unternehmer" entsteht.
1878	„Sozialistengesetz": Die Parteiorganisation und die Presse der SPD werden verboten (verlängert bis 1890).
1879	Der Reichstag beschließt Schutzzölle für Industrie und Landwirtschaft.
1883–89	Durch eine umfangreiche Sozialgesetzgebung (staatliche Kranken-, Unfall-, Invaliditäts- und Altersversicherung) will Bismarck die Integration der Arbeiterschaft verbessern und die SPD schwächen.
1888	Wilhelm II. wird deutscher Kaiser.
1890	Zwischen dem jungen Kaiser und Bismarck bestehen grundsätzliche politische Meinungsverschiedenheiten. Es kommt zum Rücktritt Bismarcks als Reichskanzler. Die SPD erhält von allen Parteien die meisten Wählerstimmen.
1893	Der Bund der Landwirte wird gegründet.
1898	Der Kyffhäuser-Bund, Dachverband aller deutschen Kriegervereine, wird gebildet. Mit dem Ersten Flottengesetz beginnt der forcierte Ausbau der Kriegsflotte (Zweites Flottengesetz 1900). Um die Politik des Reichsmarineamts zu unterstützen wird der Deutsche Flottenverein gegründet.
1907	Aufgrund des Dreiklassenwahlrechts kann die SPD erst jetzt in das preußische Abgeordnetenhaus einziehen.
1910	Die linksliberalen Parteien schließen sich zur Fortschrittlichen Volkspartei zusammen.
1912	Die SPD wird stärkste Partei im Reichstag.

4

4.3 Das Kaiserreich und der Erste Weltkrieg

4.3.1 Der Weg in den Krieg

Bismarcks defensive Außenpolitik: Mittlerrolle und Gleichgewicht

Mit der Reichsgründung war in Mitteleuropa eine neue wirtschaftliche und militärische Großmacht entstanden. Die deutsche Außenpolitik war nach 1871 darauf ausgerichtet, Deutschland in das Gleichgewichtssystem der europäischen Staaten einzuordnen. Bismarcks Ziel war die „freie Mittlerstellung" Deutschlands, von der aus die europäische Außenpolitik gelenkt werden sollte. Tatsächlich gelang es Bismarck 1878, im Streit zwischen Russland, England und Österreich-Ungarn um die Interessensphären auf dem Balkan zu vermitteln. Gleichzeitig konnte Bismarck durch ein System von Bündnissen Frankreich isolieren.

„Neuer Kurs": Weltmachtstreben, Kolonial- und Außenpolitik

Im Jahr 1890 trat Bismarck wegen unüberbrückbarer Meinungsverschiedenheiten mit dem neuen Kaiser Wilhelm II. als Reichskanzler zurück. Der „Neue Kurs", den seine Nachfolger einschlugen, stand nicht mehr im Zeichen von Sicherheit und Mächtegleichgewicht, sondern einer offensiven Weltmachtpolitik. Bereits 1884/85 hatte Deutschland einen Großteil seines Kolonialbesitzes erworben. Jetzt trat es in den Wettlauf der imperialistischen Staaten um die Aufteilung der Welt ein, ohne aber das Kolonialreich wesentlich zu vergrößern. Kolonialpolitik war – wie der Flottenbau – Prestigesache der nach Weltgeltung strebenden Nation. Ziel der neuen Außenpolitik war ein Bündnis mit England gegen Frankreich und Russland. Dass der Rückversicherungsvertrag mit Russland nicht mehr verlängert wurde, brachte eine Annäherung Russlands an Frankreich. Eine Einkreisung Deutschlands, die Bismarck zu vermeiden versucht hatte, nahm 1904 mit dem französisch-englischen Abkommen („Entente cordiale") konkrete Formen an. Deutsche Bündnisverhandlungen mit England waren ergebnislos verlaufen. Das Verhältnis zu England, das seine Weltmachtstellung auf See gefährdet sah, war ohnehin durch den forcierten Ausbau der deutschen Kriegsflotte belastet.

Der Anlass des Ersten Weltkriegs: Krise auf dem Balkan

1908 annektierte Österreich-Ungarn Bosnien und Herzegowina. Doch auch Serbien, das mit Russland verbündet war, erhob Anspruch auf diese Gebiete. Russland verstand sich als „Schutzmacht" der slawischen Völker und strebte nach einer Hegemonie in Südosteuropa. Am 28. Juni 1914 wurde in der bosnischen Stadt Sarajewo der österreichische Thronfolger Franz Ferdinand von einem serbischen Nationalisten ermordet. In dieser Situation sagte Deutschland seinem Bündnispartner die bedingungslose Unterstützung zu. Österreich-Ungarn erklärte Serbien am 28. Juli den Krieg, was einen Mechanismus von Bündnisverpflichtungen auslöste. Nach der russischen Mobilmachung erklärte Deutschland am 1. August Russland und am 3. August Frankreich den Krieg.

Panslawismus

Kriegsziele, vom Bewegungskrieg zum Stellungskrieg

Während Russland seinen Machtbereich auf dem Balkan ausdehnen wollte, ging es England darum seine Überlegenheit zur See wiederherzustellen und die deutschen Kolonien zu übernehmen. Für Frankreich schien jetzt die Möglichkeit gekommen, Elsass-Lothringen zurück- und das Saarland dazuzugewinnen, Darüber hinaus konnte er den deutschen Einmarsch in das neutrale Belgien und die Festsetzung Deutschlands an der Kanalküste nicht tolerieren. Beflügelt durch die Anfangserfolge strebte Deutschland die Errichtung einer umfassenden Vormachtstellung in Mitteleuropa an. Doch der Krieg verlief gerade für die deutsche Seite anders als geplant. Statt des erhofften schnellen Sieges kam es an der Westfront zu einem verlustreichen Stellungskrieg. Lediglich im Osten gelang unter dem Oberbefehl Paul von Hindenburgs und Erich Ludendorffs ein in der deutschen Öffentlichkeit gefeierter Sieg über die russische Armee.

1 Bündnisse zur Zeit Bismarcks (links), Bündnispolitik unter Wilhelm II. (rechts)

2 **Die Botschaft Kaiser Wilhelms II.**

Schreiben an Kaiser Franz Joseph von Österreich, 14.7.1914:
Durch Deinen […] Botschafter wird Dir meine Versiche-
rung übermittelt worden sein, dass Du auch in den Stun-
5 den des Ernstes mich und mein Reich in vollem Einklang
mit unserer altbewährten Freundschaft und unseren Bun-
despflichten treu an unserer Seite finden wirst. Dir dies an
dieser Stelle zu wiederholen ist mir eine freudige Pflicht.
Die grauenerregende Freveltat von Sarajewo hat ein grelles
10 Licht auf das unheilvolle Treiben wahnwitziger Fanatiker
und die den staatlichen Bau bedrohende panslawistische
Hetzarbeit geworfen. […] Ich erachte es […] nicht nur für
eine moralische Pflicht aller Kulturstaaten, sondern als ein
Gebot für ihre Selbsterhaltung, der Propaganda der Tat,
15 die sich vornehmlich das feste Gefüge der Monarchien als
Angriffsobjekt aussieht, mit allen Machtmitteln entge-
genzutreten. Ich verschließe mich auch nicht der ernsten
Gefahr, die Deinen Ländern und in der Folgewirkung dem
Dreibund aus der von der russischen und serbischen Pan-
20 slawisten betriebenen Agitation droht, und erkenne die
Notwendigkeit an, die südlichen Grenzen Deiner Staaten
von diesem schweren Druck zu befreien.

Zit. nach: J. Hohlfeld (Hg.), Dokumente der Politik und Geschichte von 1848
bis zur Gegenwart, Bd. 2. 1952, S. 278 ff.

3 **Die Einschätzung der Generäle**

Der Große Generalstab an den Reichskanzler, 29.7.1914:
[…] Was wird und muss die weitere Folge sein? Österreich wird, wenn es in Serbien einrückt, nicht nur der ser-
5 bischen Armee, sondern auch einer starken russischen
Überlegenheit gegenüberstehen, es wird also den Krieg
gegen Serbien nicht durchführen können, ohne sich
gegen ein russisches Eingreifen zu sichern. Das heißt,
es wird gezwungen sein, auch die andere Hälfte seines
Heeres mobil zu machen, denn es kann sich unmöglich 10
auf Gnade und Ungnade einem kriegsbereiten Russland
ausliefern. Mit dem Augenblick aber, wo Österreich sein
ganzes Heer mobil macht, wird der Zusammenstoß zwischen ihm und Russland unvermeidlich werden. Das aber
ist für Deutschland der casus foederis. Will Deutschland 15
nicht wortbrüchig werden und seinen Bundesgenossen
der Vernichtung durch die russische Übermacht verfallen
lassen, so muss es auch seinerseits mobil machen. Das
wird auch die Mobilisierung der übrigen Militärbezir-
ke Russlands zur Folge haben. Dann aber wird Russland 20
sagen können, ich werde von Deutschland angegriffen,
und damit wird es sich die Unterstützung Frankreichs
sichern, das vertragsmäßig verpflichtet ist, an dem Kriege
teilzunehmen, wenn sein Bundesgenosse Russland angegriffen wird. […] 25
Deutschland will diesen schrecklichen Krieg nicht herbeiführen. Die deutsche Regierung weiß aber, dass es die tief-
gewurzelten Gefühle der Bündnistreue […] in verhängnisvoller Weise verletzen und sich in Widerspruch mit
allen Empfindungen ihres Volkes setzen würde, wenn sie 30
ihrem Bundesgenossen in einem Augenblick nicht zu Hilfe kommen wollte, der über dessen Existenz entscheiden
muss. […] Deutschland wird also, wenn der Zusammenstoß zwischen Österreich und Russland unvermeidlich
ist, mobil machen und bereit sein, den Kampf nach zwei

35 Fronten aufzunehmen. Für die eintretendenfalls von uns beabsichtigten militärischen Maßnahmen ist es von größter Wichtigkeit, möglichst bald Klarheit darüber zu erhalten, ob Russland und Frankreich gewillt sind, es auf einen Krieg mit Deutschland ankommen zu lassen. Je

40 weiter die Vorbereitungen unserer Nachbarn fortschreiten, umso schneller werden sie ihre Mobilmachung beenden können. Die militärische Lage wird dadurch für uns von Tag zu Tag ungünstiger und kann, wenn unsere voraussichtlichen Gegner sich in aller Ruhe vorbereiten,

45 zu verhängnisvollen Folgen für uns führen.

Zit. nach: H. Fenske (Hg.): Quellen zum politischen Denken der Deutschen im 19. und 20. Jahrhundert: 1890–1918. Darmstadt 1982, S. 360 ff.

4 **Deutsche Kriegsziele im September**

Vom Reichskanzler Bethmann Hollweg autorisierte Denkschrift vom 6.9.1914 („Septemberprogramm"):
Allgemeine Kriegsziele: Sicherung des Deutschen Rei-

5 ches nach West und Ost auf erdenkliche Zeit. Zu diesem Zweck muss Frankreich so geschwächt werden, dass es als Großmacht nicht neu erstehen kann, Russland von der deutschen Grenze nach Möglichkeit abgedrängt und seine Herrschaft über die nichtrussischen Vasallenvölker

10 gebrochen werden. Ziele des Kriegs im Einzelnen:
1. Frankreich. [...] In jedem Falle abzutreten, weil für die Erzgewinnung unserer Industrie nötig, das Erzbecken von Briey. Ferner eine in Raten zahlbare Kriegsentschädigung; sie muss so hoch sein, dass Frankreich nicht im-

15 stande ist, in den nächsten achtzehn bis zwanzig Jahren erhebliche Mittel für Rüstung anzuwenden. Des Weiteren: ein Handelsvertrag, der Frankreich in wirtschaftliche Abhängigkeit von Deutschland bringt, es zu unserem Exportland macht, und es ermöglicht, den engli-

20 schen Handel in Frankreich auszuschalten. [...]
2. Belgien. Angliederung von Lüttich und Verviers an Preußen, eines Grenzstriches der Provinz Luxemburg an Luxemburg. [...] Gleichviel, jedenfalls muss Belgien, wenn es auch als Staat äußerlich bestehen bleibt, zu einem

25 Vasallenstaat herabsinken, in etwa militärisch wichtigen Hafenplätzen ein Besatzungsrecht zugestehen, seine Küste militärisch zur Verfügung stellen, wirtschaftlich zu einer deutschen Provinz werden. Bei einer solchen Lösung, die die Vorteile der Annexion, nicht aber ihre innerpolitisch

nicht zu beseitigenden Nachteile hat, kann franz. Flandern 30 mit Dünkirchen, Calais und Boulogne mit großenteils flämischer Bevölkerung diesem unveränderten Belgien ohne Gefahr angegliedert werden. [...]
4. Es ist zu erreichen die Gründung eines mitteleuropäischen Wirtschaftsverbandes durch gemeinsame Zollab- 35 machungen, unter Einschluss von Frankreich, Belgien, Holland, Dänemark, Österreich-Ungarn, Polen und eventuell Italien, Schweden und Norwegen. Dieser Verband, wohl ohne gemeinsame konstitutionelle Spitze, unter äußerlicher Gleichberechtigung seiner Mitglieder, 40 aber tatsächlich unter deutscher Führung, muss die wirtschaftliche Vorherrschaft Deutschlands über Mitteleuropa stabilisieren. [...]

Zit. nach: F. Fischer, Der Griff nach der Weltmacht. Düsseldorf, 4. Aufl. 1971, S. 116ff.

5 **Kaiser Wilhelm II. (Postkarte 1914)**

Arbeitsvorschläge

a) Beschreiben Sie anhand der Karten (M1) und der Zeittafel den Wandel der deutschen Außenpolitik von Bismarck zu Wilhelm II.

b) Nennen Sie die Kernpunkte des Briefes (M2) und erläutern Sie die möglichen Folgen der gemachten Zusagen Wilhelms II.

c) Untersuchen Sie die deutschen Handlungsmöglichkeiten aus militärischer Sicht (M3).

d) Analysieren Sie die Kriegsziele Deutschlands einen Monat nach Kriegsbeginn (M4) unter dem Aspekt wirtschaftlicher und politischer Interessen.

e) Interpretieren Sie M5 vor dem Hintergrund des Kriegsbeginns 1914.

4.3.2 Der Erste Weltkrieg – Eine neue Dimension der Vernichtung

Am 28. Juni 1914 setzten die Schüsse von Sarajewo die bis dahin größte kriegerische Katastrophe in der Geschichte Europas in Gang. Dabei war keine der Konfliktparteien auf einen mehrjährigen Krieg vorbereitet gewesen; einen Krieg, der zu einer bis dahin ungekannten Mobilisierung der gesamten Bevölkerung und wirtschaftlichen Ressourcen führte. Regierungen und Generalstäbe aller Großmächte dachten, der Krieg sei innerhalb weniger Monate beendet. Doch anstatt einer schnellen Entscheidung ergab sich im Westen eine Pattsituation und die Front grub sich auf einer Länge von mehr als 720 km Länge ein. Ganz ähnlich entwickelte sich die Kriegslage auch an den anderen Fronten, wobei nicht allein in Europa, sondern auch in Asien, Afrika und auf allen Weltmeeren gekämpft wurde. Allein an der Westfront standen sich nicht nur Deutsche, Franzosen und Briten gegenüber, es kämpften dort auch Soldaten aus Österreich-Ungarn, den französischen Kolonien und dem britischen Empire sowie Amerikaner, Italiener, Belgier, Portugiesen und Russen.

Mit dem Stellungs- und Grabenkrieg bildete sich bald eine völlig neue Kriegsführung heraus. Die Artillerie wurde zur zentralen Waffengattung, welche in tage-, ja oft wochenlangem Trommelfeuer versuchte, die gegnerischen Abwehrstellungen zu zerstören, um den Durchbruch zu ermöglichen und dabei das Schlachtfeld in eine mondähnliche Trichter- und Schlammwüste verwandelte, wo um wenige Kilometer Boden gekämpft wurde.

„Totaler Krieg"

Maschinengewehre, Flammenwerfer und die ersten Tanks prägten diese neue Art des Krieges. Kampfflugzeuge und Zeppeline trugen den Krieg in die Lüfte. Zu den grausamsten Neuheiten gehörte aber der Einsatz chemischer Kampfstoffe. Am 22. April 1915 setzten die Deutschen erstmals Giftgas ein. Ausgerüstet mit Atmungsgeräten, die schließlich das ganze Gesicht bedeckten, verloren die Soldaten die letzte Ähnlichkeit mit menschlichen Wesen, der Krieg schien endgültig in die Sphäre des irrealen Wahnsinns entrückt.

Zum Symbol dieses grausamen Zermürbungskrieges wurde die Festung Verdun. Dort wollte der deutsche Generalstabschef von Falkenhayn 1916 das französische Heer auf engstem Raum zum Kampf stellen und durch den Einsatz konzentrierter Artilleriekräfte zum „Verbluten" bringen. Es „verbluteten" jedoch letztlich nicht allein die französischen Verteidiger, sondern auch die deutschen Angreifer. Auf den wenigen Quadratkilometern des Schlachtfelds von Verdun verlor die französische Armee 315 000 und das deutsche Heer 280 000 Soldaten. Eine Wende brachte diese Schlacht ebenso wenig wie die Schlachten am Isonzo, an der Somme, in Flandern und der Champagne.

1 Gefallener italienischer Soldat am Isonzo. Foto 1917.

Nach der vierjährigen militärischen Auseinandersetzung waren die politischen und gesellschaftlichen Strukturen des „alten Europas" der großen Monarchien zerbrochen. Über acht Millionen Soldaten verloren ihr Leben, mehr als 21 Millionen erlitten Verletzungen. Hinzu kamen Millionen Opfer unter der Zivilbevölkerung durch Hunger und Entbehrungen.

2 **Eine neue Waffe: Gas**

Der französische General Henri Mordacq schilderte den ersten deutschen Gasangriff, der am Morgen des 22. April 1915 vor Ypern stattfand und etwa 4500 Todesopfer forderte: „Um 5 Uhr 20 nachmittags französischer Zeit wurde ich von Major Villevaleix vom 1. Schützenregiment, eingesetzt bei Poelcapelle, ans Telephon gerufen. Der Major keuchte, hustete, unterbrach sich wiederholt und war kaum zu verstehen. Seine Meldung lautete:

Ich werde heftig angegriffen. Jetzt breiten sich ungeheure gelbliche Rauchwolken, die von den deutschen Gräben herkommen, über meine ganze Front aus. Die Schützen fangen an, die Gräben zu verlassen und zurückzugehen. Viele fallen erstickt nieder. […] Ich stieg sofort zu Pferde und galoppierte in die Gräben. Als wir uns aber Boesinghe auf 300 oder 400 Meter genähert hatten, fühlten wir heftiges Prickeln in der Nase und Kehle; in den Ohren sauste es; das Atmen fiel schwer; ein unerträglicher Chlorgeruch umgab uns. […] In der Nähe des Dorfes war das Bild, das sich uns bot, mehr als bedauernswert – es war tragisch. Überall Flüchtlinge: Landwehrleute, Afrikaner, Schützen, Zuaven und Artilleristen ohne Waffen – verstört, mit ausgezogenen oder weit geöffneten Röcken und abgenommenen Halsbinden – liefen wie Wahnsinnige ins Ungewisse, verlangten laut schreiend nach Wasser, spuckten Blut, einige wälzten sich sogar am Boden und versuchten vergeblich Luft zu schöpfen.

Zit. nach: H. Krieger (Hg.): Handbuch des Geschichtsunterrichts, Bd. 5. Frankfurt / M. 1965, S. 138.

2 **Die „Hölle von Verdun"**

Ein deutscher Landsturmsoldat beschreibt einen gegnerischen Angriff vor Verdun:

Deutlich sichtbar die einzelnen Körper, der einzelne Mensch, mädchenhafte Schultern, biegsame Hüften, entstellte Gesichter […] viel zu klein […] viel zu zart für die schweren, dunkelblauen Stahlhauben. Aber die Augen […] was für Augen sah man […] keine Augen von Knaben […] von Menschen mehr. Tiere, wenn sie morden […] Welche Erlösung, als das Signal durch die Gräben schrillte und die Feuerwalze in Bewegung kam. In einem dichten Knäuel überschlug sich die erste Reihe, spannte das blutrote Fahnentuch des Todes hunderte Meter weit über die stacheligen Schnüre, wurde breiter und breiter, grellbeglänzt, wie von Wirbelstürmen bewegt, durchknallt, zerrissen, zerfetzt. Das Krachen der Maschinengewehre überschlug sich in dem rasend angekurbelten Tempo der Salven. […] Die Franzosen griffen an! In drei, vier Reihen hintereinander rollten die Menschenwellen rotaufschäumend und viele Kilometer breit über die Verhaue. Körper blieben hängen, Leiber mit noch lebenden Bewegungen, die das Hindernis mit dem eigenen Gewicht zerrissen, zerzausten und endlich niedertaumelten, sich krümmten und verreckten, den Boden färbend. […] Wir krochen und humpelten zurück […] nicht mehr die Hälfte von dem, was vorher war. Wir schleppten die gefangenen Knaben mit […] und diese blutenden, zerfetzten und lehmbekrusteten Körper hatten mit einem Male wieder das Knabengesicht […] die Schüchternheit und die Augenängste ihrer achtzehn Jahre.

Zit. nach: P. Zech, Von der Maas bis an die Marne. Ein Kriegstagebuch. Frankfurt / M. 1988, S. 120f.

4 **Britische Maschinengewehrschützen,** die sich vor Gas zu schützen versuchen. Foto, 1916.

Arbeitsvorschläge

a) Diskutieren Sie, was den Ersten Weltkrieg unterschied von früheren kriegerischen Auseinandersetzungen und warum er zur „Urkatastrophe" des 20. Jahrhunderts wurde.

b) Überlegen Sie, inwiefern die Erfahrungen dieser neuen Art des Krieges die Menschen prägten und welche Geistesströmungen der Nachkriegszeit dadurch entstanden oder gefördert worden sein könnten.

4.3.3 Das Jahr 1917: Die Wende im Krieg

Im August 1916 übernahmen Hindenburg und Ludendorff die Oberste Heeresleitung (OHL). Nur einige Monate im Amt, traf die neue OHL im Februar 1917 eine folgenschwere Entscheidung: Als Antwort auf die britische Seeblockade verschärfte Deutschland den Krieg zur See und nahm den unbeschränkten Handelskrieg auf. Ohne Warnung sollten die deutschen U-Boote Handels- und Passagierschiffe versenken. Selbst für Schiffe neutraler Nationen bestand nun keine Sicherheit mehr vor deutschen Angriffen. Für die USA war diese Verschärfung der Kriegsführung der Anlass für die Kriegserklärung an Deutschland. Das Jahr 1917 gilt als Wendejahr des Krieges: Mit dem Kriegseintritt der USA veränderte sich die militärische Lage zu Ungunsten Deutschlands.

Kriegseintritt der USA

Auch innerhalb Deutschlands kam es zu einem deutlichen Wandel. Im Jahr 1914 hatten sich noch die Parteien des Reichstags im Interesse der Kriegführung auf eine gemeinsame Linie verständigen können. Dieser „Burgfrieden", vom Kaiser durch den Ausspruch „Ich kenne keine Parteien mehr, ich kenne nur noch Deutsche" auf eine griffige Formel gebracht, konnte bestehende Gegensätze aber nicht wirklich überbrücken. Im Juli 1917 sollte der Reichstag erneut Kredite für die weitere Kriegführung bewilligen. Die drei Parteien SPD, Zentrum und Fortschrittliche Volkspartei schlossen sich unter der Führung des Zentrumabgeordneten Matthias Erzberger zusammen und verabschiedeten eine Friedensresolution. Sie forderten darin „einen Frieden der Verständigung und der Versöhnung der Völker". Rechnerisch gesehen verfügten SPD, Zentrum und Linksliberale schon seit 1890 über eine Stimmenmehrheit im Reichstag. Und in der Frage der Finanzierung des Krieges waren die Regierenden auf die Zustimmung der Parlamentsmehrheit angewiesen.

Zerbrechen des Burgfriedens, Reichstagsmehrheit für Verständigungsfrieden

4

Schon zu Kriegsbeginn hatten vor allem die Sozialdemokraten die Idee des Eroberungskrieges verurteilt. Trotzdem hatten sie 1914 den Kriegskrediten zugestimmt. Ein Großteil unter ihnen vertrat die Ansicht, die „Schicksalsgemeinschaft Krieg" könne zur Einheit der Arbeiterklasse beitragen und als Gegenleistung der Regierung die erhoffte Parlamentarisierung bringen. Im April 1917 kam es jedoch zur Spaltung der Partei: Die neu gegründete Unabhängige SPD (USPD) lehnte den Krieg ab. Auch innerhalb der USPD gab es einen linken Flügel: Die im „Spartakusbund" vereinigten Kräfte unter Karl Liebknecht und Rosa Luxemburg waren international-pazifistisch eingestellt und forderten nicht nur das sofortige Kriegsende, sondern auch die Revolution der Arbeiterklasse.

Spaltung der SPD

Konservative und Nationalliberale befürworteten wie die Oberste Heeresleitung (OHL) unter Hindenburg und Ludendorff die Weiterführung des Krieges bis zum Sieg. Trotz der immer bedrohlicher werdenden militärischen Lage hielten sie an annexionistischen Plänen fest: Durch einen „Siegfrieden" könne sich Deutschland Belgien und industriell wichtige Teile Frankreichs sowie landwirtschaftliche Nutzfläche im Osten, voran Polen, aneignen. Ziel war ein autarker, verteidigungsfähiger deutscher Staat.

Hoffnungen auf einen „Siegfrieden" und annexionistische Pläne

Im Verlauf des Krieges gewann die OHL zunehmend Einfluss auch auf die innenpolitische Entwicklung. Unmittelbar dem Kaiser unterstellt und teilweise gegen zivile Behörden weisungsberechtigt, machte die OHL ihre Politik im Alleingang, da Wilhelm II. seine Kommandogewalt nicht wahrnahm. Dabei wurde der Reichskanzler in eine Mittelposition zwischen der erstarkenden OHL und dem Reichstag gedrängt und häufig bei Entscheidungen auch übergangen.
Die Auseinandersetzungen im Reichstag um die Weiterführung des Krieges schwächte die Lage Bethmann Hollwegs, Reichskanzler seit 1909, zusätzlich.

Regierungskrise 1917

Seine Haltung blieb unklar: Wollte er die Reformer unterstützen oder sympathisierte er mit den Annexionisten? Die OHL nutzte die Gunst der Stunde. Sie forcierte seine Entlassung und setzte ihren Kandidaten Michaelis als Nachfolger ein. Damit hatten die Mehrheitsparteien, obwohl gegensätzlicher Überzeugung und aus ganz anderen Motiven, der Heeresleitung zu einem innenpolitischen Erfolg verholfen.

War die Diskussion um die Friedensresolution deshalb umsonst? Vom Ausland wurde sie kaum berücksichtigt, da der Krieg unvermindert weiterging. Und in Deutschland „regierte" zunehmend die OHL. Dass aber Abgeordnete über Fraktionsgrenzen hinweg ihre politischen Zielvorstellungen vertraten, kann als wichtiger Schritt auf dem Weg zur Parlamentarisierung des Reichstags angesehen werden. Sie werteten die Rolle des Parlaments auf, weil sie seine Spielräume im Rahmen der Verfassung ausschöpften.

Versorgungskrise und erste Proteste von Soldaten und Zivilbevölkerung

Die Friedensresolution hatte die Frage aufgebracht, wie der Krieg beendet werden sollte. Denn im dritten Kriegsjahr machte sich Ernüchterung und Müdigkeit breit: In Wilhelmshaven und Kiel widersetzten sich Teile der Flottenbesatzung, in Berlin protestierten die Rüstungsarbeiter.

Um die Versorgungslage der Bevölkerung war es allgemein schlecht bestellt. Da die OHL davon ausgegangen war, der Krieg werde wie 1870 von kurzer Dauer sein, kam es zu spürbaren Engpässen in der Versorgung mit Rohstoffen und Lebensmitteln. Besonders in städtischen Regionen mussten im „Kohlrübenwinter" 1916/17 die Lebensmittel rationiert werden. Die Preise stiegen, die Produktion der Friedenswirtschaft ging zurück. 1917 hatte sich die Menge des umlaufenden Gelds im Vergleich zum Beginn des Krieges verachtfacht.

Die zentrale Leitung der Kriegswirtschaft lag bei einem Kriegsamt in den Händen General Groeners. Das „Vaterländische Hilfsdienstgesetz" verpflichtete 1916 alle nicht eingezogenen Männer zum Dienst in der Rüstungsindustrie. Auch der Anteil der Frauen an der Industriearbeiterschaft stieg von 22 Prozent 1913 auf 35 Prozent im Jahr 1918.

1 Flandern, Ölgemälde von Otto Dix, 1924. Zum Symbol des Ersten Weltkriegs wurden die Materialschlachten: Der große Einsatz von vernichtendem Kriegsmaterial (Tanks, Flugzeuge, Giftgas) kostete hunderttausende von Soldaten das Leben. Dabei brachte der Stellungskrieg im Westen kaum Geländegewinne.

Der Kriegseintritt der USA im April 1917 hatte die militärischen Kräfteverhältnisse zugunsten der Alliierten verlagert. Großbritannien ging es in erster Linie darum, die deutsche Großmacht im Interesse des Kräftegleichgewicht auf dem Kontinent zu beschränken. Für Frankreich standen grundlegende Sicherheitsbedürfnisse auf dem Spiel, fand der Krieg gegen Deutschland doch weitgehend auf französischem Boden statt und kostete bis zum Ende 1,4 Millionen französische Soldaten das Leben. Auch die materielle Zerstörung war erheblich. Nicht nur Elsass-Lothringen sollte Deutschland nach französischen Vorstellungen wieder abtreten, sondern auch das ganze linke Rheinufer.

Die Initiative zum Frieden aufseiten der Alliierten kam von den Amerikanern. Deren Präsident Wilson entwickelte die Konzeption einer Friedensordnung „ohne Sieger" in Europa. Grundlage des im Januar 1918 vorgestellten „14 Punkte"-Programms war die Idee vom Selbstbestimmungsrecht der Völker und das Autonomie- und Nationalitätenprinzip. Vorgesehen war ein „Verband der Nationen", der friedliches Miteinander und territoriale Integrität der beteiligten Staaten garantieren sollte.

Ziele der Alliierten, Wilsons „14 Punkte"

Militärische Entlastung und strategische Vorteile brachte der deutschen Seite hingegen die Oktoberrevolution in Russland. Als die neuen kommunistischen Machthaber in Friedensverhandlungen mit allen kriegführenden Staaten traten, nutzte Deutschland die Situation der neuen Führung, um hohe Forderungen zu stellen. Die Revolutionäre brauchten den äußeren Frieden, wollten sie im Inneren das Sowjetsystem errichten. Im März 1918 kam es in Brest-Litowsk zum Abschluss des Friedensvertrags mit Deutschland: Russland musste die Unabhängigkeit von Finnland, den baltischen Staaten, Polen, Georgien, der Ukraine und armenischer Gebiete anerkennen.

Friedensschluss mit Russland

Eine im März begonnene neue deutsche Offensive im Westen scheiterte im Sommer endgültig. Der 8. August, an dem britische Tankangriffe die deutsche Front weit durchbrachen, wurde zum „Schwarzen Tag". Viele Soldaten verweigerten jetzt den Gehorsam. Die OHL, die bis zu diesem Zeitpunkt Optimismus und Siegessicherheit verbreitet hatte, gestand die Niederlage ein – ein Schock für die deutsche Öffentlichkeit. Am 29. September verlangte Ludendorff den sofortigen Abschluss des Waffenstillstands. Und er veranlasste, dass am 3. Oktober Max von Baden zum Kanzler einer Regierung eingesetzt wurde, an der auch die Mehrheitsparteien des Reichstags beteiligt waren. Am 28. Oktober wurde durch eine Verfassungsänderung aus der konstitutionellen Monarchie eine parlamentarische: Der Reichskanzler, bisher vom Kaiser ernannt und entlassen, war künftig an das Vertrauen des Reichstags gebunden. Entscheidungen über Krieg und Frieden bedurften ab sofort der Zustimmung von Reichstag und Bundesrat. Auch das Dreiklassenwahlrecht in Preußen wurde aufgehoben. Mit der Parlamentarisierung wollten die Militärs eine Hauptbedingung der USA für den Waffenstillstand erfüllen. Hinzu kam, dass die OHL sich aus der Verantwortung stehlen wollte, selbst den verlorenen Krieg zu Ende bringen zu müssen.

Militärische Niederlage, Parlamentarisierung durch die „Oktoberreform"

Am 28. Oktober verweigerten Matrosen der Hochseeflotte den Befehl der Admiralität, zu einem letzten strategisch sinnlosen Einsatz gegen die englische Kriegsflotte auszulaufen. In Kiel kam es am 4. November zu gewaltsamen Zusammenstößen: Die Matrosen wollten die Freilassung der inhaftierten Meuterer erreichen. Sie widersetzten sich den Offizieren und bestimmten Soldatenräte zu ihren Führern. Auch Arbeiter schlossen sich mit der Ernennung von Arbeiterräten an und riefen für den nächsten Tag einen Generalstreik aus. Wilhelm II. zog sich ins Hauptquartier im belgischen Spa zurück. Die OHL unter Hindenburg und Ludendorffs Nachfolger Groener hatte er noch auf seiner Seite. Am 11. November wurde im Wald von Compiègne der Waffenstillstand unterzeichnet.

Ausbruch der Revolution

2 Denkschrift für den Frieden

Vorstände und Reichstagsfraktion der SPD, 28.6.1917:
Die Nahrungsmittel, die der Bevölkerung in den großen Städten und in den Industriegebieten gegeben werden,
5 sind längst nicht mehr hinreichend, die Menschen zu sättigen und ihre Kräfte zu erhalten. [...]
Die Stimmung der Bevölkerung ist durch die anhaltenden Entbehrungen aufs Tiefste herabgedrückt. [...] Auch bei den Truppen greift die Kriegsmüdigkeit um sich. [...]
10 Die Kette der an uns gelangenden Klagen über schlechte oder ungerechte Behandlung und namentlich auch über anstrengende, den vom Kampf übermüdeten Soldaten als endlose Quälerei erscheinende Exerzierübungen in den Ruhestellungen reißt nicht ab. Auch die bei zahlrei-
15 chen Truppenteilen einseitig für die Mannschaften verschlechterten Ernährungsverhältnisse tragen dazu bei, Unzufriedenheit und Verdruss zu steigern. Aber schwerer noch fällt das durch lange Dauer des Krieges erzeugte allgemeine Verlangen nach Rückkehr in normale, friedliche
20 Verhältnisse in die Waagschale. [...] Der Glaube an die Möglichkeit eines entscheidenden Sieges ist mehr und mehr erschüttert. [...]
Durch das offene Bekenntnis der Reichsleitung zu einem allgemeinen Frieden ohne Annexionen und Kontribu-
25 tionen würde in allen Ententeländern die aus der Tiefe des Volkes kommende Friedensströmung, die schon durch das Friedensangebot der Zentralmächte sichtlich gefördert wurde, sehr gestärkt werden. Auch die Wirkung einer solchen Erklärung auf die nach Frieden verlangen-
30 den Massen unseres Volkes würde die denkbar beste sein. Die Überzeugung würde allgemein und fest begründet werden, dass wir nicht um Eroberungen willen, sondern lediglich zur Verteidigung unserer eigenen Lebensrechte den Krieg führen, dass unsererseits einem baldigen Frieden
35 der Verständigung nichts im Wege steht und dass, wenn trotzdem kein solcher Friede zu erlangen ist, die Schuld lediglich auf Seite der Gegner liegt.
Die zweite, nicht minder bedeutsame Maßnahme zur Festigung der Stimmung unseres Volkes und zur Stärkung
40 seines Willens zum Widerstand gegen die Bedrohung von außen ist die freiheitliche Neuordnung der Dinge im Innern. Das Volk in seinen weitesten Schichten muss die feste Überzeugung gewinnen, dass es wirklich zu seinem Recht im Reich, in den Bundesstaaten und den Gemein-
45 den kommen soll. Die freiheitliche Fortentwicklung der Reichsverfassung in der Richtung auf eine auf die Volksvertretung gestützte und von ihr ausgehende Regierung darf nicht verzögert werden. [...] Die Durchführung der verheißenen Reform des Wahlrechts in Preußen im Sinne
50 eines gleichen, direkten und geheimen Wahlverfahrens muss unverzüglich erfolgen. [...]

Zit. nach: H. Michaelis/E. Schraepler (Hg.), Ursachen und Folgen. Vom deutschen Zusammenbruch 1918 und 1945 bis zur staatlichen Neuordnung Deutschlands. Bd. 1. Berlin 1959, S. 211 ff.

3 Argumente gegen Friedensverhandlungen

Der Abgeordnete Kuno Graf von Westarp (Deutsch-konservative Partei) im Reichstag am 19. Juli 1917:
[...] Den heldenhaften Taten unserer Truppen zu Lan-
5 de und zu Wasser wird der volle Sieg beschieden sein. Gebiete von der Größe des Deutschen Reiches sind mit dem Blut unserer Brüder und Söhne gewonnen. An den ehernen Mauern weit in Feindesland wird wie bisher jeder Anprall einer Welt von Feinden zerschellen. Dem bevorstehenden feindlichen Ansturm, in dem Flandern 10 das Losungswort heißt, werden wir standhalten. Unsere U-Boote fügen England, das die ganze Welt gegen uns ins Feld führt, Monat für Monat, unüberwindlich und unabwendbar, einen Schaden zu, den es auf die Dauer nicht ertragen wird. Auf das Urteil unserer Heerführer 15 gestützt, erwarten wir mit unerschütterlicher Zuversicht den vollen Sieg unserer Waffen. Ihm allein werden wir den Frieden verdanken. Bis er eintritt, muss, will und kann unser Volk aller Entbehrungen, aller Schwierigkeiten unserer wirtschaftlichen Lage Herr werden. 20
Zu Friedensverhandlungen wird Deutschland bereit sein, sobald die Feinde unter uneingeschränktem Verzicht auf ihre Forderungen zwangsweiser Gebietserwerbungen und Entschädigungen sie anbieten. Dann wird es die Aufgabe sein, den Frieden so zu gestalten, dass er Deutschland und 25 seinen Verbündeten Dasein, Zukunft und Entwicklungsfreiheit wirksam sichert. Unsere Grenzmarken müssen für alle Zeiten besser geschützt sein; Ostpreußen darf nicht wieder den Gräueln eines Russeneinfalls ausgesetzt werden. An unseren stets vertretenen Auffassungen über das, 30 was der Friede dem deutschen Vaterlande bringen soll, halten wir auch heute unbeirrt fest.
Durch Verständigung, die allein auf dem guten Willen der Feinde beruht, lassen sich diese Ziele nicht erreichen. Von entscheidender Bedeutung für die Gestal- 35 tung des Friedens wird allein die militärische Lage sein, wie sie sich zur Stunde der Verhandlungen gestaltet haben wird.

Zit. nach: Ebenda, S. 40 f.

4 Wilsons „14 Punkte"

Botschaft des amerikanischen Präsidenten Woodrow Wilson an den Kongress, 8. Januar 1918:
I. Offene Friedensverträge, die offen zustande gekommen sind, und danach sollen keine geheimen internationalen 5 Vereinbarungen irgendwelcher Art mehr getroffen werden, sondern die Diplomatie soll immer offen und vor aller Welt arbeiten.
II. Vollkommene Freiheit der Schifffahrt auf den Meeren, außerhalb der Küstengewässer, sowohl im Frieden 10 als auch im Kriege, außer insoweit, dass die Meere ganz oder teilweise durch internationale Maßnahmen zur Erzwingung internationaler Abmachungen geschlossen werden mögen.

15 III. Beseitigung aller wirtschaftlicher Schranken, soweit möglich, und Errichtung gleicher Handelsbeziehungen unter allen Nationen, die dem Frieden zustimmen und sich zu seiner Aufrechterhaltung zusammenschließen.
IV. Austausch ausreichender Garantien dafür, dass die na-
20 tionalen Rüstungen auf das niedrigste, mit der inneren Sicherheit zu vereinbarende Maß herabgesetzt werden.
V. Eine freie, weitherzige und unbedingt unparteiische Schlichtung aller kolonialen Ansprüche, die auf einer genauen Beobachtung des Grundsatzes fußt, dass bei der
25 Entscheidung aller derartigen Souveränitätsfragen die Interessen der betroffenen Bevölkerung ein ebensolches Gewicht haben müssen wie die berechtigten Forderungen der Regierung, deren Rechtsanspruch bestimmt werden soll.
VI. Räumung des ganzen russischen Gebiets und eine
30 solche Regelung aller Russland betreffenden Fragen, die ihm die beste und freieste Zusammenarbeit der anderen Nationen der Welt für die Erlangung […] seiner eigenen politischen Entwicklung und nationalen Politik sicherstellt und es eines aufrichtigen Willkommens in dem
35 Bunde der freien Nationen unter von ihm selbst gewählten Staatseinrichtungen versichert. […]
VII. Belgien muss, wie die ganze Welt übereinstimmen wird, geräumt und wiederhergestellt werden, ohne jeden Versuch, seine Souveränität, derer es sich ebenso wie alle
40 anderen Nationen erfreut, zu beschränken. […] Ohne diesen heilenden Akt ist die ganze Struktur und Geltung des Völkerrechts für immer erschüttert.
VIII. Alles französische Gebiet sollte befreit und die besetzten Teile sollten wiederhergestellt werden, und das
45 Frankreich von Preußen im Jahr 1871 angetane Unrecht, das den Weltfrieden während eines Zeitraums von nahezu fünfzig Jahren in Frage gestellt hat, sollte wieder gutgemacht werden. […]

IX. Es sollte eine Berichtigung der Grenzen Italiens nach den klar erkennbaren Linien der Nationalität durchge- 50 führt werden.
X. Den Völkern Österreich-Ungarns, deren Platz unter den Völkern wir sichergestellt und zugesichert zu sehen wünschen, sollte die freie Gelegenheit zu autonomer Entwicklung gewährt werden. 55
XI. Rumänien, Serbien und Montenegro sollten geräumt werden; besetzte Gebiete sollten wiederhergestellt werden; Serbien sollte freier und sicherer Zugang zum Meere gewährt werden, und die Beziehungen der verschiedenen Balkanstaaten zueinander sollten durch freundschaftli- 60 che Verständigung gemäß den geschichtlich feststehenden Grundlinien von Zugehörigkeit und Nationalität bestimmt werden.
XII. Den türkischen Teilen des gegenwärtigen Osmanischen Reiches sollte eine sichere Souveränität, den 65 anderen derzeit unter türkischer Herrschaft stehenden Nationalitäten aber eine unzweifelhafte Sicherheit der Existenz und unbeeinträchtigt Gelegenheit für autonome Entwicklung zugesichert werden.
XIII. Es sollte ein unabhängiger polnischer Staat errich- 70 tet werden, der die von unbestritten polnischen Bevölkerungen bewohnten Gebiete einschließen sollte, dem ein freier und sicherer Zugang zum Meere zugesichert werden sollte und dessen politische und wirtschaftliche Unabhängigkeit und territoriale Unverletzlichkeit durch 75 internationale Abkommen garantiert werden sollen.
XIV. Es muss zum Zwecke wechselseitiger Garantieleistung für politische Unabhängigkeit und territoriale Unverletzlichkeit der großen wie der kleinen Staaten […] eine allgemeine Gesellschaft von Nationen gebildet 80 werden.
Zit. nach: Ebenda, S. 374 ff.

5 **Frauen an der Heimatfront, Berlin 1917**
Der Anteil der Frauen an der Industriearbeiterschaft stieg von 22 % (1913) auf 35 % (1918).

6 **Ein Pferdekadaver wird ausgeschlachtet, 1918**
Bereits im Jahr 1916/17 war es zur ernsten Versorgungs- und Hungerkrise in der Bevölkerung gekommen.

4

7 Lagebeurteilung durch die OHL

Tagebuchnotizen des Obersten von Thaer, 1.10.1918:

Zum 1. Mal sei der O.H.L. von Sr. M. bzw. vom Reichs-kanzler die Frage vorgelegt worden, was sie und das Heer
5 noch zu leisten imstande seien. Er (Ludendorff) habe im Einvernehmen mit dem Generalfeldmarschall geantwor-tet: „Die O.H.L. und das deutsche Heer seien am Ende; der Krieg sei nicht nur nicht mehr zu gewinnen, vielmehr stehe die endgültige Niederlage wohl unvermeidbar be-
10 vor. Bulgarien sei abgefallen. Österreich und die Türkei, am Ende ihrer Kräfte, würden wohl bald folgen. Unsere eigene Armee sei leider schon schwer verseucht durch das Gift spartakistisch-sozialistischer Ideen. Auf die Truppen sei kein Verlass mehr. Seit dem 8.8. sei es rapide abwärts
15 gegangen. Fortgesetzt erwiesen Truppenteile sich als so unzuverlässig, dass sie beschleunigt aus der Front gezo-gen werden müssten. Würden sie von noch kampfwil-ligen Truppen abgelöst, so würden diese mit dem Rufe „Streikbrecher" empfangen und aufgefordert, nicht mehr
20 zu kämpfen. Er könne nicht mit Divisionen operieren, auf die kein Verlass mehr sei.

So sei vorauszusehen, dass dem Feinde schon in nächster Zeit mit Hilfe der kampffreudigen Amerikaner ein großer Sieg, ein Durchbruch in ganz großem Stile gelingen wer-
25 de, dann werde dieses Westheer den letzten Halt verlieren und in voller Auflösung zurückfluten über den Rhein und werde die Revolution nach Deutschland tragen.

Diese Katastrophe müsse unbedingt vermieden werden. Aus den angeführten Gründen dürfe man sich nun nicht
30 mehr schlagen lassen. Deshalb habe die O.H.L. von Sr. M. und dem Kanzler gefordert, dass ohne jeden Verzug der Antrag auf Herbeiführung eines Waffenstillstandes ge-stellt würde bei dem Präsidenten Wilson von Amerika zwecks Herbeiführung eines Friedens auf der Grundlage
35 seiner 14 Punkte. [...]

Es sei ein schrecklicher Augenblick für den Feldmarschall und für ihn gewesen, dieses Sr. M. und dem Kanzler mel-den zu müssen. Der Letztere, Graf Hertling, habe in wür-diger Weise Sr. M. erklärt, er müsse daraufhin sofort sein
40 Amt niederlegen. [...]

Zur Zeit haben wir also keinen Kanzler. Wer es wird, steht noch aus. Ich habe aber S. M. gebeten, jetzt auch diejenigen Kreise an die Regierung zu bringen, denen wir es in der Hauptsache zu danken haben, dass wir so weit
45 gekommen sind. Wir werden also diese Herren jetzt in die Ministerien einziehen sehen. Die sollen. Sie sollen die Suppe jetzt essen, die sie uns eingebrockt haben!"

Ritter, G. A./Miller, S. (Hg.): Die deutsche Revolution 1918–1919. Frankfurt a. M. 2. Aufl. 1983, S. 26 f.

8 Die OHL und der Waffenstillstand

Wilhelm Groener über den 9. und 10.11.1918:

In dürren Worten wurde [...] der Reichsregierung mit-geteilt, dass die O.H.L., nachdem die Ereignisse in der Heimat dem Heer die Rückensicherung genommen
5 haben, nicht mehr über die Möglichkeit verfüge, die Waffenstillstandsanforderungen abzulehnen oder mit der Waffe eine Verbesserung der Lage zu erzwingen. Die Regierung zog die Folgerungen und nahm die Bedin-gungen an.
10 Die Heeresleitung stellte sich bewusst auf den Stand-punkt, die Verantwortung für den Waffenstillstand und alle späteren Schritte von sich zu weisen. Sie tat dies, streng juristisch gesehen, nur mit bedingtem Recht, aber es kam mir und meinen Mitarbeitern darauf an, die Waffe
15 blank und den Generalstab für die Zukunft unbelastet zu erhalten. Ich bin aber auch heute noch der Überzeu-gung, dass wir ohne Revolution im Innern an der Grenze Widerstand hätten leisten können; ob die Nerven der Heimat noch durchgehalten hätten für eine Verteidigung
20 hinter dem Rhein, erscheint mir sehr zweifelhaft; militä-risch war sie denkbar. Zum letzten Kampf braucht man eine Heimat, die hinter dem Heer steht; unter dieser Vo-raussetzung konnten wir versuchen, bessere Bedingun-gen zu erzwingen.
25 So wie sich aber in Wirklichkeit die Dinge im November gestaltet hatten, war eine Änderung der Lage durch das Heer nicht mehr herbeizuführen. Wenn nach dem Krie-ge Stimmen laut wurden, die meinten, das Heer hätte sich noch Monate, sei es in der – nicht ausgebauten
30 – Antwerpen-Maas-Stellung, sei es weiter rückwärts, hal-ten können, so muss ich das als einen Wunschtraum bezeichnen. Es blieb uns keine Wahl: Am 11. wurde in Compiègne unterzeichnet, mittags 11,55 trat Waffen-ruhe ein.
35

Zit. nach: Ebenda, S. 39.

Arbeitsvorschläge

a) Untersuchen Sie anhand von M2 und M3 die innenpolitische Lage und die militärische Situation im Jahr 1917. Vergleichen Sie dann die jeweilige Haltung zum Krieg und analysieren Sie, wie der Krieg nach Meinung der Redner been-det werden sollte.

b) Nennen Sie die wichtigsten Konsequenzen des amerikanischen Friedenspro-gramms (M4) für das Deutsche Reich.

c) Zeigen Sie anhand von M7 und M8, welche Position die OHL angesichts der militärischen Niederlage einnahm. Berücksichtigen Sie dabei auch, welche Wirkung die OHL mit ihrer Haltung in der Öffentlichkeit erreichen wollte.

Das Kaiserreich und der Erste Weltkrieg

1873	Im Dreikaiserabkommen sichern sich Deutschland, Österreich-Ungarn und Russland gegenseitig zu, sich im Krisenfall untereinander zu verständigen.
1879	Im Rahmen des Deutsch-österreichischen Zweibundes garantiert jede der beiden Seiten, der anderen im Kriegsfall beizustehen (1882 um Italien erweitert zum Dreibund).
1887	Deutsch-russischer Neutralitätspakt: Beide Seiten sichern sich die Neutralität zu, falls Deutschland von Frankreich oder Russland von Österreich angegriffen wird („Rückversicherungsvertrag"; 1890 nicht mehr erneuert).
1892	Mit der französisch-russischen Militärkonvention kommt es zur Annäherung zwischen Frankreich und Russland: Zwei Jahre später wird durch ein Bündnis die gegenseitige Waffenhilfe für den Fall eines deutschen Angriffs vereinbart.
1904	Mit der „Entente cordiale" gelingt England und Frankreich die Interessenabgrenzung in Ägypten und Marokko.
1907	Unter der Vermittlung französischer Diplomaten kommt es mit Blick auf Persien und Afghanistan zu einem Interessenausgleich zwischen Großbritannien und Russland (Englisch-russische Konvention).
1908	Österreich annektiert das ehemals osmanische Bosnien und Herzegowina.
1914	28.6. In Sarajewo wird der österreichische Thronfolger durch einen serbischen Nationalisten getötet. 28.7. Österreich erklärt Serbien den Krieg. In Russland erfolgt drei Tage später die Generalmobilmachung. Deutschland erklärt zunächst Russland (1.8.), dann Frankreich den Krieg (3.8.). Aug./Sept. Nach der Schlacht an der Marne kommt es im Westen zu einem Stellungskrieg. Im Osten gelingt es den deutschen Truppen unter Hindenburg beim ostpreußischen Tannenberg den russischen Vormarsch zu stoppen.
1917	Der uneingeschränkte U-Boot-Krieg gegen die englische Seeblockade beginnt. 6.4. Die USA erklären Deutschland den Krieg. 19.7. Die Mehrheit der Parteien im Reichstag beschließt die Friedensresolution.
1918	8.1. Der US-Präsident Thomas Woodrow Wilson stellt die „14 Punkte" vor. 3.3. In Brest-Litowsk schließen Deutschland und Russland Frieden. 8.8. „Schwarzer Tag" des deutschen Heeres beim Amiens. 29.9. Hindenburg und Ludendorff verlangen die Erneuerung der politischen Führung und ein sofortiges Waffenstillstandsangebot. 3.10. Prinz Max von Baden wird Reichskanzler. Auf der Grundlage von Wilsons „14 Punkten" unterbreitet die deutsche Regierung dem amerikanischen Präsidenten ein Waffenstillstandsangebot. 28.10. Eine Verfassungsreform wird durch Reichstag, Bundesrat und Kaiser angenommen (Oktoberreform): Der Reichskanzler ist künftig vom Vertrauen des Reichstags abhängig, Entscheidungen über Krieg und Frieden bedürfen der Zustimmung von Reichstag und Bundesrat. 3./4.11. Matrosenaufstand in Kiel; der Aufstand dehnt sich in den nächsten Tagen auf andere Städte aus.

4

4.4 Vom Obrigkeitsstaat zur Demokratie

4.4.1 Die Revolution von 1918/19

Der Anlass der Revolution: Gehorsamsverweigerung der Matrosen

Ihren Ausgang hatte die Revolution mit der Gehorsamsverweigerung der Matrosen in Kiel genommen. Soldatenräte sollten ihren Forderungen Ausdruck verleihen. Eine spontane Bewegung erfasste weitere Hafenstädte und auch Mittel- und Süddeutschland. Beauftragte der Arbeiterparteien und Gewerkschaften übernahmen als Arbeiterräte vor Ort die politischen Funktionen. In Teilen der Regierung setzte sich unterdessen die Meinung durch, der Kaiser müsse zum Abdanken gebracht werden, er verhindere auch den notwendigen Abschluss des Friedens. Monarchen einzelner Länder verzichteten auf den Thron. Wilhelm II. wies aber eine entsprechende Aufforderung des Kanzlers zurück.

Die durch Oktoberreformen an die Macht gekommene SPD sah sich mit gewaltigen Problemen konfrontiert: Sollte es zum Waffenstillstand kommen, so wären binnen kürzester Zeit Millionen von Soldaten in die Heimat zurückzuführen. Die Umstellung von der Kriegs- zur Friedenswirtschaft müsste schnellstmöglich vollzogen werden. Die englische Seeblockade bestand weiterhin. Es war ein Hungerwinter zu befürchten. Der volle Durchbruch einer Revolution schien in den Augen der neuen Regierung die Bewältigung dieser Aufgaben noch weiter zu erschweren.

Ausrufung der Republik und Abdankung des Kaisers

Doch am 9. November überschlugen sich die Ereignisse. Menschen versammelten sich auf der Straße zu einer Großdemonstration. Um die Mittagszeit erklärte Max von Baden Wilhelms Thronverzicht, noch ohne dazu autorisiert zu sein. Als Kanzler trat er zurück und überließ dem Sozialdemokraten Friedrich Ebert die Regierung – ein Schritt, zu dem er aufgrund der Verfassung nicht berechtigt war. Am Nachmittag dann wurde die Republik gleich zweimal ausgerufen: Der SPD-Abgeordnete Scheidemann beendete seine spontane Ansprache vor den Demonstranten mit der Proklamation der Republik. Ebert verhandelte unterdessen mit der USPD über die Bildung einer provisorischen Regierung. Auch die revolutionären Obleute strebten eine Übergangsregierung an, bestehend aus Arbeiter- und Soldatenräten. Liebknecht erklärte Deutschland am späteren Nachmittag in einer Rede zur „freien sozialistischen Republik". Und der Kaiser? Er nahm Hindenburgs Rat an und suchte in den Niederlanden politisches Asyl.

Parlamentarische Demokratie oder Räterepublik?

Zwei Auffassungen über das künftige politische System standen sich gegenüber. SPD und gemäßigte Kräfte der USPD wollten eine parlamentarische Demokratie verwirklichen: Gewählt werden sollte jetzt eine Nationalversammlung, die eine Verfassung ausarbeitete. Deutschland brauche eine stabile gesellschaftliche Ordnung, eine Räteregierung bringe aber Bürgerkrieg und Blutvergießen, Parteidiktatur und Terror.

Die Spartakisten unter Rosa Luxemburg und Wilhelm Liebknecht wollten die Revolution weiterführen, bis alle Macht in den Händen der Räte lag. Ein Zusammengehen mit den Führungskräften des Kaiserreichs, um Verwaltung und Wirtschaftsleben funktionstüchtig zu erhalten, bedeute weiterhin Unterdrückung und Militarismus, nicht Herrschaft des Volkes.

Bereits am 10. November wurde in Berlin die Übergangsregierung gebildet: Der Rat der Volksbeauftragten wurde von Delegierten der Groß-Berliner Arbeiter- und Soldatenräte bestätigt. Er war paritätisch mit drei Vertretern der SPD (Ebert, Landsberg, Scheidemann) und drei des rechten Flügels der USPD (Haase, Barth, Dittmann) besetzt. Diese Konstellation entsprach auch der Zusammensetzung der meisten Arbeiter- und Soldatenräte, die auf lokaler Ebene die Macht ausübten. In ihrem Ziel waren sich Volksbeauftragte und Räte einig: Sie wollten einen

Rosa Luxemburg

1 Revolutionäre Matrosen und Arbeiter marschieren am 9. November durch das Brandenburger Tor.

baldigen Termin für die Wahl zur verfassungsgebenden Nationalversammlung festlegen.

Die SPD-Führung wollte auf jeden Fall zum gegenwärtigen Zeitpunkt Veränderungen der Gesellschafts- oder Wirtschaftsordnung verhindern. Zu diesem Zweck schloss sie zwei Bündnisse. Noch am 10. November einigte sich Ebert mit General Groener auf gegenseitige Unterstützung: Während Groener der neuen Regierung die Loyalität der OHL zusicherte, garantierte Ebert Mithilfe bei der Aufrechterhaltung der militärischen Hierarchien, vor allem der Kommandogewalt der Offiziere.

Auch mit Vertretern der Wirtschaft kam Ebert überein. Am 15. November wurde das „Zentralarbeitsgemeinschafts"-Abkommen zwischen dem Führer der freien Gewerkschaften Carl Legien und dem Vertreter der Arbeitgeber Hugo Stinnes abgeschlossen. Es bestätigte zum Teil Vereinbarungen der Kriegszeit: Die Gewerkschaften wurden beim Abschluss von Tarifverträgen als gleichberechtigte Vertreter der Arbeiterschaft anerkannt. Eingeführt wurde der Achtstundentag bei vollem Lohnausgleich und Arbeiterausschüsse in Betrieben mit mindestens 50 Mitarbeitern. Während die Gewerkschaften so ihre Position sicherten, umgingen die Unternehmer durch ihre Zugeständnisse eine Sozialisierung der Wirtschaft, wie sie von den Revolutionären, aber auch gemäßigten Kräften der Arbeiterparteien gefordert wurde. Indem sie sich auf die Sozialpartnerschaft mit den Gewerkschaften einließen, konnten sie die Besitzverhältnisse unangetastet erhalten.

Die Auseinandersetzungen um die Verfassung gingen jedoch weiter. Vom 16. bis 20. Dezember fand in Berlin der Reichsrätekongress statt, ein Treffen aller deutschen Räte. Die führenden Köpfe der Revolutionäre Luxemburg und Liebknecht besaßen kein Mandat. Kundgebungen begleiteten daher die Diskussionen des Kongresses. Als Wahltermin für die Nationalversammlung legten die rund 500 Delegierten den 19. Januar 1919 fest. Zugespitzt formuliert lässt sich sagen, dass die Räte dem Rätesystem eine Absage erteilen: Die Übergabe der legislativen und

Parlamentarische Demokratie, Räterepublik

Ebert-Groener-Bündnis

Zentralarbeitsgemeinschaft

Friedrich Ebert

Reichsrätekongress in Berlin

exekutiven Gewalt an die Räte wurde abgelehnt. Allerdings verlangten die Räte die Demokratisierung von Heer, Verwaltung und großen Wirtschaftszweigen wie etwa des Bergbaus.

Gründung der KPD, Freikorps gegen Revolutionäre

Am 28. Dezember traten die drei USPD-Mitglieder aus dem Rat der Volksbeauftragten aus, nachdem auf Veranlassung der SPD Militär gegen Demonstranten in Berlin vorgegangen war. Jetzt wurden die Volksbeauftragten nur noch von Sozialdemokraten gestellt. Am 1. Januar schlossen sich Spartakisten und links gerichtete Unabhängige Sozialdemokraten zusammen und gründeten die Kommunistische Partei KPD. Am 5. Januar wurden in Berlin nach einer Demonstration spontan Zeitungs- und Verlagsgebäude besetzt. Vor allem die Kommunisten sahen jetzt die Möglichkeit gekommen, die Regierung Ebert-Scheidemann zu stürzen. Der Generalstreik wurde ausgerufen. Gustav Noske (SPD), an Stelle eines USPD-Vertreters in den Rat der Volksbeauftragten aufgenommen, ordnete den Aufmarsch von Truppen an. Zum Einsatz kamen Freiwilligenverbände von Frontsoldaten, die nach Beendigung des Krieges sozusagen nicht nach Hause gegangen waren. Daneben formierten sich Freikorps: Berufssoldaten, aber auch Abenteuerlustige und vom Krieg Entwurzelte, die hier Disziplin und eine feste Werteordnung suchten. Die Freikorps waren auch verantwortlich für die Ermordung Luxemburgs und Liebknechts am 15. Januar. Diese Tat wurde auch von vielen verurteilt, die nicht mit den Revolutionären sympathisierten und ließ die Rolle der Freikorpssoldaten fragwürdig werden.

Nationalversammlung

Die darauf folgende Wahl zur Nationalversammlung spiegelte diese Radikalisierung allerdings nicht wider. Im Gegenteil: Das Parteienspektrum zeigte Kontinuität. Stärkste Kraft wurde die SPD. Die Mehrheit bildeten die bürgerlichen Parteien, das Zentrum und die aus der Fortschrittspartei hervorgegangene DDP. Es folgte die rechtskonservative DNVP und die nationalliberal gesinnte DVP. Die Nationalversammlung wurde am 6. Februar im Weimar eröffnet, abseits des revolutionären Geschehens in der Reichshauptstadt. Eine ihrer Hauptaufgaben war die Erarbeitung einer neuen Verfassung. Ebert wurde zum Reichspräsidenten gewählt, Scheidemann mit der Regierungsbildung beauftragt. Zu diesem Zweck bildeten drei Parteien, die seit 1917 ihr Machtpotenzial und ihren Gestaltungswillen bekundet hatten, die „Weimarer Koalition": SPD, Zentrum und DDP.

Zweite Phase der Revolution, blutige Beendigung durch das Militär

Die Frage, wer nach dem Zusammenbruch des Kaiserreichs die Macht in Deutschland übernahm, war damit entschieden. Nicht entschieden war der Ausgang der Revolution, die in eine zweite Phase eintrat. In den Revolutionsmonaten November und Dezember 1918 waren die Räte kurzzeitige Institutionen gewesen. Sie hatten an der Normalisierung des Lebens nach der Kriegszeit mitgewirkt. Im Frühjahr 1919 lösten sie sich wieder auf. Dabei repräsentierten sie durchaus die Mehrheit des Volkes, wie das Wahlergebnis vom Januar bestätigte. Die andere Gruppe von Räten gehörte einer kleinen Minderheit an, die offen Front gegen die Regierungspolitik machten. Sie verstanden sich als Instrumente des Klassenkampfs auf dem Weg zur Herrschaft des Proletariats. Unterstützt wurden die Räte von streikenden Arbeitern im Ruhrgebiet und anderen Industriestandorten. Auch in Städten wie Leipzig, Hamburg und Berlin zeigte sich eine Verschärfung des Konflikts. Zeitungsverlage und öffentliche Gebäude wurden besetzt. Erneut schlugen Freikorpsverbände die Aktionen nieder: Eine zehntägige Straßenschlacht in Berlin kostete 1000 Menschen das Leben. Im April und Mai scheiterten in München zwei Versuche eine Räterepublik zu errichten. Die Revolution war beendet.

2 Plakat der SPD im Januar 1919

Die Gestaltung des Plakats zur Wahl der Nationalversammlung stammte von Cesar Klein.

3 Ruhe und Ordnung

Aufruf des neuen Reichskanzlers Friedrich Ebert an die deutschen Bürger am 9. November 1918:

Mitbürger!

5 Der bisherige Reichskanzler Prinz Max von Baden hat mir unter Zustimmung der sämtlichen Staatssekretäre die Wahrnehmung der Geschäfte des Reichskanzlers übertragen. Ich bin im Begriff, die neue Regierung im Einvernehmen mit den Parteien zu bilden, und werde
10 daher über das Ergebnis der Öffentlichkeit in Kürze berichten.

Die neue Regierung wird eine Volksregierung sein. Ihr Bestreben wird sein müssen, dem deutschen Volke den Frieden schnellstens zu bringen und die Freiheit, die es
15 errungen hat, zu befestigen.

Mitbürger!

Ich bitte Euch alle um Eure Unterstützung bei der schweren Arbeit, die unser harrt, Ihr wisst, wie schwer der Krieg die Ernährung des Volkes, die erste Voraussetzung des
20 politischen Lebens, bedroht.

Die politische Umwälzung darf die Ernährung der Bevölkerung nicht stören.

Es muss die erste Pflicht aller in Stadt und Land bleiben, die Produktion von Nahrungsmitteln und ihre Zufuhr in
25 die Städte nicht zu hindern, sondern zu fördern.

Nahrungsmittelnot bedeutet Plünderungen und Raub, mit Elend für alle! Die Ärmsten würden am schwersten leiden, die Industriearbeiter am bittersten getroffen werden. Wer sich an Nahrungsmitteln oder sonstigen
30 Bedarfsgegenständen oder an den für ihre Verteilung benötigten Verkehrsmitteln vergreift, versündigt sich aufs Schwerste an der Gesamtheit.

Mitbürger!

Ich bitte Euch alle dringend: Verlasst die Straßen! Sorgt für Ruhe und Ordnung!

Zit. nach: Ritter, G. A./Miller, S. (Hg.): Die deutsche Revolution 1918–1919. 2. Auflage, Frankfurt a. M. 1983, S. 79 f.

4 Für revolutionäre Arbeiter- und Soldatenräte

Aufruf der Spartakusgruppe unter Karl Liebknecht und Rosa Luxemburg an die Arbeiter und Soldaten Berlins am 10. November 1918:

Sichert die von euch errungene Macht! 5
Misstrauen ist die erste demokratische Tugend!
Die rote Fahne weht über Berlin!
Würdig habt ihr euch an die Seite der Städte gestellt, in denen schon das Proletariat und die Soldaten die Macht übernommen haben. Wie aber die Welt auf euch ge- 10 schaut hat, ob ihr eure Aufgabe lösen werdet, so sieht die Welt jetzt auf euch, wie ihr sie lösen werdet.

Ihr müsst in der Durchführung eines sozialistisch-revolutionären Programms ganze Arbeit machen. [...]

Zur Erlangung dieses Zieles ist es vor allem notwendig, 15 dass das Berliner Proletariat in Bluse und Feldgrau erklärt, folgende Forderungen mit aller Entschlossenheit und unbezähmbarem Kampfwillen zu verfolgen:

1. Entwaffnung der gesamten Polizei, sämtlicher Offiziere sowie der Soldaten, die nicht auf dem Boden der neuen 20 Ordnung stehen; Bewaffnung des Volkes; alle Soldaten und Proletarier, die bewaffnet sind, behalten ihre Waffen.

2. Übernahme sämtlicher militärischer und ziviler Behörden und Kommandostellen durch Vertrauensmänner 25 des Arbeiter- und Soldatenrates.

3. Übergabe aller Waffen- und Munitionsbestände sowie aller Rüstungsbetriebe an den Arbeiter- und Soldatenrat.

4. Kontrolle über alle Verkehrsmittel durch den Arbeiter- und Soldatenrat. 30

5. Abschaffung der Militärgerichtsbarkeit; Ersetzung des militärischen Kadavergehorsams durch freiwillige Disziplin der Soldaten unter Kontrolle des Arbeiter- und Soldatenrates.

6. Beseitigung des Reichstages und aller Parlamente so- 35 wie der bestehenden Reichsregierung; Übernahme der Regierung durch den Berliner Arbeiter- und Soldatenrat bis zur Errichtung eines Reichs-Arbeiter- und Soldatenrates.

7. Wahl von Arbeiter- und Soldatenräten in ganz 40 Deutschland, in deren Hand ausschließlich Gesetzgebung und Verwaltung liegen. Zur Wahl der Arbeiter- und Soldatenräte schreitet das gesamte erwachsene werktätige Volk in Stadt und Land und ohne Unterschied der Geschlechter. 45

8. Abschaffung aller Dynastien und Einzelstaaten; unsere Parole lautet: einheitliche sozialistische Republik Deutschland.

9. Sofortige Aufnahme der Verbindung mit allen in Deutschland bestehenden Arbeiter- und Soldatenräten 50 und den sozialistischen Bruderparteien des Auslandes.

10. Sofortige Rückberufung der russischen Botschaft nach Berlin.

Zit. nach: Ebenda, S. 82 f.

5 Obrigkeitsstaat der Räte

Hugo Preuss, Berliner Staatsrechtslehrer und Mitarbeiter an der Weimarer Verfassung: „Volksstaat oder verkehrter Obrigkeitsstaat", 14. November 1918:

5 Denn die Überalterung des Obrigkeitsstaates war die Ursache seines Bankrotts und des gegenwärtigen Umsturzes; sie ist aber auch die Ursache, dass an seine Stelle noch keineswegs der Volksstaat getreten ist, sondern ein umgedrehtes Obrigkeitssystem. Im alten Obrigkeitsstaat hat-
10 te der Bürger sehr wenig, im gegenwärtigen hat er absolut gar nichts zu sagen; mehr als je vorher ist im Augenblick das Volk in seiner Gesamtheit lediglich Objekt einer Regierung, die ihm durch unerforschliche Ratschläge gesetzt wird, nur dass sich diese nicht auf ein
15 Gottesgnadentum berufen, sondern auf eine genau ebenso unfassliche Volksgnade. Der Rechtstitel ist in einem wie im anderen Falle die Macht oder vielmehr der Glaube an eine dahinter stehende überlegene Gewalt. Kurz, es ist ganz und gar der umgedrehte Obrigkeitsstaat.
20 [...]

Die Absichten der gegenwärtigen Machthaber mögen die lautersten und reinsten sein; sie können doch der zwingenden Logik nicht entgehen, dass der Versuch, den deutschen Staat unter Zurückdrängung seines Bürger-
25 tums zu konstituieren, in kurzer Frist unabwendbar zum bolschewistischen Terror führen muss. Der gegenwärtige Zustand, dass zahlreiche bürgerliche Elemente die öffentlichen Geschäfte führen unter der Diktatur einer ihnen prinzipiell fremden Obrigkeit, mag im Augenblick als
30 Notbehelf unvermeidlich sein; aber er ist nur auf kürzeste Frist haltbar, wird sehr bald von der einen oder der anderen Seite als unerträglich empfunden werden. Wenn er bis dahin seine Lösung nicht in einer auf der Gleichberechtigung aller Volksgenossen ruhenden po-
35 litisch-demokratischen Organisation gefunden hat, so gibt es keinen anderen Ausweg als rechtlose Gewalt und mit ihr völlige Zerrüttung des wirtschaftlichen Lebens. [...] Nicht Klassen und Gruppen, nicht Parteien und Stände in gegensätzlicher Isolierung, sondern nur das gesamte
40 deutsche Volk, vertreten durch die aus völlig demokratischen Wahlen hervorgehende deutsche Nationalversammlung, kann den deutschen Volksstaat schaffen. Sie muss ihn baldigst schaffen, wenn nicht unsagbares Unheil unser armes Volk vollends verelenden soll. Gewiss
45 muss eine moderne Demokratie vom Geiste eines kräfti-

gen sozialen Fortschritts erfüllt sein; aber ihre politische Grundlage kann niemals der soziale Klassenkampf, die Unterdrückung einer sozialen Schicht durch die andere bilden, sondern nur die Einheit und Gleichheit aller Volksgenossen. Im Rahmen der zu schaffenden demo- 50 kratischen Verfassung sind die unausbleiblichen sozialpolitischen Kämpfe der Zukunft friedlich auszutragen. Die Stellung zu der konstituierenden Nationalversammlung des deutschen Volksstaates ist zugleich die Stellung zu der Frage: Demokratie oder Bolschewismus. 55

Zit. nach: Ebenda, S. 36 ff.

6 Weitreichende Forderungen der lokalen Räte am Beispiel Württemberg

Resolution des Garnisonrats Ulm zur Vorlage bei der 2. Landesversammlung in Stuttgart, 11./12.12.1918:

Die Landesversammlung der Soldatenräte Württembergs 5 unterstützt die jetzige provisorische Regierung im Interesse der Erhaltung der Ordnung und Ruhe, die allein das Zustandekommen der Nationalversammlung auf wirklich freiheitlicher Grundlage verspricht. Sie kann nicht dulden, dass eine einzelne Partei auf Kosten der Allge- 10 meinheit Sonderpolitik treibt. Sie verurteilt daher entschieden alle dahin gerichteten Gewaltmaßnahmen und Sonderinteressen, insbesondere die Bestrebung der Spartakusgruppe, die die Reichseinheit gefährden.

Unser Volk hat die größte Revolution der Weltgeschich- 15 te in einer seiner seitherigen Kultur würdigen Weise durchgeführt. Die Soldatenräte Württembergs beugen sich daher weder einer Willkür von links noch einer solchen von rechts und verurteilen jede darauf gerichtete Gewaltherrschaft. Sie lehnen einmütig jeden Versuch ab, 20 das Heer für eine monarchische Reaktion oder bolschewistischen Terror zu missbrauchen. Sie fordern die Einberufung der verfassunggebenden Nationalversammlung, die über die künftige Staatsform entscheidet und die vom Vertrauen der Volksgesamtheit getragen ist. Im 25 Interesse der schleunigsten Herbeiführung des Friedens und des schnellstmöglichen Wiederaufbaues unserer Volkswirtschaft und Regelung der Ernährungsfrage des deutschen Volkes ist die Nationalversammlung allerschnellstens einzuberufen, um eine anerkannte ver- 30 handlungsfähige Volksregierung zu bilden.

Kolb, E./Schönhoven, K. (Hg.): Regionale und lokale Räteorganistionen in Württemberg 1918/19. Düsseldorf 1976, S. 126 f.

Arbeitsvorschläge

a) Erarbeiten Sie anhand von M2 bis M5 die unterschiedlichen Einstellungen zu der Revolution von 1918 und der politischen Ordnung in Deutschland.

b) Zeigen Sie, mit welcher Begründung H. Preuß den Rätestaat ablehnt und die parlamentarische Demokratie befürwortet (M5). Vergleichen Sie Preuß' Ausführungen mit den Forderungen der lokalen Soldatenräte (M6). Diskutieren Sie abschließend die These, die Räte seien gar nicht für ein Rätesystem gewesen.

Standpunkte: Die Revolution 1918/19 – eine verpasste Chance zum Neuanfang?

Die Revolution 1918/19 wird oft als „gebremste" Revolution bezeichnet. Die Demokraten stürzten die Monarchie, allerdings im Bund mit den Führungseliten des Kaiserreichs. Ob die Revolution anders hätte verlaufen können, ist eine hypothetische Frage. Sie lässt aber Rückschlüsse auf die Revolution, ihre Träger, Motive und Ergebnisse zu.

7 Handlungsspielraum der neuen Regierung

Der Historiker Eberhard Kolb überlegt, ob 1918/19 mehr politische und gesellschaftliche Veränderungen möglich gewesen wären:

5 Diese Feststellung hat aber Konsequenzen für die Einschätzung des Handlungsspielraums der politischen Entscheidungsträger: Sie besaßen bei der inneren Neuordnung nach dem Zusammenbruch des Kaiserreichs einen zwar näher zu bestimmenden, aber insgesamt
10 doch zweifellos größeren Handlungsspielraum, als jene Deutung unterstellt, welche nur eine Entscheidungsalternative der Wintermonate 1918/19 anerkennen will: Bolschewisierung Deutschlands oder Zusammenwirken der Mehrheitssozialdemokratie mit den traditionellen
15 Machteliten zur Sicherung der inneren Ordnung und zur Errichtung einer parlamentarischen Republik. Dieser Handlungsspielraum hätte es der Revolutionsregierung u. a. erlaubt, gegenüber der Führung der alten kaiserlichen Armee mit Selbstbewusstsein und Entschiedenheit
20 aufzutreten, vorbereitende Schritte zu einer Sozialisierung wenigstens des Bergbaus zu unternehmen, das Potenzial der Arbeiter- und Soldatenräte zugunsten einer sozialdemokratischen Reformpolitik einzusetzen. Aber insbesondere die SPD-Führung versagte sich strikt einem
25 solchen politischen Kurs, nicht primär unter dem Diktat übermächtiger Sachzwänge, sondern einerseits im Vertrauen auf eine dauerhafte Loyalität der alten Machteliten gegenüber den neuen Machthabern, andererseits aus grundsätzlichem Misstrauen gegenüber einer spon-
30 tanen Massenbewegung, die zwar teilweise ein amorphes Gepräge aufwies, die aber im November und Dezember weitestgehend von den Mitgliedern und Anhängern der Sozialdemokratie getragen wurde und sich in ihren politischen Forderungen innerhalb des Spektrums sozial-
35 demokratischer Programmatik bewegte.

Kolb, E.: Die Weimarer Republik. München 2. Aufl. 1988, S. 158 f.

8 Revolutionshemmende Faktoren

Warum kam es in Deutschland 1918/19 zu keiner echten Revolution? Diese Frage stellt sich der Historiker Heinrich August Winkler:

5 Deutschland kannte zwar bis zum Oktober 1918 kein parlamentarisches Regierungssystem, aber seit rund einem halben Jahrhundert das allgemeine, gleiche und direkte Reichstagswahlrecht für Männer, das Bismarck 1866 im Norddeutschen Bund und 1871 im Deutschen Reich eingeführt hatte. Das Kaiserreich lässt sich daher
10 nicht einfach als „Obrigkeitsstaat" beschreiben. Deutschland war seit 1918 bereits zu demokratisch, um sich eine revolutionäre Erziehungsdiktatur (sei es nach dem Vorbild der französischen Jakobiner von 1793 oder, was aktueller war, nach dem der russischen Bolschewiki
15 von 1917) aufzwingen zu lassen.

Deutschland war auch zu industrialisiert für einen völligen Umsturz der gesellschaftlichen Verhältnisse. Die demokratischen Revolutionen des Westens hatten alle vor der Industriellen Revolution, also in überwiegend
20 agrarischen Gesellschaften, stattgefunden, und dasselbe gilt von der russischen Oktoberrevolution. Solche Gesellschaften mit dem für sie typischen Anteil an Selbstversorgern konnten sich eine radikale Auswechslung des staatlichen Apparates leisten, ohne deswegen zusam-
25 menzubrechen. Für hochindustrialisierte Gesellschaften aber ist ein starker Bedarf an der Aufrechterhaltung von Dienstleistungen von Staat und Kommunen, das heißt: an administrativer Kontinuität, kennzeichnend. Beide Faktoren, der Grad der Demokratisierung und der Grad
30 der Industrialisierung, wirkten objektiv revolutionshemmend. Sie erklären, warum die deutsche Revolution von 1918/19 nicht zu den großen Revolutionen der Geschichte gerechnet werden kann.

Winkler, H. A. (Hg.): Weimar. Ein Lesebuch zur deutschen Geschichte. München 2. Aufl. 1997, S. 17 ff.

Arbeitsvorschläge

a) Nennen Sie mit Hilfe der Texte M 7 und M 8 Gründe dafür, warum es 1918/19 nur zu einer „gebremsten" Revolution kam.

b) Beurteilen Sie Grenzen, Möglichkeiten und Ergebnisse der Revolution 1918/19.

Methode: Politik und Plakate

**Den ersten
Eindruck festhalten**

So kennen wir die Plakate, die vor allem in Wahlkampfzeiten das Straßenbild prägen. Ein sympathisch zurecht gemachtes Gesicht blickt uns freundlich entgegen, im Hintergrund ein strahlend blauer Himmel, einige wenige Worte, ein Name oder ein griffiges Schlagwort. Als Massenmedium werden Plakate dafür geschaffen, Aufmerksamkeit zu erregen. Sie wollen auch den schnell vorbeigehenden Passanten erreichen. Welchen ersten Eindruck hinterlassen die Plakate aus der Weimarer Zeit?

**Bildsprache und Text
analysieren**

Bei genauerer Betrachtung ist festzustellen, dass die damals entstandenen Plakate sich von den heutigen unterscheiden: Bilder und Texte sind formenreicher, als wir es von der heutigen politischen Plakatwerbung her kennen.
Max Pechsteins Aufruf zur Wahl der Nationalversammlung (M 9) verwendet das Bild der Grundsteinlegung in einem doppelten Sinn. Der Arbeiter, eine Kelle in der rechten Hand, errichtet ein neues Haus, für dessen Standfestigkeit der Grundstein entscheidend ist. Welche Wirkung geht von Gesichtsausdruck und Körperhaltung aus? Sie vermitteln eine Stimmung des Aufbruchs, der Bewegung. Vorherrschend ist die schiefe Stellung im Raum, horizontale oder vertikale Linien fehlen.
Aufschlussreich ist auch die Beziehung von Bild- zu Textanteilen: Die offene linke Hand verweist auf die Schrift am oberen Bildrand. Die gewählte Nationalversammlung wird gleichgesetzt mit dem Grundstein, Symbol für den Bestand des neuen Hauses „Republik". Sie garantiert Stabilität und tritt für die Interessen der Menschen ein.

9 Plakat von Max Pechstein von 1918

10 Plakat 1918, ebenfalls von Max Pechstein

Weitere Punkte bei der Analyse von Bild und Text sind der Einsatz von Farben (Flächigkeit, Kontraste, Farbe in Einzelelementen) sowie Schriftart und -größe.

Bei der Wahl seiner Motive greift Pechstein auf bildsprachliche Traditionen zurück. So erinnert der Arbeiter an den auferstehenden Christus in der religiösen Kunst: Kniend und umgeben von wehenden Fahnen erhebt er in ausdrucksstarker Geste die Hand. Solche Allegorien, also bildhafte Elemente, die der Anschaulichkeit dienen, waren den Betrachtenden damals von anderen Darstellungen her vertraut. Welche Empfindungen und Eindrücke möchte der Künstler mit der Übertragung von Bildmotiven aus einem anderen Kontext auf sein Thema hervorrufen?

Allegorische Motive erklären

Dieses Beispiel zeigt, dass Plakate neben dem eigentlichen Appell weitere, oftmals unbewusst wahrgenommene Bild- und Textsprache transportieren, die den Betrachtenden wesentlich beeinflussen, ja manipulieren sollen. Worin besteht der offensichtliche Appell des Plakates? Welche suggestiven Aussagen enthält es?

Suggestive Aussagen feststellen

Natürlich vereinfachen Plakate die politischen Inhalte; sie bieten keinen Platz für eine ausführliche Argumentation – und die ist auch nicht beabsichtigt. Im Gegenteil: Plakate der Weimarer Zeit wollen häufig polarisieren und Gefühle wecken. Der politische Gegner soll verunglimpft werden. Dabei wirken aggressive Darstellungen wie drohende Fäuste, gereckte Speere oder würgende Schlangen auf uns heute eher befremdlich.

Vereinfachungen und Polemisierungen herausarbeiten

Nicht immer lassen sich über diejenigen, die das Plakat entworfen haben, genügend Informationen sammeln. Und nicht selten können nur die Hintergründe der Entstehung eines Plakates nachgezeichnet werden. Im vorliegenden Fall ist das anders: Schon während des Krieges wurden viele Grafiker in den Dienst der offiziellen Propaganda gestellt. Dies macht sich 1918 die neue Regierung unter Ebert zunutze: Es entsteht der Werbedienst der Deutschen Republik, dem Expressionisten wie Cesar Klein (1876–1954; s. M 2, S. 157) oder Max Pechstein (1881–1955) angehören. Sie engagieren sich als „Novembergruppe" auch für die Sache der Revolution. Mit dem Ende des Ersten Weltkriegs fällt zudem die Zensur weg: Die Formen der öffentlichen Äußerungen erleben an Litfaßsäulen, Zäunen und „Sandwichmen" einen Aufschwung. Sie machen politische Werbung möglich, die weithin sichtbar viele Menschen erreicht.

Hintergründe der Entstehung des Plakats skizzieren

Welche Ziele verfolgen die Auftraggeber mit den Plakaten? Ein Grundthema für die regierungsamtlichen Plakate ist die Wahl zur Nationalversammlung. Die von Ebert geführte Regierung strebte eine parlamentarische Demokratie an. Die weitere Radikalisierung der Revolution, der Versuch, die Räterepublik durchzusetzen, hätte in ihren Augen die tragfähige politische Grundlage für die gerade erst entstandene Republik zerstört. Die Interessen des Auftragsgebers kommen bei dem Plakat offen zum Tragen: Es appelliert vor allem an die revolutionäre Arbeiterschaft auf die parlamentarische Demokratie zu setzen. Ihre gesellschaftlichen Aufgaben rückt das Plakat in den Mittelpunkt.

Interessen der Auftraggeber und mögliche Zielgruppen rekonstruieren

Arbeitsvorschläge

a) Sammeln Sie zunächst Ihre Eindrücke beim Betrachten des rechten Plakats (M 10).
b) Interpretieren Sie dann die beiden Plakate anhand der oben genannten Kriterien.

4.4.2 Der Versailler Vertrag und seine Folgen

Friedensverhandlungen der Alliierten

Im Januar 1919 begannen in Paris die Friedensverhandlungen zwischen den Alliierten und den mit ihnen verbündeten Staaten. Die federführenden Großmächte USA, Großbritannien, Frankreich und Italien hatten unterschiedliche Vorstellungen über die Nachkriegsordnung. Verwirklicht wurde Wilsons Idee eines Völkerbunds, der Kriege zukünftig verhüten sollte.

Besonders hinsichtlich der territorialen Bestimmungen musste ein Kompromiss ausgehandelt werden: Deutschland verlor durch Gebietsabtretungen etwa 10 % seiner Bevölkerung und 13 % seiner Fläche (bezogen auf den Stand von 1910). Dass es unter anderem Elsass-Lothringen sowie Teile Schlesiens und Preußens abgeben musste, bedeutete auch den Verlust wichtiger Anbauflächen, Rohstoffvorkommen und Industriestandorte. Die Reichswehr sollte auf 100 000 Mann reduziert werden, die westliche Rheinseite Deutschlands wurde entmilitarisiert. Daneben war es zu hohen Reparationen verpflichtet, deren endgültiger Umfang noch nicht abzusehen war. Eine Reihe von Gütern mussten sofort geliefert werden.

1 **Zeitgenössische Übersichtskarte über die Folgen des Versailler Vertrages.** Die Karte wurde in vielen Lehrbüchern der Weimarer Republik abgedruckt.

Dazu gehörten Lokomotiven, Waggons, Schiffe, landwirtschaftliche Maschinen, Nutztiere, aber auch Kohle und Farbstoffe. Begründet wurden diese Wiedergutmachungsleistungen mit der alleinigen Kriegsschuld Deutschlands: Der deutsche Angriff habe den Krieg verursacht und ihn den Alliierten aufgezwungen.

Den Vertrag annehmen oder ablehnen?

Als die Bestimmungen im Mai der deutschen Delegation übergeben wurden, löste dies einen Proteststurm aus. Von der deutschen Öffentlichkeit, die mit einem moderaten „Wilson-Frieden" gerechnet hatte, wurde der Vertrag als „Schanddiktat" empfunden. In der Nationalversammlung kam es zu heftigen Auseinandersetzungen. Sollte Deutschland in Kauf nehmen, dass die Alliierten ihre Drohung wahr machten, Deutschland zu besetzen, falls der Vertrag nicht fristgerecht angenommen wurde? Die Regierung Scheidemann zerbrach an dieser Entscheidung. Die Heeresleitung gab zu erkennen, dass sie die Unterzeichnung befürwortete. Daraufhin beauftragte die Nationalversammlung die neu gebildete Regierung aus SPD und Zentrum, den Vertrag bedingungslos anzunehmen.

4

Dolchstoßlegende

Rechtsgerichtete Gruppen nutzten die Situation, um ihre Version von der Kriegsniederlage zu verbreiten: Der Krieg sei nicht militärisch verloren gegangen, vielmehr seien Demokraten und Revolutionäre den siegreichen Soldaten in den Rücken gefallen und hätten sie von hinten erdolcht. Diese „Dolchstoßlegende" fand sich bereits im November 1918 in einem Aufruf der DNVP. 1919 formulierte sie Hindenburg vor dem parlamentarischen Untersuchungsausschuss. Die demokratischen Parteien verloren an Ansehen durch den Vorwurf der „Erfüllungspolitik". Und den Republikgegnern diente die Dolchstoßlegende als Propagandainstrument gegen Parlamentarismus und die „Novemberverbrecher". Demokratie wurde gleichgesetzt mit Verrat an deutschen Interessen.

Reparationsfrage

Der Versailler Vertrag hatte auch gravierende wirtschaftliche Folgen und erschwerte die Konsolidierung der Wirtschaft nach dem Krieg. 1923 besetzten wegen nicht voll erfüllter Reparationsleistungen französische und belgische Truppen das Ruhrgebiet, das sie erst auf internationalen Druck hin im August 1924 wieder verließen. Durch die Währungsreform im November 1923 und die Neuregelung der Reparationsfrage jedoch wurden die Weichen für eine allmähliche wirtschaftliche Besserung gestellt. Der amerikanische Bankier Dawes arbeitete 1924 einen Plan aus, durch den die Höhe und die Finanzierung von jährlichen Reparationszahlungen geregelt wurden. Offen gelassen wurden die endgültige Höhe und Dauer der Zahlungen. Verbunden war der Dawes-Plan mit einer Anleihe zur Ankurbelung der deutschen Wirtschaft.

Außenpolitische Handlungsspielräume

Auf der Ebene der Außenpolitik blieb Deutschland auch nach Inkrafttreten des Versailler Vertrags ein bedeutender europäischer Staat. Bereits 1922 kam es im Vertrag von Rapallo zu einer Annäherung an die Sowjetunion: Beide Seiten verzichteten auf gegenseitige Ansprüche aus dem Weltkrieg und wollten sich wirtschaftlich fördern. In Westeuropa wurde dies mit Beunruhigung aufgenommen. Vor allem Frankreich änderte seine Politik gegenüber Deutschland und suchte die gegenseitige Verständigung. 1925 wurde unter maßgeblicher Beteiligung des deutschen Außenministers Stresemann der Vertrag von Locarno abgeschlossen: Sowohl Deutschland als auch Frankreich und Belgien verzichteten auf eine gewaltsame Veränderung der deutschen Westgrenze von 1919. Der Vertrag brachte rasch Erfolge: Die Räumung des besetzten Rheinlands begann noch 1925. Mit der Aufnahme in den Völkerbund erreichte Deutschland ein Jahr später die internationale Gleichstellung mit anderen Staaten.

Gustav Stresemann

4

2 Versailles

Aus der Satirezeitschrift „Simplicissimus" vom 3.6.1919:
Die im Frack dargestellten Personen sind von links nach rechts der amerikanische Präsident Woodrow Wilson, der
5 *französische Ministerrpäsident George Clemenceau und der englische Premierminister David Lloyd George.*

„Auch Sie haben ein Selbstbestimmungsrecht: Wünschen Sie, dass Ihnen die Taschen vor oder nach dem Tod ausgeleert werden?"

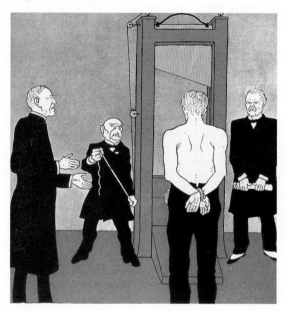

3 Deutsche Außenpolitik nach dem Versailler Vertrag

Stresemann über die Ziele deutscher Außenpolitik an Kronprinz Wilhelm, 7. September 1925:
5 Die deutsche Außenpolitik hat nach meiner Auffassung für die nächste absehbare Zeit drei große Aufgaben: Einmal die Lösung der Reparationsfrage in einem für Deutschland erträglichen Sinne und die Sicherung des Friedens, die die Voraussetzung für eine Wiedererstar-
10 kung Deutschlands ist.

Zweitens rechne ich dazu den Schutz der Auslandsdeutschen, jener 10 bis 12 Millionen Stammesgenossen, die jetzt unter fremdem Joch in fremden Ländern leben. Die dritte große Aufgabe ist die Korrektur der Ostgrenzen: die Wiedergewinnung von Danzig, vom polnischen Kor- 15 ridor und eine Korrektur der Grenze in Oberschlesien. Im Hintergrunde steht der Anschluss von Deutsch-Österreich, obwohl ich mir sehr klar darüber bin, dass dieser Anschluss nicht nur Vorteile für Deutschland bringt, sondern das Problem des Deutschen Reichs sehr kompliziert 20 (Verstärkung des katholischen Einflusses, Bayern plus Österreich gegen Preußen, Vorherrschen der klerikalen und sozialistischen Parteien in Deutsch-Österreich). Wollen wie diese Ziele erreichen, so müssen wir uns aber auch auf diese Aufgaben konzentrieren. Daher der Si- 25 cherheitspakt, der uns einmal den Frieden garantieren und England sowie, wenn Mussolini mitmacht, Italien als Garanten der deutschen Westgrenze festlegen soll. Der Sicherheitspakt birgt andererseits in sich den Verzicht auf eine kriegerische Auseinandersetzung mit 30 Frankreich wegen der Rückgewinnung Elsass-Lothringens, ein deutscher Verzicht, der aber insoweit nur theoretischen Charakter hat, als keine Möglichkeit eines Krieges gegen Frankreich besteht. […]
Dass wir im Übrigen durchaus bereit sind, mit dem rus- 35 sischen Staat, an dessen evolutionäre Entwicklung ich glaube, uns auf anderer Basis zu verständigen und uns durch unseren Eintritt in den Völkerbund durchaus nicht nach dem Westen verkaufen, ist eine Tatsache, über die ich E. K. H. [Eure Königliche Hoheit] gern gele- 40 gentlich mündlich Näheres sagen würde. […]
Das Wichtigste ist für die unter 1) berührte Frage der deutschen Politik das Freiwerden deutschen Landes von fremder Besatzung. Wir müssen den Würger erst vom Halse haben. Deshalb wird die deutsche Politik, wie Met- 45 ternich von Österreich wohl nach 1809 sagte, in dieser Beziehung zunächst darin bestehen müssen, zu finassieren und den großen Entscheidungen auszuweichen. […]

Zit. nach: Michalka, W./Niedhart, G. (Hg.), Die ungeliebte Republik. München 1980, S. 162 ff.

Arbeitsvorschläge

a) Zeigen Sie anhand der Karte (M1), welche Konsequenzen der Versailler Vertrag für Deutschland hatte.
   Bestimmen Sie dann den politischen Standort des Kartenautors.
b) Beschreiben Sie die Rollen, die den einzelnen dargestellten Personen in M2 zugeschrieben werden.
c) Fassen Sie die Ziele von Stresemanns Außenpolitik (M3) zusammen und charakterisieren Sie die Position, die er gegenüber den bis 1925 erreichten außenpolitischen Erfolgen einnahm.

d) War der Versailler Vertrag als Friedensvertrag zu hart, wie es viele Deutsche empfanden, oder als Diktatfrieden gar zu „weich", wie es der kommunistische Schriftsteller Wieland Herzfelde schrieb? Nehmen Sie Stellung.

Vom Obrigkeitsstaat zur Demokratie

1918	9.11. Die Republik wird zweimal ausgerufen, durch Scheidemann (SPD) und Liebknecht (USPD). Der SPD-Vorsitzende Ebert wird neuer Reichskanzler. 10.11. Der Rat der Volksbeauftragten fungiert als Übergangsregierung; er besteht aus drei Vertretern der SPD und drei des rechten Flügels der USPD. 10.11. Kaiser Wilhelm II. flieht in die Niederlande. 11.11. Bei Paris, in Compiègne, wird der Waffenstillstand unterschrieben. 14.11. Um die Rückführung des Heeres und die Aufrechterhaltung der öffentlichen Ordnung zu gewährleisten, verständigen sich Reichsregierung und OHL (Ebert-Gröner-Bündnis) auf eine Zusammenarbeit. 15.11. Die Zentralarbeitsgemeinschaft zwischen Arbeitgebern und Gewerkschaften wird gegründet; wichtige sozialpolitische Grundlagen werden festgelegt (z. B. kollektiver Arbeitsvertrag, Achtstundentag). 28.11. Kaiser Wilhelm II. dankt ab. 16.–20.12. Auf dem Deutschen Rätekongress in Berlin wird das Rätesystem als politische Ordnung des Reiches abgelehnt. Dafür wird die Wahl zur Nationalversammlung beschlossen. 24.12. In Berlin kommt es zu Straßenkämpfen. 29.12. Die USPD tritt aus dem Rat der Volksbeauftragten aus.
1919	1.1. Die Revolutionäre Kommunistische Arbeiterpartei (später KPD) wird gegründet. Federführend hierbei sind Karl Liebknecht und Rosa Luxemburg. 6.–15.1. Mit dem von den Kommunisten, der USPD und revolutionären Obleuten in Gang gesetzten Spartakusaufstand kommt es in Berlin zum Generalstreik und zu Straßenkämpfen. Der Aufstand wird von Reichswehrtruppen und Freikorps unter dem Oberbefehl des Volksbeauftragten Gustav Noske (SPD) niedergeschlagen. 15.1. Luxemburg und Liebknecht werden von Freikorpsoffizieren ermordet. 18.1. Die Friedenskonferenz in Versailles wird ohne deutsche Vertreter eröffnet. 19.1. Die Nationalversammlung wird gewählt. Auch Frauen besitzen jetzt ein aktives und passives Wahlrecht. Es ergibt sich eine Dreiviertelmehrheit für die Parteien, die eine parlamentarisch-demokratische Republik befürworten: SPD, DDP, Zentrum. 6.2. Die Nationalversammlung tritt in Weimar zusammen. Eine ihrer Hauptaufgaben ist die Ausarbeitung einer Verfassung. 13.2. Die Regierung Scheidemann (SPD, DDP, Zentrum) löst den Rat des Volksbeauftragten ab. Im März und April kommt es erneut zu Unruhen in vielen großen Städten. Eine in München errichtete Räterepublik wird von Freikorps zerschlagen. 28.6. Der Friedensvertrag wird in Versailles unterzeichnet.
1922	Mit dem Vertrag von Rapallo nehmen Deutschland und die Sowjetunion diplomatische Berziehungen auf und durchbrechen ihre außenpolitische Isolation.
1924	Durch den Dawes-Plan werden die jährlichen Belastungen für Deutschland festgelegt (Höhe und Dauer der Reparationszahlungen bleiben offen).
1925	Durch den Vertrag von Locarno, der eine Garantie der deutschen Westgrenze enthält, kommt es zur Annäherung zwischen Deutschland und Frankreich.
1926	Deutschland wird in den Völkerbund aufgenommen.

4

1 Versailles 1722
Ausschnitt eines Ölgemäldes von Pierre-Denis Martin.

4

2 Ausrufung König Wilhelms I. von Preußen zum Kaiser im Spiegelsaal von Versailles, 1871
Ausschnitt eines Ölgemäldes von Anton von Werner, 1895.

3 Aufruf zur Protestkundgebung gegen den Versailler Vertrag.
Flugblatt, 28. Juni 1919.

4 Gerhard Schröder und Jacques Chirac, Paris 1998.

Geschichte erinnern:
Die Symbolik historischer Orte – Versailles

Wie Ereignisse, Gegenstände oder Gesten können auch Orte, an denen sich bestimmte Vorgänge abgespielt haben, symbolische Bedeutung erlangen. Symbole vereinfachen Zusammenhänge: Menschen erkennen Symbole wieder und vergewissern sich damit einer Idee. Politische Symbole besitzen oft einen hohen emotionalen Gehalt und bergen deshalb die Gefahr des Missbrauchs. Umso wichtiger ist es, symbolische Inhalte zu kennen. Allerdings kann sich die Bedeutung politischer Symbole auch verändern.

Die Vergangenheit des Ortes: Das Schloss Versailles, das Ludwig XIV. in den Jahren 1661– 89 erbauen ließ, war schon zu Zeiten seiner Entstehung Inbegriff von Macht und militärischer Selbstherrlichkeit. Die Spiegelgalerie verbindet die beiden Hauptflügel des Schlosses miteinander. Wand- und Deckenillustrationen schildern den Aufstieg Ludwigs: Ein Stuckrelief zeigt beispielsweise, wie der König über am Boden liegende Feinde hinweggaloppiert, im Hintergrund ist die Siegesgöttin zu erkennen.

Schlüsselereignisse für die symbolische Bedeutung: Am 18. Januar 1871 fand im Spiegelsaal die Begründung des Deutschen Reiches statt. Wilhelm I. wurde zum deutschen Kaiser gekrönt. Warum gerade in Versailles? Während des deutsch-französischen Krieges hatten die deutschen Generäle hier in sicherer Entfernung zu der von den deutschen Truppen belagerten Hauptstadt Paris ihr Quartier aufgeschlagen. Auch Wilhelm I. und Bismarck hielten sich dort auf. Der Spiegelsaal selbst diente wegen seiner Größe zunächst als Lazarett. Am 18. Januar 1871 fand hier die Kaiserproklamation Wilhelms I. statt. In der Folgezeit stand der Ort Versailles im deutschen Bewusstsein für das neue Kaisertum und die durch den gemeinsamen Krieg möglich gewordene Reichgründung. Doch welche Wirkung musste es auf die besiegten Franzosen haben, dass die feierliche Begründung eines gegnerischen Staates, der seine Machtstellung noch mit der Annexion von Elsass-Lothringen festigte, ausgerechnet auf ihrem Boden stattfand? „Der Durst nach Vergeltung quälte uns alle, die Hoffnung auf baldige oder spätere Revanche war der stete Gedanke des ganzen Landes", schrieb der französische Essayist Paul de Saint-Victor im Juli 1871. Der Revanchismus bestimmte in der Folgezeit weitgehend das Verhältnis.

Und noch einmal wurde ein verlorener Krieg in Versailles besiegelt. Am 18. (!) Januar 1919 kam die Friedenskonferenz der alliierten Mächte im Spiegelsaal zusammen, um die Friedensbedingungen auszuhandeln. Der französische Ministerpräsident Clemenceau vertrat dabei – wenngleich nicht in allen Punkten erfolgreich – eine kompromisslose Deutschlandpolitik. Versailles wurde jetzt für die Deutschen, die nicht nur Elsass-Lothringen wieder abtreten mussten, von eigener symbolischer Bedeutung. Hier begann die „Schuldknechtschaft". „Los von Versailles" wurde zur schlagkräftigen Parole auch Hitlers Propaganda bereits in den 1920er-Jahren. Zwar führte die deutsch-französische Außenpolitik 1925 mit dem Vertrag von Locarno zu einer Annäherung beider Staaten, ausgeräumt war die „Erbfeindschaft" aber noch nicht – erst recht nicht, als deutsche Truppen 1940 Frankreich unterwarfen.

Versailles heute: Durch die allmähliche Annäherung und Aussöhnung zwischen Frankreich und Deutschland nach 1945 hat sich das Bild vollkommen verändert. Der deutsch-französische Freundschaftsvertrag von 1963, viele Städtepartnerschaften und nicht zuletzt Austauschprogramme für Jugendliche beider Staaten verdeutlichen diesen Wandel. Das Schloss selbst ist zum beliebten Ausflugsort für Urlauber geworden. Wenn Versailles heute im kulturellen Gedächtnis verankert ist, dann als sinnfälliges Symbol für Glanz und die Schattenseiten des „Sonnenkönigs". An Erbfeindschaft und Kriegsschuld denkt kaum einer mehr. Aber der Ort kann erinnern, dass Völkerverständigung ein schwieriger Prozess ist, den es ständig zu gestalten gilt.

Arbeitsvorschläge

a) Fassen Sie anhand der Materialien (M1– M4) die Entwicklung der symbolischen Bedeutung von Versailles zusammen.

b) Untersuchen Sie die Symbolik des historischen Ortes Weimar (erste Information hierzu finden Sie im Internet unter www.weimar.de).

4.5 Zwischen Selbstbehauptung und Scheitern – die Weimarer Republik

4.5.1 Verfassung und Verfassungswirklichkeit

Repräsentative Demokratie, allgemeines Wahlrecht und plebiszitäre Elemente

Die von der Nationalversammlung am 19. Juli 1919 in Weimar verabschiedete Verfassung galt als eine der demokratischsten ihrer Zeit. Ihr Fundament war der Gedanke der Volkssouveränität: Die Bevölkerung, alle Männer und Frauen über 20 Jahre, wählte den Reichstag und konnte über Volksentscheide direkt auf die Gesetzgebung Einfluss nehmen. Außerdem wurde das Staatsoberhaupt, der Reichspräsident, vom Wahlvolk direkt bestimmt. Der Reichspräsident besaß aufgrund der Direktwahl eine hohe Legitimation.

Reichspräsident und Reichsregierung

Der Reichspräsident vereinigte umfassende Rechte in seiner Hand: Er konnte den Reichstag auflösen (Artikel 25). Waren die öffentliche Sicherheit und Ordnung gefährdet, hatte er die Möglichkeit, den Staatsnotstand zu verhängen (Artikel 48). In diesem Fall waren die Verfassungsrechte der Bürger außer Kraft gesetzt. „Notverordnungen", gesetzliche Maßnahmen ohne Mitwirkung des Reichstags, konnten erlassen werden. Diese Verfassungsbestimmungen sollten die Demokratie in Krisenzeiten schützen. Sie konnten die Republik aber auch gefährden, wenn der Reichspräsident die Demokratie eben nicht schützen wollte, sondern das Parlament auf diese Weise auszuschalten versuchte.
Im Vergleich zum Reichspräsident war die Stellung der Reichsregierung eher schwach: Sie wurde einerseits vom Reichspräsidenten kontrolliert, andererseits konnte der Reichskanzler durch einfaches Misstrauensvotum des Reichstages gestürzt werden.

Parteien und Verhältniswahlrecht

Wie entwickelten sich die politischen Parteien im Rahmen der neuen Verfassung? Wie zur Zeit des Kaiserreichs waren auch die Parteien in der Weimarer Republik noch eng an soziale Milieus gebunden und vertraten äußerst unterschiedliche Weltanschauungen. Dies erschwerte die Kompromissfähigkeit in Parlament und Regierung. Hinzu kam, dass durch das in der Verfassung festgelegte reine Verhältniswahlrecht auch kleinere Parteien in den Reichstag einzogen und bei der Bildung mehrheitsfähiger Koalitionen einzubeziehen waren.

1 Die Verfassung der Weimarer Republik

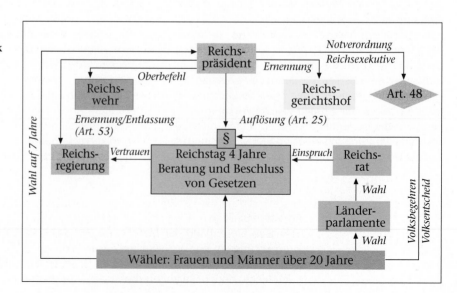

SPD, Zentrum und die aus der Fortschrittspartei hervorgegangene DDP bildeten 1919 die erste Koalitionsregierung, die so genannte Weimarer Koalition. Aber schon bei den ersten Reichstagswahlen im Juni 1920 verloren sie diese Mehrheit wieder und konnten sie auch nicht mehr erreichen. Nur noch einmal, 1928 bis 1930, stellte die SPD einen Kanzler an der Spitze einer Großen Koalition.

An der Regierungsbildung beteiligt waren nach 1920 die DVP (Deutsche Volkspartei) unter dem Vorsitz von Stresemann, die DDP (Deutsche Demokratische Partei) und auch die DNVP (Deutschnationale Volkspartei). Seit der Inflation 1923 verloren die Mittelparteien an Integrationskraft. Vor allem der DDP gelang es nicht, die „neue Mittelschicht" aus Angestellten und Beamten als Wählerschaft zu halten, waren doch gerade diese Gruppen häufig von der Geldentwertung betroffen. Auch die DVP scheiterte damit, liberales Denken und eine an großindustriellen Interessen orientierte Politik zu verbinden. Einen wichtigen Erfolg konnten die Rechtskonservativen 1925 bei der Wahl des Reichspräsidenten verbuchen: Nachfolger des verstorbenen Ebert im Amt des Reichspräsidenten wurde der schon 78-jährige Hindenburg.

Bürgerliche und konservative Parteien, „Harzburger Front"

Innerhalb des bürgerlichen Lagers erfolgte Ende der 1920er-Jahre ein Rechtsruck. Seit 1928 wurde die DNVP von Alfred Hugenberg geführt, der nach dem Ersten Weltkrieg einen eigenen Pressekonzern aufgebaut hatte. Unter seiner Führung schloss sich 1931 die DNVP mit der NSDAP und dem „Stahlhelm", einer Organisation ehemaliger Frontkämpfer, zu einem Bündnis rechter antiparlamentarischer Kräfte zusammen, der „Harzburger Front".

Zwei Parteien mit völlig gegensätzlicher Weltanschauung, KPD und NSDAP, hatten der Republik und ihrer Verfassung vom ersten Tag an den Kampf ange-sagt. Die KPD entwickelte sich 1922 nach Auflösung der USPD zu einer Massenpartei und verzeichnete ab 1929 ebenfalls Stimmengewinne. Eine Zusammenarbeit mit der SPD gegen die aufsteigende NSDAP verhinderte die ideologische Abstempelung der Sozialdemokraten als „Sozialfaschisten": Der Kampf gegen den Faschismus war für die Kommunisten auch ein Kampf gegen die SPD. Denn die habe 1918 mit den obrigkeitsstaatlichen Eliten aus Wirtschaft und Militär gemeinsame Sache gemacht und die Revolution erstickt.

KPD und NSDAP

Nicht nur viele Parteien hatten ein gespanntes Verhältnis zur politischen Ordnung. Vor allem rechte Kräfte versuchten in den Anfangsjahren der Republik, den jungen Staat wieder zu Fall zu bringen. Aus den inzwischen offiziell aufgelösten Freikorps gingen eine Reihe von Geheimbünden hervor wie die „Organisation Consul". Auf ihr Konto ging 1921 die Ermordung des Zentrumpolitikers Erzberger. Den Republikgegnern war er verhasst, hatte er doch 1917 die Friedensresolution unterstützt und später die Annahme des Versailler Vertrags befürwortet. 1919 war der bayrische Ministerpräsident Eisner einem politischen Attentat zum Opfer gefallen, 1922 der Außenminister Rathenau.

Politische Morde von rechts

1920 besetzte die Marinebrigade Ehrhardt, ein noch bestehendes Freikorps, das Berliner Regierungsviertel. Wolfgang Kapp, der Gründer der Vaterlandspartei, wurde zum neuen Reichskanzler erklärt. Der folgende Generalstreik zwang die Putschisten zum Rückzug. Der Chef des Truppenamtes hingegen, General Hans von Seeckt, hatte sich geweigert, mit Einheiten der Reichswehr bewaffneten Widerstand zu leisten, wozu er laut Verfassung verpflichtet gewesen wäre. Die Rolle der Reichswehr war zwiespältig. Seeckt vertrat den Standpunkt, die Reichswehr sei eine „neutrale" Organisation und habe mit Fragen der Politik nichts zu tun. Denn den Soldaten war per Gesetz parteipolitische Betätigung und die Teilnahme an Wahlen untersagt. Gleichzeitig besaß die Reichswehr aber ein großes

Rolle der Reichswehr

innenpolitisches Gewicht: Nach Artikel 48 war sie ein Instrument der Gewalt des Reichspräsidenten, der ihren Einsatz bei inneren Konflikten anordnen konnte. Als von Seeckt 1920 die Heeresleitung übernahm, entwickelte sich das Militär zunehmend zu einem eigenständigen Machtfaktor, zu einem „Staat im Staat". Viele der monarchisch gesinnten Soldaten und Offiziere fühlten sich ohnehin der Republik und ihrer Verfassung nicht verbunden. Eine innere Demokratisierung der Armee blieb aus.

Krisenjahr 1923

Die problematische Position der Reichswehr zeigte sich erneut im Krisenjahr 1923, als französische und belgische Truppen das Ruhrgebiet besetzten. Die Reichsregierung verkündete und finanzierte den passiven Widerstand, musste ihn aber wegen der galoppierenden Inflation wieder abbrechen. Im August 1923 entsprachen 10 Millionen Papiermark einem US-Dollar. (Im Juni waren es noch rund 150 000 Papiermark gewesen.) Besonders Lohnempfänger, Rentner und Sparer waren betroffen und viele machten die Republik dafür verantwortlich. In dieser Situation drohten bewaffnete Aufstände kommunistischer Arbeiter in Thüringen und Sachsen auszubrechen. Die Reichsregierung verfügte eine „Reichsexekution": Sie ließ Reichswehrtruppen einmarschieren. Die von Ebert geforderte Reichsexekution gegen Bayern allerdings lehnte Seeckt ab. Dort unterstützten Reichswehrverbände unter General Lossow einen Putschversuch. Auch der Führer der NSDAP, Adolf Hitler, wollte die Gunst der Stunde zu einem Putschversuch nutzen: Zusammen mit Ludendorff wollte er mit Waffengewalt eine provisorische Regierung nationalistischer Kräfte erzwingen. Ein Marsch Hitlers und seiner Anhänger durch München brach am 9. November im Feuer der Polizei zusammen.

Justiz und Schutz der Verfassung

Nach dem gescheiterten Putsch wurde die NSDAP verboten, Hitler zu einer fünfjährigen Haftstrafe verurteilt, von der er aber nur neun Monate verbüßte. Bereits 1925 gründete er die NSDAP neu. Die Justiz der Weimarer Republik urteilte insgesamt gegenüber rechten Straftätern sehr moderat. Sie konnte sich dabei auf

2 Ergebnisse der Wahlen zur Nationalversammlung und zum Reichstag 1919–1933. (Stimmanteile unter 3 % sind nicht dargestellt.)

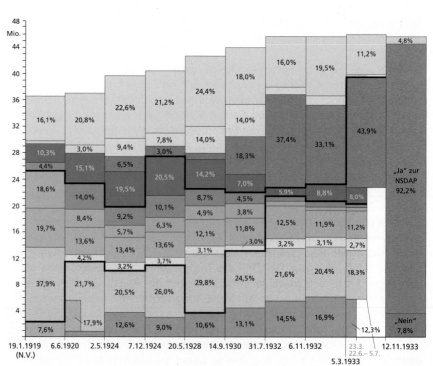

die Meinung breiter Bevölkerungsschichten stützen. Antirepublikanische Parteien und Gruppierungen besaßen einen großen Rückhalt in der Bevölkerung und hatten staatlicherseits wenige Beschränkungen zu befürchten. Anders als die Bundesrepublik heute, die ihre Demokratie ausdrücklich als „wehrhafte" versteht, war der Verfassungsschutz schwach ausgeprägt. Das Republikschutzgesetz, das nach der Ermordung Rathenaus erlassen wurde, ermöglichte zwar ein Verbot von Parteien. Doch es wurde in den einzelnen Ländern des Reiches unterschiedlich gehandhabt. 1929 untersagte die sozialdemokratische Regierung Preußens auch den „Stahlhelm", 1932 folgte das SA-Verbot. In anderen Ländern blieb das Gesetz jedoch in den Händen einer Partei nehmenden Justiz wirkungslos.

Zu den fortschrittlichen Seiten der Verfassung gehörte, dass in ihr neben liberalen Grundrechten auch soziale Rechte aufgenommen worden waren, so etwa die Gleichberechtigung der Frau, der Schutz der Jugend und der Achtstundentag. Zudem wurden die sozialen Rechte in der Verfassung durch den Sozialrechtekatalog und die Sozialgesetzgebung ergänzt und flankiert. Die Grundlagen des Arbeitsrechts wurden bereits durch Verordnungen des Rats der Volksbeauftragten gelegt und von der Nationalversammlung anerkannt bzw. durch Gesetze erweitert. Sie waren nicht ausdrücklich in der Verfassung verankert, werden aber häufig als „Sozialverfassung" bezeichnet. Dazu gehören die kollektive Aushandlung von Tarifverträgen, die Festlegung von Mindestlöhnen und die Einführung von Betriebsräten sowie eine Politik des sozialen Ausgleichs und der sozialen Sicherung (Fürsorge für die Opfer von Krieg und Inflation, Erwerbslosenfürsorge). Daneben wurde mit der Einführung der Arbeitslosenversicherung 1927 das Sozialversicherungssystem ausgebaut und die staatliche Arbeitsvermittlung eingeführt.

Grundrechte und „Sozialverfassung"

Ein Markstein in der Entwicklung der Bürgerrechte war das aktive und passive Wahlrecht für Frauen. 41 Frauen gehörten der Nationalversammlung an, davon waren etwa die Hälfte SPD-Mitglieder. Dieser Frauenanteil von 9,6 Prozent wurde im Deutschen Bundestag erst wieder 1983 erreicht. Die Parlamentarierinnen besetzten die „weiblichen" Themen Familie oder Bildung, in zentralen Bereichen wie der Außen- oder Wirtschaftspolitik blieben die Männer weiter unter sich. Auch die soziale Stellung der Frauen veränderte sich: Das Heimarbeitergesetz 1924 führte Mindestlöhne und eine Sozialversicherung für Heimarbeiterinnen ein, 1927 trat das „Gesetz zum Schutz der Frau vor und nach der Niederkunft" in Kraft. Viele Frauen nahmen allerdings den Mutterschutz nicht in Anspruch, weil sie sich den Verdienstausfall nicht leisten konnten. Auch die Festlegung des Achtstundentags wurde durch verschiedene Ausnahmebestimmungen ausgehöhlt. Und die Frauen erhielten nicht den gleichen Lohn wie ihre männlichen Kollegen, dasselbe galt für die Arbeitslosenunterstützung.

Gleichstellung der Frau in Staat, Wirtschaft und Familie?

1931 war ein Viertel der Abiturienten Frauen und im Wintersemester 1932/33 waren ca. 18 % der an den deutschen Universitäten eingeschriebenen Studierenden weiblich. Doch die Studentinnen waren angesichts des Überangebots an Akademikern äußerst ungern gesehen und wurden als Konkurrentinnen betrachtet. In den Fabriken galten Frauen aus der Sicht der Männer als „Lohndrückerinnen". Fast überall versuchte man verheiratete Frauen als „Doppelverdienerinnen" wieder aus dem Arbeitsleben zu verdrängen. Nicht mehr wegzudenken hingegen waren die Arbeit von Frauen in den Telefonvermittlungen, Büros und Warenhäusern der Städte. Allerdings bildeten die berufstätigen Frauen eine deutliche Minderheit.

Bildung und Beruf

3 Programme der Weimarer Parteien

	Verfassung und Verwaltung:	Sozial- und Wirtschaftspolitik:	Außenpolitik:
KPD 1919/ 1932	Entmachtung der Kapitalisten und Großgrundbesitzer, proletarische Diktatur, Bündnis mit den Proletariern anderer Länder, zentralistische Rätedemokratie	Entschädigungslose Enteignung von Industriebetrieben, Dienstleistungs-, Verkehrswesen und Großgrundbesitz	Selbstbestimmungsrecht, Bündnis mit der UdSSR, aktionsfähige proletarische Internationale, Annullierung aller Reparationen und internationalen Schulden
SPD 1925	Einheitsrepublik, dezentralisierte Selbstverwaltung, Abschaffung der Klassenherrschaft, Umgestaltung der Reichswehr zu republiktreuer Armee, Abwehr monarchistischer und militärischer Bestrebungen, Demokratisierung der Verwaltung, gegen Klassen- und Parteijustiz	Gleichberechtigung aller Arbeitnehmer in Wirtschaft, Staat und Gesellschaft, Unterstützung der Gewerkschaften, Koalitions- und Streikrecht, Ausgestaltung des wirtschaftlichen Rätesystems, Verstaatlichung von Grund und Boden, staatliche Kontrolle der Kartelle	Friedliche Lösung internationaler Konflikte, Selbstbestimmungsrecht, internationale Abrüstung, Schaffung der europäischen Wirtschaftseinheit, gegen Imperialismus
Zentrum 1922/ 1927	Starke Exekutive, Geltung der Gesetze, gegen gewaltsamen Umsturz der verfassungsmäßigen Zustände, Berufsbeamtentum, gegen Klassen- und Parteiherrschaft, Grundrechte, Reichswehr als Bestandteil der Republik	Schutz von Ehe und Familie, konfessionelle Schulen, soziale Gerechtigkeit, Schutz von Privatunternehmen und Mittelstand, Förderung der Landwirtschaft, Aufsicht über Kartelle, Verstaatlichung nur gegen Entschädigung	Den christlichen Grundsätzen entsprechendes Völkerrecht, wirtschaftliche Entwicklungsfreiheit und Gleichberechtigung aller Völker, Befreiung der besetzten Gebiete mit rechtmäßigen Mitteln, internationale Prüfung der Kriegsschuldfrage
DDP 1919	Schutz der Verfassung, Erziehung des Volkes zur staatsbürgerlichen Gesinnung, Volks- und Rechtsstaat, gleiches Recht für alle in Gesetzgebung und Verwaltung, Berufsbeamtentum	Staat des sozialen Rechts, keine Vergesellschaftung der Produktionsmittel, Schutz der Privatwirtschaft und des Handels, gegen Monopolbildung, Gleichstellung von Arbeitgebern und -nehmern, demokratische Arbeitsverfassung	Revision der Versailler Verträge, Selbstbestimmungsrecht, Gleichberechtigung Deutschlands, gegen Absplitterung deutscher Volksteile
DVP 1919	Starke Staatsgewalt durch aufzurichtendes Kaisertum nach Volksbeschluss, verantwortliche Mitarbeit der Volksvertretung an der Regierung, Gleichberechtigung der Staatsbürger, Selbstverwaltung, Berufsbeamtentum	Stärkung der Familie, Unterstützung der Frau als Mutter und Erzieherin, Recht auf Privateigentum, eingeschränkte Verstaatlichung gegen Entschädigung, Koalitionsfreiheit, Förderung von Landwirtschaft und Mittelstand	Freiheit der nationalen Entwicklung, Vereinigung aller Deutschen einschließlich Österreichs, gegen aufgezwungenen Gewaltfrieden
DNVP 1920	Über den Parteien stehende Monarchie, starke Exekutive, planmäßiger Behördenaufbau, Berufsbeamtentum, Mitwirkung der Volksvertretung an den Gesetzen, Gleichberechtigung der Frau	Schutz des Privateigentums, Förderung der Landwirtschaft und des Mittelstands, gegen Kommunismus, wirtschaftliche Anerkennung der Arbeit als Hausfrau und Mutter	Gegen fremde Zwangsherrschaft, Änderung des Versailler Vertrags, Selbstbestimmungsrecht, Volksgemeinschaft mit allen Deutschen im Ausland, starke Vertretung deutscher Interessen, allgemeine Wehrpflicht, Wiederherstellung der Flotte
NSDAP 1920	Starke Zentralgewalt, unbedingte Autorität des politischen Zentralparlaments über das Reich und seine Organisationen, Staatsbürger können nur Volksgenossen deutschen Blutes sein	Verstaatlichung, Gewinnbeteiligung an Großbetrieben, Förderung des Mittelstands, Kommunalisierung der Großwarenhäuser, Bodenreform	Zusammenschluss aller Deutschen zu einem Groß-Deutschland, Gleichberechtigung des deutschen Volkes, Aufhebung der Friedensverträge, Kolonien

4 Reichspräsident und Reichstag

Ausgewählte Artikel der Weimarer Verfassung:

Artikel 25. Der Reichspräsident kann den Reichstag auflösen, jedoch nur einmal aus dem gleichen Anlass. Die
5 Neuwahl findet spätestens am sechzigsten Tag nach der Auflösung statt.

Artikel. 48. Wenn ein Land die ihm nach der Reichsverfassung obliegenden Pflichten nicht erfüllt, kann der Reichspräsident es dazu mit Hilfe der bewaffneten Ge-
10 walt anhalten.

Der Reichspräsident kann, wenn im Deutschen Reiche die öffentliche Sicherheit und Ordnung erheblich gestört oder gefährdet wird, die zur Wiederherstellung der öffentlichen Sicherheit und Ordnung nötigen Maßnah-
15 men treffen, erforderlichenfalls mit Hilfe der bewaffneten Gewalt einschreiten. Zu diesem Zwecke darf er vorübergehend die in den Artikeln 114, 115, 117, 118, 123, 124 und 153 festgesetzten Grundrechte ganz oder zum teil außer Kraft setzen.
20 Von allen gemäß Absatz 1 oder Absatz 2 dieses Artikels getroffenen Maßnahmen hat der Reichspräsident unverzüglich dem Reichstag Kenntnis zu geben. Die Maßnahmen sind auf Verlangen des Reichstags außer Kraft zu setzen.
25 Artikel 53. Der Reichskanzler und auf seinen Vorschlag die Reichsminister werden vom Reichspräsidenten ernannt und entlassen.

Artikel 54. Der Reichskanzler und der Reichsminister bedürfen zu ihrer Amtsführung des Vertrauens des Reichs-
30 tags. Jeder von ihnen muss zurücktreten, wenn ihm der Reichstag durch ausdrücklichen Beschluss sein Vertrauen entzieht.

Artikel 59. Der Reichstag ist berechtigt, den Reichspräsidenten, den Reichskanzler und die Reichsminister vor
35 dem Staatsgerichtshof anzuklagen, dass sie schuldhafterweise die Reichsverfassung oder ein Reichsgesetz verletzt haben. [Der Antrag auf Anklageerhebung muss von einhundert Reichtstagsmitgliedern unterschrieben sein und ist mit einer Zwei-Drittel-Mehrheit zu beschließen.]

Die Weimarer Verfassung des Deutschen Reiches. Vom 11. August 1919. Den Schülerinnen und Schülern zur Schulentlassung. Berlin o. J., S. 12 ff.

5 Bekämpfung der Weimarer Verfassung

Auszüge aus den Statuten der Geheimorganisation Consul, 1921:

a) Geistige Ziele:

5 Weiterpflege und Verbreitung des nationalen Gedankens, Bekämpfung aller Antinationalen und Internationalen, Bekämpfung des Judentums, der Sozialdemokratie und der linksradikalen Parteien, Bekämpfung der antinationalen Verfassung in Wort und Schrift, Auf-
10 klärung weiter Kreise über diese Verfassung, Unterstützung einer für Deutschland allein möglichen Verfassung auf föderalistischer Grundlage.

b) Materielle Ziele:

Sammlung von entschlossenen, nationalen Männern zu dem Zwecke, die vollständige Revolutionierung 15 Deutschlands zu verhindern, bei großen inneren Unruhen deren völlige Niederwerfung zu erzwingen und durch Einsetzung einer nationalen Regierung die Wiederkehr der heutigen Verhältnisse unmöglich zu machen und dem Volke eine Wehrmacht und die Bewaffnung so 20 weit wie möglich zu erhalten.

Die Organisation ist eine Geheimorganisation [...]. Die Mitglieder verpflichten sich, ein Machtfaktor zu sein, um geschlossen als starke Einheit dazustehen, wenn die Not, die Ehre unseres Vaterlandes und die Erreichung 25 unserer Ziele es erfordern. Jeder verpflichtet sich zu unbedingtem Gehorsam gegenüber der Leitung der Organisation. Juden, überhaupt jeder fremdrassige Mann, sind von der Aufnahme in die Organisation ausgeschlossen. [...] 30

Zit. nach: Michaelis, H./Schraepler, E. (Hg.): Ursachen und Folgen Bd. 7. München 1962, S. 406 f.

6 Gegen den augenblicklichen Staatsaufbau

„Hassbotschaft" des „Stahlhelm", 4. September 1928. Der Stahlhelm war 1918 als Vereinigung der ehemaligen Teilnehmer am Ersten Weltkrieg gegründet worden:

Wir hassen mit ganzer Seele den augenblicklichen Staats- 5 aufbau, seine Form und seinen Inhalt, sein Werden und sein Wesen. Wir hassen diesen Staatsaufbau, weil in ihm nicht die besten Deutschen führen, sondern weil in ihm ein Parlamentarismus herrscht, dessen System jede verantwortungsvolle Führung unmöglich macht. Wir has- 10 sen diesen Staatsaufbau, weil in ihm Klassenkampf und Parteienkampf Selbstzweck und Recht geworden sind. Wir hassen diesen Staatsaufbau, weil er die deutsche Arbeiterschaft in ihrem berechtigten Aufstiegswillen behindert, trotz aller hochtönenden Versprechungen. Wir 15 hassen diesen Staatsaufbau, weil er uns die Aussicht versperrt, unser geknechtetes Vaterland zu befreien und das deutsche Volk von der erlogenen Kriegsschuld zu reinigen, den notwendigen deutschen Lebensraum im Osten zu gewinnen, das deutsche Volk wieder frei zu machen, 20 Landwirtschaft, Industrie, Gewerbe und Handwerk gegen den feindlichen Wirtschaftskrieg zu schützen und wieder lebensfähig zu gestalten. Wir wollen einen starken Staat, in dem die verantwortungsvolle Führung der Beste hat und nicht verantwortungsloses Bonzen- und 25 Maulheldentum führt. [...]

Zit. nach: Ebenda, S. 423.

7 „**Sonnenfinsternis**"
Ölgemälde von 1926.
Der Maler George Grosz
(1893–1959) gehörte zu
den bedeutendsten kri-
tischen Künstlern der
Weimarer Zeit. In seinen
Werken verband er die
neuen Stilelemente des
Expressionismus, der
Karikatur und der Mon-
tage. Schon in den
1920er-Jahren mehrfach
gerichtlich verfolgt,
musste er 1933 in die
USA emigrieren.
„Sonnenfinsternis" ist
möglicherweise als mitt-
lerer Teil eines Tripty-
chons entworfen wor-
den. Der rechte Flügel
könnte das bekannte
Bild „Stützen der Gesell-
schaft" gewesen sein.
Der Esel auf dem Tisch
soll das Volk darstellen.

8 Die Reichswehr und Politik

Reichstagsrede des Abgeordneten Haas (DDP), 10.11.1926:
Das ist das eine: Wir haben, als die Reichswehr aufgebaut
wurde, uns mit dem Reichswehrminister auf den Stand-
5 punkt gestellt, dass die Reichswehr nicht politisch sein
dürfte; wir haben uns auf den Standpunkt gestellt, dass
die Truppe entpolitisiert werden muss. Und was haben
wir in der Praxis erlebt? [...] Die Reichswehr wurde nicht
entpolitisiert, sondern sie wurde politisiert. Man hat sie
10 bewusst und absichtlich mit monarchischem Geist erfüllt. Gegen eine solche Art der Politisierung wehren wir
uns. Zum zweiten sagen wir: Wenn man die Reichswehr
auf den Boden der Republik führt, dann ist das keine
Politisierung der Reichswehr. Es scheint mir ganz selbst-
15 verständlich zu sein, dass in jedem Staate die Armee auf
dem Boden der verfassungsmäßigen Staatsform zu stehen hat. Man kann in einer starken Monarchie keine
republikanische Armee ertragen, und man kann in einer
Republik, wenn sie stark sein will, keine monarchische
20 Armee ertragen. [...]
Eine Armee, wenn sie einmal gebraucht werden sollte,
kann nur stark sein, wenn das ganze Volk hinter ihr

steht. Aber manches, was in den letzten Jahren in der
Reichswehr in Erscheinung trat, musste das Misstrauen
weitester Kreise des deutschen Volkes erregen. Gewisse 25
enge Verbindungen zu hochverräterischen rechtsradikalen Organisationen mussten dazu führen, dass erhebliche Teile der Arbeiterschaft sich von der Reichswehr
abwandten. Das ganze deutsche Volk, auch die Arbeiterschaft muss hinter der Reichswehr stehen, und es ist eine 30
hohe psychologische militärische Aufgabe der Leitung
der Reichswehr, die Brücken zur Arbeiterschaft nicht zu
zerstören, sondern neue Brücken zu bauen. [...] Deswegen verlangen wir, auch rein militärisch gesprochen, dass
man endlich damit den Anfang macht, die Reichswehr 35
seelisch und innerlich auf die Republik einzustellen. [...]
Es wird mir zugerufen: Das wird nicht gelingen! Ich bin
überzeugt, dass, wenn in der obersten Leitung der starke
Wille vorhanden ist, es gelingen wird, und ich würde
allerdings der Meinung sein, es wäre ein unerträglicher 40
Zustand, wenn die deutsche Republik auf Jahrzehnte
hinaus eine Reichswehr haben müsste, die nicht auf dem
Boden der verfassungsmäßigen Staatsform steht.
Zit. nach: Ebenda, S. 479 f.

4

9 Diskussion des Gemeinderats Schorndorf über die Einweihung des Hindenburgplatzes am 2.10.1928
Unveröffentlichte, nicht beurkundete Entwurfsfassung des Protokolls zur Geimeinderatssitzung vom 27.9.1928:

5 Der Vorsitzende [parteilos] trägt vor, dass er, nachdem der Hindenburgplatz nunmehr angelegt sei, beabsichtige, ihn anlässlich des 81. Geburtstags des Herrn Reichspräsidenten am 2. Oktober des Jahres einzuweihen und die Hindenburgeiche zu pflanzen. Die Schulen hätten ihre 10 Mitwirkung zugesagt. Als Programm ist vorgesehen: Zug der Schüler vom Marktplatz durch die obere Hauptstraße und die Hindenburgstraße zum Hindenburgplatz, gemeinsamer Gesang der Schüler, Deklamationsvorträge von Schülern und Schülerinnen. Die Rede des Stadtvor- 15 stands und die Absendung eines Glückwunschtelegramms an den Herrn Reichspräsidenten. [...]

Gemeinderat Dapp [Bürgerliche Wahlvereinigung] gibt seiner Meinung dahin Ausdruck, dass er gar nichts machen würde; jedenfalls scheine ihm die Feier so, wie sie 20 von Herrn Vorsitzenden geplant sei, zu groß aufgezogen. Nachdem aber die Vorbereitungen schon getroffen seien, wolle er nicht mehr dagegen einwenden.

Gemeinderat Talmon-Groß [SPD] teilt die Ansicht des Gemeinderat Dapp und wirft die Frage auf, ob, falls der 25 Reichspräsident Ebert noch am Leben wäre, auch auf solche Art gefeiert werden würde. Er bezweifelt dies. Es genüge seiner Ansicht nach vollkommen, wenn die Eiche durch einen Stadttagelöhner gesetzt werde. Seither habe er vor Hindenburg Respekt gehabt, aber seitdem er

30 wisse, dass er dem Stahlhelm, der die Ablehnung der Verfassung und die Abschaffung der Parlamente anstrebe, als Mitglied angehöre, habe er eine andere Meinung von ihm. Bei diesem Anlass spricht er auch sein Befremden darüber aus, dass noch im Rathaussaal das Bild Ludendorffs und Hindenburgs hänge. Er sprach sich weiter in 35 dem Sinne aus, dass das Bild eine Verherrlichung des Krieges, der nichts anderes als ein Völkermord sei, darstelle. Das Urteil über Hindenburg als Heerführer sei selbst von verschiedenen Generälen [...] revidiert worden. Hindenburg sei gar nicht der Sieger von Tannen- 40 berg, das hätten andere gemacht.

Der Vorsitzende erklärt, dass er tief betrübt darüber sei, dass seine Absicht im Gemeinderat so wenig Anklang finde und die Aussprache solche Formen angenommen habe. Lediglich den Kindern eine Freude zu bereiten, habe er 45 dem Gemeinderat einen solchen Vorschlag gemacht. [...]

Der Gemeinderat Veil [Bürgerliche Wahlvereinigung] bedauert diese Aussprache und bezeichnet es als eine Schande und des Gemeinderats unwürdig, dass wegen der Veranstaltung eine solche Polemik eingesetzt habe. [...] 50

Gemeinderat Talmon-Groß stellt den Antrag, von einer Einweihungsfeier des Hindenburgplatzes abzusehen.

Dieser Antrag wird gegen vier Stimmen abgelehnt.

Hierauf wird gegen vier Stimmen beschlossen: Die Einweihung des Hindenburgplatzes und die Pflanzung einer 55 Hindenburgeiche in der vom Vorsitzenden vorgeschlagenen Weise anzunehmen.

Stadtarchiv Schorndorf, Fl 1220/1a.

Arbeitsvorschläge

a) Beschreiben Sie, welche Institutionen der Weimarer Republik laut Verfassung im Notstandsfall zusammenwirken mussten (M4; Volltext unter www.documentarchiv.de).

b) Untersuchen Sie das Verhältnis der Parteien zum Staat von Weimar (M3). Vergleichen Sie die inhaltlichen Zielsetzungen der Parteien miteinander und halten Sie auch Veränderungen und Kontinuitäten gegenüber der Kaiserzeit fest.

c) Recherchieren Sie Informationen zu den beiden Reichspräsidenten der Weimarer Republik Ebert und Hindenburg (Herkunft, Werdegang, politische Einstellung). Vergleichen Sie beide Biografien.

d) Skizzieren Sie am Beispiel von M9 die unterschiedlichen Positionen in der Auseinandersetzung um die Würdigung des Reichspräsidenten Hindenburg. Zeigen Sie, welche Folgen sich daraus für den Staat von Weimar ergeben.

e) George Grosz stand der KPD nahe. Interpretieren Sie vor diesem Hintergrund den politischen Gehalt des Gemäldes M8. Ziehen Sie zum Vergleich auch das Gemälde „Stützen der Gesellschaft" heran.

f) Zeigen Sie anhand von M4–M8, warum und welche gesellschaftlichen Kräfte nicht bereit waren, die neue Ordnung mitzutragen. Erörtern Sie abschließend die Möglichkeiten einer demokratischen Gesellschaft, einen politischen Konsens herzustellen.

g) Informieren Sie sich über die Kunstrichtungen Expressionismus, Dadaismus und Neue Sachlichkeit und vergleichen Sie diese mit den zeitgleichen konservativen Strömungen in der Kunst unter dem Gesichtspunkt sozialer und politischer Spannungen.

4.5.2 Auswirkungen der Weltwirtschaftskrise

Phase der wirtschaftlichen Stabilisierung (1924–1929)

Zwischen 1924 und 1929 erlebte die deutsche Wirtschaft eine Zeit der relativen Stabilität. Vor allem die Außenpolitik Stresemanns hatte dazu beigetragen, dass Deutschland zu einem attraktiven Ort für ausländische Kapitalanleger wurde. 1927 hatte die Produktion in Deutschland den Stand der Vorkriegszeit überflügelt. Deutsche Ingenieure und Wissenschaftler besaßen im Bereich von Technik und Naturwissenschaften eine weltweit führende Position. Die neue Massenkultur der zwanziger Jahre, vor allem Kino und Radio, veränderte nicht nur das Lebensgefühl der Menschen, sondern auch ihre Konsumgewohnheiten. Neue Waren wie moderne Haushaltsgeräte oder das Auto brachten weitere Veränderungen – auch wenn sie für viele unerschwinglich blieben.

Börsenkrach in New York: Beginn der Wirtschaftskrise

Am 24. Oktober 1929 brachen an der New Yorker Börse die Aktienkurse ein. Fast 13 Millionen Aktien wurden zum Verkauf angeboten. Während des Wirtschaftsaufschwungs der USA Mitte der zwanziger Jahre hatten viele Bürger Aktien erworben. In der Hoffnung auf den großen Gewinn hatten sie sogar Kredite aufgenommen, um Aktien kaufen zu können. Der „schwarze Freitag" war der Auftakt für eine tiefe Wirtschaftskrise. Mehr als 9 000 Banken und über 100 000 Betriebe meldeten in den folgenden Monaten Konkurs an. Es kam zu einem Zusammenbruch der amerikanischen Wirtschaft. Daher zogen amerikanische Banken ihre kurzfristigen Kredite aus Europa zurück. Zudem erhöhte der amerikanische Präsident Hoover die Importzölle, um die Industrie zu schützen. Regierungen anderer Länder folgten diesem Beispiel. Der Welthandel geriet ins Stocken. Die „Great Depression" des amerikanischen Wirtschaftssystems weitete sich zur Weltwirtschaftskrise aus.

„Krise vor der Krise"

In Deutschland traf die internationale Wirtschaftskrise auf eigene ökonomische Schwierigkeiten. Noch während der wirtschaftlichen Stabilisierungsphase setzte bereits 1927 eine Rezession ein: Die Käufer hatten nachgeholt, was sie seit Kriegsende an Konsumgütern entbehrt hatten. Die Konsumausgaben stagnierten, Investitionen blieben aus. Während des Wirtschaftsaufschwungs hatten sich Firmen zu großen Konzernen (IG-Farben) oder Warenhausketten (Karstadt, Wertheim) zusammengeschlossen. Sie reagierten wenig flexibel auf die veränderte Absatzlage. Nach 1924 war ein internationaler Geldkreislauf entstanden, der letztlich von den USA gespeist wurde. Deutschland zahlte jährliche Reparationsraten an die Alliierten, die ihre Kriegsschulden bei den USA tilgten. In Form von Krediten floss Geld wieder nach Deutschland zurück. Doch die Unternehmer hatten das Geld, das von den USA als kurzfristiger Kredit gedacht war, in langfristigen Investitionen angelegt. Als die amerikanischen Banken ihre Kredite nach dem Börsenkrach zurückzogen, brach auch die Wirtschaft in Deutschland ein. Viele Firmen gingen in den Konkurs. Da es ihnen an Eigenkapital fehlte, begannen die Banken Auszahlungen einzustellen. Kunden konnten von ihren Sparguthaben nur in dringenden Fällen und kleine Summen abheben.

Massenarbeitslosigkeit

Die Krise erreichte ihren Höhepunkt 1932, als sechs Millionen Menschen ohne Arbeit waren und die industrielle Produktion sich im Vergleich zum Jahr 1928 praktisch halbiert hatte. Das Versicherungssystem aus Arbeitslosen- und Fürsorgeunterstützung, das erst 1927 eingeführt worden war, war nicht auf eine Massen- und Dauererwerbslosigkeit eingerichtet. Die Zeitspanne der Leistungen wurde nach und nach von 26 auf sechs Wochen verkürzt, die Höhe um rund 39 Prozent gesenkt. Die Unterstützung der Arbeitslosen bewegte sich damit am Rand des Existenzminimums, gerade wenn ganze Familien versorgt werden mussten. Häufig waren die Mitglieder von Arbeiter- und Angestelltenhaushalten auf Hilfen der Wohlfahrtsverbände angewiesen. Öffentliche Wärmestuben oder Speisungen konnten aber nur teilweise die Not lindern. Existenzängste machten sich in der gesamten Bevölkerung breit, auch bei den Menschen, die noch Arbeit besaßen. Den radikalen politischen Kräften brachte diese Entwicklung Zulauf. Sie lasteten die wirtschaftliche Krise dem parlamentarischen System an.

Im Zuge der Weltwirtschaftskrise verschärften sich auch die sozialpolitischen Auseinandersetzungen. 1919 hatte die Industrie die „Zentralarbeitsgemeinschaft" vor allem als Möglichkeit betrachtet, eine Sozialisierung der Wirtschaft zu verhindern. Danach fühlten sie sich immer weniger an die Vereinbarungen mit den Gewerkschaften gebunden. Bei Arbeitskämpfen wurde zunehmend die für den Ausnahmefall gedachte staatliche Zwangsschlichtung in Anspruch genommen. 1928 weigerten sich die Industriellen im Ruhrgebiet zunächst, einen Schiedsspruch über die Festlegung der Tarife anzuerkennen. Sie sperrten über 200 000 Beschäftigte aus. Zur erneuten Konfrontation kam es in der Frage der Sanierung der Arbeitslosenversicherung. Angesichts der wachsenden Zahl von (Dauer-)Arbeitslosen forderte der Verband der Deutschen Industrie Ende 1929 eine Senkung der Sozialabgaben.

Verschärfung der Arbeitskämpfe und Auseinanderbrechen der Großen Koalition

Die Regierungskoalition aus SPD, Zentrum, BVP, DDP und DVP war in diesem Punkt zerstritten: Die SPD wollte den Beitrag der Arbeitslosenversicherung erhöhen. Sie sah sich der Arbeiterschaft verpflichtet und spürte den Druck der Gewerkschaften, aber auch die wachsende Konkurrenz der KPD. Dagegen verlangte die DVP einen Abbau der Versicherungsleistungen, um die Wettbewerbsfähigkeit der deutschen Wirtschaft durch Kostensenkung im sozialen Sektor zu stärken. Die Fronten waren verhärtet. Ein Vermittlungsvorschlag des Zentrums, die Beitragshöhe zunächst beizubehalten, wurde abgelehnt. Nicht nur die Presse kritisierte die kompromisslose Haltung der SPD. Schließlich scheiterten die Verhandlungen zwischen den Koalitionsparteien an einer Differenz von 0,5 % bei der Festlegung des Beitragssatzes zur Arbeitslosenversicherung. Am 27. März 1930 trat das Kabinett unter Kanzler Müller (SPD) zurück – die Frankfurter Zeitung sprach angesichts der möglichen Folgen von einem „schwarzen Tag".

1 Arbeitslose vor dem Arbeitsamt Hannover, Frühjahr 1932.

2 Die deutsche Wirtschaft in den 1920er-Jahren

Produktion wichtiger Güter							
Produkt	Angaben in	1900	1913	1919	1925	1930	1932
Steinkohle	Mill. t	109,3	190,1	116,7	132,6	142,7	104,7
Roheisen	Mill. t	7,5	16,8	6,3	11,6	11,6	5,3
Rohstahl	Mill. t	7,6	17,7	7,9	13,8	13,5	7,2
Elektrizität	Mill. kWh	246	2533	5067	9915	16101	13423

Stat. Bundesamt, Bevölkerung und Wirtschaft 1872–1972. Zit. nach: Inf. zur polit. Bildung: Die Weimarer Republik. Stuttgart 1972, S. 31.

Volkseinkommen 1913–1933		
	Mark pro Einwohner	1925 = 100
1913	746	81
1925	920	100
1926	957	104
1927	1065	116
1928	1138	124
1929	1131	123
1930	1030	112
1931	833	91
1932	656	71
1933	676	73

Stat. Bundesamt, Bevölkerung und Wirtschaft 1872–1972. Zit. nach: Inf. zur polit. Bildung: Die Weimarer Republik. Stuttgart 1972, S. 31.

Entwicklung der Arbeitslosigkeit		
Jahr	Arbeitslose in Mill.	Arbeitslose in %
1924	0,978	…
1925	0,636	…
1926	2,000	…
1927	1,300	…
1928	1,353	7,0
1929	1,892	9,6
1930	3,076	15,7
1931	4,520	23,9
1932	5,575	30,8
1933	4,804	26,3

Die offizielle Zählung der Arbeitslosen begann erst 1928. Zahlen ab 1928 aus: Gleitze, B. (Hg.): Wirtschafts- und sozialstatistisches Handbuch (1960). S. 45.

3 Daten zur Weltwirtschaftskrise in Deutschland

Der Wirtschaftshistoriker Knut Borchardt:

Dass die Wirtschaft der ausgehenden zwanziger Jahre alles andere als „gesund" gewesen ist, haben die bishe-
5 rigen Ausführungen belegt. Die Wachstumsraten des re-
alen Sozialprodukts je Einwohner waren – gemessen am kriegsbedingten Rückstand der deutschen Volkswirtschaft gegenüber anderen Staaten – relativ gering. Die Arbeitslosigkeit war ein Dauerproblem. [...] Die außenwirtschaft-
lichen Beziehungen waren in Unordnung. Im Kampf um 10 das sich nur langsam erhöhende Sozialprodukt erwiesen sich die öffentliche Hand und die Arbeitnehmer zwar als relativ erfolgreich, aber dies scheint die Wirtschaft auch überlastet zu haben, sodass einerseits die Wachstumskräf-
te nicht hinreichend gestärkt und andererseits Risiken in 15 der Geld- und Kreditsphäre akkumuliert wurden, die die Zukunftsaussichten düster scheinen ließen. Ohne Zweifel waren es gerade die erheblichen Kapitalimporte, die manchen Verteilungskonflikt in Deutschland nicht so deutlich hervortreten ließen, wie es sonst schon früher hätte der Fall 20 sein müssen. Ohne diese großen Kapitalimporte hätte die öffentliche Hand und hätten auch die Unternehmen nicht einmal die zu beobachtende Einkommensexpansion finanzieren können – jedenfalls nicht im Rahmen des Systems der Gold-Devisenwährung bei festen Wechselkursen. 25 Etwas dramatisierend würde ich formulieren, was ja den Zeitgenossen größtenteils durchaus klar gewesen ist: Es ist schwer vorstellbar, dass es so hätte weitergehen können. Seit 1928 blieben ja bereits die Kapitalströme aus dem Ausland weit hinter dem zurück, was zur Lösung 30 der Zahlungsbilanzprobleme unerlässlich schien. Die öffentlichen Haushalte gerieten in wachsende Schwie-
rigkeiten, ganz besonders die Arbeitslosenversicherung. Die Lohnkonflikte erreichten eine Schärfe, die das ganze System des Tarifvertragswesens, ja der Organisation des 35 Arbeitsmarktes in Frage stellte. Die Agrarpolitik kam in unlösbare Widersprüche mit anderen Politikbereichen. Allerseits wurden Forderungen auf grundsätzliche Reform gestellt. [...]

Borchardt, K.: Wirtschaftliche Ursachen des Scheiterns der Weimarer Repu-
blik. In: Erdmann, K. D./ Schulze, H. (Hg.): Weimar. Selbstpreisgabe einer Demokratie. Düsseldorf 1980, S. 232 f.

Arbeitsvorschläge

a) Analysieren Sie die Folgen der Weltwirtschaftskrise in Deutschland (M 2).
b) Charakterisieren Sie die Situation der deutschen Wirtschaft vor 1929 (M 3).
c) In der Forschung ist es umstritten, ob und welche Zusammenhänge zwischen der Arbeitslosigkeit und den Wahlergebnissen der NSDAP und der KPD (S. 168) bestanden. Untersuchen Sie selbst die Materialien auf eventuelle Zusammenhänge (s. auch S. 179).

4.5.3 Regieren ohne Mehrheiten – das Ende der Republik

Die Große Koalition war die letzte Regierung der Weimarer Republik, die auf demokratischem Weg ins Amt gekommen war. Neuer Kanzler einer Minderheitenregierung wurde der Vorsitzende der Zentrumsfraktion Heinrich Brüning. Bereits 1929 hatten Vertraute Hindenburgs bei Brüning angefragt, ob er für ein antiparlamentarisches „Hindenburg-Kabinett" zur Verfügung stehe. Die neue Regierung besaß keine Mehrheit mehr im Reichstag. Um Gesetze gegebenenfalls auch ohne die Reichstagsmehrheit durchsetzen zu können, hatte Hindenburg Brüning die Vollmacht gegeben, mit Hilfe des Artikels 48 (Notverordnungsrecht) zu regieren und auf der Grundlage von Artikel 25 den Reichstag aufzulösen. Damit war eine Regierung ins Amt gebracht worden, die praktisch nur noch dem Reichspräsidenten verantwortlich war (Präsidialregierung).

Die kombinierte Anwendung der Artikel 48 und 25 widersprach letztlich der Verfassung und eröffnete einen Weg, ohne das Parlament zu regieren: Als der Reichstag im Juli 1930 einen Teil der Gesetzesvorlage „zur Sanierung der Staatsfinanzen" nicht annahm, wurde der Reichstag aufgelöst und das Gesetz daraufhin als Notverordnung in Kraft gesetzt.

Brünings Präsidialregierung

Die Reichstagswahl vom 14. September 1930 endete mit einem erdrutschartigen Erfolg der NSDAP. 1928 mit 2,6 Prozent der Wählerstimmen (12 Mandate) noch eine Splitterpartei, war sie mit 18,3 Prozent (117 Mandaten) auf einen Schlag zur zweitstärksten Reichstagsfraktion hinter der SPD geworden. Zum einen hatte die NSDAP viele Nichtwähler für sich mobilisieren können, zum anderen war es ihr gelungen, insbesondere Menschen aus den Mittelschichten als Wähler hinzuzugewinnen. Im Vergleich zu den Arbeitern stellten Angestellte, kleine Unternehmer, Handwerker, freie Berufe und Beamte einen überproportional hohen Anteil der nationalsozialistischen Wählerschaft. Viele von ihnen sahen sich angesichts der Weltwirtschaftkrise nicht nur wirtschaftlich bedroht. Neben der Angst vor der Verarmung bewegte viele auch die Angst vor dem sozialen Abstieg. Der NSDAP gelang es, sich als unverbrauchte Kraft zu profilieren und gerade den Bedürfnissen der Mittelschichten mit ihrer Ideologie entgegenzukommen. Die NSDAP war zudem eine „junge" Partei: Ihre 130 000 Mitglieder und Funktionäre im Jahr 1930 waren im Durchschnitt deutlich jünger als die der anderen Parteien. Ein weiterer

Politischer Durchbruch der NSDAP

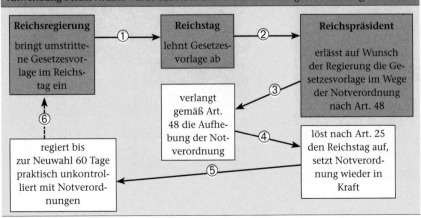

1 Die Machtmechanismen der Präsidialregierung 1930–1933

Die Präsidialregierungen beruhten auf der (letzlich verfassungswidrigen) Kombination der Art. 48 und 25 der Weimarer Verfassung. Durch Androhung und gegebenenfalls Anwendung beider Artikel wurde das Parlament als Entscheidungszentrum ausgeschaltet.

Reichsregierung	Reichstag	Reichspräsident
bringt umstrittene Gesetzesvorlage im Reichstag ein	① → lehnt Gesetzesvorlage ab	② → erlässt auf Wunsch der Regierung die Gesetzesvorlage im Wege der Notverordnung nach Art. 48
⑥	verlangt gemäß Art. 48 die Aufhebung der Notverordnung ③	
regiert bis zur Neuwahl 60 Tage praktisch unkontrolliert mit Notverordnungen	④	löst nach Art. 25 den Reichstag auf, setzt Notverordnung wieder in Kraft
	⑤	

Nach: Informationen zur politischen Bildung Nr. 261/1998, S. 50.

wichtiger Faktor für den Aufstieg der NSDAP war die Tatsache gewesen, dass Hitler inzwischen aus dem bürgerlich-rechten Lager Rückendeckung bekam: Der „Reichsausschuss", ein Zusammenschluss aus NSDAP, DNVP und dem Stahlhelm, hatte 1929 gemeinsam zu einem Volksbegehren gegen den Young-Plan aufgerufen. In dieser abschließenden Regelung der Reparationen wurden die deutschen Zahlungen über einen Zeitraum von 59 Jahren festgelegt, das besetzte Rheinland wurde geräumt. Der Volksentscheid gegen den Young-Plan scheiterte, doch die NSDAP war in der Öffentlichkeit deutlich aufgewertet worden und der Schulterschluss der rechten Kräfte blieb bestehen (Bildung der „Harzburger Front") .

Tolerierungspolitik der SPD

Neben den Parteien der Mitte gehörte die SPD zu den Verliererinnen der Wahl. Zwar war die Mehrzahl der arbeitslosen Arbeiter den linken Parteien treu geblieben. Viele SPD-Wähler gaben ihre Stimme nun jedoch zum ersten Mal der KPD. In den Reihen der SPD wurde aber vor allem befürchtet, weitere Neuwahlen könnten die NSDAP noch weiter stärken und zu einer rechten Regierung führen. Die Sozialdemokraten tolerierten deshalb jetzt den politischen Kurs der Regierung Brüning im Reichstag – während die KPD in einigen Fällen zusammen mit den rechten Parteien dagegenstimmte.

Brünings Politik

Brünings Politik kennzeichnete eine Begrenzung staatlicher Ausgaben. Die Kürzung von Löhnen und Sozialleistungen sollte auch der Wirtschaft ermöglichen, kostengünstiger zu produzieren, damit deutsche Waren auf dem internationalen Markt billiger wurden. Die Deflationspolitik führte aber zu einem Rückgang der Kauf-

2 Plakat des Zentrums zur Reichstagswahl vom 31.7.1932

3 Plakat der DNVP zur Reichstagswahl vom 6.11.1932. Sie unterstützte Papens politischen Kurs.

kraft und damit der Produktion. Weitere Entlassungen waren die Folge. In erster Linie ging es Brüning darum, die Reparationen zu beseitigen. Maßnahmen gegen die Arbeitslosigkeit hatten geringe Priorität. Ja, Brüning ergriff gerade deshalb konjunkturbelebende Maßnahmen nicht, weil er die wirtschaftliche Krisensituation nutzen wollte, um Deutschlands Zahlungsunfähigkeit unter Beweis zu stellen. So verzichtete er im Sommer 1931 darauf, Auslandskredite anzunehmen. Brüning erreichte sein Ziel: Das einjährige internationale Schuldenerlassjahr, das der amerikanische Präsident Hoover im Juni 1931 vorschlug ("Hoover-Moratorium"), war der Anfang vom Ende der Reparationen. Die Konferenz von Lausanne bestätigte 1932 die Streichung der Zahlungen von Deutschland.

Heinrich Brüning

Die Sparpolitik Brünings hatte zu einer weiteren Verschärfung der wirtschaftlichen Situation geführt. Der dramatische Niedergang der Wirtschaft und die Verarmung von Millionen von Familien führten mit dazu, dass sich die politische Auseinandersetzung mehr und mehr auf die Straße verlagerte. Politische Gewalt wurde zur alltäglichen Erscheinung. Vor allem die militärisch organisierten Verbände der NSDAP und der KPD, die SA (Sturmabteilung) und der RFB (Roter Frontkämpferbund) lieferten sich 1931 und 1932 immer blutigere Straßenschlachten und Saalkämpfe. Die Regierung Brüning verbot daher im April 1932 die 420 000 Mann starke SA, den mit Abstand größten paramilitärischen Verband einer Partei.

Bei der Reichspräsidentenwahl im April 1932 konnte sich Hindenburg erst im zweiten Wahlgang gegen Hitler durchsetzen. Dabei musste sich der Monarchist Hindenburg von der SPD unterstützen lassen. Der greise Reichspräsident lastete diese "Verkehrung der Fronten" Brüning an. Drahtzieher beim Sturz Brünings im Mai 1932 war ein Vertrauter Hindenburgs, Generalleutnant Kurt von Schleicher, Chef des Ministeramts im Reichswehrministerium und später Reichswehrminister. Er wollte ein Präsidialsystem mit Beteiligung der NSDAP errichten und die paramilitärische Organisation der SA für einen Ausbau der Reichswehr gewinnen. Auf Schleichers Betreiben bestimmte Hindenburg den ehemaligen Zentrumspolitiker Franz von Papen zum neuen Reichskanzler: Das SA-Verbot wurde aufgehoben.

Präsidialregierungen Papen und Schleicher, Ernennung Hitlers zum Reichskanzler

Aus der Reichstagswahl vom Juli 1932 ging die NSDAP als stärkste Partei hervor. Im September entzog der Reichstag der Regierung das Vertrauen und wurde daraufhin aufgelöst. Wieder standen im November Wahlen an, bei denen die NSDAP Stimmen einbüßte, aber größte Kraft im Parlament blieb. Welche Regierung sollte gebildet werden? Papen wollte seinen Kurs einer autoritären Präsidialregierung ohne Mitwirkung des Reichstags fortsetzen und künftig auf Neuwahlen verzichten. Doch zu diesem Verfassungsbruch war Hindenburg nicht bereit. Auch Hitlers Forderung nach der Kanzlerschaft lehnte er ab.

Neuer Reichskanzler wurde Schleicher. Er verunsicherte aber Industrie und Großgrundbesitzer, als er eine Annäherung an die Gewerkschaften und ein Siedlungsprogramm verkündete. Führende Köpfe aus der Wirtschaft traten nun unter der Vermittlung Papens an Hindenburg heran mit dem Vorschlag, das Kanzleramt an Hitler zu übertragen. Papen glaubte an das "Zähmungskonzept", das Hitler in einer Regierung aus Rechtskonservativen "einrahmen" sollte. Schleicher musste am 28. Januar 1933 zurücktreten. Am 30. Januar ernannte Hindenburg Hitler zum Reichskanzler. Sein Kabinett aus drei Nationalsozialisten und neun Konservativen war wie die Vorgängerregierungen ein Präsidialkabinett ohne parlamentarische Mehrheit.

4 **Der Reichstag wird eingesargt**
Collage des deutschen Künstlers John Heartfield aus dem Jahr 1932.

5 **Wirtschaftspolitik unter dem Primat der Außenpolitik**
Aus der Regierungserklärung des Reichskanzlers Brüning, 1. April 1930:

5 Das neue Reichskabinett ist entsprechend dem mir vom Herrn Reichspräsidenten erteilten Auftrag an keine Koalition gebunden. Doch konnten selbstverständlich die politischen Kräfte dieses Hohen Hauses bei seiner Gestaltung nicht unbeachtet bleiben. Das Kabinett ist ge-

10 bildet mit dem Zweck, die nach allgemeiner Auffassung für das Reich lebensnotwendigen Aufgaben in kürzester Frist zu lösen. Es wird der letzte Versuch sein, die Lösung mit diesem Reichstage durchzuführen. Einen Aufschub der lebensnotwendigen Aufgaben kann niemand verant-

15 worten. Die Stunde fordert schnelles Handeln. [...]
Die deutsche Regierung wird Deutschlands Lebensinteressen in organischer Weiterentwicklung der bisherigen Außenpolitik aktiv vertreten. Nationales Selbstbewusstsein, Vertrauen in die innere Kraft des eigenen Volkes

20 sind die Grundlagen ebenso wie die Erkenntnis, dass der Wiederaufstieg Deutschlands nur im friedlichen Zusammenwirken mit allen Völkern erreichbar ist. Loyale Durchführung der internationalen Vereinbarungen, Klärung und weiterer Ausbau unseres Verhältnisses zu allen

25 Staaten, zu denen wir in freundschaftlichen, vertraglichen und wirtschaftlichen Beziehungen stehen, Förderung internationaler Zusammenarbeit, insbesondere auf

wirtschaftlichem Gebiete, zur Erleichterung der schwierigen Lage der eigenen mit der Weltwirtschaft eng verknüpften Wirtschaft, das sind die Grundlinien dieser 30 Außenpolitik. Endziel ist und bleibt ein wirtschaftlich gesundes, ein politisch freies und gleichberechtigtes Deutschland, das seinen Wiederaufbau im Schutze des Friedens vollenden kann, und das ein unentbehrlicher Faktor in der Staatengemeinschaft sein muss. [...] 35
Alle infolge der langwierigen Verhandlungen über den Young-Plan noch nicht erledigten finanziellen und wirtschaftlichen Maßnahmen müssen sofort durchgeführt werden. Sanierung der Finanz- und Kassenlage, Unterstützung der Länder und Gemeinden in ihrer schwie- 40 rigen finanziellen Lage ist das Dringendste. Ohne eine schnelle Ordnung der Kassen- und Finanzlage fehlt die Gewähr der dringend notwendigen Entlastung der Wirtschaft und der Milderung der Arbeitslosigkeit. [...]
Eingehende Sparvorschläge auf allen Gebieten des öf- 45 fentlichen Lebens werden in kürzester Frist seitens der Reichsregierung den zuständigen Körperschaften unterbreitet werden. Diese Sparmaßnahmen sollen nicht von einem antisozialen Geist getragen sein. Sie haben lediglich den Zweck, ihrerseits zur Senkung der Steuern, zur 50 Hebung der Produktivität der Wirtschaft, zur Stärkung der Kreditwürdigkeit Deutschlands beizutragen.

Zit. nach: Michaelis, H./Schraepler, E. (Hg.): Ursachen und Folgen. München 1959, Bd. 8, 1959, S. 21 f.

6 **Die Tolerierungstaktik der SPD**
Erklärung der sozialdemokratischen Reichstagsfraktion, 18. Oktober 1930:

Wenn mit Hilfe der sozialdemokratischen Fraktion die Misstrauensanträge gegen das Kabinett Brüning ange- 5 nommen worden wären, so hätten sich folgende politische Möglichkeiten ergeben:
1. Rücktritt des Kabinetts Brüning. Es erhält vom Reichspräsidenten Hindenburg die Vollmachten zur Weiterführung der Regierungsgeschäfte. Das dieses geschäfts- 10 führende Kabinett keine Mehrheit für seine Maßnahmen findet und eine erneute Auflösung von keiner Seite befürwortet wird, weil sie so bald nach der letzten Wahl noch keine Verbesserung verspricht, so müsste es gegen den Reichstag regieren. Das bedeutet, dass sich eine solche 15 Regierung nur unter Ausschaltung des Reichstags im Amt halten könnte. Der Diktaturartikel 48 der Reichsverfassung würde dann dauernd auf alle Gebiete des wirtschaftlichen, sozialpolitischen und staatsbürgerlichen Lebens angewendet werden. Nicht nur der Reichstag, sondern 20 auch jeder einzelne Staatsbürger würde seine durch die Verfassung garantierten Rechte verlieren. Wann sie wiedergewonnen werden könnten, ist ganz ungewiss. [...]
3. Auftrag an den deutschnationalen Parteiführer Hugenberg zur Bildung einer Rechtsregierung mit Einschluss 25 der Nationalsozialisten. Diese Regierung wäre nur eine

verschleierte Hitler-Regierung. Da auch die Rechtsparteien keine parlamentarische Mehrheit haben, könnte sich eine solche Regierung nur halten, wenn sie vom Zentrum
30 toleriert wird. Die Nationalsozialisten wollen aber gar nicht parlamentarisch regieren. [...]
Die sozialdemokratische Fraktion ist jeden Tag in der Lage, mit Nationalsozialisten, Kommunisten und Deutschnationalen die Regierung zu stürzen, sie kann
35 aber unmöglich mit solchen Bundesgenossen gemeinsam eine neue Regierung bilden. Deshalb und weil die Sozialdemokratie von dem Gefühl der Verantwortung für die arbeitende Klasse durchdrungen ist, lehnte sie jetzt die Zustimmung zu den Misstrauensanträgen an-
40 derer Parteien ab. Und zwar solcher Parteien, die, wie die Nationalsozialisten und die Deutschnationalen, offen arbeiterfeindlich sind oder, wie die Kommunisten, durch ihre Taktik zur Sicherung der Arbeiterklasse zur Stärkung des Faschismus beitragen.

Zit. nach: Ebenda , S. 114 ff.

7 „Notwendigkeit einer vom parlamentarischen Parteiwesen unabhängigeren Regierung"
Eingabe führender Persönlichkeiten aus Wirtschaft und Industrie sowie großagrarischer Kreise an Hindenburg für die
5 *Berufung Hitlers, Mitte November 1932:*
[...] Mit Eurer Exzellenz bejahen wir die Notwendigkeit einer vom parlamentarischen Parteiwesen unabhängigeren Regierung, wie sie in dem von Eurer Exzellenz formulierten Gedanken eines Präsidialkabinetts zum Ausdruck
10 kommt.
Der Ausgang der Reichstagswahl vom 6. November d. J. hat gezeigt, dass das derzeitige Kabinett, dessen aufrechten Willen im deutschen Volke niemand bezweifelt, für den von ihm eingeschlagenen Weg keine ausreichende
15 Stütze im deutschen Volk gefunden hat, dass aber das von Eurer Exzellenz gezeigte Ziel eine volle Mehrheit im deutschen Volk besitzt, wenn man – wie es geschehen muss – von der staatsverneinenden Partei der Kommunisten absieht. Gegen das bisherige parlamentarische
20 Parteiregime sind nicht nur die Deutschnationale Volks-

partei und die ihr nahe stehenden kleineren Gruppen, sondern auch die Nationalsozialistische Arbeiterpartei grundsätzlich eingestellt und haben somit das Ziel Eurer Exzellenz bejaht. Wir halten dieses Ergebnis für außerordentlich erfreulich und können uns nicht vorstellen, 25 dass die Verwirklichung des Zieles nunmehr an der Beibehaltung einer unwirksamen Methode scheitern sollte. Es ist klar, dass eine des Öfteren wiederholte Reichstagsauflösung mit sich häufenden, den Parteikampf immer weiter zuspitzenden Neuwahlen nicht nur einer 30 politischen, sondern auch jeder wirtschaftlichen Beruhigung und Festigung entgegenwirken muss. Es ist aber auch klar, dass jede Verfassungsänderung, die nicht von breitester Volksströmung getragen ist, noch schlimmere wirtschaftliche, politische und seelische Wirkungen 35 auslösen wird.
Wir erachten es deshalb für unsere Gewissenspflicht, Eure Exzellenz ehrerbietigst zu bitten, dass zur Erreichung des von uns allen unterstützten Zieles Eurer Exzellenz die Umgestaltung des Reichskabinetts in einer Weise erfol- 40 gen möge, die die größtmögliche Volkskraft hinter das Kabinett bringt.
Wir bekennen uns frei von jeder engen parteipolitischen Einstellung. Wir erkennen in der nationalen Bewegung, die durch unser Volk geht, den verheißungsvollen Be- 45 ginn einer Zeit, die durch Überwindung des Klassengegensatzes die unerlässliche Grundlage für einen Wiederaufstieg der deutschen Wirtschaft erst schafft.
Wir wissen, dass dieser Aufstieg nicht viele Opfer erfordert. Wir glauben, dass diese Opfer nur dann willig gebracht 50 werden können, wenn die größte Gruppe dieser nationalen Bewegung führend an der Regierung beteiligt wird. Die Übertragung der verantwortlichen Leitung eines mit den besten sachlichen und persönlichen Kräften ausgestatteten Präsidialkabinetts an den Führer der größten 55 nationalen Gruppe wird die Schlacken und Fehler, die jeder Massenbewegung notgedrungen anhaften, ausmerzen und Millionen Menschen, die heute abseits stehen, zu bejahender Kraft mitreißen. [...]

Zit. nach: Ebenda, S. 687 f.

Arbeitsvorschläge
a) Interpretieren Sie die Plakate M 2 und M 3 auf ihren zeitlichen und politischen Hintergrund.
b) Beschreiben Sie die Ziele von Brünings Wirtschafts- und Außenpolitik (M 5) und beurteilen Sie diese vor dem Hintergrund der wirtschaftlichen Situation vor und nach dem Ausbruch der Weltwirtschaftskrise.
c) Charakterisieren Sie die Position der SPD (M 6) und diskutieren Sie Alternativen zum eingeschlagenen Kurs der Sozialdemokraten.
d) Analysieren Sie Heartfields Interpretation der Zerstörung der Republik (M 4).
e) Zeigen Sie anhand von M 7, welche Kräfte für Hitlers Ernennung zum Reichskanzler ausschlaggebend waren, und skizzieren Sie deren Ziele.

Standpunkte:
Warum scheiterte die Weimarer Republik?

Die Frage nach dem Scheitern der Weimarer Republik ist in der Erforschung dieses Abschnitts der deutschen Geschichte sicher am häufigsten gestellt worden. Denn damit verbunden ist auch der Wunsch zu verstehen und zu erklären, wie Hitlers Herrschaft

möglich wurde. Wie so oft zeigt sich auch hier, dass monokausale Erklärungen zu kurz greifen und viele verschiedene Blickwinkel einbezogen werden müssen.

8 Die Auflösung der Republik

Karl Dietrich Bracher stellt neben dem Scheitern auch die Leistungen der Republik von Weimar heraus:

Zu einfach wäre gewiss die Auffassung, die Weimarer Re-
5 publik sei, wenn nicht sogleich, so doch auf lange Sicht, zum Scheitern verurteilt gewesen, weil sie schwer wiegende Strukturfehler aufwies, die aus der unvollendeten Revolution und der starken Kontinuität vordemokratischer Elemente in Staat und Gesellschaft stammten.
10 Wider Erwarten wurde sogar das Krisenjahr 1923 mit seinen Katastrophenereignissen überstanden, die auch eine fester verwurzelte Demokratie hätten zu Fall bringen können. Aber das Hauptproblem war und blieb: Die deutsche Demokratie, als Ergebnis der unerwarteten
15 Niederlage empfunden, war und blieb alles andere als populär. Schon ein Jahr nach der Annahme der Verfassung, bei den ersten Reichstagswahlen von 1920, waren die sie tragenden Parteien in die Minderheit geraten. Es gab eine zunehmende Unterstützung für die extremen
20 Parteien der Linken und der Rechten, die die Republik erbittert bekämpften. Sie sahen in ihr entweder, wie die Kommunisten, das Ergebnis eines Verrats der Sozialdemokraten und Gewerkschaften an der Arbeiterklasse: durch Kompromisse mit den Kapitalisten, der Armee und
25 der alten Führungsschicht. Oder aber sie denunzierten die Demokratie als Produkt eines Verrats der Revolution an der kämpfenden Front im Sinne der Dolchstoßlegende und zugleich eines ausländischen Diktats über Deutschland: als eine „undeutsche", importierte Staats-
30 form, wie die rechts stehenden Gegner der Demokratie unablässig behaupteten. Die „Kapitalistenklasse" oder aber die „Novemberverbrecher" sind schuld am deutschen Elend: Das waren die beiden Pole einer antidemokratischen Agitation, die der Republik von Anfang
35 an machtvoll und suggestiv entgegentrat. […] Versailles und die Revolution waren die großen Stichworte, mit denen agitiert wurde: 1919 wie 1933. Dieses große antidemokratische Potenzial, das sich als das „eigentliche" Deutschland verstand, war also stets vorhanden […].
40 Man muss sich jene fatale Einkreisung der Demokratie durch ihre Feinde bewusst machen, um auch der Leistung der republikanischen Parteien und Politiker gerecht zu werden. Die Weimarer Republik war in Wahrheit

nichts Fremdes, Importiertes, sondern der Durchbruch einer demokratischen Tradition, die von der Glorifizie- 45 rung der „Realpolitik" und des starken Staates im Zweiten Reich überdeckt worden war, und sie bedeutete zugleich die Wiederaufnahme einer übernationalen, „weltbürgerlichen" Kultur- und Gesellschaftstradition jenseits der nationalstaatlichen Verengung. Die Weimarer Repub- 50 lik war im Grunde ein Versuch, den Bismarckstaat mit 1848 und 1789 zu verbinden. Darin lag ihr teils national konservativer, teils liberal und sozial vorausweisender Charakter beschlossen. Er wird sichtbar in der so kurzen, so reichen Entfaltung der Kultur in den „Goldenen 55 zwanziger Jahren", die nicht zuletzt ein Durchbruch von Vorkriegsströmungen in neuer Form waren. […]

Bracher, K. D.: Die Auflösung der Republik. Gründe und Fragen. In: Schulz, G. (Hg.): Ploetz. Weimarer Republik. Freiburg/Würzburg 1987, S. 130 ff.

9 Die gespaltene Gesellschaft

Otto Dann hebt die Spaltung der Gesellschaft als Ursache hervor:

Wie konnte es dazu kommen, dass die deutsche Nation, die sich 1918/19 eine demokratische Verfassung ge- 5 schaffen hatte, seit 1930 sich von dieser Verfassung mehrheitlich wieder zurückzog und sich damit als moderne, souveräne Nation selbst aufgab? […]
Die Nation der Republik von Weimar war eine gespaltene Nation, wie schon die Gesellschaft des Kaiserreichs. 10 Doch die Grenzlinien verliefen anders. Im Kaiserreich herrschte eine weitgehende Übereinstimmung zwischen dem Gegensatz der Klassen und den Lagern der politischen Gesellschaft. Im Weltkrieg war dann der Begriff „Volksgemeinschaft" populär geworden. Er war 15 das Symbol der weit verbreiteten Hoffnung auf eine Überwindung der Spaltung der Nation, die alle empfanden. Unter diesem Begriff wurde jedoch Verschiedenes verstanden, und viele falsche Hoffnungen waren mit ihm verbunden. 20
Auch in der Republik spielten die Klassengegensätze eine zentrale Rolle; doch sie waren vielfach überlagert und sie prägten nicht mehr allein das politische Spektrum. […] Sozialpolitisch beruhte der Weimarer Nationalstaat auf einer Koalition, in der die alten Klassen- 25 gegensätze durch eine sozialdemokratisch-bürgerliche

Koalition überbrückt waren. Diese politisch vollzogene neue Nationsbildung konnte sich jedoch an der Basis, im Verhalten der Gesellschaft noch nicht durch-
30 setzen. Das führte im politischen Leben zu neuen Gegensätzen: auf der Linken zwischen SPD und USPD oder KPD, im bürgerlichen Lager zwischen demokratischen und antidemokratischen Parteien. Kennzeichnend für die Gesellschaft von Weimar war damit eine neue Spal-
35 tung, die sich aus dem Kampf um den Staat ergab: der Gegensatz zwischen den Anhängern und den Gegnern des demokratisch-republikanischen Nationalstaats.
Diese Spaltung wurde bedrohlich, weil unter den Gegnern der Republik sich schon bald eine Totaloppositi-
40 on durchsetzte, der es gelang, die nationale Parole für sich zu besetzen und damit dem Staat und seinen tragenden Kräften die wichtigste Identität zu nehmen: die nationale. Zwischen den Trägern des Weimarer Nationalstaats und der Totalopposition von rechts tob-
45 te ein Kampf um die Nation, um den Anspruch, die Nation zu repräsentieren. Es ging dabei letztlich um zwei gegensätzliche Konzepte von der Nation, das demokratische und das des Nationalismus. Dieser Kampf hatte nicht nur eine ideologische, sondern auch eine
50 soziale Dimension: Es war ein Kampf um die deutsche Gesellschaft.
Warum konnte die Totalopposition von rechts ihn für sich entscheiden? Zunächst deshalb, weil sie lernfähig und in der Lage war, neue Ressourcen zu mobili-
55 sieren. Nach den Jahren der Putschtaktik (1919–1923) stellte sie sich um auf eine Strategie der planmäßigen Organisation und der manipulativen Massenagitation. Außerdem war es ihr gelungen, eine Militarisierung des politischen Lebens durch die Aufstellung von unifor-
60 mierten Kampfverbänden durchzusetzen; diese konnten das politische Leben ständig zu einer Bürgerkriegssituation erhitzen und außer Kontrolle bringen. In diesem Zusammenhang darf nicht übersehen werden, dass es neben der nationalistischen Totalopposition von rechts
65 auch die kommunistische von links gab, die ebenso militant mit einer antidemokratischen Klassenkampfparole die Weimarer Republik aufsprengte und vor allem die Sozialdemokratie, die tragende Partei dieser Republik, ständig verunsicherte. Letztlich war der Sieg über den
70 Staat aber nur möglich, weil die Führungsgruppen der beiden einzigen nach 1930 noch zählenden bürgerlichen Parteien, Zentrum und DNVP, ihren begrenzten Konsens mit diesem Nationalstaat aufgegeben und eine

andere als die modern-demokratische Nation ins Auge gefasst hatten. 75

Dann, O.: Nation und Nationalismus in Deutschland 1770–1990. München 1996, S. 270 ff.

10 Weimar hatte immer eine Chance

Hagen Schulze lenkt den Blick auf die Mentalitäten von sozialen Gruppen und Parteien:
In der Mitte des Ursachenbündels findet sich eine Bevölkerungsmehrheit, die das politische System von Weimar auf 5 die Dauer nicht zu akzeptieren bereit war, sowie Parteien und Verbände, die sich den Anforderungen des Parlamentarismus zunächst nicht gewachsen zeigten. Die Ursachen für diese Defekte dürften überwiegend in langfristigen, aus den besonderen Bedingungen der preußisch-deutschen Geschichte zu 10 erklärenden Zusammenhängen zu suchen sein, verstärkt durch die Entstehungsbedingungen des Weimarer Staatswesens und seiner außenpolitischen Belastungen. Die Übertragung dieser ungünstigen Gruppenmentalitäten auf das Weimarer Regierungssystem wurde durch den 15 Wahlrechtsmodus erheblich begünstigt; andere Merkmale der formalen Verfassungsordnung, wie ihr mangelnder normativer Charakter oder der Föderalismus, wirkten nur in zweiter Linie destabilisierend, während das starke präsidiale Moment daneben auch stabilisierende Kompo- 20 nenten enthielt, die allerdings letzten Endes nicht zum Zug kamen. Die antirepublikanischen Tendenzen in Armee, Bürokratie und Justiz waren grundsätzlich beherrschbar, eine Frage des Machtbewusstseins von Parteien und Regierung. Die gesellschaftlichen und wirtschaftlichen 25 Rahmenbedingungen waren hauptsächlich langfristig wirksam, indem sie auf die Mentalitäten von Bevölkerung und einzelnen Gruppen einwirkten; aktuelle ökonomische Krisen verstärkten die destabilisierenden Momente, verursachten sie aber nicht. 30
Lapidar lässt sich also schließen: Bevölkerung, Gruppen, Parteien und einzelne Verantwortliche haben das Experiment Weimar scheitern lassen, weil sie falsch dachten und deshalb falsch handelten. Auch auf dem Umweg über die Strukturanalyse gelangt man so zu dem Schluss, 35 dass Weimar nicht schicksalhaft oder bedingt durch anonyme Sachzwänge scheitern musste – die Chance der Gruppen wie der Einzelnen, sich für Weimar zu entscheiden und dem Gesetz der parlamentarischen Demokratie zu gehorchen, nach dem man angetreten war, hat immer 40 bestanden.

Schulze, H.: Weimar. Deutschland 1917–1933. Berlin 1994, S. 45.

4

Arbeitsvorschläge
a) Fassen Sie die jeweiligen Textinhalte in Thesen zusammen und setzen Sie sich damit kritisch auseinander.
b) Nehmen Sie selbst begründet Stellung zu der Frage, warum die Republik von Weimar gescheitert ist.

Die Weimarer Republik

1919	19. Juli: Die Nationalversammlung verabschiedet in Weimar die Verfassung.
1920	10. Januar: Das Saargebiet wird unter Völkerbundmandat gestellt und dem französischen Zollgebiet angeschlossen.
	Februar/März: Nach zwei Volksabstimmungen wird Nordschleswig Dänemark angegliedert.
	13.–17. März: In Berlin besetzt ein Freikorps unter Wolfgang Kapp und General Walter von Lüttwitz das Regierungsviertel (Kapp-Putsch). Der Versuch, die Regierung zu stürzen, scheitert jedoch an einem Generalstreik.
1923	Verschiedene Krisen stellen die Republik vor ihre größte Belastungsprobe:
	Januar: Aufgrund nicht voll erfüllter Reparationsleistungen besetzten französische und belgische Truppen das Ruhrgebiet.
	Der von der Reichsregierung ausgerufene und finanziell unterstützte passive Widerstand gegen die Besetzung führt in den kommenden Monaten indirekt zu einer galoppierenden Inflation.
	September: In Bayern kommt es zum Ausnahmezustand unter Generalstaatskommissar Gustav von Kahr, der eine Politik gegen die Reichsregierung verfolgt.
	Oktober/November: Aus Furcht vor Aufständen kommunistischer Arbeiter lässt die Reichsregierung Reichswehrtruppen in Thüringen und Sachsen einmarschieren.
	9. November: In München scheitert ein Putschversuch der NSDAP. Hitler hatte im Bündnis mit General Ludendorff die bayerische Regierung wie auch die Reichsregierung für abgesetzt erklärt.
1924	Bei den Reichstagswahlen erzielen die demokratischen Parteien Stimmengewinne.
1925	Hindenburg wird in zweiter Wahl zum Reichspräsidenten gewählt.
1929	25. Oktober: Mit dem „Schwarzen Freitag" an der New Yorker Börse beginnt die Weltwirtschaftskrise; damit wird auch die Stabilisierungsphase der deutschen Wirtschaft seit 1924 abrupt beendet.
1930	Durch den Young-Plan werden Raten und Laufzeiten der Reparationen festgelegt.
	27. März: Die Regierung Müller tritt wegen Uneinigkeit über die Finanzierung der Arbeitslosenversicherung zurück. Neuer Kanzler einer Minderheitsregierung wird Heinrich Brüning (Zentrum), zeitweise toleriert von der SPD. Brüning regiert meist gestützt auf den Reichspräsidenten durch Notverordnungen.

4

14. September: Die NSDAP wird bei der Reichstagswahl zur zweitstärksten parlamentarischen Kraft.

1931

6. Juli: Das Hoover-Moratorium bringt den Aufschub aller Reparationszahlungen für ein Jahr.

Die Arbeitslosenzahlen überschreiten die 6-Millionen-Grenze.

10. April: Hindenburg wird im zweiten Wahlgang zum Reichspräsidenten gewählt.

Oktober: Sturz des ersten Kabinetts Brünings. Im zweiten Kabinett erzwingt Hindenburg eine stärkere Rechtsausrichtung der Regierung.

1932

30. Mai: Auf Betreiben des Generals Kurt von Schleicher wird Brüning zum Rücktritt veranlasst, da er in seiner Politik zu wenig die rechtsgerichteten Parteien integriere und ungenügend die Interessen der ostelbischen Landwirtschaft berücksichtige. Brünings Nachfolger wurde Franz von Papen.

Auf der Konferenz von Lausanne wird das Ende der Reparationszahlungen beschlossen.

31. Juli: In den Reichstagswahlen wird die NSDAP stärkste Partei.

12. September: Die Regierung verliert ein Misstrauensvotum. Auflösung des Reichstages.

6. November: Bei den nun vorgezogenen Reichstagswahlen verliert die NSDAP erstmals wieder 4,2 % Wählerstimmen. Dafür konnte die KPD gegenüber der SPD zulegen.

2. Dezember: Da keine arbeitsfähige Koalition zustande kommt, tritt Papen zurück und Kurt von Schleicher bildet eine Präsidialregierung.

4. Dezember Die NSDAP erleidet einen weiteren Rückschlag, als sie in den Kommunalwahlen in Thüringen im Verhältnis zur Reichstagswahl beträchtliche Verluste hinnehmen musste.

1933

28. Januar: Die Regierung Schleicher scheitert bei dem Versuch, die NSDAP mit Hilfe ihres sozialistischen Flügels zu spalten und mit den Gewerkschaften zu verhandeln, woraufhin Schleicher zurück tritt.

30. Januar: Hindenburg ernennt Hitler zum Reichskanzler.

4

5. Die Zerstörung der Demokratie durch den Nationalsozialismus

5.1 Deutschland, ein schwieriges Vaterland – eine Bestandsaufnahme

Das „Dritte Reich" – eine weltgeschichtliche Zäsur

Kein anderer Staat hat den Verlauf der europäischen, ja der Weltgeschichte im 20. Jahrhundert so stark und zugleich so negativ bestimmt wie das nationalsozialistische Deutschland von 1933 bis 1945. Das „Dritte Reich", dieses „menschenfeindlichste Regime der Geschichte" (Heinrich August Winkler), beging einen beispiellosen Zivilisationsbruch: Ausgerechnet das „Land der Dichter und Denker" trug die Verantwortung nicht nur für den Zweiten Weltkrieg, der große Teile Europas in Schutt und Asche legte und ca. 55 Mio. Menschenleben forderte, sondern auch für den planmäßigen Völkermord an über 5 Mio. europäischen Juden.

Folgen des Zweiten Weltkriegs

Dem „totalen Krieg" folgte die totale Niederlage – mit schwerwiegenden Auswirkungen auf die deutsche und europäische Nachkriegsentwicklung und die Weltpolitik: Der Verlust der deutschen Ostgebiete, die Teilung Deutschlands und Europas in zwei einander feindlich gegenüberstehende politisch-militärische Blöcke unter der Führung der USA und der Sowjetunion (SU), der „Kalte Krieg" zwischen diesen rivalisierenden atomaren Supermächten bis in die 1980er-Jahre waren direkte oder indirekte Folgen des Zweiten Weltkrieges. Erst mit dem Zusammenbruch des Sowjetkommunismus und der Auflösung der SU, der friedlichen Wiederherstellung der deutschen Einheit und der Überwindung der Blockspaltung Europas 1989–1991 endete gewissermaßen die Nachkriegszeit – und zugleich, wie es der Historiker Eric Hobsbawm ausdrückte, das „kurze 20. Jahrhundert" (1914–1991).

Offene Fragen

Mehr als ein halbes Jahrhundert nach seinem Untergang ist die geschichtswissenschaftliche Erforschung des Nationalsozialismus noch nicht abgeschlossen. Nach wie vor, so der Historiker Hans-Ulrich Wehler, stellt sich die Grundfrage, „wie es dazu kommen konnte, dass die Weimarer Republik nach zwölf Jahren zerfiel, die nationalsozialistische Diktatur aber zwölf Jahre bestehen konnte, dass Deutschland als bisher einziges Industrie- und Kulturland der westlichen Zivilisation einen Radikalfaschismus praktiziert hat, der die Welt in einen fünfjährigen totalen Krieg und bis nach Auschwitz führte." Aber auch geschichtliche Einzelfragen werden immer wieder diskutiert, zum Beispiel: Worauf beruhte eigentlich und wie funktionierte Hitlers Herrschaft? Gab es einen schriftlichen oder mündlichen „Führerbefehl" zur Judenvernichtung (der nicht überliefert ist), und wann wurde er erteilt? Wie tief war die Wehrmacht in die Massenmorde der SS- und Polizeiverbände (v. a. in Polen, der Sowjetunion, Jugoslawien und Griechenland) verstrickt? Und nicht selten werden neue Quellen mit z. T. überraschenden historischen Details zutage gefördert: So wurde erst im Juli 2000 bekannt, dass sogar die beiden christlichen Kirchen in Deutschland während des Zweiten Weltkrieges ausländische Zwangsarbeiter beschäftigten.

1 Brandenburger Tor 1933: Aufmarsch der NSDAP

Noch weniger kann die aktuelle politische Auseinandersetzung mit der Erblast des Nationalsozialismus als beendet angesehen werden. Schülerinnen und Schüler haben manchmal das Gefühl, dass sie mit diesem Thema „genervt" werden: im Geschichts-, Politik-, Deutsch-, Religions- und Biologieunterricht, an Gedenktagen wie dem 27. Januar, dem 8. Mai oder dem 9. November und auf allen Kanälen des Fernsehens, mit einem Spektrum vom trivialen Spielfilm, populärwisssenschaftlichen Reportagen bis zur seriösen Dokumentation reicht. Oft sind sie der Ansicht, dass sie als Generation des 21. Jahrhunderts mit Hitlers „Drittem Reich" persönlich nicht mehr zu tun haben als etwa mit dem Reich Karls des Großen. Das ist jedoch ein Irrtum, wie schon wenige Beispiele zeigen:

Der Nationalsozialismus und die Gegenwart

- Die strafrechtliche Verfolgung nationalsozialistischer Verbrechen ist auch nach mehr als einem halben Jahrhundert im In- und Ausland noch nicht vollständig abgeschlossen; vereinzelt werden noch immer Täter aufgespürt, ausgeliefert und vor Gericht gestellt, wenn sie auch wegen ihres hohen Alters und schlechten Gesundheitszustandes ihre Strafe nur noch selten verbüßen müssen.
- Viele Institutionen wie Universitäten, Forschungseinrichtungen oder Großunternehmen begannen erst in den 1990er-Jahren mit der schonungslosen Aufarbeitung ihrer NS-Vergangenheit.
- Erst seit dem Jahr 2000 gibt es eine Vereinbarung zur Entschädigung der NS-Zwangsarbeiter; die Auszahlung der Gelder am Ende eines langwierigen Verfahrens wird mancher der in deutschen Wirtschaftsbetrieben ausgebeuteten und oft gesundheitlich ruinierten Frauen und Männer nicht mehr erleben.

2 Aufmarsch der NPD am selben Ort im Jahr 2000

- Über die Formen der Erinnerung und des Gedenkens wird in Deutschland nach wie vor kontrovers diskutiert, z. B. 1999 über die Frage, ob in Berlin ein nationales Holocaust-Denkmal errichtet werden soll und ob die beschlossene Form einer Gedenkstätte sinnvoll ist.
- Der Nationalsozialismus ist keineswegs politisch tot. In Deutschland, aber auch in anderen europäischen Ländern gibt es Gruppen, Verbände und Parteien, die sich zur nationalsozialistischen Ideologie und Politik bekennen. Sie verbreiten menschenverachtende, antidemokratische, ausländer- und judenfeindliche Parolen in eigenen Zeitungen, Propagandaschriften und im Internet, auf öffentlichen Kundgebungen und Demonstrationsmärschen. Wenn junge Deutsche jüdische Friedhöfe schänden und rassistisch motivierte Gewalttaten an Ausländern begehen, fügen sie Deutschlands Ansehen in der Welt schweren Schaden zu, denn ihre Aktionen werden von der internationalen Öffentlichkeit aufmerksam registriert.

Deshalb bleibt Deutschland ein „schwieriges Vaterland" (Gustav Heinemann, Bundespräsident 1969–1974) mit einer in die Gegenwart ragenden nationalsozialistischen Vergangenheit, die nicht vergeht – eine unbequeme Erbschaft, mit der sich jede junge Generation in ihrem eigenen Interesse stets aufs neue historisch und politisch auseinander setzen muss.

5

3 „… und alles steht still"

Die siebzehnjährige Sue Hermenau, Schülerin einer zwölften Klasse in Berlin:

Sie gehen nicht, sie schreiten. Mit einem lauten Plauz las-
5 sen sie die S-Bahntüren auseinander krachen, senden starre
giftige Blicke in die Gegend und beginnen, den Gang ent-
langzuschreiten. Ihre Schuhe krachen Vierviertaltakt auf
den Boden. Niemandem blicken sie wirklich ins Gesicht.
Kein Zwinkern, kein Humor in ihren Augen; bloß diese
10 inszenierte Kälte, die jeden fast gefrieren lässt. Fast. […]
Ich halte den Atem an und versuche, mich nicht zu bewegen. Aber entspannt muss es aussehen, entspannt. Sie
setzten sich mir gegenüber. Der Größere mit der grünen
Jacke stößt sich sein Knie unwirsch an meinem, und es
15 knistert in der Luft. […]
„Na … Zecke!", zischt er leise und lässt mich zusammen-
zucken. Ich denke an den unsicheren, gebrochenen Blick;
er weiß von meiner Angst. Das nimmt mir meine Waffen,
denn er registriert, woran er bei mir ist. Würde der mir
20 eine reinhauen? Hab ich nicht mal gesagt bekommen,
dass die Typen keine Mädchen schlagen? Kräftig genug
wäre er. Groß genug auch. […]
„Hi", sage ich und lächle. „Haste was zu melden?"
Arroganz ist immer gut. Arrogant begegnet man ihnen
25 selten; zumindest, wenn man allein ist und eigentlich
Angst hat. Sehr große Angst.
„Das heißt nicht ,Hi', das heißt ,Heil'. Oder haste da mal
irgendwo nicht aufgepasst?" […]
„Heil Zecke!" Ich blicke aus dem Fenster, schaue auf die
30 vorbeiziehenden Neubauten. […]
„Hast du mich nicht verstanden? Antworte! Heil Zecke!"
Sein Gesicht ist ganz rot. Er atmet schwer und ist furchtbar aufgeregt. Cool bleiben. Sei arrogant. […]
Stolz zerstört mich, nagt unentwegt an mir, bringt mich in
35 zwielichtige Situationen wie diese. Einfach wäre es, jetzt
„Heil Hitler" zu sagen und dann in Ruhe gelassen zu werden. Aber nein, einfach wäre es keineswegs; ich würde
mich mies fühlen und mir ins Gesicht spucken wollen. Sie
sind kräftig, gefährlich und im Unrecht, aber ich sehe es
40 nicht ein, wegen ihnen einem Diktator Heil zu wünschen,
der Millionen von Menschen auf dem Gewissen hat.
„Hi", sage ich erneut. „Aber haben wir uns nicht schon begrüßt?" Die Arroganz muss ich beibehalten. Er weiß, dass
ich Angst hab und am liebsten verschwinden würde.
45 Ich will es mir nicht leicht machen, weil es keine leichte
Angelegenheit war. Und ist. Ich will nicht aufgeben, will
protestieren. Der Protest und der Widerstand gegen neue

nationalsozialistische Strukturen – ist das nicht alles, was
meine Generation leisten kann? Und ist das nicht schon 50
verdammt wenig?
Okay, ich fühle mich nicht schuldig für den Holocaust
und den Krieg und alles. Okay, ich bin Deutsche, aber
dafür kann ich nichts. Es ist vorbei, und es muss dabei
bleiben. Andere setzen Mahnmale und bauen Gedenk- 55
stätten, und ich … ja, ich weigere mich halt, „Heil Hitler" zu grüßen. Der vielleicht dümmste Widerstand auf
Erden, aber es geht nicht anders.
Ich bin zu jung, und ich bin nicht dabei gewesen, habe
von den Nürnberger Gesetzen und der NSDAP nur im 60
Unterricht gehört. Neulich war ich mit meinem Politi-
sche-Weltkunde-Kurs im Haus der Wannsee-Konferenz.
Dort stand der Glastisch, an dem die Ermordung und
Vernichtung der Juden beschlossen wurde. Er glänzte
und spiegelte mein Gesicht wider. Mein eigenes Gesicht. 65
Es steht nicht in meiner Macht, glatzköpfige Idioten zu
ändern, natürlich nicht. Aber ich kann ihnen so wenig
Macht wie möglich zugestehen und ihnen einfach nicht
nachgeben. Verdammt noch mal, nicht den Kopf in die
Zeitung stecken, sondern ihnen kühn in die Augen se- 70
hen! Damit sie spüren, dass sie Würstchen sind; damit
sie es alle spüren.
„Du willst frech werden? Seh ich das richtig? Willste den
großen Onkel ärgern? Dutzidutzidu …" Der Typ ist stern-
hagelvoll, sein Blick ist ganz glasig. 75
[Sue entscheidet sich auszusteigen, wird aber festgehalten, geschlagen und getreten.]
Keiner hat reagiert im Abteil. Hui, ist die Zeitung wichtig; hui, was für eine tolle Aussicht aus dem zerkratzten
Fenster. Habe ich mich schon jemals so gedemütigt ge- 80
fühlt? Stolz? Stolz, ja verdammt stolz richte ich mich
auf. Ziehe die Nase hoch, schüttle lässig den Dreck von
der Hose, habe ein „Ihr könnt mich mal, ihr Loser" im
Gesicht geschrieben und schreite zur Tür. Ganz gerade,
einen Schritt vor den anderen. […] Der Zug hält an und 85
ich reiße die Türen auf. […]
Starr harre ich die Minuten aus, bis der Zug abfährt. Dann
lasse ich mich fallen. Liege auf einer dieser Eisenscha-
len, die als Stühle dienen sollen, und halte die Tränen
nicht mehr zurück. Hat sich das gelohnt? […] Sie sind 90
S-Bahnhof Friedrichfelde-Ost eingestiegen, und ich bin
S-Bahnhof Lichtenberg ausgestiegen. Eine Station, vier
Minuten […] und alles steht still.

S. Hermenau: Und alles steht still. In: Was bleibt von der Vergangenheit?
Die junge Generation im Dialog über den Holocaust. Hg. von Stiftung für
die Rechte zukünftiger Generationen. Berlin 1999, S. 95 ff.

Arbeitsvorschläge

a) Erläutern Sie Sues Motive Widerstand zu leisten (M 3) und nehmen Sie dazu Stellung.

b) Informieren Sie sich über Größe, Ziele und Aktivitäten der Neo-Nazi-Szene im heutigen Deutschland. Erste Informationen erhalten Sie unter www.verfassungsschutz.de.

5.2 Die Ideologie des Nationalsozialismus und der moderne Antisemitismus

Die nationalsozialistische Ideologie entstand in der ersten Hälfte der 1920er-Jahre aus bereits bekannten rechtsradikalen Pro- und vor allem Anti-Haltungen. Diese fügten sich aber, verdichtet und zugespitzt, erst in den politisch-ideologischen Texten der NS-Bewegung – allen voran das (nie veränderte) NSDAP-Programm von 1920 und Adolf Hitlers Bekenntnisbuch „Mein Kampf" (geschrieben 1924) – zu einem geschlossenen Weltbild und einer dazugehörigen rechtsextremistischen politischen Programmatik.

Ideologischer Kernbegriff war der „nationale Sozialismus" (= „Nationalsozialismus"). Diese griffige Formel – bewusst als Gegenkonzept zum internationalen marxistischen Sozialismus und Kommunismus formuliert – wurde inhaltlich nie genau bestimmt, um den Handlungsspielraum der Parteiführung nicht einzuengen. So beschränkte sich Hitler zum Beispiel in einer Rede von 1922 bei der Erläuterung des Parteinamens auf den vagen Hinweis, man wolle Staat und Gesellschaft so „national" und „sozial" organisieren, dass der einzelne „deutsche Volksgenosse" bereit sein werde, dafür zu sterben.

Kernpunkte: nationaler Sozialismus, Führerprinzip und Volksgemeinschaft

1 Hitler studierte sein Auftreten als Redner genau ein. Studioaufnahme 1925.

Greifbarer wird der Nationalsozialismus in der von ihm angestrebten politischen Struktur, dem „Führerprinzip". Danach sollten Staat und Gesellschaft konsequent, auf der Grundlage einer Auslese der „Besten", hierarchisch aufgebaut sein. Jeder Funktionsträger war ein „Führer", der in seinem Bereich nach dem (an sich militärischen) Prinzip von Befehl und Gehorsam Weisungen erteilte; seine Untergebenen („Gefolgschaft") durften ihn nur beraten. Jeder Führer wurde vom nächsthöheren Führer eingesetzt. Als oberster Führer und Staatslenker kam nach Hitlers Ansicht nur er selbst in Frage.

Seinen gesellschaftlichen Unterbau fand das politisch-militärische Führerprinzip in der Idee der „Volksgemeinschaft". Diese wurde als rein deutsche, klassenlose, aber berufsständisch gegliederte, auf ihre(n) Führer eingeschworene Kampfgemeinschaft gedacht. Deren Recht und Aufgabe sollte es sein, dem deutschen Volk im „natürlichen" Daseinskampf der Völker den nötigen „Lebensraum" zu erobern (Sozialdarwinismus, Lebensraumideologie).

Aus diesen Vorstellungen ergaben sich logisch eine Reihe von Anti-Haltungen bzw. konkreten Feindbildern. Verhasst waren den Nationalsozialisten alle angeblich „undeutschen" bzw. internationalen politischen und gesellschaftlichen Erscheinungen, die dem „Führerstaat" und der politisch und rassisch homogenen deutschen „Volksgemeinschaft" im Wege standen und daher zu bekämpfen waren:

Antihaltungen und Feindbilder

- der bürgerliche Liberalismus mit seiner Trennung von Staat und Gesellschaft, von Öffentlichkeit und Privatheit, mit seinem gesellschaftlichen Pluralismus und Individualismus, die die Rechte gesellschaftlicher Gruppen bzw. des Einzelnen betonen, und mit seinem wirtschaftlichen Laisser-faire-Prinzip (Antiliberalismus);
- die parlamentarische Demokratie mit ihren Elementen Gewaltenteilung, Rechtsstaatlichkeit, Mehrparteiensystem, Koalitionsregierung, Opposition und politischer Kompromiss (Antiparlamentarismus);
- das gesamte Spektrum linker politischer und wirtschaftlicher Theorie und Praxis vom Marxismus und Kommunismus bzw. „Bolschewismus" über die Sozialdemokratie bis zu den Gewerkschaften. Linke wurden vom Nationalsozialismus unter dem Sammelbegriff „Marxisten" wahrgenommen und bekämpft (Antimarxismus);

- bestimmte Erscheinungsformen kapitalistischer Wirtschaft: Die NS-Ideologie prangerte die „Zinsknechtschaft" durch die Banken, das „arbeits- und mühelose Einkommen" von Kriegsgewinnlern und Börsenspekulanten und das „raffende Kapital" (Börsen, Banken, Warenhäuser) im Unterschied zum „schaffenden Kapital" (Industrie, mittelständisches Handwerk und Handel) an. Die Grundlage des Kapitalismus, das Privateigentum an Produktionsmitteln, wurde jedoch – anders als bei den marxistischen Linken – nicht in Frage gestellt (begrenzter Antikapitalismus).
- die jüdischen Bürger, denen das Recht, sich als Deutsche zu verstehen, kurzerhand abgesprochen wurde, und das „internationale Judentum" schlechthin, aber auch „Zigeuner" (d. h. Sinti und Roma) und andere „rassisch Unerwünschte" (Rassismus und Antisemitismus).

Moderner Antisemitismus

Die NS-Ideologie setzte die Juden mit allen anderen Feindbildern ursächlich in Beziehung: Die „jüdische Weltfinanz" stand angeblich hinter der Internationalisierung der Wirtschaft und übte ihre Macht über die Börsen aus mit dem Ziel, Deutschland zu zerstören. Oder: Der russische Bolschewismus stelle den Versuch des Judentums dar, „sich die Weltherrschaft anzueignen". Dieser fanatische Judenhass wurzelte nicht zuletzt im traditionellen christlichen Antijudaismus, der die Juden als Gottesmörder, Hostienfrevler, Brunnenvergifter, Ritualmörder und Zinswucherer diffamierte. Vor allem aber knüpfte er an den modernen Antisemitismus an, der sich im letzten Drittel des 19. Jahrhunderts auf drei Ebenen entwickelte.

Rassenideologischer Antisemitismus

Für Rassenideologen wie Eugen Dühring war das Entwicklungsprinzip der Geschichte der Kampf zwischen verschiedenwertigen menschlichen Rassen. Sie konstruierten eine Rangskala, auf der die Germanen („Arier") als höherwertige „kulturtragende Rasse" ganz oben, die Juden als minderwertige „kulturzersetzende Rasse" ganz unten standen. Judesein galt den Rassenideologen also nicht mehr als Religionszugehörigkeit, die man auch wechseln kann, sondern als negative „unabänderliche Eigenschaft des Blutes". Schon 1887 bezeichnete der Professor für Orientalistik Paul de Lagarde die Juden als „Ungeziefer", „Trichinen und Bazillen", die es rasch und gründlich zu vernichten gelte.

Politischer Antisemitismus

Um politischen Antisemitismus handelte es sich dort, wo sich der rassistische Antisemitismus in Parteien organisierte und judenfeindliche Geisteshaltungen in politische Forderungen und Parteiprogramme umgesetzt wurden. Besonders bekannt wurde die von dem Berliner Hofprediger Adolf Stoecker 1878 gegründete „Christlich-soziale Arbeiterpartei", die zwar nicht die Arbeiter, dafür aber Mittelschichtangehörige erreichte. Die antisemitischen Parteien richteten sich gegen „den Juden" als verhasste Symbolfigur der Modernisierung, der allmählich als Sündenbock für alle gesellschaftlichen Übel herhalten musste – so z. B. die „Bankjuden" und „Börsenjuden" für die Aktienverluste vieler Kleinanleger in der ersten Wirtschaftskrise des deutschen Kaiserreichs (1873–1878). Gefordert wurde, die Emanzipation der Juden aufzuheben, sie unter „Fremdengesetzgebung" zu stellen und beruflich zu beschränken. Die Antisemitenparteien erreichten bei den Reichstagswahlen 1893 und 1907 mit 3,5 % bzw. 3,9 % der Wählerstimmen nur bescheidene Erfolge. Auftrieb erhielten die Antisemiten im Ersten Weltkrieg durch die Diffamierung der Juden als „Kriegsgewinnler" und „Drückeberger" – ungeachtet der Tatsache, dass an der Front auch 100 000 jüdische Deutsche kämpften, von denen 30 000 Tapferkeitsmedaillen erhielten und 12 000 im Kampf fielen.

Gesellschaftlicher Antisemitismus

Gesellschaftlicher Antisemitismus breitete sich – eher latent als offen rassistisch – im weit verzweigten deutschen Verbands- und Vereinswesen (mit Ausnahme der Arbeiterbewegung) aus. Judenfeindschaft war z. B. das einigende Band zwischen

Großagrariern, Mittel- und Kleinbauern, die sich 1893 im „Bund der Landwirte" (BdL) organisierten und u. a. gegen jüdische Kreditgeber und Viehhändler wetterten. Im selben Jahr schlossen sich junge konservative, angestellte Kaufleute zum „Deutschnationalen Handlungsgehilfenverband" (DNHV) zusammen, der gegen die im Handel tätigen Juden zu Felde zog. In den 1890er-Jahren wurde es in den meisten bürgerlichen Verbänden und Vereinen – vom imperialistischen „Alldeutschen Verband" und zahlreichen Kriegervereinen bis zu studentischen Korporationen – selbstverständlich, Juden die Mitgliedschaft zu verweigern. Hochburgen des Antisemitismus waren die Universitäten und das Militär. Hinter dem modernen Antisemitismus verbarg sich ein unverkennbarer Sozialneid, nämlich die Absicht tüchtige, erfolgreiche jüdische Konkurrenten in Industrie und Handel, in den freien akademischen Berufen, im Angestelltensektor und im öffentlichen Dienst auszuschalten.

Traditioneller christlicher Antijudaismus existierte überall in Europa, wo jüdische Minderheiten lebten. Moderner Antisemitismus fand sich nicht nur in Deutschland, sondern stärker noch in Polen, den baltischen Ländern, Russland, der Ukraine, Österreich und Frankreich. Seine Anhänger blieben auch dort eine gesellschaftliche Minderheit – dasselbe gilt freilich für ihre erklärten Gegner. Trotz der Gemeinsamkeiten gibt es jedoch einen entscheidenden Unterschied: Im deutschen Herrschaftsbereich während des Zweiten Weltkrieges führte der Antisemitismus zu mörderischen Konsequenzen, die alles übertrafen, was man Juden jemals irgendwo angetan hatte.

Ein europäisches Phänomen

5

2 „Monsieur le directeur" – Humor in der Kaiserzeit
„Man is nich ßufrieden mit eiern Leistungen, ihr werdet wahrscheinlich entlassen. Die endgültige Entscheidung könnt ihr Euch heute abend bei mir zu Hause abholen." Von Adolf Münzer, „Simplicissimus", 1899.

3 „Deutschland" – Wahlkampf zur Zeit der Weimarer Republik
Dieses Wahlkampfplakat erschien zur Reichtstagswahl 1920. Die genauen Hintergründe der Entstehung sind unklar.

Methode: Ideologiekritik

Hitlers „Mein Kampf"

1925 veröffentlichte Adolf Hitler den ersten, 1926 den zweiten Band seines umfangreichen politischen Bekenntnisbuches „Mein Kampf". Es entwickelte sich zu einer Art Bibel des Nationalsozialismus: Bis 1945 wurden etwa 11 Millionen Exemplare gedruckt. Das Buch enthält die vollständigste und authentischste Darstellung der nationalsozialistischen Ideologie. Auch heute noch wird es von den Rechten in aller Welt gelesen, zitiert, benutzt. Schon aus diesem Grund stellt sich die Frage, wie man sich mit Hitlers ideologischem Werk kritisch auseinander setzen kann.

Grundzüge einer Ideologie verdeutlichen

Unter Ideologien verstehen wir heute Denk- und Wertsysteme, die von bestimmten Interessen geleitet werden und daher von einer verfälschten Sicht der Wirklichkeit ausgehen. Ideologien stehen im Gegensatz zu Geschichts- und Gesellschaftstheorien, die als wissenschaftlich gelten können: Historiker, Soziologen und Philosophen, sie alle haben in der Regel den Anspruch, die Wirklichkeit objektiv und auf nachprüfbare Weise darzustellen, ihre Prämissen offen zu legen und auch die Grenzen und Probleme ihrer Erklärungen und Interpretationen zu beschreiben. Solche Grundsätze werden in Rahmen von Ideologien vernachlässigt. Oft tragen Ideologien den Charakter einer umfassenden weltlichen Glaubenslehre oder Weltanschauung. Als solche erheben sie den Anspruch auf alleinige Richtigkeit und universale Gültigkeit.

Ihre vermeintliche Glaubwürdigkeit erhalten Ideologien häufig dadurch, dass in ihnen für sich genommen korrekte Fakten einseitig ausgesucht und mit unzutreffenden Urteilen verbunden werden. So entstehen scheinbar in sich schlüssige Bilder einer „falschen Wirklichkeit". Und ein weiterer Grundzug: Im Rahmen von Ideologien wird zwar die Wirklichkeit häufig verfälscht oder stark vereinfacht, gleichzeitig jedoch versucht, einer bestimmten Wirklichkeitssicht einen wissenschaftlichen Anstrich zu geben.

Ideologien sind dennoch meist keine bewussten Täuschungsmanöver, sondern ihre Urheber und Anhänger sind durchaus selbst von dem überzeugt, was sie vertreten. Ideologien werden nicht einfach erfunden, sondern sie entstehen auf dem Boden ungelöster gesellschaftlicher Probleme, erwachsen also aus einem verbreiteten Bedürfnis nach Erklärung und nach Bestätigung oder Überwindung bestimmter sozialer Gegebenheiten.

Ideologische Texte anhand rationaler Kriterien untersuchen und prüfen Erster Schritt: immanente Analyse

Wo zeigen sich in Hitlers Werk „Mein Kampf" charakteristische Merkmale einer Ideologie? Diese Frage lässt sich leichter beantworten, wenn man ein genaues Raster von Kriterien vor Augen hat. Die inhaltlichen und formalen Strukturen ideologischer Texte eingehend zu analysieren, zu durchschauen und rational kritisierbar zu machen, ist die Aufgabe der Ideologiekritik.

Um Hitlers ideologischem Denken auf die Spur zu kommen, ist es zunächst wichtig, am Text selbst vorzugehen (immanente Analyse). Wie steht es um den Wahrheitsgehalt der Aussagen? Hier muss man unterscheiden zwischen Tatsachen und Meinungen. Problematisch bzw. ideologisch sind nicht die Fakten selbst, sondern die damit verknüpften unzutreffenden Urteile. Ideologische Meinungen lassen sich durch eine Textanalyse mittels folgender Fragen erkennen und durch ihre Beantwortung argumentativ widerlegen:

a) Welche Aussagen des Textes enthalten unbegründete Werturteile? In welche Richtung kann oder soll die Urteilsbildung gelenkt werden?

b) Welche Begriffe werden umgedeutet, d.h. werden sie anders definiert und benutzt als allgemein üblich? Welche politischen Absichten lassen sich erkennen?

c) Beruht die Darstellung und Beurteilung eines Sachverhalts auf einseitig ausgewählten Fakten? Welche andere wichtige beziehungsweise dazugehörige Fakten werden abgetan oder gar nicht erwähnt?

d) Welche falschen Schlüsse werden aus fehlerhaften, gegebenenfalls auch richtigen Voraussetzungen gezogen?

e) Ist das, was erst bewiesen werden soll, in den Voraussetzungen eines Gedankenganges schon stillschweigend enthalten?

f) Welche bloßen Annahmen verwandeln sich im Verlaufe einer Argumentation unversehens in feste, aber unbewiesene Tatsachenbehauptungen?

g) Werden falsche oder einseitige Kausalbeziehungen hergestellt?

Bei dem zweiten Schritt der Ideologiekritik sind politische und soziale Faktoren zu berücksichtigen: Für welche gesellschaftlichen Verhältnisse stellte die NS-Ideologie Erklärungen bereit? Welchen sozialen Bedürfnissen entsprach sie? Wem nützten die ideologischen Aussagen Hitlers? Berücksichtigen Sie hierbei Ihr Wissen zur Weimarer Republik.

Zweiter Schritt: soziologische Analyse

Abschließend stellt sich die Frage der Beurteilung der Ideologie. Eine Bewertung und Einordnung wird schon vorgenommen, wenn die NS-Ideologie begrifflich näher beschrieben wird. Mit welchen Begriffen lässt sich die NS-Ideologie genauer charakterisieren?

Bewertung

5

4 **Eckpfeiler der NS-Ideologie**

Hitler beschreibt das Führerprinzip und die Rolle der Juden:
Eine Weltanschauung, die sich bestrebt, unter Ablehnung des demokratischen Massengedankens, dem besten Volk, also den höchsten Menschen, diese Erde zu geben, muss logischerweise auch innerhalb dieses Volkes wieder dem gleichen aristokratischen Prinzip gehorchen und den besten Köpfen die Führung und den höchsten Einfluss im betreffenden Volk sichern. Damit baut sie nicht auf dem Gedanken der Majorität, sondern auf dem der Persönlichkeit auf …

Das Aussuchen dieser Köpfe besorgt, wie schon gesagt, vor allem der harte Lebenskampf selbst. Vieles bricht und geht zugrunde, erweist sich also doch nicht als zum Letzten bestimmt, und wenige erscheinen zuletzt als auserwählt. Auf den Gebieten des Denkens, des künstlerischen Schaffens, ja selbst denen der Wirtschaft findet dieser Ausleseprozess auch heute noch statt, obwohl er besonders auf dem letzteren schon einer schweren Belastung ausgesetzt ist. Die Verwaltung des Staates und ebenso die durch die organisierte Wehrkraft der Nation verkörperte Macht sind gleichfalls von diesem Gedanken beherrscht. Überall dominiert hier noch die Idee der Persönlichkeit, der Autorität derselben nach unten und der Verantwortlichkeit gegenüber der höheren Person nach oben. Nur das politische Leben hat sich

heute bereits restlos von diesem natürlichsten Prinzip abgewandt […] Der Marxismus aber stellt sich als der in Reinkultur gebrachte Versuch des Juden dar, auf allen Gebieten des menschlichen Lebens die überragende Bedeutung der Persönlichkeit auszuschalten und durch die Zahl der Masse zu ersetzen. Dem entspricht politisch die parlamentarische Regierungsform, die wir, von den kleinsten Keimzellen der Gemeinde angefangen bis zur obersten Leitung des gesamten Reiches, so unheilvoll wirken sehen, und wirtschaftlich das System einer Gewerkschaftsbewegung, die nicht den wirklichen Interessen des Arbeitnehmers dient, sondern ausschließlich den zerstörenden Absichten des internationalen Weltjuden. […]

So ist der Jude heute der größte Hetzer zur restlosen Zerstörung Deutschlands. Wo immer wir in der Welt Angriffe gegen Deutschland lesen, sind Juden ihre Fabrikanten. […] Die Gedankengänge des Judentums dabei sind klar. Die Bolschewisierung Deutschlands, d. h. die Ausrottung der nationalen völkischen Intelligenz und die dadurch ermöglichte Auspressung der deutschen Arbeitskraft im Joch der jüdischen Weltfinanz, ist nur als Vorspiel gedacht für die Weiterverbreitung dieser Welteroberungstendenz. […]

A. Hitler: Mein Kampf. Zwei Bände in einem Band. Ungekürzte Ausgabe, München 1935, S. 492 f., und S. 70 f.

Arbeitsvorschlag
Analysieren Sie den Auszug aus Hitlers Buch „Mein Kampf" (M 4), indem Sie die oben genannten Arbeitsschritte zur Ideologiekritik anwenden.

5 „Die Judenfrage als Racen-, Sitten- und Cultur-frage"

Eugen Dühring 1881:

Was den inzwischen erforderlichen Modus Vivendi
5 [Form eines erträglichen Zusammenlebens] betrifft, so
ist auf dem Fuße der Gleichheit kein andauerndes Zusammenleben mit den Juden möglich, weil der fragliche
Stamm von Natur auf einer ungleichen und zwar erheblich tiefern Stufe der Begabung und Moralität steht. Hier
10 kann auch kein geistiges Prinzip helfen; denn der Fehler ist physiologischer Art und liegt im Naturcharakter
selbst. [...]
Die Juden sind nicht bloß schlecht ertragbar für andere,
sondern auch für sich selbst und unter sich selbst. Der
15 Einzelne ist sich seiner eigenen Natur mehr oder minder
zur Last; die volle innere Ruhe bleibt dem Juden unbekannt. Er fühlt sich fortwährend nicht bloß im Widerspruch mit der bessern Menschheit, sondern auch mit
sich selbst. [...]
20 Der ewige Jude, der nach dem Höheren und Edleren
nicht aufzuschauen vermag und sich im Niedern durch
die Weltgeschichte ruhelos treibt, ist das ganze Volk
selbst, beladen mit dem Fluche der Natur, alle andern
Völker heimzusuchen und selbst nicht sobald zur Ruhe
25 einzugehen. Die Erlösung der Juden von sich selbst ist
weltgeschichtlich durch ihren Reformator Christus ver-
mittels eines geistigen Prinzips versucht worden, aber
misslungen. [...] Was bleibt also übrig, als dass andere
Völker an ihnen mit andern als geistigen Mitteln das
30 vollziehen, was ihr eigener Reformator nicht vermocht
hat, nämlich die Welt gründlich von allem Judenwesen
zu erlösen. [...]
Die Mittel werden [...] politische, wirtschaftliche und
gesellschaftliche sein müssen. Selbst ein mächtigeres
35 Geistesprinzip als alle bisherigen Religionen würde als
bloß geistige Macht den Judenstamm nicht erheblich
zum Bessern verändern. Im Gegenteil würde die Aufnahme von Juden auch der besten Geistesgemeinschaft nur
schädlich werden. [...]

Darum gibt es gegen sie auch nur eine einzige Politik, 40
nämlich die der äußerlichen Einschränkung, Einpfer-
chung und Abschließung.

Zit. nach: Görtemaker, M.: Deutschland im 19. Jahrhundert. Entwicklungslinien. Bonn 1996, S. 271 f.

6 Die „Antisemitische Partei" und die Judenfrage

Beschlüsse des Hamburger Parteitages, 10./11. 9. 1899:

Es ist die Aufgabe der antisemitischen Partei, die Kenntnis vom wahren Wesen des Judenvolkes zu vertiefen und
immer weiter zu verbreiten. Wir stehen erst am Anfang 5
dieser Tätigkeit. [...] Dank der Entwicklung unserer modernen Verkehrsmittel dürfte die Judenfrage im Laufe des
20. Jahrhunderts zur Weltfrage werden und als solche von
den anderen Völkern gemeinsam und endgültig durch
völlige Absonderung und (wenn die Notwehr es gebietet) 10
schließliche Vernichtung des Judenvolkes gelöst werden.
Der wahre Friedenskongress wird derjenige sein, der sich
mit der Stellung der erdbewohnenden Menschheit zum
Hebräer beschäftigt. – Bis dahin aber wird es Sache jeder
einzelnen Nation sein, sich der Judenplage zu erwehren, 15
so gut sie es den Umständen nach kann.

Aus: Europäischer Geschichtskalender, 1899. S. 142, Zit. nach: Ebenda, S. 273.

7 Die jüdische Bevölkerung im Deutschen Reich 1871–1933 (Anteil an der Gesamtbevölkerung in %)

Jahr	Gesamtbevölk.	Juden	in %
1871	36 323 000	383 000	1,05
1880	40 218 000	437 000	1,09
1890	44 230 000	465 000	1,05
1900	50 626 000	497 000	0,98
1910	58 451 000	539 000	0,92
1925	63 181 000	568 000	0,90
1933	66 029 000	503 000	0,76

Aus: Statistik des deutschen Reichs, Bd. 451/5. Nach: Bennathan, D.: Die
demographische und wirtschaftliche Struktur der Juden. In: Entscheidungs-
jahr 1932. Tübingen 1965, S. 94.

Arbeitsvorschläge

a) Erläutern Sie den in M 2 und M 3 zu Tage tretenden Antisemitismus und vergleichen Sie beide Materialien miteinander.
b) Arbeiten Sie heraus, welche rassischen Merkmale Dühring den Juden zuschreibt, und zeigen Sie, wie er sie begründet (M 5).
c) Vergleichen Sie das antisemitische Programm von 1899 (M 6) mit den Ansichten von Dühring (M 5). Diskutieren Sie, worin die besondere Radikalität des
Programms begründet liegt.
d) Untersuchen Sie die antisemitischen Texte (M 5 und M 6) mithilfe des
Instrumentariums der Ideologiekritik (s. Methodentraining: Ideologiekritik).
Stützen Sie sich dabei auch auf die statistischen Daten in M 7.
e) Vergleichen Sie die antisemitischen Texte aus der Kaiserzeit (M 5, M 6) mit
Hitlers Einschätzung der Juden (M 4).

Standpunkte:
Der moderne Antisemitismus im historischen Urteil

Mit seinem 1996 veröffentlichten Buch „Hitlers willige Vollstrecker" löste der amerikanische Politologe Daniel Jonah Goldhagen eine lebhafte Debatte aus. Er behauptete, ein fest verwurzelter Antisemitismus sei die Triebkraft für tausende von Deutschen gewesen, mit ungeheuerlicher Energie Juden zu töten – Millionen anderer Deutscher wären dazu auch bereit gewesen. Diese These ist umstritten und legt eine Frage nahe: Wie sah dieser deutsche Antisemitismus aus?

8 Verbreiteter Antisemitismus in Deutschland
Der deutsche Historiker Hans-Ulrich Wehler 1995:

Trotz des Scheiterns der Antisemitenparteien wäre es aber völlig verfehlt, ihre Niederlage mit einem Rückgang des
5 modernen Antisemitismus überhaupt gleichzusetzen. Vielmehr hatte er sich inzwischen in manchen Sozialmilieus und Klassen der reichsdeutschen Gesellschaft verhängnisvoll tief eingenistet. […] In der Mittelstandsbewegung, im DNHV [Deutschnationaler Handlungsge-
10 hilfenverband], bei den Alldeutschen und überhaupt in den nationalen Verbänden blieb der Antisemitismus in der Mentalität der Anhänger ungebrochen und im Vokabular präsent […].
Und im politisch-administrativen System grassierten die
15 antisemitischen Vorurteile unentwegt weiter. […] 1866 war in Preußen das Gesetz gegen die Einstellung jüdischer Richter endlich aufgehoben worden. Bis 1914 aber gab es gerade einmal zweihundert jüdische Amtsrichter, die ohne jede Chance beruflichen Aufstiegs blieben. Von
20 fünfundzwanzigtausend Einjährig-Freiwilligen jüdischer Herkunft, die zwischen 1871 und 1914 als potenzielle Offiziersanwärter in die Armee eintraten, konnten einundzwanzig zum Leutnant der Reserve avancieren. Einen jüdischen Berufsoffizier gab es nicht. Offener oder
25 latenter, jedenfalls wirksamer Antisemitismus blieb ein Kennzeichen auch des kaiserlichen Offizierskorps.
Nein, der Misserfolg der Antisemitenparteien bedeutete keineswegs das Ende des gesellschaftlich breit diffundierten modernen Antisemitismus. Als der Erste Weltkrieg
30 ihn gefährlich steigerte und die Niederlage die Jagd nach Sündenböcken auslöste, dehnte er sich weiter aus, und die neuen völkisch-antisemitischen Verbände und Parteien konnten bis 1932 ein bisher unvorstellbares Wählerpotenzial mobilisieren.

H.-U. Wehler: Deutsche Gesellschaftsgeschichte Bd. 3: 1849–1914. München 1995, S. 1064 ff.

9 „Eliminatorischer" Antisemitismus der Deutschen
Goldhagen 1996:

Bereits lange vor dem Machtantritt der Nationalsozialisten in Deutschland [hatte sich] eine bösartige und gewalttätige „eliminatorische", also auf Ausgrenzung, Ausschaltung
5 und Beseitigung gerichtete Variante des Antisemitismus durchgesetzt […], die den Ausschluss des jüdischen Einflusses, ja der Juden selbst aus der deutschen Gesellschaft forderte. Als die Nationalsozialisten schließlich die Macht übernommen hatten, fanden sie sich an der Spitze einer
10 Gesellschaft wieder, in der Auffassungen über die Juden vorherrschten, die sich leicht für die extremste Form der „Beseitigung" mobilisieren ließen. […]
1. Seit Beginn des neunzehnten Jahrhunderts war der Antisemitismus in Deutschland allgegenwärtig und gehörte
15 zum allgemeinen Wertekanon. 2. Die Beschäftigung mit den Juden hatte Züge von Besessenheit. 3. Die Juden galten zunehmend als Verkörperung und Symbol für alles, was die deutsche Gesellschaft für schlecht hielt. 4. Juden wurden für böswillig, mächtig, ja sogar für die Hauptursa-
20 che aller Übel gehalten, die Deutschland bedrohten, und daher sah man in ihnen eine Gefahr für das Wohlergehen der Deutschen. Moderne deutsche Antisemiten glaubten im Unterschied zu ihren mittelalterlichen Vorläufern, dass ohne die Vernichtung der Juden auf der Welt kein
25 Frieden möglich sei. 5. Dieses kulturelle Modell der zweiten Hälfte des neunzehnten Jahrhunderts verband sich mit dem Konzept der „Rasse". 6. Die rassistische Variante des Antisemitismus war nicht nur in ihrer Vorstellungswelt ungewöhnlich gewalttätig, sie tendierte auch zur
30 Anwendung von Gewalt. 7. Es entsprach ihrer Logik, für die Ausschaltung der Juden mit allen notwendigen und im Rahmen der herrschenden sittlichen Schranken möglichen Mitteln einzutreten. […].

D. J. Goldhagen: Hitlers willige Vollstrecker. Ganz gewöhnliche Deutsche und der Holocaust. Berlin 1996, S. 39 u. 103 f.

Arbeitsvorschläge

a) Vergleichen Sie die jeweiligen Thesen zum Antisemitismus im deutschen Kaiserreich.
b) Nehmen Sie Stellung zu Goldhagens These, die deutsche Gesellschaft sei schon im 19. Jahrhundert von einem tief verwurzelten „eliminatorischen" Antisemitismus geprägt gewesen.

Antisemitismus in Deutschland (1800–1925)

1812	Durch ein königliches Edikt wird in Preußen den Juden ermöglicht, das Bürgerrecht zu erwerben. Der preußische Versuch, das Edikt auf andere Staaten auszudehnen, scheitert drei Jahre später auf dem Wiener Kongress.
1819	Während der Hep-Hep-Krawalle (Der Ausruf „Hep" bedeutet: „Hierosolyma est perdita" = Jerusalem ist verloren) werden in deutschen Städten jüdische Viertel überfallen.
1848	Zur Zeit der Märzrevolution kommte es auf dem Land zu Übergriffen gegen Juden und ihre Familien. Nicht wenige Bauern sind bei jüdischen Kreditgebern verschuldet.
1849	Die Ablehnung der Paulskirchen-Verfassung durch Friedrich Wilhelm IV. bedeutet auch eine Niederlage für die Juden, die durch die in der Verfassung verankerten Menschenrechte gleichberechtigte Bürger geworden wären. Vor dem Hintergrund der fehlenden Gleichberechtigung, antijüdischer Gesetze in einzelnen deutschen Staaten und wirtschaftlicher Benachteiligung kommt es nach 1849 innerhalb der jüdischen Bevölkerung zu einer ersten größeren Ausreisewelle. Das wichtigste Auswanderungsland sind die USA.
1853–55	Joseph Arthur de Gobineau begründet mit dem „Essai sur l'inégalité des races humaines" den modernen Rassenantisemitismus.
1871	Die Verfassung des deutschen Kaiserreiches garantiert die rechtliche Gleichstellung der Juden.
1873–1895	Die Talfahrt der Wirtschaft geht einher mit der Verbreitung antisemitischer Vorstellungen und der Gründung antisemitischer Parteien und Verbände.
1880	Wilhelm Marr prägt den Begriff „Antisemitismus".
1881	Eugen Dühring veröffentlicht seine antisemitische Schrift „Die Judenfrage als Racen-, Sitten- und Culturfrage".
1893	Bei der Reichstagswahl entfallen 2,3 % der Stimmen auf antisemitische Parteien.
1899	Houston Stewart Chamberlain veröffentlicht sein antisemitisches Werk „Die Grundlagen des 19. Jahrhunderts", das in den folgenden Jahrzehnten zu einer Art Bibel der Antisemiten wird.
1917/18	Die extrem nationalistische und antisemitische „Deutsche Vaterlandspartei" sammelt vorübergehend bis zu 1,25 Mio. Mitglieder. Während des Ersten Weltkriegs werden Juden als „Kriegsgewinnler" und „Drückeberger" beschimpft – zur selben Zeit kämpfen 100 000 jüdische Deutsche für das Kaiserreich.
1919–23	Ein Großteil der von rechten Tätern verübten politischen Morde während der Anfangsjahre der Weimarer Republik treffen jüdische Politiker: Rosa Luxemburg (KPD; 1919), Kurt Eisner (USPD; 1919), Hugo Hase (USPD; 1919), Walther Rathenau (DDP; 1922).
1925/26	Hitler veröffentlicht „Mein Kampf".

5.3 Diktatur statt Demokratie

5.3.1 Machtübertragung und Gleichschaltung

Nach dem 30. Januar 1933 vermochte die NSDAP in nur 18 Monaten die demokratischen und rechtsstaatlichen Strukturen der Weimarer Verfassung zu zerstören. Mit den Worten der Nationalsozialisten: Es gelang ihnen, im Rahmen einer „legalen Revolution" Staat und Gesellschaft „gleichzuschalten" und einen „Führerstaat" zu errichten. Zwei Machthebel waren für die erfolgreiche Legalstrategie der Nationalsozialisten entscheidend.

Als Erstes ist die so genannte „Reichstagsbrandverordnung" zu nennen. Den Brand des Reichstagsgebäudes am Abend des 27. Februar 1933 erklärte die NSDAP augenblicklich zum Fanal eines kommunistischen Aufstandsversuchs und noch in der Nacht zum 28. Februar ließ sich Hindenburg dazu bewegen, die eilig ausgearbeitete „Verordnung zum Schutz von Volk und Staat" („Reichstagsbrandverordnung") zu unterzeichnen. Sie setzte „zur Abwehr kommunistischer staatsgefährdender Gewaltakte" ohne zeitliche Befristung die Grundrechte außer Kraft und führte für zahlreiche politische Straftaten die Todesstrafe ein. Traf ein Land nicht die „zur Wiederherstellung der öffentlichen Sicherheit und Ordnung nötigen Maßnahmen", konnte dies die Reichsregierung übernehmen. Die „Reichstagsbrandverordnung" schuf einen permanenten Ausnahmezustand; auch diente sie als Rechtsgrundlage für das entstehende KZ-System. Sie war sozusagen die „Verfassungsurkunde des Dritten Reiches".

Nach der Reichstagswahl vom 5. März 1933 kam eine weitere einschneidende Gesetzesänderung hinzu. Die NSDAP-DNVP-Koalition verfügte über eine absolute, nicht aber über eine Zweidrittel-Mehrheit. Durch Drohungen und Versprechungen brachte man jedoch alle 444 bürgerlichen Reichstagsabgeordneten dazu, dem „Gesetz zur Behebung der Not von Volk und Reich" („Ermächtigungsgesetz") am 23. März 1933 zuzustimmen – gegen 94 Stimmen der SPD-Fraktion und in Abwesenheit der bereits verfolgten KPD-Abgeordneten. Das „Ermächtigungsgesetz"

Legalstrategie, „Reichstagsbrandverordnung" und „Ermächtigungsgesetz"

Was der König – der Fürst – der Feldmarschall – rettete und einigte, eroberte, formte, verteidigte, der Soldat.

1 Postkarte 1933
Am 21. März 1933 war in der Potsdamer Garnisonskirche, der Grabstätte Friedrichs des Großen, der Reichstag (ohne SPD und KPD) wieder eröffnet und Hitler als Reichskanzler vereidigt worden. Reichspräsident Hindenburg erschien in preußischer Generalsuniform. Der „Tag von Potsdam" war unter der Regie von Hitlers Propagandachef Joseph Goebbels bis ins Detail geplant und inszeniert worden. Zwei Tage später fand die Abstimmung des Reichstag über das „Ermächtigungsgesetz" statt.

erlaubte der Regierung, vier Jahre lang per Kabinettsbeschluss Gesetze zu beschließen und zu verkünden, die sogar von der Verfassung abweichen konnten. Zwar durften der Reichstag und der Reichsrat nicht abgeschafft, die Rechte des Reichspräsidenten nicht angetastet werden, aber die Gewaltenteilung war aufgehoben: Die Exekutive verselbstständigte sich gegenüber den beiden anderen Gewalten.

Selbstgleichschaltung

Indem alle folgenden Maßnahmen der Diktaturerrichtung auf der Basis entweder der „Reichstagsbrandverordnung" oder des „Ermächtigungsgesetzes" erfolgten, trugen sie den Anschein der Gesetzlichkeit. Wo die Legalstrategie allein nicht ausreichte, wurde sie durch lokalen SA-Terror „ergänzt". Beides zusammen erzeugte einen so hohen Anpassungsdruck, dass die „Gleichschaltung" oft sogar durch eine „Selbstgleichschaltung", so der Historiker Karl Dietrich Bracher, der Betroffenen beschleunigt wurde.

Gleichschaltung der Länder

Auch die Beseitigung föderaler Verfassungsstrukturen betrieben die Nationalsozialisten schnell und nachhaltig. Das 1. Gesetz zur „Gleichschaltung der Länder mit dem Reich" vom 31. März 1933 bestimmte, dass alle Landtage und kommunalen Selbstverwaltungsorgane aufgelöst und entsprechend dem Reichstagswahlergebnis vom 5. März neu zusammengesetzt wurden – fortan gab es überall NSDAP-DNVP-Regierungen. Durch ein 2. Gleichschaltungsgesetz vom 7. April wurden „Reichsstatthalter" eingesetzt, die für die „Beachtung der vom Reichskanzler aufgestellten Richtlinien der Politik" in den Ländern sorgen sollten. Damit hatte man die Länder von selbstständigen politischen Körperschaften zu bloßen Verwaltungsbezirken degradiert. Durch weitere Gesetze wurden am 1. Januar 1934 die Hoheitsrechte der Länder und die Länder- und Kommunalparlamente aufgehoben sowie am 14. Februar – ein Verstoß gegen das eigene „Ermächtigungsgesetz"! – der Reichsrat abgeschafft.

„Staatspartei" NSDAP

Bereits seit dem Reichstagsbrand am 27./28. Februar 1933 wurde die KPD verfolgt. Die Umwandlung des Maifeiertages in einen staatlichen, bezahlten „Tag der nationalen Arbeit" bedeutete eine weitere Schwächung der gespaltenen und gelähmten Arbeiterbewegung. Nach vergeblichen Anbiederungsversuchen an die neue Regierung wurden am 2. Mai die Gewerkschaften zerschlagen, am 22. Juni die SPD verboten. In den folgenden zwei Wochen lösten sich die übrigen Parteien selbst auf. Die Abgeordneten der DNVP traten der NSDAP-Fraktion bei. Ein Gesetz vom 14. Juli 1933 „gegen die Neubildung von Parteien" erklärte die NSDAP zur einzigen zugelassenen Partei; am 1. Dezember gab das Gesetz „zur Sicherung der Einheit von Partei und Staat" der NSDAP den Status einer Körperschaft des öffentlichen Rechts. Ihr Parteiführer schließlich vereinigte nach Hindenburgs Tod die Ämter des Reichspräsidenten und des Reichskanzlers am 2. August 1934 in seiner Person: Fortan nannte sich Hitler „Führer und Reichskanzler".

Loyalität des Militärs

Wie alle anderen staatlichen Institutionen wurde auch die Reichswehr bis 1937/38 ebenfalls „gleichgeschaltet". Ihre Führung brachte Hitler bereits am 3. Februar 1933 – vier Tage nach seinem Amtsantritt – auf seine Seite, indem er Unabhängigkeit des Militärs von der SA, Aufrüstung und Wiedereinführung der allgemeinen Wehrpflicht zusicherte. Seine Ziele – „Eroberung neuen Lebensraumes im Osten und dessen rücksichtslose Germanisierung" – stießen bei den Generälen nicht auf Widerspruch. Am 2. August 1934 ließ Reichswehrminister von Blomberg die Soldaten der Reichswehr auf Hitler persönlich vereidigen.

2 Der Druck auf die Parteien wächst

Ein Bericht des amerikanischen Botschafters in Berlin, Sackett, an US-Außenminister Stimson vom 23. Februar 1933:

Göring erließ gestern Sonderanweisungen an die preußische Polizei, in denen er praktisch verlangt, die SA und den
„Stahlhelm" im Wahlkampf zu schützen, jedoch ähnliche
Organisationen der Oppositionsparteien als Staatsfein-
de zu behandeln, die rücksichtslos unterdrückt werden
müssen. Diese Anweisungen haben die Nazis ermutigt, im
Wahlkampf sowohl gegen die Zentrumspartei als auch ge-
gen die Linksparteien Terrormethoden anzuwenden. Die
Auflösung einer Zentrums-Versammlung in Krefeld, bei
der der Hauptsprecher, der frühere Reichsarbeitsminister
Stegerwald, von Nazis tätlich misshandelt wurde, wird mit
Bestürzung als ein Anzeichen für den Gang der Entwicklung in der Schlussphase dieses ungewöhnlich stürmischen
Wahlkampfes betrachtet. In einem Leitartikel hat die Zen-
trums-Zeitung ‚Germania' an Hindenburg appelliert, seine
Autorität als Reichspräsident einzusetzen, um derartigen
politischen Ausschreitungen Einhalt zu gebieten.
Gestern forderten Hitler und Göring ihre Anhänger in öffentlichen Appellen dazu auf, Disziplin zu wahren. Dabei
schreiben sie die Attacken auf Zentrums-Versammlun-
gen „provokatorischen Elementen" zu. Dies ist nur ein
taktisches Manöver. Alarmierende Gerüchte, wonach die
Regierung die offene Verletzung der Verfassung plane,
wenn bei der Wahl die machthabenden Parteien keine
klare Mehrheit erhielten, finden weite Verbreitung. Die
wiederholte Knebelung der Presse trägt zum Umlauf derartiger Gerüchte bei. Die Säuberung der Verwaltung von
republikanischen Beamten wird fortgesetzt.

Zit. nach: J. u. R. Becker (Hg.): Hitlers Machtergreifung. München 1983, S. 92 f.

4 Die SPD – „Staats- und Volksfeinde"?

Am 22.6.1933 gab der Reichsminister des Innern bekannt:

Die Vorgänge der letzten Zeit haben den unumstößli-
chen Beweis dafür geliefert, dass die deutsche Sozialdemokratie vor hoch- und landesverräterischen Unternehmungen gegen Deutschland und seine rechtmäßige
Regierung nicht zurückschreckt. [...] Dies alles zwingt zu
dem Schluss, die Sozialdemokratische Partei Deutschlands als eine staats- und volksfeindliche Partei anzusehen, die keine andere Behandlung mehr beanspruchen
kann, wie sie der Kommunistischen Partei gegenüber
angewandt worden ist. [...] Insbesondere sollen sämtliche Mitglieder der SPD, die heute noch den Volksvertretungen und Gemeindevertretungen angehören, von der
weiteren Ausübung ihrer Mandate sofort ausgeschlossen
werden. [...] Der Sozialdemokratie kann auch nicht mehr
die Möglichkeit gewährt werden, sich in irgendeiner
Form propagandistisch zu betätigen. Versammlungen
der Sozialdemokratischen Partei sowie ihrer Hilfs- und
Ersatzorganisationen werden nicht mehr erlaubt werden. Ebenso dürfen sozialdemokratische Zeitungen und
Zeitschriften nicht mehr herausgegeben werden. Das
Vermögen der Sozialdemokratischen Partei und ihrer
Hilfs- und Ersatzorganisationen wird, soweit es nicht bereits in Verbindung mit der Auflösung der freien Gewerkschaften sichergestellt worden ist, beschlagnahmt. Mit
dem landesverräterischen Charakter der Sozialdemokratischen Partei ist die weitere Zugehörigkeit von Beamten,
Angestellten und Arbeitern, die aus öffentlichen Mitteln
Gehalt, Lohn oder Ruhegeld beziehen, zu dieser Partei
selbstverständlich unvereinbar.

Zit. nach: Michalka, W. (Hg.): Das Dritte Reich, Bd. 1. München 1985, S. 39.

5

3 SA und Polizei vor dem besetzten Haus des alten Bergarbeiterverbandes in Bochum am 11. März 1933.

5 Drohende Arbeitslosigkeit

Aus einer Austrittserklärung an die SPD Hannover vom 9. März 1933:

Als Behördenangestellter stehe ich vor einem Scheide-
5 wege. Einerseits sehe ich, wie sich mit Sicherheit bei meinem Arbeitgeber, dem Reich, die Tendenz durchsetzt, diejenigen Arbeitskräfte, die regierungsfeindlichen Vereinigungen angehören, nicht mehr zu dulden. Auf der anderen Seite steht die Treue zur Partei. Leider
10 sehe ich keine andere Möglichkeit als meinen Austritt. Steht doch die Existenz meiner Familie auf dem Spiele. Sollte dennoch das Los der Arbeitslosigkeit nicht abzuwenden sein, das aus eigener Anschauung sehr sehr hart sein kann, so brauche ich mir nicht vorzuwerfen,
15 nicht alles getan zu haben im Interesse meiner Frau und meines Kindes.

Zit. nach: Ebenda, S. 136.

6 Die „Freiheit des Gewissens"

Aus einem Brief Professor Karl Ludwig Schmidts (Bonn) an Martin Buber vom 23. Februar 1933:

Ich kann mir nicht helfen: Dieser „deutschen", dieser
5 „nationalen" Regierung schäme ich mich als Deutscher und als evangelischer Christ. [...] Gegenüber der offiziellen Parole des Evangelischen Bundes, dass sich jeder Evangelische für diese Regierung einzusetzen habe, gegenüber den Nazi-Anträgen, die „Religion" auf Berufs-
10 schulen obligatorisch zu machen usw. usw., wird man gerade um der recht verstandenen Kirche willen die Freiheit des Gewissens – schließlich handelt es sich hier nun doch nicht um einen liberalen Ladenhüter – betonen müssen. Dabei wird es bei aller Sympathie für das Zentrum, das in

Bonn natürlich sehr mächtig ist, nicht ohne Kampf mit 15
dem Katholizismus abgehen.

Zit. nach: Ebenda, S. 98.

7 „Unbeirrbare Mitarbeit" – die katholische Kirche

Der Freiburger Erzbischof Gröber erkärte auf der vom 25. bis 28.4.1933 tagenden Diözesansynode des Erzbistums Freiburg:

Wir dürfen und wir können den neuen Staat nicht ab- 5
lehnen, sondern müssen ihn bejahen „mit unbeirrbarer Mitarbeit". [...] Das ist keine Charakterlosigkeit, sondern die Pflicht der Stunde aus klarer Erkenntnis. Eine „unbeirrbare Mitarbeit" allerdings mit Würde und Ernst. Wir müssen vor allem die Nerven behalten und dabei an das 10
Volksganze und katholische Ganze denken, so schwer und so schmerzlich auch für manche, zumal für ergraute Menschen mit starrem Charakter, das Sichumstellen und Einfühlen ist. Wir müssen uns umschalten. Wir müssen unter Zurückstellung der Personen und dessen, was wir 15
selber als persönliche Ansichten gesammelt, die Sache in den Vordergrund rücken und manches Turbulente als Begleiterscheinung der Umwälzung bewerten.

Zit. nach: Ebenda, S. 56.

8 „Gleichschaltung alias Kirchenraub"

Schreiben des Freiburger Stadtpfarramts Herz Jesu, 8.7.1933:

Kein Mensch weiß, wo die so genannte Gleichschaltung aufhört. Mit den Jugendvereinen hat man begonnen. [...] 5
Wo wird diese Gleichschaltung alias Kirchenraub aufhören? Wird niemand seine Stimme dagegen erheben? Im Klerus erwartet man eine öffentliche Erklärung des Gesamtepiskopats, die von den Kanzeln verlesen werden sollte.

Zit. nach: Ebenda, S. 56.

Arbeitsvorschläge

a) Erläutern Sie die Traditionslinie auf der Postkarte (M1) und nennen Sie die Adressaten.

b) Analysieren Sie die Anordnung zum Umgang mit der SPD (M4). Zeigen Sie am Beispiel des Berichts des amerikanischen Botschafters (M2) die Lage der Parteien im Frühjahr 1933.

c) Diskutieren Sie die Auswirkungen der veränderten Situation auf die Arbeiterbewegung am Beispiel M5.

d) Erörtern Sie die Reaktionen von Karl Ludwig Schmidt (M6) auf die neue Regierung.

e) Beziehen Sie Stellung zu der Erklärung des Freiburger Erzbischofs (M7) vor dem Hintergrund, dass Gröber maßgeblich am Abschluss des so genannten Reichskonkordats beteiligt war. Wie bewerten Sie in diesem Zusammenhang die Position der Freiburger Herz Jesu-Gemeinde (M8)?

f) Informieren Sie sich auch über die „Gleichschaltung" in Ihrer Stadt oder Region.

5.3.2 Das Herrschaftssystem des NS-Staates

Seine Skrupellosigkeit bewies das Regime schnell und spektakulär. Bereits am 20. März 1933 wurde die Einrichtung von – dem Kompetenzbereich der Justiz entzogenen – Konzentrationslagern (KZs) für Regimegegner öffentlich verkündet. Und mit den Röhm-Morden entledigte sich Hitler Ende Juni/Anfang Juli 1934 alter sozialrevolutionär gesinnter „Kampfgenossen", die mittlerweile zur politischen Belastung geworden waren. Ausbau und Zentralisierung des Polizeiapparates unter der Regie der gefürchteten schwarzuniformierten SS schufen rasch den einschüchternden Mythos eines allgegenwärtigen Überwachungsstaates. In Wirklichkeit konzentrierte sich die mit ca. 30 000 Mitarbeitern personell unterbesetzte Gestapo auf die Verfolgung der Funktionäre von KPD, SPD und Gewerkschaften sowie von oppositionellen Pfarrern, während sie gegen einzelne politisch missliebige Bürger meist nur aufgrund von freiwilligen Denunziationen aus der Bevölkerung vorging.

Konzentrationslager, Gestapo und Denunziantentum

Der nationalsozialistische „Führerstaat" war kein perfekt von oben nach unten durchorganisierter zentralistischer Staat. Eher herrschte ein Kompetenzgerangel zwischen Ressortministern, „Beauftragten des Führers" für bestimmte Aufgaben bzw. als Leiter von neu eingerichteten Sonderbehörden, höheren NSDAP-Funktionären und SS-Führern. In dieser „Polykratie" (Herrschaft vieler) resultierte Hitlers diktatorische Stellung vor allem aus seiner Rolle als von allen akzeptierter Schiedsrichter. Meist erhielt derjenige sein Wohlwollen und die nötigen Vollmachten, der in Bezug auf eine bestimmte Aufgabe den ersten oder den radikalsten Vorschlag machte. Anders ausgedrückt: Das „Dritte Reich" war ein „Doppelstaat" , in dem der traditionelle gesetzliche „Normenstaat" nur in unpolitischen Bereichen, beispielsweise im Zivilrecht, in der Wirtschaft oder bei den Steuern, weitgehend erhalten blieb, während er im politischen Bereich wie der Herrschaftssicherung, der Bekämpfung von politischen Gegnern oder der Rassenpolitik von einem außergesetzlichen „Maßnahmenstaat" überwuchert wurde, dem zur Erreichung seiner Ziele – besonders in den Kriegsjahren – jedes Mittel recht war. Daher bewirkte die Angst vor den Repressionsmöglichkeiten dieses Regimes bei den meisten Bürgern angepasstes Verhalten.

Der „Führerstaat" ein „Doppelstaat"

Aber schon 1933 wurde die Regierungsübernahme der Nationalsozialisten rasch von immer mehr Deutschen als Chance zur Überwindung der Staats- und Wirtschaftskrise und des Vertrages von Versailles aufgefasst. Tatsächlich erzielte das NS-Regime recht bald eindrucksvolle wirtschaftspolitische Erfolge: Die Schaffung des „Reichsarbeitsdienstes" (RAD), die Wiedereinführung der allgemeinen Wehrpflicht 1935, vor allem aber staatliche Investitionen im Hoch- und Tiefbau und insbesondere im Rüstungssektor drückten die Arbeitslosenzahl in nur vier Jahren von über 6 auf 1 Million; 1938 herrschte praktisch Vollbeschäftigung. Zwar wurden die Löhne auf dem niedrigen Niveau von 1933 eingefroren, die Arbeitszeit gleichzeitig verlängert; aber die Erinnerung der Arbeitnehmer war nicht vom besten Jahr der Weimarer Republik 1928, sondern vom schlimmsten Jahr der Weltwirtschaftskrise 1932 geprägt. Was für sie zählte, war die Rückkehr von Millionen Beschäftigungslosen in Arbeit und Brot, verbunden mit der Wiedergewinnung sozialer Sicherheit und eines bescheidenen Auskommens. Hinzu kam eine propagandistisch wirkungsvolle Sozialpolitik: „Kraft durch Freude" (KdF) ermöglichte vielen Arbeitern und Angestellten zum ersten Mal in ihrem Leben eine kleine Urlaubsreise – unter Umständen sogar ins Ausland auf einem KdF-Dampfer. Dass die wirtschafts- und sozialpolitischen Maßnahmen mit einer nie dagewesenen Staatsverschuldung erkauft wurden und dass der allgemeine Wirtschaftsaufschwung und das Ziel der „Autarkie" (Selbstversorgung mit Lebens-

Teuer erkaufte wirtschafts- und sozialpolitische Erfolge

mitteln und Rohstoffen) für das NS-Regime lediglich eine materiell und psychologisch wichtige Voraussetzung für die Kriegsvorbereitung darstellte, erkannten die wenigsten. Im selben Maße, wie die Erfolge des Regimes spürbar wurden, stieß die Propaganda von der Ablösung der Klassengesellschaft durch eine gegen innere und äußere Feinde zusammenstehende, hinter ihrem „Führer" gescharte deutsche „Volksgemeinschaft" auf positive Resonanz. Dementsprechend wuchs die Bereitschaft, den Terror gegen „rassisch Unerwünschte" und Oppositionelle nicht so sehr als bedrohlichen Verlust von Rechtsstaatlichkeit, sondern vielmehr als imponierendes Zeichen politischer Entschlossenheit und Stärke wahrzunehmen. Am Vorabend des Zweiten Weltkrieges hatte Hitler aller Wahrscheinlichkeit nach die breite Mehrheit des Volkes hinter sich – darunter auch die Mehrheit der Arbeiter.

Nationalsozialistische Allgegenwärtigkeit und Privatsphäre

Dazu trug auch bei, dass – trotz ständiger NS-Propaganda durch Presse, Rundfunk und Film, Fahnenmeere und Plakate, trotz der seit 1936 bestehenden Zwangsmitgliedschaft in der „Hitlerjugend", der Arbeitsdienstpflicht und der ratsamen aktiven Mitgliedschaft zumindest in einer Unterorganisation der NSDAP, z. B. dem „NS-Kraftfahrerkorps", trotz häufiger Massenmobilisierungen an allerlei Gedenktagen, öffentlicher „Eintopfessen" und Sammlungen für das „Winterhilfswerk" – die Privatsphäre der Bürger durchaus erhalten blieb. Besonders am großstädtischen Leben änderte sich in den 1930er-Jahren nicht viel, da das Regime erst nach Kriegsbeginn dazu überging, Deutschland von fremden Einflüssen abzuschotten. Bis dahin konnte man noch ausländische Zeitungen lesen, Filme sehen, Jazz-Musik hören oder Coca-Cola kaufen.

1 Das nationalsozialistische Herrschaftssystem

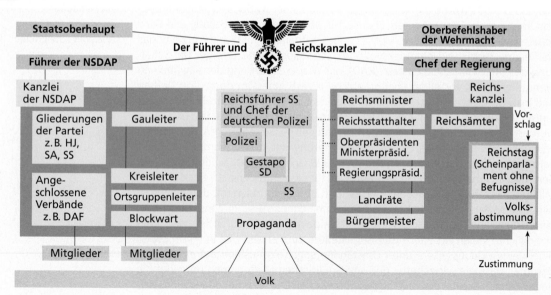

2 „Dem Führer entgegen arbeiten"

Werner Willikens, Staatssekretär im preußischen Landwirt-schaftsministerium, vor Vertretern der Landwirtschaftsminis-terien in Berlin, 21. Februar 1934:

5 Jeder, der Gelegenheit hat, das zu beobachten, weiß, dass der Führer sehr schwer von oben her alles das befehlen kann, was er für bald oder für später zu verwirklichen beabsichtigt. Im Gegenteil, bis jetzt hat jeder an seinem Platz im neuen Deutschland dann am besten gearbeitet,
10 wenn er sozusagen dem Führer entgegen arbeitet. [...] Sehr oft und an vielen Stellen ist es so gewesen, dass schon in den vergangenen Jahren Einzelne immer nur auf Befehle und Anordnungen gewartet haben. Leider wird das in Zukunft wohl auch so sein; demgegenüber
15 ist es die Pflicht eines jeden, zu versuchen, im Sinne des Führers ihm entgegen zu arbeiten. Wer dabei Fehler macht, wird es schon früh genug zu spüren bekommen. Wer aber dem Führer in seiner Linie und zu seinem Ziel richtig entgegen arbeitet, der wird bestimmt wie bisher
20 so auch in Zukunft den schönsten Lohn darin haben, dass er eines Tages plötzlich die legale Bestätigung seiner Arbeit bekommt.

Zit. nach: I. Kershaw: Hitler 1889–1936. Stuttgart 1998, S. 665.

3 „Staatsbürgerliche" Pflicht?

Der Historiker Laurence Rees über die Rolle der Gestapo:
Würzburg liegt im Regierungsbezirk Unterfranken mit einer Bevölkerung von rund einer Million Menschen.
5 Für dieses Gebiet waren genau 28 Gestapo-Beamte zu-ständig, 22 in Würzburg und fast die Hälfte davon aus-schließlich mit Aufgaben der Verwaltung betraut. Die Vorstellung, die Gestapo habe die Bevölkerung ständig ausspioniert, ist nachweislich ein Mythos. Doch wie war
10 es dann möglich, dass so wenige Menschen eine solche Macht ausüben konnten? Aus dem einfachen Grund, weil die Gestapo in großem Umfang auf die Hilfe der deutschen Bevölkerung bauen konnte. Die Gestapo war wie alle modernen Polizeiapparate nur so gut oder
15 schlecht wie die Kooperation mit der Bevölkerung – und die Akten zeigen, dass die Kooperation sehr gut war und die Gestapo deshalb eine wirklich sehr gute Geheimpo-lizei. Nur rund 10 Prozent der zwischen 1933 und 1935 begangenen politischen Verbrechen wurden tatsächlich
20 von der Gestapo aufgedeckt; weitere 10 Prozent wurden von der regulären Polizei oder der Partei an die Gestapo überwiesen. In anderen Worten: Rund 80 Prozent aller politischen Verbrechen nach damaliger Definition wur-den von ganz gewöhnlichen Bürgern aufgedeckt, die
25 ihre Information an die Polizei oder die Gestapo wei-terleiteten. [...] Die Gestapo war alles andere als eine Organisation, die politische Gegner selber aufspürte, sie beschäftigte sich vor allem damit, die Anzeigen aus der Bevölkerung zu sichten, die bei ihr eingingen.

L. Rees: Die Nazis. Eine Warnung der Geschichte. München 2001, S. 78 f.

4 Denunziation bei der Gestapo

Die 20-jährige Würzburgerin Maria Theresia Kraus erstattete am 29. Juli 1940 Anzeige gegen ihre Nachbarin Ilse Sonja Totzke, die 1941 ins KZ Ravensbrück eingeliefert wurde, wo sie vermutlich ums Leben kam:
5 Neben uns wohnt in einem Gartenhaus eine Ilse Sonja Totzke. Die Genannte ist mir aufgefallen, weil sie einen jüdischen Einschlag hat [...] und den deutschen Gruß niemals erwidert. Aus ihren Gesprächen war zu entneh-men, dass sie deutschfeindlich eingestellt ist. Dagegen
10 hat sie immer für Frankreich und auch für Juden sym-pathisiert. So hat sie unter anderem erzählt, dass die deutsche Wehrmacht nicht so gut gerüstet sei wie die französische. Ab und zu kommt eine Dame im Alter von etwa 36 Jahren, die das Aussehen einer Jüdin hat. [...]
15 Das Verhalten der Totzke ist mir auffällig. Und ich ha-be angenommen, dass sie sich vielleicht irgendwie zum Nachteile des Deutschen Reiches betätigen könnte.

Zit. nach: Ebenda, S. 82 f.

5 „Studenten als Richter der Literatur"

Münsterische Zeitung vom 7. Mai 1933:
Es hat sich herumgesprochen, dass zu der feierlichen Ver-brennung jüdischer und marxistischer Bücher am Mitt-woch auf dem Hindenburgplatz schon recht viel „Brenn-
5 material" gesammelt worden ist. Aus öffentlichen und privaten Bibliotheken hat man die Bücher und Zeitschrif-ten, jüdisch-liberalistisches Schrifttum, zur Sammelstelle gebracht. Im Rahmen der Aktion der Deutschen Studen-tenschaft „Wider dem undeutschen Geist" veranstalteten
10 Studenten der Westfälischen Wilhelms-Universität am Samstagmorgen eine Kundgebung auf dem Domplatz, wo ein dicker „Schandpfahl" errichtet wurde, auf dem an dicken Nägeln die Einbanddeckel von Büchern hin-gen, Bücher von Remarque, Tucholsky, Toller, von Stefan
15 Zweig und von anderen mehr, die mit auf der Femeliste der Deutschen Studentenschaft stehen.

Zit. nach: J. Kuropka: Die Machtergreifung der Nationalsozialisten. Doku-mente, Fragen, Erläuterungen. Münster 1980, o. S.

6 **Bücherverbrennung auf dem Opernplatz in Berlin am 10. Mai 1933.**

7 „Volksgemeinschaft" statt Klassengesellschaft?

Aus Hitlers Rede zum 1. Mai 1933:

Unseres Volkes Erwachen ist da. Das Symbol des Klassenkampfes [1. Mai], des ewigen Streites und Haders, wandelt
5 sich nun wieder zum Symbol der großen Einigung und Erhebung der Nation. [...] Die Millionen Menschen, die in Berufe aufgeteilt, in künstlichen Klassen auseinander gehalten worden sind, die, vom Standesdünkel und Klassenwahnsinn befallen, einander nicht mehr verstehen
10 können, sie müssen wieder den Weg zueinander finden! Wenn 70 Jahre lang [1863 wurde die SPD gegründet] der Wahnsinn als politische Idee vertreten und gepredigt wurde, wenn 70 Jahre lang die Zerstörung der Volksgemeinschaft politisches Gebot war, dann ist es schwer, mit einem
15 Schlag den Sinn der Menschen wenden zu wollen. [...]
Es bleibt unser unverrückbarer Entschluss, jeden einzelnen Deutschen, sei er, wer er sei, ob arm, Sohn von Gelehrten oder Sohn von Fabrikarbeitern, einmal in seinem Leben zur Handarbeit zu führen, damit er sie kennen
20 lernt. Wir wollen in einer Zeit, da Millionen unter uns leben, ohne Verständnis für die Bedeutung des Handarbeitertums, das deutsche Volk durch die Arbeitsdienstpflicht zu der Erkenntnis erziehen, dass Handarbeit nicht schändet, sondern vielmehr wie jede andere Tätigkeit dem zur
25 Ehre gereicht, der sie getreu und redlichen Sinnes erfüllt. Wir werden in diesem Jahre zum ersten Male als weitere große Aufgabe die Befreiung der schöpferischen Initiative von den verhängnisvollen Einwirkungen majoritativer Beschlüsse [(demokratische) Mehrheitsbeschlüsse]
30 durchführen. Nicht nur im Parlament, nein, auch in der Wirtschaft. Wir wissen, dass unsere Wirtschaft nicht emporkommen kann, wenn nicht eine Synthese gefunden wird zwischen der Freiheit des schöpferischen Geistes und der Verpflichtung dem Volksganzen gegenüber.
35 Wir wissen, dass wir noch gewaltige Schwierigkeiten zu überwinden haben. Wir wissen auch, dass alle menschliche Arbeit am Ende vergeblich sein muss, wenn über ihr nicht der Segen der Vorsehung leuchtet. Wenn die Welt gegen uns steht, müssen wir umso mehr zu einer Einheit werden, müssen wir ihr umso mehr unentwegt versichern: 40 Ihr könnt tun, was Ihr wollt! Aber niemals werdet Ihr uns beugen, niemals uns zwingen, ein Joch anzuerkennen. Das deutsche Volk ist zu sich gekommen. Es wird Menschen, die nicht für Deutschland sind, nicht mehr unter sich dulden. Wir wollen tätig sein, arbeiten, uns brüderlich vertragen, 45 gemeinsam ringen, auf dass einmal die Stunde kommt, da wir vor den Herrn hintreten können und ihn bitten dürfen: „Herr, du siehst, wir haben uns geändert. Das deutsche Volk ist nicht mehr das Volk der Ehrlosigkeit, der Schande, der Selbstzerfleischung, der Kleinmütigkeit und Kleingläubig- 50 keit. Nein, Herr, das deutsche Volk ist wieder stark in seinem Willen, stark in seiner Beharrlichkeit, stark im Ertragen aller Opfer. Herr, wir lassen nicht von dir! Nun segne unseren Kampf, unseren Kampf um unsere Freiheit und damit unser deutsches Volk und Vaterland!" 55

Zit. nach: Ripper, W. (Hg.): Der europäische Faschismus und das Dritte Reich. Frankfurt/M. 1977, S. 97 f.

8 Arbeitslosigkeit in ausgewählten Ländern
1924–1938 (Angaben in Prozent):

Jahr	Deutschland	Großbritannien	USA	Frankreich
1924	4,9	10,3	8,0	3,0
1926	10,0	12,5	2,8	3,0
1929	8,5	10,4	4,7	1,0
1932	29,9	22,1	34,0	15,4
1933	25,9	19,9	35,3	14,1
1934	13,5	16,7	30,6	13,8
1935	10,3	15,5	28,4	14,5
1936	7,4	13,1	23,9	10,4
1937	4,1	10,8	20,0	7,4
1938	1,9	12,9	26,4	7,8

Zit. nach: H.-U. Thamer: Verführung und Gewalt. Deutschland 1933–1945. Berlin 1994, S. 470.

Arbeitsvorschläge

a) Erläutern Sie, inwiefern Willikens Äußerung (M 2) einen wichtigen Einblick in die Funktionsweise des NS-Staates gewährt.

b) Stellen Sie anhand des Beispiels Würzburg und des Falles der Ilse Sonja Totzke Mythos und Wirklichkeit der Gestapo gegenüber (M 3 und M 4).

c) Recherchieren Sie, welche Art von Literatur bzw. von welchen Autoren verbrannt wurde. Nehmen Sie als ersten Hinweis M 5. Ermitteln Sie, inwieweit solche Autoren nach 1945 in Deutschland wieder Verbreitung fanden (z. B. der Würzburger Leonhard Frank).

d) Zeigen Sie auf, inwiefern es sich bei Hitlers Rede zum 1. Mai 1933 (M 7) um eine äußerst geschickte Propagandarede handelt. Nehmen Sie – ausgehend vom Text – zur nationalsozialistischen Idee der „Volksgemeinschaft" kritisch Stellung.

e) Analysieren Sie die Arbeitslosenzahlen in Deutschland im Vergleich zu den anderen Ländern (M 8). Ordnen Sie dann mit Hilfe des VT die Entwicklung der Arbeitslosenzahlen in die Situation der gesamten deutschen Wirtschaft bis zum Ausbruch des Zweiten Weltkriegs ein.

5

5.3.3 Zum Vergleich: Der italienische Faschismus

Als Hitler am 30. Januar 1933 Reichskanzler wurde, war sein politisches Vorbild der Ministerpräsident und „Duce" (Führer) des faschistischen Italien, Benito Mussolini, der bereits länger als zehn Jahre im Amt war. Mussolini hatte mit seinen Anhängern von Neapel aus durch einen „Marsch auf Rom" am 27./28. Oktober 1922 seine Ernennung zum Regierungschef durch König Viktor Emanuel III. erzwungen. Dieser Coup, dem die schrittweise Beseitigung der Demokratie folgte, faszinierte sogleich politisch Rechtsstehende in allen europäischen Ländern, die sich nach einem „starken Staat" sehnten.

Der erfolgreiche Vorgänger und ein zunächst scheiternder Nachfolger

Schon 1923 galt Adolf Hitler in München als „deutscher Mussolini", dem ein „Marsch auf Berlin" gelingen könnte. Als Hitler tatsächlich versuchte, Mussolinis Beispiel nachzuahmen, überschätzte er jedoch die politische Wirkungskraft seiner damals noch schwachen NSDAP – der improvisierte Münchner Umsturzversuch vom 9. November 1923, an dem sich höchstens dreitausend Menschen beteiligten, brach rasch zusammen.

Wenn auch vorerst von unterschiedlicher politischer Durchschlagskraft, wurden der italienische Faschismus und der deutsche Nationalsozialismus gleichwohl bereits seit 1922/23 nicht nur von ihren Anhängern, sondern auch von ihren Gegnern als wesensverwandte politische Erscheinungen beurteilt. So bürgerte es sich in Deutschland vor allem bei den Kommunisten, aber z. T. auch bei den Sozialdemokraten und den Liberalen schon in den 1920er-Jahren ein, ihre nationalsozialistischen Gegner als „deutsche Faschisten" zu bezeichnen und sich selbst als „Antifaschisten" zu verstehen. Ähnliches geschah in anderen Ländern, in denen die italienischen Faschisten Nachahmer fanden.

„Deutsche Faschisten?"

Der Aufstieg Mussolinis und seiner faschistischen Bewegung zur Macht wurzelte in einer tiefen Nachkriegskrise, die das ohnehin industriell zurückgebliebene, noch überwiegend agrarisch geprägte Italien erfasste. Mehrere Faktoren kamen zusammen:

Nachkriegskrise

1 „Der Marsch auf Rom".
Mussolini marschiert in Zivilkleidung zwischen seinen Begleitern in der Schwarzhemden-Uniform der Faschistischen Partei – links und ganz rechts die beiden späteren Marschälle Balbo und de Bono.

5

2 „Die steht mir besser. Sie flößt mehr Furcht ein"
Die Karikatur in der satirischen Zeitschrift „L'Asino" im Februar 1923 zeigt einen italienischen Kapitalisten, der es nun – die Masken mit den Gesichtern der vier vorausgegangenen Regierungschefs sind ausrangiert – mit der Maske Mussolinis probiert.

Erstens führte 1919 eine allgemeine Unzufriedenheit mit dem Ergebnis des Krieges – Italien erhielt nach den Versailler Verträgen Südtirol und Istrien mit Triest, nicht aber die dalmatinische Küste und Fiume [Rijeka] – zur Legende vom „verstümmelten Sieg". Sie richtete sich gegen die linksliberalen Regierungen Nitti und Giolitti, schließlich gegen das parlamentarisch-demokratische System schlechthin. Dies umso mehr, als sich zweitens dieses Regierungssystem als unfähig erwies, die schwierigen Nachkriegsprobleme – besonders die Staatsverschuldung und die Arbeitslosigkeit – in den Griff zu bekommen.

Vor diesem Hintergrund – und unter dem Einfluss des Vorbildes der russischen Oktoberrevolution – kam es drittens zu einer Radikalisierung der Sozialisten, insbesondere ihres linken Flügels und seiner Anhänger unter den Industrie- und Landarbeitern. Aus ihm ging im Januar 1921 die Kommunistische Partei Italiens hervor. Höhepunkt dieses wachsenden Linksradikalismus war im Sommer 1921 eine Welle spontaner Fabrikbesetzungen im Norden durch revolutionär gestimmte Industriearbeiter, die die Betriebe vergesellschaften wollten. Gleichzeitig unternahmen Landarbeiter im Süden den Versuch, durch Landbesetzungen eine Bodenreform zu erzwingen. Als die Regierung Giolitti diese „bolschewistische Gefahr" nicht durch Polizei und Militär beseitigte, sondern auf den baldigen Zusammenbruch der revolutionären Welle setzte, fühlten sich Bürgertum und Adel von der parlamentarischen Demokratie und den sie tragenden Parteien im Stich gelassen. Dadurch, und erst jetzt, erhielten die Faschisten die Chance, sich als dritte Kraft neben der Arbeiterbewegung (Sozialismus und Kommunismus) und dem bürgerlichen Lager (Liberalismus, politischer Katholizismus und Nationalkonservatismus) zu etablieren.

„fasci di combattimento"

Ihr Führer Benito Mussolini war ursprünglich Sozialist, wandelte sich jedoch 1914 durch seine Befürwortung des italienischen Kriegseintritts auf der Seite der Alliierten zum Nationalisten. 1919 gründete er aus Enttäuschung über das magere Kriegsergebnis eine rechtsradikale Oppositionsbewegung, die „fasci di combattimento" (Kampfbünde). Diese bestanden anfangs hauptsächlich aus entwurzelten Soldaten, die nicht den Weg ins Zivilleben zurück fanden und Gewalt auch in der Politik für ein legitimes Mittel hielten; hinzu kamen politisch unzufriedene Studenten und Schüler und allmählich vom Sozialismus enttäuschte Arbeiter, vor allem aber Angehörige der ländlichen und städtischen Mittelschichten (Bauern, selbstständige Handwerker und Kaufleute, Angestellte und Beamte). Mussolini gab ihnen eine bewusst vage gehaltene Ideologie, die nationalistisch und rassistisch geprägt war, begrenzte antikapitalistische Reformen in Aussicht stellte und für Italien die Rolle der Führungsmacht im Mittelmeerraum („mare nostro") in der Tradition des Römischen Reiches mit Kolonien in Afrika beanspruchte.

Parteigründung

Uniformähnliche Kleidung – schwarze Hemden –, Marschkolonnen, die sich zu Massenkundgebungen formierten, und ein Führerkult um den „Duce" prägten den neuen militärischen Politikstil der „fasci" und suggerierten Stärke. Praktisch von Anfang an führten die „fasci", insbesondere ihre Schlägertrupps, die „squadri d'azione", einen gewaltsamen Kampf gegen ihren ideologischen Hauptgegner, den „Bolschewismus" bzw. „Marxismus", d.h. gegen die gesamte Linke auf dem Lande und in den Städten. Die faschistischen Gewaltaktionen wurden nicht nur vom König und von der Regierung stillschweigend geduldet, sondern auch vom Militär, der Polizei und den Oberschichten, insbesondere den Industriellen und Großagrariern, heimlich materiell unterstützt. Im November 1921 formierten sich die Faschisten zu einer einheitlichen politischen Partei („Partito Nazionale Fascista" – PNF) mit über 200 000 Mitgliedern.

Im Oktober 1922 wagte Mussolini mit seinen „Schwarzhemden" den Marsch auf Rom. Obwohl die Hauptstadt militärisch ausreichend geschützt gewesen wäre, verweigerte der König die Verhängung des Belagerungszustandes und übertrug Mussolini die Regierungsbildung. Dieser regierte daraufhin zunächst autoritär im Rahmen einer Koalitionsregierung mit Nationalisten (die sich 1923 dem PNF anschlossen), Popolaren (= Katholiken) und Liberalen. Als 1924 die Ermordung des angesehenen Sozialistenführers Matteotti durch Angehörige der „squadri" in ganz Italien und bei den Koalitionspartnern große Empörung auslöste und zur Formierung einer parlamentarischen Opposition („Aventin") führte, trat Mussolini nach einigem Zögern die Flucht nach vorn an und errichtete eine offene Diktatur. Durch entsprechende Gesetze verwandelten die nunmehr allein regierenden Faschisten Italien binnen kurzem in einen Polizeistaat und setzten die Grundrechte außer Kraft.

Errichtung der Diktatur

5

Die faschistische Außenpolitik radikalisierte sich in den dreißiger Jahren zur Expansionspolitik. Diese begann zunächst 1935/36 mit einem blutigen Eroberungskrieg gegen das Kaiserreich Abbessinien mit dem Ziel, am Horn von Afrika ein zusammenhängendes italienisches Siedlungsgebiet zu gewinnen. Während des siebenmonatigen Krieges, in dem die italienische Armee auch systematisch Giftgas einsetzte, und der anschließenden fünfjährigen Besatzungszeit übte Italien eine grausame Terrorherrschaft aus.

Im Unterschied zum Hitlerregime blieb Mussolinis diktatorische Herrschaft – trotz des von ihm angekündigten „totalen Staates" („stato totalitario") – weniger radikal. Die Monarchie wurde weiterhin respektiert, die katholische Kirche und der Vatikan sogar privilegiert. Antisemitismus war dem Faschismus ursprünglich fremd; erst im Zuge der italienisch-deutschen Annäherung in der zweiten Hälfte der 1930er-Jahre wurden antijüdische Gesetze eingeführt. Eine der SS vergleichbare Institution gab es in Italien nicht. Insgesamt behielt der berechenbare autoritäre „Normenstaat" die Oberhand über den willkürlichen „Ausnahmestaat". So erklärt es sich auch, dass der König, als er 1943 nach der Landung der Alliierten auf Sizilien im Bunde mit führenden Faschisten die Seiten wechseln wollte, Mussolini absetzen und verhaften lassen konnte.

3 **Moderner Imperator**

Die Darstellung eines Plakats aus dem Jahre 1930 präsentiert Mussolini in historisch-mythischer Traditionslinie. In der rechten Hand hält Mussolini die so genannten Fasces, ein Rutenbündel mit Richtbeil – das Zeichen für die Amtsgewalt der Beamten im antiken Rom.

4 „Wohin steuert die Welt?"

Aus Mussolinis Artikel in der Zeitschrift „Gerarchia", 25. Februar 1922:

„Alle" ist das wichtigste Zahlwort der Demokratie. Es ist
5 an der Zeit, „Wenige und Auserwählte" zu sagen. Die Demokratie liegt in allen Ländern der Welt in den letzten Zügen: in einigen, wie zum Beispiel in Russland, ist sie umgebracht worden, in anderen ist sie einem immer deutlicher hervortretenden Rückbildungsprozess unter-
10 worfen. Es kann sein, dass der Kapitalismus im 19. Jahrhundert die Demokratie nötig hatte, heute ist das weniger der Fall. Der Krieg hat „revolutionär" gewirkt in dem Sinne, dass er – mit Strömen Blutes – das Jahrhundert der Demokratie liquidierte, das Jahrhundert der Massen, der
15 Zahl, der Majoritäten. Der sich gegen rechts vollziehende Restaurationsprozess ist schon durch viele Kundgebungen deutlich wahrnehmbar. Die Orgien der Zuchtlosigkeit haben aufgehört, die Schwärmereien für die sozialen und demokratischen Mythen sind zu Ende. Das
20 Leben gehört wieder dem Einzelwesen. Eine klassische Erneuerung ist im Gange. Die anonyme, trübselige, demokratische Gleichmacherei, die alle Farbe verbannte und alle Persönlichkeit unterdrückte, hört auf. Neue Aristokratien bilden sich: Es zeigt sich deutlich, dass die
25 Massen nicht die Träger, sondern nur das Instrument der Geschichte sein können. [...]

Mussolini, B.: Schriften und Reden II. Zürich/Leipzig 1937, S. 252 f.

5 Faschistische Grundlehre

Aus Mussolinis Schrift „Dottrina del Fascismo", 1932:

Als antiindividualistische Idee tritt der Faschismus für den Staat ein. Er ist auch für das Individuum, so weit es
5 im Staat aufgeht, der das universale Bewusstsein und den Willen des Menschen in seiner geschichtlichen Existenz darstellt.

Der Faschismus ist gegen den klassischen Liberalismus, der dem Bedürfnis, sich gegen den Absolutismus aufzu-
10 lehnen, entsprungen ist und seine geschichtliche Sendung erfüllt hat, seitdem der Staat zum Bewusstsein und zum Willen des Volkes geworden ist. Der Liberalismus regiert den Staat im Interesse des einzelnen Individuums; der Faschismus bejaht den Staat als einzig wahre Realität
15 des Individuums. Und wenn Freiheit ein Recht des realen Menschen sein soll und nicht jenes abstrakten Gebildes, an das der individualistische Liberalismus dachte, so ist der Faschismus für die Freiheit. Er ist für die einzige Freiheit, die ernstgenommen werden kann, näm-
20 lich für die Freiheit des Staates und des Individuums im Staate. Denn es liegt im Faschismus alles im Staate beschlossen. Nichts Menschliches oder Geistiges besteht an sich, noch weniger besitzt dieses irgendeinen Wert außerhalb des Staates. In diesem Sinne ist der Faschismus
25 totalitär, und der faschistische Staat als Zusammenfassung und Vereinheitlichung aller Werte gibt dem Leben

des ganzen Volkes eine Deutung, bringt es zur Entfaltung und kräftigt es. Außerhalb des Staates darf es keine Individuen noch Gruppen (politische Parteien, Vereine, Syndikate und Klassen) geben. [...] 30

Vor allem betrachtet der Faschismus die Zukunft der Menschheit im Allgemeinen nur vom Standpunkt der politischen Realität aus und glaubt weder an die Möglichkeit noch die Nützlichkeit des ewigen Friedens. Er lehnt daher den Pazifismus ab, der einen Verzicht auf 35 den Kampf und eine Feigheit gegenüber dem Opfer in sich birgt. Der Krieg allein bringt alle menschlichen Energien zur höchsten Anspannung und verleiht den Völkern die Würde des Adels, die den Mut und die Virtu [Tapferkeit] haben, dem Kampf die Stirn zu bieten. Alle 40 anderen Erprobungen sind Ersatz, weil sie den auf sich gestellten Mann nicht vor die Alternative von Leben und Tod stellen. [...]

Der faschistische Staat ist Wille zur Macht und Herrschaft. Die römische Überlieferung ist ihm Idee des An- 45 triebs. In der Doktrin des Faschismus ist „impero" nicht nur ein territorialer, militärischer oder merkantiler, sondern ein geistiger oder moralischer Begriff. [...] Für den Faschismus ist das Streben zum „impero", das heißt zur Expansion der Nation, ein Ausdruck der Vitalität. Sein 50 Gegensatz, das Zuhausebleibenwollen, ist ein Zeichen des Verfalls. Völker, die steigen oder wieder aufsteigen, sind imperialistisch, nur niedergehende Völker können verzichten. Der Faschismus ist die angemessene Doktrin, um die Bestrebungen und den Geist eines Volkes wie des 55 italienischen darzustellen, das nach vielen Jahrhunderten des Niedergangs und der Fremdherrschaft sich wieder erhebt.

Wagenführ, H.: Benito Mussolini. Der Geist des Faschismus. Ein Quellenwerk. 5. Aufl., München 1943, S. 5, S. 12 f., S. 24 f.

6 Politik als „Lebenskampf"

Aus Hitlers „Mein Kampf":

Politik ist die Kunst der Durchführung des Lebenskampfes eines Volkes um sein irdisches Dasein. Außenpolitik ist die Kunst, einem Volke den jeweils notwendigen Lebensraum in Größe und Güte zu sichern. Innenpolitik ist 5 die Kunst, einem Volke den dafür notwendigen Machteinsatz in Form seines Rassewertes und seiner Zahl zu erhalten. [...] Keine Staatsleitung wird freilich erwarten dürfen, dass ein Volk Heroismus besitzt, das sie nicht 10 selbst zum Heroismus erzieht. So wie der Internationalismus den vorhergehenden Rassewert schädigt und damit schwächt, die Demokratie die Persönlichkeitswerte zerstört, so lähmt der Pazifismus die natürlichen Kräfte der Selbsterhaltung der Völker. Es wird die Aufgabe der 15 nationalsozialistischen Bewegung sein, für Deutschland hier einen grundsätzlichen Wandel herbeizuführen.

A. Hitler: Mein Kampf. Zweites Buch (1928). Hg. von G. L. Weinberg. Stuttgart 1961, S. 46 ff.

7 Die Sozialstruktur der PNF 1921

Angaben zur Mitgliedschaft in Prozent:

	Faschist. Partei	Anteil an der Gesamtbevölkerung
Landarbeiter	23,0	21,8
Industriearbeiter	15,5	16,2
Studenten, Schüler*	13,0	0,5
Bauern, Pächter, Halbpächter	11,9	37,0
Privatangestellte	9,9	1,6
öffentliche Angestellte	4,7	0,8
Kaufl., Handwerker, Händler	9,2	1,6
Freiberufliche	6,6	9,3
Industrielle	2,8	2,1
im Lehrberuf Stehende	1,1	0,4
Seeleute	1,0	0,8

Zit. nach: J. Petersen, Wählerverhalten und soziale Basis des Faschismus in Italien zwischen 1919 und 1928. In: Schieder, W. (Hg.): Faschismus als soziale Bewegung. Hamburg 1976, S. 142 ff.

* im Alter ab 15 Jahren

8 Die Sozialstruktur der NSDAP-Mitgliederschaft vor dem 3. September 1930

Angaben in Prozent:

	NSDAP	Anteil der Gesamtbevölkerung
Arbeiter:	28,1	45,1
Selbstständige:		
Landwirte	14,1	6,7
Handwerker	9,1	5,5
Kaufleute	8,2	3,7
freie Berufe	3,0	1,5
Beamte:		
Lehrer	1,7	1,0
andere	6,6	3,3
Angestellte	25,6	15,9
Mithelfende Familienangehörige (meist weiblich)	3,6	17,3
insgesamt:	100	100

Zit. nach: M. Broszat, Der Staat Hitlers. München 1969, S. 51.

9 Totalitarismus oder Faschismus?

Der Historiker Jürgen Kocka über die begriffliche Unterscheidung von Totalitarismus und Faschismus:

Ein sinnvoll definierter Totalitarismus-Begriff betont am Nationalsozialismus dessen diktatorische Negation liberal-demokratischer Verfassungsprinzipien wie den Verzicht auf Minderheitenschutz, die systematische Verletzung von Menschen- und Bürgerrechten bis hin zum Terror, die Aufhebung der Gewaltenteilung und die Zerstörung der Mehr-Parteienkonkurrenz. Er betont seine institutionalisierte Ideologie mit Ausschließlichkeits- und Totalitätsanspruch wie auch seine Tendenz zur Mediatisierung gesellschaftlicher Gruppen und zur allumfassenden, gleichschaltenden Massenmobilisierung. Dadurch wird am Nationalsozialismus das betont, was er in der Tat mit anderen [...] totalitären Systemen, z. B. mit der stalinistischen Sowjetunion, gemeinsam hatte. [...] Der Begriff des Faschismus [...] hebt am Nationalsozialismus zwar auch dessen antiliberaldemokratische Elemente hervor. Zugleich aber betont er dessen sozialgeschichtliche Bedingungen, Inhalte und Funktionen, vor allem seine Bedingtheit durch Krisenerscheinungen kapitalistisch-bürgerlicher Systeme seit dem Ersten Weltkrieg, seine in Klassen- und Schichtungskategorien beschreibbare „soziale Basis", in der unter Druck geratene Mittelschichten vorwiegen, die Abhängigkeit seines Durchbruchs von der Hilfestellung bzw. Koalition bisheriger, sich durch Parlamentarisierung, Demokratisierung oder soziale Reformen in Frage gestellt sehender Führungsgruppen (trotz seiner populistisch-revolutionären Elemente), seine antisozialistische, antikommunistische Stoßrichtung in Entstehungs- und Systemphase sowie seinen jedenfalls kurz- und mittelfristig unbestreitbaren Beitrag zur Stabilisierung kapitalistischer Grundprinzipien. Dadurch wird das betont, was „linke" und „rechte" Diktaturen unterscheidet und den Nationalsozialismus mit dem italienischen fascismo und – der Tendenz nach – mit anderen Faschismen jedenfalls der Zwischenkriegszeit verbindet.

J. Kocka: Ursachen des Nationalsozialismus. In: Aus Politik und Zeitgeschichte, o. O. 1980, S. 3 ff.

Arbeitsvorschläge

a) Interpretieren Sie die Karikatur (M 2) unter dem Gesichtspunkt des Aufstiegs des italienischen Faschismus.

b) Analysieren Sie anhand der Bildsymbole (M 3) die Traditionslinie, in die sich Mussolini stellte.

c) Bestimmen Sie anhand der beiden Texte Mussolinis (M 4 und M 5) die Einstellungen des italienischen Faschismus zu Demokratie und Freiheit, Staat und Herrschaft sowie zu „Masse" und Individuum.

d) Vergleichen Sie Mussolinis und Hitlers Einstellung zum Pazifismus (M 5 und M 6).

e) Analysieren und vergleichen Sie das soziale Profil der PNF und der NSDAP (M 7 und M 8).

Methode:
Faschismus in Italien – Nationalsozialismus in Deutschland

**Ausgangspunkt
des Vergleichs**

Im 20. Jahrhundert bildeten sich nach dem Ersten Weltkrieg in zahlreichen europäischen Ländern neuartige rechtsextreme politische Bewegungen, die teils autonom entstanden, teils den italienischen Faschismus oder den deutschen Nationalsozialismus nachahmten; sie alle bedienten sich freilich auch einzelner politischer Symbole und Kampfformen des Sozialismus bzw. Kommunismus. Nur in Italien und in Deutschland stiegen sie zu Massenbewegungen auf, und nur in diesen beiden Ländern gelangten sie in Friedenszeiten und ohne die Hilfe einer fremden Regierung an die Macht. Auch die Tatsache, dass schon die Zeitgenossen im italienischen Faschismus und deutschen Nationalsozialismus wesensverwandte Erscheinungen sahen, legt einen eingehenden Vergleich der beiden historischen Phänomene nahe.

**Nutzen
und Problematik**

Der historische Vergleich ist eine wichtige, aber auch nicht unproblematische Methode. Wichtig ist er, weil nur durch Vergleiche ermittelt werden kann, ob und wie weit ein bestimmtes historisches Phänomen – sei es sozialer, wirtschaftlicher, politischer oder kultureller Natur – in einer bestimmten Zeit nur in einem Land oder auch in anderen Ländern auftrat. Die Klärung, ob eine einmalige oder eine allgemeine Erscheinung vorliegt, hat z. B. Auswirkungen auf die Beurteilung ihrer historischen Bedeutung. Problematisch sind historische Vergleiche, weil immer die Gefahr besteht, dass nur scheinbar Gleiches, in Wirklichkeit aber recht Unterschiedliches oberflächlich verglichen wird und dann voreilig oder unzutreffend eine Gleichheit der Phänomene behauptet wird. Wie haltbar und zuverlässig – und damit folglich auch wie brauchbar – ein historischer Vergleich ist, hängt also davon ab, ob er mit geeigneten Vergleichskriterien und mit Sorgfalt und Genauigkeit durchgeführt wird.

**Arbeitsschritte
des historischen
Vergleichens**

Ein sinnvoller und ergiebiger Vergleich zwischen zwei historischen Phänomenen A und B, zwischen denen gewisse Ähnlichkeiten vermutet oder behauptet werden, umfasst idealtypisch die folgenden Arbeitsschritte:
1. Beschreibende Analyse des Phänomens A.
2. Beschreibende Analyse des Phänomens B.
3. Festlegung der Vergleichskriterien (des tertium comparationis, d. h. der dritten Größe im Vergleich).
4. Durchführung des Vergleichs: Feststellung der Gemeinsamkeiten und Unterschiede zwischen A und B anhand der Vergleichskriterien.
5. Darstellung der Ergebnisse und Interpretation ihrer Bedeutung: Sind A und B mehr oder weniger identisch, sodass sie mit demselben Begriff bezeichnet werden können? Ist das eine Phänomen eine abgeschwächte Variante des anderen, die eine entsprechende begriffliche Differenzierung erfordert? Oder sind die Unterschiede zwischen A und B so gravierend, dass es sich um verschiedene, auch begrifflich zu trennende Phänomene handelt?

Der fünfte Schritt kann gegebenenfalls zum Ausgangspunkt neuer vergleichender Untersuchungen werden mit dem Ziel, das tertium comparationis weiter zu präzisieren, um zu immer differenzierteren und zuverlässigeren Ergebnissen zu gelangen.

**„Auf den
Begriff bringen"**

Ist eine hinreichende Zahl gewichtiger Übereinstimmungen festgestellt worden, bietet es sich an, dieses Ergebnis mittels geeigneter Begriffe zum Ausdruck zu bringen. Vergleichende Untersuchungen der europäischen ständischen Agrargesellschaften des Mittelalters haben z. B. ergeben, dass sie sich in den Strukturelementen „Grundherrschaft" und „Lehenswesen" stark ähneln; daher spricht man auch von der Epoche des „Feudalismus" (von feodum = Lehengut). Ebenso haben bezüglich der frühneuzeitlichen kontinentaleuropäischen Monarchien bzw. Fürstenherrschaften die Übereinstimmungen in der Stellung des Herrschers und in den Inhalten und Formen seiner Außen-, Innen- und Wirtschaftspolitik zum Epochenbegriff „Absolutismus" (von legibus absolutus = über den Gesetzen stehend) geführt. Wo diese Herrschaftsform teilweise von den Ideen der Aufklärung beeinflusst wurde, spricht man, begrifflich differenzierend, vom „aufgeklärten Absolutismus".

Welche Begriffe werden in der historischen Forschung für die zu vergleichenden Phänomene gebraucht? Welche Vergleichskriterien legen Historiker an? Die einen arbeiten mit einem vom italienischen Ursprungsmodell abgeleiteten, also verallgemeinerten Begriff „Faschismus". Sie halten es für legitim, außeritalienische politische Bewegungen und Systeme gleichfalls als „faschistisch" zu klassifizieren, wenn sie in folgenden Merkmalen mit der Bewegung der „fasci di combattimento" und dem „stato totalitario" Mussolinis überwiegend übereinstimmen: 1. Gesellschaftliche Ursachen für die Entstehung und den Aufstieg der Bewegung. 2. Soziale Basis (d.h. gesellschaftliche Trägerschichten) der Bewegung. 3. Ideologie und politische Ziele. 4. Rahmenbedingungen der Machtübernahme und der Diktaturerrichtung. 5. Herrschaftssystem und Machtausübung.

Das tertium coparationis bestimmen: Merkmale für „Faschismus"

5

Andere Historiker gehen dagegen von der Beobachtung aus, dass sich in modernen diktatorischen Systemen des 20. Jahrhunderts, vor allem im Nationalsozialismus und im Kommunismus (namentlich im Stalinismus), gemeinsame Herrschaftstechniken finden. Sie orientieren sich daher an dem von C. J. Friedrich und Z. K. Brzezinski 1956 – in der Zeit des Kalten Krieges – entwickelten (1965 überarbeiteten) Begriff des „Totalitarismus". „Totalitäre" Herrschaft umfasst folgende sechs Merkmale: 1. Eine weltanschauliche, auf einen anzustrebenden Idealzustand der Menschheit ausgerichtete Ideologie. 2. Eine einzige, dem Staat übergeordnete, mit ihm verflochtene Massenpartei. 3. Eine terroristische Geheimpolizei mit schrankenlosen Befugnissen. 4. Ein Partei- und Staatsmonopol für die Massenkommunikationsmittel. 5. Ein staatliches Waffenmonopol. 6. Eine staatliche Lenkung der Wirtschaft.

Merkmale für „Totalitarismus"

Arbeitsvorschläge

a) Vergleichen Sie den italienischen Faschismus und den deutschen Nationalsozialismus entsprechend dem Arbeitsschritt 4 des oben genannten Untersuchungsmodells. Gehen Sie davon aus, dass die Arbeitsschritte 1 bis 3 bereits von Historikern geleistet wurden (siehe Darstellungstexte und Materialien). Benutzen Sie als tertium comparationis einmal die Merkmale des Faschismus, ein anderes Mal diejenigen des Totalitarismus.

b) Erörtern Sie im Lichte Ihrer Ergebnisse, ob man den Nationalsozialismus eher als deutsche Form des Faschismus oder des Totalitarismus einordnen kann. Ziehen Sie dazu die Position des Historikers Jürgen Kocka (M 9, S. 211) heran.

c) Der Historiker Ernst Nolte bezeichnet den italienischen Faschismus als „Normalfaschismus", den Nationalsozialismus als „Radikalfaschismus". Nehmen Sie zu diesem Begriffspaar Stellung.

d) Informieren Sie sich und referieren Sie (arbeitsteilig) über das Spektrum der als faschistisch bezeichenbaren Bewegungen und Systeme des 20. Jahrhunderts. Literatur: Wippermann, W.: Europäischer Faschismus im Vergleich 1922–1982. Frankfurt a. M. 1983.

Der Aufstieg des Nationalsozialismus

1919	Hitler tritt im September in die am 1. Mai gegründete Deutsche Arbeiterpartei ein.
1920	Im Februar benennt sich die DAP um in Nationalsozialistische Deutsche Arbeiterpartei (NSDAP). Das in München verabschiedete Parteiprogramm wird auch später nie verändert. Im Dezember wird eine eigene Parteizeitung („Völkischer Beobachter") gegründet.
1921	Hitler ist seit Juli Vorsitzender der NSDAP und richtet die Partei nach dem Führerprinzip aus. Mit der SA (Sturmabteilung) rüstet sich die Partei im August mit einer eigenen Saalschutzorganisation aus, die sich vor allem aus ehemaligen Freikorpssoldaten zusammensetzt.
1923	Hitler scheitert am 9. November mit seinem Versuch, durch einen Putsch in München („Marsch zur Feldherrnhalle") die Regierungsgewalt im Deutschen Reich zu übernehmen. Nach der Niederschlagung des Putsches werden die NSDAP und der „Völkische Beobachter" verboten.
1924	Zu fünf Jahren Festungshaft in Landsberg verurteilt, verfasst Hitler während seiner durch eine Amnestie bereits nach einem halben Jahr beendeten Haftzeit (April bis Dezember) das erste Buch von „Mein Kampf".
1925	Hitler gründet im Februar die NSDAP neu, in der Folge erscheint auch der „Völkische Beobachter" wieder. Als nationalsozialistischer Eliteverband für Sonderaufgaben wird im November die SS (Schutzstaffel) gegründet.
1926	Im Juli wird die Hitler-Jugend gegründet.
1930	Bei den Reichstagswahlen im September steigert die NSDAP die Zahl ihrer Mandate von 12 auf 107 und wird zweitstärkste Fraktion (September).
1931	Die rechtsradikalen Kräfte schließen sich im Oktober zur „Harzburger Front" zusammen und erklären der Weimarer Republik offen den Kampf.
1932	Bei den Reichstagswahlen im Juli wird die NSDAP mit 230 Mandaten stärkste Fraktion und bleibt dies auch trotz des Rückgangs ihrer Mandate (196) nach der erneuten Wahl im November. Wirtschaftsvertreter plädieren beim Reichspräsidenten für die Ernennung Hitlers zum Reichskanzler.
1933	Hitler wird am 30. Januar zum Reichskanzler ernannt. Der Reichtagsbrand löst eine Verhaftungswelle gegen Kommunisten aus. Unter legalistischem Anschein wird das Staatswesen durch eine Reihe administrativer Maßnahmen („Verordnung zum Schutz von Volk und Staat", „Ermächtigungsgesetz", „Gesetz zur Wiederherstellung des Berufsbeamtentums", Auflösung der Gewerkschaften, Verbot der SPD, „Gesetz gegen die Neubildung von Parteien", „Gesetz zur Sicherung der Einheit von Partei und Staat") „gleichgeschaltet".
1934	Nach dem Tod Hindenburgs vereinigt Hitler das Amt des Reichspräsidenten und Reichskanzlers in seiner Person und nennt sich „Führer und Reichskanzler". Mit dem Gesetz über den Neuaufbau des Reiches wird die Länderhoheit aufgehoben.

Der Faschismus in Italien

1919

In Italien kommt es zur einer Krise des politischen Systems:
Der Kampf auf Seiten der Alliierten hat den Staat fast in den finanziellen Ruin getrieben, 600 000 Italiener sind gefallen und auf der Friedenskonferenz von Versailles werden die italienischen Gebietsansprüche nur zum Teil erfüllt. Der Eindruck eines verstümmelten Sieges trägt mit dazu bei, dass linke und rechte radikale Bewegungen großen Zulauf erhalten, während sich die liberale Mitte, welche die Regierung stellt, als überfordert erweist.
Im März gründet der ehemalige Sozialist Benito Mussolini in Mailand die ersten „fasci di combattimento" (Kampfbünde), denen sich vor allem entwurzelte Soldaten anschließen.

1920–22

In der Industrie und Landwirtschaft kommt es zu zahlreichen Streiks. Der Faschimus wächst zu einer Massenbewegung und ihm gelingt es, auch im Bürgertum und auf dem Land Anhänger zu gewinnen. Terroraktionen der faschistischen Stoßtrupps (Squadre d'Azioni) gegen Sozialisten, Vertreter der Gewerkschaften und Mitglieder der Kommunalverwaltungen werden vom Bürgertum, den Militärs, der Regierung und der Polizei immer wieder geduldet.

1921

Im November wird unter Führung Mussolinis die „Partito Nazionale Fascista" (PNF) gegründet.

1922

Der faschistische „Marsch auf Rom" bringt Mussolini an die Macht: Der italienische König überträgt ihm das Amt des Ministerpräsidenten. Mussolini versucht andere politische Kräfte an sich zu binden, indem er Nationalisten, Liberale und Vertreter des politischen Katholizismus in seine Regierung aufnimmt.

1924

Bei den Parlamentswahlen erhalten die Faschisten 65 % der Stimmen und 365 von 503 Mandaten. Nach der Ermordung des Sozialistenführers Giacomo Matteotti durch Angehörige der „squadri" verlässt die Mehrheit der nicht faschistischen Abgeordneten demonstrativ das Parlament. Auch in seiner eigenen Partei stößt Mussolini auf Widerstand.

1925/26

Mussolini reagiert auf diese Krise mit der Errichtung einer offenen Diktatur: Zunächst werden antifaschistische Organisationen aufgelöst und ihre Führer festgenommen. Der gescheiterte Versuch eines Attentats auf ihn selbst dient Mussolini als Grund, die sozialistische Partei aufzulösen. Durch eine Reihe von Gesetzen wird die faschistische Regierung mit fast unbeschränkten Vollmachten ausgestattet und in die Besetzung der Verwaltung bis auf die Ebene der Städte eingegriffen. Ferner wird die Tarifautonomie aufgehoben, Aussperrung und Streik untersagt und die Vertretungen der Arbeitgeber und Arbeitnehmer zu „cooperationi" zusammengefasst. Mit dem Gesetz zum Schutze des Staates entsteht ein Polizeistaat. Indem den Abgeordneten der Opposition die Mandate aberkannt werden, wird Italien zu einem Einparteienstaat.

1928

Aufgrund des neuen Wahlgesetzes stehen nur noch 400 durch eine Einheitsliste vorher bestimmte Abgeordnete zur Wahl.

1930/31

Durch staatliche Eingriffe wird die Krise der italienischen Wirtschaft bewältigt.

1935

Per Gesetz wird die endgültige Gliederung der Arbeitnehmer- und Arbeitgebervertreter in Kooperationen eingeführt, die alle Wirtschaftszweige umfasst.

5

5.4 Außenpolitik und Zweiter Weltkrieg

**Offizielle
und inoffizielle
Außenpolitik**

Offiziell ging es der NS-Außenpolitik in den 1930er-Jahren lediglich um internationale Gleichberechtigung und um die friedliche Revision des Versailler Vertrages; inoffiziell aber wurde aufgerüstet und ein Krieg um „Lebensraum im Osten und dessen rücksichtslose Germanisierung" vorbereitet, wie Hitler schon am 3. Februar 1933 vor führenden Generälen äußerte, ohne auf Widerspruch zu stoßen.

**Provokation
und Appeasement**

Weil ihm die militärische Gleichberechtigung verweigert wurde, trat Deutschland im Oktober 1933 aus dem Völkerbund aus. Im Januar 1935 fiel Hitler ein politischer Triumph in den Schoß, als über 90 Prozent der Abstimmungsberechtigten für die Wiedereingliederung des Saarlandes in das Deutsche Reich votierten. Die gegen den Versailler Vertrag verstoßende, riskante Wiedereinführung der allgemeinen Wehrpflicht im März 1935 löste jedoch bei den Siegermächten des Ersten Weltkrieges nur diplomatische Proteste aus. Im Juni kam es sogar zu einem deutsch-britischen Flottenabkommen, das unter Bruch des Versailler Vertrages die Höchststärke der deutschen Marine auf 35 Prozent der britischen festsetzte – ein kaum zu überschätzender Triumph Hitlers. Die nachgiebige britische Haltung gegenüber dem deutschen Diktator erklärt sich daraus, dass England den Versailler Vertrag mittlerweile für überholt hielt und die Sicherung des Friedens durch Beschwichtigung Hitlers („Appeasement"), d. h. durch Zugeständnisse bei für berechtigt gehaltenen deutschen Anliegen, erreichen wollte. Frankreich war durch den Locarno-Vertrag von England außenpolitisch abhängig und musste sich der britischen Politik anschließen.

**Außenpolitische
Erfolge, Hitler-
Stalin-Pakt**

Unter diesen Voraussetzungen konnte Hitler ungestört eine Serie außenpolitischer Erfolge feiern. Im März 1936 ließ er im entmilitarisierten Rheinland wieder Truppen stationieren. Ab Juli 1936 unterstützten Deutschland und Italien (inoffiziell) den (1939 siegreichen) Militärputsch des Generals Franco in Spanien und begannen politisch zusammenzuarbeiten („Achse Berlin – Rom"). Im März 1938 erfolgten, unter dem Jubel der meisten Österreicher, die Besetzung und der „Anschluss" Österreichs (mit Zustimmung Mussolinis); im September schließlich billigte die „Münchener Konferenz" (Hitler, Mussolini, Chamberlain, Daladier) die Annexion des überwiegend deutsch besiedelten Sudetenlandes – gegen den Willen der Tschechoslowakei. Hitler schien alles zu gelingen; seine Popularität erreichte einen Höhepunkt, sodass oppositionelle Offiziere um General Beck, die sich mit dem Gedanken trugen, den Diktator wegen seiner Kriegspolitik abzusetzen, vorläufig resignierten. Erst die Besetzung der „Rest-Tschechei" im März 1939 und die Errichtung eines NS-hörigen Regimes in der Slowakei veranlassten England und Frankreich zu einer härteren Haltung und zu einer Garantieerklärung für Polen – offenkundig das nächste deutsche Angriffsziel. Hitler ließ sich davon nicht beeindrucken, da es ihm im August gelang, durch einen deutsch-sowjetischen Nichtangriffspakt (sog. „Hitler-Stalin-Pakt") die Gefahr eines Zweifrontenkrieges abzuwenden. Ein geheimes Zusatzprotokoll sah die Teilung Polens zwischen Deutschland und der Sowjetunion vor und grenzte die Interessensphären beider Mächte in Osteuropa ab.

**Kriegsvorbereitung
der deutschen
Wirtschaft**

Allerdings war das Reich wirtschaftlich auf einen Krieg nur ungenügend vorbereitet. Zwar hatte Hitler 1936 versucht durch einen Vierjahresplan die deutsche Wirtschaft auf Selbstversorgung mit Rohstoffen (Autarkie) umzustellen, doch gelang es nicht, z. B. ausreichende Benzinmengen aus Kohle zu gewinnen. Insbesondere einem längeren Krieg war die deutsche Industrie nicht gewachsen.

Der Überfall auf Polen am 1. September 1939 weitete sich zu einem sechsjährigen Weltkrieg aus. Dank ihrer überlegenen Panzerverbände und Luftstreitkräfte überrannte die deutsche Wehrmacht von September 1939 bis Juni 1941 in „Blitzkriegen" nacheinander Polen, Dänemark, Norwegen, die Benelux-Länder, Nordfrankreich, den Balkan, Griechenland und Teile Nordafrikas (zusammen mit Italien). Nach der Kapitulation Frankreichs am 22. Juni 1940 erreichte Hitlers Popularität einen neuen Gipfelpunkt. Im Herbst scheiterte jedoch der Versuch, die Lufthoheit über England zu gewinnen und die Insel invasionsreif zu bomben.

Überfall auf Polen

Daraufhin ließ Hitler trotz der Gefahr eines Zwei-Fronten-Krieges am 22. Juni 1941 die Sowjetunion überfallen. In wenigen Monaten gelang es der Wehrmacht, weite Gebiete Russlands zu erobern. Der Angriff hatte jedoch mit einem Monat Verzögerung begonnen – noch dazu mit Sommerausrüstung. Im Winter blieb der Vormarsch vor Leningrad im Norden, Moskau in der Mitte und Rostow im Süden stecken. Die Front wurde mit Mühe gehalten, aber das Blitzkriegskonzept war gescheitert. Ungeachtet der kritischen Lage an der Ostfront erklärten Deutschland und Italien nach dem japanischen Angriff auf die US-Flotte in Pearl Harbor (Hawaii) vom 7. Dezember 1941 den USA den Krieg. Dadurch wurde das mächtigste Land der Welt zum militärischen Alliierten Englands und der Sowjetunion – die „Anti-Hitler-Koalition" entstand. Die neue militärische Situation machte auch Änderungen in der deutschen Kriegswirtschaft notwendig. Um den nun ausgerufenen „totalen Krieg" führen zu können, mussten Millionen von Fremdarbeitern, Kriegsgefangenen und KZ-Insassen in Industrie und Landwirtschaft zum Teil unter menschenunwürdigen Bedingungen arbeiten. Mitte September 1944 erreichte die deutsche Rüstung ihren Höhepunkt. Trotzdem konnte Deutschland im Rüstungswettlauf mit den Alliierten nur unterliegen.

Zwei-Fronten-Krieg und Anti-Hitler-Koalition, der „totale Krieg" und die deutsche Kriegswirtschaft

Die deutschen Kriegsziele und -methoden im Norden und Westen unterschieden sich beträchtlich von denen im Osten. Die nord- und westeuropäischen Länder mit ihren aus nationalsozialistischer Sicht „rassisch verwandten" Völkern wurden aus militärstrategischen und hegemonialpolitischen Gründen besetzt, aber nicht als künftige Siedlungsgebiete für Deutsche.
Dagegen ließ Hitler in Osteuropa von Anfang an einen unbarmherzigen Rassen-, Weltanschauungs- und „Lebensraum"-Krieg führen. Die besetzten Gebiete wurden wirtschaftlich rücksichtslos ausgeplündert, um die Versorgung sowohl der Wehrmacht als auch der „Heimat" sicherzustellen. Außerdem waren weite Teile Russlands für eine Besiedlung durch Deutsche („Germanisierung") vorgesehen. Demzufolge sollten sämtliche Juden ausgerottet, die „rassisch minderwertige" slawische Bevölkerung durch Lebensmittelentzug, Zwangsarbeit und Vertreibung hinter den Ural dezimiert werden. Die Rote Armee, von Partisanenverbänden wirksam unterstützt, leistete erbitterten Widerstand.

Unterschiede in der Kriegsführung

Im Gegensatz zu einer verbreiteten Nachkriegslegende blieb die Wehrmacht in diesem Krieg nicht „sauber", am wenigsten die Generalität. Schon vor Kriegsbeginn ausgearbeitete Truppenbefehle sahen vor, „politische Kommissare" der Roten Armee zu erschießen. Partisanen sollten „erledigt" werden, partisanenverdächtige Dörfer konnten vernichtet, die Einwohner getötet werden. Übergriffe einzelner Wehrmachtssoldaten auf Zivilisten sollten im Regelfall straffrei bleiben. Tatsächlich wurden Partisanenanschläge mit willkürlichen Massenerschießungen von Zivilisten beantwortet. In Kriegsgefangenenlagern der Wehrmacht sind mehr als drei Millionen Rotarmisten verhungert und verdurstet, erfroren oder an Seuchen gestorben – sie galten ja nicht als „Kameraden", sondern als „Untermenschen". Ohne die militärischen Eroberungen wäre auch die Ermordung der europäischen Juden durch mobile Einsatzgruppen – für die Wehrmachtseinheiten

„Saubere" Wehrmacht?

5

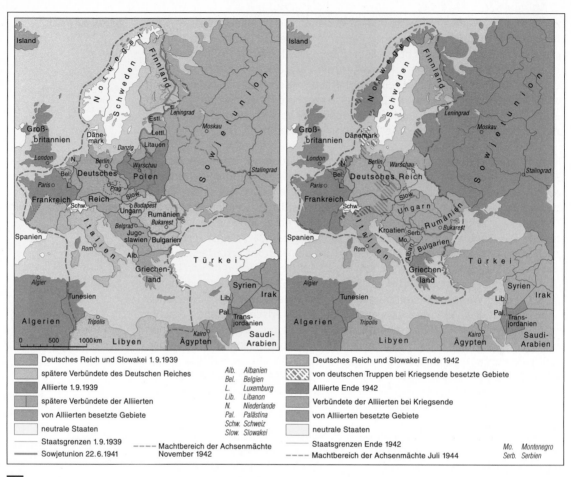

1 Europa während des Zweiten Weltkrieges 1939–1945

Hilfsdienste leisteten – und in Vernichtungslagern nicht möglich gewesen. Beim Rückzug schließlich hinterließ man „verbrannte Erde".

Alliierte Gegenzüge

Seit März 1942 führten die britische und die amerikanische Luftwaffe von England aus einen Bombenkrieg gegen deutsche Städte, Industrieanlagen und Verkehrsverbindungen. Mit der Niederlage des Afrikakorps bei El-Alamein im November 1942 und der Kapitulation der 6. Armee in Stalingrad Ende Januar/Anfang Februar 1943 ging die Initiative endgültig auf die Alliierten über. Die Wehrmacht geriet an allen Fronten in die Defensive und wurde zum Rückzug gezwungen. Mit ihrer Landung auf Sizilien im Juli 1943 lösten die Alliierten Mussolinis Sturz aus – Italien schloss einen Waffenstillstand, woraufhin Oberitalien als „besetzter Verbündeter" unter deutsche Gewaltherrschaft geriet. Im Juni 1944 landeten die Alliierten in der Normandie und befreiten Frankreich; im September erreichten sie die deutsche Westgrenze. Parallel dazu vertrieb die Rote Armee die Wehrmacht aus Russland und Osteuropa; im Januar 1945 begann ihre Offensive gegen das Reichsgebiet. Schließlich endete der Krieg mit der totalen militärischen Niederlage und der alliierten Besetzung des Reichsgebietes. Hitler beging am 30. April 1945 Selbstmord. Sein Nachfolger Großadmiral Dönitz ließ die Wehrmacht am 7./8. Mai 1945 bedingungslos kapitulieren. Japan kapitulierte erst am 2. September nach den amerikanischen Atombomben auf Hiroshima und Nagasaki.

2 Das außenpolitische Programm

Auszug aus einer Ansprache Hitlers vor den Befehlshabern des Heeres und der Marine am 3. Februar 1933 (sog. Liebmann-Aufzeichnung):

5 Ziel der Gesamtpolitik allein: Wiedergewinnung der pol. Macht. Hierauf muss gesamte Staatsführung eingestellt sein. […]

2. Nach außen. Kampf gegen Versailles. Gleichberechtigung in Genf; aber zwecklos, wenn Volk nicht auf Wehr-
10 willen eingestellt. Sorge für Bundesgenossen. […]

4. Aufbau der Wehrmacht wichtigste Voraussetzung für Erreichung des Ziels: Wiedergewinnung der pol. Macht. Allg. Wehrpflicht muss wieder kommen. Zuvor aber muss Staatsführung dafür sorgen, dass die Wehrpflichtigen vor
15 Eintritt nicht schon durch Pazif., Marxismus, Bolschewismus vergiftet werden oder nach Dienstzeit diesem Gifte verfallen.

Wie soll pol. Macht, wenn sie gewonnen ist, gebraucht werden? Jetzt noch nicht zu sagen. Vielleicht Erkämp-
20 fung neuer Export-Mögl., vielleicht – und wohl besser – Eroberung neuen Lebensraums im Osten u. dessen rücksichtslose Germanisierung. Sicher, dass erst mit po. Macht u. Kampf jetzige wirtsch. Zustände geändert werden können. Alles, was jetzt geschehen kann – Siedlung
25 – Aushilfsmittel. Wehrmacht wichtigste u. sozialistischste Einrichtung d. Staates. Sie soll unpol. u. überparteilich bleiben. Der Kampf im Innern nicht ihre Sache, sondern der Nazi-Organisationen. Anders wie in Italien keine Verquickung von Heer und SA beabsichtigt. – Gefährlichste
30 Zeit ist die des Aufbaus der Wehrmacht. Da wird sich zeigen, ob Frankreich Staatsmänner hat; wenn ja, wird es uns nicht Zeit lassen, sondern über uns herfallen (vermutlich mit Ost-Trabanten).

Zit. nach: Vierteljahreshefte für Zeitgeschichte 2/1954, S. 434 ff.

3 Botschaft für das Ausland

In einer Reichstagsrede vom 17. Mai 1933 erläutert Hitler sein offizielles außenpolitisches Programm:

Unser Nationalismus ist ein Prinzip, das als Weltan-
5 schauung grundsätzlich allgemein verpflichtet. Indem wir in grenzenloser Liebe und Treue an unserem eigenen Volkstum hängen, respektieren wir die nationalen Rechte auch der anderen Völker aus dieser selben Gesinnung heraus und möchten aus tiefinnerstem Herzen mit ih-
10 nen in Frieden und Freundschaft leben. Wir kennen daher nicht den Begriff des „Germanisierens". Die geistige Mentalität des vergangenen Jahrhunderts, aus der man glaubte, vielleicht aus Polen oder Franzosen Deutsche machen zu können, ist uns genauso fremd, wie wir uns
15 leidenschaftlich gegen jeden umgekehrten Versuch wenden. Wir sehen die europäischen Nationen um uns als gegebene Tatsachen. Franzosen, Polen sind unsere Nachbarvölker, und wir wissen, dass kein geschichtlich denkbarer Vorgang diese Wirklichkeit ändern könnte. […]

20 Die deutsche Regierung wünscht, sich über alle schwierigen Fragen politischer und wirtschaftlicher Natur mit den anderen Nationen friedlich und vertraglich auseinander zu setzen. Sie weiß, dass jeder militärische Akt in Europa auch im Falle eines vollständigen Gelingens, ge-
25 messen an seinen Opfern, in keinem Verhältnis steht zum möglichen endgültigen Gewinn.

Zit. nach: W. Conze (Hg.), Der Nationalsozialismus 1934–1945, Totaler Führerstaat und nationalsozialistische Eroberungspolitik. Stuttgart 1984, S. 40 f.

4 Gesprächsnotizen von Generaloberst Halder

Hitlers Ansprache vor 250 Generälen und hohen Offizieren am 30. März 1941:

Unsere Aufgaben gegenüber Russland: Wehrmacht zerschlagen, Staat auflösen […] Kampf zweier Weltanschau-
5 ungen gegeneinander. Vernichtendes Urteil über Bolschewismus ist gleich asoziales Verbrechertum. Kommunismus ungeheure Gefahr für die Zukunft. Wir müssen von dem Standpunkt des soldatischen Kameradentums abrücken. Der Kommunist ist vorher kein Kamerad und nachher
10 kein Kamerad. Es handelt sich um einen Vernichtungskampf. […] Vernichtung der bolschewistischen Kommissare und der kommunistischen Intelligenz. […] Der Kampf wird sich sehr unterscheiden vom Kampf im Westen. Im Osten ist Härte mild für die Zukunft. Die Füh-
15 rer müssen von sich das Opfer verlangen, ihre Bedenken zu überwinden.

Zit. nach: Generaloberst Franz Halder, Kriegstagebuch. Tägliche Aufzeichnungen des Chefs des Generalstabes des Heeres 1939–1942. 3 Bde., Stuttgart 1962–64, Bd. 2, S. 335 ff.

5 Wehrmacht und Zivilbevölkerung

Aus dem Erlass über die Ausübung der Kriegsgerichtsbarkeit im Gebiet „Barbarossa", 13. Mai 1941:

Behandlung von Straftaten feindlicher Zivilpersonen:

1. Straftaten feindlicher Zivilpersonen sind der Zustän-
5 digkeit der Kriegsgerichte und der Standgerichte bis auf weiteres entzogen.

2. Freischärler sind durch die Truppe im Kampf oder auf der Flucht schonungslos zu erledigen.

3. Auch alle anderen Angriffe feindlicher Zivilperso-
10 nen gegen die Wehrmacht, ihre Angehörigen und das Gefolge sind von der Truppe auf der Stelle mit den äußersten Mitteln bis zur Vernichtung des Angreifers niederzukämpfen. […]

Behandlung der Straftaten von Angehörigen der Wehr-
15 macht und des Gefolges gegen Landeseinwohner: 1. Für Handlungen, die Angehörige der Wehrmacht und des Gefolges gegen feindliche Zivilpersonen begehen, besteht kein Verfolgungszwang, auch dann nicht, wenn die Tat zugleich ein militärisches Verbrechen oder Vergehen ist.
20

Zit. nach: Ueberschär, G. R. /Wette, W. (Hg.): „Unternehmen Barbarossa", Der deutsche Überfall auf die Swjetunion 1941. Berichte, Analysen, Dokumente. Paderborn 1984, S. 306 f.

5

5

6 **Titelblatt der Satirezeitschrift „Lustige Blätter"** von Bertold Daneke, 29.9.1939. Die Originalunterschrift lautet: „Auf, auf, ihr Söhne Englands, verteidigt unsere heiligsten Güter!"

7 **Titelblatt der Satirezeitschrift „Lustige Blätter"** von Bertold Daneke, 11.7.1941. Die Originalunterschrift lautet: „Ihr könnt reden, was ihr wollt, aber dies ist mein Krieg, den ihr für mich gewinnen sollt!"

8 **Plakat der Reichspropagandaleitung der NSDAP** von Hans Schweitzer, 1943.

9 **Kriegsführung im Osten**

Aktennotiz deutscher Staatssekretäre, 2.5.1941:

1. Der Krieg ist nur weiterzuführen, wenn die gesamte Wehrmacht im 3. Kriegsjahr aus Russland ernährt wird.

5 2. Hierbei werden zweifellos zig Millionen Menschen verhungern, wenn von uns das für uns Notwendige aus dem Lande herausgeholt wird.

3. Am wichtigsten ist die Bergung und Abtransport von Ölsaaten, Ölkuchen, dann erst Getreide. Das vorhande-

10 ne Fett und Fleisch wird voraussichtlich die Truppe verbrauchen.

4. Die Beschäftigung der Industrie darf nur auf Mangelgebiete wieder aufgenommen werden, z.B. die Werke für Verkehrsmittel, die Werke für allgemeine Versor-

15 gungsanlagen (Eisen), die Werke für Textilien, von Rüstungsbetrieben nur solche, bei denen in Deutschland Engpässe bestehen.

Ebenda S. 377.

10 **„Meine Tage sind gezählt"**

Brief des sowjetischen Kriegsgefangenen F. J. Koshedub aus Kaunas in Litauen an seine Familie, 19.10.1941:

Wir haben Millionen Läuse. Ich habe mich zwei Mona-

5 te nicht rasiert, nicht gewaschen und nicht umgezogen. Zum Anziehen habe ich Unterwäsche, Oberwäsche, einen Soldatenmantel, eine Feldmütze und Schuhe mit Wickelgamaschen. Es ist kalt, matschig und schmutzig. Jeden Tag sterben 200 bis 300 Mann. In einer solchen

10 Lage befinde ich mich also, und meine Tage sind gezählt. So lebt wohl meine Teuren, lebt wohl, meine Lieben,

Freunde und Bekannten. Wenn sich ein guter Mensch findet, der meinen Brief weiterschickt, wisst ihr wenigstens, wo ich meinen ruhmlosen schweren Tod gefunden habe. Nochmals lebt wohl. 15

SZAOR der UdSSR, Fonds 7021, Liste 94, Akte 460, Bl. 57 f. Zit. nach: Wehrmachtsverbrechen. Dokumente aus sowjetischen Archiven. Köln 1976, S. 147 f.

11 **Stalingrad und die Soldaten**

Aus einem Brief aus Stalingrad, Januar 1943:

Liebster Vater! Die Division ist ausgeschlacht für den Großkampf, aber der Großkampf wird nicht stattfinden. Du wirst dich wundern, dass ich an dich schreibe und an dei- 5 ne Adresse im Amt, aber was ich in diesem Brief zu sagen habe, ist nur unter Männern zu sagen. Du wirst es in der dir eigenen Form an Mutter weitergeben. Wir dürfen heute schreiben, heißt es bei uns. Das bedeutet für einen, der die Lage kennt, wir können es nur noch einmal. Du bist 10 Oberst, lieber Vater, und Generalstäbler. Du weißt, was das bedeutet, und mir ersparst du damit Erklärungen, die sentimental klingen könnten. Es ist Schluss. Ich denke, es wird noch ungefähr acht Tage lang gehen, dann ist der Kragen zu. Ich will nicht nach Gründen suchen, die man für 15 oder gegen unsere Situation ins Feld führen könnte. Diese Gründe sind jetzt gänzlich unwichtig und außerdem ohne Nutzen, aber wenn ich dazu etwas zu sagen habe, dann das eine: Sucht nicht nach Erklärungen für die Situation bei uns, sondern bei euch und bei dem, der dieses zu verant- 20 worten hat. Haltet den Nacken steif. Du, Vater, und die mit dir der gleichen Ansicht sind. Seid auf der Hut, damit nicht

größeres Unheil über unser Vaterland kommt. Die Hölle an der Wolga soll euch Warnung sein. Ich bitte euch, schlagt
25 diese Erkenntnis nicht in den Wind.

Ch. Studt (Hg.): Das Dritte Reich. Ein Lesebuch zur deutschen Geschichte 1933–1945. München 1995, S. 261 f.

12 Stalingrad und die Bevölkerung
Meldungen des Sicherheitsdienstes der SS, 28.1.1943:
Unter dem Eindruck, dass das Schicksal der 6. Armee in Stalingrad bereits besiegelt sei, und in der Sorge um die
5 weitere Entwicklung der Kriegslage ist das ganze Volk z. Z. bis ins Tiefste aufgewühlt. Unter den vielen Fragen, die sich aus der veränderten Situation ergeben, bewegt die Bevölkerung vor allem, warum Stalingrad nicht rechtzeitig geräumt oder entsetzt wurde und wie es möglich war, dass
10 die militärische Situation vor einigen Monaten noch als gesichert und bis in die letzten Tage als nicht ungünstig

hingestellt werden konnte. Besonders erörtert, und zwar vielfach mit ausgesprochen kritischem Unterton, wird die Unterschätzung der russischen Kampfkraft, durch welche jetzt schon zum zweiten Male eine schwere Krise ausge- 15 löst worden sei. Darüber hinaus befassen sich die Volksgenossen wieder vermehrt mit manchen Entwicklungen im Innern, welche mit dafür ursächlich seien, dass uns der jetzige Schlag so überaus hart treffe. Bei aller Bereitschaft, sich der Totalisierung des Krieges bedingungslos zu unter- 20 werfen, äußern viele Volksgenossen, auch gerade solche, die politisch durchaus gefestigt sind, dass dieser Schritt reichlich spät erfolge. […]
In der Befürchtung, dass ein ungünstiger Ausgang des Krieges in den Bereich des Möglichen gerückt sei, befassen sich die 25 Volksgenossen ernsthaft mit den Folgen einer Niederlage.

Michalka, W. (Hg.): Das Dritte Reich, Bd. 2: Weltmachtanspruch und nationaler Zusammenbruch 1939 bis 1945. München 1985, S. 352 f.

13 Am 30. September 1944 in der deutschen Kriegswirtschaft eingesetzte ausländische Arbeitskräfte

Staatsange-hörigkeit	Männer	Frauen	zusammen	%-Anteil der Frauen	zusammen in % aller ausländischen Zivilarbeiter
Belgien	170058	29379	199437	14,7	3,4
Frankreich	603767	42654	646421	6,6	10,8
Italien	265030	22317	287347	7,7	4,8
Jugoslawien	294222	30768	324954	9,5	1,6
Niederlande	233591	20953	254544	8,2	4,3
Slowakei	20857	16693	37550	44,4	0,6
Ungarn	17206	7057	24263	3,0	0,4
Sowjetunion	1062507	1112137	2174644	51,1	36,4
Polen	1115321	586091	1701412	34,4	18,5
Insgesamt	3986306	1990367	5976673	33,3	100,0

Aus: F. Blaich: Wirtschaft und Rüstung im „Dritten Reich". Düsseldorf 1987, S. 109.

Arbeitsvorschläge

a) Stellen Sie die außenpolitischen Ziele Hitlers zusammen (M 2 und M 3). Berücksichtigen Sie dabei den Unterschied zwischen öffentlichen und nichtöffentlichen Positionen.

b) Erarbeiten Sie aus M 4 und M 5, inwiefern im Osten ein Krieg geplant wurde, der sich vom Westkrieg (1939–1941) und ebenso vom Ersten Weltkrieg unterschied. Erörtern Sie den Zweck des Kriegsgerichtserlasses und beurteilen Sie dann die Rolle der Wehrmacht bei der Planung des Krieges.

c) Untersuchen Sie anhand des Feldpostbriefes (M 11) und des SD-Berichtes (M 12) die Auswirkungen der Niederlage von Stalingrad auf die Bevölkerung.

d) Erläutern Sie anhand der Abbildungen (M 6–M 8) das nationalsozialistische Feindbild und berücksichtigen Sie dabei die Unterschiede zwischen den Gegnern.

e) Stellen Sie die Folgen des Krieges für die Menschen der Sowjetunion dar (M 9 und M 10) und beurteilen Sie, inwieweit man von einem Vernichtungskrieg sprechen kann.

f) Erkundigen Sie sich über den Einsatz von Zwangsarbeitern in Ihrer Stadt und Region. Recherchieren Sie vor Ort und im Internet, ob sich Firmen aus Ihrer Region an der Entschädigung von Zwangsarbeitern beteiligt haben.

Standpunkte: Anständige Soldaten oder Verbrecher? – die Rolle der Wehrmacht im Zweiten Weltkrieg

Die Ausstellung „Vernichtungskrieg. Verbrechen der Wehrmacht 1941–1945" vom Hamburger Institut für Sozialforschung löste in den 1990er-Jahren eine große öffentliche Debatte über die Rolle der Wehrmacht im Zweiten Weltkrieg aus. Die Ausstellungsmacher hatten den verbrecherischen Charakter der Wehrmacht herausgestellt. In der dann folgenden erbitterten Auseinandersetzung ging es um die Frage, inwieweit die Wehrmacht an den Verbrechen des NS-Regimes beteiligt gewesen war. In falsche Zusammenhänge eingeordnete Fotos waren der Anlass dafür, dass die Ausstellung inzwischen neu erarbeitet wurde.

14 Aktive Beteiligung und passive Duldung?

Das Urteil des Historikers Wolfgang Benz in Rahmen einer Fachtagung zur Wehrmachtsausstellung in Bremen am 26.2.1997 – auch bei den beiden anderen Texten handelt es sich um the-
5 *senartig zusammengefasste Beiträge zu dieser Tagung:*

Unter dem Eindruck nationalsozialistischer Propaganda waren die Deutschen in ihrer Mehrheit – das gilt für die Wehrmacht wie für die Zivilbevölkerung – überzeugt davon, für eine gute Sache zu kämpfen. Nicht in der
10 Begeisterung des Jahres 1914, aber im Bewusstsein notwendiger Pflichterfüllung, um den Bolschewismus als Weltanschauung in die Knie zu zwingen. Kolonialistische Überzeugungen, das überlegene Bewusstsein als Kulturbringer, die gegenüber minderwertigen Völkern Recht
15 setzen dürfen, waren verbreitet. Beispiele für die Kreuzzugsmentalität finden sich in Feldpostbriefen, und zwar auch bei einfachen Soldaten und Unteroffizieren. Man muss nicht auf die Minderheit fanatischer Nationalsozialisten im Offizierskorps rekurrieren, um die folgenden
20 Beispiele zu finden. Ein Unteroffizier schrieb im Sommer 1941 nach Hause, jetzt habe „die Judenheit uns auf der ganzen Linie", von den „Plutokraten bis zu den Bolschewiken den Krieg erklärt". Alles, was „judenhörig" sei, stehe gegen uns. Ein Gefreiter schrieb Anfang Juli 1941,
25 „nach diesem gotteslästerlichen Land" habe er schon immer gerne ziehen wollen. In anderen Briefen war von „Bestien", von „russischen Horden" die Rede […].

Die Wehrmacht war in die Verbrechen des NS-Staats durch aktive Beteiligung und passive Duldung verstrickt.
30 Die Tatsachen, von der seriösen Geschichtsforschung wie dem Institut für Zeitgeschichte oder dem Militärgeschichtlichen Forschungsamt dokumentiert und interpretiert, müssen zur Kenntnis genommen werden und können nicht als „Diffamierung" aller Wehrmachtsan-
35 gehörigen abgewiesen und abgetan werden. Zu diesen Tatsachen gehören der Kommissarbefehl, das Mitwissen und die indirekte Mitwirkung am Massaker von Babi Jar, bei dem 33771 Juden vom Sonderkommando 4a der Einsatzgruppe C innerhalb von zwei Tagen Ende September 1941 ermordet wurden. Die Morde fallen
40 nicht der Wehrmacht zur Last, aber in der vorausgehenden Meldung nach Berlin hatte es geheißen: „Exekution von mindestens 50000 Juden vorgesehen. Wehrmacht begrüßt Maßnahmen und erbittet radikales Vorgehen." Und Pioniere der Wehrmacht sprengten nach den
45 Morden die Schlucht von Babi Jar. Das Schicksal von mehr als 3 Millionen sowjetischen Kriegsgefangenen, die im Gewahrsam der Wehrmacht den Tod fanden, gehört ebenso zur Geschichte der Wehrmacht wie der Partisanenkrieg in Serbien, um nur einige Beispiele zu
50 nennen.

Zit. nach: Thiele, H.-G. (Hg.): Die Wehrmachtsausstellung, Dokumentation einer Kontroverse. Bundeszentrale für politische Bildung, Bonn 1997, S. 30ff.

15 Erlebt – gewusst – mitbewirkt

Der Historiker Hans-Adolf Jakobsen zur Rolle der deutschen Wehrmacht im Russlandfeldzug:

1. Was die Millionen deutscher Soldaten während des Russlandfeldzuges de facto erlebt, gewusst bzw. mitbe-
5 wirkt haben, soweit es die zahllosen Verbrechen anbetrifft, die von Deutschen und im Namen Deutschlands verübt worden sind, lässt sich heute kaum noch mit Gewissheit sagen. Fraglos waren jedoch Teile der deutschen Wehrmacht (vornehmlich des Heeres) weitaus mehr an
10 NS-Verbrechen direkt oder indirekt beteiligt, als es von Memoirenschreibern und in Aussagen von Veteranen nach 1945 zugegeben worden ist – ganz zu schweigen von den Tätern. Es gab darüber hinaus viele Mitwisser und solche, die die Mordtaten stillschweigend zur
15 Kenntnis genommen haben, ohne einzuschreiten oder zu versuchen, das Schlimmste zu verhüten. In diesem Zusammenhang aber von der Wehrmacht als Ganzem zu sprechen, dürfte eine kaum zulässige Verallgemeinerung sein. Die in jüngster Zeit häufig recht apodiktisch
20 formulierten Pauschalurteile sind weder quellenkritisch hinreichend belegt noch den Realitäten des totalen, ideologischen Krieges angemessen, zumal bei diesen die mannigfachen Zeugnisse von Humanitas, soldatischer

5

„verdammter Pflichterfüllung" und militärischer Opposition gegen das NS-Unrechtssystem nur unzureichend
berücksichtigt werden.

2. Allerdings dürfte ein anderes generelles Urteil nicht
mehr zu bestreiten sein, dem sich bisher viele Ehemalige
– bewusst oder unbewusst, z.T. verdrängt – entzogen haben. Die deutsche Wehrmacht war eines der ausschlag-
gebenden Instrumente der NS-Kriegsführung, d.h. einer
wahnwitzigen Doktrin und Politik, deren Ziele es waren, Lebensraum zu erkämpfen, die „Rassenfeinde" zu
vernichten und eine totalitäre Herrschaft in Europa zu
errichten. Während sie selbst vorwiegend militärische
Aufgaben zur Ausschaltung der feindlichen Streitkräfte
übernahm und ihre militärische Führung (OKW/OKH)
die ideologischen Weisungen Hitlers in Befehlsform fasste, waren es vor allem die Sondereinheiten Himmlers,
die mittels Terror und Mord den revolutionär-rassisti-
schen Auftrag im Hinterland erfüllten. Aber und dies gilt
es mit allem Nachdruck zu unterstreichen – beide haben,
gewissermaßen arbeitsteilig, den gleichen Krieg mit den
gleichen Zielen, wenn auch an verschiedenen Fronten
und mit den ihnen befohlenen Mitteln geführt. Sie alle
sind in unterschiedlicher Weise und abgestuft entsprechend der hierarchischen Ordnung in der Truppe für
das Geschehen von einst mitverantwortlich. Die meisten Soldaten, im militärischen Gehorsam diszipliniert,
durch den Eid an Hitler gebunden und seit 1941 durch
ein erbarmungsloses Ringen physisch und psychisch bis
zum Äußersten herausgefordert, waren indoktriniert,
manipuliert und tragisch verstrickt. Soweit sie an Verbrechen mitgewirkt oder diese geduldet und entsprechende
Befehle erteilt haben, waren sie schuldig geworden.

Zit nach: Ebenda, S. 48f.

16 Ehre – Treue – Tapferkeit – Disziplin

Der Mediziner Ernst Rebentisch über die deutschen Soldaten:
1. Die Wehrmacht war der Waffenträger und damit das
bedeutendste Machtinstrument des – von den Nationalsozialisten regierten – Deutschen Reiches. Wie in jedem
wehrhaften Staat unterstanden die Soldaten besonderen
Militärgesetzen.

Ergänzt wurden diese durch die auf deutscher Soldaten-
tradition beruhenden Grundsätze der Ehre, Treue, Tapferkeit und Disziplin. Trotz aller Indoktrinationsabsich-
ten fand das nationalsozialistische Gedankengut – vor
allem im Heer – nur bei relativ wenigen Zustimmung.
Das Offizierkorps blieb weitgehend konservativ zurückhaltend. Dies war auch einer der Gründe für Hitlers per-
manentes Misstrauen gegenüber Generälen und General-
stabsoffizieren. [...]

3. Hitler hat ohne jeden Zweifel und unabhängig von
anderen Kriegszielen die Wehrmacht zu seinem Weltanschauungskrieg gegen die Sowjetunion missbraucht.
Sein in Erinnerung an blutige Bürgerkriege und weltre-
volutionäre Absichten der Sowjets im In- und Ausland
auf viel Verständnis stoßender Aufruf zum „Kreuzzug
gegen den Bolschewismus" blieb nicht ohne Wirkung
auf die Soldaten.

Zweifellos gab es eine Reihe hochrangiger Generale, die
manche Befehle Hitlers noch zusätzlich verschärften, aber
die Truppe hatte im Kampf andere Sorgen. Der berüchtig-
te Befehl, Politkommissare nach ihrer Gefangennahme
sofort zu erschießen, wurde nachgewiesenermaßen nur
vereinzelt befolgt, überwiegend jedoch abgelehnt und von
vielen Truppenführern gar nicht erst bekannt gegeben. Einige weitere, nur mündlich weiterzugebende Befehle, die
von einigen Kriegstheoretikern als Freibriefe zum Verüben
von Rache- und Gewalttaten ausgelegt werden, haben die
Truppe gar nicht erreicht. [...]

8. Jeder anständige Soldat wird sich für eine gründliche
und wahrhaftige Untersuchung der im Krieg verübten
Verbrechen einsetzen, denn nur so lässt sich eindeutig
klären, dass Millionen ehemaliger Soldaten nichts damit zu tun haben. Nicht minder sollten die höchsten
militärischen und staatlichen Stellen im staatlichen
Interesse auf einer abschließenden, jederzeit nachvoll-
ziehbaren Untersuchung der Geschehnisse bis hin zur
Nennnung von Namen und zur Darlegung der Strafen
bestehen. [...]

Selbst in einem Rechtsstaat hat der Verbrecher das Recht,
dass ihm vor der Verurteilung die Tat nachgewiesen wird,
andernfalls ist er freizusprechen. Solange dies den 19 Millionen ehemaligen deutschen Soldaten verwehrt wird,
die befehlgetreu und opferbereit ihre Pflicht für das Vaterland getan haben, darf sich niemand wundern, wenn
sich die noch Überlebenden gegen pauschale Diffamie-
rungen zur Wehr setzen. [...]

Zit. nach: Ebenda, S. 55 ff.

Arbeitsvorschläge

a) Erarbeiten Sie aus den Texten die Urteile der Autoren über die Rolle der Wehrmacht im Zweiten Weltkrieg, ihre Funktion in der NS-Diktatur und die Verantwortung bzw. Schuld von Offizieren und Soldaten.

b) Nehmen Sie dazu Stellung, inwieweit man die Wehrmacht – wie die SS – als
verbrecherische Organisation bezeichnen sollte. Begründen Sie Ihre Auffassung auch mit Hilfe der Quellen M 4 – M 12.

5

Außenpolitik und Zweiter Weltkrieg

1933	Das Deutsche Reich tritt aus dem Völkerbund aus.
1935	Das Saargebiet kommt nach einer Volksabstimmung von Frankreich zu Deutschland. Das Deutsche Reich führt die allgemeine Wehrpflicht wieder ein.
1936	7.3. Deutsche Truppen marschieren ins entmilitarisierte Rheinland ein. Truppen Italiens und Deutschlands unterstützen im spanischen Bürgerkrieg den Putsch gegen die gewählte „Volksfrontregierung". Die faschistischen Staaten Deutschland und Italien verbünden sich in der „Achse Berlin – Rom". Das expansive Japan schließt sich dem Bündnis an.
1938	12.3. Unter Protest von England und Frankreich, gegen den Widerstand der Regierung, aber mit Zustimmung der meisten Österreicher marschieren deutsche Truppen in Österreich ein. 29.9. Hitlers Kriegsdrohung gegenüber der Tschechoslowakei führt zur „Münchener Konferenz" (Deutschland, Italien, England, Frankreich). Vor allem England sucht durch Entgegenkommen einen Krieg zu vermeiden („Appeasement-Politik"): Das Sudetenland fällt dem „Großdeutschen Reich" zu.
1939	Die Reichsregierung bricht das „Münchener Abkommen", als deutsche Trup-pen im März auch die „Rest-Tschechei" besetzen. Das Deutsche Reich und die Sowjetunion schließen einen Nichtangriffspakt. In einem geheimen Zusatzabkommen teilen sie Polen untereinander auf. 1.9. Deutsche Truppen greifen Polen an, obwohl England im März eine Garantieerklärung für Polen abgegeben hatte. Sowjetische Truppen besetzen Ostpolen. Der Zweite Weltkrieg beginnt.
1940	Deutsche Truppen besetzen Dänemark und Norwegen, die Niederlande und Belgien und zwingen Frankreich zur Kapitulation. 11.6. Italien tritt aufseiten des Deutschen Reiches in den Krieg ein und versucht Eroberungen im Mittelmeerraum. Als die Versuche zu scheitern drohen, besetzen deutsche Truppen den Balkan, Griechenland und Nordafrika.
1941	22.6. Unter Bruch des Nichtangriffsvertrages fallen deutsche Truppen in die Sowjetunion ein. Stalin ruft den „Großen Vaterländischen Krieg" aus. Japan greift die amerikanische Flotte in Pearl Harbor an. Der Krieg wird zum Weltkrieg, da auch Italien und Deutschland den USA den Krieg erklären.
1943	Die Reste der deutschen 6. Armee kapitulieren in Stalingrad im Februar. Truppen der deutschen Kriegsgegner („Alliierte") landen im Juni in Sizilien.
1944	Die Invasion der Alliierten an der Westfront beginnt in der Normandie (6. Juni).
1945	Im Februar beschließen auf der Konferenz von Jalta die Regierungschefs der Alliierten, Roosevelt (USA), Churchill (Großbritannien) und Stalin (UdSSR), die Aufteilung Deutschlands in Besatzungszonen. 8.5. Mit der Kapitulation der Wehrmacht endet der Krieg in Europa. 6.8. Die USA vernichten durch eine Atombombe die japanische Stadt Hiroshima, wenige Tage später auch die Stadt Nagasaki. 2.9. Mit der Kapitulation Japans endet der Zweite Weltkrieg, in dem 55 Millionen Menschen starben.

5.5 Auschwitz als Zivilisationsbruch

Bis Ende der 1930er-Jahre gehörte die organisierte Ermordung von Juden aus rassistischen Motiven nicht zum politischen Programm der Nationalsozialisten. Die auf staatsbürgerliche Entrechtung, wirtschaftliche Ruinierung und soziale Isolierung gerichteten antisemitischen Maßnahmen der Jahre 1933–1938 sollten die Auswanderung der deutschen (und österreichischen) Juden erzwingen. Doch die von der NSDAP forcierte Ausschaltung aus dem Erwerbsleben und die von der Ministerialbürokratie betriebene Abdrängung ins Ausland widersprachen sich: Viele verarmte Juden konnten die Auswanderungskosten nicht mehr aufbringen. Einen Höhepunkt dieser ersten Phase der Entrechtung und Verfolgung bildeten die Pogrome der Nacht vom 9. zum 10. November 1938. In dieser Nacht wurden in Deutschland fast alle Synagogen und mehr als 7000 jüdische Geschäfte zerstört.

Antisemitische Maßnahmen vor 1938, Reichspogromnacht

Seit Kriegsbeginn stellte sich für das NS-Regime zunehmend das Problem, dass durch die Besetzung großer Teile Europas Millionen europäischer Juden in ihren Herrschaftsbereich gerieten. Dies veranlasste vor allem den Leiter des Reichssicherheitshauptamtes (RSHA), Reinhard Heydrich, und den Leiter des dortigen „Judenreferates", Adolf Eichmann, zu immer neuen Planungen für eine „Lösung der Judenfrage". Drei Entwicklungsstufen lassen sich unterscheiden:

„Planung der Lösung der Judenfrage" ...

1. Ab September 1939 begingen die der Wehrmacht folgenden Einsatzgruppen der Sicherheitspolizei und des Sicherheitsdienstes (SD), z.T. auch der Ordnungspolizei in Polen, Massenmorde an Juden und Intellektuellen. Gleichzeitig wurden ca. 90 000 Juden in das Generalgouvernement deportiert und vorläufig in Lagern und Ghettos untergebracht.

2. Ab Sommer 1940 drängten die größer werdenden Unterbringungs-, Bewachungs- und Versorgungsprobleme in den polnischen Ghettos und Lagern auf eine wie auch immer geartete Lösung. Bürokraten in der Kanzlei des „Führers" und im RSHA sowie SS-Führer in Polen suchten nach Mordmöglichkeiten, die effektiver waren und das Tötungspersonal psychisch weniger belasteten als die blutigen Massenerschießungen. Dabei knüpften sie an Erfahrungen mit statio-

1 Vor dem Brand
Angehörige der SS zwingen Dr. Artur Flehinger, Mitglied der jüdischen Gemeinde, in der Synagoge von Baden-Baden aus Hitlers „Mein Kampf" vorzulesen, bevor sie angezündet wird (10. November 1938).

5

nären Gaskammern und Gaswagen an, in denen seit April bei der so genannten „Aktion T 4" insgeheim 120 000 Geisteskranke und Behinderte mit Motorabgasen umgebracht wurden.

3. Im Frühjahr 1941 traten die Vorbereitungen für den Vernichtungskrieg gegen die Sowjetunion in ihr entscheidendes Stadium. Sofort nach Kriegsbeginn begann die Erschießung der sowjetischen Juden, der innerhalb von drei Jahren ca. eine Million Menschen zum Opfer fiel. Ende Juli erhielt Heydrich die Vollmacht zur Erarbeitung einer „Gesamtlösung der Judenfrage im deutschen Einflussgebiet in Europa". Ab November durften deutsche Juden nicht mehr ausreisen und mussten den Judenstern tragen, um leichter deportiert werden zu können; im Generalgouvernement begann der Bau der Vernichtungslager Bełżéc, Sobibór und Treblinka. Am 12. Dezember 1941 – nach dem Kriegseintritt der USA – wiederholte Hitler in einer Rede erneut seine „Prophezeiung", eine Ausweitung des Krieges zum Weltkrieg sei die Schuld der Juden und werde zu ihrer Vernichtung führen. Spätestens jetzt muss die Ermordung aller Juden im deutschen Herrschaftsbereich – sprachlich als „Endlösung" getarnt – in der NS-Führung beschlossene Sache gewesen sein, auch wenn ein schriftlicher „Führerbefehl" nicht existiert.

... und ihre Umsetzung: Auschwitz

Im Januar 1942 stellte Heydrich auf der „Wannseekonferenz" die organisatorischen Weichen für die beschlossene „Endlösung"; ab März rollten die Deportationszüge. An der Organisation waren zahlreiche Behörden und Betriebe beteiligt: neben dem SS-Apparat als zentrale Planungs- und Durchführungsinstitution die Oberkommandos der Wehrmacht und des Heeres sowie einzelne Wehrmachts-

2 Die Konzentrationslager und die Herkunftsländer der ermordeten Juden

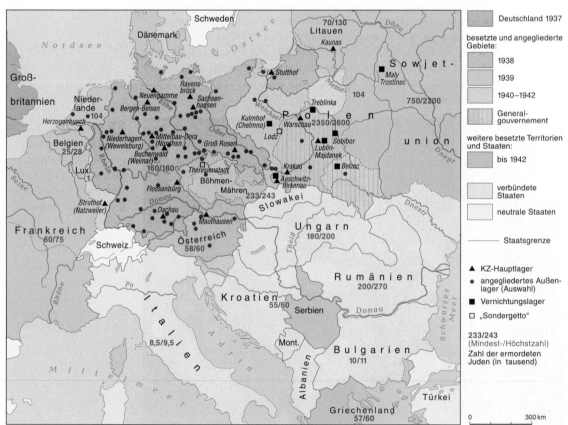

einheiten (Hilfsdienste für die Einsatzgruppen), das Verkehrsministerium (Sonderzüge für die Deportationen), das Auswärtige Amt (Verhandlungen über die Ermordung der Juden aus verbündeten und Satellitenstaaten), das Justizministerium (antijüdische Gesetze, Überstellung jüdischer Gefängnisinsassen an die SS), das Propagandaministerium (antijüdische Berichterstattung, Verschleierung der „Endlösung"), die Kanzlei des „Führers" (technische Konstruktion von Gaswagen) und Industriebetriebe (Lieferung des Giftgases Zyklon B, der Gaskammern, Krematorien und von Barackenteilen).

Als Inbegriff des bürokratisch geplanten und quasi industriell durchgeführten Judenmordes, als Symbol für einen Rückfall hinter die Idee der universalen Menschenrechte und als Chiffre für einen in der Geschichte beispiellosen Zivilisationsbruch gilt Auschwitz. Ab Juni 1940 errichtet, entwickelte es sich bis Ende 1943 zu drei Lagern: Neben Auschwitz I, das Stammlager mit 20 000 Zwangsarbeitern für nahe gelegene SS-eigene Betriebe, traten die eigentliche Todesfabrik Auschwitz II (Birkenau) und das Arbeitslager Auschwitz III (Monowitz). Birkenau wurde Ende 1941/Anfang 1942 errichtet, um für die Judendeportationen aus ganz Europa die Tötungskapazitäten zu schaffen; bis November 1944 wurden dort 1 bis 1,5 Millionen Menschen ermordet. Die Neuankömmlinge wurden aus dem ins Lager eingelaufenen Zug getrieben und noch an der Rampe „selektiert": Arbeitsunfähige Männer und Frauen sowie Kinder kamen sofort ins Gas, die übrigen wurden zur Zwangsarbeit eingesetzt, manche von SS-Ärzten wie Josef Mengele zu medizinischen Experimenten missbraucht. Jüdische Sonderkommandos, bewacht von SS-Leuten, mussten die Toten herausholen, ihnen die Goldzähne herausbrechen, den Frauen das Haar abschneiden – daraus entstanden u. a. Socken für U-Boot-Fahrer –, die Leichen verbrennen und die Gaskammern reinigen. Dafür erhielten sie kleine Vergünstigungen, bis auch sie nach einigen Monaten ausgetauscht und vergast wurden. Kleidung und Habseligkeiten der Toten wurden gesammelt und u. a. an Volksdeutsche in der Ukraine verteilt; Geld, Wertsachen und Zahngold erhielt die Reichsbank, bei der die SS wiederum Anleihen aufnehmen konnte.

Die wirtschaftliche Nutzung der „Endlösung" stellte jedoch nur einen sekundären Aspekt dar. Primär lag der Ermordung von mehr als fünf Millionen europäischen Juden eine fanatische Rassenideologie zugrunde. Zu den Opfern dieser Ideologie zählten auch bis zu 500 000 Sinti und Roma, die ebenso als „unwertes Leben" betrachtet wurden – genauso wie Homosexuelle und weitere Opfergruppen. Darüber hinaus macht der Mord an Millionen von Menschen keinen Sinn. Seine ganze

Ist der Mord an Juden, Sinti, Roma und anderen erklärbar?

3 Schuhe von in der Gaskammer ermordeten Juden

Irrationalität zeigt sich auch daran, dass das Morden mit modernster Technik die Kriegsführung beträchtlich behinderte, indem es Personal und Transportkapazitäten band. Insofern bleibt der Holocaust der Juden und der hundertausendfache Tod anderer Gruppen ein nur begrenzt erklärbares historisches Phänomen.

Verbreitete Gleichgültigkeit

Von einem „nationalen Projekt" (Goldhagen) kann nicht die Rede sein. Schon der Pogrom vom 9. November 1938 stieß bei den meisten Deutschen auf Unverständnis und Ablehnung. Allerdings nahm man die schrittweise Entrechtung und schließlich die Deportation der Juden überwiegend gleichgültig hin. Auch profitierten manche Deutsche von den „Arisierungen" jüdischer Geschäfte und Wohnungen. Seit 1941 wurden z. B. im Hamburger Hafen insgesamt 60 000 Tonnen Textilien und Mobiliar von Juden aus ganz Westeuropa wöchentlich billig verkauft oder versteigert – die mindestens 100 000 Käufer wussten, dass es sich um „Judengut" handelte. Dasselbe gilt für die Pelze, die den Juden im Osten vor ihrer Erschießung oder Deportation abgenommen und an Ausgebombte in deutschen Städten abgegeben wurden. Obwohl die Vernichtungslager bewusst im Osten eingerichtet wurden, um die „Endlösung" möglichst geheim zu halten, erhielten viele Deutsche Teilinformationen darüber, was mit den Juden geschah – z. B. von Wehrmachtssoldaten, die etwas gesehen oder gehört hatten und zu Hause einen Urlaub verbrachten. Nach Kriegsende war allerdings kaum jemand bereit sein Wissen zuzugeben.

„Ganz gewöhnliche Männer"

Die Erforschung der Täter der „Endlösung" steckt noch in den Anfängen. Ihre Gesamtzahl wird auf 200 000–500 000 geschätzt. Der Kern des Tötungspersonals bestand aus den etwa 3 000 Mann der mobilen Einsatzgruppen der Sicherheitspolizei (Gestapo und Kripo) und des SD (Geheimdienst der SS) sowie den – freiwilligen – SS-Wachmannschaften in den Vernichtungslagern (bis zu 40 000, davon 7 000 in Auschwitz). Das Führerkorps bildeten mehrere hundert SS-Leute: Bürokraten im RSHA, Chefs der Einsatzgruppen und -kommandos, Befehlshaber der Sicherheitspolizei, regionale Gestapochefs. Sie waren zwischen 30 und 40 Jahren alt und gebildet: Drei Viertel besaßen das Abitur; unter den 78 Führern der Einsatzgruppen und -kommandos gab es 28 promovierte Akademiker, überwiegend Juristen. Die Masse der „Einsatzgruppen"-Angehörigen bildeten karrierebewusste Gestapo- und Kripobeamte bzw. Beamtenanwärter und SD-Leute. Es gibt keinen Beweis dafür, dass ein Polizist, Soldat oder SS-Mann wegen der Weigerung, an Tötungen mitzuwirken, hart bestraft oder selbst erschossen worden wäre – er erhielt eine andere Aufgabe oder wurde an die Front versetzt. Aber solche Fälle waren selten. Als das Hamburger Reserve-Polizeibataillon 101, bestehend aus knapp 500 eingezogenen Arbeitern und Angestellten, in Polen im Juli 1942 zur Judenerschießung eingesetzt werden sollte und der Kommandeur die aktive Teilnahme ausdrücklich freistellte, machten bis auf zwölf alle mit – nicht weil sie Antisemiten waren, sondern weil sie nach neun Jahren nationalsozialistischer Diktatur die fraglose Ausführung von Befehlen verinnerlicht hatten oder sich dem Gruppendruck der Kameraden nicht entziehen konnten. „Ganz gewöhnliche Männer" gewöhnten sich rasch ans Töten: Bis November 1943 erschoss das Bataillon 38 000 jüdische Männer, Frauen und Kinder und deportierte 45 000 nach Treblinka. Dieser Vorgang ist erschreckender als der fanatische, irrationale Vernichtungswille Hitlers gegenüber den Juden, denn er wirft die Frage auf, ob es sich hier nicht um ein universales, d. h. unter autoritären Bedingungen überall und jederzeit wiederholbares Phänomen handelt.

4 Wenn ein neuer Weltkrieg kommt

Reichstagsrede Hitlers vom 30. Januar 1939:

Die Völker werden in kurzer Zeit erkennen, dass das nationalsozialistische Deutschland keine Feindschaft mit
5 anderen Völkern will, dass alle die Behauptungen über Angriffsabsichten unseres Volkes auf fremde Völker entweder aus krankhafter Hysterie geborene oder aus der persönlichen Selbsterhaltungssucht einzelner Politiker entstandene Lügen sind. [...] Ich will heute wieder ein
10 Prophet sein: Wenn es dem internationalen Finanzjudentum inner- und außerhalb Europas gelingen sollte, die Völker noch einmal in einen Weltkrieg zu stürzen, dann würde das Ergebnis nicht die Bolschewierung der Erde und damit der Sieg des Judentums sein, sondern die
15 Vernichtung der jüdischen Rasse in Europa.

Zit. nach: Michalka, W. (Hg.): Das Dritte Reich, Bd. 1: „Volksgemeinschaft"
und Großmachtpolitik 1933–1939. München 1985, S. 266 f.

5 Die angebliche Schuld der Juden

*Hitler im Führerhauptquartier vor SS-Führer Heinrich Himmler
und dem Leiter des RSHA, Reinhard Heydrich, 25. Oktober 1941:*

Vor dem Reichstag habe ich dem Judentum prophezeit,
5 der Jude werde aus Europa verschwinden, wenn der Krieg nicht vermieden bleibt. Diese Verbrecherrasse hat die zwei Millionen Toten des Weltkrieges auf dem Gewissen, jetzt wieder Hunderttausende. Sage mir keiner: Wir können sie doch nicht in den Morast schicken! [...] Es
10 ist gut, wenn uns der Schrecken vorangeht, dass wir das Judentum ausrotten. Der Versuch, einen Judenstaat zu gründen, wird ein Fehlschlag sein.

Zit. nach: Jochmann, W. (Hg.): Adolf Hitler. Monologe im Führerhauptquartier 1941–1944. München 1982, S. 106.

6 Keine Sentimentalität

Tagebucheintrag von Joseph Goebbels vom 27. März 1942:

Aus dem Generalgouvernement werden jetzt, bei Lublin beginnend, die Juden nach dem Osten abgeschoben. Es
5 wird hier ein ziemlich barbarisches und nicht näher zu beschreibendes Verfahren angewandt, und von den Juden selbst bleibt nicht mehr viel übrig. Im Großen kann man wohl feststellen, dass 60 % davon liquidiert werden müssen, während nur noch 40 % in der Arbeit eingesetzt
10 werden können. Der ehemalige Gauleiter von Wien, der diese Aktion durchführt, tut das mit ziemlicher Umsicht und auch mit einem Verfahren, das nicht allzu auffällig wirkt. An den Juden wird ein Strafgericht vollzogen, das zwar barbarisch ist, das sie aber vollauf verdient haben.
15 Die Prophezeiung, die der Führer ihnen für die Herbeiführung eines neuen Weltkriegs mit auf den Weg gegeben hat, beginnt sich in der furchtbarsten Weise zu verwirklichen. Man darf in diesen Dingen keine Sentimentalität obwalten lassen.

Zit. nach: Pätzold, K. (Hg.): Verfolgung, Vertreibung, Vernichtung. Dokumente des faschistischen Antisemitismus. 1991, S. 347 f.

7 Das Massaker von Babyj Yar

Nach dem Massaker: Ein Uniformierter wühlt in den Habseligkeiten der Ermordeten.

8 „Exekutionen und sonstige Maßnahmen"

*Ereignismeldung UdSSR des Chefs der Sicherheitspolizei und
des SD Nr. 106 vom 7. Oktober 1941:*

Exekutionen und sonstige Maßnahmen
In Vereinbarung mit dem [Wehrmachts-] Stadtkommandanten [wurden] sämtliche Juden Kiews aufgefor- 5
dert, sich am Montag, dem 29.9., bis 6.00 Uhr an einem bestimmten Platz einzufinden. Diese Aufrufe wurden durch die Angehörigen der aufgestellten ukrainischen Miliz in der ganzen Stadt angeschlagen. Gleichzeitig wurde mündlich bekannt gegeben, dass sämtliche Ju- 10
den umgesiedelt würden. In Zusammenarbeit mit dem Gruppenstabe und 2 Kommandos des Polizei-Regiments Süd hat das Sonderkommando 4a [der Einsatzgruppe c] am 29. und 30.9. 33771 Juden exekutiert. Geld, Wertsachen, Wäsche und Kleidungsstücke wurden sichergestellt 15
und zum Teil der NSV [Nationalsozialistische Volkswohlfahrt] zur Ausrüstung der Volksdeutschen, zum Teil der kommissarischen Stadtverwaltung zur Überlassung an bedürftige Bevölkerung übergeben. Die Aktion selbst ist reibungslos verlaufen. Irgendwelche Zwischenfälle ha- 20
ben sich nicht ergeben.

Zit. nach: Longerich, P. (Hg.): Die Ermordung der europäischen Juden. Eine umfassende Dokumentation des Holocaust 1941–1945. München/Zürich 1989, S. 121.

9 Bericht einer Überlebenden

Die Überlebende Dina M. Proniceva, 9. Februar 1967:

Als wir uns dem Sammelplatz näherten, erblickten wir die Umzingelung aus deutschen Soldaten und Offizieren. Mit diesen befanden sich auch Polizisten dort. Auf dem Friedhofsgelände nahmen die Deutschen uns und 5
den anderen Bürgern das Gepäck und die Wertsachen ab und leiteten uns in Gruppen zu je 40–50 Menschen in einen so genannten „Korridor" von etwa drei Metern Breite, der von Deutschen gebildet wurde, die zu beiden Seiten mit Stöcken, Gummiknüppeln und Hunden dicht 10
beieinander standen.

[...] Man führte uns zu einem Vorsprung über der Schlucht und begann, uns mit Maschinenpistolen zu erschießen. Die vorn Stehenden fielen in die Schlucht, und als die Reihe an mich kam, stürzte ich mich lebendig in die Schlucht. Es kam mir so vor, als ob ich in die Ewigkeit fliegen würde. Ich fiel auf menschliche Leichen, die sich dort in blutiger Masse befanden. Von diesen Opfern erklang Stöhnen, viele Menschen bewegten sich noch, sie waren nur verwundet. Hier gingen auch Deutsche und Polizisten umher, die die noch Lebenden erschossen oder totschlugen. Dieses Schicksal erwartete auch mich. Irgendeiner von den Polizisten oder Deutschen drehte mich mit dem Fuß um, sodass ich mit dem Gesicht nach oben lag, er trat mir auf die Hand und auf die Brust, danach gingen sie weiter und schossen irgendwo weiter hinten.

Danach begannen sie, die Leichen von oben mit Erde und Sand zuzuschütten. Ich bekam keine Luft mehr, befreite mich mit einer Hand von der Erde und kroch zum Rand der Schlucht. In der Nacht kroch ich aus der Schlucht heraus.

Zit. nach: Ebenda, S. 124 ff.

10 Der Plan zur Ermordung der europäischen Juden

Am 20. Januar 1942 trafen sich 15 Spitzenvertreter aus SS und Reichsregierung zur „Wannseekonferenz" (nach dem Tagungsort „Am Großen Wannsee 50/58"). SS-Obersturmbannführer Adolf Eichmann fertigte das Protokoll an:

II. Chef der Sicherheitspolizei und des SD, SS-Obergruppenführer Heydrich, teilte eingangs seine Bestallung zum Beauftragten für die Vorbereitung der Endlösung der europäischen Judenfrage durch den Reichsmarschall [Hermann Göring] mit und wies darauf hin, dass zu dieser Besprechung geladen wurde, um Klarheit in grundsätzlichen Fragen zu schaffen. Der Wunsch des Reichsmarschalls, ihm einen Entwurf über die organisatorischen, sachlichen und materiellen Belange im Hinblick auf die Endlösung der europäischen Judenfrage zu übersenden, erfordert die vorherige gemeinsame Behandlung aller an diesen Fragen unmittelbar beteiligten Zentralinstanzen im Hinblick auf die Parallelisierung der Linienführung.

Die Federführung bei der Bearbeitung der Endlösung der Judenfrage liege ohne Rücksicht auf geografische Grenzen zentral beim Reichsführer SS und Chef der Deutschen Polizei (Chef der Sicherheitspolizei und des SD) [Heinrich Himmler]. [...]

III. An Stelle der Auswanderung ist nunmehr als weitere Lösungsmöglichkeit nach entsprechender vorheriger Genehmigung durch den Führer die Evakuierung der Juden nach dem Osten getreten.

Diese Aktionen sind jedoch lediglich als Ausweichmöglichkeit anzusprechen, doch werden hier bereits jene praktischen Erfahrungen gesammelt, die im Hinblick auf

die kommende Endlösung der Judenfrage von wichtiger Bedeutung sind. [...]

Unter entsprechender Leitung sollen im Zuge der Endlösung die Juden in geeigneter Weise im Osten zum Arbeitseinsatz kommen. In großen Arbeitskolonnen, unter Trennung der Geschlechter, werden die arbeitsfähigen Juden Straßen bauend in diese Gebiete geführt, wobei zweifellos ein Großteil durch natürliche Verminderung ausfallen wird. Der allfällig endlich verbleibende Restbestand wird, da es sich bei diesen zweifellos um den widerstandsfähigsten Teil handelt, entsprechend behandelt werden müssen, da dieser, eine natürliche Auslese darstellend, bei Freilassung als Keimzelle eines neuen jüdischen Aufbaues anzusprechen ist. (Siehe die Erfahrung der Geschichte.)

Zit. nach: Poliakow, L./Wulf, J.: Das Dritte Reich und die Juden. Dokumente und Aufsätze. Berlin 1955, S. 119 ff.

11 Auf dem Weg zur Gaskammer

Aufzeichnungen des Kommandanten von Auschwitz, Rudolf Höß, 1947:

Es kamen nun im Frühjahr 1942 die ersten Judentransporte aus Oberschlesien, die alle zu vernichten waren. Sie wurden nach dem Bauerngehöft – Bunker I – von der Rampe über die Wiesen des späteren Bauabschnitts II geführt. Aumeier, Palitzsch und noch einige Blockführer führten sie und unterhielten sich mit ihnen möglichst harmlos, frugen nach Berufen und Kenntnissen, um so zu täuschen. Am Gehöft angekommen, mussten sie sich ausziehen. Sie gingen auch zuerst ganz ruhig in die Räume, wo sie desinfiziert werden sollten. Bis dann einige doch stutzig wurden und von Ersticken, von Vernichten sprachen. Es entstand dann sofort eine Art Panik. Doch schnell wurden die noch draußen Stehenden in die Kammern hineingetrieben und [die Türen] zugeschraubt. Bei den nächsten Transporten wurde von vornherein nach den unruhigen Geistern gefahndet und diese nicht aus den Augen gelassen. Machte sich Unruhe bemerkbar, so wurden die Unruheverbreiter unauffällig hinter das Haus geführt und dort mit dem Kleinkalibergewehr getötet, das war von den anderen nicht zu vernehmen. Auch das Vorhandensein des Sonderkommandos und dessen beruhigendes Verhalten besänftigte die Unruhigen, die Ahnenden. Weiterhin wirkte beruhigend, dass einige vom Sonderkommando mit in die Räume hineingingen und bis zum letzten Moment darinblieben, ebenso blieb bis zuletzt ein SS-Mann unter der Türe stehen. Wichtig war vor allen Dingen, dass bei dem ganzen Vorgang des Ankommens und Entkleidens möglichst größte Ruhe herrschte. Nur kein Geschrei, kein Gehetze. Wenn sich einige nicht ausziehen wollten, mussten schon Ausgezogene helfen oder die vom Sonderkommando. Mit gutem Zureden wurden auch Widerspenstige besänftigt und ausgezogen. Die Häftlinge des Sonderkommandos

sorgten auch dafür, dass der Vorgang des Entkleidens schnell vor sich ging, damit den Opfern nicht lange Zeit zu Überlegungen blieb. Überhaupt war die eifrige Mithil-
40 fe der Sonderkommandos bei dem Entkleiden und dem Hineinführen in die Gaskammern doch eigenartig. Nie habe ich erlebt, habe auch nie davon gehört, dass sie den zu Vergasenden auch nur das Geringste von dem ih-nen Bevorstehenden sagten. Im Gegenteil, sie versuchten
45 alles, um sie zu täuschen, vor allem die Ahnenden zu beruhigen.

Zit. nach: Hilberg, R.: Die Vernichtung der europäischen Juden, Bd. 3. Frank-furt/M. 1993, S. 1300.

12 „Nicht mehr einsatzfähige Frauen und Kinder"
Der Fotograf war vermutlich ein SS-Unterscharführer im Erkennungsdienst von Auschwitz. Das Foto stammt aus einem durch Zufall überlieferten Fotoalbum mit einer Reihe von Fotos zur „Selektion" – überschrieben mit dem Zitat oben.

13 Was konnte ein normaler Deutscher vom Holo-caust wissen?
Der Techniker Karl Dürkefelden (1902–1964) aus Hämeler-wald (bei Peine) informierte sich aus Zeitung, Rundfunk und
5 *Gesprächen mit Verwandten und Kollegen. Zwischen 1933 und 1945 notierte er seine Beobachtungen:*
Für den 30. August 1942 hatte sich die [hannoversche] Gartengemeinschaft, der meine Schwiegereltern ange-hören, verpflichtet, Verwundete einzuladen und Kuchen
10 und dergleichen zu verabreichen. Bei dieser Gelegenheit sagte der Verwundete, der bei meiner Schwiegermutter war: „Wir haben in Russland zehntausende Juden um-gelegt." [...] An allen Stellen, wo Deutsche hinkamen, ist mit den Juden grausam umgegangen [worden]. So hörte
15 ich, dass bei dem Einrücken der deutschen Soldaten in Weißrussland Tausende von Juden zusammengeschossen wurden. Auch bei dem Vormarsch 1942 in Südrussland wurde weiter gewütet. [Schwager] Walter [Kaßler] schick-te uns Ende Oktober ein Paket mit acht Eiern aus der

Ukraine. In dem Paket lagen auch einige Zeitungen in 20 hebräischer Schrift. „Können Sie Hebräisch?", fragte ich spaßeshalber einen Maurerpolier, eine solche Zeitung im Büro in der Hand haltend. „Die armen Juden", antwor-tete dieser, „mein Schwager war aus dem Kaukasus im Urlaub. Sämtliche Juden wurden dort niedergemacht, 25 ganz gleich, ob schwangere Frauen oder Kinder oder Säuglinge." [...]
Als ich am 26. Juli 1942 in Bornhausen war, konnte die alte Tante Rollwage nicht darüber zur Ruhe kommen, dass man in einem Nachbarorte eine 81- oder 83-jährige 30 Jüdin fortgeholt hatte. Die Jüdin war arisch verheiratet. Sie flehte den Landjäger an, sie könne doch wirklich niemandem mehr etwas zuleide tun. Der Gendarm ge-horchte jedoch dem Befehl.

Zit. nach: Obenaus, H./Obenaus, S. (Hg.): Schreiben, wie es wirklich war!, Aufzeichnungen Karl Dürkefeldens aus den Jahren 1933–1945. Hannover 1985, S. 107–126.

14 Eine Familie aus Offenburg
Sylvia Cohn mit ihren Töchtern Myriam (geb. 1929), Esther (geb. 1926) und Eva (geb. 1931, v. l.). Das Foto entstand 1940 in München für den Vater in England.

15 Eduard Cohn – der Vater
Im November 1938 wurden alle männlichen Offenburger Ju-den über 18 Jahre nach Dachau deportiert, unter ihnen Eduard Cohn. 1981 erinnert sich Eva Mendelsson, geb. Cohn:
Um sieben Uhr klopfte man an die Tür und zwei SS-Män- 5 ner jagten meinen Vater aus dem Bett und nahmen ihn mit. Das war der Anfang von dem Zerreißen der Familie Cohn. Hilflos stand mein Mütterchen da, wusste nicht, was tun. Vater war sechs Wochen in Dachau. Er wurde entlassen, als er sein Versprechen gab, dass er innerhalb 10 sechs Wochen Deutschland verließ. Warum sollte er ge-hen? Was war sein Verbrechen? Deutschland war seine Heimat. Wir liebten den Schwarzwald. Das einzige Ver-brechen war, dass wir Juden sind.

Zit. nach: Ruch, M. (Hg.): Familie Cohn. Tagebücher, Briefe, Gedichte einer jüdischen Familie aus Offenburg. Offenburg 1992, S. 78.

16 Der Vater – Exil in London

Ende Mai 1939 emigrierte Eduard Cohn nach England. Am 21.1.1940 schrieb er an das „Comitee voor Joedsche Vluchtlinge" in Amsterdam:

5 Sehr geehrte Herren! Ich wäre Ihnen sehr dankbar, wenn Sie mir behilflich sein könnten, meine Familie, bestehend aus meiner Frau und drei Kindern im Alter von 9, 11 und 13 Jahren, die sich noch in Deutschland befindet, zu einem vorübergehenden Aufenthalt in Holland
10 zu verhelfen. Seit Ende Mai 1939 befinde ich mich im Kitchener Camp. Meine Bemühungen, meine Familie nach hier zu bringen, schienen erfolgreich zu sein, da brach der Krieg aus und das in Aussicht gestellte Permit für England konnte nicht realisiert werden. Inzwischen
15 bin ich englischer Soldat geworden. [...] Es erübrigt sich wohl, darauf hinzuweisen, wie dringend notwendig es ist, meiner Familie Hilfe angedeihen zu lassen, die in diesem Fall keine finanzielle ist. Ich bin herzlich froh, als Soldat nun meinerseits meinen Teil am Kriege beitra-
20 gen zu können, aber eine Seelenlast wäre von meinen Schultern genommen, wenn ich meine Familie aus den Händen der Nazis retten könnte.

Zit. nach: Ebenda, S. 91 f.

17 Esther Cohn – ein Tagebuch

Im Oktober 1939 kam die 13-jährige Esther Cohn in ein Kinderheim nach München. Ein normaler Schulbesuch wäre für Esther, die seit einer Kinderlähmung an einem Arm und Bein
5 *gelähmt war, zu strapaziös gewesen. Am 3.11.1940 schrieb sie in ihr Tagebuch:*

Oh, Furchtbares ist in der Zwischenzeit geschehen. Alle Juden aus Baden sind fortgekommen und zwar am 22. Oktober. Es ist ganz schrecklich, einfach unglaub-
10 lich. Es ist jetzt schon fast 14 Tage und ich habe immer noch keine Adresse. Ich kann dies Leben jetzt bald nimmer aushalten! Viele Leute schrieben mir, aber was hilft's denn? Wann werde ich meine süße Mutsch und meine Geschwister wiedersehen? Werde ich es überhaupt
15 nochmals?

Oh, lieber Gott, gib doch, dass wir bald wieder zusammenkommen, oder falls es nicht sein soll, dann mache doch meinem armen Leben ein Ende. Was habe ich denn davon, wenn ich niemanden mehr habe? Oh, dass ich
20 doch nie geboren wäre, um solches Elend zu erleben! Mein armer süßer Vati ist auch nicht da, hoffentlich bekomme ich bald ein Lebenszeichen von ihm und meinen Lieben, die wahrscheinlich in Südfrankreich jetzt weilen müssen.

25 [1942 lösten die Nationalsozialisten das jüdische Kinderheim auf und deportierten Kinder und Leiterin. Esther kam in das Konzentrationslager Theresienstadt; am 16. Oktober 1944 wurde sie nach Auschwitz gebracht. Dort verliert sich ihre Spur.]

Zit. nach: Ebenda, S. 135 f.

18 Das Motto von Esthers Tagebuch

Zum Chanukka-Fest im Dezember 1939 bekam Esther von ihrer Mutter das ersehnte Tagebuch geschenkt.

19 Sylvia Cohn – die Mutter

Ein Jahr nach ihrer Deportation in das französische Lager Gurs erinnerte sich Sylvia Cohn an die Ereignisse. Noch in Haft, verfasste sie am 20.12.1941 ein Gedicht (Auszug):

Man bracht uns in ein Lager, der Freiheit ganz beraubt, 5
Wir wurden krank und mager, die Zange ward geschraubt!
Man band den Gürtel enger – und betete zu Gott –
Die Zeit wird lang und länger – und immer steigt die Not!
Wir waren voller Hoffen auf Frankreichs Menschlichkeit –
Wir wurden tief getroffen auch hier von Hass und Leid. 10

Zit. nach: Ebenda, S. 195.

20 Mutter und Töchter – der Abschied

1983 beschrieb Eva Mendelsson, geb. Cohn, rückblickend die letzte Begegnung mit ihrer Mutter am 13. 9. 1942:

Wir (Myriam und ich) waren bereits ein Jahr im Kinderheim Chateau de Masgelier Grand-Bourg-Creuse, als 5
man uns abgeholt hat zurück in das Lager Camp des Rivesaltes. Diesmal sollten wir mit unserer Mutter, die schon zwei Jahre im Camp war, deportiert nach Auschwitz werden mit dem nächsten Transport. Dies war das letzte Mal, dass ich meine Mutter sah. Wir waren zu- 10
sammen mit ihr für eine Woche und dann hatte sie für meine Begriffe das allergrößte, was eine Mutter machen kann, getan. Man hat ihr versprochen, dass man alles tun würde für uns Kinder, um aus dem Lager zu kommen und schwarz über die Grenze nach der Schweiz. Ich war 15
elf Jahre alt, Myriam 13. Der Blick, als meine Mutter getrennt wurde von uns und hinter einem abgetrennten Stacheldraht, das kann ich nicht schildern.

Zit. nach: Ebenda, S. 200.

21 Eva und Myriam – Unterschlupf in der Schweiz

Die Schwestern Eva und Myriam Cohn kamen in einem Schweizer Kinderheim in Ascona (Tessin) unter. Der folgende Brief stammt aus dem Sommer 1943:

Lieber Vati! Guter alter! [...] Nun hab ich dir eigentlich 5
nicht mehr viel Wichtiges mitzuteilen, nur dass ich

heute und überhaupt sehr viel an dich denke. Auch an Mutti und Estherle.

Wie in einem Film flogen heute alle Bilder der Einnerung
10 in meinem Kopf vorbei. Einmal sah ich dich ganz gemütlich im Ledersessel sitzen, eine Zigarette im Mund und die Zeitung lesend. Ein andermal gehe ich mit Esther auf die Post um Antwortscheine zu holen usw. Und als ich wieder mit klarem Menschenverstand um mich schau-
15 te, da war ja auch schon alles wieder vorbei. [...] Es gefällt mir ganz gut. Wir müssen aber sehr viel arbeiten. Im Haushalt helfen, putzen, waschen, nähen, Strümpfe stopfen usw. Meine Arbeit ist augenblicklich (das heißt eine Woche lang) jeden Morgen 134 Betten zu machen und fünf Zimmer in Ordnung zu halten. Außerdem noch 20 die ganz Kleinen besorgen. Dieses macht mir Spaß, und ich mach's mit Vorliebe. Nachmittag haben wir Unterricht. Französisch, Deutsch, Rechnen, Geometrie (und jetzt fangen wir mit Algebra an), Geschichte vom Mittelalter an. Und in Geografie halten wir eine Übersicht 25 Europas. [...]

Sei innig geküsst von deiner Myriam.

Zit. nach: Ebenda, S. 209 f.

Arbeitsvorschläge

a) Erläutern Sie das Vorgehen der SS in Baden-Baden (M1). Erkundigen Sie sich nach entsprechenden Vorgängen vom 9. und 10. November 1938 innerhalb Ihrer Stadt bzw. Gemeinde.

b) Untersuchen Sie M4–M6 unter den folgenden Gesichtspunkten: Vergleichen Sie erstens Aussagen über den Zusammenhang zwischen Krieg und Judentum, zweitens die Formulierungen, die das Schicksal der europäischen Juden im Kriegsfall beschreiben. Berücksichtigen Sie den jeweiligen Adressaten und das Datum.

c) Der britische Publizist David Irving vertritt die These, Hitler habe von der Vernichtung der Juden nichts gewusst. Nehmen Sie dazu Stellung.

d) Schildern Sie den Ablauf des Massakers von Babyj Yar. Nennen Sie die Tätergruppen und ihren Beteiligungsgrad. Nehmen Sie Stellung zum Verbleib der Habseligkeiten der Opfer (M7–M9).

e) Erläutern Sie anhand der Teilnehmer und des Besprechungsgegenstandes, inwiefern es sich um eine besonders wichtige Konferenz handelte (M10).

f) Eichmann entkam 1946 aus US-Gefangenschaft nach Argentinien. Nach seiner Enttarnung und Entführung durch den israelischen Geheimdienst wurde er 1961 in Jerusalem vor Gericht gestellt, zum Tode verurteilt und hingerichtet. Während des Prozesses sagte Eichmann aus, auf der Wannseekonferenz sei offen „von Töten und Eliminieren und Vernichten gesprochen" worden.
Finden Sie zunächst heraus, welche Formulierungen im Text durch die von Eichmann genannten ersetzt werden müssten (M10). Erklären Sie dann, warum im Protokoll andere als die von den Konferenzteilnehmern gebrauchten Formulierungen stehen.

g) Entscheiden Sie selbst, in welcher Form Sie sich mit der Schilderung von Höß auseinander setzen wollen (M11).

h) Arbeiten Sie heraus, von welchen Verbrechen Dürkefelden erfuhr und aus welchen Quellen er die Informationen erhielt (M13).

i) Nehmen Sie Stellung zu der von der Generation des Zweiten Weltkrieges immer wieder geäußerten Behauptung: „Was mit den Juden geschah, davon haben wir ja gar nichts gewusst." (M13) Ziehen Sie dazu auch M4 heran.

j) Machen Sie sich arbeitsteilig in Kleingruppen mit der Geschichte der einzelnen Familienmitglieder von Familie Cohn aus Offenburg bekannt (M14–M21).

k) Setzen Sie im Plenum Ihre Erkenntnisse zu einer Biografie der Familie Cohn zusammen. Zeigen Sie auf einer Europakarte die Stationen der Eltern und der Töchter auf.

l) Tragen Sie zusammen, welchen Bedrohungen die Familie jeweils ausgesetzt war. Zeigen Sie, wie die einzelnen Familienmitglieder ihre jeweilige Situation bewältigten (M14–M21).

 m) Erörtern Sie anhand Ihrer bisherigen Kenntnisse (s. dieses Kapitel), inwieweit das Schicksal von Familie Cohn repräsentativ war für das Schicksal der europäischen Juden. Bringen Sie Beispiele für Ihre Einschätzung.

5

Legende:
- ● Zwischenanstalten
- ○ Stammanstalten

Die Zahlen hinter den Namen der Stammanstalten weisen auf die Zwischenanstalten für Hadamar hin.

0   25   50 km

Hannover
HANNOVER
○ Osnabrück 4
○ Lengerich 4   ○ Hildesheim 4
○ Bielefeld
Münster ○   ○ Gütersloh 3,5
WESTFALEN   Paderborn ○
○ Eicklborn 4   ○ Göttingen 2
Dortmund ○
○ Aplerbeck 1   ○ Marsberg 2
Krefeld 6   Warstein 1,2   ○ Kassel
Süchteln 6,7   Merxhausen 1,4
○ Waldniel 6   Düsseldorf ●
○ Grafenberg 6   ○ Haina 2,3
6. Galkhausen
RHEINPROVINZ   HESSEN-NASSAU
Düren 6,7   Köln ○   ○ Marburg 1,2,5
○ Aachen   Siegen ○
Bonn 7   1. Herborn ●
Hadamar   ○ Gießen 2
7. Andernach   ● 2. Weilmünster
Koblenz ○   ● 3. Idstein
5. Scheuern   Frankfurt ○
4. Eichberg ●
Heidesheim 4   ○ Mainz   Darmstadt 4
○ Goddelau 2,4,5
Alzey 2,5   ○ Heppenheim 2,4,5
○ Trier
Mannheim ○   ○ Heidelberg
Saarbrücken ○   9. Weinsberg ●
8. Wiesloch ●
BADEN   Heilbronn

1 Einzugsgebiet der Vernichtungsstätte Hadamar im Rahmen der Euthanasie-Aktion T 4.

Die Euthanasiemorde wurden akribisch geplant. Auf Meldebögen wurden die Opfer erfasst und aus ihren Pflegeheimen in Vernichtungsanstalten wie Hadamar gebracht, wo sie der Tod in der Gaskammer erwartete. Obwohl sich die Verantwortlichen um Geheimhaltung bemühten, wurden Angehörige misstrauisch und machten Gerüchte über das wahre Schicksal der Betroffenen die Runde. Nach einzelnen Protesten verfügte die Reichskanzlei im August 1941 einen „Euthanasie"-Stopp, im Geheimen wurde aber in zahlreichen psychiatrischen Krankenhäusern weitergemordet.

Über 10 000 Menschen verloren zwischen Januar und August 1941 in Hadamar ihr Leben. Ab 1942 wurden dann Kranke und Behinderte in Heil- und Pflegeanstalten konsequent unterernährt und mit Überdosen von Schlaf- und Beruhigungsmitteln vergiftet. Dieser Fortsetzung des „Euthanasie"-Programms fielen in Hadamar noch einmal fast 5 000 Menschen zum Opfer.

Die Organisatoren der Gedenkstätte Hadamar standen vielen Fragen gegenüber: Wie kann man überhaupt eines so schrecklichen Verbrechens angemessen gedenken? An wen oder was soll im Einzelnen erinnert werden? In welcher Form wird man den Opfern am ehesten gerecht?
Die Gedenkstätte verstand sich von Anfang an sowohl als Gedenkstätte als auch als Lernort der Geschichte. Den Kernbereich stellt eine umfassende Dokumentation in den Kellerräumen des Psychiatrischen Krankenhauses Hadamar, in unmittelbarer Nähe zur ehemaligen Gaskammer, dar. Eine Dauerausstellung dokumentiert die Geschichte der „Euthanasie"-Anstalt Hadamar, Opferschicksale und Täterbiographien und die Nachkriegszeit.

Die unmittelbare Nachbarschaft von Gedenkstätte und Psychiatrischem Krankenhaus heben die historischen Informationen über die Verbrechen an psychisch Kranken und an Behinderten aus ihrer rein theoretischen Dimension heraus. Ein besonderes Anliegen der pädagogischen Betreuung ist es dabei, bereits bei Vorurteilen gegen Kranke und Behinderte anzusetzen. Dabei wächst die Bedeutung der Gedenkstätte als Ort der historisch-politischen Bildung mit der Zunahme der zeitlichen Distanz zum Nationalsozialismus.

Seit 1983 erinnert eine Gedenkstätte in den Räumen des Psychiatrischen Krankenhauses Hadamar an die dort geschehenen Morde an Kranken und Behinderten. Im Oktober 1939 hatte die Reichskanzlei den Befehl zur Tötung „unwerten" Lebens gegeben. Was folgte, war ein beispielloser Massenmord an Menschen mit Erbkrankheiten, Missbildungen oder anderen geistigen und körperlichen Behinderungen – die „Aktion T 4", benannt nach der eigens gegründeten Organisationszentrale in der Berliner Tiergartenstraße 4. Die Verantwortlichen verschleierten die Morde mit dem Begriff „Euthanasie", übersetzt Gnadentod.

An sechs Orten im damaligen Deutschen Reich wurden zu diesem Zweck Gaskammern installiert: in Bernburg a. d. Saale, Brandenburg, im württembergischen Grafeneck, in Hartheim bei Linz, Sonnenstein bei Pirna und zuletzt in Hadamar in der Nähe von Limburg.

Geschichte erinnern:
Gedenkstätte eines NS-Verbrechens – Hadamar

2 Die Tötungsanstalt Hadamar
Heimlich gemachte Aufnahme des rauchenden Schornsteins des Krematoriums der Tötungsanstalt Hadamar (1941).

5

3 Geschult zum Gehorsam?

a) Der in der Anstalt tätig gewesene Pfleger Paul R. zu seiner Rechtfertigung vor dem Frankfurter Landgericht 1947:

Dann habe ich mir wieder gesagt: der Arzt, der die Anordnungen gibt als Vorgesetzter, der trägt die Verantwortung.
5 Denn es wird wohl jedem von den Pflegern und Pflegerinnen bekannt sein, dass es bei den Schulungen immer geheißen hat: den Anordnungen des Arztes ist unbedingt Folge zu leisten als Vorgesetzter. Weigerte sich ein Pfleger oder
10 führt er irrtümlicherweise etwas Falsches aus, so wird der betreffende Pfleger als unbrauchbar bezeichnet. Das waren so ungefähr die Redensarten der Ärzte bei den Schulungen. Und der Arzt als Vorgesetzter, dem musste man doch eben Folge leisten. Es wurde uns auch immer befohlen und es
15 wurde immer gesagt, dass derjenige, der befiehlt, dass der auch die Verantwortung trägt.
Für richtig gehalten, das man Geisteskranke in dem Zustand nicht mehr weiter ernährt? Ja, Gedanken habe ich mir schon gemacht. Aber die Patienten, die man
20 hatte, die waren körperlich so schlecht, dass sie manchmal überhaupt nicht mehr stehen konnten, dass sie zum großen Teil verhungert sind. Und da war es doch eine Wohltat von seiner Auffassung aus, dass solche Leute möglichst schnell starben.

b) Der Hadamarer Tötungsarzt Dr. Adolf Wahlmann rechtfertigt sich vor dem Frankfurter Landgericht 1947:

Was ich mir dabei [der Beteiligung an der „Euthanasie"] gedacht habe? Zweifellos eines: ich hatte kein Bewusstsein darüber, dass ich überhaupt eine strafbare Handlung be-5 gehe, denn ich habe mir gesagt, wenn das eine Handlung ist, die gegen das Gesetz ist, dann müsste doch der Staatsanwalt von Limburg mindestens mal herkommen und sich die Sache ansehen, aber die Staatsanwälte haben das ruhig angesehen, dass wir unsere Tätigkeit dauernd aus-10 übten. Die Staatsanwälte habe ich dann damit entschuldigt: es war ja ein Gesetz. [...] Und wenn in der Anklage nun drin steht, dass ich das hätte wissen müssen, dass das Gesetz nie veröffentlicht wurde, da habe ich gesagt, das ist für den Laien reichlich viel verlangt. Wenn mir ein 15 Oberpräsident sagt: das Gesetz existiert, dann habe ich das meiner Ansicht nach zu glauben und weiter gar nichts.

Zit. nach: R. Gabriel u. a., Inform.- und Arbeitsmaterialien f. d. Unterricht zum Thema „Euthanasie"-Verbrechen im Nationalsozialismus. Kassel 1992, S. 70 f.

Arbeitsvorschläge

a) Geben Sie die Begründungen der Täter wieder, die sie zur Rechtfertigung ihrer Handlungsweise geben (M 3a und M 3b).

b) Die „Vernichtung lebensunwerten Lebens" wurde bereits während der Weimarer Republik diskutiert. Recherchieren Sie über die Argumentation und die Verbreitung dieser Diskussion.

c) Informieren Sie sich über weitere Gedenkstätten in Ihrer Nähe und untersuchen Sie jeweils das zu Grunde gelegte Gedenkkonzept (Internet-Links zu Gedenkstätten: www.fritz-bauer-institut.de/links/gedenkstaetten.htm, allgemein: www.shoa.de).

Entrechtung, Verfolgung, Mord

1933	1.4. Es kommt zur Boykott-Aktion gegen jüdische Geschäfte. Damit beginnt die Verdrängung der Juden aus dem Wirtschafts- und Berufsleben. Juden dürfen auch nicht mehr Beamte sein („Arierparagraph"). Per Gesetz werden auch die jüdischen Bürger aus dem öffentlichen und kulturellen Leben ausgeschlossen.
1935	Die „Nürnberger Gesetze" erklären Juden zu Staatsbürgern minderen Rechts. Sie verlieren das aktive und passive Wahlrecht. Durch das „Gesetz zum Schutz des deutschen Blutes und der deutschen Ehre" wird die Ehe und der außereheliche Verkehr zwischen Juden und Deutschen untersagt.
1938	9./10.11. Während der „Reichskristallnacht", so der beschönigende Begriff der Nationalsozialisten, kommt es zu Pogromen gegen die jüdische Bevölkerung. 91 jüdische Bürger werden ermordet, über 7000 jüdische Geschäfte verwüstet. Die Juden müssen für die entstandenen Schäden 1 Milliarde Reichsmark zahlen. Alles jüdische Eigentum wird beschlagnahmt, was den endgültigen Ausschluss aus dem Wirtschaftsleben bedeutet. Die Bewegungsfreiheit wird eingeschränkt (Ausgehverbote, Einzug der Führerscheine). Etwa 30 000 Juden werden verhaftet.
1939	Schon unmittelbar nach Kriegsbeginn kommt es zu ersten Erschießungen polnischer Juden durch Einsatzgruppen der Sicherheitspolizei und des Sicherheitsdienstes. Im Oktober finden bereits Deportationen von Juden im neu errichteten Generalgouvernement Polen statt. Noch im selben Monat wird durch die so genannte Euthanasie-Verordnung die Ermordung von 120 000 geistig behinderten Menschen eingeleitet.
1941	Mit dem schnellen Vordringen der deutschen Truppen in die Sowjetunion befinden sich schließlich Millionen osteuropäischer Juden im deutschen Herrschaftsbereich. Wiederum beginnen Sonderkommandos auf dem eroberten Gebiet schon bald mit Erschießungen. Juden müssen an ihrer Kleidung den gelben Judenstern tragen, die Auswanderung wird ihnen untersagt.
1942	Auf der „Wannseekonferenz" werden im Januar die Weichenstellungen für die „Endlösung" getroffen. In Ausschwitz wird noch im selben Monat mit der Ermordung der Juden in Gaskammern begonnen. Die als arbeitsfähig eingestuften Juden werden als Arbeitskräfte eingesetzt. Mit der Ausdehnung der Endlösung auf alle Gebiete Europas, die unter deutscher Herrschaft stehen, werden Juden von überallher hauptsächlich in die Vernichtungslager deportiert. Nur einige Länder wie Italien, Rumänien und Ungarn (bis 1944) leisten gegen die Deportationen Widerstand. Bis zum Kriegsende werden in Konzentrationslagern über 5 Millionen Juden ermordet. Zu den Opfern zählen auch 500 000 Sinti und Roma. Ferner politische Gegner, Kriminelle und Menschen, die von Nationalsozialisten als „asozial" eingestuft werden.
April/Mai 1943	Im Warschauer Ghetto kommt es zum Aufstand. Die 60 000 Aufständischen können sich einen Monat lang behaupten; von ihnen überleben nur wenige.
1944/45	Vor dem Eintreffen alliierter Armeen werden viele Konzentrationslager zerstört (Auschwitz im Okt./Nov. 1944). Die noch Überlebenden werden verlegt (Todesmärsche).

5

5.6 Der Widerstand gegen die NS-Diktatur

In den Jahren nach 1933 ließen sich die meisten Deutschen von den äußerlichen Erfolgen des NS-Regimes blenden und waren mit Hitlers Herrschaft durchaus zufrieden; nur wenige lehnten den Nationalsozialismus ab und brachten dies in unterschiedlichen Formen von Widerstand auch aktiv zum Ausdruck.

Akzeptanz der Bevölkerungsmehrheit

Die deutschen Kommunisten leisteten am entschiedensten und exponiertesten Widerstand. Als politischer Hauptfeind und infolge der „Reichstagsbrandverordnung" ohnehin schon massiv verfolgt, bewirkte die KPD zwischen 1933 und 1935 durch ihre riskanten Aktionen wie überraschende Kurzdemonstrationen, Verteilung von Flugblättern, Anbringung politischer Parolen an Gebäuden, Hissen roter Fahnen auf Fabrikschornsteinen nur, dass ihre aktivsten Mitglieder zu tausenden verhaftet und ins KZ gesperrt wurden. Zwar änderte die KPD auf Direktive Moskaus im August 1935 ihre Widerstandstaktik. Doch die angestrebte „antifaschistische Volksfront" scheiterte am Misstrauen der Sozialdemokraten, von der KPD bislang als „sozialfaschistischer" Hauptgegner betrachtet, sowie an den bürgerlichen Oppositionellen, die vom Kommunismus nichts hielten – und rein praktisch am immer perfekter arbeitenden Polizeiapparat. Von 1939 bis 1941 wurde der KPD-Widerstand durch den Hitler-Stalin-Pakt gelähmt, der das Weltbild vieler Kommunisten ins Wanken brachte. Während des Krieges bemühten sich kleine Widerstandsgruppen um Rückhalt bei den Industriearbeitern und unternahmen gelegentlich Sabotageakte in der Rüstungsindustrie.

KPD

5

Die Gewerkschaften und die SPD hatten 1933 zunächst noch versucht sich mit der Regierung Hitler zu arrangieren: Die Gewerkschaften trennten sich offiziell von der SPD und riefen ihre Mitglieder zur Teilnahme an den staatlichen Maifeiern auf; die sozialdemokratische Reichstagsfraktion stimmte Hitlers „Friedensrede" vom 17. Mai zu. Freilich ohne Erfolg: Am 2. Mai wurden die Gewerkschaften zerschlagen, am 22. Juni die SPD verboten. Die Funktionäre beider Organisationen landeten für Monate oder Jahre im KZ. Auch traten 1933 schon vor dem Parteiverbot viele dem „neuen Mittelstand" (Angestellte und Beamte) zuzurechnende Mitglieder aus, weil sie um ihre berufliche Zukunft fürchteten. Danach beschränkte sich der sozialdemokratische Widerstand im Wesentlichen darauf, dass man im Wohnviertel und im Betrieb untereinander Kontakt hielt und den Familien Verhafteter psychologischen und materiellen Beistand leistete. Propaganda gegen das NS-Regime betrieb der Exil-Vorstand der SPD von Prag, später von Paris aus. Einige besonders aktive Sozialdemokraten der jüngeren Generation wie etwa Julius Leber oder Wilhelm Leuschner schließlich bezahlten ihre Beteiligung am konservativ-militärischen Widerstand um den 20. Juli 1944 mit dem Leben.

SPD

Als weitgehend hilflos gegenüber dem Nationalsozialismus erwiesen sich auch die beiden großen christlichen Kirchen. Ähnlich wie schon in Italien 1929 mit Mussolini versuchte sich der Vatikan auch mit Hitler zu verständigen und schloss schon am 20. Juli 1933 ein Konkordat mit dem Deutschen Reich, das die Rechte der Kirche und ihrer Einrichtungen zu sichern versprach. Die damit verbundene Anerkennung der NS-Regierung nahm dem katholischen Widerstand den Wind aus den Segeln. Dennoch engagierten sich einzelne oppositionelle Pfarrer und Gemeindemitglieder in der Folgezeit immer wieder für die Verfolgten des NS-Regimes und nahmen dafür die KZ-Haft und auch den Tod in Kauf – so z. B. der Berliner Dompropst Bernhard Lichtenberg. Der Papst kritisierte nur einmal die Unterdrückung glaubenstreuer Christen in Deutschland und die Rassenpolitik, ohne aber die Juden zu erwähnen. Der Münsteraner Bischof Clemens August Graf von Galen und der Vorsitzende der Deutschen Bischofskonferenz, der Bres-

Die Kirchen

lauer Kardinal Bertram, protestierten 1941 gegen die Ermordung Behinderter und erreichten immerhin die zeitweise Einstellung der Tötungsaktionen. Der dezentral in Landeskirchen organisierte Protestantismus wurde durch die Ernennung eines umstrittenen NSDAP-nahen „Reichsbischofs" und durch die Spaltung der Gläubigen in die nationalsozialistischen „Deutschen Christen", und die evangeliumstreue „Bekennende Kirche" (Martin Niemöller, Dietrich Bonhoeffer) gelähmt. Der insgesamt schwache Widerstand der beiden großen Kirchen und insbesondere ihrer Bischöfe ist nicht zuletzt darauf zurückzuführen, dass sie den nationalsozialistischen Antikommunismus und Antisemitismus überwiegend nicht prinzipiell ablehnten.

„Weiße Rose"

Von christlich-humanitären Überzeugungen ließ sich auch die Münchner Studentengruppe „Weiße Rose" um Hans und Sophie Scholl, Willi Graf, Alexander Schmorell, Professor Kurt Huber u. a. leiten. Es waren überwiegend Medizinstudenten, die bei Lazaretteinsätzen in Russland das Grauen des Ostkrieges kennen gelernt hatten und die daher 1942/43 in mehreren Flugblättern die Verbrechen des NS-Regimes anprangerten und zum Widerstand aufriefen. Sie wurden fast ausnahmslos zum Tode verurteilt und hingerichtet.

Widerstand von Einzelpersonen

Schwieriger einzuordnen ist der Widerstand durch einzelne Attentäter, die keiner spezifischen Gruppe oder Organisation angehörten. Das bekannteste Beispiel stellt hierbei der Tischler Johann Georg Elser dar, der mittels einer mit Zeitzünder versehenen Bombe versuchte, Hitler am 8. November 1939 im Münchner Bürgerbräukeller zu töten. Das Attentat scheiterte jedoch daran, dass Hitler diesmal die Veranstaltung früher verließ.

Die Militärs und bürgerliche Kreise; das Attentat vom 20. Juli 1944

Erst 1938/39 bildeten sich mehrere militärische und nationalkonservative Widerstandsgruppen. Einzelne Militärs protestierten schon 1939 vergeblich gegen die Gräueltaten der SS in Polen. Angesichts der einbrechenden Ostfront und der Landung der Alliierten bildeten sich bis zum Sommer 1944 verschiedene militäroppositionelle Kreise. Sie wollten eine Niederlage Deutschlands verhindern und suchten die Verbindung mit zivilen Kreisen um den Regierungspräsidenten in Schlesien, Graf von der Schulenburg, um den 1937 zurückgetretenen Leipziger Oberbürgermeister Carl Goerdeler sowie um die Ehepaare von Moltke und York von Wartenburg („Kreisauer Kreis"). Trotz aller Verschiedenheit waren sich die unterschiedlichen Widerstandskreise zumindest darin einig, dass Deutschland in Zukunft ein Rechtsstaat sein müsse und außenpolitisch eine führende Position in Europa behalten sollte. Dem militärischen Widerstand kam insofern eine Schlüsselrolle zu, als Offiziere die besten Chancen besaßen, Hitler sowie das Spitzenpersonal des NS-Regimes auszuschalten und den Regierungsapparat zu übernehmen. Aber gerade Soldaten fiel die Auflehnung gegen ihren Oberbefehlshaber, auf dessen Person sie einen Treueid hatten ablegen müssen, besonders schwer. Erst die sinnlose Opferung der 6. Armee in Stalingrad führte in der Militäropposition zu der Überzeugung, dass der „Führer" selbst als Eidnehmer den Treueid gebrochen hatte. Doch das sorgfältig geplante Attentat, mit dem Hitler am 20. Juli 1944 durch eine von dem Offizier Claus Graf Schenk von Stauffenberg im Führerhauptquartier „Wolfsschanze" bei Rastenburg/Ostpreußen versteckte Zeitbombe getötet werden sollte, schlug fehl. Als die Nachricht vom Überleben Hitlers Berlin erreichte, brach der begonnene Staatsstreich schon bald zusammen. Nach seiner Festnahme in Berlin wurden Stauffenberg und drei weitere Offiziere sofort erschossen, die Militäropposition und die mit ihr in Kontakt stehenden anderen Widerstandskreise in den folgenden Wochen von der Gestapo zerschlagen. Etwa 200 unmittelbar Beteiligte wurden hingerichtet.

Claus Graf Schenk von Stauffenberg

1 Unterschiedliche Formen von „Widerstand"

• Nicht wenige Schriftsteller und Künstler zogen sich aus der Politik ins Privatleben zurück.

• Einige unpolitische großstädtische Jugendgruppen
5 wurden in den Kriegsjahren verfolgt, weil sie durch ihre Verhaltensweisen auffielen: die überwiegend bürgerliche „Swing-Jugend" durch lässige Kleidung und Haartracht sowie ihre Vorliebe für amerikanischen Jazz, die eher proletarischen „Edelweißpiraten" durch gesellige Unter-
10 nehmungen abseits der HJ.

• Der Münchner Staatsanwalt Wintersberger versuchte 1933 hartnäckig, aber vergeblich, Mörder aus den Reihen der SA vor Gericht zu bringen, obwohl dies politisch un-erwünscht war. Er widersetzte sich den Zumutungen des
15 Regimes, ohne auf dessen Überwindung hinzuarbeiten.

• Ende Februar 1943 demonstrierten rund 200 nichtjüdi-sche Frauen in der Berliner Rosenstraße eine Woche lang für die Freilassung ihrer verhafteten und für die Deporta-tion vorgesehenen jüdischen Männer. Sie beendeten ihre
20 Aktion, als man ihre Forderung erfüllte.

• Der schwäbische Schreinermeister Georg Elser versuch-te die Fortsetzung des Krieges zu verhindern, indem er ei-nen Bombenanschlag plante und am 8. November 1939 in München durchführte, dem Hitler nur knapp entging.
25 Elser wurde verhaftet, gefoltert, ins KZ Dachau eingelie-fert und dort am 9. April 1945 erschossen.

• Einzelne Personen drückten ihre Unzufriedenheit aus, indem sie für Staaten spionierten, gegen die das „Dritte Reich" Krieg führte, sich als deutsche Kriegsgefangene im
30 Ausland engagierten (so z. B. innerhalb des „Nationalko-mitees Freies Deutschland" in der Sowjetunion) oder aus der Wehrmacht desertierten.

• In den letzten Kriegstagen entwaffnete der Bauer Fried-rich Hanselmann aus dem württembergischen Brettheim
35 vier Hitlerjungen, die das Dorf verteidigen sollten. Die SS verurteilte ihn dafür vor einem Standgericht zum Tode. Allerdings verweigerten Bürgermeister Gackstatter und NS-Ortsgruppenleiter Wolfmeyer ihre Unterschriften un-ter das Todesurteil. Alle drei Männer wurden am 10. April
40 1945 auf dem Brettheimer Friedhof erhängt.

Eine Zusammenstellung des Verfassers

2 Drei Bürger aus Brettheim: Friedrich Hanselmann, Leonhard Gackstatter und Leonhard Wolfmeyer.

3 Stufen abweichenden Verhaltens

Zur Beschreibung der verschiedenen Formen abweichenden Verhaltens zwischen 1933 und 1945 entwickelte der Histori-ker Detlev Peukert folgendes Schema:

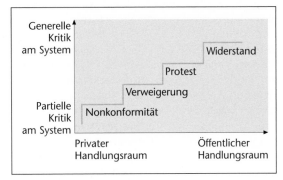

Nach: Peukert, D.: Die Edelweißpiraten, Köln 1980, S. 236.

4 „Wir verwerfen ..." – Protestanten

Aus der Gründungsverlautbarung der Bekennenden Kirche, der so genannten „Barmer Erklärung" vom 31. Mai 1934:

Wir bekennen uns angesichts der die Kirche verwüs-tenden und damit auch die Einheit der Deutschen Evan- 5
gelischen Kirche sprengenden Irrtümer der „Deutschen Christen" und der gegenwärtigen Reichskirchenregie-rung zu folgenden evangelischen Wahrheiten: [...]
Wir verwerfen die falsche Lehre, als gäbe es Bereiche unseres Lebens, in denen wir nicht Jesus Christus, son- 10
dern anderen Herrn zu eigen wären, Bereiche, in denen wir nicht der Rechtfertigung und Heilung durch ihn bedürfen. [...]
Wir verwerfen die falsche Lehre, als dürfe die Kirche die Gestalt der Botschaft und ihrer Ordnungen ihrem 15
Belieben oder dem Wechsel der jeweils herrschenden weltanschaulichen und politischen Überzeugungen überlassen. [...]
Wir verwerfen die falsche Lehre, als könne und dürfe sich die Kirche [...] besondere, mit Herrschaftsbefugnissen 20
ausgestattete Führer geben oder geben lassen. [...]
Wir verwerfen die falsche Lehre, als solle und könne der Staat über seinen besonderen Auftrag hinaus die einzi-ge und totale Ordnung menschlichen Lebens werden und also auch die Bestimmung der Kirche erfüllen. Wir 25
verwerfen die falsche Lehre; als solle und könne sich die Kirche über ihren besonderen Auftrag hinaus staat-liche Art, staatliche Aufgaben und staatliche Würde aneignen und damit selbst zu einem Organ des Staates werden. [...] 30
Wir verwerfen die falsche Lehre, als könne die Kirche in menschlicher Selbstherrlichkeit das Wort und Werk des Herrn in den Dienst irgendwelcher eigenmächtig ge-wählter Wünsche, Zwecke und Pläne stellen.

Schmidt, K. D. (Hg.): Die Bekenntnisse und grundsätzlichen Äußerungen zur Kirchenfrage, Bd. 2. Göttingen 1935, S. 92 f.

5 Gibt es ein Widerstandsrecht? – Katholiken

Eugen Bolz aus Rottenburg/Neckar, Führer der katholischen Zentrumspartei in Württemberg, Justiz- und Finanzminister und seit 1928 Staatspräsident von Württemberg, engagierte
5 *sich schon vor 1933 gegen die NSDAP. 1945 wurde er wegen seiner Beteiligung an den Attentats- und Nachkriegsplänen des Widerstandskreises um Carl Goerdeler hingerichtet.*
1928 hielt Eugen Bolz zum Diözesan-Jubiläum eine Rede:
Ein guter Katholik muss auch ein guter Staatsbürger sein,
10 er muss den Gesetzen des Staates Gehorsam leisten, er kann keinen revolutionären Geist haben. [...] Er arbeitet mit dem Aufbau des Staates und seinen wirtschaftlichen und sozialen Verhältnissen. Nur eine Schranke gibt es, den Verstoß des Staatsgesetzes gegen Gottes Gesetz.
15 *Aus Bolz' Schrift „Katholische Aktion und Politik", 1934:*
Da das Gemeinwohl, „nächst Gott das erste und letzte Gesetz in der staatlichen Gemeinschaft" (Papst Leo XIII.), Ursache und Ziel des Staates ist, so kann die Befehls- und Zwangsgewalt des Staates nur so weit reichen, als diese
20 dem Gemeinwohl dient. [...] Bei offensichtlichem und dauerndem Missbrauch der Staatsgewalt besteht ein Notwehrrecht des Volkes.

Beide Auszüge zit. nach: Politischer Widerstand gegen die NS-Diktatur (Politik und Unterricht. Zeitschrift zur Gestaltung des politischen Unterrichts. 2/94). Hg. von der Landeszentrale für politische Bildung Baden-Württemberg, S. 20.

6 Eugen Bolz am 2. November 1944 vor dem so genannten Volksgerichtshof.

Am 21. Dezember 1944 fällte das Gericht das Todesurteil, vier Wochen später wurde es vollstreckt.

7 „Zufälle sind Denkfehler" – Sozialisten

Aus den Anweisungen für das Verhalten im Widerstand („Sozialistische Aktion"), Mai 1936:
2. Die erste Voraussetzung für eine erfolgreiche illega-
5 le politische Arbeit ist das Bekenntnis zu vorbehaltloser Schweigsamkeit und bedingungsloser Disziplin in jeder Situation. Viele deiner Vorkämpfer mussten den Weg in den Kerker gehen. Lerne aus ihren Fehlern. Viele traf ihr Schicksal durch die Aufgeschlossenheit ihres Wesens.

Auch nur andeutungsweise Bemerkungen, selbst gegen- 10 über Frau und Braut, sind in vielen Fällen der Anfang zur Vernichtung Erfolg versprechender illegaler Arbeit gewesen. Du musst in der politischen Arbeit weitestgehend selbstständig und verschwiegen sein und deine Funktionen und Aufgaben selbst gegenüber Genossen 15 verschweigen, denen du vertraust, die aber an deiner Arbeit nicht unmittelbar beteiligt sind.
3. Du musst in deiner ganzen Lebenshaltung indifferent sein. Wer deine Gepflogenheiten kennt, ist dein Feind. Wenn du über deine Gewohnheiten befragt wirst, so gib 20 deinem Nachbarn eine eindeutige, bestimmt glaubwürdige und logische Erklärung deines Handelns. Du machst dich auch verdächtig, wenn du dich demonstrativ vom Volksgemeinschaftsrummel fern hältst. Besuche die Veranstaltungen im Betrieb, im Haus und in den NS-Orga- 25 nisationen, wenn es dir angetragen wird. Dort bist du Berichterstatter und offenes Ohr deiner illegalen Organisation. [...]
4. Kontrolliere ständig deine Wohnung. Gewöhne dich an den Gedanken, dass es kein Versteck gibt, das man 30 nicht findet.
5. Mache keine schriftlichen Aufzeichnungen und lege dir keine Raritätensammlung an. Sie können der Grundstock der Anklageschrift gegen dich sein. Es darf in deiner Wohnung auch keine politische Betätigung geben. 35
6. Wenn du deine Wohnung verlässt um dich mit Genossen zu treffen, dann beobachte scharf, ob du verfolgt wirst. [...]
8. Allen Genossen gegenüber, auch wenn sie dir lange bekannt sind, sei anonym. Wer deine Adresse fordert, ist 40 unsauber. Die Organisation braucht deine Adresse nicht.
9. Achte darauf, dass du nicht fotografiert wirst. Verschenke keine Fotografien: Sie sind immer das Hauptstück zu deinem Steckbrief.
10. In der Öffentlichkeit übersieh deine Genossen. Es 45 gibt keine Versammlung, Zusammenkünfte von mehr als höchstens 4 Personen fallen auf. Treffe dich nicht zweimal oder gar anschließend nach einer Verabredung im gleichen Lokal wieder. [...]
17. [...] Es gibt keine Zufälle, Zufälle sind Denkfehler. 50
Die Praxis wird dich erkennen lassen, dass auch bei uns Fehlschläge nicht restlos vermeidbar sind, dass sie aber häufig selbst verschuldet und dadurch nicht notwendig waren. Das musst du ändern.

Zit. nach: Geschichte in Quellen, Bd. 5. München 1961, S. 345 f.

8 Generalstreik der Generale? – Militär

Aus den Notizen von Generaloberst Ludwig Beck für einen Vortrag beim Oberbefehlshaber des Heeres, Walter von Brauchitsch, am 16. Juli 1938:
Es stehen hier letzte Entscheidungen über den Bestand 5 der Nation auf dem Spiele. Die Geschichte wird diese Führer mit der Blutschuld belasten, wenn sie nicht nach

ihrem fachlichen und staatspolitischen Wissen und Gewissen handeln. Ihr soldatischer Gehorsam hat dort eine
10 Grenze, wo ihr Wissen, ihr Gewissen und ihre Verantwortung die Ausführung eines Befehls verbieten.
Finden ihre Ratschläge und Warnungen in solcher Lage
kein Gehör, dann haben sie das Recht und die Pflicht
vor dem Volk und vor der Geschichte, von ihren Ämtern
15 abzutreten. Wenn sie alle in einem geschlossenen Willen
handeln, ist die Durchführung einer kriegerischen Handlung unmöglich. Sie haben damit ihr Vaterland vor dem
Schlimmsten, vor dem Untergang, bewahrt.
Es ist ein Mangel an Größe und an Erkenntnis der Aufga-
20 be, wenn ein Soldat in höchster Stellung in solchen Zeiten seine Pflichten und Aufgaben nur in dem begrenzten
Rahmen seiner militärischen Aufträge sieht, ohne sich
der höchsten Verantwortung vor dem gesamten Volk bewusst zu werden. Außergewöhnliche Zeiten verlangen
25 außergewöhnliche Handlungen!

Zit. nach: Foerster, W.: Generaloberst Ludwig Beck. Sein Kampf gegen den
Krieg. München 1953, S. 117 f.

9 **Die Zeit nach dem Attentat – Nachkriegspläne**
Aus einem Gestapo-Bericht vom 2. August 1944 über die mi-
litärischen und politischen Vorstellungen Stauffenbergs nach
Ausschaltung Hitlers durch das Attentat vom 20. Juli 1944:
5 Verbindung zum Ausland
Die neue Vernehmung des Hauptmanns Kaiser gibt eine
Reihe von Hinweisen, dass Stauffenberg über Mittels-
männer zwei Verbindungen zur englischen Seite hatte.
Den Zusammenhängen wird im Augenblick im Einzel-
10 nen nachgegangen. Bereits am 25. Mai hat Kaiser für
Stauffenberg eine Notiz ausgearbeitet, worüber mit der
Feindseite verhandelt werden sollte:

1. Sofortiges Einstellen des Luftkrieges
2. Aufgabe der Invasionspläne
3. Vermeidung weiterer Blutopfer 15
4. Dauernde Verteidigungsfähigkeit im Osten. Räumung aller besetzten Gebiete im Norden, Westen
   und Süden
5. Vermeidung jeder Besetzung
6. Freie Regierung, selbstständige Verfassung 20
7. Vollkommene Mitwirkung bei der Durchführung der
   Waffenstillstandsbedingungen und bei der Vorbereitung der Gestaltung des Friedens
8. Reichsgrenze von 1914 im Osten Erhaltung Österreichs und der Sudeten beim Reich Autonomie Elsass- 25
   Lothringens Gewinnung Tirols bis Bozen, Meran
9. Tatkräftiger Wiederaufbau mit Mitwirkung am Wiederaufbau Europas
10. Selbstabrechnung mit Verbrechern am Volk
11. Wiedergewinnung von Ehre, Selbstachtung und Ach- 30
    tung

Zit. nach: Hofer, W.: Der Nationalsozialismus. Dokumente 1933–1945.
Frankfurt 1957, S. 345.

10 **„Um jeden Preis" – Das Attentat auf Hitler**
Auf Stauffenbergs Frage, ob das Attentat nach der Landung
der Alliierten in der Normandie Anfang Juni 1944 noch not-
wendig sei, antwortete Generalmajor Henning von Tresckow:
Das Attentat auf Hitler muss erfolgen, um jeden Preis. 5
Sollte es nicht gelingen, so muss trotzdem der Staatsstreich versucht werden. Denn es kommt nicht mehr auf
den praktischen Zweck an, sondern darauf, dass die deutsche Widerstandsbewegung vor der Welt und vor der Geschichte unter Einsatz ihres Lebens den entscheidenden 10
Wurf gewagt hat. Alles andere ist daneben gleichgültig.

Zit. nach: Politischer Widerstand gegen die NS-Diktatur, a. a. O., S. 38.

Arbeitsvorschläge

a) Analysieren Sie die beschriebenen Einzelfälle (M1). Versuchen Sie mit selbst
gewählten Begriffen das jeweils geschilderte Verhalten zu beschreiben.
Ordnen Sie dann die Fälle in Peukerts Schema (M3) ein. Diskutieren Sie abschließend, inwieweit sich das Schema eignet, verschiedene Formen von „Widerstand" zu unterscheiden.
b) Erörtern Sie, auf welche Lebensbereiche sich die Erklärungen der „Bekennenden Kirche" (M4) und des Katholiken Eugen Bolz (M5) beziehen. Wie wird der
Protest jeweils begründet?
c) Setzen Sie sich mit der Problematik eines Widerstandes wie dem der „Sozialistischen Aktion" auseinander (M7).
d) Arbeiten Sie die Ziele und Motivationen des militärischen Widerstandes heraus
(M8–M10). Wägen Sie die Aussichten ab, Stauffenbergs Vorstellungen für die
Zeit nach dem Sturz des NS-Regimes zu realisieren (M9).
e) Beziehen Sie Stellung zu Henning von Tresckows Einschätzung der deutschen
Widerstandsbewegung (M10).

f) Suchen Sie in Ihrer Stadt oder Region nach weiteren Beispielen für „Widerstand". Das örtliche Archiv oder historische Museum können Ihnen sicherlich
weiterhelfen.

5.7 Der historische Ort des „Dritten Reiches"

Nationalsozialismus und 1789

Die zwölfjährige NS-Diktatur – von ihren Propagandisten gern als Anbruch eines „Tausendjährigen Reiches" bezeichnet – lief auf den Versuch hinaus, die geschichtliche Entwicklung hinter die Französische Revolution, d. h. hinter die Idee der Freiheit, Gleichheit und Brüderlichkeit aller Menschen zurückzudrehen. Dieser Versuch endete nach ungeheuren Menschenverlusten und Zerstörungen in Europa und nach dem Völkermord an den europäischen Juden, mit der totalen Niederlage im „totalen Krieg" (Joseph Goebbels) und mit Ende des deutschen Nationalstaates. Diese verheerende Bilanz lässt das NS-Regime als größtes Desaster in der neueren deutschen und europäischen Geschichte überhaupt erscheinen.

Zufall oder Notwendigkeit

Die Ursachen für die NS-Diktatur sind vielschichtig und umstritten. Die nationalsozialistische Herrschaft war aber sicher kein bloßer „Betriebsunfall", auch nicht das zwangsläufige, unvermeidliche Entwicklungsergebnis der deutschen Geschichte: Sie war eine in der deutschen Geschichte zwar angelegte Möglichkeit, die aber nur unter bestimmten Bedingungen zur Wirklichkeit werden konnte. Diese Bedingungen waren nicht schicksalhafter Natur, sondern von Menschen gemacht und von Menschen beeinflussbar. Die politischen Weichenstellungen seit 1918, die am Ende in den Nationalsozialismus mündeten, hätten auch anders erfolgen können. So gab es keinerlei zwingende Notwendigkeit, Hitler zum Reichskanzler zu machen.

Ein deutscher Sonderweg?

Warum kam es ausgerechnet in Deutschland zu dieser Katastrophe? Weit verbreitet ist das Erklärungsmodell, nach dem 1945 nicht nur die Herrschaft des Nationalsozialismus endete, sondern auch der verhängnisvolle antiwestliche „Sonderweg" der deutschen Geschichte des 19. und 20. Jahrhunderts: d. h. die Abkoppelung Deutschlands von der westeuropäischen Entwicklung zur parlamentarischen Demokratie nach der gescheiterten Revolution von 1848. Am Ende fand der deutsche Sonderweg in Europa seinen traurigen Höhepunkt im nationalsozialistischen „Dritten Reich". Wenn die 1949 gegründete zweite deutsche Demokratie – erst als westdeutscher Teilstaat, dann seit 1990 als wiedervereinigter Nationalstaat – mittlerweile länger und in Frieden existiert als das „Dritte Reich", die Republik von Weimar oder sogar das Kaiserreich, dann vor allem, so formuliert es der Philosoph Jürgen Habermas, wegen der „vorbehaltlosen Öffnung der Bundesrepublik gegenüber der politischen Kultur des Westens".

Das Verhältnis Deutschlands zu anderen Ländern

Die nationale Katastrophe von 1945 war auch eine moralische für das deutsche Volk, das sich mehrheitlich durch seine bedingungslose Treue zum „Führer" kompromittiert hatte. Die Folgen für das Verhältnis der Deutschen zu ihren Nachbarn sind bis heute zu spüren: Trotz der frühen Integration der Bundesrepublik in die Europäische Gemeinschaft und in die NATO, trotz der von Adenauer und de Gaulle angebahnten deutsch-französischen Freundschaft und trotz der Vertrags- und Versöhnungspolitik gegenüber den osteuropäischen Staaten ist die brutale deutsche Besatzungspolitik in den Bevölkerungen aller Länder, die davon betroffen waren, bis heute unvergessen; vor allem in der älteren Generation stößt man dort noch immer nicht selten auf antideutsche Ressentiments. Folglich wurde die deutsche Wiedervereinigung von 1989/90 im Ausland eine Zeit lang vielfach mit Sorge und Misstrauen beobachtet – bis hin zur Furcht vor einem „Vierten Reich". Besonders viel Fingerspitzengefühl erfordert die Pflege der (seit langem recht guten) deutsch-israelischen Beziehungen: Sie werden in Israel immer auch als Beziehungen zwischen dem Land der Täter und dem Land der Opfer der „Endlösung" wahrgenommen. Das erklärt z. B. die Zurückhaltung der Bundesregierung, wenn es um Kritik an der israelischen Politik gegenüber den Palästinensern geht.

1 March of the fourth reich
Karikatur von Bill Caldwell (Großbritannien), Daily Star, 20. Februar 1990.

Nach 1945 führte man in Deutschland – anfangs widerwillig und zögernd, allmählich immer intensiver – eine anhaltende öffentliche, publizistische wie auch rechtliche Auseinandersetzung mit der Erbschaft des Nationalsozialismus. Was dabei bislang erreicht worden ist, nennt der angesehene englische Historiker und Hitler-Forscher Ian Kershaw „überaus anerkennenswert". Diese Auseinandersetzung erfolgte jedoch nicht ohne Kontroversen. Vor allem wurde und wird immer wieder die Frage aufgeworfen, ob der Holocaust als absolut einzigartig anzusehen sei. Für viele Historiker und andere Intellektuelle steht die Einmaligkeit der deutschen Verbrechen außer Frage. Sie begründen dies vor allem mit der fabrikmäßigen Massenvernichtung von Menschen allein wegen ihrer Zugehörigkeit zum Judentum.

Daneben gibt es aber auch Geschichtswissenschaftler und Publizisten, die dies anders beurteilen. Sie verweisen auf andere staatlich organisierte Verbrechen gegen die Menschlichkeit, die während und nach der Herrschaft der Nationalsozialisten begangen wurden. Dazu gehören beispielsweise der Mord an zwei Millionen Kambodschanern durch das kommunistische Pol-Pot-Regime in den 1970er-Jahren oder die so genannten ethnischen Säuberungen im ehemaligen Jugoslawien in den 1990er-Jahren ebenso wie die Verbrechen in der stalinistischen Sowjetunion. Nach dem übereinstimmenden Urteil von Historikern hat Stalins Herrschaft mehr Menschenleben ausgelöscht als diejenige Hitlers. Und in der Tat steht fest, dass die Zahl der Opfer des Kommunismus weltweit die des Faschismus und Nationalsozialismus beträchtlich übersteigt. Man hat deshalb sogar vom „roten Holocaust" gesprochen.

Unabhängig davon, wie der oder die Einzelne die Frage nach der Einzigartigkeit des Holocausts beantwortet: Einigkeit herrscht bei der übergroßen Mehrheit ernst zu nehmender Historiker und Historikerinnen darüber, dass solche Debatten weder dazu führen dürfen diesen Genozid gegen andere Verbrechen aufzurechnen noch ihn zu relativieren. Ebenso unstrittig ist, dass die anhaltende Beschäftigung mit dem Holocaust nicht den Blick für andere grausame und unvorstellbare Verbrechen verstellen darf.

Der Holocaust – ein einzigartiges Verbrechen?

5

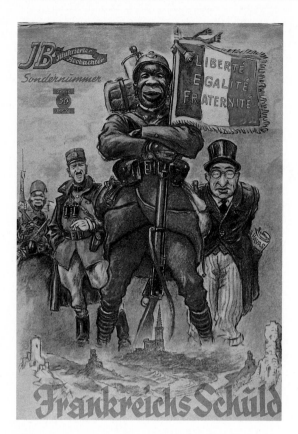

2 Frankreichs Schuld

Titelblatt einer Beilage der Zeitschrift Illustrierter Beobachter von Ende 1939/Anfang 1940.

3 Der deutsche Sonderweg

Der Historiker Hans-Ulrich Wehler:

Nach 1945 hat sich demgegenüber aus guten Gründen eine negativ besetzte Vorstellung vom „deutsche Son-
5 derweg" ziemlich schnell ausgebreitet. Unter dieser Ab-kürzung wurde jetzt im Aus- und Inland der Versuch verstanden, aus bestimmten Traditionen und Ursachen-komplexen der neueren deutschen Geschichte die Bedin-gungen der Möglichkeit des verhängnisvollen Absturzes
10 in die Katastrophe des Nationalsozialismus herzuleiten. Diese Kritik ging von der Grundtatsache aus, dass zwar in Deutschland, doch in keinem anderen der hoch entwi-ckelten Industrieländer der Zwischenkriegszeit der Nati-onalsozialismus als hochradikalisierte Form des gemein-
15 europäischen Rechtsradikalismus, des Faschismus, eine Diktatur errichten konnte, die ihre Herrschaftsziele, ihre Lebensraumutopie und ihre rassistische Vernichtungspo-litik in einem zweiten Weltkrieg, wo immer möglich, ver-wirklicht hat. Wurde diese Denkfigur eines „deutschen
20 Sonderweges" in den Abgrund akzeptiert, lenkte sie not-wendig auf die aus der Vergangenheit stammenden Be-lastungen zurück: auf die Bürde der Weimarer Republik, des Kaiserreichs, des 19. Jahrhunderts.

[… Die Forschung] hat die Wirkungen der gescheiterten 1848er-Revolution und von Bismarcks dreißigjährigem 25 autoritärem Regime, die Schwäche der Parteien und des parlamentarischen Systems, die Stärke alter Machteliten der Großagrarier, der Bürokratie und des Militärs, den Einfluss traditionaler Werte und Normen auch noch in einer Zeit, welche durch die rapide ökonomische Moder- 30 nisierung Deutschlands gekennzeichnet ist, herausgear-beitet. Gerade in diesem Aufeinandertreffen von traditi-onalen Elementen und einem rasanten wirtschaftlichen Fortschritt mit gravierenden soziopolitischen Folgen, in den offenen Konflikten und der spannungsreichen 35 Koexistenz von Altem und Neuem hat sie das brisan-te Gemisch zu bestimmen versucht, das zusammen mit den unmittelbaren Folgen des Ersten Weltkriegs und der Weltwirtschaftskrise den Aufstieg und Sieg des National-sozialismus mit all seinen Konsequenzen ermöglicht hat. 40 Schließlich war es ja die aus Angehörigen der alten Eliten bestehende konservative Allianz, die – wie zehn Jahre vorher in Italien Mussolini – im Winter 1932/1933 als Steigbügelhalter für Hitler fungierte und für die Illusion der Zähmungstaktik verantwortlich war. Nicht jedoch 45 war es in erster Linie, wie eine Legende es wahrhaben will, „die" Industrie oder „der" Kapitalismus, obschon kein ernst zu nehmender Wissenschaftler den wichti-gen Kausalnexus, der zwischen der Depression und dem Aufstieg der NSDAP zur Massenbewegung besteht, je ge- 50 leugnet hat.

Wehler, H.-U.: Politik in der Geschichte. München 1998, S. 78ff., S. 91f.

4 Gegen die Nabelschau des Sonderwegs

Der Historiker Thomas Nipperdey:

Deutschland lag in der Mitte Europas, geografisch wie politisch zwischen Ost und West, zwischen dem euro-asiatischen Riesenreich Russland und der neu aufstei- 5 genden Weltmacht, den Vereinigten Staaten. Trotz aller Distanzen, die von zeitgenössischen und nachgeborenen Ideologen auf beiden Seiten, zumal im Zusammenhang mit dem Weltkrieg, liebevoll betont wurden, ist es klar, dass Deutschland zum Westen gehörte, nicht zum Os- 10 ten und auch nicht zu einer – angeblichen – Eigenwelt der Mitte. Das galt wie selbstverständlich für die Kultur; einen gewissen ökonomischen und dann auch gesell-schaftlichen „Rückstand" hat Deutschland „aufgeholt"; politisch freilich blieb es hinter den westlichen Modellen 15 von Parlamentarismus und Demokratie „zurück", aber es gehörte deshalb nicht zur anderen Welt des Ostens oder zu den Grenzwelten des Südostens. Noch 1914 waren für die meisten Engländer die Deutschen, im Unterschied zu den so fremden Russen, etwas zurückgebliebene Vettern, 20 mochte man auch ihre Chancen zum Aufholen unter-schiedlich beurteilen; gerade ihre Nähe machte sie ge-fährlich. Insgesamt ist die deutsche Geschichte sehr viel stärker in die westeuropäischen Entwicklungen einge-

25 bettet, als Nahperspektiven und die auf einen deutschen „Sonderweg" konzentrierte Nabelschau sehen lassen. Die Gemeinsamkeiten relativieren die Besonderheiten. […]

Im Vergleich, zumal mit Westeuropa, war die National-staats-, die Nationsbildung der Deutschen spät, „verspä-30 tet", wie die berühmte Formel von Helmuth Plessner heißt. Auch wenn man nicht an eine Normal-Uhr und einen Normal-Fahrplan der Weltgeschichte glaubt, im Vergleich zu ihren westlichen Nachbarn konnten und mussten sich die Deutschen als Spätkommer fühlen. 35 Und dieses Spätkommen stellt historisch eine besonde-re Problematik dar. […]

Aber diese Problematik kann nicht die Tatsache in Zweifel rücken, dass die Nation von 1871 und ihr Reich jedenfalls ein nicht weiter verwunderliches Ergebnis der deutschen 40 Geschichte des 19. Jahrhunderts gewesen sind, das nicht aus der Kontinuität dieser Geschichte herausfällt, auch wenn es eine qualitativ neue Dimension besaß.

Nipperdey, Th.: Deutsche Geschichte 1866–1918, Bd. 2: Machtstaat vor der Demokratie. München 1992, S. 878 ff.

5 Abseits vom Weg des Westens?

Der Historiker Heinrich-August Winkler:

Gab es ihn oder gab es ihn nicht, den umstrittenen „deutschen Sonderweg"? So lautete die Frage, von der 5 diese deutsche Geschichte des 19. Jahrhunderts ausging. Die Frage lässt sich nicht beantworten, wenn wir nur auf die letzten beiden Jahrhunderte blicken. […]

Im Verhältnis zu Westeuropa, und nur im Hinblick auf dieses Verhältnis ist in der wissenschaftlichen und der 10 allgemeinen öffentlichen Diskussion von einem „deut-schen Sonderweg" die Rede, fällt eine doppelte Verspä-tung ins Auge: Deutschland wurde sehr viel später als beispielsweise England und Frankreich ein Nationalstaat und noch viel später eine Demokratie. […]

15 Es gab einen „deutschen Sonderweg". Es war der lan-ge Weg eines tief vom Mittelalter geprägten Landes in die Moderne. Die teilweisen Überwindungen des Mit-telalters, die Deutschland zuwege brachte, lassen sich auch als teilweise Modernisierungen beschreiben. Was vom Mittelalter blieb, stand neben dem, was modern 20 war, und formte es so lange um, bis das Alte vom Neuen und das Neue vom Alten druchdrungen war. Das galt vom Bismarckreich und auf andere, nur noch diabo-lisch zu nennende Weise vom „Dritten Reich". Hitlers Herrschaft war der Gipfelpunkt der deutschen Auflehr- 25 nung gegen die politischen Ideen des Westens, mit dem Deutschland kulturell und gesellschaftlich doch so vie-les verband. Nur vor dem Hintergrund dieser Gemein-samkeiten lässt sich überhaupt von einem „deutschen Sonderweg" sprechen. 30

Der stärkste Einwand gegen die These vom „deutschen Sonderweg" lautet noch immer, dass es einen oder gar den westlichen „Normalweg" nicht gibt: Der englische war es so wenig wie der französische oder der amerika-nische. Aber der Begriff „westliche Demokratien" ver- 35 weist doch auf ein gemeinsames Merkmal der Staaten, von deren politischer Entwicklung sich die deutsche bis 1945 scharf abhob. Die Menschen- und Bürgerrechte in der Tradition der englischen Habeas-Corpus-Akte von 1679, der amerikanischen Unabhängigkeitserklärung 40 von 1776 und der Erklärung der Menschen- und Bür-gerrechte durch die französische Nationalversammlung am 26. August 1789 waren tief genug in der politischen Kultur der westlichen Demokratien verankert, um Ver-stöße gegen dieselben zum öffentlichen Skandal zu ma- 45 chen und den Kampf um ihre weitere Verwirklichung voranzutreiben.

Diese Tradition fehlte in Deutschland nicht, aber sie war schwächer als die des langlebigen Obrigkeitsstaates. An-ders gewendet: Die Verschleppung der Freiheitsfrage im 50 19. Jahrhundert bildet eines der wichtigsten Kapitel in der Vorgeschichte der „deutschen Katastrophe" der Jah-re 1933 bis 1945.

Winkler, H. A.: Der lange Weg nach Westen, Bd. 2: Deutsche Geschichte vom „Dritten Reich" bis zur Wiedervereinigung. München 2000, S. 640 ff.

Arbeitsvorschläge

a) Analysieren Sie das in M2 entworfene Feindbild und erklären Sie (M2), worin Frankreichs Schuld bestehen soll. Erläutern Sie, welche antidemokratischen und antiwestlichen Haltungen in der deutschen Bevölkerung durch das Titel-blatt aufgegriffen werden.

b) Erabeiten Sie aus M3, was die Geschichtswissenschaft unter dem deutschen Sonderweg versteht.

c) Stellen Sie aus M4 und M5 zusammen, welche Argumente für und gegen einen deutschen Sonderweg sprechen. Erörtern Sie abschließend die Berechtigung dieses Erklärungsansatzes.

d) Der Historiker Heinrich August Winkler behauptet, dass mit der Wiederverei-nigung von 1990 das Ende aller deutschen Sonderwege erreicht sei. Nehmen Sie dazu Stellung und diskutieren Sie, inwieweit das in territorialer, nationaler und verfassungspolitischer Hinsicht stimmt.

Standpunkte: Nationalsozialismus und deutsche Geschichte – Vergangenheit, die nicht vergeht?

Als 1998 der Schriftsteller Martin Walser (*1927) den Friedenspreis des Deutschen Buchhandels erhielt, übte er in seiner Dankesrede grundlegende Kritik am Umgang der Medien und Intellektuellen mit dem Thema Holocaust. Ignatz Bubis (1927–1999), der damalige Präsident des Zentralrats der Juden in Deutschland, antwortete Walser in einer Rede zum Gedenken an die Reichspogromnacht. Nach einem Gespräch mit Walser nahm Bubis seinen Vorwurf der „geistigen Brandstiftung" später zurück. An der Kontroverse zwischen Walser und Bubis zeigt sich, dass es bis heute strittig ist, wie man der deutschen Geschichte gedenkt.

6 „Ich fange an wegzuschauen."

Rede Walsers vom 11. Oktober 1998:

Ich verschließe mich Übeln, an deren Behebung ich nicht mitwirken kann. Ich habe lernen müssen, wegzu-
5 schauen. Ich habe mehrere Zufluchtswinkel, in die sich mein Blick sofort flüchtet, wenn mir der Bildschirm die Welt als eine unerträgliche vorführt. Ich finde, meine Reaktion sei verhältnismäßig. Unerträgliches muss ich nicht ertragen. Auch im Wegdenken bin ich geübt. Ich
10 käme ohne Wegschauen und Wegdenken nicht durch den Tag und schon gar nicht durch die Nacht. Ich bin auch nicht der Ansicht, dass alles gesühnt werden muss. In einer Welt, in der alles gesühnt werden müsste, könnte ich nicht leben. [...]
15 Jeder kennt unsere geschichtliche Last, die unvergängliche Schande, kein Tag, an dem sie uns nicht vorgehalten wird. Könnte es sein, dass die Intellektuellen, die sie uns vorhalten, dadurch, dass sie uns die Schande vorhalten, eine Sekunde lang der Illusion verfallen, sie hätten sich,
20 weil sie wieder im grausamen Erinnerungsdienst gearbeitet haben, ein wenig entschuldigt, seien für einen Augenblick sogar näher bei den Opfern als bei den Tätern? Eine momentane Milderung der unerbittlichen Entgegengesetztheit von Tätern und Opfern. Ich habe es nie
25 für möglich gehalten, die Seite der Beschuldigten zu verlassen. Manchmal, wenn ich nirgends mehr hinschauen kann, ohne von einer Beschuldigung attackiert zu werden, muss ich mir zu meiner Entlastung einreden, in den Medien sei auch eine Routine des Beschuldigens ent-
30 standen. Von den schlimmsten Filmsequenzen aus Konzentrationslagern habe ich bestimmt schon zwanzigmal weggeschaut. Kein ernst zu nehmender Mensch leugnet Auschwitz; kein noch zurechnungsfähiger Mensch deutelt an der Grauenhaftigkeit von Auschwitz herum;
35 wenn mir aber jeden Tag in den Medien diese Vergangenheit vorgehalten wird, merke ich, dass sich in mir etwas gegen diese Dauerpräsentation unserer Schande wehrt. Anstatt dankbar zu sein für die unaufhörliche Präsentation unserer Schande, fange ich an wegzuschauen.

Wenn ich merke, dass sich in mir etwas dagegen wehrt, 40
versuche ich, die Vorhaltung unserer Schande auf Motive hin abzuhören und bin fast froh, wenn ich glaube, entdecken zu können, dass öfter nicht mehr das Gedenken, das Nichtvergessendürfen das Motiv ist, sondern die Instrumentalisierung unserer Schande zu gegenwärtigen Zwe- 45
cken. Immer guten Zwecken, ehrenwerten. Aber doch Instrumentalisierung. Jemand findet die Art, wie wir die Folgen der deutschen Teilung überwinden wollen, nicht gut und sagt, so ermöglichten wir ein neues Auschwitz. Schon die Teilung selbst, solange sie dauerte, wurde von 50
maßgeblichen Intellektuellen gerechtfertigt mit dem Hinweis auf Auschwitz. Oder: Ich stellte das Schicksal einer jüdischen Familie von Landsberg an der Warthe bis Berlin nach genauester Quellenkenntnis dar als einen fünfzig Jahre lang durchgehaltenen Versuch, durch Tau- 55
fe, Heirat und Leistung dem ostjüdischen Schicksal zu entkommen und Deutsche zu werden, sich ganz und gar zu assimilieren. Ich habe gesagt, wer alles als einen Weg sieht, der nur in Auschwitz enden konnte, der macht aus dem deutsch-jüdischen Verhältnis eine Schicksalskata- 60
strophe unter gar allen Umständen. Der Intellektuelle, der dafür zuständig war, nannte das eine Verharmlosung von Auschwitz. Ich nehme zu seinen Gunsten an, dass er nicht alle Entwicklungen dieser Familie so studiert haben kann wie ich. Auch haben heute lebende Familienmit- 65
glieder meine Darstellung bestätigt. Aber: Verharmlosung von Auschwitz. Da ist nur noch ein kleiner Schritt zur so genannten Auschwitzlüge. Ein smarter Intellektueller hisst im Fernsehen in seinem Gesicht einen Ernst, der in diesem Gesicht wirkt wie eine Fremdsprache, wenn er der 70
Welt als schweres Versagen des Autors mitteilt, dass in des Autors Buch Auschwitz nicht vorkomme. Nie etwas gehört vom Urgesetz des Erzählens: der Perspektivität. Aber selbst wenn, Zeitgeist geht vor Ästhetik. Bevor man das alles als Rüge des eigenen Gewissensmangels einsteckt, 75
möchte man zurückfragen, warum, zum Beispiel, in Goethes „Wilhelm Meister", der ja erst 1795 zu erscheinen beginnt, die Guillotine nicht vorkommt. Und mir drängt

5

sich, wenn ich mich so moralisch-politisch gerügt sehe, eine Erinnerung auf. Im Jahre 1977 habe ich nicht weit von hier, in Bergen-Enkheim, eine Rede halten müssen und habe die Gelegenheit damals dazu benutzt, folgendes Geständnis zu machen: „Ich halte es für unerträglich, die deutsche Geschichte – so schlimm sie zuletzt verlief – in einem Katastrophenprodukt enden zu lassen." Und: „Wir dürften, sage ich vor Kühnheit zitternd, die BRD so wenig anerkennen wie die DDR. Wir müssen die Wunde namens Deutschland offen halten". Das fällt mir ein, weil ich jetzt wieder vor Kühnheit zittere, wenn ich sage: Auschwitz eignet sich nicht dafür, Drohroutine zu werden, jederzeit einsetzbares Einschüchterungsmittel oder Moralkeule oder auch nur Pflichtübung. Was durch Ritualisierung zustande kommt, ist von der Qualität des Lippengebets. Aber in welchen Verdacht gerät man, wenn man sagt, die Deutschen seien jetzt ein ganz normales Volk, eine ganz gewöhnliche Gesellschaft?

Walser, M.: Die Banalität des Guten. Erfahrungen beim Verfassen einer Sonntagsrede aus Anlass der Verleihung des Friedenspreises des Deutschen Buchhandels. In: „Frankfurter Allgemeine Zeitung" vom 12. Oktober 1998. Zit. nach: Lahme, R.: Schatten der Vergangenheit. Die Auseinandersetzung mit dem Nationalsozialismus in Deutschland nach 1945. Stuttgart 2000, S. 79 ff.

7 **„Wir müssen uns alle der Geschichte stellen."**
Bubis' Rede vom 9. November 1998:
In der Nachkriegszeit gab es einige Versuche, die überwiegend, aber nicht nur, aus rechtsradikalen Kreisen kamen, die Geschichte zu verändern. Es gab Bestrebungen „Auschwitz", das ich hier als Synonym für die Vernichtung von Juden, Sinti und Roma, Homosexuellen, politisch oder religiös Verfolgten benutze, zu verharmlosen oder gar zu leugnen. […]
Den neuesten Versuch, Geschichte zu verdrängen beziehungsweise die Erinnerung auszulöschen, hat Martin Walser in seiner Dankesrede anlässlich des ihm verliehenen Friedenspreises des Deutschen Buchhandels am 11. Oktober dieses Jahres unternommen. […]
Ich wüsste nicht, was es an dem Satz, dass er habe lernen müssen wegzuschauen, dass er im Wegdenken geübt sei und dass er sich an der Disqualifizierung des Verdrängens nicht beteiligen könne, zu deuteln gäbe. Hier spricht Walser eindeutig für eine Kultur des Wegschauens und des Wegdenkens, die im Nationalsozialismus mehr als üblich war und die wir uns heute nicht wieder angewöhnen dürfen. Wir müssen uns alle der Geschichte stellen, und dazu gehört, nicht nur Filme über Goethe oder Bismarck zu sehen, sondern auch über die Zeit des Nationalsozialismus. Wir befassen uns mit der Geschichte vom Dreißigjährigen Krieg und der Revolution von 1848, selbstverständlich beschäftigen wir uns freudig mit den Biografien von Goethe, Schiller, Beethoven oder Bismarck. Alles das sind Teile der deutschen Geschichte. Zu ihr gehören allerdings auch Hitler und Himmler. Man kann sich nicht nur die schönen Seiten seiner Geschichte heraussuchen und die unschönen verdrängen. Wer nicht bereit ist, sich diesem Teil der Geschichte zuzuwenden, sondern es vorzieht, wegzudenken oder zu vergessen, muss darauf gefasst sein, dass Geschichte sich wiederholen kann.
Diese Schande war nun einmal da und wird durch das Vergessenwollen nicht verschwinden; es ist „geistige Brandstiftung", wenn jemand darin eine Instrumentalisierung von Auschwitz für gegenwärtige Zwecke sieht. Das sind Behauptungen, wie sie üblicherweise von rechtsextremen „Parteiführern" kommen. […]
Nur damit Herr Walser und andere in ihrem Selbstbefinden nicht gestört werden, ihren Seelenfrieden finden können und der Eindruck des Instrumentalisierens nicht entsteht, kann man nicht darauf verzichten, Filme über die Schande zu zeigen. Da ich davon ausgehe, dass Walser, genau wie ich, nicht einer „Kollektivschuld" das Wort redet, verstehe ich nicht, warum sich Walser beim Anschauen dieser Filme als Beschuldigter fühlt.
Der Begriff „Auschwitz" ist keine Drohroutine oder ein Einschüchterungsmittel oder auch nur Pflichtübung. Wenn Walser darin eine „Moralkeule" sieht, so hat er vielleicht sogar Recht, denn man kann, soll und muss aus „Auschwitz" Moral lernen, sollte es allerdings nicht als Keule betrachten. Ich muss unterstellen, dass es laut Walser möglicherweise nötig ist, die Moral als Keule zu benutzen, weil manche sie sonst vielleicht nicht lernen wollen. […]
Dieser Trend der Rede Walsers ist neuerdings vermehrt spürbar. Der intellektuelle Nationalismus nimmt zu und ist nicht ganz frei von unterschwelligem Antisemitismus. Besonders irritiert bin ich über eine ganze Reihe von Zuschriften, die überrascht darüber waren, dass ich Walser so kritisiert habe, denn dieser habe doch bloß das ausgesprochen, was die meisten ohnehin dächten. Walser und vielen gehe es dabei auch um eine „Normalität".

Bubis, I.: Wer von der Schande spricht. Niemand darf die Erinnerung an die Verbrechen des Nationalsozialismus auslöschen. In: „Frankfurter Allgemeine Zeitung" vom 10. November 1998. Zit. nach: Ebenda, S. 82 ff.

Arbeitsvorschläge

a) Stellen Sie die Kernaussagen Walsers und Bubis' heraus und klären Sie, welche Art des Umgangs mit der deutschen Vergangenheit den beiden Autoren vorschwebt.

b) Diskutieren Sie die Ansätze von Walser und Bubis vor dem Hintergrund eigener Erfahrungen und Überlegungen zu dem Thema.

6. Der Ost-West-Konflikt und die Teilung Deutschlands

6.1 Von der Kooperation zur Konfrontation

Die Antihitlerkoalition und ihr Ende

Als 1945 der Zweite Weltkrieg zu Ende ging, zeichneten sich zwischen den Westalliierten und der Sowjetunion bereits zunehmende Differenzen und gegenseitiges Misstrauen ab. Schließlich zerbrach die Antihitlerkoalition, die sich im Nachhinein als reines Zweckbündnis erwies, und die einstigen Verbündeten wurden zu erbitterten Gegnern im Kalten Krieg.

Doch bis dahin war die Zusammenarbeit ungeachtet unterschiedlicher politischer Interessen und Ziele erfolgreich. Die Vereinigten Staaten hatten sich frühzeitig zu dem von Deutschland bedrängten Großbritannien bekannt und unterstützten es seit November 1940 mit Waffenlieferungen. Aktiv traten sie aber erst in den Krieg ein, als sie am 7. Dezember 1941 in Pearl Harbor selbst von den Japanern angegriffen wurden. Die Sowjetunion hatte noch bis zum 21. Juni 1941 mit dem Deutschen Reich kooperiert. Erst nach dem deutschen Überfall wurde sie zum Verbündeten der Westalliierten.

Die alliierten Kriegskonferenzen

Die Kriegshandlungen der Alliierten wurden begleitet von einer Reihe von Kriegskonferenzen. Das Treffen zwischen dem britischen Premierminister Winston Churchill und dem amerikanischen Präsidenten Franklin D. Roosevelt, auf dem sie sich über Kriegs- und Friedensziele verständigten und die so genannte Atlantik-Charta formulierten, eröffnete im August 1941 diese Konferenzserie. Im Januar 1943 kamen beide in Casablanca darin überein, den Krieg bis zur bedingungslosen Kapitulation der Achsenmächte und Japans zu führen. Im November und Dezember 1943 trafen sich Roosevelt, Churchill und Stalin in Teheran, wo sie vorrangig die Kriegsoperationen gegen Deutschland abstimmten und die Eröffnung einer zweiten Front in Europa beschlossen. Wie schwierig sich die Verständigung auf eine Nachkriegsordnung aber tatsächlich gestaltete, wurde auf der Konferenz von Jalta klar. Die „Großen Drei" legten hier im Februar 1945 den Grundstein für die spätere Weltmachtstellung der Sowjetunion, indem sie Asien und Osteuropa der sowjetischen Einflusssphäre zuschlugen. Im Gegenzug unterzeichnete Stalin die „Erklärung über das befreite Europa", gab seine Einwilligung zu dem Abstimmungsmodus im künftigen Sicherheitsrat der Vereinten Nationen und sagte seine Teilnahme am Krieg gegen Japan zu.

Die USA waren als einzige Macht gestärkt aus dem Weltkrieg hervorgegangen. Ihr Hauptanliegen war eine Wiederherstellung eines freien Weltmarktes, der amerikanischem Kapital und amerikanischen Waren ungehindert offen stand. Gleichzeitig wollten sie die Vereinten Nationen als globales Friedens- und Sicherheitssystem etablieren. Großbritannien hatte im Verlauf des Krieges die Führungsrolle in der westlichen Welt endgültig an die USA abgeben müssen. Das Hauptanliegen der Briten war es nun,

1 Plakat aus dem Jahr 1943

diese Führungsrolle wenigstens in Westeuropa zu behaupten. Frankreich strebte die Rückkehr in den Kreis der Großmächte an und versuchte durch eine Position zwischen West und Ost wieder Weltmachtpolitik zu betreiben. Von allen kriegsführenden Mächten hatte die Sowjetunion mit Abstand die größten Kriegsschäden erlitten. Ihr Hauptinteresse war deshalb zunächst die politische Sicherung der militärischen Gewinne.

Als der sowjetische Außenminister Molotow im Januar 1945 dem amerikanischen Botschafter ein formelles Gesuch um Kapitalhilfe für den Wiederaufbau der Sowjetunion übergab, hatte sich in den USA aber inzwischen die Stimmung nachhaltig gewandelt: Während zuvor die Hilfslieferungen an keine politischen Bedingungen geknüpft waren, verlangten die Amerikaner für ihre Kredite nun von der Sowjetunion mehr Freiheit für demokratische Kräfte in den osteuropäischen Staaten. Für die wirtschaftliche Notlage der UdSSR waren die Verantwortlichen in den USA nicht gewillt, Verständnis aufzubringen. Die Sowjetunion deutete dies als einen Beleg für den aggressiven Charakter des westlichen Kapitalismus und versuchte die ausbleibende Hilfe seit Mai 1945 durch verstärkte Demontagen in ihrem Besatzungsgebiet auszugleichen.

2 Karikatur aus der Los Angeles Times, 1945

Während den USA die Idee abgesteckter Einflusszonen fremd war und sie traditionell eine freihändlerisch motivierte „Open-Door-Politik" verfolgten, hatten Briten und Russen Interesse an einer Vereinbarung über gegenseitig respektierte Einflusssphären. Zu Unstimmigkeiten musste es auch kommen, weil die Alliierten zentrale Begriffe einer Nachkriegsordnung unterschiedlich interpretierten. Bei der Umwandlung ehemals faschistischer Staaten zur Demokratie dachten Briten und Amerikaner an eine parlamentarische Demokratie westlichen Stils auf der Basis des Selbstbestimmungsrechts der Völker. Stalin verstand darunter aber die Errichtung von „Volksdemokratien". Wenn dieser Typus auch nirgends genau definiert war, so wiederholte sich die Methode: In den osteuropäischen Staaten wurden den kommunistischen Parteien die entscheidenden politischen Schlüsselpositionen zugeschanzt und soziale Reformen so weit gefördert, dass eine sowjetfreundliche Haltung dieser Staaten künftig garantiert war. Dieses Vorgehen der UdSSR in ihrem Einflussbereich verstärkte die antisowjetische Stimmung in der amerikanischen Öffentlichkeit. Als schließlich Stalin im Februar 1946 öffentlich behauptete, es gäbe eine andauernde Gegnerschaft zwischen Kapitalismus und Kommunismus, nahmen die amerikanischen Entscheidungsträger dies als Beleg für den prinzipiell unbegrenzten sowjetischen Expansionismus und verweigerten die weitere Kooperation. Im März dieses Jahres sprach Winston Churchill erstmals in einer Rede öffentlich von einem „Eisernen Vorhang", der sich in Europa niedergesenkt habe.

In dieses Bild fügte sich ein, dass die Sowjetunion Anfang 1946 den Termin für den vereinbarten Rückzug aus dem Iran nicht einhielt und einen Vorstoß an die türkischen Meerengen vornahm. Dort verlangte sie ein uneingeschränktes

Uneinigkeit über die europäische Nachkriegsordnung

 **Volksdemokratien**

3 Errichtung von Volksdemokratien in Europa

NORWEGEN
Oslo
Stockholm
SCHWEDEN
Nordsee
DÄNE-
MARK
Reval
Estnische
SSR
Riga
Lettische SSR
Litauische
SSR
Wilna
Minsk
Weißrussische
SSR
Moskau
Oka
Wolga
Düna
Memel
SOWJETUNION
NIEDER-
LANDE
BUNDES-
Berlin
Bonn
BELGIEN
REPUBLIK
LUX.
DDR
1952
Oder
Elbe
Weichsel
Warschau
POLEN
1947
Kiew
Dnjepr
Ukrainische
SSR
Prag
ČSSR
1948
Rhein
FRANK-
REICH
DEUTSCHLAND
Donau
Wien
ÖSTERREICH
SCHWEIZ
UNGARN
1949
Budapest
Dnjestr
Moldauische
SSR
Kischinau
RUMÄNIEN
1947
Bukarest
Schwarzes Meer
ITALIEN
Belgrad
JUGOSLAWIEN
1945
1948 Bruch mit
der Sowjetunion
Donau
BULGARIEN
1946
Sofia
TÜRKEI
Ankara
Tirana
ALBANIEN
1946
GRIECHENLAND

Sowjetunion bei Beginn des 2. Weltkrieges 1. 9. 1939

seit 1940–47 eingegliederte Gebiete

Satellitenstaaten der Sowjetunion

1948 Jahr der Errichtung einer Volksdemokratie

0   500 km

6

Die Truman-Doktrin und der Marshallplan

Durchfahrtsrecht ihrer Kriegsschiffe und die Errichtung sowjetischer Militärstützpunkte. Zur Untermauerung der Forderungen wurde die sowjetische Truppenpräsenz in Bulgarien verstärkt und dort endgültig die Ablösung der bisherigen konstitutionellen Monarchie durch eine Volksdemokratie durchgesetzt. Der noch minderjährige bulgarische König Simeon II. ging ins ägyptische Exil. In Griechenland eskalierten die bereits während der Besatzung durch die Achsenmächte existenten Gegensätze zwischen kommunistischen Partisanen und monarchistisch-konservativen Kräften 1946 zu einem dreijährigen, blutigen Bürgerkrieg. Sowohl Griechenland als auch die Türkei wurden von den Amerikanern als für sie strategisch lebenswichtig eingeschätzt. Als Großbritannien im Februar 1947 wegen der Wirtschaftskrise im eigenen Land die Hilfe für beide Länder einstellte, übernahmen die USA deren Unterstützung. Präsident Truman erklärte als politisches Ziel der USA, allen freien Völkern beistehen zu müssen, damit diese ihr Schicksal in die eigene Hand nehmen könnten. Die Lage war damals zu verworren, um zweifelsfrei zu beurteilen, ob sie tatsächlich so dramatisch war, wie Truman sie zur Begründung seiner Doktrin darstellte. Die griechische Regierung erhielt jedenfalls so viel materielle Unterstützung, dass sie nach zwei Jahren Kampf die Partisanenbewegung zerschlagen konnte. Im Juni 1947 verkündete der US-Außenminister Marshall ein Hilfsprogramm für den Aufbau Europas. Von Paris aus wurden die Regierungen aller europäischen Staaten mit Ausnahme Spaniens und der UdSSR zu einer Konferenz eingeladen, um über ein europäisches Wiederaufbauprogramm auf der Grundlage des Marshallplans zu beraten.

Die Sowjetunion fühlte sich nun endgültig in ihrem Misstrauen bestätigt und gründete am 30. September 1947 die KOMINFORM, das Informationsbüro der Kommunistischen und Arbeiterparteien, das bis 1956 bestand. Jetzt setzte eine dogmatische Verhärtung ein und im Kampf gegen den Marshallplan entwickelte die KOMINFORM ein solches Ausmaß an rhetorischer Aggressivität, dass sich die westlichen Europäer nun auch militärisch von der Sowjetunion bedroht fühlten.

4 Die Atlantikcharta vom 14. August 1941

Franklin D. Roosevelt und Winston Churchill verfassten auf einem Kriegsschiff im Atlantik vor der Küste Neufundlands diese Erklärung, der die meisten der nicht mit den Achsen-
5 *mächten und Japan verbündeten Staaten bis zum März 1945 beitraten.*

Der Präsident der Vereinigten Staaten und Premierminister Churchill als Vertreter Seiner Majestät Regierung des Vereinigten Königreiches halten es nach gemeinsamer
10 Besprechung für richtig, gewisse allgemeine Grundsätze der nationalen Politik ihrer beiden Länder bekannt zu machen, auf die sie ihre Hoffnung auf eine bessere Zukunft für die Welt gründen:

1. Ihre Länder erstreben keinerlei Gebiets- oder sonstige
15 Vergrößerung;

2. Sie wünschen keine Gebietsveränderungen, die nicht mit den frei zum Ausdruck gebrachten Wünschen der betreffenden Völker übereinstimmen;

3. Sie anerkennen das Recht aller Völker, die Regierungs-
20 form zu wählen, unter der sie leben wollen; und sie wünschen, dass denen souveräne Rechte und Selbstregierung zurückgegeben werden, die ihrer gewaltsam beraubt worden sind;

4. Sie werden sich unter gebührender Berücksichtigung
25 ihrer bestehenden Verpflichtungen bemühen, allen Staaten, groß oder klein, Siegern oder Besiegten, fördernd zu helfen, dass sie unter gleichen Bedingungen Zutritt zum Handel und zu den Rohstoffen der Welt haben, die zu ihrem wirtschaftlichen Gedeihen notwendig sind;

30 5. Sie wünschen vollste Zusammenarbeit zwischen allen Nationen auf wirtschaftlichem Gebiet zu erreichen mit dem Ziel, für alle einen gehobenen Arbeitsstandard, wirtschaftlichen Fortschritt und soziale Sicherheit zu gewährleisten;

35 6. Sie hoffen, dass nach der endgültigen Zerstörung der Nazityrannei ein Frieden geschaffen wird, der allen Nationen die Möglichkeit gibt, in Sicherheit innerhalb ihrer eigenen Grenzen zu leben, und der Gewähr dafür bietet, dass alle Menschen in allen Ländern der Welt ihr Leben
40 frei von Furcht und Mangel leben können;

7. Ein solcher Friede sollte es allen Menschen ermöglichen, die Meere und Ozeane ungehindert zu überqueren;

8. Sie glauben, dass aus sachlichen wie aus ideellen
45 Gründen alle Nationen der Welt dazu gelangen müssen, auf die Anwendung von Gewalt zu verzichten. Da künftig kein Friede erhalten werden kann, wenn von Nationen, die mit Angriffen außerhalb ihrer Grenzen drohen oder drohen könnten, weiterhin ihre Land-, See- und
50 Luftrüstungen aufrechterhalten werden, glauben sie, dass bis zur Schaffung eines umfassenderen und dauerhaften Systems allgemeiner Sicherheit die Entwaffnung solcher Nationen wesentlich ist. Sie werden ebenso alle anderen durchführbaren Maßnahmen unterstützen und

55 fördern, die den friedliebenden Völkern die erdrückende Last der Rüstung erleichtern.

Schambeck, H. u. a.: Dokumente zur Geschichte der Vereinigten Staaten von Amerika. Berlin 1993, S. 479 ff.

5 Erklärung über das befreite Europa

Aus Churchills, Roosevelts und Stalins Erklärung auf der Konferenz von Jalta vom 4.–11. Februar 1945:

Der Premierminister der UdSSR, der Premierminister des Vereinigten Königreiches und der Präsident der Verei-
5 nigten Staaten von Amerika [...] erklären gemeinsam ihr gegenseitiges Einverständnis, die entsprechende Politik ihrer drei Regierungen während des zeitweiligen Vorherrschens ungeordneter Zustände im befreiten Europa gleichzuschalten, um den Völkern der früheren Vasal-
10 lenstaaten der Achse bei der auf demokratischem Wege herbeizuführenden Lösung ihrer drängenden politischen und wirtschaftlichen Probleme beizustehen.

Die Herstellung der Ordnung in Europa und der Wiederaufbau eines nationalen Wirtschaftslebens müssen in
15 einer Weise zuwege gebracht werden, die es den betreffenden Völkern gestattet, die letzten Spuren des Nationalsozialismus und Faschismus zu beseitigen und demokratische Einrichtungen nach eigener Wahl zu schaffen. [...]

Zur Schaffung von Bedingungen, unter denen die befreiten
20 Völker diese Rechte ausüben können, werden die drei Regierungen [...] die Völker der befreiten europäischen Staaten oder der früheren europäischen Vasallenstaaten der Achse gemeinsam in Folgendem unterstützen:

a) bei der Wiederherstellung von Friedensverhältnissen; 25

b) bei der Durchführung von Notmaßnahmen zwecks Unterstützung Hilfsbedürftiger;

c) bei der Schaffung vorläufiger Regierungsgewalten, die eine umfassende Vertretung aller demokratischen Elemente der Bevölkerung darstellen und die zur baldest-
30 möglichen Errichtung von dem Volkswillen entsprechenden Regierungen auf dem Wege freier Wahlen verpflichtet sind;

d) nötigenfalls bei der Durchführung solcher Wahlen.

Die drei Regierungen werden die anderen Vereinten Na-
35 tionen und provisorischen Gewalten oder andere Regierungen in Europa zu Rate ziehen, wenn Angelegenheiten, die für diese von unmittelbarem Interesse sind, behandelt werden.

[...] Mit dieser Erklärung bestätigen wir von neuem un-
40 seren Glauben an die Grundsätze der Atlantik-Charta, unser in der Erklärung der Vereinten Nationen gegebenes Gelöbnis und unseren Entschluss, in Zusammenarbeit mit anderen friedliebenden Nationen eine auf Recht und Gesetz gegründete Weltordnung zu schaffen, die dem
45 Frieden, der Sicherheit, der Freiheit und dem allgemeinen Wohl der gesamten Menschheit geweiht ist.

Schulze, H. u. Paul, I. U. (Hg.): Europäische Geschichte. Quellen und Materialien. München 1994, S. 253 f.

6

6 Ein eiserner Vorhang ist niedergegangen

Aus einem Telegramm Churchills an Truman, 12. Mai 1945:
Die Lage in Europa beunruhigt mich zutiefst. Ich erfahre,
dass die Hälfte der in Europa stehenden amerikanischen
5 Fliegerkräfte bereits die Verlegung nach dem Fernen Osten
eingeleitet hat. Die Zeitungen sind voll von Nachrichten
über den massiven Abzug der amerikanischen Armeen aus
Europa hinaus. Auch unsere Armeen dürften auf Grund
früherer Beschlüsse wesentlich reduziert werden. Die ka-
10 nadische Armee zieht bestimmt ab. Die Franzosen sind
schwach und schwer zu behandeln. Es liegt offen zutage,
dass unsere bewaffnete Macht auf dem europäischen Kontinent binnen kurzem dahinschwinden wird und dort nur
noch bescheidene Kräfte zur Niederhaltung Deutschlands
15 verbleiben.

[…] Ich habe mich stets um die Freundschaft der Russen bemüht; aber ihre falsche Auslegung der Jalta-Beschlüsse, ihre
Haltung gegen Polen, ihr überwältigender Einfluss auf dem
Balkan bis hinunter nach Griechenland, die uns von ihnen
20 in Wien bereiteten Schwierigkeiten, die Verkoppelung ihrer
Macht mit der Besetzung und Kontrolle so ungeheurer und
weiter Gebiete, die von ihnen inspirierte, kommunistische
Taktik in so vielen anderen Ländern und vor allem die Fähigkeit, lange Zeit große Armeen im Felde stehen zu lassen,
25 beunruhigen mich ebenso sehr wie Sie. Wie wird sich die
Lage in ein bis zwei Jahren darstellen, wenn die britischen
und amerikanischen Armeen nicht mehr existieren und
die Franzosen noch keine beachtliche Armee aufgestellt haben, sodass wir nur über eine Hand voll Divisionen, davon
30 die Mehrzahl französische, verfügen, während Russland
zwei- bis dreihundert unter den Fahnen hält?
Ein eiserner Vorhang ist vor ihrer Front niedergegangen.
Was dahinter vorgeht, wissen wir nicht. Es ist kaum zu bezweifeln, dass der gesamte Raum östlich der Linie Lübeck–
35 Triest–Korfu schon binnen kurzem völlig in ihrer Hand
sein wird. Zu all dem kommen noch die weiten Gebiete,
die die amerikanischen Armeen zwischen Eisenach und
der Elbe erobert haben, die aber […] nach der Räumung
durch Ihre Truppen in ein paar Wochen gleichfalls der
40 russischen Machtsphäre einverleibt sein werden. General
Eisenhower wird alle nur möglichen Maßnahmen treffen
müssen, um eine zweite Massenflucht der Deutschen nach
Westen zu verhindern, wenn dieser enorme moskowitische
Vormarsch ins Herz Europas erfolgt. Und dann wird der
45 Vorhang von neuem bis auf einen schmalen Spalt, wenn
nicht gänzlich niedergehen. Damit werden uns russisch
besetzte Territorien von vielen hundert Kilometern Tiefe
wie ein breites Band von Polen abschneiden.
Die Aufmerksamkeit unserer Völker aber wird sich mit der
50 Bestrafung Deutschlands […] beschäftigen, sodass die Russen […] innerhalb sehr kurzer Zeit bis an die Küsten der
Nordsee und des Atlantik vormarschieren können. […]

Zit. nach: W. Lautemann/M. Schlenke: Geschichte in Quellen, Bd. 5. München 1970, S. 574 f.

7 Politik der Stärke

*Nach dem Tod Roosevelts am 12. April 1945 kam der Vize-
Präsident Harry S. Truman ohne jegliche außenpolitische Erfahrung ins Amt. Auf Anweisung des Präsidenten erstellte sein
Sonderberater Clark M. Clifford (1906–1998) das folgende*
5 *Memorandum über die gegenüber der Sowjetunion einzuschla-
gende Politik, 24. September 1946.*
Es ist das oberste Ziel der Politik der Vereinigten Staaten gegenüber der Sowjetunion, die sowjetische Führung davon
zu überzeugen, dass es in ihrem Interesse liegt, sich an ei-
10 nem System weltweiter Zusammenarbeit zu beteiligen,
dass es keine tieferen Gründe für einen Krieg zwischen unseren beiden Nationen gibt und dass die Sicherheit und der
Wohlstand der Sowjetunion und der übrigen Welt durch
einen aggressiven militärischen Imperialismus, wie ihn die
15 Sowjetunion zur Zeit verfolgt, bedroht sind.
Aber dieselben Politiker, mit denen wir eine Verständigung über die Grundsätze des internationalen Friedens
herbeizuführen suchen, scheinen zu glauben, dass ein
Krieg mit den Vereinigten Staaten und den anderen füh-
20 renden kapitalistischen Staaten unvermeidlich sei. Sie
vergrößern ihre militärische Macht und die sowjetische
Einflusszone in Vorbereitung auf den „unvermeidlichen“
Konflikt, und sie versuchen, ihre potenziellen Gegner mit
allen Mitteln, die ihnen zur Verfügung stehen, zu schwä-
25 chen und zu unterwandern. Solange diese Männer so etwas
glauben, ist es höchst gefährlich, den Schluss zu ziehen,
dass die Hoffnung auf den internationalen Frieden nur in
„Übereinstimmung“, „gegenseitiger Verständigung“ oder
„Solidarität“ mit der Sowjetunion liege. […]
30 Die Sprache militärischer Stärke ist die einzige Sprache,
die Anhänger der Machtpolitik verstehen. Die Vereinigten Staaten müssen sich dieser Sprache bedienen, damit
die sowjetische Führung erkennt, dass unsere Regierung
entschlossen ist, die Interessen ihrer Bürger und die Rech-
35 te kleiner Nationen zu schützen. Die Sowjets halten Kompromisse und Zugeständnisse für Anzeichen von Schwäche, und unsere „Rückzüge“ ermutigen sie nur, neue und
umfangreichere Forderungen zu stellen. […]
Die Vereinigten Staaten mit ihrem hauptsächlich aus
40 hochwirksamen technischen Waffen bestehenden militärischen Arsenal sollten alle Vorschläge für Abrüstung
oder Rüstungsbegrenzung ablehnen, solange die Möglichkeit einer sowjetischen Aggression besteht. […]
Auch wenn sich die sowjetische Führung zum Glauben
45 bekennt, dass der Konflikt zwischen Kapitalismus und
Kommunismus unüberbrückbar sei und letzten Endes
durch den Sieg des Kommunismus gelöst werden müsse, hoffen wir, dass sie ihre Auffassung ändert und mit
uns eine faire und gerechte Lösung erarbeitet, wenn sie
50 nämlich erkennt, dass wir zu stark sind, als dass man uns
schlagen könnte. […]

Zit. nach: Th. H. Etzold u. J. L. Gaddis (Hg.): Containment, Documents on
American Policy und Strategy, 1945–1950. New York 1978, S. 64 ff.

8 **Von dem Onkel dürft ihr nichts annehmen**
Karikatur zum Marshallplan von Mirko Szewczuk, 1947:
Stalin verbietet den Ostblockstaaten, die Unterstützung
der USA anzunehmen.

9 **Der Marshallplan**
Aus der Rede des US-Außenministers Georges C. Marshall an
der Harvard Universität, 5. Juni 1947, in der er ein Wiederauf-
bauprogramm verkündet, das sich an alle europäischen Staa-
5 *ten richtet. Die Sowjetunion, Albanien, Bulgarien, Finnland,*
Ungarn, Rumänien und Jugoslawien lehnten eine Teilnahme
ab. Polen und die Tschechoslowakei zogen ihre Zusage un-
ter sowjetischem Druck wieder zurück. Sechzehn europäische
Staaten nahmen das Angebot an und gründeten 1948 die
10 *Organisation für Europäische Wirtschaftliche Zusammenar-*
beit (OEEC).
In vielen Ländern ist das Vertrauen in die eigene Währung schwer erschüttert. Das wirtschaftliche Gefüge Europas ist während des Krieges vollständig zusammenge-
15 brochen. Der Wiederaufbau ist dadurch, dass zwei Jahre
nach Beendigung der Feindseligkeiten eine Einigung über
den Frieden mit Deutschland und Österreich noch nicht
erzielt werden konnte, ernstlich verzögert worden.
[...] In Wirklichkeit handelt es sich darum, dass Europas
20 Bedarf an ausländischen Nahrungsmitteln und sonstigen
lebenswichtigen Gütern – hauptsächlich aus Amerika
– so viel größer als seine gegenwärtige Zahlungsfähigkeit
ist, dass es entweder wesentliche zusätzliche Hilfe benötigt oder aber sich einem wirtschaftlichen, sozialen und
25 politischen Niedergang sehr ernsten Charakters gegenü-
bersehen wird.
Das Hilfsmittel besteht darin, diesen bösartigen Kreislauf zu durchbrechen und den Glauben der europäischen
Völker an die wirtschaftliche Zukunft ihres eigenen Lan-
30 des sowie Europas in seiner Gesamtheit wiederherzustellen. Über ein weites Gebiet hin müssen Fabrikanten
und Landwirte wieder willens und in der Lage sein, ihre

Ware gegen Geld von unbestrittenem Wert abzugeben.
Abgesehen von der demoralisierenden Wirkung auf die
ganze Welt und der Möglichkeit der Entstehung von Un- 35
ruhen als Folge der Verzweiflung der betroffenen Völker
sind die Folgen für die Wirtschaft der Vereinigten Staaten offenkundig. Logischerweise müssen die Vereinigten
Staaten alles, was in ihrer Macht steht, unternehmen,
um zu der Rückkehr normaler wirtschaftlicher Verhält- 40
nisse beizutragen, denn ohne diese sind eine politische
Stabilität und ein gesicherter Friede unmöglich. Unsere
Politik richtet sich nicht gegen irgendein Land oder eine
Anschauung, sondern gegen Hunger, Armut, Verzweiflung und Chaos. Ihr Ziel ist die Wiederbelebung einer 45
leistungsfähigen Weltwirtschaft, die das Entstehen po-
litischer und sozialer Zustände, in denen freiheitliche
Einrichtungen gedeihen können, ermöglichen soll. Ich
bin davon überzeugt, dass eine solche Hilfe nicht von
Fall zu Fall, je nachdem ob sich Krisen entwickeln, ge- 50
geben werden sollte. Jede Hilfe, die unsere Regierung in
Zukunft gewähren mag, sollte Heilung und nicht bloß
Linderung bringen. Ich bin davon überzeugt, dass jede
Regierung, die am Wiederaufbau mitarbeiten will, die
volle Unterstützung der Vereinigten Staaten finden wird. 55
Eine Regierung aber, die darauf hinarbeitet, den Wiederaufbau anderer Länder zu behindern, kann von uns keine Hilfe erwarten. Darüber hinaus müssen Regierungen,
politische Parteien oder Gruppen, die das menschliche
Elend verewigen wollen, um davon politisch oder sonst 60
wie zu profitieren, mit der Gegnerschaft der Vereinigten
Staaten rechnen.
Es ist aber klar, dass, ehe die Vereinigten Staaten in
ihren Anstrengungen, die Lage zu lindern und der europäischen Welt auf ihrem Weg zur Wiedergesundung zu 65
helfen, ernstlich fortfahren können, die europäischen
Länder in Bezug auf die Erfordernisse der Lage und des
Anteils, den sie selbst übernehmen werden, zu einer
Verständigung kommen müssen, um jede etwa von der
Regierung der Vereinigten Staaten unternommene Ak- 70
tion mit dem nötigen Nachdruck durchzuführen. Es
wäre für die Regierung der Vereinigten Staaten weder
angemessen noch wirkungsvoll, wenn sie in einseitiger Weise ein Programm aufstellen würde, das dazu
bestimmt ist, Europa wirtschaftlich wieder auf eigene 75
Füße zu stellen. Das ist Sache der Europäer. Ich glaube, dass die Initiative von Europa ausgehen muss. Die
Rolle unseres Landes sollte in freundschaftlicher Hilfe
bei dem Aufstellen eines europäischen Programms und
in der späteren Unterstützung eines solchen bestehen, 80
sofern es uns ausführbar zu sein scheint. Das Programm
sollte von den europäischen Nationen gemeinsam aufgestellt und von einer Anzahl derselben, wenn nicht
von allen, gebilligt sein.

Zit. nach: M. Mähr, Der Marshallplan in Österreich. Graz, Wien, Köln 1989,
S. 244 ff.

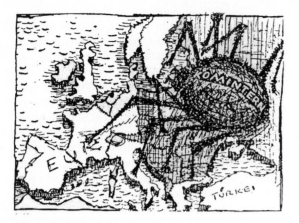

10 **Kominternspinne.** Karikatur in der Hannoverschen Presse vom 10. Oktober 1947.

11 **Das European Recovery Program (ERP = Marshall-plan) 1948–1951**

a) Leistungen in Millionen US-Dollar

Industriegüter	5032
5 Nahrungsmittel und landwirtschaftliche Erzeugnisse	4885
Seefracht	726
Technische Dienste	47
Europäische Zahlungsunion	350
10 Economic cooperation Administration (Washington)	56
Gesamtsumme	11096

b) Leistungen an Empfängerländer in Millionen US-Dollar

15 Großbritannien	2703	Dänemark	239
Frankreich	2224	Norwegen	219
Italien	1213	Irland	146
Westdeutschland	1189	Türkei	117
Niederlande	950	Schweden	116
20 Belgien/Luxemburg	530	Portugal	46
Österreich	514	Triest	33
Griechenland	433	Island	18
Gesamtsumme (ohne zentrale Ausgaben)			10690

Zusammengestellt nach: H. Schambeck, a. a. O., S. 53.

12 **Shdanows Rede auf der Gründungsversammlung der Kominform am l. Oktober 1947**

Das Kommunistische Informationsbüro (Kominform) mit Sitz in Belgrad wurde auf Betreiben Stalins gegründet. Es 5 *sollte die Arbeit der wichtigsten kommunistischen Parteien koordinieren und kontrollieren. Das Informationsbüro ist die Nachfolgeorganisation der Kommunistischen Internationale (Komintern), die 1943 im Interesse des Bündnisses der UdSSR mit den Westmächten aufgelöst worden war.*

10 Die grundlegenden Veränderungen in der internationalen Lage und in der Lage der einzelnen Staaten nach dem Krieg haben das ganze politische Weltbild verändert. Es ist zu einer Neuaufteilung der politischen Kräfte gekommen. Je größer der Zeitraum wird, der uns von der Beendigung des Krieges trennt, desto schärfer heben sich zwei Grund- 15 tendenzen in der internationalen Nachkriegspolitik hervor, die der Teilung der politischen Kräfte in zwei Lager entsprechen: in das imperialistische und antidemokratische Lager einerseits und das antiimperialistische und demokratische Lager andererseits. Die führende Hauptkraft 20 des imperialistischen Lagers sind die USA. Mit Amerika verbündet sind England und Frankreich. Das imperialistische Lager unterstützen auch die Kolonialstaaten, wie Belgien und Holland, Länder mit reaktionären, antidemokratischen Regimes, wie die Türkei und Griechenland, 25 Länder, die politisch und wirtschaftlich von den USA abhängen, wie die Staaten des Nahen Ostens, Südamerikas und China. Das Hauptziel des imperialistischen Lagers ist die Festigung des Imperialismus, die Vorbereitung eines neuen imperialistischen Krieges, der Kampf gegen den 30 Sozialismus und die Demokratie und allerorts die Unterstützung der reaktionären und antidemokratischen profaschistischen Regimes und Bewegungen. Die antiimperialistischen und antifaschistischen Kräfte bilden das andere Lager. Die Grundlage dieses Lagers sind die UdSSR und 35 die Länder der neuen Demokratie. Zu ihm gehören auch Länder, die mit dem Imperialismus gebrochen haben und festen Fuß auf dem demokratischen Entwicklungsweg gefasst haben, wie Rumänien, Ungarn und Finnland. An das antiimperialistische Lager schließen sich Indonesien 40 und Vietnam an. Indien, Ägypten und Syrien sympathisieren mit ihm. Das antiimperialistische Lager stützt sich auf die Arbeiterbewegung in allen Ländern, auf die kommunistischen Bruderparteien, auf die Kämpfer der nationalen Befreiungsbewegungen in den kolonialen und abhängigen 45 Ländern, auf die Unterstützung der in jedem Land vorhandenen progressiven demokratischen Kräfte. Das Ziel dieses Lagers ist der Kampf gegen die Gefahr neuer Kriege und der imperialistischen Expansion, die Befestigung der Demokratie und die Ausrottung der Überreste des Faschis- 50 mus. Das Ende des Zweiten Weltkrieges hat an alle freiheitsliebenden Völker die überaus wichtige Aufgabe der Gewährleistung eines stabilen demokratischen Friedens gestellt, der den Sieg über den Faschismus festigt. Bei der Lösung dieser Hauptaufgabe fällt die führende Rolle der 55 UdSSR und ihrer Außenpolitik zu. Das ergibt sich aus dem Wesen des Sowjetstaates, dem jegliche aggressiven, ausbeuterischen Gelüste zutiefst fremd sind und der an der Schaffung der günstigsten Bedingungen für den Aufbau der kommunistischen Gesellschaft interessiert ist. Eine 60 dieser Bedingungen ist der äußere Friede. [...]

Die sowjetische Außenpolitik geht von der Tatsache aus, dass die beiden Systeme, das des Kapitalismus und das des Sozialismus, auch eine lange Periode gemeinsam bestehen werden. Daraus ergibt sich die Möglichkeit der 65 Zusammenarbeit zwischen der UdSSR und den Ländern

anderer Systeme unter der Bedingung der Gegenseitigkeit und der Erfüllung der übernommenen Verpflichtungen. Eine ganz entgegengesetzte Politik betreiben England und
70 Amerika in der UNO. Sie machen alles, um sich von den früher übernommenen Verpflichtungen loszusagen und sich die Hände frei zu machen für eine neue Politik, die nicht auf die Zusammenarbeit der Völker berechnet ist, sondern darauf, sie gegeneinander aufzuhetzen. Die Sow-
75 jetpolitik hält sich an den Kurs der Aufrechterhaltung loyaler gutnachbarlicher Beziehungen zu allen Staaten, die den Wunsch nach Zusammenarbeit bekunden. Im Interesse der Aufrechterhaltung des Friedens lehnt die sowjetische Außenpolitik den Grundsatz der Rache ge-
80 genüber den besiegten Völkern ab. […]
Die wirtschaftliche Expansion der USA bildet eine Ergän-zung zum strategischen Plan. Der amerikanische Imperia-lismus trachtet, die Schwierigkeiten der Nachkriegszeit in den europäischen Ländern, den Mangel an Rohstoffen,
85 Treibstoff und Lebensmitteln in den alliierten Ländern, die durch den Krieg am stärksten geschädigt wurden, aus-zunützen, um ihnen Bedingungen für die Hilfeleistung aufzuzwingen. In Voraussicht der bevorstehenden Wirt-schaftskrise beeilen sich die USA, neue Monopolsphären
90 ausfindig zu machen, wo sie ihr Kapital investieren und ihre Waren absetzen könnten. Die US-„Wirtschaftshilfe" verfolgt das weitgesteckte Ziel, Europa mit Hilfe des ame-rikanischen Kapitals zu versklaven. Doch die wirtschaft-liche Kontrolle zieht auch die politische Unterordnung
95 nach sich. […] Da die Truman-Doktrin eine so ungüns-tige Aufnahme fand, tauchte die Notwendigkeit des Mar-shall-Planes auf. Das Wesen der verschwommenen For-mulierungen dieses Planes besteht darin, einen Block der Staaten zu schaffen, die durch Verpflichtungen den USA
100 gegenüber gebunden sind, und den europäischen Staaten als Lohn für ihren Verzicht auf die wirtschaftliche und dadurch auch politische Selbstständigkeit amerikanische Kredite zu gewähren. Die Grundlage bildet dabei der Wie-deraufbau der von den amerikanischen Monopolen kon-
105 trollierten Industriebezirke Westdeutschlands. Wie aus den Beratungen hervorgeht, besteht der Marshall-Plan darin, die Hilfeleistung in erster Linie nicht den verarm-ten Siegerländern, den Verbündeten Amerikas im Kampf gegen Deutschland, zu gewähren, sondern den deutschen
110 Kapitalisten, um sich der für Europa und Deutschland wichtigsten Kohle- und Eisenerzgebiete zu bemächtigen. […] Aus diesem Grund müssen sich die kommunistischen Parteien an die Spitze des Widerstandes gegen die imperi-alistischen Expansionspläne und gegen Aggressionen al-
115 ler Arten – staatlicher, wirtschaftlicher und ideologischer Natur – stellen, sich zusammenschließen, ihre Kräfte auf einer allgemeinen antiimperialistischen und demokra-tischen Plattform vereinigen und alle demokratischen und patriotischen Kräfte des Volkes um sich sammeln. Auf den Schultern der kommunistischen Bruderpartei-
120 en Frankreichs, Italiens, Englands und anderer Länder liegt eine besondere Aufgabe. Sie müssen das Banner der Verteidigung der nationalen Unabhängigkeit und Sou-veränität ihrer Länder in ihre Hände nehmen. Wenn die kommunistischen Parteien fest auf ihren Positionen ste-
125 hen werden, wenn sie sich nicht einschüchtern lassen, wenn sie mutig auf der Wacht für einen festen Frieden und eine Volksdemokratie stehen werden, auf der Wacht der nationalen Souveränität, Freiheit, Unabhängigkeit ihrer Länder, wenn sie imstande sind, sich im Kampfe
130 gegen Versuche der wirtschaftlichen und politischen Ver-sklavung ihrer Länder an die Spitze zu stellen, bereit sind, mit allen Kräften für die Ehre und nationale Unabhängig-keit zu stehen, dann können keinerlei Versklavungspläne Europas verwirklicht werden.
135

Keesing's Archiv der Gegenwart, 1946/47.

Arbeitsvorschläge

a) Benennen Sie die Faktoren, die nach dem Sieg über Deutschland zur Entfrem-dung der Westalliierten und der Sowjetunion beigetragen haben (VT, M1 und M2).

b) Grenzen Sie die „parlamentarische Demokratie" von der „Volksdemokratie" ab.

c) Arbeiten Sie die Kriegs- und Friedensziele heraus, die in der Atlantik-Charta festgelegt werden (M4).

d) Nehmen Sie zu der These Stellung, die Westalliierten hätten die „Erklärung über das befreite Europa" in der Folgezeit nicht konsequent gegenüber der UdSSR eingefordert (M5 und M7).

e) Erklären Sie, was Churchill mit dem Begriff „Eiserner Vorhang" meint, und er-mitteln Sie – auch unter Einbeziehung der Karte M3 – die Gründe für Churchills Beunruhigung (M6).

f) Fassen Sie die Rede Marshalls zusammen, indem Sie die Motive der USA für die Bereitstellung der Hilfsgelder erarbeiten (M9–M11).

g) Setzen Sie sich mit der „Zwei-Lager-Theorie" Shdanows auseinander, indem Sie seine Ausführungen anhand des Verfassertextes und der Materialien M3, M8, M9 und M11 überprüfen.

6

Standpunkte:
War der Kalte Krieg unvermeidlich?

Der „Kalte Krieg" ist zu Ende, so heißt es nach 1989 allerorten. Das ist grundsätzlich richtig, aber die Frage, warum es zum Kalten Krieg kam, ob einer der Supermächte die Alleinschuld daran zuzuweisen ist oder ob der Kalte Krieg nach dem Sieg über Hitler-Deutschland zwangsläufig ausbrechen musste, ist bis heute unter den Forschern umstritten. Heute öffnen sich immer mehr Archive in West und Ost den Forschern und die Diskussion bewegt sich von den extremen Standpunkten der früheren Jahre weg. Seit Mitte der 1940er-Jahre legte die traditionelle Auffassung die Sowjetführung auf eine prinzipiell feindli-che Politik gegenüber den kapitalistischen Staaten fest. Ende der 1960er- und Anfang der 1970er-Jahre entwickelte demgegenüber die revisionistische Auffassung die These, die Ursache der Konfrontation sei in der Struktur des ökonomisch-politischen Systems der Vereinigten Staaten zu finden, das zur Vermeidung von Krisen auf die permanente Erschließung neuer Handels- und Absatzmärkte angewiesen war. Die beiden im Folgenden abgedruckten Historiker rücken neue und andere Fragen in den Mittelpunkt ihres Interesses.

13 Der britische Historiker Eric Hobsbawm, 1994

Eric J. Hobsbawm, geb. 1917, begann seine Lehrtätigkeit 1947 an der Universität London, übernahm dann mehrere Professuren für Geschichte in Amerika und Frankreich, bevor
5 *er 1984 zur New School for Social Research in New York wechselte.*

Wer war also für den Kalten Krieg verantwortlich? Da die Debatte über diese Frage lange Zeit eine Art ideologisches Tennismatch zwischen jenen war, die die Schuld
10 ausschließlich der Sowjetunion gaben, und den Dissidenten, die in erster Linie die USA beschuldigten, ist man versucht, sich den historischen Vermittlern anzuschließen, die die Schuld in der gegenseitigen Angst suchten, welche so lange in der Konfrontation eskalierte, bis sie
15 die beiden „hochgerüsteten Lager unter ihren gegensätzlichen Bannern zu mobilisieren begann" (Walker). Das ist offensichtlich richtig, allerdings ist es nicht die ganze Wahrheit. Es erklärt nur, weshalb die Fronten 1947–49 „erstarrten". […] Doch es erklärt nicht den apokalypti-
20 schen Ton des Kalten Krieges. Dieser Ton kam aus den USA. Ausnahmslos alle westeuropäischen Regierungen waren aus vollem Herzen Antikommunisten, ob sie nun kommunistische Parteien von Bedeutung im eigenen Land hatten oder nicht, und fest entschlossen, sich
25 gegen einen möglichen sowjetischen Angriff zu schützen. Keine von ihnen hätte gezögert, wenn sie zwischen den USA und der Sowjetunion zu wählen gehabt hätte, selbst Regierungen nicht, die durch Geschichte, Politik oder Verhandlungen zu Neutralität verpflichtet waren.
30 Und doch wurde die „Kommunistische Weltverschwörung" unter keiner der Regierungen, die zumindest in der unmittelbaren Nachkriegszeit mit einigem Recht behaupten konnten, demokratisch zu sein, zu einem wichtigen innenpolitischen Thema. Ausschließlich in
35 den USA, und in keinem anderen demokratischen Staat, war es möglich, dass ein Präsident aufgrund der Tatsa-che gewählt werden konnte, dass er ein ausgesprochener Gegner des Kommunismus war (wie John F. Kennedy 1960) – wobei der Kommunismus in der Innenpolitik dieses Landes etwa ebenso bedeutungslos war wie der
40 Buddhismus für Irland. Wenn es irgendjemanden gab, der das Kreuzzugsdenken in die Realpolitik der internationalen Machtkonfrontation gebracht hat – und dort beibehielt –, dann war es Washington. Wie die Wahl-rhetorik von J. F. Kennedy mit der Klarheit vollendeter
45 Redekunst zeigte, ging es hier nicht um die akademische Gefahr einer kommunistischen Weltherrschaft, sondern um die Wahrung der realen Vorherrschaft der USA. Es sollte jedoch hinzugefügt werden, dass die Regierungen der NATO-Staaten, die im Prinzip ganz und gar nicht
50 glücklich über die amerikanische Politik waren, bereitwillig diese amerikanische Vorherrschaft akzeptierten – als Preis für den Schutz gegen die Militärmacht eines verabscheuungswürdigen politischen Systems, solange dieses System noch existierte. Sie waren genauso wenig
55 bereit wie Washington, der Sowjetunion zu vertrauen. „Eindämmung" wurde also zur Politik aller; die Vernichtung des Kommunismus jedoch nicht.

E. Hobsbawm: Das Zeitalter der Extreme. Weltgeschichte des 20. Jahrhunderts. München 1995, S. 298f.

14 Der deutsche Historiker Wilfried Loth, 1999

Wilfried Loth, geb. 1948, war Professor für Politikwissenschaft in Berlin und Münster. Seit 1986 ist er Professor für Neuere Geschichte an der Universität Essen.

Was ergibt sich aus diesen Befunden für das Gesamtbild
5 des Kalten Krieges? Die sowjetische Politik hat durch die neuen Quellen in zweierlei Richtung an Profil gewonnen: Auf der einen Seite zeigt sich, dass das Interesse an Kooperation mit den westlichen Siegermächten des Zweiten Weltkriegs noch intensiver gewesen ist, als bislang schon
10 zu sehen war. Stalin stellte den Export der bolschewisti-

schen Revolution bei der Verfolgung seiner Sicherheits- und Großmachtinteressen noch weiter zurück, er war bei der Entwicklung von Szenarios für Osteuropa noch
15 pragmatischer und im Hinblick auf Deutschland deutlich konstruktiver, und er hielt auch kontinuierlicher an der Kooperationsperspektive fest, als angesichts der aggressiven Propagandasprache im Kominform-Stil zu vermuten war. Auf der anderen Seite sind aber auch die
20 ideologie- und systembedingten Beschränkungen seiner Kooperationsfähigkeit deutlicher geworden: die übersteigerten Bedrohungsängste und die Illusionen hinsichtlich politischer Entscheidungsprozesse im Westen, die Unfähigkeit zu angemessener Informationsaufnahme,
25 zu vertrauensbildender Diplomatie und zur Umsetzung der Demokratisierungsprogramme, die die Sowjetunion als Besatzungsmacht zu verantworten hatte. Angesichts dieser Schwächen des stalinistischen Systems konnten kommunistische Bewegungen und Klassenkampf-Den-
30 ken im Machtbereich der Roten Armee eine Eigendynamik entwickeln, die mit den strategischen Zielsetzungen des Sowjetdiktators objektiv nicht zu vereinbaren war. Ähnlich ambivalent hat sich das Bild von der westlichen Politik entwickelt. Einerseits zeigen die Rekonstrukti-
35 onen der Verhandlungen über das westliche Bündnis, über die Reaktion auf die Stalin-Note und über Churchills Friedensinitiative von 1953 ein größeres Maß an Offenheit für Alternativen zum Kalten Krieg, als zuvor nach außen deutlich geworden war. Die Bedeutung Adenau-
40 ers und der Westdeutschen für die Durchsetzung der Ost-West-Blockbildung ist noch stärker hervorgetreten. Ebenso ist deutlicher geworden, dass die Blockbildung zugleich der Eindämmung der Deutschen diente, während mangelndes Zutrauen in die Tauglichkeit die-
45 ses Wegs zur Lösung der deutschen Frage die Suche nach Alternativen zum Kalten Krieg begünstigte. Andererseits machen genauere Analysen der inneramerikanischen Debatten deutlich, dass der amerikanischen Politik eine Tendenz zu globaler Machtausweitung innewohnte, die
50 sowohl geopolitisch als auch ideologisch bedingt war. Die USA strebten auch unabhängig von der Wahrnehmung einer sowjetischen Bedrohung die Errichtung strategischer Vorposten an den gegenüberliegenden Ufern des Atlantik und Pazifik an; ihre Regierungen forderten
55 die Durchsetzung der „vier Freiheiten" nicht nur unter dem Druck einer erregten öffentlichen Meinung.

Die Gesamtaussage kann daher im Wesentlichen unverändert bleiben: Der Kalte Krieg war angesichts der machtpolitischen Konstellation, zu der der Zweite Weltkrieg im Ergebnis geführt hatte, durchaus wahrscheinlich, aber er
60 war nicht unvermeidlich. Eine kooperativere Nachkriegsordnung war denkbar, sie lag im Sicherheitsinteresse der Sowjetunion ebenso wie im Interesse an der Durchsetzung westlicher Prinzipien. Dass sie nicht gelang, ist in erster Linie den Kurzsichtigkeiten westlicher Politik zu
65 verdanken, doch hat auch die Politik Stalins und seiner Satrapen höchst aktiv zum Scheitern der Kooperation beigetragen. Den westlichen Politikern ist zugute zu halten, dass Stärke und Regenerationsfähigkeit des liberalen Systems nach den Weltkriegskatastrophen nicht so deutlich
70 zu erkennen waren, wie es sich im Nachhinein gezeigt hat. Ihre Leistungen bei der Schaffung der „westlichen Welt" sind in vieler Hinsicht beeindruckend. Gleichwohl bleibt zu bedauern, dass sie vielfach nicht genauer hinsahen und wenig Anstrengungen unternahmen, die sowje-
75 tische Tendenz zur Selbstisolation zu unterlaufen.
Dem Vorschlag, den Begriff des Kalten Krieges auf die Zeit der Etablierung der Nachkriegsordnung zu beschränken, ist die internationale Diskussion nicht gefolgt. Das ist insofern einzusehen, als die zentralen Charakteristi-
80 ka des Kalten Krieges auch nach der Mitte der fünfziger Jahre auftraten: wechselseitige Vernichtungsangst, aggressive Selbstisolation und präventive Kriegsvorbereitung. Es bleibt aber, dass sich mit dem Abschluss der Blockbildung die Themen und Strukturen des Ost-West-
85 Konflikts substanziell änderten: Seine Dynamik wurde fortan in erster Linie vom Sicherheitsdilemma der beiden Blöcke bestimmt, und während die leninistische Ideologie weitgehend zum Ritual erstarrte, mussten die Erben kommunistischer Machtergreifung um das Überle-
90 ben ihrer repressiven Kommandosysteme kämpfen. Entspannungspolitik war in dieser Situation ein Mittel, den Konflikt einzudämmen und die Durchsetzung westlicher Prinzipien zu fördern. Ihr Erfolg hing freilich nicht zuletzt von der Lernfähigkeit der sowjetischen Führung ab.
95

W. Loth: Die Teilung der Welt. Geschichte des Kalten Krieges 1941–1955. 10. Auflage 2002, hier: Nachwort „Der Kalte Krieg in neuem Licht", München 1999, S. 387 ff.

6

Arbeitsvorschläge

a) Geben Sie mit eigenen Worten wieder, wie die beiden Autoren die Entstehung des Kalten Krieges erklären und auf welche Fakten sie sich dabei stützen.
b) Decken Sie die Gemeinsamkeiten und die Unterschiede der beiden Texte auf und zeigen Sie, inwiefern der Kalte Krieg hier unter einer neuen Fragestellung untersucht wurde.

6.2 Neubeginn im besiegten Land

Der 8. Mai 1945 – eine „Stunde Null"?

Für viele Deutsche begann die Nachkriegszeit bereits Wochen oder Monate vor dem offiziellen Kriegsende am 8. Mai 1945, nämlich an dem Tag, als sie in alliierte Kriegsgefangenschaft gerieten oder ihre Städte und Dörfer von den Alliierten besetzt wurden. War das Kriegsende ein Strukturbruch in der deutschen Geschichte – eine „Stunde Null" –, war es vielleicht nur ein kurzfristiger Einbruch in die eigentlich langen Zyklen deutscher Geschichte oder begann am 8. Mai eine jahrelange Rekonstruktionsperiode des am Boden liegenden Deutschland?

Die Deutschlandpolitik der Alliierten

Morgenthau-Plan

Zunächst begann die Herrschaft der Sieger ganz im Sinne des im Herbst 1944 in den USA vorgetragenen Morgenthau-Plans, wonach ein erheblich verkleinertes und geteiltes Deutsches Reich in ein Agrarland umgewandelt werden sollte. Der amerikanische Militärgouverneur in Deutschland war angewiesen, Deutschland als besetzten Feindstaat und mit unnachgiebiger Härte zu behandeln. In ihrer Berliner Deklaration erklärten die vier Alliierten am 5. Juni 1945 einseitig die Übernahme der obersten Regierungsgewalt in Deutschland und setzten den Kontrollrat der vier Militärgouverneure in Berlin ein, der sich allerdings nur selten auf gemeinsame Beschlüsse von grundsätzlicher Bedeutung einigen konnte. Auf

1 **Die alliierten Besatzungszonen** in Deutschland nach 1945, aufgezeigt auf einer offiziellen Karte aus dem amerikanischen Sektor.

der Potsdamer Dreimächte-Konferenz vom 17. Juli bis zum 2. August vereinbarten Stalin, Truman und Churchill bzw. der ihn ablösende Attlee, Deutschland als wirtschaftliche Einheit behandeln zu wollen, ließen allerdings jeder Besatzungsmacht bei der Verwaltung ihrer Zone freie Hand. Die erzielte Einigung über die vier großen D´s: Demilitarisierung, Denazifizierung, Dezentralisierung und Demokratisierung war der kleinste gemeinsame Nenner, auf den sich die Alliierten einigen konnten, und nicht mehr als ein reiner Formelkompromiss, denn die UdSSR verband mit jedem dieser Begriffe andere Vorstellungen als die Westalliierten. Die Militärgouverneure nutzten die ihnen zugestandene Handlungsfreiheit, sodass in kürzester Zeit voneinander abgegrenzte Verwaltungs- und Wirtschaftsräume entstanden.

Zu den wenigen gemeinsamen Unternehmungen aller vier Alliierten gehörte der Prozess gegen die Hauptkriegsverbrecher vom 20. November 1945 bis zum 1. Oktober 1946 in Nürnberg. Angeklagt waren 24 ehemalige hohe Repräsentanten des Deutschen Reiches. Zwölf Angeklagte wurden zum Tode verurteilt, sieben erhielten zum Teil hohe Haftstrafen, drei wurden freigesprochen. Ein Angeklagter hatte Selbstmord verübt, ein anderer war wegen einer schweren Erkrankung prozessunfähig. Später folgten noch mehrere Prozesse gegen Juristen, Ärzte, Industrielle, Vertreter des Auswärtigen Amtes und Wehrmachtsangehörige. Insgesamt wurden im westlichen Teil Deutschlands 5025 Personen verurteilt, von 806 Todesurteilen wurden 486 vollstreckt. In der SBZ wird die Zahl der Verfahren auf etwa 45000 geschätzt. Die Prozesse leisteten der Tendenz zur „Personalisierung" der Verantwortung Vorschub, die Masse der Deutschen fühlte sich dadurch entlastet.

Der Nürnberger Prozess gegen die Hauptkriegsverbrecher

Die Entnazifizierung war Bestandteil einer umfassenden Umerziehung der Deutschen und basierte auf der Kollektivschuldthese, dass alle Deutschen für die Verbrechen der Nazis verantwortlich seien. Im Alltag erwies sich die Überprüfung aber als schwierige bürokratische Prozedur. Daher konzentrierten sich Briten und Franzosen nur auf NS-Funktionäre in Spitzenstellungen, wohingegen die Amerikaner mit einer intensiven Gesinnungsprüfung jedes einzelnen Deutschen begannen. Grundlage der Überprüfung war ein Fragebogen mit 131 Fragen, den jeder Deutsche über 18 Jahre auszufüllen hatte. Beauftragt waren sog. Spruchkammern, die eine Einstufung in Hauptschuldige, Belastete, Minderbelastete, Mitläufer oder Entlastete vornahmen und Sühnemaßnahmen von der Einweisung in ein Arbeitslager über die Aberkennung der bürgerlichen Ehrenrechte bis hin zu Geldstrafen einleiteten. Im Februar 1950 wurde die Entnazifizierung in Westdeutschland endgültig abgeschlossen, während in der Sowjetischen Besatzungszone (SBZ) bereits im Februar 1948 das Ende der Entnazifizierung verkündet worden war. Allerdings hatte man hier unter dem Deckmantel „Entnazifizierung" nicht nur ehemalige Nazis, sondern auch politische Regimegegner, Großgrundbesitzer und Großunternehmer ausgeschaltet und so einen umfassenden gesellschaftlichen Strukturwandel eingeleitet.

Entnazifizierung

Der Zweite Weltkrieg hatte in Europa 55 Millionen Opfer gefordert, Deutschland hat mit 7,8 Millionen Toten der Kriegs- und unmittelbaren Nachkriegszeit gut ein Zehntel seiner Vorkriegsbevölkerung verloren. Bei Kriegsende waren etwa 3,7 Millionen deutsche Soldaten gefallen oder blieben dauerhaft vermisst, etwa 10 bis 11 Millionen befanden sich in Kriegsgefangenschaft. Während die Briten und Amerikaner die Gefangenen zügig nach Hause schickten, nutzten Frankreich und besonders die Sowjetunion die Gefangenen möglichst lange als Arbeitskräfte. Erst 1956 kehrten die letzten Deutschen aus sowjetischer Kriegsgefangenschaft zurück.

Alltag in Trümmern

Weil es nach Kriegsende an den wichtigsten Voraussetzungen fehlte – einer hinreichenden Energie- und Rohstoffversorgung, einem funktionierenden Verkehrssystem und einer vertrauenswürdigen Währung –, fiel Deutschland auf den Stand einer archaischen Tausch- und Naturalwirtschaft zurück. Der Mangel war allerdings ungleich verteilt, denn Einheimische waren besser dran als Flüchtlinge, und auf dem Land lebte es sich besser als in den Großstädten, in denen überdies mehr als die Hälfte des Wohnraumes von 1939 zerstört war. Die Hamsterfahrt aufs Dorf wurde für Städter überlebenswichtig, ebenso der verbotene Gang auf den Schwarzmarkt. Die Sieger taten anfangs wenig, um die Not der Deutschen zu lindern, teils weil ihnen die Mittel fehlten, teils weil die Deutschen für ihre Schuld büßen sollten.

Flucht und Vertreibung aus den Ostgebieten

Nicht nur die Annexion der deutschen Ostgebiete, auch die Vertreibung der Deutschen von dort war unter den Siegern eine längst beschlossene Sache. Für Böhmen und Mähren hatte der tschechoslowakische Staatspräsident Benes im Londoner Exil seine Pläne zur Massenaussiedlung entwickelt und zielstrebig verfolgt. In Jalta wurde die Massenvertreibung sanktioniert. Doch die in Potsdam beschlossene Überführung in „ordnungsgemäßer und humaner Weise" war ein Lippenbekenntnis, das der Realität in keiner Weise entsprach. Die Deutschen im Osten mussten für die Verbrechen Hitler-Deutschlands furchtbar büßen. Der deutsche Siedlungsraum war auf seine Grenzen im späten Mittelalter zurückgeworfen, die halbtausendjährige Kultur des deutschen Ostens war ausgelöscht. 12 Millionen Deutsche mussten bis 1947 ihre Heimat in Ostdeutschland und den angrenzenden Siedlungsräumen verlassen, oft binnen weniger Stunden, unter Misshandlungen und unter Zurücklassen fast ihrer gesamten Habe. Da Frankreich seine Zone für Vertriebene sperrte und die SBZ den meisten nicht attraktiv erschien, strömte die Masse der Vertriebenen in die britische und amerikanische Zone. Die späteren Länder Schleswig-Holstein, Niedersachsen und Bayern waren die Hauptaufnahmeländer. Willkommen waren die Vertriebenen fast nirgendwo, bedeutete ihre Aufnahme doch das Wenige, was geblieben war, mit ihnen zu teilen. Die letztlich erfolgreiche Integration der Vertriebenen und Flüchtlinge gilt als eine der bedeutendsten Leistungen der jungen Bundesrepublik. Die Vertreibung der Deutschen aus den ostelbischen Gebieten brachte es auch mit sich, dass die ökonomische und politische Macht und damit der Einfluss der Gutsherrschaft auf die Politik endgültig beseitigt wurden.

Kulturelles Leben

Auch das kulturelle Leben begann sich wieder zu regen. Eine herausragende Bedeutung kam in dieser Zeit dem Rundfunk zu. Die Rundfunkhoheit ging auf die Besatzungsmächte über, die ihre eigenen Rundfunkanstalten gründeten. Die Grundlagen des heutigen öffentlich-rechtlichen Rundfunks wurden damals gelegt. Wie beim Rundfunk begannen die Militärbehörden auch im Zeitungswesen zunächst mit eigenen Informationsblättern. Seit Herbst 1945 wurden schrittweise auch deutsche Blätter lizensiert. Indirekt wurden diese Blätter durch die Zuteilung von Papier und Benzin noch lange Zeit kontrolliert. In der Literatur setzte sich eine neue Generation von Schriftstellern mit der jüngsten Vergangenheit auseinander. Tonangebend waren dabei Autoren, die dokumentarisch, kritisch und satirisch arbeiteten. Bestandsaufnahmen, Analysen und Aufrufe beherrschten die literarische Szene, die als „Kahlschlag" oder „Trümmerliteratur" bezeichnet wurde. Jedoch ebbte diese Welle bereits nach 1947 rasch ab, eine neue „Beschreibungsliteratur" von „Neorealisten" trat an ihre Stelle. Die Machthaber nutzten ihre Möglichkeiten zur kulturellen Einflussnahme, etwa durch Unterstützung einzelner oder die Gründung neuer Universitäten, durch Anregungen zu Tagungen mit internationaler Besetzung, durch Ausstellungen, durch Bereitstellung ausländischer Literatur.

2 „Wir werden den Nationalsozialismus vernichten"

Die Proklamation Nr. 1 der Militärregierung Deutschlands für das Kontrollgebiet des Obersten Befehlshabers der Alliierten Streitkräfte vom 3. April 1945 wurde sofort nach dem
5 *Einmarsch der kämpfenden amerikanischen Truppen allenthalben angeschlagen, um ein Versinken der befreiten Plätze in Chaos und Rechtlosigkeit zu verhindern.*

AN DAS DEUTSCHE VOLK:

Ich, General Dwight D. Eisenhower, Oberster Befehlshaber
10 der Alliierten Streitkräfte, gebe hiermit Folgendes bekannt:

1.) Die Alliierten Streitkräfte, die unter meinem Oberbefehl stehen, haben jetzt deutschen Boden betreten. Wir kommen als ein siegreiches Heer; jedoch nicht als Unterdrücker. In dem deutschen Gebiet, das von Streit-
15 kräften unter meinem Oberbefehl besetzt ist, werden wir den Nationalsozialismus und den deutschen Militarismus vernichten, die Herrschaft der Nationalsozialistischen Deutschen Arbeiter-Partei beseitigen, die NSDAP auflösen sowie die grausamen, harten und ungerechten
20 Rechtssätze und Einrichtungen, die von der NSDAP geschaffen worden sind, aufheben. Den deutschen Militarismus, der so oft den Frieden der Welt gestört hat, werden wir endgültig beseitigen. Führer der Wehrmacht und der NSDAP, Mitglieder der Geheimen Staats-Polizei und
25 andere Personen, die verdächtigt sind, Verbrechen und Grausamkeiten begangen zu haben, werden gerichtlich angeklagt und, falls für schuldig befunden, ihrer gerechten Bestrafung zugeführt.

2.) Die höchste gesetzgebende, rechtsprechende und
30 vollziehende Machtbefugnis und Gewalt in dem besetzten Gebiet ist in meiner Person als Oberster Befehlsha-

ber der Alliierten Streitkräfte und als Militär-Gouverneur vereinigt. Die Militärregierung ist eingesetzt, um diese Gewalten unter meinem Befehl auszuüben. Alle Perso- 35 nen in dem besetzten Gebiet haben unverzüglich und widerspruchslos alle Befehle und Veröffentlichungen der Militärregierung zu befolgen. Gerichte der Militärregierung werden eingesetzt, um Rechtsbrecher zu verurteilen. Widerstand gegen die Alliierten wird unnachsicht- 40 lich gebrochen. Andere schwere strafbare Handlungen werden schärfstens geahndet.

3.) Alle deutschen Gerichte, Unterrichts- und Erziehungsanstalten innerhalb des besetzten Gebietes werden bis auf Weiteres geschlossen. Dem Volksgerichts- 45 hof, den Sondergerichten, den SS-Polizei-Gerichten und anderen außerordentlichen Gerichten wird überall im besetzten Gebiet die Gerichtsbarkeit entzogen. Die Wiederaufnahme der Tätigkeit der Straf- und Zivilgerichte und die Wieder-Eröffnung der Unterrichts- und Erzie- 50 hungsanstalten wird genehmigt, sobald die Zustände es zulassen.

4.) Alle Beamte sind verpflichtet bis auf weiteres auf ihren Posten zu verbleiben und alle Befehle und Anordnungen der Militärregierung oder der Alliierten Behörden, die an 55 die Deutsche Regierung oder an das deutsche Volk gerichtet sind, zu befolgen und auszuführen. Dies gilt auch für die Beamten, Arbeiter und Angestellten sämtlicher öffentlichen und gemeinwirtschaftlichen Betriebe sowie für sonstige Personen, die notwendige Tätigkeiten verrichten. 60

Dwight D. Eisenhower
Oberster Befehlshaber Alliierte Streitkräfte

Geschichte in Quellen. Die Welt seit 1945. München 1980, S. 70 f.

3 Plakat der britischen Besatzungsmacht in Köln 1945

6

4 Vorbereitung auf ein Leben in Demokratie

Aus dem Potsdamer Protokoll vom 2. August 1945:

[...] III. Über Deutschland: Alliierte Armeen führen die Besetzung von ganz Deutschland durch, und das deutsche Volk fängt an, die furchtbaren Verbrechen zu büßen, die unter der Leitung derer, welche es zur Zeit ihrer Erfolge offen gebilligt hat und denen es blind gehorcht hat, begangen wurden. [...] Der deutsche Militarismus und Nazismus werden ausgerottet, und die Alliierten treffen nach gegenseitiger Vereinbarung in der Gegenwart und in der Zukunft auch andere Maßnahmen, die notwendig sind, damit Deutschland niemals mehr seine Nachbarn oder die Erhaltung des Friedens in der ganzen Welt bedrohen kann.

Es ist nicht die Absicht der Alliierten, das deutsche Volk zu vernichten oder zu versklaven. Die Alliierten wollen dem deutschen Volk die Möglichkeit geben, sich vorzubereiten, sein Leben auf einer demokratischen und friedlichen Grundlage von neuem wieder aufzubauen. [...]

A. Politische Grundsätze

1. Entsprechend der Übereinkunft über das Kontrollsystem in Deutschland wird die höchste Regierungsgewalt in Deutschland durch die Oberkommandierenden der Streitkräfte der Sozialistischen Sowjetrepubliken, der Vereinigten Staaten von Amerika, des Vereinigten Königreichs und der Französischen Republik nach den Weisungen ihrer entsprechenden Regierungen ausgeübt, und zwar von jedem in seiner Besatzungszone sowie gemeinsam in ihrer Eigenschaft als Mitglieder des Kontrollrats in den Deutschland als Ganzes betreffenden Fragen.

2. Soweit dieses praktisch durchführbar ist, muss die Behandlung der deutschen Bevölkerung in ganz Deutschland gleich sein.

3. Die Ziele der Besetzung Deutschlands, durch welche der Kontrollrat sich leiten lassen soll, sind:

(I) Völlige Abrüstung und Entmilitarisierung Deutschlands und die Ausschaltung der gesamten deutschen Industrie, welche für eine Kriegsproduktion benutzt werden kann, oder deren Überwachung. [...]

(II) Das deutsche Volk muss überzeugt werden, dass es eine totale militärische Niederlage erlitten hat, und dass es sich nicht der Verantwortung entziehen kann für das, was es auf sich geladen hat, dass seine eigne mitleidslose Kriegsführung und der fanatische Widerstand der Nazis die deutsche Wirtschaft zerstört und Chaos und Elend unvermeidlich gemacht haben.

(III) Die nationalsozialistische Partei mit ihren angeschlossenen Gliederungen und Unterorganisationen ist zu vernichten; alle nationalsozialistischen Ämter sind aufzulösen; es sind Sicherheiten dafür zu schaffen, dass sie in keiner Form wieder auferstehen können; jeder nazistischen und militaristischen Propaganda ist vorzubeugen.

(IV) Die endgültige Umgestaltung des deutschen politischen Lebens auf demokratischer Grundlage und eine eventuelle friedliche Mitarbeit Deutschlands am internationalen Leben sind vorzubereiten.

4. Alle nazistischen Gesetze, welche die Grundlage für das Hitlerregime gebildet haben oder eine Diskriminierung aufgrund der Rasse, Religion oder politischen Überzeugung errichteten, müssen abgeschafft werden. Keine solche Diskriminierung, weder eine rechtliche noch eine administrative oder irgendeiner anderen Art, wird geduldet werden.

5. Kriegsverbrecher und alle diejenigen, die an der Planung oder Verwirklichung der nazistischen Maßnahmen, die Gräuel oder Kriegsverbrechen nach sich gezogen oder als Ergebnis gehabt hatten, teilgenommen haben, sind zu verhaften und dem Gericht zu übergeben. Nazistische Parteiführer, einflussreiche Nazianhänger und die Leitung der nazistischen Ämter und Organisationen und alle anderen Personen, die für die Besetzung und ihre Ziele gefährlich sind, sind zu verhaften und zu internieren. [...]

IV. Reparationen aus Deutschland: In Übereinstimmung mit der Entscheidung der Krim-Konferenz, wonach Deutschland gezwungen werden soll, in größtmöglichem Ausmaß für die Verluste und die Leiden, die es den Vereinten Nationen verursacht hat,[...] Ausgleich zu schaffen, wurde folgende Übereinkunft über Reparationen erreicht:

1. Die Reparationsansprüche der UdSSR sollen durch Entnahmen aus der von der UdSSR besetzten Zone in Deutschland und durch angemessene deutsche Auslandsguthaben befriedigt werden.

2. Die UdSSR wird die Reparationsansprüche Polens aus ihrem eigenen Anteil an den Reparationen befriedigen.

3. Die Reparationsansprüche der Vereinigten Staaten, des Vereinigten Königreiches und der anderen zu Reparationsforderungen berechtigten Länder werden aus den westlichen Zonen und den entsprechenden deutschen Auslandsguthaben befriedigt werden.

4. In Ergänzung der Reparationen, die die UdSSR aus ihrer eigenen Besatzungszone erhält, wird die UdSSR zusätzlich [Reparationen] aus den westlichen Zonen erhalten. [...]

XIII. Ordnungsgemäße Überführung deutscher Bevölkerungsteile: Die Konferenz erzielte folgendes Abkommen über die Ausweisung Deutscher aus Polen, der Tschechoslowakei und Ungarn:

Die drei Regierungen haben die Frage unter allen Gesichtspunkten beraten und erkennen an, dass die Überführung der deutschen Bevölkerung oder Bestandteile derselben, die in Polen, der Tschechoslowakei und Ungarn zurückgeblieben sind, nach Deutschland durchgeführt werden muss. Sie stimmen darin überein, dass jede derartige Überführung, die stattfinden wird, in ordnungsgemäßer und humaner Weise erfolgen soll.

M. Niehuss u. U. Lindner (Hg.): Deutsche Geschichte in Quellen und Darstellung, Bd. 10. Stuttgart 1998, S. 31 ff.

6

5 **Die Außenminister Marshall, Bidault und Bevin sowie Stalin entwerfen ihr Bild vom zukünftigen Deutschland.** Der Spiegel, 2. August 1947.

6 **Die Deutschlandpolitik der UdSSR**

Aus der Rede des sowjetischen Außenministers Molotow auf der Außenministerkonferenz in Paris, 10. Juli 1946:

Die Sowjetregierung war stets der Meinung, dass der
5 Wunsch nach Rache kein guter Ratgeber in solchen Dingen ist. […] Ich gehe davon aus, dass es vom Standpunkt der Interessen der Weltwirtschaft und der Ruhe in Europa falsch wäre, auf die Vernichtung Deutschlands als Staat oder auf seine Umwandlung in ein Agrarland mit
10 Vernichtung seiner wichtigsten Industriezentren Kurs zu nehmen. Eine solche Zielsetzung würde zur Untergrabung der Wirtschaft Europas, zur Zerrüttung der Weltwirtschaft und zu einer chronischen politischen Krise in Deutschland führen, deren Folgen eine Gefahr für den Frieden
15 und die Ruhe heraufbeschwören würden. […] Deshalb bin ich der Meinung, dass die Aufgabe nicht darin besteht, Deutschland zu vernichten, sondern darin, es zu einem demokratischen und friedliebenden Staat umzugestalten, der neben der Landwirtschaft seine Industrie und seinen
20 Außenhandel besitzt, dem jedoch die wirtschaftlichen und militärischen Möglichkeiten genommen sind, sich neuerdings als aggressive Kraft zu erheben. […] Augenblicklich wird seitens der in den westlichen Besatzungszonen Deutschlands befindlichen Behörden der Verbün-
25 deten nicht selten der Gedanke eines föderativen Aufbaus Deutschland unterstützt. Doch die Position der verbündeten Behörden ist eins, der wirkliche Wunsch des deutschen Volkes oder zumindest der Wunsch der Bevölkerung

des einen oder anderen Teils des deutschen Territoriums dagegen etwas anderes. Wir Sowjetmenschen halten es 30 für falsch, dem deutschen Volk die eine oder andere Lösung dieser Frage aufzuzwingen. […] Dabei ist es natürlich, dass sich das Ruhrgebiet als Hauptbasis der deutschen Rüstungsindustrie unter der wachsamen Kontrolle der verbündeten Hauptmächte befinden muss. Der Aufgabe der voll- 35 ständigen militärischen und wirtschaftlichen Entwaffnung Deutschlands hat auch der Reparationsplan zu dienen. Die Tatsache, dass bisher kein Reparationsplan aufgestellt wurde ungeachtet der wiederholten Forderungen der Sowjetregierung, den einschlägigen Beschluss der Berliner 40 Konferenz auszuführen, sowie der Umstand, dass bis auf den heutigen Tag das Ruhrgebiet keiner interalliierten Kontrolle unterstellt wurde, worauf die Sowjetregierung bereits vor einem Jahr bestand, sind bedrohliche Anzeichen vom Standpunkt der Gewährleistung der Interessen des künfti- 45 gen Friedens und der Sicherheit der Völker. […] Damit die Entwicklung der Friedensindustrie in Deutschland auch anderen Völkern zugute komme, die deutsche Kohle, Metall und Fertigwaren benötigen, muss man Deutschland das Aus- und Einfuhrrecht zugestehen, und 50 im Fall der Realisierung dieses Außenhandelsrechts dürfen wir der gesteigerten Erzeugung von Stahl, Kohle und Waren der Friedensindustrie in Deutschland keine Hindernisse in den Weg legen, natürlich bis zu einer gewissen Grenze und bei unbedingter Errichtung einer interalliierten Kontrolle 55 über die deutsche und insbesondere über die Ruhrindustrie. […] Wir sind natürlich im Prinzip für den Abschluss eines Friedensvertrags mit Deutschland, bevor aber ein solcher Vertrag abgeschlossen wird, muss eine einheitliche deutsche Regierung geschaffen werden, die demokratisch 60 genug ist, um alle Überreste des Faschismus in Deutschland auszurotten, und verantwortlich genug ist, um allen ihren Verpflichtungen den Verbündeten gegenüber nachzukommen, darunter besonders auch den Reparationslieferungen an die Verbündeten. Es versteht sich von selbst, dass wir 65 gegen die Bildung einer deutschen Zentralverwaltung als Übergangsmaßnahme […] nichts einzuwenden haben. Aus dem Gesagten geht hervor, dass es notwendig ist, bevor man vom Friedensvertrag mit Deutschland spricht, die Frage der Bildung einer gesamtdeutschen Re- 70 gierung zu lösen. Indessen ist bisher noch keinerlei deutsche Zentralverwaltung geschaffen worden, obwohl die Sowjetregierung diese Frage schon vor einem Jahr auf der Berliner Konferenz angeschnitten hat. Wurde diese Frage damals auch zurückgestellt, so gewinnt sie jetzt 75 als erster Schritt zur Bildung einer künftigen Regierung Deutschlands besondere Aktualität. Doch selbst dann, wenn eine deutsche Regierung gebildet wird, dürfte eine Reihe von Jahren erforderlich sein, um zu prüfen, was die neue Regierung Deutschlands vorstellt und ob sie 80 vertrauenswürdig ist.

Molotow, W. M.: Fragen der Außenpolitik. Moskau 1949, S. 68 ff.

6

7 **Was soll aus Deutschland werden?**

Aus der Rede des US-Außenministers James Francis Byrnes, die er am 6. September 1946 im Stuttgarter Opernhaus in Anwesenheit der vier Ministerpräsidenten der amerikanischen
5 *Zone Groß-Hessen, Württemberg-Baden, Bremen und Bayern hielt. Die Rede wurde im Rundfunk original übertragen und in Sonderausgaben der Zeitungen verbreitet.*

Im Jahre 1917 wurden die Vereinigten Staaten zur Teilnahme am Ersten Weltkrieg gezwungen. Nach diesem
10 Krieg weigerten wir uns, dem Völkerbund beizutreten. Wir glaubten, uns den europäischen Kriegen fernhalten zu können und verloren das Interesse an europäischen Angelegenheiten. Dies schützte uns aber nicht davor, zum Eintritt in den Zweiten Weltkrieg gezwungen zu
15 werden. Wir wollen jenen Fehler nicht wiederholen. Wir sind entschlossen, uns weiter für die Angelegenheiten Europas und der Welt zu interessieren. [...] Das amerikanische Volk will den Frieden. Es hat schon seit langem nicht mehr von einem strengen oder milden Frieden für
20 Deutschland gesprochen. Darauf kam es auch wirklich niemals an. Was wir wollen, ist ein dauerhafter Friede. Wir werden uns gegen zu harte und von Rachsucht diktierte Maßnahmen wenden, die einem wirklichen Frieden im Wege stehen. Wir werden uns zu milden Maßnahmen
25 widersetzen, welche zum Bruch des Friedens einladen.

Es liegt weder im Interesse des deutschen Volkes noch im Interesse des Weltfriedens, dass Deutschland eine Schachfigur oder ein Teilnehmer in einem militärischen Machtkampf zwischen dem Osten und dem Westen wird. [...]
30 Die jetzigen Verhältnisse in Deutschland machen es unmöglich, den Stand der industriellen Erzeugung zu erreichen, auf den sich die Besatzungsmächte als absolutes Mindestmaß einer deutschen Friedenswirtschaft geeinigt hatten. Es ist klar, dass wir, wenn die Industrie
35 auf den vereinbarten Stand gebracht werden soll, nicht weiterhin den freien Austausch von Waren, Personen und Ideen innerhalb Deutschlands einschränken können. Die Schranken zwischen den vier Zonen Deutschlands sind weit schwieriger zu überwinden als die zwischen norma-
40 len unabhängigen Staaten. Die Zeit ist gekommen, wo die Zonengrenzen nur als Kennzeichnung der Gebiete angesehen werden sollten, die aus Sicherheitsgründen von den Streitkräften der Besatzungsmächte besetzt gehalten werden, und nicht als eine Kennzeichnung für in
45 sich abgeschlossene wirtschaftliche oder politische Einheiten. [...] Wir treten für die wirtschaftliche Vereinigung Deutschlands ein. Wenn eine völlige Vereinigung nicht erreicht werden kann, werden wir alles tun, was in unseren Kräften steht, um eine größtmögliche Vereinigung
50 zu sichern.

Der Hauptzweck der militärischen Besetzung war und ist, Deutschland zu entmilitarisieren und zu entnazifizieren, nicht aber den Bestrebungen des deutschen Volkes hinsichtlich einer Wiederaufnahme seiner Friedenswirtschaft künstliche Schranken zu setzen. [...] Die Potsdamer Be- 55 schlüsse sahen nicht vor, dass Deutschland niemals eine zentrale Regierung haben sollte. Sie bestimmten lediglich, dass es einstweilen noch keine zentrale Regierung geben sollte. Dies war nur so zu verstehen, dass keine deutsche Regierung gebildet werden sollte, ehe eine ge- 60 wisse Form von Demokratie in Deutschland Wurzel gefasst und sich ein örtliches Verantwortungsbewusstsein entwickelt hätte. [...]

Die amerikanische Regierung steht auf dem Standpunkt, dass jetzt dem deutschen Volk innerhalb ganz Deutsch- 65 lands die Hauptverantwortung für die Behandlung seiner eigenen Angelegenheiten bei geeigneten Sicherungen übertragen werden sollte. [...]

Die Vereinigten Staaten treten für die baldige Bildung einer vorläufigen deutschen Regierung ein. Fortschritte in 70 der Entwicklung der öffentlichen Selbstverwaltung und der Landesselbstverwaltungen sind in der amerikanischen Zone Deutschlands erzielt worden, und die amerikanische Regierung glaubt, dass ein ähnlicher Fortschritt in allen Zonen möglich ist. 75

Die amerikanische Regierung steht auf dem Standpunkt, dass die vorläufige Regierung nicht von anderen Regierungen ausgesucht werden soll, sondern dass sie aus einem deutschen Nationalrat bestehen soll, der sich aus den nach demokratischen Prinzipien verantwortlichen 80 Ministerpräsidenten oder anderen leitenden Beamten der verschiedenen Länder zusammensetzt, die in jeder der vier Zonen gebildet worden sind. [...]

Während wir darauf bestehen, dass Deutschland die Grundsätze des Friedens, der gutnachbarlichen Bezie- 85 hungen und der Menschlichkeit befolgt, wollen wir nicht, dass es der Vasall irgendeiner Macht oder irgendwelcher Mächte wird oder unter einer in- oder ausländischen Diktatur lebt. Das amerikanische Volk hofft, ein friedliches und demokratisches Deutschland zu sehen, 90 das seine Freiheit und seine Unabhängigkeit erlangt und behält. [...]

In Potsdam wurden, vorbehaltlich einer endgültigen Entscheidung durch die Friedenskonferenz, bestimmte Gebiete, die einen Teil Deutschlands bildeten, vorläufig 95 der Sowjetunion und Polen zugewiesen. [...] Die Staatsoberhäupter erklärten sich damit einverstanden, bei den Friedensregelungen den Vorschlag der Sowjetregierung hinsichtlich der endgültigen Übertragung der Stadt Königsberg und des anliegenden Gebietes an die Sowjet- 100 union zu unterstützen. Sofern die sowjetische Regierung ihre Auffassung diesbezüglich nicht ändert, werden wir an diesem Abkommen festhalten. [...] Die Staatsoberhäupter stimmten zu, dass Schlesien und andere ostdeutsche Gebiete bis zur endgültigen Festlegung der 105 polnischen Westgrenze durch den polnischen Staat verwaltet und zu diesem Zweck nicht als Teil der russischen Besatzungszone in Deutschland angesehen werden

sollten. [...] Durch das Abkommen von Jalta hat Polen
110 an Russland das Gebiet östlich der Curzon-Linie abgetreten. Polen hat dafür eine Revision seiner nördlichen und
westlichen Grenzen verlangt. Die Vereinigten Staaten
werden eine Revision dieser Grenzen zugunsten Polens
unterstützen. Der Umfang des an Polen abzutretenden
115 Gebietes kann jedoch erst entschieden werden, wenn das
endgültige Abkommen darüber getroffen ist.
Die Vereinigten Staaten finden, dass sie Frankreich seinen Anspruch auf das Saargebiet nicht verweigern können. Natürlich müsste Frankreich, wenn ihm das Saar-
120 gebiet eingegliedert wird, seine Reparationsansprüche an
Deutschland entsprechend ändern. [...]

Geschichte in Quellen. Deutschland nach 1945, a. a. O., S. 91 ff.

8 Die Entnazifizierung – ein Erfolg?

*Walter L. Dorn, Berater der amerikanischen Militärregierung,
schrieb am 11. Mai 1949 an den Militärgouverneur der amerikanischen Zone, General Clay:*

5 Offiziell sind die Briten und wir ungeachtet unserer verschiedenen Verfahrensweisen vom Grundsatz der individuellen Verantwortung ausgegangen. Die Russen haben
eine marxistische Faschismustheorie zugrunde gelegt und
meinten, ihr Ziel erreicht zu haben, wenn sie die deutsche
10 Industrie in ihrer Zone sozialisierten oder wenn sie frühere
Naziaktivisten überredeten, der SED beizutreten. [...]
Das Befreiungsgesetz war, trotz seiner Vorzüge und des
erhabenen Idealismus, der auf amerikanischer wie auf
deutscher Seite hinter ihm stand, keine ganz befriedigen-
15 de Regelung. [...]
Die Arbeit der Spruchkammern war alles andere als gleichmäßig. Im Ganzen waren die gewissenhaften Spruchkammern zahlreicher als die liederlichen und nachlässigen.
Auch wenn man alle Mängel und Schwächen der deut-
20 schen Spruchkammern einräumt, glauben doch seit der
Moskauer Konferenz [März/April 1947] nur noch wenige,
dass es ein Fehler war, diesen Auftrag an die Deutschen
zu übergeben. Ich glaube, es wäre klug, der Kritik damit
zuvorzukommen, dass Sie das Zurückfluten der Mitläufer
25 in die Verwaltung erwähnen und erklären, dass dies nicht
unerwünscht war. Man kann mit ziemlicher Sicherheit
feststellen, dass prominente Nazis nicht in hohe öffentliche Ämter wiedereingestellt worden sind. Nicht so ganz
sicher ist das allerdings bei wichtigen Organisationen der
30 Privatwirtschaft. [...]

Dorn, W. L.: Die Entnazifizierung ein Erfolg. In: Vierteljahresheft für Zeitgeschichte Nr. 26, 1973, S. 119 ff.

9 „Ohne Illusionen und Selbstbetrug beginnen"

*In der ersten Ausgabe der Rhein-Neckar-Zeitung vom 29. Au-
gust 1945 äußerte sich Theodor Heuss zum Selbstverständnis
und zu den Aufgaben der deutschen Presse:*

5 Der Nationalsozialismus hat das deutsche Zeitungswesen
moralisch zu korrumpieren getrachtet, und es ist ihm weit-

10 **Entnazifizierung in den Westzonen.** Titelblatt der
Zeitschrift „Das Wespennest" von Stury, 7.10.1948.

hin gelungen. [...] Nun soll wieder eine deutsche Presse
entstehen können, deren vornehmste Aufgabe es mit sein
wird, für sich selber als Organ des öffentlichen Lebens die
einfache Glaubwürdigkeit zurückzugewinnen. [...] – Wir 10
sind keineswegs des Glaubens, dass auf diesem Gebiet
vor 1933 alles in Ordnung gewesen sei, und dass es sich
bloß darum handle, an das Damalige anzuknüpfen. Wir
müssen uns aber zunächst völlig nüchtern Rechenschaft
geben, auch vor den Lesern, dass das nicht möglich ist. 15
Denn wir wollen nicht mit Illusionen und Selbstbetrug
beginnen. Deutschlands staatlich-politische Souveränität
ist durch Hitler verspielt und vernichtet worden. Es ist für
uns, die wir Zeugen dieser ruchlosesten seelischen und
physischen Selbstzerstörung waren, ein geringer Trost, 20
im unverwirrten Sinn von Anbeginn gewusst zu haben,
dass es so kommen würde und kommen müsse. Jetzt herrschen die anderen, die Sieger. Das ist nun ganz unsenti-
mental der einfache Tatbestand. Wir können ihn keinen
Augenblick vergessen, und wenn es auch unser Ziel sein 25
muss, die Würde der Presse zurückzugewinnen, so sind
wir nicht töricht genug, von einer wiedergeschenkten
Freiheit der Presse zu reden.
Aber es ist eine Chance gegeben, dass deutsche Männer
unter freier Verantwortung gegenüber der Militärregie- 30
rung wie gegenüber dem deutschen Volke versuchen

6

können, selber die Sinndeutung des deutschen Schicksals aufzunehmen und nach ihrem Verstehen dem schweren und langen Genesungsprozess zu dienen. Wir
35 haben diese Möglichkeit ergriffen in voller Erwägung der psychologischen und sachlichen Schwierigkeiten. Die sachlichen liegen auf der Hand: Der komplizierte Apparat des modernen Verkehrs- und Nachrichtenwesens ist zerschlagen. Welche Mühseligkeiten stehen hinter den
40 Worten Papier, Druckerschwärze, Vertrieb, Nachrichtenbeschaffung, wenn Kohle fehlt, Bahnen nicht gehen, die Post nicht kommt, das Telefon schweigt! Diese einfachen Geschichten, die jedermann weiß, die aber auch jedermann vergisst, wenn er heute eine Zeitung kriegt, sie be-
45 grenzen zunächst den Umfang des Blattes und ersticken den Ehrgeiz des Pressemannes, so aktuell zu sein, als dies möglich. Es ist heute nicht möglich. Der Rundfunk hat ihm nebenbei hier den Rang längst abgelaufen.
Die seelische Lage ist komplizierter. Zunächst bleibt die
50 Nachrichtenübermittlung, was das große Weltgeschehen betrifft, auf die fremden Informationen und ihre Formulierungen angewiesen, dann aber werden in den kommenden Monaten Ereignisse und Beschlüsse mitzuteilen sein die das gemeindeutsche Bewusstsein sehr hart
55 belasten werden. Es ist keine schöne Aufgabe, dafür der Übermittler zu sein. Bei diesem oder jenem „riskiert man seinen Namen". Aber ohne Risiko geht es nicht, auch wenn man dahinter den inneren Auftrag sieht, gegenüber der kommenden Geschichtsentwicklung die deut-
60 schen Köpfe klar zu machen, soweit sie denken wollen, und die deutschen Seelen fest.
[...] So schwer man die Schicksale der Menschen auf der Landstraße, die beruflichen Ungewissheiten der Heimkehrer, die Ängste der Heimlosen nehmen muss, so darf
65 doch nicht das deutsche Denken während dieser Weltstunde sich darin einkapseln. Es muss weltoffen gehalten oder erst wieder gemacht werden. [...] Wir werden in dem gedanklichen Ringen Elementar-Deutsches wieder finden und festigen müssen. – Das wird keine politische,
70 sondern eine geistige und erzieherische Pflicht sein. Das, was man „deutsche Politik" nennen könnte, wird auf lange hin sehr klein geschrieben werden. Es wird ein zähes Mühen um Selbsterhaltung, um Schaffung neuer Ordnungen sein. Das Volk wird dabei einen inneren
75 und äußeren Reinigungsprozess durchmachen müssen, der nicht durch Erlasse angeordnet, sondern in Selbstbestimmung erkämpft werden muss. Der Nationalsozialismus als Organisation, als Herrschaftsanspruch über den deutschen Menschen und über die europäische Welt, ist
80 durch fremde Macht zerschlagen, aber die Auseinandersetzung mit ihm und seinem Erbe ist eine deutsche Aufgabe. Diese wird hier aufgenommen werden, hart und klar, mit jener Härte, die Hitler so oft empfohlen hat, über die zu jammern, woher sie auch komme, gerade sei-
85 nen bisherigen Gefolgsleuten nicht erlaubt ist; mit einer

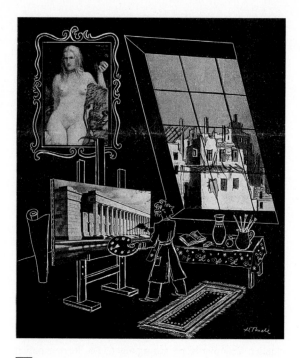

11 **Dornröschen erwache! Die Kunst: „Nanu, stand da nicht eben noch das Tausendjährige Reich?"**
Zeichnung von Herbert Thiele in der Zeitschrift „Ulenspiegel" vom 24. Dezember 1945.

Klarheit, die weiß, dass die Polemik gegen Verbrechen und Dummheit von Gestern noch nicht die Sicherung des gefährdeten Morgen bedeutet, sondern dass ein tragender Gemeinsinn aus den Trümmern dieser Erbschaft 90 neu gebildet werden muss.
Deshalb ist für den Arbeitsversuch, der hier unternommen wird, das wesentliche Ziel ein über Stände, Konfessionen, Parteien, Traditionen, Berufsinteressen, Bildungsschichten hinaus greifendes volkhaftes Gesamtgefühl 95 neu zu schaffen. Es sind Männer der verschiedensten politischen Herkunft zusammengetreten, mit ungleicher Weltanschauung und mannigfacher Erfahrung. Es eint sie die kompromisslose Gegnerschaft gegen den Nationalsozialismus, vor dem sie nie, auch nicht in Zeiten 100 seiner Triumphe, das Knie gebeugt haben. Es eint sie das gemeinsame Wissen um die tiefe Schande, womit das deutsche Volk seine Geschichte beflecken ließ. Aber, was schier wichtiger ist, es verbindet sie auch der Wille, in der Abtönung der Stimmen die Gewissensfreiheit zu achten 105 und dem Gemeinsinn zu dienen. Denn sie glauben, die deutsche Geschichte ist nicht zu Ende. Es handelt sich darum, mit tapferem Herzen und illusionsloser Pflichtstrenge erste Wege durch das Ruinenfeld zu bahnen, das heute Deutschland heißt. 110
Rhein-Neckar-Zeitung, 29. August 1945.

12 Versuch eines Neuanfangs

Kundgebung der Kirchenkonferenz der Evangelischen Kirche in Deutschland zur Verantwortung der Kirche für das öffentliche Leben. Treysa, August 1945:

Das furchtbare Ergebnis der vergangenen zwölf Jahre hat weiten Kreisen innerhalb und außerhalb der deutschen Kirchen die Augen dafür geöffnet, dass nur da, wo Grundsätze christlicher Lebensordnung sich im öffentlichen Leben auswirken, die politische Gemeinschaft vor der Gefahr dämonischer Entartung bewahrt bleibt. Aus dieser Erkenntnis erwächst den evangelischen Kirchen Deutschlands die große und schwere Aufgabe, weit stärker als bisher auf die Gestaltung des öffentlichen Lebens und insbesondere der politischen Gemeinschaft einzuwirken. [...]

Die Kirche ist ihrem Wesen nach nie Partei, sondern tut ihren Dienst an allen politischen und sozialen Gruppen mit gleicher Liebe. Sie darf sich weder mit den Zielen und dem taktischen Vorgehen einer einzelnen Partei gleichsetzen noch vollends sich von den Interessen einer Partei in ihren öffentlichen Äußerungen und ihrem politischen Verhalten überhaupt bestimmen lassen. [...] Ganz besonderes Augenmerk muss auf das Eindringen christlichen Geistes in die Presse gerichtet werden. Schon jetzt zeigen praktische Erfahrungen in Berlin, dass unser Volk geradezu hungert nach einer Presse, die endlich anstelle des Hasses und der Lüge Gerechtigkeit, Versöhnung und strenge Wahrhaftigkeit auch im öffentlichen Leben predigt."

Zit. nach: Friedrich Merzyn (Hg.), Kundgebungen, Worte und Erklärungen der Evangelischen Kirche in Deutschland 1945–1959, Hannover 1959, S. 3 f.

13 Furchtbares ist geschehen

Aus dem Hirtenbrief der Katholischen Bischöfe Deutschlands vom 23. August 1945:

Furchtbares ist schon vor dem Kriege in Deutschland und während des Krieges zu den besetzten Ländern geschehen. Wir beklagen es zutiefst: Viele Deutsche, auch aus unseren Reihen, haben sich von den falschen Lehren des Nationalsozialismus betören lassen, sind bei den Verbrechen gegen menschliche Freiheit und menschliche Würde gleichgültig geblieben; viele leisteten durch ihre Haltung den Verbrechen Vorschub, viele sind selber Verbrecher geworden. [...] Es ist eine Forderung der Gerechtigkeit, dass immer und überall die Schuld von Fall zu Fall geprüft wird, damit nicht Unschuldige mit den Schuldigen leiden müssen. Dafür sind wir Bischöfe von Anfang an eingetreten, und dafür werden wir uns auch in Zukunft einsetzen. Wir werden aber auch alles daransetzen, dass im Volke, insbesondere in der Jugend, die Gedanken von Gottesrecht und Menschenrecht, von menschlicher Würde und Gewissensfreiheit fest wurzeln, und dass von innen heraus einer Wiederkehr solcher Zustände und eines neuen Krieges vorgebeugt werde. Wir wollen neu aufbauen und sind dankbar für jede Hilfe, die uns zuteil wird bei unserer religiösen Sendung.

Zit. nach: Keesing's Archiv der Gegenwart. o. O. 1945, S. 392.

14 Die Vertreibung der Sudetendeutschen

Elfriede Steiner berichtet am 15.4.1947 in einem beglaubigten Bericht ihre Vertreibung aus Friedek-Mistek in Nordmähren:

Am 1. Mai 1945 wurde ich mit meiner Tochter evakuiert. Nach einer durch Luftangriffe gestörten Fahrt kamen wir in Iglau, unserem Bestimmungsort, an. In einer Schule wurden wir untergebracht. [...] Ohne Kampf drangen die Sowjets in den späten Abendstunden des 7. Mai in die Stadt ein. Ein russischer Offizier kam in unser Lager, hielt eine Rede an uns und suchte sich sodann junge Frauen und Mädchen zur Vergewaltigung aus. Trotz unserer Bitten behielt er seinen Willen aufrecht. Das furchtbare Angstgeschrei derjenigen hielt die ganze Nacht bis in den kommenden Tag herein an. Wir hatten alle ungeheure Angst, da wir in einer fortwährenden Furcht um unser Leben und einer quälenden Ungewissheit über unser weiteres Schicksal bleiben mussten. Eine junge Frau beging aus Verzweiflung Selbstmord. Aus diesen Gründen fassten wir den Entschluss, auf eigene Verantwortung in unsere Heimatstadt Friedek-Mistek, wo mein Mann nach unserer Evakuierung verblieben war, zurückzukehren. [...] Unsere Heimfahrt lässt sich kaum richtig beschreiben. Von den aus Deutschland zurückkehrenden tschechischen Arbeitern wurden wir unserer letzten Habe beraubt sowie mit Schlägen und unbeschreiblichen Schimpfworten bedacht. Halbtot vor Angst langten wir endlich am 20. Mai in Friedek an [...]. Vier Tage nach unserer Ankunft wurden auch wir erneut verhaftet und in das Neumannlager in Friedek eingeliefert. [...] Schläge und Schimpfnamen waren die Begrüßung im Lager. Von 7 Uhr früh bis oft in die Nacht hinein mussten wir schwere und schmutzige Arbeit verrichten. Zum Essen bekamen wir nichts anderes als Kaffee, Wassersuppe und 180 g Brot pro Tag. [...] Wir waren vollkommen der Willkür der uns bewachenden Partisanen ausgeliefert. Da wir mit den internierten Männern nicht sprechen durften, konnte ich nichts über das Schicksal meines Mannes erfahren. [...] Nun wurde das Lager nach Mistek verlegt und wir gingen täglich in eine Baumschule arbeiten. Am 14. Juni wurde ich wie auch viele andere Frauen einem Bauern zur Dienstleistung zugeteilt. Bei diesem Bauern verblieb ich bis zum Mai 1946. Er behandelte mich gut und gab mir auch ausreichend zu essen. [...] Ich bekam nun auch Gewissheit über das Schicksal meines Mannes. Von einem überlebenden Zellengenossen erfuhr ich, dass er am 27. Mai 1945 verstorben ist und zwar an den Folgen des andauernden Prügelns und sonstiger Misshandlungen. Im Totenschein stand allerdings, dass er an Körperschwäche verstorben sei. [...] Am 30. Mai 1946 wurde ich mit meiner Tochter nach Deutschland ausgesiedelt. [...]

A. Harasko: Die Vertreibung der Sudetendeutschen. In: W. Benz (Hg.), Die Vertreibung der Deutschen aus dem Osten. Frankfurt 1995, S. 135 f.

6

15 „Grundgesetz der deutschen Heimatvertriebenen"

*Charta der deutschen Heimatvertriebenen, die am 5. August
1950 in Bad Cannstatt vom Zentralverband der vertriebenen
Deutschen und den Vereinigten Ostdeutschen Landsmann-*
5 *schaften verkündet wurde:*

Im Bewusstsein ihrer Verantwortung vor Gott und den
Menschen, im Bewusstsein ihrer Zugehörigkeit zum christ-
lich-abendländischen Kulturkreis, im Bewusstsein ihres
deutschen Volkstums und in der Erkenntnis der gemein-
10 samen Aufgabe aller europäischen Völker haben die erwählten Vertreter von Millionen Heimatvertriebenen nach
reiflicher Überlegung und nach Prüfung ihres Gewissens
beschlossen, dem deutschen Volk und der Weltöffentlich-
keit gegenüber eine feierliche Erklärung abzugeben, die die
15 Pflichten und Rechte festlegt, welche die deutschen Heimatvertriebenen als ihr Grundgesetz und als unumgängliche Voraussetzung für die Herbeiführung eines freien und
geeinten Europas ansehen.

1. Wir Heimatvertriebenen verzichten auf Rache und Ver-
20 geltung. Dieser Entschluss ist uns ernst und heilig im Gedenken an das unendliche Leid, welches im Besonderen das
letzte Jahrzehnt über die Menschheit gebracht hat.

2. Wir werden jedes Beginnen mit allen Kräften unterstützen, das auf die Schaffung eines geeinten Europas gerich-
25 tet ist, in dem die Völker ohne Furcht und Zwang leben
können.

3. Wir werden durch harte, unermüdliche Arbeit teilnehmen am Wiederaufbau Deutschlands und Europas.
Wir haben unsere Heimat verloren. Heimatlose sind
30 Fremdlinge auf dieser Erde. Gott hat die Menschen in ihre Heimat hineingestellt. Den Menschen mit Zwang von
seiner Heimat trennen, bedeutet ihn im Geiste töten. Wir
haben dieses Schicksal erlitten und erlebt. Daher fühlen
wir uns berufen zu verlangen, dass das Recht auf die Hei-
35 mat als eines der von Gott geschenkten Grundrechte der
Menschheit anerkannt und verwirklicht wird.

Solange dieses Recht für uns nicht verwirklicht ist, wollen wir aber nicht zur Untätigkeit verurteilt beiseite
stehen, sondern in neuen geläuterten Formen verständ-
40 nisvollen und brüderlichen Zusammenlebens mit allen
Gliedern unseres Volkes schaffen und wirken. Darum
fordern und verlangen wir heute wie gestern:

a) Gleiches Recht als Staatsbürger, nicht nur vor dem
Gesetz, sondern auch in der Wirklichkeit des Alltags.
45 *b)* Gerechte und sinnvolle Verteilung der Lasten des letzten Krieges auf das ganze deutsche Volk und eine ehrliche Durchführung dieses Grundsatzes.
c) Sinnvoller Einbau aller Berufsgruppen der Heimat-ver-
triebenen in das Leben des deutschen Volkes.
50 *d)* Tätige Einschaltung der deutschen Heimatvertriebenen in den Wiederaufbau Europas.

Die Völker der Welt sollen ihre Mitverantwortung der
Heimatvertriebenen als der vom Leid dieser Zeit am
schwersten Betroffenen empfinden.

16 „Ha no – mer hawe schon alles besetzt."
Karikatur von Mirko Szewczuk.

Die Völker sollen handeln, wie es ihren christlichen 55
Pflichten und ihrem Gewissen entspricht. Die Völker
müssen erkennen, dass das Schicksal der deutschen Heimatvertriebenen, wie aller Flüchtlinge, ein Weltprob-
lem ist, dessen Lösung höchste sittliche Verantwortung
und Verpflichtung zu gewaltiger Leistung fordert. 60
Wir rufen Völker und Menschen auf, die guten Willens
sind, Hand anzulegen ans Werk, damit aus Schuld, Unglück, Leid, Armut und Elend für uns alle der Weg in eine bessere Zukunft gefunden wird.

Dokumente der Deutschen Politik, Bd. VIII, 2, S. 87 f.

17 Frauenfragen – Frauensorgen

Dr. Walther von Hollander:

Seit ich über den Nordwestdeutschen Rundfunk über einige Eheprobleme gesprochen habe, bekomme ich Briefe
über Briefe. [...] Ich könnte [...] eine unübersehbare Fülle 5
von Frauenporträts und Frauenschicksalen vor Sie hin-
stellen. Frauen, die für sich um die Herzen der Männer
kämpfen, Frauen, die um die Männer kämpfen, um durch
sie die Welt zu erringen, Frauen, die resigniert haben, und
vor allem Frauen, die erbittert das Schicksal anklagen, das 10
ihnen ihrer Ansicht nach von den Männern bereitet worden ist. Dazu Frauen, die sich entschlossen haben, von
nun an den fraulichen Einfluss auf die Weltgeschichte
zu verstärken und durch die Gründung von Frauenverei-
nen und Frauenparteien eine Macht zu gewinnen, die es 15
ermöglicht, die Welt vor den verderblichen, einseitigen
Männerentschlüssen zu bewahren.

6

Und die Frauen, die ihre Männer verloren haben und nicht vergessen können, die Frauen, die auf die Vermiss-
20 ten warten und denen das Leben scheinbar sinnlos verrinnt? – Es werden viele Frauen allein sein und blei-
ben. [...] Sie müssen sich in diesem Alleinsein häuslich einrichten, und es ist ein unwirtliches Haus. Und viele werden noch dazu um eine verlorene Heimat trauern
25 müssen, durch Erinnerungen ärmer gemacht als die, die nie etwas besaßen. Eine große Welle der Trauer und des Alleinseins wird über die Welt gehen. Das Einzige, was man diesen Frauen zum Troste sagen kann, ist, dass sie ihr Schicksal zu verstehen suchen sollten als Beispiel,

das vielen Frauen gegeben werden müsste. Als Beispiel 30 nämlich, dass Frauen, allen männlichen Meinungen zum Trotz, doch allein zu stehen und zu leben vermögen und aus ihrem Leben dennoch etwas machen können. Das wird nicht ohne Tränen und ohne Schmerzen gehen. Aber was dabei herauskommen könnte, wäre etwas sehr 35 Schönes. Nämlich der erste Ansatz zu einer wirklichen Selbstständigkeit der Frau, der Beweis, dass die Frau auch ohne den Mann ein in sich geschlossenes Wesen ist, genauso wie ein Mann auch ohne Frau ein in sich geschlossenes Dasein führen kann. 40

Zit. nach: Nordwestdeutsche Hefte. o. O. 1946, Heft 2, S. 2ff.

	Schleswig-Holstein*		Hansestadt Hamburg (Volkszählung 1950)**	
Alter	männlich	weiblich	männlich	weiblich
0–6	136 385	129 861	54 691	51 994
7–13	211 843	202 744	82 128	78 203
14–19	114 553	118 121	73 127	72 635
20–24	59 277	109 054	47 887	50 128
25–29	51 068	92 146	50 889	60 688
30–39	140 812	221 702	89 319	116 854
40–49	162 620	201 699	129 093	152 666
50–59	123 668	158 415	117 080	141 797
60–64	50 334	60 717	44 488	58 368
> 65	106 271	123 914	94 908	118 825

18 Ergebnisse der Volkszählungen in Schleswig-Holstein und der Hansestadt Hamburg

* Zusammengestellt aus: Statistische Monatshefte Schleswig-Holstein, Sonderheft A 1949, Kreiszahlen Schleswig-Holstein I, S. 8.

** Zusammengestellt aus: Statistisches Jahrbuch 1952 Freie und Hansestadt Hamburg. Hamburg o. J., S. 25 f.

6

Arbeitsvorschläge

a) Arbeiten Sie den Wandel der Deutschlandpläne der Alliierten heraus und ordnen Sie diese in die allgemeine politische Lage ein (M1, M2, M4–M7).

b) Es wird glaubhaft berichtet, dass dem Ministerpräsidenten von Groß-Hessen, Karl Geiler, bei seiner Dankadresse auf die Rede des US-Außenministers Byrnes Tränen in den Augen standen. Erklären Sie diese Reaktion eines deutschen Politikers (M7).

c) Ermitteln Sie, welche Aufgaben und Zielsetzungen sich nach Aussagen eines ihrer Lizenznehmer die „Rhein-Neckar-Zeitung" stellt (M9). Vergleichen Sie dies mit dem Selbstverständnis heutiger Pressepublikationen. Stellen Sie in einem Kurzreferat die Anfänge einer Ihrer Regionalzeitungen nach 1945 vor.

d) Ermitteln Sie den Umgang der verschiedenen Institutionen mit der Entnazifizierung und die Antwort auf die Schuldfrage (M3, M8 und M10). Ziehen Sie dabei auch weiterführende Literatur zurate.

e) Führen Sie eine vergleichende Untersuchung zur Haltung der beiden großen Kirchen bezüglich der deutschen Vergangenheit vor 1945 durch (M12 und M13).

f) Analysieren Sie die Charta der deutschen Heimatvertriebenen hinsichtlich der darin aufgestellten Forderungen und selbst gewählten Zielsetzungen (M14–M16). Ermitteln Sie, welche Rolle dieses Dokument für heute noch bestehende Organisationen der Heimatvertriebenen spielt.

g) Führen Sie eine Zeitzeugenbefragung zum Thema „Aufnahme und Integration von Heimatvertriebenen in der Bundesrepublik" durch.

h) Analysieren Sie das Ergebnis der Volkszählung von 1949/1950 und ziehen Sie Rückschlüsse auf die Situation der Frauen im Alltag in der Nachkriegszeit (M17 und M18).

1 Ein CARE-Paket ist angekommen
Wenn auch der Inhalt leicht variierte, gehörte zur Grundausstattung: je 2 Pfd. Zucker, Kaffee, Milchpulver, Margarine; 1 Pfd. Rindfleisch als Kraftbrühe, Steaks und Nieren, Schweineschmalz, Aprikosen-Konserven, Honig, Rosinen, Schokolade; 0,75 Pfd. Fleisch zum Mittagessen; 0,5 Pfd. Leber, Corned Beef, Speck, pulverisierte Eier. Wer ein Festtagspaket bekam, konnte sich über einen unzerlegten sieben Pfund schweren Truthahn, eingelegt und konserviert in einem Kochschmalzbett, freuen.

6

2 Inhalt eines CARE-Pakets. Neben dem Standardpaket standen dem Spender bald fünfzehn verschiedene Pakettypen zur Auswahl: Werkzeuge für Tischler und Aussiedler; Flaschen, Milchpulver und Windeln für Säuglinge; Strickwolle; Haushaltswäsche und anderes.

3 Hilfe zur Selbsthilfe
Bis heute ist es ein zentrales Anliegen von CARE geblieben, Bedürftigen dabei zu helfen, ihre Notlage selbstständig zu überwinden. Hier erhält eine Bauernfamilie dringend benötigte Arbeitsgeräte.

Geschichte erinnern:
CARE-Pakete halfen überleben

Der braune Karton aus Amerika, akkurat verpackt und verschnürt mit schwarzen Metallbändern, zählte im Nachkriegsdeutschland zur liebsten Post der Westdeutschen. C.A.R.E. steht für Cooperative for American Remittances to Europe, eine im November 1945 in New York gegründete Arbeitsgemeinschaft von insgesamt 22 Verbänden, darunter Quäker, Mennoniten, die Heilsarmee, Gewerkschaften u. a. Diese Organisation hatte sich zum Ziel gesetzt die Not der Menschen in Europa zu lindern, wobei die Deutschen zunächst ausgenommen waren. Erst als Besatzungssoldaten, Zeitungen, Rundfunkreportagen und Wochenschauen über das Leben in Deutschland im Schatten von Hunger und Not berichteten, kam Mitleid auch mit den Deutschen auf. Zudem waren die CARE-Pakete ein Bestandteil des Reeducation-Programms, denn in den Statuten der Organisation hieß es : „Zum Zwecke der Linderung menschlicher Not" und „zur Förderung des demokratischen Gedankens in Deutschland".

Im Februar 1946 genehmigte der amerikanische Präsident Truman den Transport humanitärer Hilfsgüter nach Deutschland. Am 6. Juni 1946 unterzeichnete General Clay als stellvertretender Militärgouverneur in Stuttgart den CARE-Vertrag, zwei Wochen später folgte ihm sein britischer Amtskollege. Die ersten für Deutschland bestimmten CARE-Pakete trafen im August 1946 in Bremen ein. In den ersten drei Jahren lebenswichtiger Soforthilfe kamen monatlich 10 bis 12 Schiffe an und brachten neben vielen tausend Tonnen Weizen, Mais und Mehl auch 5 Millionen CARE-Pakete.

Die Verbände, die CARE ins Leben gerufen hatten, zahlten als Startkapital eine Million Dollar in die Dachorganisation ein. Pakete, für die eine Adressanweisung vorlag, wurden losgeschickt, zwei von drei gingen in das zerstörte Nachkriegsdeutschland. Der glückliche Empfänger quittierte den Erhalt des Paketes, die Empfangsbestätigung ging zurück in die USA und wurde dem Spender ausgehändigt.

Bis März 1947 waren es so genannte 10er-Pakete der US-Army, von CARE aufgekaufte Restbestände aus dem Pazifikkrieg, den die zwei Atombomben auf Japan ein Jahr früher beendet hatten, als von der amerikanischen Logistik erwartet worden war. Diese Pakete waren eigentlich dafür gedacht, jeweils 10 Soldaten während des Zweiten Weltkrieges mit einer Mahlzeit zu versorgen. Als die 2,8 Millionen Feldrationen aufgebraucht waren, entwarf CARE eigene Pakete, die stärker auf den Bedarf ziviler Familien ausgerichtet waren und mehr Fleisch, mehr Fett und mehr Süßes enthielten. Der Inhalt der Pakete entsprach etwa 40 000 Kalorien. Der Spender konnte bald zwischen verschiedenen Pakettypen zu unterschiedlichen Preisen wählen.

Fünfzehn Dollar (1 $ = 4,20 DM) kostete das Standardpaket, später konnte der Preis auf 10 $ gesenkt werden. Der Spender bezahlte damit den Warenwert, die Passage nach Übersee und die in Europa anfallenden Transportkosten. In den Besatzungszonen waren deutsche Wohlfahrtsverbände für die Verteilung der Pakete verantwortlich, zuerst Caritas und Innere Mission, dann kam die Arbeiterwohlfahrt hinzu, später das DRK und der Paritätische Wohlfahrtsverband. Von den Unmöglichkeiten einer gerechten Verteilung wurde damals viel gesprochen, so gab es Glückliche, die mehrfach ein CARE-Paket erhielten, während viele andere leer ausgingen, weil ihre Adressen in Amerika unbekannt blieben.

Als Ende der 1950er-Jahre Westdeutschland auf ausländische Hilfe verzichten konnte, zog sich CARE schrittweise zurück und schloss am 30. Juni 1960 die CARE-Mission in der Bundesrepublik. 1980 wurde die Nachfolgeorganisation CARE-Deutschland gegründet, die zur internationalen CARE-Familie mit Vertretungen in den USA, Europa, Australien und Japan gehört und seit 1982 durch ein gemeinsames Generalsekretariat in Brüssel koordiniert wird. Der Tradition des CARE-Gedankens folgend, fragt die Organisation nicht nach Schuld, sondern nach Not. Das Hauptanliegen heute ist die Förderung und Stärkung von Selbsthilfe, wobei ein besonderes Augenmerk auf die Not der Kinder gerichtet ist.

6

Arbeitsvorschläge

a) Ordnen Sie das Engagement der CARE-Organisation in den historischen Rahmen ein.
b) Informieren Sie sich anhand der CARE-Homepage über die aktuellen Betätigungsfelder von CARE-Deutschland.

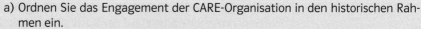

6.3 Der Weg in die Teilung

Wiederbeginn des politischen Lebens

Nach Kriegsende hatten die Deutschen von jeglicher Ideologie und jeglichem politischen Engagement zunächst einmal genug. Der Wiederbeginn deutscher Politik nach 1945 war daher weder ein Massenphänomen noch das Werk der jungen Generation. Es war die Stunde der Älteren, die auf Erfahrungen aus der Weimarer Republik oder sogar aus dem Kaiserreich zurückgreifen konnten und nun die Verpflichtung spürten, die Grundlagen für eine bessere Zukunft zu legen. Die Alliierten besaßen Informationen über Deutsche, die als unbelastet galten und für die Wahrnehmung von Verwaltungsaufgaben geeignet erschienen.

SED und die „Blockparteien" im Osten

Wilhelm Pieck, Präsident der DDR 1949–1960

Die Gründung von politischen Parteien unterlag der Genehmigung der Besatzungsmächte. Als Erste ließ die Sowjetische Militäradministration (SMAD) am 10. Juni 1945 in ihrer Zone die Bildung antifaschistisch-demokratischer Parteien zu. Dabei konnte sie sich auf während des Krieges in Moskau geschulte Exilkommunisten wie Wilhelm Pieck und Walter Ulbricht stützen, die nur einen Tag später die KPD gründeten. Es folgten die Liberal-Demokratische Partei (LDP), die CDU und die SPD. Getreu der kommunistischen Volksfrontstrategie gelang es am 14. Juli 1945, diese Parteien in einen „Antifaschistisch-demokratischen Block" zusammenzubringen, dessen Beschlüsse für die nachgeordneten Parteigliederungen bindend waren. Schnell geriet dieses Bündnis unter die Kontrolle der SMAD und der KPD. Als die Kommunisten befürchteten, die Sozialdemokraten würden ihnen bei Wahlen den Rang ablaufen, bereiteten sie den Boden für eine Vereinigung der beiden Parteien vor. Nachdem der Vorsitzende der Ost-SPD Otto Grotewohl sich für den Zusammenschluss ausgesprochen hatte, wurde auf dem Vereinigungsparteitag am 22. April 1946 die Sozialistische Einheitspartei Deutschlands (SED) gegründet. Diese bald von Moskau-treuen Kommunisten wie Walter Ulbricht beherrschte Kaderpartei verhinderte im Zusammenspiel mit der SMAD sowohl den Aufbau einer bürgerlich-parlamentarischen Demokratie wie auch einen deutschen Sonderweg zum Kommunismus. Die Jahre zwischen 1945 und 1949 waren ein Prozess der Machtergreifung, der ausgehend von einem kontrollierten politischen Pluralismus über ein hegemoniales Zwischenstadium in die Alleinherrschaft der SED mündete.

SPD ...

Das Zentrum sozialdemokratischer Aktionen in den Westzonen bildete Hannover. Nur wenige Tage nach dem Einmarsch der Alliierten am 10. April 1945 gründete sich hier das „Büro Dr. Schumacher", das zur entscheidenden Adresse der Partei in den Westzonen wurde. Die SPD verstand sich als einzig konsequente Partei der Demokratie und des Friedens, der ein moralisch legitimierter Führungsanspruch im Nachkriegsdeutschland zustand. Für Kurt Schumacher gab es keine tragende Gemeinsamkeit zwischen einer stalinistischen Kaderpartei und demokratischen Sozialisten. Mit seiner entschiedenen Opposition gegen alle Volksfrontbestrebungen leistete er einen entscheidenden Beitrag zur freiheitlichen Entwicklung im Westen Deutschlands.

CDU ...

Die lokalen Gründungen der CDU gehen in der Regel zurück auf Initiativen ehemaliger Zentrumspolitiker, aber auch Liberaler und Konservativer, die sich nach den Weimarer Erfahrungen im Sinne einer Volkspartei über Konfessionsgrenzen an alle gesellschaftlichen Gruppen wenden. Die Programmatik war anfangs außerordentlich verschiedenartig. Die am 26. Juni 1945 gegründete Berliner CDU um Jakob Kaiser verfocht ebenso wie die Düsseldorfer Gruppe um Karl Arnold eine „Ordnung in demokratischer Freiheit" auf der Basis eines „christlichen Sozialismus", wohingegen die am 17. Juni 1945 in Köln gegründete Gruppierung den „Wiederaufbau unseres Vaterlandes" auf dem „unerschütterlichen Fundament des Christentums und der abendländischen Kultur" ankündigte. Die norddeutschen Gruppen unter Hans Schlange-Schöningen waren konservativ und liberal. Mit dem Aufstieg der Kölners Konrad Adenauer zum Präsidenten des Parlamentarischen Rates 1948 und zum Bundeskanzler 1949 verloren die Vertreter des „christlichen Sozialismus" in der Partei an Einfluss.

Am 18. September 1945 gründeten Reinhold Maier und Theodor Heuss in Württemberg die Deutsche Volkspartei, der am 30. November die in Bayern unter Thomas Dehler gegründete FDP folgte, beide schlossen sich im Dezember 1948 unter dem Vorsitz von Heuss zur FDP zusammen.

FDP ...

In direkter Kontinuität zur ehemaligen KPD der Weimarer Zeit entstanden auf lokaler und regionaler Ebene kommunistische Organisationen, die von den Besatzungsbehörden zunächst als antifaschistisch-demokratisch eingeschätzt und von den Besatzungsbehörden keinesfalls unterdrückt wurden. In den drei Westzonen schloss sich die KPD unter Max Reimann zusammen, blieb jedoch bis zu ihrem Verbot am 17. August 1956 ohne wirklichen Massenrückhalt.

und KPD im Westen

Während die SMAD in ihrer Zone deutsche Zentralverwaltungen einrichtete, die den Länderbehörden Weisungen erteilen konnten, vollzog sich der politische Aufbau im Westen dezentral und von unten nach oben. Parteien und Verbände waren zunächst nur auf lokaler Ebene zugelassen und durften sich erst nach und nach zu regionalen und zonalen Organisationen entwickeln. Nach der Wiedergründung von Ländern, die sich mit Ausnahme von Nordrhein-Westfalen und Niedersachsen an alten historischen und administrativen Gebietsgliederungen orientierten, wurden seit 1946 Landtagswahlen abgehalten. Bis zur Gründung der Bundesrepublik im Jahr 1949 blieben die Gemeinden und Länder die Träger des staatlichen Lebens in Deutschland.

Gremien in den Besatzungszonen

6

1 **Auf dem Weg zur Bizone**
Karikatur aus der Daily Herald, veröffentlicht am 2. August 1946. In: Die Welt.

**Im Schatten
des Kalten Krieges**

Ebenso wenig wie die Großen Drei in Potsdam konnten sich die Außenminister der vier Siegermächte über ein gemeinsames Vorgehen in Deutschland einigen. Die französische Regierung blockierte das Zustandekommen gesamtdeutscher Verwaltungszentralen, die Sowjetunion beharrte auf Reparationen aus den Westzonen sowie auf Mitwirkung bei der Kontrolle des Ruhrgebiets. Nach dem Scheitern der Pariser Außenministerkonferenz im Juli 1946 änderte sich die britische und amerikanische Deutschlandpolitik nachhaltig. Der US-Außenminister Byrnes und sein britischer Kollege Bevin vereinbarten, ihre beiden Besatzungszonen als eine gemeinsame Bizone zu verwalten, die am 1. Januar 1947 eingerichtet wurde. Dieser Schritt erfolgte auch vor dem Hintergrund des Marshallplans, denn aus verwaltungsrechtlichen Gründen konnte erst jetzt die Auszahlung der Marshall-plan-Gelder erfolgen. Von April 1948 bis Ende 1951 flossen 1,3 Milliarden Dollar in die drei Westzonen und nach Westberlin. Hinzu kamen noch einmal 1,9 Milliarden Dollar für Lebensmitteleinfuhren außerhalb des Marshallplans. Ohne diese Hilfe hätte sich die Hungersnot in Deutschland vermutlich zu einer Katastrophe ausgeweitet und der wirtschaftliche Wiederaufbau wäre um Jahre verzögert worden.

**Wirtschaftsreformen
unter antifaschistischem
Etikett**

In der SBZ war bereits im September 1945 die sog. Bodenreform beschlossen und sogleich vollzogen worden. Landbesitz von mehr als 100 ha Fläche wurde mit dem dazugehörenden Inventar entschädigungslos enteignet. Aufgeteilt in Parzellen zwischen 0,5 und 10 ha, wurde das Land an ehemalige Landarbeiter, landlose Bauern und Flüchtlinge ausgegeben. Im Spätherbst 1945 wurde unter antifaschistischem Etikett die erste Enteignungskampagne gegen Unternehmen gestartet. Nach dieser Aktion waren bereits 50 % der industriellen Produktionskapazitäten verstaatlicht. Auch hier ging es vor allem um die Durchführung des Klassenkampfes, bei dem die Enteignung der Kapitalisten und Großgrundbesitzer zum Programm jeder kommunistischen Machtergreifung gehörte. Die Deutung des Faschismus als Klassenphänomen erlaubte es, eine einzige Klasse pauschal für den Ausbruch des Nationalsozialismus verantwortlich zu machen. Klassenkampf und Entnazifizierung waren somit ein und dieselbe Sache. Unmittelbar nach Kriegsende schien es gerecht, diejenigen, die für das Unglück verantwortlich gemacht wurden, zu enteignen, zumal diese Maßnahme nur eine kleine Gruppe betraf. So sprach sich im Juni 1946 die überwältigende Mehrheit der Sachsen in einem Volksentscheid für die Enteignung von 1800 Betrieben von „Kriegs- und Naziverbrechern" aus. Allerdings blieb der sächsische Volksentscheid der Einzige in dieser Sache. Drei einander überlappende Phasen der kommunistischen Wirtschaftspolitik lassen sich unterscheiden: die massive Demontage von Industrieanlagen und Infrastruktureinrichtungen, gefolgt von Entnahmen aus der laufenden Produktion und schließlich die Verwandlung zahlreicher bedeutender Unternehmen in sowjetische Aktiengesellschaften, die unter sowjetischer Leitung unmittelbar für die UdSSR arbeiteten. Diese Politik der Ausplünderung, die die Sowjetunion bis zum Ende der DDR fortsetzte, zerstörte die Voraussetzungen für eine Gesundung der Wirtschaft nachhaltig. Der SED ging es darum, ihre Herrschaft auch auf den wirtschaftlichen Bereich auszudehnen und zu festigen. Dazu dienten die seit 1948 aufgestellten zentralen Produktionspläne ebenso wie die nach sowjetischem Vorbild von der Partei ausgelöste Aktivistenbewegung um den Kumpel Adolf Hennecke, der im Herbst 1948 in einer Schicht seinen Plan zu 380 % erfüllte.

**Die Entscheidung für die
soziale Marktwirtschaft
im Westen**

Die Erfahrungen der Weimarer Republik hatten gezeigt, welche Bedeutung der wirtschaftlichen Entwicklung für die politische Stabilität Deutschlands zukam. SPD, Gewerkschaften und Teile der CDU wollten den Wiederaufbau nicht an den Prinzipien einer am Profit orientierten kapitalistischen Wirtschaft ausrichten und forderten die Entflechtung der Großbetriebe und deren Überführung in Gemeineigentum, die Verstaatlichung der Grundstoffindustrie sowie stärkere Mitbestimmungsrechte der Arbeiterschaft. Inwiefern dies im Rahmen einer staatlichen Planwirtschaft oder einer Marktwirtschaft erfolgen sollte, kennzeichnete die Trennungslinie zwischen der SPD und den bürgerlichen Parteien. Unterstützt wurden die bürgerlichen Parteien bei ihrem Votum für die Marktwirtschaft von den Westmächten, die das Wirtschaftsleben in Deutschland so schnell wie möglich wieder in Gang setzen wollten. Deutschland bedurfte schon damals einer exportfähigen Industrieproduktion, um die notwendigen Rohstoff- und Lebensmittelimporte bezahlen zu können. Die Wirklichkeit sah demgegenüber trostlos aus: Die deutsche Wirtschaft war nach dem Kriege fast vollständig zum Erliegen gekommen, sodass die Industrieproduktion in der zweiten Jahreshälfte 1945 nur etwa 20 % des Standes von 1936 betrug. Ursachen der Misere waren die Zerstörungen und Mängel im Transportsystem sowie politische Behinderungen, wohingegen die häufig genannten unmittelbaren Kriegsschäden an Fabriken und Maschinen nur eine untergeordnete Rolle spielten.

Voraussetzung für den Aufbau einer florierenden Wirtschaft war eine stabile Währung, die am 20./21. Juni 1948 in den Westzonen eingeführt wurde. Lange hatten die Geschäftsleute auf diesen Schritt gewartet und Waren gehortet. Nun füllten sich über Nacht die Schaufenster der Läden mit seit langem entbehrten Waren. Der Verzicht auf flankierende Maßnahmen wie einen Lastenausgleich und Eingriffe in das Produktionsvermögen einerseits und eine allgemeine Senkung der Einkommensteuer trugen entscheidend zum Gelingen dieses Währungsexperiments bei. Möglich war dies nur, weil die Militärgouverneure die Reform mittrugen und keine Rücksicht auf Mehrheiten in einem Parlament nehmen mussten. Zugleich mit der Einführung der D-Mark hob der Direktor der Frankfurter Wirtschaftsverwaltung Ludwig Erhard in der Bizone die Zwangsbewirtschaftung weitestgehend auf. Der sich rasch einstellende Erfolg der „sozialen Marktwirtschaft" wurde im Bewusstsein der Öffentlichkeit der Koalition aus CDU, CSU, FDP und DP im Frankfurter Wirtschaftsrat zugeschrieben.

Die Sowjetunion beantwortete die Einführung der neuen Währung im Westen zunächst mit einer eigenen Währungsreform für die SBZ, unterbrach dann aber am 23. Juni 1948 alle Zufahrtswege nach West-Berlin. Die Militärgouverneure

Die Währungsreform

Lastenausgleich

Zwangsbewirtschaftung

Berliner Blockade

6

2 Die Teilung Deutschlands
Karikatur aus der Hannoverschen Presse vom 22. Mai 1948. Links sind der französische Außenminister Bidault, der amerikanische Außenminister Marshall sowie der britische Außenminister Bevin (von oben nach unten) dargestellt. Die rechte Figur verkörpert das sowjetische Staatsoberhaupt Stalin.

Großbritanniens und der USA richteten daraufhin eine Luftbrücke ein und ließen die Stadt bis zum Ende der Blockade am 12. Mai 1949 aus der Luft versorgen.

Die Londoner Sechs-Mächte-Konferenz – Weichenstellung für die Zweistaatlichkeit?

Der Westen war nach dem kommunistischen Umsturz in der Tschechoslowakei am 25. Februar 1948 fest entschlossen, in der Mitte Europas eine Gegenposition aufzubauen. Auf der Londoner Sechs-Mächte-Konferenz beschlossen daher die drei Westmächte und die Benelux-Staaten im Frühjahr 1948, dem deutschen Volk zu ermöglichen, auf der Basis einer freien und demokratischen Regierungsform seine Einheit wiederherzustellen und allmählich die volle Regierungsverantwortung zu übernehmen. Noch während dieser Konferenz verließ am 20. März 1948 der sowjetische Vertreter Marschall Sokolowski den Alliierten Kontrollrat in Berlin und beendete damit die interalliierte Zusammenarbeit in diesem Gremium. Auf der Basis der Londoner Übereinkunft ermächtigten die Militärgouverneure nun die 11 Ministerpräsidenten der Westzonen eine verfassungsgebende Versammlung einzuberufen. Begleitend dazu übergaben sie ihnen am 1. Juli 1948 in Frankfurt die sog. Frankfurter Dokumente, in denen die Grundzüge eines föderativen westdeutschen Teilstaats aufgezeigt, der Rahmen für dessen Verfassung vorgeschrieben und die künftige Rolle der Besatzungsmächte festgelegt wurden. Diese Dokumente galten als Geburtsurkunde der Bundesrepublik.

Die Bundesrepublik Deutschland entsteht

Die 11 Ministerpräsidenten waren sich bewusst, dass ein Eingehen auf die Vorschläge der Westalliierten auf die Spaltung Deutschlands hinauslief. Nach drei Wochen waren die schwierigen Verhandlungen beendet. Statt der Wahl zu einer verfassungsgebenden Versammlung wurde von den Länderregierungen ein „Parlamentarischer Rat" aus Abgeordneten der Länderparlamente der Westzonen einberufen, der anstelle einer endgültigen Verfassung ein Grundgesetz für einen Föderativstaat verabschieden sollte. Formal wurde so die Möglichkeit eines deutschen Gesamtstaates aufrechterhalten. Nach einer Umfrage einer amerikanischen Zeitung zogen allerdings 95 % der Deutschen in den Westzonen einen westlichen Teilstaat einem kommunistisch beherrschten Gesamtstaat vor.
Im Auftrag der Ministerpräsidenten erarbeitete nun ein Ausschuss von Sachverständigen vom 10.–23. August 1948 auf Herrenchiemsee den Entwurf eines Grundgesetzes als Beratungsgrundlage für den Parlamentarischen Rat, der seine Arbeit am 1. September 1948 in Bonn unter der Präsidentschaft von Konrad Adenauer aufnahm. Mit 53 zu 12 Stimmen verabschiedete der Rat am 25. April 1949 das Grundgesetz, das im Wesentlichen den Entwurf der Sachverständigen übernahm. Vier Tage später stimmten die Militärgouverneure zu. Durch den Beitritt der französischen Zone entstand am 8. April 1949 die Trizone. Mit Ausnahme Bayerns stimmten alle Länderparlamente dem Grundgesetz zu. Am 23. Mai trat das Grundgesetz in Kraft, im September fanden Bundestagswahlen statt. Damit war die Bundesrepublik gegründet.

Die Gründung der Deutschen Demokratischen Republik

Parallel zur gescheiterten Deutschland-Konferenz in London initiierte die SED in der SBZ die sog. Volkskongress-Bewegung für Einheit und gerechten Frieden. Die Volkskongresse ebneten scheindemokratisch den Weg in einen sozialistischen Teilstaat, der propagandistisch als Reaktion auf die separatistischen Weichenstellungen im Westen ausgegeben wurde. Am 19. März 1949 billigte der Volksrat in Ost-Berlin den von ihm bereits ein halbes Jahr zuvor verabschiedeten Entwurf einer Verfassung der DDR. Er wurde jedoch erst am 29. Mai 1949, nachdem das Grundgesetz verabschiedet worden war, vom Volkskongress bestätigt. Am 7. Oktober 1949 wurde die DDR als zweiter deutscher Staat gegründet und die Verfassung in Kraft gesetzt. Von der doppelten Staatsgründung ausgeschlossen blieben die Ostgebiete des Deutschen Reiches und das Saargebiet.

6

3 SPD-Wahlwerbung in Frankfurt am Main 1946

4 Politisches Leben in Deutschland

Das Office of Research and Intelligence, eine geheimdienst-
ähnliche Einrichtung des amerikanischen Außenministeri-
ums, analysierte im Januar 1946 die politische Situation in
5 *Deutschland:*

Unter den Bedingungen militärischer Besatzung sowie
angesichts von Zerstörung und Not ist das politische Leben weitgehend eingeschränkt, und zwar sowohl durch
die Einschränkungen, die die Besatzungsbehörden ver-
10 fügt haben, als auch dadurch, dass die Bevölkerung mit
der Befriedigung der unmittelbaren materiellen Bedürfnisse ganz in Anspruch genommen ist. Diese Faktoren
haben zu einem bezeichnenden, alles beherrschenden
Trend im heutigen Deutschland geführt: die Verlagerung
15 der politischen Betätigung von den „offenen" Formen,
vor allem von den politischen Parteien und Programmen, zu den mehr oder weniger indirekten Methoden.
[...] Durch die Aufteilung Deutschlands in Besatzungszonen wird das Bild zusätzlich kompliziert. Die politi-
20 schen Unterschiede zwischen den Westmächten auf der
einen und der Sowjetunion auf der anderen Seite prägen
alle Bereiche des politischen Lebens in Deutschland und
beeinflussen selbst lokale Probleme. [...] Aus demselben
Grund entwickelt sich das politische Leben in den Zonen
25 im Osten und Westen in verschiedenen Bahnen. Diese
Unterschiede sind nicht so sehr das Ergebnis der innerdeutschen Bedingungen als vielmehr der unterschiedlichen Interessen der Besatzungsmächte. Beispielsweise
gibt es im Osten sehr viele Kommunisten in den Behör-
30 den und im Westen sehr wenige; beides entspricht nicht
ihrer Stärke in der Bevölkerung. Ähnlich sprechen die
objektiven Gegebenheiten der deutschen Industrie für
ihre einheitliche Behandlung und nicht für ihre Natio-
nalisierung im Osten und die Beibehaltung des status
35 quo durch die Besatzungsmächte im Westen.

Allgemein kann man demnach feststellen, dass mehr als
sechs Monate nach dem Ende des Krieges in Europa das
politische Leben in Deutschland mehr ein Reflex der
Anstöße von außen als ein spontaner Ausdruck der Einstellungen und Meinungen der Deutschen selbst ist. [...] 40
Trotz dieser Einschränkungen kann man bestimmte allgemeine Entwicklungen feststellen, die die Erneuerung
des politischen Lebens im gesamten früheren Reichsgebiet bestimmen. Zum einen wird die politische Entwicklung seit der Nazizeit weitgehend von den traditionellen 45
politischen und sozialen Konflikten bestimmt, die auch
die deutsche Politik vor dem Aufstieg der Nazis zur Macht
kennzeichneten. Die grundlegenden Konflikte bestehen
zwischen den „bürgerlichen" Parteien auf der einen und
den Arbeiterparteien auf der anderen Seite und, inner- 50
halb der Arbeiterparteien, zwischen den Sozialdemokraten (SPD) und den Kommunisten (KP). [...]

Borsdort, U. u. Niethammer, L. (Hg.): Zwischen Befreiung und Besatzung. Wuppertal 1976, S. 275 f.

5 Vereinigung von SPD und KPD zur SED

Der KPD-Theoretiker Anton Ackermann schrieb im Februar
1946, also noch vor der offiziellen Gründung der SED, in der
Zeitschrift „Einheit. Monatsschrift zur Vorbereitung der Sozia-
listischen Einheitspartei": 5

Die gemeinsame Konferenz der KPD und SPD vom 20.
und 21. Dezember 1945 und die auf dieser Konferenz
gefasste Entschließung bedeuten den Übergang zur zweiten Phase der Einheit. [...] Am Ende dieser zweiten Phase
der Einheit soll und wird die Verschmelzung der beiden 10
Arbeiterparteien zu einer einheitlichen und geschlossenen Partei der sozialistischen Bewegung stehen. [...] Von
unten bis oben sollen beide Parteiorganismen zu einem
untrennbaren Ganzen zusammenwachsen. Folglich ist es
klar, dass die Klärung besonders der programmatischen 15

Fragen eine Angelegenheit nicht nur der führenden Köpfe, sondern der Mitgliedschaft beider Parteien und darüber hinaus aller jener Werktätigen ist, die proletarisches Klassenbewusstsein besitzen und der Einheitspartei zwei-
20 fellos in großen Massen zuströmen werden, weil diese wie ein Magnet auf alle jene Arbeiter und Werktätigen wirken wird, die ihrer ganzen Einstellung nach auf der Seite der sozialistischen Bewegung stehen, sich aber heute weder für die SPD noch für die KPD entscheiden können. Ent-
25 wickelt sich der neue demokratische Staat als ein neues Gewaltinstrument in den Händen reaktionärer Kräfte, so ist der friedliche Übergang zur sozialistischen Umgestaltung unmöglich. Entwickelt sich aber die antifaschistisch-demokratische Republik als ein Staat aller Werktäti-
30 gen unter Führung der Arbeiterklasse, so ist der friedliche Weg zum Sozialismus durchaus möglich, insofern dann die Gewaltanwendung gegen den (übrigens vollkommen legalen, vollkommen gesetzmäßigen) Anspruch der Arbeiterklasse auf die ganze Macht unmöglich ist.
35 [...] Nur die Vereinigung der KPD und SPD und damit das Anwachsen der Kräfte des Sozialismus auf eine Millionenschar aktiver Mitstreiter kann die Garantie schaffen, dass nicht das reaktionäre Großbürgertum, sondern die Arbeiterschaft und das werktätige Volk den Gang der
40 weiteren Entwicklung bestimmen. Die Stunde drängt zur Entscheidung, und wir werden nicht viele Jahre zur Verfügung haben, bis wir wieder sagen müssen: Noch eine glänzende Situation, vielleicht die günstigste, ist verpasst. Das ist der tiefere Grund, weshalb die Vereini-
45 gung der KPD und SPD auf keinen Fall auf die lange Bank geschoben werden kann. Denn die spätere Entwicklung dürfte mir kaum Unrecht geben, wenn ich feststelle: Auf welchem Wege und in welchem Tempo Deutschland künftig zum Sozialismus schreiten wird, das hängt aus-
50 schließlich davon ab, in welchem Tempo jetzt die Einheitspartei verwirklicht wird!

Zit. nach: Flechtheim, O. K. (Hg.): Dokumente zur parteipolitischen Entwicklung in Deutschland nach 1945, Bd. 3. Berlin 1963, S. 336 ff.

6 Die SPD – die schicksalsentscheidende Kraft?

Aus Kurt Schumachers programmatischer Erklärung für die SPD vom 5. Oktober 1946:

Die Klasse der Industriearbeiter im eigentlichen Sinne ist
5 die Hausmacht der SPD. Sie muss als ganze Klasse um die Idee der Demokratie gesammelt werden. Ohne die Arbeiter kann die Sozialdemokratie keinen Schritt tun. Entscheidende Erfolge freilich gibt es erst, wenn von dieser Plattform aus es gelingt, die mittelständischen Massen zu
10 gewinnen. [...] Als äußerste Klassengrenze, nach der sich unsere Politik zu richten hat, wird jetzt nicht schlechthin die Tatsache des Eigentums an Produktionsmitteln erkennbar, sondern der Umfang, die Intensität und die Anwendung der Eigentumsrechte. Das Unterscheidungs-
15 merkmal ist die Frage, ob das Eigentum im Sinne der kapi-

talistischen Ausbeutung angewendet wird oder nicht. Der kleine Eigentümer gehört nicht zu den Besitzverteidigern, sondern an die Seite der Besitzlosen.
[...] Gewiss ist heute die überwältigende Mehrheit des deutschen Volkes antikapitalistisch. Aber das bedeutet 20 noch keine Bejahung des Sozialismus oder auch nur die Erkenntnis der Notwendigkeiten einer planmäßig gelenkten Wirtschaft. Wir können noch nicht voll überblicken, welche Veränderungen in der Denkweise aus dem ungeheuren Umschichtungsprozess entstehen, ob sie im 25 Sinne der Entwicklung revolutionär oder gegenrevolutionär sein werden. Aber wie die Stimmungen auch sein mögen, die planmäßige Lenkung der Wirtschaft nach den Bedürfnissen der Allgemeinheit, die sorgfältig abgestufte Reihenfolge in der Produktionsbelebung und -versorgung, 30 das Zurückdrängen der aus dem Privateigentum erwachsenen Ansprüche, der Vorrang der allgemeinen Interessen, das alles wird heute grundsätzlich fast überall anerkannt. Es gibt zur Zeit noch keine bürgerliche Gruppierung in Deutschland, die sich für die ungehinderte Auswertung 35 des Privateigentums und die uneingeschränkte Tätigkeit der Unternehmerpersönlichkeit einsetzt. Man weiß heute, dass nicht nur der untätige Ausbeuter, sondern auch der funktionierende Kapitalist eine überholte Erscheinung ist. [...] Aber der Antikapitalismus vieler Deutscher ist nicht 40 sozialistisch und fortschrittlich. Ihre Wünsche und Sehnsüchte sind nach der Vergangenheit ausgerichtet. Einige möchten sogar vorkapitalistische Verhältnisse der Produktion. [...] Wir deutschen Sozialdemokraten sind nicht britisch und nicht russisch, nicht amerikanisch und nicht 45 französisch. Wir sind die Vertreter des deutschen arbeitenden Volkes und damit der deutschen Nation. Wir sind als bewusste Internationalisten bestrebt, mit allen internationalen Faktoren im Sinne des Friedens, des Ausgleichs und der Ordnung zusammenzuarbeiten. Aber wir wollen uns 50 nicht von einem Faktor ausnützen lassen.
Im Sinne der deutschen Politik ist die kommunistische Partei überflüssig. Ihr Lehrgebäude ist zertrümmert, ihre Linie durch die Geschichte widerlegt. Nachdem ihre Hoffnung, sich als führende Arbeiterpartei etablieren 55 und zur einzigen Arbeiterpartei entwickeln zu können, von den Tatsachen so völlig unmöglich gemacht wird, muss sie nach dem großen Blutspender suchen. Das Rezept ist die Einheitspartei, die einen Versuch darstellt, der Sozialdemokratischen Partei eine kommunistische 60 Führung aufzuzwingen. Eine sozialdemokratische Partei unter kommunistischer Führung wäre aber eine kommunistische Partei. International wäre jeder Schritt auf diesem Wege eine außenpolitische Parteinahme und würde eine Gleichgewichtsstörung von deutscher Seite 65 bedeuten. [...]
So wird die Sozialdemokratische Partei zur schicksalsentscheidenden Kraft der deutschen Politik!

Zit. nach: Ebenda, S. 43 ff.

Land/Wahldatum	Stimmanteile in %					
	Wahlbe-teiligung	CDU/CSU	SPD	FDP	KPD	Sonst.
Hamburg: 13.10.46	79,0	26,7	43,1	18,2	10,4	1,6
Württemb.-Baden: 24.11.46	72,2	38,4	31,9	19,5	10,3	–
Bayern: 1.12.46	75,7	52,3	28,6	5,6	6,1	7,4
Hessen: 1.12.46	73,2	31,0	42,7	15,7	10,7	–
Schleswig-Holstein: 20.4.47	69,8	34,1	43,8	5,0	4,7	12,5
Niedersachsen: 20.4.47	65,1	19,9	43,4	8,8	5,6	22,3
Nordrhein-Westfalen: 20.4.47	67,3	37,6	32,0	5,9	14,0	10,6
Rheinland-Pfalz: 18.5.47	77,9	47,2	34,3	9,8	8,7	–
Baden: 18.5.47	67,8	55,9	22,4	14,3	7,4	–
Württemberg-Hohenzollern: 18.5.47	66,4	54,2	20,8	17,7	7,3	–
Saarland: 5.10.47	95,7	–	32,8	7,6	8,4	51,2 (CVP)*
Bremen: 12.10.47	67,8	22,0	41,7	19,4	8,8	8,1

7 **Landtagswahlen in den Westzonen 1946/47**
Nicht berücksichtigt wurden die Wahlen im Frühjahr 1946 in Bayern, Hessen, Württemberg-Baden und Bremen.

* Christliche Volkspartei

Zusammengestellt nach Niehuss, M., u. Lindner, U. (Hg.): Deutsche Geschichte in Quellen und Darstellung, Bd. 10: Besatzungszeit, Bundesrepublik und DDR 1945–1969. Stuttgart 1998, S. 86 f.

8 **Die Machtfrage ist entschieden**
Die Bodenreform in den Erinnerungen eines KPD-Genossen:
Von unserem 1. Kreissekretär der KPD, dem Genossen Ernst Puchmüller, erhielten wir den Auftrag, in Torisdorf,
5 Kreis Schönberg, die Bodenreform durchzuführen. Ich fuhr in den ersten Oktobertagen hin, um mich erst mal dort umzusehen und mit Landarbeitern und Umsiedlern zu sprechen. Torisdorf war ein Gut von etwa 400 Hektar. Es gehörte dem Junker Axel Bunger, einem eingefleisch-
10 ten Militaristen, der sich von „seinen" Leuten mit „Herr Hauptmann" anreden ließ. Im Dorf gab es einige klassen-bewusste Landarbeiter, die uns halfen, durch individuelle Aussprachen eine Dorfversammlung vorzubereiten. [...] Als Referent sprach ich über die Notwendigkeit und Be-
15 deutung der Bodenreform und erklärte das Gesetz über die Bodenreform. In der anschließenden Diskussion zeigten sich unterschiedliche Standpunkte und Unklarheiten der Versammelten. Zuerst traten die klassenbewussten Land-arbeiter, wie Genosse Bruns oder der alte Kröger, auf. Sie
20 forderten, dass mit der Gutsherrschaft Schluss gemacht werden und die sofortige Enteignung des Gutsherrn und seine Entfernung aus dem Dorf erfolgen sollte. Einige Landarbeiter drehten und wendeten sich noch mit Mei-nungen: „Wer weiß, wie das noch kommt, der Herr ist ja
25 noch da, und er kann ja auch wiederkommen, dann geht es uns an den Kragen." Andere meinten: „Wie sollen wir denn mit dem Land fertig werden, wenn jeder für sich wirtschaftete? Wir haben ja nichts dazu." Die Umsiedler waren durch die Bank für die Bodenreform, gab sie ihnen
30 doch eine neue Existenz. So gingen eine Zeit lang die Mei-nungen hin und her, bis schließlich alle ihre Zustimmung zur Aufteilung des Gutes gaben. [...] Jetzt musste aber der Gutsbesitzer von dem Beschluss der Versammlung offiziell unterrichtet werden. [...] Als wir zu ihm gingen, kam er
35 uns schon schreiend und schimpfend entgegen. Ich teilte ihm in knappen Worten den Beschluss mit und forderte

ihn auf, der Bodenkommission unverzüglich die Schlüs-sel und alle Gutsunterlagen auszuhändigen, sich bis auf weiteres in seinem Zimmer aufzuhalten und sich jeder Einmischung zu enthalten. Er versuchte uns zunächst ein-
40 zuschüchtern, erklärte die Versammlung für nicht kompe-tent, und mündliche Beschlüsse könne er überhaupt nicht anerkennen.
Auf die Frage der Kompetenz antwortend, fragte ich ihn, ob er es auf eine Machtfrage ankommen lassen wolle. Da-
45 zu käme er zu spät, sie sei bereits zugunsten des werk-tätigen Volkes entschieden, er und seinesgleichen hätten hier für immer ausgespielt.

Kuntsche, S.: Wie wir angefangen haben. Erinnerungen. Berlin (O) 1985, S. 27.

9 **Wird die Bodenreform Hunger bringen?**
Der westdeutsche CDU-Politiker Hans Schlange-Schöningen über einen Besuch in Thüringen im Mai 1946:
Zu den niederdrückendsten Erlebnissen meines Aufent-halts gehörte die Besichtigung einiger großer Güter, die
5 mir mit Stolz gezeigt wurden als kommunistische Muster-siedlungen. Diese Güter waren früher hoch intensiv, voll-gefüllt mit wertvollem Vieh und leisteten enorme Beiträge zur Volksernährung. Heute waren die großen Ställe leer; auf den Höfen wurden mir die Siedler vorgeführt, keine
10 Bauern, sondern eine völlig bunt zusammengewürfelte Gesellschaft, deren Charakteristikum war, dass sie früher nichts besessen hatte und jetzt zur kommunistischen Par-tei gehört. Jeder hatte etwa 20 Morgen* Land bekommen, und zwar in lauter kleine Parzellen geteilt. Ich habe mich
15 mit diesen Leuten mit der gebotenen Vorsicht unterhal-ten. Ihre völlige Unkenntnis landwirtschaftlicher Dinge war in die Augen springend. [...] Aller Besitz über 400 Mor-gen ist in Fetzen zerrissen. Der Wald ist bis zu einer Größe von 1 ha auf diese Siedler verteilt, die nun ihr Möglichstes
20 tun, um schnellstens die guten Stämme abzuhauen und zu

6

Der Bauer sichert die Ernährung der Städter

10 Plakat des ZK der KPD 1945 oder 1946

6

verkaufen. [...] Es handelt sich eben gar nicht um Bodenreform, sondern um Vernichtung der Intelligenz, wie das
in Russland der Fall war. Die größeren Bauern, d. h. die alt
25 Eingesessenen, sehen diesen Vorgängen völlig apathisch
zu, haben aber gar nicht die Möglichkeit irgendeiner Gegenwehr und warten in dumpfer Verzweiflung nur auf
den Tag, wo man auch ihnen ihren Hof nehmen wird.
Heute steht das Land Thüringen ernährungsmäßig noch
30 günstig da. [...] Ich sehe voraus, dass es bei diesem wirtschaftlichen System in zwei Jahren von dem Paradestück
der russischen Zone, das es heute ist, zu einem absoluten
Hungerlande geworden sein wird.

* 20 Morgen = ca. 5 ha, Vierteljahrshefte für Zeitgeschichte. Jg. 27 (1979),
S. 677.

11 **Wie soll die Wirtschaft gelenkt werden?**
*Alfred Müller-Armack schrieb im Mai 1948 zum Wesen und
den Funktionen der sozialen Marktwirtschaft:*
Die Lage unserer Wirtschaft zwingt uns zu der Erkennt-
5 nis, dass wir uns in Zukunft zwischen zwei grundsätzlich
voneinander verschiedenen Wirtschaftssystemen zu entscheiden haben, nämlich dem System der antimarktwirt-
schaftlichen Wirtschaftslenkung und dem System der auf
freie Preisbildung, echten Leistungswettbewerb und soziale
10 Gerechtigkeit gegründeten Marktwirtschaft.

Alle Erfahrungen mit wirtschaftlichen Lenkungssystemen
verschiedenster Schattierungen haben erwiesen, dass sie
unvermeidlich zu einer mehr oder weniger weitgehenden
Vernichtung der Wirtschaftsfreiheit des Einzelnen führen,
also mit demokratischen Grundsätzen unvereinbar sind, 15
und zweitens mangels zuverlässiger Maßstäbe infolge der
Aufhebung des Preismechanismus nicht in der Lage sind,
die verschiedenen Knappheitsgrade zuverlässig zu erkennen. Jede Lenkungswirtschaft hat daher in der Praxis am
wirklichen volkswirtschaftlichen Bedarf „vorbeigelenkt". 20
Die angestrebte moderne Marktwirtschaft soll betont
sozial ausgerichtet und gebunden sein. Ihr sozialer Charakter liegt bereits in der Tatsache begründet, dass sie in
der Lage ist, eine größere und mannigfaltigere Güter-
menge zu Preisen anzubieten, die der Konsument durch 25
seine Nachfrage entscheidend mitbestimmt und die
durch niedrige Preise den Realwert des Lohnes erhöht
und dadurch eine größere und breitere Befriedigung der
menschlichen Bedürfnisse erlaubt.
Durch die freie Konsumwahl wird der Produzent ge- 30
zwungen, hinsichtlich Qualität, Sortiment und Preis seiner Produkte auf die Wünsche der Konsumenten einzugehen, die damit eine echte Marktdemokratie ausüben.
Eine ähnliche die Wirtschaft maßgeblich bestimmende
Stellung vermag eine Lenkungswirtschaft der Masse der 35
Verbraucher nicht einzuräumen. Demokratie und Lenkungswirtschaft sind eben nicht vereinbar.
Um den Umkreis der sozialen Marktwirtschaft ungefähr
zu umreißen, sei folgendes Betätigungsfeld künftiger sozialer Gestaltung genannt: 40
1. Schaffung einer sozialen Betriebsordnung, die den Arbeitnehmer als Mensch und Mitarbeiter wertet, ihm ein
soziales Mitgestaltungsrecht einräumt, ohne dabei die
betriebliche Initiative und Verantwortung des Unterneh-
mers einzuengen. 45
2. Verwirklichung einer als öffentliche Aufgabe begriffe-
nen Wettbewerbsordnung, um dem Erwerbsstreben der
Einzelnen die für das Gesamtwohl erforderliche Richtung
zu geben.
3. Befolgung einer Anti-Monopolpolitik zur Bekämpfung 50
möglichen Machtmissbrauches in der Wirtschaft.
4. Durchführung einer konjunkturpolitischen Beschäf-
tigungspolitik mit dem Ziel, dem Arbeiter im Rahmen
des Möglichen Sicherheit gegenüber Krisenrückschlägen
zu geben. Hierbei ist außer kredit- und finanzpolitischen 55
Maßnahmen auch ein mit sinnvollen Haushaltssiche-
rungen versehenes Programm staatlicher Investitionen
vorzusehen.
5. Marktwirtschaftlicher Einkommensausgleich zur Beseitigung ungesunder Einkommens- und Besitzverschie- 60
denheiten, und zwar durch Besteuerung und durch Fa-
milienzuschüsse, Kinder- und Mietbeihilfen an sozial
Bedürftige.
6. Siedlungspolitik und sozialer Wohnungsbau.

65 7. Soziale Betriebsstruktur-Politik durch Förderung kleinerer und mittlerer Betriebe und Schaffung sozialer Aufstiegschancen.

8. Einbau genossenschaftlicher Selbsthilfe in die Wirtschaftsordnung.

70 9. Ausbau der Sozialversicherung.

10. Städtebauplanung.

11. Minimallöhne und Sicherung der Einzellöhne durch Tarifvereinbarungen auf freier Grundlage.

Es kommt also darauf an, zu erkennen, dass der Übergang
75 zur Marktwirtschaft als einem System freiheitlicher und demokratischer Wirtschaftsordnung zugleich die Gewinnung der deutschen Menschen für die Ideale der persönlichen Freiheit und Selbstbestimmung in sich schließt. Die letzten Ziele staatsbürgerlicher Freiheit müssen mit
80 den Zielen der wirtschaftlichen Freiheit des Einzelnen übereinstimmen.

Müller-Armack, A.: Vorschläge zur Verwirklichung der Sozialen Marktwirtschaft. In: Genealogie der Sozialen Marktwirtschaft. Bern 1974, S. 98 ff.

12 Die Einheit Deutschlands bleibt unser Ziel

Konrad Adenauer, 1946 Vorsitzender der CDU der britischen Zone; 1950–1966 CDU-Bundesvorsitzender; 1949–1963 erster Bundeskanzler der Bundesrepublik Deutschland, sagte als
5 *Präsident des Parlamentarischen Rates am 1. September 1948:*
Und nun lassen Sie mich einige Worte über Wirken und Aufgabe des Parlamentarischen Rates sagen. Er ist ins Leben gerufen durch einen Akt der Militär-Gouverneure der drei Westzonen, durch einen Akt, wie er in dem
10 Dokument niedergelegt ist, das den Ministerpräsidenten der drei Westzonen am 1. Juli dieses Jahres übergeben wurde. Nachdem er aber nunmehr sich konstituiert hat, ist er im Rahmen der ihm gestellten Aufgaben völlig frei und völlig selbstständig. Es wird meines Erachtens die
15 vornehmste Pflicht des Rates, aber auch des Präsidenten und seiner Stellvertreter sein, diese völlige Freiheit und Unabhängigkeit ständig zu wahren und sicherzustellen. Der Parlamentarische Rat beginnt seine Tätigkeit [...] in einer Zeit der völligen Ungewissheit über Deutschlands
20 Zukunft. Ja, auch die Zukunft Europas und der Welt ist dunkel und unsicher, und Deutschland selbst ist politisch ohnmächtig. Es ist in zwei Teile geteilt. Wir Vertreter des Parlamentarischen Rates hier in diesem Saale [...] vertreten 46 Millionen Deutsche*.
25 Meine Damen und Herren! Das Dasein des Parlamentarischen Rates selbst ist, wie ich eingangs sagte, zurückzuführen auf einen Entschluss eines Teiles der Siegermächte. Für jeden von uns war es eine schwere Entscheidung, ob er sich bei dem heutigen Zustand Deutschlands, bei der
30 mangelnden Souveränität auch dieses Teiles Deutschlands zur Mitarbeit zur Verfügung stellen dürfe und solle. Ich glaube, verehrte Anwesende, eine richtige Entscheidung auf diese Frage kann man nur dann finden, wenn man sich klarmacht, was denn sein würde, welche Folgen für

Deutschland und für das deutsche Volk eintreten würden, 35 wenn dieser Rat nicht ins Leben träte. Die drei Mächte, die sich entschlossen haben, diesen Rat ins Leben zu rufen, ließen sich dabei von der Absicht leiten, dass dem politisch völlig auseinander gebrochenen deutschen Volke eine neue politische Struktur gegeben werde, in seinem Inter- 40 esse, aber auch im Interesse Europas und der gesamten Welt. Das muss auch unser Ziel sein, und darum müssen wir die uns gebotene Möglichkeit nutzen, um den jetzigen unmöglichen politischen Zuständen in Deutschland ein Ende zu bereiten. Wir müssen das tun, auch wenn unsere 45 Arbeit vorerst nur einem Teil Deutschlands zugute kommt. Denn, meine Damen und Herren, einmal muss ein Anfang gemacht werden, und einmal muss Schluss sein mit dem ewigen Weiterwursteln und Auseinanderfallen.

Wir gehen an unsere Arbeit in der festen und unerschüt- 50 terlichen Absicht, auf diesem Wege wieder zur Einheit von ganz Deutschland, der Einheit, die unser Ziel ist und unser Ziel bleibt, zu gelangen. Welche Ergebnisse unsere Arbeit für ganz Deutschland haben wird, das hängt von Faktoren ab, auf die wir nicht einwirken können. Trotzdem 55 wollen wir die historische Aufgabe, die uns gestellt ist – und es ist in Wahrheit nach diesem Zusammenbruch des Jahres 1945 eine historische Stunde und eine historische Aufgabe –, unter Gottes Schutz mit dem ganzen Ernst und mit dem ganzen Pflichtgefühl zu lösen versuchen, die die 60 Größe dieser Aufgabe von uns verlangt.

* also ohne die Bevölkerung der Sowjetischen Besatzungszone.

Parlamentarischer Rat, Stenographischer Bericht d. 1. Sitzung, 1. September 1948, S. 4 f.

13 „Wir haben keinen Staat zu errichten"

Der Jurist und Politikwissenschaftler Carlo Schmid war 1947–1973 Mitglied des Parteivorstandes der SPD, Mitglied des Parlamentarischen Rates und 1949–1972 des Bundestages; 1966–1969 Bundesminister für Angelegenheiten des 5 *Bundesrates und der Länder. Er sagte im Parlamentarischen Rat am 8. September 1948:*
Aber die Sieger haben [...] in Potsdam ausdrücklich erklärt, erstens, dass kein deutsches Gebiet im Wege der Annexion weggenommen werden soll, und zweitens, dass das 10 deutsche Volk nicht versklavt werden soll. Daraus ergibt sich, dass zum Mindesten aus den Ereignissen von 1945 nicht der Schluss gezogen werden kann, dass Deutschland als staatliches Gebilde zu existieren aufgehört hat. [...] Der Machtapparat der Diktatur wurde zerschlagen. Da dieser 15 Machtapparat der Diktatur durch die Identität von Partei und Staat mit dem Staatsapparat identisch gewesen ist, ist der deutsche Staat durch die Zerschlagung dieses Herrschaftsapparates desorganisiert worden. Desorganisation des Staatsapparats ist aber nicht die Vernichtung des Staa- 20 tes der Substanz nach. Wir dürfen nicht vergessen, dass in den ersten Monaten nach der Kapitulation im Sommer 1945, als keinerlei Zentralgewalt zu sehen war, sondern als

die Bürgermeister der Gemeinden als kleine Könige regier-
25 ten – die Landräte auch und die ersten gebildeten Landes-
verwaltungen erst recht –, alle diese Leute und alle diese
Stellen ihre Befugnisse nicht für sich ausübten, nicht für
die Gemeinden und für das Land, sondern fast überall für
das Deutsche Reich. Es war eine Art von Treuhänderschaft
30 von unten, die sich dort geltend machte. […] Diese Auffassung, dass die Existenz Deutschlands als Staat nicht vernichtet und dass es als Rechtssubjekt erhalten worden ist,
ist heute weitgehend Gemeingut der Rechtswissenschaft,
auch im Ausland. Deutschland existiert als staatliches Ge-
35 bilde weiter. Es ist rechtsfähig, es ist aber nicht mehr geschäftsfähig, noch nicht geschäftsfähig. Die Gesamtstaats-
gewalt wird zum Mindesten auf bestimmten Sachgebieten
durch die Besatzungsmächte, durch den Kontrollrat im
Ganzen und durch die Militärbefehlshaber in den einzel-
40 nen Zonen ausgeübt. Durch diese Treuhänderschaft von
oben wird der Zusammenhang aufrechterhalten. Die Hoheitsgewalt in Deutschland ist also nicht untergegangen;
sie hat lediglich den Träger gewechselt, indem sie in Treuhänderschaft übergegangen ist. Das Gebiet Deutschlands
45 ist zwar weitgehend versehrt, aber der Substanz nach ist es
erhalten geblieben, und auch das deutsche Volk ist – und
zwar als Staatsvolk – erhalten geblieben. […] Deutschland
braucht nicht neu geschaffen zu werden. Es muss aber
neu organisiert werden. Diese Feststellung ist von einer
50 rechtlichen Betrachtung aus unausweichlich. […]
Nur das gesamte deutsche Volk kann „volkssouverän" handeln, und nicht ein Partikel davon. Ein Teil von ihm könnte es nur dann, wenn er legitimiert wäre, als Repräsentant
der Gesamtnation zu handeln, oder wenn ein Teil des deut-

schen Volkes durch äußeren Zwang endgültig verhindert 55
worden wäre, seine Freiheitsrechte auszuüben. […]
Eine gesamtdeutsche konstitutionelle Lösung wird erst
möglich sein, wenn eines Tages eine deutsche Nationalversammlung in voller Freiheit gewählt werden kann.
Das setzt aber voraus entweder die Einigung der vier 60
Besatzungsmächte über eine gemeinsame Deutschland-
Politik oder einen Akt der Gewalt nach der einen oder
anderen Seite. […]
Um einen Staat im Vollsinne zu organisieren, muss die
Volkssouveränität sich in ihrer ganzen Fülle auswirken 65
können. Wo nur eine fragmentarische Ausübung möglich ist, kann auch nur ein Staatsfragment organisiert
werden. Mehr können wir nicht zuwege bringen, […] was
wir machen können, ist ausschließlich das Grundgesetz
für ein Staatsfragment. Die eigentliche Verfassung, die 70
wir haben, ist auch heute noch das geschriebene oder
ungeschriebene Besatzungsstatut. Die Art und Weise,
wie die Besatzungsmächte die Besatzungshoheit ausüben, bestimmt darüber, wie die Hoheitsbefugnisse auf
deutschem Boden verteilt sein sollen. Sie bestimmt auch 75
darüber, was an den Grundrechten unserer Länderverfas-
sungen effektiv und was nur Literatur ist. […]
Wir haben unter Bestätigung der alliierten Vorbehalte das
Grundgesetz zur Organisation der heute freigegebenen
Hoheitsbefugnisse des deutschen Volkes in einem Teile 80
Deutschlands zu beraten und zu beschließen. Wir haben
nicht die Verfassung Deutschlands oder Westdeutschlands zu machen. Wir haben keinen Staat zu errichten.

Parlamentarischer Rat, Stenographischer Bericht der 2. Sitzung, 8. September 1948, S. 8 ff.

Arbeitsvorschläge

a) Erstellen Sie eine Synopse, aus der deutlich wird, wie sich in den einzelnen Besatzungszonen der Beginn des politischen Lebens gestaltete und welche Parteien
mit welchen Zielsetzungen beteiligt waren (M3–M9).

b) Beschreiben Sie Absicht, Ablauf und Ergebnis der Enteignungen in der SBZ (M8–M10).
Worauf begründeten sich jeweils Zustimmung bzw. Ablehnung der Maßnahmen?

c) Erläutern Sie, welche Überlegungen der frühen Entscheidung für die soziale
Marktwirtschaft in den Westzonen zugrunde lagen (M11).

d) Untersuchen Sie die Ergebnisse der Landtagswahlen 1946/47 (M7). Führen Sie
mögliche Gründe für die Stärke bzw. Schwäche der einzelnen Parteien an.

e) Stellen Sie die Schritte auf dem Weg in die Zweistaatlichkeit zusammen (M1 und
M2).

f) Überprüfen Sie, mit welcher demokratischen Legitimation das Grundgesetz der
Bundesrepublik Deutschland bzw. die Verfassung der DDR verabschiedet wurden.

g) Arbeiten Sie heraus, inwieweit die Politiker Adenauer und Schmid unterschiedliche Ziele und Zukunftsvorstellungen mit ihrer Arbeit im Parlamentarischen Rat
verfolgten (M12 und M13).

h) Der deutsche Historiker Golo Mann schrieb einmal, die Deutschen hätten in den
ersten Nachkriegsjahren nie sehr energisch oder sehr geschickt versucht, ihr
Schicksal selbst in die Hand zu nehmen und Deutschland vor den Folgen des Kalten Krieges zu bewahren. Setzen Sie sich damit auseinander. Beziehen Sie dabei
eigene Recherchen ein, z. B. Erinnerungsliteratur.

Das Werden der beiden deutschen Staaten

7./8. 5.1945	Deutschland unterzeichnet die bedingungslose militärische Gesamtkapitulation.
5. 6.1945	Der Alliierte Kontrollrat wird gebildet.
17.7.–2. 8.1945	In Potsdam-Cecilienhof findet die Konferenz der „Großen Drei" statt.
20.11.1945	Die Nürnberger Prozesse gegen die Hauptkriegsverbrecher beginnen.
22. 4.1946	In der SBZ findet der Vereinigungsparteitag der SPD und KPD zur SED statt.
4. 9.1946	Ein Abkommen beschließt mit Wirkung zum 1. Januar 1947 die Zusammenlegung der britischen und amerikanischen Zone zur Bizone.
13. 3.1947	US-Präsident Truman verkündet die nach ihm benannte Doktrin.
5. 6.1947	Der US-Außenminister Marshall kündigt ein europäisches Wiederaufbauprogramm an (ERP, Marshallplan).
25.11.–15.12.1947	Die Londoner Außenministerkonferenz der vier Siegermächte führt zur Wende in der amerikanischen Deutschlandpolitik, die nun einen Weststaat anstrebt.
23.2.–6.3. und 20.4.–2.6.1948	Die Londoner Sechs-Mächte-Konferenz (USA, GB, Frankreich, Benelux-Staaten) akzeptiert die Weststaat-Lösung als Grundlage für die weitere Deutschlandpolitik.
20. 3.1948	Die letzte Sitzung des Alliierten Kontrollrates findet in Berlin statt.
3. 4.1948	Der Marshallplan tritt in den drei Westzonen in Kraft.
21. 6.1948	In den Westzonen wird die Währungsreform durchgeführt.
24. 6.1948	Die Sowjets führen in der SBZ eine Währungsreform durch und sperren alle Zufahrtswege nach Berlin.
1. 7.1948	Den 11 Regierungschefs der Westländer werden die „Frankfurter Dokumente" übergeben.
1. 9.1948	In Bonn tritt der Parlamentarische Rat unter der Präsidentschaft Konrad Adenauers zusammen.
4. 4.1949	In Washington wird die NATO (North Atlantic Treaty Organization) gegründet.
12. 5.1949	Die Sowjets brechen die Blockade Berlins ab.
23. 5.1949	Das Grundgesetz und die Gründung der Bundesrepublik Deutschland werden verkündet.
14. 8.1949	Die erste Bundestagswahl findet statt. Konrad Adenauer wird erster Bundeskanzler.
7.10.1949	Die Verfassung der DDR wird in Kraft gesetzt. Wilhelm Pieck wird erster Präsident der DDR.

6

7. Die gesellschaftspolitische Entwicklung im geteilten und vereinten Deutschland

7.1 Internationale Politik 1949 – 1991: Der Kalte Krieg und seine Überwindung

Die bipolare Welt

Mit der Gründung von Bundesrepublik und DDR traten 1949 an die Stelle des geeinten Deutschland, das seit 1871 in der Mitte Europas gelegen hatte, „deux allemagnes" – so französische Beobachter –, die an den gefährdeten Rändern zweier globaler Machtsysteme lagen: Sie wurden von den USA auf der einen, von der Sowjetunion auf der anderen Seite dominiert. Nach dem ersten Atombombeneinsatz der USA über Hiroshima 1945, antwortete die UdSSR mit einem eigenen Atombombentest. Angesichts des Übergewichts der beiden Supermächte und ihres ideologisch begründeten Systemkonflikts hatten auch die übrigen europäischen Nationalstaaten eine neue Rolle einzuüben. Wirkliche Entscheidungsfreiheit hatten in zentralen Fragen der Weltpolitik nur noch die beiden Nuklearmächte, was zur Folge hatte, dass angesichts der daraus entstandenen Bipolarität der Welt die europäischen Staaten auf der politischen Bühne vorerst nur noch Nebenrollen spielen konnten.

Kalter Krieg

Die beiden deutschen Staaten waren – als „Frontstaaten" im Ost-West-Konflikt – tragende Säulen der nach dem Zweiten Weltkrieg entstandenen neuen Weltordnung und spielten deshalb im Drehbuch der beiden hegemonialen Regisseure eine zentrale Rolle. So war die Entwicklung ihrer Beziehungen zueinander unmittelbar abhängig vom Verhältnis der beiden Supermächte, die sich seit 1947 im Zustand des „Kalten Krieges" zueinander befanden.

Seit dem Ende der 1940er-Jahre vollzog sich die Formierung der ideologischen Blöcke: Die Sowjetunion baute ihre Vormachtstellung gegenüber ihren ost-, mittel- und südosteuropäischen Satellitenstaaten aus, gewann mit der 1949 von Mao Zedong gegründeten Volksrepublik China einen damals noch loyalen Bundesgenossen und testete im gleichen Jahr mit Erfolg ihre erste Atombombe. Die USA reagierten mit enormen Rüstungsanstrengungen sowie dem Aufbau multi- und bilateraler Militärbündnisse: Das wichtigste war die 1949 gegründete NATO. Nach dem Ausbruch des Korea-Kriegs 1950, in dem das kommunistische Nordkorea mit sowjetischer und chinesischer Unterstützung das westlich orientierte Südkorea angriff, wuchs bei den USA das Interesse an einem Verteidigungsbeitrag der Bundesrepublik. Mit dem Beitritt der Bundesrepublik zur NATO 1955 und der Gründung des Warschauer Pakts durch die Ostblockstaaten im gleichen Jahr, dem die DDR 1956 beitrat, konsolidierten und arrangierten sich die Machtblöcke in West und Ost. Der aggressiven Rhetorik auf beiden Seiten stand zunehmend eine Realpolitik gegenüber, die die Einflusszonen des jeweils anderen respektierte, wie sich etwa im Still-

1 Werbeplakat für die in der NATO integrierte Bundeswehr, um 1956

halten des Westens bei der gewaltsamen Niederschlagung der Aufstände in der DDR 1953 und in Ungarn 1956 durch sowjetische Truppen zeigte.

Verschärfte Spannungen

Seit der zweiten Hälfte der 1950er-Jahre verschärften sich die Ost-West-Spannungen dramatisch: Mit dem „Sputnik-Schock" 1957, dem für den Westen völlig überraschenden Weltraumflug eines sowjetischen Satelliten, endete die atomare Dominanz der USA, die seit 1945 auf deren Monopol bei den Langstreckenträgersystemen beruht hatte. Der Ost-West-Konflikt eskalierte mit der Berlin-Krise 1958, dem Bau der Berliner Mauer 1961 und der Kuba-Krise 1962, während der sich die Welt am Abgrund eines Atomkrieges befand, nachdem die Sowjetunion mit der Errichtung von Abschussrampen für Mittelstreckenraketen auf Kuba begonnen hatte. Die USA reagierten mit einer Blockade der Insel und mobilisierten atomar bestückte B52-Bomber. Nach Tagen höchster Kriegsgefahr gab die Sowjetunion nach und respektierte damit die Sicherheitsinteressen der USA in der Region.

Die Kuba-Krise als Wendepunkt

Das „Duell am Abgrund" während der Kuba-Krise wurde zum Wendepunkt in den Ost-West-Beziehungen und leitete zunächst vorsichtige, dann zunehmend intensivere Entspannungsbemühungen auf beiden Seiten ein, die schon ein Jahr nach der Kuba-Krise zur Einrichtung des „heißen Drahtes" führte, d. h. einer ständigen direkten Kommunikationsverbindung zwischen Moskau und Washington. Kurz darauf wurde die Einstellung von Kernwaffentests im Weltraum, in der Atmosphäre und unter Wasser, 1976 auch unter der Erde vereinbart. Angesichts des nuklearen Patts mit beiderseitiger „Zweitschlagfähigkeit" und wachsenden „Overkill-Kapazitäten" wuchs die Einsicht in die Notwendigkeit einer umfassenden Vertragspolitik: Es kam zu zahlreichen internationalen Abkommen wie dem Atomwaffensperrvertrag (1968), dem Viermächteabkommen über Berlin (1971), den SALT-Verträgen (SALT I 1972 und SALT II 1979) und der Unterzeichnung der KSZE-Schlussakte in Helsinki (1975). Das innerdeutsche Verhältnis entkrampfte sich durch die „Neue Ostpolitik" der sozialliberalen Koalition ab 1969 und das ihr zugrunde liegende Konzept eines „Wandels durch Annäherung". Auch Rückschläge im Verhältnis der Supermächte, wie z. B. der Vietnam-Krieg seit 1964 und die Intervention der Warschauer-Pakt-Staaten in der Tschechoslowakei 1968, ließen das Nichteinmischungsprinzip und damit den internationalen Status quo unangetastet.

Nachdem sich der Wettkampf der Blöcke zunehmend von Europa auf andere Weltregionen verlagert hatte, wo „Stellvertreterkriege" geführt wurden, bahnte sich in der zweiten Hälfte der 1970er-Jahre eine „neue Eiszeit" an. Heftige Konflikte entstanden durch den Aufbau eines sowjetischen Stützpunktsystems von Somalia über Angola bis Mozambique sowie durch den Einmarsch sowjetischer Truppen in Afghanistan 1979. In Europa wuchsen die Spannungen, seitdem die Sowjetunion in der zweiten Hälfte der 1970er-Jahre mit der Stationierung neu entwickelter SS-20-Mittelstreckenraketen begonnen hatte, mit denen sie ganz Europa sowie die ost- und südostasiatische

KLASSENBRÜDER - WAFFENBRÜDER
БРАТЬЯ ПО КЛАССУ - БРАТЬЯ ПО ОРУЖИЮ
BRACIA KLASOWI - TOWARZYSZE BRONI
TŘÍDNÍ BRATŘI - BRATŘI VE ZBRANI

2 Werbeplakat für den Warschauer Pakt, dem die DDR 1956 beitrat

7

Region bedrohte. Die Reaktion des Westens, seinerseits Pershing-II-Mittelstreckenraketen sowie Cruise-Missile-Marschflugkörper zu stationieren und die Entwicklung eines Raketenabwehrsystems im Weltraum (SDI-Projekt) zu forcieren, eröffnete einen neuen Rüstungswettlauf, der die Staatshaushalte der Gegner gleichermaßen schwer belastete, die sowjetische Wirtschaft aber früher als die amerikanische, nämlich schon in der ersten Hälfte der 1980er-Jahre, an die Grenzen ihrer Leistungsfähigkeit führte.

Gorbatschows Reformpolitik und die Folgen

Der Amtsantritt Michail Gorbatschows als Partei- und Regierungschef in Moskau führte 1985 zum letzten Wendepunkt in der Geschichte des Ost-West-Konflikts. Unter dem wirtschaftlichen Druck, den vom US-Präsidenten Ronald Reagan forcierten Rüstungswettlauf beenden zu müssen, leitete er unter den programmatischen Parolen „Perestroika" (Umgestaltung) und „Glasnost" (Transparenz) weitgehende innere Reformen ein, um die Herrschaft der KPdSU angesichts der sich zuspitzenden Wirtschaftskrise zu stabilisieren. Schon 1987 einigten sich Reagan und Gorbatschow darauf, die umstrittenen atomaren Mittelstreckenraketen unter gegenseitiger Beobachtung abzubauen und zu verschrotten – ein einmaliger Vorgang in der Geschichte der internationalen Abrüstungspolitik. Ein Jahr später bekundete Gorbatschow seinen „Respekt für verschiedene Wege zum Sozialismus" und hob damit die bis dahin gültige Breschnew-Doktrin auf, die ein Interventionsrecht der Sowjetunion gegenüber anderen Ostblockstaaten im Fall ideologischer Divergenzen begründet hatte. Der Zerfall des Ostblocks und die Auflösung des Warschauer Pakts 1991 waren die Folge. Auch die Sowjetunion selbst blieb von der Erosion nicht unberührt: Gorbatschow trat 1991 als Präsident der UdSSR zurück, die Sowjetunion wurde aufgelöst, die Sowjetrepubliken erlangten ihre Unabhängigkeit. Dass die DDR den von Gorbatschow eingeschlagenen Weg innerer Reformen nicht einschlug, sollte wenig später zu ihrem Zusammenbruch sowie zur deutschen Vereinigung 1989/90 führen.

7

3 „Hallo Ronnie, dein Berater aus Bonn ist da!"
Die Karikatur von Walter Hanel aus dem Jahre 1984 zeigt Helmut Kohl zwischen dem US-Präsidenten Ronald Reagan und dem sowjetischen Staats- und Parteichef Juri Andropow.

4 Rüsten für die Verteidigung

Aus einer Rundfunkansprache des US-Präsidenten Harry S. Truman zum Korea-Krieg, 1950:

Wir glauben an die Freiheit aller Nationen im Fernen
5 Osten. Das ist einer der Gründe, warum wir unter den Vereinten Nationen für die Freiheit Koreas kämpfen. Wir haben den Philippinen zur Unabhängigkeit verholfen und wir haben die nationalen Unabhängigkeitsbestrebungen anderer asiatischer Länder unterstützt. Russland
10 hat niemals irgendein Territorium freiwillig aufgegeben, das es sich im Fernen Osten angeeignet hat – es hat noch keinem zur Unabhängigkeit verholfen, der unter seine Kontrolle geraten war. [...] Wir rüsten lediglich für die Verteidigung gegen die Aggression. Wenn wir und die
15 anderen freien Völker stark, entschlossen und geeint sind, kann der kommunistische Imperialismus, obgleich er nicht an den Frieden glaubt, von einer neuen Aggression abgeschreckt werden.

Zit. nach: Keesing's Archiv der Gegenwart. Essen 1950, S. 2563.

5 Ein neues Gesicht des Krieges

Aus einer Rede des US-Präsidenten John F. Kennedy vor der Universität Washington am 10. Juni 1963:

Ich spreche vom Frieden, weil der Krieg ein neues Gesicht
5 bekommen hat. Ein totaler Krieg ist sinnlos in einem Zeitalter, in dem Großmächte umfassende und verhältnismäßig unverwundbare Atomstreitkräfte unterhalten können und sich weigern zu kapitulieren, ohne vorher auf diese Streitkräfte zurückgegriffen zu haben. [...] Und er ist sinn-
10 los in einem Zeitalter, in dem die bei einem Atomkrieg freigesetzten tödlichen Giftstoffe von Wind und Wasser, Boden und Saaten bis in die entferntesten Winkel des Erdballs getragen und sich selbst auf die noch ungeborenen Generationen auswirken würden. [...] Ich spreche daher
15 vom Frieden als dem zwangsläufigen vernünftigen Ziel vernünftiger Menschen. [...] Wir sollten uns [...] auf einen praktischeren, erreichbareren Frieden konzentrieren, der nicht auf einer plötzlichen Revolution der menschlichen Natur, sondern auf einer allmählichen Evolution der
20 menschlichen Institutionen basiert – auf einer Reihe von konkreten Maßnahmen und wirksamen Übereinkünften, die im Interesse aller Betroffenen liegen. [...]
Kurz gesagt: Beide, die Vereinigten Staaten und ihre Verbündeten sowie die Sowjetunion und ihre Verbündeten,
25 haben ein gemeinsames tiefes Interesse an einem gerechten und wirklichen Frieden und einer Einstellung

des Wettrüstens. Abkommen, die zu diesem Ziel führen, sind im Interesse der Sowjets wie auch im unsrigen.

Zit. nach: Europa-Archiv, Folge 11/1963, S. 289 ff.

6 Auf der Seite des Fortschritts

Aus einer Rede Leonid Breschnews vor dem 25. Parteitag der KPdSU, 1976:

Die Sowjetunion mischt sich in die inneren Angelegenheiten der anderen Länder und Völker nicht ein. [...] Aber 5
wir machen aus unseren Ansichten kein Hehl. In den Entwicklungsländern wie auch überall stehen wir auf Seiten der Kräfte des Fortschritts, der Demokratie und der nationalen Unabhängigkeit und verhalten uns ihnen gegenüber wie zu unseren Freunden und Kampfgenossen. Unsere 10
Partei unterstützt die um ihre Freiheit ringenden Völker und wird sie auch künftighin unterstützen. Die Sowjetunion sucht hierbei keinerlei Vorteile für sich selbst, jagt keinen Konzessionen nach, erstrebt keine politische Vorherrschaft und will keine Militärstützpunkte bekommen. 15

Zit. nach: Presseagentur Novostii, Moskau 1976, S. 10 ff.

7 Integration und Zusammenarbeit

Michail Gorbatschow im Buch „Perestroika", 1987:

Man kann eine ganze Reihe von sachlichen Argumenten aufzählen, die eine gesamteuropäische Politik notwendig machen: 5

1. Das dicht besiedelte und stark urbanisierte Europa ist sowohl mit Kernwaffen als auch mit konventionellen Waffen gespickt. [...] Tausende von nuklearen Sprengköpfen werden hier gelagert, während lediglich einige Dutzend ausreichen würden, um Europa in eine Hölle 10 zu verwandeln.

2. Selbst ein konventioneller Krieg hätte heute für Europa katastrophale Folgen, von einem Atomkrieg ganz zu schweigen. [...] Die Zerstörung [...] im Laufe konventioneller Feindseligkeiten würde den Kontinent 15 unbewohnbar machen. [...]

4. In beiden Teilen Europas vollziehen sich in zunehmendem Maß Integrationsprozesse. [...] Die Erfordernisse der wirtschaftlichen Entwicklung in beiden Teilen Europas sowie der wissenschaftliche und technolo- 20 gische Fortschritt machen es notwendig, unverzüglich nach einer Form der Zusammenarbeit zu suchen, die für beide Seiten von Vorteil ist.

Zit. nach: M. Gorbatschow, Perestroika. Die zweite russische Revolution. München 1987, S. 254 ff.

Arbeitsvorschläge

a) Ordnen Sie M 4–M 7 in Phasen der internationalen Politik nach 1949 ein.
b) Stellen Sie den Verlauf der amerikanisch-sowjetischen Beziehungen zwischen 1949 und 1991 in Form einer Fieberkurve mit den Polen „Konfrontation" und „Kooperation" dar.
c) Analysieren Sie M1–M3 hinsichtlich der internationalen Stellung der Bundesrepublik bzw. der DDR.

7.2 Die Anfänge der „Ära Adenauer" – Westintegration der Bundesrepublik

Beschränkte Souveränität

Nachdem das Grundgesetz am 23. Mai 1949 in Kraft getreten war, wurde der 73-jährige Konrad Adenauer am 15. September 1949 durch den Bundestag mit einer Stimme Mehrheit, seiner eigenen, zum Bundeskanzler gewählt. An diesem Tag hätte wohl niemand vorherzusagen gewagt, dass der auf dem Boden des 1945 vollständig geschlagenen Deutschen Reiches gegründete Teilstaat – die Bundesrepublik Deutschland – in wenigen Jahren wieder weitgehende außenpolitische Souveränität besitzen und über eigene Streitkräfte verfügen würde.

Ab 1949 war die Rechtsgrundlage für die Beziehungen zwischen der Bundesrepublik und den Besatzungsmächten, die durch „Hohe Kommissare" vertreten waren, das Besatzungsstatut. Es beendete zwar die direkte alliierte Militärregierung, schränkte aber gleichwohl durch das Interventionsrecht der Hochkommissare den Handlungsspielraum der deutschen Innenpolitik stark ein. So waren alliierte Eingriffe im Ruhr- und Saargebiet, bei der Entflechtung von Großkonzernen sowie durch Demontagen und Reparationszahlungen möglich.

Adenauers Ziele

Deutsche Partei 🔍

In dieser Situation setzte sich das von Adenauer geführte erste Kabinett, bestehend aus CDU/CSU, FDP und Deutscher Partei (DP), vier Nahziele: die schnellstmögliche Integration der ohnmächtigen Bundesrepublik in die westliche Welt sowie die Rückgewinnung zunächst äußerer Sicherheit, dann politischer Gleichberechtigung und schließlich völkerrechtlicher Souveränität. Erst danach hielt Adenauer eine Herstellung der deutschen Einheit für möglich, die ihm zufolge nur durch eine „Politik der Stärke" gegenüber der Sowjetunion – d. h. mit massiver Rückendeckung der Westmächte – erreicht werden könne. Auf diese Weise sollte einerseits das bei Stalin vermutete Hegemonialstreben eingedämmt werden, andererseits hoffte Adenauer, dass eine durch die Westintegration schnell wirtschaftlich aufblühende Bundesrepublik auf die DDR eine wachsende Anziehungskraft ausüben würde. Nach dieser „Magnettheorie" konnte die Wiedervereinigung erst in langer Sicht erreicht werden. In kurz- und mittelfristiger Perspektive musste konsequenterweise die Spaltung der Welt, Europas und Deutschlands als unverrückbare Rahmenbedingung in Kauf genommen werden.

Adenauers Entscheidung für den temporären Primat der Westintegration gegenüber der deutschen Einheit brachte ihm Kritik von Politikern aus allen Parteien, auch seiner eigenen, besonders aber aus der SPD ein. Seine Deutschlandpolitik sei – so die Kritiker – mit der Präambel des Grundgesetzes nicht zu vereinbaren, in der das „gesamte Deutsche Volk aufgefordert [wird], in freier Selbstbestimmung die Einheit und Freiheit Deutschlands zu vollenden." Im Gegensatz zu Adenauer war für den SPD-Vorsitzenden Kurt Schumacher „die Wiedervereinigung Deutschlands dringender und wichtiger als [...] jede Form der Integration". In dem sich formierenden Systemgegensatz sah er die Hauptgefahr für die deutsche Einheit. Deshalb strebte er um den Preis eingeschränkter Souveränität ein vereinigtes,

1 Diplomatische Gesten. Konrad Adenauer, der den Hohen Kommissaren 1949 sein Kabinett präsentiert, hat den Teppich betreten, der dem protokollarischen Zeremoniell zufolge den Repräsentanten der Besatzungsmächte vorbehalten sein sollte.

7

blockfreies und neutrales Deutschland an. Adenauers Gegenargument lautete: „Neutralisierung heißt Sowjetisierung." Die Auseinandersetzung wurde von beiden Seiten mit unerbittlicher Härte geführt: Während Schumacher von Adenauer als dem „Bundeskanzler der Alliierten" sprach, sagte dieser den „Untergang Deutschlands" für den Fall eines SPD-Wahlsiegs voraus und warf der SPD im Wahlkampf 1953 vor, von der DDR finanziert zu werden – was er allerdings nach gewonnener Wahl zurücknahm.

Unbeirrt von den Einwänden seiner Kontrahenten verfolgte Adenauer den eingeschlagenen Weg zur Herstellung der politischen Gleichberechtigung der Bundesrepublik weiter, gegen die es vor allem das Misstrauen Frankreichs zu überwinden galt, das bereits die Gründung eines westdeutschen Staates nur auf amerikanischen und englischen Druck hin akzeptiert hatte. Die Annäherung an Frankreich suchte Adenauer durch eine Politik weitgehender Zugeständnisse, da er ein Höchstmaß loyalen Verhaltens gegenüber den Westmächten als entscheidend für den Erfolg seiner Politik betrachtete. So trat er im Petersberger Abkommen 1949 dem Militärischen Sicherheitsamt, das die Entmilitarisierung Deutschlands kontrollierte, und der Internationalen Ruhrbehörde bei, die für die Kontrolle der Kohle- und Stahlproduktion des Ruhrgebiets zuständig war. Im Gegenzug erwirkte er eine Verringerung der Demontagen sowie die Genehmigung, Handelsbeziehungen mit anderen Ländern aufzunehmen sowie sich internationalen Organisationen anzuschließen – z. B. 1949 der OEEC (Organisation für europäische wirtschaftliche Zusammenarbeit) und 1952 dem IWF (Internationaler Währungsfonds).

2 „Lieber einen Acheson an der Hand – als einen Stalin auf dem Dach." Karikatur von Mirko Szewczuk, 1949 zum Besuch des amerikanischen Außenministers Acheson in der Bundesrepublik Ende 1949. Links unten sind Wilhelm Pieck und Otto Grotewohl dargestellt.

Den ersten Schritt sowohl zur Westintegration der Bundesrepublik als auch zur europäischen Einigung stellte der deutsche Beitritt zur Montanunion (Europäische Gemeinschaft für Kohle und Stahl) 1951 dar. Erneut kam Adenauer damit Frankreich entgegen, denn die Montanunion bot einerseits der französischen Stahlindustrie Zugang zu den dringend erforderlichen Rohstoffimporten, andererseits erhielt Frankreich die Möglichkeit einer indirekten Kontrolle des Ruhrgebiets, weshalb Schumacher „die Fortsetzung der alten Politik französischer Herrschaftsansprüche" kritisierte. Eine weitere Konzession an das französische Sicherheitsbedürfnis machte Adenauer beim Beitritt zum Europarat im gleichen Jahr, an den Frankreich die Bedingung geknüpft hatte, dass gleichzeitig das Saarland als assoziiertes Mitglied aufzunehmen sei. Damit hatte aber der europäische Integrationsprozess für die sechs Montanunion-Staaten eine Dynamik entfaltet, die sich 1957 mit der Gründung der Europäischen Wirtschaftsgemeinschaft (EWG) und der Europäischen Atomgemeinschaft (Euratom) fortsetzte.

Die deutsch-französischen Beziehungen

Konrad Adenauer, Kanzler, 1949–1963

Ein wichtiger Impuls zur Ausdehnung der Westintegration auf den militärischen Bereich ging vom Korea-Krieg aus: Der Überfall des kommunistisch regierten Nordkorea auf den südlichen Landesteil, der enge Beziehungen zu den USA unterhielt, schürte in Europa die Angst vor einer ähnlichen kommunistischen Expansion. Adenauer griff Churchills Vorschlag auf, zur Eindämmung der kommunistischen Bedrohung eine europäische Armee unter Einschluss deutscher Kontingente auf-

3 **Konrad Adenauer als Brandstifter.** Karikatur von Kurt Poltiniak zum Deutschlandvertrag, DDR 1952.

Die Stalin-Noten

4 Protest gegen die geplante Wiederbewaffnung.

zubauen, und bot eine deutsche Freiwilligenarmee von 150 000 Soldaten an, allerdings unter der Bedingung, dass im Gegenzug „die Beziehungen Deutschlands zu den Besatzungsmächten auf neue Grundlagen gestellt werden". In einer Wiederbewaffnung und der Mitgliedschaft in der vom französischen Ministerpräsidenten Pleven vorgeschlagenen „Europäischen Verteidigungsgemeinschaft" (EVG) sah Adenauer die Chance, weitere Fortschritte bei der Überwindung des Besatzungsstatuts zu erzielen und damit die umfassende Souveränität im Sinne äußerer Sicherheit und politischer Gleichberechtigung wiederzuerlangen. Innenpolitisch provozierte Adenauer mit der geplanten Wiederbewaffnung jedoch eine Welle von Protesten, die besonders von Gewerkschaften, christlichen Organisationen, Intellektuellen und der KPD getragen wurden („Ohne-mich-Bewegung"). Gustav Heinemann, späterer Bundespräsident, trat aus Protest als Innenminister zurück und aus der CDU aus. Ende der 50er-Jahre formierten sich erstmals Ostermärsche, damals als Protestform gegen eine mögliche atomare Bewaffnung der Bundeswehr.

Nachdem sich allerdings die Bundesrepublik zur Übernahme der deutschen Auslandsschulden für die Vor- und Nachkriegszeit bereit erklärt hatte, hoben 1951 die Westmächte den Kriegszustand auf und revidierten erstmals das Besatzungsstatut, was die Wiedereinrichtung des Auswärtigen Amtes ermöglichte: Erster Außenminister wurde Adenauer selbst, der schon 1952 mit Ägypten und 1953 mit dem Irak diplomatische Beziehungen aufnahm und mit Israel ein von vielen Deutschen abgelehntes Wiedergutmachungsabkommen unterzeichnete. Darin verpflichtete sich die Bundesrepublik zur Zahlung von 3 Mrd. DM binnen 12 Jahren. Damit war ein wichtiger erster Schritt auf dem Weg zur deutsch-israelischen Annäherung und zu größerer außenpolitischer Handlungsfähigkeit getan.

Die für Mai 1952 vorgesehene Unterzeichnung des EVG-Vertrags führte im März und April 1952 zu zwei „Stalin-Noten". Darin bot dieser den Westmächten an, der Wiederherstellung eines um die Gebiete östlich von Oder und Neiße verkleinerten, wiedervereinigten und neutralen deutschen Staates zuzustimmen, dem eigene Streitkräfte, freie Wahlen

7

und ein pluralistisches Parteiensystem zugestanden würden. Hintergrund der Initiative war vermutlich Stalins Furcht, dass nach der 1951 erfolgten Unterzeichnung eines Sicherheitsvertrags zwischen den USA und Japan, das den US-Truppen im Korea-Krieg als Nachschubbasis diente, nun auch die Bundesrepublik fest im westlichen Block verankert würde. Die Frage, ob Stalin zur Verhinderung der militärischen Westintegration in letzter Sekunde bereit gewesen wäre, das SED-Regime preiszugeben, oder ob es sich um eine langfristig angelegte Strategie handelte, mit der die Westmächte aus Deutschland und die USA aus Europa herausgedrängt werden sollten, um das dann schutzlose Land dem Ostblock einzuverleiben, ist unter Fachhistorikern bis heute umstritten. Indem die Westmächte und Adenauer darauf bestanden, dass die angebotenen freien Wahlen unter Aufsicht der damals von den USA und ihren Verbündeten dominierten Vereinten Nationen durchgeführt werden müssten, trugen sie maßgeblich zum Scheitern der sowjetischen Initiative bei. Der Vorschlag der SPD, vor einer übereilten Ablehnung der Offerte deren Ernsthaftigkeit in Verhandlungen auszuloten und vorerst die Unterzeichnung des EVG-Vertrags aufzuschieben, blieb ohne Widerhall. Termingemäß wurde am 17. Mai 1952 der EVG-Vertrag unterzeichnet, nachdem am Tag zuvor bereits der „Deutschland-Vertrag" auf der „Grundlage der Gleichberechtigung" abgeschlossen worden war, der der Bundesrepublik weitgehende Souveränität über ihre inneren und äußeren Angelegenheiten garantierte. Die Wiedervereinigung war damit aber in noch weitere Ferne gerückt.

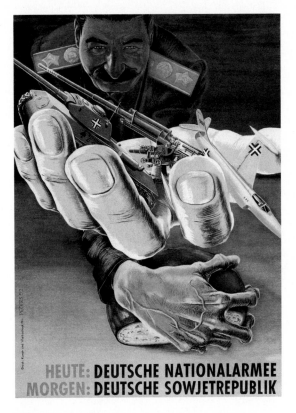

5 Befreiungskomitee für die Opfer totalitärer Willkür (Bundesrepublik) anlässlich der Stalin-Noten, Plakat 1952.

Mehr als zwei Jahre später, am 30. August 1954, erlitt der europäische Einigungsprozess, der die westdeutsche Souveränität untermauern sollte, allerdings einen Rückschlag: Der EVG-Vertrag scheiterte in der französischen Nationalversammlung an den französischen Vorbehalten gegen eine deutsche Militärbeteiligung, womit das Projekt einer europäischen Armee, die die europäische Einigung hatte befördern sollen, endgültig aufgegeben wurde. Die parallel mit der NATO geführten Beitrittsverhandlungen führten stattdessen 1955 zur Integration der ein Jahr zuvor gegründeten Bundeswehr in das nordatlantische Militärbündnis NATO und die „Westeuropäische Union" (WEU). Das bereits revidierte Besatzungsstatut wurde durch die Pariser Verträge im Mai 1955 endgültig aufgehoben. Damit hatte Adenauer zwei seiner übergeordneten Ziele erreicht: Die politische und militärische Westintegration war völkerrechtlich vollzogen und die Souveränität im Innern und nach außen zu einem erheblichen Teil verwirklicht. Allerdings bestanden die Westalliierten auf Vorbehaltsrechten in allen Fragen der Deutschlandpolitik und der Stationierung ihrer Truppen auf deutschem Boden. Außerdem verzichtete die Bundesrepublik auf eine Reihe strategischer Waffensysteme einschließlich Atomwaffen. Insofern hatte sich Adenauers Hoffnung auf völlige politische Gleichberechtigung nur teilweise erfüllt. Sie sollte sich erst mit dem Inkrafttreten des „Zwei-Plus-Vier" Vertrages 1991, der auch das Tor zur deutschen Einheit endgültig öffnete, bewahrheiten.

Die Bundesrepublik erlangt die Souveränität

7

6 **Der Ballast.** DDR-Karikatur von Kurt Poltiniak, 1949. Im Ballonkorb stehen Konrad Adenauer und Jakob Kaiser, Minister für Gesamtdeutsche Fragen.

7 Die Frage der Wiedervereinigung

Aus den „Erinnerungen" Konrad Adenauers, 1965:
Für ein besiegtes, besetztes Volk wie das deutsche bedeutet auswärtige Politik etwas ganz anderes als für ein Volk, das
5 sich in normalen Verhältnissen befindet. Solange wir nur Objekt der Politik anderer Mächte waren, war auch jede Innenpolitik […] sehr schwierig. Daher musste in erster Linie das Streben einer jeden Regierung unseres Landes zunächst darauf gerichtet sein, uns wieder zu einem frei-
10 en, selbstständigen Faktor in der Außenpolitik werden zu lassen. Im Übrigen bedeutete in unserer Situation Außenpolitik gleichzeitig Innenpolitik, denn würde es uns auf Grund unserer Außenpolitik nicht gelingen, unsere Freiheit zu wahren, würden wir kommunistisch mit den
15 entsprechenden innenpolitischen Konsequenzen.
Es würde die große Aufgabe der deutschen Politiker und der Politik der Westalliierten sein, den richtigen Augenblick zu sehen, in dem echte Verhandlungsbereitschaft bei Sowjetrussland vorhanden sein würde. Diese echte Ver-
20 handlungsbereitschaft der Russen würde sich dann erge-ben, wenn sie einsähen, dass der Westen mindestens so

stark wie Sowjetrussland war […]. Bis zu diesem Zeitpunkt mussten wir geduldig warten. Ich glaubte, dass dieser Tag umso schneller herankommen würde, je eher wir und die Westalliierten die Einigung Europas […] vollendeten. […] 25 Gerade wir Deutsche, die wir im Spannungsfeld zwischen Ost und West liegen, hatten das größte Interesse daran, dass dieser Augenblick möglichst bald kam. Uns Deutschen lag nach all den Erfahrungen, die wir gemacht hatten, der Gedanke an Krieg absolut fern. Wir wollten den 30 Frieden. Wir wollten aber auch unsere Freiheit, wir wollten die Wiedervereinigung Deutschlands und wir wollten ein einiges Europa. […]
Die Frage der Wiedervereinigung Deutschlands durfte man nicht als eine Einzelfrage betrachten, die für sich 35 allein gelöst werden könnte. […] So sehr ich als Deutscher die Wiedervereinigung Deutschlands in Frieden und Freiheit wünsche und so sehr ich sie auch als Europäer wünsche, dessen Ziel es ist, endlich Frieden und friedlichen Wiederaufbau in ganz Deutschland zu sehen, 40 so musste man sich doch als verantwortlicher Politiker darüber klar sein, dass diese fundamentale Frage der Wiedervereinigung Deutschlands mit einer ganzen Reihe anderer Fragen zusammenhing. […]
Wir durften und dürfen namentlich in unserer christ- 45 lichen Partei niemals vergessen, dass der Kampf gegen den Kommunismus sich nicht einfach erschöpft in Bemühungen um die Wiedererlangung der uns entzogenen Teile Deutschlands, sondern dass dahinter steht der Kampf zwischen Materialismus und christlicher Über- 50 zeugung, der Gegensatz zwischen russisch-kommunistischer Diktatur und einem freien Europa. Wenn es den freien Völkern der Welt nicht gelingt, dieses Gefühl für den Wert der christlich-europäischen Kultur zu steigern, dann wird die Zukunft nach meiner Überzeugung für 55 weite Teile des Erdkreises sehr dunkel sein. Wenn die freie Welt wachsam bleibt, dann wird es vielleicht doch im Laufe der Zeit möglich sein, da auch Russland zur Erfüllung seiner innenpolitischen Aufgaben Zeit braucht, zu einem Zustand zu kommen, der der Welt echten Frieden 60 verbürgt. Im gegenwärtigen Augenblick jedoch hilft nur ein bewaffneter Friede.

Zit. nach: Adenauer, K.: Erinnerungen, Bd. 2. Stuttgart 1965, S. 9 ff.

8 Was bringen Deutschland- und EVG-Vertrag?

Aus einer Bundestagsrede Carlo Schmids (SPD) am 9.7.1952:
Nun kann die Einheit Deutschlands doch nur zustande kommen, wenn die Russen – ja, auch die Russen – mit gesamtdeutschen freien Wahlen einverstanden sind. Und 5 glaubt man denn, dass sie dazu bereit sein werden, wenn von vornherein feststehen soll, dass der Teil Deutschlands, den sie aufgeben, auf Grund einer heute geschaffenen vertraglichen Verpflichtung einem Block zugeschlagen werden soll, den dieses Russland nun einmal als feindlich 10

empfindet? Als ich das in Straßburg einem Delegierten eines nordischen Landes sagte, gab er mir zur Antwort: „Ihr müsst euch eben damit abfinden: Uns ist es lieber, wir haben das halbe Deutschland ganz als das ganze Deutsch-
15 land halb." Das mag da ein Gesichtspunkt für Dritte sein, aber für uns Deutsche kann das kein Gesichtspunkt sein! Wir können uns dagegen nicht mit den Worten trösten, dass wir durch diese Verträge nunmehr zusammen mit dem Westen so stark werden, dass wir mit den Russen
20 endlich die Sprache sprechen können, die sie allein verstehen. Glaubt man denn wirklich, mit diesen Verträgen die Russen zur politischen Kapitulation zwingen zu können? Wenn man die Zustimmung der Russen will, muss man ihnen doch eine Chance lassen, durch die sie kom-
25 pensiert finden könnten, was sie aufgeben! [...]
Ich glaube nicht, dass die Antithesen schlüssig sind, die heute Morgen vorgetragen wurden: ob Anschluss an den Westen oder nicht; ob Schutz durch das Atlantikpaktsystem oder nicht; ob Integration Deutschlands in Europa
30 oder nicht. [...] Echt scheint mir nur die eine Antithese zu sein: ob die Teilung Deutschlands oder die Wiedervereinigung in Freiheit angestrebt werden soll. Die Frage

ist, ob die Verträge uns diese Wiedervereinigung bringen können. [...]

Sie sagen: Wir machen durch die Verträge uns und den 35 Westen stark, und nur, wenn wir den Westen stark machen – in einer früheren Debatte wurde einmal gesagt: militärisch stark machen –, kann man den Russen gegenüber eine offensive Deutschland-Politik betreiben, denn sie verstehen nur die Sprache der Macht. Dazu sagen wir 40 Ihnen: Die Macht, die wir dazu brauchten, schaffen diese Verträge nicht. Keiner unserer Partner ist durch diese Verträge zu konkreten politischen Maßnahmen für die Einheit Deutschlands verpflichtet. [...]

Es ist nicht wahr, dass es nur die eine Alternative gäbe, 45 Satellit des Ostens oder Vasall des Westens zu sein. Es gibt die dritte: sich dem Westen in Formen zu verbinden, die der Osten nicht bedrohlich zu finden braucht, und mit dem Osten in ein Verhältnis freien Austauschs zu treten, das den Westen stärkt statt ihn zu schwächen. Nur so 50 können wir zur Wiederherstellung eines freien einheitlichen Deutschland kommen.

Zit. nach: Hohlfeld, J. (Hg.): Dokumente der deutschen Politik und Geschichte von 1848 bis zur Gegenwart, Bd 7. Berlin o. J., S. 378 ff.

9 Argumente von Befürwortern und Gegnern einer deutschen Wiederbewaffnung

Aus einem Artikel Rudolf Augsteins im SPIEGEL vom 15. November 1950:

Befürworter einer deutschen Wiederbewaffnung	Gegner einer deutschen Wiederbewaffnung
1. Der Sowjet-Koloss ist eine ständige Drohung und muss eingeschüchtert werden.	1. Eine Armee, stark genug, die Russen vom Krieg abzuhalten, kann in Westeuropa mit oder ohne Westdeutschland ohnehin nicht aufgestellt werden. Wenn die Russen keinen Krieg wagen, so darum nicht, weil sie Angst vor dem Potenzial Amerikas haben. Es ist unsinnig, die Peripherie vor dem Kern stark zu machen. Die Peripherie muss vom Kern her und geschützt durch den Kern stark gemacht werden.
2. Die Volkspolizei der Ostzone wächst. Sie könnte ein Korea probieren.	2. Die Volkspolizei ist eine Söldnertruppe Moskaus und hat allein nicht die Potenz, die US-Truppen in West-Deutschland mit Krieg zu überziehen.
3. Deutschland als Kernland Europas kann sich der Verteidigung Europas nicht entziehen.	3. Deutschland als Kernland Europas ist in seiner Substanz gründlich zerschlagen worden. Es ist eine Grenz- und Pufferzone geworden, in der politische und militärische Macht auf lange Zeit nicht entfaltet werden kann.
4. Eine Europa-Armee mit deutschen Kontingenten würde den Franzosen ihren Sicherheitskomplex nehmen.	4. Der Sicherheits-Komplex der Franzosen wird jede europäische Anstrengung zunichte machen. Diese jetzige Vormacht des Kontinents ist im Ernstfall gar nicht bündnisfähig.
5. Die West-Alliierten werden sicher nicht für uns kämpfen, wenn wir nicht selbst bereit sind zu kämpfen.	5. Die Alliierten kämpfen überhaupt nicht für uns, sie begrüßen uns als Hilfstruppen und sie haben Interesse daran, dass unser Potenzial den Sowjets nicht (heil) in die Hände fällt.
6. Die Russen würden durch Bewaffnung der Deutschen größere Angst vor einem Kriege haben.	6. Die Russen könnten einen Präventivkrieg befürchten, wenn die Deutschen bewaffnet würden. Die Gefahr, dass sie diesem „Zuvorkommungs"-Krieg zuvorkommen würden, ist nicht rundweg abzuweisen.

7

7. Die Deutschen würden die Russen erfolgreicher bekriegen als irgendwer sonst.	7. Die ausgepowerten Westdeutschen würden in den nächsten 10 Jahren ohnehin keinen entscheidenden Kriegsbeitrag leisten können.
8. Die Amerikaner könnten sich an Deutschland desinteressiert zeigen und es den Russen überlassen, wenn Westdeutschland sich weigerte, Waffen zu tragen. Im Kriegsfall könnten die Amerikaner Atom-Bomben aufs Ruhrgebiet werfen.	8. Die Amerikaner können es sich im eigenen Interesse nicht leisten, ganz Deutschland den Sowjets zu überlassen. Was Deutsche und Russen zusammen anstellen würden, ist gut vorstellbar. Ob und wo Atombomben geworfen würden, ist dagegen eine müßige Spekulation.

Bis hierher steht Argument gegen Argument. Auf die beiden folgenden Einwände aber hat der Kanzler nicht reagiert:

Deutschland muss auf Leben oder Tod exportieren. Die
5 größere Export-Chance liegt im Osten. Der nähere und ferne Osten braucht Gesamtdeutschlands Export.
Westdeutschland hat die simple Pflicht darauf hinzuarbeiten, dass die Ostdeutschen mit uns zusammen wieder menschenwürdig, d. h. frei von den Russen, leben und
10 arbeiten können.
Diese beiden Grundtatsachen liegen sowohl im wohlverstandenen Interesse der Amerikaner als auch der Russen. Die Amerikaner brauchen ein Deutschland, das sich in Frieden und Freiheit regeneriert, die Russen brauchen ein

Deutschland, das nicht Aufmarschgebiet ist, sondern be- 15 ruhigende Flanke und Waren-Arsenal. Aber diese Chance wird der rheinische Bundeskanzler niemals ergreifen.
Von den Berlinern wissen wir, dass man den Sowjets nicht trauen kann. Wir wollen ihnen bei Gott niemals trauen. Aber die Faust in der Tasche, Zug um Zug, kann man mit 20 ihnen politische Geschäfte machen. Wäre Roosevelt ihnen so gegenübergetreten, wäre Berlin die deutsche Hauptstadt (und Konrad Adenauer nicht Bundeskanzler).
Die zehn Divisionen, mit denen Dean Acheson die Deutschen bewaffnen will, sind ein Tropfen auf einen heißen 25 Stein. Wie, wenn es der bekannte Tropfen wäre, der das Fass zum Überlaufen bringt?

Der Spiegel, 15. November 1950.

10 Gemeinsame Verteidigung der Europäer

Aus der Regierungserklärung des französischen Ministerpräsidenten René Pleven vom 24. Oktober 1950:

Die französische Regierung dachte, dass die Verwirkli-
5 chung der Montanunion es ermöglichen würde, sich an den Gedanken einer europäischen Gemeinschaft zu gewöhnen, ehe die so delikate Frage einer gemeinsamen Verteidigung in Angriff genommen würde. Die Ereignisse in der Welt lassen ihr keine Frist. [...]
10 Die Unterzeichnung der Montanunion wird sehr bald, wie wir hoffen, die Einmütigkeit von sechs Teilnehmerländern besiegeln, die allen Völkern Europas die Garantie gibt, dass die Stahl- und Kohleindustrien Westeuropas nicht zu aggressiven Zielen benutzt werden können. So-
15 bald diese Unterschrift erreicht ist, fordert die französische Regierung, dass das Problem des deutschen Beitrags zur Aufstellung einer europäischen Streitkraft in einer Weise gelöst wird, die den grausamen Lehren der Vergangenheit und der Entwicklung, die viele Europäer in
20 allen europäischen Ländern geben wollen, Rechnung trägt. [...]
Eine Armee des geeinten Europa [...] soll, soweit dies irgend möglich ist, eine vollständige Verschmelzung der Mannschaften und der Ausrüstung herbeiführen, die
25 unter einer einheitlichen politischen und militärischen europäischen Autorität zusammengefasst werden.

Zit. nach: Schubert, K. v. (Hg.): Sicherheitspolitik der Bundesrepublik Deutschland. Köln 1977, S. 99 ff.

11 Deutsche in einer europäischen Armee?

Der UN-Delegierte der USA John Foster Dulles 1950:

Besteht aber eine wirkliche politische Einigkeit Westeuropas zu gemeinsamer Verteidigung, dann können Deutsche sehr wohl an dieser teilnehmen. Wir können keine 5 deutsche Nationalarmee riskieren. Wir dürfen aber ruhig riskieren, dass Deutsche individuell in einer europäischen Armee dienen, Schulter an Schulter mit Franzosen und Belgiern, unter nichtdeutscher Führung und irgendwo in Westeuropa, am besten nicht in Deutschland stationiert. 10 Es ist möglich, auf diese Weise zu einer Militärmacht in Westeuropa zu gelangen, die stark genug wäre, einem militärischen Angriff von Russland her zu widerstehen.

Dulles, J. F.: Krieg oder Frieden. Wien/Stuttgart 1950, S. 229 f.

12 Ein ernst gemeintes Angebot?

Auszüge aus der Stalin-Note vom 10. März 1952:

Politische Leitsätze

1. Deutschland wird als einheitlicher Staat wiederhergestellt. [...] 5
2. Sämtliche Streitkräfte der Besatzungsmächte müssen spätestens ein Jahr nach Inkrafttreten des Friedensvertrages aus Deutschland abgezogen werden. [...]
3. Dem deutschen Volk müssen die demokratischen Rechte gewährleistet sein, damit alle unter deutscher 10 Rechtsprechung stehenden Personen ohne Unterschied der Rasse, des Geschlechts, der Sprache oder der Religion die Menschenrechte und die Grundfreiheiten genießen,

7

einschließlich der Redefreiheit, der Pressefreiheit, des
15 Rechts der freien Religionsausübung, der Freiheit der politischen Überzeugung und der Versammlungsfreiheit.
4. In Deutschland muss den demokratischen Parteien und
Organisationen freie Betätigung gewährleistet sein [...].
7. Deutschland verpflichtet sich, keinerlei Koalitionen
20 oder Militärbündnisse einzugehen, die sich gegen irgendeinen Staat richten, der mit seinen Streitkräften am
Krieg gegen Deutschland teilgenommen hat. [...]
Militärische Leitsätze
1. Es wird Deutschland gestattet sein, eigene nationale
25 Streitkräfte (Land-, Luft- und Seestreitkräfte) zu besitzen,
die für die Verteidigung des Landes notwendig sind.
2. Deutschland wird die Erzeugung von Kriegsmaterial
und -ausrüstung gestattet werden, deren Menge oder Typen nicht über die Grenzen dessen hinausgehen dürfen,
30 was für die Streitkräfte erforderlich ist, die für Deutschland
durch den Friedensvertrag festgesetzt sind.

Europa-Archiv 7 (1952), S. 4832 f.

**13 Stalins Reaktion auf die Ablehnung seiner Note
durch die Westmächte am 7. April 1952:**

*Auf die Frage des DDR-Staatspräsidenten Pieck, welche Pers-
pektiven er für einen Friedensvertrag sehe, antwortete Stalin:*
5 [...] welche Vorschläge zur deutschen Frage wir auch machen würden, die westlichen Staaten [würden] mit ihnen
nicht einverstanden sein [...]. Zu denken, dass es einen
Kompromiss geben oder die Amerikaner den vorgeschlagenen Friedensvertrag akzeptieren könnten, wäre ein
10 großer Irrtum. Die Amerikaner brauchen eine Armee in
Westdeutschland, um Westeuropa zu halten. [...] Tatsächlich also entwickelt sich in Westdeutschland ein selbstständiger Staat. [...] Und Sie müssen Ihren eigenen Staat
organisieren. Die Demarkationslinie zwischen West- und
15 Ostdeutschland muss als Grenze angesehen werden – und
zwar nicht nur als eine normale, sondern als eine sehr
gefährliche Grenze. Der Schutz dieser Grenze muss verstärkt werden.

Zit. nach: Praxis Geschichte 10 (1997), H. 5, S. 59.

14 „Ich weiß nicht, was soll es bedeuten ...?"
Karikatur aus „Der deutsche Eisenbahner", 20.5.1952.

15 Wer will ein geeintes Deutschland?
Der britische Staatsminister John S. Lloyd am 22.6.1953:
Deutschland wieder zu vereinigen, solange Europa geteilt ist, ist – selbst wenn dies machbar wäre – gefahrvoll
für alle. Deshalb fühlen alle, Dr. Adenauer, die Russen, 5
die Amerikaner, die Franzosen und wir selbst im Grunde
unseres Herzens, dass ein geteiltes Deutschland zur Zeit
die sicherere Lösung ist. Aber keiner von uns wagt dies
wegen seiner Auswirkungen auf die öffentliche Meinung
in Deutschland offen zuzugeben. Deshalb unterstützen 10
wir alle öffentlich ein vereintes Deutschland, jeder zu
seinen eigenen Bedingungen.

Zit. nach: Schöllgen, G.: Geschichte der Weltpolitik von Hitler bis Gorbatschow 1941–1991. München 1996, S. 105 f.

7

Arbeitsvorschläge
a) Nennen Sie Adenauers Ziele in der Außen- und Deutschlandpolitik. Bringen
   Sie diese Ziele in eine Rangfolge und erläutern Sie, wie Adenauer sie erreichen
   wollte (VT, M 1, M 7).
b) Vergleichen und bewerten Sie die außen- und deutschlandpolitischen Positionen von CDU und SPD anhand von M 7 und M 8.
c) Inszenieren Sie ein fiktives Streitgespräch über die Wiederbewaffnung der
   Bundesrepublik (M 9–M 11).
d) Vergleichen Sie die Haltung der vier Siegermächte zur deutschen Rolle in Europa im Hinblick auf Ähnlichkeiten und Unterschiede miteinander (M 10–M 15).
e) Bewerten Sie die Stalin-Note (M 2, M 5, M 12–M 14).
f) Setzen Sie sich mit den Aussagen der Karikaturen M 3 und M 5 auseinander.

Bis ins 20. Jahrhundert hinein existierte kein eigenständiges Staats- oder Verwaltungsgebiet Saarland. Das Saargebiet war seit 1814 aufgeteilt zwischen der preußischen Rheinprovinz, der bayerischen Rheinpfalz und dem Großherzogtum Oldenburg. Erst 1920 wurde infolge des Versailler Vertrages aus der Region erstmals eine eigene Verwaltungseinheit geschaffen. Darin wurde festgeschrieben, dass das Gebiet um die Saargruben 15 Jahre lang durch eine Regierungskommission des Völkerbundes verwaltet werden sollte. Wirtschaftlich geriet die saarländische Industrie in den Folgejahren weitgehend unter französische Kontrolle.

16 **Wahlplakat 1935** der von der NSDAP gesteuerten „Deutschen Front"

Dominierende politische Kraft blieb weiterhin das katholische Zentrum, wohingegen das rechtsnationale Lager und die NSDAP eine marginale Minderheit blieben. Selbst 1932 erlangte die NSDAP in den Landesratswahlen lediglich 6,7 %.

Infolge der Regierungsübernahme durch die NSDAP in Deutschland spaltete sich die saarländische Bevölkerung in zwei politische Lager, wobei eine starke Fraktion dafür eintrat, erst nach Ende der NS-Herrschaft eine Wiedereingliederung anzustreben. Trotzdem veranlasste der Völkerbund für den 13. Januar 1935 die Abstimmung über einen Anschluss an Frankreich oder Deutschland. Es gelang den rechtsnationalen Kräften den Abstimmungskampf weitgehend zu entpolitisieren und in nationaler Weise zu emotionalisieren. Die Gegner eines sofortigen Anschlusses wurden als Vaterlandsverräter stigmatisiert und nicht selten auch gezielt eingeschüchtert.

17 **Wahlplakat 1955** der Befürworter des Saarstatuts

Letztlich stimmten 90,8 % für die Rückgliederung ins Deutsche Reich, 8,8 % votierten für die Beibehaltung des Status quo und 0,4 % sprachen sich für einen Anschluss an Frankreich aus. Daraufhin wurde das Saargebiet am 1. März 1935 wieder dem deutschen Staatsgebiet angegliedert und erstmals als „Saarland" bezeichnet. Rund 8 000 Saarländer, die gegen die Rückgliederung gestimmt hatten, wählten aber die Emigration.

Nach dem Zweiten Weltkrieg fand unter vielen saarländischen Politikern, besonders der Christlichen Volkspartei (CVP), der Gedanke einer Brückenfunktion des Saargebietes zwischen Frankreich und einem zukünftigen Deutschland vermehrt Fürsprecher. Es entstand zunächst ein Provisorium in Form eines autonomen Saarlandes unter französischer Oberhoheit mit enger wirtschaftlicher Anbindung an Frankreich. Bereits 1947 wurde die französische Währung im Saarland eingeführt und eine saarländische Verfassung erarbeitet. 1950/51 konnte der Produktionsstand der Vorkriegszeit erreicht werden. Im sozialen Sektor, wie beispielsweise beim Kindergeld und bei Sozialleistungen, konnte sogar ein deutlicher Vorsprung vor der Bundesrepublik erreicht werden.

Von Anfang an protestierte die aber noch junge Bundesregierung unter Konrad Adenauer energisch gegen den autonomen Status des Saarlandes unter französischer Oberaufsicht. Der französische Außenminister Schumann schlug daraufhin 1952 eine Europäisierung des Saarlandes vor. Dabei sollte zwischen Deutschland und Frankreich ein Europa-Distrikt als Sitz einer übernationalen europäischen Behörde entstehen.

Doch blieb die „Saarfrage" ein Hemmnis in der westeuropäischen und atlantischen Integration. Schließlich konnten sich Deutschland und Frankreich im Oktober 1954 auf ein neues „Saarstatut" verständigen, wobei die Saar im Rahmen der Westeuropäischen Union (WEU) bis zu einem deutschen Friedensvertrag einen europäischen Status erhalten und von einem Kommissar der WEU geleitet werden sollte. Über dieses Statut wurde am 23. Oktober 1955 eine Volksabstimmung abgehalten. Der Wahlkampf wurde von beiden Seiten sehr emotional und teilweise nationalistisch geführt. Letztlich entschieden sich 67,7 % von den rund 664 000 wahlberechtigten Saarländern gegen das Statut. Nunmehr zeigte sich Frankreich bereit, gegen wirtschaftliche Zugeständnisse eine politische Eingliederung des Saargebietes an Deutschland zu akzeptieren. Diese wurde im Luxemburger Vertrag vom 27. Oktober 1956 vereinbart und am 1. Januar 1957 vollzogen. Bis 1959 bestand allerdings noch eine Währungs- und Wirtschaftsunion mit Frankreich.

7

Geschichte Regional: Ein Sonderweg der deutschen Geschichte – das Saarland

18 **Bestimmungen des Versailler Vertrag vom 28. Juni 1919 über das Saargebiet:**

Art. 45: Als Ersatz für die Zerstörung der Kohlegruben in Nordfrankreich und als Anzahlung auf die von Deutsch-
5 land geschuldete völlige Wiedergutmachung der Kriegs-schäden tritt Deutschland das völlig schulden- und las-tenfreie Eigentum an den Kohlegruben im Saarbecken, wie es im Artikel 48 abgegrenzt ist, mit dem ausschließ-lichen Ausbeutungsrecht an Frankreich ab.

10 *Art. 49:* Deutschland verzichtet zugunsten des Völker-bundes, der insoweit als Treuhänder gilt, auf die Regie-rung des oben bezeichneten Gebietes.

Nach Ablauf einer Frist von fünfzehn Jahren nach In-krafttreten des gegenwärtigen Vertrages wird die Bevölke-
15 rung dieses Gebietes zu einer Äußerung darüber berufen, unter welche Souveränität sie zu treten wünscht.

Anlage I, Kapitel II, § 16: Die Regierung des Gebietes des Saarbeckens wird einer Kommission anvertraut, die den Völkerbund vertritt. Diese Kommission wird ihren Sitz
20 im Gebiet des Saarbeckens haben.

§ 17: Die im § 16 vorgesehene Regierungskommission besteht aus 5 Mitgliedern, die durch den Rat des Völker-bundes ernannt werden. Sie besteht aus einem französi-schen Mitglied, einem nichtfranzösischen Mitglied, das
25 aus dem Gebiet des Saarbeckens stammt und dort wohnt, und drei Mitgliedern, die Staatsangehörige dreier anderer Länder als Frankreich und Deutschland sind.

Die Mitglieder der Regierungskommission werden auf ein Jahr ernannt, ihr Mandat kann erneuert werden. Der
30 Rat des Völkerbundes kann sie abberufen und für ihren Ersatz sorgen.

Reichsgesetzblatt 1919, S. 689 ff.

19 **Internationale Saarpolizei 1934.** Truppen des britischen Kontingents für die internationale Saarpolizei werden inspiziert. Bis Ende Dezember 1934 waren unter britischem Oberbefehl 1400 Briten, 800 Italiener, 550 Schweden und 250 Niederländer im Saargebiet statio-niert.

Arbeitsvorschläge

a) Recherchieren Sie, welche politischen Kräfte und mit welchen Argumenten jeweils 1935 und 1955 für den Erhalt des bisherigen Sonderstatus eintraten.

b) Interpretieren Sie anhand der Plakate, welche Themen beim Abstimmungs-kampf im Mittelpunkt standen.

c) Überlegen Sie, wo die Gemeinsamkeiten und wo die Unterschiede in der Si-tuation 1935 und 1955 bestanden. Analysieren Sie dabei auch die Politik der französischen und der deutschen Regierung.

7

7.3 Die Anfänge der „Ära Ulbricht" – Aufbau des Sozialismus in der DDR

Stalins Strategien gegenüber der DDR

Analog zur Rolle der Bundesrepublik als äußerstem Vorposten der westlichen Welt im Kalten Krieg wurde die DDR von Stalin als strategischer Pfeiler des kommunistischen Blocksystems gegenüber der „kapitalistisch-imperialistischen Umklammerung" betrachtet. Er hatte schon im Frühjahr 1945 im Gespräch mit jugoslawischen Kommunisten formuliert: „Dieser Krieg ist nicht wie in der Vergangenheit; wer immer ein Gebiet besitzt, erlegt ihm auch sein eigenes gesellschaftliches System auf. Jeder führt sein eigenes System ein, so weit seine Armee vordringen kann. Es kann gar nicht anders sein." Während sich aber die Westmächte frühzeitig auf die Westintegration der Bundesrepublik umorientierten, war Stalins Deutschlandpolitik doppelgleisig angelegt: Nachdem 1947 die Anti-Hitler-Koalition endgültig zerbrochen war, hatte er das Ziel verfolgt, die USA aus Europa herauszudrängen und dadurch den sowjetischen Einfluss in Europa zu verstärken. In diesem Kalkül war ein vereinigtes Deutschland, das in seiner Außenpolitik von der Sowjetunion abhängig war, einem kommunistischen Teilstaat vorzuziehen. Da es aber unsicher war, ob dieses Ziel erreicht werden konnte, verfolgte Stalin zusätzlich eine zweite Strategie: Solange noch Chancen bestanden, ganz Deutschland unter sowjetischen Einfluss zu bringen, sollten durch strukturelle Eingriffe in der DDR nur jene vollendeten Tatsachen geschaffen werden, die die kommunistische Hegemonie zwar absicherten, aber eine „Volksdemokratie" nach polnischem oder ungarischem Muster nicht vorschnell installiert hätten. Stalin war durch diese Doppelstrategie auch für den Fall gewappnet, dass ein wiedervereinigtes Deutschland nicht zustande käme, weil der begonnene Ausbau einer kommunistischen Gesellschafts- und Herrschaftsstruktur zugleich als Grundlage für die Weiterentwicklung zu einer endgültigen Teilstaatslösung dienen konnte.

Von der „antifaschistisch-demokratischen Umwälzung" zum Aufbau des Sozialismus

Walter Ulbricht,
Generalsekretär der SED
1950–1971

So begann die Geschichte der jungen DDR zwischen 1949 und 1952 mit der Phase der „antifaschistisch-demokratischen Umwälzung". Sie zeichnete sich einerseits dadurch aus, dass staatseigene Betriebe bereits die Wirtschaft beherrschten und im Rahmen eines Fünfjahresplans sowjetische Wirtschaftsmethoden anwandten, dass die Gleichschaltung der nichtkommunistischen Parteien weit vorangeschritten war und dass die Wählerinnen und Wähler nur die Einheitsliste der „Nationalen Front" vorgelegt bekamen. Andererseits hielt man aber in bewusster Abweichung vom stalinistischen Modell am zumindest formal beibehaltenen Mehrparteiensystem und einer zunächst noch überwiegend privat betriebenen Landwirtschaft fest, solange die Sowjetunion sich die deutsche Einheit als Option offen halten wollte. Erst nachdem die Wiedervereinigung kein strategisches Ziel mehr sein konnte, weil diese Option im Mai 1952 an der ablehnenden Haltung Adenauers und der Westmächte gegenüber den Stalin-Noten gescheitert war, erhielt die SED im Juli 1952 aus Moskau die Genehmigung, den planmäßigen „Aufbau des Sozialismus" zu proklamieren. Unter der maßgeblichen Führung Walter Ulbrichts, der als Generalsekretär der SED seit 1950 zur bestimmenden Person geworden war, kopierte die DDR von nun an das sowjetische Modell unter dem auf der 2. Parteikonferenz der SED 1952 verkündeten Motto „Von der Sowjetunion lernen, heißt siegen lernen". Adenauers Politik der „Westintegration" hatte damit ihre Entsprechung in Ulbrichts Politik der „Ostintegration" gefunden.

Die SED – eine „Partei neuen Typs"

Damit begann die Stalinisierung der DDR, für deren Umsetzung gemäß Stalins zweiter, eigentlich ungeliebter Teilstrategie auf Grundlagen zurückgegriffen werden konnte, die in den Jahren zuvor gelegt worden waren. Zu ihnen gehörte an erster Stelle die 1950 beschlossene Definition der SED als „Partei neuen Typs",

7

1 Im stalinistisch-leninistischen Operationssaal: Der Nächste bitte …
Karikatur aus Hannoversche Presse vom 4.7.1952.

die als „bewusste Vorhut der Arbeiterklasse" im nun beginnenden Prozess des „gesetzmäßig sich verschärfenden Klassenkampfs" – so Ulbricht auf der 2. Parteikonferenz – die Führungsrolle beanspruchte, die sie nicht aus Wahlen, sondern aus Lenins Parteitheorie ableitete. Ihr zufolge könne die Arbeiterklasse von sich aus kein politisch-revolutionäres, sondern nur ein gewerkschaftliches Bewusstsein entwickeln. Das wahre Bewusstsein müsse ihr deshalb von außen durch sozialistische Intellektuelle, die in der Partei kämpfenden Berufsrevolutionäre, vermittelt werden. Die Partei handele gemäß der ihr vorbehaltenen Einsicht in die „historischen Gesetzmäßigkeiten", die in der „Theorie von Marx, Engels, Lenin und Stalin" mit naturwissenschaftlicher Präzision aufgedeckt worden seien und ihr bei allen politischen Entscheidungen als „zuverlässiger Kompass" dienten. Ihr Anspruch auf das Deutungsmonopol gegenüber der „wissenschaftlichen Weltanschauung" des Marxismus-Leninismus mündete folgerichtig in einen totalitären Dogmatismus, wie er sich etwa im Refrain eines Partei-Lieds niederschlug: „Die Partei, die Partei, die hat immer Recht."

Als Legitimationsgrundlage diente der „Partei neuen Typs" außerdem der bereits 1905 von Lenin entwickelte Grundsatz des „demokratischen Zentralismus": Er beinhaltet einerseits die Wahl der übergeordneten Parteiorgane durch die Mitglieder, andererseits aber gleichzeitig deren uneingeschränkte Entscheidungsbefugnis nach der Wahl und die Pflicht der untergeordneten Parteiorgane zu „straffer Parteidisziplin", die als Voraussetzung für die „Kampfkraft" der Partei betrachtet wurde. Da in der Regel die Funktionäre von den bereits amtierenden Funktionsträgern eingesetzt wurden, verfestigte sich in der Realität eine bürokratisch-zentralistische Herrschaftspraxis. Zudem war aufgrund des ebenfalls schon von Lenin 1921 eingeführten „Fraktionsverbots" die Bildung innerparteilicher Gruppierungen mit abweichenden Positionen verboten, wodurch der Totalitätsanspruch des Zentralkomitees der SED ideologisch gerechtfertigt erschien.

Auf diesen pseudowissenschaftlichen Grundlagen entfaltete sich in den 1950er-Jahren hinter der Fassade eines „sozialistischen Mehrparteienstaates" zunehmend eine stalinistische Einparteienherrschaft, der die „bürgerlichen Parteien" (CDU, LDP, NDPD, DBD) sich als Block-Parteien der „Nationalen Front" anschlossen. Wahlen wurden offen durchgeführt und Volksvertretungen auf Scheinfunktionen reduziert, weil die Sitzverteilung in der Volkskammer bereits vor den Wahlen

Monopolisierung der Staatsgewalt

**LDP, NDPD, DBD,
FDGB, FDJ,
Junge Pioniere,
MfS, DFD, VVN,
VdgB, Kulturbund**

festgelegt wurde. Mittels einer zentralistischen Kaderpolitik und der personellen Verflechtung von Partei- und Regierungsämtern spiegelte sich der ideologisch begründete Führungsanspruch der Partei in einer wachsenden Lenkung von Staatsapparat, Justiz und Wirtschaft durch die SED wider. Mit der Kontrolle über Medien, Bildungssystem und Kultur errang die Partei außerdem ein Monopol zumindest über die veröffentlichte Meinung. Die Kontrolle der Bevölkerung schließlich sollte durch Mitgliedschaft in Massenorganisationen wie FDGB, DFD, Kulturbund, VdgB, FDJ, Junge Pioniere sowie das Ministerium für Staatssicherheit (MfS) garantiert werden. Auch die Überführung der 5 Länder – Sachsen, Sachsen-Anhalt, Thüringen, Mecklenburg, Brandenburg – in 14 Bezirke erlaubte eine weitere Zentralisierung des politischen Systems sowie eine Reorganisation des Staats- und Parteiapparats, die mit personellen Säuberungen einherging.

**Wirtschaftliche Ost-
integration**

RGW

LPG, PGH

Im wirtschaftlichen Bereich intensivierte sich der Prozess der Ostintegration ebenfalls: So erweiterte die DDR, die 1950 dem „Rat für Gegenseitige Wirtschaftshilfe" (RGW) beigetreten war, ab 1952 ihre außenwirtschaftlichen Beziehungen zur Sowjetunion und zu den „Volksdemokratien". Der Außenhandel mit diesen Staaten verdreifachte sich von 1950 bis 1955; 1954 entfielen drei Viertel des DDR-Außenhandels auf sie. Im Innern wurden die zentralistischen Planungs- und Leitungsmethoden verstärkt, während der FDGB zunehmend seine Funktion als Interessenorganisation der Arbeiter und Angestellten aufgeben musste. Gemäß dem sowjetischen Modell beschloss die 2. Parteikonferenz der SED 1952 den beschleunigten Ausbau der Schwerindustrie auf Kosten des Konsumgütersektors sowie die forcierte „Kollektivierung" von Landwirtschaft und Handwerk durch die Gründung von „Landwirtschaftlichen Produktionsgenossenschaften" (LPG) und „Produktionsgenossenschaften des Handwerks" (PGH) .

Bildungspolitik

Bildungspolitisch sollte der „Aufbau des Sozialismus" durch den polytechnischen Unterricht umgesetzt werden. Schülerinnen und Schüler wurden neben einer theoretischen Ausbildung in die Grundlagen der Produktion eingeführt; an den Hochschulen wurde die verstärkte Vermittlung der russischen Sprache, der „Sowjetwissenschaft" und des Marxismus-Leninismus verordnet. Das „bürgerliche" Bildungsprivileg sollte durch die Verdoppelung der Studentenzahlen zwischen 1951 und 1954 sowie die Steigerung des Anteils von Arbeiter- und Bauernkindern, deren Anteil 1954 auf 53 % anstieg, überwunden werden.

**Militärische
Aufrüstung und
Zwei-Staaten-Theorie**

Mit dem Ausbau der 1956 aufgestellten „Nationalen Volksarmee" (NVA) begann eine umfassende militärische Aufrüstung der DDR, nachdem im Jahr vorher die Sowjetunion, die DDR, Polen, die CSSR, Ungarn, Rumänien, Bulgarien und Albanien den „Warschauer Pakt" als Militärbündnis abgeschlossen hatten. Im Zuge der damit zum Abschluss gebrachten militärischen Ostintegration erhielt die DDR 1954 – analog den Pariser Verträgen – „erweiterte Souveränitätsrechte", die aber eingeschränkt blieben durch die Stationierung von Sowjettruppen sowie durch die von Moskau bekräftigte Anerkennung der Vier-Mächte-Verantwortung für Berlin. Schon einige Wochen vorher hatte Chruschtschow, der Nachfolger des 1953 verstorbenen Stalin, in Ost-Berlin die „Zwei-Staaten-Theorie" verkündet. Ihr zufolge sollte eine Lösung der deutschen Frage künftig Sache der beiden völkerrechtlich voneinander getrennten Staaten sein. Ihre „sozialistischen Errungenschaften" dürfe die DDR dabei allerdings nicht zur Disposition stellen – auch hier also ein deutschlandpolitischer Vorbehalt in erneuter Analogie zu den Pariser Verträgen. Mit der „Zwei-Staaten-Theorie" hatte die Sowjetunion definitiv die Abkehr von ihrer Wiedervereinigungspolitik vollzogen. Die deutsche Teilung konnte damit vorerst als zementiert gelten.

7

Schwerindustrie

Grundlage der Unabhängigkeit und des Wohlstandes

2 **Werbeplakat für den ersten Fünfjahrplan, 1952**
In der Bildmitte ist Walter Ulbricht zu sehen.

3 Die SED als „Partei neuen Typs"

Entschließung der I. Parteikonferenz der SED am 28. Januar 1949:

Die marxistisch-leninistische Partei ist die bewusste Vor-
5 hut der Arbeiterklasse. Das heißt, sie muss eine Arbeiterpartei sein, die in erster Linie die besten Elemente der
Arbeiterklasse in ihren Reihen zählt, die ständig ihr Klassenbewusstsein erhöhen. Die Partei kann ihre führende Rolle als Vorhut des Proletariats nur erfüllen, wenn
10 sie die marxistisch-leninistische Theorie beherrscht,
die ihr die Einsicht in die gesellschaftlichen Entwick-
lungsgesetze vermittelt. Daher ist die erste Aufgabe zur
Entwicklung der SED zu einer Partei neuen Typus die
ideologisch-politische Erziehung der Parteimitglieder
15 und besonders der Funktionäre im Geiste des Marxismus-Leninismus. [...]
Die Partei stellt ein Organisationssystem dar, in dem sich
alle Glieder den Beschlüssen unterordnen. Nur so kann
die Partei die Einheit des Willens und die Einheit der
20 Aktion der Arbeiterklasse sichern. [...]
Die Duldung von Fraktionen und Gruppierungen innerhalb der Partei ist unvereinbar mit ihrem marxistisch-
leninistischen Charakter.

R. Steininger: Deutsche Geschichte seit 1945, Bd. 2. Frankfurt/M. 1996, S. 10 f.

4 Wahlen nach SED-Verständnis

Beschluss des „Demokratischen Blocks" zur Volkskammer-wahl am 15. Oktober 1950:

Der Demokratische Block, die Einheitsfront der antifaschistisch-demokratischen Parteien, trat [...] zu einer Sit- 5
zung zusammen, um zu den Wahlvorbereitungen für den
Großwahltag am 15. Oktober dieses Jahres Stellung zu
nehmen. [...] Für die Volkskammer wird an der in Artikel
52 der Verfassung der Deutschen Demokratischen Republik festgesetzten Abgeordnetenzahl von 400 Mitgliedern 10
festgehalten. Sie verteilen sich in dem vereinbarten gemeinsamen Wahlvorschlag prozentual wie folgt:

SED	25,0 v.H.	FDJ	5,0 v.H.
CDU	15,0 v.H.	DFD	3,7 v.H.
LDP	15,0 v.H.	VVN	3,7 v.H.
NDPD	7,5 v.H.	Kulturbund	5,0 v.H.
DBD	7,5 v.H.	VdgB	1,3 v.H.
FDGB	10,0 v.H.	Genossenschaften	1,3 v.H.
Parteizugehörigkeit Wahlkandidaten der Massenorganisationen:			
SED	107	CDU	5
LDP	3	NDPD	1

Für die Landtage, Kreistage und Gemeindevertretungen
gilt ein ähnlicher Schlüssel. [...] In der Sitzung des Demokratischen Blocks bestand restlos Einmütigkeit darüber, 15
dass es gilt, die Wahlen vom 15. Oktober zu einer wir-
kungsvollen und würdigen Manifestation der deutschen
Einheit und zu einem leidenschaftlichen Bekenntnis
zum Kampfe für den Frieden zu gestalten.

Zit. nach: Judt, M. (Hg.): DDR-Geschichte in Dokumenten. Bonn 1998, S. 63 f.

5 Die Rolle der SED

Klaus Sorgenicht, Abteilungsleiter des ZK der SED und Mit-glied im Staatsrat, schrieb 1969 im offiziellen Kommentar zur neuen DDR-Verfassung von 1968:

Die Verwirklichung der führenden Rolle der Arbeiter- 5
klasse erfordert, dass an ihrer Spitze die marxistisch-leninistische Partei steht. Diese Partei ist in der Deutschen
Demokratischen Republik die Sozialistische Einheitspartei Deutschlands. Sie befähigt die Arbeiterklasse,
ihre geschichtliche Mission bei der Gestaltung des ent- 10
wickelten gesellschaftlichen Systems des Sozialismus zu
erfüllen. Sie ist der bewusste und organisierte Vortrupp
der deutschen Arbeiterklasse. Die Sozialistische Einheitspartei Deutschlands ist mit der fortgeschrittensten
Wissenschaft, mit der Lehre des Marxismus-Leninismus 15
ausgerüstet, wendet diese Lehre schöpferisch entsprechend den historischen Bedingungen an und bereichert
sie mit den Erfahrungen des Kampfes für die Errichtung
und Entwicklung der sozialistischen Gesellschaft in der
Deutschen Demokratischen Republik. 20

Sorgenicht, K. u. a.: Verfassung der Deutschen Demokratischen Republik. Dokumente – Kommentar, Bd. 1. Berlin (Ost) 1969, S. 226 f.

7

6 **Verbreitung des Atheismus**

Aus einem Schreiben der SED-Bezirksleitung Neubrandenburg von 1956:

Durch die Verbreitung der marxistisch-leninistischen
5 Lehre sowie wissenschaftlicher Kenntnisse wird erreicht,
dass sich immer mehr Menschen von religiösen Auffassungen befreien. Zahlreiche Bürger haben im Ergebnis
der Aufklärungstätigkeit mit dem Gedankengut der Kirche gebrochen oder zeigen keinerlei Drang zur Kirche.
10 Dennoch sind sowohl Mitglieder unserer Partei als auch
andere Bürger in ihrem Verhältnis zur Kirche inkonsequent und verbleiben weiterhin Mitglied der Kirche. [...]
Vielleicht liegen die Ursachen eines inkonsequenten Verhaltens zur Kirche darin begründet, dass diese Menschen
15 bei bestimmten Anlässen, wie z. B. bei der Eheschließung,
eine feierliche Handlung, wie sie die Kirche vornimmt,
als gewissen Höhepunkt der Hochzeit ansehen und deshalb nicht darauf verzichten möchten. Um diese Tradition, die ein gewisses Monopol der Kirche darstellt, zu
20 überwinden, ist es notwendig, dass von anderer Stelle
bei der Eheschließung ein feierlicher Akt als Höhepunkt
erfolgt. Dafür sind die Standesämter am besten geeignet.
Bei den Standesämtern muss deshalb in Zukunft [...] in
feierlicher Weise die Eheschließung gewürdigt und damit
25 ein Höhepunkt geschaffen werden.

Bundesarchiv ZPA, IV 2/14/40 Bl. 8.

7 **Kampf gegen die Kirche**

Aus einer Erklärung der Evangelischen Bischofskonferenz 1953:

Der Druck, der in Glaubens- und Gewissensfragen auf
5 Glieder der evangelischen Kirche ausgeübt wird, droht
untragbar zu werden. Uns ist bekannt geworden, dass
gegen die Glieder der Jungen Gemeinde mit besonderer
Härte vorgegangen wird und welche Mittel dabei angewendet werden. Wir wissen von vielen Fällen, in denen
10 junge Menschen, die ihre Gliedschaft in der Jungen Gemeinde nicht aufgeben wollten, von der Schule verwiesen und am Abschluss ihrer Ausbildung gehindert wur-

8 **Deutschlandtreffen in Berlin**

SED und FDJ organisierten mehrmals Jugendtreffen in
Berlin, zu denen auch Jugendliche aus der Bundesrepublik eingeladen wurden. FDJler ziehen einen Wagen mit
Buchattrappen von Marx, Engels und Lenin sowie der
Losung „Der Marxismus ist allmächtig, weil er wahr ist".

den. Wir wissen von anderen noch schwereren Fällen,
in denen ein unverantwortlicher Druck auf die jungen
Menschen ausgeübt worden ist mit dem Ziel, das Rückgrat ihrer Gesinnung und ihres Glaubens zu brechen. Wir 15
erklären, dass wir kein Wort von den Angriffen glauben,
die in der „Jungen Welt", dem Organ des Zentralrats der
FDJ, gegen die Junge Gemeinde erhoben sind. Wir kennen diese jungen Christen und wissen, dass es nicht wahr
ist, dass sie die Junge Gemeinde zu einer „Terrorgruppe 20
zur Sabotage der Wiedervereinigung Deutschlands" machen wollten. [...] Wir wissen als Christen zwar um die
Grenzen der irdischen Gerichtsbarkeit, verzichten aber
gleichwohl nicht auf den Appell an Amtspflicht, Gewissen und Menschlichkeit der Richter. Wir glauben, dass 25
Gottes Gericht über diejenigen ergehen wird, die das von
Gott gesetzte Amt der Obrigkeit missbrauchen.

Keesing's Archiv der Gegenwart, Jg. 23 (1953), S. 3963.

Arbeitsvorschläge

a) Erläutern Sie die Zusammenhänge zwischen den Beschlüssen des „Demokratischen Blocks" (M4) und der in den Texten M3 und M5 dargelegten Rolle der SED.

b) Erörtern Sie anhand der Texte und M3–M5, inwiefern der selbst gewählte Staatsname „Deutsche Demokratische Republik" zutrifft.

c) Vergleichen Sie den Demokratiebegriff, der M3–M5 zugrunde liegt, mit dem Modell der pluralistischen Demokratie.

d) Interpretieren Sie die Karikatur M1 und das Foto M8 im historischen Kontext der Jahre 1949 bis 1955.

e) Erläutern Sie den Übergang von der „antifaschistisch-demokratischen Umwälzung" zum Aufbau des Sozialismus am Beispiel der Wirtschaftspolitik der SED (VT, M2).

f) Stellen Sie die Zusammenhänge zwischen der „marxistisch-leninistischen Lehre" und der Kirchenpolitik der SED dar (M6 und M7).

7.4 In der Bundesrepublik: Soziale Marktwirtschaft und struktureller Wandel

Ähnlich umstritten wie Adenauers Weg der Westintegration war in der jungen Bundesrepublik auch die Frage nach den wirtschaftspolitischen Grundentscheidungen. Angesichts einer trotz Währungsreform und Marshall-Plan bis 1951 stagnierenden westdeutschen Wirtschaft standen die Zeichen für einen wirtschaftlichen Aufschwung ungünstig: Anhaltender Mangel an Lebensmitteln und Konsumgütern, eine wachsende Kluft zwischen Durchschnitts- und Spitzeneinkommen, galoppierende Lebenshaltungskosten durch rapide Preissteigerungen sowie zwei Millionen Arbeitslose im Jahr 1950, was einer Quote von 12,2 % entsprach, erzwangen die Beibehaltung der Lebensmittelrationierung bis zum März desselben Jahres. In dieser Notsituation bestand weitgehender Konsens darüber, dass „nicht die freie Marktwirtschaft des liberalistischen Freibeutertums" – so der spätere Wirtschaftsminister Ludwig Erhard 1948 – Grundlage einer wirtschaftlichen Neuordnung sein könne, sondern dass der Staat in sozialer Verantwortung in die wirtschaftlichen Prozesse einzugreifen habe. Umstritten war lediglich das Ausmaß der staatlichen Eingriffe. Der SPD-Vorsitzende Kurt Schumacher forderte eine staatliche Wirtschaftslenkung sowie die Vergesellschaftung der Schlüsselindustrien, wie auch das Ahlener Programm der CDU in der britischen Zone 1948 noch die Sozialisierung der Kohlebergwerke verlangt hatte.

Wirtschaftspolitische Weichenstellungen

Ludwig Erhard, Wirtschaftsminister im Kabinett Adenauer ab 1949, wandte sich mit seinem Konzept der „sozialen Marktwirtschaft" gegen derart weitgehende staatliche Eingriffe. Staatliche Aktivitäten sollten sich auf eine marktkonforme Rahmengesetzgebung beschränken, die die freie Preisbildung als regulierendes Prinzip anerkennt und einen fairen Wettbewerb sichern hilft. Die soziale Komponente der Marktwirtschaft verpflichtete den Staat, für die wirtschaftlich Schwachen so weit Sorge zu tragen, dass sie ein menschenwürdiges Leben führen konnten, ohne dass er – so das zugrunde liegende Subsidiaritätsprinzip – zum bevormundenden Versorgungsstaat wurde. Um sozial gerecht wirken zu können, müsse der Staat Erhard zufolge aus seiner „Nachtwächter"-Rolle erlöst werden und der Marktwirtschaft eine „stahlharte Ordnung" geben, die die individuellen Profitinteressen zügelt und das Gemeinwohl schützt. So sollte ein „dritter Weg" zwischen bürgerlichem „laissez-faire"-Kapitalismus und sozialistischer Planwirtschaft beschritten werden.

Die soziale Marktwirtschaft

 Subsidiaritätsprinzip

Den vom Staat gesetzten Ordnungsrahmen für eine partnerschaftliche Form der Konfliktregulierung zwischen Arbeitnehmern und Arbeitgebern bildeten das Montanmitbestimmungsgesetz von 1951, das die paritätische Besetzung des Aufsichtsrats vorsah, und das Betriebsverfassungsgesetz von 1952, das den Arbeitnehmervertretern Mitwirkungsrechte gegenüber der Firmenleitung in personal- und sozialpolitischen Fragen einräumte – z. B. bei der Regelung der Arbeitszeit oder bei Einstellungen und Entlassungen. Die beiden Gesetze erwiesen sich als prägend für das Verhältnis von Kapital und Arbeit in der Bundesrepublik, weil sie auf Konsens und Verhandlungen orientierte Sozialbeziehungen an die Stelle von Konflikten, Konfrontationen und Streiks zu setzen versuchten. Dem sozialen Frieden dienten auch das Bundesversorgungsgesetz von 1950 und das Lastenausgleichsgesetz von 1952, mit denen durch bisher ungekannte Vermögenstransfers der Versuch unternommen wurde, die unterschiedliche Belastung verschiedener Bevölkerungsgruppen durch Kriegsschäden, Flucht, Vertreibung und Enteignung wenigstens teilweise auszugleichen und dadurch die soziale Integration der Nachkriegsgesellschaft zu befördern.

Gesetzliche Rahmenbedingungen

7

Mit dem Investitionshilfegesetz wurde der Kapitalmangel, der im Kohlebergbau, in der Stahlindustrie und in der Energiewirtschaft bestand, durch Subventionen in Höhe von einer Milliarde DM überwunden. Der Sicherung eines funktionierenden Leistungswettbewerbs in der Marktwirtschaft sollte schließlich das 1957 verabschiedete Kartell-Gesetz („Gesetz gegen Wettbewerbsbeschränkungen") dienen, das aber aufgrund heftiger Proteste der Industrie zahlreiche Ausnahmen zuließ und deshalb den in den 1960er-Jahren erneut einsetzenden Konzentrationsprozess nicht aufhalten konnte. Im Verbund mit einer angebotsorientierten Wirtschaftspolitik, die durch eine unternehmerfreundliche Steuergesetzgebung und großzügige Abschreibungsmöglichkeiten die privaten Investitionen und die Kapitalbildung förderte, wurden verschiedene große Industrievermögen restauriert, sodass die ungleiche Vermögensverteilung erhalten blieb. Weder das Sparprämiengesetz und das 312-Mark-Gesetz, die beide eine Politik der Vermögensbildung in Arbeitnehmerhand anstrebten, noch die Einführung der dynamischen Altersrente, die seit 1957 die Rentenzahlungen an die durchschnittlichen Lohn- und Gehaltserhöhungen band, waren geeignet, die bestehenden Einkommensunterschiede abzumildern.

1 „Nicht wahr, Michelchen – keine Experimente"
Karikatur von Hanns Erich Köhler in Anlehnung an den CDU-Werbeslogan „Keine Experimente", 1957.

Das „Wirtschaftswunder"

Dass die Bundesregierung trotzdem den sozialen Frieden durch eine sozialpolitische Offensive – Tarifautonomie, paritätische Selbstverwaltung der Sozialversicherung, Lohnfortzahlung im Krankheitsfall, Kindergeld, Rentenreform – absichern konnte, lag an den wachsenden volkswirtschaftlichen Verteilungsspielräumen, die sich mit dem Durchbruch zum „selbsttragenden" Wirtschaftswachstum ab 1952 ergaben. Zum Motor der wirtschaftlichen Expansion in der Bundesrepublik wurde die wachsende Auslandsnachfrage nach Investitionsgütern in der Folge eines weltweiten Booms. Die wichtigen außenwirtschaftlichen Konkurrenten – die USA und die westeuropäischen Demokratien – hatten wegen des Korea-Kriegs ihre Produktionskapazitäten auf die Herstellung von Rüstungsgütern eingestellt. In diese „Angebotslücke" konnte die westdeutsche Wirtschaft dank ihrer freien Kapazitäten springen. Die nach Kriegszerstörung und Demontagen darnieder liegende Industrie investierte massiv in moderne Produktionsanlagen, sodass deutsche Exporte besonders des Maschinen- und Fahrzeugbaus sowie der elektrischen und der chemischen Industrie ungehindert die Weltmärkte erobern konnten. Die Binnenkonjunktur wurde ergänzend durch einen gewaltigen Nachholbedarf an Konsumgütern stimuliert. So folgte auf die größte Niederlage der deutschen Geschichte das „Wirtschaftswunder", die größte wirtschaftliche Blütezeit der deutschen Geschichte: Bei hohen Wachstumsraten und wachsenden Sozialleistungen sank die Arbeitslosenquote. Jährlich wurden mehr als 500 000 Wohnungen gebaut und bis zum Beginn der 1960er-Jahre hatten sich die Reallöhne verdoppelt und das Bruttosozialprodukt verdreifacht.

Gesellschaftlicher Strukturwandel

Angesichts dieses einmaligen wirtschaftlichen Aufschwungs blieb die Frage nach der gerechten Verteilung der Einkommen und Vermögen für viele Menschen von untergeordneter Bedeutung. Wichtiger schien, dass viele soziale und politische Probleme erstaunlich einfach gelöst werden konnten, so z.B. die Engliede-

7

rung von ca. 10 Millionen Vertriebenen und Flüchtlingen in den westdeutschen Wirtschaftsprozess oder der durch die technische Entwicklung notwendig werdende Strukturwandel, in dessen Verlauf Erwerbstätige aus unterdurchschnittlich produktiven Bereichen in produktivere wechselten: Während der Anteil der Selbstständigen und der in der Landwirtschaft Beschäftigten schnell sank, stieg er in Handwerk, Industrie und bei den Dienstleistungen. Gleichzeitig ging der Anteil körperlich anstrengender Arbeit schnell zurück, wobei gegenläufig in den Wachstumsbranchen wie Fahrzeug- und Maschinenbau, Elektro- und chemische Industrie sowie Mineralöl- und Kunststoffverarbeitung die Zahl höher qualifizierter Stellen rapide zunahm. Bereits nach wenigen Aufbaujahren waren zwei Drittel der Bundesbürger schuldenfrei und konnten sich die ersten Konsumgeräte leisten: Zunächst elektrische Haushaltsgeräte wie Staubsauger, Kühlschränke und Waschmaschinen, aber auch bald schon verwirklichte sich für manche der Traum vom Eigenheim. Danach folgten „Freizeitprodukte" wie Fotoapparat, Fernseher und Auto. Verbunden mit der Motorisierung war eine bis dahin unbekannte Mobilität und ein neues Gefühl von Freiheit, das im Wochenendausflug und der Urlaubsreise seinen Ausdruck fand: Bereits 1956 strebten fast 5 Millionen Deutsche über die Alpen in Richtung Italien, das ein besonders beliebtes Reiseziel war.

So veränderte sich auch das Alltagsleben der Menschen tiefgreifend: Mussten bis 1950 noch durchschnittlich drei Viertel des Haushaltseinkommens für Nahrung, Kleidung und Wohnung ausgegeben werden, so sank dieser Anteil in den Folgejahren stetig zugunsten der Produkte des Massenkonsums, die früher als Luxus gegolten hatten. Die Vergrößerung der Wohnungen, die Arbeiterfamilien nun zur Verfügung standen, führte zu einer Verbürgerlichung ihres Lebensstils: Ihr Lebensschwerpunkt verlagerte sich aus der Wohnküche ins Wohnzimmer und es gab größere Rückzugsmöglichkeiten zur Verwirklichung von individuellen Bedürfnissen. Immerhin stand Mitte der 1950er-Jahre jeder Person durchschnittlich schon wieder ein Raum von 15–20 Quadratmeter Wohnfläche zur Verfügung, während sich noch 1950 statistisch jeweils drei Haushalte zwei Wohnungen teilten und nur etwa die Hälfte der Haushalte über eine Kochstelle zur alleinigen Benutzung verfügte. Der wachsende Wohlstand für viele führte auch zu einer Angleichung der Lebensgewohnheiten und Verhaltensformen in den verschiedenen Bevölkerungsgruppen, insbesondere in der Freizeit, wo z. B. der Gang ins Kino immer beliebter wurde.

Veränderte Lebensgewohnheiten

2 **Werbung gehört zum Alltag**
Amerikanische Produkte werden auf dem deutschen Markt zum Symbol von Wohlstand und Freiheit.

Die genannten Angleichungsprozesse im alltäglichen Konsum- und Freizeitverhalten bewegten den Soziologen Helmut Schelsky 1953 dazu, die Gesellschaft der Bundesrepublik als „nivellierte Mittelstandsgesellschaft" zu bezeichnen. Ihm zufolge kreuzten sich in der jungen Bundesrepublik schon länger anhaltende Aufstiegsprozesse von Arbeitern und Angestellten in den Mittelstand mit dem sozialen Abstieg des früher führenden Besitz- und Bildungsbürgertums – zum Beispiel durch die Vertreibung aus dem Osten. Das Ergebnis sei eine relativ homogene mittelständische Gesellschaft gewesen, in der die früheren Klassengegensätze fehlten und sich Aufstiegschancen, Lebensstile und Konsum-

Eine „nivellierte Mittelstandsgesellschaft"?

gewohnheiten immer mehr annäherten. Die empirische Sozialforschung wies allerdings bald nach, dass auch während des „Wirtschaftswunders" erhebliche Einkommens- und Vermögensunterschiede erhalten blieben, sich teilweise sogar verschärften und die Tendenz zur Vermögenskonzentration ungebrochen blieb sowie ein nennenswerter Umverteilungseffekt nicht erreicht wurde. So waren die Unterschichten in den Führungspositionen der jungen Bundesrepublik kaum vertreten, während die gesellschaftlichen Eliten sich weiterhin überproportional aus dem Bürgertum rekrutierten und im Übrigen z. B. immer noch peinlich genau auf geschlossene Heiratskreise achteten. Selbst die gesetzgeberischen Maßnahmen zur Vermögensbildung kamen oft mehr den finanziell Bessergestellten als den unteren Bevölkerungsschichten zugute: So nutzten Arbeiter beispielsweise die Vergünstigungen für Bausparer in weit geringerem Maße als Angestellte, Beamte und Selbstständige.

Schattenseiten des „Wirtschaftswunders"

Insgesamt war die Boom-Phase des bundesrepublikanischen „Wirtschaftswunders", die bis Anfang der 1970er-Jahre andauerte, eine Zeit grundlegender Weichenstellungen. Die soziale Marktwirtschaft entwickelte sich vor allem dank des wachsenden Wohlstands zur allseits anerkannten Wirtschaftsordnung und ein auf Konsens angelegtes Modell der sozialpolitischen Interessenregulierung setzte sich durch. Aber auch Schattenseiten sind nicht zu übersehen: Das „Wunder" verdeckte nicht nur die weiterbestehende Ungleichverteilung von Einkommen und Vermögen. Auf der Ebene der Mentalitäten verstärkte es außerdem in breiten Bevölkerungsschichten einen zuweilen an Überheblichkeit grenzenden Stolz auf die Wiederaufbauleistungen, die häufig auf vorgeblich typisch deutsche Tugenden wie Fleiß und Disziplin zurückgeführt wurden. Der Slogan „Wir sind wieder wer" machte die Runde. Die verbreitete Fixierung auf materielle Werte ging auch oft einher mit politischem Desinteresse und einer geringen Bereitschaft, sich selbstkritisch mit der NS-Vergangenheit auseinander zu setzen und Verantwortung für die eigene Geschichte zu übernehmen.

3 Schaufensterauslage eines Textilgeschäfts

4 Mitbestimmung und soziale Gerechtigkeit

„Grundsatzforderungen" des DGB, 1949:

I. Eine Wirtschaftspolitik, die unter Wahrung der Würde freier Menschen die volle Beschäftigung aller Arbeitswilligen, den zweckmäßigsten Einsatz aller volkswirtschaftlichen Produktivkräfte und die Deckung des volkswirtschaftlich wichtigen Bedarfs sichert.

II. Mitbestimmung der organisierten Arbeitnehmer in allen personellen, wirtschaftlichen und sozialen Fragen der Wirtschaftsführung und Wirtschaftsgestaltung.

III. Die Überführung der Schlüsselindustrien in Gemeineigentum, insbesondere des Bergbaues, der Eisen- und Stahlindustrie, der Großchemie, der Energiewirtschaft, der wichtigen Verkehrseinrichtungen und der Kreditinstitute.

IV. Soziale Gerechtigkeit durch angemessene Beteiligung aller Werktätigen am volkswirtschaftlichen Gesamtertrag und Gewährung eines ausreichenden Lebensunterhaltes für die infolge Alter, Invalidität oder Krankheit nicht Arbeitsfähigen.

Leminsky, G. u. Bernd Otto, B.: Politik und Programmatik des Deutschen Gewerkschaftsbundes. Köln 1974, S. 248.

5 Unternehmerische Freiheit

Der Präsident des Bundesverbandes der deutschen Industrie, Fritz Berg, schrieb im Jahre 1952 über Wirtschaft und Wettbewerb:

Gerade in einer sozialen Marktwirtschaft ist nach meiner Auffassung die Unternehmerfunktion nicht nur durch die Risikobereitschaft, sondern auch das Streben nach Sicherheit gekennzeichnet. [...]

Eines der Mittel zur Abschwächung wirtschaftlich und sozial unerwünschter Marktspannungen ist aber die unternehmerische Zusammenarbeit, sei es in Form einer laufenden gemeinsamen Abstimmung mit der wirtschaftspolitischen Führung, eines Erfahrungsaustausches zwischen Wettbewerbern sowie mit Vorlieferanten und Abnehmern, von Empfehlungen an die Betriebe oder schließlich durch die Vielgestalt von Vereinbarungen kartellmäßigen Charakters. Diese Maßnahmen, die oft schnell und elastisch durchgeführt und immer wieder plötzlichen Änderungen unterworfen werden müssen und die vor allem nur aus einer vollen Kenntnis der Marktverhältnisse getroffen werden können, sollen nach dem Entwurf eines Gesetzes gegen Wettbewerbsbeschränkungen der Genehmigung durch einen Beamten bedürfen! Im Wege der Einzelerlaubnis soll der Beamte darüber befinden, ob sich das Vorhaben der Unternehmer volkswirtschaftlich günstig oder ungünstig auswirken wird! Damit würden unternehmerische Entschlüsse durch einen Verwaltungsakt ersetzt, die Privatinitiative, die Wurzel alles unternehmerischen Schaffens, würde durch autoritäre Entscheidungsgewalt einer mit allen Mitteln rechtlichen Zwanges ausgestatteten Bürokratie

abgelöst. Das ist ein planwirtschaftlicher Eingriff in das marktwirtschaftliche Geschehen, der niemals das Verständnis der Wirtschaft finden wird.

Zit. nach: Schildt, A.: Deutschland in den 50er-Jahren. IzpB 256 (1997), S. 35.

6 Soziale Marktwirtschaft

Ludwig Erhard schrieb 1957 in seinem Buch „Wohlstand für alle":

Die Gefahr einer Beeinträchtigung des Wettbewerbs droht sozusagen ständig und von den verschiedensten Seiten her. Es ist darum eine der wichtigsten Aufgaben des auf einer freiheitlichen Gesellschaftsordnung beruhenden Staates, die Erhaltung des freien Wettbewerbs sicherzustellen. Es bedeutet wirklich keine Übertreibung, wenn ich behaupte, dass ein auf Verbot gegründetes Kartellgesetz als das unentbehrliche „wirtschaftliche Grundgesetz" zu gelten hat. Versagt der Staat auf diesem Felde, dann ist es auch bald um die „soziale Marktwirtschaft" geschehen. Dieses hier verkündete Prinzip zwingt dazu, keinem Staatsbürger die Macht einzuräumen, die individuelle Freiheit unterdrücken oder sie namens einer falsch verstandenen Freiheit einschränken zu dürfen. „Wohlstand für alle" und „Wohlstand durch Wettbewerb" gehören untrennbar zusammen; das erste Postulat kennzeichnet das Ziel, das zweite den Weg, der zu diesem Ziel führt. Die wenigen Andeutungen zeigen bereits den fundamentalen Unterschied zwischen der sozialen Marktwirtschaft und der liberalistischen Wirtschaft alter Prägung. Unternehmer, die unter Hinweis auf neuzeitliche wirtschaftliche Entwicklungstendenzen Kartelle fordern zu können glauben, stellen sich mit jenen Sozialdemokraten auf eine geistige Ebene, die aus der Automation auf die Notwendigkeit einer staatlichen Planwirtschaft schließen.

Diese Überlegung macht wohl auch deutlich, wie ungleich nützlicher es mir erscheint, die Wohlstandsmehrung durch die Expansion zu vollziehen als Wohlstand aus einem unfruchtbaren Streit über eine andere Verteilung des Sozialproduktes erhoffen zu wollen. [...] Mein ständiges Drängen, alle Anstrengungen auf eine Expansion ohne Gefährdung der gesunden Grundlage unserer Wirtschaft und Währung zu richten, gründet sich gerade auf die Überzeugung, dass es mir auf solche Weise möglich sein kann, all denen, die ohne eigenes Verschulden wegen Alter, Krankheit oder als Opfer zweier Weltkriege nicht mehr unmittelbar am Produktionsprozess teilhaben können, einen angemessenen, würdigen Lebensstandard zu garantieren. Das Anwachsen der Sozialleistungen in den letzten Jahren erweist die Richtigkeit dieser These. [...] Nur die Expansion hat es ermöglicht, auch die Armen mehr und mehr an der Wohlstandssteigerung teilhaben zu lassen.

Erhard, L.: Wohlstand für alle. Düsseldorf 1957, S. 9 ff.

7

7 Wiederaufbau und Verdrängung

Die Sozialpsychologin Margarete Mitscherlich-Nielsen versucht 1986 das „Wirtschaftswunder" der 1950er-Jahre zu erklären:

Nach der Niederlage Hitler-Deutschlands verschwand die
5 Verliebtheit in den Führer wie ein Spuk, obwohl doch Millionen sein Bild an die Stelle eines eigenen Ich-Ideals gesetzt hatten und seine Anhänger bereit waren, alles für ihn zu opfern. […] Aus den deutschen Tugenden, Befehlen und Gehorsam, wurden Untugenden, die zu un-
10 vorstellbaren Verbrechen geführt hatten. Ohne Verdrängung von Schuld und Scham, von verlorenen Idealen hätten Selbsthass und Selbstzweifel, Depressionen und Orientierungslosigkeit die Szene beherrschen müssen. […] Mit Hilfe des hektischen Wiederaufbaus, des Wirt-
15 schaftswunders wurde Melancholie abgewehrt, Konsumorientierung löste die Liebe zum Führer ab, nationale Kränkung wurde mit Hilfe materieller Bedürfnisbefriedigung in den Hintergrund gedrängt. […] Nach der Niederlage fand als Erstes eine schlagartig ein-
20 setzende Derealisierung statt, die Vergangenheit versank wie im Traum. Der Identitätswechsel durch die Identifikation mit dem Sieger, ohne besonders ins Auge fallende Anzeichen gekränkten Stolzes, verstärkte die Abwehr gegen Gefühle des Betroffenseins. Das manische Ungesche-
25 henmachen, die gewaltigen kollektiven Anstrengungen des Wiederaufbaus, eine Art nationaler Beschäftigungstherapie, machten für die Mehrheit der Deutschen Verleugnung und Verdrängung endgültig möglich. Wenn aber Verleugnung, Verdrängung, Derealisierung der Ver-
30 gangenheit anstelle von deren Bearbeitung tritt, ist ein Wiederholungszwang unvermeidbar […].
In unserer Arbeit über „Die Unfähigkeit zu trauern" stellten wir die These auf, dass die Abwehr von Scham, Schuld und Trauer zu der seelischen Entleerung eines
35 Individuums führt und darüber hinaus zum psychischen und politischen Immobilismus, der Phantasie- und Ideenlosigkeit eines Kollektivs. […] Was heißt es: zu trauern? Trauer ist ein seelischer Vorgang, in dem ein Individuum einen Verlust mithilfe eines wiederholten, schmerzlichen
40 Erinnerungsprozesses langsam zu ertragen und durchzuarbeiten lernt. Die Alternative zur mit Trauerschmerzen verbundenen Durcharbeitung der verlustreichen Vergangenheit ist der schnelle Wechsel zu neuen Objekten, neuen Identifikationen und Idealen, die die aufgegebenen
45 bruch- und gedankenlos ersetzen.

Mitscherlich-Nielsen, M.: Die Mühsal der Trauer. In: Psychologie heute 5/1986, S. 42 ff.

8 Anteil der Selbstbedienungsläden in Hamburg 1950–1965 (in Prozent)

1950	1955	1960	1965
1,6	2,7	18,6	52,3

M. Wildt: Am Beginn der „Konsumgesellschaft". Mangelerfahrung, Lebenshaltung, Wohlstandshoffnung in Westdeutschland in den fünfziger Jahren. Hamburg 1994, S. 184.

9 Bundesdeutsche Wirtschaftsentwicklung anhand ausgewählter Indexzahlen

	1936	1948	1954
Bevölkerung	100	118	127
Reales Bruttosozialprodukt	100	98	162
Volkseinkommen/Einwohner	100	84	124
Industrielle Produktion	100	61	165
Steinkohlenförderung	100	74	124
Rohstahlproduktion	100	38	136
Elektrizitätsproduktion	100	137	284
Nahrungsmittelproduktion	100	58	118
Wohnungen auf 1000 Einw.	100	84	98

H. R. Adamsen: Faktoren u. Daten der wirtschaftlichen Entwicklung in der Frühphase der Bundesrepublik. In: Archiv für Sozialgeschichte 18 (1978), S. 244.

10 Anteile an den monatlichen Ausgaben eines 4-Personen-Arbeitnehmerhaushalts 1950–1963 (%)

	1950	1955	1960	1963
Nahrungsmittel	46,4	41,5	38,2	34,6
Genussmittel	5,8	6,5	6,7	7,1
Bohnenkaffee	0,8	1,4	1,5	1,4
Bier	0,8	1,2	1,5	1,6
Zigaretten	1,2	1,4	1,6	1,8
Möbel, Hausrat	4,7	7,7	8,2	8,0
Bücher, Zeitungen	1,3*	1,3	1,1	1,1
Ferien, Erholung	0,6*	1,1	1,5	1,9
Theater, Konzerte	0,1*	0,1	0,1	0,1
Kino	0,6*	0,7	0,3	0,2
Radio-/TV-Gebühren	0,4*	0,4	0,5	0,6
Öffentl. Verkehrsmittel	1,9*	2,1	2,2	1,9
Private Verkehrsmittel	0,6*	0,9	2,6	5,7

*Zahlen beziehen sich auf das Jahr 1952

Wildt, M.: a. a. O., S. 374.

11 Wärme und Geborgenheit

Der Publizist Vance Packard versucht 1958 die Vorliebe für Kühlschränke in den 1950er-Jahren zu erklären:

Die Psychologen fanden es bezeichnend, dass die Haushaltsgefriertruhe in breiten Kreisen nach dem 2. Welt-5 krieg beliebt wurde, als viele Familien nicht allein der Ungewissheit der Ernährung, sondern ziemlich aller Dinge voll innerer Angst lebten. Diese Menschen gedachten gern der früheren Zeiten voll Sicherheit und Geborgenheit, was sie unterbewusst in ihre Kindheit zurückver-10 setzte, wo es die Mutter gab, die sie niemals enttäuschte, und wo Liebe eng mit Nahrung spenden verknüpft war. Die Forscher schlussfolgerten: „Für viele verkörpert der Froster die Gewähr, dass immer Nahrung im Hause ist, und Nahrung im Hause bedeutet Sicherheit, Wärme und 15 Geborgenheit."

Zit. nach: V. Packard, Die geheimen Verführer. Düsseldorf/Wien, 11. Aufl. 1969, S. 94.

7

12 Hauptberuf: Mutter

Familienminister Franz-Josef Wuermeling (CDU) in einer Rede zum Muttertag 1959:

Die Doppelbelastung unserer Hausfrauen und Mütter
5 in Familie und Beruf ist keine „fortschrittliche Lösung", sondern erzwungenes Unheil. [...] Mutterberuf ist daher – auch im Blick auf die gemeinsame europäische Zukunft – Hauptberuf und wichtiger als jeder Erwerbsberuf. [...] Stattdessen sind gegen unsere Familien eine Vielzahl von
10 Mächten aufgestanden, die in verhängnisvoller Weise mit ihrer Erziehung konkurrieren und eindeutig gegen sie wirken: die so genannten „geheimen Miterzieher und Einflüsterer", wie Film, Funk, Fernsehen, Illustrierte, Reklamen. [...] So ist die Mutter daheim, zumal der Vater
15 weithin nicht daheim ist, heute noch vielfach wichtiger als früher. Eine Mutter daheim ersetzt vielfach alle Fernsehgeräte, Autos, Musiktruhen und Auslandsreisen, die doch allzu oft mit ihrer den Kindern gestohlenen Zeit bezahlt werden.
20 Auch Europa kann nicht bloß leben von Auto, Bildschirm und technischem Fortschritt, [...] Europa wird leben von dem, was mütterliche Herzen in Liebe, Sorge, Aufopferung und Verzicht in die Seelen unserer heranwachsenden Europäer hineingesenkt haben. Ein bloßes
25 Europa der Motoren und Maschinen hat kein inneres Fundament, aber ein Europa starker Herzen opferbereiter Mütter, das wird Bestand haben, weil ethische Werte höheren Rang und dauerhafteren Bestand haben als alle Technik.

Wuermeling, F. J.: Familie – Gabe und Aufgabe. Köln 1963, S. 73f.

13 Tanzbar in den 1950er-Jahren

Der gewachsene Wohlstand drückt sich auch im Freizeitverhalten aus. Die Jukebox zeigt den technischen Fortschritt an.

14 Haushalte nach Personenzahl 1950–1970 (in %)

	1950	1970
1 Person	19,4	25,1
2 Personen	25,3	27,1
3 Personen	23,0	19,6
4 Personen	16,2	15,2
5 Personen und mehr	16,1	12,9

Andersen, A.: Der Traum vom guten Leben. Alltags- und Konsumgeschichte vom Wirtschaftswunder bis heute. Frankfurt/M. 1997, S. 139.

Arbeitsvorschläge

a) Arbeiten Sie die Unterschiede zwischen der sozialen Marktwirtschaft und der „liberalistischen Wirtschaft" heraus (VT, M 6).

b) Stellen Sie Ähnlichkeiten und Unterschiede in den Vorstellungen Erhards, Bergs und des DGB gegenüber (M 4–M 6).

c) Verfassen Sie ein Flugblatt der Gewerkschaften, das zu den Vorstellungen Erhards und Bergs Stellung nimmt (M 5 und M 6).

d) Untersuchen Sie auf der Grundlage des statistischen Materials (M8–M10, M 14) die Entwicklung von Wirtschaft und Konsumgewohnheiten bzw. -vorlieben in den 1950er-Jahren.

e) Begründen Sie, ob es berechtigt ist, von einem „Wirtschaftswunder" zu sprechen.

f) Schreiben Sie aus der Perspektive eines Beamten, eines Arbeiters oder eines Sozialhilfeempfängers einen Rückblick auf das „Wirtschaftswunder" der 1950er-Jahre. Beziehen Sie auch die Texte M 7 und M 11 mit ein.

g) Wie erklären Packard und Mitscherlich-Nielsen (M 7 und M 11) das „Wirtschaftswunder"? Nehmen Sie zu ihren Erklärungen Stellung.

h) Erschließen Sie die Aussage der Karikatur M 1 und setzen Sie diese in Bezug zu M 7.

i) Schreiben Sie den Antwortbrief einer Mutter auf Wuermelings Rede (M12).

j) Befragen Sie Zeitzeugen über ihre Erinnerungen an die „Wirtschaftswunder"-Jahre.

Geschichte Regional:
Strukturwandel durch forcierte Industrialisierung

1 Eisenhüttenkombinat Ost 1950er-Jahre

Das Beispiel Eisenhüttenstadt

Am 24. Juli 1950 beschloss der III. Parteitag der SED den Aufbau eines großen metallurgischen Werkes nahe des brandenburgischen Städtchens Fürstenberg. Vorangegangen war in Gestalt der Berlin-Krise 1948/49 die erste Hochphase des Kalten Krieges, in der der Interzonenhandel gänzlich zum Erliegen kam. Zwischen Februar und August 1950 verweigerten westdeutsche Unternehmen weitere Eisen- und Stahllieferungen an die DDR. Die SED-Regierung war deshalb bemüht, sich durch ihren ersten Fünfjahrplan (1951–1955) aus der großen Abhängigkeit von der rheinisch-westfälischen Stahlindustrie zu lösen. Diesem Ziel diente der Bau des Eisenhüttenkombinats Ost (EKO), dessen Bau am 18. August 1950 begonnen und zum zentralen Investitionsobjekt der DDR der 50er-Jahre wurde. EKO sollte jedoch nicht nur zum Symbol des „Aufbaus aus eigener Kraft", sondern auch zum kühnsten Sozialexperiment des Landes werden. EKO wurde zur Vision der ersten sozialistischen Stadt in Deutschland. So entstand auf dem Heideland an der Oder eine futuristische Musterstadt. 1953 erhielt die EKO-Wohnstadt den Namen „Stalinstadt".

Das Kombinat stieg nach großen anfänglichen Schwierigkeiten zum wichtigsten metallurgischen Unternehmen der DDR vor der Maxhütte im thüringischen Unterwellenborn und einem ebenfalls neuen Standort Calbe in Sachsen-Anhalt auf.

Nachdem der Name Stalins im Zuge des 22. Parteitages der KPdSU 1956 auch im EKO entfernt wurde, entschloss sich die Regierung 1961 die sozialistische Idealstadt mit der 700 Jahre alten „bürgerlichen" Stadt Fürstenberg zusammenzulegen und in Eisenhüttenstadt umzubenennen.

Wirtschaftlich gesehen gelang es der DDR-Regierung nicht zuletzt durch den Bau des Eisenhüttenkombinats den Importanteil an Roheisen beträchtlich zu senken. Seine große Blütezeit erlebte EKO in der zweiten Hälfte der 50er-Jahre. Anschließend verlor es aber zunehmend an Aufmerksamkeit, da zunächst die Erdölverarbeitung und dann der neue Wirtschaftszweig der Mikroelektronik in den Mittelpunkt rückten. In den 70er- und 80er-Jahren vergrößerte sich die technologische Lücke immer mehr, da eine Modernisierung weitgehend ausblieb. 1982 lag beispielsweise der Verbrauch von Steinkohlekoks im Hochofenprozess in EKO um 30 % über dem Niveau der Thyssen-Hochöfen des Ruhrgebiets.

Mit der Wende 1989/90 drohte dann auch dem in eine GmbH umgewandelten EKO das Aus. Die Übernahme durch den belgischen Konzern Cockerill Sambre im Jahr 1994 erhielt dann allerdings Eisenhüttenstadt als Industriestandort. 1999 wurde die EKO Stahl GmbH vom französischen Stahlhersteller USINOR erworben. Ein Strukturwandel von einem reinen Industrie- zu einem Dienstleistungsstandort geht jedoch nur langsam voran.

1988 lebten in Eisenhüttenstadt mehr als 53 000 Einwohner und EKO zählte über 12 000 Beschäftigte. 2002 war die Zahl der Einwohner auf etwa 38 600, die Anzahl der Beschäftigten bei der EKO Stahl GmbH auf 2 700 gesunken. Die offizielle Arbeitslosigkeit der Stadt lag 2004 bei fast 20 %.

Das Beispiel Ingolstadt

Auch in der Bundesrepublik kam es immer wieder zu einem forcierten Strukturwandel. Eine Vorreiterrolle nimmt dabei der Freistaat Bayern ein. Bis 1945 überwiegend agrarisch geprägt, gelang es Bayern sich in den darauf folgenden Jahrzehnten zu einer der führenden Industrie- und Dienstleistungsregionen zu entwickeln. Hatte das Land stets unter einer begrenzten Rohstoffbasis und relativer Verkehrsferne zu wichtigen Märkten gelitten, so kam es Bayern nun zugute, dass es verhältnismäßig geringe Zerstörungen im Krieg erlitten hatte. Darüber hinaus gestatte-

7

te die amerikanische Besatzungsverwaltung früher als die anderen Mächte die Ansiedlung neuer Industriebetriebe. So siedelte beispielsweise Siemens aus dem zerstörten Berlin nach München um.

Die bayerische Regierung schuf sich zielgerichtet erweiterte Eingriffsmöglichkeiten in volkswirtschaftliche Bereiche und setzte u. a. den Wechsel von der Kohle zu Erdöl, Erdgas und Atomkraft als zentrale Energieträger durch. Auch tätigte sie verstärkt Investitionen in neue Landesuniversitäten, um die innovativen Rahmenbedingungen für Unternehmen zu verbessern. So entstand z. B. die Wirtschaftliche Fakultät der Katholischen Universität Eichstätt in Ingolstadt. Unterstützt wurde dieser Prozess zusätzlich dadurch, dass die Bundesregierung für sog. Flüchtlingsbetriebe, d. h. Unternehmen, deren Produktionsstätten in der SBZ bzw. dann in der DDR enteignet worden waren, beträchtliche Fördermittel zum Aufbau neuer Kapazitäten im Westen gewährte und den westdeutschen Markt vor Einfuhren aus der DDR schützte.

Ein solches Beispiel stellte die landwirtschaftlich dominierte Region Ingolstadt dar, die durch umfangreiche Förderung zu einem führenden Automobilstandort aufstieg. In den Jahren nach dem Zweiten Weltkrieg waren in Berlin und Sachsen die meisten Produktionsstätten der Auto Union AG von der UdSSR enteignet und teilweise demontiert worden.

Während aus den übrig gebliebenen, nun staatlichen Unternehmensteilen in Sachsen u. a. die Trabant-Produktion entstand, gründete der frühere Vorstandsvorsitzende August Horch 1949 die Auto Union GmbH in Ingolstadt neu (seit 1985 AUDI AG). 1952 umfasste das Autowerk bereits 5 000 Beschäftigte. 1973 sollten es nahezu 20 000 sein.

Die bayerische Landesregierung versuchte durch den Bau von Pipelines von Mittelmeerhäfen nach Ingolstadt die Stadt auch zum Raffineriezentrum auszubauen, jedoch verhinderte die Ölkrise der 70er-Jahre die Ansiedlung von petrochemischer Industrie. Letztlich gelang es zwar erfolgreich den Strukturwandel von einer Agrar- zu einer Industrieregion voranzutreiben, doch glückte in den 80er- und 90er-Jahren die weitere Entwicklung zur Dienstleistungsgesellschaft in Ingolstadt nur bedingt. Hier zeigten sich deutlich die Grenzen der Steuerungskapazität politisch-administrativer Institutionen in einer demokratisch verfassten Gesellschaft. Mit ca. 30 000 Beschäftigten blieb Ingolstadt weitgehend einseitig auf die Automobilproduktion von AUDI beschränkt. Die Arbeitslosenquote hat sich mittlerweile (2004) auf offiziell 7 bis 8 % erhöht.

2 **Produktionsstätte der Audi AG in Ingolstadt Ende 1950er-Jahre**

7

Arbeitsvorschläge

a) Untersuchen Sie am Beispiel eines großen Industriestandorts Ihrer Region die Entwicklung des wirtschaftlichen Strukturwandels seit 1945. Inwiefern hat sich die Wirtschaftsstruktur geändert?

b) Recherchieren Sie, welche Rolle bei diesen Veränderungen politische Initiativen oder weltwirtschaftliche Ereignisse (z. B. Ölkrise oder Auflösung der DDR) bei dieser Entwicklung gespielt haben.

7.5 In der DDR: Planwirtschaft und neue soziale Strukturen

Ungünstige Startbedingungen

In der DDR bestanden in vielfacher Hinsicht ungünstigere Startbedingungen für einen wirtschaftlichen Aufschwung als in der Bundesrepublik, die mit der Steinkohlebasis und der Schwerindustrie an der Ruhr eine relativ ausgeglichene Industriestruktur besaß. Diese Grundlagen fehlten in der DDR, wo traditionellerweise verarbeitende Industriezweige wie Chemie, Elektrotechnik, Fahrzeug- und Flugzeugbau sowie Konsumgüterindustrie angesiedelt waren. Sie litten seit 1945 unter dem Fehlen von Rohstoffen und Grundstoffindustrien sowie der Zerstörung des historisch gewachsenen Systems interregionaler Arbeitsteilung. Außerdem erhielt die DDR von der Sowjetunion keine Wiederaufbauhilfen, im Gegenteil: Stalin bestand auf Demontagen und Reparationen. 1950 lagen außerdem mehr als 30 % der DDR-Gesamtproduktion in der Hand von „Sowjetischen Aktiengesellschaften" (SAG), die wirtschaftliche Schlüsselbereiche kontrollierten und als sowjetisches Eigentum dem Zugriff der DDR-Behörden entzogen waren. Einen Aderlass an „human capital" bewirkte schließlich die mehrjährige Zwangsverpflichtung hochqualifizierter Experten aus den Bereichen Kernphysik, Chemie, Optik und Elektrotechnik in die Sowjetunion. Zusätzlich führte der Kalte Krieg zu einer wachsenden Abschottung der DDR-Wirtschaft gegenüber den westlichen Märkten und – besonders nach dem RGW-Beitritt 1950 – zur Einbindung in den vergleichsweise rückständigen osteuropäischen Wirtschaftsraum.

Zwiespältiger Beginn

Trotz dieser ungünstigen Rahmenbedingungen konnte der Umfang des produzierten Nationaleinkommens zwischen 1950 und 1960 um das 2,5-fache gesteigert und damit ein beachtliches Wirtschaftswachstum erzielt werden, was in den darauf folgenden Jahrzehnten nie mehr eintrat. Gründe dafür waren das im Vergleich zur Bundesrepublik geringere Ausmaß an Kriegszerstörungen und der Umstand, dass die Industriekapazität während des Krieges wesentlich ausgebaut worden war. Auffallend war aber bereits in dieser Phase die geringe Investitions- und Innovationsfähigkeit der DDR-Wirtschaft, was schon wenig später das Wachstumstempo verlangsamte.

Die neue „sozialistische Menschengemeinschaft"

Erst nach dem Scheitern der Stalin-Noten begann 1952 auch im wirtschaftlichen Bereich der „Aufbau des Sozialismus". Gemäß marxistisch-leninistischer Lehre wird dabei das Ziel verfolgt, durch Abschaffung des Eigentums an Produktionsmitteln die Klassengegensätze in der Gesellschaft zu überwinden und eine „sozialistische Menschengemeinschaft" zu schaffen, in der Gleichheit und Solidarität die Sozialbeziehungen prägen, sodass mit der Abschaffung der sozialen Unterschiede auch das Interesse an Privateigentum zunehmend hinfällig werde.

Zu verwirklichen seien diese Ziele dadurch, dass das Verhältnis von Produktion und Konsum nicht weiter über die „Anarchie" des kapitalistischen Marktes, sondern über den Plan und eine nach sozialen Kriterien gelenkte Preisbildung bzw. die Subventionierung des Grundbedarfs geregelt wird. Dadurch würden Ressourcen nicht unnötig verschwendet, Arbeitszeit werde auf ein notwendiges Maß reduziert und die Bedürfnisse der Menschen beschränkten sich auf das zu ihrer Existenzsicherung und zur Entwicklung ihrer freien Individualität und Kollektivität Notwendige. Damit werde es – so das SED-Programm – möglich, die „Produktionsverhältnisse als Beziehungen kameradschaftlicher Zusammenarbeit und gegenseitiger Hilfe zwischen den Werktätigen und Arbeitskollektiven weiterzuentwickeln und zu vervollkommnen".

Neue Produktionsverhältnisse

Bei der politischen Umsetzung dieser Ziele folgte die DDR dem sowjetischen Wirtschaftsprogramm, das seit Stalin vorrangig auf den Ausbau der Schwer- und

Investitionsgüterindustrie gesetzt hatte. Bewusst vernachlässigt wurde die Konsumgüterindustrie, die sich auf die Herstellung von Waren des Grundbedarfs beschränken sollte. In der DDR bewirkte diese Umorientierung ab 1952 eine verstärkte Verschiebung der traditionellen, von Leichtmaschinenbau und Elektroindustrie geprägten Industriestruktur hin zur Metallurgie und zur Grundstoffindustrie. Die anderen osteuropäischen Länder signalisierten aufgrund der dort ebenfalls nach sowjetischem Vorbild vorangetriebenen Industrialisierung einen großen Bedarf an schwerindustriellen Anlagen, die vor allem robust und technisch leicht zu handhaben sein sollten. So war kein Anreiz zur Produktion von modernen, auch auf dem westeuropäischen Markt absatzfähigen Erzeugnissen gegeben. Die Verlierer dieses Strukturwandels waren die traditionell gut eingeführten Branchen wie der Energiesektor, die Textilindustrie sowie verschiedene Bereiche der Konsumgüterindustrie, denn das neue Wirtschaftsprogramm beanspruchte den größten Teil der ohnehin knappen Investitionsmittel. Der Lebensstandard blieb bald deutlich hinter dem der Bundesrepublik zurück. Fett, Fleisch und Zucker mussten rationiert werden und es gab Klagen über Versorgungsengpässe, steigende Preise und mangelnde Warenqualität, die die Partei entsprechend ihrer Ideologie mit moralischen Appellen zum Konsumverzicht beantwortete. Zusätzlich wurden die Arbeitsnormen (Vorgabezeiten für Stückzahlen oder Arbeitsgänge) erhöht und Prämien für individuelle Höchstleistungen ausgesetzt, um die ehrgeizigen Plansolls zu erfüllen oder sogar überzuerfüllen. Folge war eine wachsende Differenzierung der Löhne und Gehälter, „Aktivisten" bzw. „Helden der Arbeit" erhielten zusätzliche materielle Vorteile wie bevorzugte Wohnungszuteilung oder Sonderurlaub. Obwohl auf diese Art vor allem in der Schwerindustrie ein beachtliches Wirtschaftswachstum stimuliert wurde, zeigten sich schnell schwerwiegende Probleme: Eine zentralisierte Planungsbürokratie gab detaillierte Plandaten vor und ließ den Betrieben kaum Spielräume. Diese reagierten, indem sie ihre wirklichen Leistungsreserven möglichst zu verschleiern suchten, um den Plan erfüllen zu können und so in den Genuss von Prämien zu kommen. Diese Einstellung wurde durch die Orientierung der Planwirtschaft an der Mengenplanung gefördert („Tonnenideologie"), während Qualität der Produkte, Produktivität und Rentabilität unterbewertet wurden. Außerdem konnten die nach politisch-ideologischen Prioritäten festgesetzten Preise nicht als Indikatoren für knappe Güter dienen. Kontraproduktiv war schließlich, dass der Hauptteil der Gewinne von den Betrieben an den Staatshaushalt abgeführt und der gesamte Bedarf wieder aus dem Staatshaushalt zugeteilt wurde. Wirksame Anreize zur Gewinnerwirtschaftung und Kostensenkung konnten sich so nicht herausbilden.

Aktivist
Held der Arbeit

7

Begleitet wurde der „Aufbau des Sozialismus" vom Prozess des „gesetzmäßig sich verschärfenden Klassenkampfs" gegen das Kleinbürgertum. Mittels der Steuer- und Abgabenschraube versuchte die Parteiführung nicht nur, ihren Finanzbedarf aus dem Mittelstand herauszupressen, sondern diesen auch zum Eintritt in LPGs und PGHs zu nötigen. Doch auch die Arbeiterschaft blieb von der „Verschärfung des Klassenkampfs" nicht verschont: Nachdem mit Einsparungen und Appellen zum Konsumverzicht und zur Erhöhung der Arbeitsproduktivität nicht genug erreicht worden war, setzte die SED zunehmend auf Preissteigerungen, strich Subventionen und erhöhte die Akkordsätze und Arbeitsnormen, was die Lebensverhältnisse der Arbeitnehmerhaushalte massiv verschlechterte. Folge war eine Abstimmung mit den Füßen: Der Anteil der Arbeiter in der SED sank drastisch, während gleichzeitig die Flüchtlingszahlen zwischen Januar und Mai 1953 auf 180 000 sprunghaft anstiegen, was die Wirtschaftsmisere weiter verschärfte.

Verschärfung des
Klassenkampfes

1 „Übergabe des Parteidokuments"
Gemälde von Hans Mrozcinski (um 1953).

2 Von der SBZ/DDR geleistete Reparationen und Besatzungskosten bis Dezember 1953

* SAG = Sowjetische Aktiengesellschaft

** Derutra = Deutsch-russische Transport AG

Judt, M. (Hg.): DDR-Geschichte in Dokumenten. Bonn 1998, S. 116.

Art der Leistung	Betrag in Millionen US-$
Demontagen	2436,0
Lieferungen aus der laufenden Produktion	2614,3
Lieferungen der SAG Wismut *	1584,5
Rückkauf von SAG-Unternehmen	382,0
Illegale Beschlagnahmungen	352,1
Besatzungsgeld	1240,0
Außenhandelsverluste der SBZ/DDR	400,0
Transport der Reparationsgüter über Derutra **	133,3
Verdeckte Reparationen	266,7
Zwischensumme	9408,9
Besatzungskosten	5914,1
Vermutliche Gesamtkosten bis Ende 1953	15323,0

3 Versorgung der Bevölkerung 1949 bis 1953 (1950 = 100%)

Bundesarchiv Berlin, DE 1, Nr. 12561, Bl. 123.

Artikel	1949	1950	1951	1952	1953
Fleisch und Fleischwaren	47	100	129	182	206
Fisch und Fischwaren	79	100	172	142	174
Fette (insgesamt)	56	100	146	164	164
Trinkmilch (2,5% Fettgehalt)	70	100	121	128	138
Eier	57	100	172	261	276
Weißzucker	92	100	114	133	127
Obertrikotagen	94	100	200	293	362
Untertrikotagen	74	100	168	188	218
Strümpfe und Socken	83	100	130	142	96
Lederschuhe	63	100	131	165	207

Arbeitsvorschläge

a) Vergleichen Sie die wirtschaftliche Lage in den Anfangsjahren der DDR (M 2 und M 3) mit der Wirtschaftsentwicklung in der Bundesrepublik im gleichen Zeitraum.

b) Kennzeichnen Sie die sozialen Entwicklungen in der DDR Anfang der 1950er-Jahre (VT).

c) Analysieren Sie das Bild M1 hinsichtlich seiner ideologischen Aussage.

7.6   Die DDR vom Juni-Aufstand 1953 bis zum Mauerbau 1961

Als am 5. März 1953 Stalin während der eskalierenden Krise in der DDR starb, ordnete seine Nachfolger-Troika – Partei- und Regierungschef Malenkow, Sicherheitschef Berija und Außenminister Molotow – überraschend schnell die Abkehr vom bisherigen Kurs an: „Unter den heutigen Bedingungen [ist] der Kurs auf eine Forcierung des Aufbaus des Sozialismus in der DDR […] für nicht richtig zu halten", hieß es in einer Erklärung. Insbesondere Berija scheint angesichts der DDR-Krise sogar ernsthaft an eine Preisgabe der DDR – und damit des SED-Regimes – zugunsten eines neutralen Gesamtdeutschland nach dem Modell der Stalin-Noten gedacht zu haben.

Neue Bedingungen nach Stalins Tod

Nachdem die überrumpelte SED-Führung trotz des von Moskau geforderten „Neuen Kurses" mit weiteren Preissteigerungen und einer erneuten Erhöhung der Arbeitsnormen um 10 % reagiert hatte, wuchs die Unruhe in den Betrieben und die Flüchtlingszahlen stiegen weiter. Nach einer scharfen Maßregelung aus Moskau übte die SED Selbstkritik und kündigte die Förderung der Konsumgüterindustrie, die Einstellung der Maßnahmen gegen Mittelstand und Kirchen, Lockerungen beim innerdeutschen Reiseverkehr sowie Rechtssicherheit an. Die jüngsten Preissteigerungen wurden zurückgenommen, die Normerhöhungen jedoch nicht, da eine Steigerung der niedrigen Arbeitsproduktivität volkswirtschaftlich unverzichtbar erschien.

Erhöhung der Arbeitsnormen

Viele Arbeiter empfanden diese Maßnahme als Provokation, zumal geschlossene Einzelhandelsgeschäfte wieder geöffnet wurden, Zwangsmaßnahmen gegenüber dem Mittelstand aufgehoben und „Republikflüchtlingen" Rückkehrangebote gemacht wurden. Nach ersten Arbeiterstreiks am 11. und 12. Juni zogen die Bauarbeiter der Ostberliner Stalinallee, des Vorzeigeprojekts sozialistischen Wohnungsbaus, am Morgen des 16. Juni vor das Haus der Ministerien: Forderungen nach dem Rücktritt der Regierung und einem Generalstreik wurden laut. Am 17. Juni verbreitete sich die Protestbewegung und dehnte sich in den folgenden Tagen auf über 560 Orte der DDR aus, wobei städtische Mittelschichten, Bauern und Intellektuelle hinzustießen. Allein am 17. Juni beteiligten sich über 500 000 Menschen an Streiks und über 400 000 an Demonstrationen. Dabei waren neben wirtschaftlichen und sozialpolitischen Forderungen auch Rufe nach freien Wahlen, deutscher Einheit und Rücktritt der Regierung zu hören. Nachdem Volkspolizei und Stasi die Kontrolle über die Situation verloren hatten, wurde der Volksaufstand von sowjetischen Panzern niedergeschlagen, wobei mehr als 50 Protestierende erschossen und 40 sowjetische Soldaten wegen Befehlsverweigerung hingerichtet wurden. 3 000 Demonstranten wurden von der Sowjetarmee festgenommen, es folgten weitere 13 000 Verhaftungen durch die zuständigen Organe der DDR. Nur das gewaltsame Vorgehen der „Roten Armee" hatte die SED vor dem Sturz durch die Volksbewegung gerettet. Die erste Massenerhebung gegen ein kommunistisches Regime nach 1945 war von Panzern niedergewalzt worden und der Westen war den Aufständischen nicht zu Hilfe gekommen.

Der Volksaufstand am 17. Juni 1953

Bei aller Bitterkeit blieb aber die „gescheiterte Revolution" dennoch nicht ganz folgenlos. Sowohl die Bevölkerung als auch das Regime kannten nun ihre Schwächen und Stärken: Beide Seiten hatten vor allem die völlige Abhängigkeit des SED-Regimes vom Schutz durch die Sowjetunion erlebt, wodurch die Ideologie vom „Arbeiterstaat DDR" zutiefst erschüttert war. Andererseits musste sich die Bevölkerung angesichts der ausgebliebenen westlichen Hilfe von nun an auf lange Sicht mit dem Gedanken abfinden, dass der Versuch eines Aufstands gegen das stalinistische System keine Aussicht auf Erfolg haben würde, solange die

Die Folgen des Aufstands

7

UdSSR der SED Rückendeckung bot. Auf der anderen Seite wusste die Parteiführung jetzt, wie wichtig die materielle Grundversorgung der Bevölkerung für ihr politisches Überleben war. Sie setzte deshalb den im Mai auf Druck Moskaus hin begonnenen „Neuen Kurs" fort: Es folgten weitere Preissenkungen sowie eine Drosselung der Schwerindustrie zugunsten der verstärkten Produktion von Konsumgütern und Nahrungsmitteln, wodurch sich der Lebensstandard der Bevölkerung verbesserte und die Flüchtlingszahlen von 331 000 im Jahr 1953 auf 184 000 im Jahr 1954 zurückgingen. Dennoch wurde die Partei auf allen Ebenen systematisch „gesäubert": Hochrangige Ulbricht-Kritiker wurden ihrer Ämter enthoben und aus der Partei ausgeschlossen, auf unterer Ebene schieden über 70 % der SED-Kreissekretäre aus. Außerdem wurde durch den personellen Ausbau des Ministeriums für Staatssicherheit (MfS) das Spitzelwesen im Land flächendeckend ausgebaut: So hatte die Volkserhebung nicht nur zu einem Blutbad, sondern auch zu verschärfter Unterdrückung, Bespitzelung und Resignation geführt. In der SED-Führung aber wirkte der Schock des Aufstands noch lange nach. 1989 fragte der Stasi-Chef Erich Mielke angesichts der Demonstrationen seine Funktionäre: „Ist es so, dass morgen der 17. Juni ausbricht?"

1 **Der 17. Juni 1953 in Berlin**
Demonstranten mit schwarz-rot-goldenen Fahnen ziehen durch das Brandenburger Tor in den Westteil der Stadt.

Rückkehr zum sowjetischen Weg

Bereits 1954 beendete die SED aber ihre Politik der Konzessionen und beschloss die Rückkehr zur verstärkten Förderung der Schwerindustrie. Ein Jahr später, am Ende des ersten Fünfjahrplans, verfügte die DDR über eine schwerindustrielle Basis, die in nur wenigen Jahren unter erheblichen Kraftanstrengungen aufgebaut worden war. In diesem Prozess hatten sich auch charakteristische soziale Verschiebungen ergeben: Im Bereich der Eigentumsformen war das Staatseigentum in Industrie und Handel rasch, das Genossenschaftseigentum in der Landwirtschaft langsamer gewachsen. Nur im Handwerk, der Landwirtschaft und der Konsumgüterindustrie existierte noch ein relativ großer Anteil privaten Eigentums. Die Zahl der Selbstständigen war dabei zugunsten der Arbeiter und Angestellten gesunken. Der wachsende Grad der Lohnabhängigkeit gegenüber

2 „Großartig, wie unsere Kameraden, unsere Berliner Arbeiter, für die Freiheit und bessere Lebensbedingungen kämpfen!" Zeichnung von O. Brandes, Die Bergbauindustrie, 4. Juli 1953.

dem Arbeitgeber Staat verriet die zunehmende Angleichung an die sowjetische Gesellschaftsstruktur, womit ein wichtiges Ziel beim „Aufbau des Sozialismus" erreicht war.

Mitte der 1950er-Jahre war in der DDR also eine mit sowjetischer Hilfe äußerlich stabilisierte SED-Herrschaft anzutreffen, der es an Zustimmung in der Bevölkerung allerdings deutlich mangelte. Tiefgehende Strukturveränderungen, soziale Umschichtungen und Versorgungsengpässe hatten eine breite Unzufriedenheit ausgelöst, die durch die Orientierung vieler DDR-Bürger auf das „Erfolgsmodell Bundesrepublik" noch gesteigert wurde. Die resignative Grundstimmung, die nach dem 17. Juni 1953 eingekehrt war, löste sich auch nicht, als im Frühjahr 1956 aus Moskau die Nachricht kam, dass der sowjetische Parteichef Chruschtschow sich auf dem XX. Parteitag der KPdSU von Stalin distanziert und dessen Herrschaftsmethoden verurteilt habe. Während in Polen und Ungarn die unter Stalin abgesetzten Reformkommunisten wieder in ihre Ämter eingesetzt wurden, schloss sich die SED dem Prozess der Entstalinisierung nur zögernd an. Sie beschränkte sich auf die Rehabilitierung einiger hoher Parteifunktionäre, die aus der Partei ausgeschlossen worden waren, und eine Amnestie für 15 000 politische Gefangene. Als dann Ende 1956 die blutige Niederschlagung des ungarischen Volksaufstands mit mehreren tausend Toten zeigte, wie eng trotz Entstalinisierung die Grenzen des vermeintlichen „Tauwetters" gezogen blieben, ging auch die SED dazu über, kritische Intellektuelle auszuschalten: Der Philosoph Wolfgang Harich, der die Idee eines „Sozialismus mit menschlichem Antlitz" vertreten hatte, und andere reformkommunistische Intellektuelle wurden zu hohen Zuchthausstrafen verurteilt, der Leipziger Philosoph Ernst Bloch wurde zwangsemeritiert, kritische SED-Funktionäre verloren wegen „Revisionismus" und „Fraktionsbildung" ihre Ämter. Statt der erhofften Liberalisierung blieb die Machtkonzentration bei der Ulbricht-Gruppe in Politbüro und Zentralkomitee erhalten.

Entstalinisierung?

Ermutigt durch die wachsende Industrieproduktion beschloss die SED ein erhöhtes Tempo bei der „Vollendung der sozialistischen Produktionsverhältnisse" und verkündete gegenüber der Bundesrepublik die Devise: „Überholen ohne einzuholen". Diese Pläne sollten durch eine forcierte Verdrängung des privaten Mittelstandes aus Industrie und Handwerk sowie die Vollendung der Zwangskollektivierung in der Landwirtschaft verwirklicht werden, sodass 1961 LPGs (Landwirtschaftliche Produktionsgenossenschaften) und VEGs (Volkseigene Güter) bereits 90 % der agrarischen Bruttoproduktion bestritten. In der Industrie sank der Anteil mittel-

„Überholen ohne einzuholen"

7

3 Das deutsche Problem
Die Zeichnung des englischen Karikaturisten Emmwood erschien am 20. April 1960 in „Die Welt".

ständischer Eigentümer auf weniger als 4%. Die häufig unter psychischem und physischem Druck erzwungenen Umstrukturierungen führten prompt nicht nur zu einer erneuten Wirtschaftskrise mit den üblichen Versorgungsengpässen, sondern auch zu einer neuen Flüchtlingswelle: Während 1959 im Monatsdurchschnitt noch 12 000 DDR-Bürger ihr Land verlassen hatten, waren es im April 1961 schon 30 000, die in der Regel gut ausgebildet und jung (50 % unter 25 Jahre) waren. Krisenverschärfend wirkte, dass überdurchschnittlich viele Flüchtlinge über eine besonders hohe Ausbildungsqualifikation verfügten: Stark vertreten waren Ingenieure, Techniker, Ärzte und Hochschullehrer, sodass Wirtschaftshistoriker den Ost-West-Transfer von „Humankapital" für die 1950er-Jahre auf mehr als 30 Milliarden DM geschätzt haben.

Der Mauerbau in Berlin

In den Industriebetrieben der DDR spiegelte sich die wachsende Unzufriedenheit 1960 in mehr als 200 Arbeitsniederlegungen wider. Angesichts der sich verschärfenden Krise und der weiter anschwellenden Fluchtbewegungen gab der Warschauer Pakt seinen Widerstand gegen die von der SED schon seit März geforderte „Grenzsicherung" auf, nachdem Ulbricht gegenüber Chruschtschow die wirtschaftliche Zwangslage der DDR beim Namen genannt hatte: „Die offenen Grenzen zwangen uns, den Lebensstandard schneller zu erhöhen, als es unseren volkswirtschaftlichen Kräften entsprach." Eine amerikanische Intervention war nicht zu erwarten, nachdem der US-Präsident Kennedy am 27. Juli seine „three essentials" ausschließlich bezüglich West-Berlins formuliert hatte: das Präsenzrecht der Westalliierten, ihr Recht auf freien Zugang und das Selbstbestimmungsrecht für die Bürger West-Berlins. Da er von Ost-Berlin nicht gesprochen hatte, konnten in den frühen Morgenstunden des 13. August 1961 Betriebskampfgruppen, Volkspolizei und Nationale Volksarmee ungehindert mit dem Bau der Berliner Mauer beginnen, die die Massenflucht definitiv beendete und bis 1989 255 Menschenleben fordern sollte. Wie schon 1953 und 1956 beschränkten sich die Westmächte auf Protestnoten und folgenlose Drohgebärden.

7

4 **Bau der Berliner Mauer.** In der Nacht vom 12. zum 13. August 1961 riegelten Mitglieder von Kampfgruppen aus verschiedenen volkseigenen Betrieben Westberlin vom Ostteil der Stadt ab.

5 **Drohgebärde.** Nachdem die USA am 19.8.1961 ihre Sicherheitsgarantie für die Westsektoren bekräftigt haben, lässt US-General Clay am Tag darauf Panzer an der Berliner Mauer auffahren.

6 Erhöhung der Arbeitsnormen

Beschluss des Ministerrats der DDR vom 28. Mai 1953:
Der von der II. Parteikonferenz der Sozialistischen Einheitspartei Deutschlands gefasste und von der gesamten
5 werktätigen Bevölkerung begrüßte Beschluss zur Schaffung der Grundlagen für den Aufbau des Sozialismus in der Deutschen Demokratischen Republik erfordert die Stärkung der sozialistischen Industrie [...].
Da die Erhöhung des Lebensstandards unserer Bevölke-
10 rung und die Weiterentwicklung der technischen Basis der Produktion unmittelbar zusammenhängen, ist es notwendig, die Erfolge der Arbeit weit mehr als bisher für den Aufbau neuer Betriebe, für den Bau neuer Wohnungen und kultureller Einrichtungen auszuschöpfen
15 und einen erheblichen Teil der Ergebnisse der Arbeit für die Realisierung dieser großen Aufgaben zu verwenden. [...]
Das Ziel dieser Maßnahmen ist, die Arbeitsnormen mit den Erfordernissen der Steigerung der Arbeitsproduk-
20 tivität und der Senkung der Selbstkosten in Übereinstimmung zu bringen und zunächst eine Erhöhung der für die Produktion entscheidenden Arbeitsnormen im Durchschnitt um mindestens 10% bis zum 30. Juni 1953 sicherzustellen. [...] Nur auf diesem Wege ist es – so leh-
25 ren uns die Erfahrungen der Sowjetunion – möglich, die [...] notwendige Entwicklung der Arbeitsproduktivität zu erreichen.

Diedrich, T.: Der 17. Juni 1953 in der DDR. Berlin 1991, S. 205 ff.

7 Streikforderungen

Telegramm des Streikkomitees Bitterfeld an die DDR-Regierung vom 16. Juni 1953:
An die so genannte Deutsche Demokratische Regierung
5 in Berlin-Pankow
Wir Werktätigen des Kreises Bitterfeld fordern von Ihnen:
1. Sofortigen Rücktritt der so genannten Deutschen Demokratischen Regierung, die sich durch Wahlmanöver an die Macht gebracht hat.
10 2. Bildung einer provisorischen Regierung aus den fortschrittlichen Werktätigen.
3. Zulassung sämtlicher großer demokratischer Parteien Westdeutschlands.
4. Freie und geheime direkte Wahlen spätestens in vier
15 Wochen.
5. Freilassung sämtlicher politischer Gefangener (direkt politischer, so genannter „Wirtschaftsverbrecher" und konfessionell Verfolgter).
6. Sofortige Abschaffung der Zonengrenzen und Zurück-
20 ziehung der Volkspolizei.
7. Sofortige Normalisierung des sozialen Lebensstandards.
8. Sofortige Auflösung der so genannten „National-Armee".
9. Keine Repressalien gegen auch nur einen Streikenden.

Der Morgen, Beilage vom 16./17. Juni. 1953.

8 „Wir wollen Demokratie"

Aus einem Zeitzeugen-Interview von 1993 mit Heinz Kliem, der 1953 als Bauarbeiter an der Berliner Stalin-Allee arbeitete:
Die allgemeine Versorgungslage war miserabel. Da hat sich natürlich etwas aufgestaut. Der Bauarbeiter war mit 5 der Situation [...] unzufrieden. Aus diesem Grunde wurden dann auch am 15. Juni 1953, abends, so um zirka 15/16 Uhr, die Leute auf unserer Baustelle zusammengetrommelt. [...]
Wir sind dann [am 16. Juni] mit unserer Berufskleidung 10 die Straße langgegangen. [...] Wir bewegten uns dann gemeinsam in Richtung Stalinallee. Berlin war eine große Baustelle. Zumindest in dem Bereich Stalinallee waren überall auf den Gerüsten und Neubauten Kollegen am Arbeiten. Als wir vorbeizogen, haben wir gerufen: „Kolle- 15 gen, wir streiken, reiht euch ein. Wir fordern Senkung der Normen und Erhöhung der Löhne." Die meisten kamen von den Gerüsten und von den Baustellen herunter. Unser Zug war eine riesengroße Gruppe. Das sammelte sich so an und ehe wir uns versahen, waren es einige tausend 20 Demonstranten. [...]
In den Nachrichten hat der RIAS abends schon gesagt, dass die Bauarbeiter im Block E-Nord und Fernheizwerk die Arbeit niedergelegt hätten. Das war aber nur eine ganz kurze Meldung. Der RIAS hat das an dem Tag nicht 25 ausgeschlachtet und das hat mich eigentlich gewundert. Hinterher habe ich gewusst, dass eigentlich die ganze DDR in Aufruhr war. Ich habe das von Bekannten vom Stahlwerk Riesa erfahren. Die hatten allerdings überwiegend am 17. Juni gestreikt und nicht am 15. und 16. Ju- 30 ni wie die Bauarbeiter. Sie nahmen wahrscheinlich diese kleinen Meldungen zum Anlass um zu streiken. [...]
Im Bereich der Ministerien [...] waren nicht nur Bauarbeiter, sondern sehr viele, und ich nehme an, auch aus den Westsektoren. Das konnte man schon sehen. Damals 35 typisch, dicke Kreppschuhe und ein Igelschnitt. Das waren die, die aus dem Westen kamen. Es gibt immer Leute, die suchen eine Gelegenheit. Die Mehrzahl derer aber, die dort marschiert sind, waren die, die auf die miserable Situation hinweisen wollten. Die wollten vielleicht auch, was der 16. 40 Juni schon gezeigt hat, die Regierung stürzen. Sie forderten: „Wir wollen jetzt Demokratie und freie Wahlen." [...]
Dann kamen – nach meiner Schätzung zwischen 11 und 12 Uhr – die ersten russischen Lkws mit Soldaten. Die Soldaten sind heruntergesprungen und haben mit Ge- 45 wehren in die Luft geschossen. [...] Alle versuchten jetzt in die Seitenstraßen zu entkommen. Dann kamen auch Panzer. [...] Aber sie sind nicht in die Menschen reingefahren. Die Panzer haben sich eben nur als Militärmacht dargestellt. [...] Der Kommandant verhängte den Aus- 50 nahmezustand. Wenn mehr als drei Leute auf der Straße zusammenstanden, sollten sie erschossen werden.

Beier, G.: Wir wollen freie Menschen sein. Der 17. Juni 1953: Bauleute gingen voran. Frankfurt/Main u. Wien 1993, S. 64ff.

7

9 Rebellische Stimmung

Der damals als Bibliothekar arbeitende Schriftsteller Günter de Bruyn erinnert sich in seinem 1996 erschienen Buch „Vierzig Jahre. Ein Lebensbericht":

5 Die Ereignisse des 17. Juni 1953 [...] begannen für mich mit dem Lärm, den in Kolonne fahrende Panzerwagen auf gepflasterten Straßen machen [...]. Keinen Moment hatte ich einen Erfolg des Aufstandes erwartet, denn die Besatzungstruppen [...] kamen mir, als die wirklichen

10 Machthaber, nie aus dem Sinn.
Schon am Morgen hatten ihre Panzer, von Jüterbog oder Zossen kommend, die Spreebrücke in Schöneweide erbeben lassen, während die Arbeiter aus den am Flussufer sich reihenden Fabriken sie mit Pfiffen und drohend ge-

15 reckten Fäusten empfangen hatten. [...] Die rebellische Stimmung, die alle bewegte, war erfrischend, aber auch unheimlich; denn im Lachen war Wut, in den munteren Gesprächen auch Angst zu spüren, und mit dem Mut, die bisher unterdrückte Meinung zu sagen, kamen auch

20 Frechheit, Dummheit und Brutalität wieder hoch. [...] Auch war man sich wohl, da nicht nur Organisatoren, sondern auch Zielvorstellungen fehlten, über die Marschrichtung nicht einig. Ratlosigkeit glaubte ich in den Gesichtern lesen zu können [...]; und auch kein Redner zum

25 Artikulieren und Zentrieren der Volkswut war da. Ich [...] zog mich zurück in die Stille, wo in den Lesesälen hinter Schutzmauern von Büchern Gelehrte saßen, die die Aufrührer in den Straßen mit der gleichen Missachtung straften wie jene, denen der Aufruhr galt. [...]

30 [Auf dem Nachhauseweg nach Feierabend] An der Ecke Friedrichstraße, wo der Hauptstrom nach Süden schwenkte, einige Trupps aber dem Brandenburger Tor zustrebten, sah ich mit an, wie junge Männer, ohne viel Beifall dafür zu ernten, erst einen Packen NEUES DEUTSCHLAND,

35 dann den ganzen Zeitungskiosk in Brand setzten. In flotterem Tempo ging es die Friedrichstraße hinunter. Eingezwängt in der Masse, in der, meiner Erinnerung nach, Frauen fehlten, stand ich lange vor einem Regierungsgebäude, ohne etwas sehen zu können, schrie mit, wenn

40 freie Wahlen gefordert wurden [...].
Von Hochgefühlen, die Menschen als Teil einer Masse erfüllen können, habe ich oft gehört und gelesen, doch an mir nie empfinden können; eher fühlte ich mich, eingekeilt zwischen Menschenleibern, von Ekel gepeinigt und

45 meiner Freiheit beraubt. [...]

Bruyn, G. de: Vierzig Jahre. Ein Lebensbericht. Frankfurt/Main 1998, S. 42 ff.

10 Der neue Kurs

Beschluss des ZK der SED vom 26. Juli 1953:

Getragen von der hohen Verantwortung für die beschleunigte Herstellung der Einheit Deutschlands, für die Erhaltung des Friedens in Europa und für das Wohlergehen der

5 Bevölkerung der Deutschen Demokratischen Republik,

11 Plakat von 1953. Es zeigt, mit welchen Maßnahmen die Sowjetunion auf den 17. Juni 1953 reagierte.

hat die Sozialistische Einheitspartei Deutschlands [...] eine Änderung des politischen Kurses in der Deutschen Demokratischen Republik vorgeschlagen, die von der Regierung angenommen wurde [...].

10 Das Wesen des neuen Kurses besteht darin, in der nächsten Zeit eine ernsthafte Verbesserung der wirtschaftlichen Lage und der politischen Verhältnisse in der Deutschen Demokratischen Republik zu erreichen und auf dieser Grundlage die Lebenshaltung der Arbeiterklasse und aller

15 Werktätigen bedeutend zu heben. Durch die Steigerung der Erzeugung der Nahrungs- und Genussmittelindustrie und der Leichtindustrie auf Kosten der Schwerindustrie; durch die Entfaltung der Initiative des privaten Handels und der Privatindustrie sowie durch die Förderung der

20 bäuerlichen Wirtschaften soll eine Verbesserung der materiellen Lage der Bevölkerung erzielt werden. Das gesamte öffentliche Leben soll weiter demokratisiert und gleichzeitig der Verkehr der Deutschen von Ost und West erleichtert werden. [...]

25 Die Partei hat die in der Vergangenheit begangenen Fehler erkannt, anerkannt und offen ausgesprochen, um allen das Wesen des neuen Kurses verständlich zu machen und seine Durchführung zu erleichtern.

Dokumente der Sozialistischen Einheitspartei Deutschlands, Band IV, Berlin (O) 1954, S. 449 ff.

7

12 **Flüchtlinge aus der DDR in die Bundesrepublik und nach West-Berlin 1952–1962 (in Prozent)**

Jahr	Anzahl der Flüchtlinge	bis unter 14 Jahre	14 bis unter 18 Jahre	18 bis unter 25 Jahre	25 bis unter 45 Jahre	45 bis unter 65 Jahre	65 Jahre und älter
1952	182000	17,8	11,1	23,7	29,3	16,7	1,4
1953	331000	22,7	11,8	14,2	30,0	18,8	2,5
1954	184000	21,0	12,9	15,2	29,4	17,2	4,3
1955	253000	17,4	9,6	25,5	27,0	16,5	4,0
1956	279000	17,5	9,4	22,1	27,4	18,9	4,7
1957	262000	16,5	9,2	26,5	26,2	16,7	4,9
1958	204000	17,3	8,1	22,7	25,2	20,5	6,2
1959	144000	15,4	7,1	25,8	21,7	20,6	9,4
1960	199000	17,4	5,7	25,7	23,4	20,7	7,1
1961	207000	17,3	5,3	26,6	23,9	19,6	7,3
1962	21000	8,7	4,6	25,4	21,9	13,6	25,8

Rytlewski, R. u. Opp de Hipt, M. (Hg.): Die Deutsche Demokratische Republik in Zahlen. 1945/1949–1980. München 1987, S. 33; Ritter, G. A., u. Niehuss, M.: Wahlen in Deutschland 1946–1990. Ein Handbuch. München 1991, S. 46; zit. nach: Müller, R. A. (Hg.): Deutsche Geschichte in Quellen und Darstellung, Bd. 10. Stuttgart 1998, S. 403.

	1952–1957	1958	1959	1960	1961*
Pflanzenbau und Tierwirtschaft	7,6	4,5	5,0	7,4	6,1
Industrie und Handwerk	20,7	19,3	20,1	21,3	22,3
Technik	1,9	2,1	2,4	2,6	2,9
Handel und Verkehr	11,8	11,8	12,0	11,8	12,0
Haushalts-, Gesundheitsdienst, Körperpflege	4,9	5,8	5,3	4,8	4,7
Verwaltungs- und Rechtswesen	2,9	4,4	3,8	3,5	3,3
Geistes- und Kunstleben	1,5	2,6	2,0	1,9	1,6

13 Die berufliche Struktur des Flüchtlingsstroms (in Prozent)

*1. Halbjahr

Aufforderung zu „gesellschaftspolitischer Betätigung" (z. B. in FDJ, FDGB usw.)	528
Familienzusammenführung	343
Wunsch nach besseren Einkommens- und Wohnverhältnissen	203
Verstöße gegen das Passgesetz	140
Zwang zu Kollektivierung (LPG, PGH) oder staatlicher Beteiligung	136
Spitzelaufträge oder -verpflichtungen (i. d. R. durch das MfS)	135
Parteiaufträge	84
Beziehungen zum Westen	81
Versagen von Reisegenehmigungen oder legaler Umsiedlung in die Bundesrepublik	68
Angst vor Bestrafung	63
Verpflichtung zum Eintritt in die Nationale Volksarmee oder die Volkspolizei	59
Maßnahmen zur Verstaatlichung der privaten Wirtschaft	59
Politischer Widerstand gegen das Regime	57
Differenzen in der Ehe	53
Ost-West-Pendler	53
Ablehnung des oder Benachteiligung durch das Erziehungs- und Bildungssystem	48
Lohn- und Arbeitsschwierigkeiten	47

14 Die auslösenden Fluchtgründe im Juli 1961 nach ihrer Häufigkeit (in absoluten Zahlen)

Bundesministerium für innerdeutsche Beziehungen (Hg.): Der Bau der Mauer durch Berlin, Bonn 1986, S. 21 f.

15 **„Zur Sicherung des europäischen Friedens zum Schutze der Deutschen Demokratischen Republik"**
Aus dem Beschluss des Ministerrates der DDR vom 12. August 1961:
5 In Westdeutschland ist eine Verschärfung der Revanchepolitik mit sich steigernden Gebietsforderungen gegenüber der Deutschen Demokratischen Republik und den Nachbarstaaten Deutschlands erfolgt, die in enger Verbindung steht mit der beschleunigten Aufrüstung und Atombewaffnung der westdeutschen Bundeswehr. 10 Es wird eine systematische Bürgerkriegsvorbereitung durch die Adenauer-Regierung gegenüber der Deutschen

7

Demokratischen Republik betrieben. Bürger der Deutschen Demokratischen Republik, die Westdeutschland
15 besuchen, sind in zunehmendem Maße terroristischen Verfolgungen ausgesetzt. Von westdeutschen und Westberliner Agentenzentralen wird eine systematische Abwerbung von Bürgern der Deutschen Demokratischen Republik und ein regelrechter Menschenhandel organi-
20 siert. [...]

Aus all diesen Gründen beschließt der Ministerrat der Deutschen Demokratischen Republik in Übereinstimmung mit dem Beschluss des Politischen Beratenden Ausschusses der Staaten des Warschauer Vertrages zur
25 Sicherung des europäischen Friedens, zum Schutze der Deutschen Demokratischen Republik und im Interesse der Sicherheit der Staaten des sozialistischen Lagers folgende Maßnahmen:

Zur Unterbindung der feindlichen Tätigkeit der revan-
30 chistischen und militaristischen Kräfte Westdeutschlands und West-Berlins wird eine solche Kontrolle an den Grenzen der Deutschen Demokratischen Republik einschließlich der Grenze zu den Westsektoren von Groß-Berlin eingeführt, wie sie an den Grenzen jedes
35 souveränen Staates üblich ist. Es ist an den Westberliner Grenzen eine verlässliche Bewachung und eine wirksame Kontrolle zu gewährleisten, um der Wühltätigkeit den Weg zu verlegen. Diese Grenzen dürfen von Bürgern der Deutschen Demokratischen Republik nur noch
40 mit besonderer Genehmigung passiert werden. Solange West-Berlin nicht in eine entmilitarisierte neutrale Freie Stadt verwandelt ist, bedürfen Bürger der Hauptstadt der Deutschen Demokratischen Republik für das Überschreiten der Grenzen nach West-Berlin einer besonderen Be-
45 scheinigung.

Zit. nach: Geschichte in Quellen. Die Welt seit 1945. München 1980, S. 319. Bearb. von H. Krause und K. Reif.

16 Ein Tag großer Ernüchterung

Aus dem Tagebuch des CDU/CSU-Fraktionsvorsitzenden Heinrich Krone am Jahresende 1961:

Der 13. August ist in der Bevölkerung der Tag der großen Ernüchterung und Enttäuschung. Bis dahin glaubte 5 und traute man den Amerikanern blindlings. [...] An der Mauer entlang ist Deutschland getrennt, verläuft die Grenze des kommunistischen Ostens gegen die freie Welt. Und – was wir immer nicht glauben wollten, die amerikanische Politik nimmt diese Grenze zur Kenntnis. 10 Was später einmal ist, dass die Westmächte uns in Verträgen versprochen haben, dass sie nicht rasten würden, bis Deutschland wieder ein Volk und Land ist, das alles hat im Augenblick keine aktive Bedeutung. Wir wissen jetzt alle, wo heute die Grenze verläuft, bis zu der sich die 15 Amerikaner engagieren. Dieser Rückzug auf diese Linie hat viel an Vertrauen erschüttert. [...]

Traurige Weihnachten in der Zone. Briefe, die ich bekam, legen dafür erschütterndes Zeugnis ab. Das freie Deutschland muss sich zu einer viel stärkeren und kraftvolleren 20 Haltung aufraffen. Wir müssen aufhören zu schlafen. Wir verfetten in unserem Wohlstand und drüben hungern die Deutschen an Leib und Seele. Wir müssen Fanal sein, das in die Zone leuchtet. Die Stunde kommt, wo wir wieder eins werden. [...] Doch, sagen wir es offen, der deutsche 25 Westen ist in Gefahr, seinen Teil für das Ganze zu halten.

Gotto, K. (Hg.): Neue Dokumente zur Deutschland- und Ostpolitik Adenauers. In: Adenauer-Studien III, hrsg. v. R. Morsey u. K. Repgen. Mainz 1974, S. 16f.

17 Wie denkt der Westen?

US-Präsident John F. Kennedy nach dem 13.8.1961:

Keine besonders angenehme Lösung, aber eine Mauer ist verdammt noch mal besser als ein Krieg.

Zit. nach: A. Grünberg, Der eingemauerte Staat. Die DDR vor der „Wende". Stuttgart 1995, S. 36.

Arbeitsvorschläge

a) Geben Sie einen Überblick über Ursachen und Verlauf des Juni-Aufstands (M 6–M 8).

b) Erarbeiten Sie, welche Resonanz der Aufstand vom 17. Juni 1953 in der Bundesrepublik hatte. (eigene Recherche, M 2, M 8)

c) Erläutern Sie, welche Folgen der Juni-Aufstand hatte (VT, M 10 und M 11).

d) Erklären Sie die Schwankungen in der Flüchtlingszahl und ihrer beruflichen Struktur, indem Sie den Jahreszahlen Ereignisse zuordnen (M 12 und M 13).

e) Untersuchen Sie die Alters- und Berufsstruktur der Flüchtlinge im Hinblick auf die wirtschaftlichen Folgen für DDR und Bundesrepublik (M 12 und M 13).

f) Fassen Sie die Fluchtgründe zu Gruppen zusammen, finden Sie Oberbegriffe und ordnen Sie die Gruppen nach Priorität (M 14).

g) Vergleichen Sie die wirtschaftliche und soziale Entwicklung in der Bundesrepublik und der DDR in den 1950er-Jahren.

h) Vergleichen Sie die Stellungnahmen zum Mauerbau aus ost- und westdeutscher Sicht (M 15 und M 16).

i) Verfassen Sie eine Entgegnung aus der Perspektive Kennedys oder Adenauers (M 4 und M 5, M 17; Kapitel 7.1).

7.7 Zeiten des Übergangs: Von der Ära Adenauer zur „Großen Koalition"

Das Jahr 1955 sollte für Adenauer zum Höhe- und Wendepunkt seiner Kanzlerschaft werden. Die Pariser Verträge hatten einen gewissen Schlusspunkt unter die Bemühungen des Kanzlers gesetzt, die Bundesrepublik zu einem souveränen westeuropäischen Staat zu machen. Nun kam es Adenauer darauf an, das Erreichte zu bewahren. Seine Deutschland- und Außenpolitik stand unter dem Zeichen der nach seinem Staatssekretär benannten Hallstein-Doktrin aus dem Jahr 1955. Sie begründete den Alleinvertretungsanspruch der Bundesrepublik für das gesamte deutsche Volk, der auf die Legitimation durch freie Wahlen zurückgeführt wurde, welche dem SED-Regime fehlte. Dementsprechend betrachtete es die Bundesregierung als unfreundlichen Akt, wenn ein Staat, der mit der Bundesrepublik diplomatische Beziehungen unterhielt, auch die DDR als selbstständigen Staat anerkannte. Dann sollte – außer im Fall der Sowjetunion – der einseitige Abbruch der Beziehungen erfolgen. Zwar konnte Adenauer bis zum Ende seiner Kanzlerschaft auf diesem Weg die internationale Anerkennung der DDR verhindern, doch verzichtete er damit auch auf Gestaltungsspielräume. Diplomatische Initiativen von östlicher Seite wurden regelmäßig ignoriert, so z. B. der Vorschlag des polnischen Außenministers Adam Rapacki zur Schaffung einer atomwaffenfreien Zone in Mitteleuropa. Das innerdeutsche Verhältnis verhärtete immer mehr, sodass es Ende 1958 sogar zur ultimativen Forderung Moskaus an die Westalliierten kam, West-Berlin binnen sechs Monaten zu verlassen.

Deutschland- und Außenpolitik im Zeichen der Hallstein-Doktrin

Auch innenpolitisch standen die Zeichen auf Veränderung. Bereits in der ersten Hälfte der 1950er-Jahre hatte sich eine breite pazifistische Bewegung unter der Parole „Ohne mich!" gegen Adenauers Wiederbewaffnungspolitik formiert. Als 1956 Pläne der Bundesregierung zur Ausrüstung der eben erst gegründeten Bundeswehr mit Atomwaffen bekannt wurden, schwoll diese weiter an. Der Protest wurde außer von der SPD auch von Kirchen, Gewerkschaften, Hochschulen, Studentenvertretungen, Künstlern und Schriftstellern getragen. Große Resonanz fand 1957 die „Göttinger Erklärung", in der 18 namhafte deutsche Atomforscher die Nuklearpläne Adenauers kritisierten. Der 1958 gegründete Arbeitsausschuss „Kampf dem Atomtod" organisierte zahlreiche Massendemonstrationen, die Adenauers Pläne schließlich zu Fall brachten, nachdem auch die westlichen Regierungen Bedenken geäußert hatten.

Kritik an Adenauers Nuklearplänen

Adenauers Autorität wurde 1959/60 weiter erschüttert: Zunächst strebte er vergeblich das Amt des Bundespräsidenten an, um die Politik des künftigen Kanzlers kontrollieren zu können. Wenig später scheiterte auch sein Plan, ein zweites Fernsehprogramm unter Einfluss und Aufsicht der Bundesregierung einzurichten. Die wachsende öffentliche Kritik an seiner zunehmend als autoritär empfundenen „Kanzlerdemokratie" führte bei der Bundestagswahl 1961 schließlich zum Verlust der absoluten Mehrheit für CDU und CSU. Dazu beigetragen hatte allerdings auch die Modernisierung der SPD. Mit ihrer Abkehr von wirtschaftlichen Sozialisierungsmodellen und deutschlandpolitischen Neutralisierungskonzepten hatte sie sich mit dem Godesberger Programm von 1959 als Volkspartei konstituiert. Damit war sie auch für Schichten jenseits der Arbeiterschaft wählbar und somit regierungsfähig geworden. Das unwiderrufliche Ende der Ära Adenauer wurde dann 1962 durch die „Spiegel-Affäre" und die dadurch ausgelöste Regierungskrise eingeleitet: Als in dem Hamburger Nachrichtenmagazin ein kritischer Artikel zur Verteidigungspolitik der CDU erschien, veranlasste Verteidigungsminister Franz Josef Strauß die Verhaftung des Herausgebers Rudolf Augstein, mehrerer leiten-

Die „Spiegel"-Affäre und das Ende der Ära Adenauer

Sozialisierung

1 „Ha! Wie will ich triumphieren, wenn wir sie zum Richtplatz führen und die Hälse schnüren ..."

In seiner Karikatur von 1962 nimmt Klaus Pielert Bezug auf eine Szene aus Mozarts Oper „Die Entführung aus dem Serail": Der Diener eines mächtigen Herrschers freut sich auf die Hinrichtung von Gefangenen seines Herrn. Dieser besinnt sich aber eines Besseren. Er lässt die Gefangenen frei und es kommt zum Happyend – sehr zum Ärger des eifrigen Lakaien.

der Redakteure und des verantwortlichen Journalisten Conrad Ahlers. Die darauf folgende Durchsuchung der „Spiegel"-Redaktionsräume begründete Adenauer angesichts heftiger öffentlicher Proteste mit einem „Abgrund von Landesverrat", der sich aufgetan habe. Massenkundgebungen von Studierenden und Gewerkschaften waren die Folge, bei denen der Regierung massive Eingriffe in die Presse- und Meinungsfreiheit vorgeworfen wurden. Als selbst der Koalitionspartner FDP den Rücktritt von Franz-Josef Strauß forderte, war Adenauer am Ende: Er gab nach, bildete ein neues Kabinett, dem Strauß nicht mehr angehörte, und kündigte seinen Rücktritt für den Herbst 1963 an. Erstmals seit Bestehen der Bundesrepublik war aus einer politischen Krise die kritische Öffentlichkeit als Siegerin hervorgegangen.

Ludwig Erhards Kanzlerschaft

Mit der Kanzlerschaft Ludwig Erhards von 1963 bis 1966 brach eine Übergangszeit an, in der einerseits ungelöste Konflikte, die das „Wirtschaftswunder" überdeckt hatte, offen ausbrachen, in der sich andererseits aber auch neue Entwicklungen anbahnten. Als die Bundesrepublik 1966 ihre erste wirtschaftliche Rezession mit steigenden Arbeitslosenzahlen erlebte und die rechtsextreme NPD in den zwei darauf folgenden Jahren prompt in nicht weniger als sieben Landtage Einzug hielt – in Baden-Württemberg 1968 sogar mit 9,8 % – drängten sich vielen Bürgern Parallelen zum Aufstieg der NSDAP während der Weltwirtschaftskrise auf. Außerdem entstand der Eindruck, dass der „Vater des Wirtschaftswunders" mit den alten Rezepten der ökonomischen und politischen Probleme nicht mehr Herr wurde. Sein Appell an die Bundesbürger, den Gürtel enger zu schnallen, hinter dem sich zwei unbezahlte Überstunden pro Woche verbargen, erinnerte manche an Brünings Sparpolitik in den letzten Jahren der Weimarer Republik. Und Erhards Forderungen nach einer „formierten Gesellschaft" sowie seine Kritik an „Entartungserscheinungen in der modernen Kunst" wurden als symptomatisch für die

Formierte Gesellschaft

fehlende Aufarbeitung der NS-Vergangenheit angesehen. Er geriet schließlich auch deshalb zunehmend in die Defensive, weil das Versprechen, das sozialpolitische Füllhorn auf die Bürger auszuschütten, mit dem er die Bundestagswahl 1965 gewonnen hatte, nicht zu halten war. Sein Sturz war vollzogen, als die FDP ihm 1966 die Koalition aufkündigte, weil sie die wachsenden Staatsausgaben und die sich daraus ergebenden Etatdefizite nicht mehr für vertretbar hielt.

Erhards Nachfolger Kurt-Georg Kiesinger (CDU), der sich mit Willy Brandt (SPD) auf eine Große Koalition aus CDU/CSU und SPD geeinigt hatte, um die wirtschaftliche Rezession zu überwinden, hatte erstaunlich schnelle Erfolge zu verzeichnen. Wirtschaftsminister Karl Schiller (SPD) und Finanzminister Franz Josef Strauß (CSU) erreichten einen neuen Aufschwung durch Instrumente, die sich an der in den 1930er-Jahren entwickelten Theorie des englischen Nationalökonomen John Maynard Keynes orientierten. Diese vertraute in wirtschaftlichen Krisenzeiten nicht mehr auf die Selbstheilungskräfte des Marktes nach der Lehre des Wirtschaftsliberalismus. Vielmehr hielt Schiller eine im Anschluss an Keynes' „Deficit spending" entwickelte „Globalsteuerung" der Wirtschaft für notwendig. Das bedeutet, dass in der wirtschaftlichen Abschwungphase kreditfinanzierte Konjunkturprogramme aufgelegt werden sollten, um die Wirtschaft aus der Talsohle zu führen. In der dann folgenden Boom-Phase sollten die zwischenzeitlich entstandenen Etatdefizite durch höhere Steuereinnahmen ausgeglichen werden. Gesetzgeberischen Ausdruck fanden diese Ziele im 1967 verabschiedeten „Gesetz zur Förderung der Stabilität und des Wachstums in der Wirtschaft".

Ergänzt wurde dieses Gesetz durch die so genannte „Konzertierte Aktion": Vertreter der Unternehmerverbände, der Gewerkschaften, der Bundesbank, des Sachverständigenrats und der Bundesregierung traten zu regelmäßigen freiwilligen Beratungen zusammen, um über die Wahrung des gesamtwirtschaftlichen Gleichgewichts zu wachen. Zielvorgabe dieses „Tisches der gesellschaftlichen Vernunft" – wie Schiller diese Treffen nannte – war gemäß dem Stabilitätsgesetz das magische Viereck aus Preisstabilität, hohem Beschäftigungsstand, außenwirtschaftlichem Gleichgewicht und Wirtschaftswachstum. Kontrolliert werden sollte es durch eine „mittelfristige Finanzplanung" in Fünf-Jahres-Rhythmen. Dieses Maßnahmenbündel traf auf günstige internationale Rahmenbedingungen und führte zu einem „zweiten Wirtschaftswunder": 1969 sank die Arbeitslosenquote auf 0,8 %, während Bruttosozialprodukt und Bruttolöhne schnell wuchsen. Parallel zu diesem Wirtschaftsboom vollzog sich der politische Niedergang der NPD, die in den Wahlen nach 1968 wieder durchweg an der 5 %-Hürde scheiterte.

Spannungen innerhalb der Koalition erwuchsen allerdings aus den unterschiedlichen Auffassungen zur Deutschland- und Ostpolitik: Während die SPD die Entspannungssignale aus Washington und Moskau aufnehmen und Verhandlungen mit der DDR einleiten, den Alleinvertretungsanspruch aufgeben sowie die Oder-Neiße-Grenze anerkennen wollte, gingen diese Absichten der CDU/CSU-Mehrheit deutlich zu weit. Kiesingers Kompromissversuch, 1967 mit der Aufnahme diplomatischer Beziehungen zu Jugoslawien und Rumänien die Hallstein-Doktrin zu lockern, indem einzelne sozialistische Länder von ihr ausgenommen wurden, verschärfte nur die Konflikte in der Koalition. Je deutlicher dann auch die Oppositionspartei FDP seit 1967 auf die Entspannungsinitiativen der SPD einschwenkte und die Anerkennung der seit 1945 geschaffenen Realitäten sowie eine Entkrampfung der Beziehungen zwischen der Bundesrepublik und der DDR forderte, desto deutlicher wurde, dass die Tage der Großen Koalition gezählt waren.

Neue wirtschaftspolitische Akzente zur Zeit der Großen Koalition

Ludwig Erhard
Kanzler 1963–1966

Kurt-Georg Kiesinger
Kanzler 1966–1969

Unüberbrückbare Differenzen in der Großen Koalition

7

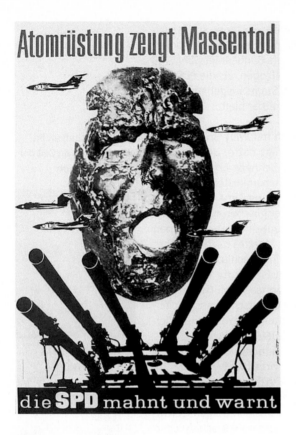

Atomrüstung zeugt Massentod

die SPD mahnt und warnt

2 SPD-Plakat zur Bundestagswahl 1957

3 Die „Hallstein-Doktrin"

Prof. Dr. Grewe, Ministerialdirektor im Auswärtigen Amt, interpretierte den Rechtsstandpunkt der Bundesregierung anlässlich einer Botschafterkonferenz im Auswärtigen Amt, 1955:

Frage: Ist es richtig, dass auf dieser Botschafter-Konferenz die Politik der Bundesregierung dahingehend definiert worden ist, dass sie die diplomatischen Beziehungen mit jedem Staat abbrechen würde, der etwa Pankow anerkennt?

Grewe: [...] Klar ist – und das haben wir oft genug deutlich gemacht –, dass die Intensivierung der Beziehungen mit Pankow von uns als eine unfreundliche Handlung empfunden wird. Auf unfreundliche Akte anderer Staaten kann man mit verschieden gestuften Maßnahmen reagieren, kann entweder seinen Botschafter zunächst einmal zur Berichterstattung zurückberufen oder man kann auch einen weiteren Abbau einer solchen Mission vornehmen. Kurz, es gibt eine ganze Reihe von Maßnahmen, die noch vor dem Abbruch der diplomatischen Beziehungen liegen. Und es ist klar, dass man einen so schwerwiegenden Schritt wie den Abbruch diplomatischer Beziehungen immer nur nach sehr reiflicher Überlegung und in einer sehr ernsten Situation tun wird. Aber so viel ist klar, dass diese ganze Frage für uns in der Tat eine äußerst ernste Frage ist und dass in dem Augenblick, in dem das Problem der Doppelvertretung Deutschlands bei dritten Staaten auftaucht, wir wahrscheinlich gar nicht anders können, als sehr ernste Konsequenzen daraus zu ziehen.

Keesing's Archiv der Gegenwart 1955, S. 5514 A.

4 Wandel durch Annäherung

Aus einer Rede Egon Bahrs (SPD), Leiter des Presse- und Informationsamtes des Berliner Senats, in der Evangelischen Akademie in Tutzing, 1963:

Die amerikanische Strategie des Friedens lässt sich auch durch die Formel definieren, dass die kommunistische Herrschaft nicht beseitigt, sondern verändert werden soll. Die Änderung des Ost/West-Verhältnisses, die die USA versuchen wollen, dient der Überwindung des Status quo, indem der Status quo zunächst nicht verändert werden soll. Das klingt paradox, aber es eröffnet Aussichten, nachdem die bisherige Politik des Drucks und Gegendrucks nur zu einer Erstarrung des Status quo geführt hat. Das Vertrauen darauf, dass unsere Welt die bessere ist, die im friedlichen Sinn stärkere, die sich durchsetzen wird, macht den Versuch denkbar, sich selbst und die andere Seite zu öffnen und die bisherigen Befreiungsvorstellungen zurückzustellen. [...]

Die erste Folgerung, die sich aus einer Übertragung der Strategie des Friedens auf Deutschland ergibt, ist, dass die Politik des Alles oder Nichts ausscheidet. Entweder freie Wahlen oder gar nicht, entweder gesamtdeutsche Entscheidungsfreiheit oder ein hartes Nein, entweder Wahlen als erster Schritt oder Ablehnung, das alles ist nicht nur hoffnungslos antiquiert und unwirklich, sondern in einer Strategie des Friedens auch sinnlos. Heute ist klar, dass die Wiedervereinigung nicht ein einmaliger Akt ist, der durch einen historischen Beschluss an einem historischen Tag auf einer historischen Konferenz ins Werk gesetzt wird, sondern ein Prozess mit vielen Schritten und vielen Stationen.

Keesing's Archiv der Gegenwart 1963, S. 10700 f.

5 Alleinvertretungsanspruch – ein Berührungstabu

Die Sozialpsychologen Alexander und Margarete Mitscherlich zur Deutschlandpolitik der CDU, 1967:

Der Krieg ging verloren. So gewaltig der Berg der Trümmer war, den er hinterließ, so lässt sich nicht verleugnen, dass wir trotzdem diese Tatsache nicht voll ins Bewusstsein dringen ließen. Mit dem Wiedererstarken unseres politischen Einflusses und unserer Wirtschaftskraft meldet sich jetzt mehr und mehr unbehindert eine Phantasie über das Geschehene. In etwas vergröberter Formulierung ließe sich sagen, dass durch die Verleugnung der Geschehnisse im Dritten Reich deren Folgen nicht anerkannt werden sollen. [...] Nach dieser Interpretation des Weltgeschehens haben wir dann natürlich auch

15 „Ansprüche", z. B. auf die verlorenen Ostgebiete jenseits der Oder-Neiße-Linie. Zwar hat uns das Beharren auf diesen Phantasien in der politischen Realität keinen Schritt weitergebracht; die Kluft zwischen den beiden deutschen Staaten hat sich unnötig vertieft; wir bestehen jedoch auf

20 der Idee eines Rechtsanspruches, den wir in einem Friedensvertrag zur Geltung zu bringen hätten. [...]
Ein Tabu ist entstanden, ein echtes Berührungstabu. Es ist verboten, die Anerkennung der gegenwärtigen Grenzen beider deutscher Staaten als ein Faktum zu diskutieren,

25 von dem man zunächst einmal auszugehen hat. Im Berührungstabu ist der Traum enthalten, es könnte sich doch noch durch unabsehbare Glücksfälle fügen, dass zurückzuholen ist, was sträflich Hybris aufs Spiel gesetzt und vertan hat. Es ist tatsächlich ein gefährlicher Traum,

30 statt der Anstrengung, nationale Grenzen ihres Charakters der Barrieren vor einem freien Verkehr zu entkleiden [...], den „Alleinvertretungsanspruch" höher einzuschätzen und während zwanzig Jahren sich nicht um eine vernünftige Koexistenz zu bemühen.

Die Unfähigkeit zu trauern. München 1967, S. 13–17.

6 Der Grass-Brandt-Briefwechsel 1966

Brief von Günter Grass an Willy Brandt anlässlich der geplanten Großen Koalition am 1. Dezember 1966:
Lieber Willy Brandt! Bevor es zur Großen Koalition

5 kommt, bevor also Sie zwischen den Herren Kiesinger und Strauß den Kronzeugen einer falschen Harmonie werden abgeben müssen, bitte ich Sie, den Vorsitzenden der SPD, einer Partei also, in die ich meine Hoffnungen setzte und setze, noch einmal die unabsehbaren Folgen

10 einer solchen Entscheidung zu bedenken. [...]
Wie sollen wir weiterhin die SPD als Alternative verteidigen, wenn das Profil eines Willy Brandt im Proporz-Einerlei der Großen Koalition nicht mehr zu erkennen sein wird? Zwanzig Jahre verfehlte Außenpolitik werden

15 durch Ihr Eintreten in eine solche Regierung bemäntelt sein. Der unheilbare Streit der CDU/CSU wird auf die SPD übergreifen. Ihre Vorstellung vom „anderen Deutschland" wird einer lähmenden Resignation Platz machen, die große und tragische Geschichte der SPD wird für Jahrzehnte ins Ungefähre münden. Die allgemeine An-

20 passung wird endgültig das Verhalten zu Staat und Gesellschaft bestimmen. Die Jugend unseres Landes jedoch wird sich vom Staat und seiner Verfassung abkehren, sie wird sich nach Links und Rechts verrennen, sobald diese miese Ehe beschlossen sein wird.

25

Aus dem Antwortbrief von Willy Brandt:
Lieber Günter Grass! Sie haben die Sorgen und die Befürchtungen formuliert, die viele Menschen – und nicht

30 die schlechtesten – in unserem Lande mit Ihnen teilen. Die Große Koalition enthält Risiken. Gefühl und Willen zur Führung wiesen vielen von uns einen anderen Weg. Nach sehr ernster Prüfung und dem Hintergrund der dürren Ziffern im Bundestag und angesichts der Aufgaben im

35 Inneren und nach außen habe ich zu dem Ergebnis kommen müssen, dass der andere Weg nicht gangbar war. [...] Die Große Koalition wird zu einem Fehlschlag führen, wenn sie sich nicht deutlich von dem abhebt, was in die Regierungskrise geführt hat. Dies ist die begrenzte, heute

40 mögliche Alternative zum bisherigen Trott. [...] Sie, Ihre Freunde und viele der kritischen jungen Menschen dürfen sich gerade jetzt nicht in das Abseits der Resignation oder des bloßen Protestes stellen. Die demokratische Linke und unser Land würden nicht nur ärmer, sondern

45 auch schwächer werden. Das Gewissen der Sozialdemokratischen Partei schlägt nicht außerhalb dieser Partei. Niemand sollte den Stab brechen, solange wir nicht die Chance gehabt haben zu beweisen, was jetzt möglich ist. Für uns ist dies ein neuer Beginn. Wir werden in das

50 neue Kapitel der deutschen Geschichte wesentliche neue Elemente einführen. Dafür werden wir Verantwortung tragen und gerade das geistige Deutschland nicht enttäuschen.

Keesing's Archiv der Gegenwart, 1966, S. 12481.

7

Arbeitsvorschläge

a) Interpretieren Sie M1 im Kontext der „Spiegel"-Affäre, indem Sie den Opernfiguren Personen zuordnen, die an der Affäre beteiligt waren.

b) Vergleichen Sie die außen- und deutschlandpolitischen Positionen in M3–M5 miteinander.

c) Klären Sie die Zusammenhänge, die zwischen M2 und der Kennedy-Rede von 1963 (M5) bestehen.

d) Erklären Sie die „paradox klingende Strategie", die in M4 formuliert wird.

e) Untersuchen Sie, welche Argumente sich im Grass-Brandt-Briefwechsel (M6) gegenüberstehen. Erläutern Sie, welches „neue Kapitel der deutschen Geschichte" Willy Brandt anstrebt (M6, VT).

f) Erarbeiten Sie einen Überblick über die wirtschaftlichen und deutschlandpolitischen Schwerpunkte der Großen Koalition und vergleichen sie diese mit der Politik der Adenauer-Ära.

7.8 Die außerparlamentarische Opposition

Die APO als Antwort auf die Große Koalition

Die Große Koalition geriet Ende der 1960er-Jahre zunehmend in die Kritik. Denn ihren Erfolgen, die vor allem in der Überwindung der Rezession und dem Niedergang der NPD bestanden, stand ein hoher Preis gegenüber: Die Aufgaben der Opposition lasteten allein auf den schmalen Schultern der FDP, die über nur 49 von 469 Parlamentssitzen verfügte. So erklärten 1967 in einer Umfrage 59 % der Absolventen höherer Schulen, dass sie es für besser hielten, wenn eine der großen Parteien die Oppositionsrolle innehätte. Und bereits ein Jahr später äußerten fast zwei Drittel der Gymnasiasten und Studenten Misstrauen gegenüber dem Parteiensystem der Bundesrepublik. Sie äußerten ihre Furcht vor einer schleichenden „Transformation der Demokratie" hin zu einem „autoritären Staat". Aus dieser Haltung erwuchs eine Protestbewegung, die sich als Opposition außerhalb der demokratischen Gremien verstand – die außerparlamentarische Opposition, kurz: APO.

Eine antiautoritäre Jugendbewegung entsteht

Erste Anzeichen für die wachsende Protesthaltung gegenüber einer stark durch materielle Werte und Statussymbole geprägten Leistungs- und Konsumgesellschaft hatten sich schon seit Beginn der 1960er-Jahre gezeigt, als lange Haare, Mini-Röcke und Pop-Musik die konventionellen Denkmuster und Lebensformen der Erwachsenen herausforderten. Seit der Mitte der 1960er-Jahre gehörten „Hippies" als Repräsentanten von Ungebundenheit und Drogenkonsum sowie „Gammler" als Verweigerer gegenüber bürgerlichen Ordnungs- und Sauberkeitsstandards zum Alltag auch in deutschen Großstädten. Binnen weniger Jahre war eine breite antiautoritäre Jugendbewegung entstanden.

Politisierung des Protests

Wie zuvor in den USA, so vollzog sich auch in der Bundesrepublik die Politisierung des gegenkulturellen Protestes unter dem Einfluss der moralischen Empörung über die US-Kriegsführung in Vietnam, die sich nach dem Beginn von Flächenbombardements auf das kommunistische Nordvietnam und Napalm-Einsatz durch die US-Truppen seit 1965 zusehends steigerte. Hinzu kamen Forderungen nach einer Hochschulreform angesichts einer „verkrusteten Ordinarienuniversität", unzu-

7

1 **Darsteller des Musicals „Hair", München 1968**
Das Rock-Musical des US-amerikanischen Komponisten Galt Mc Dermot hatte 1967 in New York Premiere und ging danach auf Welttournee. Damit wurde die Kritik am Vietnam-Krieg weltweit ebenso verbreitet wie die Hippie-Botschaft „Make love not war".

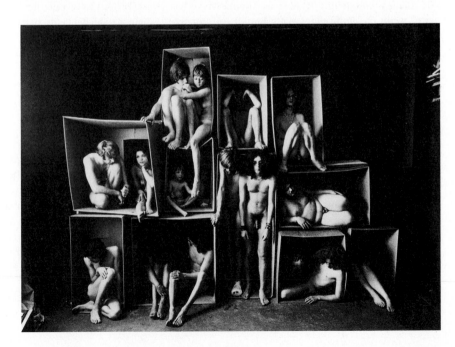

reichender Bildungsausgaben und einer sozial ungerechten Bildungsselektion. Mit Blick auf diese Defizite wurde in der Öffentlichkeit vor einer „deutschen Bildungskatastrophe" gewarnt, wenn die vorhandenen „Begabungsreserven" nicht ausgeschöpft würden. Empirische Untersuchungen untermauerten diesen Befund: Unterschichtenkinder und Mädchen erwiesen sich in Gymnasien und Universitäten gegenüber den Söhnen aus Akademiker- und Beamtenfamilien als stark unterrepräsentiert. Der Soziologe Ralf Dahrendorf brachte entsprechende Forderungen unter dem Postulat „Bildung ist Bürgerrecht" auf den Punkt. Der studentische Protest richtete sich schließlich gegen die von den Bundestagsparteien geplante Grundgesetzänderung zum Notstandsrecht, die viele Studenten an den Artikel 48 der Weimarer Reichsverfassung und das Ermächtigungsgesetz der Nationalsozialisten erinnerte. Vor einer drohenden „Faschisierung" der Bundesrepublik wurde gewarnt. Die Furcht wurde damit begründet, dass die Elterngeneration in ihrem Stolz auf den Wiederaufbau und das „Wirtschaftswunder" ihre mögliche (Mit-)Schuld an den nationalsozialistischen Verbrechen aus dem Bewusstsein verdrängt habe. Als Idole des Protests dienten einerseits Vertreter des „antiimperialistischen" Kampfs in der Dritten Welt, wie z. B. Che Guevara, Ho Chi Minh und Mao Zedong, andererseits gescheiterte Symbolfiguren eines „basisdemokratischen Rätekommunismus" bzw. eines „Sozialismus mit menschlichem Antlitz", wie z. B. Rosa Luxemburg, Karl Liebknecht oder Leo Trotzki. Damit grenzte sich die APO auch gegenüber dem „real existierenden Sozialismus" der Ostblockstaaten deutlich ab.

Ordinarienuniversität

Jedoch bereits vor der revolutionären Umgestaltung der „spätkapitalistischen Gesellschaft" sollte mit alternativen Lebensformen experimentiert werden: Der spießigen Enge der bürgerlichen Kleinfamilie wurden Wohngemeinschaften entgegengesetzt. „Antiautoritäre Erziehung" in selbst verwalteten Kinderläden und freien Schulen sollte eine repressionsfreie Persönlichkeitsentwicklung für Kinder und Jugendliche sicherstellen. Im zwischenmenschlichen Bereich sollten tradierte Geschlechterrollen sowie das vermeintlich auf bürgerlichen Besitzansprüchen beruhende Modell der Zweierbeziehung durch neue Formen „freier Liebe" überwunden werden. Die Einführung der Pille zur Empfängnisverhütung setzte schließlich eine „sexuelle Revolution" in Gang, die die Emanzipation von einer „repressiven Sexualmoral" zu ermöglichen schien. Dieses neue Lebensgefühl mit zahlreichen Tabubrüchen spiegelte sich auch bei der Artikulation des politischen Protests wider und hat die politische Kultur der Bundesrepublik nachhaltig geprägt. Dazu gehören beispielsweise aus den USA importierte neue Demonstrationsformen wie „Sit-ins", „Go-ins" und „Teach-ins", die später – besonders an Schulen – durch „Smoke-ins" und „Love-ins" ergänzt wurden. Solche provokativen Tabubrüche erfüllten auch die Funktion, eine selbstzufriedene Konsumgesellschaft zu irritieren und brachten ein neues, lustorientiertes Politikverständnis zum Ausdruck.

Alternative Lebensformen

Der heitere Optimismus verflog aber schon bald, als 1967 der Student Benno Ohnesorg bei einer Demonstration in Berlin von einem Polizisten erschossen und im April 1968 das führende SDS-Mitglied Rudi Dutschke von einem 23-jährigen Hilfsarbeiter durch Schüsse auf offener Straße lebensgefährlich verletzt wurde. Vor allem das Dutschke-Attentat löste eine Welle von Demonstrationen aus, die zu bürgerkriegsähnlichen Zuständen eskalierten. Nach Auffassung der protestierenden Studenten war das Attentat auf die manipulativen Techniken der Presse zurückzuführen. Kampagnen gegen das „Meinungsmonopol" des Axel-Springer-Konzerns, der ein Drittel der bundesrepublikanischen Zeitungsauflage kontrollierte, waren die Folge. Unter Parolen wie „Enteignet Springer!" und „Bild hat mitgeschossen!" wurden Blockaden gegen die Auslieferung von Springer-Zeitungen – vor allem der „Bild"-Zeitung – und gewalttätige Attacken auf Sprin-

Ausweitung der Proteste

2 Protest von Studenten und Gewerkschaftern gegen die Notstandsgesetze 1968 in Bonn

ger-Verlagshäuser organisiert. Eine weitere Zuspitzung erfolgte im Mai 1968, als die Unruhen auf Paris übergriffen und dort ungleich heftigere Formen als in der Bundesrepublik annahmen. Neue Massendemonstrationen in zahlreichen westdeutschen Städten sowie ein Sternmarsch auf Bonn konnten allerdings die Verabschiedung der Notstandsgesetze durch eine verfassungsändernde Mehrheit im Bundestag am 30. Mai 1968 nicht verhindern. Damit wurde möglich, was sowohl die außerparlamentarische als auch die parlamentarische Opposition der FDP hatten verhindern wollen: der Einsatz der Bundeswehr bei inneren Unruhen und die Aufhebung des Brief-, Post- und Fernmeldegeheimnisses im Falle eines Notstands.

Zerfall der APO

Die Enttäuschung vieler Studenten über diese schwere innenpolitische Niederlage leitete überraschend schnell den Zerfall der APO und die Suche nach neuen, vermeintlich schlagkräftigeren Organisationsmodellen ein. Aus der antiautoritären Bewegung ohne feste Strukturen kristallisierten sich die verschiedensten kommunistischen Kadergruppen heraus, die sich an den orthodoxen Mustern des demokratischen Zentralismus orientierten: K-Gruppen maoistischer Prägung entstanden neben der „Deutschen Kommunistischen Partei" (DKP), die sich an der SED orientierte. In diesen Prozess einer schleichenden Dogmatisierung der APO gehört auch die Entstehung der kleinen, konspirativ-terroristischen „Rote Armee Fraktion" um Andreas Baader, Gudrun Ensslin, Ulrike Meinhof und andere, deren Vorläufer schon 1968 in zwei Frankfurter Kaufhäusern Brandsätze als Protest gegen „Konsumterror" und Vietnamkrieg gelegt hatten. Die Mehrzahl der protestierenden Schüler und Studenten trat aber, nachdem der SDS sich 1970 selbst aufgelöst hatte, der SPD bei und begab sich lebensgeschichtlich auf den „langen Marsch durch die Institutionen", den der SDS schon 1968 ausgerufen hatte: Sie versuchten ihre politischen Reformvorstellungen innerhalb der ihnen zugänglichen Institutionen durchzusetzen. So verzeichnete die SPD von 1970 an einen starken Zustrom von Schülern und Studenten, die zwischen 1972 und 1975 rund ein Siebtel aller Neumitglieder stellten. Nicht wenige „Alt-68er" bemühten sich darüber hinaus um die Verwirklichung neuer Lebensformen innerhalb der „neuen sozialen Bewegungen", die sich in den 1970er-Jahren aus der APO heraus entwickelten.

3 Notstand der Demokratie

Aus der „Römerbergrede" des SDS-Bundesvorstandsmitglieds Hans-Jürgen Krahl am 27. Mai 1968 in Frankfurt am Main vor 12 000 Menschen angesichts der bevorstehenden Verab
5 *schiedung der Notstandsgesetze:*

Die Demokratie in Deutschland ist am Ende; die Notstandsgesetze stehen vor ihrer endgültigen Verabschiedung. Trotz der massenhaften Proteste aus den Reihen der Arbeiter, Studenten und Schüler, trotz der massiven De
10 monstrationen der APO in den letzten Jahren sind dieser Staat und seine Bundestagsabgeordneten entschlossen, unsere letzten spärlichen demokratischen Rechtsansprüche in diesem Land auszulöschen. Gegen alle diejenigen – Arbeiter oder Studenten –, die es künftig wagen werden,
15 ihre Interessen selbst zu vertreten, werden Zwang und Terror das legale Gesetz des Handelns der Staatsgewalt bestimmen. [...]
Spätestens mit der Bildung der Großen Koalition und ihrer Wirtschaftspolitik, der Konzertierten Aktion des
20 Ministers Schiller lag diese Entwicklung offen zutage. Die Konzertierte Aktion liefert einer starken, keineswegs demokratischen Staatsgewalt die Mittel, die Wirtschaftskrise 1966/67 – zur Zeit der Bildung der Großen Koalition – zu regulieren, nachdem Erhards Wirtschaftswunder in
25 sich zusammengefallen war. [...] Es war allerdings voraussehbar, dass die Konzertierte Aktion auf die Dauer nicht ausreichen würde, die Krisenentwicklung der Wirtschaft zu bremsen und die Arbeiter zum Streikverzicht anzuhalten. Dazu bedurfte es stärkerer Zwangsmittel; die Große
30 Koalition entschloss sich also die Notstandsgesetzgebung beschleunigt zu betreiben. Sie liefert das terroristische Instrument für eine offene Wirtschaftskrise, in der die Arbeiter notfalls mit brutaler Gewalt niedergehalten werden und die aufbegehrenden Studenten einer von oben betrie
35 benen Hochschulreform unterworfen werden, in der die Universität zu einer Ausbildungskaserne für Fachidioten wird, in der die Studenten nicht wissen sollen, zu welchen politischen und wirtschaftlichen Zwecken diese wissenschaftliche Forschung eingesetzt wird. Die Konzertierte
40 Aktion war der Anfang, die Notstandsgesetze bilden das Ende einer vorläufigen Entwicklung, in der sich eine undemokratische Staatsgewalt die Mittel schuf, die Bedürfnisse der Massen zu unterdrücken. Die Geschichte, nicht zuletzt die der Deutschen, hat uns mehrfach gelehrt, dass
45 der einzige Ausweg der kapitalistischen Wirtschaftsordnung aus der Krise in der offenen Gewalt des Faschismus besteht. [...] Die Herrschenden wollen der Bevölkerung mit allen Mitteln einreden, unsere Aktionen seien Terror; um dies zu beweisen, schrecken sie auch vor offenen
50 Lügen nicht zurück. Wir aber erwidern ihnen: Gewalt, das ist die Volksverhetzung der Bild-Zeitung, Gewalt, das ist die Vorbereitung der Notstandsdiktatur. Und dagegen nehmen wir das Recht des Geschlagenen in Anspruch, das elementare Recht auf Notwehr und Widerstand.

Regierung und Bundestag versuchen uns einzureden, die 55 Notstandsgesetze träfen nur Vorsorge für die Demokratie in Notzeiten. In der Tat, die Notstandsgesetze treffen Vorsorge, aber Vorsorge für einen neuen Faschismus, Vorsorge für Zwangs- und Dienstverpflichtung, für Schutzhaft und Arbeitslager. Die Notstandsgesetze, sagt man uns, 60 ergänzen das Grundgesetz. In Wirklichkeit sind sie das Grundgesetz einer zur Zwangskaserne abgeriegelten Gesellschaft. [...]
Wir haben nur eine einzige Antwort auf die Notstandsgesetze zu geben: Wenn Staat und Bundestag die Demo- 65 kratie vernichten, dann hat das Volk das Recht und die Pflicht, auf die Straße zu gehen und für die Demokratie zu kämpfen. Wenn die Volksvertreter die Interessen des Volkes nicht mehr vertreten, dann wird das Volk seine Interessen selbst vertreten. [...] 70
Eine soziale Demokratie lebt nur durch die aufgeklärte Selbsttätigkeit der mündigen Massen. Daraus haben die Studentenbewegung und die außerparlamentarische Opposition die politische Konsequenz gezogen: Auf die Bürokratien der Parteien und der Gewerkschaften können wir 75 uns nicht verlassen, wenn wir nicht selbst anfangen zu handeln. Erst die oft herausfordernden Demonstrationen der Studenten haben viele Themen, welche die Herrschenden lieber verschwiegen hätten, zur öffentlichen Diskussion gestellt; so den Krieg in Vietnam [...]. Unsere Aufklärungs- 80 und Machtmittel sind geradezu lächerlich gering, gemessen an den gewaltigen Funk- und Fernseheinrichtungen sowie den mächtigen Staats- und Parteiverwaltungen. Aber mit den Mitteln des Flugblatts, der ständigen Diskussion und unseren Demonstrationen haben wir erreicht, dass 85 immer mehr Menschen lernten, wie notwendig es ist, für seine Interessen selbst und aktiv einzutreten. Entgegen der Manipulation von Presse und Regierung, die uns von der Bevölkerung mit aller Gewalt isolieren wollen, hat die außerparlamentarische Opposition ihre Basis ständig erwei- 90 tert: Zunächst waren es die Studenten, dann die Schüler, jetzt sind es junge Arbeiter und auch immer mehr ältere Kollegen. Unsere Demokratie ist direkt und unmittelbar. Es gibt keine Sprecher und keine Gruppen, die sich nicht den Entscheidungen der Anwesenden unterwerfen müssten; 95 es gibt keine Funktionäre, die einen Posten auf Lebenszeit einnehmen; alle unmittelbar Beteiligten entscheiden in direkter Abstimmung über die politischen Aktionen und Ziele. [...]
Mit der Verabschiedung der Notstandsgesetze steht die 100 Uhr auf fünf Minuten vor 12. [...] Die Losung für die nächsten Tage kann nur sein: politischer Streik! Nur eine Welle von Streiks ermöglicht schließlich den Generalstreik. Politischer Streik am Dienstag, politischer Streik am Mittwoch, politischer Streik in den Betrieben, an der 105 Universität und in den Schulen.

Claussen, D. u. Dermitzel, R. (Hg.): Universität und Widerstand: Versuch einer politischen Universität in Frankfurt. Frankfurt/Main 1968, S. 34–41.

7

Vorsicht! Grundrechte in Gefahr!

NOTSTAND: Das Parlament wird entmündigt
NOTSTAND: Die Opposition wird ausgeschaltet
NOTSTAND: Kein Post- und Telefongeheimnis mehr
NOTSTAND: Männer und Frauen dienstverpflichtet
NOTSTAND: Gewerkschaften lahmgelegt
NOTSTAND: Keine freie Wahl des Arbeitsplatzes
NOTSTAND: Luftschutzbunker werden Pflicht
NOTSTAND: Lebensmittelkarten gedruckt
NOTSTAND: Autos werden beschlagnahmt
NOTSTAND: Verhaftungen ohne Haftbefehl
NOTSTAND: Bundeswehr gegen Bevölkerung
NOTSTAND: Keine freie Wahl des Wohnortes

Mitbürger verteidigt Eure Rechte!
Gewerkschaften schützt die Verfassung!
Abgeordnete sagt Nein zu Notstandsgesetzen!

Kampagne für Abrüstung — Ostermarsch
605 Offenbach, Merianstr. 13
Verantwortl.: Klaus Vack, 605 Offenbach

Notstand droht durch Notstandsgesetze!
Wir fordern: Entspannungspolitik statt Notstandspolitik

4 Plakat gegen die Notstandsgesetzgebung

5 Kein Weg zur Diktatur

Aus der Begründung der Gesetzesvorlage im Bundestag durch den Ausschussvorsitzenden Lenz (CDU/CSU):
Es ist nicht wahr, dass dieser Entwurf den Weg zur Dik-
5 tatur bereitet. Der vorliegende Entwurf hält unter parlamentarischen und rechtsstaatlichen Gesichtspunkten jeden Vergleich mit jeder Vorsorgeregelung für den Notfall
aus, die es auf der Welt gibt. Es ist nicht wahr, dass durch
diesen Entwurf den gewerkschaftlichen Rechten der Bo-
10 den entzogen wird. Im Gegenteil, der Entwurf verankert
das bestehende Arbeitskampfrecht ausdrücklich in der
Verfassung. Es ist nicht wahr, dass durch diesen Entwurf
die staatsbürgerlichen Freiheiten beseitigt werden. Meinungsfreiheit, Pressefreiheit, Vereins- und Versamm-
15 lungsfreiheit werden durch den Entwurf nicht berührt.
Auch soweit die Freizügigkeit, das Recht der Berufswahl
und das Recht auf Eigentum einschränkbar gemacht werden, bleiben diese Grundrechte dem einseitigen Zugriff
der Bundesregierung entzogen. Es ist nicht wahr, dass
20 durch diese Vorlage der Bürgerkrieg vorbereitet wird. Sowohl bei der Formulierung des staatsbürgerlichen Wi-
derstandsrechts als auch bei der Möglichkeit der Bundesregierung, im äußersten Notfall Truppen gegen mi-

litärisch bewaffnete Aufständische einzusetzen, hat der
Rechtsausschuss sich bemüht klarzustellen, dass dies nur 25
die Ultima Ratio, das letzte Mittel sein dürfe, wenn alle
anderen Mittel versagt haben. [...]
Dieser Entwurf [...] ist kein Freibrief für Abenteuer oder
für einseitige Aktionen. Er ist aber auch kein Papp-
schwert. Er verweigert nicht Parlament und Regierung 30
Vollmachten, deren sie bedürfen, die freiheitlichen, demokratischen und rechtsstaatlichen Grundlagen unserer
Republik zu erhalten. Dieses Gesetz ist notwendig, um
die alliierten Vorbehaltsrechte zum Erlöschen zu bringen, auf Grund derer die Drei Mächte noch heute die 35
oberste Staatsgewalt in der Bundesrepublik übernehmen
können. Dieses Gesetz ist notwendig, um die lebensnot-
wendige Versorgung der Bevölkerung und der Streitkräfte
und den Schutz der Bevölkerung im Verteidigungsfall
sicherzustellen [...]. Dieses Gesetz ist notwendig, um der 40
Zusammenfassung der Hilfsmittel von Bund und Ländern bei Naturkatastrophen und schweren Unglücks-
fällen die Rechtsgrundlage zu geben. Dieses Gesetz ist
notwendig, um von innen drohende Gefahren für die
demokratische Verfassungsordnung unserer Bundesre- 45
publik abzuwehren, von welcher Seite und mit welchen
Mitteln sie auch kommen mögen.

Zit. nach: Verhandlungen des 5. Deutschen Bundestages, Bd. 69. Bonn 1968, S. 834 f.

6 Für eine neue Schule

Aus einer Rede auf der Delegiertenkonferenz des „Aktionszentrums Unabhängiger und Sozialistischer Schüler" (AUSS), 1968:
Die Schulen verändern ihre Struktur und ihre Funktion.
Aus konservierten Elfenbeintürmen werden industriali- 5
sierte und durchrationalisierte Gewissensfabriken, die
unkritische Spezialisten heranzuzüchten haben, mit
deren Hilfe der technisch-wissenschaftliche Fortschritt
profitabel verwertet werden kann. Erkenntnisse und
Bildung werden zu reinen Produktionsfaktoren, zu „hu- 10
man capital" degradiert. Der enorme Druck dieser
Transformationsperiode wird primär auf die Schüler
als schwächste Gruppe abgeleitet. Die Organisation der
Schule fördert Vereinzelung und privatistisches Verhalten der Schüler aus zwei Gründen. Einmal schneidet sie 15
die Frage der praktisch-politischen Verwertung des Wissens radikal, behindert also politische Aufklärung. Zum
anderen werden die Schüler zu passiver Aneignung vor-
gegebener Wissensstoffe gezwungen.
Diese Strukturen, die den Schülern wissenschaftliche 20
Selbsttätigkeit als Vorbedingung politischer Selbsttätigkeit
außerordentlich erschweren, werden durch zwei Momente zusammengehalten, die Angst und Anpassung eintrai-
nieren: einmal die Prüfungen und der Leistungsdruck,
der individualistisches Konkurrenzverhalten erzwingt, 25
zum anderen der spätere Beruf und die Karriere. Der stete
Druck von Zensuren, Prüfungen und Selektionsprozedu-

7 **Experimente mit neuen Lebensformen** Wohngemeinschaft mit politischen Plakaten, Wasserpfeife und Mao-Büste.

ren, die erzwungene Regression auf das zum Überdauern notwendige Wissen, die blindgläubig, passiv, konsumptiv
30 erlebte Arbeit, die schlechten Arbeitsbedingungen, die gesellschaftliche Funktion des Lehrers als Zensor des sozialen Aufstiegs, die diesen fürchtenswert macht, die ewige Verbindung von Leistung und Terror und, parallel dazu, die Repression im Elternhaus, all das fördert Charaktere,
35 die sich einschränken und anpassen müssen. [...]
In diesem Zusammenhang hat die Schülerbewegung zwei Funktionen zu erfüllen:
1. ihren Mitgliedern durch radikal andere Arbeit – kollektiv-solidarische Arbeit – einen Begriff von der Ver-
40 änderung zu geben;

2. die unerfüllt gebliebenen, bewussten oder unbewussten Wünsche in der Gruppe zu realisieren [...]. Es muss Zeit für Kritik der eigenen Arbeitsweise, für Methodendiskussion und Methodenveränderung vorhanden sein. Erst auf dieser Basis können sich Konkurrenzver- 45 halten und Privatisierung produktiv aufheben. Die politische Organisation der Schüler muss auch die Privatsphäre der Schüler politisch organisieren. In kleinen Gruppen muss eine Problemsozialisierung stattfinden, auch auf sexuellem Gebiet, wo immer noch Scham- 50 barrieren und Tabus bei den Mitgliedern existieren.

Liebel, M. u. Wellendorf, F.: Schülerselbstbefreiung. Frankfurt/Main 1969, S. 162–168.

Arbeitsvorschläge

a) Erläutern Sie das Bild, das in M3 von der Bundesrepublik Deutschland gezeichnet wird. Inwiefern hat die bevorstehende Verabschiedung der Notstandsgesetze einen zentralen Stellenwert in diesem Bild?

b) Überprüfen Sie die Stichhaltigkeit der Argumente, die in M3–M5 zu den Notstandsgesetzen vorgebracht werden, anhand der Grundgesetz-Artikel 12a, 87a und 91.

c) Vergleichen Sie das in M3 beschriebene Demokratiemodell mit dem Modell der pluralistischen Demokratie einerseits und der „Volksdemokratie" der DDR andererseits.

d) Arbeiten Sie aus M6 heraus, welche Argumente gegen die „Organisation der Schule" angeführt werden.

e) Erörtern Sie, inwieweit die in M6 formulierte Kritik an der Schule Ihrer eigenen Erfahrung nach heute noch gültig ist.

f) Erläutern Sie anhand von M1, M2 und M7 den 1968 ausgelösten Generationenkonflikt.

g) Interpretieren Sie die Parole in M2.

7.9 Relative Stabilisierung der DDR im Schatten der Mauer

Mauerbau als Zäsur

Der Mauerbau stellte in verschiedener Hinsicht eine tiefe Zäsur in der Geschichte der DDR dar. Endgültig zum Verbleib in einem eingemauerten Staat gezwungen, begannen die Menschen sich einerseits mit dem SED-System zu arrangieren. Da andererseits die Mauer die weitere Flucht qualifizierter Arbeitskräfte nach West-Berlin und in die Bundesrepublik verhinderte, war sie eine wichtige Voraussetzung für den wirtschaftlichen Aufschwung, der in den 1960er-Jahren auch in der DDR einsetzen konnte, zumal der in den 1950er-Jahren begonnene „Aufbau des Sozialismus" nach sowjetischem Vorbild mittlerweile als abgeschlossen gelten konnte. In den Mittelpunkt des Interesses trat nun das Ziel, die Planwirtschaft den Anforderungen einer modernen Industriegesellschaft im Sinne von wissenschaftlicher Rationalisierung und ökonomischer Effizienzsteigerung anzupassen. Hinzu trat die Notwendigkeit angesichts der Entstalinisierung in der Sowjetunion insgesamt nach flexibleren, weniger bürokratischen Formen politischen und wirtschaftlichen Handelns zu suchen.

Wirtschaftsreformen

Entsprechend diesem Ziel simulierte das 1963 verkündete „Neue Ökonomische System der Planung und Leitung" (NÖSPL) marktähnliche Wirtschaftsstrukturen: Es räumte den Betrieben größere Selbstständigkeit bei der Material- und Kreditbeschaffung ein, ließ Eigeninitiativen im Außen- und Binnenhandel sowie erweiterte Entscheidungsspielräume in der Preis- und Absatzplanung zu. Ein „System der ökonomischen Hebel" sollte Anreize schaffen, um die „materielle Interessiertheit" sowohl der Arbeiter – z. B. durch Geld- oder Urlaubsprämien – als auch der Betriebe zu steigern. Besonderes Augenmerk galt der „Wissenschaftlich-technischen Revolution" (WTR), die durch massive Investitionen in die naturwissenschaftliche Forschung sowie gezielten Technologietransfer in die betriebliche Praxis vorangetrieben werden sollte.

Zwiespältige Folgen

Tatsächlich stieg die DDR in den folgenden Jahren zur zweitgrößten Wirtschaftsmacht des RGW nach der Sowjetunion auf. Arbeitsproduktivität und Bruttosozialprodukt wuchsen stetig, die Versorgung mit technischen Geräten – Waschmaschinen, Kühlschränken und Fernsehgeräten – verbesserte sich deutlich. Das Wirtschaftswachstum vergrößerte außerdem die sozialen Verteilungsspielräume: Rentenerhöhungen, Schwangerschafts- und Wochenurlaub für berufstätige Frauen und die flächendeckend eingeführte 5-Tage-Woche waren Errungenschaften der 1960er-Jahre. Auch wenn die Kaufkraft der Einkommen hinter der in der Bundesrepublik zurückblieb, so garantierten die staatlichen Subventionen für Grundnahrungsmittel und Mieten eine sichere Grundversorgung, während die Versorgungsprobleme bei hochwertigen Lebensmitteln (z. B. Südfrüchten) und Konsumgütern bestehen blieben und weiterhin wertvolle Bausubstanz durch die zu geringen Investitionen in den Wohnungsbau aufgrund der niedrigen Mieten verfiel. Und zunehmend machte sich auch der Zielkonflikt zwischen wirtschaftlicher Dezentralisierung und politischem Zentralismus negativ bemerkbar: Die konservativen SED-Kader der alten, proletarischen Politikergeneration befürchteten, dass die jungen, akademisch ausgebildeten und pragmatisch denkenden Reformtechnokraten in Wirtschaft und im Bildungssystem ihre ideologische Führungsrolle in Frage stellten. Deshalb wurden 1965 mit dem „Neuen Ökonomischen System" wesentliche Elemente der Reform zugunsten einer zentralisierten Wirtschaftslenkung mit detaillierten Plankennziffern nach sowjetischem Vorbild rückgängig gemacht.

Die geplante Modernisierung der Wirtschaft wurde flankiert von einer Reform des Bildungssystems, die die Bildungsplanung verbessern, das Bildungsniveau anhe-

7

ben und das Bildungssystem enger mit der beruflichen Praxis verknüpfen sollte. Den Kern der Reform bildete die Einführung der 10-klassigen allgemein bildenden Polytechnischen Oberschule, die Pflichtschule für alle Kinder und Jugendlichen wurde. Als Gesamtschule war ihr besonderes Profil durch die Verbindung von Schule und Arbeitswelt und den in der 7. Klasse beginnenden polytechnischen Unterricht gekennzeichnet, der in Zusammenarbeit mit Betrieben und wissenschaftlichen Institutionen durchgeführt wurde. Mathematische, kybernetische und naturwissenschaftlich-technische Bildung hatten – neben der ideologischen Schulung in Marxismus-Leninismus – Vorrang gegenüber anderen Fächern. Außerdem stand die Einübung selbst organisierten Lernens, möglichst an Projekten aus der betrieblichen Praxis und in systematischer Methodenreflexion, anstelle des rein reproduzierenden Lernens im Vordergrund der Lehrpläne. Zugleich standen Spezialschulen und -klassen zur Verfügung, in denen Jugendliche und Kinder mit ausgeprägter Begabung für technische und mathematisch-naturwissenschaftliche, aber auch für künstlerische oder sportliche Fächer gefördert wurden. Die Reform führte schnell zu einer eindrucksvollen Bildungsexpansion: Die Zahl der Schüler, die länger als acht Jahre zur Schule gingen, stieg innerhalb von knapp 20 Jahren von 16 % im Jahr 1951 auf 85 % im Jahr 1970.

Bildungsreform

Die Modernisierung von Wirtschaft und Bildungssystem verband sich mit Liberalisierungstendenzen im gesellschaftlichen Bereich. Sie verrieten nach dem Mauerbau einerseits ein gewachsenes Selbstvertrauen der SED, andererseits aber auch die Einsicht, dass Konzessionen gegenüber der Bevölkerung notwendig waren. Ulbrichts Parole „Die Republik braucht alle, alle brauchen die Republik" versprach erweiterte Teilhaberechte für die Bürger innerhalb der „sozialistischen Menschengemeinschaft". Hoffnungen wuchsen durch eine 1964 erlassene Amnestie, ein neues Familiengesetzbuch 1965, das die Gleichberechtigung von Männern und Frauen verordnete, sowie ein neues Kommunalwahlgesetz im gleichen Jahr, das den Wählern eine Auswahl unter den Kandidaten der Einheitsliste bot. 1962 begann auch eine liberalere Kulturpolitik: Kritische Lyriker und Liedermacher wie Wolf Biermann, Heinz Kahlau, Paul Wiens oder Armin Müller lasen und sangen vor überfüllten Sälen, westliche Autoren wie Max Frisch oder Ingeborg Bachmann durften in der DDR publizieren. 1964 kamen ca. 500 000 Jugendliche, darunter 25 000 aus der Bundesrepublik, zum dreitägigen „Deutschlandtreffen der Jugend" nach Ost-Berlin, wo westliche Popmusik – z. B. Beat und Twist – zugelassen wurde. Danach verbreiteten sich die Statussymbole der westlichen Popkultur – Jeans, kurze Röcke und lange Haare – auch im Alltag der DDR.

Gesellschaftliche Liberalisierung

7

Enttäuschte Hoffnungen

Wie in der Wirtschaftspolitik endete auch die kulturelle Öffnung enttäuschend: Das 11. ZK-Plenum der SED kritisierte 1965 „schädliche Tendenzen" und „Skep-tizismus" in Filmen, Fernsehsendungen, Theaterstücken und literarischen Arbeiten. Ulbricht forderte eine „saubere Leinwand", da die DDR ein „sauberer Staat" sei, und in der jugendlichen „Unkultur" von „Gammlern" und „Langhaarigen" wurden „Erscheinungen der amerikanischen Unmoral und Dekadenz" gesehen. Oppositionelle wurden nun öffentlich gemaßregelt, etwa der Lyriker und Sänger Wolf Biermann, der wegen „zynischer Verse" 1965 Auftrittsverbot erhielt, oder der Naturwissenschaftler Robert Havemann, über den schon 1964 ein Lehrverbot an der Humboldt-Universität Berlin verhängt worden war, weil er eine schnellere Entstalinisierung gefordert hatte. Ergänzend wurde 1968 das politische Strafrecht verschärft, um „Aufweichungstendenzen im sozialistischen Lager" zu unterbinden, die sich aus Sicht der SED im „Prager Frühling" des Reformkommunisten Alexander Dubcek zeigten. Nach dem Einmarsch der Warschauer-Pakt-Staaten in die CSSR 1968 und der gewaltsamen Beendigung von Dubceks Experiment registrierte das MfS mehr als 2000 „feindliche Handlungen", womit Proteste gegen die Beteiligung von DDR-Truppen an dem Einmarsch gemeint waren.

Ulbrichts Sturz

Der harte Kurs der SED seit der Mitte der 1960er-Jahre zeigte sich auch in der Deutschlandpolitik, wo eine völkerrechtliche Anerkennung der DDR zur unumgänglichen Voraussetzung von Entspannungsverhandlungen erklärt wurde. Ulbrichts rigorose Politik kollidierte allerdings zusehends mit den Interessen der Sowjetunion, die gemäß dem internationalen Klimawechsel immerhin begrenzte Verhandlungsbereitschaft gegenüber dem Westen signalisiert hatte. Als Ulbricht gegen Ende der 1960er-Jahre den Führungsanspruch der Sowjetunion auch noch wirtschaftlich in Frage stellte, indem er trotz einer Rezession 1969/70 das „Modell DDR" zum Vorbild für die anderen Ostblockstaaten – also auch die UdSSR – erklärte, musste er auf sowjetischen Druck hin 1971 zurücktreten und seinen Platz für Erich Honecker frei machen.

7

2 Gewaltsame Niederschlagung des „Prager Früh-lings" durch Truppen des Warschauer Pakts (1968)

3 Ulbricht: „Schüler Dubcek, Ziel der Klasse nicht erreicht!" (Bundesrepublik 1968)

4 Alltagsprobleme nach dem Mauerbau

Aus Beschwerden von DDR-Bürgern:

Mit dem 13. 8. habt ihr euch die Freiheit gesichert, uns durch Preissteigerungen auszubeuten. [...] Wenn im Pro-
5 duktionsaufgebot in der gleichen Zeit für das gleiche Geld mehr produziert wird, dann muss doch die Ware billiger werden. Also beantwortet uns, warum werden die Preise heraufgesetzt? [...] Ihr schreit immer nur von Preiserhöhungen in Westdeutschland. Jetzt, nach den
10 Wahlen, geht es bei uns auch los. Warum wird die Bevölkerung nicht vorher informiert über solche Fragen?

In den Grundfragen sind wir ja mit der Politik von Partei und Regierung völlig einverstanden. Aber es ist uns
15 unerklärlich, dass bei uns ein Nylon-Hemd 75,– MDN und in Westdeutschland nur 12,– DM kostet. Bei unseren Preisen können wir doch die Arbeiter in Westdeutschland nicht davon überzeugen, dass es sich im Sozialismus besser lebt als im Kapitalismus. Wir verstehen nicht, dass
20 es in einem Arbeiter- und Bauernstaat solche Preise gibt. Ein Arbeiter kann sich das nicht leisten.

Für den Trabant keine Schraube,
kein Brettel für die Laube,
25 keine Kartoffel im Keller,
Gemüse fehlt auf dem Teller,
die Straße mit schlechtem Belag,
keiner darf reisen nach Prag. –
Das sind die Errungenschaften zum 20. Jahrestag!
30

Früher, bei Kaiser und König
gab's Gänsebraten wenig;
dann beim Hermann Göring
gab's noch Bückling und Hering.
35 Aber jetzt bei dem Kriepel
gibt's weder Kartoffeln noch Zwiebel.

Merkel, I.: Utopie und Bedürfnis. Die Geschichte der Konsumkultur in der DDR. Köln, Weimar, Berlin 1999, S. 55.

5 Konsumpolitik der SED nach dem Mauerbau

Aus behördlichen Stellungnahmen zu Beschwerden von DDR-Bürgern:

Gleichzeitig weist die Regierung darauf hin, dass bei ei-
5 nigen Waren nach wie vor planmäßig staatliche Subven-
tionen aus dem Staatshaushalt gezahlt werden. Das wird getan, um die Preise, die zum Teil weit unter den Produktionskosten liegen, weiter beizubehalten. Es handelt sich bei diesen Waren um den überwiegenden Teil der
10 Kinder-Oberbekleidung, der Kinderschuhe und der Arbeits- und Berufsbekleidung. Diese Preisfestlegung sowie die niedrigen Preise für die Grundnahrungsmittel kennzeichnen die sozialistische Preispolitik unseres Staates. Dagegen können nicht mehr für solche Erzeugnisse wie
15 Sektkelche, Vogel-Badehäuschen, Zierporzellan, Künstlerpuppen, verschiedene Kleineisenwaren usw. die bestehenden Preise beibehalten werden.

Das Ministerium für Handel und Versorgung stand vor der Entscheidung: entweder unveränderte Preise, unvoll-
20 ständiges Sortiment und damit mangelhafte Versorgung und jährlich 24 Mio. Zuschüsse aus dem Staatshaushalt für Zwirn, Knöpfe, Nadeln usw. statt für Wohnungen, Kinderhorte, Krankenhäuser und Schulen, oder veränderte Preise – gutes und reichliches Kurzwarensortiment
25 und damit bessere Versorgung? In Westdeutschland bedeuten steigende Preise höhere Profite, füllen sich zu Lasten der Werktätigen die Monopole und Konzerne ihre Taschen. Die Preisveränderung bei Kurzwaren jedoch erfolgte im Interesse der Bevölkerung.

30 Auf Beschluss der Regierung werden am 15. April die Preise für das Camping-Bett des VEB Motorenwerk Berlin-Johannisthal und für die Camping-Garnitur des VEB Förderanlagenbau Köthen sowie am 30. April die Preise für Meißner Porzellan verändert. [...] Die neuen Preise
35 der Camping-Möbel beseitigen die Stützungen des Verlustes der Herstellerbetriebe und gewährleisten ihnen einen Gewinn. Die neuen Preise für Meißner Porzellan bringen darüber hinaus dem Staatshaushalt Einnahmen durch die Produktionsabgaben. [...] Diese Preisverände-
40 rungen sind berechtigt, weil es im Interesse der ganzen Bevölkerung liegt, wenn die Preise für Meißner Spitzenerzeugnisse, die einen Liebhaberwert haben und die fast ausschließlich der Befriedigung eines anspruchsvollen Bedarfs dienen, nicht mehr aus der Kasse des Arbeiter-
45 und Bauern-Staates subventioniert werden, sondern dem Staatshaushalt Einnahmen bringen. Auch die Camping-Freunde können nicht verlangen, dass sie für dieses Vergnügen Staatszuschüsse erhalten.

Ebenda, S. 53 ff.

Arbeitsvorschläge

a) Interpretieren Sie M1–M3 im Hinblick auf die Widersprüche, die die Politik der SED nach dem Mauerbau kennzeichneten. Gehen Sie insbesondere auf das „Neue Ökonomische System der Planung und Leitung" ein.

b) Arbeiten Sie aus M4 die Kritik der DDR-Bürger und ihre Ansprüche heraus.

c) Nennen Sie die politischen Prioritäten, die sich den Stellungnahmen der Behörden entnehmen lassen (M5).

d) Formulieren Sie eine begründete Stellungnahme zur Konsumpolitik der SED (M5).

7.10 Die Bundesrepublik zur Zeit der sozial-liberalen Koalition

Das Ende der Großen Koalition und der Beginn der sozial-liberalen Ära

Nach der heftig umstrittenen Verabschiedung der Notstandsgesetze im Mai 1968 war die Gemeinsamkeit der Partner in der „Großen Koalition" erschöpft. In der SPD war die Zahl derer gewachsen, die die Entfremdung gegenüber der APO durch eine Beendigung der „Großen Koalition" und eine Annäherung an die FDP überwinden wollten. Die Chancen für einen solchen „Umsturz der Bündnisse" waren gewachsen, seitdem der linksliberale Flügel in der FDP mit seiner Forderung nach einem „Sozialen Liberalismus" und einer Erneuerung der Bundesrepublik das Übergewicht gewonnen hatte. So wählten SPD und FDP im März 1969 gemeinsam den Sozialdemokraten Gustav Heinemann zum Bundespräsidenten und einigten sich nach der Bundestagswahl im September auf die Bildung einer sozialliberalen Koalition. Willy Brandt wurde neuer Bundeskanzler. Nach 20 Jahren mussten CDU und CSU erstmals die Regierungsverantwortung abgeben.

Die neue Ostpolitik

Außen- und deutschlandpolitisch stellte die sozialliberale Ära einen Gegenentwurf zur Ära Adenauer dar: Auf Adenauers Politik der Westintegration folgte nun die Einbettung der Bundesrepublik in ein Netz friedenssichernder Abkommen mit den Staaten des Ostblocks, das unter den Rahmenbedingungen der fortdauernden Teilung Deutschlands und Europas geflochten wurde.

Willy Brandt
Kanzler 1969–1974

Den äußeren Rahmen für diese „neue Ostpolitik" Willy Brandts und seines Außenministers Walter Scheel (FDP) bildete die Entspannungsstrategie, die sich in den USA und der Sowjetunion nach Überwindung der Berlin- und der Kuba-Krise seit 1962 herausgebildet hatte. So wie Adenauer die von den Westalliierten gewünschte deutsche Westintegration aus Überzeugung akzeptiert hatte, trieb Brandt nun aus Überzeugung den von den USA gewünschten Ausgleich mit dem Ostblock voran. In seiner Regierungserklärung sprach er programmatisch zum ersten Mal von „zwei Staaten in Deutschland". Ausgangspunkt für die nun folgende Politik gegenüber der DDR war die Einschätzung, dass ein direkter Sturz des SED-Regimes aussichtslos sei. Demzufolge müsse die DDR als Realität respektiert werden, ohne sie juristisch anzuerkennen. Unterhalb der juristischen Anerkennung gebe es genügend Handlungsspielraum, die kommunistische Herrschaft zu verändern und ihre Auswirkungen auf die DDR-Bürger in „homöopathischen Dosen" erträglicher zu gestalten. Brandts Pressesprecher Egon Bahr kleidete diese Strategie in die Formel vom „Wandel durch Annäherung". Sie setzte Verhandlungsbereitschaft gegenüber der DDR-Regierung voraus, was deren faktische Anerkennung, den

1 „Kraft seiner starken Wurzeln wird er alle Mauern sprengen!"
Bundeskanzler Willy Brandt und Egon Bahr, Unterhändler bei den Vertragsverhandlungen, als Gärtner.
Karikatur von Wolfgang Hicks, 1972.

Verzicht auf die Hallstein-Doktrin sowie die Anerkennung der europäischen Nachkriegsgrenzen bedingte.

Ergebnisse dieser „neuen Ostpolitik" waren die Unterzeichnung des Nichtverbreitungsvertrags über Kernwaffen 1969, die Anerkennung der deutsch-deutschen und der deutsch-polnischen Grenze sowie die Formulierung von Gewaltverzichtsvereinbarungen in den Verträgen von Warschau und Moskau 1970. Hinzu kamen 1971 das Vier-Mächte-Abkommen sowie das Transitabkommen über Berlin, in denen die Präsenz der Westmächte, die Bindungen West-Berlins an die Bundesrepublik sowie Reiseerleichterungen für Westberliner vereinbart wurden. Zur gesamtdeutschen Zäsur wurde schließlich der Grundlagenvertrag von 1972, in dem die Bundesrepublik die DDR als gleichberechtigten und souveränen Staat anerkannte, ohne dass damit ihre völkerrechtliche Anerkennung als Ausland verbunden gewesen wäre. Denn als Teil Deutschlands war sie Inland und ihre Grenzen zur Bundesrepublik waren den Ländergrenzen in der Bundesrepublik „ähnlich" – so ein von Bayern initiiertes Verfassungsgerichtsurteil. Damit war die deutsche Zweistaatlichkeit international anerkannt, was zur Folge hatte, dass DDR und Bundesrepublik ein Jahr später als 133. und 134. Staat in die Vereinten Nationen aufgenommen wurden. Im innerdeutschen Verhältnis intensivierten sich die menschlichen Kontakte: Zwischen 1970 und 1973 stieg die Zahl der bundesdeutschen Besucher in der DDR und Ostberlin von 2 auf mehr als 8 Millionen an, die Zahl der Telefongespräche zwischen Ost und West stieg zwischen 1970 und 1980 von 700 000 auf mehr als 23 Millionen.

„Wandel durch Annäherung"

Innenpolitisch stellte sich Willy Brandt den Herausforderungen, die aus der 68er-Bewegung erwachsen waren. In seiner Regierungserklärung vom Oktober 1969 verkündete er programmatisch die Absicht: „Wir wollen mehr Demokratie wagen." Damit kündigte er eine Politik der inneren Reformen an, die auf eine umfassende Modernisierung der Gesellschaft abzielte. Die sozialliberale Modernisierungsoffensive sollte den Bürgern einerseits erweiterte Teilhaberechte, andererseits einen Zuwachs an sozialer Gerechtigkeit durch den Ausbau der Sozialleistungen ermöglichen. Die Finanzierbarkeit der Reformen schien gesichert zu sein, denn nach der Überwindung der Rezession von 1966/67 verzeichnete die deutsche Wirtschaft wieder ansteigende Wachstumsraten bei stabilen Preisen und niedriger Arbeitslosigkeit.

„Mehr Demokratie wagen"

7

2 Menschliche Erleichterungen – Erich Honecker als Tapezierer
Karikatur von Baumeister, Bundesrepublik 1973.

Integration der Jugend

Nicht zufällig reagierte eines der ersten Reformgesetze 1970 auf die Politisierung von Schülern und Studenten seit 1968: Das aktive Wahlalter wurde von 21 auf 18, das passive von 25 auf 21 Jahre herabgesetzt. 1973 wurden auch Volljährigkeit und Ehemündigkeit bei 18 Jahren festgelegt. Eine Reaktion auf die seit Anfang der 1960er-Jahre erhobenen Forderungen nach Umstrukturierungen im Bildungssystem war, Bildung und Ausbildung, Wissenschaft und Forschung zu einem Schwerpunkt der Regierungsarbeit zu machen. Die Bildungsausgaben erfuhren zwischen 1970 und 1975 eine durchschnittliche jährliche Steigerung von 15 %, wodurch mehr Chancengleichheit im Bildungssystem herbeigeführt werden sollte. Nach dem Bundesausbildungsförderungsgesetz (BAFöG) von 1971 erhielten Schüler, Studenten sowie andere Jugendliche, die sich in Vollzeitausbildung befanden, eine finanzielle Direktförderung ohne Rückzahlungspflicht, sofern aufgrund der elterlichen Einkommensverhältnisse Bedürftigkeit vorlag. Damit sollte einerseits das schon 1965 von dem Soziologen Ralf Dahrendorf proklamierte „Bürgerrecht auf Bildung" verwirklicht werden. Andererseits sollten aber auch zum Zwecke der ökonomischen Leistungssteigerung Bildungsreserven ausgeschöpft werden, die durch soziale Ausgrenzung bislang ungenutzt geblieben waren. Sprichwörtlich für die Benachteiligungsfaktoren im bundesrepublikanischen Bildungssystem wurde die Kunstfigur des „katholischen Arbeitermädchens vom Lande". Zum Ausgleich solcher Unterprivilegierungen wurden insbesondere in sozialliberal regierten Bundesländern Orientierungsstufen und integrierte Gesamtschulen eingerichtet. Durch gezielte Fördermaßnahmen, eine größere Durchlässigkeit zwischen den verschiedenen Schularten sowie eine spätere Festlegung der individuellen Bildungslaufbahnen sollte die Selektivität des traditionellen dreigliedrigen Schulsystems korrigiert werden. Mit der Gründung von Gesamthochschulen, die es zuvor im deutschen Bildungssystem nicht gegeben hatte, sollte außerdem die Trennung von universitärer Forschung und Lehre einerseits und der praxisnäheren Fachhochschulausbildung andererseits überwunden werden. Insgesamt bewirkten alle diese Maßnahmen eine schnelle Bildungsexpansion, in deren Gefolge die Abiturientenquote ebenso rasch anstieg wie die Anzahl der Studierenden.

7

Betriebliche Mitbestimmung und Mitverantwortung

Im betrieblichen Bereich setzte Willy Brandt auf einen Ausbau der betrieblichen Mitbestimmung: Das neue Betriebsverfassungsgesetz von 1972 räumte dem von den Arbeitnehmern gewählten Betriebsrat erweiterte Rechte ein, so z. B. bei der Gestaltung des Arbeitsablaufs und der Arbeitsorganisation. Das Mitbestimmungsgesetz von 1976 schließlich führte in Betrieben mit mehr als 2000 Beschäftigten eine paritätische Vertretung von Arbeitgeber- und Arbeitnehmerseite im Aufsichtsrat ein. Faktisch blieb dennoch das Übergewicht der Arbeitgeber in der Regel gewahrt, denn zur Arbeitnehmerseite gehörte jeweils ein Vertreter der leitenden Angestellten, außerdem wurde dem Aufsichtsratsvorsitzenden für den Fall von Pattsituationen eine Zweitstimme zugebilligt.

Soziale Sicherung

Der Förderung bislang benachteiligter Schichten und Gruppen diente auch das Maßnahmenbündel, das die sozialstaatlichen Sicherungssysteme ausbaute. Verschiedene Steuerreformgesetze, die auf ein „gerechtes, einfaches und überschaubares Steuerrecht" – so Brandt in seiner Regierungserklärung – abzielten, brachten vor allem für Bezieher kleiner und mittlerer Einkommen deutliche Entlastungen. Flankiert wurden sie durch Maßnahmen zur Vermögensbildung in Arbeitnehmerhand, ein System der staatlichen Förderung über Bausparprämien und vermögenswirksame Leistungen, z. B. das 624-Mark-Gesetz. Das Rentenreformgesetz führte eine flexible Altersgrenze ein: Männer konnten ab 63 Jahre, Frauen ab 60 in den Ruhestand eintreten. Eine Mindestrente für Kleinverdiener, von denen 80 % Frauen waren, sollte das Auskommen im Alter sichern. Das noch

624-Mark-Gesetz

von der Großen Koalition verabschiedete Lohnfortzahlungsgesetz trat 1970 in Kraft, das die sechswöchige volle Weiterzahlung der Löhne im Krankheitsfall auch für Arbeiter einführte. Das Wohnraumkündigungsschutzgesetz von 1971 beugte dem Mietwucher vor, indem es die Mieten an ortsübliche Sätze band und Kündigungen zum Zweck der Mietsteigerung untersagte.

Auch die Justizreformen verfolgten das Ziel einer moderneren und zugleich gerechteren Gesellschaft. Die Gesetze zur Strafrechtsreform von 1969 ersetzten die seit 1871 in Deutschland herrschende Leitidee von Schuld und Sühne durch den Resozialisierungsgedanken, d. h. das Ziel einer Wiedereingliederung des Verurteilten in die Gesellschaft. Geldstrafen traten an die Stelle kurzer Haftstrafen und eine einheitliche Freiheitsstrafe ersetzte die Unterscheidung zwischen Zuchthaus, Gefängnis und Haft. Ein neues Demonstrationsstrafrecht von 1970 schränkte die Strafverfolgung auf gewalttätige Demonstranten ein, ein neues Sexualstrafrecht schaffte die Straftatbestände Ehebruch, Kuppelei und Homosexualität unter Erwachsenen ab. Das Verbot der Schwangerschaftsunterbrechung nach § 218 sollte durch eine Fristenlösung nach vorheriger ärztlicher Beratung abgelöst werden, musste nach einem Urteil des Bundesverfassungsgerichts 1976 aber durch eine Indikationslösung ersetzt werden. Im neuen Ehe- und Familienrecht von 1973 wurde bei Scheidungen das Schuldprinzip durch den Zerrüttungsgrundsatz abgelöst, die Unterhaltspflicht oblag generell dem wirtschaftlich stärkeren Partner. Die rechtliche Gleichstellung von Haushaltsführung und Familienunterhalt sowie die Gleichberechtigung der Ehepartner beim Namensrecht sollten einem partnerschaftlichen Eheverständnis zum Durchbruch verhelfen.

Durch die Fülle der in wenigen Jahren verwirklichten Reformmaßnahmen galt die Bundesrepublik bald – neben Schweden – als einer der modernsten Sozialstaaten Europas. Der SPD-Wahlslogan „Wir schaffen das moderne Deutschland" schien in erstaunlich kurzer Zeit Wirklichkeit geworden zu sein.

Justizreform

 **Indikationslösung**

Modernisierung durch Reformen

7

3 **Verlockung vor der Gefängnismauer** Zeichnung eines Strafgefangenen aus den 1970er-Jahren, die die Schwierigkeiten der Resozialisierung dokumentiert.

4 „Mehr Demokratie wagen"

Aus der Regierungserklärung Willy Brandts am 28. 10. 1969:

I. Wir wollen mehr Demokratie wagen. Wir werden unsere Arbeitsweise öffnen und dem kritischen Bedürfnis
5 nach Information Genüge tun. Wir werden darauf hinwirken, dass durch Anhörungen im Bundestag, durch ständige Fühlungnahme mit den repräsentativen Gruppen unseres Volkes und durch eine umfassende Unterrichtung über die Regierungspolitik jeder Bürger die Mög-
10 lichkeit erhält, an der Reform von Staat und Gesellschaft mitzuwirken.

Wir wenden uns an die im Frieden nachgewachsenen Generationen, die nicht mit den Hypotheken der Älteren belastet sind und belastet werden dürfen; jene jungen
15 Menschen, die uns beim Wort nehmen wollen – und sollen. Diese jungen Menschen müssen aber verstehen, dass auch sie gegenüber Staat und Gesellschaft Verpflichtungen haben.

Wir werden dem Hohen Hause ein Gesetz unterbreiten,
20 wodurch das aktive Wahlalter von 21 auf 18, das passive von 25 auf 21 herabgesetzt wird. Wir werden auch die Volljährigkeitsgrenze überprüfen.

Mitbestimmung, Mitverantwortung in den verschiedenen Bereichen unserer Gesellschaft wird eine bewegende Kraft
25 der kommenden Jahre sein. Wir können nicht die perfekte Demokratie schaffen. Wir wollen eine Gesellschaft, die mehr Freiheit bietet und mehr Mitverantwortung fordert. Diese Regierung sucht das Gespräch, sie sucht kritische Partnerschaft mit allen, die Verantwortung tragen, sei es
30 in den Kirchen, der Kunst, der Wissenschaft und der Wirtschaft oder in anderen Bereichen der Gesellschaft.

Dies gilt nicht zuletzt für die Gewerkschaften, um deren vertrauensvolle Zusammenarbeit wir uns bemühen. Wir brauchen ihnen ihre überragende Bedeutung für diesen
35 Staat, für seinen weiteren Ausbau zum sozialen Rechtsstaat nicht zu bescheinigen.

Wenn wir leisten wollen, was geleistet werden muss, brauchen wir alle aktiven Kräfte unserer Gesellschaft. [...] Wir werden uns ständig darum bemühen, dass sich
40 die begründeten Wünsche der gesellschaftlichen Kräfte und der politische Wille der Regierung vereinen lassen. [...]

III. Zu den Schwerpunkten der Wirtschafts- und Gesellschaftspolitik gehört das Bemühen um eine geziel-
45 te Vermögenspolitik. Die Vermögensbildung in breiten Schichten – vor allem in Arbeitnehmerhand – ist völlig unzureichend; sie muss kräftig verstärkt werden. [...]

VI. Im Zivilrecht ist die Reform des Eherechts dringend. [...] Weltanschauliche Meinungsverschiedenheiten dür-
50 fen uns nicht daran hindern, eine Lösung zu finden, um die Not der in heillos zerrütteten Ehen lebenden Menschen zu beseitigen. Dabei muss verhindert werden, dass im Falle der Scheidung Frau und Kinder die sozial Leidtragenden sind. [...]

VIII. Bildung und Ausbildung, Wissenschaft und For-
55 schung stehen an der Spitze der Reformen, die es bei uns vorzunehmen gilt. [...] Das Ziel ist die Erziehung eines kritischen, urteilsfähigen Bürgers, der imstande ist, durch einen permanenten Lernprozess die Bedingungen seiner sozialen Existenz zu erkennen und sich ihnen entspre-
60 chend zu verhalten. Die Schule der Nation ist die Schule. [...] Die Bildungspolitik kann und darf nicht mehr nach Ausbildungsstufen isoliert betrachtet werden. Bildung, Ausbildung und Forschung müssen als ein Gesamtsystem begriffen werden, das gleichzeitig das Bürgerrecht auf
65 Bildung sowie den Bedarf der Gesellschaft an möglichst hochqualifizierten Fachkräften und an Forschungsergebnissen berücksichtigt. [...]

X. Für die gesellschaftspolitischen Reformen und die moderne Gestaltung unseres demokratischen Indus-
70 triestaates will und braucht die Bundesregierung eine stärkere Mitwirkung der Frauen. [...] Die notwendigen Konsequenzen werden gezogen werden, um den Frauen mehr als bisher zu helfen, ihre gleichberechtigte Rolle in Familie, Beruf, Politik und Gesellschaft zu erfüllen. [...]
75 Wir werden Errungenes sichern und besonders für die Mitbürger sorgen, die trotz Hochkonjunktur und Vollbeschäftigung im Schatten leben müssen, die durch Alter, durch Krankheit oder durch strukturelle Veränderungen gefährdet sind. [...]
80 XV. Die Regierung kann in der Demokratie nur erfolgreich wirken, wenn sie getragen wird vom demokratischen Engagement der Bürger. Wir haben so wenig Bedarf an blinder Zustimmung, wie unser Volk Bedarf hat an gespreizter Würde und hoheitsvoller Distanz. Wir suchen
85 keine Bewunderer; wir brauchen Menschen, die kritisch mitdenken, mitentscheiden und mitverantworten.

Das Selbstbewusstsein dieser Regierung wird sich als Toleranz zu erkennen geben. Sie wird daher auch jene Solidarität zu schätzen wissen, die sich in Kritik äußert. Wir
90 sind keine Erwählten; wir sind Gewählte. Deshalb suchen wir das Gespräch mit allen, die sich um diese Demokratie mühen.

In den letzten Jahren haben manche in diesem Lande befürchtet, die zweite deutsche Demokratie werde den Weg
95 der ersten gehen. Ich habe dies nie geglaubt. Ich glaube dies heute weniger denn je.

Nein: Wir stehen nicht am Ende unserer Demokratie, wir fangen erst richtig an.

Zit. nach: Müller, R. A. (Hg.): Deutsche Geschichte in Quellen und Darstellung, Band 11. Stuttgart 1996, S. 35–37, 41, 43f., 45f., 50f.

5 „Die Einheit der Nation wahren"

Aus der Regierungserklärung Willy Brandts am 28. Oktober 1969:

Aufgabe der praktischen Politik in den jetzt vor uns liegenden Jahren ist es, die Einheit der Nation dadurch
5 zu wahren, dass das Verhältnis zwischen den Teilen

Deutschlands aus der gegenwärtigen Verkrampfung gelöst wird. [...] 20 Jahre nach Gründung der Bundesrepublik Deutschland und der DDR müssen wir ein weiteres
Auseinanderleben der deutschen Nation verhindern; also
versuchen, über ein geregeltes Nebeneinander zu einem
Miteinander zu kommen.

Dies ist nicht nur ein deutsches Interesse, denn es hat
seine Bedeutung auch für den Frieden in Europa und
für das Ost-West-Verhältnis. Unsere und unserer Freunde Einstellung zu den internationalen Beziehungen der
DDR hängt nicht zuletzt von der Haltung Ostberlins ab.
Im Übrigen wollen wir unseren Landsleuten die Vorteile des internationalen Handels und Kulturaustausches
nicht schmälern.

Die Bundesregierung [...] bietet dem Ministerrat der DDR
erneute Verhandlungen beiderseits ohne Diskriminierung auf der Ebene der Regierungen an, die zu vertraglich
vereinbarter Zusammenarbeit führen sollen. Eine völkerrechtliche Anerkennung der DDR durch die Bundesregierung kann nicht in Betracht kommen. Auch wenn
zwei Staaten in Deutschland existieren, sind sie doch
füreinander nicht Ausland, ihre Beziehungen zueinander
können nur von besonderer Art sein. [...] Die Lebensfä-
higkeit Berlins werden wir weiterhin sichern.

Bulletin des Presse- und Informationsamtes der Bundesregierung, Nr. 132,
29. 10. 1969, S. 1121 bis 1128.

6 „Verletzung des Heimatrechts"

*Entschließung des Bundes der Vertriebenen am 11. März 1972
zum Moskauer und Warschauer Vertrag:*
Der Moskauer und der Warschauer Vertrag stehen im Widerspruch zu europäischen und deutschen Interessen, die
vor dem Gemeinwohl der Völker vertretbar sind. Durch
diese Verträge handeln wir unseren Verpflichtungen für
ganz Deutschland zuwider, gefährden wir die Verantwortung der Verbündeten für Deutschland als Ganzes,
hindern wir die europäische Einigung, bedrohen wir die
Freiheit und Sicherheit der Bundesrepublik Deutschland
und Europas.

Die Versammelten wenden sich gegen den Verzicht auf
einen gerechten Frieden und auf freie Selbstbestimmung,
die Legalisierung von Massenvertreibungen und Annexionen, die Anerkennung der Gewaltherrschaft in Mitteldeutschland, die Minderung des Status' von Berlin.

Sie verurteilen die Verletzung des Rechtes auf Freizügigkeit vom und zum angestammten Wohnsitz und
auf freie Entfaltung in der Heimat, der Menschen- und
Gruppenrechte der Deutschen in der Heimat, der Pflicht
zum Schutze der Individualrechte und des Eigentums der
Ostdeutschen.

Sie fordern diese Verträge nicht zu ratifizieren, dafür aber
praktische und wirksame Fortschritte bei der Vertiefung
der wirtschaftlichen, technologischen, kulturellen und
menschlichen Beziehungen anzustreben und in einer

sich wandelnden Welt auf einen gerechten Frieden und
tragbaren Ausgleich zwischen Deutschland und den östlichen Nachbarn hinzuwirken. Sie bekennen: „Ja zum
Frieden – Nein zur Unfreiheit!"

Dokumentation zur Deutschlandfrage, zusammengestellt von Heinrich von
Siegler, Herausgeber des Archivs der Gegenwart, Bonn/Wien/Zürich 1970ff.,
Hauptband VII, S. 544f.

7 Zwei deutsche Staaten – zwei Staaten in Deutsch- land

*Rainer Barzel (CDU) im Deutschen Bundestag am 15. De-
zember 1972 zur bevorstehenden Verabschiedung des Grundlagenvertrags mit der DDR:*
Ich muss ein Wort zu der Ankündigung des Herrn Bun-
deskanzlers sagen, am 21. Dezember, also in der kommenden Woche, den Grundvertrag unterschreiben zu lassen,
also eine Unterschrift zu leisten, obwohl der Schießbefehl andauert, obwohl sich die DDR an den Verkehrsver-
trag, dem wir zugestimmt hatten, nicht hält. Trotz dieser Erfahrung wollen Sie einen so weitgehenden Vertrag
ohne verbindlich gesicherte, ausreichende menschliche
Erleichterungen unterschreiben. Dies bleibt festzuhalten:
Dieser Vertrag – schlecht und eilig ausgehandelt, ohne
angemessene Leistung und Gegenleistung – soll, so wird
gesagt, dem Frieden dienen. Frieden aber [...] ist doch
nach einem berühmten Wort des Präsidenten Kennedy
eine Sache der Menschenrechte. Ebenso sieht es doch die
Satzung der Vereinten Nationen, auf die dieser schlechte Vertrag vielfach Bezug nimmt. Über dieses Problem
wird später im Einzelnen zu sprechen sein wie über Ihre
neue Formel von den zwei deutschen Staaten. Es hieß vor
kurzem noch: zwei Staaten in Deutschland. Wieder ein
anderer Anfang, wieder genau wie 1969. Darüber wird im
Einzelnen zu sprechen sein.

Was wir Ihnen vorwerfen, Herr Bundeskanzler, ist dies:
Mit der Unterschrift unter den Grundvertrag bereiten
Sie der DDR den Weg in die UNO, ohne dass diese auch
nur die mindesten Zusicherungen gemacht hätte – ganz
zu schweigen von Verbindlichkeiten –, den Bürgern der
DDR die in der UNO-Charta beschworenen Menschenrechte zu gewährleisten. Diesen Vorwurf müssen wir Ihnen heute und rechtzeitig machen. [...]

Demokraten, wenn sie wie dieses ganze Haus zum Frieden entschlossen sind, müssen oft und manchmal für
lange Zeit Unrecht hinnehmen. Aber Demokraten sollten dies nie bestätigen. Sonst verwischen sie die Grundlage der Grundsätze, auf denen sie selber stehen. Der
geistige Kampf um das ganze Deutschland hört doch mit
diesem Vertrag nicht auf, der politische auch nicht. Wer
soll den geistigen und politischen gewinnen, wenn in
diesen Grundansätzen und Grundlagen Verwischung
statt Klarheit eintritt?

Wilharm, I. (Hg.): Deutsche Geschichte 1962–1983. Dokumente in zwei
Bänden. Frankfurt/Main 1985, S. 68.

7

8 Mit dem Grundgesetz vereinbar?

Die Bayerische Staatsregierung ließ vom Bundesverfassungs-
gericht überprüfen, ob der Grundlagenvertrag gegen das
im Grundgesetz verankerte Gebot der staatlichen Einheit
5 *Deutschlands und das Wiedervereinigungsgebot verstoße. Aus*
dem Urteil des BVG vom 31. Juli 1973:

Das GG […] geht davon aus, dass das Deutsche Reich den
Zusammenbruch 1945 überdauert hat und weder mit der
Kapitulation noch durch Ausübung fremder Staatsgewalt
10 in Deutschland durch die alliierten Okkupationsmächte
noch später untergegangen ist. Das Deutsche Reich existiert fort, besitzt nach wie vor Rechtsfähigkeit, ist allerdings
als Gesamtstaat mangels Organisation, insbesondere mangels institutionalisierter Organe, selbst nicht handlungs-
15 fähig. […] Mit der Errichtung der Bundesrepublik wurde
nicht ein neuer westdeutscher Staat gegründet, sondern
ein Teil Deutschlands neu organisiert. […] Die Bundesrepublik umfasst also, was ihr Staatsvolk und ihr Staatsgebiet anbelangt, nicht das ganze Deutschland […]. Sie
20 beschränkt staatsrechtlich ihre Hoheitsgewalt auf den
„Geltungsbereich des Grundgesetzes", fühlt sich aber auch
verantwortlich für das ganze Deutschland. Die DDR gehört
zu Deutschland und kann im Verhältnis zur Bundesrepublik nicht als Ausland angesehen werden. Deshalb war z. B.
25 der Interzonenhandel und ist der ihm entsprechende innerdeutsche Handel nicht Außenhandel. […]
Die Wiedervereinigung ist ein verfassungsrechtliches Gebot. Es muss jedoch den zu politischem Handeln berufe-
nen Organen der Bundesrepublik überlassen bleiben, zu
30 entscheiden, welche Wege sie zur Herbeiführung der Wiedervereinigung als politisch richtig und zweckmäßig ansehen. Ein breiter Raum politischen Ermessens besteht hier
besonders für die Gesetzgebungsorgane. Das BVG kann
dem Gesetzgeber erst entgegentreten, wenn er die Gren-
35 zen dieses Ermessens eindeutig überschreitet, wenn seine

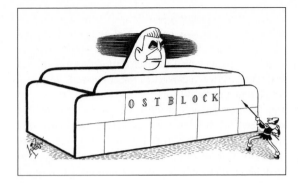

9 „Ach, können Sie mir nicht sagen, wo Ihre wei-
che Stelle sitzt?" – Egon Bahr und Leonid Breschnew
Karikatur von Wolfgang Hicks, 1974.

Maßnahme also rechtlich oder tatsächlich einer Wiedervereinigung in Freiheit offensichtlich entgegensteht. […]
Aus dem Wiedervereinigungsgebot folgt zunächst: Kein
Verfassungsorgan der Bundesrepublik darf die Wiederherstellung der staatlichen Einheit als politisches Ziel auf- 40
geben, alle Verfassungsorgane sind verpflichtet, in ihrer
Politik auf die Erreichung dieses Ziels hinzuwirken – das
schließt die Forderung ein, den Wiedervereinigungsan-
spruch im Innern wachzuhalten und nach außen beharrlich zu vertreten – und alles zu unterlassen, was die Wie- 45
dervereinigung vereiteln würde. Die Bundesregierung hat
allerdings in eigener Verantwortung zu entscheiden, mit
welchen politischen Mitteln und auf welchen politischen
Wegen sie das nach dem GG rechtlich gebotene Ziel der
Wiedervereinigung zu erreichen oder ihm wenigstens nä- 50
her zu kommen versucht.

Lautemann, W., u. Schlenke, M. (Hg.): Geschichte in Quellen. Die Welt seit
1945. München 1980, S. 560 f.

Arbeitsvorschläge

a) Vergleichen Sie M4 mit Krahls Römerbergrede (M3, S. 329). Welches Bild der
bundesrepublikanischen Gesellschaft zeigt sich jeweils?

b) Nennen Sie die Schwerpunkte der Reformpolitik Brandts (M4).

c) Vergleichen Sie die unterschiedlichen Einstellungen zur „neuen Ostpolitik", die
in M1, M2 und M9 zum Ausdruck kommen.

d) Untersuchen Sie Brandts Stellung zur Außerparlamentarischen Opposition
(M4).

e) Welche Ziele und welche Maßnahmen seiner Deutschlandpolitik nennt Brandt
in M5? Wo liegen die Unterschiede zur Deutschlandpolitik seiner Vorgänger?

f) Arbeiten Sie aus M6 und M7 heraus, welche Kritik jeweils an der „neuen Ostpolitik" geübt wird, und bewerten Sie diese Kritik.

g) Interpretieren Sie die Zeichnung des Strafgefangenen M3 im Hinblick auf
seine Wahrnehmung der sozialliberalen Strafrechtsreform.

h) Erläutern Sie die staatsrechtlichen Probleme, die mit dem Grundlagenvertrag
verbunden sind (M7 und M8).

i) Recherchieren Sie für einen osteuropäischen Staat Ihrer Wahl, inwiefern sich seine Beziehungen zur Bundesrepublik seit Brandts Ostpolitik verändert haben.

7.11 Die Ära Honecker – Der autoritäre Versorgungsstaat in der Krise

Erich Honecker, der Walter Ulbricht 1971 als Erster Sekretär des ZK der SED abge-löst hatte, brach mit dessen Abgrenzungspolitik gegenüber der Sowjetunion, die die DDR zusehends in die Isolation geführt hatte. Er akzeptierte die Führungs-rolle der KPdSU und verwarf Ulbrichts Vorstellungen vom Modellcharakter der DDR. In deutlicher Abgrenzung von Ulbricht, der in den 1960er-Jahren gezielt in die Modernisierungssektoren Wissenschaft, Technologie und Automatisierung investiert hatte, erklärte Honecker innenpolitisch die „weitere Erhöhung des ma-teriellen und kulturellen Lebensniveaus des Volkes" zur Hauptaufgabe der SED.

„Die Einheit von Wirtschafts- und Sozialpolitik"

Die „Einheit von Wirtschafts- und Sozialpolitik" wurde zur politischen Leitlinie der 1970er-Jahre und erschien zunächst erfolgreich: Der Woh-nungsbau wurde gefördert, Löhne und Renten erhöht, Arbeitszeiten – besonders für Frauen mit Kindern – verkürzt, der Mutterschaftsurlaub verlängert. Um die Vereinbarkeit von Berufs-tätigkeit und Mutterschaft zu gewährleisten, wurden Geburtenbeihilfen bezahlt, zinslose Kredite sowie Wohnungszuteilungen bei Ehe-schließung gewährt und das Erholungswesen ausgeweitet. Die industrielle Produktion wuchs trotz dieser teuren sozialpolitischen Offensive zwischen 1970 und 1974 um knapp 30 % und die Versorgung mit Konsumgütern verbesserte sich weiter. Und trotz der internationalen Roh-stoffkrise seit 1973 registrierte die DDR keine Arbeitslosen, dagegen stabile Preise für Grund-nahrungsmittel und steigende Einkommen. Nicht unwesentlich trug zu dieser positiven Bi-lanz allerdings der Devisentransfer bei, der seit dem Grundlagenvertrag von 1972 beständig aus der Bundesrepublik in die DDR floss. Innerdeut-scher Transithandel, Zwangsumtausch für west-deutsche Besucher in der DDR und nicht zuletzt der regelmäßige „Freikauf" politischer Häftlinge durch die Bundesregierung waren wichtige Fi-nanzierungsquellen für das SED-Regime.

1 **Hinter den sieben Bergen.** Gemälde von Wolfgang Mattheuer, 1973.

Internationale Anerkennung – Schikanen im Innern

Mit dem Abschluss des Grundlagenvertrags, der die Souveränität und die Grenzen der DDR anerkannte, erweiterte sich auch Honeckers außenpolitischer Spielraum. Nach Vertragsunterzeichnung folgte bis 1978 die diplomatische Anerkennung der DDR durch 123 Staaten. Mit der Aufnahme als 133. Staat in die UNO 1973 durch-brach die DDR endgültig die außenpolitische Isolation. 1975 gehörte sie zu den Unterzeichnerstaaten der KSZE-Schlussakte in Helsinki, was einerseits den Höhe-punkt ihrer außenpolitischen Erfolge bildete, andererseits aber eine innenpoliti-sche Liberalisierung erzwang. Unter Berufung auf die KSZE-Schlussakte forderten DDR-Bürger immer unüberhörbarer die Gewährung von Menschenrechten und insbesondere das Recht auf Freizügigkeit mit der Folge, dass die Zahl der Aus-reiseanträge sich dramatisch steigerte: von 13 000 im KSZE-Jahr 1975 auf 20 000 im folgenden Jahr. Schikanen gegen Ausreisewillige führten zu wachsenden Pro-testen, etwa der spektakulären Selbstverbrennung des Pfarrers Oskar Brüsewitz

1976. Auch die Ausbürgerung der Regimekritiker Wolf Biermann 1976 und Rudolf Bahro 1977 führte zu Solidarisierungserklärungen namhafter Autorinnen und Autoren. In den folgenden Jahren verließen viele prominente Musiker, Schauspieler und Schriftsteller die DDR, z. B. Manfred Krug, Günter Kunert und Erich Loest.

Wirtschaftsprobleme und wachsende Unzufriedenheit

In der zweiten Hälfte der 1970er-Jahre nahm die Unzufriedenheit auch jenseits dieser Intellektuellengruppen in immer breiteren Teilen der Bevölkerung weiter zu, denn auch die DDR blieb nicht von der internationalen Rohstoffkrise verschont und die Diskrepanz zwischen Honeckers Versprechungen und der wirtschaftlichen Mangelsituation wurde immer größer. Die Zuwachsraten der Industrie gingen nun – nicht zuletzt wegen der ab 1977 überstürzt verordneten hohen Investitionen in Mikroelektronik und Datenverarbeitung – spürbar zurück und die Nettoverschuldung des Staates gegenüber dem Westen wuchs drastisch an. In den Kirchen, besonders in der evangelischen, formierten sich Gruppen zumeist jugendlicher Christen, die sich angesichts der „Neuen Eiszeit" in den Ost-West-Beziehungen nach dem sowjetischen Einmarsch in Afghanistan 1979 für die Wahrung des internationalen Friedens in der Öffentlichkeit engagierten. Sie forderten das Recht auf Wehrdienstverweigerung und protestierten sowohl gegen den 1978 eingeführten Wehrkundeunterricht in der DDR als auch gegen den Raubbau an der Natur in Ost und West. Beunruhigt durch Streiks in Polen, die von der oppositionellen Gewerkschaft „Solidarnosc" organisiert wurden, reagierte die SED mit Härte: Nachdem 1977 bei schweren Straßenschlachten zwischen Jugendlichen und Polizei auf dem Berliner Alexanderplatz drei junge Menschen getötet worden waren, wurden 1979 die Strafandrohungen für „staatsfeindliche Hetze" erheblich verschärft.

In der Lebenswelt der Menschen machte sich zunehmend Resignation breit, je größer die Kluft zwischen der Parteiideologie einerseits und den alltäglichen Erfahrungen der Menschen andererseits wurde. Das Entstehen einer „Nischengesellschaft" war die unmittelbare Folge: Einige – zumeist Ältere – zogen sich in den geschützten Privatraum zwischen Plattenbau-Wohnung und Wochenend-Datsche zurück. Andere – zumeist Jüngere – suchten in unterschiedlichen Formen jugendlicher Subkulturen Zuflucht. So entstanden auch in der DDR vielfältige Segmente einer Pop-, Rock-, Punk-, Öko- und Hausbesetzerszene, die vom MfS argwöhnisch beäugt wurde.

2 **Feierlichkeiten zum 30. Geburtstag der DDR, 1979.** Es treffen sich die Staatschef der Warschauer-Paktstaaten: Schiwkow (Bulgarien), Kádár (Ungarn), Husak (Tschechoslowakai), Gierek (Polen) mit Honecker (v. l. n. r.).

3 Ausgaben für die „2. Lohntüte" 1971 und 1989 nach einem internen SED-Bericht (in Mrd. Mark)

Judt, M. (Hg.): DDR-Geschichte in Dokumenten. Berlin 1998, S. 161.

	1971	1989
Wohnungswesen	2,1	16,6
Sicherung stabiler Preise für Waren des Grundbedarfs und Tarife	8,5	51,0
Bildung und Erwachsenenqualifizierung	5,8	15,7
Unterstützung von Mutter und Kind sowie Betreuung älterer Bürger	2,5	8,4
Renten, Krankengeld, Arzneien, Schwangerschafts- und Wochengeld	6,2	18,2
Erholung	1,1	4,1
Insgesamt	26,2	114,0

4 „Einheit von Wirtschafts- und Sozialpolitik"

Aus dem Programm der SED 1976:

Die Sozialistische Einheitspartei Deutschlands geht davon aus, dass die schrittweise Verbesserung des Lebensniveaus aller Werktätigen hohe Leistungen in der sozialistischen Produktion und ein stabiles Wirtschaftswachstum erfordert. Dies wird durch ein optimales Verhältnis von Akkumulation und Konsumtion, durch die volle Nutzung des Wirtschaftspotenzials der Deutschen Demokratischen Republik einschließlich der Mobilisierung ökonomischer Reserven im Maßstab der ganzen Volkswirtschaft, in allen Bereichen, Zweigen und Betrieben bewirkt. [...]

Die Wirtschafts- und Sozialpolitik der Sozialistischen Einheitspartei Deutschlands trägt zur weiteren Annäherung der Klassen und Schichten, zur Verringerung wesentlicher Unterschiede zwischen körperlicher und geistiger Arbeit und zur Annäherung der Lebensbedingungen zwischen Stadt und Land bei. Sie verbindet die Verwirklichung des Leistungsprinzips mit der Minderung der sozialen Unterschiede.

Das Wohnungsbauprogramm ist das Kernstück der Sozialpolitik der Sozialistischen Einheitspartei Deutschlands. Es ist darauf gerichtet, bis 1990 die Wohnungsfrage zu lösen. Damit wird ein altes Ziel der revolutionären Arbeiterbewegung verwirklicht. Durch den Wohnungsbau wird in wachsendem Maße Einfluss auf eine hohe Wohnkultur, eine sinnvolle Freizeitgestaltung und die Gemeinschaftsbeziehungen genommen.

Programm und Statut der SED vom 22. Mai 1976. Mit einem einleitenden Kommentar von Karl Wilhelm Fricke. Köln 1976, S. 57f.

5 Die Finanzierungsfalle

Günter Schabowski, Mitglied im ZK und im Politbüro der SED, über Honeckers Programm (1991):

Honecker hatte, wenn schon nicht die Aussicht auf ein neues Zeitalter, so doch auf eine DDR eröffnet, die mit einem breit und tief gestaffelten System sozialer Sicherheiten dem von der Bundesrepublik ausgehenden Konsumdruck etwas Handfestes entgegenzusetzen hätte und zudem greifbar eine höhere gesellschaftliche Qualität für sich in Anspruch nehmen könnte.

Zu Beginn der siebziger Jahre konnte Honecker hoffen, dass seine sozialpolitischen Verheißungen einen aus Ein-

sichtigkeit resultierenden Produktivitätsschub bewirken würden. Dadurch, so kalkulierte er, könnten die Defizite in der volkswirtschaftlichen Gesamtrechnung ausgeglichen werden, die durch den größeren Aufwand für die Sozialpolitik verursacht werden. [...]

Spätestens Ende der siebziger oder Anfang der achtziger Jahre, als die Disproportionen in der Volkswirtschaft immer belastender wurden, hätte im Politbüro und in der Regierung auf die Tagesordnung gesetzt werden müssen, ob wir der Volkswirtschaft mit den Programmen für den Wohnungsbau oder die Mikroelektronik nicht eine zu schwere Bürde aufgeladen hatten. War nicht der unbedingte Primat des Neubaus vor der Rekonstruktion, der Erhaltung bewahrenswerter alter Bauten, insbesondere in mittleren und kleinen Orten, zu korrigieren? Niemand warf die Frage auf, wie der Verfall ausgedehnter Leipziger Wohnviertel zu stoppen sei. [...]

Das schier unauflösliche Dilemma unserer Wirtschaft bestand darin, dass ihre Reproduktionskraft nur durch Export ins westliche Ausland gewährleistet war. Rohstoffmangel, Innovationsschwäche und die Schwerfälligkeit der Planwirtschaft haben im Export stets ein kleineres Ergebnis erbracht, als es für eine produktive Akkumulation und für die Absicherung der Sozialpolitik nötig gewesen wäre. Der Zwang zu weiterer Kreditaufnahme war die Folge. Die Ölpreisexplosion und Kreditboykotte vergrößerten die Bürden der Schuldendienste. [...] So war die Sozialpolitik letztlich nicht nur mit Schulden, sondern auch mit einem Schwund an Massenbedarfsgütern erkauft.

Schabowski, G.: Der Absturz. Berlin 1991, S. 121, 118f., 124–126.

6 Der Protest formiert sich

Manifest der Opposition in der DDR (1977):

Warum wird der Abstand DDR–Bundesrepublik in der Arbeitsproduktivität [...] immer größer? Warum ebben die Wellen der Ausreise-Anträge und die Versuche zur Republikflucht, selbst unter Einsatz des Lebens, nicht ab? Warum treten 94 % aller DDR-Bürger, also auch die Mehrheit der Funktionäre, Abend für Abend die geistige Republikflucht an und schalten auf ARD und ZDF? Weil der polit-ideologische Psychoterror unerträglich, die Flucht in eine andere Welt Notwendigkeit zum Überleben ist! Warum steigt der Verbrauch von Arzneimitteln in der

DDR überdurchschnittlich hoch [...]? Warum hat die DDR Weltspitze bei Ehescheidungen, Selbstmordraten und Alkoholmissbrauch? Wo liegen die Defekte dieser Gesellschaft? Warum ist der Datschismus zur Hauptform des Lebens geworden? [...]

Die Familien sind Tag und Nacht getrennt, aber die Partei erhebt den Finger: Erzieht eure Kinder sozialistischer, sie sind labil! Am Wochenende darf Vater zur Kampfgruppe, Mutter übt ZV, der Sohn GST, die Tochter DRK – alles zum Schutz der Politbüro-Kaste! Von der Woche wollen wir gar nicht reden: Zeitungsschau, Agitatoren-Gespräch, Versammlungen in Partei, Gewerkschaft, FDJ, DSF, Partei-, FDJ- und Gewerkschaftsschuljahr – und überall die gleiche Leitartikel-Litanei. [...]

Wir fordern eine andere Politik: reale, kostendeckende Preise, entsprechend reale Planung, reale, den jetzigen Stand des Lebensniveaus garantierende Einkünfte für die Arbeiter, Handwerker, Angestellten. [...] Sämtliche Privilegien der Funktionäre müssen gestrichen werden. [...] Wir fordern die Abschaffung der Zensur gegenüber der Presse und den Verlagen. [...] Wir fordern den Abbau der riesigen, altmodischen und unmodernen Verwaltungsapparate. [...] Wir fordern nachdrücklich die Beseitigung des Verbots, über Fragen der Lebensqualität, besonders über die ökologischen Probleme öffentlich zu diskutieren.

Anonym veröffentlicht in: Der Spiegel 32 (1978), Nr. 2, S. 26 f.

9 Der Künstler als Chronist

Aus dem Katalog zur Chemnitzer Ausstellung des DDR-Künstlers Wolfgang Mattheuer, der 1988 aus der SED austrat und sich an den Leipziger Montagsdemonstrationen beteiligte:
Mattheuers Figuren steigen auf Hügel, um sich aus der Enge zu befreien und sich einen Weltüberblick zu verschaffen. Hinter dem hoch gelegenen Horizont seiner Bilder liegt Verheißungsvolles, Unerreichbares, auch Unberechenbares. Von den Straßen geht ein Sog aus in die Tiefe und Ferne. [...] So konnte Mattheuer zum Chronisten einer Gesellschaft werden, für deren Abgeschlossenheit und Unterdrückung ebenso wie für ihre Wünsche und Sehnsüchte er die treffendsten (und bittersten) Chiffrierungen fand.

Mössinger, I. u. Drechsel, K. (Hg.), Wolfgang Mattheuer-Retrospektive. Leipzig 2002, S. 13 ff.

8 Der Nachbar, der will fliegen. Wolfgang Mattheuer, 1983.

Arbeitsvorschläge

a) Legen Sie die Konflikte dar, die die DDR in den 1970er-Jahren prägten (M 5).

b) Charakterisieren Sie Honeckers Strategie, auf Konflikte zu reagieren (M 4 und M 5).

c) An welchen Zielkonflikten scheitert Honeckers „Einheit von Wirtschafts- und Sozialpolitik" (M 4)?

d) Vergleichen Sie die Entwicklung in der Bundesrepublik unter Brandt mit der in der DDR unter Honecker.

e) Kennzeichnen Sie die Konfliktlagen der Ära Honecker, die in den Bildern des DDR-Künstlers Mattheuer (M 1 und M 8) zum Ausdruck kommen. Berücksichtigen Sie M 7.

10 Ostberlin in der **U-Bahn**. Fotografie von Jörg Knöfel, 1986.

11 Härte gegen neue Jugendbewegungen

Michael Horschig, Gitarrist der Punk-Band „Namenlos", über die Anfänge einer Bewegung:

In den Jahren 1979 und 1980 sammelten sich die bis
5 dahin einzeln umherstreunenden Punks in Ostberliner Discotheken und Gaststätten, vor allem im Süden Berlins […] Wir tranken Bier, tanzten Pogo und den Ska (für uns gab es damals keine Differenzen dazwischen), diskutierten untereinander und mit anderen über unsere damals
10 noch nicht völlig ausgereiften Ideale und schlugen uns zum Abschluss oft mit der ganzen Discothek. Einer für alle und alle für einen war Grunddevise. Jeder biedere Schläger fühlte sich nämlich damals berufen, auf Punks einzuschlagen, da sie anders aussahen und ihnen durch
15 die aufgebauschten Lügen der Medien in Ost und West ein schlechter Ruf anhing. […] Im normalen Leben war der Punk permanent den Angriffen seiner Mitmenschen ausgesetzt. […] Gebräuchlich und beliebt sowie sehr verbreitet waren in der entnazifizierten DDR auch solche
20 Sprüche wie: „So was wie euch müsste man vergasen", „Mit so was wie euch hätte man bei Adolf kurzen Prozess gemacht" […]
Ab Anfang '81 setzte die erste große Verfolgungswelle der Punks durch den Staat ein. Mit unerhörter Brutalität woll-
25 te der Staat nicht zulassen, was er nicht verhindern konn-
te. Festnahmen, Verhaftungen, der Druck der Behörden, Polizei, Betriebe, Schulen und Lehrerausbildungsstätten waren so stark, dass viele eingeschüchtert absprangen, sich ihren Auflagen gemäß von der Gruppe fernhielten oder ihr Äußeres veränderten. […] Sie verurteilten wissent- 30
lich Unschuldige, wie Sid und Major, die sie ins Gefängnis sperrten, mit gnadenloser Härte der Urteile, die ihr ganzes Leben ruinierten: Beide bekamen um die fünf Jahre Berlin-Verbot, Meldepflicht, Arbeitsplatzbindung und nur einen provisorischen Personalausweis, der jeden Bullen zur 35
Willkür ermächtigte. Bei Verstoß gegen die Auflagen ging man erneut in den Knast, sodass Sid wegen ein und derselben Sache fünfmal im Gefängnis war. Major musste als Berliner Eingeborene in ein kleines, abgeschiedenes sorbisches Dorf ziehen. Dort galt sie als die Fremde und noch 40
dazu als die Kriminelle. […] Die Perversion, mit der die Polizei und Justiz vorgingen, die unvorstellbar brutalen Übergriffe durch diese, sollten mein Denken und Handeln nachhaltig beeinflussen. Spätestens hier hatte man die Bestätigung für alles subversive Tun und Handeln. Spätestens jetzt durfte man sich Staatsfeind nennen. Ich war Punk aus 45
politischen Überlegungen, Punk war der Ausdruck meines Protestes und anarchistischen Denkens.

Zit. nach: Michael Horschig, In der DDR hat es nie Punks gegeben. In: Ronald Galenza/Heinz Havemeister (Hrsg.), Wir wollen immer artig sein …, Berlin 1999 Schwarzkopf & Schwarzkopf Verlag, S. 17 ff.

7

Arbeitsvorschläge

a) Recherchieren Sie, welche Formen von jugendlichen Subkulturen sich als Nischengesellschaften in der DDR herausbildeten. Vergleichen Sie diese mit ähnlichen gesellschaftlichen Subkulturen in der Bundesrepublik der 1970er- und 80er-Jahre.

b) In Städten wie Berlin, Halle oder Leipzig entstand u.a. eine sehr ausgeprägte Punkszene. Diskutieren Sie, ob oder inwieweit diese die Oppositionsbewegung mitbeeinflusste.

7.12 Von Brandt zu Schmidt: die pragmatische Wende in der Bundesrepublik

Globale Veränderungen

Nach 1970 begannen in verschiedenen Bereichen weltweit krisenhafte Entwicklungen: Zum einen kam es durch die massive Steigerung der amerikanischen Rüstungsausgaben für den Vietnam-Krieg zu einer konjunkturellen Rezession in fast allen westlichen Industrieländern. Zum anderen legte der „Club of Rome" 1972 unter dem Titel „Grenzen des Wachstums" einen Bericht vor, der erschreckende Zahlen über die in naher Zukunft bevorstehende dramatische Verknappung der natürlichen Ressourcen enthielt. Damit rief er nicht nur erstmals das ökologische Problem in globaler Perspektive in das öffentliche Bewusstsein, sondern warnte zugleich vor den wirtschaftlichen Folgen ungebremsten Raubbaus an der Natur. Einen kleinen Vorgeschmack bekam man 1973: Die arabischen Ölstaaten reagierten auf den durch massive US-Unterstützung erzielten Sieg Israels im „Yom-Kippur-Krieg" und die israelische Besetzung ägyptischen und syrischen Territoriums mit einer konzentrierten Ölpreissteigerung um 172 % allein 1973/74. Darauf sah sich die Bundesregierung zur Verhängung von Sonntagsfahrverboten und Geschwindigkeitsbegrenzungen gezwungen.

Club of Rome

Yom-Kippur-Krieg

Schrumpfende Verteilungsspielräume

Auch im Innern zeichneten sich Wachstumsgrenzen ab. Ab 1970 hatten mehrere überdurchschnittlich hohe Lohnabschlüsse von mehr als 10 % zur Folge, dass die Arbeitgeber die dadurch wachsenden Lohnkosten durch den Abbau von Arbeitsplätzen abzusenken versuchten. Das führte dazu, dass 1974 die Millionengrenze bei den Arbeitslosen überschritten wurde. Die dadurch wiederum wachsenden Haushaltsdefizite glich die Bundesregierung – zwecks Finanzierung der eben erst begonnenen Reformen – durch eine Steigerung der Staatsverschuldung aus. Da diese angesichts der weltweiten Rezession aber nicht durch verstärkte Exporte kompensiert werden konnte, nahm sie schnell dramatische Ausmaße an. Die seit den „Wirtschaftswunderjahren" bei nur wenigen Unterbrechungen anhaltende Boomperiode mit hohen Wachstumsraten, steigenden Einkommen, stabilen Preisen und niedrigen Arbeitslosenzahlen ging nun definitiv zu Ende.

1 Vor dem ökologischen Kollaps?

Dennis Meadows · Donella Meadows · Erich Zahn · Peter Milling
Die Grenzen des Wachstums
Bericht des Club of Rome* zur Lage der Menschheit
rororo sachbuch
*Friedenspreis des Deutschen Buchhandels 1973

Aber nicht nur wirtschaftlich verengten sich die Perspektiven zu Beginn der 1970er-Jahre: Die Dogmatisierung der Außerparlamentarischen Opposition verringerte im Regierungslager die Bereitschaft zur Toleranz gegenüber der politischen Linken. Der 1970 gefasste „Unvereinbarkeitsbeschluss", der SPD-Mitgliedern im Falle der politischen Zusammenarbeit mit orthodox-kommunistischen Gruppierungen ein Parteiausschlussverfahren androhte, wurde zwei Jahre später durch den von Willy Brandt initiierten „Radikalenerlass" ergänzt, den die Ministerpräsidenten der Länder 1972 verabschiedeten. Er formulierte als Voraussetzung für die Einstellung eines Bewerbers in den öffentlichen Dienst, dass dieser „jederzeit für die freiheitliche demokratische Grundordnung im Sinne des Grundgesetzes eintritt". Die Überprüfung der Verfassungstreue oblag den Verfassungsschutzämtern, bei denen die Behörden nun vor jeder Einstellung regelhaft anfragten. Bis 1976 erfolgten ca. 500 000 solcher Regelanfragen, was der Bundesregierung den Vorwurf der „Gesinnungsschnüffelei" eintrug. Angesichts von mehr als 400 Ablehnungsfällen zwischen 1972 und 1976 wegen „verfassungsfeindlicher Aktivitäten" geriet die „Praxis der Berufsverbote" auch in die internationale Kritik – etwa 1978 beim „Internationalen Russell-Tribunal zur Situation der Menschenrechte in der Bundesrepublik Deutschland".

Die wachsenden Probleme verschärften die Spannungen innerhalb der SPD und untergruben zusehends die Autorität Willy Brandts, der nach der Enttarnung seines persönlichen Referenten Günter Guillaume als DDR-Spion 1974 zurücktrat. Mit der Amtsübernahme durch den „Macher" und Wirtschaftsexperten Helmut Schmidt wurde die Reformpolitik des Visionärs Brandt abgelöst von einem pragmatischen Konsolidierungskurs, den Helmut Schmidt in einem Stern-Interview 1974 pointiert formulierte: „Reformen sind nur machbar, wenn man sie finanzieren kann."

2 **Ende der Fortschrittsgläubigkeit?**

In der Tat schrumpften die Spielräume für Reformen schnell, als die Bundesrepublik schon 1975 die bis dahin schärfste Rezession seit 1945 erlebte: Das Bruttosozialprodukt schrumpfte um 1,6 %, die Arbeitslosenzahl überschritt erneut die Millionenmarke und Konjunkturexperten sagten eine Weltwirtschaftskrise in den Ausmaßen von 1929 voraus. Dass es Schmidt dennoch gelang, trotz weltweiter wirtschaftlicher Kontraktion durch die Steigerung der unternehmerischen Erträge die Investitionsneigung und mit ihr das gesamtwirtschaftliche Wachstum wieder anzukurbeln, muss zu seinen bleibenden Verdiensten gerechnet werden. Die von ihm vollzogene Wende hin zu einer eher angebotsorientierten Wirtschaftspolitik konnte allerdings die Arbeitslosenzahl nicht reduzieren. Sie verharrte zunächst bei ca. 1 Million, stieg dann aber aufgrund wachsenden Rationalisierungsdrucks auf einen ab 1983 weitgehend konstanten Sockel von mehr als 2 Millionen Erwerbslosen. Die Hoffnungen auf eine Wiederherstellung der Vollbeschäftigung waren spätestens Anfang der 1980er-Jahre endgültig verflogen.

Ende der Vollbeschäftigung

 **Angebotsorientierte Wirtschaftspolitik**

Die ernsteste innenpolitische Herausforderung erwuchs der Bundesrepublik seit Mitte der 1970er-Jahre aus dem organisierten Terrorismus: Aus Enttäuschung über das Scheitern revolutionärer Hoffnungen, die in Teilen der Außerparlamentarischen Opposition gehegt worden waren, verfolgten kleine Gruppen eine Revolutionsstrategie nach dem Modell der südamerikanischen „Stadtguerilla". Am bekanntesten wurde die „Rote Armee Fraktion" (RAF) um Ulrike Meinhof, Andreas Baader und Gudrun Ensslin. Der Höhepunkt wurde 1977 erreicht und überschritten: Der Generalbundesanwalt Siegfried Buback, der Bankier Jürgen Ponto und der Unternehmer Hanns-Martin Schleyer wurden ermordet. Kurz darauf kaperten arabische Terroristen eine Lufthansa-Maschine, um ihre deutschen Gesinnungsgenossen freizupressen. Ein Sonderkommando des Bundesgrenzschutzes stürmte jedoch die nach Mogadischu entführte Maschine und befreite die Geiseln. Mit dem Selbstmord von vier führenden RAF-Terroristen in der Haftanstalt Stuttgart-Stammheim endete der „deutsche Herbst", der den Rechtsstaat an die Grenzen seiner Belastbarkeit geführt hatte. Angesichts von Großkontrollen auf Autobahnen, dem Ausbau der elektronischen Rasterfahndung sowie des 1977 verabschiedeten Kontaktsperre-

„Deutscher Herbst"

7

gesetzes warnten Kritiker vor einem schleichenden Übergang zu polizeistaatlichen Methoden.

Deutschlandpolitische Kontinuität

Deutschlandpolitisch setzte Helmut Schmidt die Politik Willy Brandts kontinuierlich fort, wobei er Fortschritte vor allem in Wirtschafts-, Handels- und Kreditfragen erzielte. 1975 unterzeichneten beide deutschen Staaten in Helsinki die Schlussakte der „Konferenz für Sicherheit und Zusammenarbeit in Europa" (KSZE),

3 Zum Lichte empor.
Plakat von Klaus Staeck, 1977.

in der die „Achtung der Menschenrechte und Grundfreiheiten" sowie die Verbesserung der „menschlichen Kontakte" und der „Verbreitung von, des Zugangs zu und des Austauschs von Informationen" verabredet wurde. 1978 und 1980 einigten sich Bundesrepublik und DDR auf eine Verbesserung der Verkehrswege. Für Bonn waren diese Abkommen mit hohen finanziellen Belastungen verbunden – z. B. Transitpauschalen, Straßenbenutzungspauschalen, Postpauschalen usw. –, denn die DDR ließ sich ihre Kooperationsbereitschaft teuer bezahlen. Solange man aber menschliche Erleichterungen für die DDR-Bürger erwirken und am Prinzip des „Wandels durch Annäherung" festhalten wollte, gab es zu dieser Politik keine Alternative. Sie hatte kurzfristig allerdings weniger den Wandel als vielmehr, wenn auch ungewollt, die Stabilisierung des SED-Regimes zur Folge.

„Nachwinter des Kalten Kriegs"

Gemeinsam war Bonn und Ost-Berlin das Bestreben, ihre eigenständige Kooperationspolitik nicht in den Sog der internationalen Klimaverschlechterung geraten zu lassen, die sich seit den ausgehenden 1970er-Jahren abzeichnete. Da die sozialliberale Entspannungs- und Status-quo-Politik nämlich mittlerweile die Sicherheit in Europa deutlich erhöht hatte, wandten sich die beiden Weltmächte wieder verstärkt der internationalen Politik zu. Bald gerieten sie dabei in neue Konflikte, die als „Nachwinter des Kalten Kriegs" bezeichnet wurden. Wachsende Besorgnis erregte in diesem Zusammenhang die Stationierung neuer sowjetischer Mittelstreckenraketen vom Typ „SS 20", deren atomare Sprengköpfe auf die Bundesrepublik gerichtet waren. Auf Initiative von Helmut Schmidt verabschiedete die NATO deshalb Ende 1979 einen „Doppelbeschluss". Der sah vor, dass nach einer Frist von vier Jahren auf dem Boden der Bundesrepublik atomare „Cruise Missiles" und Mittelstreckenraketen vom Typ „Pershing II" stationiert würden, falls die Sowjetunion bis dahin nicht zur Begrenzung ihrer eurostrategischen Waffen bereit sei. Als die Sowjetunion dieses Verhandlungsangebot ablehnte, verschoben

4 Thema Sicherheit
Plakat von Klaus Staeck, 1981.

7

5 **„Heißer Herbst" 1981 in Berlin.** Vor dem Hintergrund der Nachrüstungsdebatte kommt es in der ganzen Bundesrepublik zu Massendemonstrationen.

Gewalttätige Auseinandersetzungen zwischen Demonstranten und Polizisten fordern ein Todesopfer und hunderte Verletzte.

die USA die Ratifizierung des SALT-II-Abkommens. Damit endete im Januar 1980 die Entspannungspolitik.

Seit dem Anfang der 1980er-Jahren war Helmut Schmidt zunehmend durch Massenproteste gegen seine Nachrüstungsinitiative innenpolitisch in Bedrängnis geraten. In Ablehnung zur Stationierung amerikanischer Pershing-II-Raketen in Deutschland schlossen sich kirchliche Kreise, Prominente wie Carl Friedrich von Weizsäcker, Heinrich Böll, Günter Grass und Joseph Beuys mit mehreren Politikern wie Erhard Eppler sowie den Gründungsmitgliedern der Grünen Petra Kelly und Gert Bastian zusammen. 1981–1983 kam es immer wieder zu Blockaden von Atomwaffenlagern, Munitionsdepots, Friedenswochen, Ostermärschen und weiteren Massendemonstrationen.

Ende der sozial-liberalen Ära

Aber auch die allgemeine wirtschaftliche Lage der Bundesrepublik wurde für Helmut Schmidt zu einer wachsenden Belastung. Die wirtschaftliche Rezession nach einer zweiten Ölpreisexplosion 1979, die zu einem erneuten Konjunktureinbruch mit wachsender Arbeitslosigkeit, ansteigender Inflation und zahlreichen Konkursen führte, löste zwischen den Koalitionspartnern SPD und FDP wachsende Meinungsverschiedenheiten aus über den richtigen wirtschaftspolitischen Kurs aus der Krise: Die FDP forderte immer vernehmlicher den Abbau sozialstaatlicher Leistungen, da diese die Konkurrenzfähigkeit der deutschen Wirtschaft auf den Weltmärkten geschwächt sowie die individuelle Leistungs- und Risikobereitschaft der Bürger in ihrer „sozialen Hängematte" vermindert hätten. Frei werdendes Kapital sollte der Privatwirtschaft neue Wachstumsimpulse geben. Die SPD setzte dagegen weiterhin auf eine Politik, die die Sozialleistungen nicht antastete. Ihr Argument war, dass durch eine hohe Kaufkraft die Nachfrage gesteigert würde und dadurch die Wirtschaft den Anreiz für Investitionen erhalte. Die Kehrseite einer solchen Politik war das ständige Wachsen der Steuer- und Abgabenlasten.

Helmut Schmidt
Kanzler 1974–1982

Nachdem durch die wirtschaftspolitische Umorientierung der FDP die Gegensätze zwischen den Koalitionspartnern unüberbrückbar geworden waren, wechselten die Liberalen die Seite. Am 1. Oktober 1982 sprach der Deutsche Bundestag im Verfahren des konstruktiven Misstrauensvotums mit den Stimmen von CDU und FDP Helmut Schmidt das Misstrauen aus und wählte anschließend Helmut Kohl, den Fraktionsvorsitzenden der CDU/CSU, zum neuen Bundeskanzler.

7

6 Das Stabilitätsgesetz

*Das Gesetz vom 8. Juni 1967 bildete den Rahmen für sozialli-
berale Wirtschaftspolitik bis 1982:*

§1: Bund und Länder haben bei ihren wirtschafts- und
5 finanzpolitischen Maßnahmen die Erfordernisse des gesamtwirtschaftlichen Gleichgewichts zu beachten. Die
Maßnahmen sind so zu treffen, dass sie im Rahmen der
marktwirtschaftlichen Ordnung gleichzeitig zur Stabilität
des Preisniveaus, zu einem hohen Beschäftigungsstand
10 und außenwirtschaftlichem Gleichgewicht bei stetigem
und angemessenem Wirtschaftswachstum beitragen. [...]
§5: [...] Bei einer die Ziele des §1 gefährdenden Abschwächung der allgemeinen Wirtschaftstätigkeit sollen zusätzlich erforderliche Deckungsmittel zunächst der Kon-
15 junkturausgleichsrücklage entnommen werden.
§11: Bei einer die Ziele des §1 gefährdenden Abschwächung der allgemeinen Wirtschaftstätigkeit ist die Planung
geeigneter Investitionsvorhaben so zu beschleunigen,
dass mit ihrer Durchführung kurzfristig begonnen werden
20 kann. Die zuständigen Bundesminister haben alle weiteren
Maßnahmen zu treffen, die zu einer beschleunigten Verga-
be von Investitionsaufträgen erforderlich sind.

Bundesgesetzblatt 1967 I, S. 582 ff.

9 Ausgaben und Einnahmen der öffentlichen Haushalte 1969–1982 (in Mrd. DM)

Jahr	Ausgaben	Einnah-men	Finanzie-rungssaldo*	Kredite (netto)
1969	174,55	176,93	+ 2,46	2,46
1970	196,32	188,29	- 8,09	6,49
1971	226,48	211,18	- 15,61	13,93
1972	252,12	239,22	- 13,09	15,38
1973	280,49	271,48	- 8,82	11,40
1974	318,26	290,88	- 27,26	22,46
1975	360,51	296,65	- 63,84	53,63
1976	376,76	328,70	- 48,03	46,75
1977	395,17	364,00	- 31,18	31,69
1978	433,40	393,74	- 39,62	40,65
1979	469,85	423,50	- 46,57	43,44
1980	509,24	452,15	- 57,07	53,76
1981	541,77	466,09	- 75,65	69,56
1982	561,61	491,64	- 69,64	68,20

*Finanzierungssaldo = Differenz von Einnahmen und Ausgaben

Sachverständigenrat zur Begutachtung der gesamtwirtschaftlichen Entwicklung: Jahresgutachten 1993/94. Stuttgart 1993, S. 354 f.

7 Gesamtwirtschaftliche Entwicklung 1969 bis 1982 (Angaben in %)

Jahr	Sozial-leistungen	Inflation	Arbeitslose	Wachstum	Außen-beitrag	Investi-tionen	Produkti-vität
1969	25,0*	2,1	0,8	7,4	1,0	19,5	3,7
1970	26,2	3,3	0,7	5,4	0,6	18,2	2,6
1971	26,9	5,4	0,8	3,1	0,4	17,2	3,9
1972	27,8	5,5	1,1	4,3	0,2	16,5	3,6
1973	28,2	7,0	1,2	4,7	0,2	12,4	1,4
1974	28,9	7,0	2,5	0,0	0,7	9,4	1,5
1975	33,3	5,9	4,6	- 1,1	1,6	11,6	5,9
1976	32,9	4,3	4,5	5,5	0,7	10,9	2,7
1977	32,9	3,7	4,3	2,6	0,5	11,2	2,1
1978	32,1	2,7	4,1	3,4	0,5	13,5	2,5
1979	31,4	4,1	3,6	4,1	0,9	13,0	- 0,5
1980	32,5	5,5	3,6	0,9	- 0,5	9,6	0,1
1981	33,4	6,3	5,1	0,0	- 1,2	7,5	0,2
1982	33,3	5,2	7,2	- 1,1	- 0,4	8,5	3,2

*1965

Müller, R. A. (Hg.): Deutsche Geschichte in Quellen und Darstellung. Stuttgart 1995, S. 82 f.

8 „Scheidungsurkunde zwischen SPD und FDP"

*Aus Otto Graf Lambsdorffs „Konzept für eine Politik zur Über-
windung der Wachstumsschwäche und zur Bekämpfung der
Arbeitslosigkeit" vom 3. September 1982:*

5 Die gesamte Weltwirtschaft steht offensichtlich in einer
hartnäckigen Stabilisierungs- und Anpassungskrise. Bei
immer noch hohen Inflationsraten und weiter zuneh-
mender Arbeitslosigkeit hält die Wachstumsschwäche in
Nordamerika und Europa nun schon ungewöhnlich lange
10 an; auch Japan ist inzwischen in ihren Sog geraten. Diese
weltweite Wachstumsschwäche darf aber nicht darüber

hinwegtäuschen, dass die derzeitigen weltwirtschaftli-
chen Schwierigkeiten die Summe einzelstaatlicher Fehlentwicklungen sind und dass ein wesentlicher Teil der
Ursachen unserer binnenwirtschaftlichen Probleme auch 15
im eigenen Lande zu suchen ist. [...]
Die gegenwärtig besonders deutliche Vertrauenskrise [...]
muss im Zusammenhang mit tiefgreifenden gesamtwirtschaftlichen Veränderungen gesehen werden. [...] Es
handelt sich hierbei vor allem um: 20
einen gravierenden Rückgang der gesamtwirtschaftlichen
Investitionsquote [...]; den besonders in der ersten Hälfte

der 70er-Jahre entstandenen starken Anstieg der Staatsquote (Anteil aller öffentlichen Ausgaben inkl. Sozialver-
25 sicherung am BSP) [...]; dieser strukturelle Anstieg des
Staatsanteils am Sozialprodukt ist ausschließlich zustande
gekommen durch die überaus expansive Entwicklung der
laufenden Ausgaben zwischen 1970 und 1975 [...]; den
tendenziellen Anstieg der Abgabenquote (Anteil der Steu-
30 er- und Sozialabgaben am BSP) in den 70er-Jahren [...];
den tendenziellen Anstieg der Kreditfinanzierungsquote
der öffentlichen Haushalte [...].
Notwendig und allein erfolgversprechend ist wohl nur
eine Politik, die [...] die Investitionsbedingungen zu-
35 verlässig verbessert und der Wirtschaft damit wieder
den Glauben an die eigene Leistung und die eigene
Zukunft gibt. Ein solches zukunftsorientiertes Gesamtkonzept der Politik muss sich auf folgende Bereiche
konzentrieren:
40 1. Festlegung und Durchsetzung einer überzeugenden
marktwirtschaftlichen Politik in allen Bereichen staatlichen Handelns mit einer klaren Absage an Bürokratisierung. [...]
2. Festlegung und Durchsetzung eines [...] Konsolidie-
45 rungskonzeptes für die öffentlichen Haushalte, das
eine Erhöhung der Gesamtausgabenbelastung ausschließt [...].
3. Festlegung und Durchsetzung einer [...] Umstruktu-
rierung der öffentlichen Ausgaben und Einnahmen
50 von konsumtiver zu investiver Verwendung, um die
private und öffentliche Investitionstätigkeit nachhaltig zu stärken und die wirtschaftliche Leistung wieder
stärker zu belohnen.
4. Festlegung und Durchsetzung einer Anpassung der
55 sozialen Sicherungssysteme an die veränderten
Wachstumsmöglichkeiten und eine längerfristige
Sicherung ihrer Finanzierung (ohne Erhöhung der
Gesamtabgabenbelastung), um [...] der Eigeninitiati-
ve und der Selbstvorsorge wieder größeren Raum zu
60 geben.
[Der] Erfolg wird allerdings nicht zuletzt davon abhängen, ob die Lohnpolitik [...] die notwendige Verbesserung der Ertragsperspektiven sowie die relative Verbil-
ligung des Faktors Arbeit zulässt. Sicherlich wird es bei
65 einer solchen Politik zu Auseinandersetzungen mit den
Gewerkschaften kommen [...]. Wer bei einer solchen
Politik den – in der Sache vordergründigen – Vorwurf einer „sozialen Unausgewogenheit" oder einer Politik „zu
Lasten des kleines Mannes" macht, dem kann und muss
70 entgegengehalten werden, dass nur eine solche Politik
in der Lage ist, die wirtschaftliche Grundlage unseres
bisherigen Wohlstandes zu sichern und die Wachstums-
und Beschäftigungskrise allmählich und schrittweise zu
überwinden.

Zit. nach: Bücker, J., u. Schlimbach, H.: Die Wende in Bonn. Deutsche Politik
auf dem Prüfstand. Heidelberg 1983, S. 60 f.

10 **Thesenanschlag, 1982**
Wirtschaftsminister Otto Graf Lambsdorff (FDP) und
Bundeskanzler Helmut Schmidt (SPD).

11 **Die Herausforderung des Rechtsstaats**
Aus Erklärungen der „Roten Armee Fraktion":
April/Mai 1971:
Stadtguerilla ist [...] die Konsequenz aus der längst voll-
zogenen Negation der parlamentarischen Demokratie 5
durch ihre Repräsentanten selbst, die unvermeidliche
Antwort auf Notstandsgesetze und Handgranatengesetz,
die Bereitschaft mit Mitteln zu kämpfen, die das System
für sich bereitgestellt hat [...]. Stadtguerilla ist bewaffneter Kampf, insofern es die Polizei ist, die rücksichtslos 10
von der Schusswaffe Gebrauch macht, und die Klassen-
justiz, die Kurras freispricht [...].
Durch geeignete Aktionen muss die Guerilla klarstellen,
dass sich ihre Angriffe grundsätzlich gegen alle Institutionen des Klassenfeindes, alle Verwaltungsdienststellen 15
und Polizeiposten, gegen die Direktionszentren der Konzerne, aber auch gegen alle Funktionsträger dieser Institutionen, gegen leitende Beamte, Richter, Direktoren
usw. richten. Erst in der Endphase können Massenakti-
onen – Demonstrationen, Streiks, Barrikaden [...] – die 20
Entscheidung bringen und zur völligen Entwaffnung der
Unterdrückungsorgane führen. [...]
Wir müssen also einen Angriff unternehmen, um das revolutionäre Bewusstsein der Massen zu wecken. [...] Die
Bomben gegen den Unterdrückungsapparat schmeißen 25
wir auch in das Bewusstsein der Massen.

6.9.1977:
Am Montag, den 5.9.1977, hat das Kommando Siegfried
Hausner den Präsidenten des Arbeitgeberverbands und 30
des Bundesverbands der Deutschen Industrie, Hanns-
Martin Schleyer, gefangen genommen. [...] Sobald die
Fahndung gestoppt ist, läuft Schleyers Freilassung unter
folgenden Bedingungen:

35 1. Die Gefangenen aus der RAF [es folgen 11 Namen] werden im Austausch gegen Schleyer freigelassen und reisen in ein Land ihrer Wahl. [...]

19.10.1977:

40 Wir haben nach 43 Tagen Hanns-Martin Schleyers klägliche und korrupte Existenz beendet. Herr Schmidt, der in seinem Machtkalkül von Anfang an mit Schleyers Tod spekulierte, kann ihn in der Rue Charles Peguy in Mulhouse in einem grünen Audi 100 mit Bad Homburger
45 Kennzeichen abholen.

Rote Armee Fraktion. Texte und Materialien zur Geschichte der RAF, bearbeitet von Martin Hoffmann. Berlin 1997, S. 41 ff.

12 An den Grenzen des Rechtsstaates

Aus der Regierungserklärung, die Bundeskanzler Helmut Schmidt am 15. September 1977 anlässlich der Entführung von Hanns-Martin Schleyer abgab:

5 Vor zwei Jahren habe ich bei einem ähnlichen Verbrechen gesagt, wir seien bereit, bis an die Grenzen dessen zu gehen, was uns der Rechtsstaat erlaubt und was er uns gebietet. Es entspringt dieser Bereitschaft, dass wir in der gegenwärtigen Lage nicht nur die wegen terroris
10 tischer Gewalttaten rechtskräftig Verurteilten, sondern auch die solcher Aktivitäten dringend Verdächtigen, also Strafgefangene ebenso wie Untersuchungsgefangene [...] während dieser Tage auch von dem Verkehr mit ihren Verteidigern abgeschnitten haben. [...] Uns erscheint
15 dieser Schritt zur Abwendung einer erheblichen Gefahr für Menschenleben als eine im Augenblick unabweisbare Notwendigkeit. [...]
Wir alle werden dabei den Staat nicht auf den Weg zu jenem Ende drängen lassen, welches die Terroristen un
20 serer freiheitlichen, demokratischen Grundordnung zugedacht haben. Der Staat, den sie für ohnmächtig halten, den sie zu unterminieren trachten, dieser Staat ist keineswegs ohnmächtig. Er wird am Ende den Terrorismus besiegen, weil die breitesten Massen unseres Volkes den
25 Terrorismus verabscheuen.

Wilharm, I. (Hg.): Deutsche Geschichte 1962–1983. Dokumente, Bd 2. Frankfurt/Main 1985, S. 150.

13 Einschränkung der Verteidigerrechte

Aus dem „Kontaktsperregesetz" vom 30. 9. 1977:
Besteht eine gegenwärtige Gefahr für Leben, Leib oder Freiheit einer Person und begründen bestimmte Tatsa
5 chen den Verdacht, dass die Gefahr von einer terroristischen Vereinigung ausgeht, und ist es zur Abwehr dieser Gefahr geboten, jedwede Verbindung von Gefangenen untereinander und mit der Außenwelt einschließlich des schriftlichen und mündlichen Verkehrs mit dem Vertei
10 diger zu unterbrechen, so kann eine entsprechende Feststellung getroffen werden.

Ebenda, S. 152.

14 Mit dem Grundgesetz vereinbar?

Aus der Urteilsbegründung des Bundesverfassungsgerichts zum Kontaktsperregesetz, 1978:
Das Grundgesetz verwehrt dem Staat nicht schlechthin, verfassungsrechtlich geschützte Rechtsgüter auf Kosten 5 anderer Güter, deren Bestand ebenfalls verfassungsrechtlich verbürgt ist, zu bewahren, mag es sich bei solchen Rechtsgütern um Grundrechte oder andere, verfassungsrechtlichen Schutz genießende Belange handeln. [...] In diesem Rahmen können auch uneinschränkbare Grund 10 rechte Begrenzungen erfahren [...]; denn schlechthin schrankenlose Rechte kann eine wertgebundene Ordnung nicht anerkennen.
Das Gesetz zur Änderung des Einführungsgesetzes zum Gerichtsverfassungsgesetz ermächtigt die staatlichen Or 15 gane, zum Schutz einer gefährdeten Person in Grundrechte solcher Gefangener einzugreifen, die zwar in der Regel die Gefahr nicht unmittelbar verursacht haben, von denen aber nach den vorliegenden Erkenntnissen eine gefahrerhöhende Einflussnahme auf die Ereignisse 20 außerhalb der Haftanstalten zu befürchten ist. Dem zu begegnen ist die Verhängung einer – absoluten – Kontaktsperre, also die Unterbrechung jedweder Verbindung der betreffenden Gefangenen untereinander und mit der Außenwelt, geeignet. Dass es auch erforderlich war, den 25 staatlichen Behörden die gesetzlichen Mittel zur Anordnung und Durchführung einer solchen Maßnahme in die Hand zu geben, zeigen die Ereignisse im Entführungsfall Dr. Schleyer mit exemplarischer Deutlichkeit. [...] Solange die Gefahr besteht, dass bestimmte Gefangene, 30 die Kreisen des organisierten Terrorismus zugerechnet werden, die verfassungsfeindlichen Zielvorstellungen ihrer Organisation aus den Haftanstalten heraus verwirklichen, zu diesem Zweck den Informationsfluss zu ihren noch in Freiheit befindlichen Gesinnungsgenossen 35 aufrechtzuerhalten und [...] die Geschehnisse außerhalb der Anstalten zum Nachteil der gefährdeten Person zu beeinflussen suchen, toleriert die Verfassung im Interesse der Selbsterhaltung des Staates und der Erfüllung der ihm obliegenden Aufgabe, Leben, Gesundheit und 40 Freiheit seiner Bürger zu schützen, das Instrument der Kontaktsperre.

Ausgewählte Dokumente der Zeitgeschichte: Bundesrepublik Deutschland – Rote Armee Fraktion (RAF). Köln 1987, o. O.

15 Der NATO-Doppelbeschluss

Aus der Regierungserklärung Helmut Schmidts vom 9. April 1981:
Mit unseren Bündnispartnern stehen wir vor der Aufgabe, das militärische Gleichgewicht zwischen Ost und 5 West zu gewährleisten und – wo dies nötig ist – es wieder herzustellen. [...] Bei den Mittelstreckenwaffen ist das Gleichgewicht durch sowjetische Aufrüstung wesentlich beeinträchtigt worden. [...] Heute [...] verfügt die So

16 **Vorsicht Mann, nicht ins eigene Fleisch**
Federzeichnung von Horst Haitzinger, 1977.

10 wjetunion über mehr als 600 eurostrategische Raketen. [...] Auf westlicher Seite steht in Europa, abgesehen von 18 französischen Raketen, dem nichts Vergleichbares gegenüber. [...] Dieses erhebliche militärische Überge-wicht stellt eine erhebliche politische Gefährdung dar.
15 Das Bündnis hat vor anderthalb Jahren mit dem so ge-nannten Doppelbeschluss eine neue Komponente in die Sicherheitspolitik eingeführt. Wir wollen nicht zuvor amerikanische Nachrüstung, um erst danach über Rüs-tungsbegrenzung zu verhandeln. Vielmehr suchen wir, und zwar auf deutschen Vorschlag, schon bevor die ers- 20 te neue amerikanische Waffe in Stellung gebracht wird, Verhandlungen mit dem Ziel eines militärischen Gleich-gewichts auf einem möglichst niedrigen Niveau.

Mechtersheimer, A. (Hg.): Nachrüstung? Dokumente und Positionen zum Nato-Doppelbeschluss. Reinbek 1981, S. 34 ff.

7

Arbeitsvorschläge
a) Stellen Sie die Zusammenhänge dar, die zwischen den Tabellen M 7 und M 9 bestehen.
b) Erläutern Sie Ziele und Instrumente des Stabilitätsgesetzes (M 6).
c) Untersuchens Sie anhand von M 6 und M 9, ob die sozialliberale Wirtschafts- und Sozialpolitik den Anforderungen des Stabilitätsgesetzes (M 5) entspricht.
d) Inwiefern unterscheiden sich die wirtschaftspolitischen Konzeptionen, die M 6 und M 7 zugrunde liegen?
e) Überprüfen Sie anhand von M 7 und M 9 die Stichhaltigkeit der Vorwürfe, die in M 10 gegen die sozialliberale Wirtschafts- und Sozialpolitik erhoben werden.
f) Verfassen Sie eine Entgegnung auf M 4 aus sozialliberaler Perspektive.
g) Erklären Sie, warum M 4 von der SPD als „Kriegserklärung" empfunden wurde und interpretieren Sie M 10.
h) Erläutern Sie den Zusammenhang zwischen Zielen und Mitteln in den Aktionen der RAF (M 11).
i) Untersuchen Sie die Konflikte, in die der Rechtsstaat durch den Terrorismus geriet (M 11–M 14, M 16).
j) Grenzen Sie die beiden Komponenten des NATO-Doppelbeschlusses gegenein-ander ab (M 15).
k) Erläutern Sie anhand von M 1–M 5 wichtige Problemfelder der Ära Schmidt.

Methode: „Im Prinzip ja …" Der Witz – eine historische Quelle

Jeder kennt ihn, jeder benutzt ihn, weitergegeben wird er mündlich, und sein Autor ist fast immer unbekannt. Der Witz verschont weder die Geistlichkeit noch den Sünder, weder Politiker noch Randgruppen. Und er darf, was in früheren Zeiten nur der Hofnarr durfte: Tabus verletzen. Einen besonderen Hofnarrencharakter hat der politische Witz, der dadurch zugleich zu einer historischen Quelle wird.

Der Anlass für den politischen Witz ist nicht selten tragisch. Das Lachen ist das eines Ohnmächtigen. Oft gewann der gesellschafts- und systemkritische Witz eine Ventilfunktion, die umso wichtiger wurde, je autoritärer und undemokratischer die Verhältnisse in einem Land waren. Andere Witze beziehen sich auf Charaktereigenschaften oder anekdotische Ereignisse von politischen Persönlichkeiten. Bekannt sind z. B. Witze über Konrad Adenauer, Winston Churchill oder Helmut Kohl.

Andere Beispiele sind antisowjetische und antikommunistische Anekdoten. Nicht selten wurden diese anfangs von Lenin oder anderen frühen führenden Funktionären wie Trotzki, Bucharin oder Radek selbst aufgebracht. So war Lenin durchaus der Ansicht, dass es wichtig sei, den Standpunkt des Gegners zu hören, um seine eigenen Fehler und Mängel besser erkennen und korrigieren zu können. Dies änderte sich allerdings schon bald und im Stalinismus konnte eine systemkritische Anekdote zu größter Gefahr für Leib und Leben führen. Ein Beispiel dafür bot der Chefredakteur von Radio Eriwan, der einen Satz in den Äther sprechen ließ, den die Studierenden des Moskauer Instituts für Journalistik sofort in die klassische Frage und Antwort umwandelten: „Wodurch unterscheidet sich der Kommunismus vom Kapitalismus? Beim Kapitalismus beutet der Mensch den Menschen aus, beim Kommunismus ist es genau umgekehrt." Mit diesem satirischen Ausspruch ging der Name „Radio Eriwan" in die Geschichte des politischen und gesellschaftskritischen Witzes ein. „Radio Eriwan" ist ein tatsächlich existierender armenischer Rundfunksender aus der Hauptstadt der ehemaligen Sozialistischen Republik Armenien, der zu einer speziellen Kategorie von politischen Witzen insbesondere in den sozialistischen Ländern des 20. Jahrhunderts führte. Die Grundstruktur eines klassischen Radio-Eriwan-Witzes ist stereotyp. Es wird eine Frage an Radio Eriwan gestellt, die Antwort lautet immer: Im Prinzip JA, bzw. Im Prinzip NEIN, und dann: ABER … nachfolgend ein langes, sozialistisches, bürokratisches, formelles Blablabla … und am Ende doch irgendein: NICHT, NEIN, NUR oder DOCH usw.

Der Witzcharakter ergibt sich aus den nachfolgenden Aussagen, die die Grundaussage des ersten Satzes konterkarieren. Vielfach hatten und haben die Radio-Eriwan-Witze den Charakter eines politischen Witzes, besonders in der Zeit des Sozialismus. Dabei ermöglichte die typische Radio-Eriwan-Konstruktion, Kritik am Sozialismus so zu verpacken, dass sie mehrdeutig formuliert war und sowohl systemkonform als auch systemkritisch verstanden werden konnte. Nach Deutschland kamen die Radio-Eriwan-Witze nicht zuletzt durch die Zeitschrift Sputnik. Sputnik war ein Hochglanz-Magazin im DIN-A5-Format, das europaweit vertrieben wurde. Es wurde ab 1967 von der Presseagentur Nowosti auf Russisch, Deutsch, Englisch, Französisch, Spanisch, Tschechisch und Ungarisch vertrieben. Zielgruppe war neben dem sozialistischen auch das westliche Ausland, für die deutschsprachige Ausgabe sowohl die DDR als auch die damalige Bundesrepublik Deutschland. Dabei versuchte Nowosti zeitweise, im Westen Sympathien durch begrenzt systemkritische Formulierungen zu gewinnen. Paradebeispiel

7

dafür war die in vielen Ausgaben vorhandene Rubrik der Radio-Eriwan-Witze. In den 80er-Jahren wurden im Zuge der beginnenden Glasnost- und Perestroika-Politik des Generalseketärs Michail Gorbatschow sowohl die generelle Berichterstattung im Sputnik als auch insbesondere die Radio-Eriwan-Witze offener und systemkritischer. Am 19. November 1988 wurde die Zeitschrift Sputnik in der DDR verboten.

Frage an Radio Eriwan: „Was ist ein Chaos?"

Kurzes Schweigen, dann die Antwort: „Fragen aus der Landwirtschaft werden nicht beantwortet."

Frage an Radio Eriwan: „Stimmt es, dass der Kapitalismus einem D-Zug gleicht, der dem Abgrund entgegenrast?"

Antwort: „Im Prinzip ja."

Rückfrage an Radio Eriwan: „Und wieso müssen wir ihn dann unbedingt noch überholen?"

Frage an Radio Eriwan: „Stimmt es, dass die neuen Modelle der Moskauer Modehäuser bereits alle verkauft sind?"

Radio Eriwan antwortet: „Im Prinzip ja. Das Moskauer Filmstudio hat sie für historische Filmaufnahmen aufgekauft."

Frage an Radio Eriwan: „Wenn es wahr ist, dass die Amerikaner Nordvietnam angegriffen haben, wem soll man da helfen?"

Radio Eriwan antwortet: „Niemandem. Wer angreift, der soll sich auch verteidigen."

Frage an Radio Eriwan: „Wir haben einen der besten sowjetischen Zuchtbullen zu unseren Freunden nach Kuba geschickt, aber er steht nur am Rande der Weide, frisst und denkt nicht daran, mit den Kühen zu verkehren. Kann man dagegen nichts machen?"

Radio Eriwan antwortet: „Im Prinzip nein. Wahrscheinlich bildet er sich ein, nur als Berater dort zu sein."

Frage an Radio Eriwan: Man hört immer, dass sich im Westen die Revolutionäre, Maoisten und Wehrdienstverweigerer treffen und die Polizei mit Pflastersteinen bewerfen. Wäre das auch bei uns möglich?

Radio Eriwan antwortet: Im Prinzip ja. Aber wo finden Sie in Sibirien schon genügend Pflastersteine?

Frage an Radio Eriwan: Mein Mann, Pionier der Arbeit, möchte uns unbedingt ein Häuschen bauen. Halten Sie seinen Plan für richtig?

Radio Eriwan antwortet: Im Prinzip nein. Wofür brauchen Sie ein Häuschen? Ihre Kinder werden – wie Sie – in der Poliklinik der Gewerkschaft geboren. Dann leben sie – wie Sie – in einem Gemeinschaftshaus der Kolchose. Ihre Kinder werden – wie Sie – im Heim der Jungen Pioniere erzogen, verbringen – wie Sie – Freizeit und Ferien im Komsomolzenlager. Abends sind sie – wie Sie – im Jugendhaus. Tagsüber werden sie – wie Sie – entweder im Parteibüro oder im Walzwerk Maxim Gorki arbeiten. An den Wochenenden werden sie – wie Sie – an Aktivistenkursen teilnehmen. Sie brauchen wirklich kein eigenes Haus. Was Sie brauchen, ist ein Zimmer, in dem Sie nachts diskutieren können!

Zit. nach: B. Bazarow (Hg.), Im Prinzip ja. Flüsterwitze vom Sender Erwiwan, München 1970 und http://www.haias.net/jokes/radio-eriwan.html

Arbeitsvorschläge
a) Analysieren Sie die oben genannten Witze auf ihren jeweiligen gesellschaftspolitischen Hintergrund.
b) Recherchieren Sie politische Witze aus der Bundesrepublik und ordnen Sie diese in gleicher Weise gesellschaftspolitisch ein wie die Beispiele von Radio Eriwan.
c) Diskutieren Sie, welche Bedeutung Satire und Witze für die Erforschung bestimmter historischer Phänomene und Epochen einnehmen kann.

7.13 Neue gesellschaftliche und politische Bewegungen in der Bundesrepublik

Die neue Frauenbewegung

Die Politisierung, die sich seit 1968 in der Bundesrepublik vollzogen hatte, mobilisierte nach den Studenten und Schülern immer neue Gruppen, die sich innerhalb der politischen Öffentlichkeit nicht vertreten fühlten und deshalb ihre Teilhaberechte lautstark einklagten. Schon 1968 artikulierten Studentinnen im Sozialistischen Deutschen Studentenbund ihren Protest gegen die männliche Hegemonie in den Führungsgremien der antiautoritären Organisationen und bildeten zunächst in Berlin einen „Aktionsrat zur Befreiung der Frau", später „Weiberräte" in mehreren Städten. Ihre Isolierung innerhalb des akademischen Sozialmilieus durchbrach die „neue Frauenbewegung" allerdings erst mit der 1971 begonnenen Kampagne gegen den § 218 des Strafgesetzbuchs, der Abtreibung mit einer Freiheitsstrafe bis zu zehn Jahren bedrohte. Selbstbezichtigungen („Ich habe abgetrieben!") von 374 Frauen, darunter viele Prominente, in der Illustrierten „Stern" lösten 1971 eine Lawine von Fraueninitiativen, Unterschriftensammlungen und Demonstrationen unter der provokativen Parole „Mein Bauch gehört mir!" aus. Sie führten 1974 zu der von der sozialliberalen Koalition verabschiedeten Fristenlösung für Abtreibungen, die allerdings ein Jahr später vom Bundesverfassungsgericht für nichtig erklärt und deshalb 1976 durch eine Indikationslösung ersetzt wurde. Seit der zweiten Hälfte der 1970er-Jahre dominierten weniger spektakuläre, aber umso wirkungsvollere Frauenförderungs- und Selbsthilfeprojekte wie „Frauen helfen Frauen", „pro familia" usw. Sie erreichten die Einrichtung von Frauenhäusern, die Einführung von Frauenquoten für die Besetzung von Führungspositionen z. B. in Parteien sowie von Gleichstellungsbeauftragten im öffentlichen Dienst. An Universitäten wurden Projekte und Lehrstühle zur Frauen- und Geschlechterforschung geschaffen und in den Schulen eine Teilreform des koedukativen Unterrichts durchgeführt.

1 Plakat der neuen Frauenbewegung 1970er-Jahre

In der ersten Hälfte der 1970er-Jahre führten die immer deutlicher zutage tretenden ökologischen Probleme zu einem Krisenbewusstsein, wenn nicht gar zu kollektiven Ängsten. Sie richteten sich vor allem auf die Bedrohung der natürlichen Lebensgrundlagen durch den industriewirtschaftlichen Raubbau an der Umwelt und die durch ihn bedingte Verknappung der natürlichen Ressourcen. Bücher mit hohen Verkaufszahlen trugen nun Titel wie „Ende oder Wende?", „Ein Planet wird geplündert" oder „Vom Fortschritt in die Unmenschlichkeit". Zahlreiche ökologische Bürgerinitiativen wurden ins Leben gerufen, die sich zunächst lokaler oder regionaler Umweltprobleme annahmen, z. B. der Wasser- und Luftverschmutzung oder des Waldsterbens. Mit der Gründung des „Bundesverbands Bürgerinitiativen Umweltschutz" (BBU) 1972 schufen sie sich erstmals bundesweit eine Dachorganisation.

Hervorgegangen aus der Idee Willy Brandts, durch eine breitere Partizipation der Bürger an politischen Entscheidungen mehr Demokratie zu wagen, wuchsen Bürgerinitiativen in den folgenden Jahren kontinuierlich an und erreichten Ende der 1970er-Jahre ca. 1,8 Millionen Mitglieder, was etwa der Mitgliederzahl in politischen Parteien entsprach. Ihr durch Demonstrationen und Bauplatzbesetzungen artikulierter Protest richtete sich zunächst gegen großtechnische Atomenergiekonzepte, insbesondere gegen die geplanten Kernkraftwerke in Wyhl, Brokdorf, Gorleben,

2 Beginn des Anti-Atomprotestes

3 Plakat der Friedensbewegung

Grohnde und Kalkar. Hinzu kamen Bürgerinitiativen, die sich anderen Themen zuwandten: Im Mittelpunkt standen Probleme des Verkehrs, z. B. Lärm und Luftverschmutzung durch Straßen- und Flughafenausbau, Fahrpreiserhöhungen bei öffentlichen Verkehrsmitteln sowie Probleme der Stadtentwicklung wie Boden- und Wohnraumspekulation oder Luxussanierungen zu Ungunsten bezahlbarer Wohnungen. Aber auch der Gestaltung des Lebensraums von Kindern und Jugendlichen durch die Einrichtung von Spielplätzen, Kinderläden und selbst verwalteten Jugendzentren sowie den Fragen der Bildung, etwa die alternative Pädagogik oder die Elternmitbestimmung nahmen sich die Bürgerinitiativen an.

Bürgerinitiativen

Aus Protest gegen den NATO-Nachrüstungsbeschluss entstand Ende der 1970er-Jahre die Friedensbewegung, die sich gegen die Aufrüstung bei Mittelstreckenraketen in Ost und West, amerikanische Pläne zum Aufbau eines Raketenabwehrschildes im Weltraum (SDI) sowie andere neuartige Waffensysteme – z. B. die Neutronenbombe – wandte. Nach zahllosen Massenprotesten seit 1979 erreichte sie 1981 ihren Höhepunkt mit einer Großdemonstration in Bonn, an der 250 000 Menschen teilnahmen.

Die Friedensbewegung und die Gründung der „GRÜNEN"

Neutronenbombe

Der zunächst nur punktuelle Protest vieler Bürgerinitiativen gegen die friedliche und militärische Nutzung der Kernenergie hatte sich seit dem Ende der 1970er-Jahre gebündelt und erweiterte sich zusehends zu einem programmatischen Widerstand gegen Gefahrenpotenziale in Ost und West: gegen neues Wettrüsten, gegen industriegesellschaftliche Wachstumsideologien sowie gegen die Bürokratisierung und Bürgerferne von Parteien und Parlamenten. Organisatorisches Sammelbecken dieser Initiativen wurden schließlich die 1980 als Bundespartei gegründeten „GRÜNEN", die mit ihrer Wahlkampfparole „ökologisch – sozial – basisdemokratisch – gewaltfrei" 1983 erstmals in den Bundestag einzogen. Sie blieben von da an ein wesentlicher Faktor innerhalb der bundesrepublikanischen Demokratie.

4 Emotionale Probleme der Frau – Politische Probleme

Der Aktionsrat zur Befreiung der Frau äußerte sich 1968:

Die Emanzipation der Frau ist ein Gradmesser der gesamtgesellschaftlichen Emanzipation. Es gibt keine Befreiung der Menschheit ohne die soziale, emotionale sowie ökonomische Unabhängigkeit und Gleichstellung von Mann und Frau. [...]

Kleine Mädchen werden rosa gekleidet, kleine Jungen hellblau. Kleine Mädchen werden zu haushaltsorientiertem Spiel angehalten, kleine Jungen wegen der Puppe ausgelacht. Die Jungen sollen das Haus verlassen, sollen selbstständig werden und Erfahrungen machen. Sich ruhig austoben, auch sexuell. Mädchen lernen bald, die Männer zu erwarten, wenn Vater und Brüder abends heimkommen und wenn das Essen vorbereitet sein muss. Sie identifizieren sich bald mit der Mutter, die über Lob des Vaters glücklich, über seine Unzufriedenheit schuldbewusst ist. [...]

In ihrer Vorbereitung auf die nie zu erreichende Illusion wird die Frau vorwiegend partnerorientiert. Die kapitalistische Gesellschaft unterstützt sie dabei mit Werbung und Entertainment. Von einer aufkommenden Bewusstheit ihrer Situation wird die Frau systematisch abgelenkt. Kleidung, Gehabe, Emotionen der Frau sind schließlich Ausdruck ihrer hochgradigen Partner-Erwartung.

Für den Mann zeigt sich diese erregte Frau als erregendes Lustobjekt. In Filmen und Illustrierten wird ihm diese angeboten. Da er in seiner Erziehung und Beeinflussung zur überwiegenden Sachorientierung gebracht wurde, entspricht das Auswählen, Begutachten, Verbrauchen und Ablegen vom Konsumgut Frau durchaus seiner Art.

Unsere Gesellschaft erzieht zwei Geschlechter, die durch unterschiedliche Lernprozesse voneinander im Sinne einer Arbeitsteilung materiell abhängig sind: Das Mädchen lernt vieles, was mit Haushalt zu tun hat. Der Junge wird davon ferngehalten. Er wird sich später in Haushaltsdingen so dumm anstellen, dass er eine Frau braucht. Das Mädchen wird umgekehrt in allem dumm gehalten, was nicht mit Haushalt zu tun hat. Deswegen braucht sie später einen Mann, der für sie sorgt.

Emotional jedoch sind beide einander entgegengesetzt geworden: Der Mann der kapitalistischen Gesellschaft ist ein emotionsloses Arbeitstier, die Frau ein gefühlhaftes Objekt. Ihre gegenseitigen Rollenerwartungen sind kaum vereinbar: [...] Die starke Fixierung der Frau an den Mann bestätigt und befriedigt einerseits den Machtanspruch des Mannes, andererseits wird er durch ihre unerschöpflichen Zärtlichkeits- und Sinnlichkeitsansprüche stark belastet. [...] Er ist außenorientiert, arbeitet an sachlichen Problemen, kann sich weiterentwickeln und lernen, während die Frau noch in eine Empfindungsdifferenzierung bis zur Schmerzhaftigkeit verstrickt ist. [...]

Lassen wir uns zudem nicht vormachen, Emanzipation bedeute: dem Mann entsprechend zu werden. Würden wir der vermeintlichen Emanzipation des Mannes in einer autoritären Gesellschaft nacheifern, so wäre das Resultat gesteigerter Konkurrenzkampf, Aggressivität, Brutalität, Selbstunterdrückung. Denken wir daran, dass sich der Mann ebenso wie die Frau aus seiner Rollenfixierung emanzipieren muss.

Schulenburg, L. (Hg.): Das Leben ändern, die Welt verändern. 1968 – Dokumente und Berichte. Hamburg 1998, S. 303–307.

5 Europa – ein nukleares Schlachtfeld?

Der ehemalige Bundeswehrgeneral und spätere Friedensaktivist Gert Bastian 1982:

Bei dieser Überlegung kann auch nicht unberücksichtigt bleiben, dass es sich bei den als Antwort des Westens auf die sowjetische SS 20 deklarierten Mittelstreckensystemen Pershing II und Cruise Missile um eine völlig neuartige Waffengeneration handelt, deren Einsatzkriterien der NATO Möglichkeiten der nuklearen Kriegführung eröffnen, wie sie die SS 20 dem Osten keineswegs erschließt.

Der Unterschied liegt einmal darin, dass die Sowjetunion mit noch so vielen SS 20-Raketen zwar die europäischen Verbündeten der USA vernichtend treffen, jedoch die nukleare Gegenmacht selbst nicht entscheidend schwächen kann. Während die USA mit den zur Stationierung in Europa vorgesehenen Systemen in die Lage versetzt werden, der Sowjetunion ganz ohne Rückgriff auf das amerikanische strategische Nuklearpotenzial Schäden kriegsentscheidenden Ausmaßes anzudrohen oder zuzufügen.

Darüber hinaus wird die Chancengleichheit zwischen Ost und West auch noch durch ein anderes Merkmal der jeweiligen landgestützten Mittelstreckenwaffen beeinträchtigt werden; nämlich durch ihre unterschiedliche Eignung zum Erstschlag. Obwohl die technische Leistungsfähigkeit der SS 20 noch nicht eindeutig geklärt zu sein scheint, kann diesem Potenzial des Ostens eine Fähigkeit zum Erstschlag nämlich nicht zugesprochen werden. Muss doch ein Erstschlag nur dann befürchtet werden, wenn mit ihm so entscheidende Vorteile errungen werden können, dass der Angegriffene sie auch mit einem Vergeltungsschlag nicht mehr ausgleichen kann. [...]

Bedenklichstes Ergebnis solcher Veränderungen könnte sein, dass ein sowjetischer pre-emptive strike gegen die Stationierungsräume der Pershing II und Marschflugkörper in einer Zeit verschärfter Spannung wahrscheinlicher wird. Aber auch wenn die Sowjets darauf verzichten sollten, sich dieses landgestützte Potenzial der NATO bei drohender Kriegsgefahr durch einen vorwegnehmenden Entwaffnungsschlag vom Hals zu schaffen, muss befürchtet werden, dass bei einem Versagen der Abschreckung ein Krieg in Mitteleuropa nicht ohne diese Waffen ausgetragen werden würde und deshalb in einem sehr frühen Stadium zum „nuclear war in Europe" eskalieren würde.

Bastian, G.: Begrenzter Atomkrieg. In: Kloppenburg, H./Kogon, E. u. a. (Hg.): Martin Niemöller. Festschrift zum 90. Geburtstag. Köln 1982, S. 72 ff.

6 Die Ökologie-Bewegung

Aus dem Bundesprogramm der „GRÜNEN" von 1981:

Wir sind die Alternative zu den herkömmlichen Partei-
en. Hervorgegangen sind wir aus einem Zusammen-
5 schluss von grünen, bunten und alternativen Listen und
Parteien. Wir fühlen uns verbunden mit all denen, die
in der neuen demokratischen Bewegung mitarbeiten:
den Lebens-, Natur- und Umweltschutzverbänden, den
Bürgerinitiativen, der Arbeiterbewegung, christlichen In-
10 itiativen, der Friedens- und Menschenrechts-, der Frauen-
und Dritte-Welt-Bewegung. Wir verstehen uns als Teil der
grünen Bewegung in aller Welt. [...]

Die Zerstörung der Lebens- und Arbeitsgrundlagen und
der Abbau demokratischer Rechte haben ein so bedroh-
15 liches Ausmaß erreicht, dass es einer grundlegenden Alternative für Wirtschaft, Politik und Gesellschaft bedarf.
[...] Ein völliger Umbruch unseres kurzfristig orientierten
wirtschaftlichen Zweckdenkens ist notwendig. Wir halten
es für einen Irrtum, dass die jetzige Verschwendungswirt-
20 schaft noch das Glück und die Lebensführung fördere, im
Gegenteil, die Menschen werden immer gehetzter und
unfreier. Erst in dem Maße, wie wir uns von der Über-
schätzung des materiellen Lebensstandards freimachen,
wie wir wieder die Selbstverwirklichung ermöglichen und
25 uns wieder auf die Grenzen unserer Natur besinnen, werden auch die schöpferischen Kräfte frei werden für die
Neugestaltung eines Lebens auf ökologischer Basis. [...]

Gegenüber der eindimensionalen Produktionssteige-
rungspolitik vertreten wir ein Gesamtkonzept. Unsere
30 Politik wird von langfristigen Zukunftsaspekten geleitet
und orientiert sich an vier Grundsätzen: Sie ist ökologisch, sozial, basisdemokratisch und gewaltfrei.

– Ökologisch
Ausgehend von den Naturgesetzen und insbesondere
35 von der Erkenntnis, dass in einem begrenzten System
kein unbegrenztes Wachstum möglich ist, heißt ökologische Politik, uns selbst und unsere Umwelt als Teil
der Natur zu begreifen. [...]

– Sozial
40 Sowohl aus der Wettbewerbswirtschaft als auch aus
der Konzentration wirtschaftlicher Macht in staats-
und privatkapitalistischen Monopolen gehen jene
ausbeuterischen Wachstumszwänge hervor, in deren
Folge die völlige Verseuchung und Verwüstung der

7 **500 000 km asphaltierte Straßen in der Bundesrepublik**, Karikatur von Horst Haitzinger, 1988.

menschlichen Lebensbasis droht. Hier genau verbin- 45
den sich die Umweltschutz- und Ökologiebewegung
mit der Arbeiter- und Gewerkschaftsbewegung. [...]

– Basisdemokratisch
Basisdemokratische Politik bedeutet verstärkte Verwirklichung dezentraler, direkter Demokratie. Wir ge- 50
hen davon aus, dass der Entscheidung der Basis prinzipiell Vorrang eingeräumt werden muss. [...]

– Gewaltfrei
Wir streben eine gewaltfreie Gesellschaft an, in der die
Unterdrückung von Menschen und Gewalt von Men- 55
schen gegen Menschen aufgehoben ist. Unser oberster
Grundsatz lautet: Humane Ziele können nicht mit in-
humanen Mitteln erreicht werden.

DIE GRÜNEN, Das Bundesprogramm. Bonn 1981.

Arbeitsvorschläge

a) Untersuchen Sie Ähnlichkeiten und Unterschiede, die zwischen den neuen
gesellschaftlichen Bewegungen bestehen (VT, M1–M7).

b) Beurteilen Sie, welche Grundsätze und Forderungen der neuen gesellschaftlichen Bewegungen heute erfüllt, von der Entwicklung überholt oder noch zu
verwirklichen sind.

c) Interpretieren Sie Haitzingers Karikatur M7 und beziehen Sie die Aussage auf
aktuelle Probleme bei der Umsetzung ökologischer Politikansätze.

7.14 Die Bundesrepublik zur Zeit der christlich-liberalen Koalition

Helmut Kohl wird Bundeskanzler

Innerhalb der sozialliberalen Koalition, die seit 1969 die Regierungsverantwortung trug, traten mit den wirtschaftlichen Krisenerscheinungen in den 1970er-Jahren wachsende Spannungen zutage. Sie waren vor allem auf gegensätzliche Auffassungen über die Rolle des Staates bei der Überwindung der Krise zurückzuführen. Dem gegenüber traten die Gemeinsamkeiten zwischen SPD und FDP im Bereich der „neuen Ostpolitik" und der gesellschaftspolitischen Reformen nun zurück. Die Debatte um den NATO-Doppelbeschluss und die „Nachrüstung" belastete die Koalition zusätzlich, ebenso wie die neuen umweltpolitischen Themen, die von den zusehends erstarkenden „Grünen" in die Diskussion eingebracht wurden und hinter denen gewandelte Wertorientierungen in breiten Bevölkerungsschichten sichtbar wurden. Nachdem im September 1982 die vier FDP-Minister zurückgetreten waren, wählte der Bundestag am 1. Oktober in einem gegen Bundeskanzler Helmut Schmidt gerichteten konstruktiven Misstrauensvotum den CDU-Vorsitzenden Helmut Kohl zum neuen Kanzler. Vorgezogene Bundestagswahlen am 6. März 1983 brachten nicht nur die notwendige Mehrheit für Helmut Kohl, sondern auch den erstmaligen Einzug der „GRÜNEN" in den Bundestag.

Vorgezogene Bundestagswahl

Wirtschaftspolitischer Kurswechsel

Gemäß dem 1978 verabschiedeten CDU-Grundsatzprogramm lautete die Leitlinie der neuen Regierung: „Weniger Staat – mehr individuelle Freiheit". Nach dem Vorbild der neoliberalen Politik von Margaret Thatcher in Großbritannien und Ronald Reagan in den USA begann auch in der Bundesrepublik eine von Steuersenkungen flankierte Politik marktwirtschaftlicher Liberalisierung und ein Abbau sozialpolitischer Leistungen. Dadurch sollten einerseits die Investitionskraft der Unternehmen und ihre internationale Konkurrenzfähigkeit gestärkt, andererseits die Staatsquote gesenkt werden. Das Gesetz zur „leistungsfördernden Steuersenkung" von 1984 reduzierte die Steuern für verschiedene Bevölkerungsgruppen, wobei vor allem die Senkung des Spitzensteuersatzes die Investitionsbereitschaft der Unternehmen anregen sollte. Das Rentenreformgesetz aus dem Jahr 1989 erhöhte – erstmals seit Bismarck – die Altersgrenzen und verringerte die Rentenzuwächse dadurch, dass die Renten nicht mehr nach dem Brutto-, sondern nach dem Nettoeinkommen der Arbeitnehmer berechnet wurden. Die Gesundheitsreform führte Leistungsbegrenzungen und Selbstbeteiligungsregelungen, z. B. Zuzahlungen für Medikamente und Krankenhausbehandlungen ein. Die Leistungen der Arbeitslosenversicherung wurden ebenso gekürzt wie die Bildungsausgaben, z. B. durch Streichung des Schüler-BAFöG und Umstellung des Studenten-BAFöG auf Darlehen. Eine Verringerung von Subventionen durch die Stärkung marktwirtschaftlicher Impulse versprach sich die christlich-liberale Koalition von gezielten Deregulierungsmaßnahmen, etwa von der Einstellung des sozialen Wohnungsbaus – bei Beibehaltung der Eigenheimförderung –, und dem Ladenschlussgesetz, das längere Öffnungszeiten für Einzelhändler und Dienstleistungsbetriebe (Banken, Behörden, Arztpraxen usw.) ermöglichte. Hinzu kam eine Postreform, die das staatliche Monopol im Bereich der Telekommunikation aufhob, und eine „Neuordnung des Rundfunkwesens", die das Monopol der öffentlich-rechtlichen Anstalten beendete und kommerzielle Privatsender zuließ.

Helmut Kohl
Kanzler 1982–1998

Zwiespältige Bilanz

Dieser wirtschaftspolitische Kurswechsel der Kohl-Regierung zielte in erster Linie auf eine Verringerung des Budgetdefizits durch verminderte Staatsausgaben und eine Verringerung der Subventionen, denn die Verschuldung des Bundes war in den 1970er-Jahren stark angewachsen. Weitere Ziele waren der Abbau von Regulierungen auf den Geld- und Warenmärkten und die Bekämpfung der Inflation durch eine restriktive Geldmengensteuerung. Dieser Übergang von einer nachfrage- zu einer angebotsorienterten Wirtschaftspolitik brachte Ende der 1980er-Jahre die zwiespältige Zwischenbilanz einer „gespaltenen Konjunktur": Begünstigt durch verbesserte weltwirtschaftliche Konjunkturdaten führte der Rückgang der Staatsausgaben nämlich einerseits zu wachsenden Unternehmensinvestitionen, wodurch das Bruttosozialprodukt zwischen 1983 und 1989 stetig anwuchs und die Preise erstmals seit 1953 wieder sanken. Ein Rekordaußenhandelsüberschuss machte die Bundesrepublik in der zweiten Hälfte der 1980er-Jahre zur stärksten Handelsnation der Welt, wobei sich die Nettogewinne der Unternehmen fast verdoppelten. Andererseits blieben die Steigerungsraten der Löhne und Gehälter mit 6 % deutlich zurück und trotz des „zweiten Wirtschaftswunders" während der 1980er-Jahre gelang es nicht, den hohen Sockel von über 2 Millionen Erwerbslosen in den Folgejahren nennenswert zu verringern.

In diesem Ungleichgewicht spiegelten sich tiefgehende strukturelle Verkrustungen auf dem Arbeitsmarkt wider, die sich seit den 1980er-Jahren mehr und mehr verfestigt hatten. Während nämlich für qualifizierte Arbeitskräfte Vollbeschäftigung oder zusehends sogar Unterbeschäftigung zu verzeichnen war, standen für Arbeitskräfte mit niedrigem Qualifikationsniveau immer weniger Arbeitsplätze zur Verfügung. Zu den kaum mehr dauerhaft zu vermittelnden Problemgruppen auf dem gespaltenen Arbeitsmarkt gehörten nun ältere und minderqualifizierte Arbeitnehmer, Frauen und Langzeitarbeitslose, sodass die Bundesrepublik von Beobachtern immer häufiger als „Zwei-Drittel-Gesellschaft" bezeichnet wurde: Nach neueren empirischen Untersuchungen war nämlich in der zweiten Hälfte der 1980er-Jahre etwa ein Drittel der bundesrepublikanischen Bevölkerung zumindest zeitweise der Arbeitslosigkeit, niederem Einkommen und

Angebotsorientierte Wirtschaftspolitik, Nachfrageorientierte Wirtschaftspolitik

Gespaltener Arbeitsmarkt

1 Kohls Erneuerungsprogramm
Karikatur von Walter Hanel zur Regierungserklärung von Bundeskanzler Helmut Kohl vom 4. Mai 1983.

7

Sozialhilfebezug ausgesetzt. Während der größere Teil der Bevölkerung vom Wirtschaftsaufschwung profitierte und seinen Wohlstand steigern konnte, geriet eine wachsende Minderheit in „prekäre Beschäftigungsverhältnisse". Dazu zählten vor allem befristete Arbeitsverhältnisse mit geringem Kündigungsschutz, wie z. B. Teilzeitverträge, Formen von Leiharbeit, Werkverträge, Scheinselbstständigkeit oder „Outsourcing". Ihr Anteil wächst seit den 1980er-Jahren bis heute unvermindert an, die betroffenen Menschen sind chronisch von Arbeitslosigkeit, sozialem Abstieg und einem erhöhten Armutsrisiko bedroht.

Outsourcing

Soziale Differenzierung

Insgesamt beschleunigte sich in der Ära Kohl die soziale Differenzierung: So sank der Anteil der Einkommen aus unselbstständiger Arbeit zugunsten der Gewinne aus selbstständiger Arbeit. Die Selbstständigen, die 1970 noch durchschnittlich ein Einkommen von ca. 140 % im Vergleich zum Durchschnitt aller Einkommensbezieher erzielten, kamen 1990 auf ca. 250 %. Gegenläufig stieg der Anteil der Armutspopulation in den alten Bundesländern von 6,5 % (1973) auf 10,2 % (1991), was Sozialwissenschaftler von der „Neuen Armut" in der Bundesrepublik sprechen ließ. Vor allem allein erziehende Mütter, kinderreiche Familien, Jugendliche und Langzeitarbeitslose sowie ausländische Mitbürger waren einem überdurchschnittlichen Armutsrisiko ausgesetzt.

Die Bundesrepublik vor dem Hintergrund der Globalisierung

Hintergrund dieser sozialen Polarisierungsprozesse waren tiefgreifende Umbrüche, die sich im Bereich von Industrie und Technologie vollzogen, wo sich das Tempo von Automatisierung und Computerisierung gegenüber den 1970er-Jahren dramatisch erhöhte. Arbeitssparende Produktionsmethoden für Waren und Dienstleistungen, eine gewaltige Steigerung der Produktivität bei abnehmenden Beschäftigungsquoten und eine bedeutende Qualitätssteigerung der Produkte waren die Folge. Begleitet wurden diese Umwälzungen von einer bis dahin ungekannten Kapitalkonzentrations- und Fusionswelle sowie einer umfassenden Internationalisierung der Wirtschaftsbeziehungen, die mit dem Schlagwort „Globalisierung" belegt wurde. Sie war – und ist bis heute – gekennzeichnet durch einen international fast ungehemmten Kapitalverkehr, globale Informations- und Kommunikationstechniken sowie eine wachsende Mobilität von Arbeitskräften, Waren und Dienstleistungen, was im Ergebnis einen globalen Wettbewerb zur Folge hatte.

Auf dem Weg in die Wissensgesellschaft

Diese technologisch begründeten Veränderungen führten endgültig zur „postindustriellen Gesellschaft", in der Wertschöpfungsprozesse noch stärker als vorher schon vom industriellen in den „tertiären" Sektor der Dienstleistungen verlagert wurden. Die wachsende Wissensintensität der Produktion mit immer kürzeren Produktzyklen und Produktivitätssprüngen stellte immer höhere Anforderungen an die Flexibilität der Arbeitskräfte und die Anpassung ihrer Qualifikationen an neue Erfordernisse. Vor allem informationstechnologisch gestützte Arbeitsprozesse waren gekennzeichnet durch steigende Ansprüche an kognitive und kommunikative Fähigkeiten der Arbeitnehmer und somit steigende Qualifikationsanforderungen, während Arbeitsplätze für Un- und Angelernte immer weniger nachgefragt wurden. Das Berufsprinzip, das von der lebenslangen Ausübung eines einmal erlernten Berufs ausging, wurde gerade in qualifizierten Branchen angesichts der sinkenden „Halbwertzeit des Wissens" von der Notwendigkeit lebenslangen Lernens abgelöst. So vollzogen sich in der westdeutschen wie in der internationalen Wirtschaft tiefgreifende Umbrüche und Strukturwandlungen von möglicherweise epochalen Dimensionen, in denen die einen das „Ende der Arbeitsgesellschaft", andere den Übergang zur „Informations- und Wissensgesellschaft" sahen.

7

Auf diese neuen Produktions- und Arbeitsmarktstrukturen, die die Ursache für die strukturelle Massenarbeitslosigkeit darstellten, versuchte die christlich-liberale Koalition mit Maßnahmen zur Flexibilisierung der Erwerbsarbeit zu reagieren. Das Beschäftigungsförderungsgesetz von 1985 legalisierte die erwähnten Formen befristeter Teilzeit- und Leiharbeit; das Altersteilzeitgesetz von 1989 ermöglichte ab 58 Jahren eine Reduzierung der wöchentlichen Arbeitszeit auf die Hälfte, wobei der freigewordene Teilarbeitsplatz staatlich bezuschusst wurde. Das novellierte Arbeitszeitgesetz aus dem Jahre 1994 ermöglichte Arbeitszeitverlängerungen auf 10 Stunden ohne Überstundenzuschlag sowie Ausnahmeregelungen für Sonn- und Feiertagsarbeit zur Sicherung längerer Maschinenlaufzeiten. Das novellierte Jugendschutzgesetz, das 1984 verabschiedet wurde, lockerte das Nachtarbeitsverbot für Jugendliche und die Samstags- und Sonntagsruhe. Während die Gewerkschaften diese Maßnahmen als Abbau von Arbeitnehmerrechten scharf kritisierten, wurden sie von den Arbeitgebern als wichtige Schritte auf dem Weg zum Abbau beschäftigungshemmender Regelungen und zu einer wachsenden internationalen Konkurrenzfähigkeit der westdeutschen Wirtschaft begrüßt.

Flexibilisierung der Erwerbsarbeit

Im Gegensatz zu seiner „Wende" in der Wirtschaftspolitik setzte Helmut Kohl in der Außen- und Deutschlandpolitik auf Kontinuität zu seinem Amtsvorgänger Helmut Schmidt. Obwohl die Friedensbewegung nach Kohls Amtsantritt heftiger als zuvor gegen die schon von Helmut Schmidt initiierte Stationierung amerikanischer Mittelstreckenraketen in der Bundesrepublik protestierte, wurde sie mit der Stimmenmehrheit der Koalitionsparteien 1983 im Bundestag für den Fall

Außen- und deutschlandpolitische Kontinuität

2 Vollbeschäftigung
Plakat von Klaus Staeck, 1983.

3 35 – Der richtige Schritt
Plakat des DGB von Wilhelm Zimmermann, 1986.

beschlossen, dass die Genfer Verhandlungen zwischen den USA und der Sowjetunion über einen beiderseitigen Abbau der Mittelstreckenpotenziale in Europa ergebnislos verlaufen sollten. In der Deutschlandpolitik zeichnete sich sogar eine Intensivierung der Beziehungen zur DDR ab, als Kohl die von Helmut Schmidt 1980 ausgesprochene Einladung an Erich Honecker 1982 ausdrücklich bestätigte. Franz Josef Strauß vermittelte den ersten Milliardenkredit westdeutscher Banken an die DDR, der 1984 von Bundesbürgschaften in Höhe von knapp 2 Milliarden DM ergänzt wurde. Die DDR honorierte dieses Entgegenkommen ihrerseits durch Konzessionen bei den menschlichen Erleichterungen. Es kam zum Abbau der Selbstschussanlagen und Bodenminen an der innerdeutschen Grenze, zur Verringerung der Verdachtskontrollen im Berlin-Verkehr sowie zu einer Senkung des Mindestumtausches für Rentner und einer Erweiterung der Ausreisemöglichkeiten für DDR-Bürger. Schließlich wurden die 1975 unterbrochenen Verhandlungen über ein Kulturabkommen wieder aufgenommen und 1986 erfolgreich abgeschlossen. Nachdem Honecker 1987 tatsächlich die Bundesrepublik besucht hatte, wurden zahlreiche politische Häftlinge aus DDR-Gefängnissen freigelassen. Der Schießbefehl an der Grenze zur Bundesrepublik wurde zumindest vorübergehend außer Kraft gesetzt, der deutsch-deutsche Reiseverkehr wuchs deutlich an. 500 Anträge auf Städtepartnerschaften wurden gestellt, von denen allerdings nur etwa ein Drittel realisiert wurden. Mehr als hundert Maßnahmen im Zusammenhang mit sportlichen Begegnungen, Jugend- und Kulturaustausch sowie zur Rückführung von Kulturgütern wurde in Gang gesetzt. Deutlicher konnte die Kontinuität zur sozialliberalen Ostpolitik kaum sein.

Bedeutsame Fortschritte erreichte die christlich-liberale Regierung auch in der Europapolitik, bei der die Zusammenarbeit zwischen Helmut Kohl und dem französischen Staatspräsidenten Francois Mitterand eine zentrale Rolle spielte.

7

4 „Wie menschlich die DDR-Grenze doch gleich ist, seit die Todesautomaten weg sind!" Karikatur aus der tz vom 29. September 1983.

5 „Koalition der Mitte"

Aus der Regierungserklärung Helmut Kohls am 13. 10. 1982:
Die Koalition der Mitte, zu der sich CDU, CSU und FDP zusammengeschlossen haben, beginnt ihre Arbeit in der
5 schwersten Wirtschaftskrise seit dem Bestehen der Bundesrepublik Deutschland. [...] Wir erleben zur Zeit eine Arbeitslosigkeit, die schlimmer ist als jene in den Jahren des Wiederaufbaus. Fast jeder vierzehnte Erwerbstätige in der Bundesrepublik ist arbeitslos. Im Winter können
10 fast 2,5 Millionen Menschen arbeitslos sein. Noch mehr Mitbürger bangen um ihren Arbeitsplatz. Noch nie in der Geschichte der Bundesrepublik Deutschland hat es so viele Firmenzusammenbrüche gegeben wie in diesem Jahr und noch nie sind so viele selbstständige Existenzen
15 vernichtet worden.
Gleichzeitig erhöhten sich die Abgabenbelastungen so sehr, dass heute ein Facharbeiter in der Bundesrepublik von jeder zusätzlich verdienten Mark rund 60 Pfennig an öffentliche Kassen abliefern muss. Aber auch dies reichte
20 nicht aus; der Staat hat sich dennoch in höherem Maße verschuldet. [...]
Auch in der Sozialversicherung sind die Kassen leer und die Rücklagen nahezu verbraucht. Die finanziellen Reserven unserer sozialen Sicherungssysteme sind erschöpft,
25 obwohl die Beitragsbelastung für die Arbeitnehmereinkommen seit 1970 erheblich gestiegen ist. [...] Deshalb brauchen wir jetzt eine neue Wirtschafts- und eine neue Gesellschaftspolitik.
Wir stecken nicht nur in einer wirtschaftlichen Krise. Es
30 besteht eine tiefe Unsicherheit, gespeist aus Angst und Ratlosigkeit, Angst vor wirtschaftlichem Niedergang, Sorge um den Arbeitsplatz, Angst vor Umweltzerstörung, vor Rüstungswettlauf, Angst vieler junger Menschen vor ihrer Zukunft.
35 Hier sehen wir eine Herausforderung an unsere Pflicht als Bürger, als Eltern, an unseren Gemeinsinn und an unsere Überzeugungskraft. Die Frage der Zukunft lautet,

wie sich Freiheit, Dynamik und Selbstverantwortung neu entfalten können. Auf dieser Idee gründet die Koalition der Mitte. 40
Zu viele haben zu lange auf Kosten anderer gelebt: der Staat auf Kosten der Bürger, Bürger auf Kosten von Mitbürgern und – wir sollten es ehrlich sagen – wir alle auf Kosten der nachwachsenden Generation. Es ist jetzt auch ein Gebot des sozialen Friedens und der sozialen Gerech- 45
tigkeit, dass wir der Ehrlichkeit, der Leistung und der Selbstverantwortung eine neue Chance geben.

Zit. nach: Steffen, J. u. Jansen, A. (Hg.): Bilanz der Ära Kohl. Hamburg 1998, S. 2.

6 Auf dem Weg in die Wissensgesellschaft

Der Ökonom Meinhard Miegel schrieb 2001 über wirtschaftliche Tendenzen seit den 1980er-Jahren:
Wenn nicht alles trügt, ist der Übergang von der Industrie- zur Wissensgesellschaft der dritte gewaltige Paradig- 5
menwechsel in der Geschichte der Menschheit [nach der neolithischen und der industriellen Revolution]. [...] Die Besonderheit wissensintensiver Volkswirtschaften ist, dass sie ihren Arbeitsbedarf erheblich zurückfahren können. Die Potenziale sind noch längst nicht ausgeschöpft. Wür- 10
den – so sagen uns die Experten – alle bereits vorhandenen Wissens- und Erkenntnisstände produktiv nutzbar gemacht, könnte auf einen Schlag in Ländern wie Deutschland ein Drittel der derzeit Erwerbstätigen freigesetzt werden. Und auch das wäre nur ein weiterer Schritt auf 15
dem langen Weg des Abbaus der Erwerbsarbeit. [...] Es bedarf keiner besonderen Hellsichtigkeit, um zu erkennen, dass genau wie durch den ersten und zweiten Paradigmenwechsel auch jetzt wieder so ziemlich alle Lebensbereiche umgeformt werden. Dass diese Umformung schmerzhaft 20
sein kann, zeigt die Geschichte. Ob es diesmal gelingt, die größten Härten zu mindern, bleibt abzuwarten.

Miegel, M.: Auf dem Weg in die Wissensgesellschaft. In: Merkur 55 (2001), H. 3, S. 209 f.

7 Gesamtwirtschaftliche Entwicklung 1983–1989

Jahr	Inflation Veränderung zum Vorjahr in %	Arbeitslose in %	Wachstum Veränderung des Bruttosozialprodukts in %	Außenbeitrag Differenz zw. Ausfuhr u. Einfuhr in % des BSPs	Investitionen Ant. der Nettoinvestitionen am Nettosozial-produkt in %	Produktivität Veränderung in %
1983	3,3	8,8	2,1	0,6	8,4	2,7
1984	2,4	8,8	3,1	0,5	7,6	1,2
1985	2,0	8,9	1,9	1,4	7,8	1,0
1986	- 0,1	8,5	2,3	2,3	7,6	0,8
1987	0,2	8,5	1,5	4,0	8,5	2,9
1988	1,3	8,4	3,7	3,7	9,4	2,1
1989	2,8	7,6	4,2	3,8	10,1	2,7

Müller, R. A. (Hg.): Deutsche Geschichte in Quellen und Darstellung. Band 11. Stuttgart 1996, S. 137.

8 Ausgaben und Einnahmen der öffentlichen Haushalte 1983 bis 1989 (in Mrd. DM)

Müller, R. A. (Hg.): Deutsche Geschichte in Quellen und Darstellung. Stuttgart 1996, S. 134.

Jahr	Ausgaben	Einnahmen	Finanzierungssaldo	Kredite (netto)
1983	570,08	514,77	- 55,29	56,16
1984	583,58	537,06	- 46,50	49,78
1985	604,40	565,07	- 39,30	40,49
1986	628,60	586,27	- 42,30	41,60
1987	651,33	600,24	- 51,07	48,69
1988	671,47	619,66	- 51,78	55,61
1989	701,48	674,38	- 27,07	33,61

9 „Konjunktur 1986"
Karikatur von Horst Haitzinger.

10 „Neue Dynamik"
Aus dem Bericht Helmut Kohls zur Lage der Nation im geteilten Deutschland am 1. Dezember 1988:
Noch vor wenigen Jahren kennzeichnete Stagnation das
5 Ost-West-Verhältnis. Das galt auch für die innerdeutschen Beziehungen und es galt für den Einigungsprozess im freien Teil Europas. Heute sind wir auf beiden Feldern Zeugen einer neuen Dynamik, die vor wenigen Jahren von den wenigsten für möglich gehalten wurde.
10 Im vergangenen Jahr erstattete die Bundesregierung den Bericht zur Lage der Nation im geteilten Deutschland kurz nach dem Besuch von Generalsekretär Honecker in Bonn. Dieser Besuch fand vor dem Hintergrund positiver Entwicklungen in den innerdeutschen Beziehungen
15 statt. Er hatte bei den Menschen hüben und drüben vielfältige und zum Teil auch zwiespältige Empfindungen ausgelöst, bei den meisten Hoffnungen, bei manchen aber auch Befürchtungen.
Heute darf ich mit Befriedigung feststellen: Die damals
20 geführten Gespräche haben weiterführende Anstöße gegeben. Insbesondere der Reiseverkehr hat sich weiterhin positiv entwickelt. In vielen anderen Bereichen konnten ebenfalls substanzielle Fortschritte erzielt werden. […]
Das Gefühl nationaler Zusammengehörigkeit kann auf
25 Dauer nur dort entstehen, erhalten bleiben und wachsen, wo Menschen einander begegnen. Politik für den

Zusammenhalt der Nation erfordert daher, dass Deutsche von hüben und drüben so oft wie möglich zusammenkommen können.
Unsere durch eine gleichermaßen von Grundsatztreue 30 wie vom Willen zur praktischen Zusammenarbeit geprägte Deutschlandpolitik konnte vieles in dieser Richtung bewegen und die große Zahl menschlicher Begegnungen hat zum nationalen Zusammenhalt mehr beigetragen als viele große Worte. 35
Jede Begegnung zwischen Menschen beiderseits der innerdeutschen Grenze macht diese Trennungslinie durchlässiger. Sie gibt unseren Landsleuten aus der DDR die Möglichkeit, sich aus erster Hand einen Eindruck vom Leben hier bei uns in der Bundesrepublik Deutschland 40 zu verschaffen. Und sie fördert bei Reisen in die DDR die Erkenntnis, dass wir gerade auch im Interesse der Menschen an der Einheit der Nation festhalten und jeden möglichen Zugewinn an Freiheit für unsere Landsleute in der DDR anstreben müssen. 45
Deshalb hat der Reiseverkehr zentrale Bedeutung. In den letzten beiden Jahren haben mehr Deutsche aus der DDR zu uns reisen können als jemals zuvor seit dem Bau der Mauer. Konnten früher fast nur Menschen im Rentenalter in den Westen reisen und jüngere nur ausnahmswei- 50 se, so ist 1987 fast jeder fünfte Bewohner der DDR, darunter über eine Million jüngere Menschen, im Westen zu Besuch gewesen. Diese Zahlen werden in diesem Jahr, so wie sich die Dinge darstellen, wahrscheinlich noch übertroffen werden. 55
Das ist für mich der wichtigste Erfolg unserer aktiven Politik für den Zusammenhalt der Nation. […] Generalsekretär Honecker hat gegenüber Bundesminister Schäuble erklärt, dass die Entwicklung im Reiseverkehr fortgesetzt werde. Auch die DDR weiß, welche Bedeutung der Rei- 60 severkehr für unsere Beziehungen hat.

Sten. Ber. 113. Sitzung, 1.12.1988, S. 8094 ff.; Bulletin 169/88, S. 1501 ff.

11 „Politik des Dialogs"
Dorothee Wilms, Bundesministerin für innerdeutsche Beziehungen: Deutschlandpolitische Bilanz der christlich-liberalen Koalition (1988):
Es ist eine insgesamt erfolgreiche Bilanz der Deutsch- 5
landpolitik, die die Bundesregierung auch für das Jahr

1988 vorlegen kann. Unsere Politik des Dialogs, des Interessenausgleichs und der Zusammenarbeit mit der DDR hat für die Menschen im geteilten Deutschland weitere Fort-
10 schritte gebracht. Grundlage dafür sind unsere Festigkeit in den Grundfragen, die Stetigkeit und Berechenbarkeit unserer Politik und unsere Bereitschaft zur praktischen Weiterentwicklung der innerdeutschen Beziehungen trotz fortbestehender prinzipieller Gegensätze. Obwohl es auch
15 in diesem Jahr wieder zu teilweise schwer belastenden Vorkommnissen in der DDR gekommen ist, hat unser beharrliches Bemühen den Menschen, die besonders unter der Teilung unseres Vaterlandes leiden, Erleichterungen verschafft und viele Landsleute über die widernatürliche
20 Grenze hinweg einander näher gebracht. [...]
Eine erfreuliche Entwicklung haben die innerdeutschen Städtepartnerschaften genommen: Mehr als 50 wurden inzwischen geschlossen bzw. von der DDR zugesagt. [...]
In der Fülle dieser Einzelfragen spiegelt sich das beharr-
25 liche Bemühen der Bundesregierung wider, die innerdeutschen Beziehungen stetig in allen Bereichen und Schritt für Schritt weiterzuentwickeln. Ziel ist ihre kontinuierliche Ausgestaltung zum praktischen, erlebbaren Nutzen der Menschen, die heute konkrete Erleichterun-
30 gen wünschen – nicht erst irgendwann in der Zukunft. Das bisher Erreichte gibt dieser „Politik der zielstrebigen Geduld" Recht.
Dabei halten wir unbeirrt an dem Auftrag des Grundgesetzes fest, in freier Selbstbestimmung die Einheit und
35 Freiheit Deutschlands zu vollenden. [...] Dies bestärkt uns in der Richtigkeit des eingeschlagenen Weges, uns standfest im Grundsätzlichen und fest verankert in der westlichen Staaten- und Wertegemeinschaft um Erleichterungen für die Menschen im geteilten Deutschland zu
40 bemühen und die Grenzen in Deutschland wie in Europa zu überwinden.
Deutschlandpolitik umfasst nicht nur die innerdeutschen Beziehungen, sondern auch die deutschlandpolitische Bildungsarbeit. Sie ist ein wichtiger Schwerpunkt
45 meines Hauses. [...] In der jungen Generation hat in den letzten Jahren das Interesse an der historischen, kulturellen und politischen Identität der Deutschen deutlich zugenommen. Dies erkennt man schon daran, dass das Interesse an Informationsfahrten nach West-Berlin und
50 an die innerdeutsche Grenze in erfreulicher Weise ständig steigt. Entsprechend dieser Bedeutung sind die Mittel in diesem Bereich erhöht worden. [...]
Eine zukunftsorientierte Deutschlandpolitik bedarf auch einer umfassenden Deutschlandforschung, die sich in-
55 haltlich mit den grundlegenden Problemen befasst, d. h. die historischen, zeitgeschichtlichen und rechtlichen Bedingungen der deutschen Situation untersucht. Dabei müssen neben den nationalen auch die europäischen Komponenten berücksichtigt werden. Die Erhöhung
60 des Forschungsetats meines Hauses gibt die finanzielle

Möglichkeit, auf diesem Gebiet einen ersten wichtigen Schritt zu tun.

Informationen des Bundesministeriums für innerdeutsche Beziehungen 24/1988, S. 13 ff.

12 Zahlungsbilanzkatastrophe in der DDR

Der Historiker Christian Haller über die Vorgeschichte des 1983/84 gewährten Milliardenkredits der christlich-liberalen Koalition an die DDR (2000):
Ohne die zur Bedienung der Tilgungs- und Zinszahlung 5 dringend notwendigen Anschlusskredite stand die DDR, wie die meisten der RGW-Länder, zu Beginn der 1980er-Jahre vor der unmittelbaren „Zahlungsbilanzkatastrophe". Nachdem die Staatshandelsländer Polen, Ungarn, Rumänien und Jugoslawien mehr oder weniger offen ih- 10 re Illiquidität eingestehen mussten [...], wandte sich die DDR mit der Hoffnung auf finanzielle Hilfe an die Bundesrepublik. Sowohl die sozialliberale Bundesregierung unter Schmidt als auch die konservativ-liberale unter Kohl erklärten sich zu dieser bereit, um die DDR dadurch 15 wirtschaftlich und damit auch politisch enger an Westdeutschland binden zu können. [...] [Bei Kohl] stand vor allem der Gedanke im Vordergrund, nicht nur die DDR zu stabilisieren, sondern diese auch langfristig in den marktwirtschaftlichen Kreislauf des Weltmarktes einzu- 20 binden, um sie so einer ständigen inneren Konfrontation mit ihren wirtschaftlichen Widersprüchen auszusetzen und damit langfristige DDR-interne Veränderungen hervorzurufen.
Beide Bundesregierungen bevorzugten eine medienwirk- 25 same Präsentation der Kreditgewährung, die aber nur bei gleichzeitiger Verkündung der politischen Gegenleistungen der DDR in Form von menschlichen Erleichterungen zu gewährleisten war. [...] Die DDR erhielt aufgrund der von dem „spektakulären" Finanztransfer ausgehenden 30 Signalfunktion nun wieder weitere internationale Devisenkredite, die sie zusammen mit den zwischen 1981 und 1985 im Handel mit den westlichen Industrieländern erzielten Exportüberschüssen in Höhe von 14,1 Mrd. VM vor der Illiquidität bewahrte. [...] Den deutsch-deut- 35 schen Finanztransfers von 1983 und 1984 kommt daher maßgeblich die Bedeutung zu, den Zusammenbruch des ostdeutschen Staates in eine Zeit mit einem weltpolitisch günstigeren Klima verschoben zu haben.

Haller, Ch.: Der Milliardenkredit von Franz Josef Strauß an das Honecker-Regime. Magisterarbeit Heidelberg 2000, S. 112 ff.

13 Mehr Fernsehen?

Aus dem Gründungsmanifest des „Klingenmünster Kreises", einer Vereinigung von Gegnern des Kabelfernsehens um Günter Grass und Walter Jens (1981):
Unser Land steht vor der Entscheidung, ob Kabel- und 5 Satellitenfernsehen eingeführt werden sollen. Das bedeutet mehr Fernsehen. Dies betrifft uns alle. [...]

Wir sind gegen die Vermehrung der Fernsehprogramme. Wir setzen uns dafür ein, dass dem Bürger der Raum

10 für persönliche, menschliche Kommunikation erhalten bleibt. Wir wollen dazu beitragen, dass unserem Land die „totale Fernsehwelt" nach amerikanischem, japanischem oder italienischem Muster erspart bleibt. [...] Mehr Programme und mehr Fernsehen lassen weniger

15 Raum für andere Aktivitäten, für Miteinanderreden, für die Mitarbeit in Vereinen und Verbänden, für das Gespräch mit Freunden und Nachbarn. Mehr Fernsehprogramme machen insbesondere Kinder noch abhängiger vom Fernsehen. In Familien, in denen viel ferngesehen

20 wird, wird heute schon weniger über alltägliche, ganz normale Familienprobleme gesprochen. Mehr Fernsehen heißt: weniger persönliche Erfahrung über die wirkliche Welt und häufig gerade bei Kindern eine falsche Vorstellung von der Wirklichkeit. Mehr Fernsehen führt einsa-

25 me und an den Rand gedrängte Menschen noch mehr in die Isolierung. Mehr Programme bringen neue Nachteile für breite Schichten unserer Gesellschaft. Neue Klassen- und Bildungsunterschiede entstehen. [...] Die steigende Finanzierung über Werbung führt zu einem verstärkten

30 Kampf um die Einschaltquoten. Die Konkurrenz unter den Programmen um die Einschaltung führt in der Regel nicht zu mehr Vielfalt der Programme. Im Gegenteil: Es wird mehr vom Gleichen geboten, mehr Serien, mehr reißerische Gewalt, weniger Information, weniger Doku-

35 mentation, weniger Zeitkritisches.

Mehr Fernsehprogramme über die Einführung von Kabel- und Satellitenfernsehen wird in der Bundesrepublik wahrscheinlich auf Dauer zur Kommerzialisierung und Privatisierung des Fernsehens führen. Damit wird ei-

40 ne Medienordnung zerstört, mit der wir trotz mancher berechtigter Kritik in den letzten 30 Jahren gute Erfahrungen gemacht haben. Information, Meinungsbildung und Kultur werden dann zunehmend dem kommerziellen Interesse ausgeliefert. Mehr Fernsehprogramme und mehr Werbung bedrohen letztlich die Existenz kleiner 45 und mittlerer Zeitungen. Damit wird die publizistische Vielfalt noch mehr verringert. Mehr Fernsehprogramme und ihre Kommerzialisierung geben einzelnen finanzstarken Gruppen die Möglichkeit, die öffentliche Meinungsbildung zu beherrschen. Die Kommerzialisierung 50 bringt auch die Gefahr, dass einzelne Politiker oder kleine finanzstarke politische Gruppen über die Beherrschung der Medien unser Land gängeln.

Lang, U. (Hg.): Der verkabelte Bürger. Brauchen wir die „Neuen Medien"? Freiburg 1981, S. 85 f.

14 Button zur Einführung des Kabelfernsehens, 1980er-Jahre

Arbeitsvorschläge

a) Untersuchen Sie die Zusammenhänge zwischen den Tabellen M7 und M8.

b) Arbeiten Sie aus M7 und M8 die wirtschaftspolitischen Ziele der christlich-liberalen Regierung heraus.

c) Überprüfen Sie anhand von M7 und M8, inwieweit Kohl die Ziele seiner Regierungserklärung (M5) erreicht hat.

d) Bestätigen M7 und M8 die Bildaussage von M9? Begründen Sie.

e) Setzen Sie die Tabelle M8 in eine aussagekräftige grafische Darstellung um.

f) Versuchen Sie eine Erklärung besonders auffallender Zahlenentwicklungen in M8, indem Sie auf Vorgänge bzw. Ereignisse aus dem VT zurückgreifen.

g) Bewerten Sie die christlich-liberale Wirtschaftspolitik im Kontext des Übergangs zur Wissensgesellschaft (M6).

h) Kennzeichnen Sie anhand der Texte M10–M12 die Deutschlandpolitik der christlich-liberalen Koalition und geben Sie einen Überblick über deren Ergebnisse.

i) Erörtern Sie ausgehend von M13 und M14 Vorzüge und Probleme der Medienpolitik zur Zeit der christlich-liberalen Koalition.

j) Bewerten Sie im Rückblick die Zulassung privater Rundfunk- und Fernsehsender.

7.15 Die DDR in den 1980er-Jahren: Von der Stagnation zum Zusammenbruch

Die von Erich Honecker seit seinem Amtsantritt 1971 angestrebte „Einheit von Wirtschafts- und Sozialpolitik" konnte spätestens zu Beginn der 1980er-Jahre als endgültig gescheitert betrachtet werden. Die kostspieligen sozialpolitischen Leistungen und die 1977 begonnene, aber schnell gescheiterte mikroelektronische Offensive erzwangen reduzierte Investitionen im industriellen Sektor und schufen so neue Versorgungsengpässe im Konsumbereich. Der weitere Anstieg der Energie- und Rohstoffpreise auf den Weltmärkten seit der zweiten Ölkrise von 1979 verringerte zusätzlich die Produktivität der ohnehin längst veralteten, umweltbelastenden Industrieanlagen in der DDR: Schon 1983 erreichten sie nur noch 47 % der bundesrepublikanischen Arbeitsproduktivität.

Wirtschaftliche Engpässe

Angesichts der seit Mitte der 1970er-Jahre wachsenden Unzufriedenheit in breiten Bevölkerungsschichten hielt Honecker andererseits den volkswirtschaftlich gebotenen Subventionsabbau bei Grundnahrungsmitteln, Mieten und Sozialleistungen aus Gründen des Machterhalts für unvertretbar – zumal seit 1980 in Polen Streiks an der Tagesordnung waren und die SED ähnliche Unruhen in der DDR befürchtete. Der Versuch, stattdessen Investitionen durch westliche Kredite zu finanzieren, ließ – ohne dass die erwünschten Impulse eingetreten wären – lediglich die Staatsverschuldung weiter ansteigen: 1981 lagen die Verbindlichkeiten der DDR gegenüber westlichen Banken bei 24,2 Milliarden DM. Das hatte zur Folge, dass die DDR zur Devisenbeschaffung zunehmend hochwertige Produkte in den Westen exportieren musste, die deshalb für die Versorgung der ohnehin Mangel leidenden eigenen Bevölkerung nicht zur Verfügung standen. Die Schwierigkeiten verschärften sich zusätzlich durch die ökonomische Krise in den „sozialistischen Bruderstaaten": Der neue Rüstungswettlauf schwächte die Sowjetunion so stark, dass sie Anfang der 1980er-Jahre ihre Erdöllieferungen in die DDR drastisch reduzieren musste. Als 1982 Polen und Rumänien ihre Zahlungsunfähigkeit gegenüber der DDR erklärten, konnte der wirtschaftliche Offenbarungseid der DDR nur durch zwei Großkredite in Höhe von knapp zwei Milliarden DM verhindert werden, die der CSU-Vorsitzende Franz Josef Strauß 1983/84 vermittelte und für die die Bundesregierung bürgte.

Wachsende Staatsverschuldung

7

1 Protestversammlung in der Ost-Berliner Zionskirche gegen die Durchsuchung ihrer Umweltbibliothek, 1987

2 Braunkohlekraftwerk Espenhain in Sachsen
Veraltete Produktionsanlagen belasteten nahezu überall die Umwelt in hohem Maße.

Organisierter Protest

Mit den wachsenden Wirtschafts- und Versorgungsproblemen nahm auch der innenpolitische Druck auf die SED zu. Die Zahl oppositioneller Gruppen, die sich vor allem im Schutz der Kirchen formierten, wuchs weiter an. Sie verstanden sich einerseits als Teil der gesamteuropäischen Friedensbewegung und protestierten gegen das neue Wettrüsten in Ost und West: Schon 1981 trugen 100 000 DDR-Jugendliche den von dem Jugendpfarrer Harald Brettschneider entworfenen Aufnäher „Schwerter zu Pflugscharen". Andererseits wuchs auch die Ökologie-Bewegung in der DDR, insbesondere nach der Reaktorkatastrophe im ukrainischen Tschernobyl. Dort war 1986 nach einer Explosion im Kernkraftwerk radioaktives Material ausgetreten und über tausende von Kilometern verbreitet worden. Obwohl Experten ca. 250 000 Opfern schätzten, reagierte die SED mit einer gezielten Desinformationspolitik und provozierte damit Proteste. Die Friedens-, Ökologie- und Menschenrechtsgruppen agierten allerdings – isoliert und ständig von Stasi-Schikanen bedroht – eher an der Peripherie der DDR-Gesellschaft, zumal sie – abgesehen von einigen westlichen „Grünen"-Politikern – aus der Bundesrepublik kaum unterstützt wurden.

Ausreiseanträge

Stärker als die Minderheit der oppositionellen Gruppen trat die wachsende Zahl von Ausreiseanträgen ins öffentliche Bewusstsein, deren Zahl sich – trotz Schikanen und Diskriminierungen – von 21 500 im Jahr 1980 auf 125 000 im Jahr 1989 steigerte. Diese Massenbewegung führte zu ersten Konzessionen der SED: 1984 wurde erstmals 30 000 Antragstellern die Übersiedelung genehmigt, obwohl ihre Anträge als rechtswidrig eingestuft worden waren. Die Hoffnung des Regimes auf eine Ventilfunktion trog allerdings: Das Zurückweichen des Regimes ermutigte im Gegenteil weitere DDR-Bürger Ausreiseanträge zu stellen, sodass 1988 erneut mehr als 25 000 Genehmigungen erteilt werden mussten. Außerdem bildeten sich unter Berufung auf den KSZE-Prozess zusehends mehr Selbsthilfegruppen; ab 1983 gab es erste Demonstrationen Ausreisewilliger sowie Versuche, über Botschaften die Ausreise zu erwirken.

7

3 **Greise Männer**
Karikatur von Barbara Henninger, DDR 1987. Gemeint sind führende Mitglieder des Politbüros, dem höchsten Entscheidungsorgan des ZK der SED. In Klammern ist das Geburtsjahr angegeben: Erich Honecker (1912), Heinz Hoffmann (1910), Erich Mielke (1907), Kurt Hager (1912), Horst Sindermann (1915), Hermann Axen (1916), Günter Mittag (1926).

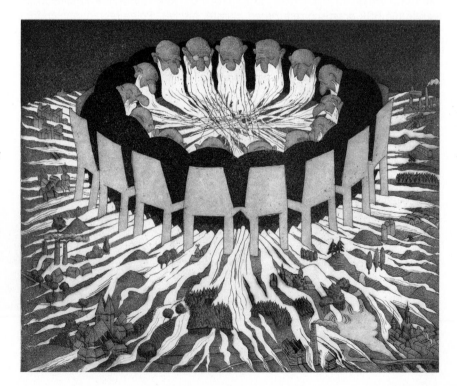

4 „Es wurden Schulden mit neuen Schulden bezahlt"

Die wirtschaftliche Lage in der Endphase der DDR: Aus dem Protokoll der 10. ZK-Sitzung der SED am 9./10.11.1989:

Günter Ehrensperger [1974–1989: ZK-Abteilungsleiter für Planung und Finanzen, 1981–1989: ZK-Mitglied]: Die Frage der Entstehung der Schulden der Deutschen Demokratischen Republik geht in die Zeit Anfang der 70er-Jahre zurück [...]. Im Jahre 1970 hatte die DDR Schulden in einer Größenordnung von zwei Milliarden Valutamark [DDR-Begriff für DM]. 1973 gab es weltweit eine sehr große Preisexplosion. Diese Preisexplosion war damit verbunden, dass der Bezug von Öl und anderen Rohstoffen für die DDR wesentlich teurer wurde. [...] 1973 im November wurde in Zusammenarbeit mit kompetenten Genossen des Ministeriums der Finanzen eine Auswirkungsberechnung vorgenommen. Diese Auswirkungsberechnung ergab, dass wir, wenn wir keine Konsequenzen ziehen, 1980, wenn wir so weiterlebten, 20 Milliarden Valutamark Schulden haben werden. [...]
Wenn man die Sache mit einem Satz charakterisieren will, warum wir heute in dieser Situation sind, dann muss man ganz sachlich sagen, dass wir mindestens seit 1973 Jahr für Jahr über unsere Verhältnisse gelebt haben und uns etwas vorgemacht haben. Es wurden Schulden mit neuen Schulden bezahlt. Sie sind gestiegen, die Zinsen sind gestiegen, und heute ist es so, dass wir einen beträchtlichen Teil von mehreren Milliarden Mark jedes Jahr für Zinsen zahlen müssen. [...]
Zuruf von Bernhard Quandt [1958–1989: ZK-Mitglied, 1973–1990: Mitglied des Staatsrats der DDR]: Ich bitte darum, dass der Diskussionsbeitrag nicht veröffentlicht wird!
Egon Krenz [1973–1989: ZK-Mitglied, seit Oktober 1989 Generalsekretär des ZK der SED]: Nein, um Gottes willen!
Zuruf von Bernhard Quandt: Das ist unmöglich! Dann laufen uns die letzten Leute weg!
Egon Krenz: Wir schockieren die ganze Republik! [...]
Gerhard Schürer [1963–1989: ZK-Mitglied, 1965–1990: Vorsitzender der Staatlichen Plankommission der DDR]: Die Pläne wurden immer angespannter und, wenn man es heute genau sagt, immer unrealer. [...] Eine entscheidende Rolle spielten dabei die Subventionen, die von 8 Milliarden 1970 auf die gigantische Größe von 58 Milliarden 1989 gestiegen sind. [...]
Werner Jarowinsky [1961–1989: ZK-Mitglied, 1984 bis 1989: Politbüromitglied]: Genossen, wir haben für die Mikroelektronik 14 Mrd. ausgegeben. Jetzt sage ich euch mal, was das kostet und was die Produkte bringen. [...]
Der Speicherschaltkreis 256 Kilobit, das ist der, der jetzt groß angekündigt in die Produktion gegangen ist, der kostet bei uns – reine Kosten – 534 Mark, der Weltmarktpreis beträgt gegenwärtig 4 bis 5 Valutamark. 4 bis 5 Valutamark, Genossen! [...] Und Genossen, wenn ich euch hier vortrage, was wir im Export für Möbel bekommen, für Schlafzimmer zum Beispiel 19 Pfennige pro eine Mark, usw. usw. in Valutaerlös. Hunderte und Dutzende solcher Fragen, die nicht öffentlich diskutiert worden sind. [...] Es war Selbstbetrug. [...]
Wir haben doch eine reine Kommando- und Abführungswirtschaft, seien wir doch ehrlich, eine reine Abführungswirtschaft. Wer gut arbeitet, führt viel ab, wer schlecht arbeitet, weniger, und wer ganz schlecht arbeitet, wird auch glattgeschrieben, und alles ist in Ordnung. [...] Wir müssen damit anfangen, dass jeder Betrieb [...] erwirtschaftet, was er braucht, alles erwirtschaftet. [...]
Ich sage: Ich bin schuld daran.
Karl Kayser (sehr erregt) [1963–1989: ZK-Mitglied, 1958–1990: Generalintendant der Sächsischen Theater Leipzig]: Wir sind belogen worden, die ganze Zeit über. Ich habe keine Schuld daran, wirklich nicht. Und ich weigere mich auch, das anzuerkennen und nach Hause zu fahren, um zu sagen, du bist schuldig dran. Ich bin erschüttert über das, was ich hier gehört habe. In mir ist alles zerbrochen. Mein Leben ist zerstört. Ich habe geglaubt an die Partei, so bin ich mit der Muttermilch erzogen worden. Ich habe an die Genossen geglaubt! [...]
NN: Leider geht es dir nicht allein so, sondern wem eigentlich hier im Saal nicht? Nur, nur, unsere Parteimitglieder und Kandidaten stellen diese Frage an uns als Mitglieder und Kandidaten des Zentralkomitees, warum wir sie als Angehörige des höchsten Organs in dieselbe furchtbar erschütternde Situation gebracht haben. (Unruhe)
Zuruf: Hätt'ste doch gefragt vorher!

Hertle, H.-H., u. .Stephan, G.-R. (Hg.): Das Ende der SED. Die letzten Tage des Zentralkomitees. Berlin 1997, S. 363ff.

5 Kassensturz 1989

Egon Krenz über die wirtschaftliche Lage am Ende der „Ära Honecker". Aus Gesprächsmaterialien für sein Treffen mit Michail Gorbatschow im Oktober 1989:

Wir rechnen bis Ende [1989] mit einer Verschuldung von 26,5 Mrd. US-Dollar. [...] Zahlungsbilanz 1990 [aus gegenwärtiger Sicht]: Weiteres Anwachsen der Verschuldung um 3,5 Mrd. US-Dollar [auf] insgesamt 30 Mrd. US-Dollar. [...] Zinsen an kapitalistische Banken in Höhe von 4,5 Mrd. US-Dollar = 62 % des Planexportes [in westliche Länder]. [...]
Eine Ursache für die rückläufige Effektivitätsentwicklung ist [der] sich verschlechternde technische Zustand und das zunehmende Alter der Ausrüstungen. [...] Anteil der physisch verschlissenen Ausrüstungen im produzierenden Bereich: 1980 51,3 %, 1988 56,0 %. [Besonders] gravierend hoch ist dieser Anteil [1988] im Bauwesen mit 67,0 %, in der Land-, Forst- und Nahrungsgüterwirtschaft mit 62,2 %.

Judt, M. (Hg.): DDR-Geschichte in Dokumenten. Beschlüsse, Berichte, interne Materialien und Alltagszeugnisse. Bonn 1998, S. 161.

6 Organisierter Protest in Stasi-Perspektive

Bericht des Ministeriums für Staatssicherheit vom 1. Juni 1989 über oppositonelle Gruppen:

Seit Beginn der 80er-Jahre anhaltende Sammlungs- und
5 Formierungsbestrebungen [...] führten zur Bildung entsprechender Gruppierungen und Gruppen. Diese sind fast ausschließlich in Strukturen der evangelischen Kirchen in der DDR eingebunden bzw. können für ihre Aktivitäten die materiellen und technischen Möglichkeiten
10 dieser Kirchen umfassend nutzen. [...] Gegenwärtig bestehen in der DDR ca. 160 derartige Zusammenschlüsse. [...] Sie gliedern sich in knapp 150 sog. kirchliche Basisgruppen, die sich selbst [...] bezeichnen als „Friedenskreise" (35), „Ökologiegruppen" (39), gemischte „Frie-
15 dens- und Umweltgruppen" (23), „Frauengruppen" (7), „Ärztekreise" (3); „Menschenrechtsgruppen" (10) bzw. „2/3-Welt-Gruppen" (39) und sog. Regionalgruppen von Wehrdienstverweigerern. [...]
Ableitend aus sog. Gründungserklärungen und Strate-
20 giepapieren [...] bilden besonders folgende antisozialistische Inhalte/Stoßrichtungen die Schwerpunkte im Wirksamwerden feindlicher, oppositioneller Kräfte:
1. Gegen die Grundlagen und Gesetzmäßigkeiten des Sozialismus gerichtete Angriffe finden ihren konzen-
25 trierten Ausdruck in Forderungen nach Änderung der sozialistischen Staats- und Gesellschaftsordnung und nach „Erneuerung des Sozialismus". Dabei berufen sich diese Kräfte immer stärker auf die Umgestaltungsprozesse und die damit verbundenen Entwicklungen in der
30 UdSSR und anderen sozialistischen Ländern. Demagogisch werden Begriffe wie Glasnost, Demokratisierung, Dialog, Bürgerrechte, Freiheit für „Andersdenkende" oder Meinungspluralismus missbraucht [...].
2. Gegen die Sicherheits- und Verteidigungspolitik ge-
35 richtete Angriffe konzentrieren sich unter dem Deckmantel der „Entmilitarisierung" der Gesellschaft auf Forderungen nach Beseitigung der vormilitärischen Erziehung und Ausbildung der Jugend (u. a. Unterrichtsfach Wehrerziehung), Abschaffung der Wehrpflicht,
40 Einrichtung des sozialen bzw. zivilen „Friedensdienstes" als gleichwertiger Ersatz für den Wehrdienst und auf Gewährung des Rechtes Wehrdiensttotalverweigerung aus Gewissensgründen.
3. Gegen die kommunistische Erziehung der Jugend gerichtete Angriffe beinhalten u. a. Forderungen nach 45 Aufgabe des „Totalitätsanspruches" der marxistisch-leninistischen Weltanschauung. [...]
4. Probleme des Umweltschutzes bilden ein breites Feld zur Diskreditierung der Politik der Partei in Umweltfragen [...]. 50

Zit. nach: Gransow, V., u. Jarausch, K. H. (Hg.): Die deutsche Vereinigung. Dokumente zu Bürgerbewegung, Annäherung und Beitritt. Köln 1991, S. 54.

7 Die DDR von außen gesehen

So erlebte der Journalist Theo Sommer 1986 die DDR:

Die Menschen drüben genießen denn, wo sie schon die große Freiheit nicht haben, die kleinen Freiheiten, die ihnen ihr Staat gewährt. Günter Gaus, der erste Ständige 5 Vertreter Bonns in der DDR, hat dafür den Begriff „Nischengesellschaft" geprägt. Die Nische – das ist in seiner Definition „der bevorzugte Platz der Menschen drüben, an dem sie Politiker, Planer, Propagandisten, das Kollektiv, das große Ziel, das kulturelle Erbe – an dem sie das alles ei- 10 nen guten Mann sein lassen [...] und mit der Familie und unter Freunden die Topfblumen gießen, das Automobil waschen, Skat spielen, Gespräche führen, Feste feiern. Und überlegen, mit wessen Hilfe man Fehlendes besorgen, organisieren kann, damit die Nische noch wohnlicher wird." 15 [...] Eine gewisse Staatsferne prägt das Leben in den Nischen schon, aber sie existieren innerhalb des Sozialismus, nicht außerhalb des Sozialismus. Es handelt sich nicht um Brutstätten der Opposition. Die Partei, die gesellschaftlichen Organisationen und die Betriebe tun 20 sogar viel, um den Menschen das Nischendasein überhaupt erst zu ermöglichen. Philatelie, Zierfischzucht, Jagen und Angeln – überall gibt es Kreise und Zirkel, Klubs und Vereinigungen. Sport wird in jeglicher Variation getrieben. Mehr als 4 Millionen DDR-Bürger (ein Vier- 25 tel der Bevölkerung!) machten 1985 das Sportabzeichen. Die liebste Nische ist den Menschen drüben jedoch die eigene „Datsche".

Sommer, Th. (Hg.): Reise ins andere Deutschland. Reinbek 1986, S. 19 f., 35 ff.

Arbeitsvorschläge

a) Charakterisieren Sie die wirtschaftliche Lage der DDR in der Endphase der DDR (M2, M4 und M5). Welche Ursachen für diese Lage lassen sich M4 und M5 entnehmen?

b) Interpretieren Sie die Karikatur M3.

c) Informieren Sie sich durch eigene Recherchen über die Kompetenzen des Zentralkomitees der SED und nehmen Sie auf dieser Grundlage Stellung zu den in M4 gemachten Aussagen über die Schuldfrage.

d) Erarbeiten Sie eine Übersicht zu den oppositionellen Gruppen in der DDR während der 1980er-Jahre (M1 und M6).

e) Erörtern Sie, ob der Rückzug in die „Nischengesellschaft" (M7) eher zur Stabilisierung oder zur Destabilisierung der DDR beigetragen hat.

7.16 Der Weg zur Einheit – 1989/90

Teilung als Normalität?

Während die DDR in den 1980er-Jahren eine existenzbedrohende Krise durchlief, die schließlich in den Vereinigungsprozess der Jahre 1989/90 einmündete, verzeichnete die Bundesrepublik seit 1986/87 einen nachhaltigen Wirtschaftsaufschwung, der die Arbeitslosigkeit reduzierte und die Finanzkraft des Staates stärkte. Gleichzeitig schienen sich viele Westdeutsche mit der Teilung Deutschlands endgültig abgefunden und auf dieser Grundlage eine eigenständige Identität und Tradition ausgebildet zu haben. Dementsprechend war eine emotionale Abkehr vom Begriff der Nation zu verzeichnen, was die Ablösung von einer belasteten Vergangenheit und den Übergang in eine postnationale Realität ermöglichte. Die Teilung wurde deshalb – vor allem von der jungen Generation – zusehends als historische Normalität empfunden. Folgerichtig empfand man gegenüber den westlichen Nachbarstaaten – gefördert durch Schüleraustauschprojekte, Studienreisen, Auslandssemester usw. – oft eine größere Nähe als gegenüber der „fernen" DDR hinter dem „Eisernen Vorhang". Sicherlich überspitzt, aber dennoch symptomatisch für die neue Generation formulierte der westdeutsche Dramatiker Franz Xaver Kroetz: „Die DDR ist mir fremder als die Mongolei." Mit dem Besuch Erich Honeckers 1987 erlebte die Bundesrepublik schließlich auch den ersten offiziellen Auftritt eines SED-Parteichefs, womit für viele die Teilung endgültig besiegelt war.

Risse im Ostblock und Gorbatschows „zweite Revolution"

Dementsprechend erkannte man im Westen nur langsam, welch grundlegende Veränderungen sich im Osteuropa der 1980er-Jahre vollzogen. So bedeuteten die Arbeiterunruhen auf polnischen Werften seit dem Sommer 1980, aus denen die unabhängige Gewerkschaft „Solidarnosc" hervorging, eine direkte Gefahr für die innere Stabilität der DDR, auf die die SED durch eine strikte Abgrenzungspolitik reagierte. Sie betrat damit den Weg in die Selbstisolierung, den sie beim Beginn innerer Reformen in Ungarn ab 1982 fortsetzte und nach dem Amtsantritt Gorbatschows als Generalsekretär der KPdSU 1985 sogar noch beschleunigte.
Gorbatschow ging davon aus, dass die Anforderungen einer globalen Wissens- und Informationsgesellschaft von dem bürokratisch verkrusteten Apparat des Staatssozialismus nicht zu bewältigen seien. „Glasnost", d. h. Öffnung und Trans-

1 „Brüder, zur Sonne, zur Freiheit …"
Karikatur von Walter Hanel, 1988.

2 Titelblatt der Berliner Zeitung (B.Z.) vom
20. Januar 1989. Erich Honecker im Gespräch mit dem
sowjetischen Außenminister.

parenz, sollte begleitet sein von „Perestroika", einer umfassenden Umgestaltung der sowjetischen Gesellschaft, wobei vor allem der wirtschaftspolitische Bereich reformiert und flexibilisiert werden sollte. Gorbatschow forderte ein „neues Denken", welches eine Demokratisierung von Staat und Gesellschaft im Sinne hatte, um den Sozialismus nicht etwa abzuschaffen, sondern zu stabilisieren. Seine „zweite Revolution" begann er außenpolitisch mit der Aufgabe der Breschnew-Doktrin, womit er den Staaten des Warschauer Pakts das Recht auf nationale Selbstbestimmung zugestand. Gleichzeitig hob er damit die Bestandsgarantie für die DDR auf: Im Falle innerer Unruhen – etwa vergleichbar denen am 17. Juni 1953 – konnte die SED also nicht mehr auf eine Intervention der Roten Armee zählen.

Legitimationskrise

Der sowjetische Kurswechsel hatte noch weitere unmittelbare Folgen für die DDR. Einerseits fühlte sich die seit den 1980er-Jahren offener agierende Opposition durch Gorbatschows Reformpolitik sowie die Reformen in Polen und Ungarn ermutigt. Andererseits verhärtete sich die SED-Führung angesichts der wirtschaftlichen und politisch-gesellschaftlichen Doppelkrise in ihrer Selbstisolierung sowohl gegenüber den reformsozialistischen Staaten als auch gegenüber dem Westen und geriet so in der zweiten Hälfte der 1980er-Jahre in eine umfassende Legitimationskrise gegenüber der eigenen Bevölkerung. Diese wurde in einem wachsenden Ausreisedruck seit 1984 für jedermann als Prozess einer „Selbstzerstörung" wahrnehmbar.

Die Situation spitzte sich im Mai 1989 noch weiter zu, als der ungarische Reformkommunist Karoly Grosz und sein Außenminister Gyula Horn in konsequenter Anwendung des von Gorbatschow zugestandenen Selbstbestimmungsrechts den Abbau der elektronischen Sicherungsanlagen und des Stacheldrahtverhaus an der Grenze zu Österreich anordneten. Damit war das Ende des Eisernen Vorhangs – und zugleich auch das Ende der DDR – eingeläutet, denn innerhalb weniger Wochen flüchteten tausende DDR-Bürger über Ungarn und Österreich in die Bundesrepublik. Dennoch hielt die SED an ihrem starren Kurs der Reformverweigerung fest. So wurden – wie schon in den Jahrzehnten davor – die Ergebnisse der im Mai 1989 abgehaltenen Kommunalwahlen gefälscht. Und demonstrativ wurde die chinesische Regierung unterstützt, die im Juni 1989 regimekritische Studentendemonstrationen in Peking blutig hatte niederschlagen lassen. Das Signal an die DDR-Opposition war unmissverständlich, aber es blieb ohne Wirkung. Oppositionsgruppen, die sich bewusst an den Stimmenauszählungen zu den Kommunalwahlen beteiligt hatten, deckten erstmals die Manipulationen in der Öffentlichkeit auf und erhoben auf breiter Front amtlichen Einspruch. So geriet die SED auch innenpolitisch in die Isolation und verlor ihre letzte Autorität.

**„Wir wollen raus!" –
„Wir bleiben hier!"**

Vor diesem Hintergrund schnellten die Ausreiseanträge allein im Sommer 1989 hoch auf 120 000. Andere DDR-Bürger verloren die Geduld und suchten eigenmächtig Zuflucht in den bundesrepublikanischen Botschaften in Ost-Berlin, Prag und Warschau. Als die „Botschaftsflüchtlinge" durch Vermittlung von Bundesrepublik-Außenminister Genscher im September die Ausreisegenehmigung erhalten hatten, füllten sich die Botschaften binnen weniger Tage erneut mit Ausreisewilligen. Als auch diese in Sonderzügen ausreisen durften, kam es am Dresd-

7

ner Hauptbahnhof zu gewalttätigen Konflikten zwischen Ordnungskräften und Demonstranten. Eine revolutionäre Stimmung verbreitete sich und eskalierte mit dem Beginn der allwöchentlichen „Montagsdemonstrationen" am 2. Oktober in Leipzig, bei denen – zunächst von tausenden, später von zehntausenden, dann von hunderttausenden – Reise- und Versammlungsfreiheit sowie weitere innere Reformen gefordert wurden. Dem Ruf der Ausreisewilligen „Wir wollen raus!" entgegnete nun der trotzige Gegenruf der Reformwilligen: „Wir bleiben hier!" Ermutigt durch die Massenproteste kam es bald zur Gründung politischer Parteien und Organisationen wie der „Sozialdemokratischen Partei in der DDR", dem „Demokratischen Aufbruch" und dem „Neuen Forum". Mit dem Entstehen dieser organisierten politischen Opposition hatte die mittlerweile völlig isolierte SED ihr Macht- und Meinungsmonopol endgültig verloren, was den begonnenen revolutionären Prozess weiter beschleunigte.

3 **Montagsdemo**, Leipzig 9. Oktober 1989

Fall der Berliner Mauer

Entgegen den Hoffnungen der SED-Führung konnte dieser Prozess auch durch die Feierlichkeiten zum 40. Gründungstag der DDR im Oktober 1989 nicht gebremst werden – im Gegenteil: Gorbatschow forderte Honecker bei seinem Staatsbesuch nachdrücklich auf die Politik der Reformverweigerung zu beenden. Außerdem störten Demonstranten die Feier mit den Rufen „Gorbi, Gorbi" und „Wir sind das Volk". Diese unerwartete Wendung war für die SED-Spitze ein so schwerer Misserfolg, dass sie sich zum Handeln gezwungen sah: Honecker wurde wenige Tage später gestürzt und durch Egon Krenz ersetzt. Dieses „Wendehals"-Manöver war aber zu durchsichtig angelegt, als dass es zur Befriedung hätte beitragen können: Sowohl die Flucht- als auch die Demonstrationsbewegung schwollen mit Parolen wie „Demokratie unbekrenzt" oder „Sozialismus krenzenlos" weiter bedrohlich an und mündeten Anfang November in bislang ungekannte Massendemonstrationen in Leipzig und Ost-Berlin, wo jeweils eine halbe Million Menschen auf den Straßen waren. Als auch der Rücktritt von Ministerrat – der Regierung der DDR – und SED-Politbüro nicht deeskalierend wirkten und der Massenexodus in den ersten Novembertagen Rekordzahlen – am 8. November 500 Ausreisende pro Stunde – erreichte, kapitulierte die SED und verkündete am 9. November 1989 die Öffnung der Berliner Mauer.

Fehlende Konzepte

Mit der Maueröffnung war die deutsche Einigung allerdings keineswegs vorentschieden, denn für die Bundesrepublik, die westlichen Regierungen und die Sowjetunion kam der Zusammenbruch des DDR-Regimes völlig überraschend. Man war auf die neue Situation konzeptionell gänzlich unvorbereitet, zumal sich die Welt spätestens seit den 1980er-Jahren an die deutsche Teilung als stabilisierendes Element der internationalen Ordnung gewöhnt hatte. Entsprechend uneinheitlich waren die Reaktionen: Während es in Moskau sowohl Befürworter einer friedlich-diplomatischen Option auf der einen als auch – insbesondere in der Generalität – Anhänger einer „chinesischen Lösung" auf der anderen Seite gab, zeigten sich London und Paris hauptsächlich besorgt über ein möglicherweise erstarkendes Deutschland im Herzen Europas. Die USA dagegen sahen den Zusammenbruch des Kommunismus in Osteuropa in greifbare Nähe gerückt und begrüßten deshalb die Entwicklung uneingeschränkt. Politische Konzepte für die entstandene Lage gab es nirgendwo.

7

**„Wir sind das Volk!" –
„Wir sind ein Volk!"**

Die ebenfalls unvorbereitete Bundesregierung reagierte angesichts der komplizierten Lage zunächst zurückhaltend. Erst als bei den Demonstrationen in ostdeutschen Städten Ende November neben die alten Parolen „Keine Gewalt" und „Wir sind das Volk" immer häufiger die neuen Parolen „Wir sind ein Volk" und „Deutschland einig Vaterland" traten, geriet die deutsche Einigung auf die Tagesordnung. In Reaktion auf die neue „nationale Revolution" legte Bundeskanzler Kohl Ende November ein „Zehn-Punkte-Programm" vor, das nach einer Phase der Konföderation zwischen beiden deutschen Staaten langfristig auch die staatliche Einheit für möglich hielt, allerdings im Rahmen des europäischen Einigungsprozesses. Auf dieser Grundlage entstand im Dezember der Plan einer „Vertragsgemeinschaft" mit der DDR, der allerdings von der rasanten Entwicklung überrollt wurde.

**Die deutsche
Vereinigung**

Da auch die neue DDR-Regierung unter dem Reformkommunisten Hans Modrow die Ausreisewelle nicht aufhalten konnte, setzte sich der Niedergang des buchstäblich ausblutenden Staates in erhöhtem Tempo fort. In dieser Situation berief Modrow die bis dahin kriminalisierten Oppositionsgruppen unter der Moderation von Kirchenvertretern an einen „Runden Tisch", um eine neue Verfassung, freie Wahlen sowie die Auflösung des MfS vorzubereiten. Nach dem unerwarteten Sturm der Bürgerbewegung auf die Berliner Stasi-Zentrale im Januar 1990 und angesichts des Ausreisedrucks, der die reiche Bundesrepublik zunehmend in Schwierigkeiten brachte, rückte die Perspektive einer schnellen Einigung rasch näher. Dafür gab es zwei verfassungsrechtliche Möglichkeiten: entweder eine staatliche Neugründung mit neuer Verfassung nach Artikel 146 des Grundgesetzes oder den Beitritt der DDR zum Gebiet der Bundesrepublik nach Artikel 23. Dass sich letztere Option verwirklichte, hatte drei Gründe: Zunächst artikulierte sich in der DDR der Wille zu einer schnellen Einigung immer lauter, am deutlichsten in der Volkskammerwahl im März 1990, bei der die für den Beitritt plädierende „Allianz für Deutschland" 47,8 % der Wählerstimmen bekam. Auf dieses überdeutliche Votum reagierend trat nun – zweitens – auch die Bundesregierung entschiedener für eine schnelle Einigung ein. Dafür wurden schließlich – drittens – in den Zwei-plus-Vier-Gesprächen die diplomatischen Voraussetzungen geschaffen. Gegen eine Zahlung von 20 Milliarden DM stimmte die wirtschaftlich angeschlagene Sowjetunion der vollen Souveränität Deutschlands, ihrem NATO-Beitritt sowie dem Abzug der sowjetischen Truppen aus der DDR zu. Die Bundesregierung erklärte sich im Gegenzug zur Reduzierung der Bundeswehr, zum Verzicht auf ABC-Waffen und zur Anerkennung der polnischen Westgrenze bereit. Nachdem die USA, die Sowjetunion, Großbritannien und Frankreich auf ihre alliierten Vorbehaltsrechte verzichtet hatten, konnte die Bundesregierung mit der neu gewählten DDR-Regierung unter Lothar de Maizière eine Wirtschafts-, Währungs- und Sozialunion vereinbaren und damit die wichtigste innerdeutsche Voraussetzung für die Einigung schaffen. Nachdem Bundestag und Volkskammer im September den Einigungsvertrag nach Art. 23 des Grundgesetzes ratifiziert hatten, trat die staatliche Einigung am 3. Oktober 1990 in Kraft.

**Zwei-Plus-Vier-
Gespräche**

4 „Deine 100 Jahre waren aber schnell vorbei, Erich!"
Karikatur aus der Stuttgarter Zeitung, 16. November 1989.

7

5 Motive ausreisewilliger DDR-Bürger

Bericht des Ministeriums für Staatssicherheit vom 9.9.1989:
Als wesentliche Gründe/Anlässe für Bestrebungen zur
ständigen Ausreise […] werden angeführt:
5 – Unzufriedenheit über die Versorgungslage;
– Verärgerung über unzureichende Dienstleistungen;
– Unverständnis für Mängel in der medizinischen Be-
treuung und Versorgung;
– Eingeschränkte Reisemöglichkeiten innerhalb der
10 DDR und nach dem Ausland;
– Unbefriedigende Arbeitsbedingungen und Diskonti-
nuität im Produktionsablauf;
– Unzulänglichkeiten/Inkonsequenz bei der Anwen-
dung/Durchsetzung des Leistungsprinzips sowie Un-
15 zufriedenheit über die Entwicklung der Löhne und
Gehälter;
– Verärgerung über bürokratisches Verhalten von Lei-
tern und Mitarbeitern staatlicher Organe, Betriebe und
Einrichtungen sowie über Herzlosigkeit im Umgang
20 mit Bürgern;
– Unverständnis über die Medienpolitik der DDR.
Hierzu im Einzelnen:
Unzufriedenheit über die Versorgungslage
Den größten Umfang im Motivationsgefüge nimmt die
25 Kritik an der Versorgung der Bevölkerung ein. Auf Unverständnis stoßen vor allem anhaltende Mängel bei der
kontinuierlichen Versorgung mit hochwertigen Konsumgütern (Pkw, Möbel, Textilien, Schuhe, Heimelektronik
usw.) sowie Ersatzteilen, mit Baustoffen und Baumateri-
30 alien sowie mit bestimmten Waren des täglichen Bedarfs
(z. B. hochwertige Lebensmittel, Frischobst, Gemüse, häufig wechselnde Artikel der „1000 kleinen Dinge"). […]
Die betreffenden Personen verweisen insbesondere auf
das damit verbundene „Schlange stehen", das Herum-
35 laufen und die Suche nach bestimmten Artikeln […]. Es
wird Kritik am so genannten doppelten Währungssystem, an Intershops, Valutahotels und an „Privilegien" für
Devisenbesitzer geübt. Der vorgenannte Personenkreis
zweifelt – häufig unter Verweis auf die Beständigkeit bzw.
40 Zunahme derartiger Erscheinungen – generell an der Lösung dieser die Bürger bewegenden Probleme.
Verärgerung über unzureichende Dienstleistungen
[…] Es wird insbesondere auf fehlende bzw. begrenzte
Kapazitäten bei Reparatur- und Dienstleistungen verwie-
45 sen. Fehlende Ersatzteile, z. T. lange Wartezeiten sowie
die kundenunfreundliche Behandlung der Bürger im
Dienstleistungsbereich, in Gaststätten sowie in Verkaufs-
einrichtungen stehen im Mittelpunkt kritischer Äußerungen. […]
50 Abschließend wird darauf hingewiesen, dass die angeführten motivbildenden Faktoren z. T. verknüpft sind mit illu-
sionären Vorstellungen über die „westliche Lebensweise",
insbesondere der Erwartung eines Lebens mit „besserer"
materieller Sicherstellung und „besseren" beruflichen Ver-

6 „Darauf sind wir stolz!"
Plakat zum 40. Jahrestag der DDR am 7.10.1989.

dienstmöglichkeiten, von mehr „Freizügigkeit" zur Verwirklichung eines eigenen Lebensstils auf der Grundlage 55
eines egoistischen Konsum- und Besitzstrebens […].
Im untrennbaren Zusammenhang damit wirken aktuelle
Entwicklungstendenzen in anderen sozialistischen Staaten […], die zunehmend zu Zweifeln an der Perspektive
und Sieghaftigkeit des Sozialismus überhaupt führen. 60

Zit. nach: Gransow, V. u. Jarausch, K. H. (Hg.): Die deutsche Vereinigung.
Dokumente zu Bürgerbewegung, Annäherung und Beitritt. Köln 1991,
S. 58–60.

7 Die Umgestaltung ist lebensnotwendig
*Aus der Rede Michail Gorbatschows zum 40. Jahrestag der
DDR am 6. Oktober 1989:*
Genossen! Es ist uns bekannt, welch großes Interesse in
der DDR unseren Angelegenheiten, den radikalen Um- 5
gestaltungen in der Sowjetunion entgegengebracht wird.
Die Umgestaltung (= Perestroika) ist ein äußerst schwieriges Werk, das von der Partei und dem Volk die größte
Anspannung aller physischen, geistigen und moralischen
Kräfte erfordert. Aber sie ist für uns lebensnotwendig und 10
– wir sind fest davon überzeugt – sie wird unser Land zu
neuen Erfolgen führen und das reiche Potenzial des Sozialismus unvergleichlich weiter entfalten.

7

Demokratisierung, Offenheit (= Glasnost), sozialistischer
15 Rechtsstaat, freie Entwicklung aller Völker und ihre
gleichberechtigte Mitbestimmung in den Angelegenheiten, die das ganze Land betreffen, würdige Lebensbedingungen für die ganze Bevölkerung und garantierte Rechte
für jeden, umfassende Möglichkeiten für das Schöpfer-
20 tum eines jeden Menschen – das erstreben wir und von
diesen Zielen lassen wir uns leiten. [...]
Wenn es uns gelingt, alles zu verwirklichen, was wir uns
heute vorgenommen haben, bedeutet das die endgültige Trennung von der Ära des „Kalten Krieges" und den
25 Beginn einer wirklich friedlichen Periode in der europäischen Geschichte.

Zit. nach: Ebenda, S. 73f.

8 Unterschiedliche Entwicklungsbedingungen

*Aus einem Interview mit Kurt Hager, Chefideologe der SED,
am 10. April 1987:*
Frage: Die SED-Führung unterstützt die von Michail Gor-
5 batschow eingeleiteten Reformen in der Sowjetunion.
Zugleich betont die DDR ihre Eigenständigkeit. Sind die
Zeiten vorbei, in denen das Land Lenins für deutsche
Kommunisten vorbildlich war?
Hager: Wir haben uns die Lehren Lenins [...] angeeignet
10 und aus dem reichen Erfahrungsschatz der KPdSU Nut-
zen gezogen. Dies bedeutet jedoch nicht, dass wir alles,
was in der Sowjetunion geschah, kopierten.
Frage: Ein hartes Wort ...
Hager: Schon im Aufruf des ZK der KPD vom 15. Juni
15 1945 heißt es: „Wir sind der Auffassung, dass der Weg,
Deutschland das Sowjetsystem aufzuzwingen, falsch wä-
re, denn dieser Weg entspricht nicht den Entwicklungs-
bedingungen in Deutschland." Übrigens kopierte die
Sowjetunion auch nicht die DDR. [...]
20 Würden Sie, nebenbei gesagt, wenn Ihr Nachbar seine
Wohnung neu tapeziert, sich verpflichtet fühlen, Ihre
Wohnung ebenfalls neu zu tapezieren?

Zit. nach: Grünberg, A.: Der eingemauerte Staat. Die DDR vor der „Wende".
Stuttgart 1995, S. 105.

9 Für eine Umgestaltung der DDR

Aus dem Gründungsappell des „Neuen Forums" am 9.9.1989:
In unserem Lande ist die Kommunikation zwischen Staat
und Gesellschaft offensichtlich gestört. Belege dafür sind
5 die weitverbreitete Verdrossenheit bis hin zum Rückzug in
die private Nische oder zur massenhaften Auswanderung.
[...] Im privaten Kreis sagt jeder leichthin, wie seine Diagnose lautet und nennt die ihm wichtigsten Maßnahmen.
Aber Wünsche und Bestrebungen sind sehr verschieden
10 und werden nicht rational gegeneinander gewichtet und
auf Durchführbarkeit untersucht. Auf der einen Seite wünschen wir uns eine Erweiterung des Warenangebots und
bessere Versorgung, andererseits sehen wir deren soziale
und ökologische Kosten und plädieren für die Abkehr

von ungehemmtem Wachstum. Wir wollen Spielraum 15
für wirtschaftliche Initiative, aber keine Entartung in eine
Ellenbogengesellschaft. Wir wollen das Bewährte erhalten
und doch Platz für Erneuerung schaffen, um sparsamer
und weniger naturfeindlich zu leben. Wir wollen geordnete Verhältnisse, aber keine Bevormundung. Wir wollen 20
freie, selbstbewusste Menschen, die doch gemeinschafts-
bewusst handeln. Wir wollen vor Gewalt geschützt sein
und dabei nicht einen Staat von Bütteln und Spitzeln
ertragen müssen. Faulpelze und Maulhelden sollen aus
ihren Druckposten vertrieben werden, aber wir wollen 25
dabei keine Nachteile für sozial Schwache und Wehrlose.
Wir wollen ein wirksames Gesundheitswesen für jeden;
aber niemand soll auf Kosten anderer krankfeiern. Wir
wollen an Export und Welthandel teilhaben, aber weder
zum Schuldner und Diener der führenden Industriestaa- 30
ten noch zum Ausbeuter und Gläubiger der wirtschaftlich
schwachen Länder werden.
Um all diese Widersprüche zu erkennen, Meinungen und
Argumente dazu anzuhören und zu bewerten, allgemeine
von Sonderinteressen zu unterscheiden, bedarf es eines 35
demokratischen Dialogs über die Aufgaben des Rechtsstaates, der Wirtschaft und der Kultur. Über diese Fragen
müssen wir in aller Öffentlichkeit, gemeinsam und im
ganzen Land, nachdenken und miteinander sprechen.
Von der Bereitschaft und dem Wollen dazu wird es ab- 40
hängen, ob wir in absehbarer Zeit Wege aus der gegenwärtigen krisenhaften Situation finden. Es kommt in der
jetzigen gesellschaftlichen Entwicklung darauf an,
– dass eine größere Anzahl von Menschen am gesellschaftlichen Reformprozess mitwirkt, 45
– dass die vielfältigen Einzel- und Gruppenaktivitäten
  zu einem Gesamthandeln führen.
Wir bilden deshalb gemeinsam eine politische Plattform
für die ganze DDR, die es Menschen aus allen Berufen, Le-
benskreisen, Parteien und Gruppen möglich macht, sich 50
an der Diskussion und Bearbeitung lebenswichtiger Gesellschaftsprobleme in diesem Land zu beteiligen. Für eine
solche übergreifende Initiative wählen wir den Namen
NEUES FORUM [...].
Wir rufen alle Bürger und Bürgerinnen der DDR, die an 55
einer Umgestaltung unserer Gesellschaft mitwirken wollen, auf, Mitglieder des Neuen Forums zu werden.

Zit. nach: Gransow, V., u. Jarausch, K. H.: a. a. O., S. 60f.

10 Wer will die deutsche Vereinigung?

*Die New York Times am 19.11.1989 zu den ersten Spekulati-
onen über eine sich anbahnende deutsche Vereinigung:*
Niemand war auf den plötzlichen Aufbruch und die unerwartete Öffnung der Mauer vorbereitet. Daher sollte 5
es nicht überraschen, dass den guten Nachrichten viel
beunruhigende Spekulation über ein gefürchtetes altes
Thema folgte: die deutsche Wiedervereinigung. [...] Aus
vielen verschiedenen, aber guten Gründen ist kaum je-

10 mand dafür, dass eine Wiedervereinigung stattfindet. Man sehe sich zunächst einmal Ostdeutschland an. Seine kommunistischen Führer lehnen dezidiert eine politische Vereinigung ab, obwohl sie engere Wirtschaftsbeziehungen mit Westdeutschland begrüßen. Stärkere po-
15 litische Bindungen würden sowohl ihre Machterhaltung als auch die Identität der DDR als sozialistischen Staat gefährden. Sogar die Oppositionsführer [der Bürgerbewegungen] wollen die Vereinigung nicht. Sie halten an dem Glauben an den Sozialismus fest; sie wollen ihren
20 Staat reformieren statt ihn abzuschaffen und sie möchten Elemente eines freien Marktes mit einem umfassenden sozialen Sicherheitsnetz verbinden.

Man sollte auch Westdeutschland bedenken, dessen Bevölkerung schon fürchtet, durch den massiven Exodus
25 aus dem Osten überschwemmt zu werden. [...] Für Herrn Kohl steht Wiedervereinigung jetzt nicht auf der Tagesordnung. Obwohl Präsident Mitterrand sagt, dass er die deutsche Wiedervereinigung nicht fürchtet, will Frankreich sie nicht. Eine Vereinigung erschwert die Pariser Pri-
30 orität eines schnellen Fortschritts der westeuropäischen Wirtschaftsintegration. Ein neues Vaterland mit 80 Millionen Deutschen würde das Gleichgewicht in der EG noch mehr in die westdeutsche Richtung verschieben.

Großbritannien teilt die französischen Sorgen davor, dass
35 ein vergrößertes Deutschland die wirtschaftliche Supermacht Europas wird. Die Warnung von Premierministerin Thatcher vor vorschnellem Gerede über die Wiedervereinigung entspringt dem traditionellen englischen Wunsch, das kontinentale Gleichgewicht durch Widerstand gegen
40 den Aufstieg eines übergroßen Rivalen zu erhalten.

Wie die Westeuropäer haben die Polen und andere Osteuropäer bittere historische Erinnerungen an frühere Großdeutschlands, deren Drang nach dem Osten auf ihre Kosten erfolgte. Und Polen ist ganz besonders be-
45 sorgt, dass ein neu vereinigtes Vaterland die „verlorenen Gebiete" im jetzt polnischen Schlesien und Ostpreußen wiederverlangt.

Washington will die Wiedervereinigung nicht, da sie die amerikanische Militärpräsenz in Westdeutschland been-
50 den und die NATO ohne adäquaten Ersatz auflösen würde. [...] Schließlich hat die Sowjetunion [...] Angst vor einem Nationalismus, der aus der deutschen Vereinigung erwachsen könnte. Michail Gorbatschow ist ebenso besorgt, dass ein geeintes Deutschland eher sein Gewicht in
55 Osteuropa als in einem vereinigten Westeuropa geltend machen würde. [...]

Inzwischen bleibt das Hauptziel von Deutschen und Nicht-Deutschen die Integration Westdeutschlands in Westeuropa und die Schaffung eines Europas mit wirk-
60 lich offenen Grenzen. Gäbe es ein besseres Ende für die qualvolle deutsche Geschichte oder eine größere Hoffnung für Europa?

Ebenda, S. 99f.

11 „Wir sind das Volk!"
T-Shirt zur Währungsunion 1990.

12 **Konföderative Strukturen**
Aus Helmut Kohls Zehn-Punkte-Programm zur Deutschlandpolitik vom 28. November 1989:

1. Zunächst sind Sofortmaßnahmen erforderlich, die sich aus den Ereignissen der letzten Wochen ergeben, 5 insbesondere durch die Fluchtbewegung und die neue Dimension des Reiseverkehrs. [...]

2. Die Bundesregierung wird wie bisher die Zusammenarbeit mit der DDR in allen Bereichen fortsetzen, die den Menschen auf beiden Seiten unmittelbar zugute 10 kommt. [...]

3. Ich habe angeboten, unsere Hilfe und unsere Zusammenarbeit umfassend auszuweiten, wenn ein grundlegender Wandel des politischen und wirtschaftlichen Systems in der DDR verbindlich beschlossen und un- 15 umkehrbar in Gang gesetzt wird. [...]

4. Ministerpräsident Modrow hat in seiner Regierungserklärung von einer Vertragsgemeinschaft gesprochen. Wir sind bereit, diesen Gedanken aufzugreifen. [...]

5. Wir sind aber auch bereit, noch einen entscheiden- 20 den Schritt weiterzugehen, nämlich konföderative Strukturen zwischen beiden Staaten in Deutschland zu entwickeln mit dem Ziel, eine Föderation, d. h. eine bundesstaatliche Ordnung in Deutschland zu schaffen. Das setzt aber eine demokratisch legitimierte Re- 25 gierung in der DDR zwingend voraus. [...] Wie ein wiedervereinigtes Deutschland schließlich aussehen wird, das weiß heute niemand. Dass aber die Einheit kommen wird, wenn die Menschen in Deutschland sie wollen, dessen bin ich sicher. 30

6. Die Entwicklung der innerdeutschen Beziehungen bleibt eingebettet in den gesamteuropäischen Prozess,

7

d.h. immer auch in die West-Ost-Beziehungen. Die künftige Architektur Deutschlands muss sich einfügen in die künftige Architektur Gesamteuropas.

35

7. Die Anziehungs- und Ausstrahlungskraft der Europäischen Gemeinschaft ist und bleibt eine entscheidende Konstante der gesamteuropäischen Entwicklung. Wir wollen und müssen sie weiter stärken.

40

8. Der KSZE-Prozess ist ein Herzstück dieser gesamteuropäischen Architektur. Wir wollen ihn vorantreiben und die bestehenden Foren nutzen [...].

9. Die Überwindung der Trennung Europas und der Teilung Deutschlands erfordern weitreichende und zügige Schritte in der Abrüstung und Rüstungskontrolle.

45

10. Mit dieser umfassenden Politik wirken wir auf einen Zustand des Friedens in Europa hin, in dem das deutsche Volk in freier Selbstbestimmung seine Einheit wiedererlangen kann.

Ebenda, S. 103f.

13 **Staatenbund und Volksentscheid**

„Drei-Stufen-Plan" zur Einigung der Bürgerbewegung „Demokratie jetzt" vom 14. Dezember 1989:

Nach unserer Überzeugung kann eine „Wiedervereini-
5 gung" durch den Anschluss der Deutschen Demokratischen Republik an die Bundesrepublik Deutschland die deutsche Frage nicht lösen. [...] Diese neue Einheit kann nur das Ergebnis eines Prozesses der gegenseitigen Annäherung und der politischen und sozialen Reformen in
10 beiden deutschen Staaten sein. [...]

Erste Stufe:

Durchführung grundlegender politischer und gesellschaftlicher Reformen in der DDR in einem Reformbündnis mit unseren osteuropäischen Nachbarn. [...]
15 Einleitung von sozialen und gesellschaftspolitischen Reformen in der Bundesrepublik Deutschland, die zu mehr sozialer Gerechtigkeit, zur deutlichen Dämpfung

14 **Plakat zur Wiedervereinigung**, 1990

der Arbeitslosigkeit und zu mehr Umweltverträglichkeit in Produktion und Konsumtion führen. [...] Einberufung einer Deutschen Nationalversammlung aus Bürgerinnen und Bürgern beider Staaten zur Annäherung und demo-
20 kratischen Willensbildung in der nationalen Frage.

Zweite Stufe:

Ausbau des Grundlagenvertrages zwischen der Bundesrepublik und der DDR durch einen Nationalvertrag. Zusammenschluss zu einem Staatenbund und Schaffung
25 einer dualen deutschen Staatsbürgerschaft. [...]

Dritte Stufe:

Abschluss der Entmilitarisierung und des Rückzugs der Alliierten Mächte. [...] Volksentscheid über die politische Einheit in einem Bund Deutscher Länder. Schaf-
30 fung einer einheitlichen deutschen Staatsbürgerschaft. International bindende Verpflichtungen zur Mitwirkung am Entstehen einer neuen solidarischen Weltwirtschaftsordnung. International bindende Verpflichtung zur vollen Realisierung einer umweltschützenden Produktions-
35 weise.

Ebenda, S. 110f.

Arbeitsvorschläge

a) Stellen Sie fest, ob es im Herbst 1989 eine revolutionäre Situation in der DDR gab. Begründen Sie Ihre Ansicht aufgrund der Motive ausreisewilliger DDR-Bürger (M5).

b) Charakterisieren Sie, ausgehend von M6–M8, das Verhältnis zwischen Sowjetunion und DDR im Herbst 1989.

c) Beschreiben Sie die Haltung des „Neuen Forums" (M9) zu den Verhältnissen in der DDR einerseits, der Bundesrepublik andererseits. Charakterisieren Sie seine politische Stoßrichtung zwischen den Polen „Reform" und „Revolution".

d) Erstellen Sie eine Übersicht über die verschiedenen Einstellungen zur deutschen Vereinigung (M10) und vergleichen Sie sie mit dem weiteren Gang der Ereignisse (VT).

e) Inwiefern unterscheiden sich M6 und M7 bezüglich ihrer Konzepte zur Herstellung der deutschen Vereinigung? Vergleichen Sie die Konzepte mit dem wirklich beschrittenen Weg (VT).

f) Bewerten Sie, ausgehend von M11–M14, den Weg der deutschen Vereinigung. Erörtern Sie, ob es Ihrer Ansicht nach eine bessere Alternative gegeben hätte.

7.17 Die Berliner Republik – Chancen und Probleme des vereinigten Deutschlands

Mit Recht bezeichnete Bundeskanzler Kohl die friedliche Wiederherstellung des 1945 untergegangenen deutschen Nationalstaats am Vorabend der deutschen Einigung als „weltpolitisches Ereignis von historischem Rang". Die Freude über die Selbstbefreiung Europas vom kommunistischen Totalitarismus steigerte sich im vereinten Deutschland allerdings vorschnell zu einer Euphorie, die die Größenordnung der bei der Herstellung der „inneren Einheit" zu lösenden Probleme unterschätzte. In den 1990er-Jahren vollzog sich ein tiefgreifender wirtschaftlicher Einbruch im vereinigten Deutschland. Nur wenige DDR-Betriebe erwiesen sich als konkurrenzfähig und der Verfall der Altbauten sowie der meisten Innenstädte war längst zu einer sozialen Katastrophe geworden. Die durchschnittliche Arbeitslosigkeit in den neuen Bundesländern stieg schnell auf ca. 25 % an, sodass die Zahl der Erwerbspersonen bis zur Mitte der 1990er-Jahre um etwa ein Drittel sank. Der erhoffte selbsttragende Wirtschaftsaufschwung blieb aus, obwohl jährlich Transferzahlungen in Milliardenhöhe getätigt wurden, durch die die staatliche Neuverschuldung 1991 schon auf 3,5 % und der öffentliche Schuldenberg 1992 auf 1,3 Billionen DM anstieg.

Epochenwende?

Der entscheidende Grund für diese wirtschaftliche Seite der „Vereinigungskrise" war die marode DDR-Wirtschaft, die nur etwa ein Drittel der Produktivität ihrer westlichen Konkurrenten erreichte und sich als unfähig erwies, weltmarktfähige Güter zu produzieren. Vielmehr hatte sie mit ihrer veralteten Maschinenausstattung enorme Umweltschäden verursacht und gewaltige Schuldenberge aufgehäuft. Ihre Integration in die internationale Marktwirtschaft brachte sie binnen kurzer Zeit zum Zusammenbruch, sodass das Bruttosozialprodukt der neuen Bundesländer bis Ende 1990 um 18,5 % sank. Noch Ende der 1990erJahre betrug ihr Anteil am nationalen Bruttoinlandsprodukt nur etwa 10 %, ihre Produktivität erreichte kaum mehr als die Hälfte der westlichen und ihr Exportanteil belief sich 1997 auf nur 5,4 %. Nach Prognosen von Experten wird der westliche Standard frühestens im Jahr 2010 erreicht sein.

Wirtschaftsprobleme

7

Die Hauptlast der Vereinigung hatten nach 1990 die Arbeitnehmer zu tragen, die ihren Arbeitsplatz verloren – darunter überproportional viele Frauen. Entlassungen und Schließungen von Betrieben hatten ihre Ursachen neben der fehlenden Rentabilität vor allem im weitgehenden Verlust der bisherigen Absatzmärkte in Osteuropa. Dem „Aufschwung Ost" stand als weiteres Hindernis die im Einigungsvertrag festgelegte „Rückgabe vor Entschädigung" entgegen: Das hieß, dass die nach 1949 von Behörden der Sowjetunion und der DDR enteigneten Alteigentümer Betriebe und Immobilien zurückfordern konnten. Dadurch waren komplizierte Eigentums- und Vermögensfragen zu lösen. Die zahlreichen Eigentumsansprüche von Westdeutschen ließen sich deshalb so schwer klären, weil zu Zeiten der DDR Grundbucheintragungen bewusst geschwärzt worden waren und geschultes Personal zur Bearbeitung der zahllosen Anträge fehlte. Die Folge war, dass potenzielle Investoren aufgrund der lange ungeklärten Rechtslage abgeschreckt wurden. Außerdem reagierten viele DDR-Bürger erbittert, wenn sie vor den Alteigentümern aus dem Westen weichen und ihre nach DDR-Recht gutgläubig erworbenen Häuser räumen mussten.

Investitionshemmnisse

Diese Erbitterung trug – gepaart mit der hohen Arbeitslosigkeit, den steigenden Mieten und einem starken Lohn- und Gehaltsgefälle zwischen Ost und West – schnell dazu bei, dass bei vielen Ostdeutschen schon bald nach der Vereinigung

„Vereinigungskrise"

1 Automobilwerk Eisenach. Letzter Tag, 1990.

ein Stimmungsumschwung einsetzte – das war die mentale Seite der „Vereinigungskrise". Die Westdeutschen klagten ihrerseits über die hohen Kosten der Einheit. So fühlten sich 1993 bei einer Umfrage des Instituts für Demoskopie 71 % der alten und 85 % der neuen Bundesbürger durch „entgegengesetzte Interessen" getrennt. Das Wohlstandsgefälle zwischen Ost und West sowie das Aufeinandertreffen von unterschiedlichen Erfahrungswelten, die sich in den 40 Jahren der Teilung herausgebildet hatten, verschärfte zusätzlich das Abgrenzungsbedürfnis zwischen Ost- und Westdeutschen. So entstand im Osten der Eindruck eines „Anschlusses", wenn nicht gar einer „Kolonisierung" der DDR durch den Westen, zumal bereits der Beitritt zur Bundesrepublik nach Art. 23 GG die von vielen DDR-Bürgerrechtlern erhoffte Ausarbeitung einer neuen Verfassung vereitelt hatte. Unmut weckte auch der Elitentransfer aus dem Westen, der sich beim Umbau der politischen, juristischen und gesellschaftlichen Institutionen vollzog. Zahlreiche Führungspositionen in Verwaltung, Justiz und Bildungssystem wurden durch Beamte aus den alten Bundesländern besetzt, weil zahlreiche ostdeutsche Amtsinhaber politisch belastet waren. Nicht selten nutzten Bewerber aus den alten Bundesländern die Vereinigung als Sprungbrett für ihre berufliche Karriere. Aus dem Gefühl der Fremdbestimmung heraus entwickelte sich allmählich die Vorstellung einer „DDR-Identität", die vor der nivellierenden, zum Teil auch deklassierenden Konsumgesellschaft des Westens zu schützen sei, woraus die PDS, die Nachfolgepartei der SED, bei Wahlen Kapital schlug. Die vom Bundestag 1991 beschlossene Ablösung Bonns durch Berlin als deutsche Hauptstadt konnte diesem Gefühl kaum entgegenwirken. Umgekehrt fühlten sich manche Westdeutschen durch die Ostdeutschen in eine überwunden geglaubte Zeit, die Welt der 1950er Jahre, zurückgeworfen. Die Menschen in der DDR hatten hinter der Mauer keine Chance gehabt, sich frei zu entwickeln und sie hatten sich in ihrer engen, zuweilen spießigen Welt eingerichtet. Nun erlebten sie die weltläufig gewordenen und gewandten „Wessis" als überheblich und dominant. „Ein Staat, zwei Gesellschaften" – so lautete die immer wieder zu hörende Diagnose politischer Beobachter des Vereinigungsprozesses.

„Aufbau Ost"

Trotz der genannten Probleme überwiegt die positive Bilanz des Einigungsprozesses: Mit der wiedergewonnenen staatlichen Einheit endeten nicht nur die getrennten Wege, die die beiden deutschen Staaten 40 Jahre lang gegangen waren. Trotz aller noch ungelösten Probleme gelang in erstaunlich kurzer Zeit ein beispielloser „Aufbau Ost", in dessen Verlauf massive wirtschaftliche Investitionen in die Verbesserung der Infrastruktur, den Umweltschutz, aber auch die sozialen Sicherungssysteme der neuen Bundesländer flossen. Arbeitsbeschaffungsmaßnahmen, Rentenerhöhungen und Arbeitslosenunterstützung machten West-Ost-Finanztransfers bis 2002 in Höhe von ca. 1 Billion Euro nötig, die auch von den westdeutschen Steuer- und Sozialversicherungszahlern mitfinanziert wurden. Bei nicht wenigen gründete die Bereitschaft, Opfer – z.B. den Solidaritätsbeitrag – zu bringen, in der Einsicht, damit zu einem gerechten Lastenausgleich für Mitbürger beizutragen, die ohne eigenes Verschulden mehr als vierzig Jahre lang unter der SED-Diktatur hatten leben müssen.

7

Zur Haben-Seite der Bilanz gehört außerdem, dass die deutsche Vereinigung 1989 durch die „friedliche Revolution" der Ostdeutschen eingeleitet wurde. Anders als 1871 entstand der deutsche Nationalstaat damit nicht aus Kriegen, sondern aus einer „Kraft der Selbstbefreiung" – so der Leipziger Historiker Hartmut Zwahr. Hinzu kamen internationale Vereinbarungen und die Zustimmung der Nachbarn, insbesondere Frankreichs und Polens. Die rasch ermöglichte Einbeziehung der DDR mittels einer Wiederherstellung ihrer Länder festigte die föderale Struktur der Berliner Republik, die sich danach konsequent auf den Weg zu einer supranational orientierten Demokratie begab, in der das Nationalstaatsprinzip deutlich zurücktrat. Am 3. Oktober 1990 war nämlich ein „postklassischer" Nationalstaat entstanden in dem Sinne, dass er im „Zwei-plus-Vier-Vertrag" auf einige Elemente staatlicher Souveränität bewusst verzichtete, z. B. auf den Besitz atomarer, biologischer und chemischer Waffen. Zudem willigte er in eine Beschränkung seiner Streitkräfte auf mittlerweile weniger als 300 000 Soldaten ein und ist seitdem fest in übernationale Zusammenschlüsse wie die UNO, die Europäische Union und die NATO eingebunden. Aus internationaler Perspektive betrachtet ist das geeinte Deutschland damit aus der Randlage, die die beiden deutschen Staaten im Ost-West-Konflikt innehatten, in das Zentrum eines sich vereinigenden Europa gerückt, in dem der Stellenwert nationalstaatlicher Souveränität von Jahr zu Jahr an Gewicht verliert.

Das vereinte Deutschland – ein „postklassischer Nationalstaat"

 **Berliner Republik**

Für diesen Prozess ist die Berliner Republik gut gewappnet, denn sie kann zurückgreifen auf reiche Erfahrungen aus der Zeit der Teilung, in der beide deutschen Staaten die Grenzen der eigenen Handlungsfähigkeit schmerzlich erkennen und anerkennen mussten – mehr als jeder andere Staat in Europa. Diese Erfahrungen sind heute wertvoller denn je in einer vernetzten, globalisierten Welt, in der kein Land künftig im traditionellen Sinne autonom und souverän wird Außenpolitik betreiben können. Das erklärt die Schlüsselrolle, die Deutschland seit 1990 im europäischen Einigungsprozess spielt, denn nur durch eine Föderalisierung Europas mit abgestuften Formen politischer und wirtschaftlicher Integration wird sich einer Renaissance des Nationalismus vorbeugen lassen. Vor diesem Hintergrund bietet sich dem deutschen Nationalstaat eine neue Chance, die der deutsch-amerikanische Historiker Fritz Stern treffend beschrieben hat: „Dies Jahrhundert endet, wie es anfing, mit einem großen deutschen Vorsprung in Europa, gestützt auf Wirtschaft, Technik und menschliche Leistungsfähigkeit. Nun haben Deutschland und Europa eine zweite Chance, ihre wahren Werte in Frieden und Freiheit zu sichern – und zwar unter sehr viel besseren Bedingungen als im Zeitalter des großen Nationalismus vor 1914."

Die „zweite Chance" Deutschlands und Europas

7

2 Die Ruinen des ehemaligen volkseigenen Betriebes VEB Leichtzuschlagstoffe Grimmen (später Norddeutsche Blähton mbH Grimmen). Das Werk wurde im Juni 1995 endgültig geschlossen und anschließend mehrfach zwangsversteigert.

3 **Hinter den 7 x 7 Bergen**
Gemälde von Wolfgang Mattheuer, 1993.

4 **Ende einer Selbstzerstörung**
Hartmut Zwahr, seit 1978 Professor für Geschichte an der Universität Leipzig, 1993 über die Folgen der Einheit:
Wie werden die Menschen [...] mit der Erfahrung fertig,
5 dass sie einen mehr oder weniger großen Teil ihres Lebens an den Realsozialismus verloren haben? Wie werden sie jene ertragen, denen sie dafür die Schuld geben? Die unten Rudernden wurden nicht gefragt, sondern vereinnahmt. Lange hat sich eine Mehrheit der Bevölkerung
10 dem autoritären Zugriff gebeugt, die politbürokratische Lenkung hingenommen, lange hat sie angepasst gelebt, ihr Bewusstsein aufgespalten und permanenten Mangel ertragen. [...]
Viele Männer und noch mehr Frauen sind arbeitslos
15 geworden und unglücklich, weil sie erleben, dass sie in einem vertrauten Umfeld ihren Platz verlieren. Andere arbeiten im Übermaß, auch Frauen. Sie haben genügend Geld, doch es fehlt ihnen an freier Zeit, um die Freiräume, die sich verlockend öffnen, erobern zu können. Junge
20 Leute fragen nach dem Sinn eines solchen neuen Lebens. Sie beginnen, sich in den verschiedensten sozialen und politischen Milieus der neuen Bundesländer einzurichten. Diejenigen, die Bildungskapital erwerben, wissen: Sie werden besser sein müssen als die Westdeutschen, die
25 das unter anderen Voraussetzungen und Umständen tun, und sie werden besser sein können. Was haben wir, was haben die allermeisten von uns, fragen sie, von den Eltern

als Erbe zu erwarten, außer einem schlechten Gewissen und einer Dreizimmerwohnung? Sie vergleichen sich mit den gleichaltrigen Westdeutschen und ahnen, dass die 30 Umschichtung des Eigentums, die vor ihren Augen stattfindet, sie auf Lebenszeit benachteiligt. Vor ihren Augen werden aber auch Häuser und ganze Straßenzüge, denen der Abriss drohte, wieder bewohnbar – auferstanden aus Ruinen. Doch werden, so fragen viele Hindurchgehen- 35 de, auch in Zukunft diejenigen darin wohnen, die sie jetzt bewohnen? Andere sagen: Ohne die Vermögens-umschichtung können die nach dem Krieg zum zweiten Mal untergegangenen Städte nicht wieder auferstehen. Das ist eben der Preis für diese vierzig Jahre, für dieses Ex- 40 periment, für diesen Umweg, den die Geschichte genommen hat. [...] Für den Arbeitslosen aber wird es oft nur ein schwacher Trost sein, dass er bessere Luft atmet, jetzt, da bestimmte Betriebe stillgelegt worden sind, vielleicht auch sein Betrieb, und dass diese Stadt, Leipzig, aufatmet 45 und nachts ihre Fenster wieder öffnet, weil nicht mehr die Absterbeluft aus den Schornsteinen der Chemiegi-ganten und der Braunkohlenkraftwerke einströmt.

Zwahr, H.: Ende einer Selbstzerstörung. Leipzig und die Revolution in der DDR. Göttingen 1993, S. 167f.

5 **„Mehr Einheit braucht die Demokratie nicht"**
Der Politologe Hans-Joachim Veen 1997 über demoskopische Befunde:
Die Grundprinzipien der Verfassung, ihre Grundwerte, Institutionen und Verfahren werden von großen Mehr- 5 heiten in West- und Ostdeutschland getragen, gleiches gilt für die Prinzipien der sozialen Marktwirtschaft. Die Westintegration der Bundesrepublik in die Europäische Union und die NATO wird in beiden Teilen Deutschlands mehrheitlich akzeptiert. Die Identifikation mit dem ver- 10 einten Deutschland ist gegeben, wenn auch im Westen ausgeprägter als in den neuen Ländern, in denen die Identifikationen multipler sind. Die Grundsympathie füreinander ist, bei allen gepflegten Vorurteilen, fraglos vorhanden. 15
Die Unterschiede beginnen dort, wo es um den gegenwärtigen Zustand von Demokratie und sozialer Marktwirtschaft, um die Systemleistungen geht. Hier sind die Ostdeutschen angesichts ihrer Problemlagen deutlich unzufriedener als die Westdeutschen, doch treffen sich 20 beide im Ernstfall in ihrem Glauben an den fürsorglichen Sozialstaat. Zurück hinter die freiheitliche Demokratie will nur eine kleine Minderheit der Ostdeutschen, das belegt am überzeugendsten ihr Wahlverhalten. Mehr als drei Viertel votieren für die westlichen Parteien, selbst 25 von den PDS-Anhängern identifiziert sich nur etwa die Hälfte mit dem alten Regime. [...]
Wie steht es also mit der inneren Einheit? Die Antwort ist am Ende einfach: Wir haben sie bereits in dem, was sie legitimerweise bedeuten kann. Wir leben bereits im 30

7

Zustand innerer Einheit und das heißt gesteigerter Vielfalt. Mehr Einheit braucht die Demokratie nicht. […] Die Politik ist allerdings gut beraten, wenn sie dem Aufbau Ost weiterhin absolute Priorität einräumt, nicht in der

35 vordergründigen Absicht, einheitliche materielle Lebensverhältnisse herzustellen […], sondern um die Modernisierungschancen des Ostens für das vereinte Deutschland nutzbar zu machen. Nicht um die innere Einheit, sondern um die gemeinsame Zukunft geht es also.

Aus Politik und Zeitgeschichte B 40–41/1997, S. 27 f.

6 Befehlsnotstand?

Aus der Antwort des Europäischen Gerichtshofs für Menschenrechte in Straßburg auf die Beschwerde des als Todesschützen verurteilten NVA-Grenzsoldaten Karl-Heinz Wink-
5 *ler, 22. März 2001:*

Der Beschwerdeführer [Winkler] hat argumentiert, als DDR-Grenzsoldat sei er das letzte Glied in der Befehlskette gewesen und er habe immer die ihm erteilten Befehle beachtet. Seine Verurteilung durch bundesdeutsche Ge-
10 richte sei daher nicht vorhersehbar gewesen. Es stellt sich deshalb die Frage, in welchem Maße der Beschwerdeführer als Gefreiter [Niedrigster Dienstgrad in der Nationalen Volksarmee der DDR] wusste oder hätte wissen müssen, dass das Schießen auf Personen, die bloß die Grenze über-
15 queren wollten, nach DDR-Recht eine Straftat war.

In diesem Zusammenhang bemerkt der Gerichtshof zunächst, dass das geschriebene Recht jedermann zugänglich war. Die einschlägigen Normen waren die Verfassung und das StGB [Strafgesetzbuch] der DDR, keine obskuren
20 Regelungen. Der Grundsatz „Unkenntnis des Rechts ist kein Strafausschließungsgrund" ist auch auf den Beschwerdeführer anzuwenden.

Er hatte sich freiwillig für einen dreijährigen Dienst in der NVA verpflichtet. Jeder Bürger der DDR kannte die
25 restriktive staatliche Politik, betreffend die Freizügigkeit, die Natur des Grenzregimes, den Wunsch der Mehrheit der Bevölkerung, ins Ausland gehen zu dürfen, und die Tatsache, dass eine Zahl von ihnen mit allen Mitteln versuchte, dies auch zu tun. Der Beschwerdeführer wusste
30 daher oder hätte wissen müssen, dass er, indem er sich für eine dreijährige Militärzeit verpflichtete, eine Treueverpflichtung gegenüber dem Regime einging und dies die Möglichkeit einer Stationierung an der Grenze mit

sich brachte, wo er dem Risiko ausgesetzt sein würde, auf unbewaffnete Flüchtlinge schießen zu müssen.   35

Darüber hinaus ist der Gerichtshof der Auffassung, dass auch ein Gefreiter keinen totalen, blinden Gehorsam Befehlen gegenüber leisten durfte, die nicht nur die eigenen Rechtsprinzipien der DDR [z. B. den in der DDR-Verfassung garantierten Schutz menschlichen Lebens] eklatant   40
verletzten, sondern auch international anerkannte Menschenrechte, insbesondere das Recht auf Leben.

In Anbetracht all dieser obigen Überlegungen kommt der Gerichtshof zu dem Ergebnis, dass die Handlung des Beschwerdeführers zur Tatzeit eine Straftat darstellt.   45

Neue Justiz 5/2001. Zit. nach: Süddeutsche Zeitung, 15.6.2001, S. 11.

7 Frauen nach der Einheit

Ergebnisse der Befragung von Zeitzeuginnen aus Ostdeutschland, 1999:

Die Grenzöffnung wurde von den befragten Frauen vor allem als Zugewinn an Freiheit in vielen Bereichen er-   5
fahren. Dennoch gibt es auch Momente der positiven Rückbesinnung auf Lebensbereiche in der DDR. Auffällig ist vor allem die Doppelorientierung der Frauen auf Beruf und Familie – zwei Lebensbereiche, die in der DDR durch eine Vollversorgung mit staatlich finanzierten Kinderbe-   10
treuungsmöglichkeiten relativ gut zu vereinbaren waren. Die in der DDR sozialisierten Frauen möchten auch in Zukunft auf keinen dieser Lebensbereiche verzichten; es zeigt sich aber, dass berufliches Engagement und die Phase der Familiengründung unter den Systembedingungen   15
der Bundesrepublik nur schwer zu koordinieren sind.

Es sind also politische und betriebliche Maßnahmen angezeigt, die es Frauen und Männern erlauben, berufliches und familiäres Engagement in Zukunft besser miteinander zu vereinbaren. Anzustreben sind zum Beispiel   20
flexiblere Arbeitszeitmodelle, sodass Erwerbs- und Hausarbeit besser aufgeteilt werden können und die Eltern dennoch mehr Zeit mit ihren Kindern verbringen, als dies in der DDR möglich war. Außerdem sind umfassendere und auch mit geringen Einkommen finanzierbare   25
Kinderbetreuungsmöglichkeiten erforderlich, sodass gegebenenfalls ein Kinderwunsch auch jenseits der finanziellen Absicherung im Rahmen einer Ehe verwirklicht werden kann.

Aus Politik und Zeitgeschichte B 12/1999, S. 33.

Arbeitsvorschläge

a) Grenzen Sie die Auffassungen über die Folgen der Vereinigung (M1–M5, M7) gegeneinander ab. Wie erklären Sie sich die Unterschiedlichkeit?

b) Bewerten Sie das Urteil des Europäischen Gerichtshofs (M6). Welche generellen Probleme bei der Herstellung der „inneren Einheit" kommen in der Beschwerde des Soldaten zum Ausdruck?

c) Befragen Sie Vertreter verschiedener Generationen über ihre Einstellungen und Erfahrungen zu den Folgen der Vereinigung.

Standpunkte: Die historische Bedeutung des Jahres 1989: Wendepunkt – Umbruch – Epochenjahr?

Dass das Jahr 1989 eine Zäsur sowohl in der deutschen als auch in der internationalen Geschichte darstellt, wird kaum jemand bestreiten. Viele stimmten dem britischen Historiker Eric J. Hobsbawm zu, als er 1994 in seinem Buch „Das Zeitalter der Extreme" die These vertrat, mit dem Jahr 1989 ende das 1914 begonnene „kurze 20. Jahrhundert". Doch wie tiefgreifend war der Einschnitt wirklich? Hat 1989 ein neues historisches Zeitalter begonnen? Und wenn ja, worin bestand die Epochenwende? Was unterscheidet die alte von der neuen Epoche? Welche grundlegenden Merkmale der nationalen und internationalen Politik veränderten sich? Und welche Kontinuitäten blieben bei aller Veränderung dennoch weiter bestehen? Historiker setzen unterschiedliche Akzente bei ihren Antworten.

1 Die Kette des Schreckens ist zerbrochen

Der deutsch-amerikanische Historiker Fritz Stern 1991:

Das Jahr 1989 war ebenso wichtig für die Geschichte Europas wie 1914 und 1917 – denn es beendete die Epoche,
5 die damals ihren Anfang nahm. Mit dem Ersten Weltkrieg begann eine Kette des Grauens, ausgelöst von den Nationalstaaten, die bis ins Äußerste führte. Zwei große ideologische Bewegungen, in diesem Krieg geboren, brachten den Staat in ihre Gewalt und begründeten damit die für
10 unser Jahrhundert charakteristische Form der Tyrannei, den Totalitarismus. Beginnend mit dem Ersten Weltkrieg, schufen Techniker immer neue Tötungsformen und immer neue Mittel, die Menschen zu täuschen. [...]
Der Bolschewismus wie der Nationalsozialismus waren tief
15 in einander entgegengesetzten Denksträngen des 19. Jahrhunderts verwurzelt. Einmal an der Macht, predigten und praktizierten diese Bewegungen ideologische Kriegslust; Todfeinde mussten vernichtet werden, so glaubten sie, damit ihre utopische Vision – der neue Sowjetmensch bzw.
20 der arische Herrenmensch – Wirklichkeit werden konnten. Beide Regime institutionalisierten den Staatsterror. [...]
Ja, 1989 war diese Kette der Schrecken wirklich zerbrochen. Ich glaube nicht, dass wir das Ende der Geschichte oder den Ewigen Frieden erreicht haben. [...] Allerdings
25 glaube ich, dass wir das Ende einer Epoche erreicht haben, in der Europa von Hegemonialkriegen in Schutt und Asche gelegt wurde [...] und in der sich totalitäre Staaten ein Machtmonopol schufen, das auch ein Monopol der Wahrheit kontrollierte [...] Trotz aller Risiken und Gefah-
30 ren, die vor uns liegen, [...] sollten wir doch die Größe der Veränderungen anerkennen, die mit den Revolutionen von 1989 in Europa eingetreten sind. Die Wahrheit ist wieder eingesetzt. Die Werte liberaler Einrichtungen und eines liberalen Geistes sind nahezu spontan wieder zum
35 Vorschein gekommen, nicht mit einem Fanfarenstoß, aber eben doch als die „selbstverständlichen Wahrheiten", als die sie den Architekten der amerikanischen Unabhängig-keitserklärung erschienen waren. Vielleicht kehren wir zu einigen der Werte des 18. Jahrhunderts zurück, der Aufklärung, eines Augenblicks in Europa, den Jean Starobinski 40 „die Entdeckung der Freiheit" genannt hat. Die Verteidigung der Freiheit ist unsere nächste Aufgabe.

Stern, F.: Europa am Ende einer Ära des nationalen und ideologischen Wahns. In: Die Zeit, Nr. 51, 13. Dezember 1991.

2 Befriedigung und Sorge

Der Historiker Jürgen Kocka 1995:

Eine tiefe Zäsur war es schon, was da 1989/90 geschah, die einschneidendste seit dem Zweiten Weltkrieg: ein Umbruch, eine Wende, das Ende einer Epoche in der 5 Geschichte Deutschlands, Europas, ja der nördlichen Hemisphäre. In dreifacher Hinsicht:

1. 1989/90 endete der große Systemkonflikt, der die Welt seit der unmittelbaren Nachkriegszeit geprägt und sich im Kalten Krieg zugespitzt hatte. 1989/90 löste 10 sich die von den Supermächten USA und Sowjetunion bestimmte Weltordnung auf, der Niedergang des sowjetischen Imperiums beschleunigte sich und die Grundzüge einer neuen Ordnung zeichneten sich ab, die aber bis heute keine feste Gestalt gefunden hat 15 – mit der Folge, dass sich Befriedigung über den Zusammenbruch der alten Ordnung zunehmend mit Unsicherheit und Sorge über die Zukunft mischt.

2. In enger Verbindung damit stand der lange vorbereitete, aber nun plötzlich sichtbar werdende und sich in 20 Form eines rasanten Zusammenbruchs überschlagende Niedergang des diktatorischen Staatssozialismus, wie er sich seit 1917 in der Sowjetunion etabliert hatte und wie er nach 1945 durch die sowjetische Hegemonialmacht im östlichen Europa verbreitet und weltweit 25 propagiert worden war. [...] Die marktwirtschaftlich organisierten, vergleichsweise offenen Gesellschaften des Westens mit ihren tendenziell liberaldemokratischen Institutionen und wohlfahrtsstaatlichen Regelungen

30 erwiesen sich als stärker. Unter dem Motto der „Zivilgesellschaft" wurden sie zum hoffnungsvoll erstrebten Gegenmodell zur niedergehenden „realsozialistischen" Diktatur. 1989/90 war ein großes Jahr in der Geschichte von Freiheit und Demokratie. [...]

35 3. Die Wende in Deutschland war Teil dieses welthistorischen Umbruchs, von ihm sehr viel stärker bedingt als ihn ihrerseits bedingend. Sie bestand, das soll man gedanklich auseinander halten, aus zwei Teilen: dem Zusammenbruch der DDR und der „Wiedervereinigung".

40 Diese ging zwar als Beitritt der zerfallenden DDR zur dadurch bestätigten Bundesrepublik vor sich, deren Ordnung damit nach Osten hin ausgedehnt wurde; doch in diesem Prozess ändert sich auch die aufnehmende Mehrheitsgesellschaft und das neue Deutschland ist

45 keine bloße Fortsetzung der alten Bundesrepublik, die in gewisser Hinsicht 1989/90 ebenfalls endete. [...]

Zit. nach: Wehler, H.-U. (Hg.): Scheidewege der deutschen Geschichte. Von der Reformation bis zur Wende 1517–1989. München 1995, S. 238 ff.

3 Einheit und Freiheit

Hagen Schulze schrieb 1996:

In zumindest vierfacher Hinsicht unterscheidet sich [seit 1989] die deutsche Gegenwart grundlegend von der
5 deutschen Vergangenheit:

1. Zum ersten Mal in der Geschichte ist der deutsche Nationalstaat „gesättigte Gegenwart", wie sich Ernest Renan im Blick auf das französische Staatswesen ausdrückte. Bisher galt das Diktum Nietzsches: „Die Deutschen sind
10 von vorgestern und von übermorgen – sie haben noch kein Heute." Das lag daran, dass seit der Entstehung der Nationalstaatsidee in Deutschland am Beginn des 19. Jahrhunderts Nation und Staat stets auseinander getreten waren. [...] Das ist jetzt zu Ende. Seit dem 3. Okto-
15 ber 1990 ist die Bundesrepublik Deutschland die einzige denkbare staatliche Hülle der deutschen Nation, ohne jede legitime Konkurrenz in den Köpfen der Bürger.

2. Zum ersten Mal in ihrer Geschichte können die Deutschen beides ganz haben: Einheit und Freiheit.

20 3. Zum ersten Mal in ihrer Geschichte haben sich die Deutschen nicht gegen ihre Nachbarn, sondern mit deren Zustimmung zusammengeschlossen.

4. Zum ersten Mal in seiner Geschichte ist der deutsche Nationalstaat unwiderruflich an den Westen gebunden.

25 Schulze, H.: Kleine deutsche Geschichte. München 1996, S. 263 ff.

4 „Fluchtpunkte"

Der Historiker Heinrich August Winkler vertrat 1997 folgende Auffassung:

Die Fluchtpunkte historischer Betrachtung ändern sich. In den Jahrzehnten nach dem Zweiten Weltkrieg war für 5 die deutsche Geschichtswissenschaft „1945" ein solcher Fluchtpunkt. Die Frage, wie es zur „deutschen Katastrophe", der Herrschaft des Nationalsozialismus, kommen konnte, beherrschte den Diskurs nicht nur über das 19. und 20. Jahrhundert, sondern zeitweise auch über frühe- 10 re Epochen: vom Absolutismus über die Reformation bis zurück ins Mittelalter. Die Denkfigur des „deutschen Sonderweges", der historischen Abweichung Deutschlands von den Entwicklungspfaden der westlichen Demokratien, blieb umstritten. [...] 15

1945 schien das Ende des „deutschen Sonderwegs" gekommen. Eine Auflehnung gegen die westliche Demokratie wie nach 1918 hat es in der Tat nach dem „Zusammenbruch" des Nationalsozialismus nicht mehr gegeben, sondern, im Westen Deutschlands, das Gegenteil: eine 20 umfassende Öffnung gegenüber der politischen Kultur der westlichen Demokratie. Der antiwestliche Sonderweg des Deutschen Reiches war an sein Ende gelangt.

Mittlerweile gibt es einen neuen Fluchtpunkt für Betrachtungen zur deutschen Geschichte: die welthisto- 25 rische Epochenwende von 1989/91, in deren Verlauf Deutschland seine staatliche Einheit wiedergewann. Im Rückblick wird uns nun deutlicher als zuvor, dass es auch nach 1945 noch einen deutschen Sonderweg gab – genauer gesagt: zwei. Die alte Bundesrepublik verstand sich 30 zunehmend als ein „postnationales" Gemeinwesen, das sich durch ebendieses Merkmal von den Nationalstaaten des Westens unterschied. Für die DDR bedeutete die Formel vom proletarischen oder sozialistischen Internationalismus sehr viel mehr als für sozialistische National- 35 staaten wie Polen und Ungarn: Sie war ein auf geradezu existenzielle Weise ideologischer Staat und konnte, da ihr die nationale Identität fehlte, nichts Anderes sein. Diese beiden Sonderwege – der eine ein Lebensgefühl, der andere eine bloße Staatsdoktrin – sind seit 1990 zum 40 Anachronismus geworden. Aber sie wirken bis heute nach. Schon deshalb bedürfen sie der historischen Aufarbeitung.

Winkler, H. A.: Streitfragen der deutschen Geschichte. Essays zum 19. und 20. Jahrhundert. München 1997, S. 7 f.

Arbeitsvorschläge

a) Arbeiten Sie aus M1–M4 heraus, wie Autoren das Jahr 1989 historisch einordnen.

b) Welche Begründungen liefern sie jeweils für ihre Einordnung und welche Aspekte sind in diesen Begründungen zentral?

c) Nehmen Sie eine eigene Einordnung in nationaler und in internationaler Perspektive vor.

d) Befragen Sie Zeitzeugen, die das Jahr 1989 bewusst miterlebt haben, nach ihren Erinnerungen.

7

1 **Entwurf für das Mahnmal für die Opfer des Holocaust von Peter Eisenman und Richard Serra**
links: Gesamtansicht; rechts: Detailaufnahme
Der Bundestag traf 1999 die Entscheidung, ein Mahnmal für die ermordeten Juden in Berlin zu errichten. Der „Stelenwald" im Zentrum der deutschen Hauptstadt – zwischen Brandenburger Tor und Potsdamer Platz – wurde 2005 fertiggestellt. Es handelt sich um ein begehbares, abgesenktes Feld mit 2 700 leicht schräg gestellten, etwa vier Meter hohen Betonstelen auf strengem Raster, die auf das Gräberfeld eines jüdischen Friedhofs anspielen sollen. Unter dem Stelenwald soll ein „Ort der Information" – im Sinne des Begriffs „Denkmal" – entstehen, der tunnelartige Räume für Ausstellungen und Veranstaltungen bietet. Sie sollen nach oben hin, in das Denkmal hinein, durch einzelne Baublöcke, z. B. ein vier Stockwerke hohes Bibliotheksgebäude, fortgesetzt werden. Die Entscheidung des Bundestags löste heftige Diskussionen aus.

2 **„So, nun fühle!"**
Der Theologe und Vorsitzende der SPD-Fraktion in der letzten DDR-Volkskammer, Richard Schröder:
Der Entwurf von Eisenman, der [...] 2 700 Stelen errichten will, die so eng beieinander stehen, dass man nur vereinzelt zwischen ihnen hindurchgehen kann, ist faszinierend [...]. Offensichtlich möchte Eisenman mit der Vereinzelung beim Gang durch diesen Stelenhain etwas vom KZ-Erlebnis erfahrbar machen. Ein Empathiepark [Park der Einfühlung] soll es sein. Ich halte diese Absicht für verwegen. Was da erfahren wird, kann nie solche Vergleichbarkeit beanspruchen. Und dann müssen wir auch an die ordinären Banalitäten der Realisierung denken. Wenn man nun Bierdosen begegnet und Hundedreck statt sich selbst [...].
Dass diejenigen, die in diesen Stelenpark hineingehen, auch in sich gehen, ist gar nicht gesagt. Ich halte das aber auch für eine Zumutung und für eine Überforderung, wenn der Imperativ in Beton gegossen wird: „So, nun fühle!" Gefühle lassen sich nicht kommandieren. [...]
Das öffentliche Gedenken darf nicht packend sein wollen, es muss diejenige Distanz wahren, die die Nachdenklichkeit fördert. Es sollte nicht wortlos Gefühle, sondern in klaren Worten Verstand ansprechen. Man sollte frei und aufrecht vor ein Mahnmal treten können und nicht hineinkriechen müssen.
Der Stelenhain lässt Gräberfeld und Friedhof assoziieren [...]. Das passt nicht gut in die Stadtmitte. Vor allem wissen wir aber doch: Es gibt den Ort nicht, wo sie begraben wurden, also sollten wir ihn auch nicht simulieren.
Die Zeit, 21. Januar 1999, S. 4.

3 **Klare Durchblicke und Orientierungen**
Der Kunstkritiker Eduard Beaucamp:
In der Kritik am Projekt [...] ist viel die Rede von der abstoßenden Monumentalität, ja dem Schrecken dieses Denkmals. Doch monoton und abstoßend ist ihr rauer „Hain" keineswegs. [...] Der enge Abstand zwischen den viertausend Stelen (jeweils knapp ein Meter) ergibt ein Dickicht, aber keinen klaustrophobischen Dschungel, da die planvolle Anlage klare Durchblicke und Orientierungen erlaubt. Ihre Enge ist notwendig – nicht um Angst und Grusel zu erzeugen, sondern um den Rummelplatz zu verhindern und die Besuchermassen aufzulösen. Das Denkmalgelände ist nicht abweisend, sondern nach allen Seiten offen und durchsichtig. Doch es duldet kein Gruppen- oder Massenerlebnis, es erschließt sich nur dem Einzelnen, der beim Durchwandern des Scheibenfelds auf sich allein gestellt sein wird. Er wird von einem Ozean von Totensteinen, einem Wald voller Erinnerungsmale umgeben sein. Diese begrenzte Grenzenlosigkeit beschwört die Masse der Opfer, das grenzenlose Morden. [...]
Ein solches Erinnerungsfeld, ein begehbarer Denkmalpark, bedarf um der Wirkung willen weitläufiger Ausdehnung. In der Berliner Stadtlandschaft wird sich das Mahnmal als einzigartiges, gewiss fremdes und unverwechselbares Monument, als notwendiger Stachel eingraben. Der Standort in der gespenstischen Umgebung von Hitlers einstiger Reichskanzlei und dem Parteibunker des Mordregimes ist richtig.
Zit. nach: Lahme, R.: Schatten der Vergangenheit. Stuttgart 2000, S. 77.

7

Geschichte erinnern:
Ist Vergangenheitsbewältigung möglich?

Die Auseinandersetzung mit den nationalsozialistischen Verbrechen zieht sich als roter Faden durch die deutsche Nachkriegsgeschichte. Historiker haben sie deshalb als die „zweite Geschichte des Nationalsozialismus" bezeichnet – und sie dauert immer noch an. Dabei sind bislang drei Phasen einer versuchten „Vergangenheitsbewältigung" zu unterscheiden.

In den unmittelbar auf das Kriegsende folgenden Jahren sahen sich die meisten Deutschen der Kriegsgeneration selbst als Opfer der Jahre 1933 bis 1945: Sie verwiesen dabei auf die vielen Toten – Soldaten und zivile Kriegsopfer –, zerstörte Städte sowie die Opfer von Flucht und Vertreibung. In der konstituierenden Sitzung des Deutschen Bundestags 1949 sprach der Alterspräsident und ehemalige KZ-Häftling Paul Löbe (SPD) deshalb von der „zweifachen Geißelung" des deutschen Volkes, das sowohl unter der NS-Diktatur als auch unter der militärischen Niederlage schwer gelitten habe. Auch in Ostdeutschland sahen sich viele Deutsche nach 1945 in der Opferrolle, was durch die antifaschistische Ideologie der SED zusätzlich legitimiert wurde. So dominierte in Ost und West gleichermaßen zunächst eine Tendenz zur Verdrängung der Frage nach der persönlichen bzw. kollektiven Mitverantwortung an den Verbrechen der NS-Diktatur. Ihretwegen gab es lange Zeit – in der DDR bis 1989 – starke Widerstände gegen Wiedergutmachungszahlungen an Israel für die etwa 500 000 Überlebenden des Holocaust.

Die zweite Phase begann am Ende der 1950er-Jahre, als die erste Generation heranwuchs, die das „Dritte Reich" nicht mehr selbst erlebt hatte. Aus dieser lebensgeschichtlichen Distanz heraus gab sie sich erstmals mit der Sprachlosigkeit vieler Älterer bei Fragen nach deren Rolle im „Dritten Reich" nicht mehr zufrieden, zumal Anfang der 1960er-Jahre verschiedene Prozesse gegen KZ-Verantwortliche in einer breiten Öffentlichkeit erschütternde Informationen über das Ausmaß der verübten Verbrechen vermittelt hatten. Als schließlich zwischen 1966 und 1968 die rechtsextreme NPD in sieben Landtage einzog, wuchsen vor allem bei den kritischen Jugendlichen der „Außerparlamentarischen Opposition" Befürchtungen, dass auch das eine Folge der mangelnden Aufarbeitung der NS-Vergangenheit in Schulen, Universitäten, Medien und der öffentlichen Meinung insgesamt gewesen sein könnte.

In den 1980er-Jahren vollzog sich dann ein erneuter Generationenwechsel: Zunehmend seltener trafen nun in Gesprächen über das „Dritte Reich" einsilbige Eltern auf ihre skeptischen Kinder, wie es nach 1968 bis in die 1970er-Jahre hinein oft der Fall gewesen war. Nun redeten Enkel mit ihren Großeltern über deren Erfahrungen im „Dritten Reich" und sie taten es immer mehr in dem Bewusstsein, dass diese letzten Zeitzeugen bald nicht mehr leben würden. Mit dem sich damit anbahnenden Abschied von den Zeitgenossen des NS-Systems rückte ein neuer Wendepunkt der deutschen Erinnerungsgeschichte näher, weil die unmittelbare, aus eigenen Erfahrungen gespeiste Erinnerung zusehends zurücktrat gegenüber aufgezeichneten und nur mehr medial vermittelten Zeitzeugen-Interviews. So verwandelte sich das „Dritte Reich" aus einer „gegenwärtigen" in eine „reine" Vergangenheit.

Welche Folgen dieser Generationenwechsel, in dem wir uns noch immer befinden, für die kollektive Erinnerung der Deutschen in der Zukunft haben wird, ist im Augenblick schwer abzuschätzen. Die sich jährlich vergrößernde zeitliche Distanz zur Epoche des Nationalsozialismus lässt einerseits Rufe nach einem „Schlussstrich" bzw. einer „Rückkehr zur Normalität" lauter werden. Andererseits wird umgekehrt auf die Notwendigkeit einer umso intensiveren „Vergegenwärtigung des Vergangenen" durch neue Gedenktage, Gedenkstätten und Mahnmale hingewiesen, die einer befürchteten Wiederholung der Geschichte vorbeugen sollen. Ein Beispiel dafür ist die Debatte um ein neues Holocaust-Mahnmal in Berlin.

7

Arbeitsvorschläge

a) Befragen Sie Vertreter der im Text genannten drei Generationen zu dem Stellenwert, den die nationalsozialistische Vergangenheit in ihrem Bewusstsein einnimmt.

b) Nehmen Sie Stellung zu der Kontroverse um das Berliner Mahnmal.

7.18   Deutschland und seine Nachbarn – Frankreich

Die deutsch-französische Politik der Aussöhnung

Mit dem Ende des Ost-West-Konflikts 1989/90 und der deutschen Vereinigung haben sich die Rahmenbedingungen für die europäische und die internationale Politik gleichermaßen grundlegend verändert. Diese Veränderungen haben naturgemäß direkte Auswirkungen auf das Verhältnis Deutschlands zu seinen Nachbarn in Ost und West – wenngleich in unterschiedlicher Weise. Im Westen war und ist das Verhältnis zwischen Frankreich und Deutschland aufgrund der Geschichte beider Länder sowie ihres wirtschaftlichen und politischen Einflusses von besonderer Bedeutung für die Stabilität Europas. Zur Zeit der Epochenwende von 1989/90 blickte man auf einen erfolgreichen Prozess der deutsch-französischen Aussöhnung zurück, der mit Adenauer und de Gaulle in den 1950er-Jahren begonnen hatte und im Elysée-Vertrag 1963 besiegelt wurde. Dennoch war es vor allem Frankreich, das die gewachsene finanzielle und wirtschaftliche Macht des vereinigten Deutschland einer stärkeren europäischen Kontrolle unterwerfen und durch Integration einer „hégémonie allemande" auf dem europäischen Kontinent vorbeugen wollte. Dies beschleunigte und vertiefte die europäische Integration und bot zudem aus deutscher Sicht den Vorteil, der seit langem gewünschten politischen Union Europas einen Schritt näher zu kommen.

Differenzen ...

Die Wende von 1989/90 führte andererseits auch zu Interessenkonflikten zwischen Frankreich und Deutschland. Unterschiedliche Auffassungen zeigten sich zu Beginn der 1990er-Jahre in der Balkan-Politik und bei der Frage eines ständigen UN-Sicherheitsratssitzes für Deutschland. Meinungsverschiedenheiten gab es auch in der Währungs- und Stabilitätspolitik sowie in der Frage der EU-Erweiterung nach Osten und Südosten, die von Deutschland eher forciert wird, während in Frankreich wegen der hohen Kosten eher Skepsis vorherrscht. Entgegen dem französischen Interesse an der Aufrechterhaltung des gemeinsamen Agrarmarkts und dem damit verknüpften Schutz vor Agrarimporten aus Nicht-EU-Staaten forderten Deutschland und Großbritannien beim Weltgipfeltreffen in Johannesburg 2002 die Öffnung der Märkte für Agrarimporte aus Entwicklungsländern durch den Abbau aller Agrarsubventionen. Auch bei der Liberalisierung des Welthandels betreibt Deutschland eine offensivere Politik als Frankreich, das traditionell eher protektionistischen Wirtschaftskonzeptionen zuneigt. Und innerhalb der EU betont Frankreich stärker die Wahrung nationalstaatlicher Souveränität, während Deutschland eher auf supranationale Strukturen hin orientiert ist und mehr nationale Souveränitätsrechte an europäische Institutionen abtreten möchte.

... und Gemeinsamkeiten

Dennoch bestanden auch nach 1990 die fundamentalen Gemeinsamkeiten zwischen Deutschland und Frankreich weiter fort. Die deutsch-französische Positionen behielten ihren hohen Stellenwert bei der Weiterentwicklung des europäischen Einheitsprozesses: Dazu gehörten im Jahr 2003 z. B. die gemeinsamen Initiativen für die Institutionalisierung eines dauerhaften Präsidentenamtes im EU-Ministerrat, für die Aufnahme von EU-Beitrittsverhandlungen mit der Türkei ab 2005, für ein weltweites Verbot reproduktiven Klonens sowie für das Verbot von Einhüllentankern in Europa. Von besonderer Bedeutung waren 2003 die deutsch-französischen Bemühungen im UN-Sicherheitsrat um die militärische Eskalation im Irak-Konflikt zu verhindern, was den Kriegsausbruch im März 2003 jedoch nicht stoppen konnte. Es wird eine wichtige Aufgabe der Zukunft bleiben, die engen Beziehungen beizubehalten und weiter auszubauen.

1 Adenauer und Kohl

Ein französischer Journalist über Deutschland (1994):

Von Konrad Adenauer, dem Vater des demokratischen Nachkriegsdeutschland, sagte einer seiner Söhne, er ha-
5 be seit 1914 nicht die geringste neue Idee gehabt, denn die überkommenen Ideen reichten ihm völlig. Helmut Kohl, der dessen Erbe beanspruchte, ist von gleichem Kaliber. Gefühlsmäßig teilt er die große Idee Adenauers: Deutschland durch die Verankerung in der Welt der west-
10 lichen Werte zu retten und seine politischen Rechte wie seine ökonomische Macht innerhalb der europäischen Legitimität wiederherzustellen. Die Geschichte hat ihm erlaubt, den Rahmen zu sprengen. Adenauer sprach im Namen eines besiegten und wiedergeborenen Deutsch-
15 land. Helmut Kohl meldet sich für ein selbstbewusstes, für die Europäische Union engagiertes und durch die Wiedervereinigung auf den ersten Platz unter den großen Mächten gelangtes Deutschland zu Wort.

„Es ist eine Gottesgabe, einfach denken zu können", hat-
20 te Konrad Adenauer einmal gesagt. In dieser Materie ist der instinktsichere Kohl sehr beschlagen. Er glaubt an den Genius seines Landes, an den Auftrag, der ihm heute auferlegt ist, die Irrtümer der Vergangenheit wiedergutzu-
machen. Man kann von den Deutschen nicht verlangen,
25 dass eine Generation nach der anderen ständig die Last einer schändlichen und allseits verurteilten Geschichte trägt. Helmut Kohl ist der Schöpfer der Formel von der „Gnade der späten Geburt", gemünzt auf seine Generation und deren Kinder, die zu jung waren, um an die Seite
30 des Dritten Reiches gestellt zu werden […].

Als er Francois Mitterand über die Gräber der Frontsoldaten von Verdun hinweg die Hand reichte, träume Hel-
mut Kohl aufrichtig von einem Ende des Bruderkriegs. Doch gleichzeitig verharmloste er den deutschen Natio-
35 nalismus, indem er ihn als einen der europäischen Nati-
onalismen des 19. Jahrhunderts darstellte.

Zit. nach: Leblond, L.: Frankreich und Deutschland seit 1945. Leipzig 1999, S. 14 ff.

2 Ist eine neue Verständigung nötig?

Ein deutscher Journalist schrieb 2002:

Die deutsch-französische Freundschaft hat schon ganz andere Stürme überstanden als den gegenwärtigen Haus-
5 krach um Agrarsubventionen oder die EU-Reform. Viel zu eng sind inzwischen die Fäden zwischen beiden Nachbarländern gesponnen, als dass ein Streit in noch so wichtigen Einzelfragen das gute Verhältnis insgesamt dauerhaft und irreparabel beschädigen könnte. So selbst-
10 verständlich scheint die Normalität zwischen den beiden früheren Erzfeinden inzwischen zu sein, dass man der Meinung anhängen könnte, das deutsch-französische Verhältnis bedürfe keiner besonderen Pflege mehr.

Fataler könnte ein Irrtum indes nicht sein. […] Das Inte-
15 resse am anderen nimmt jenseits aller politischen Farben

3 Karikatur von Jacques Bellenger, 1990

seit langem ab. Denn die Zeiten haben sich geändert. Der Antrieb, Deutschland und Frankreich nach den furchtbaren Gemetzeln der Vergangenheit einander näher zu bringen, hat sich – ein Glücksfall der Geschichte – histo-
risch erledigt. Die großen Gesten der Versöhnung, wie sie 20 einst Kohl und Mitterand über Verduns Gräber hinweg praktizierten, haben sich angesichts des hohen Standes der Normalisierung ebenso überlebt wie die Friedensrhe-
torik der ersten Nachkriegsjahrzehnte.

Die Folgen dieser Normalität, die etwas vom Charakter 25 einer alten Ehe hat, sind allerdings unübersehbar: Städtepartnerschaften, einst ein wichtiges Band, dümpeln dahin. Französisch spielt an deutschen Schulen die gleiche küm-
merliche Rolle wie Deutsch an französischen Bildungsein-
richtungen. Und weit entfernt ist der Gemeinschaftssen- 30 der Arte auch nach zehnjährigem teurem Sendebetrieb vom Ziel, eine Brücke zwischen beiden Ländern zu schlagen. Nur der Tourismus blüht, wobei Deutsche mehr nach Frankreich als Franzosen nach Deutschland reisen.

Eine neue Verständigung erscheint bitter nötig. […] Auf 35 rhetorische Girlanden, gar auf einen neuen vertraglichen „Gründungsakt" kann man dabei getrost verzichten. Wichtiger sind Initiativen von unten, ist eine ehrliche Bestandsaufnahme, die auch im Sinne der europäischen Verantwortung beider Länder tragfähige Perspektiven für 40 die Zukunft weist.

Südkurier, 31. Juli 2002, S. 2.

4 „Eine gefährliche Entwicklung"

Altbundeskanzler Helmut Schmidt schrieb 1999:

Seit 1989 die deutsche Wiedervereinigung in Sicht kam, sind Paris und Bonn langsam auseinander gedriftet. Kohl

7

5 nahm damals auf französische Empfindlichkeit keine ausreichende Rücksicht; Mitterand widersetzte sich – gemeinsam mit Thatcher – der Vereinigung. Nachdem diese gleichwohl im Zwei-plus-Vier-Vertrag zustande gebracht war, wurde der Eindruck erweckt, als Preis müsse 10 Deutschland die D-Mark opfern. […] Kleine und größere politische Gedankenlosigkeiten, Taktlosigkeiten und auch Nadelstiche von beiden Seiten haben sich seit der Maastricht-Krise gehäuft. Nationalistisch-engstirnige Publizisten und Medien verbreiten Misstrauen, so in Frank- 15 reich, in Deutschland, in England.

Das Blair-Schröder-Papier beunruhigt Ministerpräsident Jospin und manch einen in Paris […]. Es lässt leider die Missdeutung zu, dass die künftige Wirtschafts- und Sozialordnung der Mitgliedsstaaten der EU vom Zusam- 20 menspiel zwischen London und Bonn/Berlin abhängt – Franzosen waren nicht beteiligt. Gleichzeitig wollen sich die Börsen von Frankfurt und London zusammenschließen, fusionieren Daimler und Chrysler. Die Deutsche Bank fusioniert mit Bankers Trust zur größten Bank 25 der Welt. Deutsche Manager faseln vom Shareholder Value als leitender Ideologie. All dies erzeugt für manche französische Politiker den Eindruck, die Deutschen hätten sich neuerdings für ein Zusammengehen mit den Engländern und den Amerikanern entschieden und lie- 30 ßen die Franzosen links liegen.

Eine gefährliche Entwicklung! Denn ohnehin ist Deutschland den meisten Franzosen seit 1990 unerfreulich groß geworden und die deutsche Wirtschaft unerfreulich mächtig. Auch der uns Deutschen inzwischen 35 selbstverständliche Umzug von Bonn nach Berlin hat Besorgnisse ausgelöst. Gegenseitiges Vertrauen und enge Zusammenarbeit zwischen Frankreich und Deutschland liegen aber im wohlverstandenen nationalen Interesse, im strategischen Interesse beider Nationen. Deutschland 40 in einen größeren Verband einzubinden war, seit dem Schuman-Plan 1950, eines der beiden strategischen Ziele der europäischen Integration. Das andere strategische Motiv war die gemeinsame Abwehr der sowjetischen Expansion und des aus Moskau gelenkten Kommunismus; 45 dieses Motiv ist seit einem Jahrzehnt obsolet. Adenauer

akzeptierte bereits Anfang der fünfziger Jahre die wirtschaftliche und politische Einbindung Deutschlands, keiner seiner Nachfolger hat sie in Frage gestellt. Seit mindestens einem Vierteljahrhundert haben die Staatslenker Frankreichs akzeptiert, dass diese Strategie nur bei gleich- 50 artiger Selbsteinbindung ihres Landes möglich bleibt.

De Gaulle hatte zwar einen französischen Führungsanspruch für Europa behauptet, gleichwohl hat sein Élysée-Vertrag 1962 über enge politische Zusammenarbeit mit Deutschland gute Früchte getragen. Unter Pompidou 55 und Brandt entwickelte sich die Zusammenarbeit noch verhalten. Unter Giscard d'Estaing und mir kam sie voll zur Geltung […]. So blieb es auch zwischen Mitterand und Kohl, jedenfalls bis 1989. Das Tandem Paris – Bonn, die „bonne entente" (Giscard d'Estaing) war über viele 60 Jahrzehnte nicht nur das Fundament der europäischen Integration, sondern auch ihr Motor. […]

Wer als Deutscher die europäische Geschichte der letzten zweihundert Jahre – Napoleon, Bismarck, die beiden Weltkriege und die unsäglichen Naziverbrechen – in sei- 65 nem Be-wusstsein hält, für den kann es keinen Zweifel geben: Die dauerhafte Einbindung Deutschlands in den europäischen Einigungsprozess liegt im wohlverstandenen patriotischen, im langfristigen strategischen Interesse der Deutschen, sie ist eine Lebensnotwendigkeit. Sie liegt 70 desgleichen im vitalen Interesse unserer französischen Nachbarn (und notabene: ebenso im vitalen Interesse der Polen). […]

Die Führungspersonen der politischen Klasse in Frankreich sollten wissen: Paris muss sich abermals entschei- 75 den zwischen der verblassenden Idee einer autonomen nationalen Sonderrolle in der Welt und der zukunftsträchtigen Möglichkeit der strategischen Führung Europas. Die deutsche politische Klasse muss wissen: Frankreich besitzt im Urteil der Welt historische, kulturelle, 80 völkerrechtliche und nukleare Trumpfkarten, die wir Deutschen nicht haben. Deshalb bedürfen wir der Franzosen, deshalb gebührt ihnen der Vortritt. Herbert Wehner hat es einmal auf die kürzeste Formel gebracht: „Ohne Frankreich ist alles nichts." 85

Die Zeit, 12. August 1999, S. 8.

Arbeitsvorschläge

a) Vergleichen Sie, wie die beiden Journalisten (M 1 und M 2) das Verhältnis zwischen Deutschland und Frankreich sehen.

b) Arbeiten Sie aus M 4 heraus, welche positiven, welche negativen Seiten der deutsch-französischen Beziehungen genannt werden.

c) Informieren Sie sich in M 4 und im VT über die Rolle Frankreichs im Prozess der deutschen Vereinigung. Interpretieren Sie in diesem Zusammenhang auch M 3.

d) Erörtern Sie, ob sich das Verhältnis Deutschlands zu Frankreich von dem zu anderen Staaten unterscheidet bzw. unterscheiden sollte.

e) Recherchieren Sie, welche aktuellen Fragen im deutsch-französischen Verhältnis derzeit eine Rolle spielen und welche Lösungen sich andeuten.

7.19 Deutschland und seine Nachbarn – Polen

Die durch die Nazidiktatur schwer belasteten deutsch-polnischen Beziehungen mussten nach 1945 auf eine neue Grundlage gestellt werden. Bereits 1950 anerkannte die DDR im Görlitzer Vertrag die Oder-Neiße-Linie als polnische Staatsgrenze und die Beziehungen normalisierten sich im Rahmen der Zusammenarbeit der Ostblockstaaten. Eine grundlegende Verbesserung des Verhältnisses zwischen Polen und der Bundesrepublik musste indes bis 1989/90 warten. Im unmittelbaren Vorfeld der deutschen Einigung schlossen 1990 beide Staaten den „Vertrag über die Bestätigung der zwischen ihnen bestehenden Grenze" ab. Im folgenden Jahr formulierte der polnisch-deutsche Nachbarschaftsvertrag das gemeinsame Interesse an einer über bilaterale Beziehungen hinausgehenden europäisch orientierten Ausgestaltung des deutsch-polnischen Verhältnisses. Während sich die Bundesregierung vertraglich verpflichtete, für eine künftige EU-Mitgliedschaft Polens einzutreten, garantierte die polnische Seite die Rechte der deutschen Minderheit in Polen. Probleme, über die keine Einigung erzielt werden konnte – z. B. Entschädigungsfragen, Probleme der Staatsangehörigkeit und das von deutschen Vertriebenenverbänden geforderte Niederlassungsrecht für Deutsche in Polen – blieben allerdings ausgeklammert.

Annäherung durch Verträge

Auf die großen Verträge von 1990 und 1991 folgten in den 1990er-Jahren zahlreiche Einzelabkommen, etwa zur Erleichterung der Grenzabfertigung, zur Festlegung neuer Grenzübergänge, zur militärischen Zusammenarbeit, zur Migrations- und zur Umweltkooperation. 1991 wurde auf Initiative des deutschen Außenministers Genscher in Weimar die trilaterale Kooperation auf militärischem und militärpolitischem Gebiet zwischen Deutschland, Frankreich und Polen aufgenommen. Im Rahmen dieses „Weimarer Dreiecks" treffen sich jährlich die Staats- bzw. Regierungschefs sowie die Außen- und Verteidigungsminister. Positiv haben sich auch die deutsch-polnischen Wirtschaftsbeziehungen entwickelt: So hat Polen in Deutschland den mit großem Abstand führenden Handelspartner und den zweitgrößten Auslandsinvestor nach den USA. Umgekehrt ist Polen seit 1995 vor Russland und Tschechien Deutschlands größter Handelspartner in Mittel- und Osteuropa.

Ausbau der politischen und wirtschaftlichen Beziehungen

7

An bislang ungelösten Problemen wird kontinuierlich gearbeitet. Dazu gehören beispielsweise die Zugangsbeschränkungen für Ausländer zum deutschen Arbeitsmarkt oder die von Deutschland geforderte Rückgabe der im Zweiten Weltkrieg nach Polen ausgelagerten Bestände der Preußischen Staatsbibliothek. Erste Erfolge gibt es z. B. bei der gemeinsamen Verbrechensbekämpfung im Bereich der organisierten Kriminalität. Das deutsch-polnische Grenzabkommen von 1995 regelt erstmals die polizeiliche Zusammenarbeit über die Außengrenze des Schengen-Abkommens hinweg. Spannungen bereiteten immer wieder Entschädigungsforderungen deutscher Vertriebenenverbände, die in Polen 2004 wiederum die Frage deutscher Kriegsreparationen aufkommen ließ.
Noch offene Fragen und Probleme sollen aber durch langfristig wirkende vertrauensbildende Maßnahmen gelöst werden. Dazu wurde z. B. 1995 das deutsch-polnische Jugendwerk – nach dem Vorbild des deutsch-französischen Jugendwerks – gegründet. Und die Aufnahme Polens in inter- bzw. supranationale Organisationen wie EU und NATO bildet nach deutscher Auffassung eine wichtige Voraussetzung für die Heranführung Polens an westliche Institutionen. Dabei kann auch der Ausbau des „Weimarer Dreiecks" in der Zukunft eine zentrale Rolle spielen. Die Aussichten dafür sind gut, denn die deutsch-polnischen Beziehungen sind seit 1990 enger denn je während der vergangenen 200 Jahre.

Problemlösungen im Rahmen einer gesamteuropäischen Politik

1 Ist die Westgrenze Polens endgültig oder nicht?

Die Rechtsauffassung Polens wurde 1957 so formuliert:
Die Grenze an Oder und Lausitzer Neiße ist und bleibt nicht nur die unantastbare Friedensgrenze in Europa, sondern auch ebenso ein Element dauerhafter und gut-nachbarlicher Zusammenarbeit zwischen der Polnischen Volksrepublik und der Deutschen Demokratischen Repu-blik. Die Unantastbarkeit dieser Grenze wird gleicherma-ßen garantiert durch die einhellig entschiedene Haltung des polnischen Volkes und durch die Freundschaft, die Polen mit der Sowjetunion, der Chinesischen Volksrepu-blik und den anderen sozialistischen Staaten verbindet.

Jacobsen, H. A., u. Tomala, M. (Hg.): Bonn–Warschau 1945–1991. Die deutsch-polnischen Beziehungen. Köln 1992, S. 88.

2 Sichere Grenzen

Aus dem Warschauer Vertrag vom 7. Dezember 1970:
Artikel I (1): Die Bundesrepublik Deutschland und die Volksrepublik Polen stellen übereinstimmend fest, dass die bestehende Grenzlinie, deren Verlauf im Kapitel IX der Beschlüsse der Potsdamer Konferenz [...] festgelegt worden ist, die westliche Staatsgrenze der Volksrepublik Polen bildet.
(2) Sie bekräftigen die Unverletzlichkeit ihrer bestehen-den Grenzen jetzt und in der Zukunft und verpflichten sich gegenseitig zur uneingeschränkten Achtung ihrer territorialen Integrität.
(3) Sie erklären, dass sie gegeneinander keinerlei Gebiets-ansprüche haben und solche auch in Zukunft nicht er-heben werden.

Ebenda, S. 222.

3 „Kein Staat auf Rädern"

Willy Brandt schrieb 1976 rückblickend über die Unterzeich-nung des Warschauer Vertrags von 1970:

Kein Land hat tiefer unter dem Krieg Hitlers und dem Vernichtungswillen seiner totalitären Staats-, Partei- und Militärmaschine gelitten [als Polen]. Keine Beziehung zu einem anderen Land – außer Israel – war und ist in glei-cher Weise von schmerzhaften Erinnerungen und emo-tionalen Vorbehalten belastet.
Zuerst musste der Boden der Versöhnung mit großer Be-hutsamkeit bestellt werden. Dies konnte nur geschehen, wenn man bereit war, mit den gewaltsamen, keineswegs gerechten und moralisch gerechtfertigten Korrekturen des Jahres 1945 zu leben, und sei es nur aus der Einsicht, dass die Forderung nach einer Änderung erneut Unrecht schaffen und den ohnehin gefährdeten Frieden Europas bedrohen würde. Die Vernunft sagte, dass ohnehin eine Revision des geschichtlichen Vorgangs, durch den Millio-nen Deutsche die Heimat verloren haben, auf gewaltsame Weise ausgeschlossen war und keine Hoffnung bestand, sie auf friedlichem Wege herbeizuführen. [...] Längst ehe ich das Amt des deutschen Außenministers übernahm, war ich davon überzeugt, dass die Aussöhnung mit Polen den gleichen geschichtlichen Rang hätte wie die deutsch-französische Verständigung. Wir mussten verstehen, dass Polen kein Staat auf Rädern mehr sein und endlich in ge-sicherten Grenzen leben wollte. So war die Aussöhnung mit ihm unsere moralische und politische Pflicht.

Brandt, W.: Begegnungen und Einsichten. Die Jahre 1960–1975. Hamburg 1976, S. 240 f.

5 Sind Gebietsfragen endgültig geregelt?

Die Rechtsauffassung der Bundesrepublik von 1988:
Auf der Potsdamer Konferenz [...] bildeten Gebietsfra-gen einen der Schwerpunkte der Verhandlungen. Wiede-rum wurde ihre endgültige Entscheidung einer in naher Zukunft erwarteten Friedensregelung vorbehalten. [...] Dies ist nicht eine einseitig deutsche Sicht der Rechtslage.

4 Am Verhandlungs-tisch, Karikatur von R. Hager, 1992.
Im Vordergrund der englische Premierminis-ter Major, Bundeskanz-ler Kohl und der franzö-sische Premierminister Mitterrand, im Hinter-grund der polnische Staatspräsident Walesa, der russische Präsident Jelzin und der polnische Premierminister Mazo-wiecki.

7

Sie wird auch von den drei Westmächten geteilt. [...] Die Westmächte haben alle Behauptungen, Gebietsfragen sei-
10 en bereits endgültig geregelt worden, bis auf den heutigen Tag in zahlreichen Erklärungen zurückgewiesen.

Materialien zu Deutschlandfragen, bearbeitet von Böttcher. H. V., Bonn 1989, S. 466 ff.

6 Keine Unklarheiten

Aus einer Botschaft des polnischen Premierministers Tadeuz Mazowiecki während der „Zwei-plus-Vier"-Verhandlungen 1990:
Wir glauben, dass wir nicht in das von der deutschen
5 Vereinigung geschaffene neue Stadium der Geschichte mit irgendwelchen Unklarheiten über die polnische Westgrenze eintreten sollten. [...] Wir fordern die völlige Beseitigung dieser Unklarheiten vor der Vereinigung.

V. Gransow u. K. H. Jarausch: Die deutsche Vereinigung. Köln 1991, S. 135.

7 Aussöhnung nach der Vereinigung

Aus dem deutsch-polnischen Vertrag von 1990:
Artikel 1: Die Vertragsparteien bestätigen die zwischen ihnen bestehende Grenze [...].
5 Artikel 2: Die Vertragsparteien erklären, dass die zwischen ihnen bestehende Grenze jetzt und in Zukunft unverletzlich ist und verpflichten sich gegenseitig zur uneingeschränkten Achtung ihrer Souveränität und territorialen Integrität.
10 Artikel 3: Die Vertragsparteien erklären, dass sie gegeneinander keinerlei Gebietsansprüche haben und solche auch in Zukunft nicht erheben werden.

Materialien zu Deutschlandfragen 1989–91. Bearb. von Hans Viktor Böttcher, Bonn 1991, S. 287.

8 Recht auf Heimat?

Erklärung der „Landsmannschaft Westpreußen" zum Tag der deutschen Einheit am 3. Oktober 1990:
Der 3. Oktober ist für uns [...] ein Tag der Trauer. Unsere
5 Heimat Westpreußen wird künftig zusammen mit den anderen ostdeutschen Gebieten voll an die Republik Polen abgetreten werden. Wir halten solch eine Preisgabe für ungerecht. Ein Ausgleich beiderseitiger Interessen wäre besonders auch im Hinblick auf ein zusammenwachsendes Europa geboten. Wir [...] fordern vor endgültigen
10 Grenzfestlegungen für die Gebiete jenseits Oder – Neiße eine friedliche, vertragliche Regelung mit Polen im Geiste der Verständigung und unter Wahrung unserer und

9 Polnische Karikatur von Robert Wierzbicki, 1993

der international gültigen Rechte, insbesondere auch des Rechts auf die angestammte Heimat. Diese Regelung soll 15 dem Wohle der betroffenen Menschen dieser Gebiete dienen und das eigenständige Leben ihrer Volksgruppen [...] sicherstellen.

Ebenda, S. 358.

10 „Frieden im Verstand und in der Seele"

Erklärung des polnischen Außenministers Wladyslaw Bartoszewski in deutscher Sprache (1990):
Ich habe ein tiefes Verständnis für die Leiden jener Deutschen, die infolge von Kriegshandlungen, Vertreibung 5 oder Aussiedlung ihre Heimat verloren haben. Diese Deutschen haben viel Leid und Ungerechtigkeit erfahren. Es ist für mich schwierig und es tut mir weh, dass es dazu gekommen ist. Dies gehört heute aber der Vergangenheit an. Polen und Deutsche brauchen Frieden im Verstand 10 und in der Seele. Die heutige Aufgabe besteht für uns in der Gestaltung eines friedlichen Zusammenlebens.

Jacobsen/Tomala, a.a.O., S. 544.

Arbeitsvorschläge

a) Arbeiten Sie heraus, wie sich das Verhältnis Polen–Bundesrepublik seit 1970 entwickelt hat (M 2, M 3, M 5–M 8, M 10).
b) Erläutern Sie die Unterschiede in den Rechtsauffassungen Polens und der Bundesrepublik zur polnischen Westgrenze (M 1 und M 5).
c) Werten Sie M 4 und M 9 hinsichtlich des deutsch-polnischen Verhältnisses aus.

Von der Gründung der beiden deutschen Staaten bis zur Wiedervereinigung

1949	Im Mai wird das Grundgesetz der Bundesrepublik verkündet, im Oktober finden Wahlen zum ersten Bundestag statt. Im Oktober wird die DDR gegründet.
1949–1963	Konrad Adenauer ist Bundeskanzler. Die Ära Adenauer ist gekennzeichnet durch die Westintegration der Bundesrepublik und einen beispiellosen Wirtschaftsaufschwung („Wirtschaftswunder") in den 1950er-Jahren.
1949–1971	Walter Ulbricht bestimmt als SED-Vorsitzender und seit 1953 als Staatschef die Geschicke in der DDR.
1950	Die DDR erkennt im Görlitzer Vertrag die polnische Westgrenze an.
1952	Stalin legt seine Noten zur Regelung der deutschen Nachkriegsordnung vor.
17. Juni 1953	In der DDR wird mit sowjetischer Hilfe ein Volksaufstand niedergeschlagen.
1955	Die Bundesrepublik erhält von den Westalliierten die Souveränität zurück. Die Bundeswehr wird gegründet und die BRD tritt der NATO bei. Die Hallstein-Doktrin wird zu einem bestimmenden Faktor der Außenpolitik der Bundesrepublik. Die DDR erhält von der Sowjetunion die staatliche Souveränität und wird zum Gründungsmitglied des Warschauer Paktes.
1956	In der BRD wird die allgemeine Wehrpflicht eingeführt. In der DDR wird die Nationale Volksarmee (NVA) gegründet.
1959	Das Godesberger Programm der SPD wird verabschiedet.
1960	In der DDR findet die erzwungene Kollektivierung der Landwirtschaft ihren Abschluss.
13. August 1961	Die Berliner Mauer wird gebaut.
1963–1966	Ludwig Erhard (CDU) ist Bundeskanzler.
1963	Das „Neue Ökonomische System der Planung und Leitung" soll die DDR aus der wirtschaftlichen Misere führen.
1965	Die Bundesrepublik nimmt diplomatische Beziehungen zu Israel auf.
1966–1969	Die „Große Koalition" aus CDU/CSU und SPD regiert die Bundesrepublik. In diese Zeit fallen die Protestaktionen der außerparlamentarischen Opposition (68er-Bewegung).
1969–1982	Sozialliberale Koalitionsregierungen unter Willy Brandt und Helmut Schmidt haben die Regierungsverantwortung. Diese Zeit ist durch die „Neue Ostpolitik" und innere Reformen gekennzeichnet.
1970	Die BRD unterzeichnet den Moskauer und den Warschauer Vertrag.

7

1971–1989	Erich Honecker übt als Generalsekretär der SED und (ab 1973) als Staatsratsvorsitzender die nahezu unumschränkte Macht in der DDR aus.
1972	Der Grundlagenvertrag zwischen der BRD und der DDR wird unterzeichnet.
1973	Die Bundesrepublik und die DDR werden in die UNO aufgenommen.
1975	Die Bundesrepublik und die DDR unterzeichnen die Schlussakte der Konferenz für Sicherheit und Zusammenarbeit in Helsinki.
1976	Erich Honecker verkündet die „Einheit von Wirtschafts- und Sozialpolitik". Im gleichen Jahr wird der Liedermacher Wolf Biermann aus der DDR ausgebürgert. Als Reaktion darauf verlassen zahlreiche Schriftsteller und Künstler die DDR.
1977	In der Bundesrepublik erreicht der Terror der „Roten Armee Fraktion" seinen Höhepunkt („Deutscher Herbst").
1979	In der DDR wird das politische Strafrecht verschärft. Zwangsmaßnahmen gegen Regimekritiker wie Robert Havemann und Stefan Heym nehmen zu.
1980	Aus der Friedens- und Ökologiebewegung der Bundesrepublik geht die Partei der „GRÜNEN" hervor.
1982–1998	Die christlich-liberale Koalition unter Helmut Kohl regiert die Bundesrepublik.
1983	Die „GRÜNEN" ziehen erstmals in den Bundestag ein.
1987	Erich Honecker reist auf Einladung Helmut Kohls in die Bundesrepublik. Nach der Durchsuchung der Zionskirchengemeinde in Ost-Berlin werden Zwangsmaßnahmen gegen Menschenrechtsgruppen in der DDR verschärft.
Mai 1989	Bei den Kommunalwahlen in der DDR kommt es erstmals zu Protesten gegen Wahlfälschungen.
Sommer 1989	Tausende DDR-Bürger erzwingen durch die Flucht in die BRD-Botschaften in Warschau, Prag und Budapest ihre Ausreise in die BRD.
Oktober 1989	Massendemonstrationen zwingen Honecker zum Rücktritt.
9. November 1989	Die Mauer wird geöffnet.
März 1990	In der DDR findet die erste freie Volkskammerwahl statt. Das von der CDU initiierte Wahlbündnis „Allianz für Deutschland" gewinnt die Wahl.
Frühjahr 1990	Die Zwei-plus Vier-Verhandlungen bereiten auf internationaler Ebene die Vereinigung Deutschlands vor.
3. Oktober 1990	Die DDR tritt nach Artikel 23 des Grundgesetzes der Bundesrepublik bei.
1998	Eine Koalition aus SPD und Bündnis 90/„Die GRÜNEN" übernimmt die Regierungsverantwortung.
2002	Nach einem knappen Wahlausgang können SPD und „GRÜNE" ihre Regierungskoalition fortsetzen. Gerhard Schröder bleibt Bundeskanzler.

7

8. Der Islam in der Moderne

8.1 Religion und Politik im islamischen Kulturkreis

Monotheismus
Polytheismus

Der Islam ist auf das Lebenswerk des Propheten Mohammed zurückzuführen. Mohammed hat zu Beginn des siebten Jahrhunderts die göttliche Botschaft verkündet und ein religiös-politisches Gemeinwesen geschaffen.

Mohammed wuchs in der reichen Handelsmetropole Mekka auf. Der bedeutende Status der Stadt ergab sich aus der Position eines religiösen Zentrums auf der polytheistisch geprägten arabischen Halbinsel. Dieses Wallfahrtszentrum mit der Kaaba im Mittelpunkt, einem Heiligtum altarabischer Gottheiten, gab zum einem der Handelsstadt Mekka einen sicheren Status, da Kämpfe innerhalb der Stadt verboten waren, und zum anderen diente es als wirtschaftlicher Anziehungspunkt für die Stämme im Umfeld.

Mohammed – als Vollwaise ca. 570 geboren – wuchs in dem in Mekka führenden Stamm der Quraisch auf. Als Händler kam er mit christlichen und jüdischen Glaubensvorstellungen in Kontakt. Im Zuge seiner religiösen Übungen – er zog sich oftmals in Einödgebiete bei Mekka zurück – erschien ihm gemäß islamischer Überlieferung der Engel Gabriel und beauftragte ihn als Propheten. Dies gilt als Beginn der Offenbarung.

Mohammed versuchte seine Mitbürger von seiner Offenbarung zu überzeugen, deren Mittelpunkt der Monotheismus bildete, doch fand er bei seinen Mitbürgern kaum Akzeptanz für seine Vorstellungen. Dies lag daran, dass insbesondere der Monotheismus eine wichtige Grundlage des mekkanischen Wirtschaftslebens – Mekka als Wallfahrtsort für viele arabische Gottheiten – in Frage gestellt hätte. Die mangelnde Akzeptanz für Mohammeds Vorstellungen wandelte sich in immer stärker werdende Ablehnung. Die Situation wurde für Mohammed und seine Anhänger immer problematischer, da ihm auch keine Unterstützung durch seinen Stamm zuteil wurde.

So war der Kontakt zu der Oasenstadt Yatrib ein Glücksfall. Die beiden dort größten ansässigen Stämme waren in der Gefahr, sich gegenseitig durch eine Blutfehde auszulöschen. Um dies zu verhindern, musste ein neutraler Schiedsrichter gefunden werden. Mohammed sah darin die Möglichkeit, den zunehmenden Anfeindungen seiner Heimatstadt zu entgehen. Bedingung Mohammeds war, dass die Stämme sich zu der von ihm verkündigten Religion bekennen.

Mit dieser Übersiedlung (Hischra) von Mekka nach Yatrib im Jahre 622 beginnt die islamische Zeitrechnung. In Yatrib, das später in Medina an-Nabi – Stadt des Propheten – umbenannt wurde, kam es zunächst zu einem Ausgleich zwischen den Stämmen und einer Eingliederung der Auswanderer aus Mekka. Auf dieser Grundlage konnte Mohammed auch seine Heimatstadt Mekka 630 wiederum unterwerfen, zumal er das Hauptheiligtum von Mekka – die Kaaba – zum neuen Zentrum des Islams machte.

Umma

Entscheidend für diesen Erfolg war die Neudefinierung des gemeinschaftlichen Zusammenlebens. An die Stelle der bisherigen Stammesstruktur, deren entscheidendes Kriterium die Stammes- und Clanzugehörigkeit der Mitglieder war, wurde das Konzept der Umma – der Gemeinschaft der Gläubigen gesetzt. Das verbindende Element dieser Gemeinschaft ist das gemeinsame Bekenntnis. Der Wille Gottes ist die Richtschnur in der Gemeinschaft. Dieser Wille äußert sich durch die Offenbarungen Mohammeds. Gott ist sowohl im Diesseits wie auch im Jenseits die Grundlage jeglicher Herrschaft. Somit sind die weltlichen Herrscher Gott und Gottes Gesetz unterstellt. Die Hauptaufgabe der Herrschenden besteht darin, das göttliche Gesetz zu schützen und durchzusetzen.

8

Die Untergebenen sind gegenüber dem Herrscher zu Gehorsam verpflichtet. Dieser soll sich aber wiederum mit seinen Untergebenen beraten. Dieses Konzept findet seinen Gegenentwurf in dem Bild des ägyptischen Pharaos, der sich über Gott erhebt und dem Volk seine eigenen Gesetze aufzwingt. Damit bedeutete das Konzept der Umma aus zwei Gründen für die tribale Gesellschaft der damaligen Zeit Arabiens eine attraktive Neuerung:

tribale Gesellschaft

- Es stellte eine Abkehr von den permanenten Blutfehden dar.
- Die Grundlage des Handelns war nun Gottes Gesetz, dem sich auch kein Herrscher entziehen konnte.

Nach der Übersiedelung Mohammeds nach Medina veränderte sich das Wesen der geoffenbarten Suren des Korans. In der mekkanischen Zeit behandelten die Suren vor allem religiöse Themen, wie z. B. die Erlösung des Menschen, während in der medinensischen Zeit konkrete rechtliche und moralische Fragen im Mittelpunkt standen. Dies war auf die Notwendigkeit zurückzuführen, einen Rahmen für das neu entstehende Gemeinwesen zu schaffen. Diese Offenbarungen berührten alle Bereiche des Lebens der damaligen Zeit und machten den universellen Anspruch des Islams deutlich.

Das religiöse Gesetz

Die sich hier abzeichnenden ersten groben Rechts- und Moralvorstellungen bildeten einen ersten wesentlichen Baustein für das islamische Recht – die Scharia (der rechte Weg).

Scharia

Der zweite Baustein ergab sich aus der Sunna (arab.: Brauch), der Handlungen und Aussprüche Mohammeds, die für die Muslime als vorbildlich galten. Diese zunächst mündlichen Weitergaben wurden bis zum 9. Jahrhundert als Hadithe verschriftlicht. Diese bestehen aus zwei Teilen – der eigentlichen Überlieferung (1) und der Überlieferungskette (2). Die letztere bürgte für die Echtheit der Aussage.

Damit eine Überlieferungskette, die z. B. bis zu einem Zeugnis eines Zeitgenossen Mohammeds zurückgeht, als zuverlässig gilt, darf diese nicht unterbrochen sein. Damit entwickelte sich der Islam wie das Christentum zu einer Gesetzesreligion, über die die Mentalität und die Vorstellungen der Gläubigen geprägt wurden.

Da es im Islam keine Kirche im engeren Sinn und somit keine kirchliche Lehrautorität gibt, entstand eine große Bandbreite unterschiedlicher Glaubensüberzeugungen in den verschiedenen Regionen. Trotz der regionalen Differenzierung stellen die Grundpflichten eines Muslims – die so genannten fünf Säulen des Islams – ein einigendes Band der Umma dar: das gemeinsame Bekenntnis zu Gott (Allah) und seinem Propheten Mohammed, das tägliche Ritualgebet, das gemeinsame Fasten im Monat Ramadan, die Pilgerfahrt nach Mekka und die Entrichtung einer Armensteuer.

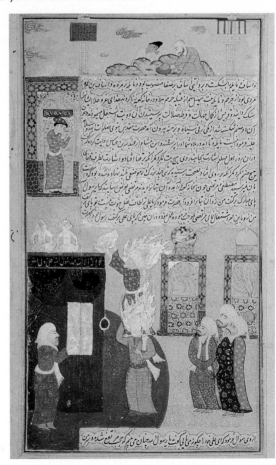

1 Der Sieg des Monotheismus. Mohammed entfernt die heidnischen Götterstatuen aus der Kaaba von Mekka.
Buchmalerei von Mir Havand (Ausschnitt), Persien, zwischen 1585 und 1595.

Spaltung des Islams

Nach dem Tod Mohammeds 632 stand die Umma vor einer Krise. Die Herrschaftsordnung war zu Lebzeiten ganz auf Mohammed als den Propheten Gottes zugeschnitten gewesen. In keiner seiner Offenbarungen war die Nachfolge geregelt worden. Klar war, dass das Prophetentum mit Mohammed erloschen war. Hinsichtlich der Gestaltung der politischen Führung der Gemeinschaft musste sich die Umma nun selbst helfen. Man orientierte sich an dem bei arabischen Stammesgesellschaften typischen Verfahren einer Wahl. Abu Bakr (632–634) – einer der frühesten Gefährten und Schwiegervater Mohammeds – wurde der neue politische Führer der Umma, der fortan den Titel „Stellvertreter des Gesandten Gottes" trug (Khalifat Rasul Allah).

Eine Gestaltung der Nachfolgeregelung unter dem Aspekt der Erbfolge wurde von der Mehrheit abgelehnt. Damit entstand ein Konflikt, der die Umma dauerhaft spalten sollte. Der potenzielle Nachfolger wäre im Sinne einer dynastischen Erbfolge dann Ali gewesen, einer der ersten und treuesten Anhänger Mohammeds, der Schwiegersohn und der nächste Erbe. Zudem war er in der Umma hoch angesehen.

Ali wurde aber erst 656 zum Kalifen gewählt. In dieser Zeit hatte er sich dynastischen Ansprüchen anderer Mitglieder des Stammes der Quraisch zu erwehren. 661 fiel er einem Attentat zum Opfer. In der Folge setzte sich der Clan der Omayyaden (Umaiyya) durch, der ursprünglich zu den erbittertsten Gegnern Mohammeds gehört hatte. Somit war die Familie Alis (ahl al-bait – Leute des Hauses) dauerhaft von der politischen Macht ausgeschlossen.

Um deren Angehörige, vor allem um den Prophetenenkel Hussein (626–680) bildete sich eine Partei, die die Ansprüche der Nachkommen Alis verfocht. Als Hussein 680 versuchte an die Macht zu kommen, wurde er mit seinen Anhängern bei der Stadt Kerbela umgebracht. Als Folge dieses Nachfolgestreits spaltete sich die Umma in zwei Hauptrichtungen auf: die Sunniten, die auf Seiten der Kalifen standen, und die Schiiten, die Partei Alis (Schiat Ali), der heute ca. 15 Prozent der Muslime angehören.

2 **Der Anfang der Sunna.** Die Gläubigen huldigen dem 1. Kalifen Abu Bekr nach dessen Wahl.

3 **Der Anfang der Schi'a.** Mohammed (Mitte) vermählt seine Tochter Fatima (links) mit Ali.

4 **Die Kaaba in der Großen Moschee von Mekka.** Während der für jeden Muslimen obligatorischen Pilgerfahrt nach Mekka umrunden die Gläubigen siebenmal die Kaaba. Eine Überlieferung berichtet, dass Mohammeds Feinde bei dessen Ankunft in Mekka das Gerücht verbreitet hatten, die Muslime seien durch ein Fieber geschwächt. Der Prophet gebot daraufhin seinen Anhängern, die ersten drei Umrundungen der Kaaba im Laufschritt zu vollziehen, um zu zeigen, wie gut sie bei Kräften seien. Dieser Brauch ist bis heute Bestandteil jeder Pilgerfahrt.

8

Das Massaker von Kerbela hatte die Spaltung der Umma noch forciert, und die Schia hatte nun einen Märtyrer. Der Todestag von Hussein ist bis heute einer der höchste Feiertage der Schiiten, der mit Passionsspielen begangen wird. Als oppositionelle Minderheit hielt die Schia aber an der Rechtmäßigkeit der Nachfolge der Nachkommen Alis und Husseins fest. Diese wurden als gottgewolltes Oberhaupt (Imam) und damit als legitimer Führer der Umma angesehen. Da diese Nachkommen nach schiitischer Auffassung frei von Sünde und unfehlbar sind, stellen diese die idealen Führer der Umma dar.

Schia

 Imam

Für die Kalifen waren diese Imame daher gefährlich und sie stellten sie deshalb im irakischen Samarra unter Hausarrest. Als der 11. Imam 874 verstarb, war zunächst kein Nachfolger vorhanden. Dann aber hieß es, dass er einen Sohn mit dem Namen Mohammed hinterlassen habe, der aber entrückt sei.

Dieser würde am Ende der Zeit als der „Rechtgeleitete" (Mahdi) zurückkehren und ein Reich des Friedens und der Gerechtigkeit gründen. Somit wurden die Schiiten auf die Zukunft verwiesen und ihnen damit die Gegenwart zumutbar gemacht, in der es noch keine wahre Gerechtigkeit geben kann. Für die Dauer der Abwesenheit des Verborgenen Imams tritt das Kollektiv der schiitischen Rechtsgelehrten stellvertretend an dessen Stelle.

8.2 Orientierung am Westen – vom Osmanischen Reich zur Türkei

Konfrontation mit Europa

Der Eintritt der islamischen Welt in die Moderne vollzog sich durch mehrere militärische Paukenschläge. Beginnend mit dem Frieden von Kücük Kayrana 1774 bis hin zur französischen Invasion Ägyptens (1798 –1802) wurde die Modernisierungsnotwendigkeit mit dem Ziel der Selbstbehauptung der islamischen Staaten immer deutlicher.

Diese Phase begann zunächst in Ägypten, wo Muhammad Ali, Kommandant eines dort stationierten albanischen Truppenkontingents, sich im Machtkampf durchgesetzt hatte. Diese Phase lässt sich in drei Schwerpunkten festmachen:

· Modernisierung der Armee nach europäischen Standards
· Forcierte Ausbildung der Eliten
· Merkantilistische Wirtschafts- und Handelpolitik

Die Modernisierung der Armee betraf vor allem die Ausbildung und Bewaffnung der neu aufgestellten Truppen. Diese erfolgten durch französische Instrukteure und orientierten sich an europäischen Standards. Parallel dazu begann Muhammad Ali eine merkantilistische Wirtschafts- und Handelspolitik, indem der Import verteuert und der Export in die europäischen Länder forciert wurde. Gleichzeitig versuchte man eine moderne Industrieproduktion aufzubauen.

Um das dafür erforderliche Know-how zu erhalten, wurden zwei Wege eingeschlagen. Das erforderliche Wissen sollte mittels geförderter Studienreisen einheimischer Eliten in westliche Industrieländer und durch die Anwerbung von europäischen Instrukteuren erworben werden. Zum anderen wurden Ausbildungszentren in Ägypten für einheimische Fachleute geschaffen.

Osmanische Reformversuche

So wie die osmanische Provinz Ägypten durch eine Modernisierung von oben versuchte, sich den neuen Gegebenheiten anzupassen, versuchte auch das Zentrum des Osmanischen Reiches Reformen durchzuführen. Diese dienten zunächst vor allem der Reorganisation der Armee. Dies war umso notweniger als es galt, militärischem Druck seitens Europa und Loslösungsbestrebungen einzelner Provinzen zu widerstehen, wie es sich an der Unabhängigkeit Griechenlands 1829 gezeigt hatte.

Als nächster Schritt sollte die Umgestaltung des öffentlichen Lebens erfolgen, die sich unter dem Begriff Tanzimat (Neuordnung) zusammenfassen lässt. Treibende Kraft hinter diesen Reformen war Mustafa Resit Pascha, der als Vater der Tanzimat gilt. Mit dem Erlass des Hatt-e Scherif von Gülhane (Edles Großherrliches Handschreiben) von 1839 wurden die fünf Prinzipien verkündet, die diese Reformen leiten sollten: Sicherheit des Lebens, Sicherheit des Privateigentums, eine öffentliche und gerechte Rechtssprechung, Gleichheit aller Religionsgemeinschaften und die Einführung eines gerechten Steuersystems.

Tanzimat

Die Unabhängigkeitsbestrebungen der unter osmanischer Herrschaft stehenden Provinzen erreichten im Konflikt mit Ägypten 1839/40 einen Höhepunkt. Nur das Eingreifen der europäischen Mächte verhinderte damals den Untergang des Osmanischen Reiches. Neben der unterschiedlichen Interessenlage der europäischen Mächte waren es auch die begonnenen Reformen, die zugunsten des Osmanischen Reiches sprachen. 1853 kam es mit dem Krimkrieg (1853 –1856) erneut zu einer europäischen Interessenkollision, in der Großbritannien und Frankreich auf Seiten des Osmanischen Reiches gegenüber Russland militärisch eingriffen. Der Friedensvertrag garantierte die Integrität des Osmanischen Reiches und stoppte somit die russische Expansion. Dieser für das Osmanische Reich vorteilhafte Vertrag war auch auf eine Forcierung der Reformen zurückzuführen. In dem diesem Reformabschnitt bestimmenden Edikt, dem Großherrlichen Handschreiben (Hatt-

8

i Hümayun) von 1856, wurde insbesondere die Gleichheit aller Religionsgemeinschaften, d.h. ihr ungehinderter Zugang zu allen militärischen und öffentlichen Ämtern, festgeschrieben und eine wirtschaftliche Öffnung angestrebt.

Trotz dieser Reformbemühungen stieg die politische und wirtschaftliche Abhängigkeit des Osmanischen Reiches. Dies lag zum einen an den zentrifugalen Tendenzen, insbesondere auf dem Balkan, die sich immer wieder in Unruhen äußerten. Eine weitere Ursache für die steigende Abhängigkeit des Osmanischen Reiches waren die ungünstigen Handelsvereinbarungen mit den europäischen Mächten, die sog. Kapitulationen. Diese kamen europäischen Interessen und deren aufstrebender Industrie entgegen und marginalisierten die einheimische Wirtschaft.

Dieser Druck hatte zwei Entwicklungen zur Folge: (1) Durch den dadurch forcierten Staatsbankrott des Osmanischen Reiches 1875 war der Handlungsspielraum des Staates vollständig vom Willen der europäischen Mächte abhängig. In dieser Zeit entstand in Europa das Bild vom Kranken Mann am Bosporus. **Konstitutionelle Monarchie**

(2) Gleichzeitig kam es aber zu einer Weiterentwicklung der bestehenden Reformansätze, die 1876 in eine oktroyierte Verfassung mündeten. Das Osmanische Reich wurde dadurch von einer absoluten Herrschaft in eine konstitutionelle Monarchie umgewandelt. Diese sollte aus einem Zwei-Kammern-System bestehen, allerdings hatte der Sultan durch das alleinige Berufungsrecht einer Kammer (des Senats) und die alleinige Gesetzgebungsinitiative entscheidende Vorteile auf seiner Seite. Als es 1877 zum Konflikt zwischen dem Parlament und dem Sultan Abdülhamit II. kam, wurde die Verfassung außer Kraft gesetzt.

5 **Vom Osmanischen Reich zur Republik Türkei**

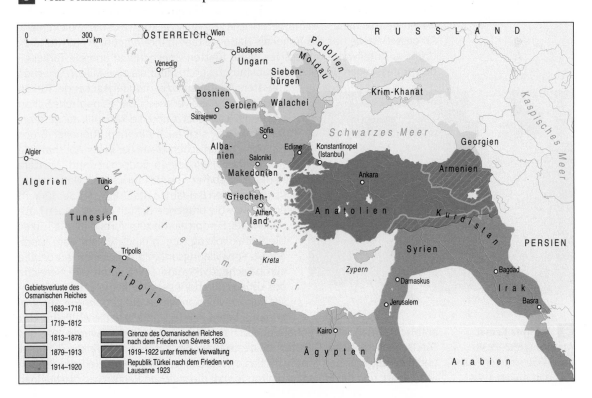

8

Jungtürken

Hergestellt wurde diese erst wieder, als es 1908 unter der Leitung des nationalistischen Komitees für Einheit und Fortschritt zur jungtürkischen Revolte kam. Die Bewegung der Jungtürken war 1889 als Geheimkomitee von Offizieren und Verwaltungsbeamten in Opposition zur Alleinherrschaft Sultan Abdülhamits II. gegründet worden. Die Ziele der Jungtürken waren die Verringerung der ökonomischen Abhängigkeit von Europa und ein verstärker Nationalismus, der sich in einer forcierten Turkifzierung äußerte und damit vom Islam als einendes Band Abschied nahm. Dieser verstärkte Nationalismus nach innen entfremdete die nicht türkischen Landesteile des Osmanischen Reiches bzw. die Nichttürken vom Staat immer stärker. Die Erosion des Osmanischen Reiches, wie es sich im Verlust fast aller Balkanprovinzen zeigte, konnte trotz alledem nicht aufgehalten werden. Die negativen Auswirkungen dieser Politik bekam das Osmanische Reich im Ersten Weltkrieg zu spüren, als das Osmanische Reich auf Seiten der Mittelmächte in den Krieg eintrat. Die Armenier, denen man eine Kooperation mit dem Russischen Reich unterstellte, wurden offiziell zwangsumgesiedelt, wobei ein Großteil durch Repressalien vor Ort und auf den Deportationsmärschen ums Leben kam. Auf der arabischen Halbinsel entwickelte sich ein Aufstand, der im Zusammenspiel mit Großbritannien die Osmanen aus Palästina, Irak und Syrien vertrieb.

Entstehung der modernen Türkei

Nach der bedingungslosen Kapitulation 1918 in Mudros sollte das Osmanische Reich im Friedensvertrag von Sevres 1920 nahezu völlig zerschlagen werden. Dagegen regte sich verstärkt Protest, der sich in einer türkischen Nationalbewegung sammelte. Unter dem osmanischen General Mustafa Kemal, der aus der jungtürkischen Bewegung kam, sammelte sich der Widerstand gegen die von den Westmächten diktierten Friedensbedingungen und dem schwachen osmanischen Sultan. Nach der Besetzung der Westtürkei durch die Alliierten kam es zu einem Befreiungskrieg, der sich insbesondere gegen Griechenland richtete. Tatsächlich gelang es der türkischen Nationalbewegung den Diktatfrieden von Sevres im Frieden von Lausanne 1923 zu ihren Gunsten zu revidieren.

Die Folgen des Ersten Weltkriegs und des nachfolgenden Befreiungskampfes waren weitreichend. Das multiethnische Osmanische Reich existierte nicht mehr. An dessen Stelle trat die Türkei als Nationalstaat in ihrem heutigen territorialen Umfang. In teilweise repressiver Weise führten Griechenland und die Türkei einen umfassenden Bevölkerungsaustausch durch. Mehr als eine Million Griechen mussten Anatolien bzw. hunderttausende Türken Nordgriechenland verlassen. Der osmanische Sultan wurde 1923 abgesetzt und die Republik ausgerufen. Damit vollzog sich auch ein institutioneller Bruch mit dem Osmanischen Reich, der in der Abschaffung des Kalifats 1924 seinen Endpunkt fand. Mustafa Kemal, der später von der türkischen Nationalversammlung den Beinamen Atatürk (Vater der Türken) erhielt, war die prägende Gestalt dieses neuen Nationalstaats. Europa wurde zum Vorbild für die Türkei. Die Politik vollzog sich in einer Abkehr vom Islam, der als entwicklungsunfähig angesehen wurde. Die europäische Zivilisation sollte somit alle Bereiche des Lebens durchdringen. Markante Eckpunkte dieser Kulturrevolution waren die Einführung des gregorianischen Kalenders und 1928 die Ablösung des arabisch-osmanischen Alphabets durch das lateinische. Ebenso wurde 1926 das Türkische Bürgerliche Gesetzbuch geschaffen, das auf dem Schweizer Zivilrecht und dem italienischen Strafrecht basierte. Die Einehe wurde offiziell als verbindlich erklärt, und die Frauen erhielten formal die gleichen Rechte wie die Männer.

6 **Mustafa Kemal Atatürk (1882–1938)** beim Verlassen des Parlaments in Ankara 1928

Damit wurde die Scharia, die nach wie vor in vielen Bereichen bestimmend war, abgelöst. Neben dieser Veränderung im Rechtswesen wurde dem islamischen Klerus der Einfluss auf das Erziehungswesen genommen und die religiösen Schulen (Medressen) geschlossen. Alle sonstigen religiösen Einrichtungen wurden der Staatskontrolle unterstellt. Konsequenterweise wurde 1928 der Islam als Staatsreligion abgeschafft und die Religion der Privatsphäre einem jeden einzelnen übertragen.

Die Reformen hatte erhebliche Widerstände auch in der türkischen Nationalbewegung zu überwinden. Die Durchsetzung erfolgte in Form einer zentralistischen Erziehungsdiktatur. Zum einen suchte man die Reformen selbst vorzuleben bzw. zu propagieren, zum anderen wurden demokratische Ansätze wie ein Zweiparteien-System, sobald diese zum Sammelbecken von zu starker Unzufriedenheit wurden, gekappt. Dergleichen galt auch für mögliche separatistische Tendenzen der unterschiedlichen Ethnien. Jegliche Art von möglicher innenpolitischer Opposition, die in der Wahrnehmung der „Kemalisten", der Anhänger Atatürks, den Modernisierungsprozess hätte gefährden können, wurden unterdrückt.

Aus diesen Reformen kristallisierte sich der Kemalismus, benannt nach Mustafa Kemal, heraus, der 1931 im Parteiprogramm der Republikanischen Volkspartei in sechs Grundpfeilern seinen programmatischen Widerhall fand:

Kemalismus
Atatürk

- Das Prinzip Nationalismus forderte vollständige nationale Unabhängigkeit. Es wendete sich gegen die europäische Einmischung und negierte die Minoritäten, da deren Interessen als Schwächung der „nationalen Einheit" gesehen wurden.
- Der Republikanismus legte die Republik als Staatsform fest. Eine Umkehr zur Monarchie war damit ausgeschlossen.
- Der Laizismus, der weitreichendste Grundsatz des Kemalismus, implizierte die Trennung von Staat und Religion.
- Der Etatismus sah eine Verantwortlichkeit des Staates für die Wirtschaft.
- Der Begriff des Populismus als ein weiterer Grundsatz bezog sich auf die Mobilisierung des Volkes, das man als erforderlich ansah, um Reformen durchzuführen.
- Der Revolutionismus bzw. Reformismus beinhaltete den Anspruch einer ständigen Selbsterneuerung der Gesellschaft und des Staates.

Diese Prinzipien wurden 1937 in die Verfassung aufgenommen. Zwei von ihnen prägen das Bild der Türkei bis heute maßgeblich: der Laizismus und der Nationalismus.

Demokratisierung

Außenpolitisch legte sich die Türkei in der Zwischenkriegszeit ein hohes Maß an Selbstbeschränkung auf und handelte nach dem kemalistischen Kernsatz: Friede daheim – Friede in der Welt. Signifikant war, dass die Türkei sich aus internationalen Konflikten heraushielt und selbst keine Expansionspolitik betrieb. Nach dem Zweiten Weltkrieg änderte sich die außenpolitische Lage insofern, dass der Druck der Sowjetunion auf die Türkei zunahm. Die Türkei trat daraufhin 1952 der NATO bei und ist seit dieser Zeit fest im westlichen Bündnissystem verankert.

Innenpolitisch war die erste Zeit nach dem Zweiten Weltkrieg durch eine demokratische Öffnung gekennzeichnet. Unter dem Nachfolger Atatürks Ismet Inönü erfolgte der gewollte Übergang zum Mehrparteiensystem. Aus einer innerparteilichen Opposition erwuchs in der Demokratischen Partei ein Gegenpol zu der bisher allein regierenden Republikanischen Volkspartei. Der entscheidende Unterschied lag dabei in der Ausrichtung der Wirtschaftpolitik, da die Demokratische Partei eine stärkere Hinwendung zur Marktwirtschaft befürwortete. 1950 kam es durch die ersten freien Wahlen zu einem politischen Wechsel. Unter Adnan Men-

8

Adnan Menderes
(1899–1961)

deres begann in der Türkei jetzt eine wirtschaftliche Modernisierung, die aber mit hohen Schulden erkauft wurde. Der damit beginnende und bis heute andauernde wirtschaftliche und gesellschaftliche Wandel brachte in der Folge immer wieder heftigen innenpolitischen Druck, sei es durch die Bevölkerungsexplosion oder die Binnenmigration von Ost nach West.

Als Menderes die oppositionelle Republikanische Volkspartei auszuschalten suchte, veranlasste diese Entwicklung das Militär, das sich einerseits als Bewahrer des Erbes Atatürks verstand und nach wie vor enge Bindungen zur Republikanischen Volkspartei hatte, 1960 zu putschen. Unter der einjährigen Militärherrschaft wurde eine neue Verfassung ausgearbeitet, die wesentlich liberaler war. Der regierenden Partei wurden nun bei ihrer Machtausübung mehrere Kontrollinstanzen gegenübergestellt, wie z. B. ein unabhängiges Verfassungsgericht. Die Einrichtung eines Nationalen Sicherheitsrates für Fragen der äußeren und inneren Sicherheit sicherte dem Militär jedoch eine ständige direkte Einflussnahme auf die Politik.

In der nachfolgenden Zeit bildeten sich neben den großen Parteien kleine militante Splitterparteien am linken und rechten Rand des politischen Spektrums. Zeitweise kam es zu bürgerkriegsähnlichen Unruhen, sodass das Militär, das sich als Hüter der Verfassung verstand, abermals von 1970 – 1973 und 1980 – 1983 die Macht übernahm.

Kurdenfrage

Neben diesen innerstaatlichen Unruhen trat die Kurden-Frage immer stärker in den Vordergrund. Schon in der Zwischenkriegszeit hatte es mehrere kurdische Aufstände gegeben, die niedergeschlagen wurden. Der seit 1975 wieder aufkeimenden und dann in den 80er-Jahren verstärkt auch in terroristischer Form auftretenden kurdischen Autonomie- bzw. Unabhängigkeitsbewegung, wie in Gestalt der Kurdischen Arbeiterpartei (PKK), suchte man insbesondere seitens des Militärs durch repressive Maßnahmen zu begegnen. Dieser Konflikt ist bis heute nicht gelöst, hat sich aber in seiner Intensität verringert.

Neben dem kurdischen Minderheitenproblem kristallisierte sich seit Mitte der 70er eine weitere Entwicklung heraus. Die Re-Islamisierung, die schon unter der Demokratischen Partei ihren Anfang genommen hatte, erhielt in den 70er-Jahren durch die Gründung der Nationalen Heilspartei, später in Wohlfahrtspartei umbenannt, einen weiteren Aufschwung. Im Gegensatz zu den anderen Parteien strebte die Wohlfahrtspartei nach der Restauration einer islamischen Ordnung. Dies stand völlig im Widerspruch zu den kemalistischen Prinzipien. Als die Wohlfahrtspartei 1996 an die Macht kam, intervenierte das Militär in der Form eines Memorandums, das die Islamisierung als größte Gefahr bezeichnete. Die Folge war 1998 der Rücktritt des Führers der Wohlfahrtspartei Erbakan und 2001 das Verbot seiner Partei.

Türkei und die EU

2002 kam es zu einem erdrutschartigen Sieg der AKP – des reformorientierten Flügels der Wohlfahrtspartei unter Tayyip Erdogan. Im Gegensatz zur Politik der Wohlfahrtspartei und ihrem Wunsch nach einer Restauration der islamischen Ordnung bezog die AKP die kemalistische Realität der Türkei mit ein und stellt damit den Laizismus selbst nicht mehr in Frage. Sie selbst bezeichnet sich als islamisch-bürgerlich-konservativ und sieht sich als CDU der Türkei.

Dies zeigt sich insbesondere in der Europapolitik. Die Türkei, die seit 1949 Mitglied des Europarats und seit 1964 assoziiertes Mitglied der EWG ist, hat unter der AKP verstärkte Anstrengungen unternommen, in die EU aufgenommen zu werden. Dies war umso beachtlicher, als die Wohlfahrtspartei einen solchen Schritt völlig abgelehnt und sich eher zur arabischen Welt orientiert hatte. Die AKP sieht daher Europa auch nicht als „christlichen Club", sondern vielmehr als gemeinsame Werte- und Wirtschaftsgemeinschaft.

8

Um die Kopenhagener Kriterien der EU zu erfüllen, wurde die Menschenrechts-situation verbessert und der Einfluss des Militärs als eine Art Überstaat wurde zurückgedrängt. Der Einfluss des Staates auf Wirtschaft und Gesellschaft wurde reduziert, was zu einer Stärkung der Zivilgesellschaft führte. Auch wurde das ke-malistische Nationalismusverständnis modifiziert, das eine kulturelle Hegemonie des Türkischen als notwendigen Bestandteil der Nationalen Einheit postulierte. Durch die Beitrittsperspektive zur EU scheint die Kluft zwischen Kemalismus und islamischer Tradition und europäischer Wertegemeinschaft zumindest reduziert worden zu sein. Die Türkei ist somit seit 2002 wesentlich europäischer geworden. Dieser Prozess wird aber von vielen Mitgliedern der EU als nicht ausreichend angesehen.

8.3 Konfliktregion Naher Osten – Der Traum von der arabischen Einheit

Arabischer Nationalismus

Nach dem Ende des Ersten Weltkriegs war für die gesamte Nahostregion eine neue Situation entstanden. Der Nationalismus, zuvor vor allem ein Diskussions-gegenstand unter arabischen Intellektuellen, wuchs sich zum Massenphänomen aus. Dies lag unter anderem an den Zusagen, die Großbritannien den Arabern, so dem Scherifen von Mekka für die Schaffung eines arabischen Nationalstaates gemacht hatte. Der Nationalismus stärkte in der Region den Wunsch nach Selbst-bestimmung, der sich nun vor allem gegen die Kolonialmächte Großbritannien und Frankreich richtete und einen Nationalstaat auf der Basis der arabischen Sprache und Kultur anstrebte. Die Zuwanderung der Juden in den 20er-Jahren und die Gründung des Staates Israel 1948 gaben dem arabischen Nationalgefühl noch stärkeren Auftrieb. Der verlorene 1. arabisch-israelische Krieg 1948/49 dis-kreditierte die von Kolonialmächten implementierten Führungsstrukturen. Infol-gedessen kam es 1952 zu einem Putsch nationalgesinnter Offiziere in Ägypten unter Gamal Abd el Nasser, die damit den letzten Nachkommen Mohammed Alis stürzten und Ägypten zu einer Republik machten.

Arabischer Sozialismus

Unter Nasser entwickelte sich Ägypten zur Führungsmacht im nahöstlichen Raum. Im Inneren wurde unter dem Stichwort „Arabischer Sozialismus" eine Art Staatskapitalismus praktiziert, wobei neben dem forcierten Aufbau der Schwer-industrie ein sozialer Ausgleich angestrebt wurde. Dieser zeigte sich in der Ver-teilung des Domänenbesitzes an landlose Bauern, der Subventionierung der Lebenshaltungskosten, einer Einführung von Mindestlöhnen, einer verbesserten medizinischen Versorgung und der Ausweitung der Bildungsmöglichkeiten in bisher nicht gekanntem Ausmaß. Die problematischen Folgen dieser speziell an Europa ausgerichteten Entwicklungsstrategie, in der der öffentliche Sektor domi-nierend war, machten sich ab Mitte der 60er-Jahre bemerkbar. Verstärkt wurden diese durch spezifische ägyptische Probleme, die sich in einer Begrenzung von Land und natürlichen Ressourcen und einer Bevölkerungsexplosion darstellten, welche die Leistungsfähigkeit Ägyptens überforderte.

Hinzu kam auch noch die außenpolitische Frontstellung Ägyptens gegenüber Israel, dem westlichen Einfluss und den arabischen konservativen Staaten. Seit der Suez-Krise 1956, in der die alten Kolonialmächte Großbritannien und Frank-reich durch internationalen Druck zum Rückzug genötigt wurden, war Ägypten zur panarabischen Führungsmacht aufgestiegen. Diese Ereignisse beeinflussten den Nahen Osten nachhaltig.

General Nasser
(1918–1970)

8

Panarabismus

1958 kam es nach einem Putsch syrischer Offiziere zu einer Vereinigung Ägyptens mit Syrien zur Vereinigten Arabischen Republik. Dies sollte die Keimzelle eines neuen arabischen Staates werden. Allerdings scheiterte dieses Projekt 1961 an regionalen Differenzen. Trotzdem kam es zu weiteren Veränderungen, die sich gegen die bestehenden Herrschaftsstrukturen wandten. 1958 wurde im Irak die von den Briten gestützte haschemitische Monarchie gestürzt, 1969 beseitigten Offiziere unter Ghaddafi die libyische Monarchie. Auch der algerische Unabhängigkeitskampf gegen Frankreich (1954–1962) war von Ägypten stark beeinflusst. Dies bezog sich sowohl auf die militärische Unterstützung der Unabhängigkeitsbewegung wie auch auf die programmatischen Impulse. In Ländern wie dem Libanon oder Jordanien, in denen „nationalistische" Putschversuche nicht erfolgreich waren, erhöhte dies den Druck auf die bestehenden Regimes. Diese suchten wie Saudi-Arabien zumeist Anschluss an die USA als westliche Führungsmacht, zumal sich die Nationalisten zumeist nach dem Vorbild Ägyptens an der Sowjetunion orientierten.

Krisenregion Nahost

Anwar as-Sadat
(1918–1981)

So wurde der Nahe Osten in den 50er- und 60er-Jahren immer mehr zu einem Krisengebiet. Dies hatte im Wesentlichen drei Ursachen:
- Der Panarabismus als eine säkular ausgerichtete Modernisierungsbewegung stellte die bisherigen Regime und deren Herrschaftsstrukturen infrage.
- Der seit dem Ersten Weltkrieg andauernde Palästina-Konflikt war ein Krisenherd, der in seiner Dynamik viele Kräfte absorbierte. Dieser Konflikt verhindert es bis heute, dass sich in dieser Region ein Gleichgewicht zwischen den Staaten einpendelt.
- Die verstärkte Abhängigkeit der Industriestaaten vom Öl, dass insbesondere seit dem Zweiten Weltkrieg verstärkt in der Golfregion gefördert wurde, rückte die Region immer stärker in den Blickpunkt des Ost-West-Gegensatzes. Während die Sowjetunion die arabisch-nationalistischen Staaten wie Ägypten unterstützte, standen die USA eher auf der Seite der konservativen Staaten wie Saudi-Arabien.

Eine Zäsur stellte der „Sechs Tage Krieg" im Jahre 1967 dar. In diesem Krieg erlitt die arabische Koalition aus Ägypten, Syrien und Jordanien eine verheerende Niederlage durch Israel und erhebliche Gebietsverluste. Diese territorialen Verluste sind zum Teil bis heute existent und verbesserten damals die militärische Sicherheit Israels. Gleichzeitig stellten und stellen sie aber auch ein großes Hindernis für den Frieden in Nahost dar. Eine andere Wirkung war aber noch weitreichender: Der arabische Nationalismus unter Nasser hatte seinen Führungsanspruch verloren. Dies bezog sich auch auf das von ihm vertretene Modernisierungskonzept, da es Ägypten gegenüber dem vermeintlich kleinen Israel nicht geholfen, sondern ihm eine katastrophale Niederlage eingebracht hatte.

**Zäsur
Sechs Tage Krieg**

Sadats Neuorientierung

Die Konsequenzen daraus zog der Nachfolger Nassers, Anwar el-Sadat. Seine Politik lässt sich als wirtschaftliche und politische Öffnung des Landes bezeichnen. Wirtschaftlich bedeutete dies die Abkehr vom Arabischen Sozialismus hin zur Förderung der in- und ausländischen Privatwirtschaft. Dies führte in den 70ern zu einem Aufschwung, verschärfte aber auch die sozialen Spannungen, die für die islamistischen Bewegungen einen guten Nährboden abgaben.

Sadat gab den Führungsanspruch Ägyptens innerhalb der arabischen Welt auf und erreichte 1979 einen Ausgleich mit Israel im Frieden von Camp David. Dies wurde umso eher möglich, da Ägypten im Jom-Kippur-Krieg 1973 zumindest einen militärischen Achtungserfolg erzielen konnte. Vervollständigt wurde diese Neuausrichtung ägyptischer Politik durch die Hinwendung Ägyptens zu den USA.

Mit dem Frieden von Camp David schien es möglich, eine Lösung des Palästina-Konflikts herbeizuführen. Mit dem damals erstmalig genutzten Prinzip „Land gegen Frieden" schien sich eine praktizierbare Perspektive zu entwickeln. Ägypten erhielt für den Friedensvertrag die seit 1967 israelisch besetzte Sinai-Halbinsel wieder zurück. Die PLO unter Jassir Arafat als Vertretung der Palästinenser war zwar noch aus diesem Prozess ausgeschlossen; dies änderte sich aber mit der Übertragung des Westjordanlandes durch König Hussein von Jordanien an die PLO.

Eine Lösung für den Palästina-Konflikt

Zuvor war es schon 1987 in den besetzten Gebieten der Westbank und des Gaza-Streifens zur ersten „Intifada" (Abschüttlung der Besetzung) gekommen. Grund dafür war die verstärkte Errichtung von jüdischen Siedlungen in den besetzen Gebieten. Diese erste Intifada (bis 1991) war durch eine Mischung aus zivilem Ungehorsam und gewalttätigen bzw. bewaffneten Auseinandersetzungen zwischen Jugendlichen und der israelischen Armee gekennzeichnet.

 Intifada

Erst als die PLO das Existenzrecht Israels anerkannte und im Gegenzug Israel die PLO als Vertreter der Palästinenser akzeptierte, war der Weg frei für das in Oslo 1993 unterzeichnete Grundlagenabkommen. Nach einer fünfjährigen Interimsphase sollte über den endgültigen Status des Gaza-Streifens und des Westjordanlandes entschieden werden.

Seit dieser Zeit gibt es immer wieder Friedensinitiativen, die unter dem Motto „Land gegen Frieden" stehen. Gescheitert sind diese Initiativen immer wieder an der Landaufteilung bzw. den jüdischen Siedlungen in den besetzten Gebieten. Vielmehr kam es zu einer weiteren Verschärfung, die in die zweite Intifada (seit 2000) mündete. Diese zweite Erhebung, ausgelöst durch einen Besuch des Felsendoms (einem muslimischen Heiligtum) in Jerusalem durch Ariel Sharon, ist gekennzeichnet durch Selbstmordattentate von Palästinensern und Militärschlägen der israelischen Armee. Eine Konsequenz Israels aus dieser erneuten Eskalation ist die Errichtung einer international heftig kritisierten Mauer zwischen dem israelischen Kernland und den besetzten Gebieten.

7 **Der Führer der PLO Jassir Arafat** bei seiner Rede vor der UNO 1974.

8

**Arafats Tod
ein Wendepunkt?**

Nach dem Tod von Präsident Jassir Arafat 2004 steht der Nahostkonflikt erneut vor einem Wendepunkt. Der Verlust dieses nationalen Symbols und der damit verbundenen moralischen Autorität kann zu einem Aufbrechen der Differenzen innerhalb der Palästinenser bzw. der PLO führen. Es gibt in der palästinensischen Gesellschaft niemanden, der eine so unangefochtene moralische Stellung wie Arafat besitzt. Gleichzeitig ergibt sich aber auch die Chance, eine neue, eher pragmatisch orientierte Epoche einzuleiten. Die bisher politisch übermächtige Gestalt Arafats wird sich nun mehr und mehr zu einer historischen Person wandeln.

8.4 Eine islamische Lösung

**Rückwendung
zum Islam**

Mit der europäischen Expansion im 19. Jahrhundert wurde das Selbstverständnis der Muslime hart getroffen. Die Welt war für viele Muslime auf den Kopf gestellt. Wie konnte eine von Gott gewollte Ordnung gegenüber Europa so unterlegen sein. Seit dieser Zeit ist die Auseinandersetzung mit dem Westen ein zentrales Element islamischer Existenz geworden. Dies reichte von der Bewunderung Europas bis hin zur völligen Abschottung muslimischer Gemeinschaften gegenüber allen neuen Einflüssen. Der von Europa definierte Alleinvertretungsanspruch auf die Moderne stellte den Islam ins Abseits. Unter diesem Eindruck und zur Überwindung dieser Unterlegenheitssituation entstand eine erste Generation von islamischen Reformern, die eine Rückkehr zu den Ursprüngen des Islams propagierte. Diese Bewegung ähnlich dem europäischen Klassizismus (arabisch **Salafia** Salafia) suchte den Islam auf seine Ursprünglichkeit – die islamische Frühzeit – zurückzuführen und von allen seit dieser Zeit gewachsenen Traditionen zu „reinigen". Dies galt insbesondere für die volksreligiösen Praktiken, die einen hohen Einfluss in der damaligen Gesellschaft hatten und immer haben. Der Koran bzw. die Sunna sollte mit Rückbezug auf seine Zeit neu interpretiert werden, um die Nutzung von Wissenschaft und Technik mit dem Islam zu vereinbaren bzw. zu begründen. Gleichzeitig wurde auch die Einheit der islamischen Welt gefordert, um Europa gestärkt entgegentreten zu können. Diese daraus resultierende Panislamische Idee hatte in Europa z. B. im Panslawismus eine Entsprechung. Protagonisten dieser Strömung waren Jamal ad-Din Afghani und Mohammad Abduh.

**Muslim-
bruderschaft**

Geprägt durch die Erfahrungen des Kolonialismus, erfuhr diese eher intellektuelle Strömung eine Radikalisierung. In ihr verband sich die Anerkennung der industriellen und technischen Überlegenheit des Westens mit den Zweifeln hinsichtlich der Folgen für den Islam. Konnte der Islam westliche Erkenntnisse und Methoden übernehmen ohne selbst Schaden zu nehmen? Organisatorisch fand diese Strömung 1928 Ausdruck in der Gründung der Muslimbrüder (Ikhwan al-Muslimin) durch den Lehrer Hasan al-Bana in Ägypten. Rückkehr zu den Wurzeln bedeutete für ihn auch die Vereinigung von politischer und religiöser Macht. Gesellschaft und Staat unterstehen somit der absoluten Kontrolle Gottes. Am Ende sollte ein islamisches System stehen, durch das es möglich sein sollte, die religiöse und soziale Erneuerung zu verbinden. Im Gegensatz zum bisherigen Reformansatz, der die Modernisierung der Religion in den Mittelpunkt stellte, war dieser Ansatz eine Politisierung der Religion, indem es eine ideale Gesellschaftsform schon im Diesseits in Aussicht stellte. Damit war der Islamismus als Ideologie geboren. Die Muslimbrüder wurden in den 30 bis 50 Jahren zu einer Massenbewegung, da sie islamische Identität und gesellschaftliche Veränderung zu verbinden versprachen. Durch diese hohe Mobilisierungskraft breiteten sich die Muslimbrüder über die ganze islamische Welt aus und wurden somit die Grundlage vieler islamistischer Strömungen.

Islamismus

8

Zwei wichtige Figuren, die den Islamismus zu einer stärkeren Radikalisierung hin prägten, waren der 1966 hingerichtete ägyptische Journalist Sayyid Qutb und der pakistanische Rechtsgelehrte Abul-Ala al-Maududi. Ihr Ziel war die Schaffung eines islamisch verfassten Staates mit einer rigide interpretierten Scharia.
Der Muslimbruder Sayyid Qutb sah den Westen generell als eine Krankheit, dessen Erreger aus der islamischen Welt eliminiert werden müssten. Dies schloss auch den arabischen Nationalismus mit ein. In seinem Hauptwerk „Wegzeichen" verglich er die aktuelle Situation mit der „Barbarei" vor dem Wirken Mohammads. Zu dessen Überwindung seien alle Mittel legitim. Dies bildete eine wichtige Grundlage für viele nachfolgende Islamisten.

Sayyid Qutb (1906 – 1966)

Das Ziel aller genannten Islamisten war die Herbeiführung der Souveränität Gottes (Hakimiyyat Allah) im Diesseits. Dieser Begriff, den es im Koran nicht gibt, wurde erst durch die Islamisten eingeführt. Das ideale Gesellschaftsmodell war die Urgemeinde von Medina. Eine Theokratie gilt als wünschenswerte Staatsform, wobei deren Hauptziel die Durchsetzung der Scharia sein muss.
Die Islamisten, in der Hauptsache zumeist keine Religionsgelehrten, bevorzugen die wörtliche Interpretation des Koran und der Sunna. Sie stehen damit im Gegensatz zu einer jahrhundertelangen muslimischen Tradition der Rechtsfindung und bevorzugen oftmals radikale und einfache Lösungen. Die rechtliche Unterordnung der Frauen gegenüber Männern oder der Verschleierungszwang für Frauen sind dafür typische Beispiele. Auch die Ablehnung der Unterhaltung durch Film oder Musik gehört dazu.

Abul Maududi
(1903–1979)

Islamismus

Neben dem Islamismus als Ideologie kam es, insbesondere nach dem 1967 verlorenen Sechs-Tage-Krieg und der damit verbundenen Diskreditierung des arabischen Nationalismus seit Anfang der 70er-Jahre zu einer der schleichenden Re-Islamisierung in der arabischen Welt. Damit wird eine Bewegung bezeichnet, die den Islam wieder stärker in das öffentliche Bewusstsein rücken wollte. Deutlich wird dies durch das vermehrte Tragen traditioneller Kleidung, so des Schleiers, und durch die Nutzung islamischer Terminologie im offiziellen Sprachgebrauch. Gefördert wurden diese Re-Islamisierung durch Saudi-Arabien, das sich auf diese Weise einen immer stärkeren Einfluss, insbesondere auf die arabische Welt sichern konnte.
Mit der iranischen Revolution 1979 wurde deutlich, dass ein islamisch geprägter Umsturz erfolgreich sein konnte. Dies führte dazu, dass als Kompensation für fehlende Reformen viele Regimes eine Art Ausgleich in der verstärkten Re-Islamisierungen suchten. Markantes Beispiel dafür ist Ägypten, das 1980 die Scharia zur Hauptquelle der Gesetzgebung machte. Die Muslimbrüder, unter Nasser noch verboten und verfolgt, wurden unter seinem Nachfolger Sadat wieder zugelassen, nachdem sie ihren Verzicht auf einen gewaltsamen Kampf erklärt hatten.
Die Muslimbrüder richteten ihren Fokus nun auf das Land und die armen städtischen Gebiete. Hier, wo der Staat mit seinen Einrichtungen nicht präsent war, leisteten sie soziale Unterstützung und erteilten religiösen Unterricht. Der Fokus lag nun mehr auf der sozialen Erneuerung und sie präsentierten sich somit als islamische Sozialbewegung. Damit gewannen sie erheblichen Einfluss auf die Meinungsbildung bei den sozial ärmeren Schichten.

8 Betende Frauen vor dem Felsendom in Jerusalem

Der Friedenschluss Sadats mit Israel 1979 führte zu einer Teilradikalisierung der Muslimbruderschaft. Zwar lehnte die Muslimbruderschaft als Ganzes den

8

Friedenschluss ab, aber während die Führer der Bruderschaft am Gewaltverzicht festhielten, gingen viele, insbesondere die jüngeren Mitglieder, auf Distanz zu einer aus ihrer Sicht immer stärker werdenden unislamischen Gesellschaft, die es mit allen Mitteln zu bekämpfen galt. Ein erstes Opfer war der ägyptische Präsident Sadat, der 1981 durch die Gruppe „Islamischer Dschihad" ermordet wurde. Viele der Kämpfer entzogen sich anschließend der Polizei durch die Flucht nach Afghanistan, wo sie sich dem Partisanenkampf, der auch von den USA unterstützt wurde, gegen die Sowjetunion anschlossen.

Radikalisierung
Konfliktfelder

Der Afghanistankrieg wirkte wie ein Katalysator auf die Radikalisierung des Islamismus. Viele Islamisten nicht nur aus arabischen Ländern sahen hier die Möglichkeit für die Sache des Islams direkt zu kämpfen. Nach dem Ende des Afghanistankrieges kehrten viele Kämpfer in ihre Heimatländer zurück, wo sie den Terror gegen die ihrer Meinung nach unislamischen Staaten forcierten. Dies äußerte sich in Terroranschlägen gegen staatliche Institutionen, ausländische Investoren und Touristen. Der Überfall des Irak auf Kuwait und der darauffolgende Golfkrieg hatte die dauerhafte Stationierung von US-Truppen in Saudi-Arabien, dem heiligen Land des Islams zur Folge. Dies war für Islamisten völlig unannehmbar und trug zusätzlich zu ihrer Radikalisierung bei. Die USA wurden somit zum neuen großen Feind der Islamisten. Die USA verkörperten durch ihre politisch-wirtschaftlichen Interessen (Kontrolle des Öls), ihre Unterstützung Israels und als kulturelle Vormacht des Westens das ideale Feindbild. Der saudi-arabische Afghanistankämpfer Osama bin Laden gründete mit ägyptischen Islamisten das weltweite Netzwerk „al-Qaida" als einen lockeren Verband militanter islamistischer Gruppierungen. Unter ihrer Ägide kam es vermehrt zu Anschlägen auf US-Einrichtungen, die ihren vorläufigen Höhepunkt in den Anschlägen auf das World Trade Center am 11.9.2001 fanden. Als Reaktion darauf kam es zur Zerschlagung der radikalislamischen Taliban in Afghanistan, die dem Netzwerk „al-Qaida" eine territoriale Basis gewährt hatten.

Trotz der Zerschlagung dieser operativen Grundlage hat sich der Terror aber eher ausgeweitet. Neue Konfliktfelder sind vor allem Israel/Palästina und der Irak. Im Palästinakonflikt haben sich neben der PLO islamistische Organisationen in den Vordergrund geschoben und lehnen einen Ausgleich mit Israel ab. Die USA haben im Zusammenspiel mit Großbritannien und einer Koalition der Willigen mit der bisher nicht belegbaren Begründung, der Irak besitze Massenvernichtungswaffen, diesen besetzt. Die Okkupation wird als unrechtmäßig angesehen und insbesondere die Art der Durchführung bewirkt einen großen Mobilisierungsschub für radikalislamische Strömungen. Der Irak gilt nun als das neue Schlachtfeld für radikale Islamisten, die hier ihren Dschihad (Heiligen Krieg) gegen die USA führen.

8

9 Palästinensische
Hamas (2004)

10 **Anschlag World Trade Center** durch Attentäter von al-Qaida, 11. September 2001.

Konträr zu dieser Entwicklung gibt es aber auch eine Umkehrbewegung bei den Islamisten. In der Erkenntnis, dass der permanente Untergrundkampf nicht zu einer islamischen Ordnung führt und es noch weniger Entfaltungsmöglichkeiten für eine islamische Gestaltung der Gesellschaft gegenüber repressiven Regimes gibt, haben sich einige islamistische Organisationen von der Gewalt abgewandt, wie die Islamische Gemeinschaft (Jam'a islamiyya), die sehr enge Bindungen zu „al-Qaida" besaß. Dies korrespondiert mit der Entwicklung islamistischer Gruppen, die zwischenzeitlich westliche Konzepte wie Demokratie und Menschenrechte für sich übernehmen.

Vielschichtigkeit des Islamismus

8.5 Iran – eine islamische Gesellschaft

1979 kam es im Iran bisher zur einzigen Revolution, die einen islamischen Staat hervorbrachte und den Iran neben Saudi-Arabien zum einzigen Staat mit einem islamischen Staats- und Gesellschaftsmodell machte. Auch wenn im Iran die schiitische Glaubensrichtung maßgebend ist, so stellt dies doch einen exemplarischen Fall für eine islamisch verfasste Gesellschaft dar.

Das säkulare Modernisierungsmodell der Pahlawi Dynastie hatte zu großen sozialen Verwerfungen geführt. Die traditionellen Eliten profitierten nicht von dieser Modernisierung und durch ein hohes Bevölkerungswachstum sowie eine zunehmende Armutsrate stieg die soziale Unzufriedenheit stark an. Diese entlud sich schließlich im Sturz der Pahlawi Dynastie. Mobilisiert durch die Mujtahids (schiitische Geistliche) und ihren charismatischen Führers Ayatollah Khomeini wurde am 1. April 1979 die Islamische Republik Iran ausgerufen.

Revolution von 1979

Ayatollah

Der neue islamische Staat war als Spiegel der Protestbewegung gekennzeichnet durch einen Dualismus republikanischer und theokratischer Elemente. Legislative und Exekutive wurden durch Wahlen bestimmt. Demgegenüber stand das von Ayatollah Khomeini im irakischen Exil entwickelte Konzept einer Herrschaft der islamischen Rechtsgelehrten (Vilayat-e faqih), welches in der Verfassung von 1979 verankert wurde. Dieses Konzept sieht vor, dass im Gegensatz zu bisherigen schiitischen Auffassungen, die jede direkte Herrschaft bis zur Wiederkehr des 12. Imams als illegitim ablehnen, die Rechtsgelehrten nun zur direkten Ausübung der Herrschaft in Abwesenheit des 12. Imams berufen sind.

Das daraus abgeleitete Amt eines Herrschenden Rechtsgelehrten bzw. Revolutionsführers konnte alle Maßnahmen der Exekutive und Legislative aufheben und etablierte somit eine faktische Theokratie.

Theokratie

Islamische Republik Iran

Die Entwicklung der Islamische Republik Iran lässt sich in drei Phasen unterteilen. Die erste Phase, die bis zum Tode des Ayatollah Khomeinis 1989 andauerte, stand stark im Zeichen außenpolitischer Ereignisse und war dabei durch drei Konstanten gekennzeichnet – dem permanenten Konflikt mit den USA als ehemaliger Verbündeter der Pahlewi-Dynastie, dem aufgrund des irakischen Überfalls ausgebrochenen irakisch-iranischen Krieg und dem permanenten Versuch die iranische Revolution zu exportieren. Innenpolitisch suchte man Gesellschaft und Staat vollständig zu islamisieren. So achteten die paramilitärischen Revolutionswächter auf die Einhaltung der Bekleidungsvorschriften (z. B. Zwangsverschleierung für Frauen).

In der zweiten Phase (1989–1997) kam es zu einer außenpolitischen und auch wirtschaftlichen Öffnung, um das nach acht Jahren Krieg zerrüttete Land wieder aufzubauen. In diesem Zusammenhang versuchte man insbesondere die Wirtschaft vom bisher herrschenden Staatsdirigismus zu befreien und zu entideologisieren. Die wirtschaftliche Öffnung konnte aber bei weitem nicht die Erwartungen der Bevölkerung befriedigen. Dies galt sowohl in politischer wie auch in ökonomischer Hinsicht. Vielmehr verschärfte sich die Lage durch eine weit verbreitete Korruption und eine extreme Bevölkerungsexplosion, die durch die staatliche Negierung einer Geburtenkontrolle noch verschärft wurde.

Ayatollah Khomeini
(1900–1989)

Liberalisierung

Dieses führte in die dritte Phase. Enttäuscht wandten sich viele ab und im Jahr 1997 kam es zur Wahl des liberalen Geistlichen Mohammad Khatami, der mit 70 % zum Präsidenten gewählt wurde. Dieser leitete eine behutsame Reform von Staat und Gesellschaft ein, die sich aber im Rahmen des von Khomeini entwickelten Konzepts des Vilayat-e Fiqh (der Herrschaft der Rechtsgelehrten) bewegen sollte. Ein erstes deutliches Anzeichen für die Öffnung war die entstehende Meinungsvielfalt. Es entstand ein kritischer Diskurs, der sich um eine Neubewertung der Entwicklung der islamischen Revolution in Hinsicht auf westliche Konzepte von Demokratie, Moderne und Menschenrechte drehte. Gestützt wurde diese Öffnung durch die Jugend und die Frauen. Diese Gruppen erhofften sich durch die Reformen eine Verbesserung ihres Lebensstandards, eine Reduzierung der sozialen und kulturellen Restriktionen (familienrechtliche Besserstellung der Frauen, Zwangsverschleierung) und eine außenpolitische Öffnung, insbesondere hin zum Westen bzw. den USA.

Diese Liberalisierung traf auf harten Widerstand seitens der konservativen Strömungen, die ihre Machtzentren vor allem in der Judikative und im Militär hatten. Durch die begonnene Öffnung trat der Dualismus zwischen Theokratie und Republikanismus deutlich zu Tage. Überspitzt kann man sagen, in den republikanischen Institutionen wurde die Liberalisierung vorangetrieben, während in den theokratischen Institutionen diese verhindert wurde. Aufgrund dieses Gegensatzes kam es ab 2001 zu einem Reformstillstand und 2004 zu einer konservativen

Khatami

Reaktion. In den Parlamentswahlen wurden viele liberale Kandidaten durch den Wächterrat, die theologische Kommission, die die Eignung der Kandidaten prüft, abgelehnt, worauf viele Reformorientierte die Parlamentswahlen boykottierten. Neben der Stagnation der Reform war sicherlich auch die anhaltend schlechte wirtschaftliche Lage ein Grund für die Enttäuschung vieler Reformanhänger. Diese chronische Krise, die aus der staatsdirigistischen Wirtschaftspolitik des Regimes und der starken Abhängigkeit vom Erdöl herrührte, wurde noch durch die Bevölkerungsexplosion verstärkt. Gleichzeitig entsteht auch eine Art Dualismus zwischen dem konservativen politischen System und liberaler Lebenspraxis. Signifikant dafür ist der immense Anstieg der Webblogs.

Außenpolitisch wurde die Öffnung verlangsamt. Dies hatte auch außenpolitische Gründe. Die Einreihung des Irans in die Achse des Bösen durch den US-Präsidenten Bush im Jahr 2002 stellt für den Iran einen Kontrapunkt für seine Öffnungsbemühungen dar. Gleichzeitig suchte man aber auch die seit der Schahzeit verlorene regionale Vormachtstellung wiederherzustellen. Es besteht auch die Gefahr, dass dieses Konfliktpotenzial innenpolitisch genutzt wird, um die Reformbewegung auszuschalten, indem man in der Frage eines eigenen Atomprogramms den Konflikt bei Bedarf zur westlichen Welt verschärft und somit wieder die alten Feindbilder mobilisiert.

Regionale Vormachtstellung

Neben der Jugend waren es vor allem die Frauen, die die Reformbewegung unterstützten. So waren sie es, die die zweite Präsidentschaft Khatamis 2001 mit ihren Stimmen sicherten. Aufgrund der Revolution von 1979 hatte sich die Stellung der Frauen in vielfacher Hinsicht geändert. Nicht nur das Tragen des Schleiers wurde obligatorisch, sondern auch das Familienrecht änderte sich gemäß den Religionsgesetzen (Scheidung etc.). Die Frauen verloren bürgerliche, nicht aber ihre politischen Rechte. Die Einschränkungen forcierten die Emanzipation der Frauen und durch die Trennung der Geschlechter schufen sich die Frauen eigene Entwicklungsmöglichkeiten. Die Anzahl der Studentinnen, die mittlerweile nicht selten die Mehrheit der Studierenden stellen (2002: 63 %), wuchs stärker als es zur Zeit des Schahs erfolgt war. Diese ausgebildeten Frauen nahmen mehr und mehr wichtige Positionen ein, auch wenn ihnen bestimmte Berufe (z. B. der eines Richters) verwehrt blieben. Dies war nicht nur eine schleichende Emanzipation, sondern die Frauen suchten auch den Koran so zu interpretieren, dass die Religion ihre Positionen unterstützte und die derzeitige Auslegung auf eine patriarchalische Tradition im Iran zurückführte. Für diesen feministischen Islam erhielten sie die Unterstützung von Teilen der liberalen Geistlichkeit.

Frauen im Iran

 **feministischer Islam**

Diese Entwicklung hin zu einem feministischen Islam gibt es auch in anderen islamisch geprägten Ländern. Frauen wenden sich dabei gegen die Tradition und versuchen mit Hilfe des Korans feministische Positionen durchzusetzen. Oftmals kommt es dabei zu einer Zusammenarbeit mit säkular orientierten Frauen.

11 Verschleierte Frauen im iranisch-afghanischen Grenzgebiet

8

8.6 Europa und der Islam

Europa und der Islam

Europa und den Islam verbindet eine ambivalente Geschichte. Diese ist ebenso von wechselseitiger Bedrohung wie von Bewunderung geprägt. Der Konflikt auf dem Balkan zwischen der Habsburger Monarchie und dem Osmanischen Reich, der in der Belagerung von Wien 1683 einen Höhepunkt fand, ist ein Synonym für eine solche Bedrohung. Die Leistung der islamischen Welt im Bereich der Wissenschaft im Spätmittelalter wurde dagegen von den Europäern bewundert. Umgekehrt lassen sich von islamischer Seite vergleichbare Beispiele finden. Diese Ambivalenz zwischen Bewunderung und Furcht existiert heute noch immer. Sie ist seit Huntingtons These vom Kampf der Kulturen und dem Anschlag auf das World Trade Center wieder stärker geworden, wobei die Furcht bzw. das Misstrauen dominieren.

Migration nach Europa

Heute leben ungefähr 15 Millionen Muslime in Europa. Die meisten davon stammen aus den ehemaligen Kolonien und sind nach dem 2. Weltkrieg nach Europa

eingewandert. Zielorte waren meist die jeweiligen Kolonialländer. So wanderten nach Frankreich hauptsächlich Muslime aus Nordafrika, speziell Algerien zu, und nach Großbritannien insbesondere Muslime aus dem ehemaligen Britisch-Indien. In Deutschland erfolgte die Zuwanderung zumeist als Gastarbeiter in den 1950er- und 1960er-Jahren. Die übergroße Mehrheit dieser Zuwanderer kam hauptsächlich aus der Türkei. In Deutschland leben ca. 3,5 Millionen Muslime. Darunter sind 50 000 Muslime deutscher Herkunft und ca. 500 000 Muslime, die die deutsche Staatsbürgerschaft angenommen haben.

Die Motivation der meist türkischen Zuwanderer lag oft in der Flucht vor den politischen und wirtschaftlichen Problemen ihres jeweiligen Heimatlandes. In den 1960er-Jahren wurde diese Zuwanderung durch eine hohe Nachfrage an Arbeitskräften in Deutschland gefördert und begünstigt. Als sich aber in den

12 Imam-Ali Moschee in Hamburg (erbaut im Jahr 1961)

darauffolgenden Jahrzehnten durch eine schlechtere Konjunktur diese Nachfrage ins Gegenteil verkehrte, gleichzeitig aber viele Gastarbeiter durch Familiennachzug deutlich machten, dass sie in Deutschland bleiben wollten, suchte die Politik nach Verhängung des Anwerbestopps 1973 nach Möglichkeiten, die Zuwanderer zum Verlassen des Gastlandes zu bewegen. In den 1980er-Jahren wurden mehrere Rückkehrprogramme aufgelegt, die aber erfolglos blieben.

Integration

Es gab mannigfache Gründe für die misslungene Integration. Nach dem Motto „Deutschland ist kein Einwanderungsland" suchte man an dem Gastarbeiterstatus der Zuwanderer festzuhalten. Integrationsversuche gab es nur punktuell. Erschwerend kam hinzu, dass insbesondere Muslime, also vor allem türkische Zuwanderer von höherer Arbeitslosigkeit betroffen waren und deren Kinder so nicht selten eine schlechtere Ausbildung hatten. Ein zweiter Aspekt ist sicherlich, dass die Lebensbedingungen für Muslime in Deutschland eher schwer sind. Deutschland ist christlich geprägt und es gab kaum ein Eingehen auf die eigenständige Lebenswelt und Kultur der muslimischen Zuwanderer. Rücksichtnahme auf muslimische Feiertage oder auch Speisevorschriften z. B. in Kantinen gab es nicht. Dergleichen galt auch für den Unterricht an Schulen. Ein islamischer Religionsunterricht fand nicht statt. Ein dritter Aspekt war die Sprache. Die Zuwan-

8

13 Muslimische Frauen in Deutschland (2004)

derer sahen sich weder genötigt noch gefördert, die Sprache ihres Gastlandes zu lernen. Darüber hinaus gab es oftmals starke Unterschiede im Werteverständnis, wie z. B. die Stellung der Familie, die dann mit der Begründung kultureller Unterschiede akzeptierbar gemacht wurden. Zwar gab es punktuelle Integrationsangebote, die aber nie flächendeckend ausgeweitet wurden. Dies stellte beiderseitige Integrationsversuche vor immense Hindernisse.

Die Folge dieser Situation war, dass es seitens der Muslime immer mehr zu einem Rückzug aus der Öffentlichkeit kam. Muslime zogen oftmals in ein Wohnviertel, in dem auch andere Muslime wohnten. Dort bildeten Sie eine eigene Gemeinschaft. Nicht selten wurden Probleme aus ihren Heimatländern mitgebracht, wie z. B. die Auseinandersetzung zwischen Türken und Kurden.

Generationswechsel
Re-Islamisierung

Viele Migrantenkinder akzeptierten die Ausgrenzung durch die deutsche Gesellschaft nicht. Sie antworteten in Form einer Selbstabgrenzung. Gleichzeitig zu dieser Entwicklung begann die in der islamischen Welt erfolgte Re-Islamisierung eine neue Rolle bei den jungen Muslimen zu spielen. Mehr und mehr definierten sich viele über den Islam. Dabei war aber nicht der überlieferte Islam der Eltern gemeint, sondern vielmehr islamistische Varianten der in den 1980er-Jahren entstanden Kulturzentren und Vereine. Diese übernahmen für immer mehr Muslime die Funktion der Identitätsbildung und -erhaltung. Dies forcierte die Entwicklung von Parallelgesellschaften, die mit der gegenseitigen Abschottung begonnen hatte und nun den Nährboden bot für Vorurteile und Verdächtigungen.

Re-Islamisierung

Parallelgesellschaften

8

Der Andrang zu den Vereinen und Kulturzentren war so groß, dass es in den 80er-Jahren zu einer Gründung von Dachverbänden kam, wie z. B. 1986 des „Zentralrats der Muslime". Dieser suchte viele Vereine zu integrieren, was aber nur zu einem Bruchteil gelang. Trotzdem ist der Zentralrat der Muslime inzwischen für die Politik einer der Ansprechpartner geworden, obwohl er nur einen Bruchteil der Muslime in Deutschland repräsentiert.
In islamischen Vereinen hatten oftmals radikale Islamisten eine Führungsrolle inne, die vor Repressionsmaßnahmen in ihren Heimatländern geflohen waren. Diese predigten zum Teil eine islamische Lebensweise, die unvereinbar mit der Demokratie ist. Dies geht bis zur Forderung eines autonomen Bereichs innerhalb des Staates bzw. den Ersatz des säkularen Staates durch einen islamischen.

Prozent

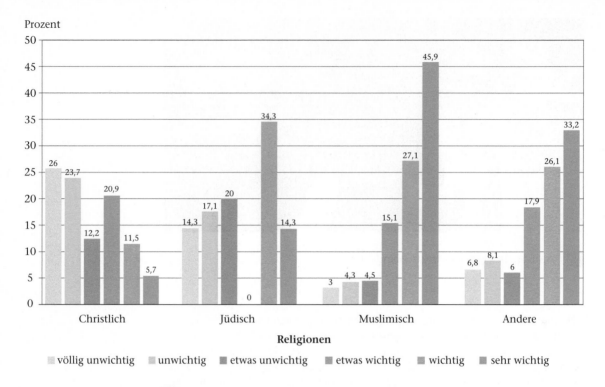

14 **Muslimische Bevölkerung in Europa.**

Vom Autor erstellt auf der Grundlage einer Tabelle aus: P. Wetzels/K: Brettfeld, Junge Muslime in Deutschland. In: Islamismus. Texte zur Inneren Sicherheit. Berlin 2003, S. 54.

Die Migranten leben somit in einem Spannungsfeld zwischen dem tradierten Islam ihrer Eltern, den Islamvorstellungen innerhalb ihrer Vereine und den Wertvorstellungen der deutschen Gesellschaft. Dies spiegelt sich in dem unterschiedlichen Selbstverständnis der Muslime wieder. Dies reicht von extremistischen islamistischen Positionen bis hin zu Forderungen eines europäisch definierten Islam.

Neuer Anlauf zur Integration

Seit Ende der 90er-Jahren kam es in Deutschland zu einer verstärkten Integrationspolitik. Grundlage dafür ist das Eingeständnis, dass Deutschland ein Einwanderungsland ist und dies Integrationsbemühungen auf beiden Seiten erfordert. So wird seit 2005 nicht nur auf den Spracherwerb Wert gelegt, sondern es gibt auch vermehrt verschiedene Versuche, an deutschen Schulen Islamkunde als Unterrichtsfach in der Verantwortung zuständiger deutscher Schulbehörden einzuführen. Von den islamischen Gemeinden wird dagegen erwartet, dass diese sich stärker in die deutsche Gesellschaft und deren Wertegemeinschaft integrieren. Mit Hilfe dieser Politik und den verschiedenen Versuchen einen Dialog der Kulturen zu führen, sucht man auf beiden Seiten, einer steigenden Furcht und Misstrauen zu begegnen und Extremisten keine Plattform mehr zu geben. Ein markantes Beispiel war die von der DTIP (Dachverband der türkischen Muslime in Deutschland) 2004 organisierte Demonstration gegen islamisch begründete Gewalt und für Integration in Köln.

8

15 Der Islamwissenschaftler Heinz Halm beschreibt die Methodik der islamischen Jurisprudenz

Aber auch Koran und Sunna machen noch nicht die ganze sari'a aus. Stets treten neue Fragen und Probleme auf,
5 für die die Überlieferung keine fertige Antwort liefert. Eine solche muss durch bestimmte Prozeduren gefunden werden. Das dafür erforderliche methodische Handwerkszeug haben islamische Juristen entwickelt; so entstand die islamische Jurisprudenz (fiqh) mit ihren Prinzipien des
10 Konses (idschma') [und] des Analogieschlusses (qiyas). [...] Die sari'a ist also kein ausformuliertes Gesetzesbuch, kein Paragraphenwerk, das als Buch vorliegt und einfach aus dem Regal gezogen werden könnte. Sie ist nicht kodifiziert, ja sie ist im Grunde nicht kodifizierbar, denn sie
15 ist eine lebendige Methode, die ständig gehandhabt und im Bedarfsfall erweitert werden muss.

Zit. nach: Heinz Halm, Der Islam. Geschichte und Gegenwart. München 2000, S. 75.

16 Der arabische Nahost-Experte Albert Hourani beschreibt die Wirkungen der arabischen Niederlage von 1967 in ihren regionalen und internationalen Ausmaßen

5 Der Krieg war in vieler Hinsicht ein Wendepunkt. Die Eroberung Jerusalems durch die Israelis und der Umstand, dass die Heiligen Stätten der Muslime und Christen nun unter jüdischer Kontrolle standen, verliehen dem Konflikt eine zusätzliche Dimension. Der Krieg veränderte
10 das gesamte Kräfteverhältnis im Nahen Osten. Es war nun klar, dass Israel militärisch jeder Kombination arabischer Staaten überlegen war, und das verwandelte die Beziehungen aller am Krieg Beteiligten mit der Welt. [...] Der schnelle israelische Sieg machte Israel in amerikani-
15 schen Augen außerdem zu einem wünschenswerten Verbündeten. Für die arabischen Staaten und besonders für Ägypten war das Geschehen in jeder Hinsicht eine Niederlage, die die Grenzen ihrer militärischen und politischen Kapazität unmissverständlich zeigte. Für die UdSSR
20 war es ebenfalls eine Art Niederlage, die aber die Russen nur in der Entschlossenheit bestärkte, ihre Verbündeten in Zukunft vor einer Niederlage dieses Ausmaßes zu schützen. Auf der anderen, sehr viel tiefer liegenden Ebene hinterließ überall auf der Welt bei jedem der Krieg
25 seine Spuren, der sich entweder mit den Juden oder den Arabern identifizierte. Und so wurde aus dem anfänglich regionalen Konflikt ein weltweiter Konflikt.

Zit. nach: Albert Hourani, Die Geschichte der Arabischen Völker. Frankfurt am Main 1992, S. 497 f.

17 In einem Nachruf über Arafat schreibt der israelische Publizist Uri Avnery

Jassir Arafat war einer aus der Generation der großen Führer, die nach dem Zweiten Weltkrieg auftraten. Als
5 er Ende der 1950er-Jahre auf der weltpolitischen Bühne auftauchte, war sein Volk nahe daran, in Vergessenheit zu geraten. [...] Als Jassir Arafat[...] die „palästinensische Befreiungsbewegung" gründete, [...], meinte er zunächst [die] Befreiung von den verschiedenen arabischen Führern, um das palästinensische Volk für sich 10 selbst sprechen und handeln zu lassen.[...] Für Arafat war der bewaffnete Kampf nur ein Mittel – nicht mehr. [...] Für ihn war klar, dass dieses Instrument das palästinensische Volk stärken und so die Anerkennung der Welt gewinnen, dass es aber nie Israel besiegen würde. 15 [...] Er entschied, die PLO müsse mit Israel ein Abkommen erreichen und sich mit einem palästinensischen Staat im Westjordanland und im Gaza-Streifen zufrieden geben. Nun war er mit einer historischen Herausforderung konfrontiert. Er musste das palästinensische 20 Volk davon überzeugen, seinen historischen Standpunkt aufzugeben, nämlich die Legitimität des Staates Israel zu leugnen und sich nur mit den restlichen 22 Prozent des Palästinagebietes von vor 1948 zufrieden zu geben. Daran begann er auf seine ihm eigene Weise zu arbeiten: 25 mit Hartnäckigkeit, Ausdauer und Tricks – zwei Schritte vorwärts, einen zurück. [...] Seine Mindestforderungen waren klar und blieben seit 1974 unverändert dieselben: ein palästinensischer Staat im Westjordanland und im Gaza-Streifen, palästinensische Herrschaft über Ostje- 30 rusalem (einschließlich des Tempelberges – aber ohne die Klagemauer und das jüdische Viertel); die Wiederherstellung der Grenzen von 1967 mit der Möglichkeit von begrenztem, aber gleichwertigem Landaustausch; Evakuierung aller israelischen Siedlungen auf palästi- 35 nensischem Gebiet und die Lösung des Flüchtlingsproblems in Abstimmung mit Israel. Für Palästinenser ist dies das äußerste Minimum. Kein Befreiungskämpfer hat während des letzten halben Jahrhunderts so ungeheure Hindernisse überwinden müssen wie Arafat. Er 40 war nicht mit einer üblichen gehassten Kolonialmacht

18 Der historische Händedruck auf dem Rasen vor dem Weißen Haus am 13. September 1993: Rabin links, Arafat rechts, US-Präsident Clinton in der Mitte.

8

19 Arabische Sichtweise auf die Konflikte in Palästina und Irak, Karikatur, nach: al-ahram, 2004.

21 „Schlag und Gegenschlag", Institut für Friedenspädagogik, 2003.

konfrontiert oder einer verachteten rassistischen Minderheit, sondern mit einem Staat, der nach dem Holocaust entstand und von der Sympathie und den Schuld
45 gefühlen der Welt unterstützt wurde. [...] Als er dazu aufgerufen wurde, eine palästinensische Behörde aufzubauen, konnte er nicht [...] einen vorhandenen Staatsapparat übernehmen, sondern nur unzusammenhängende, verarmte Teile des Landes, dessen Infrastruktur durch
50 jahrzehntelange Besatzung zerstört worden war. Er übernahm nicht eine Bevölkerung, die auf ihrem Land lebte, sondern ein Volk, das zur Hälfte aus Flüchtlingen besteht und in vielen Ländern zerstreut ist. Die andere Hälfte war entlang politischen, wirtschaftlichen und religiösen
55 Linien zerrissen. All dies, während der Befreiungskampf weiterging. Es ist Jassir Arafats historisches Verdienst, alle Teile zusammengehalten und unter diesen Bedingungen nach und nach zu seinem Ziel geführt zu haben. [...]

Zit. nach: U. Avnery, Er war ein großer Feind. In: taz, Nr. 7512, 12. November 2004.

20 Der Publizist Henryk M. Broder urteilt über PLO-Chef Jassir Arafat:

Kein anderer Politiker ist so oft vom Papst empfangen und gesegnet worden wie Arafat – während seine Märty
5 rer sich in israelischen Bussen in die Luft sprengten. Er regierte, sowohl als PLO-Chef wie auch als „Präsident" der Autonomie-Behörde, ohne ein Mandat, die letzten Wahlen zum PLO-Council fanden vor über 20 Jahren statt und auch seine Zeit als gewählter Präsident der
10 Autonomie-Behörde war abgelaufen. Die zweite Intifada, deren Führung er schnell übernahm, war auch ein Mittel, Wahlen zu vermeiden. Dabei sprach er immer von der „Demokratie", die er etablieren wollte. Arafats Reich war ein Privatbetrieb. [...] Und er war, gleich nach
15 der israelischen Besatzung, das größte Unglück, das den

Palästinensern passieren konnte. Arafat war weder ein Taktiker noch ein Stratege, er hat jede Situation falsch eingeschätzt: [...] Seine größte Leistung bestand darin, trotz aller Fehler und Fehleinschätzungen an der Macht zu bleiben. [...] [Die Palästinenser] werden feststellen, 20 dass ihr geliebter Führer alles getan hat, um ihr Schicksal zu zementieren, dass er für nicht weniger palästinensische Opfer verantwortlich ist als die israelischen Besatzer, dass er nicht nur die Israelis, sondern auch sein Volk terrorisiert hat. Um etwa vier Millionen Palästinenser 25 zu kontrollieren, hat er 12 verschiedene Geheimdienste etabliert, die nur seinem Kommando unterstanden und die auch von den finanziellen EU-Subventionen mitgetragen wurden, während das palästinensische Volk vom warmen Brüsseler Geldregen nicht viel hatte. [...] Arafat 30 investierte nicht in Wirtschaft, Erziehung und Gesundheit – das überließ er Hilfsorganisationen – er investierte in seine eigene Sicherheit. [...] Um einen Aufstand zu inszenieren, braucht man ein paar Märtyrer und ein paar selbst gebastelte Raketen. Um einen Staat führen zu 35 können, muss man zwischen Wunsch und Wirklichkeit unterscheiden können. Und genau das hat Arafat mit seinem revolutionären Gehabe verhindert. Er hat die Palästinenser in die Irre geführt, die Grundlage seiner Macht waren Gewalt, Korruption und – Illusion. [...] 40 Aber auch so war er genau das, was die nationalistische israelische Rechte brauchte, um ihre irrsinnige Politik weiterführen zu können. [...]. Alles, war er tat, bestärkte [die israelische Rechte] in der Überzeugung, dass es keinen Sinn hat, mit den Palästinensern zu reden, alles, 45 was sie taten, diente Arafat als Alibi, dass Gewalt ein legitimes Mittel im Umgang mit den Israelis ist. [...]

Zit nach: Henryk M. Broder: Der Traum ist aus. Spiegel Online 11.11.2004.

8

22 Der Islamwissenschaftler Josef Matuz urteilt über die im Hatt-i Sherif verkündeten Prinzipien:

Die vom Hatt-i Sherif verkündeten Prinzipien trugen insgesamt die Züge einer europäisch-freiheitlichen,
5 bürgerlichen Gesellschaftsordnung. Sie stellten gleichzeitig eine klare Absage an den islamisch-orthodoxen Traditionalismus dar. Um die konservativ-religiösen Kräfte nicht abzuschrecken und Ihnen die Reformmaßnahmen annehmbar zu machen, wurde im Hatt-i
10 Sherif die Bedeutung der Religion besonders hervorgehoben, die die Aufgabe haben sollte, Staat, Land und Volk mit neuen moralischen Kräften auszustatten. Die Tatsache, dass nunmehr auch Christen und Juden zu im Prinzip gleichberechtigten osmanischen
15 Staatsbürgern erhoben worden waren, sollte gleichzeitig den europäischen Mächten die Möglichkeit entziehen, sich unter dem Vorwand, ihre christlichen Glaubensgenossen schützen zu wollen, in die inneren Angelegenheiten des osmanischen Reiches einzumi-
20 schen. [...] Nun hatte das Reformwerk insofern einen Nachteil, als es einseitig vom Sultan oktroyiert wurde und – ausschließlich vom großherrlichen Willensakt abhängig – jederzeit widerrufen werden konnte; mit dem europäischen Prinzip der Volkssouveränität
25 war es nicht verbunden, und es gab keine Institution, etwa ein Parlament, das eine Kontrolle hätte ausüben können. Trotz dieses Mangels war die Neuordnung von grundlegender Bedeutung, denn sie machte den Weg für die Beseitigung obsoleter ökonomischer und sozio-
30 kultureller Strukturen frei.

Zit. nach: Josef Matuz, Das Osmanische Reich. Darmstadt 1985. S. 225 f.

23 Der Islamwissenschaftler Udo Steinbach über den Kemalismus:

Die sich nunmehr anschließenden tief greifenden Reformen in Gesellschaft, Recht und Kultur waren da-
5 rauf gerichtet, der jahrhundertealten überkommenen Ordnung den Rücken zu kehren und sich entschlossen westlicher – und das bedeutete – europäischer – Zivilisation und Kultur zu öffnen. Die großen Reformen hatten scheinbar kleine Vorspiele. Mustafa Kemal war
10 sich bewusst, wie viel symbolische Bedeutung gerade äußerliche Details manchmal haben [...]. Am 26.Dezember 1925 wurde ohne Abstriche der gregorianische Kalender eingeführt. Er ersetzte damit die „islamische" Jahreszählung nach dem Mondzyklus. [...] Es galt auch
15 überkommene Gesellschaftsstrukturen aufzubrechen, die aber in jahrhundertealter islamischer Tradition wurzelten. Die Befreiung der Frau war die radikalste unter ihnen. [...] Das Türkische Bürgerliche Gesetzbuch von 1926 sah innerhalb der Familie gleiche Rechte für Mann
20 und Frau vor. Den Mädchen wurde die Möglichkeit [...] der höheren Schulbildung eröffnet, sie konnten die Universitäten des Landes besuchen und ins Berufsle-

ben eintreten. [...] Es war Mustafa Kemals [Atatürk] tiefste Überzeugung, dass Europas Überlegenheit auf seiner Wissenschaft beruhe. Bildung und Aufklärung 25 des Volkes waren deshalb für ihn Kernpunkte der Mobilisierung und Modernisierung der Türken. Die allgemeine und unentgeltliche Schulpflicht wurde per Gesetz eingeführt. Das „Gesetz über die Vereinheitlichung des Unterrichts" stellte sicher, dass der Klerus keinen 30 Einfluss mehr auf die allgemeine Erziehung erhielt. [...] Mit der Einführung des italienischen Strafrechts und des Schweizer Zivilrechts im Jahre 1926 nahm die türkische Regierung der Geistlichkeit den letzten ihr verbliebenen Rechtsbereich, das Familienrecht, aus den 35 Händen. Das griff tief in das Leben eines jeden Türken ein: Die Einehe wurde darin ebenso rechtlich verankert wie es zur Auflage wurde, eine Ehe nicht mehr vor dem Imam, dem Dorfgeistlichen, sondern den staatlichen bestallten Standesbeamten zu schließen. 40

Zit. nach: Udo Steinbach, Geschichte der Türkei. München 2001, S. 31 ff.

24 Der Islamwissenschaftler Udo Steinbach urteilt über die Wirkung der von Mustafa Kemal initiierten Modernisierung auf die heutige Türkei wie folgt:

Insgesamt hatte – und hat – das Werk des Staatsgründers erstaunlicherweise Bestand. Die Entwicklung der Türkei 5 ist relativ geradlinig verlaufen. Roter Faden war dabei die Ausrichtung auf den Westen, zu der es für Atatürk keine Alternative gegeben hatte: als kulturelle und zivilisatorische Größe, als politischen Partner und als Beispiel einer Erfolgsstory, die es nachzuahmen galt. Was Atatürk 10 gemäßigt diktatorisch auf die Schiene brachte, führte die Demokratie türkischer Spielart später fort. Die Außenpolitik, die zunächst auf Unabhängigkeit setzte, stand unter den Rahmenbedingungen des Kalten Krieges zur Mitgliedschaft im westlichen Bündnis durchaus nicht 15 im Widerspruch und schon gar nicht zum Streben der türkischen Regierungen nach einer Vollmitgliedschaft in der Europäischen Gemeinschaft. Die Türkei als Teil eines Westens, dessen Entwicklungsstand und Identität sich sichtlich von einer islamischen Welt, die die Folgen des 20 Untergangs des Osmanischen Reiches noch immer nicht überwunden hatte, abheben würde, und als Mitglied einer europäischen Staatengemeinschaft, als Verkörperung eines Landes der zivilisierten Welt – so etwa könnte sich der Staatsgründer das Ziel des von ihm beschrittenen 25 Weges vorgestellt haben.

Zit. nach: Udo Steinbach, Die Türkei im 20. Jahrhundert, Bergisch Gladbach 1996. S. 43 f.

25 Der Publizist Michael Thumann argumentiert in der Zeit für einen Beitritt der Türkei zur EU:

Wieder geht ein Gespenst um in Europa: ein muslimisches Land, das mit seinem Beitrittsgesuch zur EU die Identität Europas bedroht. Das Abendland ist in Gefahr, 5

8

26 Anteil der muslimischen Bevölkerung in den EU-Staaten 2004 bzw. den potenziellen Beitrittskanditaten.

Zusammengestellt vom Autor auf der Grundlage von Daten des Zentrum für Türkeistudien.

EU-Staaten	Einwohnerzahl	Anzahl der muslimischen Bevölkerung	Anteil der muslimischen Bevölkerung
Belgien	10 348 300	382 900	3,7
Dänemark	5 413 000	151 500	2,8
Deutschland	82 440 300	3 400 000	3,9
Estland	1 360 000	10 000	1,36
Finnland	5 214 500	21 000	0,4
Frankreich	61 387 000	5 000 000	8,1
Griechenland	10 647 600	372 600	3,5
Großbritannien	58 789 000	1 591 000	2,7
Irland	3 917 300	10 000	0,2
Italien	58 057 000	705 000	1,2
Lettland	2 366 000	3 000	0,12
Litauen	3 610 000	7 000	0,19
Luxemburg	462 600	7 500	1,6
Malta	375 000	3 000	0,8
Niederlande	16 318 200	750 600	4,6
Österreich	8 174 800	372 800	4,2
Polen	38 634 000	4 000	0,005
Portugal	10 500 000	40 000	0,4
Schweden	8 986 400	305 500	3,4
Slowakei	5 415 000	10 800	0,2
Spanien	40 280 800	402 000	1,0
Tschechische Republik	10 300 000	30 000	0,3
Ungarn	10 106 000	3 000	0,02
Zypern (inkl. Nordzypern)	925 000	210 000	22,7
Gesamt	**490 731 200**	**14 906 600**	**3,05**
Potenzielle EU-Beitrittskandidaten			
Bulgarien	7 801 000	790 000	10,13
Rumänien	22 410 000	67 000	0,3
Türkei	66 230 000	65 600 000	99,00

8

heißt die furchtbare Botschaft, die Türken stehen vor Brüssel! [...] Renommierte Historiker, Politiker, Publizisten, die meinen, dass Europas Grenze vor dem Bosporus, vor dem europäischen Teil der Türkei, enden solle. Um dies zu begründen, beschwören sie allerlei Gefahren,
15 die längst europäische Gebrechen sind, auch ohne die Türkei. Es geht den Abendländlern um die Identität, die Werte, um die Handlungsfähigkeit Europas. Was ist das, die europäische Identität? Macht sie sich an der Aufklärung fest, an der Sprache, am Glaubensbekenntnis? Die
20 Aufklärung hat zum Beispiel auch das EU-Mitglied Griechenland und die Kandidaten Bulgarien und Rumänien kaum gestreift. An Sprachen ist die Union fast so reich wie der Kaukasus. Eint uns der Glaube? Der katholische Spanier hat mit dem protestantischen Finnen so wenig
25 gemein wie der anglikanische Brite mit dem orthodoxen Griechen. [...] Gräbt man im Geschichtsbuch, so fällt auf, dass die Türkei zu Europa gehört, anders als Turkmenistan oder Marokko. Wie selbstverständlich war das Osmanische Reich in das europäische Mächtegeflecht der Frühen Neuzeit eingebunden. [...] Christentum und 30 Islam taugen nicht für politische Grenzziehungen. Beide sind Teil der europäischen Geschichte. [...] Gemessen an der Begeisterung der Bevölkerung für die europäische Integration, müssten die Türken schon morgen EU-Bürger werden. [...] Die emphatisch proeuropäische Regie- 35 rung, welche die Türken gerade gewählt haben, will die Rechte ihrer Bürger auf EU-Niveau bringen. [...]. Warum sollten die Europäer diesen in der muslimischen Welt beispiellosen Elan mit einem Nein abwürgen? Es wäre eine historische Torheit. Wird Europa durch die Türkei 40 handlungsunfähig? [...] Das Gegenteil ist richtig, nach außen und innen. Vor einer Außengrenze mit dem Irak und Iran muss sich die EU nicht fürchten. Oder will

sie die Weltpolitik ganz den Amerikanern überlassen?

45 Dort liegen strategisch wichtige Gebiete für Europas Versorgung: die riesigen Gasreserven Irans, die Reichtümer des Kaspischen Meers, die Ölreserven des Iraks. [...] Nach innen liegen die Dinge komplizierter. Denn es gibt einen ernsthaften Grund, der heute noch gegen

50 einen EU-Beitritt Ankaras spricht: die Wirtschaft. Das Pro-Kopf-Einkommen der Türken beträgt 22 Prozent des EU-Durchschnitts. Damit spielen sie just in jener Südost-Liga, zu der die Beitrittskandidaten Rumänien und Bulgarien gehören. Die neue Regierung in Ankara will

55 den Aufstieg in die Europa-Klasse schaffen. [...] Denn 68 Millionen mehrheitlich arme Türken kann sich die EU noch weniger leisten als 22 Millionen Rumänen. Doch lauert in der Krise die Chance. Was wäre besser geeignet als eine herannahende Türkei, die bewegungsscheue EU

60 zu zwingen, sich selbst zu renovieren? [...].

Zit. nach: Michael Thumann, Ja sie gehören in die EU. Die Zeit 51/2002.

27 Der Historiker Hans-Ulrich Wehler führt nochmals alle Gründe auf, die gegen einen EU-Beitritt der Türkei sprechen:

Die Gründe, die gegen einen Beitritt der Türkei sprechen,

5 wirkten damals noch durchschlagend: Das Land besitzt keine liberalisierte Marktwirtschaft, missachtet eklatant die Menschenrechte, verfolgt die kurdische Minderheit, vor allem aber ist es als muslimischer Staat durch eine tiefe Kulturgrenze von Europa getrennt. Der Konsens

10 lautet: Nach geografischer Lage, historischer Vergangenheit, Religion, Kultur, Mentalität ist die Türkei kein Teil Europas. [...]

1. Die EU hat bisher nicht riskiert, ihre Grenzen im Osten, im Südosten und Süden zu definieren. [...]. Die Uk-

15 raine, Weißrussland und Russland sollten zwar an Europa gebunden, ihre Stabilisierung nach Kräften unterstützt werden. Sie sind indes kein Teil Europas und gehören deshalb nicht in die EU. Sie haben Europa zwar manchmal massiv beeinflusst, aber die jüdisch-griechisch-rö-

20 mische Antike, die protestantische Reformation und die Renaissance, die Aufklärung und die Wissenschaftsrevolution haben diese Länder nicht geprägt. Diese Einwände gegen einen EU-Beitritt stechen noch mehr, wenn es um die Türkei geht.

25 2. Das muslimische Osmanenreich hat rund 450 Jahre lang gegen das christliche Europa nahezu unablässig Krieg geführt; einmal standen seine Heere sogar vor den Toren Wiens. Das ist im Kollektivgedächtnis der europäischen Völker, aber auch der Türkei tief verankert. Es

30 spricht darum nichts dafür, eine solche Inkarnation der Gegnerschaft in die EU aufzunehmen. Das mag man noch als Vorurteil eines Historikers abtun. Doch ändert das nichts an dem Tatbestand, dass eine politische Union über Kulturgrenzen hinweg noch nie und nirgendwo Bestand gehabt hat. [...]

3. Warum sollte heutzutage ein muslimischer, von der 35 fundamentalistischen Welle einer erkennbaren Mehrheit bedrohter Staat zu Europa hinzustoßen, das nun einmal durch seine völlig anderen Traditionen geprägt ist? In der Bundesrepublik werfen 32 000 in radikalen Organisationen vereinigte türkische Muslime bereits hinreichend 40 Probleme auf. Das Konfliktniveau im Inneren würde unvermeidbar angehoben. [...]

4. Warum sollte, da nach europäischen Kriterien rund 30 Prozent des türkischen Arbeitskräftepotenzials als arbeitslos gelten, einem anatolischen Millionenheer die 45 Freizügigkeit in die EU eröffnet werden? Überall in Europa erweisen sich muslimische Minderheiten als nicht assimilierbar und igeln sich in ihrer Subkultur ein. Auch die Bundesrepublik hat bekanntlich kein Ausländer-, sondern ausschließlich ein Türkenproblem. [...]. Aber 50 warum sollte man diese Diaspora millionenfach freiwillig vermehren und damit die bisher willige Bereitschaft zum Zusammenleben einer extremen Belastungsprobe aussetzen? Die Zahl von 67 Millionen Türken (zur Zeit der Republikgründung waren es noch 12 Millionen), die 55 sich aufgrund der demografischen Explosion mit einem Zuwachs von etwa 2,4 Prozent pro Jahr dramatisch weiter erhöht, übertrifft bereits die Anzahl der europäischen Protestanten. Im Fall eines Beitritts um 2012/14 stellten 90 Millionen Türken die größte Bevölkerung eines EU- 60 Mitgliedstaates. Das könnte den Anspruch auf finanzielle Sonderleistungen und eine politische Führungsrolle begründen. [...]

5. Warum bloß sollte sich die EU im Südosten so famose Nachbarn wie den Irak [...] und das Syrien [...] zulegen 65 und überdies noch das explosive Kurdenproblem freiwillig schultern? [...]

6. Die Osterweiterung der EU wird und muss kommen, damit diese Zone Europas endlich politisch stabilisiert und gewissermaßen nach Europa heimgeholt wird, nach- 70 dem sie als Folge des Krieges, den Hitlers Deutsche im Osten geführt haben, mehr als vier Jahrzehnte lang in der imperialen Satrapie Russlands der Sowjetisierung und Ausbeutung ausgesetzt war. Die Osterweiterung wird fraglos alle Ressourcen der EU bis zur Zerreißprobe bean- 75 spruchen. [...]

7. Das bestürzende Demokratiedefizit, das die Beitrittsgeschichte der Türkei kennzeichnet, wirft ein grelles Licht auf die Missachtung des Souveräns und seiner gewählten Vertreter. Einen muslimischen Großstaat in die EU 80 aufzunehmen markiert einen derartigen Wendepunkt in der gesamten bisherigen Europapolitik. Ohne ausgiebige Diskussion des Pro und Contra in allen EU-Gremien, aber auch in allen bisherigen Mitgliedstaaten und ihren Parlamenten sollte kein weiterer Schritt mehr getan werden, 85 der an einen konkreten Termin für Beitrittsverhandlungen näher heranführt. [...]

8

8. Käme es trotz aller erdrückenden Gegenargumente dennoch zur Eröffnung von Beitrittsverhandlungen

90 mit diesem muslimischen Großland, würde sich eine Euroskepsis ausbreiten, die nicht nur den Modus operandi der europäischen Politik von Grund auf infrage stellen, sondern die Ligaturen der EU sprengen würde. [...] das Projekt einer Einigung Europas wäre tödlich

95 gefährdet. [...] Anstatt Beitrittsverhandlungen zu erwägen, sollte man endlich über Kompensationen nachdenken, wie durch Assoziation, Zollunion, Finanzhilfen und andere Kooperationsformen die türkische Enttäuschung über die gebo-

100 tene Absage auf längere Sicht auszugleichen wäre und der Türkei auf ihrem Weg in die westliche Moderne geholfen werden könnte. [...]

Zit. nach: H. U. Wehler, Das Türkenproblem. In: Die Zeit 38/2002.

28 **Welche Vorteile erhoffen sich die Türken von einem EU-Beitritt?**

Auf die Frage, warum er sein Land in der Europäischen Union möchte, antwortet der Dienstfahrer eines großen

5 Konzerns: „Ich möchte nicht mehr ausgebeutet werden und sechsmal in der Woche mindestens zwölf Stunden für einen Hungerlohn arbeiten." Auch über Demokratie und Menschenrechte machen sich die Menschen am Bosporus große Gedanken: „Ich will, dass uns die

10 Möglichkeit gegeben wird, unser Recht zu suchen, wenn Polizisten uns misshandeln", sagt der Student. Wer in diesen Tagen bei Rot über die Straße geht, wird von den auf dem Bürgersteig wartenden Passanten als „anti-europäisch" beschimpft. Unter der Bevölkerung war Europa

15 schon immer ein Symbol für Zivilisation und Disziplin, für Anstand und Pflichtbewusstsein.

Aus: „Seien Sie doch ein bisschen europäisch" von Baha Güngor http://www.dw-world.de/ Stand 27. Oktober 2004.

29 **Gamaladdin al-Afghani sieht im Gegensatz zu seinen Zeitgenossen den europäischen Einfluss kritisch und als zerstörerisch an:**

[Die Franzosen] erhoben die Fackel der Wissenschaft

5 und renkten die zerbrochenen Knochen der technischen Künste auf dem europäischen Kontinent wieder ein, die seit den Römern darniederlagen. [...]. Mit dem, was die Franzosen [...] erreicht hatten, wurden sie in den Staaten des Westens bis zum 18. Jahrhundert christ-

10 licher Zeitrechnung die führende Stimme, bis schließlich unter ihnen Voltaire und Rousseau auftraten. [...] Sie verwarfen jede religiöse Verpflichtung und pflanzten die Keime des Libertinismus [...] und Kommunismus [...]. Sie behaupteten, dass die göttlichen Sitten [...]

15 legendarisches Machwerk seien; die Religionen seien Erfindungen, die der Defekt des menschlichen Verstandes hervorgebracht hat. Beide verfochten offen die Leugnung der Göttlichkeit [...]. Diese Irrlehren nahmen Herz

und Verstand der Franzosen so sehr in Besitz, dass diese ihre christliche Religiosität über Bord warfen und sich 20 die Hände von ihr abschüttelten. Nachdem sie aber die Pforten der Religion geschlossen hatten, rissen sie, soweit sie es vermochten, die Tore jenes heiligen Gesetzes [...] auf, bei dem es sich ihrer Behauptung nach um das Gesetz der Natur [...] handelt. [...] Ab dem heutigen 25 Tage sollen euch weder das Grollen des Donnerschlages noch das Aufleuchten des Blitzes in Schrecken versetzen! [...] Denn alles dieses ist durch nichts anderes verursacht in der existierenden Welt außer der Natur. [...] Die Ketzereien, die diese beiden Materialisten, Voltaire und 30 Rousseau, verbreitet haben, sind es, welche die Fackel der berühmten Französischen Revolution entflammen ließen. Danach liefen die Leidenschaften der Nation auseinander, und der moralische Verfall machte sich unter ihren Individuen breit. Neigungen und Sekten 35 wurden so unterschiedlich, dass die Menschen in fortwährendem Streit verfielen. Schließlich war die Spaltung der Nation vollkommen, und jede Gruppe war dabei, ihrem eigenen Ziel nachzulaufen, ohne auch nur irgendein gemeinsames Interesse im Blick zu haben. [...] 40 Der Missachtung jeglichen Gemeinwohls folgte schließlich das politische Scheitern im Innern wie im Äußeren: Napoleon I. versuchte zwar mit aller Anstrengung, die christliche Religion in jenem Volk neu zu beleben und ihre Sache zu beheben, doch es gelang ihm nicht, die 45 Spuren jener Ketzereien auszuwischen. Die Uneinigkeit unter den Franzosen blieb bis zu dem heutigen Ausmaß bestehen: Dies ist es, was die Franzosen in die Schande der Niederlage aus der Hand der Deutschen [Deutsch-Französischer Krieg von 1871] gestoßen hat [...]. Auf 50 diese materialistischen Irrlehren hat sich die Sekte der Kommune [...], das heißt die Sozialisten [...], gegründet. Die verderblichen Folgen und zerstörerischen Wirkungen dieser Sekte unter den Franzosen waren nicht geringer als die Verluste, die sie durch die Deutschen erlitten 55 haben [...]. Hätten diejenigen, denen nutzbringender Glaube und anständiger Charakter verblieben war, keine Vorkehrungen getroffen, so hätten die Sozialisten auf dem Boden Frankreichs jegliche Zivilisation zu Staub gemahlen. Den Ruhm der Nation hätten sie ausgelöscht, 60 um ihre Leidenschaften zu befriedigen und ihre Ziele durchzusetzen.

Die osmanische Nation [...] ist in der jüngsten Zeit [der russisch-osmanische Krieg von 1878] in ihren jetzigen Zustand durch jene Einflüsterungen der Materialisten ge- 65 raten, die sich in die Herzen einiger ihrer großen Männer und Führer eingeschlichen haben. Denn die Offiziere, welche im jüngsten Krieg in Russland die Sünde des Verrats begangen haben, waren Parteigänger der Sekte der Naicharis [der Materialisten]. 70

Zit. nach: Jamaladdin al Afghani, Materialisten und Sozialisten. In: Andreas Meier, Der politische Auftrag des Islams. Wuppertal 1994, S. 81 ff.

30 Der Islamwissenschaftler Reinhard Schulze charakterisiert den Beginn der islamischen Identität in der Moderne wie folgt:

Die Herabwürdigung der islamischen Gesellschaften zu
5 Objekten des europäischen Kolonialismus nach 1870 führte zu einer traurig-trotzigen Reaktion; schlimmer als die faktische ökonomische Kolonialisierung, die noch bis etwa 1870 von fast allen muslimischen Intellektuellen als Fortschritt empfunden worden war, waren die propa-
10 gandistischen Äußerungen aus Europa, die besagten, dass der Fortschritt unveräußerliches Eigentum Europas sei, welches allenfalls andere Länder damit segnen könnte. Der gesamte kulturelle Rahmen des Fortschritts sollte dem Orient nur noch als Leihgabe zur Verfügung gestellt wer-
15 den, dessen sich die Kolonisierten zwar bedienen dürften, ohne aber selbst eigene Rechte auf diese Kultur zu besit-zen: Mithin wurden in den islamischen Ländern zwar tat-kräftig Eisenbahnen gebaut, Telegraphenleitungen verlegt und neue Bewässerungstechnologien entwickelt; doch al-
20 les wurde immer mit dem Merkmal versehen, dass es sich um einen Import made in Europe handelte: die Muslime seien keineswegs in der Lage gewesen, die Moderne selbst hervorzubringen. Renommierte Philosophen wie der Franzose Ernest Renan (1823–1892) monierten folgerich-
25 tig, dass der Islam schuld daran sei, dass die Muslime kei-nen eigenen Fortschrittsbegriff entwickeln konnten. Die islamische Welt wurde zu einer zurückgebliebenen Kultur, zu einer Kultur ohne Maschinenwesen herabgestuft.
Der Islam war zum Begriff der Scheidung zwischen Eu-
30 ropa und dem Orient geworden [...]. Konfrontiert mit der Anklage, der Islam verhindere eine gleichberechtigte Teilhabe der Muslime an der Moderne, mobilisierten is-lamische Intellektuelle [...] die islamische Identität, die nun ihrerseits die existierende Trennlinie zwischen Eur-
35 opa und dem Orient markieren sollte.

Zit. aus: Reinhard Schulze, Geschichte der islamischen Welt im 20. Jahrhun-dert, München 1994, S. 31 f.

31 Der Islamwissenschaftler Peter Heine charakteri-siert die erste Reformwelle wie folgt:

Bedeutsam für die weitere Geschichte des Islams im 20. Jahrhundert waren diese Reformer, weil sie die ersten wa-
5 ren, die sich intensiv mit dem Westen auseinander setz-ten. In Ihren Vorstellungen finden sich weiterführende Fragestellungen und Haltungen, aber auch die folgenden Fehleinschätzungen und gedanklichen Verkürzungen, die in der Folge viele muslimische Denker beschäftigt
10 haben: Rückbesinnung auf den Koran und das Vorbild des Propheten in Verbindung mit einer zumindest teil-weisen Ablehnung der geschichtlich gewachsenen Tra-dition, Ablehnung von volksreligiösen Praktiken [...], aber auch das Interesse an naturwissenschaftlichen und
15 technischen Errungenschaften, ohne das daraus resultie-rende Entwicklungen bzw. Veränderungen im ethischen

32 **Verschleierte Frauen** in Afghanistan zur Zeit der Herrschaft der radikalen Taliban.

oder sozialen Bereich in Betracht gezogen worden wären. Die Rückbesinnung auf die Zeit des frühen Islam öffnete aber auch das Tor zu einer Gedankenwelt, die sich in ei-ner rückwärts gewandten Utopie verfing. Das Leben des Propheten und der frühen islamischen Gemeinde wurde 20 verherrlicht und zum absoluten Ideal des islamischen Staates erhoben. Jede Abweichung von diesem Ideal war Frevel und führte in ein modernes Heidentum.

Zit. nach: Peter Heine, Terror in Allahs Namen. Freiburg/Br. 2002, S. 97 f.

8

33 Der Indo-pakistanische Gelehrte Maududi versuchte schon 1941 eine in sich geschlossene Staatsideologie zu entwickeln, die in der Idee eines republikanischen Kalifats ihren Ausdruck findet:

Denn der Koran hat bestimmt, dass dieser Status des Ka- 5 lifats bzw. der Stellvertretung weder das Recht nur eines einzelnen Menschen, einer Dynastie noch einer bestimm-ten Klasse ist. Vielmehr ist dies das Recht der Gesamtheit aller, welche die Souveränität Gottes anerkennen und an die Superiorität des göttlichen Gesetzes glauben, das ih- 10 nen von Gott durch seinen Propheten und Gesandten offenbart worden ist. [...]. Das macht das islamische Ka-lifat demokratisch [...]. Allerdings ist dabei grundsätzlich zu beachten, dass jenes System, das der Westen heute als Demokratie bezeichnet, das Attribut der Souveränität 15 total und ausschließlich der Allgemeinheit bzw. dem Volk zuerkennt. Dagegen ist in unserem System der Demokratie, das wir mit dem Begriff des Kalifats bezeichnen, die Allgemeinheit lediglich das Subjekt des Kalifats (der Stellvertretung), keinesfalls jedoch der Souveränität selbst. Zwar erhebt auch unser Verständnis von Demokratie den Anspruch, dass die Regierung nur aufgrund des allgemeinen Volkswillens zustande kommen und abgelöst werden darf – so wie in der Demokratie des Westens die Regierung zur Regelung der Angelegenheiten des Staates durch den allgemeinen Volkswillen gebildet und beendet wird. Jedoch besteht der Unterschied zwischen uns und ihnen darin, dass ihr Verständnis von Demokratie auf dem Prinzip ungezügelter Freiheit des Menschen gründet, während wir glauben, dass das demokratische Kalifat an das Gesetz Gottes gebunden ist.

Zit. nach: Abul A'la l-Maududi in einer Vorlesung über Islamisches Staatsrecht. In: Andreas Meier, Der politische Auftrag des Islams. Wuppertal 1994, S. 193.

34 Sayyid Qutb sieht den Islam als eine, mit allen Mitteln durchzusetzende Befreiungstheologie an:

Diese Religion ist die allgemeine Deklaration der Befreiung des Menschen auf der Erde vom Dienst an den Dienern (Gottes) [...] und ebenso der Befreiung des Menschen vom Dienst an sich und seinen Leidenschaften – denn auch dies fällt unter den Dienst an den Dienern. Diese Befreiung geschieht durch die Deklaration des alleinigen Gott-Seins [...] und Herr-Seins [...] Gottes gegenüber allen Menschen auf der Erde. Diese Deklaration des alleinigen Herr-Seins Gottes gegenüber den Menschen bedeutet: Die universale Revolution gegenüber allen Formen der durch den Menschen Gott entzogenen Souveränität [...] in allen ihren Formen und Systemen, die totale Rebellion gegen jede Ordnung auf der ganzen Erde, in der die Entscheidung [...], in welcher Form auch immer, in der Hand der Menschen liegt. Oder um es anders auszudrücken: In der das Gott-Sein in irgendeiner Form den Menschen zuerkannt wird, sodass die Entscheidung, die das letzte Wort hat, den Menschen zugewiesen wird – eine Ordnung, in der die Quelle der Gewalten die Menschen sind: Dies aber ist die Vergöttlichung [...] der Menschen, welche die einen zu Herren der anderen anstelle Gottes macht. Diese Deklaration bedeutet, dass die Macht [...] Gottes den Händen ihrer Usurpatoren entrissen und Gott zurückgegeben wird. Das Königtum Gottes besteht vielmehr darin, dass das Gesetz Gottes [...] die Souveränität ausübt [...] und dass die Entscheidung Gott überlassen wird gemäß dem klaren Gesetz, das er festgesetzt hat. Die Aufrichtung des göttlichen Königtums auf der Erde und die Beendigung des menschlichen Königtums, das Entreißen der Macht aus den Händen der Diener [...], die sie geraubt haben und ihre Zurückgabe an Gott allein, die ausschließliche Herrschaft [...] der göttlichen Scharia und die Abschaffung der von Menschen gemachten Gesetze: Alles dies kann nicht allein durch die Kraft der Verkündung und

des Argumentes geschehen. Denn diejenigen, die den Fuß auf die Nacken der Diener [...] gesetzt haben, und die, welche die Macht Gottes auf der Erde usurpiert haben, werden nicht allein aufgrund der Verkündigung und des Argumentes zum Verzicht auf ihre Macht genötigt.

Zit. nach: Sayyid Qutb, Wegmarken. In: Meier, Andreas, Der politische Auftrag des Islams. Wuppertal 1994, S. 198.

35 Sayyid Qutb definiert den Islam als eigentliche Zivilisation:

Die islamische Gesellschaft ist nicht diejenige, die Menschen umfasst, die sich selbst Muslime nennen, ohne aber dass die Scharia des Islam das Gesetz dieser Gesellschaft ist – mögen sie auch beten, fasten und zum Hause Gottes pilgern. Ferner ist die islamische Gesellschaft nicht diejenige, welche für sich selbst einen Islam aus sich selbst heraus kreiert – anstelle dessen, was Gott bestimmt hat, und was sein Prophet detailliert dargelegt hat. Dies nennen sie zum Beispiel den entwickelten (fortschrittlichen) Islam. Die heidnische Gesellschaft stellt sich den vielfältigen Formen dar, die jedoch alle heidnisch sind: Sie wird in der Form einer Gesellschaft repräsentiert, welche die Existenz Gottes leugnet und die Geschichte im Sinn des Dialektischen Materialismus interpretiert und die den so genannten wissenschaftlichen Sozialismus als politisch-gesellschaftliches System anwendet.

Sie wird aber ebenso repräsentiert durch eine Gesellschaft, welche zwar die Existenz Gottes nicht leugnet, diesen jedoch in die Herrschaft der Himmel verweist, um ihn aus der Herrschaft über die Erde zu vertreiben. Denn diese Gesellschaft praktiziert nicht sein göttliches Gesetz (Scharia) in der Ordnung ihres Lebens, noch urteilt sie aufgrund seiner Werte, die er (Gott) den Menschen als unabänderliche Werte gegeben hat.

Zit. nach: Sayyid Qutb, Wegmarken In: Andreas Meier, ebenda , S. 203.

36 Samuel Huntington über die Gründe für das Konfliktpotenzial des Westens mit dem Islam:

Manche Westler [...] haben den Standpunkt vertreten, dass der Westen Probleme nicht mit dem Islam, sondern mit gewalttätigen islamistischen Fundamentalisten habe. Die Geschichte der letzten 1400 Jahre lehrt etwas anderes. Die Beziehungen zwischen dem Islam und dem Christentum – dem orthodoxen wie dem westlichen – sind häufig stürmisch gewesen. Sie betrachten sich gegenseitig als den Anderen. [...] Manchmal stand friedliche Koexistenz im Vordergrund; häufiger war das Verhältnis eine heftige Rivalität oder ein heißer Krieg unterschiedlicher Intensität. [...]

Das tiefere Problem für den Westen ist nicht der islamische Fundamentalismus. Das tiefere Problem ist der Islam, eine andere Kultur, deren Menschen von der Überlegenheit ihrer Kultur überzeugt und von der Unterlegenheit ihrer Macht besessen sind. Das Problem für den Islam sind

nicht die CIA oder das US-amerikanische Verteidigungs-
ministerium. Das Problem ist der Westen, ein anderer
Kulturkreis, dessen Menschen von der Universalität ihrer
Kultur überzeugt sind und glauben, dass ihre überlegene,
wenngleich schwindende Macht ihnen die Verpflichtung
auferlegt, diese Kultur über die ganze Erde zu verbreiten.
25 Das sind die wesentlichen Ingredienzien, die den Konflikt zwischen dem Islam und dem Westen anheizen.

Zit. nach: Samuel P. Huntington: Kampf der Kulturen. Die Neugestaltung der
Weltpolitik im 21. Jahrhundert. München 1996, Seite 334 ff.

37 **Armin Pfahl-Traughber beschreibt die grundlegenden Ziele des Islamismus wie folgt:**
Die ideologische Instrumentalisierung geht im Fall des
Islamismus zunächst von einer Krisensituation aus. Ge-
5 fragt wird dabei, warum die muslimisch geprägten Länder
sozial und wirtschaftlich ins Hintertreffen geraten seien.
Die konstatierten Probleme und Schwächen der islamischen Staaten führen die Anhänger auf eine Abkehr vom
„wahren Glauben" oder eine Verfälschung des „göttlichen
10 Willen" zurück. Weder Kapitalismus noch Kommunismus
seien daher die Lösung, folge doch aus deren Materialismus Dekadenz, Elend und Unglaube. Stattdessen fordert
man die Rückkehr zu den Grundlagen des Islam, die sich
allerdings nicht nur auf das persönliche Alltagsverständnis
15 oder entsprechende individuelle Einstellungen beziehen
solle. Auch das politische System müsse einer Reislami-
sierung unterzogen, die Trennung von Staat und Kirche
aufgehoben werden. Dies bedeutet in der Konsequenz die
Errichtung einer Theokratie, also einer Herrschaftsform,
20 in der die Staatsgewalt allein religiös legitimiert wird und
in der die Regierenden nach dem Willen Allahs und den
Vorschriften des Koran herrschen.

Zit. nach: Armin Pfahl-Traughber, Islamismus in Deutschland. In: Aus Politik und Zeitgeschichte B51/2001, S. 44.

38 **Nach einer Welle von Terroranschlägen for-derte
der später ermordete Journalist Farag Foda in der
ägyptischen Zeitung al-ahram die Islamisten auf, den
von ihnen mit geschaffenen Terror zu be-kämpfen:**
5 Mögen diejenigen, die die Losung hochhalten, dass der
Islam die Lösung ist, ohne uns zu erläutern, was sie damit meinen, heute begreifen, dass gewisse Leute diese
Losung so verstehen, dass der Islam die Erlaubnis [...] ist,
nämlich die Erlaubnis zum Blutvergießen, des Blutes der
10 Unschuldigen, die sich ihre Ehre und ihren Mut bewahrt
haben. Mögen sie sich von heute an aufgefordert sehen,
ihre Absichten klarzustellen und die Bezeichnung der
terroristischen Vereinigungen als islamisch abzulehnen,
um den Islam rein zu halten und den Vorwurf des Terros
15 von ihm abzuwenden.

Zit. nach: Farag Foda, Sein oder Nichtsein – islamische Militanz und politische Säkulation als Gefahr für den Rechtsstaat. In: Andreas Meier: Der
politische Auftrag des Islams. Wuppertal 1994, S. 480.

39 **In Anspielung auf Saudi-Arabien beurteilt der
Islamismuskritiker Prof. Fuad Zakariya „das islamische
Erwachen" als Ersatz für echte Reformen:**
Das Erdöl [ist] ein Phänomen, das zwei Seiten hat: Einerseits Staaten, die Erdöl produzieren und auf der anderen
Seite Staaten, die Erdöl konsumieren. Ich behaupte nun,
dass es im grundlegenden Interesse jeder dieser beiden Seiten liegt, dass genau diese Form von Islam aufgetreten ist:
denn viele der Staaten, auf deren Boden das Erdöl produziert wird, werden von Regierungssystemen beherrscht, für
die es vom höchsten Vorteil ist, dass der Islam auf jene For-
malismen verkürzt wird, sodass die Probleme der Armut,
die schlechte Verteilung des Reichtums, die Konsumfixie-
rung der Wirtschaft und die Verschleuderung der letzten
Gelegenheit zum umfassenden Aufbruch in den Erdöl-
gesellschaften den Köpfen der Menschen entschwinden.
Umgekehrt vertrauen die Erdöl konsumierenden Staaten
darauf, dass das Hervorsprudeln dieses lebenswichtigen
Stoffes dann garantiert ist, wenn [die] Intellekte der Leute
in den Erdölländern durch die Beachtung der Formalis-
men narkotisiert werden. [...]

Zit. nach: Fuad Zakariya, Der Petro-Islam. In: Andreas Meier, Der Politische
Islam. Wuppertal 1994, S. 457.

40 **Der in Ägypten als Apostat verfolgte liberale
Islam Theologe Nasr Hamid Abu Zayd sieht den Koran
als kulturelles Produkt:**
Indem der Koran Stück für Stück, sozusagen in Raten,
offenbart wurde, reagierte er auf die Bedürfnisse und
Forderungen der Gemeinde.[...]. Die Kanonisierung des
Koran brachte auch eine neue Anordnung der Verse und
Kapitel in ihrer bis heute gebräuchlichen Form, die nicht
mehr der chronologischen Ordnung entspricht. [...] So
wurde der rezitierte Koran in ein lesbares Buch, [...], umgeformt. [...] Der Koran, den wir lesen und interpretieren,
ist keinesfalls mit dem ewigen Wort Gottes identisch. Der
Koran ist eine „Botschaft", die Gott den Menschen durch
den Propheten Mohammed offenbart hat. Mohammed
ist der Bote Gottes und selbst ein Mensch. Der Koran sagt
das ganz klar. [...] Die Analyse solcher Fakten kann zu
einem wissenschaftlichen Verständnis des Koran führen.
Es bedarf keines weiteren Beweises, dass der Koran ein
kulturelles Produkt ist. Doch die Angelegenheit ist viel
komplizierter, denn gleichzeitig hat der Koran auch eine neue Kultur hervorgebracht. Der Koran entstand also
erstens als Text innerhalb einer soziokulturellen Realität,
nahm die konkrete sprachliche Form des Arabischen an,
und zweitens entstand dann allmählich eine neue Kultur. [...] (Die Menschen) verstanden den Islam in ihren
Lebensumständen, und durch ihr Verständnis und ihre
Anwendung des Islam veränderte sich ihre Gesellschaft.
Man sollte die Auffassung der ersten Generation von
Muslimen und der folgenden Generationen aber keineswegs für endgültig oder absolut halten. Der Text des

8

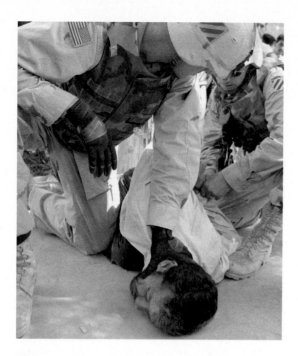

41 Von der US-Besatzungsmacht festgenommene Iraker (2003)

Koran gestattet einen endlosen Decodierungsprozess. In diesem Prozess sollte die ursprüngliche Bedeutung nicht ignoriert oder vereinfacht werden, weil diese Bedeutung entscheidend dafür ist, die Richtung der weiteren Deu-
35 tung des Textes aufzuzeigen. Wenn man die Richtung hat, ist es viel leichter, sich auf den Sinn des Textes im heutigen soziokulturellen Kontext hinzubewegen. Der Koran, der zuvor im Licht seines historischen, kulturellen und sprachlichen Kontextes decodiert worden ist, muss
40 nämlich im Code des kulturellen und sprachlichen Kontextes des Interpreten abermals neu gedeutet werden. Das zieht eine interpretative Vielfalt nach sich, einen endlosen Prozess der Interpretation und Neuinterpretation. Ohne diesen Prozess degeneriert die Botschaft, und dann
45 kann der Koran auch weiterhin das Objekt politischer und pragmatischer Manipulation bleiben. So paradox es klingen mag: Gerade wenn die Botschaft des Islam für die gesamte Menschheit unabhängig von Zeit und Ort gültig sein soll, ist eine Vielfalt der Interpretation unvermeid-
50 lich. Wenn der Text auch ein historisches Faktum von göttlichem Ursprung ist, so ist seine Interpretation doch absolut menschlich.

Zit. nach: Nasr Hamid Abu Zaid, Spricht Gott nur Arabisch? In: Die Zeit Nr. 5/2003, S. 28.

42 In einem Interview mit Ahmad Hissou forderte der gemäßigte islamische Reformer Muhammad Shahrur eine grundlegende religiöse Reform, ohne die eine politische Reform nicht möglich ist:

Bis heute gelten die islamisch-juristischen Überlegungen 5 aus einer Zeit, als der Islam die Großmacht und der islamische Staat der stärkste Staat der Welt war. Die jetzige kulturelle Reform, die wir dringend brauchen, muss eine grundlegende religiöse Reform sein. Sie muss all die-se Ideen, auf denen die selbstständigen Interpretationen 10 der Quellen derjenigen aufbauen, die die Anschläge vom 11. September verübt haben, mit einschließen. […] Diese [Attentäter] müssen ein sich auf die islamische Rechtsprechung stützendes stichhaltiges Argument haben, um solche Taten auszuführen. Bis heute werden diese recht- 15 mäßigen stichhaltigen Argumente, auf die sich diese Leute berufen, nicht diskutiert und für falsch erklärt. Und bis heute sehen wir nicht, dass irgendeiner der gemäßigten Rechtsgelehrten oder derjenigen, die einen Mittelweg gehen wollen und nicht an diese gewalttätigen Akte 20 glauben, sich jemandem wie Bin Laden […] öffentlich im Fernsehen entgegenstellt und ihre Ideen und Taten für falsch erklärt und ganz offen sagt: Das ist im Islam verboten […]. Sie sind überhaupt nicht in der Lage […], das zu tun, denn die Quellen, die an der Azhar und in Saudi- 25 Arabien gelehrt werden, sind die gleichen, auf die sich Bin Laden […] stützt. Aber jene wählen daraus aus, der eine sucht sich heraus, was ihm gerade passt, und der andere ebenso. Ohne eine radikale religiöse Reform in der arabischen Welt, wie die, zu der Martin Luther aufrief, kann 30 es nicht weitergehen. […] Wir müssen die Grundlagen neu überdenken. Es heißt, die selbstständige Auslegung der Quellen ist erlaubt, und ich sage ‚Ja'. Aber wir müssen die Grundlagen neu überdenken. Sie sagen auch, dass die feststehenden Werte der Religion nicht überdacht werden 35 können. Ich aber sage, genau diese müssen neu überdacht und studiert werden. […] Ohne religiöse Reform glaube ich nicht an eine politische Reform.

Zit. aus dem Interview von Ahmad Hissou mit Mohammd Shahrur: Wir brauchen dringend eine religöse Reform. Aus dem Arabischen von Larissa Bender http://www.qantara.de. Stand 19. Juni 2005.

43 Der französische Islamisten-Experte Olivier Roy über die Herausbildung einer globalisierten Umma.
[…] Die gesamte Entwicklung nach der idealen muslimischen Gemeinschaft zur Zeit des Propheten gilt dieser Strömung [der radikalen Islamisten] als Irrweg. Dieser 5 Neofundamentalismus […] will die Scharia auf alle Formen menschlichen und sozialen Verhaltens verbindlich anwenden. Entsprechend lehnt er alle kulturellen Zusammenhänge außerhalb der strikt religiösen Sphäre ab: Bildhauerei, Musik, Philosophie und Literatur ebenso 10 wie die Aneignung lokaler (fremder) Sitten. […] Bei der Ausbreitung des modernen Neofundamentalismus haben die Saudis eine entscheidende Rolle gespielt. Um dem arabischen Nationalismus, dem iranischen Schiismus und dem Kommunismus das Wasser abzugraben, propagierten 15 sie eine äußerst konservative und doktrinäre Lesart des

8

sunnitischen Islam, mit stark antiwestlicher Ausrichtung – die wahhabitische Geistlichkeit in Saudi-Arabien ist vom Königshaus der Saud weitgehend unabhängig. [...]

20 Dieser saudische Propagandafeldzug fand bei den wichtigsten Ländern der islamischen wie der westlichen Welt stillschweigend Zustimmung. Damals, in den 1980er-Jahren, sah man darin ein nützliches Werkzeug gegen die radikalen Bewegungen der Zeit – den iranischen Islamis-

25 mus und den Kommunismus. [...] Der anhaltende Erfolg des Neofundamentalismus beweist, dass er eine religiöse „Marktlücke" schließt. Denn die „klassischen" Vertreter der neuen islamistischen Bewegung – die türkische Wohlfahrtspartei (Refah), die algerische Heilsfront (FIS),

30 die libanesische Hisbullah, die palästinensische Hamas und auch Teile der ägyptischen Muslimbrüder – sind entweder unterdrückt oder durch Teilhabe an der Macht gezähmt worden. Sie sind, wie Hamas und Refah, heute eher nationalistische denn islamistische Bewegungen. [...]

35 Den jungen Muslimen, die nicht in ihrem „Heimatland", sondern in der Fremde leben – als Emigranten, Exilanten oder Studenten – und sich keiner „nationalen Sache" recht verpflichtet fühlen, haben sie nichts mehr zu bieten. [...] Natürlich gibt es verschiedene Formen der Religiosität, die

40 den neuen Bedürfnissen einer über die Welt verstreuten muslimischen Bevölkerung gerecht werden können, aber der Neofundamentalismus bietet die perfekte Lösung: Als Antwort auf die Erfahrung des Identitätsverlusts bietet er eine Neufassung des Islams mit universeller Geltung, in

45 dem lokale Traditionen und Gebräuche keine Rolle mehr spielen und der darum allen Gesellschaften angepasst werden kann. Er definiert die globalisierte Welt als eine Art virtuelle Umma, die nur noch durch die gemeinsame Anstrengung aller Muslime verwirklicht werden muss.

50 Dieser Appell ergeht nicht mehr an die bestehenden Gemeinschaften, sondern an isolierte Einzelne, die Rückhalt in Glauben und Identität suchen. Den Neofundamentalisten ist es damit gelungen, die Globalisierung zu islamisieren – was als Bedingung für das Entstehen einer

55 weltweiten Gemeinschaft der Muslime angesehen wird, vorausgesetzt, die heute vorherrschende westliche Kultur amerikanischen Zuschnitts wird entthront. Damit tun die Fundamentalisten nichts anderes, als den US-amerikanischen Universalitätsanspruch spiegelverkehrt nachzu-

60 bilden [...]. Der Islam der Neofundamentalisten ist reduziert auf ein schlichtes System von Verhaltensregeln als Gebrauchsanleitung zur Rechtgläubigkeit, die in der afghanischen Wüste ebenso funktionieren soll wie an der amerikanischen Universität und die von der Verschie-

65 denheit der Lebensweisen nichts wissen will. [...] Ihr Beharren auf der Umma ist ein Angebot an jene Muslime, die sich keiner der bestehenden Nationen und keinem Territorium mehr zugehörig fühlen. [...]

Zit. nach: Olivier Roy, Virtuelle Umma. In: Le Monde diplomatique Nr. 6723 vom 12. April 2002, in deutscher Übersetzung von Edgar Peinelt.

---

44 **Ayatollah Khomeini entwickelte in seinem Exil im irakischen Najaf die Konzeption des Vilayat-e faqih (einer Herrschaft der Rechtsgelehrten), die im Gegensatz zur bisherigen schiitischen Auffassung der Abstinenz einen islamischen Staat gegenüberstellte. Diese** 5 **Konzeption fand auch Eingang in die Verfassung der islamischen Republik und begründete den Dualismus von Republikanismus und Theokratie:**

Gegenwärtig leben wir in der Zeit des verborgenen Imams. Um die Wahrung der islamischen Gesetze zu sichern und 10 Anarchie zu verhindern, ist die Schaffung eines Islamischen Staates erforderlich. [...] Gott hat für die Zeit der Verborgenheit keine bestimmte Person mit der Machtausübung betraut, aber sollten nicht auch nach dem Eintritt in die Etappe der Verborgenheit diejenigen Kriterien für die Regie- 15 rungsfähigkeit gelten, die vom Urislam an bis zur Zeit des Wirkens des Imams der Zeit gültig waren? Diese Kriterien sind die Kenntnis des Gesetzes und Sinn für Gerechtigkeit. Viele Rechtsgelehrte der Gegenwart erfüllen diese Bedingung. Wenn sie sich einigen, sind sie in der Lage, einen isla- 20 mischen Weltstaat der allgemeinen Gerechtigkeit zu schaffen. Wenn ein fähiger Mann, der die beiden obengenannten Fähigkeiten, der die beiden oben genannten Eigenschaften besitzt, auftritt und eine Regierung bildet, verfügt er über die gleichen Vollmachten der Statthalterschaft, über die seine 25 Heiligkeit, der hochedle Prophet, für die Verwaltung der Gesellschaft verfügte. Das ganze Volk ist verpflichtet, ihm zu gehorchen. [...] Mit anderen Worten, die Statthalterschaft auszuüben bedeutet nichts anderes als regieren und verwalten. [...] Die Statthalterschaft der Rechtsgelehrten 30 ist eine relative Angelegenheit, sie wird durch Ernennung [durch die anderen Rechtsgelehrten] übertragen, ein Akt, der vergleichbar ist mit der Ernennung eines Vormunds für Minderjährige. Vom Standpunkt der Aufgabe und der Stellung besteht kein Unterschied zwischen dem Vormund 35 der Nation und einem Vormund für Minderjährige.

Zit. nach: Ayatollah Ruhollah al Khomeini, Wilayat al faqih. Aus dem Persischen übersetzt u. Hg. von Hasan Nader u. Ilse Itscherensk, Berlin 1983. In: Andreas Meier, Der politische Auftrag des Islams. Wuppertal 1994, S. 332 ff.

---

45 **Aus der Verfassung der Islamischen Republik Iran**
Am 3. Dezember 1979 nahm ein Volksentscheid mit überwältigender Mehrheit die vom Revolutionsführer Ajatollah Khomeini vorgelegte Verfassung der „Islamischen Republik Iran" an, die mit einigen Korrekturen bis heute gilt: 5
Artikel 2: Die Islamische Republik ist ein Regierungssystem, das sich auf den Glauben an Gott gründet, der die Shari'a geoffenbart hat und in dessen Willen sich die Menschen zu ergeben haben. [...]
Artikel 4: [Alle] Gesetze müssen auf islamischen Grund- 10 sätzen beruhen. [...]
Artikel 5: Während der Abwesenheit des 12. Imams – der Allmächtige möge seine Ankunft beschleunigen – kommt die Autorität, das Volk zu lenken und zu leiten, einem

8

46 Bevölkerungs-
struktur des Irans
(2000)

Zusammengestellt vom Autor,
basierend auf Angaben des US-
Census Bereus.

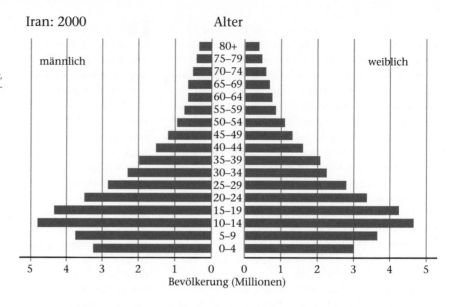

Iran: 2000 — Alter

männlich · weiblich

Altersgruppen: 80+, 75–79, 70–74, 65–69, 60–64, 55–59, 50–54, 45–49, 40–44, 35–39, 30–34, 25–29, 20–24, 15–19, 10–14, 5–9, 0–4

Bevölkerung (Millionen)

47 Verfassung der
Islamischen Republik
Iran (2004, eingefärbt
grün konservative, gelb
reformorientierte Kräfte)

Zusammengestellt vom Autor, basierend auf Wilfried Buchta: Ein
Vierteljahrhundert Islamische Republik Iran: Aus Politik und Zeitgeschichte B 9/2004, S. 17.

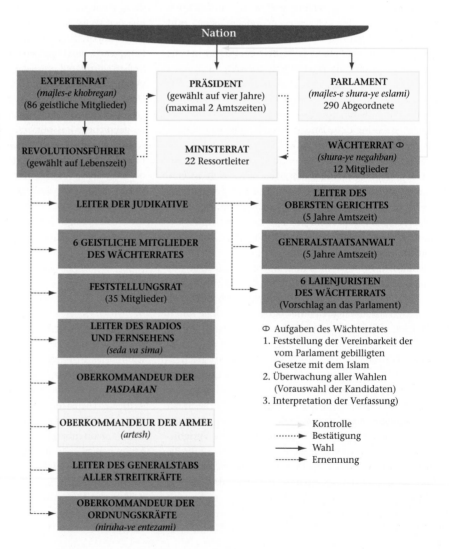

Nation

EXPERTENRAT
(majles-e khobregan)
(86 geistliche Mitglieder)

PRÄSIDENT
(gewählt auf vier Jahre)
(maximal 2 Amtszeiten)

PARLAMENT
(majles-e shura-ye eslami)
290 Abgeordnete

REVOLUTIONSFÜHRER
(gewählt auf Lebenszeit)

MINISTERRAT
22 Ressortleiter

WÄCHTERRAT ①
(shura-ye negahban)
12 Mitglieder

LEITER DER JUDIKATIVE

LEITER DES
OBERSTEN GERICHTES
(5 Jahre Amtszeit)

6 GEISTLICHE MITGLIEDER
DES WÄCHTERRATES

GENERALSTAATSANWALT
(5 Jahre Amtszeit)

FESTSTELLUNGSRAT
(35 Mitglieder)

6 LAIENJURISTEN
DES WÄCHTERRATS
(Vorschlag an das Parlament)

LEITER DES RADIOS
UND FERNSEHENS
(seda va sima)

OBERKOMMANDEUR DER
PASDARAN

OBERKOMMANDEUR DER ARMEE
(artesh)

LEITER DES GENERALSTABS
ALLER STREITKRÄFTE

OBERKOMMANDEUR DER
ORDNUNGSKRÄFTE
(niruha-ye entezami)

① Aufgaben des Wächterrates
1. Feststellung der Vereinbarkeit der
   vom Parlament gebilligten
   Gesetze mit dem Islam
2. Überwachung aller Wahlen
   (Vorauswahl der Kandidaten)
3. Interpretation der Verfassung)

Kontrolle
Bestätigung
Wahl
Ernennung

islamischen Rechtsgelehrten zu [...], den das Volk mehrheitlich als einen Führer akzeptiert. [...]

Artikel 6: In der Islamischen Republik Iran werden die Staatsangelegenheiten durch das Volk wahrgenommen, entweder durch Wahlen, wie bei der Wahl des Staatspräsidenten oder der Parlamentsabgeordneten oder durch Volksentscheide, wie sie diese Verfassung vorsieht.

Artikel 11: [...] Alle Muslime bilden eine einzige Nation. Die Islamische Republik Iran geht bei den Richtlinien ihrer Politik von der Einheit des muslimischen Volkes aus und wird jede Anstrengung unternehmen, um die politische, wirtschaftliche und kulturelle Einheit der islamischen Welt zu verwirklichen.

Zit. nach: H. Fürtig, Islamische Weltauffassung u. außenpolitische Konzeption der iranischen Staatsführung seit dem Tod Ajatollah Chomeinis, Berlin 1998, S. 243 ff.

48 **Der Islamwissenschaftler Wilfried Buchta benennt die Hindernisse für eine demokratische Veränderung unter der Präsidentschaft Khatamis:**

Das Haupthindernis für einen demokratischen Wandlungsprozess bleibt der in der Verfassung angelegte Dualismus zwischen Theokratie und Republikanismus in Gestalt eines sich islamisch legitimierenden Revolutionsführers einerseits und einer Legislative sowie eines Exekutivleiters, die direkt vom Volk gewählt werden, andererseits. Erschwert werden die Reformen durch das verfassungsmäßig verankerte Ungleichgewicht der Machtkompetenzen zwischen Revolutionsführer und Präsidenten und die Komplexität und Vielzahl der unterschiedlichen Machtzentren, deren Mehrheit konservativ ist. Das mit Abstand wichtigste Machtzentrum ist der Revolutionsführer, der die allgemeine politische Richtlinienkompetenz besitzt. Er ernennt die Leiter von Judikative, Staatsrundfunk, regulärer Armee, Revolutionswächter-Armee, Revolutionspolizei und revolutionären Stiftungen. Zudem bestimmt Revolutionsführer Khamenei, der dem Lager der Konservativen angehört, die Mitglieder des Wächterrats und des Feststellungsrats, zweier im Gesetzgebungsverfahren wichtiger Gremien.

Zit nach: Wilfried Buchta, Ein Vierteljahrhundert Islamische Republik Iran. Aus Politik und Zeitgeschichte B9/2004, S. 14.

49 **In einem Interview wandte sich der iranische Großayatollah Ali Hossein Montazeri, der von Khomeini zeitweise als geistlicher Nachfolger festgelegt worden war, gegen die bestehende Herrschaftsform im Iran:**

Jedes Regierungssystem muss vom Wähler kontrolliert werden und dem Volke dienen. Jedes Regierungssystem muss zudem auf Gerechtigkeit und Regulierung gestützt sein. Tyrannei ist unakzeptabel. Vor allem im Iran. Sehen Sie: Unter dem Schah exportierten wir sechs Millionen Barrel Öl. Das war in Ordnung. Was uns fehlte, war die Freiheit. Wir wurden unterdrückt. Deshalb machten wir die Revolution. [...] Die Versprechen der Revolution wurden nicht gehalten. Wir haben keine Meinungsfreiheit und andere Freiheiten. Wir brauchen endlich Reformen. [...] [Frage: Betrachten Sie die islamische Revolution nach knapp 25 Jahren als gescheitert?] Es gibt hier und dort Fortschritte. Aber die Erwartungen des Volkes wurden letztendlich nicht erfüllt. Das Wichtigste war und ist die Meinungsfreiheit. Wie Sie wissen, habe ich vor sechs Jahren eine Rede gehalten, in der ich den Herrschenden in unserem Land einige Ratschläge gab. Daraufhin kamen Banden von Hooligans und schlugen hier alles kurz und klein. [...] Ähnliches passierte auch unter dem Schah. Um solche Wiederholungen zu vermeiden, machten wir die Revolution. Geändert hat sich aber wenig. Die Herrschenden sprechen über Islam und Gerechtigkeit. Doch die Verhaftungen gehen weiter. Mit Islam hat diese Vorgehensweise nichts zu tun. [Frage: Vor sechs Jahren hatten Sie die fast absolute Machtfülle von Revolutionsführer Ali Chamenei kritisiert. Haben Sie Ihre Position [...] inzwischen revidiert?] Ein Regierungssystem kann und darf nicht auf eine einzige Person gestützt sein. Wir brauchen ein Kollektiv, in dem das Volk einen herausragenden Platz besetzt. [Frage: Abschaffung des im Iran angewandten Prinzips der Vilayat-e faqih, ...] Ganz genau. Die absolute Herrschaft der regierenden Gottesgelehrten ist falsch. Ein Ayatollah ist nur für theologische und religiöse Fragen zuständig. Wirtschaftliche, politische und andere Fragen müssen den Experten übergeben werden. Sie sollen entscheiden, nicht der regierende Gottesgelehrte.

Zit. aus einem Interview der Welt am Sonntag von Michael Wrase mit Ayatollah Ali Hossein Montazeri. Welt am Sonntag, 9. November 2003.

50 **Die Publizistin Charlotte Wiedemann über die Situation im Iran 2004:**

Diskussion mit einer Familie: Ärzte, Ingenieure, allesamt Angehörige der oberen Mittelschicht, gebildet und politisch nicht engagiert. Das Gespräch beginnt mit einem Auftrag. »Bitte drucken Sie in Ihrer Zeitung Folgendes«, sagt eine Kinderärztin resolut. »Die Iraner sind beleidigt über das Bild, das im Westen von unserem Land gezeichnet wird. Alles, was hier falsch oder schlecht ist, wird bei Ihnen aufgebauscht.« Alle um den Tisch verteidigen Iran, seine Kultur, seine Familienbezogenheit – und erst als dies alles gebührend notiert ist, nimmt das Gespräch abrupt eine andere Wendung. Nun wird geschimpft, aus allen Richtungen. Dieses System habe mit autoritärem Kommunismus mehr gemein als mit Islam, sagt der eine. Ein anderer erinnert an die islamische Eroberung Persiens vor 1400 Jahren und sagt: Die Mullah-Regierung ist die zweite Invasion der Araber. Um Identität geht es auch in solchen Gesprächen. Den Regierungs-Islam arabisch zu nennen dient der Distanzierung von den Mullahs und

8

der Ehrenrettung des Persischen. Geistliche, die einen schwarzen Turban tragen, führen ihre Abstammung zurück auf Nachfahren des Propheten Mohammed. Dass ihre Urahnen folglich von der Arabischen Halbinsel ge-
25 kommen sein müssen, gerät zum Argument, die regierenden Kleriker als eine Art Fremdherrschaft zu betrachten. Ihnen fehle der Sinn für persische Kultur, ihre Herrschaft sei Iran wesensfremd.

Zit. nach: Charlotte Wiedemann, Das schleierhafte Land. In: Die Zeit 11. November 2004, Nr. 47.

51 Zur Rolle der Frau aus dem Koran:
„Die Männer haben Vollmacht und Verantwortung gegenüber den Frauen, weil Gott die einen vor den anderen bevorzugt hat und weil sie von ihrem Vermögen
5 (für die Frauen) ausgeben. Die rechtschaffenen Frauen sind demütig ergeben und bewahren das, was geheimgehalten werden soll, da Gott es geheim hält. Ermahnt diejenigen, von denen ihr Widerspenstigkeit befürchtet, und entfernt euch von ihnen in den Schlafgemächern
10 und schlagt sie. Wenn sie euch gehorchen, dann wendet nichts Weiteres gegen sie an. Gott ist erhaben und groß." (Koran 4:34).

Zit nach: Rita Breuer, Familienleben im Islam. Traditionen – Konflikte – Vorurteile. Freiburg im Breisgau 1998, S. 34.

52 Der Islamrat in Deutschland beschreibt die Rolle der Frau und der Familie wie folgt:
Der Islam misst der Familie innerhalb seines Sozialsystems die weitaus größte Bedeutung bei. Im Verhältnis
5 zwischen Mann und Frau ist die Ehe die einzige legale Form des Zusammenlebens. Jeden intimen außerehelichen Verkehr zwischen den Geschlechtern lehnt der Islam ab. Mann und Frau vervollkommnen sich gegenseitig, um in der Ehe einen gemeinsamen Beitrag zum
10 Aufbau einer gesunden Gesellschaft zu bringen. Um den Aufbau einer gesunden Familie zu gewährleisten, verteilt der Islam die Verantwortungen in der Familie zwischen Mann und Frau. Während der Mann für den Unterhalt verantwortlich ist, ist die Frau bemüht, ihre Kinder in ei-
15 ner Atmosphäre der Fürsorge und Liebe zu erziehen, und das Haus zu einem Hort der Geborgenheit zu gestalten.

Zit. nach: http://www.islam.de.

53 Die Vorsitzende der Demokratischen Vereinigung marokkanischer Frauen, Amina Lemrini, charakterisiert die Situation der Frauen in Marokko wie folgt:
Auf juristischer Ebene, insbesondere im Ehe-, Familien-
5 und Erbrecht, ist die Hierarchie der Rollenverteilung unmissverständlich: Die Frau ist dem Mann untertan. Der Mann hat alle Rechte, die Frau nur sehr wenige. Wenn eine Frau sich scheiden lassen will, muss sie sich einer demütigen juristischen Prozedur unterziehen, während
10 der Mann ohne Angabe von Gründen die Scheidung

beantragen kann. Das Sorgerecht bekommt in aller Regel der Mann. Für alles und jedes braucht die Frau die Genehmigung ihres Vaters oder Ehemanns. [...] Innerhalb der Familie gibt es also keine Gleichberechtigung. [...]
15 Im öffentlichen Bewusstsein ist der Platz der Frau im Haus, nicht im Café, im Betrieb oder in der Politik. [...] Für diese Mentalität ist nicht der Islam verantwortlich, sie ist ein Teil mediterraner Kultur und in Spanien, Portugal oder Italien genauso anzutreffen. Wir haben aller-
20 dings ein großes Problem mit den Islamisten. Sie mögen Frauen nicht, die Forderungen stellen, weil wir damit das Patriarchat schwächen. [...] Diese Leute reden, als wäre der Islam ihr Eigentum. Doch die Religion gehört niemandem. [...] Nicht der Islam ist frauenfeindlich,
25 vielmehr missbrauchen die Männer den Islam, um gegen die Frauen vorzugehen.

Zit. nach: M. Lüders, Im Herzen Arabiens. Stolz und Leidenschaft – Begegnung einer zerrissenen Kultur. Freiburg i. Breisgau 2004, S. 102 f.

54 Die Islamwissenschaftlerin Rita Breuer zum rechtlichen Verhältnis zwischen Mann und Frau:
Zu den Pflichten des Mannes [gehört es] seine Frau mit allem Notwendigen an Nahrung, Kleidung, Wohnung und medizinischer Versorgung zu bedenken, und zwar
5 im Rahmen seiner finanziellen Möglichkeiten, die [... dem ...] Ideal der Ebenbürtigkeit des Mannes mit seiner Ehefrau auch dem Lebensstandard entsprechen sollten, den die Frau von Haus aus gewohnt ist. [...] Die Unterhaltspflicht des Mannes gilt unabhängig von dem
10 Vermögen seiner Frau und erstreckt sich auch auf die gemeinsamen Kinder. [...] Die Frau kann allerdings nicht verpflichtet werden, zum Lebensunterhalt beizutragen, sondern darf über ihr Vermögen frei verfügen. Dies gilt sowohl für den Brautpreis als auch für ein eventuelles
15 Erbe, das halb so groß ist wie das eines Mannes desselben Verwandtschaftsgrades und für jede andere Vermögensart. Eine Gütergemeinschaft ist im islamischen Eherecht nicht vorgesehen. Es nimmt nicht wunder, dass also der Ehemann das Recht und die Pflicht hat, berufstätig zu
20 sein, um den Lebensunterhalt der Familie zu decken, während er von seiner Frau die Versorgung von Haushalt und Kindern verlangen kann. Grundsätzlich hat auch sie das Recht zur Berufstätigkeit, allerdings kann ihr das von ihrem Mann verwehrt werden, denn er ist für die
25 Moral seiner Frau verantwortlich und darf entscheiden, ob und zu welchem Zwecke sie das Haus verlässt. Mit gewissen Einschränkungen tendieren konservative Kreise im Hinblick auf das familiäre Gefüge durchweg zu einer eher kritischen Sicht der Erwerbstätigkeit von Frauen.
30 Diese fördere nämlich den Umgang mit Männern und führe schließlich dazu, dass die Frau ihre wesentlichen Aufgaben vernachlässige und die Autorität ihres Mannes infrage stelle, die der Koran ja hauptsächlich mit dessen finanzieller Sorge für die Frau begründet. [...]
35

8

Zu den Rechten [und Pflichten] des Mannes zählt ferner, dass seine Frau ihm treu ist, sorgsam mit seinem Vermögen und seinem Ruf umgeht und seine Eltern achtet. [...] So soll [der] Mann sie liebevoll behandeln [...]. Er soll

40 Rücksicht auf ihre Gefühle nehmen, sie belehren, wo es Not tut, und ihren islamischen Lebenswandel sorgsam und eifersüchtig überwachen. [...]

Zit. nach: Rita Breuer, Familienleben im Islam. Traditionen – Konflikte – Vorurteile. Freiburg i. Breisgau 1998, S. 34 f.

55 **Die verschleierte Shirin Hamadi, eine 33-jährige Unternehmensberaterin aus Saudi-Arabien, urteilt über die Situation europäischer (Karriere-)Frauen:**
Ich habe in London und New York häufig Frauen getrof-
5 fen, die trotz oder gerade wegen ihrer vielen Freiheiten sehr verunsichert sind und nicht wissen, was sie eigentlich wollen. [...]. Sie wollen alles, und am Ende nichts, oder doch sehr wenig. [...] Einerseits haben sie Lust, für ihren Mann da zu sein, für ihn zu kochen oder das Haus
10 zu führen, andererseits mögen sie sich das nicht eingestehen, weil es irgendwie altmodisch ist. [...]
Ein großer Unterschied zwischen amerikanischen oder europäischen Frauen einerseits und arabischen Frauen andererseits liegt in der Art und Weise, wie sie ihre Rechte
15 einfordern. Im Westen erfolgt das über die Politik und die Medien, mit viel Engagement und Leidenschaft. In den Golfstaaten wäre dies undenkbar. Hier werden Forderungen niemals öffentlich erhoben, sondern nur diskret, im persönlichen Gespräch. Oder es werden Fakten geschaf-
20 fen, ohne darüber viele Worte zu verlieren. Im Golfstaat Katar beispielsweise durften Frauen bis vor wenigen Jahren nicht Auto fahren. Eines Tages fingen einige Ehefrauen einflussreicher Männer einfach damit an. Andere folgten ihrem Beispiel und irgendwann wurden Frauen
25 am Steuer akzeptiert, obwohl sie bis heute dort offiziell nicht Auto fahren dürfen.

Zit. nach: Michael Lüders, Im Herzen Arabiens. Stolz und Leidenschaft – Begegnung einer zerrissenen Kultur. Freiburg i. Breisgau 2004, S. 107 ff.

56 **Der Islamwissenschaftler Navid Kermani sieht einen deutlichen Unterschied zwischen den Ursprüngen und Folgen des französischen Gesetzentwurfs und der aktuellen Kopftuchdebatte in Deutschland:**
Man muss feststellen, dass das Gesetz in Frankreich zwar
5 sehr radikal ist, aber es bedeutet keine ungleiche Behandlung der Religionen. Es werden ja sämtliche Symbole der Religionen aus den Schulen verbannt, und insofern gilt es auch für die jüdische Kippa oder auch ein demonstratives Kreuz und Ähnliches. Deshalb unterscheidet sich
10 der Gesetzentwurf in Frankreich von dem, was in einigen Bundesländern in Deutschland geplant ist. Hier geht es ja ganz explizit darum, nur die religiösen Symbole des Islam im Unterricht auszuschließen. Da liegt meiner Meinung nach eine Diskriminierung vor, denn man kann nicht

das Kopftuch per se als Symbol des Fundamentalismus 15 oder der Verfassungsfeindlichkeit deklarieren. Wer das tut, setzt eine fundamentalistische Auslegung des Islam als solchen voraus und schließt andere Deutungen dieses religiösen Symbols aus. [...] das fördert nicht nur das Gefühl, nicht dazuzugehören in dieser Gesellschaft, son- 20 dern führt auch dazu, dass die Muslime glauben, dies sei nicht ihr Land, nicht ihr Staat und nicht ihr Gemeinwesen. Dies ist nicht gut für die Integration der Muslime, besonders bei der zweiten Generation der Türken, die in den Großstädten leben. Viele von ihnen leben in ihrer 25 eigenen Welt, sie sprechen kein Deutsch. Dieses Problem muss ernst genommen werden."

Zit. nach: Navid Kermani, http://www.qantara.de, Stand 10. November 2004.

57 **Die Islamwissenschaftlerin Dr. Rita Breuer zur Bedeutung der Familie im traditionellen Islam:**
Der Islam als Religion trägt zu dieser Familienorientierung der Gesellschaft weit über die Agrargesellschaft und den ländlichen Raum hinaus bei. [...] Insgesamt warnt die 5 islamische Ethik vor Egoismus und Eigennutz und mahnt zur Wahrung der familiären Interessen. [...] In der Identitätsfindung der Kinder und Jugendlichen wird dieses Phänomen der Identitätsfindung besonders deutlich. Wenn es hierzulande geradezu als notwendiger Bestand- 10 teil einer eigenständigen Entwicklung angesehen wird, dass die Heranwachsenden sich von den Überzeugungen ihrer Eltern distanzieren, gilt im traditionellen islamischen Umfeld die Übernahme der elterlichen Normen und Werte als Selbstverständlichkeit, die Distanzierung 15 davon zumindest als ungehörig, wenn nicht gar als Skandal.
[...] Die Familie gilt als Grundbaustein der muslimischen Gesellschaft und als Garant für die Aufrechterhaltung der islamischen Ordnung, die im Großen nur funktionieren 20 kann, wenn sie im Kleinen grundgelegt wird. Aufgrund ihres hohen Stellenwerts im islamischen Denken wird der Familie immer vorrangige Bedeutung gegenüber anderen Mitgliedern der Gesellschaft eingeräumt. Dies gilt für die Versorgung und Unterstützung hilfsbedürftiger 25 Angehöriger ebenso wie für die Bereiche der Erziehung und Sozialkontrolle, in denen sich die Familie als wichtiges Instrument zur Einhaltung religiöser und kultureller Normen zeigt. Die Skepsis vieler Muslime gegenüber fremder institutioneller Hilfe erstreckt sich so über [... 30 Bereiche] der Alten- und Behindertenfürsorge häufig auch auf öffentliche Einrichtungen des Bildungs- und Erziehungswesens, insbesondere wenn an der rechten islamischen Orientierung dieser Institutionen zu zweifeln ist. 35

Zit. nach: Rita Breuer, Familienleben im Islam. Traditionen – Konflikte – Vorurteile. Freiburg i. Breisgau 1998, S. 108–118.

8

58 Die Ausformung des Kommunitarismus in England beschreibt Gilles Kepel am Beispiel der Stadt Bradfort.

Der im September 1981 geschaffene Rat der Moscheen
5 sollte nach dem Willen seiner Gründer Sprachrohr der muslimischen Gemeinschaft sein und ihrer Forderungen nach Bewahrung ihrer spezifischen Identität, so wie die islamischen Vereinigungen und die örtlichen Moscheen sie definierten. Der aus Vertretern der einzelnen Mo-
10 scheen bestehende Rat wollte die Meinungsverschiedenheiten zwischen [… den …] verschiedenen Bewegungen überwinden und trug bei seinen Verhandlungen mit den Behörden Forderungen vor, die alle Muslime akzeptieren konnten. Die Behörden erkannten den Rat als be-
15 vollmächtigten Gesprächspartner an, gewährten ihm beträchtliche Subventionen […]. Die öffentlichen Behörden [übertrugen] einer konfessionellen Vereinigung bestimmte soziale […] auf eine durch ihre Zuständigkeit zu einer Gemeinschaft definierte Bevölkerungsgruppe
20 zielende Funktionen.

So gelang es dem Rat der Moscheen als Gegenleistung für seine Vermittlerfunktion, seine Vorstellungen über die Erziehung muslimischer Kinder in den Schulen von Bradford durchzusetzen. 1982 erließ der städtische Aus-
25 schuss für das Schulwesen Anweisungen für Schüler, die Gemeinschaften ethnischer Minderheiten angehörten. Sie verliehen der Forderungen Gesetzeskraft, die auf die Bewahrung der spezifischen Identität der muslimischen Kinder abzielten: In den von ihnen besuchten Schulen
30 musste ein Gebetssaal eingerichtet werden, in dem ein vom Rat der Moscheen bevollmächtigter Imam die Freitagspredigt halten konnte. Die Eltern sollten das Recht haben, ihre über zehnjährigen Töchter von allen schulischen Aktivitäten befreien zu lassen, bei denen ein ge-
35 mischter Unterricht dem Islam zuwiderlief (Sport, Tanz, Schwimmen, Theater).

Zit. nach: Gilles Kepel: Allah im Westen, München Piper 1996, S. 171 f.

59 Bassam Tibi in einem Interview über die multikulturelle Gesellschaft

Multikulti heißt in meinem Verständnis nebeneinander und „anything goes". Multikulti bedeutet, dass die einen
5 nach der Scharia und die anderen nach dem Grundgesetz leben – und das ist in der Tat gescheitert. […] Das bessere Konzept ist Kulturpluralismus. Anders als Multikulturalismus bedeutet Kulturpluralismus nicht nur Vielfalt, sondern auch Gemeinsamkeit – nämlich die Verständi-
10 gung auf eine Hausordnung, eben die europäische Werteordnung. Betrachten Sie zur Veranschaulichung das Beispiel der niederländischen Politikerin Ayaan Hirsli Ali, die ebenfalls Morddrohungen erhalten hat. Sie hat gesagt, dass sie keine Muslimin mehr sein will. Nach
15 der europäischen Werteordnung ist das ihr gutes Recht, nach islamischem Recht aber stellt das einen Abfall vom

Glauben dar – und dafür darf sie umgebracht werden. Eine europäische Leitkultur erlaubt dies nicht, wohl aber die Scharia.

Zit. aus einem Interview vom Spiegel 23. November 2004.

60 Im Zusammenhang mit dem Mord an dem islamkritischen niederländischen Filmemacher van Gogh fordert die Islamwissenschaftlerin Katajun Amirpur ihre Glaubengenossen auf, sich auf die Grundwerte der deutschen Gesellschaft einzulassen. 5

Natürlich darf man nicht alle Muslime unter Generalverdacht stellen, wie das die islamischen Verbände immer wieder befürchten. Aber man darf auch nicht verharmlosen: Islamistisches Gedankengut breitet sich gerade an den Universitäten immer mehr aus. Zwar predigen 10
die wenigsten Gewalt, aber viele ihrer Ansichten sind schlicht mit der freiheitlich-demokratischen Grundordnung dieses Landes nicht vereinbar. Und das ist der Boden, auf dem Fanatismus und Radikalität gedeihen. Zwar ist nicht strafbar, etwas zu denken, das gegen das Grund- 15
gesetz verstößt. Aber als Muslimin sollte ich an meine Glaubensgenossen die Forderung stellen dürfen, sich eindeutig zu diesem Staat, seiner Rechtsordnung und seinen Prinzipien zu bekennen. […] Wenn manche islamischen Bestimmungen nicht mit den Menschenrechten zu ver- 20
einbaren sind, dann muss man sich von ihnen trennen. Hier einem Kulturrelativismus das Wort zu reden und auch noch Verständnis zu haben für Menschenrechtsverstöße – das ist schlicht falsch und keineswegs tolerant. Im Übrigen zieht das Argument „Das schreibt der Islam 25
aber so vor" ohnehin nicht, in jeden Vers kann man unzählige Bedeutungen hineinlesen. Nicht ohne Grund hat die islamische Exegese im Laufe der Jahrhunderte mystische, philosophische, linke und rechte Korankommentare hervorgebracht. Also soll man den Koran heute, 30
im 21. Jahrhundert, so interpretieren, dass er zu Meinungsfreiheit, Menschenrechten und Rechtsstaat nicht mehr im Widerspruch steht. Deshalb kann man von jedem Moslem, der hier leben will, fordern, dass er sich zu dem hier herrschenden Wertekanon bekennt und nicht 35
eine Toleranz einfordert, die er selber gegenüber anderen Lebensentwürfen nicht zu gewähren bereit ist.

Zit. nach: Katajun Amirpur, Prozessiert! Demonstriert! Aber bekennt euch endlich! In: Süddeutsche Zeitung vom 12. November 2004.

61 Faruk Sen, Leiter des Zentrums für Türkeistudien, relativiert teilweise die These der Parallelgesellschaften am Beispiel der Türken.

Tatsächlich bilden sich bei der türkischen Minderheit, wie auch teilweise bei den anderen Zuwanderergruppen, im- 5
mer weitergehende ethnische Infrastrukturen. […] Mit der Dauer des Aufenthalts entwickelten sich Organisationsstrukturen weiter und etablierten sich mit der Zeit immer mehr Angebote in unterschiedlichen Lebensbereichen.

8

62 Fatih Akin thematisiert 2004 in seinem mehrfach prämierten Filmdrama „Gegen den Wind" eine schwierige Liebesbeziehung im Hamburger deutsch-türkischen Milieu.

erleichtert den Erwerb grundlegend wichtiger Kenntnisse und Fertigkeiten, insbesondere das Erlernen der Sprache. Die Chancen an Schulbildung, beruflicher Ausbildung und am Arbeitsmarkt sind für Migrantinnen und Migranten noch immer deutlich schlechter als für 40 die Angehörigen der deutschen Gesellschaft. Dennoch hat sich das Schul- und Ausbildungsniveau der jungen Türkinnen und Türken im Vergleich zur ersten Generation der Arbeitsmigranten deutlich erhöht. Allerdings besteht ein gravierendes Problem: Auch die zweite und 45 dritte Generation heterogenisiert sich mehr und mehr – eine Gruppe mit höherer Schul- und qualifizierter Berufsausbildung steht einer beträchtlichen Zahl gerade von Jugendlichen ohne Schulabschluss oder Berufsausbildung gegenüber. […] Der Rückgang der Schülerzah- 50 len deutet darauf hin, dass heute weniger ausländische Jugendliche bzw. ihre Familien den Wert höherer Schulbildung erkennen. Noch in den 80er-Jahren galt dies als wichtiges Erziehungsziel und einzige Möglichkeit, als Angehöriger der zweiten Migrantengeneration in der 55 deutschen Gesellschaft sozial aufzusteigen. Ein Grund für diese Entwicklung liegt möglicherweise darin, dass zwar bei türkischen Familien der Wunsch vorhanden ist, dass die eigenen Kinder in der Schule und im Berufsleben Erfolg haben, sie jedoch befürchten, dass 60 sich die Kinder ihnen durch den großen Einfluss der Bildungseinrichtungen kulturell entfremden. […] Zwar hat sich die Qualität der Schulabschlüsse der ausländischen Jugendlichen bis 1993 leicht verbessert, doch hat sich der Trend zu qualifizierten Abschlüssen seit 65 1993 merklich verlangsamt und im Falle der Erlangung der Hochschulreife sogar umgekehrt. 1999 waren neun Prozent aller Schülerinnen und Schüler an allgemeinbildenden Schulen Ausländer: An Grundschulen betrug ihr Anteil zwölf Prozent, an Hauptschulen 17 Prozent, 70 an Realschulen sechs Prozent und an Gymnasien nur vier Prozent. Die Verteilung der ausländischen Schulabgänger belegt im Vergleich zu den deutschen deutlich schlechtere Voraussetzungen für den Ausbildungs- und Arbeitsmarkt: Rund 19 Prozent der ausländischen Jugendlichen verlas- 75 sen die Schule ohne Abschluss. 42 Prozent erreichen den Hauptschulabschluss, 29 Prozent den Realschulabschluss und nur sieben Prozent erlangen die Hochschulreife. Von den deutschen Schulabgängern erreichen 26 Prozent die Hochschulreife, 25 Prozent einen Hauptschulabschluss 80 und nur acht Prozent verlassen die Schule ohne Abschluss.

Zit. nach: Faruk Sen, Türkische Minderheit. In: Informationen zur Politischen Bildung Heft 277.

10 Besonders erfolgreich sind sie dort, wo Angebote entweder gar nicht bestanden oder die Integration in Strukturen der deutschen Gesellschaft als mangelhaft empfunden wurde. Diese ethnischen Selbstorganisationen können in einem eigendynamischen Prozess den Rück-
15 zug in die eigene Gruppe verstärken. […] Die Integration der Migranten würde […] mit den vitalen Eigeninteressen der ethnischen Selbstorganisationen kollidieren. Die Abspaltung erfasst inzwischen auch gesellschaftliche Bereiche, denen traditionell ein großes Integrationspo-
20 tenzial zugeschrieben wird. Das gilt insbesondere für die in Deutschland populärste Sportart Fußball. Hier offenbart sich der Rückzug in ethnische Nischen in der steigenden Anzahl eigener ethnischer Mannschaften. [Eine empfundene Ungleichbehandlung] variiert
25 je nach Lebensbereich, wobei die stärkste Diskriminierung im nicht-öffentlichen Sektor festzustellen ist. […] Bei der Wohnungs- und Arbeitssuche sowie am Arbeits- bzw. Ausbildungsplatz, also in Bereichen mit Verteilungskonflikten aufgrund knapper Ressourcen,
30 wird Ungleichbehandlung von den Betroffenen mehrfach und häufig beobachtet (zwischen 38 Prozent und 43 Prozent). Insgesamt haben ein Viertel aller Befragten bereits Ungleichbehandlung zwischen den beiden Volksgruppen erfahren […]. Bildung unterstützt den
35 Zugang der Migranten zur deutschen Gesellschaft und

8

Arbeitsvorschläge

a) Erarbeiten Sie die Grundmerkmale des islamischen Staats- und Politikverständnisses (VT, M 1– M 4, M 15).

b) Bewerten Sie die These des einen Ur-Islam, wie es im Islamismus vertreten wird (VT, M 15 , M 29–M 35, M 40).

c) Vergleichen Sie das türkische Modernisierungskonzept mit dem anderen in der islamischen Welt, westlich-säkulär bis hin zum islamistischen Ansatz (VT, M 5, M 6, M 16, M 22–M 24, M 29–M 31 und eigene Recherche).

d) Beschreiben Sie die Hindernisse bei den Modernisierungsversuchen des Osmanischen Reiches und beurteilen Sie diese (VT; M 5, M 22–M 23, M 30)

e) Erarbeiten Sie die Ursachen der Entstehung des Islamismus und beschreiben Sie dessen typische Merkmale (VT, M 29 –37, M 43).

f) Vergleichen Sie zentrale Elemente des Islamismus mit wichtigen Grundlagen des westlichen Werteverständnisses, wie z. B. Demokratie, Menschenrechte, Gewaltenteilung, Pluralismus. (M11, M 29–M 40, M 42– M 43, M 44).

g) Der französische Islamismusexperte Gilles Kepel hatte 2002 die These aufgestellt, dass der Islamismus als Ideologie am Ende ist und dass Terrorakte wie der Anschlag auf das World Trade Center keine Wiederbelebung des Islamismus bedeuten. Nehmen Sie zu dieser Aussage Stellung (M 9–M 11, M 39, M 43).

h) Vergleichen Sie die beiden Positionen hinsichtlich der Person Jassir Arafats. Erörtern Sie, welche Bedeutung Jassir Arafat für die Palästinenser und die Israelis hat (VT, M 7, M 17, M 18, M 20).

i) Recherchieren Sie über den Nahostkonflikt. Welche Faktoren sind bestimmend für diesen Konflikt (VT, M 7, M 17– M 21, M 8 – M 9)? Arbeiten Sie die Hauptaspekte heraus.

j) Vergleichen Sie die beiden Positionen zum EU-Beitritt der Türkei (M 25, M 27), zur Untermauerung der Positionen: M 23, M 24, M 26, M 28 und eigene Recherche wie z. B. die Website von der Stiftung Wissenschaft und Politik www.swp.de. Skizzieren Sie eine eigene Stellungsnahme zu diesem Thema und stellen Sie diese zur Diskussion.

k) Recherchieren Sie zur Re-Islamisierung der Türkei (VT, M 23, M 24).

l) Beschreiben Sie das Verfassungssystem der Islamischen Republik Iran auf der Basis von Khomeinis Konzept des Vilayat-e faqih. Beurteilen Sie die Handhabbarkeit eines solchen Systems (VT, M 44, M 45, M 47, M 48,M 49).

m) Beurteilen Sie die Möglichkeiten von politischen und gesellschaftlichen Reformen in islamisch dominierten Staaten wie dem Iran, insbesondere aufgrund der Entwicklungen seit 2001 (VT, M 46, M 48, M 494 und eigene Recherche).

n) Beschreiben Sie die Diskrepanz zwischen staatlich reglementierter Ordnung und liberaler Lebenspraxis im Iran. Nehmen Sie dazu Stellung (VT, M 11, M 49, M 50) und eigene Recherche).

o) Recherchieren Sie über die Rolle der Frau im Islam. Stellen Sie die rechtliche Stellung in Bezug zu den Erfahrungen muslimischer Frauen auch in Deutschland (VT, M 8, M 11, M 32, M 51 –M 55 und eigene Recherche).

p) Beschreiben Sie den Stellenwert der Familie in muslimischen Gesellschaften und vergleichen Sie dies mit dem Stellenwert der Familie in der deutschen Gesellschaft. Welche Schlussfolgerungen lassen sich daraus ableiten (VT, M 52, M 57)?

q) Recherchieren Sie den Begriff feministischer Islam (VT und eigene Recherche, u. a. beim Dossier „Feministischer Islam" von www.qantara.de).

r) Überprüfen Sie die These über die Parallelgesellschaften. Diskutieren Sie über deren Wirkungen und andere Formen der Integration (VT, M 12, M 13, M 14, M 26, M 57 – M 62).

s) Skizzieren und diskutieren Sie unterschiedliche Modelle für den Islam in Europa (VT, M 56, M 58– M 62 und eigene Recherche z. B. bei www.islam.de; www.zft-online.de).

8

Standpunkte:
Die Scharia als Grundlage der gesellschaftlichen Ordnung

Unter dem Titel „Welchen Weg weist die Scharia" suchen die Autoren, der Journalist Emran Qureshi und die Dozentin an der Universität in Kairo und gemäßigte Islamistin Heba Rouf Ezzat, Antworten zu finden, wie die Religion mit Demokratie und Menschenrechten zusammenpassen kann.

1 **4. Juni 2004 (Qureshi):**

Die Scharia, wie sie in vielen muslimischen Ländern praktiziert wird, ist nicht mit der Universellen Menschenrechtserklärung vereinbar. Sie stellt eine Quelle der Un-
5 gerechtigkeit dar, die den Islam entwürdigt und Muslime beschämt, die sich an eine barmherzige Interpretation ihres Glaubens halten. Zugleich sehe ich nicht ein, warum eine menschlichere Scharia, die sich auf das persönliche Leben beschränkt, in Zukunft nicht entstehen könnte.
10 Traditionelle Muslime – mit Ausnahme der in Saudi-Arabien dominierenden Salafi- und Wahhabi-Muslime – haben schon vor langer Zeit die Legitimität verschiedener Schulen der islamischen Jurisprudenz anerkannt. Darüber hinaus ist es möglich, liberale Praktiken anderer Denkschu-
15 len anzuwenden. Das zeugt von einer bemerkenswerten Fähigkeit des Islam zur Neuinterpretation. Eine weichere Scharia ist leider dennoch unwahrscheinlich, da wir mit dem Anti-Intellektualismus, dem Autoritarismus und der moralischen Verworfenheit der selbst ernannten Salafi-
20 Wächter der Scharia konfrontiert sind. Darum sollten wir fragen: Warum ist die Scharia zum Kennzeichen der muslimischen Staaten geworden? Der Islam, wie islamistische Intellektuelle ihn sehen, ist nur ein Strafgesetzbuch und ein islamistischer Staat eine Strafkolonie, die den „reinen"
25 Islam erzwingt. Die modernen muslimischen Denker sind hier gescheitert. Khaled Abou El Fadl, ein islamischer Reformer in den Vereinigten Staaten, hat dazu beobachtet, dass zeitgenössische islamistische Intellektuelle „den Islam in der Antithese zum Westen konstruieren statt der
30 Menschheit eine moralische Vision zu geben. In der Welt, die sich diese Gruppen aufbauen, gibt es keinen Islam; in dieser Welt gibt es nur den Widerstand gegen den Westen". Leider stimmt das. Diese zerstörerischen Ideen entspringen keinem Vakuum. Sie sind das Produkt verarmter Salafi- und
35 Wahhabi-Diskurse, die den Islam von innen zerfressen. Es gibt zwar eine klare Trennlinie zwischen den Salafi- und Wahhabi-Interpretationen – einem puritanischen, anti-rationalistischen, „weiberfeindlichen" Islam mit einer strengen Scharia – und der Gewalt, die unseren Glauben
40 mit Blut bedeckt. Diejenigen aber, die diese moralische Perversion unseres Glaubens herausfordern, werden wie in Saudi-Arabien als Ketzer angegriffen.

Zit. nach: Wohin weist die Scharia. In: Frankfurter Rundschau 4.6.2004.

2 **22. Juni 2004 (Ezzat):**

Die Scharia ist der ideale Weg, um Menschenrechte zu verwirklichen. Verstöße gegen Menschenrechte in muslimischen Ländern, deren Regime von westlichen Alliierten unterstützt werden, haben nichts mit der Scharia
5 zu tun. Die Gewalt in diesen Ländern wird meist von Staaten ausgeführt und geht auf die post-koloniale Ära zurück. Damals wurde versucht, die Gesetze der islamischen Gesellschaften zu säkularisieren und die Scharia zu beseitigen. Die Rechtssysteme der französischen und
10 britischen Kolonialmächte wurden als Modell für eine Justizreform und als Basis für einen modernen Staat gesehen. Die neu entstandenen säkularen, sozialistischen Regime waren aber totalitär. Ihre Vertreter manipulierten die bis dahin unabhängigen religiösen Institutio-
15 nen und ernannten deren Leiter. Der Islam wurde zu einem Strafgesetzbuch und dazu benutzt, Menschenrechte zu missachten. Das beeinflusste die modernen islamischen Intellektuellen. Für sie stellte der Staat das Mittel dar, mit dem die Gesellschaft und die Religi-
20 on umgeformt werden konnten. Um eine islamische Renaissance zu erreichen, versuchten sie den Staat zu kontrollieren. Im Kampf gegen die totalitären Regime war und ist es daher das Ziel der Islamisten, die Scharia – und darum ist sie zum Merkmal der muslimischen
25 Staaten geworden – wieder einzuführen. Denn für sie kann nur durch die Scharia die Stärke des Islams neu belebt werden. In diesem Kampf um die Macht benutzen und missbrauchen beide Seiten die Religion. „Scharia" bedeutet Weg. Dieser umfasst Glauben und Moralität
30 für ein Individuum wie auch rechtliche, wirtschaftliche und soziale Rahmenwerke, um das Leben einer Gesellschaft zu regeln. Die Scharia ist darüber hinaus eine Plattform, die die Menschen ermächtigt und ihre Rechte gegen Totalitarismus und Ultra-Kapitalismus schützt.
35 Sie kann weltweit eine egalitäre Kraft für demokratische soziale Gerechtigkeit sein. Die islamischen Grundwerte sind Gerechtigkeit und persönliche Freiheit. Sie bedrohen aber westliche wirtschaftliche Interessen, wenn muslimische Gesellschaften nach wirtschaftlicher Un-
40 abhängigkeit streben. Wenn der Islam hingegen auf eine individuelle Dimension eingeschränkt wird, wie du es vorschlägst, dann verliert der Islam seinen Kern

8

als fortschrittliche soziale Befreiungstheologie mit der
45 Vision einer gerechten Gesellschaft. Leider erkennen
die islamischen Gruppen das nicht und konzentrieren sich auf veraltete Interpretationen der islamischen
Jurisprudenz. Es stimmt, dass einige dieser Gruppen
den Islam als Anti-These zum Westen betrachten. Das
50 jedoch hat der Westen zu verantworten, da er einige der
despotischsten Regime im Nahen Osten unterstützt.

Zit. nach: Wohin weist die Scharia. In: Frankfurter Rundschau 22.6.2004.

3 28. Juni 2004 (Qureshi):

Im Großen und Ganzen stimme ich mit Dir überein,
allerdings mit einem Vorbehalt: die Scharia mag in ferner Zukunft zwar eine positive Kraft für Veränderung
5 sein, aber für mich symbolisiert sie all das, was in der
muslimischen Welt schief läuft. Mir scheint, dass die
Realität in unserem Briefwechsel noch nicht ganz angekommen ist. Die heute praktizierte Scharia illustriert
Ungerechtigkeit und verneint menschliche Freiheiten.
10 In einigen Teilen der muslimischen Welt wie in Pakistan
und Nigeria werden Frauen, die vergewaltigt worden
sind, nach Schariagesetz der Unzucht angeklagt. In Saudi-Arabien werden zur Strafe oft Körperteile amputiert.
Ist das ein Akt, der moralisch zu verteidigen ist? Unter
15 der Herrschaft der Taliban wurden Frauen – im Namen
des Islams – grundlegende menschliche Freiheiten wie
Mobilität, Ausbildung und Gesundheitspflege vorent-
halten. Viele islamische Intellektuelle aber – und das ist
eine Schande – haben sich zu diesen Verbrechen nicht
20 geäußert. Die existierende Scharia nährt sich vor allem
mit Idealen der Salafi- und Wahhabi-Ideologie. Darum
kritisiere ich nicht nur die Scharia, sondern auch den
Salafismus und den Wahhabismus, weil sie den intellektuellen Rahmen für die Scharia liefern. Du nennst
25 diese beiden Ideologien nicht einmal bei ihrem Namen.
Dass der Kolonialismus ein Desaster für die Muslime
war, weil er zu pathologisch reaktionären islamistischen
Ideologien und despotischen Staaten führte, die sich
nicht vor Gewalt scheuen, ist eine Tatsache. Ebenso
30 ist die westliche Unterstützung für diese Regime eine
Tatsache. Aber das allein erklärt nicht die Gewalt in
islamischen Ländern. In meinen Augen ist die Gewalt
in erster Linie das Produkt einer erstarrten und globalisierten Salafi- und Dschihadi-Ideologie. Dieser islamis-
35 tischen Globalisierung müssen wir widerstehen. Denn
diese Gewalt befleckt die Traditionen des islamischen
Pluralismus und der islamischen Toleranz. Den Islam
definierst du als eine politische Ideologie und kritisierst,
dass er auf eine persönliche moralische Dimension be-
40 schränkt wird. Der Islam sollte anscheinend nicht als
eine moralische Vision für die Menschheit gesehen werden, sondern als eine utopische Ideologie, in der der Staat

„Tugend" durchsetzen soll und eine soziale Neigung hat.
Folglich ist der Islam für die Islamisten nichts anderes als
ein nützliches Gefäß für ihre Lieblingsideologien. Zudem 45
spüre ich deine Verachtung für die Ideale, die mit persönlichen Freiheiten zu tun haben. Tatsächlich aber sind es
genau diese persönlichen Freiheiten, die den Menschen
am meisten bedeuten.

Zit. nach: Wohin weist die Scharia. In: Frankfurter Rundschau 28.6.2004.

4 14. Juli 2004 (Ezzat):

Ich schränke die Scharia nicht auf eine politische Ideologie ein, sondern betrachte sie als eine Lösung. Diese umfasst die öffentlichen und privaten Sphären und
basiert auf zivilen und individuellen Werten. „Zivile 5
Tugend" wird in zukünftigen Manifestationen des Islams zentral bleiben. Sie ist in einem soliden System so-
zioökonomischer Wohlfahrt verwurzelt, das islamische
Juristen über Jahrhunderte hinweg befürwortet haben,
weil es den Durchschnittsbürger ermächtigt und die 10
„grass-roots" Politik darin stärker ist als in der Elitenrepräsentation. Für die vorherrschende „Überlegalisie-
rung" der Scharia – ich beziehe mich auf Missbräuche
in ihrem Namen – können nicht nur die Islamisten
verantwortlich gemacht werden. Der globale Kapitalis- 15
mus und seine Wirkung auf die Menschenrechte sollten nicht ignoriert werden, denn für viele Islamisten
– außer den Salafis und Wahhabis, die ihr ausschließli-
ches Verständnis der Scharia sowohl Muslimen als auch
Nicht-Muslimen aufzwingen wollen – stellt die Scharia 20
eine Form des Widerstands gegen die kapitalistische
Ordnung dar, die gegen ihre kommunalen und nationalen Rechte verstößt. Auch wenn die Scharia vereinzelt
gewaltsam aufgezwungen worden ist, sollten wir uns
daran erinnern, dass sie für Millionen von zivilen Akti- 25
visten eine legitime Quelle der Würde und Freiheit verkörpert, die zu globaler Gerechtigkeit und Gleichheit
führt. Um das Recht der Muslime auf eine alternative
Weltsicht zu respektieren, muss eine Vision geschaffen
werden, wie Muslime und die globale zivile Gesellschaft 30
miteinander leben. Die Missbräuche in Nigeria oder
Pakistan sind nicht zu leugnen, aber in diesen Fällen ist
die Scharia manipuliert worden. Gräueltaten kommen
auch in nichtmuslimischen Ländern vor, in denen andere kulturelle und religiöse Werte als die der Scharia 35
missbraucht werden. Wir dagegen müssen besser verstehen, warum Menschen Gewalt anwenden. Sonst fahren wir fort, Muslime und ihre Kulturen als barbarisch
und die Scharia als Wurzel allen Übels zu betrachten.
Das hieße, dass Muslime nur auf eine Zukunft hoffen 40
können, wenn sie den Islam im öffentlichen Leben tri-
vialisieren. Das wäre nicht fair.

Zit. nach: Wohin weist die Scharia. In: Frankfurter Rundschau 14.7.2004.

8

5 **8. August 2004 (Qureshi):**

„Demokratie" verdient nicht die Herablassung, die du mit „Elitenrepräsentation" durchblicken lässt, denn sie bringt politische, wirtschaftliche und soziale Vorteile.

5 Auch mit der von dir beschriebenen „zivilen Tugend" habe ich Mühe. „Zivile Tugend" im „islamischen" Indonesien unterliegt anderen Einflüssen als in kosmopolitischen Zentren des Islams oder in nomadischen Regionen. Vor Jahrhunderten verneinte „zivile Tugend" Frauen das

10 Recht auf Ausbildung. Trotz alledem gehören die Tugend und die Scharia zu den Hauptthemen des islamischen Diskurses: Pakistanische Mullahs halten ihre Bürger davon ab, „Hindu"-Bollywood-Filme anzuschauen. Dieses Muster, bei dem die „Tugend" künstlerische Bemühun-

15 gen erstickt, wiederholt sich auch anderswo. Mir fällt auf, dass die Islamisten ihre Weltanschauung unverändert als Reaktion auf den Westen definieren. Daraus folgt, dass der Islamismus heute ein Nebenprodukt der Globalisierung ist. Es muss aber unterschieden werden zwi-

20 schen Islamisten wie den Taliban, die rein ideologisch angetrieben sind und scheitern werden. Islamistische Parteien hingegen wie in der Türkei, die die Bedürfnisse ihrer Bürger zu erfüllen versuchen, werden Erfolg haben. Diese Islamisten sind daher tatsächlich die Vorläufer der

25 Globalisierung: Sie bringen Demokratie, Säkularisierung und individuelle Rechte. Iran ist das perfekte Beispiel. Die jungen Iraner wollen Freiheit von den Mullahs. Wer hätte gedacht, dass sich diese Möglichkeit aus dem politischen Islam ergeben würde? Im Namen des Islam bewertest

30 Du auch den Kapitalismus abschätzig. Wahrscheinlich aber kannst Du nicht dem kapitalistischen Spielzeug wie Laptop-Computer und Handy widerstehen. Bitte vergiss nicht, dass der Prophet Mohammed und seine Frau Geschäftsleute waren. Von ihm stammt auch das Hadith:

35 „Der, der Erträge durch ehrlichen Handel anhäuft, wird von Gott geliebt." Am Ende aber sind es die Intellektuellen, die Kritik üben müssten. Leider kenne ich keinen einzigen islamistischen Intellektuellen, der den Salafismus oder Wahhabimus, welcher islamische Traditionen

40 von innen aushöhlt, kritisiert und der auch gewillt ist, die zerstörerische Wirkung der „Dschihadi-Selbstmörder"-Gewalt anzuerkennen. Das zu tun hieße nicht, Muslime zu verteufeln. Denn es sollte klar sein, dass kein Volk ein Monopol an Tugend oder Lasterhaftigkeit hat. Auffällig

45 ist dagegen die fehlende muslimische Verurteilung des Völkermords an afrikanischen Muslimen in Darfur durch das faschistische sudanesische Regime. Heute sind wir mit nichts anderem als dem Anti-Intellektualismus und der Unmoralität jener konfrontiert, die vorgeben, den Islam zu verteidigen und dabei seine Seele zerfressen. 50

Zit. nach: Wohin weist die Scharia. In: Frankfurter Rundschau 8. August 2004.

6 **29. August 2004 (Ezzat):**

Ich unterstütze sowohl liberale als auch islamische „zivile Tugenden". Dagegen glaube ich nicht, dass Demokratie ein spezielles wirtschaftliches System bedingt. Da der Islam mehr Werte einer sozialen Demokratie als einer wirt- 5 schaftlichen liberalen enthält, kann er den Kapitalismus zähmen. Wenn wir die Früchte der Modernität genießen, bedeutet das jedoch nicht, dass wir die Ideen einiger Modernisierer nicht kritisch begutachten sollten. Wir sind schließlich nicht darauf versessen, den Kapitalis- 10 mus, sondern einen egalitären und menschlichen Islam zu verteidigen. Darfur ist ein trauriges Beispiel dafür, wie ein Regime, das eine eingeschränkte Scharia befürwortet, autoritär werden und eine gerechte Verteilung von Macht und nationalem Reichtum verhindern kann. Aber 15 ich frage: Ist das ein Problem islamischer Politik oder eine wiederkehrende Politik afrikanischer politischer Eliten? Der Iran dagegen erlebt eine politische Veränderung, und wir können nur hoffen, dass andere Regime in der Region genauso viel Transparenz und Offenheit zulassen. 20 Da schiitische Doktrinen stark verbreitet sind, bin ich nicht für einen Iran ohne Mullahs in der Öffentlichkeit, aber für einen Iran, in dem progressive Stimmen einen Platz haben. Wir sollten zugeben, dass der islamische Iran demokratischer ist als die säkulare Herrschaft des 25 „Schahs von Persien", einem Verbündeten der „liberalen amerikanischen Administration". Darüber hinaus haben Muslime im Namen des Islam begangene Gräueltaten kritisiert. Muslimische Intellektuelle wie Yusuf Qaradauy, der verstorbene Mohammed Ghazali und andere haben 30 die Wahhabis und Salafis angegriffen. Leider stimmt es, dass der Islam missbraucht wird. Aber auch Liberale oder Sozialisten missbrauchen ihre Ideologien. In unserem globalen Zeitalter müssen wir uns über Ideologien, Religionen und Kulturen hinwegsetzen und uns gemeinsam 35 vor Extremisten jeder Art schützen. Durch konstruktive Debatten könnten wir demokratische Erfahrungen sammeln, die Hegemonie und Arroganz in unserer Welt wegfegen würden und dem Islam erlaubten, seine Botschaft der Barmherzigkeit, Gerechtigkeit und der Machtteilung 40 wiederzuerlangen.

Zit nach: Wohin weist die Scharia. In: Frankfurter Rundschau 29.8.2004.

8

Arbeitsvorschläge

a) Klären Sie zunächst alle unbekannten Begriffe. Nutzen Sie dazu das Glossar.
b) Vergleichen Sie beide Texte hinsichtlich ihrer Argumentationslinien und Thesen.
c) Stellen Sie die Thesen gegenüber und diskutieren Sie diese.

Methode: Die Facharbeit

Beispiel: Die Re-Islamisierung der modernen Türkei

Ziel einer Facharbeit ist es, ein Thema fachlich angemessen und selbstständig zu erarbeiten, darzustellen und zu bewerten. Um eine Facharbeit erfolgreich zu gestalten, ist es erforderlich, erprobte Verfahren und Arbeitsmethoden zu nutzen, bei der
- Themenanalyse: Unter welchem Blickwinkel soll das Thema betrachtet werden?
- Materialrecherche und Ordnung: Was ist an Quellen, Publikationen, Bildmaterial u. a. zugänglich?
- Gliederung des Materials nach den Schwerpunkten und der Intention der Aufgabenstellung
- Verschriftlichung, die einen angemessenen Sachstil verlangt, ohne an deutlich gekennzeichneten Stellen persönliche Positionen und Wertungen auszuschließen.

Themenanalyse

Zu Beginn steht die Analyse der Aufgabenstellung. Splitten Sie das Thema in seine Bestandteile, in Leitbegriffe, darin enthaltene Wertungen u. ä. auf, und stellen Sie Fragen an das Thema. Damit kommen Sie auf verschiedene Perspektiven. Dieser Prozess wird sich aufgrund der neu gewonnen Erkenntnisse immer wiederholen.

In unserem Beispiel „Die Re-Islamisierung der modernen Türkei" könnten sich folgende Fragen ergeben: Was sind die Kennzeichen der modernen Türkei? Wie ist die moderne Türkei entstanden? Was sind Merkmale für eine Re-Islamisierung? Was bedeutet Re-Islamisierung politisch, wirtschaftlich, gesellschaftlich und kulturell?

Recherche

Diese Fragen lassen sich auf Anhieb fundiert nicht beantworten. Somit muss man als zweiten Schritt Informationen recherchieren. Hierfür stehen mehrere Möglichkeiten zur Verfügung. In erster Linie kann man dazu Schulbücher bzw. Lexika heranziehen, z. B. das neue ZEIT- Lexikon (2004 ff.), oder die jedes Jahr aktualisierte ENCARTA. Dazu kommt Literatur, die man über eine Bibliothek auch per Fernleihe ausleihen kann. Diese Bestände kann man auch über das Internet recherchieren. (z. B. mithilfe des Karlsruher virtuellen Katalogs (http://www.ubka. uni-karlsruhe.de/kvk.html) Am besten fängt man mit einer aktuellen Überblicksdarstellung an, wie einer Länderkunde „Türkei" so z. B.: Seufert, Günter/ Kubaseck, Christopher: Türkei. Politik-Geschichte-Kultur. München 2004. Aus der Literaturliste dieser Bücher finden sich dann weitere Literaturangaben. Weiterhin kann man auf Material von Institutionen wie der Bundeszentrale für Politische Bildung (Bonn) zurückgreifen. Zu diesen Optionen stehen aber auch im Internet weitere Informationen zur Verfügung. Diese sind von sehr unterschiedlicher Qualität. Ein guter Ansatzpunkt für Internetrecherchen zu Themen aus der Islamischen Welt ist die Website http://www.qantara.de (betreut durch die Bundeszentrale für Politische Bildung).

Ordnen von Informationen

Als nächsten Schritt müssen Sie Ihre Informationen ordnen und auf ihre Brauchbarkeit hin überprüfen. Eine erste Ordnung kann man über die Art der Geschichtsquellen treffen. Handelt sich dabei um Primär- oder um Sekundärtexte. Welcher Art sind die Primärquellen, z. B.: Dokumente oder Zeitzeugenberichte. Für das Ordnen bietet sich der Zettelkasten an. Anhand dessen können Sie Ihre recherchierten Informationen mit Stichwörtern versehen. Diese Informationen können aus genauen Abschriften, eigenen Notizen, Exzerpten, Zusammenfassungen bzw. Kopien bestehen. Achten Sie immer darauf, den Fundort festzuhalten (Verfasser,

8

Titel, Seite bzw. Internetadresse mit Datum). Sie können nach dem Vorbild des Zettelkastens auch eine solche Datei auf Ihrem Rechner anlegen.

Achten Sie bei den verwendeten Informationen immer auf deren Aussagekraft für das Thema und deren Qualität. Dies bezieht sich sowohl auf deren Inhalt wie auch auf deren Tendenz. So gibt es im Zuge der Beitrittsdiskussion der Türkei zur EU hier sehr unterschiedliche Ansichten über die Re-Islamisierung der Türkei. Für eine Bewertung von Informationen ist oftmals das Heranziehen weiterer Kriterien sinnvoll, wie Informationen über den Verfasser und den Kontext der Aussage (zeitlich und inhaltlich) und wie werden die gemachten Aussagen belegt? Dies gilt insbesondere für im Internet veröffentlichte Informationen.

Nach dem Ordnen der Informationen wird eine Gliederung erstellt. Damit wird die Facharbeit strukturiert. Die Gliederung soll die im Thema enthaltenen Fragen beantworten. Zugleich kann damit überprüft werden, inwieweit das Thema nicht zu ausführlich angelegt worden ist. In unserem Beispiel wäre der Rückgriff auf die genaue Entstehungsgeschichte der Türkei sicherlich zu ausführlich. Ein kurzer Abriss, der verdeutlicht, wie die Türkei entstanden ist, würde hier als Hinführung auf die Politik Atatürks reichen.

Gliederung erstellen

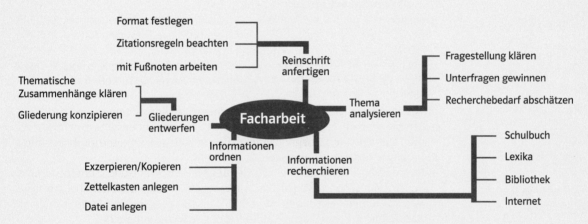

Als letzter Schritt erfolgt die Verschriftlichung. Die Arbeit soll in Inhalt und Form eine Einheit darstellen und besteht aus 6 Teilen; dem (a) Deckblatt, bestehend aus Ihrem Namen, dem Titel der Arbeit, dem Kurs und Ihrer Jahrgangsstufe; (b) dem Inhaltsverzeichnis; (c) der Einleitung mit der Darstellung des Ziels und Umfangs der Arbeit, (d) dem Hauptteil, der eigentlichen Aufbereitung des Themas, (e) dem Schluss mit einer Zusammenfassung der Ergebnisse und (f) einem Literatur- und gegebenenfalls vorhandenen Abbildungsverzeichnis. Die Einbindung von Zitaten dient dazu, den eigenen Text inhaltlich in seiner Aussage zu unterstützen. Diese sollten nicht zu lang sein und ihr Anteil sollte den eigentlichen Text nicht übersteigen. Legen Sie Wert auf ein angenehmes Seitenformat, eine gut lesbare Schrift und angemessene Schriftgrößen.

Reinschrift anlegen

8

Arbeitsvorschläge
a) Erstellen Sie eine Facharbeit zum Thema: „Integration von Muslimen in der deutschen Gesellschaft."
b) Nehmen Sie als einen Ausgangspunkt für Ihre Recherche die Websites: http://www.qantara.de; http://www.zft-online.de

Vorschläge zur Projektarbeit:

a) Recherchieren Sie unterschiedliche Modernisierungsansätze in der islamischen Welt im 19. und 20. Jahrhundert, z. B. im 19. Jahrhundert zu Ägypten, Nordafrika und Britisch Indien oder im 20. Jahrhundert am Beispiel Arabischer Nationalismus, Nasser und Baath-Partei in Syrien bzw. Irak. Orientieren Sie sich dabei an folgenden Fragen:

1. Wie bedingt der überkommene spezifische politisch-gesellschaftliche Hintergrund die Modernisierung: Gesellschaftliche Gegebenheiten/Politischer Rahmen/Machtfelder, u. a. die Stoßrichtung der Reformen?

2. Wie beeinflussen die äußeren Rahmenbedingungen die Entwicklung der Modernisierungsversuche?

b) Dokumentieren Sie die Radikalisierung islamistischer Organisationen und bestimmen Sie die maßgeblichen Faktoren für diese Entwicklung (z. B. anhand der al Qaida oder der US-Besatzung im Irak).

c) Recherchieren Sie die verschiedenen Spielarten der Re-Islamisierung. Nehmen Sie Stellung zur These: Die AKP (islamistische Partei der Türkei) ist die muslimische CDU.

d) Recherchieren Sie im Internet unterschiedliche Konzeptionen und politische Strömungen im Iran. Informieren Sie sich über den Lebensalltag im Iran. Nehmen Sie als einen Ausgangspunkt die Website www.hkw.de/de/programm/programm2004/EntfernteNaehe/c_linkhtml.

e) Informieren Sie sich darüber, wie der Begriff Demokratie und Menschenrechte in der islamischen Welt gesehen wird. Stellen Sie dazu islamistische und säkulare Positionen gegenüber. Nehmen Sie als Ausgangspunkt für die Recherche das Dossier Zivilgesellschaft auf der Website www.qantara.de.

f) Dokumentieren Sie die Rolle der Frau in der islamischen Welt (die formalen Regelungen im Vergleich mit der faktischen Handhabung). Stellen Sie diesen Befund der Rolle muslimischer Frauen in Deutschland gegenüber. Aus welcher Sicht berichten die vorliegenden Quellen? Nach welchen Kriterien ordnen und bewerten die vorliegenden Quellen die Rolle muslimischer Frauen?

g) Recherchieren Sie zum feministischen Islam in der Islamischen Welt. Vergleichen Sie deren Positionen zu denen europäischer Frauen zur ihrer Rolle.

h) Recherchieren Sie Strategien zur Integration von Muslimen in Deutschland im Vergleich zu anderen europäischen Ländern, z. B. : Frankreich, Großbritannien, Niederlande. Achten Sie darauf, was unter Integration verstanden wird.

i) Recherchieren Sie muslimische Portale (z. B.: von Organisationen in Deutschland wie www.islam.de, www.islamrat.de oder www.muslimmarkt.de). Bestimmen Sie deren Tendenzen und Zielsetzungen hinsichtlich der Ausrichtung des Islams.

j) Erforschen Sie islamische Institutionen in Ihrer Stadt bzw. Region. Erkunden Sie:

1. die Aufgaben, und kulturellen Funktionen in der Gemeinde

2. ihre Akzeptanz bei der Zielgruppe (evtl. mithilfe von Interviews) und den Einheimischen

3. ihren überregionalen Stellenwert im Land.

8

Der Islam

570–622	Mohammed wird in Mekka geboren. Um 610 erfolgt das öffentliche Auftreten Mohammeds und die Verkündigung der göttlichen Botschaft.
622	Die Auswanderung (Hidschra) Mohammeds nach Medina stellt den Beginn der islamischen Zeitrechnung dar.
622–632	Ausgreifen des Islams auf die gesamte arabische Halbinsel
632–661	Unter den vier rechtgeleiteten Kalifen (bestimmt durch Wahl) beginnt die erste große Expansion. Mit dem Bürgerkrieg um die Nachfolge des Kalifen (656–661) beginnt die Spaltung des Islams in Sunniten und Schiiten.
750–1258	Mit der Dynastie der Abbasiden entwickelt sich eine kulturelle Hochblüte mit dem Zentrum Bagdad. Diese endet mit der Eroberung Bagdads durch die Mongolen.
1453	Der osmanische Sultan Mehmet II. nimmt Byzanz ein. In der Folge dehnt sich das Osmanische Reich bis nach Ungarn aus.
1492	Mit dem Fall von Grenada endet die islamische Herrschaft in Spanien.
1798–1801	Mit der französischen Expansion unter Napoleon nach Ägypten wird die islamische Welt mit der europäischen Moderne konfrontiert.
1830	Mit der französischen Eroberung Algeriens beginnt die Kolonialisierung muslimischer Gebiete in Nordafrika und des Nahen Ostens.
1839–1914	Tanzimat-Zeit: Um dem europäischen Druck zu wiederstehen, werden im Osmanischen Reich Reformen durchgeführt, die sich an Europa orientieren.
1922–24	Unter Mustafa Kemal (Atatürk) wandelt sich die Türkei in einen laizistischen, westlich orientierten Nationalstaat. Das Kalifat wird abgeschafft.
1948	Mit der Proklamation des Staates Israel erfolgt eine Verschärfung des seit Ende des Ersten Weltkriegs schwelenden Palästina-Konflikts.
1978/79	Nach der Revolution wird die theokratische Islamische Republik Iran errichtet.
1979–88	Sowjetische Invasion in Afghanistan
1991	Im Golfkrieg befreien die USA und ihre Verbündeten Kuwait, das durch den Irak besetzt worden war. Osama bin Laden gründet das Terrornetzwerk al-Qaida.
2001	Als Reaktion auf die Terroranschläge des 11. September in den USA beginnt der globale Krieg gegen den Terror.
2003	Durch den Einmarsch der USA in den Irak wird der irakische Machthaber Saddam Hussein gestürzt. Durch die Besetzung des Irak kommt es verstärkt zu Widerstand und Terroraktionen durch die Bevölkerung und militante Islamisten.
2004	Tod des PLO-Führers Jassir Arafat

8

9. Die europäische Integration

Die europäische Einigung unserer Tage ist ein beispielloser weltgeschichtlicher Vorgang. Niemals zuvor waren selbstständige Staaten bereit, um einer gemeinsamen Sache willen auf Teile ihrer Souveränität zu verzichten und die Gleichrangigkeit aller Partner zu respektieren. Im heutigen Europa finden sich dagegen Staaten zusammen, in denen unterschiedliche Sprachen gesprochen werden, die auf eine oft lange Geschichte zurückblicken und eine unverwechselbare Lebensart aufweisen. Auch wenn diese Staaten sich hinsichtlich ihrer Geschichte, Bevölkerungszahl, Wirtschaftskraft und ihres politischen Gewichtes teilweise markant unterscheiden, gibt es keine Führungsmacht, die den anderen ihren Willen aufzwingen könnte.

9.1 Sehnsucht nach Frieden: Europakonzepte vor 1945

Ein kriegerischer Kontinent

Lange war Europa ein bedrohlich kriegerischer Kontinent. Von den Adelsfehden und dynastischen Streitigkeiten im Mittelalter an zog sich eine blutige Spur gewalttätiger Auseinandersetzungen durch die europäische Geschichte: in Gestalt der Religionskriege im Gefolge der Reformation; der Revolutions- und Expansionskriege zwischen 1792 und 1815; der nationalen Unabhängigkeits- und Einigungskriege des 19. Jahrhunderts; der Hegemonial-, Weltanschauungs-, Vernichtungskriege des 20. Jahrhunderts; der „ethnischen Säuberungen" auf dem Balkan in der jüngsten Zeit.

Die Suche nach Sicherheit und Frieden

Erste Projekte für einen Zusammenschluss der Europäer entstanden unter dem Eindruck der Rückschläge der Kreuzfahrer im „Heiligen Land" um 1300 und dann wieder nach der Eroberung Konstantinopels durch die Osmanen 1453. Die mörderischen Konfessionskriege gaben den Anstoß für den „Großen Plan" („Grand Dessin') des französischen Finanzministers Sully: Dieser empfahl einen europäischen „Völkerverein", der durch ein System des „Gleichgewichts" zusammengehalten werden sollte. Dieser Idee folgten zahlreiche weitere Vorschläge in den folgenden Jahrhunderten, darunter als die bekanntesten die Traktate über den „Ewigen Frieden" von Charles Francois de Saint-Pierre (1712/39) und Immanuel Kant (1795). Beiden schwebte eine Art europäischer Völkerbund vor, der auf völkerrechtlich verbindlichen Verträgen beruhte. Nach der Katastrophe des Ersten Weltkrieges waren es vor allem zwei Männer, die sich für ein einiges Europa einsetzten: der österreichische Publizist Graf Richard Coudenhove-Kalergi, der die „Paneuropa-Union" gründete und viele prominente Politiker zur Mitarbeit gewann; und der französische Staatsmann Aristide Briand, der das Programm einer engen wirtschaftlichen und politischen Zusammenarbeit der europäischen Staaten entwickelte. Beide Initiativen blieben jedoch wirkungslos.

Folgenreicher als Pläne, Programme und gelehrte Abhandlungen war das politische Handeln der Regierenden. Das „Gleichgewicht der Mächte", das seit dem 19. Jahrhundert die großen europäischen Staaten in dem Interesse einte, die Vorherrschaft eines einzigen zu verhindern und Kriege möglichst schon im Vorfeld durch Diplomatie abzuwenden, bewährte sich lange als ein Instrument der Friedenssicherung, bis im Ersten Weltkrieg die Rivalitäten erneut durchschlugen. Der 1919 gegründete Völkerbund sollte ein ähnliches Desaster für die Zukunft verhindern. Er vermochte diese Hoffnung jedoch nicht zu erfüllen, weil es ihm an Machtmitteln fehlte, die friedlichen Lösungen wenn nötig auch mit Gewalt durchzusetzen.

9

1 Europäische Friedensverträge: Amnestie oder Bestrafung?

a) Westfälischer Friede (1648):

Beiderseits sei immerwährendes Vergessen und Amnestie
5 alles dessen, was seit Anbeginn dieser Unruhen […] vom
einen oder anderen Teil, hüben und drüben, feindlich
begangen worden ist, sodass weder deswegen noch aus
irgendeinem anderen Grund oder Vorwand einer dem
andern künftig irgendwelche Feindseligkeit oder Unbill
10 […] antun soll, vielmehr sollen alle und jede hin und her
sowohl vor dem Kriege als auch im Kriege mit Worten,
Schriften oder Taten zugefügten Beleidigungen, Gewalttaten, Feindseligkeiten, Schäden und Unkosten ohne
alles Ansehen der Personen oder Sachen dergestalt gänz-
15 lich abgetan sein, dass alles, was deshalb der eine vom
andern fordern könnte, in immerwährendem Vergessen
begraben sein soll.

Zit. nach: Geschichte in Quellen, Bd. 3. München: BSV 1966. S. 346.

b) Zweiter Pariser Friede (1815):

Da der Zustand der Unruhe und Gärung, den Frankreich
nach so vielen gewaltsamen Erschütterungen, insbesondere nach dem letzten Zusammenbruch, […] notwendig
5 noch verspürt, zur Sicherheit der benachbarten Staaten
Maßregeln der Vorsicht und zeitliche Bürgschaft erforderlich macht, so ist für unerlässlich erachtet worden, auf
eine bestimmte Zeit militärische Stellungen an den Grenzen Frankreichs durch eine Anzahl verbündeter Truppen
10 besetzen zu lassen unter dem ausdrücklichen Vorbehalt,
dass diese Besetzung weder der Souveränität Seiner Allerchristlichsten Majestät noch dem Besitzstand, wie er
durch gegenwärtigen Vertrag anerkannt und bestätigt
worden, Eintrag tun soll.

Zit. nach: G. Guggenbühl: Quellen zur Allgemeinen Geschichte, Bd. IV.
Zürich: Schulthess 1978. S. 91 f.

c) Versailler Vertrag (1919):

Art. 227. Die alliierten und assoziierten Mächte stellen
Wilhelm II. von Hohenzollern, ehemaligen deutschen
Kaiser, unter öffentliche Anklage wegen schwerster Ver-
5 letzung der internationalen Moral und der Heiligkeit der
Verträge.
Art. 231. Die alliierten und assoziierten Regierungen erklären und Deutschland erkennt an, dass Deutschland
und seine Verbündeten als Urheber aller Verluste und aller
10 Schäden verantwortlich sind, welche die alliierten und
assoziierten Regierungen und ihre Angehörigen infolge
des ihnen durch den Angriff Deutschlands und seiner
Verbündeten aufgezwungenen Krieges erlitten haben.
Art. 232. […] Die alliierten und assoziierten Regierungen
15 verlangen und Deutschland übernimmt die Verpflichtung, dass alle Schäden wieder gutgemacht werden, die
der Zivilbevölkerung jeder der alliierten und assoziierten
Regierungen und ihrem Eigentum während der Zeit, da

diese Macht sich im Kriegszustand mit Deutschland befand, durch den erwähnten Angriff zu Lande, zur See und 20
aus der Luft zugefügt sind.

Zit. nach: S. Haffner: Der Vertrag von Versailles. Frankfurt: Ullstein 1988.
S. 236 ff.

2 Bedingungen des Friedens

a) Aus: Immanuel Kant: Zum ewigen Frieden (1795):

1. Es soll kein Friedensschluss für einen solchen gelten,
der mit dem geheimen Vorbehalt zu einem künftigen
Kriege gemacht worden. 2. Es soll kein für sich beste- 5
hender Staat (klein oder groß, das gilt hier gleichviel)
von einem andern Staat durch Erbung, Tausch, Kauf oder
Schenkung erworben werden können. 3. Stehende Heere
(miles perpetuus) sollen mit der Zeit ganz aufhören. 4.
Es sollen keine Staatsschulden in Beziehung auf äußere 10
Staatshändel gemacht werden. 5. Kein Staat soll sich in
die Verfassung und Regierung eines anderen Staates gewalttätig einmischen. 6. Es soll sich kein Staat im Kriege
mit einem andern solche Feindseligkeiten erlauben, welche das wechselseitige Zutrauen im künftigen Frieden 15
unmöglich machen müssen.

Zit. nach: I. Kant: Werke. Bd. 9. Darmstadt: WBG 1975. S. 196 f.

b) Der tschechische Historiker Frantisek Palacky (1848):

Die Natur kennt keine herrschenden sowie keine dienst-
baren Völker. Soll das Band, welches mehrere Völker zu
einem politischen Ganzen vereint, fest und dauerhaft
sein, so darf keines einen Grund zur Befürchtung haben, 5
dass es durch die Vereinigung irgendeines seiner teuers-
ten Güter einbüßen werde; im Gegenteil muss jedes die
sichere Hoffnung hegen, bei der Zentralgewalt gegen all-
fällige Übergriffe der Nachbarn Schutz und Schirm zu
finden; dann wird man sich auch beeilen, diese Zen- 10
tralgewalt mit so viel Macht auszustatten, dass sie einen
solchen Schutz wirksam leisten könne.

Zit. nach: S. Hafner u. a.: Slawische Geisteswelt. Bd. 2. Baden-Baden: Holle
1975. S. 181.

3 Für den Zusammenschluss Europas

a) Richard Coudenhove-Kalergi (1924):

Die Propaganda muss folgende Grundgedanken in alle
politischen Diskussionen werfen:
1. Das Wachstum großer politischer und wirtschaftlicher 5
Imperien an der Peripherie sowie außerhalb Europas
zwingt die übrigen Staaten dieses Erdteils zum Zusammenschluss, da sie einzeln jenen großen Komplexen weder politisch noch wirtschaftlich gewachsen sind. […]
2. Die Technik (Eisenbahn, Auto, Aero, Telegraf, Tele- 10
fon, Radio) hat alle Distanzen verringert und die europäischen Staaten und Städte aneinandergerückt. Die
Gemeinschaft ist ebenso gewachsen wie die Gegensätze.
Europäische Nachbarn stehen vor der Alternative, Feinde
oder Verbündete zu werden. […] 15

9

3. Die europäische Anarchie von heute muss binnen kurzem entweder zu einem neuen Krieg führen – oder zu einem europäischen Friedenspakt. [...]

8. Viele europäische Grenzen sind ungerecht. Diese
20 Ungerechtigkeiten lassen sich entweder durch eine Verschiebung dieser Grenzen beseitigen – oder durch deren Abbau. Eine Grenzverschiebung ist bei der heutigen Mentalität der Völker nur durch einen europäischen Vernichtungskrieg möglich. Ein Grenzabbau hingegen ist
25 möglich auf Grund des paneuropäischen Programmes: Abbau der strategischen Grenzen durch Schiedszwang; der Zollgrenzen durch Freihandel; der nationalen Grenzen durch Minderheitenschutz.

R. Coudenhove-Kalergi: Pan-Europa. Jg. 1, Heft 2 (Mai 1924). Wien.

b) Aus Aristide Briands ,Memorandum über die Organisation eines Systems europäischer föderativer Union' (1930):
Die Notwendigkeit, ein ständiges System vertraglich festgelegter Solidarität für die rationale Gestaltung Europas
5 zu schaffen, ergibt sich schon allein aus den Bedingungen für die Sicherheit und das Wohl der Völker, die durch ihre geografische Lage berufen sind, in diesem Erdteil in tatsächlicher Solidarität miteinander zu stehen.
Niemand zweifelt heutzutage daran, dass der Mangel
10 an Zusammenhalt in der Gruppierung der materiellen und moralischen Kräfte Europas praktisch das ernsteste Hindernis für die Fortentwicklung und die Wirksamkeit aller politischen und rechtlichen Institutionen darstellt.
... Diese Zersplitterung der Kräfte beschränkt in Europa
15 nicht minder bedenklich die Möglichkeiten für eine Erweiterung des Wirtschaftsmarktes, die Intensivierungs- und Verbesserungsversuche auf dem Gebiet der industriellen Produktion und dadurch auch alle Garantien gegen die Krisen auf dem Arbeitsmarkt, welche Quellen politi-
20 scher wie sozialer Schwankungen sind. [...]
Die Verständigung zwischen europäischen Staaten muss auf dem Boden unbedingter Souveränität und völliger politischer Unabhängigkeit erfolgen. Es wäre übrigens unvorstellbar, im Rahmen einer Organisation, die nach
25 reiflicher Erwägung unter die Aufsicht des Völkerbun-

des gestellt ist, im Geringsten an politische Beherrschung zu denken, denn die beiden Grundprinzipien des Völkerbundes sind gerade die Souveränität der Staaten und die Gleichheit ihrer Rechte. Und kann nicht, wenn die Souveränitätsrechte gewahrt bleiben, jede Nation gerade 30 Gelegenheit finden, sich in der Mitarbeit am gemeinsamen Werk noch bewusster auszuwirken, in einem Bundessystem, das mit der Achtung vor den Überlieferungen und der Eigenart eines jeden Volkes voll vereinbar ist?

Europäische Gespräche. Jg. 8 (1930), H. 7. S. 372 ff.

4 **Briand wirbt für Europa.** Die Karikatur aus der satirischen Zeitschrift „Kladderadatsch" zeigt das Bemühen des französischen Außenministers, Zustimmung für die Gründung einer europäischen Union zu finden.

Arbeitsvorschläge
a) Sehen Sie Zusammenhänge zwischen den Texten Kants und Palackys und den aktuellen Problemen der europäischen Einigung (M 3a, M 3b)?
b) Vergleichen Sie den Europa-Diskurs der 1920er-Jahre mit dem heutigen.
c) Vergleichen Sie die Tonlagen der Vertragstexte von 1648, 1815 und 1919 und vergegenwärtigen Sie sich Gründe für deren Wandel. Wie denken Sie über die Bestrafung von Schuldigen (M 2a, M 2b, M 2c)?

9

9.2 Nach dem Zweiten Weltkrieg: Aufbruch nach Europa

Der Schock des Zweiten Weltkrieges saß tief. Noch während des Krieges entstand in den Kreisen des Widerstandes gegen die nationalsozialistische Gewaltherrschaft die Vision eines einigen Europas ohne Feindschaften und trennende
Grenzen. Daran knüpften nach dem Kriegsende verschiedene politische Gruppierungen in einer Reihe westeuropäischer Länder an. In einer viel beachteten Rede
in Zürich 1946 empfahl der britische Kriegspremier Winston Churchill die Zusammenarbeit der kontinentaleuropäischen Staaten in einem „Europarat", dessen
Kern die Partnerschaft zwischen Frankreich und Deutschland bilden sollte.

Nie wieder Krieg

Bei den Regierungen fanden solche Ideen wenig Widerhall. So blieb es den nicht-
amtlichen Vereinigungen, die sich zur „Europäischen Bewegung" zusammenschlossen, vorbehalten, im Mai 1948 prominente Vertreter aus Politik, Wirtschaft
und Kultur in Den Haag zu einem „Europa-Kongress" zu versammeln und das Programm einer europäischen Integration ins öffentliche Bewusstsein zu rücken. Unterstützt von den USA, konstituierte sich schließlich am 5. Mai 1949 mit zunächst
zehn Mitgliedsländern der Europarat (dem heute alle europäischen Staaten außer
Monaco und Weißrussland angehören). Er stellt einen lockeren Zusammenschluss
dar, dessen Vereinbarungen zu befolgen im Ermessen der Mitglieder liegt. Verstöße gegen die Prinzipien des demokratischen Rechtsstaates freilich können mit
der Suspendierung oder dem Ausschluss geahndet werden. Gemäß seiner Satzung kann der Europarat alle Europa betreffenden Themen behandeln. Aber im
Laufe der Jahre hat er sich vor allem dreier Bereiche angenommen: Demokratie
und Menschenrechte, Kultur, Gesellschaftsprobleme. Große Wirkung entfaltete
die „Europäische Konvention zum Schutz der Menschenrechte und Grundfreiheiten". Gegen Verletzungen dieser Konvention können Staaten wie Einzelpersonen
beim „Europäischen Gerichtshof für Menschenrechte" Klage erheben.

Der Europarat

Als sich die USA 1947 entschlossen, der unter den Kriegsfolgen leidenden europäischen Wirtschaft im Rahmen des „Marshall-Plans" mit beträchtlichen Finanzsprit-
zen auf die Beine zu helfen, knüpften sie ihr Angebot an die Bedingung enger und
liberaler wirtschaftlicher Zusammenarbeit der Empfängerländer. Diese mussten
sich verpflichten, ihre Grenzen für den Handel zu öffnen, die Zölle spürbar zu senken, den Zahlungsverkehr zu erleichtern. Die zur Erreichung dieser Ziele geschaffene ‚Organisation for European Economic Cooperation' (OEEC, heute OECD, D =
Development) bekam Weisungsbefugnisse gegenüber den Mitgliedsstaaten, jedoch konnte sie diese nur selten gegen die einzelnen Regierungen durchsetzen.

Wirtschaftlicher Aufbau

Was Marshallplan und OEEC nicht vermochten, erzwang schließlich der sich seit
1947 ausbreitende ‚Kalte Krieg' zwischen Ost und West. In der Sorge vor (vermeintlichen) sowjetischen Expansionsgelüsten waren die Westeuropäer bereit, gemeinsame Verteidigungsanstrengungen auf sich zu nehmen und sich der Führung
der USA unterzuordnen. 1949 schlossen zehn europäische Staaten zusammen
mit den USA und Kanada den Nordatlantischen Verteidigungspakt (NATO). Sie
übernahmen dabei die Verpflichtung, einander im Kriegsfalle Beistand zu leisten;
über die Art dieses Beistandes sagt der Vertrag nichts aus. Die NATO versteht sich
dabei nicht nur als militärisches, sondern auch als politisches Bündnis, das für
die liberal-pluralistische Demokratie einsteht. Als östliches Gegenstück entstand
1955, ebenfalls von einer Hegemonialmacht dominiert, der Warschauer Pakt; er
löste sich 1991 auf.

Militärbündnisse

9

1 **Westeuropäische Aufbruchstimmung.** Plakat 1948

2 **Der Europarat**

a) Aus Winston Churchills Züricher Rede (1946):
Wir müssen etwas wie die Vereinigten Staaten von Europa schaffen. [...] Wir verfügen über das unermessliche Gedan-
5 kengut und die Verfahrenstechnik, die nach dem Ersten Weltkrieg inmitten großer Hoffnungen in Form des Völ-
kerbundes ins Leben gerufen und entwickelt wurden. Der Völkerbund versagte nicht wegen seiner Grundsätze und Ideen. Er versagte, weil diese Grundsätze von den Staaten
10 aufgegeben wurden, die ihn begründet hatten. Er versagte, weil die Regierungen jener Tage sich fürchteten, den Tatsa-
chen ins Auge zu sehen und zu handeln, solange noch Zeit dazu war. Ich spreche jetzt etwas aus, das Sie in Erstaunen setzen wird. Der erste Schritt bei der Neugründung der
15 europäischen Familie muss eine Partnerschaft zwischen Frankreich und Deutschland sein. Nur auf diese Weise kann Frankreich die moralische Führung in Europa wieder erlangen. Es gibt kein Wiederaufleben Europas ohne ein geistig großes Frankreich und ein geistig großes Deutsch-
20 land. Die Struktur der Vereinigten Staaten von Europa, wenn sie gut und echt errichtet wird, muss so sein, dass die materielle Stärke eines einzelnen Staates von weniger großer Bedeutung ist. Kleine Nationen zählen ebenso viel wie große und erwerben sich ihre Ehre durch ihren Beitrag
25 zu der gemeinsamen Sache.
Zit. nach: Forschungsinstitut der Deutschen Gesellschaft für Auswärtige Politik (Hg): Europa. Dokumente zur Frage der europäischen Einigung. Bd. 1. München, 1962. S. 113 ff.

*b) Aus einer Resolution des Haager ,Europa-Kongresses'
(1948):*
Es hat der Kongress
1. erkannt, dass die europäischen Nationen die vordring-
liche Pflicht haben, sich zu einer wirtschaftlichen und 5
politischen Einheit zusammenzuschließen, die für die Sicherheit und den sozialen Fortschritt bürgt; [...]
3. erklärt, dass die Zeit gekommen sei, zu der die euro-
päischen Nationen einen Teil ihrer Souveränitätsrechte übertragen und verschmelzen müssen, um gemeinsames 10
politisches und wirtschaftliches Handeln zur Ergänzung und geeigneten Entwicklung ihrer gemeinsamen Hilfsquellen sicherzustellen;
4. verlangt, dass unverzüglich eine Europäische Versammlung einberufen werde, die von den Parlamenten der Teil- 15
nehmerstaaten entweder aus deren Mitgliedern oder aus anderen Personen zu wählen sei und die die Aufgabe ha-
be, a) zur Bildung einer öffentlichen Meinung in Europa beizutragen und dieser Ausdruck zu verleihen; b) sofortige praktische Maßnahmen zu empfehlen, die geeignet seien, 20
die notwendige wirtschaftliche und politische Einheit Eu-
ropas in fortschreitendem Maße zu verwirklichen.
Europa. Dokumente. Bd. 1. S. 151 f.

c) Aus der Satzung des Europarats vom 5. Mai 1949:
Art. 1. a) Der Europarat hat zur Aufgabe, eine engere Verbindung zwischen seinen Mitgliedern zum Schutze und zur Förderung der Ideale und Grundsätze, die ihr gemeinsames Erbe bilden, herzustellen und ihren wirt- 5
schaftlichen und sozialen Fortschritt zu fördern. b) Diese Aufgabe wird von den Organen des Rates erfüllt durch Beratung von Fragen von gemeinsamem Interesse, durch den Abschluss von Abkommen und durch gemeinschaft-
liches Vorgehen auf wirtschaftlichem, sozialem, kultu- 10
rellem und wissenschaftlichem Gebiet und auf den Ge-
bieten des Rechts und der Verwaltung sowie durch den Schutz und die Fortentwicklung der Menschenrechte und Grundfreiheiten; [...] d) Fragen der nationalen Verteidigung gehören nicht zur Zuständigkeit des Europarates. 15
Art. 3. Jedes Mitglied des Europarates erkennt den Grund-
satz der Vorherrschaft des Rechts und den Grundsatz an, dass jeder, der seiner Hoheitsgewalt unterliegt, der Menschenrechte und Grundfreiheiten teilhaftig werden soll.
Europa. Dokumente, Bd. 1. S. 367

3 **Die französisch-deutsche Annäherung**
a) Aus den Memoiren Jean Monnets (1978):
Wenn man bei uns die Furcht vor einer deutschen in-
dustriellen Vorherrschaft beseitigen könnte, wäre das größte Hindernis für die Einigung Europas weggeräumt. 5
Eine Lösung, die der französischen Industrie die gleiche Ausgangsbasis wie der deutschen einräumte, während man diese von den aus der Niederlage entstandenen Diskriminierungen befreite, würde die ökonomischen und

10 politischen Bedingungen für eine Entente schaffen, die für Europa unerlässlich war. Darüber hinaus könnte sie sogar das Ferment zu einer europäischen Einheit werden. […] Wenn man das Problem der Souveränität ohne Gedanken an Revanche und Vorherrschaft anging,

15 wenn vielmehr Sieger und Besiegte übereinkamen, sie gemeinsam über einen Teil ihrer zusammengefassten Reichtümer auszuüben, welch solides Band würde damit zwischen ihnen geschaffen, welche Möglichkeiten würden zu neuen eröffnet, und welch ein Beispiel würde den

20 anderen europäischen Völkern geboten!

Die zusammengefassten Reichtümer waren in erster Linie Kohle und Stahl, die sich Frankreich und Deutschland ungleich, aber auf ergänzende Weise miteinander teilten. Die Vorkommen lagen in einem geografischen

25 Dreieck, das durch künstliche historische Grenzen geteilt war. Diese Zufallsgrenzen waren im Industriezeitalter, das gleichzeitig mit den nationalistischen Doktrinen aufstieg, zu Hindernissen und dann sogar zu Konfrontationslinien geworden. Die beiden Völker fühlten sich nicht mehr si-

30 cher, wenn sie nicht die ganzen Ressourcen, das heißt das ganze Gebiet besaßen. […] Kohle und Stahl waren sowohl der Schlüssel für wirtschaftliche Macht wie auch für das Arsenal, in dem die Waffen für den Krieg geschmiedet wurden. Diese doppelte Macht gab ihnen damals eine

35 gewaltige symbolische Bedeutung, die wir heute vergessen haben, vergleichbar etwa der, die jetzt die Kernenergie begleitet. Sie über die Grenzen hinweg zu fusionieren, würde ihnen ihren unheilvollen Nimbus nehmen und sie – im Gegenteil – zu einem Unterpfand des Friedens machen.

J. Monnet: Erinnerungen eines Europäers. München: dtv 1980. S. 373 f.

b) Aus den Memoiren Konrad Adenauers (1965):
Die Saarverträge hatten in weiten Kreisen der deutschen Bevölkerung Zweifel hervorgerufen, ob der Wunsch und die Hoffnung Deutschlands auf ein gutes freundschaftliches

5 Verhältnis zu Frankreich auch in Frankreich vorhanden sei. Man fragte sich, ob in Frankreich wirklich der ernste Wille bestehe, Deutschland als gleichberechtigtes in den Kreis der Völker wieder einzuführen und es zur Mitarbeit am Wiederaufbau Europas und der Welt heranzuziehen. […]

Um das gegenwärtige Stadium des Stillstandes und des 10 Misstrauens durch einen sichtbaren und entscheidenden Schritt nach vorwärts zu überwinden, machte ich am 7. März 1950 gegenüber dem amerikanischen Journalisten Kingsbury-Smith den Vorschlag für eine europäische Union. 15

Ich erklärte Kingsbury-Smith wörtlich: „Eine Union zwischen Frankreich und Deutschland würde einem schwerkranken Europa neues Leben und einen kraftvollen Auftrieb geben. Psychologisch und materiell würde sie von gewaltigem Einfluss sein und Kräfte freisetzen, 20 die Europa sicherlich retten werden. Ich glaube, dies ist die einzige Möglichkeit, die Einheit Europas zu erreichen. Hiermit würde der Rivalitätsgedanke zwischen den beiden Ländern verschwinden."

Ich erklärte, ich sei bereit, eine deutsch-französische Uni- 25 on zu unterstützen, vorausgesetzt, dass auch England, Italien, Belgien, Luxemburg und den Niederlanden die Teilnahme offen stehe. Ich erwähnte diese Staaten, damit nicht der Eindruck entstand, dass ein deutsch-französischer Block gebildet werde, um anderen Staaten seinen 30 Willen aufzuzwingen. Ich betonte in dem Interview, dass eine Rückkehr der Saar zu Deutschland eine wesentliche Voraussetzung für eine solche Union sein würde. Ich wies aber darauf hin, dass sich nach meiner Meinung das Saarproblem von selbst lösen würde, wenn die Frage der 35 deutsch-französischen Beziehungen auf einer höheren Ebene und unter der kühnen Schau, die mit der Union der beiden Länder gegeben sei, gelöst werden könnte.

Ich war aufs tiefste beunruhigt über die Maßnahmen Frankreichs, die praktisch einer Annexion der Saarkoh- 40 lengruben auf 50 Jahre gleichkamen. Ich brachte gegenüber Kingsbury-Smith meine Befürchtungen zum Ausdruck, dass eine Verstimmung über diesen Schritt den Nationalismus in Deutschland wieder aufkommen lassen werde und extreme Nationalisten dazu bewegen könne, 45 den Blick nach Russland zu wenden in der Hoffnung, von dort Unterstützung ihrer nationalistischen Bestrebungen zu finden.

K. Adenauer: Erinnerungen. Bd. 1 (1945–1953). Frankfurt: Fischer-Tb 1967. S. 299 f.

9

Arbeitsvorschläge

a) Erörtern Sie die Lehren, die man nach 1945 aus dem Scheitern des Völkerbunds zu ziehen suchte.

b) Was verstehen Sie unter den „Idealen und Grundsätzen" sowie dem „gemeinsamen Erbe" Europas?

c) Erläutern Sie das Konzept Monnets für eine französisch-deutsche Partnerschaft.

d) Vergegenwärtigen Sie sich die Belastungen des deutsch-französischen Verhältnisses um 1950.

e) Wie beurteilen Sie Adenauers Sorge vor einem Zusammengehen deutscher Nationalisten mit der Sowjetunion?

Standpunkte:
Nationale und europäische Identität

Einem engeren Zusammenschluss der europäischen Völker stünden – so ist oft zu hören – ihre nationalen Eigenarten, Traditionen, Interessen entgegen: Nationale und europäische Zugehörigkeit ließen sich nicht auf einen Nenner bringen. Andere bezweifeln das und sind überzeugt, man könne gleichzeitig ein guter Europäer und guter Ire, Däne, Lette oder Ungar sein. Im öffentlichen Leben der EU-Länder rangieren Themen der nationalen weit vor denen der europäischen Politik. Europäische Politik wird immer noch vorwiegend als Teil der Außenpolitik betrachtet, bei der es gilt, die eigenen Interessen möglichst energisch durchzusetzen. Die eigene nationalstaatliche Existenz in dem größeren Europa aufgehen zu lassen, käme kaum einem europäischen Politiker in den Sinn. Das gilt in besonderem Maße für die 2004 beigetretenen acht osteuropäischen Länder, die nach einem halben Jahrhundert der Unterwerfung unter den Willen Moskaus eine Art Nachholbedarf in nationalstaatlicher Eigenständigkeit haben. Unter den älteren Mitgliedern sind es insbesondere die skandinavischen Länder, Großbritannien und Griechenland, die auf ihre nationale Souveränität pochen und der EU möglichst wenig Kompetenzen einräumen möchten. Für Frankreich scheint die EU in gewisser Weise ein Instrument zu sein, das die französische Machtstellung in der Welt (nicht zuletzt gegenüber den USA) stärken soll. Am weitesten fortgeschritten ist die Identifizierung mit Europa in den Benelux-Ländern, Irland oder Italien. Deutschland, das ebenfalls lange zu den Vorreitern einer europäischen Identität gehörte, scheint seit der „Wende" 1989/90 sich wieder stärker seiner nationalstaatlichen Interessen zu erinnern.

4 Nationale vor europäischer Identität?

a) Der deutsche Soziologe M. Rainer Lepsius (2004):

Von außen betrachtet erscheint Europa eher als Einheit als von innen. Die Europäer empfinden sich als eine
5 Pluralität von Nationen, Sprachen und kulturellen Traditionen, von Selbstverständnissen je eigener Prägung. [...] Bei jeder Europawahl wird die geringe Wahlbeteiligung bedauert und beklagt, dass europäische Themen die Wahlen nicht bestimmen. Europawahlen sind noch
10 immer nationale Wahlen, bei denen die Zufriedenheit und Unzufriedenheit mit den nationalen Regierungen und Parteien zum Ausdruck kommen. Der inzwischen eingetretene Kompetenztransfer von den nationalen Regierungen auf die europäische Ebene und die damit
15 verbundene Einschränkung nationaler Handlungsfähigkeit haben noch nicht zu einer Politisierung auf der europäischen Ebene geführt. [...] Dieser Zustand verändert sich schrittweise durch die zunehmenden Kompetenzen der europäischen Organe für die Sozialpolitik, die In-
20 nenpolitik und inzwischen auch schon die Kulturpolitik. Alle diese Politikfelder greifen in nationalstaatlich seit langem paktierte und gewohnte Ordnungen ein, die mit tradierten Wertvorstellungen und Erwartungen verbunden sind. Es ist also zu erwarten, dass die bis-
25 her „stille Regulierungspolitik" in eine „laute Umverteilungspolitik" übergeht. [...] Dennoch, der Nationalstaat wird als zentrales politisches Identifikationsobjekt nicht an Bedeutung verlieren. Die Europäische Union soll ja nicht dem Modell des alten Nationalstaates folgen, keine Kompetenz für alle Lebensbereiche erhalten, kein euro- 30 päischer Hegemon gegenüber ihren Mitgliedern werden. Die Nationalstaaten bleiben in ihren sozial paktierten und bewährten Solidaritätsstrukturen zentral für den Interessenausgleich in den Mitgliedsstaaten. Ökonomische und sozio-kulturelle Konflikte bedürfen für ihre institu- 35 tionalisierte Austragung einer interaktiven Dichte und sprachlichen Homogenität, welche auf der europäischen Ebene nicht gegeben sind. Insofern bilden die Nationalstaaten auch die Basis der Europäischen Union für den sozialen Frieden im Innern. [...] 40
Zugleich werden aber die Nationalstaaten europäisiert und mit ihnen auch die Identitätskriterien der Nationalstaaten. Mehrsprachige Funktionseliten werden sich rascher mit den europäischen Ordnungen identifizieren und aus der nationalen Orientierung lösen als die breite 45 Bevölkerung. So werden sich verschiedene Trägergruppen für eine mehr europäische oder mehr nationalstaatliche Identifikation ausbilden.

M. R. Lepsius: Prozesse der europäischen Identitätsstiftung. In: Aus Politik und Zeitgeschichte. B 38/2004. S. 3 ff.

9

b) Der französische Innenminister Jean-Pierre Chevènement (1998):

Die Nation wird für die Staaten noch lange das wichtigste Bezugssystem, der Grundrahmen ihrer Existenz bleiben.
5 Warum? Ganz einfach, weil die Nation heute den Rahmen der Demokratie bildet. [...] Der Schlüssel zur Demokratie ist der Mehrheitswille. Dafür ist vor allem eine besondere Art von Bindung unter den Staatsbürgern erforderlich: das nationale Band, eine lebendige Beziehung, fast wie
10 aus Fleisch und Blut, die Teil der Geschichte ist und aus gemeinsamen Erfahrungen und Prüfungen besteht. [...] Man kann sich die Durchsetzung des Mehrheitswillens außerhalb des nationalen Rahmens nicht vorstellen. Der britische Labour-Anhänger kann die Autorität eines bri-
15 tischen Konservativen ohne weiteres anerkennen. Er ist weit davon entfernt, sich der eines französischen oder deutschen Konservativen zu beugen. Denn es ist noch ein langer Weg von der festgefügten britischen Nation zum – nach wie vor zaghaften – Zusammenhalt der eu-
20 ropäischen Gemeinschaft. Zeit, viel Zeit muss vergehen, bis diese Kluft überbrückt ist.
[...] Wenn wir auch für unsere Freunde in Quebec größte Sympathien hegen, käme es uns nicht in den Sinn, sie als Franzosen zu betrachten, nur weil ihre Vorfahren Fran-

zosen waren. Für die Deutschen hingegen ist es selbst- 25 verständlich, dass die Nachkommen ihrer Landsleute, die sich im 18. Jahrhundert an der Wolga niederließen, sozusagen automatisch einen Anspruch auf die deutsche Staatsbürgerschaft haben. Und im ehemaligen Jugoslawi- en wurde deutlich, wie sich ein ethnisches – um genau zu 30 sein, in diesem Fall eher religiös als ethnisch begründetes – Verständnis von Nation auswirken kann. Es werden gro- ße kulturelle Veränderungen erforderlich sein, damit sich die Nationen Europas eines Tages auf ein gemeinsames nationales Prinzip einigen. 35

Die europäische Identität – verstanden als eine Stärkung der Solidarität unter den Nationen, aus denen sie besteht – ist eine gute Idee. Diese Idee ist notwendig, aber sie muss noch erfunden werden. Sie wird nur aus der Ver- längerung der nationalen Identitäten entstehen, nicht 40 als deren Ersatz. Die Schwierigkeit liegt darin, dass die nationalen Identitäten existieren und in der Geschichte verwurzelt sind, während die europäische Identität eine Abstraktion bleibt, da sie nicht einem vitalen Bedürfnis der Völker entspricht. Wenn es ernst wird in Krisenzeiten, 45 wenden sich die Völker immer an die Nation.

Frankfurter Allgemeine Zeitung, 15. Mai 1998. S. 14.

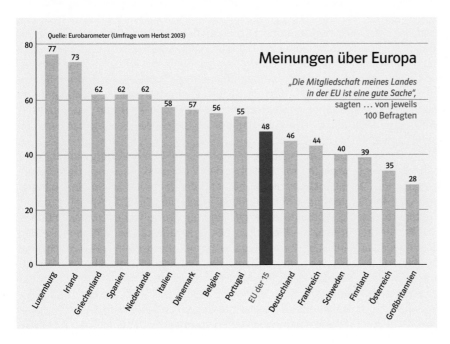

5 Meinungen über Europa (2003)

Arbeitsvorschläge

a) Worin sehen die beiden Autoren die Merkmale nationaler Identität, und wie bestimmen sie deren Verhältnis zur europäischen Identität?

b) Erklären Sie Ihren Mitschülern, womit Sie selbst sich identifizieren, und be- gründen Sie Ihre Option.

1 **Unterzeichnung des EGKS-Gründungsvertrages** durch die Außenminister Belgiens, Luxemburgs und Italiens, den französischen Außenminister und Vertragsinitiator Robert Schuman, Bundeskanzler Konrad Adenauer und den Außenminister der Niederlande (v. l. n. r.) am 18. April 1951 in Paris.

9.3 Stationen der europäischen Integration

Montanunion

Die Weichen für den europäischen Einigungsprozess wurden endgültig am 9. Mai 1950 in Paris gestellt. Vor der internationalen Presse unterbreitete der französische Außenminister Robert Schuman den von Jean Monnet entworfenen Vorschlag einer Zusammenlegung der nationalen Kohle-, Eisen- und Stahlindustrien auf europäischer Ebene. Dieser Verbund sollte der Produktionssteigerung und damit dem allgemeinen wirtschaftlichen und sozialen Fortschritt dienen, zugleich aber auch – indem er die für die Rüstungsindustrie grundlegenden Wirtschaftszweige einer gemeinsamen Lenkung und Kontrolle unterstellte – Wettrüsten und militärische Konfrontation zwischen den Vertragspartnern unmöglich machen.

Diese „supranationale" Ausrichtung der Kohle-Stahl-Gemeinschaft war eine sensationelle Neuerung. Eine mit umfassenden Vollmachten ausgestattete Steuerungs- und Aufsichtsinstanz, die ‚Hohe Behörde', sollte in völliger Unabhängigkeit von den Regierungen der Mitgliedsländer alle Wirtschaftsabläufe dieses Sektors regeln, die Produktionsmengen und die Preise festlegen, Investitionen vornehmen, für die soziale Sicherheit der Beschäftigten sorgen, den eigenen Markt gegen ausländische Konkurrenz abschirmen. Diese planwirtschaftliche und protektionistische Ausrichtung behagte den Anhängern einer liberalen Marktwirtschaft ganz und gar nicht. Großbritannien lehnte darum einen Beitritt zur „Europäischen Gemeinschaft für Kohle und Stahl" (EGKS) ab. Die ebenfalls skeptische deutsche Stahlindustrie stellte ihre Bedenken schließlich zurück, weil sie – zu Recht – auf gute Absatzmöglichkeiten spekulierte. Der entschieden liberale Bundeswirtschaftsminister Ludwig Erhard fügte sich dem Druck seines Regierungschefs Adenauer, für den der politische Gewinn einer solchen europäischen Teilintegration unbedingten Vorrang vor rein wirtschaftlichen Erwägungen hatte. Am Ende waren sechs Länder zur Teilnahme bereit: Belgien, die Bundesrepublik, Frankreich, Italien, Luxemburg und die Niederlande. Sie stellten der supranationalen Hohen Behörde den Ministerrat an die Seite, der den einzelstaatlichen Regierungen ein Mitentscheidungsrecht im Falle ernster wirtschaftlicher Krisen verschaffte.

9

Die Montanunion erwies sich in den Anfangsjahren als ein voller Erfolg. Als jedoch Ende der 1950er-Jahre das Erdöl die Kohle zu verdrängen begann, die Nachfrage nach Stahl und Eisen sank, der Wettbewerb auf dem Weltmarkt härter wurde, zerbrach die Solidarität zwischen den Mitgliedstaaten. Jede Regierung suchte zunächst die eigenen Betriebe vor dem Schlimmsten zu bewahren, und der EGKS-Vertrag wurde mehr als einmal verletzt.

Noch unglücklicher endete der Versuch, eine europäische Armee zu schaffen. Auch hier ging die Initiative von Frankreich aus, das erneut über den eigenen Schatten springen musste, um das größere Übel – eine selbstständige westdeutsche Streitmacht – abzuwenden. Wenn schon – so war die französische Überlegung – angesichts der sowjetischen Bedrohung und des amerikanischen Drängens eine westdeutsche Wiederbewaffnung nicht zu umgehen war, so sollte das deutsche Militär zumindest in eine gemeinsame (west)europäische Armee eingebunden und damit als potenzieller Rivale neutralisiert werden. Das war die Quintessenz des Planes, den der französische Premierminister René Pleven im Oktober 1950 vorlegte. An politischer Kühnheit überbot er noch das EGKS-Projekt: Gehörte doch das Militär, das nunmehr einer supranationalen Instanz unterstellt werden sollte, seit je zum Kernbestand nationaler Souveränität.

Europäische Verteidigungsgemeinschaft (EVG)

In der Bundesrepublik war die Wiederbewaffnung heftig umstritten. Ihre Befürworter – an der Spitze Bundeskanzler Adenauer – verwiesen auf den enormen Souveränitätsgewinn, der damit verbunden war, aber auch auf die moralische Pflicht, zur Verteidigung des Westens beizutragen. Aber weit verbreitet war die Sorge, ein westdeutscher „Wehrbeitrag" werde die Tür zur immer noch erhofften deutschen Wiedervereinigung endgültig zuschlagen. Der nach langem Hin und Her unterzeichnete EVG-Vertrag trat am Ende doch nicht in Kraft. Obwohl die übrigen fünf Partnerstaaten – die gleichen wie in der EGKS – die Ratifizierung bereits vollzogen hatten und die USA auf den Abschluss drängten, lehnte es die französische Nationalversammlung im August 1954 ab, sich überhaupt noch mit dem Vertrag zu befassen. De Gaulle-Anhänger und Kommunisten hatten dabei zusammengewirkt: die Rechten wollten keine Einbußen der französischen Souveränität hinnehmen, die Linken eine gegen die Sowjetunion gerichtete Militärallianz verhindern.

Es blieb letztlich bei der Aufstellung westdeutscher Streitkräfte, die aber nunmehr der NATO unterstellt wurden. Gleichzeitig wurde die Bundesrepublik (neben Italien) Mitglied des neu geschaffenen Militärpaktes der West-Europäischen Union (WEU), dem neben den „Sechs" auch Großbritannien angehörte und der eine unbedingte militärische Beistandspflicht im Krisenfall vorsah. Zugleich war die WEU ein Kontrollorgan, das die Einhaltung der der Bundesrepublik auferlegten Rüstungsbeschränkungen (Verbot der ABC-Waffen) überwachte.

9

Europäische Wirtschaftsgemeinschaft (EWG)

Nach dem Scheitern der EVG waren es diesmal die Benelux-Länder, die einen neuen Anlauf unternahmen. Ein Ausschuss unter dem Vorsitz des belgischen Außenministers Paul Henri Spaak empfahl 1956 den Aufbau eines Gemeinsamen Marktes ohne Binnengrenzen. Gleichzeitig betrieb Paris das Projekt einer Europäischen Atomgemeinschaft (EAG). Es wollte damit europäisches Forschungspotenzial, Know-how und Geld mobilisieren, um schließlich eine eigene Atombombe entwickeln und in den erlauchten Kreis der Nuklearmächte aufsteigen zu können. Widerstrebend fanden sich die übrigen Fünf mit der von Frankreich geforderten Verknüpfung zwischen den beiden Vorhaben ab.

2 „Europa ist gegenwärtig!" Studentinnen und Studenten verbrennen 1950 bei St. Germannshof die Grenzpfähle.

3 Europäische Aufbruchstimmung Charles de Gaulle und Konrad Adenauer auf einer Kundgebung für die europäische Einigung in Bonn 1962.

EFTA

Großbritannien, auf dessen Mitwirkung vor allem die Benelux-Länder drängten, blieb auch diesmal fern. Es konnte sich mit der geforderten Abtretung einzelstaatlicher Kompetenzen und insgesamt mit der planifikatorischen und protektionistischen Ausrichtung des Vertrages nicht anfreunden. Stattdessen gründete es 1960, zusammen mit sechs weiteren europäischen Ländern, die Europäische Freihandelsassoziation (EFTA). In ihr herrschte, von den Agrarprodukten abgesehen, Zollfreiheit; es gab aber keine gemeinsame Zollaußengrenze, und jeder Staat betrieb weiterhin seine eigene Wirtschaftspolitik.

Gemeinsamer Markt

Der im März 1957 unterzeichnete, 1958 in Kraft getretene EWG-Vertrag sah die Schaffung eines gemeinsamen Marktes vor, in dem die Binnenzölle Schritt für Schritt fortfallen und einheitliche Außenzölle die Gemeinschaft gegen die ausländische Konkurrenz schützen sollten. In Deutschland protestierte Bundeswirtschaftsminister Erhard zwar gegen diese Politik des Protektionismus, konnte sich aber gegen Adenauer nicht durchsetzen.

Gemeinsame Agrarpolitik

Besonderer Förderung durch die EWG erfreute sich die Landwirtschaft. Sie wurde nicht dem freien Wettbewerb und der Konkurrenz des billiger produzierenden Auslands ausgesetzt. Stattdessen garantierte ihr die EWG die Abnahme aller ihrer Erzeugnisse zu oft deutlich über dem Weltmarktniveau liegenden Preisen. Finanziert wurde dieses System durch Subventionen aus der EWG-Kasse – sie verschlangen anfangs über 80 % des gesamten EWG-Budgets und erreichen noch heute fast 50 % – und durch die von den Konsumenten zu tragenden erhöhten Preise. Nutznießer dieser Regelungen waren und sind die Länder mit einem großen Agrarsektor (wie Frankreich, Spanien, Niederlande, in Zukunft auch die osteuropäischen Staaten), während Nahrungsmittel importierende Länder (wie vor allem Großbritannien, aber auch Belgien oder Deutschland) finanziell überproportional belastet werden. Zudem hatten die den Bauern gewährten Absatz- und Preisgarantien die fatale Folge einer unsinnigen Überproduktion. Die EWG

9

zahlte Unsummen für den Ankauf und die Lagerung von Agrarprodukten, für die bei den Verbrauchern kein Bedarf bestand. Nur langsam rangen sich die Landwirtschaftsminister (stets unter dem Druck einer starken Agrarlobby) dazu durch, die Subventionen zu senken und die europäischen Bauern stärker dem internationalen Wettbewerb auszusetzen. Sie sahen sich dazu auch deshalb genötigt, weil die Welthandelsorganisation (WTO), deren Mitglied die EU ist, gemäß ihren Statuten und den gemeinsamen Beschlüssen auf einem Abbau des europäischen Protektionismus bestand.

Wirtschaftliche Erfolge

Der schrittweise Wegfall der Binnenzölle wie auch die konsequent durchgesetzte, Monopole und Kartelle beschneidende Wettbewerbspolitik bescherten dem ‚Europa der Sechs' eine erfreuliche gesamtwirtschaftliche Entwicklung. Es wurde schnell zum bewunderten und beneideten Modell wirtschaftlicher Dynamik. Das brachte Großbritannien, das sich lange so vehement gesträubt hatte, 1961 dazu, einen Beitrittsantrag (zusammen mit Irland, Dänemark und Norwegen) zu stellen. Diese Anträge scheiterten 1963 am Veto des französischen Staatspräsidenten Charles de Gaulle, und der gleiche Vorgang wiederholte sich vier Jahre später.

De Gaulle als Bremser

De Gaulles Nein richtete sich ausschließlich gegen England. Er hatte richtig erkannt, dass London ein unbequemer, weil in grundsätzlichen Fragen anders denkender Partner sein würde. Vor allem aber fürchtete er in England einen gefährlichen Rivalen im Streben nach der europäischen Führungsstellung, die er mit Selbstverständlichkeit für Frankreich beanspruchte. Ein Dorn im Auge war ihm auch Londons ‚special relationship' mit den USA. Er hingegen wollte Europa als Gegenpol zu Amerika aufbauen und es als dritte Weltmacht neben den USA und der Sowjetunion etablieren.

Das sollte freilich nach den traditionellen Spielregeln der Bündnisbildung souverän bleibender Staaten vor sich gehen. Für ihn kam nur ein „Europa der Vaterländer" in Betracht. Darum weigerte er sich, den für die zweite Phase des Gemeinsamen Marktes vertraglich vorgesehenen Übergang zu Mehrheitsabstimmungen im Ministerrat mitzuvollziehen. Um seinen Standpunkt durchzusetzen, ließ er die EWG-Arbeit mit einer „Politik des leeren Stuhls" monatelang boykottieren, bis seine Forderungen im sog. „Luxemburger Kompromiss" von 1966 erfüllt wurden. Seitdem gilt für Beschlüsse im Ministerrat das Einstimmigkeitsprinzip immer dann, wenn ein Land sein vitales Interesse an der zur Entscheidung anstehenden Frage erklärt.

Eurosklerose

Auch nach de Gaulles Rücktritt 1969 kam der europäische Einigungsprozess nur mühsam voran. Als in den 1970er-Jahren zwei horrende Ölpreissteigerungen der Weltwirtschaft eine schwere Krise bescherten, suchten mehrere Mitgliedsstaaten ihr Heil in einzelstaatlichen Alleingängen. An einem von Frankreich und der Bundesrepublik ins Leben gerufenen „Europäischen Währungssystem" (EWS), das den innergemeinschaftlichen Zahlungsverkehr stabilisieren sollte, nahmen nicht alle Mitglieder teil. Der 1973 endlich zustande gekommene Beitritt Großbritanniens (zusammen mit Dänemark und Irland) vergrößerte erwartungsgemäß die Reibungsflächen. Besonders die energische britische Premierministerin Margret Thatcher (die „Eiserne Lady") stellte sich vielen europäischen Vorhaben in den Weg. Mit der ihr eigenen Hartnäckigkeit erstritt sie beträchtliche finanzielle Rabatte für ihr Land, das unter den Belastungen der gemeinsamen Agrarpolitik am meisten zu leiden hatte. Das verstärkte natürlich die Gereiztheit der übrigen Nettozahler.

Margaret Thatcher

9

„Europa 1992"

Erst mit dem Amtsantritt des französischen Kommissionspräsidenten Jacques Delors kam neuer Schwung in die Europapolitik. Im Bunde mit dem französischen Staatspräsidenten François Mitterrand und dem deutschen Bundeskanzler Helmut Kohl brachte er zwei weitreichende Projekte auf den Weg: die „Einheitliche Europäische Akte" von 1986, die den „Vollendeten Binnenmarkt" schuf; und den Vertrag von Maastricht 1992, der die Europäische Union und die gemeinsame Euro-Währung begründete.

„Einheitliche Europäische Akte"

Die Errichtung des vollendeten Binnenmarktes zum Jahresbeginn 1993 verwirklichte endlich die schon im EWG-Vertrag von 1957 proklamierten Ziele: den freien Personen-, Waren-, Dienstleistungs- und Kapitalverkehr. Fortan konnte jeder Bürger, jedes Unternehmen und jede Kapitalgesellschaft aus den EG-Ländern im gesamten EG-Raum unter den gleichen rechtlichen Rahmenbedingungen wirtschaftlich tätig werden. Das erweiterte den Wettbewerb, zwang zu stärkerer Rationalisierung und trug langfristig zur Senkung der Kosten und Preise bei. Solange freilich das Steuer- und Unternehmensrecht nicht vereinheitlicht war – was bis heute nicht geschehen ist –, waren und sind Wettbewerbsverzerrungen unvermeidlich.

Vertrag von Maastricht

Der 1993 in Kraft getretene Maastricht-Vertrag brachte die weitestgehenden Neuerungen seit dem EWG-Vertrag von 1957 mit sich. Er erweiterte die Europäische(n) Gemeinschaft(en) (EG) zur Europäischen Union (EU) und stellte diese auf drei Säulen: die EG, bestehend aus der EWG, der (nahezu bedeutungslosen) Europäischen Atomgemeinschaft und der (2002 vertragsgemäß zu Ende gegangenen) EGKS; die Gemeinsame Außen- und Sicherheitspolitik (GASP), eine institutionalisierte Zusammenarbeit zwischen den Regierungen, die aber weiterhin ihre eigene Außenpolitik betreiben dürfen und nicht verpflichtet sind, an gemeinsamen Aktionen aktiv teilzunehmen; die Zusammenarbeit in der Innen- und Justizpolitik, die ebenfalls auf der Ebene der Regierungen (inter-gouvernemental) abläuft und nicht jeweils von allen Mitgliedsländern mitgetragen werden muss.

Am meisten Beachtung fand die in Maastricht beschlossene Wirtschafts- und Währungsunion. Sie führte, beginnend 1999, eine gemeinsame Währung, den Euro, ein, der seit 2002 alleiniges Zahlungsmittel in den 12 an der Währungsunion teilnehmenden EU-Ländern ist (Dänemark, Großbritannien und Schweden behielten vorerst ihre eigene Währung). Auf Betreiben Deutschlands entstand 1996 der Stabilitätspakt, der die Euro-Länder zu einer disziplinierten Haushaltspolitik verpflichtet und übermäßige Defizite mit Strafen bedroht. Im Übrigen soll eine von den Mitgliedsregierungen unabhängige Europäische Zentralbank für die Stabilität der Euro-Währung Sorge tragen. Das ist bislang insgesamt durchaus gelungen.

Das komplizierte Vertragswerk von Maastricht enthält noch weitere wichtige Regelungen:

- Es legt die EU auf das Subsidiaritätsprinzip fest: Danach sollen der Gemeinschaft nur solche Aufgaben zufallen, die auf den anderen Ebenen – Einzelstaaten, Regionen, Gemeinden – nicht zureichend bewältigt werden können.
- Es verleiht dem Europäischen Parlament erweiterte Mitwirkungs- und Mitentscheidungsbefugnisse.
- Es führt ein Unionsbürgerrecht ein: Jeder Unionsbürger genießt an seinem jeweiligen Wohnort das aktive und passive Wahlrecht bei Europa- und Kommunalwahlen. Er hat ein Recht auf diplomatischen Schutz im Ausland durch einen anderen EU-Staat, wenn sein eigenes Land dort keine diplomatische Vertretung unterhält.

9

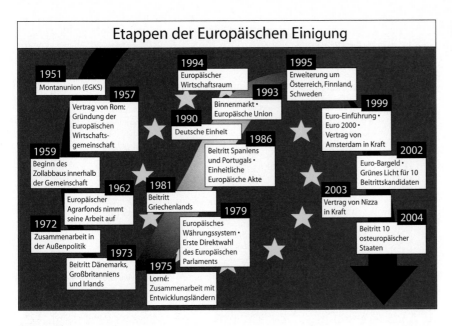

Etappen der Europäischen Einigung

1951 Montanunion (EGKS)

1957 Vertrag von Rom: Gründung der Europäischen Wirtschafts- gemeinschaft

1959 Beginn des Zollabbaus innerhalb der Gemeinschaft

1962 Europäischer Agrarfonds nimmt seine Arbeit auf

1972 Zusammenarbeit in der Außenpolitik

1973 Beitritt Dänemarks, Großbritanniens und Irlands

1975 Lomé: Zusammenarbeit mit Entwicklungsländern

1979 Europäisches Währungssystem • Erste Direktwahl des Europäischen Parlaments

1981 Beitritt Griechenlands

1986 Beitritt Spaniens und Portugals • Einheitliche Europäische Akte

1990 Deutsche Einheit

1993 Binnenmarkt • Europäische Union

1994 Europäischer Wirtschaftsraum

1995 Erweiterung um Österreich, Finnland, Schweden

1999 Euro-Einführung • Euro 2000 • Vertrag von Amsterdam in Kraft

2002 Euro-Bargeld • Grünes Licht für 10 Beitrittskandidaten

2003 Vertrag von Nizza in Kraft

2004 Beitritt 10 osteuropäischer Staaten

4 Von der wirtschaft- lichen zur politischen Union

---

5 Für und wider die Montanunion

a) Aus der Erklärung der französischen Regierung vom 9. Mai 1950 (Schuman-Plan):

Europa lässt sich nicht mit einem Schlage herstellen und
5 auch nicht durch eine einfache Zusammenfassung: es wird durch konkrete Tatsachen entstehen, die zunächst eine Solidarität der Tat schaffen. Die Vereinigung der europäischen Nationen erfordert, dass der Jahrhunderte alte Gegensatz zwischen Frankreich und Deutschland
10 ausgelöscht wird. Zu diesem Zweck schlägt die französi- sche Regierung vor, in einem begrenzten, doch entschei- denden Punkt sofort zur Tat zu schreiten.

Die französische Regierung schlägt vor, die Gesamtheit der französisch-deutschen Kohle- und Stahlproduktion
15 unter eine Gemeinsame Oberste Aufsichtsbehörde (Haute Autorité) zu stellen, in einer Organisation, die den ande- ren europäischen Ländern zum Beitritt offen steht. Die Zusammenlegung der Kohle- und Stahlproduktion wird sofort die Schaffung gemeinsamer Grundlagen für die
20 wirtschaftliche Entwicklung sichern – die erste Etappe der europäischen Föderation – und die Bestimmung jener Ge- biete ändern, die lange Zeit der Herstellung von Waffen gewidmet waren, deren sicherste Opfer sie gewesen sind. Die Solidarität der Produktion, die so geschaffen wird,
25 wird bekunden, dass jeder Krieg zwischen Frankreich und Deutschland nicht nur undenkbar, sondern mate- riell unmöglich ist. [...] So wird einfach und rasch die Zusammenfassung der Interessen verwirklicht, die für die Schaffung einer Wirtschaftsgemeinschaft unerläss-
30 lich ist, und das Ferment einer weiteren und tieferen Gemeinschaft den Ländern eingeflößt, die lange Zeit durch blutige Fehden getrennt waren. Durch die Zusam- menlegung der Grundindustrien und die Errichtung ei- ner neuen Obersten Behörde, deren Entscheidungen für

Frankreich, Deutschland und die anderen teilnehmenden Länder bindend sein werden, wird dieser Vorschlag den ersten Grundstein einer europäischen Föderation bilden, 35 die zur Bewahrung des Friedens unerläßlich ist.

Zit. nach: Europa-Archiv, 11/1950. S. 3091 f.

b) Bundeswirtschaftsminister Ludwig Erhard zur Eröffnung der Frankfurter Messe (1951):

Es gibt tatsächlich nur einen Weg, einen sinnvollen und fruchtbaren: Das ist die Ermöglichung größerer Freiheit und Freizügigkeit im Außenhandel. Es ist unmöglich, auf 5 der politischen Ebene davon zu sprechen: Wir wollen die größeren Einheiten schaffen, wir wollen die Völker zusammenführen, wenn man dann auf der anderen Seite auf der wirtschaftlichen Ebene im nationalen Egoismus und in der protektionistischen Verkrampfung auf dem 10 augenblicklichen Stand verharren will. [...] Es besteht in gewisser Hinsicht immer noch eine Primitivität der Aus- tauschbeziehungen, die mehr an die Postkutschenzeit als an das Atomzeitalter erinnert. [...] Nein, wir wollen unter allen Umständen den Weg der freiheitlichen und freizü- 15 gigen Verbindung mit allen Ländern, insbesondere mit unseren europäischen Partnern, im Rahmen der Europä- ischen Zahlungsunion gehen. Für mich ist Europa nicht ein letzter Begriff, sondern nur eine Integrationsform wirtschaftlicher oder politischer Art. [...] Die Effizienz der 20 menschlichen Arbeit, die Steigerung der Leistung aller Menschen in der Welt erfährt eine fruchtbare Bereiche- rung dadurch, dass in einer sehr weit gezogenen internati- onalen Arbeitsteilung durch Zusammenfügung des Reich- tums aller Nationen in einem möglichst freien Austausch 25 der Güter ein Maximum an Ertrag erreicht wird.

Auswärtiges Amt (Hg): Die Auswärtige Politik der Bundesrepublik Deutsch- land. Köln: Verlag Wissenschaft und Politik 1972. S. 172 f.

9

6 Die Drei Säulen der Europäischen Union

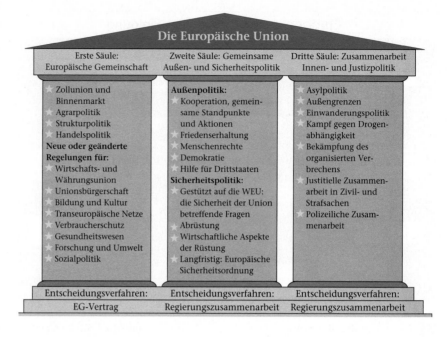

Die Europäische Union

Erste Säule: Europäische Gemeinschaft	Zweite Säule: Gemeinsame Außen- und Sicherheitspolitik	Dritte Säule: Zusammenarbeit Innen- und Justizpolitik
Zollunion und Binnenmarkt Agrarpolitik Strukturpolitik Handelspolitik **Neue oder geänderte Regelungen für:** Wirtschafts- und Währungsunion Unionsbürgerschaft Bildung und Kultur Transeuropäische Netze Verbraucherschutz Gesundheitswesen Forschung und Umwelt Sozialpolitik	**Außenpolitik:** Kooperation, gemeinsame Standpunkte und Aktionen Friedenserhaltung Menschenrechte Demokratie Hilfe für Drittstaaten **Sicherheitspolitik:** Gestützt auf die WEU: die Sicherheit der Union betreffende Fragen Abrüstung Wirtschaftliche Aspekte der Rüstung Langfristig: Europäische Sicherheitsordnung	Asylpolitik Außengrenzen Einwanderungspolitik Kampf gegen Drogenabhängigkeit Bekämpfung des organisierten Verbrechens Justitielle Zusammenarbeit in Zivil- und Strafsachen Polizeiliche Zusammenarbeit
Entscheidungsverfahren: EG-Vertrag	Entscheidungsverfahren: Regierungszusammenarbeit	Entscheidungsverfahren: Regierungszusammenarbeit

7 Die Europäische Verteidigungsgemeinschaft: Chance und Scheitern

a) Aus der Vorlage der Bundesregierung zum Bundestag (1952):

Die Europäische Verteidigungsgemeinschaft ist, ebenso wie die Europäische Montangemeinschaft, eine mit eigenen Hoheitsbefugnissen ausgestattete überstaatliche Gemeinschaft. Auch dem Aufbau der Verteidigungsgemeinschaft liegt die Überzeugung zugrunde, dass die angestrebten Ziele nicht mit den hergebrachten Mitteln zwischenstaatlicher Verknüpfung, sondern nur durch eine solche überstaatliche Gemeinschaft verwirklicht werden können. Der Vertrag regelt nicht, wie frühere Militärbündnisse, Rechte und Pflichten der Staaten zu militärischem Beistand und Zusammenwirken, sondern er schafft auf dem Gebiet der Verteidigung, in ähnlicher Weise, wie es die Montangemeinschaft auf dem Gebiet der Grundstoffindustrien getan hat, ein europäisches Gebilde mit eigenen Organen, eigenen Streitkräften und eigenem Haushalt.

Insbesondere sind die Streitkräfte europäisch, nicht national. Die Verteidigungsgemeinschaft steht damit im Gegensatz zu den Koalitionsarmeen alten Stils. Bei diesen verbleiben die Truppen im nationalen Status, sie sind nach wie vor Truppen der Einzelstaaten, nur unter gemeinsamem Oberbefehl. Demgegenüber gibt es bei der integrierten Armee der Verteidigungsgemeinschaft eine grundsätzlich neue Lösung. Es gibt bei ihr keine nationalen Truppen mehr; nicht nur der Oberbefehl ist gemeinsam, sondern die gesamte Armee mit sämtlichen Kontingenten hat europäischen Status.

Auswärtiges Amt (Hg): Die Auswärtige Politik der Bundesrepublik Deutschland. Köln Verlag Wissenschaft und Politik 1972. S. 215.

b) Der Abgeordnete Edouard Herriot in der französischen Nationalversammlung (1954):

Vor jedwedem Antrag auf Ratifizierung waren einige Voraussetzungen, die erfüllt werden müssten, vorgesehen worden. Nun sind aber zumindest zwei dieser Vorbedingungen nicht erfüllt worden: eine hinsichtlich der Regelung der Saarfrage, die andere hinsichtlich des Beitritts Englands. Ich sage dies mit der Überzeugung eines Mannes, der stets der Meinung war, dass eine große internationale Verhandlung nicht ohne Mitwirkung Frankreichs und Großbritanniens vor sich gehen kann. Ich bin auch der Ansicht, dass, um eventuellen deutschen Drohungen zu begegnen, eine enge Verbindung zwischen Frankreich und England nicht umgangen werden kann.

Ich habe noch manch andere Gründe für meine Feindschaft gegen die Verteidigungsgemeinschaft. Zunächst die Minderung unserer Souveränität und Unabhängigkeit. Dieser Vertrag erlaubt Deutschland einen Sprung voran, was seine Souveränität anbelangt, während er zu gleicher Zeit Frankreich auf demselben Gebiet einen Sprung nach rückwärts tun lässt. [... Die EVG] bedeutet für mich das Ende Frankreichs. Lassen Sie es mich Ihnen inständig sagen: Hüten Sie sich, dass Sie nicht eine Handlung zu bereuen haben, die Sie nicht rückgängig machen können. [...] Die EVG ist ein Abenteuer, hütet euch davor!

Das Parlament. Nr. 37/1954.

8 Die Europäische Wirtschaftsgemeinschaft

Aus dem EWG-Vertrag vom 25. März 1957:

Art. 2. Aufgabe der Gemeinschaft ist es, durch die Errichtung eines Gemeinsamen Marktes und die schrittweise
5 Annäherung der Wirtschaftspolitik der Mitgliedstaaten eine harmonische Entwicklung des Wirtschaftslebens innerhalb der Gemeinschaft, eine beständige und ausgewogene Wirtschaftsausweitung, eine größere Stabilität, eine beschleunigte Hebung der Lebenshaltung und engere Be-
10 ziehungen zwischen den Staaten zu fördern, die in dieser Gemeinschaft zusammengeschlossen sind.

Art. 3. Die Tätigkeit der Gemeinschaft im Sinne des Artikels 2 umfasst nach Maßgabe dieses Vertrages und der darin vorgesehenen Zeitfolge
15 a) die Abschaffung der Zölle und mengenmäßigen Beschränkungen bei der Ein- und Ausfuhr von Waren sowie aller sonstigen Maßnahmen gleicher Wirkung zwischen den Mitgliedstaaten;
b) die Einführung eines Gemeinsamen Zolltarifs und einer
20 gemeinsamen Handelspolitik gegenüber dritten Ländern;
c) die Beseitigung der Hindernisse für den freien Personen-, Dienstleistungs- und Kapitalverkehr zwischen den Mitgliedstaaten;
25 d) die Einführung einer gemeinsamen Politik auf dem Gebiet der Landwirtschaft;
e) die Einführung einer gemeinsamen Politik auf dem Gebiet des Verkehrs;
f) die Errichtung eines Systems, das den Wettbewerb in-
30 nerhalb des Gemeinsamen Marktes vor Verfälschungen schützt;
g) die Anwendung von Verfahren, welche die Koordinierung der Wirtschaftspolitik der Mitgliedstaaten und die Behebung von Störungen im Gleichgewicht ihrer Zah-
35 lungsbilanzen ermöglichen;
h) die Angleichung der innerstaatlichen Rechtsvorschriften, soweit dies für das ordnungsgemäße Funktionieren des Gemeinsamen Marktes erforderlich ist;
i) die Schaffung eines Europäischen Sozialfonds, um die Be-
40 schäftigungsmöglichkeiten der Arbeitnehmer zu verbessern und zur Hebung ihrer Lebenshaltung beizutragen;
j) die Errichtung einer Europäischen Investitionsbank, um durch Erschließung neuer Hilfsquellen die wirtschaftliche Ausweitung in der Gemeinschaft zu erleichtern;
45 k) die Assoziierung der überseeischen Länder und Hoheitsgebiete, um den Handelsverkehr zu steigern und die wirtschaftliche und soziale Entwicklung durch gemeinsame Bemühungen zu fördern.

Bundesgesetzblatt 1957/II. S. 770f.

9 Bremser der europäischen Einigung

a) Der französische Staatspräsident Charles de Gaulle (1970):
Welch tiefer Illusion und Voreingenommenheit muss man verfallen, um glauben zu können, europäische Nationen, verfallen, um glauben zu können, europäische Nationen,

die der Hammer ungezählter Mühen und zahlloser Leiden 5
auf dem Amboss der Jahrhunderte schmiedete, deren jede ihre eigene Geografie, ihre Geschichte, ihre Sprache, ihre besonderen Traditionen und Institutionen hat, könnten ihr Eigenleben ablegen und nur noch ein einziges Volk bilden? Welche Kurzsichtigkeit verrät der oft von naiven 10
Gemütern vorgebrachte Vergleich dessen, was Europa tun sollte, mit dem, was die Vereinigten Staaten getan haben, die doch von Wellen um Wellen entwurzelter Siedler, ausgehend vom Nichts, auf jungfräulichem Boden geschaffen wurden: Und wie ließe sich vorstellen, dass ausgerechnet 15
die Sechs mit einem Schlag gemeinsame Außenziele haben sollten, da Herkunft, Lage und Streben jedes einzelnen anders aussehen? Was haben unsere Nachbarn in der Entkolonisierung zu suchen, die Frankreich gerade jetzt abzuschließen hat? Wenn es zu allen Zeiten in seiner Natur lag, 20
„Taten Gottes" zu vollbringen, das freie Denken zu verbreiten, Vorkämpfer der Menschlichkeit zu sein, warum soll dies, zu gleichem Recht, Sache seiner Partner werden? Deutschland, dessen Niederlage es seiner Hoffnung auf Herrschaft beraubte, geteilt und in den Augen vieler der 25
Revanchelust verdächtig, trägt von nun an seine große Wunde. In wessen Namen soll sie automatisch zur Wunde aller werden? [...] Wie könnte sich Belgien, das mit Mühe die auseinander strebenden Flamen und Wallonen zusammenhält, seitdem es den rivalisierenden Machten im 30
Kompromisswege gelang, einen Staat aus ihm zu machen, aufrichtig einer anderen Sache verschreiben?

Ch. de Gaulle: Memoiren der Hoffnung. Wien: Molden 1970. S. 233f.

b) Die britische Premierministerin Margaret Thatcher (1993):
Sollten wir wirklich Großbritanniens Demokratie, die Unabhängigkeit seines Parlaments, unser bürgerliches Recht, das Traditionsbewusstsein unserer Landwirte, ja die Fähigkeit, uns selbst zu regieren, einer fernen, von 5
ganz anderen Traditionen geprägten europäischen Bürokratie unterordnen? Von dem vielbeschworenen europäischen „Ideal" hatte ich mittlerweile genug gehört, und ich vermute, vielen anderen ging es ähnlich. Die unter dem Deckmantel dieses Ideals einhergehende Ver- 10
schwendung, die Korruption und der Machtmissbrauch hatten ein Ausmaß erreicht, das keiner, der einst wie ich den britischen Beitritt zur Europäischen Gemeinschaft befürwortet hatte, hätte voraussehen können. Da Großbritannien die am meisten entwickelte und stabilste De- 15
mokratie Europas war, hatten wir angesichts dieser Bestrebungen wohl auch am meisten zu verlieren. [...]
Wir Briten haben den Einfluss des Staates nicht deshalb zurückgedrängt, damit er auf europäischer Ebene wieder verstärkt wird – unter einem europäischen Superstaat mit 20
einem neuen Machtzentrum in Brüssel. Der beste Weg zu einer erfolgreichen Europäischen Gemeinschaft ist bereitwillige und aktive Zusammenarbeit zwischen unabhängigen souveränen Staaten. Europa ist stärker, wenn

9

10 Karikatur Zahlmeister Deutschland
Karikatur Peter Leger, 1985.

₃₀ Frankreich Frankreich und Großbritannien Großbritannien bleibt, jedes mit seinen eigenen Gebräuchen, seiner eigenen Tradition und seiner eigenen Identität. [...] Wir sollten ein Europa bauen, das seine Rolle in der Welt ausfüllt und sich nicht nach innen, sondern nach außen
₃₅ orientiert, ein Europa, das die Atlantische Gemeinschaft – und somit das Europa auf beiden Seiten des Atlantiks – bewahrt, welche unser edelstes Erbe und unsere größte Quelle der Kraft darstellt.

M. Thatcher: Downing Street No. 10. Die Erinnerungen. Düsseldorf: Econ 1993. S. 1028 f.

11 Wege aus der Eurosklerose?
a) Kommissionspräsident Gaston Thorn zum 25. Jahrestag des EWG-Vertrages (1982):
Der europäische Besitzstand erscheint mir schwer be-
₅ droht durch nationalistische und protektionistische Tendenzen wie auch durch ein Denken in kurzen Zeitabschnitten, das in den Mitliedstaaten um sich greift, je länger die Wirtschaftskrise dauert, je höher die Arbeitslosigkeit steigt, je mehr Betriebe ihre Tore schließen
₁₀ und je größer die Haushaltsdefizite werden. Die Krise schafft wirtschaftliche und soziale Gegensätze von inzwischen alarmierenden Ausmaßen unter den Mitgliedstaaten, sie schwächt das Solidaritätsgefühl und den inneren Zusammenhalt der Gemeinschaft. [...] Ich bin
₁₅ versucht, die Ursache dieser Schwächung Europas vor allem darin zu sehen, dass seit 1966 – im Gegensatz zu Geist und Buchstaben der Verträge – Beschlüsse nur noch einstimmig gefasst werden. Damit wurde zunächst, die Entscheidungskraft der Gemeinschaften vermindert, die
₂₀ Institutionen wurden schwerfällig. Vor allem aber hat die Einstimmigkeitsregel die Denk- und Verhaltensweisen der Akteure völlig deformiert, indem sie Kompromisslosigkeit

gewissermaßen „legalisierte" und damit ständiges Neinsagen auch noch belohnte.

Europa-Archiv, 9/1982, D 223 f.

b) Altbundeskanzler Helmut Schmidt über die Widerstände gegen das „Europäische Währungssystem" (1990):
Frankreich war unter Giscard zu diesem am Ende des Weges stehenden Souveränitätsverzicht bereit; die Bun-
₅ desbank und viele der sich für sachverständig haltenden deutschen Professoren der Nationalökonomie waren dazu nicht bereit (und sind es auch heute nicht). Sie bekämpften (und bekämpfen noch heute) einen hochpolitischen, gesamtstrategischen Fortschritt in Richtung auf Integrati-
₁₀ on und Autonomie Westeuropas mit Argumenten, die sie als Experten ausgeben, die aber in Wahrheit auf dem – den Urhebern zum Teil unbewussten – politischen Urteil oder Vorurteil beruhten, Westeuropas Integration sei als Wert nicht so hoch zu veranschlagen wie deutsche mo-
₁₅ netäre Autonomie. Ihr auf Verhinderung oder jedenfalls auf Verzögerung abzielendes zentrales Argument war und ist auch heute noch, zuerst müsse eine volle Harmonisierung der Gesamtheit, der ökonomischen Politiken der EG-Staaten erreicht sein, dann könne man auch deren
₂₀ Geldpolitiken unter einen gemeinsamen Hut bringen, quasi den Gemeinsamen Markt damit krönen. Tatsächlich bedingen und befruchten sich aber Fortschritte gegenseitig. [...] Die innenpolitischen Angriffe gegen mich [...] offenbaren bei einigen eine nationalegozentrische
₂₅ Haltung gegenüber dem europäischen Integrationsprozess, die von Arroganz nicht weit entfernt war. Das ungeschriebene Motto hieß: „Der Starke (die D-Mark) ist am mächtigsten allein."

H. Schmidt: Die Deutschen und ihre Nachbarn. Berlin: Siedler 1990. S. 261 f.

9

12 **Die Europäische Gemeinschaft und die deutsche Einheit**

a) Die ehemalige britische Premierministerin Margaret Thatcher (1993):

5 Ein wiedervereinigtes Deutschland ist schlichtweg viel zu groß und zu mächtig, als dass es nur einer von vielen Mitstreitern auf dem europäischen Spielfeld wäre. Überdies hat Deutschland sich immer auch nach Osten hin orientiert, nicht nur in Richtung Westen, obwohl die moderne
10 Version solcher Tendenzen eher auf wirtschaftliche denn auf kriegerische territoriale Expansion abzielt. Daher ist Deutschland vom Wesen her eher eine destabilisierende als eine stabilisierende Kraft im europäischen Gefüge. Nur das militärische und politische Engagement der USA
15 in Europa und die engen Beziehungen zwischen den beiden anderen starken, souveränen Staaten Europas, nämlich Großbritannien und Frankreich, können ein Gegengewicht zur Stärke der Deutschen bilden. Ein Hindernis auf dem Wege zu einem solchen Gleichgewicht
20 der Kräfte war zu meiner Amtszeit die Weigerung des von Präsident Mitterrand regierten Frankreich, französischen Instinkten zu folgen und den deutschen Interessen den Kampf anzusagen. Denn das hätte bedeutet, die französisch-deutsche Achse aufzugeben, auf die Mitterrand
25 sich stützte. [...]
Sobald die Entscheidung gefallen war, dass die DDR der Europäischen Gemeinschaft ohne besondere Beitrittsverhandlungen beitreten konnte – aus meinen eigenen Gründen war ich gegen eine Vertragsänderung und ir-
30 gendwelche Gemeinschaftshilfen –, konnten wir mithilfe der EG-Institutionen kaum noch etwas gegen die rasche Wiedervereinigung unternehmen. Meine Hoffnungen stützten sich nun auf die vier Siegermächte – Großbritannien, Frankreich, die Vereinigten Staaten und die Sowje-
35 tunion –, bei denen die Verantwortung für die Sicherheit Berlins lag. Doch nachdem die USA – und bald auch die Sowjets – in den Vier Mächten nichts anderes mehr sahen als ein Diskussionsforum für die Einzelheiten der Wiedervereinigung, war auch dieses Gremium nur noch
40 von beschränktem Nutzen.

M. Thatcher: Downing Street No. 10. Düsseldorf: Econ 1993. S. 1101 f.

b) Aus der Schlusserklärung des Europäischen Gipfeltreffens in Dublin (1990):

Die Gemeinschaft begrüßt die Vereinigung Deutschlands wärmstens. Sie freut sich auf den positiven und frucht-
5 baren Beitrag, den das ganze deutsche Volk im Anschluss an die bevorstehende Eingliederung des Staatsgebiets der DDR in die Gemeinschaft leisten kann. Wir sind zuversichtlich, dass die Vereinigung Deutschlands als Ergebnis des frei geäußerten Wunsches des deutschen Volkes – ein
10 positiver Faktor in der Entwicklung Europas im Allgemeinen und der Gemeinschaft im Besonderen sein wird. [...] Wir freuen uns, daß die Vereinigung Deutschlands

13 „O Zeus, waren das noch Zeiten, als du noch ein Stier warst!" Karikatur Haitzinger 1983

unter einem europäischen Dach stattfindet. Die Gemeinschaft wird dafür Sorge tragen, dass die Eingliederung des Staatsgebiets der Deutschen Demokratischen Repu- 15 blik in die Gemeinschaft reibungslos und harmonisch vollzogen wird. Der Europäische Rat ist überzeugt, dass diese Eingliederung zu einem rascheren Wirtschaftswachstum in der Gemeinschaft beitragen wird und erklärt, dass dabei das wirtschaftliche Gleichgewicht und 20 die monetäre Stabilität gewahrt bleiben müssen. [...] Die Eingliederung erfolgt ohne Änderung der Verträge.

Europa-Archiv, 11/1990. D 285 f.

14 **Für und wider die Europäische Währungsunion**

a) Bundeskanzler Helmut Kohl vor dem Deutschen Bundestag (1991):

Gelungen, meine Damen und Herren, ist es vor allem, den Vorrang der Geldwertstabilität so eindeutig fest- 5 zuschreiben, dass dies – das sage ich auch im Hinblick auf die öffentliche Diskussion in unserem Land – den Vergleich mit dem deutschen Bundesbankgesetz nicht zu scheuen braucht. Als zentrale Vorbedingung für die Verwirklichung der Wirtschafts- und Währungsunion 10 verlangt der Vertrag die nachprüfbare wirtschaftliche Konvergenz der Mitgliedstaaten. Anders ausgedrückt: Die wirtschaftlichen Daten der Kandidaten für die Währungsunion müssen ganz bestimmten Qualitätsanforderungen genügen, bevor eine Teilnahme an der Währungsunion 15 möglich ist.
Diese Kriterien für die Qualifikation zur Währungsunion lauten: strikte Preisstabilität; unbedingte Haushaltsdisziplin; Konvergenz der langfristigen Zinssätze; stabile Position im Europäischen Währungssystem in den letzten 20 zwei Jahren vor Eintritt in die Währungsunion. [...]

9

15 Städtepartnerschaften als Mittel zur Europäischen Integration

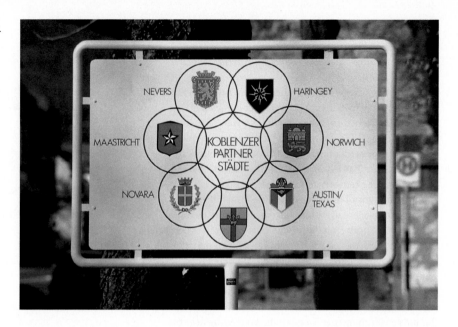

Für die künftige Europäische Zentralbank haben wir nach dem Vorbild der Deutschen Bundesbank ein Statut verabschiedet, das sie auf den Vorrang der Preisstabilität ver-
25 pflichtet und zugleich ihre volle Unabhängigkeit sichert. Wichtig ist ferner, dass die in anderen europäischen Ländern zum großen Teil noch von der Regierung abhängigen Zentralbanken [...] spätestens mit der Errichtung der Europäischen Zentralbank unabhängig werden. Das
30 ist ein gewaltiger Einschnitt in nationales Denken und Handeln in einer großen Zahl europäischer Länder. Insgesamt werden wir mit dem Vertrag über die Wirtschafts- und Währungsunion zentrale Grundbedingungen, die seit über vierzig Jahren bei uns in Deutschland
35 für ein hohes Maß an Geldwertstabilität und wirtschaftlichen Erfolg gesorgt haben, auf die Europäische Gemeinschaft übertragen.

Auswärtiges Amt (Hg): Außenpolitik der Bundesrepublik Deutschland. Köln: Verlag Wissenschaft und Politik 1995. S. 847 f.

b) Aus einem Memorandum 60 deutscher Ökonomen gegen die Maastricht-Beschlüsse (1992):
2. Eine funktionsfähige Wirtschafts- und Währungsunion erfordert als Vorbedingung eine dauerhafte ... An-
5 gleichung der relevanten Wirtschaftsstrukturen der Mitgliedsländer. Eine einmalige – stichtagsbezogene – und damit mehr oder weniger zufällige Erfüllung einzelner Kriterien ist kein Nachweis der erforderlichen Konvergenz.
10 3. Die in Maastricht festgelegten Konvergenzkriterien sind zu weich. So ist u. a. nicht irgendeine relative, sondern allein eine in absoluten Werten definierte Preisniveaustabilität als ökonomische Vorbedingung für den Eintritt in die WWU zu fordern.

7. Einen Konsens, Preisstabilität als Priorität zu betrachten, wie er traditionell in Deutschland vorliegt, gibt es in 15 Gesamteuropa bisher noch nicht. Nur mit einem solchen Konsens, den Notenbank, Regierung und Bevölkerung gemeinsam tragen, kann jedoch eine konsequente Stabilitätspolitik verfolgt werden, da diese u. a. der Unterstützung der Lohnpolitik und der Finanzpolitik des Staates 20 bedarf.
8. Die ökonomisch schwächeren europäischen Partnerländer werden bei einer gemeinsamen Währung einem verstärkten Konkurrenzdruck ausgesetzt, wodurch sie aufgrund ihrer geringeren Produktivität und Wettbewerbsfä- 25 higkeit wachsende Arbeitslosigkeit erfahren werden.
9. Zur Zeit gibt es daher kein ökonomisch zwingendes Argument dafür, von oben eine monetäre Einheit auf ein wirtschaftlich, sozial und interessenpolitisch noch uneiniges Europa zu stülpen. Die Verwirklichung des EG- 30 Binnenmarktes benötigt oder erzwingt keineswegs eine gemeinsame europäische Währung.

Frankfurter Allgemeine Zeitung. 11. Juni 1992. S. 15 f.

16 Eine neue Stufe der europäischen Integration
a) Aus dem EU-Vertrag von Maastricht (1992):
Art. A. Dieser Vertrag stellt eine neue Stufe bei der Verwirklichung einer immer engeren Union der Völker Europas dar, in der die Entscheidungen möglichst bürgernah 5 getroffen werden.
Grundlage der Union sind die Europäischen Gemeinschaften, ergänzt durch die mit diesem Vertrag eingeführten Politiken und Formen der Zusammenarbeit. Aufgabe der Union ist es, die Beziehungen zwischen den 10 Mitgliedstaaten sowie zwischen ihren Völkern kohärent und solidarisch zu gestalten.

9

Art. B. Die Union setzt sich folgende Ziele:

– die Förderung eines ausgewogenen und dauerhaften wirtschaftlichen und sozialen Fortschritts, insbesondere durch Schaffung eines Raumes ohne Binnengrenzen,

15 durch Stärkung des wirtschaftlichen und sozialen Zusammenhalts und durch Errichtung einer Wirtschafts- und Währungsunion, die auf längere Sicht auch eine einheitliche Währung [...] umfasst;

– die Behauptung ihrer Identität auf internationaler Ebe-

20 ne, insbesondere durch eine Gemeinsame Außen- und Sicherheitspolitik, wozu auf längere Sicht auch die Festlegung einer gemeinsamen Verteidigungspolitik gehört, die zu gegebener Zeit zu einer gemeinsamen Verteidigung führen könnte;

25 – die Stärkung des Schutzes der Rechte und Interessen der Angehörigen ihrer Mitgliedstaaten durch Einführung einer Unionsbürgerschaft;

– die Entwicklung einer engen Zusammenarbeit in den Bereichen Justiz und Inneres;

30 – die volle Wahrung des gemeinschaftlichen Besitzstandes und seine Weiterentwicklung. [...]

Art. F. (1) Die Union achtet die nationale Identität ihrer Mitgliedstaaten, deren Regierungssysteme auf demokratischen Grundsätzen beruhen.

Europäische Union – Europäische Gemeinschaft. Bonn: Bundeszentrale für politische Bildung 1996. S. 18 ff.

b) Zwei Positionen dänischer Parteien (1992):

Venstre (Liberale): Wir stimmen mit JA, weil wir Dänen und weil wir Europäer sind. Nicht nur das Eine, nicht nur das Andere. Beides. [...]

Weil ein Nein den Verzicht auf jegliche Form von Ein- 5 fluss bedeuten und alle Entscheidungen den großen Ländern in Europa überlassen würde. [...]

Weil eine starke europäische Gemeinschaft die Voraussetzung für Frieden und Sicherheit in unserem Erdteil ist. Wir lockern nicht die freundschaftlichen Bande zu 10 den USA, aber Europa muss auf eigenen Beinen stehen können. [...]

Der dänische Export soll weiterhin Vorteile von unserer Beteiligung am Binnenmarkt haben, und wir müssen an dem Wirtschaftswachstum teilhaben, zu dem die Wirt- 15 schafts- und Währungsunion der EG hinführen wird.

Fremskridtspartiet (Fortschrittspartei): Deshalb muss mit NEIN gestimmt werden:

• Die EG-Union bedeutet die Einführung neuer Steuern und neuer Abgaben für die dänische Bevölkerung zur 20 Finanzierung der vielen Zukunftspläne der Union.

• Die EG-Union ist in ihrem Aufbau zentralistisch und planwirtschaftlich. Mit den vielen Bereichen, mit denen sich die EG-Union beschäftigen soll, wird die Bürokratie über alle Grenzen hinauswuchern. [...] 25

• Die Fortschrittspartei sagt NEIN zu den EG-Strukturfonds, deren Zweck die Umverteilung von EG-Mitteln an bestimmte Regionen ist. Dadurch werden nicht alle reich, sondern alle gleichermaßen arm.

• Die Fortschrittspartei sagt NEIN zu den vielen Zu- 30 schussverordnungen und zur Quotentyrannei der EG. Alle Wirtschaftszweige gedeihen am besten in Freiheit und ohne öffentliche Einmischung.

(O. Schmuck/M. Schröder: Der Weg zur Europäischen Union. Bonn: Bundeszentrale für politische Bildung 1995. S. 88)

9

Arbeitsvorschläge

a) Inwieweit verträgt sich Erhards Position mit dem Schuman-Plan?

b) Nennen Sie Gründe für die unterschiedliche Aufnahme des EVG-Vertrages in Frankreich und Deutschland.

c) Erörtern Sie die These, die EG stelle ein „politisches Vakuum" dar.

d) Wie sehen de Gaulle und Thatcher die Stellung ihrer Länder in Europa?

e) Diskutieren Sie den an die Europaskeptiker gerichteten Vorwurf des nationalen Egoismus.

f) Woher rührt der hohe Stellenwert der Geldwertstabilität in der deutschen Europapolitik?

g) Inwieweit führt der EU-Vertrag über das bis dahin bestehende Vertragswerk hinaus?

9.4 Vom Europa-6 zum Europa-27

Beitrittsbedingungen

Seit ihren Anfängen stand die Europäische Gemeinschaft für neue Mitglieder offen. Bevor der Europäische Rat 1993 in Kopenhagen die von den Beitrittskandidaten zu erfüllenden Voraussetzungen präzisierte, waren es vornehmlich zwei Erwartungen, denen neue Mitglieder entsprechen mussten: eine demokratische politische Kultur und eine funktionierende Marktwirtschaft. In jedem Falle behielten es sich jedoch die eingesessenen Mitglieder vor, über die Aufnahme zu entscheiden.

Erweiterungsrunden 1973–1995

Bisher hat die Gemeinschaft fünf Erweiterungsrunden erlebt; eine sechste steht ihr voraussichtlich 2007 mit Bulgarien und Rumänien bevor. Mehr oder minder reibungslos vollzog sich die Aufnahme Dänemarks, Großbritanniens und Irlands 1973 und Finnlands, Österreichs und Schwedens 1995. Alle diese Länder wiesen ein stabiles demokratisches Verfassungsleben und (mit Ausnahme Irlands) günstige ökonomische Daten auf. Für die Bewerberländer Griechenland, Portugal und Spanien galt dies indes nicht. Zur Zeit ihrer Aufnahmeanträge (1975–77) standen sie nach teilweise langen Jahren der (Militär-)Diktatur erst am Anfang einer noch keineswegs gesicherten demokratischen Entwicklung, und ihre Wirtschaft hinkte erheblich hinter dem EG-Niveau her. Den Ausschlag für ihre Aufnahme gab letzlich die Erwartung der eingesessenen Mitglieder, diese Staaten mittels der EG-Zugehörigkeit gesellschaftlich und politisch so zu festigen, dass autokratische Regime nie wieder eine Chance bekämen. Dafür nahm man auch beträchtliche finanzielle Aufwendungen in Kauf. Die Rechnung ging auf: Spanien und Portugal (Griechenland tat sich etwas schwerer) erlebten eine zügige wirtschaftliche und gesellschaftliche Modernisierung und eine verlässliche Einwurzelung demokratischer und rechtsstaatlicher Standards.

Osteuropäische Länder

Diese Herausforderung wiederholte sich in ungleich schärferer Form, als mit dem Zusammenbruch des Sowjetsystems die ostmittel-, ost- und südosteuropäischen Länder ihre Handlungsfreiheit wiedererlangten. Von der ersten Stunde an richteten sich ihre Hoffnungen auf die Europäische Gemeinschaft. Von ihr erwarteten sie technische und finanzielle Hilfe für den wirtschaftlichen Aufbau- und Transformationsprozess, Unterstützung bei der Einführung demokratischer und rechtsstaatlicher Verhältnisse, Schutz gegenüber hegemonialen Ansprüchen Russlands. Während die drei baltischen Staaten, Polen, die Slowakei, Tschechien, Ungarn und Slowenien von Anfang an auf diese Karte setzten, blieben die ehemaligen Sowjetrepubliken Weißrussland, Ukraine, Moldawien sowie die drei kaukasischen Länder vorerst im Einflussbereich Moskaus. In Südosteuropa brauchten Rumänien und Bulgarien viel Zeit, um mit dem politischen und wirtschaftlichen Übergang in die postkommunistische Ära zurechtzukommen; so wurden sie zu Nachzüglern der Eingliederung in die EU.

Bald nach der Implosion der kommunistischen Regime setzte die Europäische Gemeinschaft verschiedene Hilfsprogramme ein, um den osteuropäischen Ländern in der schwierigen Übergangsphase von der Befehls- zur Marktwirtschaft und von der geschlossenen zur offenen Gesellschaft unter die Arme zu greifen. Der EU-Gipfel von Kopenhagen 1993 unterbreitete sodann ein großzügiges Angebot: Er lud die „Transformationsländer" ein, der EU beizutreten, sobald sie vier Bedingungen erfüllten: eine stabile demokratische und rechtsstaatliche Ordnung mit Garantien der Menschenrechte und des Minderheitenschutzes; eine leistungsfähige Marktwirtschaft; die Übernahme der EU-Rechts- und Verfahrensordnung (‚acquis communautaire'); die Fähigkeit, zur Weiterentwicklung der EU beizutragen.

Es war allen Beteiligten klar, dass die angesprochenen Länder damals von der Erfüllung dieser Bedingungen noch weit entfernt waren: Weder besaßen die meisten von ihnen – nach vier Jahrzehnten kommunistischer Diktatur, aber auch mangels weiter zurückreichender zivilgesellschaftlicher Traditionen – ein intaktes pluralistisch-demokratisches politisches System, noch erreichte ihre Wirtschaftsleistung auch nur annähernd das westeuropäische Niveau, noch genügten Justiz und Verwaltung uneingeschränkt rechtsstaatlichen Maßstäben. Auch wenn diese Länder alle Anstrengungen

1 **Referendum in Malta.** Am 8. März 2003 entschied sich die Bevölkerung Maltas in einem Referendum mit Stimmenmehrheit von 53,6 Prozent zum EU-Beitritt.

auf sich nahmen, die geforderten Standards zu erreichen: Ohne westliche Hilfe konnten sie es nicht schaffen. So kam die EU nicht umhin, beträchtliche Finanzmittel zur Verfügung zu stellen: Sie beliefen sich bis zum Beitritt der acht östlichen Länder (neben Malta und Zypern) 2004 auf 21 Milliarden Euro und werden für die Startphase 2004–2006 auf weitere 41 Milliarden Euro veranschlagt. Verglichen mit den westdeutschen Transferleistungen für die östlichen Bundesländer, die bis 2004 etwa 1,3 Billionen Euro betrugen, waren dies jedoch vergleichsweise bescheidene Summen. Den größten Teil der Aufholjagd mussten die Beitrittsländer aus eigener Kraft bestreiten.

Im Unterschied zu den Regierungen stand eine Mehrheit der EU-Bevölkerung der Osterweiterung skeptisch bis ablehnend gegenüber. In Netto-Empfängerländern wie Griechenland, Spanien, Portugal befürchtete man eine empfindliche Reduzierung der bislang gewährten Strukturentwicklungsgelder. Hochlohnländer wie Schweden und Dänemark, Österreich und Deutschland sahen eine Welle billiger Arbeitskräfte auf sich zukommen, die die einheimischen Arbeitnehmer zu verdrängen drohte. Westeuropäische Bauern ängstigten sich vor den Billigangeboten preisgünstig produzierender baltischer, polnischer, ungarischer Landwirte – ganz abgesehen davon, dass sie sich in Zukunft den bislang üppigen Subventionskuchen mit vielen hungrigen Anspruchsberechtigten würden teilen müssen. Die Menschen in den Beitrittsländern ihrerseits bangten vor der übermächtigen Konkurrenz der westlichen Industriegiganten und Handelsriesen oder vor dem Ausverkauf heimischer Immobilien an kapitalkräftige Interessenten aus Westeuropa.

Osterweiterung

Allen Einsichtigen war klar, dass die bestehenden Organisationsstrukturen und Entscheidungsabläufe in der EU bei einer Ausweitung der Mitgliederzahl auf 25, später 27 und vielleicht noch mehr nicht mehr hinreichen würden. Der Erweiterung, so war überall zu hören, müsse eine Vertiefung vorangehen, wenn die Gemeinschaft handlungsfähig bleiben sollte. Die dafür anberaumten Gipfeltreffen von Amsterdam (1996) und Nizza (2000) brachten jedoch nur bescheidene Fortschritte. Zwar wurde der Kreis der Politikfelder vergrößert, in denen Mehrheitsentscheidungen verbindlich waren. Aber es blieb beim Erfordernis der Einstimmigkeit in grundlegenden Angelegenheiten.

Bedenken gegen die Osterweiterung

9

2 **EU der 27.**
Stimmen und Sitze in
der erweiterten Union
nach dem Vertrag von
Nizza 2003.

Zusammengestellt vom Autor.

EU-Mitgliedsstaaten	Bevölkerung in Mio.	Stimmen im Ministerrat	Sitze im Europaparlament
Deutschland	83,12	29	99
Großbritannien	59,27	29	72
Frankreich	59,18	29	72
Italien	57,46	29	72
Spanien	39,55	27	50
Polen	38,74	27	50
Niederlande	15,87	13	25
Griechenland	10,64	12	22
Tschechien	10,26	12	20
Belgien	10,25	12	22
Ungarn	10,08	12	20
Portugal	9,99	12	22
Schweden	8,93	10	18
Österreich	8,14	10	17
Slowakei	5,38	7	13
Dänemark	5,32	7	13
Finnland	5,18	7	13
Litauen	3,68	7	12
Irland	3,63	7	12
Lettland	2,29	4	8
Slowenien	1,99	4	7
Estland	1,41	4	6
Zypern	0,78	4	6
Luxemburg	0,44	4	6
Malta	0,39	3	5
Rumänien	22,40	14	33
Bulgarien	8,28	10	17

Erweiterung ohne Vertiefung?

Trotz aller Bedenken rang sich der Europäische Rat dazu durch, 2004 zehn neue Mitglieder aufzunehmen. Am Ende mochte sich keine Regierung dem Vorwurf aussetzen, den 1990 freudig in der „europäischen Familie" begrüßten östlichen Nachbarn den Zutritt verwehrt zu haben, obwohl nur wenige Kandidaten die Kopenhagener Kriterien einigermaßen zu erfüllen vermochten. Zwei Motive waren dafür maßgebend: das Gefühl einer moralischen Pflicht zur Wiedergutmachung der Benachteiligung, die die östlichen Länder durch ihre erzwungene Einfügung in das sowjetische Imperium erduldet hatten und die Erwartung, die Beitrittsländer so weit zu stabilisieren, dass ihr innerer und äußerer Friede fortan nicht mehr gefährdet sei.

Entscheidung für den Beitritt

Die Aufnahme der neuen Länder am 1. Mai 2004 und 1. Januar 2007 erfolgte mit Genugtuung, aber ohne Überschwang. In den alten EU-Ländern blieb die Sorge vor einer Überdehnung der Ressourcen und einer Überforderung der Institutionen. In den Beitrittsländern fürchteten viele, noch lange EU-Bürger zweiter Klasse zu bleiben. In der Tat schlossen viele Übergangsbestimmungen die Hinzugekommenen noch lange von den ersehnten Vorteilen der EU-Zugehörigkeit aus, insbesondere von den vollen Subventionen für die Landwirtschaft und die unterentwickelten Regionen oder von der unbeschränkten Freizügigkeit der Arbeitnehmer. Andererseits blieben auch die östlichen Märkte noch geraume Zeit vor der ungebremsten Konkurrenz westlicher Unternehmen bewahrt.

3 Das Ende der Ost-West-Spaltung

a) Der polnische Ministerpräsident Mazowiecki vor dem Europarat (1990):

Europa durchlebt eine ungewöhnliche Zeit. In der Tat: Die
5 Hälfte des Kontinents, die fast fünfzig Jahre von ihrer ursprünglichen Lebensquelle getrennt war, wünscht dorthin zurückzukehren. Vielleicht genügt es nicht, von „Wiedereingliederung" zu sprechen, wenn man an diesen Vorgang denkt, den wir jetzt erleben. Viel eher sollte man von der
10 Wiedergeburt eines Europas sprechen, das seit dem Abkommen von Jalta aufgehört hat zu existieren. […]
Die Polen sind eine Nation, die sich ihrer Zugehörigkeit zu Europa und ihrer europäischen Identität bewusst ist. Für uns war Europa immer der Bezugspunkt, wenn wir uns
15 über unsere Identität befragten. Jenes Europa, als dessen Verteidiger sich die Polen fühlten und das sie dermaßen liebten. Die Idee des ‚Schutzwalls' der Christenheit, also der Verteidigungslinie für Europa, blieb in Polen während 300 Jahren lebendig. In Europa sehen wir immer
20 noch die Werte – Vaterland, Freiheit und Menschenrechte – und fahren fort, uns entschieden mit diesem Europa zu identifizieren. Wir werfen Europa immer noch vor, das Abkommen von Jalta, die Teilung Europas und die Zuweisung Polens zur anderen Seite des ‚eisernen Vorhanges' hingenommen zu haben. Ich glaube, wir können
25 Europa viel anbieten. […] Wenn wir als Gemeinschaft zu überleben vermochten, dann nicht zuletzt dank unserer Anhänglichkeit an bestimmte Institutionen und Werte europäischer Prägung. Wir verdanken dieses Überleben
30 dem Glauben und der Kirche, dem Bekenntnis zur Demokratie und zum Pluralismus, den Menschenrechten und bürgerlichen Freiheiten, der Idee der Solidarität. […]
Die Mauer zwischen dem freien und dem unterdrückten Europa wurde bereits beseitigt. Jetzt bleibt die Lücke
35 zwischen dem armen und dem reichen Europa zu füllen.

Wenn Europa ein ‚gemeinsames Haus' werden soll, in dem die einen nicht den anderen die Türe verschließen dürfen, dann dürfen auch solche großen Unterschiede nicht lange bestehen.
40

C. Gasteyger: Europa zwischen Spaltung und Einigung 1945 bis 1993. Bonn: Bundeszentrale für politische Bildung 1994. S. 426 f.

b) Der deutsche EU-Kommissar Günter Verheugen in einem Zeitungsinterview (1999):

V.: Polen oder Tschechien waren vor über 40 Jahren bei Gründung der EWG nicht dabei, weil in Jalta und Potsdam Europas Grenzen so gezogen wurden, dass sie nicht 5 mitmachen konnten. Ein Resultat des Zweiten Weltkrieges, also auch eine Folge deutscher Schuld. Dieser Teilung sind ganze Völker zum Opfer gefallen. Das müssten wir Deutschen am besten begreifen. Kein Mensch kann im Ernst verlangen, der Segen europäischer Integration 10 – Frieden, Freiheit, Wohlstand – müsse exklusiv bleiben ‚für uns', für den Westen, und die anderen mögen, bitte schön, draußen bleiben.
Zeit: Die Osterweiterung als nachholende Überwindung des Eisernen Vorhangs? 15
V.: Ja, das ist das Ziel. Die Alternative wäre eine Armutsgrenze, ein Limes mitten durch Europa. […]
Z.: Wie erklären Sie einem Stammtisch, warum Sie bei der Erweiterung aufs Tempo drücken? 20
V.: Erstens müssen wir eine Friedensordnung für ganz Europa schaffen. Demokratie, Rechtsstaat, Menschenrechte – das sind doch Grundlagen für alle Entwicklung. Zweiter Grund: In einem größeren gemeinsamen Markt gewinnen alle Europäer. Das schafft Wohlstand und Jobs, in Ost und 25 West. Und drittens: Wir haben nicht ewig Zeit. Wenn wir uns aufführen wie die Erbsenzähler, riskieren wir, das eine oder andere Land auf dem weiten Weg zur europäischen Einheit zu verlieren. Vergessen Sie nicht: Den Mittel- und

4 Union der Paragraphen Karikatur von Reinhold Löffler

30 Osteuropäern fordern die Veränderungen enorme Opfer ab. Das lässt sich populistisch gegen Europa wenden. Deshalb brauchen unsere Partner im Osten Gewissheit.

Die Zeit, 50/1999.

5 Die Osterweiterung: Hoffnungen und Sorgen

a) Der estnische Staatspräsident Lennart Meri in einem Zeitungsinterview (1999):

M.: Wir haben gewisse Sorgen, die man sich in Deutsch-
5 land oder Frankreich oder Spanien nicht vorstellen kann –
zum Beispiel, ob unsere Sprache uns überdauern wird. Viele Generationen von Esten standen unter dem Eindruck, dass sie die letzten seien, die ihre Muttersprache sprächen.

Spiegel: Der Alptraum eines Volks, das seit Jahrhunderten
10 unter fremden Besatzern leben musste.

M: Die Russifizierung war eine Abart der Kolonisation. Nach der Erfahrung des Totalitarismus möchten wir Antwort auf die Frage finden: Wo kann eine kleine Kultur überleben und zugleich unbeschadet teilnehmen an einer
15 Gesamtkultur?

S: Und diese Geborgenheit erwarten Sie sich von Europa?

M: Die Stärke Europas besteht eigentlich darin, dass es eine Summe verschiedener Mentalitäten und Kreativitäten ist, das Gegenteil von Gleichschaltung und Einebnung. In
20 der EU können auch kleine Staaten das Gefühl haben, als Gleichberechtigte akzeptiert zu werden.

Der Spiegel. 15. 3. 1999. S. 231 f.

b) Der deutsche Finanzminister Hans Eichel über Steuerdumping in der EU (2004):

Spiegel: Warum wollen Sie den neuen EU-Mitgliedern verbieten, mit attraktiven Steuersätzen Unternehmen an-
5 zulocken und so ihr Wachstum anzukurbeln?

E: Wettbewerb soll und muss es geben. Aber ein Körperschaftssteuersatz von null, wie ihn Estland anbietet, ist ein Problem. Er führt dazu, dass Firmensitze in solche Länder verlegt werden. Letztendlich gehen anderen Staa-
10 ten dadurch Steuern, aber auch Arbeitsplätze verloren. Das ist den Menschen nicht zu vermitteln und schadet der Idee der europäischen Einigung. Jeder Wettbewerb braucht Regeln und Grenzen, die wir in der EU nun festsetzen müssen. Dumping und Wucher sind bei uns ja
15 auch verboten.

S: Wir können uns kaum vorstellen, dass die Beitrittsländer freiwillig auf Wettbewerbsvorteile durch niedrige Steuern verzichten werden. Zumal die Beitrittsländer ihre finanziellen Ausfälle nun auch durch EU-Zuschüsse kom-
20 pensieren können.

E: Es ist völlig klar, dass wir den Schwächeren helfen wollen – und deshalb zahlen wir ja, absolut gesehen, auch am meisten in die EU-Kassen ein. Es ist aber nicht ungebührlich, von den Empfängerländern zu erwarten, dass Solidarität keine Einbahnstraße ist. Deshalb ist es doch völlig 25 klar, dass wir dringend darüber reden müssen, ob wir die niedrigen Steuersätze, gerade in den Beitrittsländern, auch noch durch Zuschüsse über die EU finanzieren.

Der Spiegel, 18/2004. S. 110.

c) Der ehemalige polnische Staatspräsident und Friedensnobelpreisträger Lech Walesa in einem Zeitungsinterview (im Jahr 2004):

Spiegel: Die Deutschen fürchten jetzt, dass die Osterweiterung Arbeitsplätze wegnehmen wird, die Polen fürchten, 5 dass ihr Land ein Mitglied zweiter Klasse sein könnte.

W: Ja, es herrscht immer noch viel altes Denken. Wenn jemand ein guter und billiger Arbeiter ist, warum darf man ihn dann nicht anstellen in der EU? Wenn ihr ihn nicht aufnehmt, dann werden eure Produkte teurer und 10 weniger konkurrenzfähig sein. Es muss wichtig für die Deutschen sein, dass die Polen Arbeit haben – nur dann können sie von euch einen Mercedes kaufen.

S: Polen hat in der Verfassungsfrage durch kompromissloses Verhalten schon einen Gipfel platzen lassen, im 15 Inneren herrscht eine politische Dauerkrise. Ist Ihr Land überhaupt schon reif für die EU?

W: Die postkommunistischen Länder sind theoretisch sogar reifer als der Westen. Die Westeuropäer haben doch kaum etwas zur neuen Epoche beigetragen, wäh- 20 rend wir hier den Kommunismus abgeschafft haben. Aber ich gebe zu: Die polnische Demokratie ist noch sehr schwach. Im Übrigen haben wir immer geglaubt, dass der Westen nach dem Ende des Kommunismus eine Art Marshall-Plan auflegen würde, um den Ländern hier 25 zu helfen. Das geschah aber nicht. Deshalb gibt es bei uns immer noch tiefes Misstrauen gegen die EU.

S: Polnische Bauern, die weniger Unterstützung erhalten als ihre Kollegen im Westen, wie auch Arbeiter in den alten unrentablen Staatskonzernen werden zu den Ver- 30 lierern der Erweiterung gehören. Fürchten Sie sich vor einer womöglich breiten Enttäuschung?

W: Wir werden in der Tat starke Nerven brauchen. Auch ich würde beispielsweise den Leuten heute wieder sagen: Geht auf die Straße – diesmal, weil es unserem Land 35 schlecht geht, weil die Union uns nicht ernst nimmt.

Der Spiegel, 18/2004. S. 96 f.

Arbeitsvorschläge

a) Der „westliche" und der „östliche" Blick auf Europa: Versuchen Sie die Unterschiede zu erklären.

b) Prüfen Sie, inwieweit sich die wechselseitigen Bedenken aus Ost und West ausräumen lassen könnten.

9.5   Europa in der internationalen Politik

Die EU – eine verhinderte Weltmacht?

Die EU sei, so kann man zuweilen lesen, ein wirtschaftlicher Riese, aber ein politischer Zwerg. Oder, wie es der Europaparlamentarier Klaus Hänsch ausdrückte: „Wir haben die Verantwortung einer Weltmacht und sind wegen unserer Strukturen nicht in der Lage sie wahrzunehmen." Wer so redet, denkt vor allem an die militärischen Defizite oder daran, dass Europas Stimme in den Krisenregionen der Welt, etwa im Nahen Osten oder in Kaschmir, so gut wie gar nicht zählt. Weltpolitisches Gewicht hat die Europäische Union allein als Wirtschaftsgigant, als der sie kaum hinter der Supermacht USA zurücksteht.

Seit dem Zweiten Weltkrieg war das Schicksal (West-)Europas stets mit der Politik der USA verknüpft. Die Amerikaner engagierten sich, anders als nach 1918, mit voller Kraft in den europäischen Angelegenheiten und schufen die atlantische Allianz, in der sie die unbestrittene Führungsmacht darstellten. Der 1949 beschlossene Nordatlantikpakt verbürgte seinen Mitgliedern den Schutz der Atommacht USA und trug seinen Teil dazu bei, dass aus dem „Kalten Krieg" nicht ein heißer wurde.

Atlantiker und Gaullisten

Natürlich verfolgten die USA damit auch ihre eigenen Interessen: Die militärische Stärkung der NATO-Verbündeten minderte ihre eigenen Rüstungskosten; der wirtschaftliche Aufschwung Europas erweiterte ihre Absatzmärkte. Folgerichtig kühlten die Beziehungen seit den 1960er-Jahren ab, als die boomende europäische Wirtschaft zum lästigen Konkurrenten wurde. Gleichzeitig lockerte sich auch der politisch-militärische Zusammenhalt. Die Regierung in Washington betrieb ihre nach der Kubakrise 1962 eingeleitete Entspannungspolitik vornehmlich im direkten Dialog mit Moskau und erweckte damit in Europa die Sorge, im Ernstfall allein gelassen zu werden. Der französische Staatspräsident Charles de Gaulle warb darum bei den europäischen Partnern für eine Abkoppelung Europas von den USA. Die Briten hielten jedoch unbeirrt an ihrer „special relationship" mit der angelsächsischen Supermacht fest, und in der Bundesrepublik setzten sich die „Atlantiker" gegen die „Gaullisten" durch, weil das amerikanische Bündnis mehr

9

Sicherheit versprach. So unternahm Frankreich einen Alleingang, als es 1966 aus dem militärischen (nicht dem politischen) Verbund der NATO ausschied.

Amerikanische Alleingänger

Gleichwohl nahmen die transatlantischen Reibungen nicht ab. Die US-Regierung bestand auf ihrem alleinigen Führungsanspruch im westlichen Bündnis und reagierte gereizt, wenn europäische Regierungen mit Ostblockstaaten verhandelten, ohne vorher das amerikanische Einverständnis eingeholt zu haben. So rügte der damalige Sicherheitsberater und spätere US-Außenminister Henry Kissinger die Bonner Regierung, als diese ohne lange Konsultationen mit den USA Grenz- und Gewaltverzichtsverträge mit der Sowjetunion und Polen aushandelte. In allen Angelegenheiten, die sie als ihre nationalen Interessen ansah, ging die US-Regierung gewöhnlich ihre eigenen Wege und kümmerte sich wenig um die Meinung der Europäer: so während des Vietnamkrieges 1964–73 oder in den 80er-Jahren, als Präsident Ronald Reagan mit einer forcierten Rüstungs- und Konfrontationspolitik den Kalten Krieg wieder aufleben ließ.

Entfremdung und Solidarität

Die Irritationen zwischen Europa und Amerika nahmen eher noch zu, als mit dem definitiven Ende des Kalten Krieges 1990 der Bedrohungsdruck wich. Schuld daran hatten beide Seiten: die Amerikaner, weil sie in dem Hochgefühl, die einzige Supermacht in der Welt zu sein, noch mehr zu Alleingängen neigten; die Europäer, weil sie ihre militärische Rüstung vernachlässigten und sich in den Krisengebieten auf die amerikanischen Streitkräfte verließen.

Das ging nicht ohne Widersprüche ab: Einerseits verlangte Washington von Europa mehr Rüstungsanstrengungen; andererseits reagierte es argwöhnisch, wenn die Europäer begannen sich ein Stück weit von der NATO abzukoppeln. Dennoch blieb die atlantische Solidarität im Ernstfall vorerst unangefochten: Im Golfkrieg 1991 waren die europäischen Staaten mit Soldaten und Finanzhilfen zur Stelle. Und nach den islamistischen Terroranschlägen vom 11. September 2001 auf New York und Washington rief die NATO den Bündnisfall aus und leistete der amerikanischen Führungsmacht tätige Hilfe. So kamen in Afghanistan neben den ameri-

9

2 **Bundeswehrsoldaten auf dem Balkan.** Nach friedenssichernden Militärmissionen in Mazedonien und der Demokratischen Republik Kongo 2003 sowie in Georgien 2004 leitet die EU seit Dezember 2004 auch die internationale Militärmission in Bosnien-Herzegowina.

kanischen auch deutsche, französische, britische oder kanadische Soldaten unter dem Kommando der NATO mit dem Auftrag zum Einsatz, den inneren Frieden zu sichern und den wirtschaftlichen und politischen Wiederaufbau des Landes zu unterstützen.

In eine schwere Krise geriet das atlantische Bündnis während des Irak-Krieges 2003. Diesen Krieg hatte der US-Präsident George W. Bush, im Zusammenspiel mit dem britischen Premierminister Tony Blair, unter dem Vorwand ausgelöst, die Sicherheit der westlichen Welt sei durch die Massenvernichtungswaffen bedroht, die der irakische Diktator Saddam Hussein angeblich verborgen halte. Obwohl dieser Verdacht niemals bestätigt werden konnte und der UN-Sicherheitsrat die von der US-Regierung geforderte Ermächtigung zum bewaffneten Vorgehen gegen den Irak verweigerte, befahl Bush im März 2003 die militärische Invasion. Sie führte binnen kurzem zur Besetzung des Landes und Entmachtung des Regimes, brachte aber eine wirksame Befriedung nicht zustande.

Irakkrieg 2003

Der amerikanische Irakkrieg spaltete Europa. Eine Mehrzahl der EU-Mitgliedsstaaten, darunter Großbritannien, Italien und Spanien sowie nahezu alle osteuropäischen Regierungen, bekundeten der amerikanischen Supermacht ihre Loyalität und Hilfsbereitschaft. Deutschland, Frankreich und Belgien dagegen missbilligten in aller Schärfe das amerikanisch-britische Vorgehen. Sie handelten damit im Einklang mit der öffentlichen Meinung, die in so gut wie allen europäischen Ländern den Irakkrieg vehement verurteilte. Wenn auch die Risse zwischen den Verbündeten in der Folgezeit einigermaßen gekittet werden konnten, zeigten die Vorgänge, dass die EU weit davon entfernt war, in außenpolitischen Fragen mit einer Stimme zu sprechen. Der vom Europäischen Rat 2004 verabschiedete Verfassungsvertrag sollte diesem Übel abhelfen, indem er mit dem EU-Außenminister eine Instanz schuf, die für bessere Koordination und Kooperation in den außenpolitischen Belangen Sorge zu tragen hatte.

Der Außenhandel gehört – neben der Agrar-, Wettbewerbs- und Strukturpolitik – zu den Bereichen, in denen die EU als supranationale Einheit agiert. Sie steht jedoch im zweifelhaften Ruf der „Festung Europa", die sich gegen die ausländische Konkurrenz abschirmt. Damit gerät sie in Widerspruch zu den Grundsätzen der Welthandelsorganisation (WTO), zu deren Beachtung sich die EU verpflichtet hat. Dazu gehören vor allem Zollsenkungen, das Prinzip der Meistbegünstigung (die einem Handelspartner gewährten Vorteile müssen allen WTO-Ländern eingeräumt werden), der Abbau von Subventionen und Exportprämien. Der Stein des Anstoßes war zumeist die Agrarpolitik der EU. Sie soll die europäische Landwirtschaft durch Einfuhrzölle und Kontingentierungen gegen die durchweg rentabler produzierende ausländische Konkurrenz schützen. Gegen solche Wettbewerbsverzerrungen laufen die außereuropäischen Länder seit Jahren Sturm. Unter Berufung auf die WTO-Regeln zwangen sie die EU, ihre Subventions- und Protektionspolitik abzubauen und wiederholt musste die EU Geldbußen hinnehmen.

„Festung Europa"

9

Die im Maastricht-Vertrag 1992 eingerichtete Gemeinsame Außen- und Sicherheitspolitik (GASP) hat bislang noch keine große Wirkung entfalten können. Auch innerhalb der EU gilt die Außenpolitik als Inbegriff staatlicher Souveränität und Unabhängigkeit, in die sich keine Regierung gern hineinreden lässt. Zwar verpflichtet der Vertrag die Mitgliedstaaten zur außenpolitischen Solidarität und sieht die Befolgung gemeinsamer Strategien, die Erarbeitung gemeinsamer Standpunkte sowie die Planung und Ausführung gemeinsamer Aktionen (von der Wahlbeobachtung bis zum Kampfeinsatz) vor. Aber jedes Mitglied ist berechtigt, sich an solchen Maßnahmen nicht zu beteiligen.

GASP

3 „Irak-Krieg ... Europa bezieht Stellung"
Karikatur von Thomas Plaßmann

Balkankriege

Dass unter solchen Voraussetzungen wenig zu erreichen war, zeigte sich in den Balkankriegen der 1990er-Jahre. Alle Versuche der EU, mit diplomatischen Vermittlungsaktionen die verfeindeten Nachbarn vom Blutvergießen abzuhalten und Frieden zu stiften, blieben am Ende erfolglos. Es fehlte an der Entschlossenheit, aber auch an der militärischen Stärke, um Vertragsverletzungen zu ahnden und den Waffenstillstand notfalls mit Waffengewalt zu erzwingen. Nur dem militärischen Eingreifen der USA war es schließlich zu verdanken, dass die streitenden Parteien an den Verhandlungstisch gebracht wurden.

Weltpolitische Nebenrolle?

Solche leidvollen Erfahrungen bewogen die EU nach langen Verhandlungen, der GASP eine militärische Komponente beizugeben und durch die Bereitstellung einer mobilen Eingreiftruppe in Stärke von 60 000 Mann militärisch handlungsfähiger zu werden. Ein erster Einsatz erfolgte 2003 in Mazedonien. Allerdings ist die Beteiligung an solchen Einsätzen den Vertragspartnern freigestellt; insofern gibt es keine Garantie, dass solche Verbände im Ernstfall immer zur Verfügung stehen. Sie sollen im Übrigen nur dann zum Einsatz kommen, wenn und soweit die NATO nicht eingreift. Auf diesem Vorrang der NATO bestehen die USA: Sie fordern der EU zwar mehr militärische Anstrengungen ab, sind aber gleichzeitig sehr darauf bedacht, ihr nicht zu viel Eigenständigkeit zu gewähren.

So sehr die EU-Länder als Kreditgeber, Entwicklungsberater, humanitäre Helfer begehrt sind und so uneingeschränkt ihre Industrieprodukte, wissenschaftlichen und kulturellen Leistungen geschätzt werden, so wenig vermögen sie auszurichten, wo es um Machtfragen geht, in denen das militärische Potenzial den Ausschlag gibt. Insoweit steht Europa am Scheideweg: Will es in der Weltpolitik mitbestimmen, muss es enorme Rüstungsanstrengungen auf sich nehmen. Schreckt es davor zurück, weil es andere Auf- und Ausgaben für sinnvoller hält, muss es sich mit einer Nebenrolle zufrieden geben. Solange auf die atlantische Solidarität Verlass ist, sind die Sicherheitsrisiken kalkulierbar. Sollte aber eine neue weltpolitische Machtverteilung entstehen – etwa durch den Aufstieg Chinas – und sollten sich die amerikanischen Interessen noch weiter von Europa entfernen, stünde die EU vor neuen Herausforderungen. Schon heute sieht sie sich vor der schwierigen Entscheidung, wieweit sie sich auf solche Zukunftsmöglichkeiten vorbereiten kann oder muss.

4 Die NATO im Wandel ihrer Aufgaben

a) Aus dem Bericht des NATO-Rates vom 14. Dezember 1967:
Als souveräne Staaten sind die Bündnispartner nicht gehalten, ihre Politik kollektiven Entscheidungen zu unter-
5 werfen. Die Allianz bildet ein wirksames Forum und eine
Clearingstelle für den Austausch von Informationen und
Ansichten; auf diese Weise kann jeder Bündnispartner
seine Politik auf Grund eingehender Kenntnis der Probleme und Ziele der anderen festlegen. Zu diesem Zweck
10 muss die Praxis der offenen und rechtzeitigen Konsultationen vertieft und verbessert werden. Jeder Bündnispartner sollte an der Förderung besserer Beziehungen zur
Sowjetunion und den osteuropäischen Staaten in vollem
Maße mitwirken, sich dabei aber bewusst sein, dass die
15 Entspannungspolitik nicht zu einer Spaltung der Allianz
führen darf. Die Erfolgschancen werden zweifellos am
größten sein, wenn die Bündnispartner eine gleichge-
richtete Politik verfolgen.

C. Gasteyger: Europa zwischen Spaltung und Einigung 1945 bis 1993. Bonn:
Bundeszentrale 2001. S. 232.

*b) Aus der Erklärung von Rom der NATO-Staats- und Regie-
rungschefs (im Jahr 1991):*
Wir arbeiten auf eine neue Sicherheitsarchitektur hin, in
der die NATO, die KSZE, die EG, die WEU und der Europa-
5 rat einander ergänzen. [...] Dieses Zusammenwirken ist
von größter Bedeutung, wenn es darum geht, Instabilität
und Spaltungen zu verhindern, die aus verschiedenen
Ursachen wie zum Beispiel wirtschaftlichen Ungleich-
gewichten oder gewalttätigem Nationalismus entstehen
10 könnten. [...] Wir sehen uns nicht mehr der alten Bedrohung durch einen massiven Angriff ausgesetzt. Es ist
jedoch ein Gebot der Vorsicht, dass wir ein strategisches
Gesamtgleichgewicht aufrechterhalten und bereit bleiben, möglichen Sicherheitsrisiken zu begegnen. [...] Un-
15 sere Streitkräfte werden sich ihren neuen Aufgaben anpassen, wobei sie kleiner und flexibler werden. Deshalb
werden unsere konventionellen Streitkräfte beträchtlich
reduziert. Sie werden auch gesteigerte Beweglichkeit erhalten, um auf ein breites Spektrum von Krisen reagieren
20 zu können.

C. Gasteyger: Europa zwischen Spaltung und Einigung 1945 bis 1993. Bonn:
Bundeszentrale für politische Bildung 2001. S. 399 f.

*c) Aus einem Kommuniqué der NATO-Verteidigungsminister (im
Jahr 1999):*
Wir begrüßen die Entschlossenheit aller europäischen
Bündnispartner, die notwendigen Schritte zu ergreifen,
5 um die europäischen militärischen Fähigkeiten zu stärken. Durch diese Verbesserungen wird die Fähigkeit der
Bündnispartner, zu Bündnisaufgaben beizutragen, weiter
ausgebaut und darüber hinaus ein Beitrag zur Stärkung
der Fähigkeit für EU-geführte Operationen geleistet. Wir
10 verfolgen sorgfältig die laufenden Arbeiten in der EU und

sehen den EU-Initiativen [...] erwartungsvoll entgegen,
insbesondere hinsichtlich der Entwicklung von Verteidi-
gungsfähigkeiten bei Vermeidung unnötiger Doppelar-
beit. [...] Wir sind zuversichtlich, dass ein stärkeres Europa eine stärkere Allianz bedeutet. 15

Internationale Politik. 4/2000. S. 105.

5 Europa und USA: Eine schwierige Partnerschaft

*a) Der amerikanische Sicherheitsberater Henry Kissinger
in einer programmatischen Rede zum „Europa-Jahr" (im
Jahr 1973):*
In Europa ist die Stabilität für eine neue Generation, die 5
den Krieg und seine Erschütterungen nicht aus eigener
Erfahrung kennt, eine Selbstverständlichkeit. Sie fühlt
sich der Einigkeit, die diesen Frieden ermöglicht hat, und
den Anstrengungen, die seine Erhaltung erfordert, weniger verpflichtet. In den Vereinigten Staaten haben über 10
Jahrzehnte getragene globale Belastungen dazu geführt,
dass wir heute weniger bereit sind, uns auf der Basis vorwiegend amerikanischer Verantwortlichkeit auch weiterhin global zu engagieren. [...]
Die Vereinigten Staaten haben globale Interessen und 15
Verantwortlichkeiten. Unsere europäischen Verbündeten haben regionale Interessen. [...] Wir werden die
Bestrebungen zur Vereinigung Europas auch weiterhin
unterstützen. Gestützt auf die Grundsätze der Partnerschaft werden wir Zugeständnisse machen, um diese 20
Entwicklung zu fördern. Wir erwarten jedoch, dass die
Europäer uns im Geiste des gegenseitigen Gebens und
Nehmens entgegenkommen werden. Wir werden unsere
Streitkräfte auch weiterhin in Europa stationieren und
sie nicht einseitig abziehen. Anderseits erwarten wir, 25
dass jeder Bündnispartner einen gerechten Anteil an den
gemeinsamen Bemühungen für die gemeinsame Verteidigung übernimmt. [...] Wir werden die Interessen unserer Freunde in Europa oder in Asien niemals absichtlich
verletzen. Dafür erwarten wir, dass sie mit ihrer Politik 30
unsere Interessen und unsere Verantwortlichkeiten ernst
nehmen.

H. Kissinger: Memoiren 1973–1974. (Bertelsmann) München 1982. S. 182 f.

9

b) Der Altbundeskanzler Helmut Schmidt (1987):
Washington neigt zum Unilateralismus – wer auch
immer dort regiert. Solange Westeuropa sich nicht
zu einem gemeinsamen gesamtstrategischen Entwurf
durchringen und diesen geschlossen vertreten kann, 5
wird es immer wieder mit amerikanischen Alleingängen konfrontiert werden. [...] Die amerikanische Politik
gegenüber dem Rest der Welt ist geprägt von Idealismus, Romantik und dem Glauben an die eigene Kraft
und Größe: Wenn der Rest der Welt den Idealen der 10
Amerikaner und deren Methoden zu ihrer Verwirklichung nicht entspricht, umso schlimmer für den Rest
der Welt! [...]

Da Westeuropa nicht im Entferntesten daran denkt, sich an einer Weltmission par force zu beteiligen, wird es vorhersehbarer Weise auch in Zukunft immer wieder Konflikte und immer wieder auch amerikanische
20 Verachtung für die vermeintlich knieweichen Europäer geben. In solchen Momenten liegt für Washington die Vernachlässigung seiner europäischen Verbündeten nur allzu nahe. Zur Arroganz der vermeintlich überlegenen Moral gesellt sich dann leicht die Arroganz der real über-
25 legenen Macht. Europa und seine Politiker täten gut da-ran, diese Veranlagungen Amerikas zu verstehen, damit sie in ihrer Antwort auf solche amerikanischen Verhal-tensweisen beide denkbaren Extreme vermeiden lernen: denn weder dürfen die Staaten Westeuropas in die Rolle
30 von abhängigen Schutzbefohlenen absinken, noch dür-fen sie sich dem antiamerikanischen Wahn hingeben, die eigentliche Gefahr gehe nicht von der Sowjetunion, sondern vielmehr von den USA aus.

H. Schmidt: Menschen und Nächte. (Siedler) Berlin 1987. S. 335.

6 Konfliktverhütung und Krisenmanagement

a) Der Kommissar für Außenbeziehungen, Christopher Pat-ten, über die Aufgaben der GASP (1999):
Die Union war zu lange introvertiert und zu zaghaft,
5 um für ihre Ideen und Werte einzustehen. Von uns wird mehr erwartet. Wir hätten mehr dafür tun können, um uns dieser Herausforderung zu stellen. Schließlich er-heben die Regierungen der EU, wenn sie Verträge über den Gemeinsamen Markt und die Wirtschafts- und Wäh-
10 rungsunion unterzeichnen, den Anspruch auf eine wir-kungsvolle Präsenz in internationalen Angelegenheiten, und sie erheben diesen Anspruch gegenüber Politikern und Politikmachern der gesamten Welt.
Weshalb entsprechen wir dann nicht unserem Gewicht
15 in weltweiten Angelegenheiten? Weshalb haben wir zu häufig darin versagt, der Herausforderung internationa-ler Krisen zu begegnen? Warum konnte die GASP in der Presse und in der Fachliteratur als „Prozedur anstelle von Politik" kritisiert werden? Wie konnten wir es zulassen,
20 dass Maastricht so eindeutig ist im Hinblick auf die Ziele der GASP und so unklar darüber, wie wir diese erreichen können? Die einfache Antwort lautet, dass der politische Wille nicht ausreichte, um ein Handeln zu ermöglichen. Die inkohärente Politik von Staaten und Institutionen,
25 die darum wetteifern, im Rampenlicht zu stehen, hat zu Unschlüssigkeit geführt. [...]
Ein Teil des Problems war unsere Unfähigkeit, schnell zu handeln. Das Fehlen einer schnellen operationalen Präsenz untergräbt die Glaubwürdigkeit. Sehr oft ist es
30 nicht die Vision, die fehlt, sondern die Kompetenz. Wird der Zeitraum zwischen Entscheidung und Umsetzung zu groß, glaubt niemand mehr an die guten Absichten. Es muss weniger Feuerwehreinsätze geben, dafür mehr Konzentration auf die Ursachen der Brände. Wir müs-

sen Wege finden, unseren immensen wirtschaftlichen 35 Einfluss strategisch dazu einzusetzen, neue Brandherde zu verhindern und uns den Gründen ihres eigentlichen Entstehens zuzuwenden. Europa benötigt nicht nur die Fähigkeit zum Krisenmanagement, sondern auch eine Politik der Konfliktverhütung. 40

Internationale Politik 2/2000. S. 114 f.

b) Aus dem „Entwurf einer Europäischen Sicherheitsstrate-gie", bestätigt vom Europäischen Rat in Thessaloniki 2003:
Das Ende des Kalten Krieges bedeutet nicht das Ende der Bedrohungen und Herausforderungen für die Sicherheit der europäischen Länder. [...] Im letzten Jahrzehnt ist kei- 5 ne Region der Welt von Konflikten verschont geblieben. In den meisten Fällen waren diese Konflikte eher innerstaat-licher als zwischenstaatlicher Natur. Während dieses Zeit-raums sind europäische Streitkräfte häufiger ins Ausland verlegt worden als in jedem früheren Jahrzehnt. [...] 10
Seit dem Ende des Kalten Krieges sind die Vereinigten Staaten der dominierende militärische Akteur, dessen Potenzial von keinem anderen Land und keiner Länder-gruppe auch nur annähernd erreicht wird. Gleichwohl ist kein Land in der Lage, die komplexen Probleme der 15 heutigen Zeit im Alleingang zu lösen. Als Zusammen-schluss von 25 Staaten mit über 450 Millionen Einwoh-nern, die ein Viertel des Bruttosozialproduktes weltweit erwirtschaften, ist die Europäische Union – ob es einem gefällt oder nicht – ein globaler Akteur; sie sollte daher 20 bereit sein, einen Teil der Verantwortung für die globale Sicherheit zu tragen. [...]
In diesem Papier werden drei strategische Ziele für die EU vorgeschlagen. Erstens können wir in besonderem Maße zu Stabilität und verantwortungsvoller Staatsführung in 25 unserer unmittelbaren Nachbarschaft beitragen. Zweitens müssen wir ganz allgemein eine Weltordnung schaffen, die sich auf einen wirksamen Multilateralismus stützt. Wir müssen die Vorteile der wirtschaftlichen und poli-tischen Zusammenarbeit auf unsere künftigen östlichen 30 Nachbarn – die Ukraine, Moldau und Weißrussland – ausweiten und zugleich die politischen Probleme dieser Länder lösen. Wir sollten uns mehr für die Probleme im Südkaukasus interessieren, der zu gegebener Zeit eben-falls eine Nachbarregion sein wird. [...] 35
Handelspolitik und Entwicklungspolitik können wir-kungsvolle Instrumente zur Förderung von Reformen sein. Die Europäische Union und ihre Mitgliedstaaten sind als weltweit größte Bereitsteller öffentlicher Hilfe bestens in der Lage, diese Ziele zu verfolgen. Die Förde- 40 rung einer besseren Staatsführung durch Hilfsprogram-me und gezielte handelspolitische Maßnahmen sollte eine wichtige Komponente in einer Sicherheitsstrategie der EU darstellen. Durch präventives Handeln lassen sich ernsthaftere Probleme in der Zukunft vermeiden. 45

Zit. nach: Internationale Politik. 9/2003. S. 107 ff.

7 Atlantische Lehren aus dem Irak-Krieg?

a) US-Präsident George W. Bush 2003:

Die Ereignisse der letzten beiden Jahre haben uns die deutlichste aller Trennlinien geliefert: zwischen jenen,
5 die nach Ordnung streben, und jenen, die Chaos verbreiten; zwischen jenen, die für friedliche Veränderungen arbeiten, und jenen, die Gangstermethoden anwenden; zwischen jenen, die die Menschenrechte würdigen, und jenen, die Männern, Frauen und Kindern absichtlich,
10 ohne Gnade und Scham das Leben nehmen. Zwischen diesen Alternativen gibt es keinen neutralen Boden. Alle Regierungen, die den Terror unterstützen, sind Komplizen im Krieg gegen die Zivilisation. Keine Regierung sollte die Bedrohung des Terrors ignorieren, denn die Augen
15 zu verschließen bedeutet, dass Terroristen die Chance haben, sich neu zu gruppieren, zu rekrutieren und sich vorzubereiten. Alle Nationen, die gegen den Terror kämpfen, als hänge das Leben ihres eigenen Volkes davon ab, werden in der Geschichte positiv beurteilt. […]
20 Unsere Einsätze in Afghanistan und im Irak wurden von vielen Regierungen unterstützt, und die Vereinigten Staaten sind jeder einzelnen dankbar. Ich weiß auch, dass einige der souveränen Staaten dieser Versammlung mit unseren Maßnahmen nicht einverstanden waren. Dennoch gab und
25 gibt es Übereinstimmung unter uns bezüglich der grundlegenden Prinzipien und Ziele der Vereinten Nationen.

Zit. nach: Internationale Politik. 10/2003. S. 129 f.

b) Die Philosophen Jacques Derrida und Jürgen Habermas im Jahr 2003:

Zwei Daten sollten wir nicht vergessen: nicht den Tag, an dem die Zeitungen ihren verblüfften Lesern von jener Lo-
5 yalitätsbekundung gegenüber Bush Mitteilung machten, zu der der spanische Ministerpräsident die kriegswilligen europäischen Regierungen hinter dem Rücken der anderen EU-Kollegen eingeladen hatte; aber ebenso wenig den 15. Februar 2003, als die demonstrierenden Massen in
10 London und Rom, Madrid und Barcelona, Berlin und Paris auf diesen Handstreich reagierten. Die Gleichzeitigkeit dieser überwältigenden Demonstrationen könnte rückblickend als Signal für die Geburt einer europäischen Öffentlichkeit in die Geschichtsbücher eingehen. […]
15 Eine bellizistische Vergangenheit hat einst alle europäischen Nationen in blutige Auseinandersetzungen verstrickt. Aus den Erfahrungen der militärischen und geistigen Mobilisierung gegeneinander haben sie nach dem Zweiten Weltkrieg die Konsequenz gezogen, neue supranationale Formen der Kooperation zu entwickeln. Die Erfolgs-
20 geschichte der Europäischen Union hat die Europäer in der Überzeugung bestärkt, dass die Domestizierung staatlicher Gewaltausübung auch auf globaler Ebene eine gegenseitige Einschränkung souveräner Handlungsspielräume verlangt. Jede der großen europäischen Nationen hat eine
25 Blüte imperialer Machtentfaltung erlebt und die Erfahrung eines Verlusts des Imperiums verarbeiten müssen. Diese Abstiegserfahrung verbindet sich in vielen Fällen mit dem Verlust von Kolonialreichen. Mit dem wachsenden Abstand von imperialer Herrschaft und Kolonialgeschichte
30 haben die europäischen Mächte auch die Chance erhalten, eine reflexive Distanz zu sich einzunehmen.

Frankfurter Allgemeine Zeitung. 31. Mai 2003. S. 33 f.

c) Der Historiker Hans-Ulrich Wehler (2003):

Auch künftig muss die europäische Interessenpolitik immer mit dem Einsatz diplomatischer, ökonomischer, militärischer Mittel rechnen, ob in Mazedonien oder Georgien,
5 im Kongo oder anderswo, da der Globus zu einem einzigen Handlungsfeld zusammenwächst. Im Inneren wie in der Außenpolitik kann währenddessen der Pazifismus kein belastbares Fundament abgeben. Konsequenter pazifistischer Dauerprotest – auch im Fall eines neuen Srebrenica?
10 – lähmte die EU bis zur Bedeutungslosigkeit.
Vor allem aber kann die politische Einigung Europas nicht aus einem Dauerkonflikt mit den Vereinigten Staaten hervorgehen. Diese bleiben auf absehbare Zeit, bis China und vielleicht auch Indien als regionale Hegemonialmächte
15 aufsteigen und Russland sich wieder erholt hat, die einzige Weltmacht. […] Deshalb ist es atemberaubend kurzsichtig, auf ein halbautoritäres System wie Russland und einen verblassenden Staatskommunismus in China als Partner gegen Amerika zu setzen. […]
20 Auch das neue Europa der 450 Millionen bleibt noch auf lange Sicht auf den Status einer Mittelmacht beschränkt. Doch es kann und sollte sich endlich zu einem handlungsfähigen Akteur auf der internationalen Bühne entwickeln. Das aber gelingt nur im Zustand einer engen, immer wieder konfliktbereiten Kooperation mit der globalen Hege-
25 monialmacht. Nicht in der naiven Distanzierung von ihr liegt Europas Zukunft. Wohl aber sollte es an der Verfolgung seiner Eigeninteressen zäh festhalten, gelegentlich auch harte Auseinandersetzungen nicht scheuen.

Frankfurter Allgemeine Zeitung, 27. Juni 2003, S. 27.

9

Arbeitsvorschläge

a) Stellen Sie die NATO-Verlautbarungen in Beziehung zu den jeweiligen Zeitumständen.
b) Erörtern Sie die Stichhaltigkeit der wechselseitigen europäisch-amerikanischen Kritik.
c) Was verstehen EU-Repräsentanten heute unter „europäischer Sicherheit"?
d) Europäischer Pazifismus – eine sinnvolle außenpolitische Leitlinie? Führen Sie dazu ein Streitgespräch.

9.6 Brennpunkte der europäischen Integration

„Funktionalistischer Ansatz"

Als Jean Monnet und Robert Schuman den Prozess der europäischen Einigung in Gang setzten, wussten sie nicht genau, wohin dieser Weg einmal führen würde. Ihnen waren zwei Prämissen wichtig: Kriege in Europa für alle Zeit unmöglich zu machen; und statt fertige Gesamtprogramme zu entwerfen, erst einmal praktische Schritte zu tun und in einzelnen Sektoren gemeinsame Institutionen zu schaffen, denen man nach und nach weitere Bereiche anschließen könne. Aus dieser Praxis, das war die Hoffnung, würden Zusammengehörigkeitserfahrungen hervorgehen, die die weitere Integration vorantreiben könnten. Dieser „funktionalistische" Ansatz war rundum erfolgreich. Er setzte auf den „spill over"-Effekt: dass der Schwung der Integration von einem Bereich auf den nächsten „überschwappen" werde.

Supranational Intergonvernemental

Es war jedoch augenfällig, dass die Vergemeinschaftungsfortschritte sich vorwiegend in der Wirtschaft vollzogen, während die im engeren Sinne politischen Kompetenzen dahinter zurückblieben. Das zeigte sich erstmals beim Scheitern der Europäischen Verteidigungsgemeinschaft 1954, als das französische Parlament vor einem Verzicht auf fundamentale politische Selbstbestimmungsrechte in letzter Minute zurückschreckte. De Gaulle setzte in den 60er-Jahren diese Linie fort, indem er die politische Zusammenarbeit innerhalb der EWG auf eher lockere Kontakte zwischen den Einzelstaatsregierungen beschränkt sehen wollte. Das war ganz im Sinne der 1973 beigetretenen Londoner Regierung, die die EG am liebsten auf eine Freihandelszone zurückgestuft hätte. Als, hauptsächlich auf Betreiben Frankreichs, 1992 eine gemeinsame europäische Währung beschlossen wurde, bestand die Bundesrepublik auf der gleichzeitigen Errichtung einer Politischen Union. Deren Ausgestaltung kam aber nicht recht voran und beschränkte sich auf die GASP und die Zusammenarbeit in den Ressorts Justiz und Inneres. Ihre schwache supranationale Komponente beschränkte sich auf Instanzen wie den „Hohen Beauftragten" für die GASP oder das Europäische Polizeiamt (Europol), das der Koordinierung der Verbrechensbekämpfung dient.

Bundesstaat oder Staatenbund

Seit seinen Anfängen bewegt sich der europäische Einigungsprozess zwischen den Polen Bundesstaat (Föderation) und Staatenbund (Konföderation). Für viele Europäer (insbesondere Briten und Skandinavier) ist ein europäischer Bundesstaat ein Schreckgespenst, das sie mit Zentralismus, „Superstaat", „Eurokratie" gleichsetzen. Sie wollen an die EU nur so viel einzelstaatliche Zuständigkeiten abtreten, wie es im Interesse wirtschaftlichen und sozialen Fortschritts nötig scheint, im Übrigen aber an der Eigenständigkeit und Selbstbestimmung der Nationalstaaten nicht rütteln lassen. Im anderen Lager stehen diejenigen, die den selbstgenügsamen Nationalstaat im Zeitalter der Globalisierung und der grenzüberschreitenden Daseinsprobleme für überlebt halten. Die Zukunft gehört nach ihrer Auffassung der übernationalen Vergemeinschaftung, weil der Einzelstaat nicht in der Lage ist, nur auf sich gestellt mit so drängenden Problemen wie der Friedenswahrung, der Verbrechensbekämpfung, dem Schutz der Umwelt, der sozialen Sicherheit oder der Migration fertig zu werden.

Bundesstaatliche Elemente

In der EU zu Beginn des 21. Jahrhunderts finden sich beide Grundmuster wieder. Das bundesstaatliche, supranationale Element verkörpert sich in der Kommission, dem Gerichtshof und dem Parlament. Die (derzeit 25) Mitglieder der Europäischen Kommission werden zwar von den Einzelregierungen vorgeschlagen, bedürfen aber der Bestätigung durch das Europäische Parlament. Einmal im Amt, können sie nur vom Parlament, nicht von den nationalen Regierungen abgewählt werden. Sie sind in ihrer Tätigkeit nur dem Parlament rechenschaftspflichtig,

9

1 Giscard d'Estaing „Vorschläge bitte" Karikatur von Burkhard Mohr

ansonsten aber unabhängig; insbesondere aber dürfen sie keine Weisungen der Regierungen entgegennehmen, die sie entsendet haben. Die Kommission besitzt das alleinige Initiativrecht für alle europäischen Rechtsetzungsakte und hat ausschließlich den Gemeinschaftsinteressen zu dienen – notfalls auch gegen die Einzelstaaten. Dem Europäischen Gerichtshof ist die Auslegung, Wahrung und Fortentwicklung des Gemeinschaftsrechts anvertraut. Seine Entscheidungen sind endgültig und für alle Mitgliedstaaten verbindlich. Da das Gemeinschaftsrecht heute bereits mehr als die Hälfte der einzelstaatlichen Gesetzesbestände durchdringt, bildet das supranationale europäische Recht eine besonders wirksame Klammer der Gemeinschaft. Die nationalen Gerichte gehen immer mehr dazu über, die europäischen Richter um Vorabklärungen zu bitten, wenn sie wichtige Grundsatzentscheidungen zu treffen haben. Das Europäische Parlament versteht sich als Vertretung der gesamten europäischen Wählerschaft. Seine Abgeordneten beraten und entscheiden nicht als Repräsentanten ihrer Herkunftsländer, sondern im Blick auf die gemeinschaftlichen Belange. Sie gliedern sich nicht in nationale, sondern ausschließlich in parteigebundene Fraktionen.

Dennoch fehlt es der EU an entscheidenden Merkmalen der (Bundes-)Staatlichkeit. Sie besitzt keine Generalzuständigkeit, sondern kann nur insoweit tätig werden, als dies in den Verträgen festgelegt ist. Allerdings gibt der Artikel 235 des EG-Vertrages den Gemeinschaftsorganen das Recht, sich weitere Befugnisse zuzulegen, wenn dies zur Erreichung der Vertragsziele geboten scheint. Dies setzt freilich die Zustimmung aller Mitglieder voraus; insofern behalten die Einzelstaaten die letztgültige Entscheidungsgewalt. Dazu gehört auch, dass alle den Status der EU verändernden Verträge erst in Kraft treten können, nachdem alle einzelstaatlichen Parlamente sie ratifiziert haben.

Die die EU-Politik letztlich bestimmenden Organe sind der Europäische Rat und der Ministerrat. Der Europäische Rat, die jährlich vier Mal zusammentretende Gipfelkonferenz der Staats- und Regierungschefs (und des Kommissionspräsidenten), fasst die Grundsatzbeschlüsse und legt damit die allgemeine Richtung

Staatenbündische Elemente

9

der EU-Entwicklung fest. Der Ministerrat (bestehend aus den jeweils betroffenen Fachministern, in erster Linie den Außenministern) ist das entscheidende Gesetzgebungsgremium. Es ist dabei zwar an die Vorschläge der Kommission gebunden und muss sich in vielen Bereichen mit dem Europäischen Parlament verständigen. Aber gegen seinen Willen ist kaum eine europäische Rechtsetzung möglich – mit Ausnahme der Befugnis des Parlaments, den EU-Haushalt zu genehmigen oder abzulehnen oder in bestimmten, im Einzelnen festgelegten Ressorts ein Gesetzesvorhaben von Kommission und Ministerrat zu Fall zu bringen. Seit dem „Luxemburger Kompromiss" gilt, im Europäischen Rat wie im Ministerrat, die Regel, dass kein Staat in Fragen, die er für unverhandelbar erklärt, überstimmt werden darf. Für Abstimmungen im Ministerrat über weniger zentrale Dinge dagegen findet zunehmend mehr das Mehrheitsprinzip Anwendung (wobei den Staaten unterschiedliche Stimmzahlen entsprechend ihrer Bevölkerungsgröße zustehen).

Wildwuchs oder Gesamtkonzept?

Die EU gründet sich auf eine Reihe von Verträgen sowie auf eine Fülle von Beschlüssen und gesetzlichen Einzelregelungen, den sog. acquis communauitaire, der rund 80 000 Druckseiten umfasst. Dieses Konglomerat entstand nach und nach als Antwort auf wechselnde politische Herausforderungen und Kräfteverhältnisse, nicht gemäß einer langfristigen Planung oder einer von allen geteilten Zielvorstellung. Entsprechend vage fielen in der Regel die längerfristigen Perspektiven aus, wie sie sich in den Präambeln der Verträge und in anderen Dokumenten der Gemeinschaft finden.

Verfassungsentwurf des Europäischen Parlaments

Einen ersten Anlauf zu einer europäischen Verfassung unternahm das Straßburger Parlament in den 1980er-Jahren. Es wollte damit der um sich greifenden Europamüdigkeit entgegentreten, aber auch seine eigene Stellung im Institutionengefüge aufbessern und für mehr demokratische Mitbestimmung sorgen. Im Ganzen war der Entwurf darauf angelegt, die supranationalen Elemente zu stärken und die Befugnisse der Gemeinschaft gegenüber den Mitgliedstaaten zu erweitern. Beim Ministerrat fand dies jedoch keine Zustimmung.

Verfassungsvertrag 2004

Erst Ende der 90er-Jahre änderte sich die Meinung: Die bevorstehende Erweiterung um zehn und mehr Staaten, der zulasten Europas gehende Wandel in der atlantischen Partnerschaft, die Herausforderungen des globalen Zeitalters ließen eine umfassende Positionsbestimmung der EU wünschenswert erscheinen. Der erste Schritt war die Verabschiedung einer „Charta der Grundrechte" 2000, die vorerst freilich noch nicht zur verbindlichen Rechtsnorm erhoben wurde. Zwischen Februar 2002 und Juni 2003 erarbeitete dann ein vom Europäischen Rat eingesetzter Konvent, dem Regierungsvertreter, Parlamentarier und Mitglieder der Europäischen Kommission angehörten, den Entwurf eines „Vertrages über eine Verfassung für Europa". Nach den Vorgaben des Europäischen Rates sollte dieser Vertrag die bestehenden Regelungen zusammenfassen, vereinfachen und fortentwickeln.

Die öffentliche Diskussion über den Textentwurf drehte sich besonders um die Präambel, in der viele eine Erwähnung der christlichen Wurzeln Europas vermissten. Die Einsprüche namentlich der katholischen Länder scheiterten vor allem an der französischen, aber auch der deutschen Regierung, die auf einer klaren Trennung der politischen und der religiösen Sphäre bestanden. Die Annahme des Entwurfs im dafür zuständigen Europäischen Rat wurde eine Zeitlang durch die Weigerung Spaniens und Polens verzögert, dem vorgesehenen Abstimmungsmodus im Ministerrat zuzustimmen, durch den sich diese beiden mittelgroßen Staaten benachteiligt fühlten. Mit einer geringfügigen Textveränderung konnte dieser Streit beigelegt werden, und auf dem Brüsseler Gipfel stimmten am 18.

9

Juni 2004 alle 25 Regierungen dem Vertrag zu. Im Wesentlichen schreibt er den bisherigen Rechtsbestand fort. Er ist – wie auch bislang im europäischen Einigungsprozess üblich – eine völkerrechtliche Vereinbarung, keine Verfassung im herkömmlichen Sinn. Die EU erhält zwar Rechtspersönlichkeit, d.h. sie tritt nach außen und innen als eigenständiger Akteur auf, stellt aber gleichwohl keinen Staat dar. Neu eingerichtet werden zwei Ämter: der Präsident des Europäischen Rates, der für zweieinhalb Jahre dessen Vorsitz führt und kein einzelstaatliches Amt bekleiden darf; und der Außenminister, der zusammen mit dem Präsidenten und dem Kommissar für Auswärtige Angelegenheiten für die Wahrnehmung der GASP-Aufgaben zuständig ist. Der Vertrag erhebt die Grundrechte-Charta zu verbindlichem EU-Recht, erweitert die Mitwirkungsrechte des Parlaments (etwa 95 Prozent aller Gesetze sollen im Zusammenwirken von Parlament und Ministerrat erlassen werden), vermehrt die Politikbereiche, in denen der Ministerrat nach dem Mehrheitsprinzip entscheidet, verpflichtet die Mitgliedstaaten zur Verbesserung ihrer militärischen Schlagkraft und enthält eine „Solidaritätsklausel", derzufolge jedes EU-Land bei Terroranschlägen und Katastrophen großen Ausmaßes Anspruch auf die Hilfe der Partnerstaaten hat.

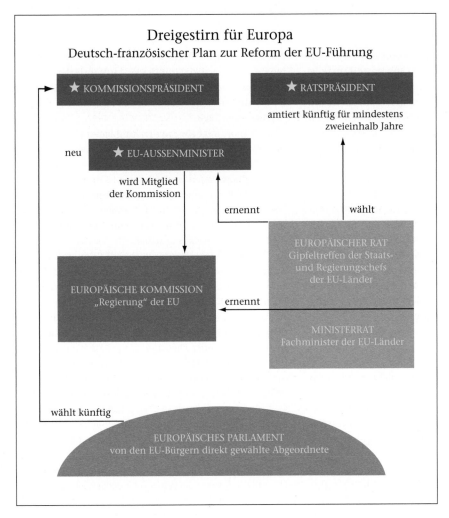

2 Deutsch-französischer Reformplan 2003

9

3 Bundesstaat? Staatenbund?

a) Aus dem Urteil des Bundesverfassungsgerichts vom 12. Oktober 1993:

Der Unions-Vertrag begründet einen Staatenverbund zur
5 Verwirklichung einer immer engeren Union der – staatlich organisierten – Völker Europas, keinen sich auf ein europäisches Staatsvolk stützenden Staat. [...]
Die Mitgliedstaaten haben die Europäische Union gegründet, um einen Teil ihrer Aufgaben gemeinsam wahr-
10 zunehmen und insoweit ihre Souveränität gemeinsam auszuüben. In ihrem am 11. und 12. Dezember 1992 in Edinburgh gefassten Beschluss betonen die Staats- und Regierungschefs, dass im Rahmen des Vertrages über die Europäische Union unabhängige und souveräne Staaten
15 aus freien Stücken beschlossen haben, [...] einige ihrer Befugnisse gemeinsam auszuüben. Dementsprechend nimmt der Unions-Vertrag auf die Unabhängigkeit und Souveränität der Mitgliedstaaten Bedacht, indem er die Union zur Achtung der nationalen Identität ihrer
20 Mitgliedstaaten verpflichtet, die Union [...] nach dem Prinzip der begrenzten Einzelzuständigkeit nur mit bestimmten Kompetenzen und Befugnissen ausstattet und sodann das Subsidiaritätsprinzip für die Union [...] zum verbindlichen Rechtsgrundsatz erhebt. [...]
25 Wohin ein europäischer Integrationsprozess nach weiteren Vertragsänderungen letztlich führen soll, mag in der Chiffre der ‚Europäischen Union‘ zwar im Anliegen einer weiteren Integration angedeutet sein, bleibt im gemeinten Ziel letztlich jedoch offen. Jedenfalls ist ei-
30 ne Gründung „Vereinigter Staaten von Europa“, die der Staatswerdung der Vereinigten Staaten von Amerika vergleichbar wäre, derzeit nicht beabsichtigt. [...]
Die Kompetenzen und Befugnisse, die der Europäischen Union und den ihr zugehörigen Gemeinschaften ein-
35 geräumt sind, bleiben [...] im Wesentlichen Tätigkeiten einer Wirtschaftsgemeinschaft. Die zentralen Tätigkeitsfelder der Europäischen Gemeinschaft sind insoweit die Zollunion und die Freiheit des Warenverkehrs, der Binnenmarkt, die Rechtsangleichung zur Sicherung der
40 Funktionsfähigkeit des Gemeinsamen Marktes, die Koordinierung der Wirtschaftspolitik der Mitgliedstaaten und die Entwicklung einer Währungsunion.

Zit. nach: T. Läufer (Hg): Die Vertragstexte von Maastricht. Bonn: Bundeszentrale 1996. S. 339 f.

b) Der ehemalige Bundesverfassungsrichter Dieter Grimm (im Jahr 2003):

Es wäre das falsche Ziel, die europäische Zukunft in Anlehnung an Amerika in den Vereinigten Staaten von Eu-
5 ropa zu suchen. Viele können sich kein anderes Ergebnis der europäischen Einigung vorstellen. Sie betrachten den jetzigen Staatenverbund daher nur als Durchgangsstadium zum Bundesstaat. Indessen wird allenthalben sichtbar, dass die Staaten mit wachsender Globalisierung ihr

Attribut, die Souveränität, zusehends aufgeben oder ver- 10
lieren und sich für bindende politische Entscheidungen, die aus anderen als der nationalen Rechtsquelle stammen, öffnen. Die Staaten werden zwar vorerst nicht in einer neuen politischen Ordnungsform aufgehen, wohl aber an Exklusivität und Bedeutung verlieren.   15
Gegen diese Entwicklung wäre auch ein europäischer Bundesstaat nicht gefeit. Deswegen ist die Hoffnung unrealistisch, dass sich die schrumpfende Staatlichkeit auf der nationalen Ebene auf der höheren europäischen Ebene wiederherstellen ließe. Mit dem europäischen Staat 20
setzt man also auf ein Modell der Vergangenheit. Dagegen kann man von der Europäischen Union mit gutem Grund behaupten, dass sie die bedeutendste politische Innovation des 20. Jahrhunderts darstellt. Sie löst die Nationalstaaten mit ihren anderweitig nicht ersetzbaren 25
Legitimations- und Solidaritätsressourcen nicht auf, sondern nutzt sie, um für diejenigen Probleme Lösungen zu bieten, die heute die nationalen Kräfte überfordern.

Frankfurter Allgemeine Zeitung, 16. Juni 2003.

4 Der „Vertrag über eine Verfassung für Europa“

a) Aus der Charta der Grundrechte der Europäischen Union (im Jahr 2000):

Präambel: 2. Die Union gründet sich auf die unteilbaren und universellen Grundsätze der Würde der Männer 5
und Frauen, der Freiheit, der Gleichheit und Solidarität; sie beruht auf dem Grundsatz der Demokratie und der Rechtsstaatlichkeit.

3. Die Union trägt zur Entwicklung dieser gemeinsamen Werte unter Achtung der Vielfalt der Kulturen und Tradi- 10
tionen der Völker Europas sowie der nationalen Identität der Mitgliedsstaaten und der Organisation ihrer staatlichen Gewalt auf nationaler, regionaler und lokaler Ebene bei; sie stellt durch den freien Personen-, Waren-, Kapital- und Dienstleistungsverkehr eine ausgewogene und 15
nachhaltige Entwicklung sicher.

Art. 14. Jede Person hat das Recht auf Bildung sowie auf Zugang zur beruflichen Ausbildung und Weiterbildung. Dieses Recht umfasst die Möglichkeit, unentgeltlich am Pflichtschulunterricht teilzunehmen.   20

Art. 15 (2). Alle Unionsbürger haben die Freiheit, in jedem Mitgliedstaat Arbeit zu suchen, zu arbeiten, sich niederzulassen oder Dienstleistungen zu erbringen oder in Anspruch zu nehmen.

Art. 16. Die unternehmerische Freiheit wird anerkannt. 25
Art. 21 (1). Diskriminierungen insbesondere wegen des Geschlechts, der Rasse, der Hautfarbe, der ethnischen oder sozialen Herkunft, der genetischen Merkmale, der Sprache, der Religion oder der Weltanschauung, der politischen oder sonstigen Anschauung, der Zugehörigkeit zu 30
einer nationalen Minderheit, des Vermögens, der Geburt, einer Behinderung, des Alters oder der sexuellen Ausrichtung sind verboten.

9

Art. 22 (1). Die Chancengleichheit und Gleichbehand-
35 lung von Männern und Frauen in den Bereichen Arbeit
und Beschäftigung, einschließlich des Grundsatzes des
gleichen Entgelts bei gleicher oder gleichwertiger Arbeit,
sind sicherzustellen. (2). Der Grundsatz der Gleichbe-
handlung steht der Beibehaltung oder der Einführung
40 spezifischer Vergünstigungen zur Erleichterung der Berufstätigkeit des unterrepräsentierten Geschlechts oder
zur Verhinderung oder zum Ausgleich von Benachteili-
gungen in der beruflichen Laufbahn nicht entgegen.
Art. 23 (1). Kinder haben Anspruch auf den Schutz und
45 die Fürsorge, die für ihr Wohlergehen notwendig sind.
[...] Ihre Meinung wird in den Angelegenheiten, die sie
betreffen, in einer ihrem Alter und ihrem Reifegrad entsprechenden Weise berücksichtigt.
Art. 31 (1). Der rechtliche, wirtschaftliche und soziale
50 Schutz der Familie wird gewährleistet. (2) Jede Person
muss Familien- und Berufsleben miteinander in Einklang
bringen können.
Art. 32 (1). Die Union anerkennt und achtet das Recht
auf Zugang zu den Leistungen der sozialen Sicherheit
55 und zu den sozialen Diensten, die bei Mutterschaft, bei
Krankheit, bei einem Arbeitsunfall, bei Pflegebedürftig-
keit oder im Alter sowie bei Verlust des Arbeitsplatzes
Schutz gewährleisten, nach Maßgabe des Gemeinschaftsrechts und der einzelstaatlichen Rechtsvorschriften und
60 Gepflogenheiten. (3) Die Union anerkennt und achtet
das Recht auf eine soziale Unterstützung und eine Woh-
nungsbeihilfe, die für jede Person, die nicht über ausreichende Mittel verfügt, ein menschenwürdiges Dasein
sicherstellen sollen, nach Maßgabe des Gemeinschafts-
65 rechts und der einzelstaatlichen Rechtsvorschriften und
Gepflogenheiten.
Art. 35. Der Schutz und die Erhaltung einer Umwelt mit
guter Lebensqualität sowie die Verbesserung der Umweltqualität unter Berücksichtigung des Grundsatzes der
70 nachhaltigen Entwicklung werden durch alle Politiken
der Union sichergestellt.

Frankfurter Allgemeine Zeitung. Nr. 181/2000. S. 12.

b) Aus dem Verfassungsvertrag von 2004:
Präambel: Schöpfend aus dem kulturellen, religiösen und
humanistischen Erbe Europas, aus dem sich die unverletz-
lichen und unveräußerlichen Rechte des Menschen, Demokratie, Gleichheit, Freiheit und Rechtsstaatlichkeit als 5
universelle Werte entwickelt haben. In der Überzeugung,
dass ein nach bitteren Erfahrungen nunmehr geeintes
Europa auf diesem Weg der Zivilisation, des Fortschritts
und des Wohlstands zum Wohl all seiner Bewohner [...]
weiter voranschreiten will. [...] 10
Art. I-3 (3). Die Union wirkt auf die nachhaltige Entwicklung Europas hin auf der Grundlage eines ausgewogenen
Wirtschaftswachstums und von Preisstabilität, einer in
hohem Maße wettbewerbsfähigen sozialen Marktwirtschaft, die auf Vollbeschäftigung und sozialen Fortschritt 15
abzielt, sowie eines hohen Maßes an Umweltschutz und
Verbesserung der Umweltqualität.
Art. I-9 (3). Nach dem Subsidiaritätsprinzip wird die Union in den Bereichen, die nicht in ihre ausschließliche
Zuständigkeit fallen, nur tätig, sofern und soweit die Ziele 20
der in Betracht gezogenen Maßnahmen von den Mitgliedstaaten weder auf zentraler noch auf regionaler oder
lokaler Ebene ausreichend erreicht werden können, sondern vielmehr wegen ihres Umfangs oder ihrer Wirkungen auf Unionsebene besser erreicht werden können. 25
Art. I-24 (1). Als qualifizierte Mehrheit gilt eine Mehrheit
von mindestens 55 Prozent der Mitglieder des Rates, sofern diese Mehrheit mindestens 15 Mitglieder des Rates
umfasst und sofern diese Mitglieder Mitgliedstaaten vertreten, die zusammen mindestens 65 Prozent der Bevöl- 30
kerung ausmachen.
Art. III-158 (1). Die Union bildet einen Raum der Freiheit,
der Sicherheit und des Rechts, in dem die Grundrechte
geachtet werden und die verschiedenen Rechtsordnun-
gen und -traditionen der Mitgliedstaaten berücksichtigt 35
werden.

Frankfurter Allgemeine Zeitung, 24. Juni 2004. S. 4 f.

9

Arbeitsvorschläge

a) Setzen Sie die Präambeln der drei Gemeinschaftsverträge zur jeweiligen Zeitla-
ge in Beziehung. Lassen sich kontinuierlich durchgehaltene Zielbestimmungen
ausmachen? Der Nationalstaat, ein – vorerst noch unentbehrliches – Auslauf-
modell? Die EU, die bedeutendste politische Innovation des 20. Jahrhunderts?
Diskutieren Sie diese Thesen.

b) Wo gehen die in der Grundrechte-Charta proklamierten Normen über bislang
übliche Kataloge hinaus?

c) Wie sucht der Verfassungsvertrag die Rechte großer und kleiner Länder auszu-
balancieren?

Methode:
Demoskopie – Was denken die Europäer über Europa?

In einer Demokratie ist es wichtig, was die Menschen fühlen, denken, wollen. Der „veröffentlichten Meinung" allein kann man dies nicht entnehmen. In den Medien kommt nur ein kleiner und keineswegs repräsentativer Teil der Bevölkerung zu Wort. Was der sprichwörtliche „Mann (die Frau) auf der Straße" meint, lässt sich hier nicht erfahren. Um diese Lücke zu schließen, hat die Sozialwissenschaft die Demoskopie (aus dem Griechischen: Volksbeobachtung) entwickelt. Sie fragt eine begrenzte Zahl von Menschen (Sample, Stichprobe) anhand eines vorher festgelegten und für alle Befragten gleichen Fragenkatalogs zu ihren Kenntnissen und/oder Ansichten über bestimmte Sachverhalte. Dabei werden den Befragten jeweils mehrere Antwortmöglichkeiten vorgegeben, aus denen diese die für sie einleuchtendste auswählen sollen (multiple-choice-Verfahren). Um zuverlässige Ergebnisse zu erzielen, sollte die Zahl der Befragten nicht unter 2000 liegen. Unter ihnen müssen alle für die Fragestellung wichtigen Personengruppen entsprechend der durchschnittlichen Verteilung in der Gesamtbevölkerung vertreten sein: also z. B. beide Geschlechter, die verschiedenen Altersstufen, Religionen und Konfessionen, parteipolitischen Positionen, Ost- und Westdeutsche, Einkommensgruppen, Bildungsniveaus u. a.

Die Aussagekraft der Befragungsergebnisse hängt sehr davon ab, ob Kenntnisse oder Meinungen erfragt werden. Bei Meinungen bleibt vielfach offen, wie weit der/die Befragte sie zu begründen vermag; insofern sind sie, verglichen mit Wissensfragen, tendenziell unverbindlicher. Als Befragungsstrategie empfiehlt sich deshalb eine Kombination beider Typen: Auf diese Weise lässt sich die Stichhaltigkeit von Meinungsäußerungen besser einschätzen.

Als Resultate der in der Regel mündlichen Befragungen ergeben sich Zahlenkolonnen. Für deren Auswertung gelten die für statistische Daten üblichen Regeln der Quellenkritik und -interpretation. Quellenkritisch ist also zu prüfen:
- War die Zahl der Befragten genügend groß?
- Waren die für die Fragestellung wichtigen Merkmalsgruppen angemessen vertreten?

1) Von je 100 Befragten fühlen sich eher

Land	als Europäer	national verbunden
Luxemburg	74	20
Italien	72	26
Frankreich	68	30
Belgien	61	36
Deutschland	57	38
Portugal	57	42
Spanien	56	38
Niederlande	56	43
Irland	49	47
Österreich	48	50
Griechenland	47	53
Dänemark	43	56
Finnland	42	56
Großbritannien	41	57
Schweden	34	64

Das Parlament,
23. Januar 1998.

9

- Waren die Fragen und Antwortvorgaben angemessen, eindeutig, verständlich?
- Was vermochten die Fragen zu erfassen, was blieb möglicherweise unberücksichtigt?

Die eigentliche Auswertung sollte sich an folgenden Gesichtspunkten ausrichten:

- Was lässt sich als Ergebnis festhalten?
- Finden sich auffällige, von den Vorannahmen abweichende Daten?
- Gibt es mehrdeutige Befunde oder gar Widersprüche?
- Wie lassen sich die Befunde erklären?
- Wie verhalten sie sich zu sonstigen Erkenntnissen?

Die beiden letzten Fragen sind die wichtigsten, aber auch anspruchsvollsten. Befunde erklären und einordnen heißt: sie zu anderen Sachverhalten in Beziehung setzen. Dafür kommen etwa folgende Aspekte in Betracht:

- Gewichtige zeitgenössische Ereignisse und Vorgänge: So dürfte sich z. B. die Einstellung zur inneren Sicherheit vor und nach dem 11. September 2001 deutlich unterscheiden.
- Die historisch-politische Sozialisation der Befragten: Hier ist bsw. die Differenz zwischen Ost- und Westdeutschen bedeutsam.
- Ökonomische und soziale Lebensverhältnisse: Die Menschen aus Weichwährungsländern begrüßten den Euro freudiger als viele stabilitätsverwöhnte Deutsche.
- Nationale Mentalitäten und Traditionen: Briten oder Dänen waren bislang stets euroskeptischer als Italiener oder Niederländer.
- Die persönliche Nähe oder Ferne zu europapolitischen Fragen: Solange die europäische Integration die persönliche Existenz nicht weiter berührte, war die Zustimmung in Deutschland größer als in der Phase der tatsächlichen Euro-Einführung, von der sich so gut wie jeder betroffen fühlte.
- Die Generationszugehörigkeit: Ältere Menschen leben mehr in den Werten und Gewohnheiten des Nationalstaates; den jüngeren sind multi- und transnationale Lebensformen vertrauter.

2) Frage: Würden Sie sagen, unter den Ländern der Europäischen Union überwiegen Gemeinsamkeiten und gemeinsame Interessen oder überwiegen Gegensätze und unterschiedliche Interessen? (Angaben in Prozent)

	Bevölkerung insgesamt 1997 1999		CDU-Anhänger 1997 1999		SPD-Anhänger 1997 1999	
Gemeinsamkeiten überwiegen	33	22	40	19	29	25
Gegensätze überwiegen	48	59	40	63	52	55
Unentschieden	19	19	20	18	19	20

FAZ, 19. Mai 1999, S. 5.

3) Es fühlen sich als Europäer (in Prozent)

	häufig	manchmal	niemals
Altersgruppe 15–24	15	40	45
25–34	16	35	35
35–44	16	35	35
45–54	16	34	34
55–64	14	31	31
über 65	12	28	28
Bildungsdauer:			
unter 10 Jahren	11	29	60
10–12	12	32	57
13–14	16	39	46
über 14	23	40	37

Eurobarometer 38, Herbst 1992.

9

Arbeitsvorschlag

Werten Sie die Daten unter Berücksichtigung der oben beschriebenen Gesichtspunkte aus.

Europa wächst zusammen

1929	Frankreichs Außenminister Briand schlägt ein „föderatives Band" in Europa vor.
1947	Der Marshall-Plan verpflichtet die europäischen Länder zur wirtschaftlichen Zusammenarbeit.
1949	12 Länder unter Führung der USA bilden das Nordatlantische Verteidigungsbündnis (NATO). 10 Staaten gründen den Europarat (2004: 43 Mitglieder).
1950	Der Europarat beschließt die „Europäische Konvention der Menschenrechte und Grundfreiheiten".
1952	Die „Europäische Gemeinschaft für Kohle und Stahl" tritt in Kraft.
1955	„Die Sechs" und Großbritannien schließen das Verteidigungsbündnis der „Westeuropäischen Union" (WEU).
1958	Die Verträge über die „Europäische Wirtschaftsgemeinschaft" (EWG) und die „Europäische Atomgemeinschaft" treten in Kraft.
1966	Im „Brüsseler Kompromiss" einigen sich die EWG-Staaten auf das Prinzip der Einstimmigkeit.
1968	Mit der Vollendung der Zollunion verschwinden die Zollgrenzen in der EWG.
1973	Dänemark, Großbritannien und Irland treten der EG bei.
1975	33 europäische Staaten sowie die USA und Kanada verabschieden in Helsinki die Schlussakte der Konferenz für Sicherheit und Zusammenarbeit in Europa (KSZE).
1981/86	Süderweiterung der EG: Griechenland (1981), Portugal und Spanien (1986)
1992	Der Vertrag von Maastricht begründet die Europäische Union (EU).
1993	Die Wirtschaftsunion (Vollendeter Binnenmarkt) tritt in Kraft.
1995	Finnland, Österreich, Schweden werden EU-Mitglieder.
1999	11 EU-Staaten führen die gemeinsame europäische Währung (Euro) ein. Die NATO führt einen Luftkrieg gegen Serbien zum Schutz der Albaner im Kosovo.
2002	Der Euro wird in 12 EU-Staaten alleiniges gesetzliches Zahlungsmittel.
2003	Der von den USA und Großbritannien ausgelöste (zweite) Irak-Krieg entzweit die europäischen Verbündeten.
2004	„Osterweiterung" der NATO um sieben, der EU um zehn neue Mitglieder. Der Europäische Rat verabschiedet den „Vertrag über eine Verfassung für Europa". Der Europäische Rat empfiehlt die Eröffnung von Beitrittsverhandlungen mit der Türkei.
2007	„Südosterweiterung" der EU um Bulgarien und Rumänien

9

10. Der Balkan als Konfliktherd

10.1 Völker – Kulturen – Religionen

Wie kaum anderswo in Europa trafen auf dem Balkan seit alters her unterschiedliche Ethnien, Religionen, Kulturen, Brauchtümer und Mentalitäten aufeinander. Noch heute leben dort mehr als 25 Völker in einem ethnisch-sprachlichen Flickenteppich. Neben den südslawischen Völkern der Bulgaren, Serben, Mazedonier, Bosnier und Kroaten leben dort u.a. auch Griechen, Albaner und Rumänen. Dazwischen liegen Siedlungsgebiete der Roma und Türken. Die Minderheit der Deutschen liegt nach Flucht, Vertreibung und Auswanderung nur noch bei einigen zehntausend.

Der Balkan – eine Region der ethnischen Vielfalt

Kennzeichnend ist auch das Nebeneinander von Religionen und Konfessionen. Infolge der Trennung in Ost- und Westkirche 1054 und konkurrierender Missionsbemühungen der christlichen Zentren Rom und Byzanz setzte sich z.B. bei den Kroaten und Nordalbanern der Katholizismus durch, während für die Mehrheit der Griechen, Serben, Bulgaren, Mazedonier und Rumänen das orthodoxe Christentum prägend wurde.
Beginnend im 14. Jahrhundert eroberten die islamischen Osmanen die gesamte Balkanhalbinsel, unterwarfen die rumänischen Fürstentümer und beherrschten zwischen 1526 und 1688 auch Ungarn und Teile Kroatiens. Die muslimische religiöse Toleranz und das islamische Fremdenrecht ermöglichte nicht nur aus Indien zugewanderten Roma und den aus Spanien vertriebenen Juden die Ansiedlung auf dem Balkan, sondern sicherte auch der christlichen Bevölkerung als Schutzbefohlene des Sultans religiöse und kulturelle Autonomie. Nur die Mehrheit der Albaner und der slawischen Bevölkerung in Bosnien sowie ein kleiner Teil der Bevölkerung in Mazedonien und Thrazien wurden Muslime.

Religionen und Konfessionen treffen aufeinander

Das religiöse, wirtschaftliche und kulturelle Leben des Balkan war seit dem 15. Jahrhundert auch bestimmt von den großen jüdischen Gemeinden in Städten wie Sarajevo, Thessaloniki, Belgrad u.a. Heute bilden Juden nur eine kleine Minderheit in Südosteuropa. Von den ehemals etwa 1,9 Millionen dort lebenden wurden durch den Holocaust mehr als die Hälfte ermordet. Ein großer Teil der Überlebenden wanderte nach dem Zweiten Weltkrieg nach Israel aus.

Jüdische Gemeinden sind fast verschwunden

1 Stadtansicht von Sarajevo mit Begova-Moschee und der Katholischen Kirche
Nicht nur die Gotteshäuser der verschiedenen Religionen stehen dicht beieinander. In vielen Städten und Dörfern, vor allem in Bosnien-Herzegowina, lebten Angehörige der unterschiedlichen Ethnien in enger Nachbarschaft zusammen. Oft vermischten sie sich auch innerhalb der Familien.

10

10.2 Der Balkan als Spielball der Großmächte?

Zwischen Europa und Asien

Aufgrund der geostrategischen Lage zwischen Europa und Asien war der Balkan immer auch ein Interessengebiet verschiedener Großmächte. Diese sicherten sich Einflusssphären und trugen dazu bei, dass die Region zu einer gefährlichen Konfliktzone und zu einem der immer wiederkehrenden Kriegsschauplätze Europas wurde. Zwischen dem 15. und 18. Jahrhundert teilten sich vor allem die österreichischen Habsburger und die türkischen Osmanen Südosteuropa und bestimmten weitgehend das Schicksal der dortigen Bevölkerung. Während sich das katholische Reich der Habsburger nach Kroatien und Ungarn ausdehnen konnte, beherrschten die islamischen Osmanen den Großteil der Balkanhalbinsel. 1453 hatten sie darüber hinaus die alte Kaisermetropole Byzanz erobert und nach dem Rückzug der Republik Venedig aus der Ägäis konnten die Osmanen sich auch im östlichen Mittelmeer durchsetzen.

Im Schnittpunkt europäischer Großmachtinteressen

Balkan

Das Osmanische Reich erlebte besonders im 15. und 16. Jahrhundert eine kulturelle und wirtschaftliche Blütezeit und stieg zu einer wichtigen politischen Macht in Europa auf. Nachdem jedoch eine zunehmende Stagnation im Inneren eintrat, erlebte es im 19. Jahrhundert einen nachhaltigen ökonomischen Niedergang und geriet schließlich in wirtschaftliche Abhängigkeit der europäischen Großmächte. Gleichzeitig verbreitete sich unter den christlichen Balkanvölkern ein eigener Nationalismus, der sich in Verbindung mit sozialem Protest zu immer größerem Widerstand gegen die osmanische Herrschaft entwickelte. Angesichts der griechischen, serbischen, bulgarischen und rumänischen Befreiungsbewegungen wurde vom Osmanischen Reich immer mehr vom „kranken Mann am Bosporus" gesprochen. Die europäischen Großmächte sahen ihrerseits die Chance, durch Unterstützung der entstehenden Nationalbewegungen auf dem Balkan ihren Einfluss dort zu stärken. In diesem Zusammenhang wurde besonders das Zarenreich Russland aktiv, das sich als Schutzmacht der christlich-orthodoxen Völker sah. Gleichzeitig strebte es danach, selbst die Vorherrschaft in Südosteuropa, den Bosporus und die Meerengen zwischen Schwarz- und Mittelmeer zu gewinnen. Damit wurde Russland zum Hauptkonkurrenten für Österreich-Ungarn auf dem Balkan. Die Habsburger fürchteten darüber hinaus, dass die Befreiungsbe-

2 **Verwundete werden am Shipkapass geborgen.** Zeitgenössische Darstellung eines unbekannten Künstlers. Im russisch-türkischen Krieg 1877/78 wurden die osmanischen Truppen an diesem wichtigen Übergang über den Balkan vernichtend geschlagen. Russland strebte daraufhin die Schaffung eines großbulgarischen Reiches an, um den slawischen Einfluss auf dem Balkan zu stärken. Die Berliner Konferenz verhinderte dies jedoch.

10

wegungen auf dem Balkan auch den Unabhängigkeitswillen der südslawischen Völker in Österreich-Ungarn fördern würden. Doch auch Großbritannien hatte kein Interesse an einer russischen Expansion in dieser Region und war bestrebt, den Seeweg nach Indien über das Mittelmeer, den neu erbauten Suezkanal und das Rote Meer zu sichern. Es war daher am stärksten an einem territorialen Erhalt des Osmanischen Reiches interessiert.

Eine Reihe von Aufständen in Bosnien und Bulgarien 1875/76 führten zu einer bewaffneten Intervention Russlands gegen das Osmanische Reich. Zusammen mit rumänischen Truppen stieß die russische Armee 1877/78 bis kurz vor Istanbul (Konstantinopel) vor und in einem Diktatfrieden erzwang die Zarenregierung die Gründung eines südslawischen, großbulgarischen Staates. Dieser sollte, von Russland beherrscht, einen Großteil des Balkans umfassen. Dies waren weder Österreich-Ungarn noch Großbritannien bereit hinzunehmen, sodass eine militärische Konfrontation drohte. Auf dem Berliner Kongress konnte jedoch zwischen den Großmächten ein Kompromiss erzielt und die Orientkrise entschärft werden. Serbien, Montenegro sowie Rumänien erhielten nun ihre volle Unabhängigkeit und ein wesentlich verkleinertes Bulgarien als autonomes Fürstentum entstand. Bosnien und die Herzegowina wurden vorerst einer österreichisch-ungarischen Verwaltung unterstellt.

Balkankrisen und Kriege

Die Rivalität der Mächte um den Einfluss im Osmanischen Reich blieb aber erhalten. Hinzu kam zusätzlich die ehrgeizige Politik der jungen, südosteuropäischen Nationalstaaten, die möglichst große osmanische Territorien annektieren wollten. Zu Beginn des 20. Jahrhunderts hatte sich der Balkan zum „Pulverfass" Europas entwickelt, das jederzeit eine Intervention und somit einen Zusammenstoß zwischen den rivalisierenden Großmächten hervorzurufen drohte. Eine erhebliche Zuspitzung dieser Situation schuf die Annexion Bosnien-Herzegowinas durch Österreich-Ungarn 1908. In den Balkankriegen

Englische Karikatur von 1908

1912/13 versuchten die südosteuropäischen Staaten zunächst gegen das Osmanische Reich und dann gegeneinander ihre eigenen Expansionspläne durchzusetzen. Griechenland, Serbien und Bulgarien teilten sich Mazedonien auf. An der Adria entstand Albanien als weiterer unabhängiger Staat. Allerdings blieben die Gebietsansprüche und Machtrivalitäten bestehen. So forderte z. B. ein erstarkender serbischer Nationalismus den Sturz der österreichisch-ungarischen Herrschaft in Bosnien-Herzegowina. Dies gipfelte am 28. Juni 1914 im Attentat von Sarajevo. Im nun ausbrechenden 1. Weltkrieg schlossen sich sämtliche Balkanstaaten einem der beiden Krieg führenden Machtblöcke, Mittelmächte und Entente, an.

Attentat von Sarajevo

10

Das Ende des 1. Weltkrieges ging einher mit der Auflösung der Habsburger Doppelmonarchie und des Osmanischen Reiches. Doch die Pariser Friedenskonferenzen der Siegermächte 1919/20 beseitigten die alten Konflikte nicht. Im Bestreben, jeweils möglichst homogene Nationalstaaten zu schaffen, kam es u. a. zur Vertreibung von 1,6 Millionen Muslimen aus dem Balkan und von 1,1 Millionen Griechen aus der neu entstandenen Türkei. Die slowenischen, kroatischen und serbischen

Der Balkan nach dem Ersten Weltkrieg

3 Staatenordnung auf dem Balkan nach dem Pariser Frieden 1919

Siedlungsgebiete Österreich-Ungarns und das multiethnische Bosnien-Herzegowina wurde mit Serbien und Montenegro 1918 zum „Königreich der Serben, Kroaten und Slowenen" – seit 1929 Jugoslawien – vereint. Durch die serbische Dominanz in diesem neuen Vielvölkerstaat lebten aber alte Konfliktherde fort bzw. entstanden neue. Im Frieden von Trianon wurde Ungarn zu einem Kleinstaat zusammengestutzt. Ein Drittel der Ungarn lebte fortan in den benachbarten Staaten. Gleichzeitig war Bulgarien nicht bereit, den Anspruch auf ganz Mazedonien und Thrazien aufzugeben.

Eine Beute Hitlers und Mussolinis

In den 1930er-Jahren erhielten auch auf dem Balkan faschistische Bewegungen Zulauf und es setzten sich autoritäre Systeme durch. Während das faschistische Italien und das nationalsozialistische Deutschland an Einfluss in dieser Region gewannen, wurden Frankreich und Großbritannien aus Südosteuropa zunehmend zurückgedrängt. Soziale Konflikte, Missachtung der Rechte von ethnischen Minderheiten sowie die Verfolgung von Oppositionellen kennzeichneten die Lage in den Balkanländern. Wie anderswo in Europa waren auch hier die Juden und Roma besonders betroffen. Nicht zuletzt, weil das Deutsche Reich Südosteuropa als wirtschaftlichen Rohstofflieferanten benötigte, wurde das Schicksal der Balkanländer von Anfang an maßgeblich durch den Ausbruch des Zweiten Weltkriegs bestimmt. Bereits 1939 steckten Hitler und Stalin ihre Interessenssphären in Südosteuropa ab. Während Ungarn, Rumänien und Bulgarien unter starke deutsche Hegemonie gerieten, war Albanien schon 1939 von Italien annektiert worden. 1941 wurden schließlich Jugoslawien und Griechenland von Deutschland und Italien gewaltsam besetzt. Die Gründung des faschistischen kroatischen Ustascha-Staates führte schon bald darauf zu einem Bürgerkrieg in Jugoslawien.

10

10.3 Frieden im Kalten Krieg?

Der Balkan im sowjetischen Machtbereich

Nach 1945 erlebte der Balkan seine bisher längste Friedensperiode, eine ruhige Zeit war es dennoch nicht. Auf ihrer Konferenz in Jalta sicherten sich die Siegermächte auf dem Balkan ihre Einflusssphären. Neben Albanien und Jugoslawien gerieten Ungarn, Rumänien und Bulgarien in den sowjetischen Machtbereich. Griechenland und die Türkei wurden 1952 in die NATO aufgenommen. Stalinisierung und sowjetisches Hegemoniestreben stießen in einigen Balkanländern auf besonderen Widerstand. Nach dem Bruch zwischen Stalin und Tito 1948 widersetzte sich Jugoslawien der Sowjetisierung und ging als blockfreies Land seinen eigenen politischen Weg. In Ungarn kam es 1956 zu einem Volksaufstand gegen das stalinistische Regime und die sowjetische Vorherrschaft, den die UdSSR blutig niederschlug. Sie verhinderte zwar den Ausbruch des Landes aus dem Ostblock, aber nicht dessen reformkommunistische Entwicklung. In Rumänien schlug die kommunistische Diktatur Ceaucescus seit 1965 einen nationalistischen Weg ein, Albanien löste sich 1960 vollständig von der UdSSR. Aber auch das türkisch-griechische Verhältnis blieb gespannt. 1974 besetzte die Türkei den Nordteil Zyperns und vertrieb 200 000 griechische Zyprioten, 45 000 türkische Zyprioten flüchteten in den Norden.

Trügerischer Frieden

Unter den Bedingungen der kommunistischen Herrschaft waren die alten Konfliktlinien längst nicht überwunden worden, neue kamen hinzu. So verfolgte Ceaucescu in Rumänien eine feindselige Politik gegenüber den Minderheiten der Deutschen und Ungarn und in Titos Jugoslawien kam es seit den 1960er-Jahren zu nationalistischen Bewegungen der Kroaten, Serben und Kosovo-Albaner. Die nationalen Eliten in diesen Teilrepubliken sahen angesichts der Schwäche der Belgrader Zentrale nach Titos Tod 1980 in der Bildung unabhängiger Nationalstaaten den Ausweg aus dem Niedergang des Sozialismus. Die Auflösung des Vielvölkerstaates eskalierte in einem zehnjährigen blutigen Bürgerkrieg. Die demokratischen Revolutionen, die 1989 auch den Balkan erfassten, beendeten die kommunistische Herrschaft und öffneten den Übergang zu Demokratie und Marktwirtschaft. Aber der Systemwechsel war auch auf nationale Unabhängigkeit gerichtet und reaktivierte tief sitzende ethnisch-religiöse Konflikte. Nationalistische Politiker Ungarns und Rumäniens forderten Grenzrevisionen. In dem 1991 aus der UdSSR ausgeschiedenen Moldawien mündeten die separatistischen Bewegungen der Russen, Ukrainer und türkischen Gagausen in einem militärischen Konflikt mit der rumänischen Mehrheitsbevölkerung.

4 Jugoslawiens Staatspräsident Tito, Indiens Premierminister Nehru und Ägyptens Präsident Nasser (v. l. n. r.) auf der 1. Konferenz der Bewegung der nichtpaktgebundenen Staaten, Kairo 1961. Durch sein Engagement in der Bewegung der Blockfreien wurde Jugoslawien eine bedeutende politische Macht.

10

10.4 Ein neuer Krisenherd: Jugoslawien

Wo liegen die Ursachen für den Zerfall?

Als der Staatssozialismus 1989 zusammenbrach, rückte die Überwindung der Teilung Europas und somit auch des Balkans in greifbare Nähe. Doch in diesem Umbruch kehrte nach vier Jahrzehnten der Krieg auf den Balkan und damit nach Europa zurück. Denn der bis dahin größte und einflussreichste Balkanstaat Jugoslawien zerfiel durch Bürgerkriege in sechs Kleinstaaten, die in den meisten Fällen wiederum aus mehreren Nationalitäten zusammengesetzt waren. Kontrovers werden bis heute die Ursachen, aber auch die Lösungsmöglichkeiten für diesen blutigen Konflikt diskutiert. In den Debatten der Politiker, Politologen und Historiker sowie der Öffentlichkeit werden sowohl innere Entwicklungen wie äußere Einwirkungen geltend gemacht, allerdings werden beide Faktoren unterschiedlich gewichtet. Die einen beurteilen diesen Vielvölkerstaat als „Kunststaat", der die Keime des Untergangs schon in sich trug. Andere macht angesichts der europäischen Einigung das Scheitern des jugoslawischen Projekts einer Föderation von Nationen und Völkern nachdenklich.

Alte Konflikte brechen neu auf

Die Instabilität des Zwischenkriegsjugoslawien ergab sich aus dem wirtschaftlichen und sozialen Gefälle sowie den national gefärbten Verteilungskämpfen zwischen dem entwickelten Nordwesten – Slowenien, Kroatien und Vojvodina – und den wirtschaftlich rückständigen Regionen Bosnien, Kosovo, Serbien, Montenegro und Mazedonien. Die serbisch dominierte zentralistische Königsdiktatur lenkte die hauptsächlichen Investitionen in die südöstlichen Gebiete, während die ehemals habsburgischen Gebiete nahezu 80 Prozent der Steuerlast zu tragen hatten. Erst 1939 erhielten die kroatischen Landesteile eine Autonomie. Deutschland überfiel und besetzte im April 1941 Jugoslawien. Das Kosovo wurde dem von Italien schon 1939 annektierten „Großalbanien" zugeschlagen und von Serben ethnisch „gesäubert". Das in Kroatien und Bosnien-Herzegowina installierte Ustascharegime war unter deutscher Regie maßgeblich am Massenmord an der jüdischen und serbischen Bevölkerung beteiligt. Die kommunistisch dominierte jugoslawische Partisanenarmee unter Tito besiegte nicht nur die deutschen und italienischen Besatzer, sondern rechnete auch mit den kroatischen, serbischen und albanischen Kollaborateuren sowie deutschen Einwohnern – zum Teil grausam – ab. All das hat tiefe Wunden in den Beziehungen zwischen den Völkern Jugoslawiens hinterlassen.

Jugoslawien unter Titos Herrschaft

Bei der Neugründung Jugoslawiens 1944 verwarf die aus der einflussreichen Partisanenbewegung entstandene Machtelite unter Tito, der selbst Kroate war, den serbischen Zentralismus und baute Jugoslawien nunmehr auf föderativer Grundlage auf. Die Verfassung von 1974 sollte einen Ausgleich zwischen den in den Teilrepubliken und autonomen Gebieten lebenden Völkern ermöglichen. Es gelang der kommunistischen Führung jedoch nicht, das soziale und wirtschaftliche Nord-Süd-Gefälle sowie nationale Ressentiments im Bundesstaat abzubauen. Infolge der Krise des jugoslawischen Sozialismus und dem Wegfall seiner Sonderrolle mit dem Ende des Kalten Krieges entstanden nationalistische Bewegungen der Serben, aber auch der Kosovoalbaner, Kroaten und Slowenen, deren Ziel es war, unabhängige Nationalstaaten zu gründen. Bedenkt man, dass alle Teilrepubliken – mit Ausnahme Sloweniens – multiethnisch waren, dann ließen sich die Gefahren im Falle einer Auflösung Jugoslawiens erahnen. Denn in Nationalstaaten, die sich ausschließlich ethnisch definieren, gibt es immer auch Minderheiten.

Slowenien und ...

Die 1990 aus freien Wahlen gebildete Regierung Sloweniens erklärte am 25. Juni 1991 die staatliche Unabhängigkeit und besetzte die Grenz- und Zollstationen der Teilrepublik. Als tags darauf Verbände der jugoslawischen Bundesarmee einmar-

10

schierten, stießen sie auf Widerstand der slowenischen Streitkräfte. In diesem „Zehntagekrieg" verloren 49 Menschen ihr Leben. Durch EU-Vermittlung wurde der Status quo wiederhergestellt. Drei Monate später löste sich Slowenien dennoch aus dem jugoslawischen Staatsverband und wurde am 17. Dezember 1991 von Deutschland anerkannt. Die EU und andere Staaten folgten kurze Zeit später Deutschlands Beispiel. Das 1918 gegründete Jugoslawien hörte als Staat auf zu existieren, als sein letzter Ministerpräsident Ante Markovic am 20. Dezember zurücktrat. Nur noch Serbien und Montenegro bildeten vorübergehend die Bundesrepublik Jugoslawien.

... Kroatien werden unabhängig

Etwa zeitgleich mit der slowenischen Unabhängigkeit – nämlich im Juni 1991 – rief der ein Jahr zuvor gewählte kroatische Präsident Franjo Tudjman die Unabhängigkeit Kroatiens aus. Daraufhin bildete die serbische Minderheit Kroatiens in ihren Siedlungsgebieten Krajina und Slawonien eine eigene Republik. In der Folge entlud sich von Juli bis Dezember 1991 ein Bürgerkrieg zwischen serbischen Freischärlern, die von der jugoslawischen Bundesarmee unterstützt wurden, und kroatischen Nationalgardisten. Im Ergebnis verloren etwa 6500 Menschen ihr Leben und eine Dreiviertelmillion Kroaten und Serben wurden aus ihrer Heimat vertrieben. Um den schließlich ausgehandelten Waffenstillstand zu sichern, wurden 15 000 UNO-Blauhelmsoldaten – UNPROFOR I – in Kroatien stationiert. Doch 1995 eroberte das kroatische Militär gewaltsam die serbische Krajinarepublik zurück und vertrieb über 234 000 Serben.

Krieg in Bosnien-Herzegowina

In Bosnien-Herzegowina, wo bosnische Muslime, Serben und Kroaten seit Jahrhunderten in einer ethnischen Gemengelage lebten, verlief die Entwicklung besonders konfliktreich. In den ersten freien Wahlen 1990 errangen die nationalistischen Parteien die Mehrheit. Als die Zentralregierung unter dem Vorsitz des bosnisch-muslimischen Führers Alija Izetbegovic die Unabhängigkeit ausgerufen hatte und von der Europäischen Gemeinschaft im April 1992 anerkannt wurde, gründeten Serben und Kroaten jeweils eigene Republiken. Die bosnischen Serben unter Radovan Karadzic, die aus Teilen der ehemaligen jugoslawischen Armee eigene Streitkräfte bildeten und von Serbien unterstützt wurden, brachten gewaltsam 70 Prozent des Territoriums unter ihre Kontrolle. Auch die von Kroatien

5 Flüchtlingslager in Bosnien-Herzegowina. In dieser Republik nahm das Flüchtlingselend die größten Ausmaße an.

10

unterstützten bosnischen Kroaten lieferten sich mit anderen Volksgruppen blutige Gefechte um Landgewinn. Die muslimischen Bosniaken wiederum erhielten Unterstützung durch Freiwillige und Waffen aus islamischen Ländern. So weiteten sich die Konflikte zu einem jahrelangen Bürgerkrieg aus.

Die internationale Gemeinschaft greift ein

Der Einsatz von 23 000 UNO-Blauhelmsoldaten in Bosnien-Herzegowina – UN-PROFOR II – vermochte jedoch nicht, die Konflikte einzudämmen und die muslimischen Enklaven zu schützen. So kam es u. a. zum serbischen Massaker an bosnischen Muslimen in Srebrenica. Dabei wurden, wie eine bosnisch-serbische Kommission 2004 feststellte, über 8 000 Muslime ermordet. Erst die von den USA, Großbritannien, Frankreich, Deutschland und Russland 1994 ins Leben gerufene Kontaktgruppe und der von den USA 1995 erzwungene Vertrag von Dayton beendeten den vierjährigen Krieg. Nach bisherigen Schätzungen wurden mehrere zehntausend Menschen getötet und 2,7 der 4,4 Millionen Einwohner vertrieben. Die vom UN-Sicherheitsrat eingesetzte 50 000 Mann starke Friedenstruppe IFOR (Implementation Force) unter Kommando der NATO und der mit umfassenden Vollmachten ausgestattete Hohe Kommissar versuchen, die noch immer zerstrittenen drei Volksgruppen zu einem Bundesstaat zu einen und das Land zu demokratisieren.

Der blutige Konflikt im Kosovo

Einer der gefährlichsten Konfliktherde Jugoslawiens war das mehrheitlich von Albanern besiedelte Kosovo. In dieser wirtschaftlich gering entwickelten und seit 1974 autonomen Provinz war es bereits 1981 zu Unruhen gegen die sozioökonomischen Missstände gekommen, doch wurden die Unruhen von den jugoslawischen Behörden gewaltsam niedergeschlagen. Mit dem Aufstieg von Slobodan Milosevic verschärfte sich die Situation. 1988/89 begann er die Autonomie des Kosovos Schritt um Schritt zu beseitigen. Kosovarische Forderungen, den Verfassungsstatus von 1974 nicht anzutasten, blieben ungehört und wieder wurden Proteste blutig unterdrückt. 1990 verkündeten albanische Intellektuelle um Ibrahim Rugova die Unabhängigkeit innerhalb Jugoslawiens, d.h. die Lostrennung von Serbien. Die serbische Führung verhängte daraufhin den Ausnahmezustand über das Kosovo, in der neuen serbischen Verfassung vom 28. September 1990 wurde die Autonomie des Kosovos faktisch aufgehoben. Wenig später begann eine Welle von Entlassungen albanischen Personals aus Krankenhäusern und anderen staatlichen Institutionen. Die kosovo-albanische Opposition proklamierte ihrerseits eine eigenständige Republik Kosovo und begann einen Schattenstaat im Untergrund zu organisieren. Als sich 1997 die Situation im Kosovo zunehmend verschärfte, bildete sich in Gestalt der „Befreiungsarmee des Kosovo" (UCK) auch organisierter bewaffneter Widerstand. Anschläge auf serbische Einrichtungen und Attentate häuften sich. Dies führte zu einer Spirale der Gewalt, die die serbische Regierung 1998 mit dem massiven Einsatz von schwer bewaffneter Sonderpolizei und Militär zusätzlich schürte. Die von Oktober 1998 bis März 1999 von der OSZE eingesetzten 1400 Beobachter versuchten die Lage zu entspannen. Da die OSZE-Mission nicht flächendeckend war, kam es erneut zu Kampfhandlungen zwischen der UCK und serbischen Sicherheitskräften. Leidtragende war in erster Linie die Zivilbevölkerung, die aus den Kampfgebieten floh oder gewaltsam vertrieben wurde. Die UNO-Beauftragte für Menschenrechte ermittelte bis März 1999, dass während des Bürgerkriegs schätzungsweise 2 000 Einwohner des Kosovo getötet und 230 000 vertrieben wurden.

Die NATO greift ein

Die Kontaktgruppe der USA, Großbritanniens, Frankreichs, Deutschlands und Russlands verhandelte seit Februar 1999 mit beiden Bürgerkriegsparteien über ein Friedensabkommen im Schloss Rambouillet bei Paris. Während die kosovoalbanische Vertretung das Abkommen unterschrieb, lehnte es die jugoslawische

10

Regierung ab, zur Lösung des Konflikts anstelle einer erweiterten OSZE-Mission 28 000 Soldaten unter NATO-Kommando in ganz Jugoslawien zu stationieren. Auch Russland unterschrieb das Abkommen nicht. Daraufhin begannen neun Staaten der NATO am 24. März 1999 Luftangriffe gegen die Bundesrepublik Jugoslawien. Die deutsche Regierung war durch den Bundestag schon am 16. Oktober 1998 mit 500 von 580 Stimmen bevollmächtigt worden, an einer Militärintervention auch ohne Mandat des UN-Sicherheitsrates teilzunehmen. Im Verlauf von 78 Tagen wurden 30 000 Lufteinsätze gegen die jugoslawische Infrastruktur geführt. Nach heute zugänglichen Angaben wurden während der Luftangriffe 1000 serbische Militärangehörige und 2 000 Zivilisten getötet. An der Haltung Belgrads in der Kosovopolitik änderte das zunächst jedoch nichts.

Erst nach der Vermittlung Russlands war die jugoslawische Führung im Juni 1999 damit einverstanden, dass eine internationale Friedenstruppe – Kosovo Force (KFOR) – unter NATO-Kommando ausschließlich im Kosovo stationiert und eine zivile Übergangsverwaltung unter der Schirmherrschaft der UNO eingerichtet wird. Das Kosovo wurde aus dem Währungs- und Zollverband Jugoslawiens herausgelöst. 730 000 Kosovoalbaner konnten wieder in ihre Heimat zurückkehren. Der EU-Stabilitätspakt von 1999 soll langfristig den Balkan in eine Friedensregion verwandeln und die Integration der Nachfolgestaaten des ehemaligen Jugoslawien in die EU fördern. Die Menschenrechtsverletzungen gingen allerdings weiter. Übergriffe und Anschläge, die mehr als 1000 Todesopfer forderten, führten dazu, dass bis zu Beginn des Jahres 2005 über zwei Drittel der serbischen Bevölkerung und ein großer Teil der Kroaten und Roma das Kosovo verließen. Teile der früheren UCK setzten ihre militärischen Kampfhandlungen in Makedonien und in Südserbien fort. In Makedonien gelang es erst durch das Abkommen von Ochrid ein Ende der Kämpfe herbeizuführen.

Wie stabil ist der Frieden?

Arbeitsvorschläge

a) Analysieren Sie die nationale, religiöse und kulturelle Vielgestaltigkeit sowie die ethnische Gemengelage auf dem Balkan anhand der Karten, Statistiken und Quellentexte (M1, M3, M6–M7, M12, M15, M33–M35, M42, M48 und M52). Wodurch unterscheidet sich der Nationsbildungsprozess dieser Region von der in West- und Mitteleuropa?

b) Erörtern Sie, warum der Balkan im 19. Jahrhundert, um 1912/14, 1939/40 und seit 1989 zu einer Konfliktregion wurde. Beachten Sie dabei, welche Interessen bei den europäischen Großmächten und den Nationalbewegungen der Balkanvölker bestanden (M6–M7, M13–M17, M19–M26, M28).

c) Kennzeichnen Sie die Entwicklung auf dem Balkan vom Ende des Zweiten Weltkrieges bis 1989/90 (M5–M7, M19). Beziehen Sie dabei zusätzliches Informationsmaterial ein. Inwiefern führte diese Entwicklung zu den gewaltsamen Auseinandersetzungen nach 1990?

d) Setzen Sie sich mit der Frage des Selbstbestimmungsrechts von Völkern und Nationen am Beispiel des Zerfalls von Jugoslawien auseinander (M20 und M21).

e) Erarbeiten Sie eine chronologische Übersicht über die Ereignisse in Jugoslawien seit 1991. Kennzeichnen Sie in diesem Zusammenhang, wie die verantwortlichen politischen Kräfte jeweils handelten (M20–M21, M24–M25, M28, M40, M43, M46–M47).

f) Untersuchen Sie die Rolle der internationalen Staatengemeinschaft bei der Konfliktlösung in Jugoslawien (M36, M38, M39, M41, M43, M50). Diskutieren Sie die unterschiedlichen Lösungsansätze zur Beilegung der Krisen.

g) Informieren Sie sich über das Ausmaß von Menschenrechtsverletzungen im ehemaligen Jugoslawien und deren Folgen. Diskutieren Sie auch Auswirkungen auf Westeuropa.

10

Methode: Konflikte im Vielvölkerstaat Jugoslawien – Infografiken geben Auskunft

Infografiken als effektive Form Informationen zu vermitteln und zu gewinnen

Der Zerfall Jugoslawiens hat vielfältige Ursachen. Neben den nationalen Spannungen waren es auch sozio-ökonomische Hintergründe, die zu erheblichen Widersprüchen zwischen den verschiedenen Völkern und Volksgruppen führten. Um die Ereignisse besser verstehen zu können, lohnt es sich, einen Blick auf die wirtschaftliche Entwicklung des Landes zu werfen und diese in Relation zu den unterschiedlichen Volksgruppen zu setzen. Infografiken können dabei gute Dienste leisten, denn sie stellen eine effektive Form der Informationsvermittlung dar und sind aus unserer Welt der Datenflut nicht mehr wegzudenken. Infografiken übermitteln komplexe Botschaften, die durch ihre optische Gestaltung im Gedächtnis haften bleiben. Dabei haben sich unterschiedliche Typen von Infografiken etabliert. Am bekanntesten sind Diagramme, Karten, als Skizzen oder Schemata dargestellte Prozesse, oft mit aussagekräftigen symbolhaltigen Illustrationen gepaart. Häufig werden unterschiedliche Gestaltungsformen miteinander kombiniert. Im hier dargestellten Fall sind verschiedene Karten mit statistischem Material in Form von Diagrammen gekoppelt.

Informationsgehalt erkennen

Zunächst einmal muss man feststellen, auf welche Fragestellung die Infografik Antwort geben kann. So enthält M5 nicht nur Angaben über die ethnische Zugehörigkeit in den verschiedenen Gebieten Jugoslawiens, sondern auch über die für Jugoslawien als Ganzes und für nahezu alle Föderationsglieder typische ethnische bzw. religiöse Gemengelage. M6 gibt Auskunft über die wichtige Wirtschaftskennziffer des Bruttosozialprodukts in den einzelnen jugoslawischen Republiken einschließlich der autonomen Gebiete.

Grundinformationen erschließen

Im nächsten Schritt kommt es darauf an, die Grundinformationen aus der Infografik zu erschließen. Man kann zum Beispiel erkennen, ob sich die einzelnen Republiken gleichmäßig entwickelten, in welchen Zeiträumen im Bundesstaat sozio-ökonomische Entwicklungsgefälle entstanden, ausgeglichen wurden oder sich verfestigten.

Zusammenhänge herstellen

Des Weiteren ist es für die Arbeit mit Infografiken unerlässlich, die verschiedenen Grundinformationen in Beziehung zueinander zu setzen, z. B. Zusammenhänge herzustellen zwischen sozio-ökonomischem Gefälle und ethnischer Zugehörigkeit oder zwischen ethnischer Gemengelage, sozialem Gefälle und Konfliktpotenzialen bzw. Konflikteskalationen.

Material kritisch beurteilen

Wie jede andere Quelle müssen auch Infografiken einer kritischen Betrachtung unterzogen werden. So ist beispielsweise danach zu fragen, ob das Material ausgewogen ist oder ob durch Weglassen bzw. Hinzufügen von Informationen Aussagen suggeriert werden, die zumindest fragwürdig sind.

Grenzen erkennen und weitere Informationsträger hinzuziehen

Obwohl Infografiken rasche und verlässliche Informationen sichern, haben sie aber hinsichtlich ihrer Aussagekraft auch ihre Grenzen und können zu bestimmten Problemen nicht befragt werden. Um solche komplexen Erscheinungen wie Konfliktsituationen in einem Großraum ausgewogen beurteilen zu können, sind Infografiken auch immer in Bezug zu anderen Informationsträgern wie schriftliche Quellen, Zeittafeln oder Darstellungstexte zu setzen. So könnte beispielsweise der Frage nachgegangen werden, worin die Ursachen für die unterschiedlichen Wirtschaftsergebnisse in den einzelnen Regionen liegen.

10

6 Die Völker auf dem Gebiet des ehemaligen Jugoslawien

Bevölkerungsmehrheiten und Religionen:

- Serben, vorwiegend orthodox
- Kroaten, vorwiegend katholisch
- Bosniaken, vorwiegend muslimisch
- Montenegriner, vorwiegend orthodox
- Slowenen, vorwiegend katholisch
- Makedonier, vorwiegend orthodox
- Albaner, im Kosovo vorwiegend muslimisch
- andere

— · — · — Staatsgrenze
- - - - - - Provinzgrenze

0   100   200 km

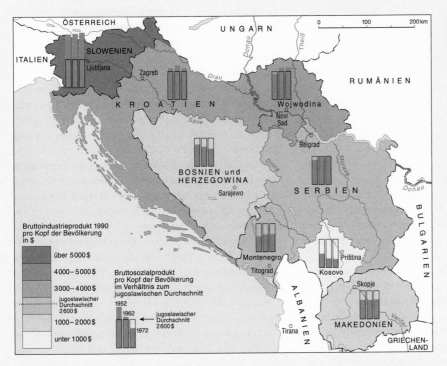

7 Die Wirtschaft Jugoslawiens bis 1990

0   100   200 km

Bruttoindustrieprodukt 1990 pro Kopf der Bevölkerung in $

- über 5000 $
- 4000 – 5000 $
- 3000 – 4000 $
- jugoslawischer Durchschnitt 2600 $
- 1000 – 2000 $
- unter 1000 $

Bruttosozialprodukt pro Kopf der Bevölkerung im Verhältnis zum jugoslawischen Durchschnitt

1952
1962
1972
jugoslawischer Durchschnitt 2600 $

10

Arbeitsvorschläge

a) Erschließen Sie aus M 6 und M 7 die Hauptgründe, die für die Konflikte im ehemaligen Jugoslawien relevant sind.

b) Erklären Sie anhand von M 7, weshalb die Entwicklung in Kroatien, Bosnien-Herzegowina und im Kosovo konfliktreicher verlief als in Slowenien.

Standpunkte:
Völkerrecht und Menschenrechte im Widerspruch?

Die Idee von der Würde des Menschen und seinen unveräußerlichen Freiheitsrechten wurde erstmals 1948 international von den Vereinten Nationen kodifiziert. In der UNO-Charta ist aber auch festgeschrieben, dass alle Mitglieder jede gegen die territoriale Unversehrtheit oder die politische Unabhängigkeit eines Staates gerichtete Androhung oder Anwendung von Gewalt zu unterlassen haben, außer im Falle eines bewaffneten Angriffs. Seit der NATO-Militärintervention gegen Jugoslawien 1999 wird von Völkerrechtlern, Politikern, Medien und der Öffentlichkeit kontrovers diskutiert: Lässt sich auf Grund des Völkerrechts eine humanitäre Intervention rechtfertigen, allenfalls auch ohne Sanktionierung des Sicherheitsrates? Geht es in der Entwicklung des Völkerrechts nicht nur um den Schutz der Souveränität von Staaten, sondern auch um den Schutz von Minderheiten vor Menschenrechtsverletzungen?

8 Der Schutz des Menschen ist zentral

Der Völkerrechtler Jochen Frowein schrieb am 17./18. Juli 1999 in der Neuen Zürcher Zeitung:

Zum ersten Mal ist ein massiver militärischer Kampfeinsatz ausdrücklich und allein mit der Zielsetzung des Schutzes einer ethnischen Minderheit gerechtfertigt worden, die seit Jahrzehnten unter schärfster Repression lebte und seit einer Reihe von Monaten durch gezielte Gewaltaktionen serbischer Streitkräfte und Polizeieinheiten vertrieben oder ermordet wurde. Zwar nahmen mit dem Einsatz bewaffneter Gewalt Vertreibungs- und Mordaktionen massiv zu, aber es erscheint deutlich, dass alle gewählten oder anerkannten Vertreter der albanischen Minderheit im Kosovo den Einsatz der NATO nicht nur billigten, sondern deren Interventionen geradezu forderten. Der Sicherheitsrat der Vereinten Nationen lehnte es [nach dem Luftangriff der NATO] mit 12 gegen 3 Stimmen [Russland, China, Indien] ab, die Gewaltanwendung durch die NATO zu verurteilen. [...] Hieraus kann eigentlich nur der Schluss gezogen werden, dass die Anwendung militärischer Gewalt in dem Extremfall zum Schutz einer in ihrer Existenz bedrohten Minderheit als eine Sonderkategorie angesehen wurde. [...]

Von besonderer Bedeutung im Zusammenhang mit den Zuständigkeiten des Sicherheitsrates ist die Frage, unter welchen Umständen die extreme Verletzung von Menschenrechten in einem Staat als Friedensbedrohung angesehen werden und eine Ermächtigung zum militärischen Einsatz durch den Sicherheitsrat begründen kann. Seitdem der Sicherheitsrat 1990 funktionsfähig geworden ist, hat sich relativ schnell ein Konsens dahin entwickelt, dass der Frieden der Welt nicht als gewährleistet angesehen werden kann, wenn in einem Staat in extremem Umfang Menschenrechte verletzt werden und Menschen in Massen zur Flucht gezwungen werden. [...] Die Konvention über die Verhütung und Bestrafung des Völkermordes vom 9. Dezember 1948 legt [...] die Verpflichtung aller Staaten fest, Verbrechen des Völkermordes zu verhüten und zu bestrafen. Die Konvention, die eigenartigerweise erst relativ spät im Zusammenhang mit den Entwicklungen im Kosovo erörtert worden ist, macht in Art. II sehr deutlich, dass nicht nur der Extremfall von Auschwitz als Völkermord gilt. Vielmehr ist Völkermord auch die Verursachung von schweren körperlichen oder seelischen Schäden an Mitgliedern einer Gruppe sowie die vorsätzliche Auferlegung von Lebensbedingungen, welche die körperliche Zerstörung der Gruppe ganz oder teilweise herbeiführen könnte. Es erscheint nach den Berichten über die Situation im Kosovo schwer bestreitbar, dass eine derartige Aktion spätestens seit Herbst 1998 im Gange war. Vertreibungs- und Mordaktionen fallen unter diesen Begriff, auch wenn sie zunächst in begrenztem Umfang stattfinden, um ein Eingreifen von außen zu verhindern. [...] Kapitel VIII der UNO-Satzung enthält Regelungen über Regionalorganisationen. [...] Regionalorganisationen sollten möglichst weitgehend zur Friedenssicherung im regionalen Bereich beitragen. Allerdings bestimmt Art. 53 ausdrücklich, dass Zwangsmaßnahmen seitens regionaler Organisationen ohne Ermächtigung des Sicherheitsrates nicht ergriffen werden dürfen. [...] In diesem Zusammenhang lässt sich auch die Frage stellen, ob die ausdrückliche Ablehnung einer Verurteilung des NATO-Einsatzes in Kosovo im Sicherheitsrat nicht rechtlich den Charakter einer nachträglichen Genehmigung hat. [...] Die Entwicklung des Völkerrechts im 20. Jahrhundert hat erreicht, dass die Rückbesinnung auf den Menschen und dessen Würde als letzter Grund des Völkerrechts anerkannt wird. Nicht mehr allein die staatliche Souveränität steht im Mittelpunkt des Völkerrechts, sondern ebenso der Schutz des Menschen. Zwar ist für die Gewährleistung der Rechte des Menschen normalerweise allein der Territorialstaat zuständig. Internationale Verfahren wie etwa nach der Europäischen Menschenrechtskonvention können diese staatliche Zuständigkeit ergänzen. Aber der

10

75 Eingriff von außen ist grundsätzlich nur in den Formen möglich, die Verträge ausdrücklich vorsehen. Die entscheidende Frage ist, ob dieses auch dann gilt, wenn die Bedrohung des Menschen die Qualität eines Völkermordes erreicht. Die organisierte Vertreibung der albanischen
80 Minderheit fällt bestimmt in diese Kategorie. In einem derartigen Extremfall erscheint der Waffeneinsatz zum Schutze der betroffenen Bevölkerung vom Grundsystem der heutigen Völkerrechtsordnung her zu rechtfertigen. Dabei muss sich der Waffeneinsatz streng auf das be-
85 grenzen, was für die Erreichung des Zieles verhältnismäßig ist. [...] Natürlich ist die Gefahr des Missbrauchs bei einer derartigen Argumentation nicht zu verkennen. [...] Gerade bei einem Einsatz der genannten Art ist es von erheblicher Bedeutung, dass bei der Gewaltanwen-
90 dung die Regeln des humanitären Völkerrechts genau beachtet werden. Es erscheint bedauerlich, dass bei dem ersten groß angelegten Einsatz zum Schutz einer extrem bedrohten Bevölkerungsgruppe das humanitäre Völkerrecht nicht immer eingehalten worden ist. Dabei geht
95 es nicht um irrtümlich erfolgte Bombardierungen, obwohl die richtige Einschätzung der Zielgenauigkeit naturgemäß von zentraler Bedeutung für die Erreichung der Intervention ist. Es geht vielmehr darum, welche Zielauswahl als rechtmäßig angesehen werden kann. Nach
100 allen zugänglichen Berichten hat es hier bei dem NATO-Einsatz nicht unerhebliche Probleme gegeben. Weder die Ausschaltung der Strom- und Wasserversorgung für die Zivilbevölkerung noch die Bombardierung von Brücken, die mit den konkreten Einsätzen in Kosovo nichts zu tun
105 haben, erscheinen ausreichend gerechtfertigt.

Frowein, J.: Der Krieg in Kosovo und die völkerrechtliche Regelung der Gewaltanwendung. http://www.nzz.ch/dossiers/kosovo/kos990717frowein.html.

9 Das Völkerrecht hat Priorität

Dieter Lutz, Direktor des Instituts für Friedensforschung und Sicherheitspolitik an der Universität Hamburg:

Wie insbesondere der Krieg im Kosovo zeigt, versucht die
5 NATO gegenwärtig, den Vereinten Nationen das Gewaltmonopol zu entreißen, vielleicht sogar sich zu ihrem 50. Geburtstag an die Stelle der UNO zu setzen. Dieser Versuch scheint vorerst zu scheitern. Gleichwohl wird er die Fortentwicklung des Völkerrechts voraussichtlich beschleuni-
10 gen. [...] Wie ist das Geschehen insgesamt zu bewerten?
1. Im Kosovo finden Mord und Vertreibung, das heißt schwere Verbrechen gegen die Menschlichkeit, statt. Die Staaten der NATO haben es seit 1989, spätestens seit Dayton 1995 versäumt, dem Ruf nach Konflikt- und Krisen-
15 prävention im und für das Kosovo zu folgen. [...]
2. Der Bombenkrieg der NATO gegen Jugoslawien ist vom Völkerrecht nicht gedeckt. Nach Artikel 2 Ziffer 4 der Charta der Vereinten Nationen in Verbindung mit Artikel 24, 39 und 40 ff. UNCH [UNO-Charta] liegt das

Gewaltmonopol bei den Vereinten Nationen. Selbst die 20 Völkermordkonvention vom 9. Dezember 1948 enthält keine Eingriffsbefugnis für Drittstaaten im Falle des Völkermordes. Eine Mandatierung des Luftkrieges der NATO durch die UNO liegt nicht vor.
3. Die Luftangriffe der Bundeswehr gegen Jugoslawien 25 sind mit der Verfassung der Bundesrepublik Deutschland nicht vereinbar. Sie verstoßen insbesondere gegen Artikel 26 Absatz 1 („Verbot eines Angriffskrieges") und Artikel 25 Grundgesetz („Beachtung des Völkerrechts").
4. Menschen und ihre Rechte dürfen nicht im Namen 30 der Menschenrechte mit militärischen Mitteln verletzt oder gar vernichtet werden. Die Luftschläge der NATO, die auch Unschuldige verwunden und töten, verletzen diese zivile Logik und das ihr folgende humanitäre Gebot.
5. Wer in außerordentlichen Extremsituationen wie Völ- 35 kermord für sich die Notwendigkeit sieht, nicht geltendem Recht, sondern Naturrecht bzw. seinem Gewissen folgen zu müssen, ist in besonderer Weise gemahnt, [...] die Grundsätze der Erforderlichkeit, die der Geeignetheit und der Verhältnismäßigkeit der Mittel sowie der Folgen- 40 orientierung der Maßnahmen zu beachten. Dieses Gebot wird beim Krieg der NATO im Kosovo verletzt.
6. Ein Luftkrieg ist grundsätzlich kein geeignetes Mittel, eine „humanitäre Katastrophe" zu vermeiden. Wie auch der Kosovo-Krieg bestätigt, besteht das Risiko, dass er die 45 Katastrophe eskalieren lässt, wenn nicht sogar provoziert [...] oder dass er als Vorwand missbraucht wird. Dieses Risiko ist größer als etwaige Erfolgsaussichten.
7. Wer Krieg [...] für erforderlich hält, muss die Eskalationsdominanz besitzen. [...] 50
Im Kosovo hingegen wird eine Eskalation vollzogen, die den Gesetzen der „Durchschlagseffizienz" sowie der „Gesichtswahrung" folgt und beiden Seiten kaum Spielraum für die Rückkehr vom Militärischen zum Politischen lässt.
8. Jede Maßnahme [...] ist dann nicht mehr verhältnis- 55 mäßig, wenn ihre direkten und indirekten Folgen und Nebenwirkungen [...] mehr zerstören als schützen. Zu den Folgen und Wirkungen des Kosovo-Krieges gehört auch die Tötung Unschuldiger durch die NATO, die Beseitigung geltenden Völkerrechts, die Beschädigung der Ver- 60 einten Nationen und letztlich auch der NATO selbst. [...]
9. Der Krieg der NATO ist rechtlich, militärisch und planerisch dilettantisch vorbereitet und durchgeführt – zu Lasten der Opfer, die es zu retten galt, zum Schaden der Soldaten, die Leib und Leben riskieren. [...] 65
Das Völkerrecht muss von einem Recht der Staaten zu einem Recht der Völker und Menschen weiterentwickelt werden. Grundlage für Frieden und Gerechtigkeit in der Welt sind die Menschenrechte. Aufgabe der NATO als militärische Spezialorganisation ist es, Recht zu achten 70 und fortzuentwickeln, nicht, es zu brechen.

Lutz, D. S.: Das Faustrecht der NATO. In: Schmidt, Th. (Hg): Krieg im Kosovo. Reinbek bei Hamburg 1999, S. 235 ff.

10

10 Völkerrechtsbruch der NATO

Der Vorsitzende der PDS-Bundestagsfraktion Gregor Gysi sag-
te am 25. März 1999 im Parlament über die Militärinterven-
tion der NATO gegen Jugoslawien:

5 Sie alle wissen, dass die UNO-Charta nur zwei Fälle des
berechtigten militärischen Eingreifens kennt: den Fall
der individuellen Selbstverteidigung oder der kollektiven
Selbstverteidigung im Rahmen eines Bündnisses und den
Fall, dass der UNO-Sicherheitsrat – […] nur er besitzt das
10 Gewaltmonopol – anordnet, zur Herstellung des Friedens
militärische Maßnahmen einzusetzen. Beide Voraussetzungen liegen nicht vor. Die Bundesrepublik Jugoslawi-
en […] hat kein anderes Land angegriffen; deshalb liegt
der Fall einer individuellen […] oder einer kollektiven
15 Selbstverteidigung nach Artikel 51 der UNO-Charta nicht
vor. Sie wissen genauso gut wie ich, dass der UNO-Sicherheitsrat […] beschlossen hat und dass er sich sogar
ausdrücklich vorbehalten hat, über die weitere Situation
zu beraten und zu entscheiden. Die NATO hat ihm diese
20 Entscheidung aus der Hand genommen. […] Das zerstört
eine Weltordnung; aber schafft keine neue. […] Juristisch
gilt: Wenn man einen Krieg führt, ohne selbst angegriffen
worden zu sein, dann ist das ein Angriffskrieg und kein
Verteidigungskrieg. Genau diesen verbietet das Grundge-
25 setz der Bundesrepublik Deutschland. Ich spreche über
die selektive Wahrnehmung humanitärer Katastrophen.
Die Situation ist doch wirklich nicht neu. […] Ich erinnere Sie an ein noch viel verbrecherischeres Regime, an
das Pol-Pot-Regime. Damals griff Vietnam ein. Das wurde
30 international mit dem Hinweis darauf verurteilt, dass
sich das kambodschanische Volk selbst befreien müsste,
solange Kambodscha keinen anderen Staat angegriffen
habe. […] Als der US-Präsident vor kurzem im Senat seines eigenen Landes gefragt worden ist, warum die NATO
35 nicht in Kaschmir oder in Burundi militärisch eingreife,
sondern gerade im Kosovo […], hat er geantwortet: Dort
haben wir andere Interessen. […] Wenn Menschenrechte
gelten sollen, dann universal. […] Sie sagen immer, der
Krieg richte sich gegen Milosevic und nicht gegen das ser-
40 bische Volk. […] Wer werden die Toten sein? Das werden
Frauen und Kinder sowie Soldaten sein, darunter sehr
viele Wehrpflichtige in Jugoslawien. […] Mit Bomben
verhindert man keine humanitären Katastrophen, man
verschärft sie nur.

Zit. nach: Neues Deutschland vom 26. März 1999, S. 2.

11 Humanitäre Intervention ist notwendig

In seiner Rede im Bundestag am 15. April 1999 setzte sich
Außenminister Joschka Fischer mit der Position der PDS aus-
einander:

5 Das Furchtbare am Krieg ist, dass er auch und vor allen
Dingen die Unschuldigen trifft. Aber vor dem Hintergrund der historischen Erfahrungen, die unser Land
gemacht hat, dass es den furchtbarsten Krieg auf dem
Kontinent, den furchtbarsten Krieg in der Geschichte zu
10 verantworten hat, haben die Europäer nach 1945 durch
eine […] an Demokratie, Frieden und der Herrschaft des
Rechts orientierte Antwort für alle beteiligten Nationen
in Westeuropa […] Erfolge erzielt. Diese Antwort ist die
Grundlage eines dauerhaften Friedens, der nicht auf Un-
15 terwerfung und nicht auf einer menschenverachtenden
Ideologie beruht. […] Wir sind am Ende einer Entwicklung angelangt, die 1989 im Kosovo begonnen hat. Dort
hat Milosevic das Autonomiestatut aufgehoben. Dort
nahm die großserbische Ideologie ihren Anfang, die we-
20 sentlich zur Zerstörung Jugoslawiens beigetragen hat.
Die Blutspur führt bis heute über mehr als 200 000 unschuldige Menschen. Diese kommen in Ihrer Rede nicht
vor. Sie sprechen vom Völkerrecht. Ich frage Sie: Wo ist
das Recht der Ermordeten in den Massengräbern? Wo ist
25 bei Ihnen das Recht der vergewaltigten Frauen? Wo ist
das Recht der Vertriebenen? Ich sage das als jemand, der
sich […] schwer getan hat, diese Pest der europäischen
Vergangenheit, einen großserbischen Nationalismus
wie den, den wir mit dem großdeutschen Nationalis-
30 mus auch hatten, […] zu akzeptieren. […] Das Europa
der Demokratie kann diese Form des Faschismus nicht
akzeptieren. […] Wir hatten 300 000 Binnenvertriebene,
das heißt, die Sache war bereits in vollem Gange. […]
Das Militär machte die militärische Arbeit. Anschließend
35 kommen die Sondereinheiten – fast hätte ich gesagt: die
„Einsatzgruppen" –, […] die dann das Geschäft der Vertreibung erledigten. Hätten Sie es für möglich gehalten,
dass eine Kriegsführung wie die der Belgrader Regierung
wieder möglich wird, mit Deportationen: rein in die Zü-
40 ge, raus aus dem Land? […] Wir sind davon überzeugt:
Wenn wir hier nachgeben würden, würden wir nicht
Frieden bekommen, sondern eine weitere blutige Runde
des Krieges.

Zit. nach: Presse- und Informationsamt der Bundesregierung, Nr. 04, Bonn
1999, S. 44 ff.

10

Arbeitsvorschläge

a) Analysieren Sie das Wesentliche der vier Standpunkte und setzen Sie sich
damit auseinander.
b) Zu welchen Fragen müssen Sie sich zusätzliche Informationen beschaffen?
Verwenden Sie dabei auch die Quellen im Lehrbuch.
c) Legen Sie dar, wie Sie das Verhältnis zwischen Völkerrecht und Menschenrechten beurteilen.

12 **Kloster Studenica, das Nationalheiligtum der Serben, ca. 12 km von der Kleinstadt Usce entfernt**
In der Klosterkirche werden die Gebeine des heilig gesprochenen Stefan Nemanja, des Begründers der Nemanjidendynastie, als Reliquie aufbewahrt.

13 **Programm für ein großserbisches Reich von 1844**
Ilja Garasanins, der Innenminister des serbischen Fürstentums, schrieb 1844 den Entwurf für die Schaffung eines südslawischen Reiches. Darin hieß es:

5 Es ist mir gewiss [...], dass Russland und Österreich die Teilung der Türkei anstreben [...]. Russland will seine Hoffnung auf Konstantinopel nicht aufgeben und Österreich kann nicht zugeben, dass sich ein Staat bilde, der ihm früher oder später alle Südslawen entreißen
10 müsste. Es ist also selbstverständlich, dass die Teilung der Türkei den Interessen Serbiens widerspricht und dass dieses die Bildung eines großen christlichen Reiches anstreben muss. [...] Serbien hat bereits seine Entwicklung glücklich begonnen und wird sich als Grundlage seiner
15 Existenz das serbische Königreich aus dem 13. und 14. Jahrhundert zum Vorbild nehmen müssen. Die serbischen Könige begannen damals mit der Erweiterung ihres Reiches durch stetige Eroberung von Teilen des Byzantinischen Reiches. Zar Dusan [1331–1355] hatte
20 bereits das byzantinische Wappen in sein Reichswappen aufgenommen. Die Ankunft der Türken [seit 1453] hat die Fortsetzung dieses Werkes verhindert – und unsere Pflicht ist es jetzt, die Grundsteine und Mauern des ehemaligen serbischen Reiches auszugraben und un
25 sere Zukunft unter den Schutz des historischen Rechts zu stellen. Stehen wir unausgesetzt auf diesem Standpunkte, dann wird uns niemand zum Vorwurf machen können: unsere Politik gehe bloß auf Umsturz und Revolution aus; man wird anerkennen müssen, dass Ser
30 bien alte staatliche und nationale Traditionen verfolge,

wozu es ein Recht hat wie irgend ein anderer Staat. [...] Wie die Mittel zur Erreichung unseres politischen Zieles beschaffen sein müssen, will ich im Nachfolgenden ausführen:
[...] Vor allem müssen wir wissen, was in Bosnien, der 35 Herzegowina, in Montenegro und Nordalbanien vorgeht; ebenso sollen wir über die Zustände in Kroatien, Slawonien, Batschka und Banat unterrichtet sein. [...] Wenn wir die Lage dieser Länder berücksichtigen, so muss es klar sein, dass Serbien auf diese Länder sehr leicht einen 40 großen Einfluss ausüben kann. [...] Eines der Hauptprinzipien in dieser Richtung ist das der konfessionellen Freiheit und dieses muss nicht nur gegenüber den Christen, sondern auch gegenüber den Mohammedanern ganz rückhaltlos zur Geltung kommen. Ferner muss auf jede 45 mögliche Art die Würde des serbischen Staates zur Geltung gebracht werden, denn ohne ein solches Moment ist an einen Bund zwischen uns und den Serben jenseits der Landesgrenzen nicht zu denken. [...]
Das dritte Prinzip unserer Politik müsste jenes der natio 50 nalen Einheit sein. Im Namen dieses Prinzips müssen alle Slawen wissen, dass sie stets eine aufrichtige und erfolgreiche Unterstützung bei Serbien finden. Serbien muss sich aber auch stets als der natürliche und unermüdliche Beschützer aller Slawen [...] fühlen und danach handeln. 55 In dieser Richtung müssen wir dem Beispiel Russlands folgen und vor allem dem Vladika [Fürstbischof von Montenegro] eine jährliche Subvention gewähren. So wird uns Montenegro stets ergeben sein und wir können im Falle eines Krieges auf 10 000 Mann geübte Kriegstruppen mit Sicherheit rechnen.

Zit. nach: Pohl, H. D.: Zu Garasanins Nacertanije. Ein Beitrag zur Geschichte Serbiens. In: Die Slawische Sprache. Bd. 29 (1992), S. 55 ff. (S. 977 ff. serbokroatisches Original).

14 **Kroatien – Schutzwall westlicher Zivilisation?**
Der Historiker und Ideologe der faschistischen Ustaschabewegung Milan Sufflay begründete in seiner vor 1931 verfassten Denkschrift „Ich rufe den Westen" die „welthistorische Mission" der Kroaten: 5
In diesem Grenzland lebten die [...] Grenzwächter, deren Name durch eine längere Zeitepoche mit dem Worte Kroate gleichbedeutend wurde. [...] Die Kroaten verharrten auf der Westseite der Kräfte, die den Okzident vom Balkan trennen. Es ist dies eine Kluft zwischen zwei Welten, 10 die weder durch Gras noch Moos überwachsen werden kann. Die Philosophen und alle gebildeten Kroaten wissen vom Zeitpunkt an, da sie dieser geschichtlichen Berufung folgten, dass der kroatische Nationalismus mehr bedeutet als der Nationalismus irgendeiner anderen 15 Nation, die abseits einer solchen Weltscheide lebt. Der kroatische Nationalismus, der für die Menschheit von Bedeutung ist, ist dem integralen Jugoslawismus [Idee des südslawischen Staates] überlegen. Solange der alte Ab

10

₂₀ grund zwischen Levante und dem Abendland bestand und sich die Kluft zwischen Asien und Europa immer mehr und mehr erweiterte und die Balkanländer durch den byzantinisch-türkischen Kanal Europa bedrohen, wie dies während 500 Jahren seit dem 14. Jahrhundert
₂₅ der Fall war, sollte der kroatische Nationalismus immer einen Schutzwall für die westliche Zivilisation bilden. […] Hier, am Rande des Balkans, an der Grenze, die den Westen vom Osten trennt, den Katholizismus von der orthodoxen Religion, sowie die europäische Zivilisation
₃₀ von der Barbarei – ist das Wort Kroate nicht nur der Name für eine Nation, sondern es ist ein Begriff für die Zivilisation als solche. Selbst wenn man aus Teilen des Duschanreiches [südslawisches Großreich im 14. Jahrhundert] Föderationen bilden würde, wäre dies eine rein
₃₅ balkanische Schöpfung. In ihrem Rahmen würden die Kroaten das Beste, was ihr Wesen ausmacht, verlieren, sie würden das Recht auf ihren Kampf für die westliche Zivilisation und die Menschheit einbüßen. Die kroatische Nation […] hat ein Anrecht, sich gegen jede Un-
₄₀ terdrückung aufzulehnen. Und wenn nicht anders, wird sie das Abendland anrufen: Occidentem appello.

<small>Zit. nach: Kroatien baut auf. Zweite Jahreslese in Wort und Bild. Aus der Wochenschrift „Neue Ordnung", Zagreb 1943, S. 5.</small>

15 Aussicht auf Frieden?

Die Journalistin Dorothea Gräfin Razumovsky beschrieb 1999 in ihrem Buch „Der Balkan. Geschichte und Politik seit Alexander dem Großen" den Zustand des Balkans nach dem
₅ *Ersten Weltkrieg:*
Mit dem Selbstbestimmungsrecht der […] zum Teil recht üppig beschenkten „siegreichen" Balkanvölker war es […] nicht weit her. Erneut zerschnitten gnadenlose Grenzen die ausgepumpten, ausgebluteten Körper der Nationen,
₁₀ von denen kein einziger alle seine Gliedmaßen zusammenbringen konnte. Erneut umfasste jeder Balkanstaat wenigstens eine kompakte Minderheit, die ihm fortan feindlich gegenüberstand, weil sie sich um ihre eigene Autonomie betrogen fühlte. […] Von den grundlegenden
₁₅ Problemen des Balkans war keines gelöst.
Makedonien blieb für Bulgarien die Wiege einer eigenen Kultur, für Griechenland das Land der Väter und für Serbien ein gar kostbar Eigentum, für das viel Blut geflossen war. Siebenbürgen, das aufgrund eines Beschlusses
₂₀ des Landtags von Klausenburg (Cluj) aus dem Revolutionsjahr 1848 […] zu Ungarn gehört hatte, war nun auf einmal nach dem Willen der dort ansässigen Rumänen sowie der Siebenbürger Sachsen Teil Rumäniens geworden, mit massiver magyarischer Minderheit, die durch
₂₅ eine drastische Bodenreform enteignet und somit anhaltend verbittert war. Albanien war schon unmittelbar vor Kriegsausbruch […] nahezu auseinander gerissen worden – Griechenland hatte ihm Nordepiros, Montenegro hatte Skutari und aufständische Bauern hatten den inneren

Frieden genommen und obwohl es sich für neutral er- ₃₀ klärt hatte, war das kleine Küstenland wiederholt zum Kampfgebiet geworden. Nun bestanden alle Nachbarn, vornweg Italien, auf der Teilung dieses „Kunststaates" […]. Jeder wollte „sein" Stück davon. Serbien vor allen Dingen hoffte erneut auf einen Zugang zum Meer […]. ₃₅ Das Königreich der Serben, Kroaten und Slowenen […] war fraglos eine Kopfgeburt. […] Sein Geburtsfehler, der nie mehr korrigiert werden sollte, bestand allein in der Tatsache, dass die unmittelbar betroffenen Menschen, knapp zwölf Millionen an der Zahl, die doch künftig ₄₀ loyale Staatsbürger sein sollten, nie um ihre Zustimmung gefragt worden waren.
40 Prozent dieser Menschen waren Serben, die übrigen 60 Prozent setzten sich aus Kroaten, Slowenen, Makedoniern, Montenegrinern, Deutschen, Ungarn, Albanern, ₄₅ Rumänen, Türken, Tschechen, Slowaken, Ruthenen, Russen, Polen, Italienern, Roma, Bulgaren, Walachen, Ukrainern, Juden und Griechen zusammen. Die muslimischen Bosniaken wurden damals, 1921, als eine erste Volkszählung durchgeführt wurde, noch nicht geson- ₅₀ dert aufgeführt. Der serbischen Bevölkerungsgruppe verlieh schon allein ihre numerische Überlegenheit von vornherein besonderes Gewicht. Darüber verfügte sie als Einzige über einen vollständigen Verwaltungsapparat, über eine schon lange etablierte stabile Regierung, über ₅₅ eine kampferprobte, gut gerüstete Armee und vor allem über ein eigenes Königshaus, das nicht aus Deutschland oder Italien importiert worden war. Und so kam es wie es kommen musste […]: Die Stimme der Serben wurde tonangebend. ₆₀

<small>Gräfin Razumovsky, D.: Der Balkan. Geschichte und Politik seit Alexander dem Großen. München 1999, S. 312 ff.</small>

16 Geiselmord an der Zivilbevölkerung Serbiens

Auf die Partisenenbewegung in Serbien reagierte die deutsche Besatzungsmacht mit Massenterror gegen die Zivilbevölkerung. Allein in der Stadt Kraguevac wurden auf Grundlage des Wehrmachtsbefehls am 21. Oktober 1941 2 300 der 42 000 ₅ *Einwohner ermordet.*
Befehl des Bevollmächtigten Kommandierenden für das besetzte Serbien, General Franz Böhme, am 10. Oktober 1941:
1.) In Serbien ist es auf Grund der „Balkanmentalität" und der großen Ausdehnung kommunistischer und national ₁₀ getarnter Aufstandsbewegungen notwendig, die Befehle des OKW [Oberkommando der Wehrmacht] in der schärfsten Form durchzuführen. Rasche und rücksichtslose Niederwerfung des serbischen Aufstandes ist ein nicht zu unterschätzender Beitrag zum deutschen Endsieg. ₁₅
2.) In allen Standorten in Serbien sind durch schlagartige Aktionen umgehend alle Kommunisten, als solche verdächtige männliche Einwohner, sämtliche Juden, eine bestimmte Anzahl nationalistischer und demokratisch gesinnter Einwohner als Geiseln festzunehmen. Diesen ₂₀

10

Geiseln und der Bevölkerung ist zu eröffnen, dass bei Angriffen auf deutsche Soldaten oder auf Volksdeutsche die Geiseln erschossen werden. [...]

3.) Treten Verluste an deutschen Soldaten oder Volks-
25 deutschen ein, so haben die territorial zuständigen Kommandeure bis zum Regimentskommandeur abwärts umgehend die Erschießung von Festgenommenen in folgenden Sätzen anzuordnen:

a) Für jeden getöten oder ermordeten deutschen Soldaten
30 oder Volksdeutschen [...] 100 Gefangene oder Geiseln.

b) Für jeden verwundeten deutschen Soldaten oder Volksdeutschen 50 Gefangene oder Geiseln. Die Erschießungen sind durch die Truppe vorzunehmen. [...]

5.) Die bei Kampfhandlungen von der Truppe gefange-
35 nen Kommunisten sind grundsätzlich am Tatort als abschreckendes Beispiel zu erhängen oder zu erschießen.

6.) Ortschaften, die im Kampf genommen werden müssen, sind niederzubrennen. [...]

Zit. nach: Manoschek, W.: „Serbien ist judenfrei". Militärische Besatzungspolitik und Judenvernichtung in Serbien 1941/44. München 1993, S. 85.

18 Das Oberhaupt der römisch-katholischen Kirche Kroatiens, Alojzije Stepinac, gratuliert dem Ustaschaführer Ante Pavelic zum 4. Jahrestag der Gründung des sog. Unabhängigen Kroatischen Staates, April 1945

17 „Sämtliche Serben um jeden Preis vernichten"
Der Kommandant des Teillagers III von Jasenovac (zwischen Juni und Oktober 1942), Pater Miroslaw Filipovic-Majstorovic, sagte im Verhör vor der Kommission zur Feststellung
5 *von Kriegsverbrechen am 25. und 29. Juni 1945 u. a. aus:*
Wann sind Sie in die Ustascha-Bewegung eingetreten und welche Aufgaben hatten Sie?
Im Oktober 1940 legte ich [...] den Ustascha-Eid ab. In der Ustascha-Bewegung übte ich keine politische, son-
10 dern lediglich militärische Funktionen im Rang eines Bataillonskommandeurs aus.
Wer suspendierte Sie vom Priesteramt?
Als ich 1942 Seelsorger in der Brigade P.T.S. in Banja Luka war, trat das Bataillon der Ustascha, das ich als Seel-
15 sorger leitete, in dem Cetnik-Dorf in Aktion [...]. Das Bataillon liquidierte dieses Dorf restlos, und aus diesem Grunde suspendierte mich der päpstliche Legat Marcone. Ich wurde vor Gericht gestellt, und Marks Luburic [Beauftragter des KZ-Systems im Ustascha-Staat] ver-
20 setzte mich als Lagerkommandant nach Jasenovac.
Wie viele Häftlinge kamen in das Lager, und wie viele wurden liquidiert, als Sie Lagerkommandant waren?
Während meiner viermonatigen Kommandantur kamen etwa 30000 Häftlinge in das Lager Jasenovac. Jasenovac
25 war für sie Durchgangslager zu den in der Nähe befindlichen Häftlingslagern [...].
Wie viele Serben wurden im NDH Ihrer Meinung nach bis jetzt umgebracht?
Nach Berichten des Marks Luburic, der wahrscheinlich
30 die Listen über die umgebrachten Serben führte, wurden [...] während dieser vier Jahre etwa eine halbe Million Serben umgebracht. Dabei sind auch jene Serben mitgezählt, die im Kampf umgekommen sind.

Was hat die Kirchenobrigkeit unternommen, um die Massenmorde in den Lagern zu verhindern?   35
Es ist mir aus Gesprächen mit Marks Luburic bekannt, dass Stepinac auf der Bischofskonferenz und Versammlung gegen diese Taten in den Lagern protestiert hat. Öffentlich hat jedoch meines Wissens niemand protestiert.   40
Welche Anweisungen haben Sie hinsichtlich Ihres Verhaltens gegenüber dem serbischen Volk bekommen, als Sie Leiter des Lagers waren?
Marks Luburic sagte zu mir persönlich und auch zu den übrigen Offizieren und Soldaten, dass wir um jeden   45
Preis versuchen sollten, sämtliche Serben [...] gnadenlos zu vernichten. Das sei das Programm, das durchgeführt werden müsste [...].
Ich glaube, dass zu meiner Zeit 25000 bis 30000 Häftlinge liquidiert wurden oder gestorben sind, hauptsäch-   50
lich Zigeuner, Juden und Serben. [...] Manchmal war ich bei der Liquidierung dabei und zwar später (als ich mich durch Morde schuldig gemacht habe) zur Aufsicht, das kann ich genauso wenig leugnen wie die Tatsache, dass ich bei diesen Gelegenheiten auch selbst einige um-   55
gebracht habe. [...] Ende Oktober 1942 [...] sagte Luburic: „Jasenovac ist bloßgestellt, und es scheint, dass wir es auflösen müssen, aber wir müssen den guten Ruf des Lagers Stara Gradiska bewahren [...] Deswegen [...] wirst du, Majstorovic, [...] daher das Kommando im   60
Lager Stara Gradiska übernehmen." [...] Von Jasenovac kam ich Ende Oktober 1942 bis zum 27. März 1943 ins Lager Stara Gradiska. Während dieser Zeit fanden [...] Massenliquidierungen statt.

Zit. nach: Dedijer,V.: Jasenovac – das jugoslawische Auschwitz und der Vatikan. Freiburg 1988, S. 16ff.

10

19 Churchill und Stalin teilen sich den Balkan auf

Churchill erinnert sich:

Die russischen Armeen drückten mit Macht in den Balkan, und Rumänien und Bulgarien befanden sich
5 in ihrer Gewalt. Der Fall Belgrads stand bevor, und Hitler bemühte sich verzweifelt, Ungarn in der Hand zu behalten. Jetzt [...] erschien es ganz natürlich, dass die russischen Ambitionen wuchsen. [...] Ich hatte nie das Gefühl gehabt, dass unsere früheren Beziehungen
10 zu Rumänien und Bulgarien besondere Opfer unsererseits bedingten; desto tiefer berührte uns das Schicksal Polens und Griechenlands. Für Polen waren wir in den Krieg gezogen; für Griechenland hatten wir schmerzhafte Anstrengungen gemacht. Ich hoffte, die
15 verbesserten Beziehungen zu den Sowjets ausnutzen zu können, um diese zwischen Ost und West neu entstehenden Probleme zu einer befriedigenden Lösung zu bringen. [...] Wir landeten am Nachmittag des 9. Oktober [1944] in Moskau. [...] Um 10 Uhr abends fanden
20 wir uns dann zur ersten wichtigen Sitzung im Kreml ein. [...] Da mir der Moment günstig schien, um die Dinge entschlossen anzugehen, sagte ich [zu Stalin]: „Lassen Sie uns unsere Angelegenheiten im Balkan regeln. Ihre Armeen sind in Rumänien und Bulgarien.
25 Wir haben dort Interessen, Missionen und Agenten. Lassen Sie uns dort nicht in kleinlicher Weise gegeneinander arbeiten. Um nur von Großbritannien und Russland zu sprechen, was würden Sie sagen, wenn Sie in Rumänien zu neunzig Prozent das Übergewicht
30 hätten und wir zu neunzig Prozent in Griechenland, während wir uns in Jugoslawien auf halb und halb einigen?" Während das übersetzt wurde, schrieb ich auf ein halbes Blatt Papier:

35 *Rumänien:*   *Griechenland:*

Russland   90 %   Großbritannien   90 %

Die anderen   10 %   Russland   10 %

                              (im Einvernehmen m. den USA)

Bulgarien: *Jugoslawien:*   *50 % : 50 %*

40 Russland   75 %   *Ungarn:*   *50 % : 50 %*

Die anderen   25 %

Ich schob den Zettel Stalin zu. [...] Eine kleine Pause trat ein. Dann ergriff er seinen Blaustift, machte
45 einen großen Haken und schob uns das Blatt wieder zu [...]. Diesmal trat ein langes Schweigen ein. Das mit Bleistift beschriebene Papier lag in der Mitte des Tisches: „Könnte man es nicht für ziemlich frivol halten, wenn wir diese Fragen, die das Schicksal von Millionen
50 Menschen berühren, in so nebensächlicher Form behandeln? Wir wollen den Zettel verbrennen." – „Nein, behalten Sie ihn", sagte Stalin.

Zit. nach: W. S. Churchill, Der Zweite Weltkrieg. Bern/München/Wien 1995, S. 988 ff.

20 Sezessions- oder Unabhängigkeitskrieg?

Urteil des Südosteuropaspezialisten Jens Reuter über den sog. Zehntagekrieg im Sommer 1991 zwischen der jugoslawischen Bundesrepublik und der slowenischen Teilrepublik:

Die Unabhängigkeitserklärungen von Slowenien und 5 Kroatien (26. Juni 1991) bedeuteten per se noch nicht die Sezession. [...] Als man in Ljubljana jedoch erklärte, die Grenz- und Zollkontrollen sofort in eigener Regie zu übernehmen und die Zolleinnahmen nicht länger an den Bund weiterzuleiten, herrschte in Belgrad Alarm- 10 stimmung. Als dann Grenzschilder mit der Aufschrift „Slowenische Republik" errichtet wurden, war der Vorwand für eine militärische Intervention da. Doch Ziel dieser Aktion war nicht die militärische Niederwerfung Sloweniens, sondern die Wiederherstellung der jugosla- 15 wischen Grenz- und Zollhoheit. [...]

Die Intervention der jugoslawischen Volksarmee erfolgte nicht auf Befehl des Staatspräsidiums, sondern [...] in Absprache mit der jugoslawischen Bundesregierung. [...] Staunend verfolgte die Welt, wie sich eine hochmo- 20 tivierte Territorialverteidigung [20 000 Militärs der Teilrepublik] gegen eine wohlgerüstete Armee [von 22 000 Mann der Bundesrepublik] behauptete. Was die Welt nicht wusste: Die Soldaten der Bundesarmee hatten weder einen Schießbefehl noch die [...] erforderliche Mu- 25 nition. [...] Man hatte nicht mit Widerstand gerechnet, und so wurde die Aktion wie eine innerjugoslawische Truppenverlegung gehandhabt, bei der Ausgabe scharfer Munition auch nicht üblich war. [...] Die Aufmarschpläne der Armee waren zudem in slowenischer Hand. 30 Im Bundesverteidigungsministerium beschäftigte Slowenen hatten sie nach Lubljana gemeldet. [...] Hätte die jugoslawische Armee wirklich Krieg geführt, [...] dann wäre aus Slowenien innerhalb von drei Tagen ein einziger Friedhof geworden. 35

Zit. nach: J. Reuter, Jugoslawien vor dem Zerfall. In: Aus Politik und Zeitgeschichte. Beilage zur Wochenzeitung Das Parlament, B14/92, 27. März 1992, S. 7 f.

21 Ein Staat nur des kroatischen Volkes?

Aus der Verfassung der Republik Kroatiens vom 22. Dezember 1990:

Das kroatische Volk hat durch die Jahrtausende seine nationale Eigenständigkeit und seinen Bestand bewahrt 5 und über die gesamthistorischen Geschehen hinweg in verschiedenen Staatsformen den staatsbildenden Gedanken eines historischen Rechts des kroatischen Volkes auf volle staatliche Souveränität erhalten und weiterentwickelt; dies kam zum Ausdruck 10

– in der Entstehung kroatischer Fürstentümer im 7. Jh.;

– im selbstständigen mittelalterlichen Staat Kroatien, gegründet im 9. Jh.;

– in der Erhaltung der kroatischen Staatssubjektivität während der kroatisch-ungarischen Personalunion; 15

10

23 Die Präsidenten der Republiken Jugoslawiens im Jahr 1991 von links nach rechts: Momor Bulatovic (Montenegro), Milan Kucan (Slowenien), Franjo Tudjman (Kroatien), Kiro Gligorov (Mazedonien), Alija Izetbegovic (Bosnien-Herzegowina), Slobodan Milosevic (Serbien)

– in der Festigung des Fundaments der staatlichen Souveränität während des Zweiten Weltkrieges, zum Ausdruck gebracht als Widerspruch gegenüber der Ausrufung des Unabhängigen Staates Kroatien (1941)
20 und den Beschlüssen des Landesrates der antifaschistischen Volksbefreiung Kroatiens (1943). […]
In dem historischen Umbruch zur Befreiung von der kommunistischen Herrschaft und im Hinblick auf die Veränderungen im internationalen Gesellschaftssystem
25 in Europa hat das kroatische Volk bei den ersten demokratischen Wahlen (1990) durch seinen freien Willen seine jahrtausendelange staatliche Eigenständigkeit und seine Entschlossenheit behauptet, die Republik Kroatien als souveränen Staat zu begründen. […]
30 Ausgehend von den dargestellten historischen Tatsachen […], wird die Republik Kroatien als Nationalstaat des kroatischen Volkes * gegründet.

* In der bisherigen Verfassung wurde Kroatien als „Staat des kroatischen Volkes, des serbischen Volkes in Kroatien und der Staat anderer dort lebender Nationalitäten" definiert.

Die Verfassung der Republik Kroatien. Zagreb 1991, S. 33 ff.

22 **Sie wollen auf keiner Seite kämpfen**
Der Journalist Roland Hofwiler von der Tageszeitung „taz" interviewte zwei Jugendliche aus dem multiethnischen slawonischen Osijek in jenen Tagen, als sich Kroatien aus dem ju-
5 *goslawischen Staatsverband löste:*
Der eine von euch ist Serbe, der andere Kroate, warum?
Drago: Das sagt auch nur du. Ich fühle mich immer als Jugoslawe, jetzt erst recht. Und nur weil ein Politiker sagt, schieß auf deinen Nachbarn, werde ich doch nicht
10 zur Waffe greifen.

Mirko: Drago und ich, wir kennen uns aus der Nachbarschaft. […] Aber Hass kannten wir nicht und lassen wir uns auch nicht einimpfen.
Wie kam es, dass der eine zur „kroatischen Armee", der andere zur serbisch domierten Bundesarmee einberufen 15 wurde?
Mirko: Reine Willkür, reiner Zufall. Dragos Eltern leben bereits seit Jahren in Belgrad. Dort ist er mit dem ersten Wohnsitz gemeldet. Ich habe meinen Wohnsitz im „kroatischen" Osijek, so kam's, dass der eine von uns auf 20 der kroatischen Seite, der andere auf der serbischen Seite kämpfen sollte. Und weil der kroatische Präsident Tudjman erklärte, alle Männer zwischen 18 und 50 müssten in Ostslawonien mobilisiert werden, traf es mich und meine Freunde. […] Auch ich brauchte Wochen, bis ich verstand, 25 was in Jugoslawien abläuft. Hättest du mich vor einem Jahr gefragt, ob ein Bürgerkrieg in Jugoslawien ausbrechen könnte, ich hätte dich ausgelacht.
Drago: Mein Vater glaubt noch immer nicht daran. Der sagt mir: „Junge, jetzt musst du eben den Wehrdienst 30 ableisten, so ist das eben." Als der Alte hörte, ich bin kurzerhand nach Ungarn geflüchtet, da hat er mich am Telefon angeschrien: „Sohn, du setzt deine Zukunft aufs Spiel." – „Welche Zukunft denn?", fragte ich zurück. Er wusste keine Antwort. 35
Wie seht ihr die Entwicklung in eurer Heimat in der Ferne?
Mirko: Schwer zu sagen, Ich hoffe nur, Typen wie wir werden massenweise desertieren und die Generäle, Freischärler und Kriegstreiber allein lassen. Ich kann mir einfach nicht vorstellen, dass sich die Jugend in einem Krieg 40 verheizen lassen wird.

Sie wollen auf keiner Seite kämpfen. taz vom 28. August 1991.

10

24 „Lang lebe Serbien! Lang lebe Jugoslawien!"

Aus der Rede von Slobodan Milosevic, 1989–1997 Präsident der Teilrepublik Serbien und 1997–2000 Staatspräsident der Bundesrepublik Jugoslawien, am 28. Juni 1989:

5 An diesem Platz, auf diesem Fleck im Herzen von Serbien, auf dem Amselfeld des Kosovo, fand vor 600 Jahren eine der größten Schlachten aller Zeiten statt. [...] Der 600. Jahrestag der Schlacht auf dem Amselfeld fällt auf ein Jahr, in dem Serbien seine nationale und geistige Integrität wie-
10 dererlangt hat. Deshalb ist es für uns nicht so schwer, die seit jeher gestellte Frage zu beantworten: „Was können wir Milos, dem Helden der Schlacht auf dem Amselfeld, heutzutage präsentieren?" Im ungewissen Lauf der Geschichte und des Lebens scheint es, dass Serbien in diesem Jahr
15 1989 sein Staatswesen und seine Würde zurückgewonnen und somit Grund hat, ein Ereignis zu feiern, das sich als ein historisch und symbolisch überaus bedeutsames für seine Zukunft erweisen sollte. [...] Das, was bekannt ist, [...] ist, dass uns vor 600 Jahren die Zwietracht ereilte. Die verlo-
20 rene Schlacht war weniger das Ergebnis gesellschaftlicher Überlegenheit und militärischer Stärke des Osmanischen Reiches als das Resultat tragischer Uneinigkeit der damaligen Führung des serbischen Staates. [...] Uneinigkeit und Verrat in Kosovo haben die serbische Nation wie ein übles
25 Schicksal während der gesamten Geschichte verfolgt. [...] Später, als das sozialistische Jugoslawien gegründet wurde, blieb die serbische Führung in diesem neuen Land gespalten und ging auf Kosten der eigenen Bevölkerung viele Kompromisse ein. Kein Volk der Welt könnte un-
30 ter ethnischen und historischen Gesichtspunkten die Zugeständnisse akzeptieren, welche die verschiedenen serbischen Führer zulasten ihres Volkes gemacht haben. [...] Die Uneinigkeit unter den serbischen Politikern, verbunden mit einer Vasallenmentalität, trug zur Erniedri-
35 gung Serbiens und dazu bei, es minderwertig erscheinen zu lassen. [...] Heute nun sind wir hier auf dem Amselfeld versammelt, um zu sagen, dass das nicht mehr so ist. [...] Und es gibt deshalb in Serbien keinen geeigneteren Platz [...], um zu sagen, dass die Eintracht in Serbien dem
40 serbischen Volk und Serbien und jedem seiner Bürger, ungeachtet seiner nationalen und religiösen Zugehörigkeit, Prosperität ermöglichen wird [...]. Niemals in der Geschichte war Serbien nur von Serben bewohnt. Heute mehr als jemals zuvor leben hier Bürger aller ethnischen
45 und nationalen Gruppen. Das ist kein Handikap für das Land. Ich bin aufrichtig überzeugt, dass dies sein Vorzug ist. [...]
Die Kosovo-Schlacht ist überdies zu einem Symbol des Heroismus geworden – einem Symbol, dem Gedichte,
50 Tänze, Literatur und Romane gewidmet wurden. Über sechs Jahrhunderte hat der Kosovo-Heroismus unsere Kreativität inspiriert, den Stolz genährt und uns davor bewahrt, zu vergessen, dass wir einst eine große und tapfere Armee waren. [...]

Sechs Jahrhunderte später befinden wir uns wieder in Kämpfen und vor Kämpfen. Das sind keine bewaffneten 55 Kämpfe, obwohl diese nicht ausgeschlossen werden können. Aber unabhängig von der Art der Schlachten können diese nicht gewonnen werden ohne Entscheidungskraft, Tapferkeit und Selbstaufopferung – Eigenschaften, die im Kosovo so lange vorher schon gang und gäbe waren. [...] 60 Vor sechs Jahrhunderten hat Serbien sich hier auf dem Kosovo heldenhaft selbst verteidigt und auch Europa verteidigt. Es befand sich damals an seinem Schutzwall, der die europäische Kultur, Religion, die europäische Gesellschaft im Ganzen schützte. Folglich erscheint es heute nicht 65 nur ungerecht, sondern auch historisch absurd, darüber zu diskutieren, ob Serbien zu Europa gehört. Es gehörte immer dazu, heute wie früher. Natürlich auf seine Art und Weise, die es im historischen Sinne nie seiner Würde beraubte. In diesem Geiste streben wir heute danach, eine 70 reiche und demokratische Gesellschaft zu errichten. Und damit tragen wir zum Wohlstand unseres schönen und in diesem Augenblick zu Unrecht geplagten Landes bei. [...] Lang lebe Serbien! Lang lebe Jugoslawien! Es lebe der Frieden und die Brüderlichkeit zwischen den Völkern. 75

Zit. nach: Hartmann, R.: Die glorreichen Sieger. Berlin 2001, S. 74 ff.

25 Für einen großserbischen Staat

Dobrica Cosic, Schriftsteller und 1992/93 Präsident der Föderativen Republik Jugoslawien, äußerte sich im Januar 1991 über die aus seiner Sicht ungelöste „serbische Frage":

In all seinen politischen Motiven ist der gesellschaftliche 5 Kern, das natürliche Ziel der serbischen Frage ein ausschließlich demokratisches. Es ist eine Frage der Freiheit und des Existenzrechts des serbischen Ethnos in der Gesamtheit seiner geistigen, kulturellen und geschichtlichen Identität, ohne Rücksicht auf die heutigen Repub- 10 liksgrenzen und die Verfassung Jugoslawiens. Wenn diese Freiheit und dieses Recht nicht garantiert werden, dann ist das historische Ziel des serbischen Volkes – die Vereinigung aller Serben in einem Staat, wofür es mehrere Kriege geführt und grauenhafte Opfer gebracht hat – nicht ver- 15 wirklicht. [...] Die Desintegration Jugoslawiens besonders seit den 1960er-Jahren wurde bestätigt durch die Verfassung aus dem Jahre 1974, die die Föderation von sechs Republiken in eine Konföderation von acht Staaten verwandelt [Slowenien, Kroatien, Bosnien-Herzegowina, 20 Montenegro, Mazedonien, Serbien und die autonomen Republiken Kosovo und Vojvodina] und das serbische Volk und die Republik Serbien in eine unterprivilegierte und benachteiligte Situation brachte. [...] Die Serben haben keinen einzigen nationalen und demokratischen 25 Grund und auch nicht das Recht, Kroatien und Slowenien an der Abspaltung von Jugoslawien und der Schaffung selbstständiger Staaten zu hindern. Aber: Die Gründung ihrer autonomen Staaten kann nur auf deren ethnischem Gebiet erfolgen. Sollte die Staatsgründung jedoch unter 30

10

Annexion von serbischem ethnischen Territorium erfolgen, müsste man sie als Eroberer bezeichnen und sie würden einen Krieg anzetteln. Das serbische Volk hat heute jeden historischen, nationalen und demokratischen

35 Grund und jedes Recht, in einem Staat zu leben. Ob das ein föderatives, demokratisches Jugoslawien sein wird, werden die Nationen entscheiden, die in einem solchen Jugoslawien leben wollen. Sollte ein solches Jugoslawien von den anderen Nationen nicht gewünscht werden, so

40 ist das serbische Volk gezwungen, frei in seinem Staat zu leben und damit nach einem zweihundertjährigen Kampf endgültig seine vitalen Fragen zu lösen.

Cosic, D.: Velika obmana srpskog naroda. In: Politika, 20.1.1991. Zit. nach der deutschen Übersetzung. In: Osteuropa 10/1991, S. A 592 ff.

26 **Multikulturelle Gesellschaft oder Nationalstaat?**
Der Historiker Holm Sundhausen über die Chancen der Nationsbildung in Bosnien-Herzegowina:
Theoretisch hätte Bosnien-Herzegowina ein National-

5 staat werden können. Doch dies hätte die Konstruktion einer bosnischen Nation als Voraussetzung gehabt. Ansätze dazu hat es nicht nur während der österreichisch-ungarischen Verwaltung Bosniens (1878–1918), sondern auch noch in den 60er-Jahren gegeben, doch die

10 Realisierungschancen standen schlecht, nachdem der Nationsbildungsprozess bei Serben und Kroaten bereits […] in der Zwischenkriegszeit die Endphase erreichte und damit den Weg zu einer bosnischen Nation blockierte. Als Ausweg bot sich die multikulturelle Gesell-

15 schaft an. Und diese war angesichts der Gemeinsamkeiten von Sprache, Herkunft, Heimatverbundenheit und historischen Erfahrungen keineswegs chancenlos. […] Namentlich in den Städten konnte sich eine multikulturelle Gesellschaft formieren. Die Angehörigen

20 der verschiedenen nationalen Gruppen haben nicht nur miteinander gelebt, sondern auch untereinander Freundschaften und Ehen geschlossen. Etwa jeder zweite bis dritte Bewohner Bosnien-Herzegowinas besitzt in seiner engeren Verwandtschaft mindestens einen Ange-

25 hörigen „anderer" Nationalität.
Seit Beginn der 90er-Jahre haben die Nationalisten alles unternommen, um die multikulturelle Gesellschaft wieder auseinander zu sprengen. Die Gewaltsamkeit dieses Prozesses hat mit „balkanischer Mentalität" oder spezi-

30 fisch „balkanischer Gewaltbereitschaft" nur wenig zu tun. Österreich-Ungarn und das Osmanische Reich, beides Vielvölkerstaaten, brachen auseinander und wurden geteilt, die Region Makedonien wurde geteilt, Zypern wurde geteilt, Jugoslawien brach auseinander,

35 und der […] jüngste Vielvölkerstaat […] Bosnien-Herzegowina wurde geteilt, kaum dass er die Unabhängigkeit

27 **„Wie viel Öl gibt's dort eigentlich?"**
Karikatur von Horst Haitzinger, 1991.

erlangte. Als „unzeitgemäßes" Relikt der Vergangenheit besteht er nur mehr auf dem Papier.

Sundhausen, H.: „Unzeitgemäße" Identität? In: Ost-West-Gegeninformationen, Nr.1/1994. Graz 1994, S. 13.

28 **Was wird aus Bosnien-Herzegowina?**
Dazu äußerte sich der Vizepräsident der Teilrepublik, Muhamed Cengic, im Herbst 1991 in einem Interview:
Was geschieht jetzt, wo Kroatien und Slowenien un-

5 abhängig geworden sind? Wird Bosnien Teil eines geschrumpften, von Serbien dominierten Jugoslawiens? Nein, dann muss Bosnien-Herzegowina auch ein souveräner Staat werden. Erst danach werden wir mit den anderen Republiken darüber sprechen, was an gemeinsa-

10 mer Struktur möglich ist. Doch vorerst versperrt uns die jugoslawische Armee und die Serbische Demokratische Partei diesen Weg. An eine friedliche Lösung glaube ich kaum mehr, aber so weit können wir es einfach nicht kommen lassen, dass die Armee unsere Städte zerstört,

15 wie sie es in Kroatien getan hat.
Der Serbe Milosevic und der Kroate Tudjman sollen Geheimverhandlungen über eine Teilung Bosnien-Herzegowinas geführt haben. In aller Regel ist die Bevölkerung stark durchmischt. Besteht die Gefahr, dass serbisch

20 besiedelte Gebiete an Serbien und kroatisch besiedelte Gebiete an Kroatien angegliedert werden?
Das lässt sich kaum realisieren. Es gibt nur einige wenige kleine Gebiete, wo Serben oder Kroaten über 80 Prozent der Bevölkerung stellen. In aller Regel ist die Bevölkerung

25 stark durchmischt. Und ein weiteres Problem wäre dann, dass ein Teil der Moslems, die ja in unserer Republik immerhin die stärkste Nation sind, in Serbien, ein anderer Teil in Kroatien verbliebe.

Zit. nach: taz vom 18. Oktober 1991.

10

29 **Der heilige Fürst Lazar.** Holzschnitt vom Ende des 17. oder Beginn des 18. Jahrhunderts.

32 **Serbiens Präsident Milosevic auf der Massenkundgebung am 28. Juni 1989 auf dem Amselfeld**

10

30 **„… dass wir das Land mit Säbeln teilen"**

Die Vorgeschichte der Entscheidungsschlacht erfahren wir aus der Sammlung serbischen Liedgutes von Vuk Karadzic, des Schöpfers der modernen serbischen Schriftsprache:

5 Es zog Zar [Sultan] Murat auf das Kosovo-Feld. Schrieb von dort einen […] Brief, sandte ihn nach der Burg Krusevac, zu Händen Lazars, des Fürsten der Serben: „O Lazar, Haupt des serbischen Landes: Solches gab es nie, noch kann es das geben: Ein Land nur und der Herren zwei, ei-
10 ne Raja [Untertan] zahlt doppelte Steuer. Wir beide können nicht Herrscher sein, so schicke mir die Schlüssel und die Steuer, die goldenen Schlüssel von allen Burgen, und die Steuer von sieben Jahren. Wirst du mir aber dieses nicht schicken, so komm dann nach dem Kosovo-
15 Feld, dass wir das Land mit den Säbeln teilen."

Braun, M: Das serbokroatische Heldenlied. Göttingen, 1961, S. 230.

31 **„Lasst uns sterben um ewig zu leben!"**

In der literarischen Überlieferung antworteten die Krieger auf die Rede von Fürst Lazar zu Beginn der Schlacht auf dem Amselfeld:

5 Für uns ist der Tod in der Heldentat besser als ein Leben in Scham. Für uns ist besser im Kampf den Tod vom Schwert zu empfangen als uns vor dem Feind zu beugen. Wir lebten genug für die Welt, bemühen für kurze

Zeit die Heldentat zu empfangen, um für ewig in dem Himmel zu leben, nennen wir uns die Soldaten Christi, 10 die Märtyrer für den Glauben, um uns in die Bücher des Lebens einzutragen.

Redep, J.: Die Kosovo-Legende und die Geschichte über die Kosovoschlacht. In: Die Schlacht auf dem Amselfeld 1389 und ihre Folgen. Internationales Symposium Himmelsthür 1989. Belgrad 1991, S. 291.

33 **Chronik zum 28. Juni, dem St. Veitstag – serbisch Vidovdan**

1878 Der Berliner Kongress bestätigt die Unabhängigkeit Serbiens.

1898 Pilgerfahrten aus allen serbischen Landesteilen in 5 das Königreich Serbien und in den Kosovo werden durchgeführt.

1914 Ein junger Serbe verübt das Attentat von Sarajevo.

1919 Die Pariser Vorortverträge 1919 bestätigen die Gründung des Königreiches der Serben, Kroaten 10 und Slowenen.

1921 Die erste Verfassung Jugoslawiens tritt in Kraft.

1948 Stalin schließt Jugoslawien aus dem Kominform aus.

1989 Eine Massenkundgebung zum 600. Jahrestag der 15 Schlacht auf dem Amselfeld findet statt.

2001 Milosevic wird an das Haager Tribunal ausgeliefert.

Geschichte erinnern: Mythos, Symbole und Rituale des serbischen Kosovokultes

Das Amselfeld – auf serbisch kosovo polje – westlich von Pristina ist der wichtigste Erinnerungsort des serbischen Volkes. Das Kosovo gilt als Wiege, Herz und Grab des großserbischen Reiches, das nach dem Tod des Zaren Stefan Duschan 1355 in Fürstentümer zerfiel. Am Tage des Heiligen Veit, des Vidovdan, am 15. Juni – nach heutiger Zeitrechnung am 28. Juni – 1389 focht das serbische Heer auf dem Amselfeld eine Entscheidungsschlacht gegen die auf den Balkan vordringenden Osmanen aus. Der in Gefangenschaft geratene Serbenführer Lazar wurde geköpft, weil sein Schwiegersohn Milos Oblic den Sultan Murad I. erstochen hatte. Da sich die Türken zurückzogen, verbreitete sich zunächst die Kunde von ihrer Niederlage. Tatsächlich aber gerieten die Balkanvölker unter osmanische Herrschaft.

Diese Ereignisse wurden in Jahrhunderten zu einem politisch-religiösen Kult, der wie kein anderer auf die Befreiung von der Fremdherrschaft und die Vereinigung aller Serben in einen großen Nationalstaat Einfluss nahm. Der Kosovomythos spielte aber nicht nur in der Nationsbildung und im antitürkischen Befreiungskampf des serbischen Volkes eine überragende Rolle. Er wurde auch für den Machtkampf serbischer Führer und zum Aufpeitschen nationalistischer Stimmungen instrumentalisiert und für die Opferbereitschaft der Bevölkerung missbraucht.

Der inhaltliche Baustein des Kults ist der Mythos, d. h. eine Überlieferung an ein nicht alltägliches Geschehen, über das verklärend berichtet wird. Die literarische Verarbeitung des Kosovomythos' erfolgte im so genannten Kosovozyklus, dem wichtigsten serbischen Heldenepos, in dem einzelne Episoden immer wieder neu ausgeschmückt und umgedeutet worden sind. Seine frühesten Spuren reichen in das Jahr 1392 zurück, seine Endfassung vom Anfang des 17. Jahrhunderts stammt von einem unbekannten Chronisten. Die Hinrichtung des Fürsten Lazar wird – wie die Kreuzigung Christi – als Märtyrertod für den christlichen Glauben dargestellt. Vor der Schlacht habe ihn der Prophet Elias vor die Wahl zwischen einem irdischen und einem himmlischen Reich gestellt. Da er sich für letzteres entschied, musste er die Schlacht verlieren. An die Heiligengeschichte erinnert auch das Abendmahl, das Lazar seinen Getreuen gab. Erst später erscheint der Verräter – Vuk Brankovic. Die Türkenherrschaft wird als babylonische Gefangenschaft des „ausgewählten" Opfervolkes der Serben gedeutet.

Erst über zwei weitere Bausteine, das Ritual und das Symbol, werden Kulte für die Öffentlichkeit emotional und visuell erlebbar. Der 1390 heilig gesprochene Fürst Lazar, dessen Gebeine damals im Kloster Ravanica beigesetzt wurden, ist die bedeutsamste serbische Kultfigur. Mit der Massenflucht von 350 000 Serben unter Führung ihres Patriarchen Arsenje IV. 1690 aus dem Kosovo in die heutige Vojvodina gelangte auch der Reliquienschrein in das neue religiöse Zentrum. In Erinnerung an die Gefallenen von 1389 entstanden zahlreiche Rituale und Symbole, die an die Amselfeld-Schlacht erinnern: der kultische Totentanz Vidovdanka, die Pfingstrose, die aus dem Blut der Gefallenen entsprossen sein solle, oder das am Gedenktag sprudelnde heilige Wasser Vidovica. Seit dem 18. Jahrhundert erinnern auch die aus Holzschnittplatten gefertigten populären „Papierikonen" wie auch Kupferstiche über Lazar und die anderen serbischen „Herrscher-Heiligen" daran. Der Kosovomythos wurde seit Jahrhunderten vor allem durch Gedenkfeiern in serbischen Schulen und Kirchen sowie Pilgerfahrten in das Königreich Serbien am St. Veitstag wachgehalten. All das gab der serbischen Nationalbewegung – aber auch dem Nationalismus – enormen Auftrieb.

Arbeitsvorschläge

a) Erläutern Sie den Inhalt des Mythos' und des Kultes über das sechs Jahrhunderte zurückliegende Ereignis der Schlacht auf dem Amselfeld.

b) Untersuchen Sie, warum die Rituale und Symbole um den St. Veitstag in der Geschichte der Serben vor allem seit dem 19. Jahrhundert eine so herausragende Rolle spielten und spielen. Beurteilen Sie diesen Umgang mit Mythos, Ritual und Symbol.

c) Analysieren Sie die Rede Milosevics (M 33). Auf welche Weise bezieht er sich auf den Mythos vom Amselfeld und wie nutzt er diesen für seine politischen Interessen und Ziele?

10

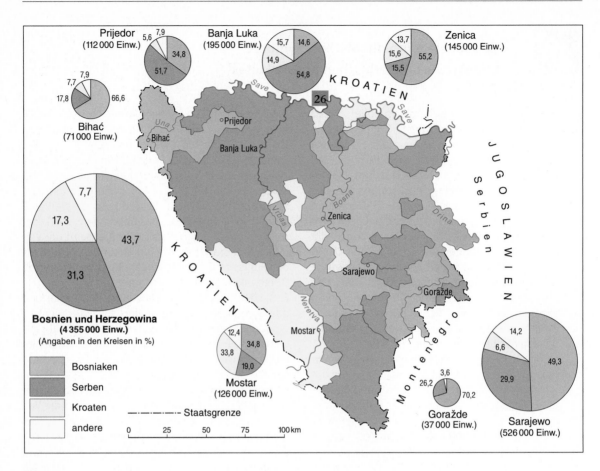

34 Ethnische Zusammensetzung der Bevölkerung Bosnien-Herzegowinas

35 Die Europäische Gemeinschaft greift ein

Im Auftrag der Europäischen Gemeinschaft vereinbarten die
Außenminister Italiens, Luxemburgs und der Niederlande mit
Vertretern Jugoslawiens und Sloweniens auf Brioni am 7. Juli
5 *1991 einen Vorschlag zu einer friedlichen Konfliktlösung zwi-*
schen Slowenien und Jugoslawien:

Die Parteien kamen überein, dass [...] folgende Grundsätze uneingeschränkt zu befolgen sind:

– Es ist allein Sache der Völker Jugoslawiens, über ihre
10   Zukunft zu entscheiden;

– in Jugoslawien ist eine neue Lage entstanden, die eine genaue Beobachtung und Verhandlung zwischen
   verschiedenen Parteien erfordert;

– möglichst bald, spätestens jedoch am 1. August [1991]
15   sollen Verhandlungen über alle Aspekte der Zukunft
   Jugoslawiens ohne Vorbedingungen auf der Grundlage der Prinzipien der Schlussakte von Helsinki und der
   Charta von Paris für ein neues Europa [...] im Einklang
   mit der Charta der Vereinten Nationen [...] beginnen;

20 – das Staatspräsidium muss seine volle Verantwortung
   wahrnehmen und seiner politischen und verfas-

sungsmäßigen Rolle gerecht werden, insbesondere
im Hinblick auf die jugoslawische Bundeswehr;

– alle betroffenen Parteien werden sich einseitiger Maßnahmen, insbesondere jeder gewalttätigen Handlung, 25
enthalten. [...]

Anlage 1

Weitere Modalitäten während der Vorbereitung der Verhandlungen

I. Grenzregelung 30

Die Republik Slowenien hat sich mit der Wiederherstellung des vor dem 25. Juni 1991 geltenden Regimes einverstanden erklärt. [...]

Die Kontrolle der Grenzübergänge liegt in der Hand der
slowenischen Polizei. Sie wird im Einklang mit den Bun- 35
desvorschriften handeln.

II. Zölle

Die von den Vertretern der Bundesregierung und der Republik Slowenien am 20. Juni 1991 unterzeichnete Vereinbarung wird erneut bestätigt und ist durchzuführen. 40
Die Zölle fließen weiterhin dem Bundesetat zu und werden von slowenischen Zollbeamten erhoben. [...]

10

36 Das multiethnische Mostar vor der Zerstörung durch kroatisches Militär 1993
Panorama der Stadt mit der Alten Brücke über die Neretva, ein Meisterwerk islamischer Baukunst.

III. Es gibt eine einheitliche Flugsicherung für ganz Jugoslawien. [...]

45 IV. Sicherheit an den Grenzen

Die vor dem 25. Juni 1991 bestehende Lage wird wieder hergestellt. Während der (dreimonatigen) Waffenruhe werden die Verhandlungen abgeschlossen, um eine ordnungsgemäße Übertragung der Zuständigkeit der

50 jugoslawischen Volksarmee auf diesem Gebiet zu gewährleisten. [...]

V. Weitere Modalitäten für die Durchführung des Waffenstillstands:

– Aufhebung der Blockade von Einheiten und Einrichtungen der jugoslawischen Volksarmee;

55 – bedingungslose Rückkehr der Einheiten der jugoslawischen Volksarmee in ihre Kasernen;

– Räumung aller Straßen;

– Rückgabe aller Einrichtungen und Ausrüstungsgegenstände an die jugoslawische Volksarmee;

60 – Außerdienststellung von Einheiten der Territorialverteidigung und Rückkehr in die Unterkünfte. [...]

Alle diese Maßnahmen werden so bald wie möglich, spätestens jedoch am 8. Juli 1991, 24.00 Uhr, wirksam.

Zit. nach: Europa-Archiv, Folge 21/1991, D537–538. Auswärtiges Amt, Bonn.

37 Lösung des kroatisch-serbischen Konflikts

Der EG-Ratsvorsitzende und niederländische Außenminister Henri van den Broeck und die Präsidenten der Republiken Kroatien und Serbien einigten sich im Oktober 1991 auf die

5 *Beilegung des Krieges. Aus dem Dokument:*

1. Politisch

Es wurde vereinbart, dass die Einbeziehung aller betroffenen Parteien notwendig sei, um eine politische Lösung auf der Grundlage der Perspektive einer Anerkennung der Unabhängigkeit jener Republiken zu formulieren, 10 die dies am Ende des in guten Glauben geführten Verhandlungsprozesses wünschen. Die Anerkennung würde im Rahmen einer generellen Lösung gewährt und hätte folgende Bestandteile:

a) eine lockere Assoziation oder Verbindung souveräner 15 oder unabhängiger Republiken;

b) angemessene Beziehungen für den Schutz von Minderheiten, einschließlich von Menschenrechtsgarantien und eines möglichen besonderen Status für bestimmte Regionen; 20

c) keine einseitigen Grenzveränderungen [...]

2. Situation vor Ort

Wir stellen fest, dass der Waffenstillstand von allen Parteien gebrochen wird. Daher wurde vereinbart, um parallel zu den oben geführten Schritten den Prozess zur 25 Erreichung einer politischen Lösung zu fördern, dass sich die betroffenen Parteien bemühen, die Spannungen zu verringern und ein günstigeres Umfeld für die Verhandlungen zu schaffen, indem sie

a) auf der Seite der kroatischen Behörden sofort die Blo- 30 ckade der Kasernen der jugoslawischen Bundesarmee und anderen Einrichtungen [...] aufheben und

b) auf der Seite der jugoslawischen Bundesarmee ihre Einheiten in Kroatien unter Aufsicht der EG-Überwacher verlegen und umgruppieren. 35

Erklärung zur Vereinbarung von Den Haag über den Konflikt in Jugoslawien, abgegeben anlässlich eines Treffens zwischen den Konfliktparteien unter Vermittlung der EG im Außenministerium von Den Haag am 4. Oktober 1991. Zit. nach: Europa-Archiv, Folge 21/1991, D554.

65

10

38 Der ethnische Säuberer
Karikatur von Horst Haitzinger, 1992.

39 Ende des Krieges in Bosnien-Herzegowina?
Im November 1995 vereinbarten in Dayton die Präsidenten der USA (B. Clinton), Bosniens (I. Izetbegovic), Kroatiens (F. Tudjman) und der Bundesrepublik Jugoslawien (S. Milose-
5 *vic) über die Beendigung des Krieges in Bosnien-Herzegowina:*
1. Politische Vereinbarungen
– Bosnien bleibt als einheitlicher Staat in seinen jetzigen Grenzen erhalten und wird von der internationalen Gemeinschaft anerkannt. [...]
10 – Der bosnische Staat besteht aus zwei Teilen, der muslimisch-kroatischen Föderation und der Serbischen Republik in Bosnien. Muslime und Kroaten bekommen 51 Prozent des Staatsgebietes, die Serben 49 Prozent. [...]
– Sarajevo bleibt die vereinte Hauptstadt Bosniens. [...]
15 Einige Stadtbezirke sollen von Serben autonom verwaltet werden.
– Es werden eine Zentralregierung, ein einheitliches Parlament und eine Präsidentschaft geschaffen. [...] Das Parlament wird aus zwei Kammern bestehen. Die
20 42 Abgeordneten des Unterhauses werden von den Einwohnern der politischen Einheiten direkt gewählt. Die 15 Abgeordneten des Oberhauses werden von den Vertretungen der beiden Einheiten bestimmt. Der Republik Bosnien-Herzegowina soll ein dreiköpfiges Prä-
25 sidium vorstehen. Eines seiner Mitglieder soll von den Einwohnern der Serbischen Republik direkt gewählt werden, die beiden anderen von den Wählern der Föderation Bosnien-Herzegowina. [...]
– Die Flüchtlinge erhalten das Recht, in ihre Heimat
30 zurückzukehren. Alle Bürger dürfen sich frei auf bosnischem Territorium bewegen. Die Achtung der Menschenrechte wird von einer unabhängigen Kommission und einer aus internationalen Fachleuten bestehenden zivilen Polizeieinheit überwacht.
35 – Menschen, die wegen Kriegsverbrechen angeklagt sind, werden von politischen Ämtern ausgeschlossen. [...]
– Die internationale Gemeinschaft organisiert ein humanitäres Hilfsprogramm, um den Wiederaufbau des

Landes, die Rückkehr der Flüchtlinge und die Abhaltung freier Wahlen zu gewährleisten. 40
– Die UN-Sanktionen gegen Serbien und Bosnien werden aufgehoben. Dies betrifft sowohl die Wirtschaftssanktionen gegen Belgrad als auch das Waffenembargo gegen Bosnien.
2. Militärische Vereinbarungen 45
– Eine internationale Friedenstruppe (Ifor) unter NATO-Kommando und unter Führung eines amerikanischen Generals wird in Bosnien stationiert und ersetzt die UN-Schutztruppen (Unprofor).
– Die Ifor überwacht die Einhaltung des Waffenstill- 50 stands und die Truppenentflechtung. Bei Angriffen darf die Ifor sich verteidigen.
– Die Ifor hat völlige Bewegungsfreiheit auf dem gesamten bosnischen Gebiet. [...] Die Konfliktparteien ziehen sich innerhalb von 30 Tagen hinter die im Waffenstill- 55 standsabkommen vereinbarten Fronten zurück. Zwischen den Waffenstillstandslinien wird eine [...] zwei Kilometer breite entmilitarisierte Zone eingerichtet.
– Die Konfliktparteien ziehen innerhalb von vier Monaten ihre schweren Waffen ab und stationieren ihre 60 Soldaten wieder in den Kasernen.
– Alle Kriegsgefangenen werden sofort freigelassen. [...]
– Innerhalb von sechs Monaten soll es nur noch eine begrenzte Zahl von Panzern, Kampfflugzeugen, Kampfhubschraubern und gepanzerten Fahrzeugen in der Bun- 65 desrepublik Jugoslawien, Kroatien und Bosnien geben.

Zit. nach: Frankfurter Allgemeine Zeitung vom 23.11.1995, Nr. 273, S. 3.

40 „Ethnische Säuberungen" im Kosovo
Die Situation im Kosovo nach der Aufhebung der Autonomie durch Serbien 1989 beurteilt die Osteuropareferentin der Gesellschaft für bedrohte Völker, Felicitas Rohder:
Für die Albaner auf dem „heiligen serbischen Boden" Am- 5
selfeld ist der Ausnahmezustand seit Jahren bedrückender Alltag. [...] Das Belgrader Regime setzt auch ohne offenen Krieg sein Programm für die Schaffung eines „ethnisch reinen Großserbien" im Kosovo durch. [...] 100 000 Albaner haben in den letzten zwei Jahren ihren Arbeits- 10 platz verloren. Jeder von ihnen hat Familie: Eine halbe Million Menschen sind damit von diesen Entlassungen betroffen. 250 000 bis 400 000 Albaner haben ihre Heimat Kosovo verlassen – durch Polizeiterror, Misshandlungen, Schauprozesse, Hausdurchsuchungen, Raub und Mord 15 auf offener Straße eingeschüchtert, durch Entlassungen, willkürliche Beschlagnahmungen und Kündigungen ihrer Wohnungen ihrer Existenz beraubt. [...]
Mit der Serbisierung des Bildungswesens und der Verbannung alles Albanischen aus dem öffentlichen Leben 20 soll die nachwachsende Generation umerzogen und damit allmählich das Gedächtnis des albanischen Volkes im Kosovo ausgelöscht werden: die Erinnerung an Muttersprache, Geschichte und Herkunft. [...]

25 Seit dem Sommer 1992 werden im Kosovo verstärkt serbische Zuwanderer und Flüchtlinge von den Kriegsschauplätzen in Bosnien-Herzegowina und Kroatien angesiedelt. Im September 1992 hat die serbische Regierung die Bildung einer Sonderkommission für die

30 Kolonisation angekündigt. Slobodan Popovic (Kommission für serbische Flüchtlinge aus Bosnien-Herzegowina) nennt Zahlen: 160 000 serbische Flüchtlinge aus Bosnien, also mehr als 10 Prozent der jetzigen Bevölkerung im Kosovo, sollen sich dort als Zuwanderer

35 niederlassen. 5 000 Wohnungen sollen neu gebaut und nur Serben und Montenegrinern zur Verfügung gestellt werden. [...]

Zit. nach: Luchterhand Flugschrift 5: „Ethnische Säuberung" – Völkermord für „Großserbien". Eine Dokumentation der Gesellschaft für bedrohte Völker. Herausgegeben von Tilman Zülch, Hamburg/Zürich 1993, S. 157 f.

41 **Eine Lösung des Kosovokonfliktes?**

Die Balkankontaktgruppe aus Vertretern der USA, Großbritanniens, Frankreichs, Deutschlands und Russlands verhandelte im Februar und März 1999 mit den serbisch-albanischen

5 *Konfliktparteien. Dem vorgelegten Abkommen von Rambouillet verweigerten Jugoslawien und Russland die Unterschrift. Auszüge aus dem Abkommen:*

Rahmenwerk

Artikel II: Vertrauensbildende Maßnahmen

10 1. Die Anwendung von Gewalt im Kosovo wird ab sofort aufhören.

2. [...] Paramilitärische und irreguläre Truppen im Kosovo sind mit den Bestimmungen dieses Abkommens nicht vereinbar. [...]

15 3. Die Parteien anerkennen das Recht aller Personen, in ihre Heimat zurückzukehren.

Verfassung

1. Das Kosovo wird sich [...] demokratisch selbst regieren.

2. Alle Behörden im Kosovo werden die Menschenrech

20 te, die Demokratie und die Gleichheit der Bürger und Volksgruppen in vollem Umfang respektieren. [...]

3. Die Bundesrepublik Jugoslawien besitzt im Kosovo die Zuständigkeit über folgende Bereiche:

(a) territoriale Integrität,

25 (b) Aufrechterhaltung eines gemeinsamen Marktes innerhalb der Bundesrepublik Jugoslawien [...],

(c) Geldpolitik,

(d) Verteidigung,

(e) Außenpolitik,

30 (f) Zollangelegenheiten,

(g) Bundessteuer,

(h) Bundestagswahlen. [...]

Anhang B: Status des Multinationalen Militärs [Dieser geheim gehaltene Teil des Abkommens wurde erst im

35 April 1999 durch eine Indiskretion publik.]

[...] 7. Das NATO-Personal genießt Immunität vor jeder Form von Festnahme, Ermittlung oder Haft vonseiten der

Behörden der Bundesrepublik Jugoslawien. 8. Das NATO-Personal wird zusammen mit seinen Fahrzeugen, Schiffen, Flugzeugen und Ausrüstungsgegenständen in der ganzen 40 Bundesrepublik Jugoslawien freien und ungehinderten Zugang genießen, unter Einschluss ihres Luftraumes und ihrer Territorialgewässer. [...]

10. Die Behörden in der Bundesrepublik Jugoslawien werden vorrangig und mit allen entsprechenden Mitteln 45 alle Bewegungen des Personals, der Fahrzeuge, Flugzeuge, Schiffe, der Ausrüstungen oder der Vorräte durch oder im Luftraum, auf den Flugplätzen oder den benutzten Straßen erleichtern. Es dürfen keine Abgaben von der NATO verlangt werden für Luftnavigation, Landung und 50 Start von Flugzeugen. [...]

Zit. nach: Vorläufiges Abkommen für Frieden und Selbstverwaltung im Kosovo, Rambouillet vom 23. Februar 1999. In: Blätter für deutsche und internationale Politik, Heft 6. Bonn 1999, S. 613 ff.

42 **Racak 1999.**

Das Bild ging vor der militärischen Intervention der NATO im Kosovo als Beweis für ein serbisches Massaker an der albanischen Zivilbevölkerung um die Welt. Bis heute ist aber ungeklärt, ob es sich bei den getöteten Albanern nicht doch um Opfer eines militärischen Gefechts han 5 delte.

10

43 Bevölkerungsentwicklung im Kosovo im 20. Jahrhundert *

	1903	1948	1953	1961	1971	1981	1991
Albaner	230 000	498 242	524 559	646 605	916 167	1 226 736	1 700 000
	(55,2 %)	(68,5 %)	(64,9 %)	(67,2 %)	(73,7 %)	(77,4 %)	(82,2 %)
Serben und	187 000	199 996	221 212	264 604	260 816	236 526	200 000
Montenegriner	(44,8 %)	(27,4 %)	(27,5 %)	(27,5 %)	(20,9 %)	(14,9 %)	(10 %)

* Berücksichtigt wurden nur die hauptsächlichen Bevölkerungsgruppen, die über 90 % der Bevölkerung des Kosovo ausmachen. Die Differenz zu 100 % verteilt sich auf 12 nationale Gruppen.

Zusammengestellt nach Borba vom 3. und 4. Juli 1984. In: Ch. v. Kohl/W. Libal: Kosovo: Gordischer Knoten des Balkan. Wien/Zürich 1992, S. 27.

44 „Man muss über das Geschehene sprechen"
Aus einem Gespräch mit Gérard Stoudmann, dem Direktor des OSZE-Büros für demokratische Institutionen und Menschenrechte, im Dezember 1999:

5 Welche Schlussfolgerungen ziehen Sie aus Ihrem Bericht über Menschenrechtsverletzungen?

Unsere Untersuchungen haben gezeigt, dass serbische Truppen Menschenrechtsverletzungen in großem Umfang verübt haben [...] Sie waren von oben angeordnet
10 und hatten einen politischen Zweck: die mindestens teilweise Vertreibung der albanischen Bevölkerung aus dem Kosovo. [...]

Belgrad rechtfertigte die Aktionen der serbischen Truppen als Terrorbekämpfung.

15 [...] Wenn man Terroristen ausschalten will, braucht man nicht ganze Familien umzubringen, Alte und Frauen und Kinder. Auch Männer darf man nicht einfach auf Verdacht hin umbringen, bloß weil man vermutet, sie könnten zur Guerilla gehören. [...]

20 Wer waren die Täter?

Die Täter waren in den meisten Fällen Paramilitärs. Unter diesem Sammelbegriff sind verschiedene Arten von Bewaffneten zu verstehen; das geht von Söldnern [...] und Freiwilligentrupps bis zu Dorfwehren und Nachbarn
25 in Uniform. Die Paramilitärs operierten im Verbund mit der serbischen Polizei. Hingegen waren Einheiten der jugoslawischen Armee an schweren Übergriffen in der Regel nicht beteiligt; in einigen Fällen warnten serbische Soldaten albanische Zivilisten, wenn Polizei oder Parami-
30 litärs im Anrücken waren.

Und was ist mit [...] der Befreiungsarmee Kosovo?

Auch von dieser Seite gab es Menschenrechtsverletzungen. [...] Aber es sind [...] viel weniger Fälle – es ist überhaupt kein Vergleich. Das gilt für den Zeitraum [...] von
35 Januar bis Juni. Ab Mitte Juni ändert sich das Bild, nun gibt es vor allem Übergriffe von Albanern gegen Serben. [...]

Was wollen Sie mit dem Bericht bewirken?

[...] Bei solchen Grausamkeiten kann die internationale
40 Gemeinschaft nicht zuschauen [...]. Man muss es dokumentieren, die Öffentlichkeit muss es wissen. Das ist

auch eine Verpflichtung gegenüber den Opfern. Wenn man in Kosovo und überhaupt im Balkan je wieder normale Verhältnisse will, [...] braucht es Vergangenheitsbewältigung. Man muss die Verantwortlichen finden. Sonst 45 werden die Serben als Volk über Generationen mit der Last einer Kollektivschuld leben.

Wer sind denn die Verantwortlichen?

In unserem Bericht gibt es keine Namen von Tätern und auch keine Namen von Zeugen. Die einzelnen Schuldi- 50 gen festzustellen ist Sache des Haager Gerichts [...]. Aber es gibt ganz eindeutig eine Verantwortung des Regimes. Das Ganze wurde von der Spitze des Regimes aus organisiert, es geschah nicht spontan. Es waren nicht „die bösen Serben", die das gemacht haben, weil sie von Natur aus 55 böse sind. Aber die Serben müssen zur Kenntnis nehmen: So ist Serbien unter Milosevic.

Neue Zürcher Zeitung vom 6. Dezember 1999.

45 Wer verübte Kriegsverbrechen auf dem Balkan?
Aus der Anklageschrift gegen Slobodan Milosevic und andere Amtsträger Jugoslawiens vor dem Internationalen Tribunal in Den Haag, 2001:

1. Gemäß Artikel 19 des Statuts des Internationalen Tribu- 5 nals [...] hat die Vertreterin der Anklage eine Anklage-schrift gegen Slobodan Milosevic, Milan Milutiovic, Nikola Sainovic, Dragoljub Ojdanic und Vlajko Stojiljkovic zur Prüfung vorgelegt. Jeder der Angeklagten wird der Verbrechen gegen die Menschlichkeit gemäß Artikel 5 des Statuts wegen 10 Verfolgung, Deportation und Mord beschuldigt. Ferner wird gegen jeden Beschuldigten Anklage wegen Mordes als Verletzung der Kriegsgesetze und -gebräuche gemäß Artikel 3 des Statuts auf der Grundlage der Anerkennung als eine solche Verletzung in dem gemeinsamen Artikel 3(1)(a) der 15 Genfer Konvention von 1949 erhoben. [...]

5. Die Ereignisse, auf die sich diese Anklage bezieht, sollen zwischen dem 1. Januar und Ende April 1999 in der Autonomen Provinz Kosovo im Süden der Republik Serbien [...] stattgefunden haben. [...] 20

6. Die Streitkräfte der Bundesrepublik Jugoslawien, die serbische Polizei, einige Polizeieinheiten der Bundesrepublik Jugoslawien sowie begleitende paramilitärische Einheiten

10

sollen sich in diesem Zeitraum an einer abgestimmten, weitreichenden und systematischen Reihe von Angriffen auf überwiegend von Kosovo-Albanern bewohnte Städte und Dörfer beteiligt haben. [...]

7. Diese Einheiten der Bundesrepublik Jugoslawien und Serbien sollen ferner innerhalb dieses Zeitraums in einer Reihe von Fällen vorsätzlich unbewaffnete Kosovo-Albaner beschossen und getötet haben, darunter auch Frauen und Kinder. Mutmaßlich wurden 740 000 kosovo-albanische Zivilisten gewaltsam aus dem Kosovo deportiert. [...]

8. Die Anklageschrift behauptet, dass diese Operationen gegen Kosovo-Albaner das Ziel hatten, einen beträchtlichen Teil der kosovo-albanischen Bevölkerung aus dem Kosovo zu vertreiben, um so das Fortbestehen der Kontrolle Serbiens über die Provinz zu gewährleisten. [...] Wenn diese Tatsachenbehauptungen akzeptiert werden, bewiesen sie, dass die bewaffneten Kräfte der Bundesrepublik Jugoslawien und Serbien die kosovo-albanische Zivilbevölkerung aus politischen, rassischen oder religiösen Gründen verfolgen und dass es zu Deportationen und Morden kam, die sowohl Verbrechen gegen die Menschlichkeit als auch eine Verletzung der Kriegsbräuche und -gesetze darstellen.

Beschluss des Internationalen Tribunals für das ehemalige Jugoslawien über die Prüfung der Anklageschrift und des Antrags auf entsprechende Anordnungen vom 24. Mai 1999. In: Blätter für deutsche und internationale Politik, Heft 8 1999, S. 1021 f.

46 Unschuldige Massen, schuldige Intellektuelle?

Aus einem Vortrag des serbischen Schiftstellers Nenad Popovic auf der Tagung „Serbisch-kroatischer Dialog" am Goethe-Institut in Belgrad am 23./24. Februar 2001:

Jeglicher Betrachtung der Menschen, die heute auf dem Gebiet des ehemaligen Jugoslawien leben, drängt sich geradezu zwangsläufig ein gewisses Bild auf. Dieses Bild oder Klischee lässt sich wie folgt beschreiben: Für die gewaltige Katastrophe und die Verbrechen der [19]90er-Jahre [...] sind gesellschaftliche und intellektuelle Eliten verantwortlich. Sie manipulierten die einfachen Menschen, die Völker und die Massen, um sie schließlich in einen Bruderkrieg zu stoßen. Für den Krieg auf dem Balkan sind vor allem Schriftsteller und Intellektuelle verantwortlich, lautet die weit verbreitete Meinung. [...] Die Massen, die Menschen von der Straße, Arbeiter und Bauern sind gut, Intellektuelle, Städter und gebildete Menschen hingegen schlecht und tragen die Verantwortung. [...] Schriftsteller sind die Brandstifter des Krieges, Universitätsprofessoren die Ideologen des Genozids, Ärzte die schrecklichsten Befehlshaber, Journalisten wie Herausgeber die Erfinder und Verbreiter des Hasses [...], während sich auf der anderen Seite ihre Opfer befinden: einfache Menschen, die gezwungen wurden Uniformen anzuziehen und die monströsen Befehle jener auszuführen. Ungebildete Bauern, die im Vertrauen zu dem verdorbenen Dorflehrer ihre Nachbarn anfallen. Einfache junge Männer, irregeleitet durch die Lektüre der Boulevardpresse und davon

zu schrecklichen Taten wie Vergewaltigung und Raub angestiftet.

Mein Bild von diesem Krieg und von dieser Katastrophe ist an die Beobachtung unseres einfachen Mannes geknüpft, der den Videorekorder und die Waschmaschine seines Nachbars oder – wenn Sie wollen – seines Mitbürgers auf einen Lastwagen verlädt. In diesem Krieg habe ich mich vor allem vom Vorurteil über die Unschuld der Masse, des Volkes, der einfachen Leute, des Bauern, Arbeiters, wie Sie auch immer wollen, frei gemacht. Nachdem ich 10 Jahre lang zugesehen habe, wie sie sich gegenseitig abschlachten, berauben, vergewaltigen und aus den Häusern vertreiben, kann ich nicht mehr auf dem Dogma beharren, das mir unsere so großartigen Institutionen eingeimpft haben. [...]

Ich denke, dass der Zerfall Jugoslawiens, der Krieg und die nachfolgende Entwicklung neben vielen anderen ein ungemein wichtiges Thema hervorgebracht haben. Die Selbstverwalter und Jugoslawen von gestern nutzten die Macht aus, griffen zu und beraubten die anderen auf grausamste Weise. Dies erfolgte massenhaft. Und was sich nicht aufessen, trinken, vergewaltigen oder auf einen Lastwagen schaffen ließ, wurde verbrannt. 1995 [...] brannten im nördlichen Dalmatien wochenlang Tausende Häuser. Eine ganze Region ging in Flammen auf. Das war nicht das Werk einer Hand voll Verbrecher, irgendwelcher Sondereinheiten oder sonst jemandes. tausende von Menschen gingen auf Raubzug und tausende von Menschen zündeten die Häuser einzeln an. Das gilt auch für Kosovo oder Bosnien-Herzegowina. Sicherlich tragen „die da oben", die gesellschaftlichen Eliten, immer die größte Schuld, da sie die Macht haben, die Geschehnisse zu initiieren oder zu verhindern. Ich bin durchaus bereit darüber zu reden. Aber noch bereitwilliger bin ich bezüglich dessen, was unangenehm und inkorrekt ist. Ich bin bereit über Massen- und kollektive Kriminalität zu sprechen, über die Korruption und den Zynismus der Massen [...], über die durchsichtige Launenhaftigkeit der Wähler, über die weit verbreitete Unfähigkeit, auch nur den kleinsten Teil an Schuld zu übernehmen, über die ebenso weit verbreitete Lüge, man sei manipuliert worden und man habe nichts gewusst.

Zit. nach: Südosteuropa. Zeitschrift für Gegenwartsforschung. 50. Jg., Heft 1–3/201, S. 130 ff.

47 „Hat der Balkan eine Zukunft?"

Die Journalistin und Schriftstellerin Dorothea Gräfin Razumovsky appelliert an die europäische Staatengemeinschaft:

Man hätte [...] allen Balkanpotentaten sagen müssen, dass sie in Europa willkommen sind. Dass die Europäische Union aber Spielregeln hat, an die sich jeder halten muss, der dabei sein will, gleichgültig wie ungerecht ihm in der Vergangenheit mitgespielt worden ist. Zu diesen Regeln gehört nicht nur der Schutz von Minderheiten,

10

10 sondern auch der Respekt vor gewählten Verfassungen und Regierungen und vor allem von Landesgrenzen, die nur auf rechtlich korrektem Verhandlungswege und nicht mit Gewalt zu ändern sind.

Als Jugoslawien nach Titos Tod allmählich auseinander
15 fiel, besannen sich ausnahmslos alle Völker dieses bunten Bundesstaates auf ihre ethnische Identität. Allesamt zauberten sie aus der Tiefe der Vergangenheit Erinnerungen an eine heroische Epoche hervor, in der sie größer, reicher und mächtiger gewesen waren als in der wenig hero-
20 ischen Gegenwart. Einigen dieser Völker brachte der Zerfall des Staates nicht nur die Erfüllung ihrer Träume von nationaler Eigenständigkeit, sondern auch noch die Aussicht auf baldigen Zugang zur Europäischen Union. Die anderen aber sahen sich ausgegrenzt und wurden
25 dadurch in heftige Identitätskrisen gestürzt. [...]

Es bedarf der klaren Botschaft aus dem Haus Europa, dass seine Türen für alle Europäer offen stehen, die bereit sind, eine Hausordnung zu unterschreiben und einzuhalten, die uneingeschränkt für alle gleichermaßen gilt. [...]
30 Ruhig schlafen wird man im Haus Europa nicht, wenn draußen vor den dicken Mauern der Verteilungskampf unter den armen Verwandten tobt. Und man beraubt sich jeder Möglichkeit, auf dortige Krisen Einfluss zu nehmen, wenn das dort nicht einmal „Europa" ist.

Gräfin Razumovsky, D.: Der Balkan. Geschichte und Politik seit Alexander dem Großen. München/Zürich 1999, S. 374 ff.

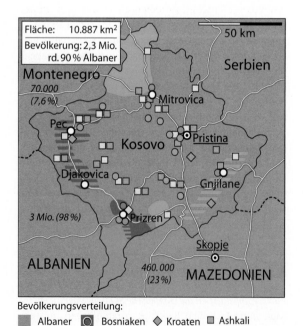

Bevölkerungsverteilung:

■ Albaner	◉ Bosniaken	◆ Kroaten	■ Ashkali
◉ Serben	◉ Goranci (Moslems)	□ Roma	(türk.-stämmig)
			◇ Türken

48 **Albanischer Bevölkerungsanteil** im Kosovo und den angrenzenden Staaten

49 **Der Krieg geht weiter**

In einem Schreiben vom 7. August 2001 informierte der makedonische Regierungschef Ljubco Georgievski den UNO-Generalsekretär Kofi Annan über terroristische Aktivitäten der UCK gegen sein Land. In dem Brief heißt es: 5

Aufgrund der Waffengewalt einer regionalen albanischen paramilitärischen Armee ist Makedonien zu einem Land der Begräbnisse und der Trauer geworden, einem Land, in dem ethnische Säuberungen, die Entführung von Zivilisten und Massaker an Soldaten unter einem Deckmantel 10 des so genannten Kampfes um die Menschenrechte verübt worden sind. Die bewaffnete Aggression [...], ausgeführt von 600 Mitgliedern des Kosovo-Schutzkorps [KPC = Kosovo Protection Corps] – ehemalige UCK in Kosovo –, gegen die territoriale Integrität Makedoniens [...] 15 bedeutet für mich [...] nichts anderes als eine offizielle Kriegserklärung an mein Land durch das internationale Protektorat Kosovo, das heißt durch das KPC, welches unglücklicherweise Teil der UN-Verwaltung in Kosovo ist. Es hat in der internationalen Politik bislang keinen 20 Präzedenzfall dafür gegeben, dass ein souveränes und demokratisches Land zum Ziel einer Aggression geworden ist, die von einem UN-Protektorat ausgeht.

Diese Aggression ist eine schamlose Demonstration der Gewalt durch das KPC, welches mindestens in den letz- 25 ten sechs Monaten versucht hat, seine Rolle als Organisator des Terrorismus in der Region zu verbergen. Heute arbeitet das KPC – Vertreter, die auf der Gehaltsliste der Vereinten Nationen stehen – schamlos und vor den verschlossenen Augen der KFOR an ihrem Ziel, der Neuzie- 30 hung der Grenzen in der Region. [...] Offensichtlich stellt die UN-Resolution 1244 [gemeint sind hier die Punkte, die die unverzügliche Einstellung aller Offensivhandlungen der UCK und anderer bewaffneter kosovoalbanischer Gruppen sowie deren Demilitarisierung betreffen] für die 35 KFOR nichts als ein Stück Papier dar. Leider bezieht sich das auch auf Ihren Zivilverwalter in Kosovo [...]. Ich sage das, weil es eine große Schande für die internationale Gemeinschaft ist, dass sie ihre Verpflichtungen in Kosovo nicht erfüllt. [...] Ich erinnere Sie einmal mehr daran, 40 dass Makedonien am 5. Juli 2001 eine Waffenstillstandserklärung unterzeichnet und Garantien von niemand anderem als der NATO erhalten hat. Die jüngsten [...] Angriffe der albanischen terroristischen Armee [...] und die von Kosovo ausgegangene offene Aggression gegen 45 Makedonien haben erneut die Autorität der NATO untergraben und den Argwohn in der Öffentlichkeit erweckt, dass nur diejenigen von den Aktivitäten der NATO profitieren, die gegen Frieden und Demokratie sind. [...] Wir dürfen nicht zulassen, dass es unser Schicksal ist, das 50 Opfer des verfehlten westlichen Krisenmanagements zu werden.

Zit. nach: Archiv der Gegenwart vom 27. August 2001, S. 45155 f.

10

50 **Das politische Ende von Slobodan Milosevic**

Bei der Präsidentenwahl (am 24. September 2000) trat Kostunica als DOS-Kandidat (Demokratische Opposition – Wahlbündnis aus 18 Parteien) neben drei weiteren Be-
5 werbern gegen Milosevic an. Während die Bundeswahl-kommission als offizielles Ergebnis 48,2 % für Kostunica und 40,2 % für Milosevic angab und eine Stichwahl für den 8.10. ansetzte […], hatte der DOS-Wahlkampfleiter und Vorsitzende der Demokratischen Partei (DS), Djin-
10 dic, schon am 28.9. mit einem Aufruf zum Generalstreik vorgegriffen. […] Die Entscheidung des Verfassungs-gerichts am 4.10., die Präsidentenwahlen teilweise für ungültig zu erklären und Neuwahlen anzuordnen, wur-de von der Opposition […] abgelehnt. Ein Sternmarsch
15 von einer halben Million Menschen auf die Hauptstadt Belgrad endete am 5.10. mit der Erstürmung des Par-laments und der Rundfunkanstalt. Nachdem daraufhin das Verfassungsgericht am 6.10. seine […] Entscheidung revidiert hatte, legte Kostunica den Amtseid als neuer
20 jugoslawischer Staatspräsident ab (7.10.). […] Am 26.2. (2001) ordnete die serbische Regierung (unter Minister-präsident Djindic seit Dezember 2000) strafrechtliche Ermittlungen gegen Milosevic an. […] Unter dem Druck einer ultimativen Forderung der USA, vor Beginn einer
25 für den 29.6. (2001) geplanten Geberkonferenz, auf der über eine Finanzhilfe an Jugoslawien von mehr als 1 Mrd. DM entschieden werden sollte, Milosevic an das ICTY (Internationaler Strafgerichtshof für Jugoslawien in Den Haag) zu überstellen, erließ die Bundesregierung
30 am 24.6. ein Dekret über die Kooperation mit dem Ha-ger Tribunal und leitete das Auslieferungsverfahren ein. Als das Verfassungsgericht am 28.6. das Dekret […] aus-setzte, setzte sich Djindic über Bedenken von (Präsident) Kostunica hinweg und veranlasste […] wenige Stunden
35 später die Auslieferung. […] Am 29.6. tagte in Brüssel die Geberkonferenz der 42 Staaten und 25 internationalen Organisationen unter Federführung der Weltbank und der EU-Kommission. Sie sagte Jugoslawien Finanzhilfe für den Wiederaufbau der Wirtschaft und Reformen in der
40 Verwaltung und im Sicherheitsapparat in einem Umfang von 1,28 Mrd. DM zu. […] Am 3.7. wurde Milosevic als erster ehemaliger Staatschef vor einem internationalen Strafgerichtshof vorgeführt.

Zit. nach: Der Fischer Weltalamanach 2002, Frankfurt a. M. 2001, S. 428 ff.

51 Jüngster „Soldat" der UCK. Während der Feierlich-keiten zum ersten Jahrestag des Kampfbeginns, 2000.

52 **„Notfalls Gewalt anwenden"**

Aus einem Interview mit Richard Holbrooke, UN-Botschaf-ter unter der Clinton-Regierung im März 2001:

Droht in Tetovo ein balkanischer Krieg?

Ja. Die Lunte ist ein alter Traum namens „Groß-Albanien". 5
Überall in der Region leben Albaner: im Kosovo, in Maze-donien, Serbien und Montenegro. Der Versuch, ihn zu ver-wirklichen, könnte zur regionalen Explosion führen. (...)

Was soll der Westen tun?

Zunächst, was er nicht tun sollte: das Problem so igno- 10
rieren wie das bosnische 1991. Das ist nicht nur eine He-rausforderung für Europa, sondern für die ganze NATO, die USA, die ein klares Interesse am Frieden haben. Sonst hätten sie nicht die Führung beim Bombardement und bei der Verlegung von Bodentruppen nach Bosnien und 15
in den Kosovo übernommen. Die richtige Strategie ist die engste Zusammenarbeit mit unseren europäischen Ver-bündeten in der NATO. Ich betone NATO, weil die reine Konsultation mit Europa 1991/92 genauso gescheitert ist wie der Verlass auf die UNO 1992–95. (...) 20

Wer ist diese Führung?

Das ist nicht ganz klar. Im Kosovo ist es die alte Führung der UCK. Wir müssen die Kosovo-Albaner für die Untaten ihrer Vettern in Tetovo verantwortlich machen.

Die Zeit vom 22. 3. 2001, S. 33.

10

Arbeitsvorschläge

a) Analysieren Sie, welche Gründe zur Eskalation der Kososvo-Krise in den 1990er-Jahren führten. (M 39–M 47).

b) Diskutieren Sie, inwieweit die militärische Intervention der NATO im Kosovo gerechtfertigt war.

c) Recherchieren Sie, welche Entwicklung das Kosovo seit dem Krieg 1999 genom-men hat.

d) Untersuchen Sie, welche Folgen der Kosovo-Krieg auf die Nachbarstaaten, besonders auf die Republik Mazedonien hatte (M 48, M 50, M 51).

Der Balkan seit dem 19. Jahrhundert

1817	Serbien wird ein autonomes Fürstentum innerhalb des Osmanischen Reiches.
1830	Der antitürkische Freiheitskampf Griechenlands führt zur Unabhängigkeit.
1876	Im Aufstand gegen die Osmanenherrschaft verlieren 25 000 Bulgaren ihr Leben.
1877	Rumänien erklärt seine Unabhängigkeit vom Osmanischen Reich.
1877–1878	Russland führt mit Unterstützung der rumänischen Armee Krieg gegen den osmanischen Sultan und befreit bulgarische Siedlungsgebiete.
1878	Der Berliner Kongress bestätigt die Unabhängigkeit Serbiens, Montenegros, Rumäniens und die Autonomie Bulgariens.
1908	Bosnien-Herzegowina wird von Österreich-Ungarn annektiert.
1912–1913	Nach zwei Kriegen endet die osmanische Herrschaft auf dem Balkan. Serbien, Griechenland, Montenegro und Bulgarien teilen sich makedonische und albanische Gebiete auf. Albanien wird unabhängig.
1914	Das Attentat von Sarajevo führt in den Ersten Weltkrieg.
1918	Das Königreich der Serben, Kroaten und Slowenen (ab 1930 Jugoslawien) wird gegründet.
1919	Die Pariser Friedenskonferenz regelt die territoriale Neuordnung des Balkan.
1939	Italien besetzt Albanien. Kroatien erhält Autonomiestatus innerhalb Jugoslawiens.
1941	Deutschland und Italien erorbern Griechenland und Jugoslawien. In Kroatien und Bosnien-Herzegowina bildet die faschistische Ustascha ein Kollaborationsregime.
1941–1945	Die Partisanenarmee unter Jozip Broz Tito befreit Jugoslawien.
1945	Die Konferenzen von Jalta und Potsdam regeln die staatliche Neuordnung auf dem Balkan. Ungarn schließt Waffenstillstand mit der UdSSR.
1946–1949	In Griechenland kommt es zum Bürgerkrieg zwischen Monarchisten und Kommunisten.
1947	Die USA, die UdSSR, Großbritannien und Frankreich schließen mit Ungarn, Rumänien und Bulgarien Friedensverträge. Die KPdSU und die osteuropäischen Staatsparteien gründen ein kommunistisches Informationsbüro (Kominform).
1948	Jugoslawien wird nach dem Zerwürfnis zwischen Stalin und Tito aus dem Kominform ausgeschlossen und verfolgt nun ein eigenes Sozialismusmodell.
1949	Die UdSSR, die Tschechoslowakei, Polen, Rumänien, Bulgarien und Ungarn gründen in Warschau den Rat für Gegenseitige Wirtschaftshilfe.

10

1952	Griechenland und die Türkei treten der NATO bei.
1955	Die UdSSR, die Tschechoslowakei, Polen, Albanien, Ungarn, Rumänien und Bulgarien schließen den Warschauer Pakt für militärische und politische Zusammenarbeit.
1956	Die Staatsoberhäupter Indiens, Ägyptens und Jugoslawiens gründen die Bewegung der Nichtpaktgebundenen. Die UdSSR schlägt den ungarischen Aufstand nieder.
1967–1974	In Griechenland herrscht eine Militärdiktatur.
1974	Türkische Truppen besetzen Nordzypern und vertreiben 200 000 Griechen.
1989	In Ungarn und Bulgarien beenden friedliche Revolutionen die kommunistische Herrschaft. Der rumänische Diktator Ceaucescu wird gewaltsam entmachtet.
1991	Slowenien, Kroatien und Makedonien erklären ihre Unabhängigkeit. Die jugoslawische Bundesarmee interveniert gegen die Loslösung Sloweniens von Jugoslawien. Zwischen der kroatischen Nationalgarde und Freischärlern der serbischen Minderheit in Kroatien kommt es zum Bürgerkrieg, den Belgrad unterstützt. In Albanien werden freie Wahlen erzwungen.
1992	Die Republiken Serbien und Montenegro vereinen sich zur Bundesrepublik Jugoslawien. Bosnien-Herzegowina wird unabhängig.
1992–1995	In Bosnien-Herzegowina führen die Volksgruppen der Serben, Kroaten und bosnischen Muslime gegeneinander Bürgerkrieg.
1995	Die kroatische Armee erobert die serbisch bewohnte Krajina und Slawonien. Die Präsidenten Jugoslawiens, Kroatiens und Bosniens schließen in Dayton (USA) einen Friedensvertrag, der den Bosnienkrieg beendet.
1997	Blutige Unruhen in Albanien.
1997–1999	Bürgerkrieg zwischen der albanischen UCK und serbischen Truppen im Kosovo.
1999	Die NATO führt nach gescheiterten Friedensverhandlungen einen Luftkrieg gegen die Bundesrepublik Jugoslawien. Im Kosovo werden 45 000 Soldaten stationiert. Der Kölner EU-Gipfel beschließt den Stabilitätspakt für Südosteuropa.
2001	Der ehemalige jugoslawische Staatspräsident Milosevic wird verhaftet und an das Internationale Tribunal in Den Haag ausgeliefert. Radikale Gruppen der UCK führen die militärischen Kampfhandlungen in Südserbien und Makedonien fort.
2003	Der Rechtsnachfolger der Bundesrepublik Jugoslawien wird die Staatsunion Serbien und Montenegro.
2004	Ungarn und Slowenien werden in die EU aufgenommen. Kosovoalbanische Extremisten verüben Pogrome in der Region Mitrovica gegen die serbische Bevölkerung und serbisch-orthodoxe Klöster und Kirchen.
2007	Bulgarien und Rumänien werden in die EU aufgenommen.

10

11. Asien und Afrika – Aufstieg und Zerfall

11.1 China – wenn der Drache sich erhebt

China – eine „Supermacht" um 1800

Im Jahre 1793 besuchte eine englische Gesandtschaft China. Ziel der weiten Reise um den Erdball war, die politischen und wirtschaftlichen Beziehungen zum „Reich der Mitte" zu verbessern. Die europäischen Besucher wurden höflich aufgenommen und sogar vom Kaiser empfangen. Ihre Wünsche aber blieben unerfüllt. In einem Brief teilte Kaiser Qianlong dem englischen König mit, dass sein Land „auch nicht das geringste Bedürfnis für die Güter Eures Landes" habe. Anlass für diese Absage war das Selbstbewusstsein einer „Supermacht", die zu Recht glaubte, auf Beziehungen zu Europa nicht angewiesen zu sein: Um 1800 waren viele Länder Ostasiens dem Kaiser tributpflichtig. China war daher eines der mächtigsten und auch reichsten Länder der Erde.

Die innere Ordnung des Reiches

Das „Reich der Mitte" gehörte zu den ältesten Reichen und Hochkulturen. Viele Entwicklungen und Erfindungen wie das Papier, der Kompass oder das Schießpulver hatten ihren Ursprung in China. Bereits zur Zeit des Mittelalters bauten chinesische Handwerker große hochseefähige Schiffe, die denen der Europäer technisch weit überlegen waren. Alles Leben in diesem Riesenreich war einer Ordnung unterworfen, die nach überlieferten festen Regeln funktionierte. An ihrer Spitze stand der Kaiser, „Sohn des Himmels" und Mittelpunkt der kosmischen Ordnung. Deren Hüter war eine zentralisierte Bürokratie. Diese trug die Verantwortung für die Verwaltung des Riesenreiches und dessen Verteidigung, die Erhebung von Steuern, die Instandhaltung der Wege und Kanäle sowie die Unterhaltung von Getreidespeichern zur Bewältigung von Hungersnöten. Die größte gesellschaftliche Schicht in einer streng hierarchischen Gesellschaft waren die Bauern. Geistige Grundlage der politischen und gesellschaftlichen Ordnung waren die Lehren von Konfuzius. Demnach genügte es, sich an klassischen Schriften und Überlieferungen zu orientieren, um die gesellschaftliche Harmonie und Ordnung zu bewahren. Wirtschaftlich war China weitgehend unabhängig vom Handel mit anderen Ländern, deren Bewohner in großer Selbstüberschätzung als „Barbaren" bezeichnet und mit wenigen Ausnahmen auch nicht ins Land gelassen wurden.

1 Die verbotene Stadt – der Kaiserpalast in Beijing

Nur wenige Jahrzehnte nach dem erfolglosen Besuch der englischen Delegation begann China Zeichen von innerer und äußerer Schwäche zu zeigen. 1839 erschienen moderne Kriegsschiffe vor der Küste, um die Interessen englischer Kaufleute gewaltsam durchzusetzen. Damit nahm eine Entwicklung ihren Anfang, durch die das Land zunehmend unter die Kontrolle europäischer Mächte geriet. Zugleich zerrissen immer neue Aufstände das Reich, in deren Verlauf schließlich die Monarchie gestürzt wurde, Millionen Menschen ihr Leben verloren und China erst nach mehr als einhundert Jahren wieder ein politisch geeintes Land mit einer möglicherweise „großen Zukunft" wurde. Wie konnte es dazu kommen?

Das Jahr 1839 – ein Wendepunkt

Eine wesentliche Ursache war der große und stetige Anstieg der Bevölkerung von 150 auf 300 Millionen innerhalb von einhundert Jahren. Viele Bauern verarmten, weil die ihnen gehörenden Böden immer kleiner wurden, und zogen in die Städte. Selbst verschuldete ökologische Krisen und Naturkatastrophen trugen ebenfalls zur allmählichen Verelendung breiter Schichten bei. Zudem erwies sich die staatliche Verwaltung infolge von Misswirtschaft und Korruption zunehmend als unfähig, die sich verschärfende innere Krise zu bewältigen. Unruhen erschütterten daher in der ersten Hälfte des 19. Jahrhunderts mehrfach das Reich. Die vorhandenen sozialen und wirtschaftlichen Spannungen wurden in der Zeit nach der militärischen Intervention Englands besonders deutlich. Ausgelöst durch religiöse Heilserwartungen, Hass auf die Kaiserdynastie der Mandschus und die Suche nach neuen Formen gesellschaftlichen Zusammenlebens auf dem Lande erfasste der so genannte Tai'ping-Aufstand seit 1850 immer größere Teile Chinas. Erst nach 15 Jahren gelang es, diesen niederzuschlagen. Zwischen 20 und 30 Millionen Chinesen verloren dabei ihr Leben.

Gründe für den Zerfall

Obwohl die englische Delegation 1793 hatte abreisen müssen, ohne etwas erreicht zu haben, hatte der Umfang des Chinahandels zugenommen. Viele Menschen in China – Teepflanzer, Kaufleute und lokale Eliten in den Küstenstädten – waren darauf angewiesen, weiterhin und in zunehmend größerem Umfang Luxusgüter wie Tee, Porzellan oder Seide in den Westen zu verkaufen. Auch der Staat konnte die Einnahmen aus dem Außenhandel bald kaum noch entbehren, um seine Ausgaben zu decken. Diese Ausweitung des Handels hatte jedoch schwerwiegende Auswirkungen auf die Innen- und Außenpolitik. Anfänglich bezahlten englische Kaufleute Tee und andere Waren mit Silber, da China an anderen Gütern wenig Interesse hatte. An die Stelle des Silbers trat jedoch bald Opium, das in zunehmend größeren Mengen aus der englischen Kolonie Indien exportiert wurde. Dessen Auswirkungen auf die Gesundheit großer Teile der Bevölkerung und die chinesische Wirtschaft veranlassten die Regierung 1839 schließlich, diesen Handel zu verbieten, vorhandene Vorräte zu verbrennen und die englischen Opiumhändler zu vertreiben. Für Großbritannien waren diese Abwehrmaßnahmen eine willkommene Gelegenheit, China nunmehr gewaltsam zu „öffnen". Nach mehreren militärischen Niederlagen musste China Hongkong abtreten und fünf Häfen für den Außenhandel öffnen.

Handelsbeziehungen mit dem Westen, der Opiumkrieg

Die unmittelbaren Folgen des „Opiumkrieges" waren zwar gering, langfristig erwiesen sie sich aber als einschneidend für die weitere Entwicklung Chinas. Für viele Chinesen war diese Begegnung mit dem Westen ein Schock. Rationales, nüchternes Denken und Handeln westlicher „Barbaren" hatte sich gegenüber den überlieferten Vorstellungen von der eigenen gesellschaftlichen Ordnung und der Überlegenheit chinesischer Kultur als stärker erwiesen. Die gewaltsame Öffnung des chinesischen Reiches wurde als Demütigung empfunden. Wie sollte man auf die Herausforderung durch die Europäer reagieren? Die Auseinandersetzung mit der westlichen Moderne prägt die Geschichte Chinas bis heute.

Die Folgen

11

Gescheiterte Reformen, Revolutionen, Bürgerkrieg

Reaktionen auf die Herausforderung durch die Europäer

Die Erfahrung der Niederlage veranlasste einige verantwortliche Beamte, Pläne für Reformen zu entwickeln. Deren Auswirkungen blieben aber begrenzt auf den Aufbau einer heimischen Rüstungsindustrie, den Bau von Eisenbahnen und die Errichtung von Dampfschifffahrtslinien. Erst weitere Niederlagen gegenüber westlichen Großmächten, vor allem aber gegen Japan, gaben den Anstoß, tief greifendere Reformen von Staat, Gesellschaft und Wirtschaft anzugehen. Der Prozess der Erneuerung wurde dadurch erschwert, dass sich um die Jahrhundertwende fast alle Großmächte in die Politik Chinas einmischten und vielfach Landabtretungen durchsetzen konnten. 1898 verhinderte die Kaiserinwitwe Cixi zusammen mit konservativen Kräften die Einleitung von Reformen durch ihren Neffen, Kaiser Guangxu. Unter armen Bauern, Kulis und Entwurzelten, die sich um 1900 in der „Gesellschaft für Rechtschaffenheit und Harmonie" zusammenschlossen, fand sie sogar Verbündete. Diese Gesellschaft, deren Mitglieder von Europäern als „Boxer" bezeichnet wurden, griff die westlichen Eindringlinge offen an. In einem blutigen Feldzug schlug eine internationale Armee jedoch mithilfe moderner Waffen den Aufstand nieder. Nach der Niederlage der „Boxer" erkannte auch der kaiserliche Hof die Notwendigkeit einer Erneuerung Chinas. Die führenden Eliten hatten aber nach den vorangegangenen Enttäuschungen kein Vertrauen mehr in die Dynastie. Westlich orientierte Politiker und Offiziere stürzten schließlich die Monarchie im Jahre 1911.

Innere Wirren

Den weiteren inneren Zerfall konnte die Ausrufung der Republik 1912 unter Sun Yatsen, einem langjährigen führenden Oppositionspolitiker, jedoch nicht aufhalten. Zunächst hatten die Revolutionäre keineswegs die Mehrheit der Bevölkerung hinter sich. Ebenso fehlte ein klares Programm für die Zukunft. Verschiedene Fraktionen und lokale Militärregime in den Provinzen bekämpften vielmehr bald einander und plünderten das Land in großem Stile und unter großen Opfern aus. Dennoch gab es auch Ansätze, die eine Bereitschaft zur grundlegenden Erneuerung des Landes erkennen ließen: Am 4. Mai 1919 kam es in Beijing zu massenhaften, lang andauernden Protesten von Studenten, Intellektuellen und Arbeitern gegen die Übertragung der ehemaligen deutschen Schutzgebiete in China an Japan. Diese Bewegung verfolgte zunächst nur das Ziel der Wiederherstellung der nationalen Einheit. In ihrem weiteren Verlauf wurden aber auch Forderungen nach tief greifenden politischen und kulturellen Reformen erhoben. Wie diese Erneuerung aussehen sollte, blieb allerdings unklar. Westlich-demokratische Vorstellungen, konservativ-autoritäre Lösungen und kommunistische Ideen bekämpften einander heftig. 1928 konnte sich die von General Chiang Kaishek geführte Guomindang durchsetzen. Dessen autoritäres Regime wollte China von oben reformieren. Für die große Mehrheit der Bevölkerung auf dem Lande, aber auch in den Städten änderte sich vorläufig jedoch nur wenig. Sie lebte weiterhin in unbeschreiblicher Armut, da das Land von einem blutigen Bürgerkrieg zerrissen wurde. Die Nationalregierung betrachtete es zunächst als ihre Hauptaufgabe, die junge kommunistische Partei zu bekämpfen. Unter Führung Mao Zedongs orientierte diese sich am Vorbild der revolutionären Sowjetunion. Mithilfe der städtischen Arbeiterschaft versuchte sie seit Mitte der 1920er-Jahre, das Land zu revolutionieren. Da die Zahl der Arbeiter gering war, konnte sie in den Städten jedoch keine wirkliche Massenbasis gewinnen. Sie stützte sich daher bald auf die Millionen verelendeter Bauern auf dem Lande. Im Laufe eines mehrjährigen blutigen Bürgerkriegs mussten sich die Kommunisten auf einem später legendären „Langen Marsch" 1934 in entlegene Randgebiete zurückziehen. Erst das weitere gewaltsame Vordringen Japans beendete den Bürgerkrieg vorläufig.

11

Unter der Herrschaft der Kommunistischen Partei

Der Sieg der Alliierten über Japan 1945 beseitigte die äußere Bedrohung, die das Schicksal Chinas nahezu ein Jahrhundert lang beeinflusst hatte. Der Sieg der Kommunisten, die bereits während des Zweiten Weltkrieges ihre Machtbasis hatten ausbauen können, über die Nationalregierung 1949 beendete schließlich auch den Bürgerkrieg endgültig, der das Land seit der Jahrhundertwende im Innern zerrissen hatte. Die Zahl der Opfer äußerer Aggression und innerer Zerrissenheit zwischen 1900 und 1949 wird auf 42 Millionen geschätzt.

Der Sieg der Kommunistischen Partei

Die Machtübernahme der Kommunisten 1949 war daher eine Wende in der Geschichte Chinas. Der Einfluss des Auslandes wurde endgültig zurückgedrängt; China zog sich in eine selbst gewählte weitgehende Isolation zurück. Die von Mao Zedong geführte Kommunistische Partei begann zugleich, Landwirtschaft und Industrie, Bürokratie, Armee und das Erziehungswesen nach sowjetischem Vorbild umzugestalten. Dieser Prozess der Erneuerung verbesserte zwar allmählich die Lage der großen Mehrheit der Bevölkerung, forderte aber auch große Opfer. Anhänger des alten Regimes wurden ebenso brutal unterdrückt wie nationale Minderheiten in Randgebieten wie Tibet. Schätzungen zufolge sollen zwischen 1949 und 1987 weitere 35 Millionen Menschen Opfer politischer Gewalt geworden sein.

Die Ideen Mao Zedongs, der sich zunehmend von dem sowjetischen Modell abgewandt hatte, erwiesen sich in der Praxis zudem als illusionär. Die Bildung von Volkskommunen im Rahmen des so genannten „großen Sprungs nach vorn" Ende der 1950er-Jahre stürzte das Land in großes wirtschaftliches Chaos. Hun-

„Der große Sprung nach vorn"

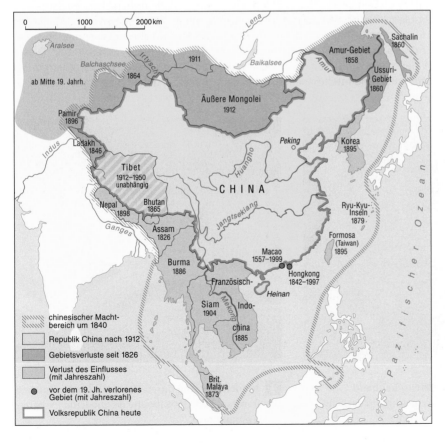

2 China 1644–1950

gersnöte, die annähernd 27 Millionen Tote zur Folge hatten, verschärften dieses noch. Vorübergehend setzten sich in der politischen Führung jene Kräfte durch, die ein vorsichtigeres und den Realitäten angepasstes Vorgehen beim Aufbau einer sozialistischen Gesellschaft forderten.

„Große Proletarische Kulturrevolution", Wandel in der Außenpolitik

Überzeugt von der Idee, dass es ohne „Niederreißen keinen Aufbau" geben kann, rief Mao Zedong 1966 die „Große Proletarische Kulturrevolution" aus. Diese Bewegung stützte sich vor allem auf die in den „Roten Garden" organisierte Jugend. Ziel war die Schaffung eines wirklich sozialistischen Chinas. Erst als das Land erneut im Chaos zu versinken drohte, brach Mao Zedong diese Kampagne ab.

Dem Versuch, das Ideal einer wirklich kommunistischen Gesellschaft aus sich selbst heraus zu verwirklichen, stand gleichzeitig ein Wandel in der Außenpolitik gegenüber: Allmächlich wurde die selbst gewählte außenpolitische Isolierung von Mao Zedong aufgegeben. Bereits in den 1950er-Jahren versuchte China, im Kampf gegen die kapitalistischen Länder der westlichen Welt die so genannte „Dritte Welt" hinter sich zu vereinen. Schwere Grenzkonflikte mit der Sowjetunion waren 1972 Anlass für eine Annäherung Chinas und der Vereinigten Staaten. Gemeinsame machtpolitische und bald auch wirtschaftliche Ziele ließen ideologische Spannungen in den Hintergrund treten.

Der neue Kurs nach Maos Tod

Nach dem Tode Mao Zedongs beschleunigte sich diese Annäherung an den Westen. Im Innern setzten sich die Reformer um Deng Xiao Ping gegen jene Vertreter in der Partei durch, die weiterhin streng an den Ideen Mao Zedongs festhalten wollten.

Insbesondere in der Wirtschaftspolitik orientiert sich China seitdem an westlichen Ideen und betrachtet Sozialismus und Marktwirtschaft nicht mehr als unaufhebbaren Gegensatz. Nur so glaubt die Führung der Kommunistischen Partei, die Probleme des bevölkerungsreichsten Landes der Erde mit seinen ca. 1,2 Milliarden Einwohnern erfolgreich lösen zu können. An ihrem Führungsanspruch in Staat und Gesellschaft hält die Kommunistische Partei dennoch weiterhin fest. Dieser Widerspruch stößt seit Ende der 1980er-Jahre auf Widerstand vor allem unter Studenten und Intellektuellen. Demonstrationen, in denen diese mehr Demokra-

3 **Modernisierung durch Menschenhand**
Arbeiter beim Bau eines Wasserspeichers in der Nähe von Xi'an, Foto aus den 1950er-Jahren.

4 **Modernisierung durch Hightech für die Zukunft**
Der Transrapid vor der Silhoutte des modernen Schanghais, Fotomontage.

tie forderten, wurden jedoch im Sommer 1989 blutig niedergeschlagen. Trotz der Kritik an ihrer unnachgiebigen Politik im Innern hält die chinesische Führung an dem eingeschlagenen wirtschaftlichen Reformkurs weiterhin fest.

China – eine neue „Supermacht"?

Wirtschaftlich und außenpolitisch erscheint China heute als ein neues Machtzentrum in Asien. Als Atommacht und ständiges Mitglied im Weltsicherheitsrat der Vereinten Nationen verfügt China über eine starke Position in der Weltpolitik. Durch seine Geschichte, seine Verbindungen zu Millionen Auslandschinesen und seine neue Stellung betrachtet es sich zudem als Führungsmacht in Asien. Aufgrund seiner Größe ist es möglicherweise auch eine wirtschaftliche Großmacht. Viele ausländische Investoren sehen in China einen riesigen Markt der Zukunft. Die Rückgabe des Finanz- und Handelszentrums Hongkong 1997 durch Großbritannien war insofern ein äußerlich sichtbares Zeichen dafür, dass sich der „chinesische Drache" endgültig wieder erhoben hatte.

Ungelöste Probleme

Die zunehmenden Demonstrationen nationaler und religiöser Minderheiten in den letzten Jahren haben jedoch deutlich gemacht, dass China im Innern keineswegs stabil ist. Auch lassen sich die sozialen und ökologischen Folgekosten der liberalen Wirtschaftspolitik immer deutlicher erkennen. Besonders bedeutsam und politisch brisant ist die Haltung der chinesischen Regierung im Hinblick auf die Verweigerung der Gewährung allgemein gültiger Menschenrechte, allen voran Meinungs- und Versammlungsfreiheit sowie das Recht, am politischen Willensbildungsprozess wirklich aktiv und frei teilnehmen zu können. Dies gilt gleichermaßen für die bislang ungelöste Taiwanfrage. Nur wenn es gelingt, die vielschichtigen Probleme des Modernisierungsprozesses gesellschaftlich zufrieden stellend zu lösen, wird das „Reich der Mitte" wirklich ein neues Machtzentrum im 21. Jahrhundert sein.

Arbeitsvorschläge

a) Charakterisieren Sie die Haltung der „Reformer" nach der gewaltsamen Öffnung Chinas durch Großbritannien und suchen Sie nach Erklärungen für deren Scheitern (M 5–M 15).

b) Erklären Sie, warum es gerechtfertigt ist, China im 18. Jahrhundert als eine „Supermacht" zu bezeichnen und diskutieren Sie, warum es im 21. Jahrhundert erneut eine werden könnte.

c) Erläutern Sie die kulturellen, sozialen und wirtschaftlichen Bedingungen für den Aufstieg der Kommunistischen Partei und erklären Sie vor diesem Hintergrund den Erfolg der Ideologie Mao Zedongs (M 16–M 21).

d) Entwerfen Sie einen Überblick über die Richtungskämpfe innerhalb der KP Chinas von den 1950er- bis zu den 1980er-Jahren. Benutzen Sie hierfür als Grundlage M 22–M 31.

e) Schreiben Sie anhand von Lexika und Zeitungsartikeln eine Biografie Mao Zedongs und Deng Xiao Pings und vergleichen Sie deren Ziele.

f) Informieren Sie sich über die Haltung der ausländischen Mächte und deren Ziele zur Zeit der Wende vom 19. zum 20. Jahrhundert und erklären Sie deren Überlegenheit. Diskutieren Sie die chinesischen Reaktionen auf das Vorgehen der Großmächte und mögliche alternative Verhaltensweisen.

g) Schreiben Sie einen Zeitungsartikel über die verschiedenen Phasen der Außenpolitik Chinas von 1949 bis heute.

h) Erstellen Sie eine Wandzeitung zur Demokratiebewegung in China. Verwenden Sie als Ausgangspunkt M 33–M 35.

11

der Ethik und der Geschichte ihres eigenen Reichs beschränkt. [...] Als ich in einem Gespräch mit ihm [Kaiser Qianlong] in Jehol einige neuere Erfindungen des europäischen Geistes und besonders den Luftballon nannte 25 und sagte, dass ich einen nach Peking mitgebracht hätte – zusammen mit einem Manne, der mit ihm aufsteigen könnte, riet er dringend von einem solchen Experiment ab und auch von allen anderen Experimenten, die wir nach Durchsicht aller Berichte über dieses Land berech- 30 net und für die geographische Lage Chinas vorbereitet hatten. [...] Jetzt erscheint es, dass die Politik und die Eitelkeit des Hofes zusammenwirken, alles aus dem Blick zu räumen, was unsere Überlegenheit beweist, die sie zweifellos spüren, aber von der sie keinen angemessenen 35 Gebrauch machen können.

Zit. nach: Cranmer-Byng, L. (Hg.): An Embassy to China. London 1962, S. 266 (Übersetzung von Herbert Prokasky).

7 Chinesische Interessen

Kaiser Quianlong an den englischen König, 1793:
Wir, von Gnaden des Himmels Kaiser, weisen den König von England an, Unseren Auftrag zur Kenntnis zu nehmen: Obwohl Euer Land, o König, hinter den fernen Oze- 5 anen liegt, habt Ihr Euer Herz der Zivilisation zugewandt und einen Boten ausgesandt, damit er mit Respekt eine Staatsbotschaft überbringe. Nachdem er über die Meere gesegelt war, kam er an Unseren Hof, um den Kotau [tiefe Verneigung, üblich bis 1911] zu vollziehen, Glückwünsche 10 zu Unserem kaiserlichen Geburtstag darzubringen und so Eure Aufrichtigkeit zu beweisen. [...] Eure Wortwahl entspricht Eurer Ernsthaftigkeit. Es lässt sich daran klar Eure Demut und Euer Gehorsam erkennen. [...] Was den Wunsch in Eurer Botschaft betrifft, o König, die Erlaub- 15 nis zu erhalten, einen Eurer Untertanen in das Reich des himmlischen Friedens zu entsenden, damit er sich um den Handel Eures Landes kümmere, so verträgt sich dies nicht mit der zeremoniellen Ordnung des erhabenen Reiches und kann auf keinen Fall geschehen. [...] Das erhabene 20 Reich, das alles zwischen den Vier Meeren regiert, konzentriert sich völlig darauf, die Geschäfte der Regierung angemessen auszuführen. [...] [Wir] haben auch nicht das geringste Bedürfnis für die Güter Eures Landes.

Zit. nach: Ebenda, S. 332 f.

5 Der Mittelpunkt der Erde

Im alten China war der „Himmelstempel" der Mittelpunkt der Erde. Dieses Selbstverständnis vom „Reich der Mitte", das im konfuzianischen Denken und in der Religion seine Wurzeln hat, war mitverantwortlich für die Probleme zwischen China und dem Westen.

6 Westliche Interessen

Am Ende des 18. Jahrhunderts wuchs das Interesse europäischer Mächte an intensiveren politischen und wirtschaftlichen Beziehungen mit dem „Reich der Mitte". Teure Geschenke im
5 *Wert von ca. 30 Millionen Euro sollten die Bedeutung von Handelsbeziehungen mit dem Westen unterstreichen. Dazu gehörten moderne technische Geräte wie gefederte Kutschen, Fesselballons und Kanonen. Ein englischer Diplomat berichtete später (1793):*
10 [...] Keiner von ihnen [den Mandarinen] hatte eine Ahnung von Flüssigkeitsdruck, den optischen Gesetzen, der Perspektive, der Elektrizität usw., obwohl einige von ihnen die (englischen) Luftpumpen, elektrischen Instrumente, Ferngläser, Prismen und laternae magicae gese-
15 hen hatten. [...] Drei junge Prinzen, Söhne des 11. Sohns des Kaisers, besuchten häufig unsere Handwerker [...] und drückten ihre große Bewunderung für die Globen, Uhren und das Planetarium aus, gaben aber offen zu, dass sie ihren Zweck nicht verstünden. [...] Deren Erziehung
20 war ausschließlich auf das Erlernen des Chinesischen und des Mandschurischen, das Studium der Zeremonien,

8 Wie soll China sich verhalten?

Nach dem Opiumkrieg musste China sich „öffnen". Diese Öffnung nach Westen beschleunigte die schwelende innere Krise Chinas. Um die innere Krise zu bewältigen, schlug der Gelehrte Feng Kuei-Jen in den 1860er-Jahren vor: 5
Der beispielloseste Zorn, der jemals seit der Erschaffung von Himmel und Erde bestanden hat, erregt alle, die Bewusstsein in ihrem Sinn und Leben in ihrem Blut haben; ihre Kopfbedeckungen werden hochgehoben von dem Haar, das ihnen zu Berge steht. Das ist so, weil das 10

11

heute größte Land auf der Erdkugel, mit einer ausgedehnten Fläche von zehntausend Li [l Li = 644,4 m] von kleinen Barbaren-Völkern in Schach gehalten wird. [...] Nach einer allgemeinen Geografie eines Engländers ist
15 das Gebiet von China achtmal so groß wie das Russlands, zehnmal so groß wie das Amerikas, hundertmal so groß wie das Frankreichs und zweihundertmal so groß wie das Englands. [...] Und doch sind wir in den jüngsten Verträgen schamvoll durch diese vier Nationen erniedrigt
20 – nicht weil unser Klima, unser Boden oder unsere Hilfsquellen geringer wären als ihre, sondern weil unser Volk tatsächlich schwächer ist. [...] Warum sind sie klein und doch stark? Warum sind wir groß und doch schwach? Wir müssen versuchen einen Weg zu finden, um ihnen
25 gewachsen zu sein, und das hängt von der menschlichen Anstrengung ab. Was die jetzige Situation anlangt, so sind da mehrere wichtige Punkte: Bei der Ausnutzung der Fähigkeiten des uns verfügbaren Menschenmaterials, sodass keiner außer Acht gelassen wird, sind wir den Barbaren
30 baren unterlegen; bei der Sicherstellung der Nutzung des Bodens, sodass nichts vergeudet wird, sind wir den Barbaren unterlegen; bei der Unterhaltung enger Beziehungen zwischen Herrscher und Volk, sodass es keine Schranke dazwischen gibt, sind wir den Barbaren unterlegen; und
35 in der notwendigen Übereinstimmung zwischen Worten und Taten sind wir auch den Barbaren unterlegen. Der Weg zur Verbesserung dieser vier Punkte liegt bei uns selbst, denn sie können sofort geändert werden, wenn nur unser Herrscher die allgemeine Politik richtig stel-
40 len würde. In diesen Dingen ist keine auswärtige Politik vonnöten. [...] Von den Barbaren haben wir dann nur eine Sache zu lernen: feste Schiffe und wirkungsvolle Feuerwaffen.

Zit. nach: Franke, W.: China und das Abendland. Göttingen 1962, S. 86 f.

10 **Ausländische Mächte und China**
Chinesischer Druck um 1900.

11 **Eingabe an den Kaiser**
Die China drohenden Gefahren veranlassten den Philosophen Kang Youwei 1898 zu einer Eingabe an Kaiser Guang-xu, der jedoch nur für kurze Zeit an der Macht blieb:
Drohend schwebt die Gefahr der Aufteilung Chinas 5
durch die ausländischen Mächte über uns. Unverzüglich müssen deshalb umfassende Reformen zur Rettung unserer Nation eingeleitet werden. Aus diesem Grund erlaube ich, Kang Youwei, Obersekretär im Arbeitsministerium, mir, Seiner Kaiserlichen Hoheit eine Throneingabe zu 10
überreichen.
Als wir im Krieg von 1885 unterlagen und die Franzosen Vietnam an sich rissen, war mein Herz erfüllt von schwerer Sorge. In einer Eingabe machte ich auf die Ränke der Japaner und die sich zusammenbrauende Gefahr in Korea 15
aufmerksam. Ich verwies darauf, dass, wenn nicht umgehend entsprechende Schritte eingeleitet würden, eine Katastrophe unabwendbar wäre. Innerhalb weniger Jahre würden sämtliche Staaten über uns herfallen und so die weitere Existenz unseres Staates in Frage stellen. Schließ- 20
lich demütigten uns die Japaner, trennten Taiwan ab und zwangen uns erdrückende Kontributionszahlungen auf. Infolgedessen verlor das Ausland vor uns jegliche Ach-

9 **Einer von Millionen opiumsüchtigen Chinesen**
Als die chinesische Regierung die Einfuhr von Opium 1839 verbot, erzwangen englische Kriegsschiffe die Öffnung des Landes.

11

tung, unsere Landsleute verließ das Gefühl der Einheit.
25 Die Sorge in meiner Brust wuchs, und ich unterbreitete weitere Pläne in der Hoffnung, dass rechtzeitig Reformen zur Rettung unseres Landes eingeleitet würden. Ich vertrat die Ansicht, dass zum damaligen Zeitpunkt noch gute Aussichten auf eine erfolgreiche Durchführung von
30 Reformen bestanden. Würden wir aber weitere Zeit verlieren, gedankenlos in den Tag hineinleben, uns krampfhaft an alte Konventionen klammern und auch diese letzte Gelegenheit ungenutzt verstreichen lassen, dann wäre unser baldiges Ende durch fortgesetzte ausländische
35 Aggressionen und Unruhen im Innern gewiss. Spätere Reue käme zu spät, und selbst Fähige könnten das Ruder nicht mehr herumreißen und die Situation retten. [...] Ich verließ China und weilte für zwei Jahre im Ausland. Stets blickte ich auf die Heimat in der Hoffnung, dass
40 eine neue Politik Einzug hielte. Leider hat sich aber nichts geändert, und es steht so schlecht wie einst. Niedergeschlagen sitzt man da, vergießt Tränen und wartet auf das kommende Ende. Nun haben die Deutschen die Jiaozhou-Bucht besetzt. [...] Weitere Berichte besagten,
45 dass die Russen und Japaner zum Aufkauf großer Mengen unserer Reisernte geschritten sind, das japanische Parlament täglich zu Beratungen zusammentritt und die internationale Presse heiß die Aufteilung Chinas unter den Großmächten diskutiert. Die Sehne des Bogens ist
50 gespannt, sodass der Pfeil jeden Augenblick losschwirren

kann. Im Innern unseres Landes erbebt alles vor Angst, und Unruhestifter begehen Schandtaten. Nie hätte ich geglaubt, dass die von mir prophezeite Katastrophe so schnell eintreten würde. Umso unverständlicher ist mir, dass am Hof angesichts dieser bedrohlichen Entwicklung 55 niemand die Stimme erhebt. Noch schlimmer als vorher hüllt sich alles in Schweigen. Jetzt, da das ganze Ausmaß der Misere ans Tageslicht gekommen ist, schlottern die Beamten vor Angst und wissen nicht, wie ihnen geschieht. Doch mein Mut gleicht der Größe des Ozeans. 60 Abermals überreiche ich dem Hof eine Throneingabe. Ich hoffe inständig, dass Seine Majestät meine Gedanken zu Gesicht bekommt und daraus etwas Brauchbares für die Regierungspolitik auswählen kann. Seit der Niederlage gegen die Japaner 1894/95 blicken die westlichen 65 Staaten mit unvergleichbarer Geringschätzung auf uns herab. [...] Nachdem nun die Aufteilung Afrikas abgeschlossen worden ist, beschäftigten sich die Großmächte in den letzten drei Jahren unablässig mit der Aufteilung Chi- 70 nas. In aller Offenheit verbreiten sich die verschiedenen Zeitungen zu diesem Thema. Aus den Aggressionsplänen wird keinerlei Hehl gemacht. Selbst detaillierte Pläne und Kartenskizzen gelangen überall zum Abdruck. Doch noch sind es Pläne, deren Verwirklichung aussteht. 75

Kang Yomvei zhengltin ji: Sammlung der politischen Streitschriften von Kang You-wei. Peking 1981, S. 201 ff.

12 **Kaiserin Cixi im Kreis ihrer Hofdamen, 1904**
Die Kaiserwitwe Cixi verhinderte alle Reformversuche, verfolgte vielmehr deren Befürworter rücksichtslos.

13 Ein „Boxer" in einem Interview über seinen Hass auf die Fremden

1898 versuchte Kaiser Guangxu Reformen einzuleiten. Gegen die Opposition am Hof unter Führung der Kaiserwitwe
5 *Cixi konnte er sich jedoch nicht durchsetzen. Bereits nach 100 Tagen wurde er entmachtet. Die konservativen Kräfte hofften, dass sich die Unzufriedenheit im Innern gegen die „Barbaren" wenden und die Vertreibung der Europäer zur Folge haben würde. Verstärkt durch die allgemeine Misere des*
10 *Landes, Hungersnöte und Naturkatastrophen entlud sich der Hass auf die Fremden schließlich in der Aufstandsbewegung der „Boxer":*

Die westliche Zivilisation ist in unseren Augen [...] wie ein Ding von gestern. Die chinesische Zivilisation dage-
15 gen ist ungezählte Jahrtausende alt. [...] Und nun kommt ihr, aus eurer westlichen Welt, zu uns mit dem, was ihr eure „neuen Ideen" nennt. Ihr bringt uns eure Religion – ein Kind von neunzehnhundert Jahren; ihr fordert uns auf, Eisenbahnen zu bauen. [...] Ihr wollt Fabriken bau-
20 en und dadurch unsere schönen Künste und Gewerbe verdrängen. [...]

Gegen alles das erheben wir Einspruch. Wir wollen allein gelassen werden, wir wollen die Freiheit haben, unser schönes Land und die Früchte unsrer alten Erfahrung zu
25 genießen. Wenn wir euch bitten, wegzugehen, so weigert ihr euch und bedroht uns gar, wenn wir euch nicht unsere Häfen, unser Land, unsere Städte geben. Daher sind wir Mitglieder der Gesellschaft der so genannten

„Boxer" nach reiflicher Überlegung zu der Erkenntnis gekommen, dass die einzige Möglichkeit, euch loszuwer- 30 den, darin liegt, dass wir euch töten."

Zit. nach: Keller, W., u. a.: China im Unterricht. Freiburg 1980, S. 58.

14 „Gährungsstoff"

Ein ausländischer Beobachter über die Kämpfe in China, 1902:

Gährungsstoff lag überreich in China; [...] seit dem japanischen Kriege hatte die Ausdehnung fremder Unter- 5 nehmungen auf das Innere [...] ein so rasches Tempo eingeschlagen, dass die davon berührten Bevölkerungsschichten noch nicht im Stande gewesen waren, den Vorteil kennen zu lernen, der mittelbar und unmittelbar auch ihnen aus der Hebung der reichen Mineralschätze 10 und Herstellung bequemer und billiger Verkehrsstraßen in Form von Eisenbahnen erwachsen musste.

Diese größtenteils armen Bauern fügten sich nur widerstrebend in den Verkauf ihrer ererbten Grundstücke und die Verlegung altverehrter Grabstätten, ihnen war die 15 Hast des Fremden, der als Geber relativ hoch bezahlter Arbeit doch die unbegreifliche Forderung stellte, sie schnell getan zu sehen, ein Gräuel. Bei diesen Exploitationen [Ausbeutungen] wurde vielleicht auch teilweise in Unterschätzung und Nichtachtung alteingewurzelter 20 Volkssitten manches getan, was die Chinesen mit Recht reizen musste.

Th. R. von Winterhalder: Kämpfe in China. Wien/Budapest 1902, S. 17 f.

15 „The Germans to the Front". Gemälde von Carl Röchling, 1901.
Ein internationales Expeditionskorps unter deutscher Führung schlug 1900/01 den „Boxer"-Aufstand blutig nieder.

11

16 Ein Land der Gegensätze
Junge Chinesinnen in Beijing, 1920er-Jahre.

17 Mao Zedong über die Bauern, 1927
Als die Kommunistische Partei aus den Städten verdrängt wurde, versuchte sie die Bauern für sich zu gewinnen. Die Gründe erläutert Mao Zedong in einer seiner ersten grundle-
5 *genden Schriften:*
In kurzer Zeit werden sich die Bauern zu Hunderten von Millionen in Mittel-, Süd- und Nordchina mit der Gewalt eines Wirbelsturms erheben, keine noch so starke Macht kann sie mehr aufhalten. Sie werden alle Fesseln durch-
10 brechen, die sie binden, und zum Weg der Befreiung vor-stürmen. Alle Imperialisten, Militärherrscher, bestechli-chen Beamten und schlechte Gentry [Adel] erwartet das Gericht durch die Hand der Bauern. [...] Wenn wir dem Verdienst die Ehre geben wollen und zehn Punkte für die
15 Durchführung der demokratischen Revolution ausset-zen, dann entfallen auf die Leistung der Städter und der militärischen Streitkräfte nur drei Punkte, während die übrigen sieben Punkte den Bauern für ihre Revolution auf dem Lande zukommen sollten. Die Revolution ist
20 keine Abendgesellschaft, kein literarisches Kunstwerk, kein Gemälde und keine Stickerei. Sie kann nicht so zart, so mit Muße, so ritterlich und so »sanft, freundlich, höflich, einfach und bescheiden« [Zitat nach Konfuzi-us] gehandhabt werden. Revolution ist Aufstand, ist die
25 gewalttätige Handlung einer Klasse, die die Herrschaft ener anderen stürzt. Eine Agrarrevolution ist eine Revo-lution der Bauernschaft zum Sturz der Herrschaft der feudalistischen Grundbesitzerklasse. Wenn die Bauern

nicht Gewalt anwenden, kann die durch Jahrtausende gefestigte Macht der Grundbesitzer nie mit der Wurzel 30 ausgerissen werden.
Zit. nach: Brandt, C., u. a.: Der Kommunismus in China. Eine Dokumentar-geschichte. München 1955, S. 58 ff.

18 „Hast du schon gegessen?"
Ein Bauer erinnert sich an die Zeit vor 1949:
Trotz vieler neuer Bauten bot das Dorf Changchuang wohl seit Jahrhunderten den immer gleichen verfallen-den Anblick. Jede vernachlässigte Mauer, jedes vernach- 5 lässigte Dach, erbaut aus der gleichen Erde, auf der das Haus stand, kehrte unter dem strömenden Sommerregen wieder zur Erde zurück. [...] Die Menschen fanden immer neue Abkürzungen und schufen immer neue Wege von Haus zu Haus. Nur die Reichen konnten sich unbeschä- 10 digte, gerade gezogene Mauern leisten. [...] Gewöhnlich lungerten Soldaten im Laden und in der Schänke herum. [...] Die Zahl der Dorfbewohner schwankte stark. Eine schlechte Ernte reduzierte ihre Zahl nicht selten auf die Hälfte; ein Teil der Armen starb, und der Rest floh in ei- 15 nem verzweifelten Wettlauf mit dem Tod in eine andere Gegend. [...] Alles in allem kamen auf jeden Mann, jede Frau und jedes Kind knapp 4 ha Land. Angesichts des sehr niedrigen allgemeinen Lebensstandards genügte der Ertrag dieses Bodens in einem guten Erntejahr reichlich 20 zur Ernährung eines Menschen. Die Armen jedoch, die Land pachteten oder sich als Landarbeiter verdingten, mussten mehr als die Hälfte der eingebrachten Ernte ab-liefern, während die Reichen den Überschuss von vielen Hektar Land erhielten. [...] Die Grundlage der gesamten 25 Landwirtschaft bildete der Dünger. Die wichtigste Quelle war die Familienlatrine, und diese wurde im gewissen Sinne der Mittelpunkt des Haushalts.
[...] Die Nahrung in Changchuang war sehr einfach. Da vor allem Mais angebaut wurde, aß man morgens 30 Maisklöße und mittags Maismehlbrei oder Nudeln aus Mais. [...] Nach der Weizenernte im Juli aßen alle Dorf-bewohner mehrere Tage lang Nudeln, das galt aber als Luxus, und nur die Reichen konnten sie sich bis in den August hinein erlauben. Solche Familien aßen auch als 35 Einzige das ganze Jahr über drei Mahlzeiten am Tag. Die meisten Familien mussten sich auf zwei und mit Beginn des Winters sogar auf eine Mahlzeit beschränken. Un-terernährt, wie sie waren, bewegten sie sich so wenig wie möglich und bemühten sich, bis zum Frühling bei 40 Kräften zu bleiben.
[...] Für jeden Tag, den man überlebte, war man dankbar, und so grüßte man sich in der Gegend in fetten und in mageren Jahren nicht mit „Guten Tag" oder „Wie geht's", sondern sehr einfach, aber aus ganzem Herzen mit dem 45 Gruß: „Hast du schon gegessen?"
Zit. nach: Hinton, W.: Fanshen. Dokumentation über die Revolution in einem chinesischen Dorf, 1. Band. Frankfurt o. J. S. 37 ff.

11

19 Arme Bauern, 1930er-Jahre
Die große Mehrheit der Bevölkerung lebte auf dem Lande. Die Höfe waren klein. Die Hälfte der Bauern war Pächter. Fast 40 Prozent des Bodens waren in den Händen weniger Großgrundbesitzerfamilien. Die Pächter mussten oft bis zur Hälfte der Ernte abgeben.

20 Mao Zedong über Marxismus
Aus dem Programm „Der Platz der KP Chinas im nationalen Krieg", 1938:
Unsere Nation blickt auf eine mehrtausendjährige Ge-
5 schichte zurück, weist ihre Besonderheiten auf, hat eine reiche Schatzkammer von Werten gesammelt […].
Das heutige China ist das Entwicklungsprodukt der chinesischen Geschichte; wir sind Anhänger des marxistischen Historismus, wir dürfen den Faden der geschichtli-
10 chen Kontinuität nicht abschneiden. Wir müssen unsere Geschichte von Konfuzius bis Sun Yatsen zusammenfassen und von diesem wertvollen Erbe Besitz ergreifen. Das wird uns in bedeutendem Maße helfen, die große Bewegung der Gegenwart zu lenken. Die Kommunisten
15 sind internationalistische Marxisten, aber wir können den Marxismus nur dann in die Praxis umsetzen, wenn wir ihn mit den konkreten Besonderheiten unseres Landes integrieren und ihm eine bestimmte nationale Form geben. Die große Stärke des Marxismus-Leninismus liegt
20 gerade in seiner Integration mit der konkreten revolutionären Praxis aller Länder. Für die Kommunistische Partei Chinas bedeutet das, die Anwendung der Theorie des Marxismus-Leninismus auf die konkreten Verhältnisse Chinas zu erlernen. Für die chinesischen Kommunisten,
25 die ein Teil der großen chinesischen Nation, deren eigenes Fleisch und Blut sind, ist jedes von den Besonderheiten Chinas losgelöste Gerede über Marxismus bloß ein abstrakter, hohler Marxismus. Man muss die ausländischen Schemata beseitigen, weniger hohle, abstrakte
30 Phrasen dreschen und den Dogmatismus ruhen lassen; an ihre Stelle sollen der frische, lebhafte chinesische Stil und die frische, lebhafte chinesische Manier treten, die bei den einfachen Menschen Chinas beliebt sind.

Zit. nach: Pfennig, W., u. a.: Volksrepublik China. Eine politische Landeskunde. Berlin 1983, S. 16.

21 Der Sieg der Kommunistischen Partei Chinas
Der Chinahistoriker Jürgen Osterhammel, 1998:
Die chinesische Revolution führte – mit der weiteren Ausnahme Vietnams – als einziger der großen asiatischen Transformationsprozesse zum Sieg einer kommunisti-
5 schen Partei. Dieser Sieg wurde nicht auf dem Weg von Konspiration und Putsch errungen, sondern auf dem einer langen Geschichte von Kaderorganisation und Massenmobilisierung, die mit der Niederringung des innenpolitischen Hauptgegners, der GMD Chiang Kaisheks, in
10 den offenen Feldschlachten der Jahre 1947 bis 1949 ihren Höhepunkt erreichte.
Dass hinter dem propagandistischen Bild des heroischen Idealismus, das die KP während ihrer Hauptkampfzeit, von 1937 bis 1949, von sich verbreitete, auch einiges an
15 Zynismus und kühler Manipulation stand, darf nicht verdecken, in welch außergewöhnlichem Maße die Partei vom Enthusiasmus und der Leidensbereitschaft ihrer Mitglieder lebte und wie viel Unterstützung sie aus der Bevölkerung erfuhr. Der Sieg der KP im chinesischen Bür-
20 gerkrieg wäre ohne das Geschick der Parteiführung und ihrer Generäle und ohne schwere Fehler ihrer Gegner nicht möglich gewesen, aber ebenso wenig ohne die breite Massenbasis, die man sich seit Ende der dreißiger Jahre geschaffen hatte. Die Machtübernahme der KP 1949 war
25 daher, vor dem Hintergrund der vierziger Jahre gesehen, kein Zufall und keine illegitime Usurpation. Ebenso wenig war sie aber ein zwangsläufiges und unvermeidliches Ergebnis der gesamten neueren Geschichte Chinas. Erst zwei von außen eingreifende Entwicklungen der dreißi-
30 ger Jahre – die Weltwirtschaftskrise und, noch viel wichtiger, der japanische Überfall von 1937 – schränkten den Spielraum für alternative Möglichkeiten ein.

Zit. nach: Osterhammel, J.: Shanghai, 30. Mai 1925. Die chinesische Revolution. München 1997, S. 30 f.

11

22 Ein „großer Sprung nach vorn"?

Aus dem Programm der Kommunistischen Partei von 1958:
Nach einer Reihe von Jahren, wenn das Sozialprodukt wesentlich gestiegen ist, sich das kommunistische Bewusst-
5 sein und die Moral des ganzen Volkes bedeutend erhöht haben und allumfassende Bildung institutionalisiert und entwickelt ist, werden die Unterschiede zwischen Arbeitern und Bauern, Stadt und Land, geistiger und körperlicher Arbeit – Überbleibsel der alten Gesellschaft, welche
10 unvermeidbar in die sozialistische Zeit übertragen wurden – und die Reste des ungleichen bürgerlichen Rechts, das diese Unterschiede widerspiegelt, allmählich verschwinden. Der Staat wird seine Funktion darauf begrenzen, das Land vor Aggressionen von außen zu schützen, im In-
15 neren jedoch keine Rolle mehr spielen. Dann wird die chinesische Gesellschaft in das kommunistische Zeitalter eintreten, in dem das Prinzip praktiziert wird: „Jeder nach seinen Fähigkeiten, jedem nach seinen Bedürfnissen".

Zit. nach: Pfennig, W., u. a.: Volksrepublik China. Eine politische Landeskunde. Berlin 1983, S. 21.

23 Auf dem Weg zu einer neuen Gesellschaft

Bericht einer Jugendzeitung vom September 1958:
In der Ch'aoying-Kommune wird bei Tagesanbruch geläutet und gepfiffen. In ungefähr einer Viertelstunde
5 sind die Bauern zum Dienst angetreten. Auf Befehl der Zug- und Kompanieführer marschieren die Kolonnen mit Fahnen auf die Felder. Hier sieht man keine Bauern mehr, die in kleinen Gruppen von zwei oder drei Mann gemütlich und langsam auf die Felder gehen. Was man jetzt
10 hört, sind Marschgesänge und abgemessene, militärische Schritte. Die vollkommen freizügigen Lebensgewohnheiten, welche die Bauern seit Jahrtausenden kannten, sind endgültig vorüber. Wie gewaltig ist doch der Wechsel! Um sich an die Gemeinschaftsarbeit und das Gemeinschafts-
15 leben anzupassen, hat die Volkskommune eine Bewegung begonnen, in der ganze Dörfer miteinander verschmolzen werden und die Mitglieder von einer Behausung in die andere umziehen sollen. Die Bauern luden ihr Gepäck auf den Rücken und zogen in Gruppen in neue Woh-
20 nungen in der Nähe ihrer Arbeitsplätze. Wie wundervoll ist doch dieser Wechsel! Seit alters her haben die Bauern ihre von den Vorfahren ererbten Häuser mehr geschätzt als alles andere! Jetzt aber, da private Grundstücke, Häuser und teilweise auch die Viehbestände in das Eigentum der
25 Volkskommune übergegangen sind, sind alle Bande, welche Bauern noch an ihr Eigentum fesselten, zerbrochen, und sie fühlen sich viel freier und unbeschwerter als früher. […] Die Volkskommune ist ihre Heimat.
Jetzt sind in den Dörfern Kantinen und Kindergärten zu
30 finden. […] Der Rahmen der Einzelfamilie, die für tausende von Jahren existierte, ist vollständig zerschlagen worden.

Zit. nach: Domes, J.: Sozialismus in Chinas Dörfern. Hannover 1977, S. 43 f.

24 Kritik an Mao Zedong

Staatspräsident Liu Shaoqi zur Politik Mao Zedongs, 1962:
Ich besuchte einen Ort in Hunan. Dort sagten die Bauern, dass 30 % der Schwierigkeiten durch Naturkatastro-
5 phen, 70 % aber durch menschliches Versagen verursacht worden seien. […] Statt mit den Kräften der Massen zu haushalten, haben wir in den letzten Jahren einen Großteil ihrer Energie verschwendet. Das ist ein sehr großer Fehler. Unsere Genossen sind besorgt darüber, dass die
10 Massen keinen Eifer mehr zeigen. Dieses Problem sollte angemessen untersucht werden. Der Grund hierfür liegt darin, dass die Begeisterung und die Kraft der Massen in den letzten Jahren erschöpft und in gewissen Gegenden sogar ernsthaft ausgehöhlt worden sind. […]
15 Wir haben während der letzten Jahre unmäßig hohe Planziele in der industriellen und landwirtschaftlichen Produktion sowie in der Investitionssteuerung angesetzt. Wir haben einige Projekte unangemessen in „großem Rahmen" gebaut. Wir wollten im ganzen Lande
20 integrierte Wirtschaftssysteme erstellen. Auf dem Lande brachten wir den „kommunistischen Wind" hervor und verletzten dadurch das Prinzip der Entlohnung nach Leistung sowie das Prinzip des Austausches nach dem Wertgesetz. In den Städten durfte sich die Bevöl-
25 kerung maßlos vermehren. All dies geschah auf wenig oder überhaupt nicht fundierter Grundlage. […] Der große Sprung nach vorn wurde etwas zu früh eingeleitet. Da die Dinge in den drei Jahren des Sprunges außer Kontrolle geraten sind, werden möglicherweise
30 8–10 Jahre notwendig sein, um Wiederanpassungen vorzunehmen. So etwas zahlt sich nicht aus. […] Die Volkskommunen sind zu früh errichtet worden. […] Es bleibt abzuwarten, ob sie überhaupt konsolidiert werden können. […] Wenn der Vorsitzende sagt, die
35 Situation sei sehr günstig, dann bezieht er sich auf die politische Situation; denn die wirtschaftlichen Verhältnisse können keineswegs als sehr günstig beschrieben werden. […]
Genossen, ich rate euch, keine fragwürdigen „Linken"
40 zu sein, wir müssen echte Linke sein, die die Wahrheit in den Fakten suchen, die die Theorie mit der Realität verbinden und in enger Berührung mit den Massen bleiben, wobei sie Kritik und Selbstkritik üben. Nur so besitzen wir sinnvolle Kraft und Einsatzfreude. Lasst uns nicht
45 solche „Linken" sein, die sich selbst von der Realität und den Massen lösen und Abenteurer sind. […] „Linke" dieser Art verdienen nicht nur keinen Respekt, sondern sollten kritisiert werden. […] Sich dem Vorsitzenden Mao entgegenzustellen, heißt lediglich, sich einer Einzelper-
50 son entgegenzustellen.

Rekonstruktion der Rede Liu Shaoqis auf der Erweiterten Arbeitskonferenz des ZK der KPCh vom 26./27. Januar 1962, zusammengestellt aus Rotgardisten-Pamphleten der Kulturrevolution von Rüdiger Machetzki, abgedruckt in: Chronologie des innerparteilichen Linienkampfes in der KP Chinas 1949 bis 1965, Nr. 57 der „Mitteilungen des Instituts für Asienkunde".

11

25 **Kulturrevolution**
Bauern studieren die
Schriften Mao Zedongs
bei der Feldarbeit, 1966.

26 **„Die Politik hat Vorrang vor allem"**
*Aus dem Programm der Roten Garden von Beijing, August
1966:*

1. Jeder Bürger soll manuelle Arbeit verrichten.
5 2. In allen Kinos, Theatern, Buchhandlungen, Omni-
    bussen usw. müssen Bilder Mao Zedongs aufgehängt
    werden.
3. Überall müssen Zitate Mao Zedongs anstelle der bis-
    herigen Neonreklamen angebracht werden. [...]
10 5. Die Handelsunternehmungen müssen reorganisiert
    werden, um den Arbeitern, Bauern und Soldaten zu
    dienen.
6. Eine eventuelle Opposition muss rücksichtslos besei-
    tigt werden.
15 7. Luxusrestaurants und Taxis haben zu verschwinden.
8. Die privaten finanziellen Gewinne sowie die Mieten
    müssen dem Staat abgegeben werden.
9. Die Politik hat vor allem den Vorrang.
10. Slogans müssen einen kommunistischen Charakter
20   aufweisen. [...]
12. In allen Straßen sollen Lautsprecher aufgestellt wer-
    den, um der Bevölkerung Verhaltensmaßregeln zu
    vermitteln.
13. Die Lehre Mao Zedongs muss schon im Kindergarten
25   verbreitet werden.
14. Die Intellektuellen sollen in Dörfern arbeiten. [...]
17. Auf Parfüms, Schmuckstücke, Kosmetik und nicht-
    proletarische Kleidungsstücke und Schuhe muss ver-
    zichtet werden. [...]
30 19. Die Verbreitung von Fotografien von so genannten
    hübschen Mädchen soll eingestellt werden. [...]
21. Die alte Malerei, die nicht politische Themen zum
    Gegenstand hat, muss verschwinden. [...]
23. Bücher, die nicht das Denken Mao Zedongs wieder-
35   geben, müssen verbrannt werden.

Zit. nach: Ostkolleg der Bundeszentrale für politische Bildung (Hg.): Volksrepublik China im Wandel, 2. Aufl. Bonn 1988, S. 235.

27 **China ändert sich**
*Im Oktober 1984 beschließt das Zentralkomitee grundlegende
Reformen:*

Die tief greifenden Veränderungen in den 35 Jahren seit
Gründung der Volksrepublik haben die Überlegenheit   5
des sozialistischen Systems ansatzweise demonstriert.
Aber es muss darauf hingewiesen werden, dass diese
Überlegenheit noch nicht gebührend zur Geltung gebracht ist [...].
Daher müssen die Betriebe unter der Voraussetzung der 10
Unterwerfung unter die staatliche Planung und Verwaltung das Recht haben, flexible Bewirtschaftungsformen
auszuwählen, ihre Produktion, Versorgung und den Absatz selbst zu arrangieren und über die ihnen zustehenden Fonds zu verfügen. Sie haben das Recht, nach den   15
Bestimmungen ihre Mitarbeiter selbst zu ernennen, abzusetzen, anzustellen und auszuwählen, über die Anstel-
lung und den Einsatz von Arbeitskräften, die Formen des
Lohns und der Belohnung zu entscheiden, im Rahmen
der staatlichen Vorschriften die Preise für ihre Produkte 20
festzustellen. [...] Die Betriebe sollen wirklich zu relativ
unabhängigen Wirtschaftseinheiten, zu sozialistischen
Warenproduzenten werden, die selbstständig wirtschaften und für ihren Gewinn und Verlust verantwortlich
sind. [...] Nur durch die volle Entwicklung der Waren-   25
wirtschaft wird die Wirtschaft wirklich belebt, werden
die verschiedenen Betriebe veranlasst, ihre Effizienz zu
erhöhen, flexibel zu wirtschaften und sich geschickt dem
komplizierten und wechselhaften Bedarf der Gesellschaft
anzupassen, was allein durch administrative Mittel oder 30
Direktivpläne nicht zu erreichen ist. [...] Der Preis ist
das wirksamste Regulativ. Vernünftige Preise sind eine
wichtige Bedingung für eine belebte, doch geordnete
Volkswirtschaft, und der Ausgang der Reform des ganzen
Wirtschaftssystems hängt von der Reform des Preissys-   35
tems ab. [...]

Zit. nach: China aktuell. Oktober 1984, S. 586f.

11

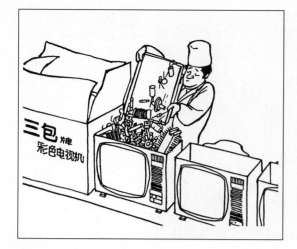

28 Arbeitsproduktivität

Viele Karikaturen üben in den 1980er-/90er-Jahren Kritik am sozialistischen Wirtschaftssystem und fordern zu höheren Leistungen auf.

31 Kritik an den Reformen

In einem Artikel der Beijinger „Volkszeitung" hieß es 1987:
In der zweiten Hälfte der 80er-Jahre des 20. Jahrhunderts, als das chinesische Volk unter Führung der Kommunistischen Partei Chinas beim Aufbau eines sozialistischen ⁵ modernen Landes große Erfolge zu verzeichnen hat, die die Aufmerksamkeit der ganzen Welt auf sich lenken, gibt es unerwartet eine Stimme, die die Losung von der „totalen Verwestlichung" Chinas wieder verkündet. Dies können nur im Traum gesprochene Worte sein. Da aber ¹⁰ solch eine Losung aufgestellt wurde, haben wir die Verantwortung, sie zu analysieren. Was bedeutet die „totale Verwestlichung"? Mit den Worten ihrer Prediger heißt es, dass sie „das Lernen von westlicher Wissenschaft, Technik, Kultur, Politik, Ideologie, Moral und von allen ande- ¹⁵ ren Dingen des Westens umfasst", sie betreffe aber „auch unser politisches System und unser Eigentumssystem. All diese Fragen dürfen diskutiert werden." Woraus wird diese Schlussfolgerung gezogen? Die Prediger haben eindeu-

29 Anteil einzelner Sektoren am Volkseinkommen (Durchschnittswerte, Angaben in Prozent)

Zeitraum	Volkseinkommen	Landwirtsch.	Industrie	Bau	Transport	*Handel*
1952–1960	100	45,5	29,5	5,0	4,9	15,2
1961–1970	100	46,0	35,7	3,8	3,9	10,5
1971–1980	100	36,9	46,4	4,4	3,8	8,6
1981–1990	100	36,0	45,7	5,9	4,0	8,4
1991–1993	100	28,6	49,0	7,1	4,9	10,4

Aus: Herrmann-Pillath, C. (Hg.), u. a.: Länderbericht China, Politik, Wirtschaft und Gesellschaft im chinesischen Kulturraum. Bundeszentrale für politische Bildung, Bd. 351. Bonn 2000, S. 613.

30 Leistungsbilanz Chinas in den 1990er-Jahren

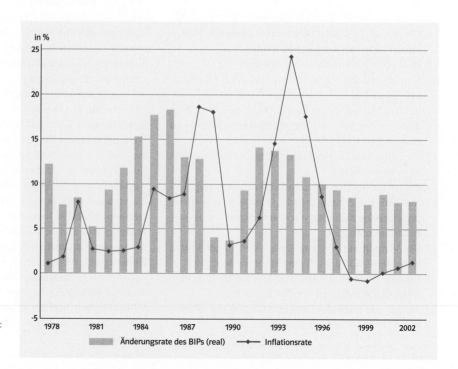

Quelle: IWF, World Economic Outlook, März 2001

tig darauf geantwortet: In ihren Augen „sind alle Dinge, die wir in den vergangenen 30 Jahren getan haben, vom sozialistischen System her gesehen misslungen". [...] Diese Worte erklären eindeutig und unmissverständlich, dass die so genannte „totale Verwestlichung" bedeutet, in China das sozialistische System absolut zu verneinen und den Kapitalismus total zu praktizieren. [...] Einige Genossen sind besorgt, dass sich die Kritik an der „totalen Verwestlichung" negativ auf die Durchführung der Öffnungspolitik auswirken könne. Das ist eine unnötige Sorge. Die Öffnung nach außen und die „totale Verwestlichung" sind zwei grundverschiedene Dinge. Es ist so, [...] dass die Öffnung nach außen eine unentwegte grundlegende Politik des Staates ist. Wir sollten alle Anstrengungen unternehmen, um uns moderne Wissenschaft und Technik, allgemein nutzbare Erfahrungen in der wirtschaftlichen und administrativen Verwaltung und alle anderen nützlichen Kulturkenntnisse aller Länder der Welt, einschließlich der entwickelten kapitalistischen Länder, anzueignen und sie in der Praxis zu prüfen und weiterzuentwickeln. Wir lehnen aber kategorisch das ideologische und gesellschaftliche System des Kapitalismus, die Ausbeutung und Unterdrückung schützen, sowie alle hässlichen und dekadenten Dinge des Kapitalismus ab. Die „totale Verwestlichung" läuft diesem grundlegenden Prinzip der Öffnungspolitik zuwider.

Zit. nach: Ostkolleg der Bundeszentrale für politische Bildung (Hg.): Volksrepublik China im Wandel, 2. Aufl. Bonn 1988, S. 266 f.

32 Wahre Demokratie

Der Astrophysiker Fang Lizhi an der Universität in Shanghai forderte am 1. November 1986:

In der ganzen chinesischen Geschichte sind die Studenten eine Kraft für die Demokratie und für den Fortschritt im Lande gewesen [...]. Das eigentliche Problem besteht darin, dass es für China unmöglich sein wird, ein entwickeltes Land zu werden, wenn seine Reformen allein von der Entschlossenheit der höchsten Führer abhängen [...]. Wenn wir demokratischen Sozialismus in die Praxis umsetzen wollen, folgt dann daraus, dass diese Gesellschaft nur dann demokratisch werden kann, wenn die Machthaber ihr Demokratie zubilligen? Wenn Demokratie von der Führungsschicht zugebilligt wird, ist es keine wahre Demokratie [...]. In unserem Lande wagen nur wenige, von Menschenrechten zu sprechen, und dabei sind sie ein geläufiger, allgemeiner Ausdruck. Menschenrechte bedeuten, dass ein Mensch das Recht auf Leben hat, sobald er geboren wird, das Recht auf einen Lebensunterhalt, das Recht auf Freiheit, das Recht des freien Gedankens und das Recht auf eine Erziehung. Dies sind ganz gewöhnliche Dinge. Als ein Menschenwesen hat jeder diese angeborenen Rechte [...]. Diese Rechte müssen anerkannt werden, ehe wir für Demokratie kämpfen und wahre Demokratie erreichen können. Wir können uns nicht auf die oberste Führungsschicht verlassen, dass sie uns Demokratie gewährt. Was von oben gewährt werden kann, ist nicht Demokratie. Es ist nur Lockerung der Kontrolle [...]. Im Kampf um Demokratie können wir verschiedene Methoden benutzen; wir brauchen nicht notwendigerweise Methoden anzuwenden, die sehr hart sind. Es gibt verschiedene Methoden, wie zum Beispiel unsere Meinung sagen oder in Versammlungen dafür zu kämpfen. Das sind die Kanäle, auf denen wir uns um Demokratie bemühen. Natürlich schließt das auch harte Methoden ein. Um diese Ideale zu erlangen, müssen wir für sie kämpfen, statt uns darauf zu verlassen, dass andere sie uns geben werden [...]. Es sollte unser einziges Ziel sein, dass wir jedem bewusst machen, wie sehr wir eine demokratische Gesellschaft brauchen [...]. Wenn wir diese Stufe erreichen können, wird China seine überholten Glaubensvorstellungen und feudalistischen Ideen ablegen und eine wirklich erhabene Stufe erreichen.

Zit. nach: F. Lizhi: Die unwiderstehliche Macht der Freiheit. Rosenheim 1990, S. 77 ff.

33 Studenten demonstrieren für mehr Freiheit

Im Frühjahr 1989 forderten tausende von Studenten grundlegende Reformen des politischen Systems. Als Symbol errichteten sie eine Nachbildung der amerikanischen Freiheitsstatue auf dem größten Platz in Beijing, dem Platz des himmlischen Friedens.

11

34 Panzer der Roten Armee unterdrücken die Studentenbewegung am 3./4. Juni 1989

Die genaue Zahl der Toten ist unbekannt. Schätzungen gehen von bis zu 2000 aus. Viele Studenten und Intellektuelle wurden verhaftet.

35 „Das Unkraut herausschneiden"

Der Führer der Partei Deng Xiaoping über die Studenten am 25. April 1989:

Dies ist keine gewöhnliche Studentenbewegung, son-
5 dern Aufruhr. Wir müssen schnellstens zu einem Präventivschlag ausholen, um Zeit zu gewinnen [...]. Wir dürfen keine Angst haben vor Leuten, die uns verdammen, vor schlechter Reputation oder vor einer internationalen Reaktion [...]. Dieser Aufruhr ist nichts anderes
10 als eine geplante Verschwörung, um das (sozialistische) China mit einer strahlenden Zukunft in ein (kapitalistisches) China ohne Hoffnung zu verwandeln. Die größte Herausforderung besteht darin, dass sie die Führung der Kommunistischen Partei und das sozialistische System
15 negieren [...].

Wir müssen alles tun, um ein Blutvergießen zu vermeiden, aber wir sollten auch einkalkulieren, dass es vielleicht nicht möglich sein wird, ein Blutvergießen gänzlich zu vermeiden. [...] Ich habe (auch) [dem amerikanischen
20 Präsidenten George] Bush gesagt, dass es keine Stabilität in China geben kann, wenn wir in unserem derart großen Land Demonstrationen von so vielen Leuten zulassen. Und wenn es keine Stabilität gibt, kann nichts erreicht werden. Gegenwärtig gibt es bei uns ein paar Leute, die nach der gleichen alten Leier verfahren wie die Rebellen- 25
fraktion während der Kulturrevolution. Sie werden nicht eher zufrieden sein, bis alles im Chaos versunken ist. Auf diese Weise würden sie Chinas Hoffnungen wie eine Seifenblase zerplatzen lassen und uns daran hindern, die wirtschaftliche Entwicklung und die Politik der offenen 30
Tür fortzusetzen. Das wäre unser sofortiger Ruin. [...] Wir müssen jetzt schnell mit einem scharfen Messer das Unkraut herausschneiden, um einen noch größeren Aufruhr zu vermeiden. Zugeständnisse in Polen führten zu weiteren Zugeständnissen. Je mehr man zugestand, desto 35
größer wurde das Chaos. [...] Auf jeden Fall müssen wir schnell handeln, denn sonst werden da mehr und mehr Leute hineingezogen [...].

Zit. nach: P. Schier u. a.: Studentenprotest und Repression in China. Hamburg 1993, S. 99 f.

Vorschläge für Projektarbeit

a) Erarbeiten Sie anhand von Lexika, Handbüchern und Zeitschriften eine Dokumentation über die verschiedenen Stufen des inneren Wandels in China.

b) Informieren Sie sich über die gegenwärtige Lage in China und dessen Rolle in der Weltund erarbeiten Sie anhand von Zeitungen und Zeitschriften eine Dokumentation überden politischen Kurs der chinesischen Führung einerseits und die Haltung der Bevölkerung andererseits.

c) Erstellen Sie eine Wandzeitung zum Verhältnis zwischen Taiwan und der Volksrepublik China vor dem Hintergrund der internationalen Politik.

d) Erarbeiten Sie anhand von Zeitschriften und Biografien ein Referat über die unterschiedlichen Auffassungen Mao Zedongs und Deng Xiaopings über Chinas Weg in die Moderne.

11

Standpunkte:
China – ein neues Machtzentrum im 21. Jahrhundert?

Welche Rolle wird China im 21. Jahrhundert spielen? Eine Antwort auf diese Frage ist schwierig. Die schnelle wirtschaftliche Modernisierung und die wachsende Bedeutung in der Weltpolitik sprechen dafür, dass das „Reich der Mitte" zu den führenden Staaten gehören wird. Dagegen sprechen jedoch ungelöste Probleme bei der Modernisierung wie Korruption, wachsende soziale Gegensätze und ungelöste Umweltprobleme sowie die Unterdrückung politisch Andersdenkender und nationaler oder religiöser Minderheiten.

36 Die brüchige Herrschaft der KP Chinas

Wei Jingsheng, einer der Gründer der Demokratiebewegung, äußerte sich 1998 in einem Aufruf zur Zukunft Chinas:

Heute versteht nicht nur die überwiegende Mehrheit der Chinesen, was Menschenrechte sind, sondern sie bringen auch gewaltige Kraft auf, um diese ihnen zustehenden Grundrechte für sich zu erkämpfen. Ihre Motive sind nicht kompliziert:

- Die Arbeiter wollen ein Recht auf Arbeit und gerechte Entlohnung, sie fordern die Möglichkeit, sich zu organisieren, um ihre Interessen zu schützen.
- Die Bauern verlangen die Verfügungsgewalt über ihren Grund und Boden, sie wollen nicht durch Abgabenterror und Steuerwillkür drangsaliert werden.
- Frauen beanspruchen das Recht, Söhne und Töchter zu gebären, dass diese nicht Schikanen, Hunger und Kälte ausgesetzt werden.

Das sind die Rechte, die sich Chinesen jetzt erkämpfen. So unter enormen Druck gesetzt, verliert die KP Chinas rasch die Fähigkeit, die Gesellschaft zu kontrollieren. Könnte dieses Phänomen, zusammen mit internationalem Druck, dazu führen, dass die Partei ihre traditionelle Einstellung zu den Menschenrechten ablegt und auf eine Gelegenheit für einen Wechsel zu demokratischer Politik wartet? Oder kann die KP das Überleben dieses Unterdrückungs- und Ausbeutungssystems noch einmal verlängern? Ich halte eine dritte Möglichkeit für noch größer: eine Entwicklung nach dem Muster der Philippinen oder Indonesiens. Gewiss kann die Politik des Westens, die von wirtschaftlichen Interessen ausgeht, eine Zeit lang die Existenz einer Diktatur stützen, aber sie kann unmöglich ewig eine politische Macht fördern, die von der gesamten Gesellschaft abgelehnt wird. Wenn das Volk letztlich und gezwungenermaßen zu einer Form von Gewalt greifen wird, um das Leben der Diktatur zu beenden, wird diese Entwicklung in China, aber auch in der Staatengemeinschaft gewaltige Schäden hinterlassen. China umfasst ein Fünftel der Menschheit, die Konsequenzen seines Zerfalls dürften schrecklich sein.

In: Der Spiegel Nr. 51/1998.

37 China – eine kommende Weltmacht

Ein deutscher Journalist über die Zukunft Chinas, 1999:

Am Ende dieses Jahrhunderts ist China wieder zu seinem Ausgangspunkt von 1900 zurückgekehrt, zu seinen beiden Grundproblemen: nationaler Zusammenhalt, internationale Berechenbarkeit.

Die Volksrepublik sieht sich als kommende Großmacht durch große Gesten bestätigt: [Der amerikanische] Präsident Clinton würdigte bei seinem Staatsbesuch 1998 ihr „verantwortungsvolles Handeln" – er beschwor es geradezu. Denn die chinesische Kombination aus Hybris und Unsicherheit ist eine potenziell explosive Mischung.

Sie erinnert an das Deutschland des späten 19. Jahrhunderts – einen Staat, zu ambitioniert, um ein natürliches Machtgleichgewicht mit seinen Nachbarn zu erreichen; und deshalb voller Aggression, gefährlich.

Wohl noch nie in der Geschichte der Menschheit wurden so viele Menschen in so kurzer Zeit aus dem Elend – wenn auch nicht von der Armut – befreit wie in der Volksrepublik nach Deng Xiaopings zweiter chinesischer Revolution von 1978. Aber kaum je wurde aus einer in der Armut einigermaßen egalitären Gesellschaft so schnell und so brutal wieder eine Klassengesellschaft. China ist eine kommende Weltmacht – und ein Reich in der Krise; nicht mehr Objekt der Weltgeschichte, sondern ein Rivale westlicher Industriemächte. Auch ein potenzieller Partner, den es in die Weltgemeinschaft einzubinden gilt.

Follath, E.: Chinas Weg zur Weltmacht. Großer Sprung nach vorn. In: Wild, D. (Hg.): Spiegel des 20. Jahrhunderts. Hamburg 1999, S. 95 f.

Arbeitsvorschläge

a) Vergleichen Sie die Stellungnahmen der beiden Autoren zur Entwicklung Chinas unter der Kommunistischen Partei.

b) Inwieweit sind deren Aussagen als zutreffend zu bezeichnen? Überprüfen Sie diese mit Hilfe von Zeitungen, Büchern und dem Internet.

11

38 **Kunst, Ideologie und Politik in den 1970er-Jahren**
Einer chinesischen Tradition folgend, versuchte die kommunistische Führung der Bevölkerung die Ideen Mao Zedongs in prachtvollen Opernaufführungen oder großen Gemälden zu vermitteln. Das hier dargestellte Plakat trägt den Text: „Die revolutionäre Generation gleicht einer aufsteigenden Flut".

40 **Werbung, Wirtschaft und Ideologie in den 1980er-Jahren**
Der Text des Plakats mit dem Bild Deng Xiaopings in der Sonderwirtschaftszone Shenzen lautet: „Ohne Sozialismus, ohne Durchführung der Reform- und Öffnungspolitik, ohne Entwicklung der Wirtschaft und ohne Verbesserung des Lebens des Volkes gibt es keinen Ausweg."

39 **Die Zeit der Kulturrevolution**
Das Zentralkomitee der Kommunistischen Partei über Mao Zedong, 1966:
Das Mao Zedong-Denken ist der Wegweiser für die Ak-
5 tionen in der Großen Proletarischen Kulturrevolution. In der Großen Proletarischen Kulturrevolution ist es notwendig, das große rote Banner des Mao Zedong-Denkens hochzuhalten und die proletarische Politik das Kommando übernehmen zu lassen. Wir müssen die Bewe-
10 gung zum lebendigen Studieren und lebendigen Anwenden der Werke des Vorsitzenden Mao unter den breiten Massen der Arbeiter, Bauern, Soldaten, Kader und Intellektuellen entfalten und das Mao Zedong-Denken zum Wegweiser für die Aktionen in der Kulturrevolution ma-
15 chen. Während dieser verwickelten und komplizierten Großen Kulturrevolution müssen die Parteikomitees der verschiedenen Ebenen die Werke des Vorsitzenden Mao noch gewissenhafter in lebendiger Weise studieren und anwenden. Insbesondere müssen sie immer wieder die
20 Schriften des Vorsitzenden Mao über die Kulturrevolution und die Führungsmethoden der Partei studieren. Die Parteikomitees aller Ebenen müssen die Weisungen, die der Vorsitzende Mao im Laufe der Jahre gegeben hat, befolgen. […] Unter Führung des Zentralkomitees der
25 Partei mit dem Genossen Mao Zedong an der Spitze wird die Große Proletarische Kulturrevolution bestimmt einen glänzenden Sieg erringen.

Zit. nach: Ostkolleg der Bundeszentrale für politische Bildung (Hg.): VR China im Wandel, 2. Aufl. Bonn 1988, S. 234.

41 **Nach dem Tode Mao Zedongs**
Das Zentralkomitee der Kommunistischen Partei beurteilte 1981 nach langen und heftigen Diskussionen den ehemaligen Vorsitzenden neu:
Genosse Mao Zedong war ein großer Marxist und ein 5 großer proletarischer Revolutionär, Stratege und Theoretiker. Obwohl er in der „Kulturrevolution" schwere Fehler beging, überwiegen alles in allem seine Verdienste für die chinesische Revolution. Seine Verdienste sind zweifellos primär, seine Fehler sekundär. Hinsichtlich 10 der Gründung und Entwicklung unserer Partei und der Volksbefreiungsarmee, der Befreiung aller Nationalitäten Chinas, der Errichtung der Volksrepublik China und der Entwicklung des Sozialismus in unserem Land hat er sich unvergängliche Verdienste erworben. Er hat einen gro- 15 ßen Beitrag zur Befreiung aller unterdrückten Nationen der Welt und zum Fortschritt der Menschheit geleistet. […] Hätte er die chinesische Revolution nicht wiederholt aus Krisen gerettet, […] wäre es durchaus möglich, dass unsere Partei und das Volk noch länger nach einem Aus- 20 weg hätten suchen müssen.
Er wurde allmählich eingebildet und löste sich von den Massen […]; er stellte sich über das Zentralkomitee der Partei, wodurch die Prinzipien der kollektiven Führung und der demokratische Zentralismus im politischen 25 Leben von Partei und Staat ständig geschwächt und untergraben wurden.

Pfennig, W., u. a.: Volksrepublik China. Eine politische Landeskunde. Berlin 1983, S. 23.

11

Geschichte erinnern:
Die Person Mao Zedongs

Über dem Eingang zum ehemaligen Kaiserpalast in Beijing hängt auch heute noch ein Riesenporträt des „Großen Steuermanns" – Mao Zedong. Nicht weit entfernt davon, in einem bei seinem Tode 1976 eigens errichteten Mausoleum, ruht dieser in einem gläsernen Sarkophag. Jährlich ziehen Millionen Menschen ehrfurchtsvoll daran vorbei. Auch das Haus, in dem Mao – wie er meist genannt wurde – 1893 auf die Welt kam, ist heute noch eine Wallfahrtsstätte. Mao-Büsten sind weiterhin ein beliebtes Souvenir. Warum und was verbinden die Menschen mit der Erinnerung an seine Person?

In China haben die meisten Menschen eine zwiespältige Erinnerung an Mao Zedong. Er war Mitbegründer der Kommunistischen Partei im Jahr 1921, die zu Beginn kaum mehr als 50 Mitglieder hatte, und Gründer der Volksrepublik China im Jahre 1949. Viele Menschen verehren ihn deswegen fast wie einen Halbgott: Äußerlich beendete Mao Zedong damit eine Zeit des Zerfalls, ausländischer Einmischung und innerer Bürgerkriege. Zumindest indirekt legte er damit den Grundstein für ein einiges und modernes China. Symbol für dessen Macht sind seit den 1960er-Jahren Atomwaffen und der ständige Sitz im Sicherheitsrat der Vereinten Nationen. Mit seinen Lehren versuchte er die Grundlage für ein neues China zu schaffen. In diesem sollte anstelle der bisherigen Klassengesellschaft eine neue kommunistische Gesellschaft entstehen. Mit der Gründung der Volksrepublik schien dieses Ziel in greifbare Nähe gerückt zu sein. Das große soziale Gefälle zwischen Stadt und Land gehörte bald ebenso der Vergangenheit an wie die Jahrhunderte lange Benachteiligung der Frauen. Äußerlicher Ausdruck für dieses Bestreben, eine wirklich kommunistische Gesellschaft zu errichten, war der gleiche, einfache blaue Anzug, den die Menschen trugen.

Die Realität in China hatte jedoch eine Kehrseite, und daher betrachten viele Chinesen Mao Zedong als einen Diktator. Eine wesentliche Grundlage seiner Ideen war der Klassenkampf. Dieser Klassenkampf, den Mao im Laufe seines Lebens in verschiedenen Kampagnen voranzutreiben versuchte, kostete Millionen Menschen das Leben: Großgrundbesitzer, bürgerliche Oppositionelle und Kritiker aus den eigenen Reihen wurden rücksichtslos verfolgt. Im Laufe der bedeutendsten Kampagne, der so genannten „Kulturrevolution", ließ er sich wie ein Halbgott verehren. Die in einem kleinen roten Buch millionenfach verbreiteten „Worte des Vorsitzenden Mao" wurden zur Grundlage allen Lebens und Handelns hochstilisiert. Das dadurch verursachte Chaos war jedoch bald unübersehbar: Die „Roten Garden" führten zunehmend ein Terrorregime, dem viele Menschen zum Opfer fielen. Öffentliches Leben und Wirtschaft waren dem Zusammenbruch nahe. Zugleich brach das Land fast alle Beziehungen zum Ausland ab. Mao Zedong rief daher schließlich die Rote Armee zur Hilfe, um die von ihm gerufenen Geister wieder einzufangen.

Maos Nachfolger haben sich nur wenige Jahre nach seinem Tod von seinen wesentlichen Gedanken entfernt. Unmittelbar nach seinem Tode verkündeten sie, dass die Kommunistische Partei in Zukunft ihren Schwerpunkt vom Klassenkampf auf die Modernisierung legen werde. Zugleich erteilten sie jeglichem Personenkult eine Absage. Schließlich leiteten sie eine Modernisierung der Landwirtschaft, bald auch der Industrie ein.

Die große Mehrheit der Bevölkerung stimmt mit diesen Zielvorstellungen von Maos Nachfolgern überein, verlangt aber zunehmend auch mehr politische Rechte, als sie die wie zu Maos Zeiten allein herrschende Kommunistische Partei zugestehen möchte.

Welche Teile der Lehre des „großen Vorsitzenden" sind daher heute und für die weitere Zukunft noch bedeutsam für die Menschen in China? In welcher Form setzen sie sich mit Mao Zedong auseinander? Es ist offen, welche Bedeutung Mao Zedong in Zukunft für die Chinesen besitzen wird, wenn sie sich an ihre Geschichte erinnern.

Arbeitsvorschläge

a) Erläutern Sie die unterschiedlichen Bewertungen Mao Zedongs.
b) Schreiben sie anhand von „Spiegel"- und „Stern"-Artikeln einen Zeitungsartikel über den Mao-„Kult" in westlichen Ländern in den 1960er-Jahren.

11

11.2 Der Kongo – ein Land ohne Hoffnung?

Ein König verliert seinen Degen – und seine Kolonie

Im Juni 1960 fuhr der belgische König Baudouin I. in einem offenen Wagen durch die Hauptstadt der wichtigsten Kolonie seines Landes – Belgisch-Kongo. Es war der Vorabend der Unabhängigkeit der Kolonie. Einem Einheimischen gelang es, die Sperren zu durchbrechen und dem König seinen Degen, das Symbol königlicher Macht, zu stehlen (s. M1). Voller Freude hielt er ihn als Zeichen des Endes einer jahrzehntealten Unterdrückung in die Luft; das Foto ging anschließend um die Welt. Wie kaum ein anderes dokumentierte es das Ende der Herrschaft von Europäern über Afrikaner. Am Tag darauf war Belgisch-Kongo ein unabhängiger Staat – doch wie würde die Zukunft aussehen?

Eine Kolonie für einen König

„Die Verträge", so heißt es in einem Schreiben des belgischen Königs Leopold II. aus dem Jahre 1882 an einen Vertrauten, „müssen so kurz wie möglich sein und durch ein paar Artikel müssen wir unbeschränkte Verfügungsgewalt erlangen." Jahrelang hatte der belgische König nach einer Möglichkeit gesucht, eine Kolonie in Afrika zu erwerben. Die Berichte von Reisenden und Journalisten, Kaufleuten, Missionaren und Abenteurern über ihre Reisen in das Innere Afrikas hatten ihn fasziniert. Wie viele Europäer glaubte König Leopold II., die Bevölkerung Afrikas „zivilisieren" zu müssen. In ihren Berichten hatten Reisende und Abenteurer grausame Sklavenjagden und heidnische Kulte geschildert, die ein Eingreifen Europas notwendig erscheinen ließen. 1876 berief er daher einen Kongress ein, um den Forderungen nach „Zivilisierung" Afrikas Nachdruck zu verleihen. Zugleich hatten die Berichte über Afrika den Eindruck erweckt, im Innern des Kontinents seien große Reichtümer vorhanden: Gold, Elfenbein und andere Rohstoffe. Anfang der 1880er-Jahre schien Leopold II. am Ziel zu sein. Ihm war es gelungen, einen der berühmtesten Afrikaforscher und Abenteurer, Henry Morton Stanley, für eine Expedition in den Kongo zu gewinnen. Als einer der ersten Europäer hatte Stanley dieses unbekannte Gebiet in der Mitte Afrikas auf seiner Suche nach dem britischen Missionar David Livingstone bereist. Seit 1879 stand er im Dienst des belgischen Königs. Mit großer Energie und unter Anwendung von Gewalt erfüllte er den Wunsch seines Auftraggebers. Als Gegenleistung für „ein Stück Zeug monatlich" und „ein Geschenk an Stoffen als Darangabe" überließen viele Häuptlinge „aus freien Stücken, für sich und ihre Erben und Nachkommen für alle Zeiten" der vom belgischen König gegründeten Handelsgesellschaft „die Souveränität und alle souveränen Herrscherrechte über ihre sämtlichen Gebiete". Zugleich versprachen sie, alle erforderlichen Arbeiten durch „Arbeitskräfte oder auf andere Weise" zu unterstützen. 1885 erkannten alle Mächte die vom belgischen König erworbenen Gebiete als dessen persönliches Eigentum an. Es war die erste und einzige private Kolonie eines europäischen Monarchen. Sollte er sein Versprechen, diese Gebiete der „Zivilisation" zu erschließen, halten?

Ausbeutung und Verbrechen im Namen des Königs

Als Leopold II. den Kongo endgültig in Besitz nahm, war dies der Beginn eines langen Leidenswegs für die einheimische Bevölkerung. Leopold unterstützte zwar die Missionare bei ihrer Tätigkeit und förderte auch den Kampf gegen den Sklavenhandel. Um den Kongo zu erschließen, verkaufte er zugleich Nutzungsrechte an private Gesellschaften. Diese zwangen die Einheimischen, Elfenbein bei ihren Agenten abzuliefern. Wegen seiner Kostbarkeit galt dieses als „weißes Gold". Elfenbein wurde jedoch bald von einem anderen Rohstoff abgelöst: Kautschuk. Zur Herstellung von Fahrrad- und Autoreifen, Dichtungen und zur Ummantelung von Kabeln wurden in Europa und Amerika seit den 1890er-Jahren immer größere Mengen an Kautschuk benötigt, um Gummi herstellen zu können. Die Urwälder am Kongo gehörten zu den wenigen Regionen der

Erde, in denen jene Pflanzen wuchsen, denen der zähflüssige Rohstoff abgezapft werden konnte. Die Industrien im Westen und selbst der „kleine Mann" hatten große Vorteile von der Erschließung dieser Rohstoffquellen. Auch der belgische König konnte seinen Reichtum aufgrund der großen Gewinnspannen um ein Vielfaches vermehren. Die Einheimischen im Kongo litten hingegen unter kaum vorstellbaren Grausamkeiten. Wenn sie nicht genügend Kautschuk bei den Sammelstellen ablieferten, wurden sie schrecklich misshandelt oder auch ermordet. Erst große internationale Proteste trugen dazu bei, dass die schlimmsten Formen der Ausbeutung und Sklavenarbeit abgeschafft wurden. 1909 übernahm schließlich der belgische Staat die Kolonie. Eine offizielle Kommission der Regierung stellte 1919 fest, dass die Zahl der Einwohner des Kongo unter der Herrschaft Leopolds II. von ca. 20 auf ca. 10 Millionen gesunken war. Verantwortlich dafür waren neben dem Terror gegenüber der Bevölkerung auch Hunger, Erschöpfung und Krankheiten.

Mit dem Ende der Herrschaft Leopolds II. wurde die Zwangsarbeit offiziell abgeschafft. Auch in anderen Bereichen wurden Reformen eingeleitet, die das Los der Einheimischen verbessern sollten. In der Praxis änderte sich für diese jedoch nur wenig. Vor allem die Bergbauunternehmen benötigten bald große Mengen an Arbeitskräften. Da nur wenige freiwillig bereit waren, in den Minen zu arbeiten, war auch hier bald Zwangsarbeit die Regel. Nur so konnten die großen belgischen Gesellschaften die unermesslichen Bodenschätze des Landes ausbeuten: Kupfer, Blei, Zink, Diamanten und schließlich Uran. Wirtschaftlich blühte der Kongo dadurch schnell auf. Während des Zweiten Weltkrieges gehörte dieses Gebiet zu den wichtigsten Rohstofflieferanten der Alliierten. Die einheimische Bevölkerung hatte dadurch nur wenige Vorteile. Die Kolonialherren regierten autoritär. Weiße und Schwarze lebten streng getrennt voneinander. Für eine Basiserziehung und medizinische Versorgung sorgte die Kolonialverwaltung. Auf Verwaltung und politische Entscheidungen hatte die einheimische Bevölkerung aber keinen Einfluss.

Neue Herren – doch die Ausbeutung bleibt

1 **Dieb des königlichen Degens**
„Diolenga, der Dieb des königlichen Degens": Am Vorabend der Unabhängigkeitserklärung stiehlt ein Passant dem belgischen König Baudouin den Degen – das Symbol königlicher Herrschaft.

Aus: John L. Brom, Mit schwarzem Blut geschrieben. Die Kongo-Tragödie, Droemersche Verlagsanstalt, München 1961, nach S. 64.

11

1960 – der Kongo wird unabhängig?

Das Streben nach Unabhängigkeit in vielen Kolonien Asiens und Afrikas erfasste Mitte der 1950er-Jahre auch den Kongo. Nach blutigen Unruhen, bei denen hunderte Menschen von den belgischen Kolonialtruppen erschossen wurden, gewährte Belgien seiner Kolonie im Sommer 1960 die Unabhängigkeit. Doch war das Land wirklich unabhängig? Die Autorität von Staatspräsident Joseph Kasavubu und Ministerpräsident Patrice Lumumba wurden von anderen einheimischen Politikern von Anfang an infrage gestellt. Auch waren die belgischen Offiziere, die weiterhin die einheimischen Truppen befehligten, keineswegs bereit, die gewandelten Verhältnisse anzuerkennen. Die reichen Bodenschätze des Landes befanden sich zudem weiterhin in der Hand belgischer Unternehmen. Darüber hinaus beobachteten die Vereinigten Staaten aufmerksam die Entwicklung im Kongo. Da Uran zum Bau von Atombomben notwendig war, wollten sie verhindern, dass der Kongo sich der Sowjetunion näherte. Im Kalten Krieg der Supermächte waren sichere Rohstoffquellen von strategisch großer Bedeutung.

Bürgerkrieg

Katanga

Innerhalb weniger Tage nach Gewährung der Unabhängigkeit brachen im Kongo Unruhen aus. Politiker miteinander verfeindeter Stämme bekämpften sich gegenseitig. Die ehemalige Kolonialmacht Belgien unterstützte die Abspaltung der reichen Provinz Katanga. Auch die Vereinigten Staaten griffen in diese Kämpfe ein. Die Vereinten Nationen entsandten ebenfalls Truppen, um die Kämpfe zu beenden. Ende 1960 wurde Ministerpräsident Lumumba verhaftet und später mit Unterstützung des amerikanischen Geheimdienstes ermordet. Die blutigen „Kongo-Wirren" zogen sich jedoch bis 1965 hin. Mit Unterstützung der Vereinigten Staaten ergriff der Generalstabschef der kongolesischen Armee, Mobutu Sese-Seko, die Macht. 1967 ernannte er sich selbst zum Präsidenten mit allen Vollmachten.

Die Ära Mobutu – Ein Präsident plündert sein Land

Die Übernahme des Präsidentenamts durch einen hohen Offizier wie hier im Kongo war kein Einzelfall in der Geschichte der in die Unabhängigkeit entlassenen ehemaligen afrikanischen Kolonien. Stammesrivalitäten und Misswirtschaft, unklare Grenzen und Eingriffe von außen zur Wahrung bisheriger Einflusssphären hatten in vielen ehemaligen Kolonien zu Konflikten geführt. Das Militär erschien daher häufig als die einzige verbliebene Ordnungsmacht. Hinzu kamen persönlicher Ehrgeiz, Machtstreben und der Wille, sich selbst zu bereichern. Präsident Mobutu verkörperte alle diese Eigenschaften. Zunächst beendete er die inneren Wirren mithilfe des Militärs. Zugleich versuchte er, aus den untereinander verfeindeten Stämmen eine Nation zu bilden und den Menschen eine neue, gemeinsame Identität zu geben. So legte er seinen belgischen Taufnamen Joseph-Desirée ab und nahm den afrikanischen Namen Sese-Seko an; aus dem Kongo – Staat und Fluss – wurde Zaire, und auch die belgischen Namen der großen Städte wurden afrikanisiert. Als Chef des Staates trug er nunmehr eine Leopardenmütze anstelle eines einfachen westlichen Anzugs mit Hut. Zugleich war er Chef der Einheitspartei MPR („Revolutionäre Volksbewegung"), in der alle

2 Lumumba-treue Freiheitskämpfer vor ihrer Hinrichtung, 1964.

Einwohner von Geburt an Pflichtmitglied waren. Alle anderen Parteien oder ethnischen Organisationen wurden aufgelöst. Ein wichtiges Ziel dieser Bewegung, zu den Ursprüngen zurückzukehren („Authentizitätsbewegung"), war auch die

11

3 „Colonie-Belge – 1885–1959": Der kongolesische Maler Tsushimba Kanda Matulu erinnert an die Kolonialzeit. Einem Historiker erläuterte er das Gemälde: „Die Kolonialzeit war eine Zeit der Knechtschaft. Sie [die Kolonialherren] warfen Menschen ins Gefängnis und schlugen sie mit Stöcken. [...] Es war, als wenn man eine Strafe bezahlen würde, wenn man etwas Unrechtes getan hatte." Der Maler war ein Kritiker Mobutus und ist seit den 1980er-Jahren „verschwunden".

Zairisierung der Wirtschaft 1973. Ausländische Firmen wurden enteignet, weiße Fachleute entlassen.

Wirklichen inneren Frieden konnte Mobutu mit seiner Politik nicht schaffen. Immer wieder kam es zu Aufständen, Umsturzversuchen und Abspaltungen von Provinzen. Allein das Interesse des Westens an den Bodenschätzen sicherte seine Macht. Um diese zu stützen, griffen belgische und französische Truppen mehrfach in die inneren Kämpfe ein. Damit sollten zugleich eine Ausdehnung des Marxismus und die Errichtung sowjetischer Stützpunkte in Afrika verhindert werden. Die Bürgerkriege in den ehemaligen portugiesischen Kolonien Angola und Mozambique galten als warnende Beispiele. Mit großem Geschick nutzte Mobutu die Interessen des Westens an seinem Land zu seinem eigenen persönlichen Vorteil. Wie ein Dieb plünderte er sein eigenes Land. Mitte der 1980er-Jahre wurde sein Privatvermögen auf vier Milliarden Dollar geschätzt. Die Masse der Bevölkerung verarmte zusehends; tausende starben aufgrund schlechter medizinischer Versorgung und Unterernährung. Die Infrastruktur des Landes zerfiel, Korruption und Misswirtschaft lähmten die Wirtschaft. Proteste gegen Mobutus Regierung blieben jedoch erfolglos.

Der Zusammenbruch des kommunistischen Herrschaftssystems und die Veränderungen in Europa zu Beginn der 1990er-Jahre wirkten sich auch auf Afrika aus. Die geostrategischen Interessen der einzigen verbliebenen Supermacht, den Vereinigten Staaten, änderten sich. Die Eindämmung des Marxismus war nach dessen offensichtlichem Versagen nicht mehr notwendig. Die westlichen Staaten entzogen Herrschern wie Mobutu daher ihre Unterstützung, zwangen sie zu Reformen. Mobutu erwies sich jedoch als unwillig und unfähig, diese einzuleiten. Ökonomische Probleme, gefährliche Seuchen und Naturkatastrophen sowie die Auswirkungen von Bürgerkriegen in Nachbarstaaten hatten zunehmend chaotischere Verhältnisse im Innern zur Folge. Eine von den Vereinigten Staaten gestützte Rebellenbewegung zwang Mobutu daher 1997, ins Exil zu gehen.

1997: Sturz Mobutus

11

4 Präsident Mobutu Sese-Seko lässt sich vor dem Staatsempfang die Schuhe putzen

Ein neuer Anfang?

Coltan/
Tantal

Eine der ersten Maßnahmen des neuen Präsidenten, des ehemaligen Führers der Rebellen, Laurent-Desiré Kabila, war die Umbenennung von Zaire in Kongo. Damit wollte er vor allem den Beginn einer neuen Ära kennzeichnen. Die mit der Übernahme der Macht durch Kabila verbundenen Hoffnungen erwiesen sich jedoch schnell als trügerisch. Die versprochenen politischen Reformen wurden nicht eingeleitet, rivalisierende Gruppen unter den ehemaligen Rebellen kämpften weiterhin gegeneinander. Zugleich versuchten die Nachbarstaaten Uganda und Ruanda, ihren Einfluss im reichen Osten des Landes zu wahren. Dabei ging es vor allem um Schürfrechte für wichtige Bodenschätze wie Gold, Kobalt, Kupfer, Diamanten und Coltan. Als Rohstoff für die Herstellung moderner Handys versprach dieses ebenso wie die anderen Erze und Steine ungeheure Gewinne. Die Menschen wurden daher weiter ausgebeutet. Nunmehr waren es jedoch die Führer von Rebellengruppen, die damit ihre Kriege finanzierten, oder ausländische Mächte, die ihre eigenen Ziele verfolgten. Tausende von Menschen befanden sich auch seit Jahren auf der Flucht vor den Kämpfen, die mit großer Brutalität geführt wurden. Anfang 2001 wurde Präsident Kabila das Opfer interner Kämpfe um die Macht; zum Nachfolger wurde sein Sohn Joseph ernannt. Auf internationalen Druck einigten sich die streitenden Parteien zugleich auf ein Ende der Kämpfe und einen Weg zu einer neuen inneren Ordnung. Ob Präsident Kabila das Versprechen einhalten wird, spätestens 2006 demokratische Wahlen abzuhalten und damit dem Kongo den Weg in eine neue Zukunft zu ebnen, einhalten wird, ist eine offene Frage.

11

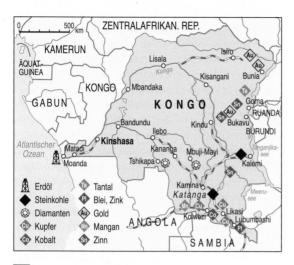

5 Kongo und seine Rohstoffe

Legende:
- Erdöl
- Steinkohle
- Diamanten
- Kupfer
- Kobalt
- Tantal
- Blei, Zink
- Gold
- Mangan
- Zinn

6 Die Ziele bei der Erforschung Afrikas beschrieb der belgische König Leopold II. auf einem europäischen Geografenkongress 1876:

Der Zivilisation den einzigen Teil unseres Planeten zu
5 erschließen, in den sie noch nicht vorgestoßen ist, die Dunkelheit zu durchdringen, die ganze Völkerschaften umhüllt, darf ich wohl als einen Kreuzzug bezeichnen, der diesem Zeitalter des Fortschritts wohl ansteht. [...] Belgien, ein zentral gelegenes und politisch neutrales Land,
10 schien mir ein passender Ort für eine solche Versammlung. [...] Muss ich eigens erwähnen, dass kein Eigennutz mich leitete, als ich Sie nach Brüssel einlud? Nein, meine Herren, Belgien mag ein kleines Land sein, aber es ist glücklich und zufrieden mit seinem Los; kein anderer
15 Ehrgeiz treibt mich, als meinem Land gut zu dienen.

Zit. nach: A. Hochschild, Schatten über dem Kongo. Die Geschichte eines fast vergessenen Menschheitsverbrechens, Rowohlt Reinbek 2000, S. 70.

7 Über das Eindringen Stanleys berichten einheimische mündliche Überlieferungen:

Der Häuptling der Fremden war in Tuch gehüllt, und sein Gesicht war weiß und leuchtete wie Sonnenlicht auf dem
5 Fluss. [...] Der fremde Häuptling hatte nur ein Auge. [...] Es befand sich mitten auf seiner Stirn [...] Als die Basoko in ihren Kriegskanus auf den Fluss hinausfuhren, um die Fremden zu bekämpfen und gefangen zu nehmen, brüllten sie: ‚Fleisch! Fleisch!', denn sie hatten vor, ihre
10 Körper zu essen, aber sie ließen sich nicht fangen und töteten viele der Basoko mit Stöcken, die Donner und Blitze spien. Sie sprachen Worte in einer fremden Zunge. Sie [...] trieben weiter den Fluss hinab und fuhren mit Hohngelächter an den starken Basoko vorbei.

Zit. nach: A. Hochschild, Schatten über dem Kongo. Die Geschichte eines fast vergessenen Menschheitsverbrechens, Rowohlt Reinbek 2000, S. 84 f.

8 Das Sammeln von Kautschuk aus der Sicht eines belgischen Offiziers:

Kommandant Verstraeten besuchte meine Station und beglückwünschte mich sehr freundlich. Er sagte, sein Bericht werde von der Quantität Kautschuk abhängen, die 5 ich beizuschaffen imstande sein werde. Meine Ausbeute wuchs von 360 Kilogramm im September auf 1500 im Oktober, und vom Januar an wird sie 4000 pro Monat betragen, wodurch ich einen monatlichen Zuschuss von 500 Franc zu meinem Gehalt verdiene. Bin ich nicht ein 10 glücklicher Mensch? Und wenn ich so weiter fortfahre, so werde ich innerhalb zweier Jahre einen Zuschuss von 12 000 Franc erreichen.

Zit. nach: Wolfgang Jünger: Kautschuk. Vom Gummibaum zur Retorte, Goldmann-Verlag, München/Wien 1952, S. 90.

9 Der Entdecker und Eroberer des Kongo,
Henry Morton Stanley, schrieb später: „Während wir voranrückten, saß ich am Bug des Schiffes, um den kleinen Verband anzuführen. Wäre ich ein Neger gewesen, hätte man mich längst getötet. Aber eine Neugier, die 5 mächtiger war als der Hass, ließ den zuckenden Arm innehalten, der eine Lanze nach mir werfen oder einen Pfeil abschießen wollte. Die Wilden blickten nur ganz gebannt auf einen stillen und gefassten Mann, der ihnen gerade so seltsam vorkommen musste wie irgendei- 10 ner der Geister, von denen ihre Väter stets erzählt hatten. Ein weißer Mann!"

Quelle: Jean de la Guérivière, Die Entdeckung Afrikas. Erforschung und Eroberung des schwarzen Kontinents, Knesebeck München 2004, S. 119.

10 **Zunehmende Entvölkerung ganzer Regionen.**

Bericht eines Reisenden im Jahre 1907:

Ich sagte zu dem alten Häuptling der größten Ortschaft, durch die midi mein Weg führte, dass seine Leute zahl-
5 reich zu sein schienen. ‚Ach‘, antwortete er, ‚meine Leute sind fast alle tot. Die Sie hier sehen, sind nur wenige von denen, die ich einst hatte. Die Anzeichen, dass die Ortschaft einst große Ausdehnung und Wichtigkeit be-sessen hatte, waren deutlich genug. Es kann nicht dem
10 geringsten Zweifel unterliegen, dass diese Entvölkerung direkt durch den Staat verschuldet worden ist. Wohin ich auch ging, hörte ich Erzählungen von Mordzügen der Soldaten. Sie müssen eine ungeheure Zahl der Einwohner erschossen oder zu Tode gemartet haben. Und die Hälfte
15 derjenigen, die der Büchse entgingen, fanden ihren Tod durch Wetter und Hunger. Mehr als einer meiner Träger konnte mir erzählen, wie seine Ortschaft überfallen wor-den und wie er knapp mit dem Leben davongekommen sei. Die Eingeborenen sind kein kriegerisches Volk, und
20 ich hörte von keinem einzigen Fall, in dem man auch nur den Versuch eines Widerstandes gemacht hätte. Das sind gerade die Art Leute, die den Staatssoldaten die größten Chancen bieten. Sie flüchten lieber, als dass sie kämpfen. Und schließlich haben sie auch keine anderen Waffen als
25 Bogen und Pfeil. Ich habe versucht, die wahrscheinliche Zahl der Überlebenden auszurechnen, mit denen ich in Berührung gekommen bin. Ich glaube, sie betrug höchs-tens fünftausend, aber noch vor einigen Jahren muss sie viermal so groß gewesen sein. Auf meiner Rückkehr
30 hatte ich den Wunsch, Mbelo zu besuchen, die Station des Leutnants M., wo derselbe so unsagbare Schandtaten

verübt hat. Meine Nachfragen ergaben, dass dort über-haupt keine Menschen mehr leben und dass die Wege dorthin ‚tot‘, das heißt überwachsen seien. Als ich auf
35 einen dieser Wege stieß, ergab sich deutlich genug, dass er seit langer Zeit nicht mehr gebraucht worden war. Und später konnte ich mich gleichfalls durch eigene Anschau-ung überzeugen, dass der Distrikt, in dem sich früher große Ortschaften befunden hatten, nun vollkommen menschenleer war. Mit Ausnahme weniger Leute waren
40 alle, die ich sah, zur Gummisteuer gezwungen. Diese Gummisteuer ist eine unerträgliche Last; den Grad der Unerträglichkeit hätte ich nicht für möglich gehalten, hätte ich ihn nicht durch eigene Anschauung kennen gelernt. Es ist schwer, mit ruhigem Blut darüber zu schrei-
45 ben. Die Steuer verlangt monatlich eine Arbeitsleistung von 20 bis 25 Tagen. Niemals ist in der Krondomäne das Gesetz zur Anwendung gekommen, das monatlich nur vierzig Stunden gezwungener Arbeit verlangt. Ein sol-ches Gesetz wird – wenigstens in den von mir besuchten
50 Gebieten – auch niemals aufkommen, denn wäre es in Kraft, so würde und könnte kein Kautschuk erzeugt wer-den, aus dem einfachen Grunde, weil in diesem Teil des Krongebietes überhaupt kein Kautschuk mehr wächst. Auf meinen Wegen traf ich andauernd zahlreiche Män-
55 ner, die auf die Suche nach Gummi gingen, und hörte mit Erstaunen, welche Entfernungen sie zurückzulegen hatten. Ihre Angaben schienen so unglaublich, dass ich denselben einigermaßen skeptisch gegenüberstand. Aber ich hörte die Geschichte so oft und an so vielen verschie-
60 denen Orten, dass ich sie zuletzt glauben musste. Bei meiner Rückkehr spürte ich der Sache nach und fand, dass die Erzählungen völlig auf Tatsachen beruhten. Ich habe eine sorgfältige Berechnung der Entfernung ange-stellt, welche diese Leute gehen müssen, und bemerkte,
65 dass sie im Durchschnitt nicht weniger als 300 Meilen hin und zurück zu bewältigen haben. Indessen nimmt der Marsch zum Walde und zurück nicht 20 bis 25 Tage in Anspruch; die 300 Meilen erledigen sie vielmehr in 10 oder 12 Tagen. Der Rest der Zeit wird zur Suche nach den
70 Reben und zum Abzapfen derselben verwandt. Ich begeg-nete einer Schar von Eingeborenen, die den gesammelten Kautschuk mit sich führte und sechs Nächte im Walde zugebracht hatte. Das war aber auch die geringste Zeit-dauer. Meistens mussten sie zehn, manchmal fünfzehn
75 Nächte im Walde ausharren. Zwei Tage, nachdem ich die Domäne verlassen hatte, traf ich einige Männer, die mit leeren Händen zurückkehrten, obgleich sie über acht Ta-ge auf der Suche gewesen waren. Ich konnte mir gar nicht denken, was diese armen Wichte anfangen würden, denn
80 wenn sie an dem bestimmten Termin unfähig waren, die gewöhnliche Quantität Kautschuk vorzuweisen, so harrte ihrer zumindest das Gefängnis.

Zit. nach: W. Jünger, Kautschuk. Vom Gummibaum zur Retorte. Goldmann-Verlag, München/Wien 1952, S. 95 f.

11 **König Leopold ernährt sich von Afrika.** Karika-tur von Th. Heine aus dem Simplicissimus von 1905

14 **Britische Missionare mit Männern, die abgeschnittene Hände zeigen.** Sie stammen von zwei Opfern der Miliz der Anglo-Belgien India Rubber Company namens Bolenge und Lingomo (1904).

12 **Ein deutscher Journalist beschreibt das Zusammenleben von Weiß und Schwarz im Kongo 1956:**
Am folgenden Tag machten wir in Coquilhatville halt, eine der ältesten belgischen Kongo-Niederlassungen
5 direkt am Äquator. Die Stadt gefiel uns, weil sie noch viele rotgetünchte Kolonialbauten aufwies. Die Europäerviertel waren von herrlichen Palmenalleen durchzogen. Die Belgier lebten hier oft in bescheidenen Berufen als Handwerker und Büroangestellte. Dank der scharfen Ab-
10 sonderung des Eingeborenenviertels ist aber der soziale Abstand zu den Schwarzen strikt gewahrt. Im Kino von Coquilhatville sah ich mir einen schlechten Wildwestfilm an. Das Publikum setzte sich ausschließlich aus Weißen zusammen. In der Wochenschau wurde eine Sitzung
15 des belgischen Kolonialrates in Brüssel gezeigt, und die Kamera verweilte einige Sekunden auf einem Schwarzen in elegantem Anzug, irgendeinem Stammeshäuptling vom Kongo, der – wohlweislich nur als Zuhörer – an dieser Beratung teilnahm. Als das Bild des Kongolesen die
20 Leinwand füllte, erhob sich unter den weißen Zuschauern ein Sturm des Protestes. Sogar die kleinen Jungen in Badehosen pfiffen auf den Fingern.

Zit. nach: Peter Scholl-Latour, Afrikanische Totenklage. Der Ausverkauf des Schwarzen Kontinents, C. Bertelsmann, 2. Aufl. München 2001, S. 22 f.

13 **Ein belgischer Kolonialbeamter beschreibt den gesellschaftlichen und politischen Wandel im Kongo, 1956:**
Die ,petits blancs', wie wir sie nennen, die Vorarbeiter und unteren Kommis, fühlen als erste, dass sich etwas geän-
5 dert hat in unserer Kolonialpolitik. Jedes Zugeständnis an die Schwarzen empfinden sie als eine Zurücksetzung. Sie können sich nicht vorstellen, auf welche Schwierigkeiten wir Beamten oft stoßen, wenn wir die kleinen Kolonisten zwingen müssen, unsere Sozialgesetzgebung gegenüber

ihren eingeborenen Arbeitern einzuhalten. Heute ist die 10 Prügelstrafe abgeschafft, und wer einen Schwarzen schlägt, muss 1 000 Belgische Franken zahlen. Neuerdings haben die Kongolesen sogar das Recht, in die weißen Gaststätten zu kommen, wenn sie das auch kaum ausnutzen. Der Alkoholausschank im Eingeborenenviertel ist ebenfalls 15 freigegeben, und wenn Sie in den Verkehrsmitteln noch immer eine säuberliche Trennung zwischen Schwarz und Weiß finden, so ist doch die Colour-Bar im Abbröckeln.

Zit. nach: P. Scholl-Latour, Afrikanische Totenklage. Der Ausverkauf des Schwarzen Kontinents. C. Bertelsmann, 2. Aufl. München 2001, S. 22 f.

15 **Genau dreißig Jahre später schrieb ein anderer berühmter Zeitgenosse, der schottische Schriftsteller Sir Arthur Conan Doyle, ebenfalls über den Kongo:**
Wenn die Geschichte jemals nachforschen wird, wie es möglich war, dass ein winziger Staat so unmenschliche 5 Verbrechen ungestraft verüben konnte, so wird die Antwort sein: man hat eine Religion gegen die andere ausgespielt, ein Land gegen das andere, Katholiken gegen Protestanten, Deutsche gegen Engländer – hat alle gegeneinander gehetzt, damit ein kleiner Kreis reicher, gewissen- 10 loser Gummihändler den Vorteil daraus ziehen konnte.

Zit. nach: Arthur Conan Doyle, Das Congoverbrechen, Syndikat-Verlag Frankfurt a. M. 1985 (Erstausgabe 1909), S. 2.

16 **Ein weisser Fleck verschwindet, schrieb ein deutscher Reisender 1958:**
Die belgische Kolonialregierung hat große Erfolge aufzuweisen, zumal sie immer von wirtschaftlichen und humanitären Gesichtspunkten ausgegangen ist und nie- 5 mals machtpolitischen Erwägungen Raum geben musste. Das gilt schon für die ersten Anfänge der Entwicklung, die ein Unikum in der Kolonialgeschichte darstellen.

11

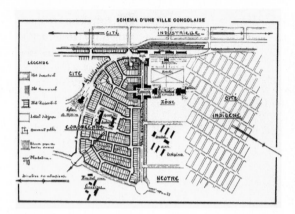

17 Plan einer neuen Industriesiedlung.
Strikt getrennt, das europäische Viertel (links) und die
„Eingeborenenstadt" (rechts).

18 Mustersiedlung im Kongo

In den siebziger Jahren des vergangenen Jahrhunderts
10 hatten die tollkühnen Afrikadurchquerungen von David
Livingstone, einem schottischen protestantischen Missionar, und von Henry Morton Stanley, dem Reporter
der amerikanischen »New York Herald«, der als James
Rowland in England geboren war, aber schon als Knabe
15 nach den USA ausgewandert und dort von einem Gemü-
sehändler, der einen Gehilfen suchte, adoptiert worden
war, die Aufmerksamkeit der Welt-Öffentlichkeit auf das
Kongobecken, bisher ein geheimnisvoller weißer Fleck
auf den Landkarten, gelenkt. Damals ergriff der scharf-
20 äugige König Leopold II. von Belgien die Initiative. Seitdem Stanley die unerhörte Aufgabe gemeistert hatte, den
verschollenen Missionar Livingstone in diesem riesigen
Raum aufzufinden […] hatte sich auch die Jugend der
Welt für das große Abenteuer begeistert, sodass der bel-
25 gische König eine günstig beeinflusste Weltmeinung für
seine Pläne vorfand. […]
Diese Rückschau aus der Hitze von Leopoldville in die
Kühle der Geschichte war notwendig, um den Charakter
der belgischen Kolonialpolitik aus ihrem Werden zu verste-
30 hen. Viele der humanitären Aufgaben sind in die rührigen
Hände der Missionsstationen gelegt. Es gibt naturgemäß
keine Kolonie, in der die weißen Kolonisten von ihrer Verwaltung begeistert sind, denn ihre vornehmste Aufgabe ist
doch die Fürsorge und die Förderung der Eingeborenen,
35 manches Mal im Konflikt mit den materiellen Interessen
der Weißen. Es sind ja auch nicht die Idealisten, die sich
in die Kolonien drängen, sondern eher die Abenteurer der
Wirtschaft. Aber die belgische Verwaltung hat sich den
Ruf verscharrt, dass kein Teil von Afrika besser betreut ist,
40 und niemand, der gerecht denkt, wird einen Mangel an
gutem Willen feststellen können. Ich möchte nur zwei
Fakten anführen: In der Kongo-Kolonie arbeiten 26 000
Schulen der Missionsstationen und der Regierung. Höhere
Schulen für intelligente Schwarze werden folgen, soweit es

gelingt, geeignete Lehrkräfte heranzubilden. Zwei afrika- 45
nische Universitäten, vornehmlich für die Eingeborenen,
sind im Aufbau.
Wir haben alle viel über die Moskitoplage in den Tropen
gelesen oder gehört. Leopoldville ist trotz des Kongos mit
seinen sumpfigen Ufern und zahllosen Inseln praktisch 50
moskitofrei, und nur überängstliche Gemüter werden sich
nachts den Moskitoschleier über den Kopf ziehen. Es gibt
sogar am Ufer des Kongo etwas außerhalb der Stadt einen
ganz netten Nachtklub von ungetrübter Bravheit, in dem
die Damen in ausgeschnittenen Kleidern mit Herren tan- 55
zen, die Krawatten aus Hochachtung vor den Damen tragen. […] Nicht ein Moskito stört das Idyll. Für afrikanische
Verhältnisse ist das ein Triumph der Sanierung und ein Beweis für die Wirksamkeit der vernichtenden Sprühnebel,
die von tieffliegenden Flugzeugen abgeblasen werden. 60

Zit. nach: Sven von Müller, Kongo zwischen Gestern und Morgen. Hoffmann
und Campe Verlag Hamburg 1958, S. 2730.

19 Einen „Aufruf an die Kongolesen" verfassen Freiheitskämpfer Ende 1959:
Kongolesen!
Ihr alle, ohne Unterschied der Stammeszugehörigkeit, ohne Unterschied von arm und reich, ohne Unterschied des 5
Bildungsgrades, wisset, dass das beginnende Jahr 1960 für
unser großes Land und für alle Kongolesen die Freiheit
bringen wird! Diese Freiheit wird uns nicht geschenkt.
Wir müssen dafür, dass sie Wirklichkeit wird, alles einsetzen: Unsere Arbeit, unseren Besitz, unser Leben. 10
Patrice Lumumba vom Stamme der Batetela soll uns allen
ein leuchtendes Beispiel für diesen Freiheitskampf sein.
Er wird als größter Führer des kongolesischen Volkes in
die Geschichte eingehen.
Weil es unser Wille ist, dass alle Kongolesen das Jahr 1960 15
geschlossen mit dem Kampf für die Freiheit beginnen,
stellen wir für euch die folgenden zehn Gebote auf:

11

1. Kein Kongolese darf je vergessen, dass die Weißen unsere Feinde sind, und jeder Kongolese muss wissen, dass
20 diese Weißen nichts unversucht lassen werden, ihre Herrschaft über uns zu behalten.

2. Niemals dürfen wir vor unseren Feinden, den Weißen, unser wahres Gesicht zeigen, weil sie die Macht haben, unsere Pläne zu vereiteln. Jede List ist erlaubt, wenn es
25 gilt, den Einfluß der Weißen auf solche Kongolesen zu unterbinden, die noch auf ihrer Seite stehen.

3. Kein Kongolese darf Angst vor den Aufgaben zeigen, die ihn im Dienst für die Freiheit erwarten; er muss bereit sein, diese Aufgaben durchzuführen, auch wenn er dafür
30 von unseren Feinden mit dem Verlust seiner Arbeitsstelle, mit Haft oder körperlicher Züchtigung bestraft werden sollte.

4. Er darf keine Angst vor Geldverlusten für die Befreiung Lumumbas und des ganzen Landes haben, weil nach der
35 Befreiung genügend Geld für alle zur Verfügung stehen wird.

5. Alle Kongolesen, die im Dienst der Feinde stehen, sind verpflichtet, jegliche Aktionen der Weißen zu melden, die eventuell zum Scheitern unserer Befreiung führen
40 könnten. Wer solches Wissen verschweigt, macht sich der Zusammenarbeit mit dem Feind schuldig und wird entsprechend bestraft.

6. Alle Kongolesen, gleich welches Stammes und welcher Religion, müssen unseren Befreier Patrice Lumumba, den
45 größten Volkshelden des Kongo, achten und Vertrauen zu ihm haben.

7. Jeder Kongolese soll Opferbereitschaft zeigen und Lumumbas Kampf mit Geld und auf andere Weise bis zum endgültigen Sieg unterstützen.

50 8. Kongolesen, die finanzielle oder andere Hilfeleistungen ablehnen, werden als Verräter gebrandmarkt und nach Erlangung unserer Freiheit genauso vor ein Gericht

gestellt wie diejenigen, die im Dienste der Weißen stehen und uns die notwendigen Informationen verweigern.

9. Alle, die versuchen, sich den Verpflichtungen zu ent- 55 ziehen, die ihnen der Kampf um die Freiheit auferlegt, müssen rechtzeitig entlarvt und für eine Zusammenarbeit gewonnen werden. Sollten sie nicht gewillt sein, zu begreifen, um was es geht, und zu gehorchen, muss Vorsorge getroffen werden, dass sie keinen Verrat üben können. 60

10. Kongolesen, die den Weißen einzelne Personen oder ganze Widerstandsorganisationen verraten, werden als Volksverräter mit den höchsten Strafen belegt.

Zit. nach: John L. Brom: Mit schwarzem Blut geschrieben. Die Kongo-Tragödie, Droemersche Verlagsanstalt, München/Zürich 1961, S. 33 f.

20 **Patrice Lumumba, ein führender kongolesischer Politiker, über Ziele und Schwierigkeiten eines unabhängigen Kongo im Sommer 1960:**

Jedes Land muss sich einmal entwickeln. Die Tatsache, dass man bei uns im Innern des Landes noch viele Leute 5 antrifft, die ungebildet sind, ist nicht sehr tragisch. Es ist sogar gut so. Eine Bewegung zur Befreiung eines Landes – denken Sie an die europäische Geschichte! – ist stets Sache einer Minorität, die ein Volk führt und seine politische Erziehung besorgt. [...] Wir haben die Unabhängigkeit für 10 unser Land erreicht. Nun stehen wir vor der Schwierigkeit, dass wir nicht genug ausgebildete Leute haben. Wir werden deshalb unsere Anstrengungen verdoppeln, um solche Kräfte heranzubilden. Wir werden zahllose Kongolesen nach Belgien, Deutschland, Frankreich und in 15 die unabhängigen afrikanischen Länder schicken, damit sie dort eine beschleunigte Ausbildung erhalten. Ich bin überzeugt, dass wir in fünf Jahren für alle Plätze die Leute haben, die wir brauchen. [...] Wir wollen im Kongo eine Form der Demokratie finden, in der die afrikanische und 20 die westliche Zivilisation gemeinsam enthalten sind; also

21 „Büropersonal von morgen in der Mittelschule", so ein Reisender 1958. Als die Belgier 1960 den Kongo verließen, gab es keine 30 Afrikaner mit Hochschulabschluss; von 5 000 leitenden Angestellten im öffentlichen Dienst waren nur 3 Afrikaner.

Zit. nach: Sven von Müller, Kongo. Zwischen Gestern und Morgen. Hoffmann und Campe, Hamburg 1958, S. 48 f.

11

eine Art Amalgam. Wir entnehmen der westlichen Zivilisation, was uns gut und schön erscheint, und wir weisen
zurück, was nicht zu uns passt. [...] Wir wünschen keine
25 typisch westliche Ideologie. Wir haben unsere eigene Philosophie. Wir haben eine typisch afrikanische Moral. [...]
Wir haben unsere Art zu leben, unsere Art zu denken. Unsere Prinzipien der Logik sind nicht notwendig die Ihren.
Wir schätzen die westliche Zivilisation, aber sie hat auch
30 eine Seite, die wir als fremd empfinden und die nicht zu
uns passt. Auch unsere alte afrikanische Zivilisation enthält
Gutes, das wir pflegen wollen. Wir wollen aus den beiden
Zweigen eine neue Zivilisation bilden, die den Bedingungen des Kongo-Staates entspricht. Durchaus. Mein Ziel sind
35 die Vereinigten Staaten von Afrika. Wir gehören der afrikanischen Gesellschaft an, und wir wollen das Schwarze
Afrika zur Unabhängigkeit führen. Auf der Basis der Gleichberechtigung wird Afrika Verträge abschließen und mit
Europa und allen Nationen der Welt Handel treiben.
40 [...] Unsere Unabhängigkeit muss total sein. Wir werden
jedoch mit Belgien und mit jeder anderen Nation Verträge über wirtschaftliche, wissenschaftliche und technische
Zusammenarbeit schließen. Das ist unser Plan. Aber wir
sind keineswegs damit einverstanden, dass der Kongo
45 einer politischen Gemeinschaft als ein zweitrangiger Staat
angehören soll. [...] Wir wünschen keine Ratgeber, die nur
dazu da sind, unsere Politik zu beeinflussen. Wir brauchen
zweifellos Techniker und Experten für unsere Wirtschaft
und für unsere Gesetzgebung. Wir brauchen die Hilfe
50 europäischer Fachleute. [...] Wir werden an alle Mächte
appellieren, die guten Willens sind. Aber wir werden kein
Geld annehmen, wenn dahinter die Idee steht: Ich helfe
der Kongo-Regierung nur, um sie politisch und wirtschaftlich zu beherrschen. So etwas wollen wir nicht. Es hat kei-
55 nen Sinn, die Unabhängigkeit zu verlangen, um morgen
unter eine andere Herrschaft zu geraten.

Aus: DER SPIEGEL Nr. 26 (1960), S. 36f.

23 **Der belgische König Baudouin und der zukünftige
Ministerpräsident des Kongo, Patrice Lumumba, blicken
in ihren Reden anlässlich der Unabhängigkeitsfeiern
am 30. Juni 1960 auf die Kolonialzeit zurück.**

a) König Baudouin erklärte: 5
Die Unabhängigkeit des Kongo ist die Krönung des Werkes, das dank dem Genie des Königs Leopold II. mit Mut
begonnen und mit Ausdauer von den Belgiern weitergeführt wurde. [...] Als Leopold II. dieses Unternehmen,
das heute beendet ist, begann, kam er nicht als Eroberer, 10
sondern als Kulturträger. [...] Von diesem Augenblick
an sind Belgien und der Kongo zwei gleichberechtigte,
souveräne Staaten. Sie sind jedoch freundschaftlich miteinander verbunden und entschlossen, sich gegenseitig
zu helfen. [...] Machen Sie keine voreiligen Reformen 15
und ersetzen Sie die belgischen Institutionen nicht, solange Sie nicht sicher sind, es besser zu machen. Meine
Herren, die ganze Welt schaut Ihnen zu. [...] Es liegt jetzt
an Ihnen, meine Herren, zu beweisen, dass wir Recht
hatten, Ihnen unser Vertrauen zu schenken. [...] Gott 20
schütze den Kongo.

Aus: Historische Teksten. http://users.skynet.be/historia/boudewijn.html.

b) Patrice Lumumba antwortete darauf spontan:
Unsere Wunden sind noch zu frisch, als dass wir sie aus
unserem Gedächtnis vertreiben könnten. Wir mussten
bis zur Erschöpfung arbeiten, für einen Lohn, mit dem
wir uns weder satt essen, noch uns anständig anziehen 5
oder wohnen konnten, noch unsere Kinder so erziehen,
wie es die Elternliebe geboten hätte. Man hat uns verspot-
tet, beleidigt, geschlagen, morgens, mittags und abends,
nur weil wir ‚Neger' waren. Wer könnte vergessen, dass
man einen Schwarzen duzte, nicht weil man sein Freund 10
war, sondern weil das respektvolle ‚Sie' den Weißen vorbehalten war.
Wir haben erlebt, dass unser Grundbesitz enteignet wurde, im Namen von Gesetzen, die unter dem Deckmantel
der Legalität doch nur das Recht des Stärkeren anerkann- 15
ten. Wir haben in den Städten die Prunkbauten der Weißen gesehen und die strohgedeckten Bruchbuden der
Schwarzen. Den Schwarzen war der Zutritt verboten in
Kinos, Restaurants und Geschäften; die Schwarzen reis-
ten im untersten Rumpf der Frachtkähne, über ihnen die 20
Weißen in ihren Luxuskabinen [...].

Zit. nach: Die Demokratische Republik Kongo seit 1960: Fluch des Reichtums, in: G/Geschichte 11 (2003), S. 7.

22 **Die Provinz Katanga mit ihren reichen Erz-
und Diamantenvorkommen** war im 20. Jahrhundert
Hauptsiedlungsgebiet belgischer Einwanderer und Objekt der Ausbeutung durch belgische Konzerne.

11

24 **Kinshasa**, Hauptstadt der Demokratischen Republik Kongo in Westafrika

25 **Slum in Kinshasa:** Sprunghaftes Bevölkerungswachstum und Flucht vom Land in die Städte gehören mit zu den größten Problemen Afrikas. Millionen Menschen leben daher in Slums wie diesem.

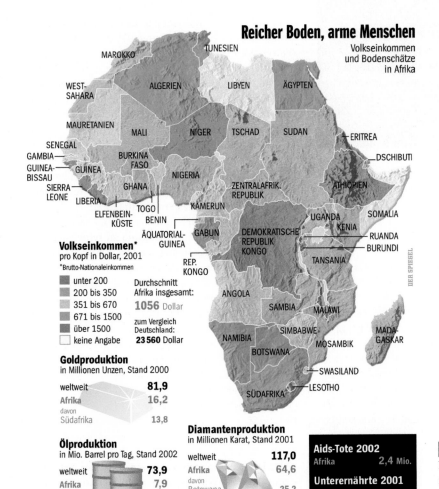

Reicher Boden, arme Menschen

Volkseinkommen
und Bodenschätze
in Afrika

MAROKKO · TUNESIEN · WEST-SAHARA · ALGERIEN · LIBYEN · ÄGYPTEN · MAURETANIEN · MALI · NIGER · TSCHAD · SUDAN · ERITREA · SENEGAL · GAMBIA · GUINEA-BISSAU · GUINEA · BURKINA FASO · DSCHIBUTI · SIERRA LEONE · LIBERIA · GHANA · NIGERIA · ZENTRALAFRIK. REPUBLIK · ÄTHIOPIEN · ELFENBEIN-KÜSTE · TOGO · BENIN · KAMERUN · UGANDA · SOMALIA · ÄQUATORIAL-GUINEA · GABUN · DEMOKRATISCHE REPUBLIK KONGO · KENIA · RUANDA · BURUNDI · REP. KONGO · TANSANIA · ANGOLA · SAMBIA · MALAWI · NAMIBIA · SIMBABWE · MADAGASKAR · BOTSWANA · MOSAMBIK · SWASILAND · LESOTHO · SÜDAFRIKA

DER SPIEGEL

Volkseinkommen*
pro Kopf in Dollar, 2001
*Brutto-Nationaleinkommen

- unter 200
- 200 bis 350
- 351 bis 670
- 671 bis 1500
- über 1500
- keine Angabe

Durchschnitt
Afrika insgesamt:
1056 Dollar

zum Vergleich
Deutschland:
23 560 Dollar

Goldproduktion
in Millionen Unzen, Stand 2000

weltweit	**81,9**
Afrika	16,2
davon Südafrika	13,8

Ölproduktion
in Mio. Barrel pro Tag, Stand 2002

weltweit	**73,9**
Afrika	7,9
davon Nigeria	2,0

Diamantenproduktion
in Millionen Karat, Stand 2001

weltweit	**117,0**
Afrika	64,6
davon Botswana	25,2
Kongo	18,2
Südafrika	11,8

Aids-Tote 2002
Afrika **2,4** Mio.

Unterernährte 2001
Afrika
(Subsahara) **186** Mio.

26 **Reicher Boden, arme Menschen:** Obwohl Afrika reich an Bodenschätzen ist, gehören die Menschen zu den ärmsten der Welt.

11

27 Präsident Mobutu Sese-Seko konnte seine Macht im Schatten des Kalten Krieges sichern und faktisch als Monarch regieren.

28 Die katholischen Bischöfe in Zaire protestieren 1978 gegen die Zustände im Innern in einem offenen Brief:

Wir, die wir aktiv an den verschiedenen Bereichen des
5 nationalen Lebens teilnehmen, erleben ohnmächtig die stetige Verschlechterung der Situation.
Unter anderem seien hervorgehoben: Verantwortungslosigkeit und Gewissenlosigkeit; Korruption, Ungerechtigkeit in allen ihren Erscheinungsformen, öffentliche
10 Sittenlosigkeit, Mangel an Lebensmitteln und pharmazeutischen Produkten, Jugendkriminalität, Zunahme der Gewalttätigkeit. [...]
Die traurige Stimmung in unserem Volke, seine Ängste und seine Leiden, müssen in unseren Herzen als Seelsor-
15 ger ein Echo finden.
Wir müssen weinen mit denen, die weinen, und klagen mit denen, die klagen. In den Augen der Welt und vor

allem unseres Volkes würde uns Schweigen zum Komplizen des Verfalls und der Not machen, die manchen bereits geeignet erscheint, unser Land in die Apokalypse 20 zu führen.
Die zairische Krankheit gibt es tatsächlich und heute mehr denn je, in unterschiedlichen Erscheinungsformen.
Die zairische Krankheit enthüllt eine tiefgreifende Krise: die Unwirksamkeit des Regierungs- und Führungssystems. 25
Die Institutionen unseres Landes sind nicht mehr in der Lage, ihr erste Aufgabe wirksam zu erfüllen: die Rechte von Personen und an Gütern zu garantieren, die Ordnung in der Gesellschaft zu gewährleisten und das allgemeine Wohl zu sichern. Der Einzelne kann nur noch zur aktiven Korrupti- 30 on Zuflucht nehmen, um seine Rechte zu verteidigen.
Können wir denn wirklich im Allgemeinen sagen, dass die selbstkritischen Analysen, die die Verantwortlichen unseres Landes gemacht haben, und die fortgesetzten Reformmaßnahmen, die von ihnen angepriesen wurden, 35 die Krankheit eingedämmt hätten?
Können wir denn im Einzelnen behaupten, dass die Armee und die Polizei wirklich ihre Aufgaben erfüllen?
Eine der Hauptursache für die Lähmung der nationalen Institutionen und Strukturen des Staates liegt in der 40 schlechten Anwendung des Prinzips einer einheitlichen Führung. [...]
Unsere Gesellschaft hat den Sinn für die Menschen und das allgemeine Wohl verloren, den Sinn für Gerechtigkeit und ehrliche Arbeit, den Sinn für Freiheit und die Einhal- 45 tung des gegebenen Wortes.

Zit. nach: DER SPIEGEL 40/1978, S. 206 f.

29 Die Haltung westlicher Großmächte gegenüber Zaire und dessen Präsident Mobutu beschreibt eine englische Afrika-Korrespondentin (2000):

Für die Amerikaner verebbte der Afro-Optimismus der sechziger Jahre ziemlich rasch, und an seine Stelle trat 5 die nüchterne Einschätzung, dass sie Zaire vor allem als Alliierten im Kampf gegen den expansiven Sowjetkommunismus benötigten. Noch bevor Mobutu Staatsoberhaupt wurde, hatte John F. Kennedy ihm durch eine Einladung ins Weiße Haus seine Wichtigkeit bestätigt. 10
Und jeder amerikanische Präsident der siebziger und achtziger Jahre wiederholte diese Willkommensgeste.
Die USA, die von Militärbasen in Zaire Angolas Rebellen mit Waffen versorgten, hielten bis 1990 um jeden Preis an dem Musterverbündeten fest. Frankreich leiteten an- 15 dere, aber nicht weniger zwingende Motive. Trotz seiner historischen Verbindungen zu Belgien war Zaire inzwischen ein wesentlicher Bestandteil dessen geworden, was in Paris der ‚chasse gardee' genannt wird – jenes ‚private Jagdgelände' von verbündeten afrikanischen Nationen, 20 dessen Existenz dem zweitrangigen Frankreich immer noch eine Rolle als Großmacht zu spielen erlaubt. Zaire gehörte zu dem Bollwerk französisch sprechender Län-

der, das sich dem wachsenden anglophonen Einfluss
25 entgegenstemmte. Französische Geschäftsleute waren
sich sicher, besser als die plumpen Anglosachsen die
afrikanische Psyche zu verstehen, und hofften auf gute
Geschäfte in dem reichen Land. In den Schulen und
Medien wurden die französische Sprache und Kultur
30 propagiert. Als Gegenleistung versicherte Paris, so wie es
das mit all seinen befreundeten Diktatoren in Afrika tat,
Mobutu seines unablässigen Beistands. Belgien war vor
allem an der Aufrechterhaltung eines Brückenkopfes
interessiert, um nicht jeden Einfluss in Zentralafrika zu
35 verlieren. Immerhin wohnten in der früheren Kolonie
noch einige tausend Belgier. Deren Sicherheit war allerdings weniger wichtig als das nationale Prestige: trotz
der Narben der Vergangenheit wollte diese kleine, nicht
allzu beeindruckende europäische Nation die Erinne-
40 rung an größere Zeiten aufrechterhalten, um weiterhin
als politische Größe anerkannt zu werden.
Allen drei Nationen ging es natürlich auch um den gesicherten Zugang zu Zaires Bodenschätzen. Besonders die
USA brauchten das Kobalt für ihre Jagdbomber. Und alle
45 drei rechneten damit, fette Verträge an Land zu ziehen,
als Mobutu die Ära seiner gigantomanischen Projekte ein-
läutete. Doch vorrangig war die geopolitische Strategie
des Kalten Krieges. ‚Apres moi le deluge' (Nach mir die
Sintflut), hatte Mobutu den Westen stets gewarnt, und die
50 schrecklichen Erfahrungen der sechziger Jahre im Hinter-
kopf, glaubten alle ihm aufs Wort. ‚Die Furcht vor einer
Zersplitterung des Landes ließ Mobutu als den einzigen
Garanten der Stabilität erscheinen; jeder hielt ihn für einen unentbehrlichen Mann', bestätigte ein US-Beamter.

Zit. nach: M. Wrong, Auf den Spuren von Mr. Kurtz. Mobutus Aufstieg und
Kongos Fall. Edition Tiamat Berlin 2002, S. 201 f.

30 **Goldmine im Kongo:** Rohstoffe wie Gold werden
häufig noch in traditioneller Weise oder „wild" abge-
baut, um die Menschen zu ernähren oder die Kriege
selbst ernannter Kriegsherren zu finanzieren.

Zit. nach: DER SPIEGEL 29/2003, S. 98.

31 „Kongo wartet regelrecht auf die Soldaten", meinte
die Staatsministerin im Auswärtigen Amt 2003
Es hat mehrere hundert Tote gegeben. Etwa 12 000 Flüchtlinge halten sich in Camps am Flughafen und in der Stadt
auf. Viele, mindestens 50 000, sind aber auch in den Ur- 5
wald und in Nachbarregionen geflüchtet. Die internationale Gemeinschaft muss sofort helfen, damit die Gewalt
gestoppt wird und die Zivilisten geschützt werden können.
Die Eingreiftruppe braucht ein robustes Mandat. Die Menschen warten am Flughafen regelrecht auf ihre Ankunft. 10
Die UN-Soldaten, die jetzt mit einem Mandat präsent sind,
das ihnen nicht viel mehr als Selbstverteidigung erlaubt,
können kaum noch sich, geschweige denn die Menschen
schützen. Sie haben es oft mit Kindersoldaten zu tun, die
unter Drogen gesetzt wurden und unberechenbar sind. 15
Zwei UN-Soldaten sind schon ermordet worden.
In Ituri [Osto-Kongo] hat sie [die kongolesische Regierung]
keinen Einfluss. Man muss sehen, dass der dortige Konflikt nur die Spitze des Eisbergs ist. Der Kongo-Krieg hat
seit 1996 schon etwa drei Millionen Menschen das Leben 20
gekostet. Deshalb muss es eine politische Lösung für das
ganze Land geben. Dabei geht es zunächst darum, dass die
neue Übergangsregierung, an der alle Konfliktparteien beteiligt sein sollen, ins Amt kommt. Leider gestaltet sich das
schwierig, weil einzelne Gruppen noch um ihren Teil der 25
Macht ringen. Das ist auch ein Grund für den Konflikt in
Ituri. Das ist nicht nur ein ethnischer Konflikt. Die Nachbarn Uganda und Ruanda stehen im Verdacht, einheimische Stämme für einen Stellvertreterkrieg zu instrumenta-
lisieren, bei dem es um Einfluss und Rohstoffe geht. 30
[…] Ethnische Fragen spielen eine Rolle. Sie erhalten aber
erst ihre Brisanz, indem sie politisch instrumentalisiert werden. Der aktuelle Konflikt zwischen Hema und Lendu ist
vor allem deshalb so dramatisch, weil die Nachbarn Ruanda und Uganda mit den kämpfenden Milizen verbündet 35
sind und so im Verdacht stehen, einen Stellvertreterkrieg
um die Ausbeutung von Rohstoffen im Osten des Kongo
auszutragen. Schon diese regionale Verflechtung zeigt, dass
nur eine politische Gesamtlösung für die Region Erfolg
verspricht. In Kinshasa, der Hauptstadt Kongos, muss zü- 40
gig eine Übergangsregierung unter Beteiligung aller vier
Konfliktparteien gebildet werden. Das habe ich gegenüber
allen Gesprächspartnern deutlich gemacht. Vergangenes
Jahr in Pretoria wurde genau dies beschlossen, aber diese
Lösung wird nun blockiert. Die gegenwärtige Regierung in 45
Kinshasa hat keine Kontrolle über die Kriegsherren.
[…] Das Ziel der neu gegründeten Afrikanischen Union
ist […]: den Kontinent künftig in die Lage zu versetzen,
seine Konflikte selbst zu schlichten. Südafrikas Präsident
Mbeki spielt beispielsweise eine sehr wichtige Vermittler- 50
rolle. Schon jetzt ist Afrika also sehr bemüht. Aber uns
muss klar sein: Bis die Union fähig ist, Konflikte selbst zu
lösen, wird es allerdings noch etwas dauern.

Zit. nach: AG Friedensforschung Universität Kassel, P. Strutynski.

11

32 Kindersoldat im Kongo:

Auch werden Kinder von verfeindeten Stämmen als Kämpfer eingesetzt. Ein Kindersoldat berichtete später:

Sie [die Kriegsherren] haben Jungs, die etwas älter waren,
5 mitgenommen. [...] Die Mädchen haben sie vor unseren
Augen vergewaltigt und einfach liegen gelassen. [...] Die
haben Kinder und Jugendliche immer in die vorderste
Reihe gestellt. Dahinter waren die schwersten Waffen,
mit denen der Feind zuerst beschossen wurde. Das hat
10 den Feind verwirrt und in dem Moment haben die Kindersoldaten aus der ersten Reihe angegriffen. [...] Sie
haben uns zum Plündern benutzt und um Leute zu töten, die als Verräter verdächtigt wurden. [...] Wir waren
denen völlig unterstellt. Die konnten mit uns machen,
15 was sie wollten. Wir fühlen uns wie Sklaven.

Zit. nach: M. Ludwig, Seine Gräueltaten verfolgen ihn in den Träumen. Die
Geschichte eines Kindersoldaten aus der Demokratischen Republik Kongo, in:
Kongo. Geschichte eines geschundenen Landes, Hamburg 2004, S. 97 ff.

33 „Reiches Land, armes Land", so beschrieb eine
Journalistin aus der Schweiz die Lage im Kongo (im
Jahr 2002):

Nächstes Mal, wenn wir unser ach so praktisches Mobil-
5 telefon benutzen, sollten wir uns daran erinnern, dass es
an einem Krieg mitschuldig ist – am Krieg in der Demo-

kratischen Republik Kongo (DRK), dem früheren Zaire.
Vielerlei Rebellengruppen kämpfen seit den neunziger
Jahren gegen das Regime in der Hauptstadt Kinshasa.
Zweifellos wurde dieser Krieg dadurch verlängert, dass 10
Kongo über Bodenschätze verfügt, zu denen auch Col-
tan (Columbo-Tantal) gehört – ein bis vor kurzem un-
verzichtbarer Bestandteil von Mobiltelefonen. Dieser
Reichtum weckte die Profitgier von vielen, auch in den
Nachbarländern. So kommt es, dass viele Staaten in der 15
Region in den Konflikt verstrickt sind. [...] Die Kämpfe
der vergangenen Monate drehten sich um die Kontrolle des Handels mit den lukrativen Rohstoffvorkommen
Ostkongos, vor allem Gold und eben Coltan. [...]
Coltan ist ein relativ seltenes Hartmetall, ein sehr gut lei- 20
tendes Material, das in der Hightech- und der Raumfahrt-
industrie sehr gefragt ist. Wie bei anderen Rohstoffen liegt
ein großer Anteil davon im Boden der Demokratischen
Republik Kongo – rund achtzig Prozent der bekannten
weltweiten Reserven von 60000 Tonnen. Der größte Teil 25
davon liegt im Osten, im Kivu-Distrikt, einer unbestän-
digen Region, um die seit je bewaffnete Rebellengruppen
streiten. Die östlichen Grenzen zu Uganda, Burundi und
Ruanda sind weder von der Regierung noch von internationalen UNO-Truppen zu kontrollieren. Die Schattenwirt- 30
schaft des Kongo beruht daher seit langem auf Schmuggel,

11

Tausch und betrügerischem Handel. Die Nachfrage nach Coltan vor allem zuzeiten des Mobiltelefonie-Booms ließ dessen Preis in den Jahren 2000 und 2001 auf 1 000 und
35 gar 1 400 Franken pro Kilo hochschnellen. Damit wurde Coltan zu einem ebenso begehrten Schmuggelgut wie Gold und Diamanten. Die Coltan-AbnehmerInnen sitzen vor allem in den USA und in Westeuropa. Tantal-Kondensatoren sind ein wichtiger Bestandteil von Handys,
40 und Coltanerz wird zu deren Herstellung verwendet. Der Abbau erfolgte früher durch Firmen, die sich jedoch im Laufe des Krieges zurückgezogen haben. Seither graben Bauern, die aus finanziellen Gründen zu Minenarbeitern wurden, unter Aufsicht von Warlords nach dem Erz. Auf
45 die Umwelt nehmen sie dabei ebenso wenig Rücksicht wie auf die Sicherheit. Erst im Januar kamen 33 Mineure [Bergarbeiter] bei einem Unglück ums Leben.

Das Metall wird an Sammelstellen gebracht, gewogen und von Mittelsmännern in Säcken über die Grenze
50 nach Uganda oder Ruanda transportiert, von wo aus es seine AbnehmerInnen im Westen erreicht. Dort erzielt es Preise, die die Vorstellungskraft der kongolesischen Bauern bei weitem übersteigen. Sie haben auch keine Ahnung davon, warum das schwarze Zeug so begehrt
55 ist und dass ihr Anteil an diesem Wohlstand nicht mehr als Brotsamen darstellt. Dies ist umso bedauerlicher, als der Ostkongo die vernachlässigste Region eines vernachlässigten Landes ist. Zweieinhalb Millionen Menschen sollen seit Ausbruch des Krieges in dieser Region gestor-
60 ben sein. Die Gegend ist schwer zugänglich für internationale Hilfsorganisationen. Diese schätzten in einem Mitte letzten Jahres veröffentlichten Bericht, dass es etwa einem Drittel der Bevölkerung der DRK, sechzehn Millionen Menschen, in kritischem Maße an Nahrungsmit-
65 teln mangelt – die Hälfte davon lebt im Ostkongo. Dem Bericht zufolge muss die Hälfte der Gesamtbevölkerung von rund fünfzig Millionen mit zwanzig US-Cents pro Tag auskommen – als Armutsgrenze gilt ein Tageseinkommen von einem US-Dollar.
70 Die Warlords und Mittelsmänner im Kongo wie in den Nachbarländern dagegen haben mit Coltan ihr Geschäft gemacht. Auch Simbabwe, das einige Coltan-Reserven hat und wo der Abbau in kleinem Rahmen blüht, verdiente gut; Namibia baut Coltan ebenfalls für den internationa-
75 len Markt ab. Nun jedoch scheint der Rausch vorbei – und damit rückt Friede vielleicht tatsächlich in Griffnähe. […] [Es] wurde eine Alternative gefunden, die einfacher erhältlich und billiger scheint: Niobium tut den gleichen Dienst. Die Forschung läuft auf Hochtouren, noch in
80 diesem Jahr könnten die neuen Kondensatoren auf den Markt kommen. Die bekannten Niobium-Reserven betragen weltweit rund 5,5 Millionen Tonnen. Diese Entwicklung hatte einen dramatischen Preiszerfall zur Folge – das Kilo Coltan kostet inzwischen kaum noch einen Zehntel
85 der früheren Rekordpreise, rund 110 Franken.

Das mag für einige keine gute Nachricht sein, doch langfristig wird sie die Arbeit der Friedensstifter erleichtern. Sobald sich das hitzige Coltan-Geschäft abkühlt, können die Kriegsparteien nachgiebiger werden, Allianzen eingehen oder sich gar zusammenschließen.
90

Zit. nach: Ruth Weiss, „Reiches Land, armes Land", in: Schweizer Wochenzeitung (WoZ) vom 4.4.2002. Abgedruckt bei AG Kasseler Friedensforum, http://www.uni-kassel.de/fb5/frieden/regionen/Kongo/handy.html

34 „Ich versuche alles", den Konflikt in Zentralafrika zu lösen, erklärte UN-Generalsekretär Butros Ghali (Ägypten) 1996:
[…] Wenn die Völkergemeinschaft 1994 den politischen Willen aufgebracht hätte, eine Eingreiftruppe nach Ruan- 5 da zu entsenden, hätten wir Tausende von Menschenleben retten können. Die Vereinten Nationen können aber nur das tun, was die einzelnen Mitgliedstaaten beschließen. Ich habe seit über einem Jahr immer wieder zum Eingreifen gedrängt – leider nur mit begrenztem Erfolg. 10 […] Die UNO wird jegliche Hilfe anbieten, die für das Zustandekommen und den erfolgreichen Einsatz einer solchen Truppe notwendig ist. […] Als Generalsekretär der UNO kann ich ohne das Mandat der Mitglieder nicht aktiv werden. Ich habe die Warnsignale gegeben und ha- 15 be dem Weltsicherheitsrat immer wieder die Gefahren vor Augen gehalten.[…] In erster Linie sind die Staaten der Region und die Organisation Afrikanischer Einheit verpflichtet, Konfliktlösungen zu finden, die dafür erforderlichen Truppen bereitzustellen und logistische 20 Voraussetzungen zu schaffen. Erst dann sollten andere Mächte, die nicht in dem betreffenden Teil der Welt verwurzelt sind, auf den Plan treten.
[…] Wer wirklichen Frieden erreichen will, muss die bestehenden Grenzen respektieren; sonst gibt es kein Hal- 25 ten mehr. […] Die ehemaligen Kolonialmächte haben die moralische Pflicht, zu einer Friedenslösung beizutragen. Warum geschieht so wenig, um den immer tiefer ins Elend sinkenden Ländern Afrikas wirtschaftlich auf die Beine zu helfen? In Bosnien wurde die internationale 30 Staatengemeinschaft doch auch tätig. Der afrikanische Kontinent wird seit Jahrzehnten vernachlässigt – ihm geht es schlechter als allen anderen. Wer den Weltfrieden sichern will, muss wirtschaftliche Not lindern und die Grundlagen für eine Gesundung dieses Erdteils schaffen. 35 Alles andere ist bestenfalls Selbstbetrug.

Zit. nach: DER SPIEGEL 45/1996, S. 168.

35 Bestsellerautor Henning Mankell über die Notwendigkeit westlicher Hilfe und den Stolz der ärmsten Menschen dieser Erde (2003):
[…] Ich halte es für einen schrecklichen Fehler, immer von einem Afrika zu sprechen. Dieses Denken stammt aus der 5 Kolonialzeit, als alles Afrikanische herabgesetzt und vereinfacht wurde. Afrika besteht aus vielen kleinen Afrikas.

[…] Die politischen Strukturen sind auch eine Folge der Armut, und diese Armut haben wir erzeugt, während der Kolonialzeit. Heute bestimmen Weltbank und Weltwährungsfonds die Regeln für Afrika, und das blockiert die Entwicklung, anstatt zu helfen. Lassen Sie mich in diesem Zusammenhang auch ein Wort zum Thema Demokratie sagen. Wir wissen doch, wie teuer Demokratie ist, was wir für unsere Parlamentswahlen ausgeben. Wenn man dieses Geld aber nicht hat, wie zum Teufel soll man dann eine starke Demokratie aufbauen? Mosambik zum Beispiel kann nicht einmal seine Abgeordneten vernünftig bezahlen. Nein, die Armut ist das Hauptproblem. Und um es klar zu sagen: Wir sind in vielerlei Hinsicht dafür verantwortlich.

[…] Mich macht das kurze Gedächtnis der westlichen Welt sehr wütend. In Schweden hat der Aufbau der Demokratie mindestens 100 Jahre gedauert. Wir wissen auch um ihre Zerbrechlichkeit in Deutschland. Aber wir kommen nach Afrika und fordern freie Wahlen, wir gewähren 10 Jahre Zeit und sagen dann bye-bye. Was soll das? Wir müssen diese Prozesse über 20, 30 oder 40 Jahre unterstützen. […] Afrika braucht Geld und Geduld. Wir müssen zurückzahlen, was wir genommen haben. Wir sollten behilflich sein, eine Infrastruktur zu schaffen, die es ermöglicht, Rohstoffe in Eigenregie auszubeuten. Wir sollten helfen, ein Steuersystem aufzubauen und effektive Zollkontrollen. So etwas existiert nämlich in vielen Ländern nicht. […] Abwarten ist eine afrikanische Tugend. Wichtig wären jedenfalls Handelserleichterungen, sodass die in erster Linie landwirtschaftlichen Erzeugnisse des Kontinents zu konkurrenzfähigen Preisen exportiert werden können.

Das wäre ein positives Signal. […] Die meisten Staaten haben keine nennenswerte Industrie, weil die Kolonialmächte nie am Aufbau eigenständiger Volkswirtschaften interessiert waren. […]

Ein ernsthafter Blick auf die afrikanischen Verhältnisse ist wichtiger denn je. Man muss sich allerdings hüten vor einer Inflation des Schreckens: dass die Menschen in den Industrienationen das Gefühl bekommen, sie sähen immer dasselbe Kind, mit derselben Fliege am Auge, mit demselben Hungerbauch und mit derselben toten Mutter. Dann fragen sie sich nämlich, ob Spenden nichts bewirken. Dabei stimmt das nicht: Geld hilft immer. Anstand hilft immer. […] Wir wissen alles darüber, wie Afrikaner sterben, und wir wissen nichts darüber, wie sie leben. Jedes Mal, wenn ich in Europa bin, werde ich traurig und frustriert, dass sich die Medien so ausschließlich auf die negativen Aspekte konzentrieren. Das werfe ich ihnen vor. […] Ich plädiere nicht für ein romantisches Afrika-Bild. Das liegt mir fern. Und dass es massenhaft Probleme gibt, steht fest. Aber wir sollten über den Kontinent auf eine Weise berichten, wie wir auch Berichte über uns selbst wünschen. […] Ich persönlich glaube seit jeher an das Solidaritätsprinzip. Mein Leben wird nur besser, wenn sich auch das Leben für andere bessert. Darin liegt also eine egoistische Dimension, und das geht durchaus in Ordnung. Wenn wir nicht eine bessere Zukunft für die Armen in der Dritten Welt gestalten, dann isolieren wir uns und bauen unser eigenes Ghetto. Solidarität nützt allen, auch mir und meinen Kindern.

Zit. nach: DER SPIEGEL 29/2003, S. 100f.

36 **Französische Soldaten im Kongo:** Um die Interessen ihrer Länder zu wahren oder um unter der Fahne der UNO Flüchtlinge zu schützen und Ruhe und Ordnung wieder herzustellen, haben seit der Unabhängigkeit immer wieder ausländische Truppen in innerafrikanische Konflikte eingegriffen.

11

37 **Massaker im Kongo:** Konflikte zwischen verfeindeten Stämmen oder politischen Gegnern werden häufig mit großer Brutalität geführt: Tausende Zivilisten werden dabei ermordet.

38 **Misshandlungen und Akte der Barbarei**
Im Katalog der, 2005 im belgischen Museum für Zentralafrika eröffneten Ausstellung, Der Kongo. Gedächtnis und Erinnerung, heißt es zum Vorwurf der Barbarei in der Kolonialzeit:
5 „Im Laufe der 1900er Jahre ist der Unabhängige Staat Kongo beschuldigt worden, die Einführung eines ausgedehnten „Systems", gekennzeichnet durch Misshandlungen, […] Wie lauten die belastenden Fakten? Wie wurden diese Fakten verwendet? Kann die Geschichte
10 diese Ereignisse deuten, ohne sie gleichzeitig zu rechtfertigen? […] Nach dem starken Widerhall des Berichts des britischen Konsuls, Roger Casement, in England, willigte Leopold II. in die Entsendung einer Untersuchungskommission ein. 1904 protokollierte diese zahlreiche Aus-
15 sagen und stellte die Machtlosigkeit einer nur ansatzweise vorhandenen Justiz, gegenüber einer Atmosphäre der Gewalt, fest. […] Die Denunzierungskampagne, ab 1904 durch Edmund Dene Morel in England eingeleitet, nutzte diesen Bericht als eine ihrer Hauptquellen. Die
20 Anklageschrift von Morel gegen den Staat Kongo berücksichtigte nur die belastenden Elemente und schwieg über

den allgemeinen Hintergrund der verschiedenen mörderischen „Systeme", die damals die Region brandmarkten. Er betrachtete auch eine andere, ebenfalls echte Frage, als irrelevant: die des Gefühls des emanzipierten Fortschritts, 25 das der Staat Kongo für zahlreiche europäische wie auch afrikanische Zeugen oder Mitarbeiter der ersten Stunde verkörperten.
Auf diesen gezielten Gedächtnisschwund folgte die in Belgien organisierte Amnesie, insbesondere nach der Annektierung des Kongo: Politik, Presse und Schulwesen 30 schwiegen über die Fehlentwicklungen der Vergangenheit und fielen über die Kritiker der Leopoldschen Macht her. In Belgien wurde dieser Negationismus nur selten in Frage gestellt, […] Die Vergangenheit des Kongo dient 35 als Vorwand für Kontroversen, die nichts mit ihm zu tun haben, weil sie entweder die belgische Identität betreffen oder aber als Spielwiese für die „Mea culpa"-Übungen einer gewissen westlichen Intelligentsia dienen. Es scheint, als wolle man dem Kongobecken eine eigenständige Ge- 40 schichte verweigern und vergessen, dass es auch einen internationalen Hintergrund während der Krise, die die Region in den Jahren 1870–1920 erlebt hatte, gab.
Die Missbräuche des Kautschukregimes sind nämlich in einem allgemeineren Rahmen einzureihen: den einer 45 vielseitigen Krise, die in einer Epoche der rapiden Globalisierung, die „tribalen Völker" in Afrika, aber auch in Ozeanien und in der Neuen Welt, dezimiert hat. In Zentralafrika gab es zahlreiche Faktoren für diese fünfzigjährige Krise: Missbräuche des „vorkolonialen" Skla- 50 venhandels, Missbräuche der Kolonialkriege, noch verschlimmert in Zeiten der Spekulation, epidemiologische Katastrophen, Hungersnot usw. […] Die kongolesischen Greueltaten waren eine Zeit extremer Gewalt vor dem Hintergrund der großen Krisen dieser Epoche. Wir wissen, 55 dass bei Ausnahmezuständen jeglicher Art, die Schwelle zwischen Menschenwürde und Barbarei oftmals übertreten wird. Hier liegt, unserer Ansicht nach, der Ansatz für die kommenden Arbeiten über die Perioden der Gewalt in der Geschichte des Kongo."

Zit. nach: Der Kongo. Gedächtnis und Erinnerung. Tervuren 2005, S. 18f.

Arbeitsvorschläge
a) Schreiben Sie anhand von Lexika, Handbüchern und Zeitschriften Kurzbiografien der wichtigsten Politiker in der Geschichte des Kongo.
b) Informieren Sie sich über die gegenwärtige Lage im Kongo und erstellen Sie eine Wandzeitung.
c) Schreiben Sie unter Einbeziehung von M10, M11, M14 und M38 einen Essay über die Auseinandersetzung mit der eigenen Vergangenheit als Kolonialmacht im heutigen Belgien.
d) Recherchieren Sie mit Hilfe des Internet und einschlägiger Handbücher die ökonomischen Interessen ausländischer Mächte im Kongo und die Folgen dieser Interessen auf Bevölkerung, Wirtschaft und Ökologie (M24–M29).
e) Vergleichen Sie mit Hilfe einschlägiger Darstellungen die Entwicklung des Kongo nach der Unabhängigkeit mit der anderer ehemaliger afrikanischer Kolonien.

11

Chinas Weg in die Moderne

1840–1842	Im „Opiumkrieg" erzwingt Großbritannien die Öffnung Chinas und die Abtretung Hongkongs.
1856–1860	Großbritannien und Frankreich erzwingen weitere Zugeständnisse: Einrichtung europäischer Gesandtschaften, Erlaubnis zur christlichen Missionierung und Freigabe des Handels.
1897	Das Deutsche Reich nutzt einen „Missionszwischenfall", um China zur Überlassung Kiautschous zu zwingen.
1900	Der Aufstand der „Boxer" gegen westliche Überfremdung wird von einer gemeinsamen internationalen Streitmacht blutig niedergeschlagen.
1911	Westlich orientierte Politiker und Militärs stürzen die Mandschu-Dynastie. In China wird die Republik ausgerufen.
1919	In Beijing kommt es zu Studentenprotesten gegen die Behandlung Chinas als Halbkolonie.
1921	Die Kommunistische Partei Chinas wird in Schanghai gegründet.
1927	Chiang Kaishek bildet die Nationalregierung in Nanjing.
1934/35	Die Rote Armee zieht sich mit dem „Langen Marsch" in den Nordwesten Chinas zurück.
1945–1949	Bürgerkrieg zwischen Anhängern der Guomindong und der Kommunistischen Partei: Chiang Kai-Schek und seine Anhänger flüchten auf die Insel Taiwan und errichten dort eine eigene Republik. Die Regierung in Beijing betrachtet die Insel bis heute als Bestandteil Chinas. Dies führt immer wieder zu Spannungen.
1949	Am 1. Oktober ruft Mao Zedong die Volksrepublik China aus.
1958–1960	Die Politik des „Großen Sprungs" führt zu einem Einbruch der Wirtschaft. Verschärft wird die Situation durch Naturkatastrophen und Hungersnöte.
1966–1969	Mit der „Großen Proletarischen Kulturrevolution" soll der Aufbau einer wirklichen sozialistischen Gesellschaft erreicht werden.
1976	Am 8. September stirbt Mao Zedong.
1978	Unter Deng Xiaoping beginnt ein umfassender Modernisierungsprozess.
1989	Massendemonstrationen demokratischer Kräfte werden durch das Massaker am 3./4. Juni auf dem „Platz des Himmlischen Friedens" blutig unterdrückt.
1997–1999	1997/99 Hongkong (1. Juli 1997) und Macau (20. Dezember 1999) kehren unter chinesische Hoheit zurück.
2001	China tritt der Welthandelsorganisation (WTO) bei.

11

Krisengeschütteltes Kongo/Zaire

700 n. Chr.	Völker mit Bantusprachen erreichen die Kongo-Region.
16. Jahrhundert	Auf dem heutigen Staatsgebiet existieren mehrere Königreiche.
19. Jahrhundert	Forschungsreisen erwecken das Interesse der Europäer an Kolonisierung.
1884–85	Auf der Berliner Konferenz wird Zentralafrika aufgeteilt. Der belgische König Leopold II. übernimmt den „Unabhängigen Kongostaat" als Privatbesitz. Nach der Eroberung des Gebietes kommt es zu einer repressiven Ausbeutung der Rohstoffe. In den darauf folgenden drei Jahrzehnten fallen der Kolonialpolitik im Kongo mehrere Millionen Menschen zum Opfer.
1908	Auf internationalen Druck hin übernimmt die belgische Regierung die Herrschaft über den Kongostaat.
1960	Nach Unruhen wird das Land am 30. Juni in die Unabhängigkeit entlassen. Wenig später kommt es zu einer Rebellion in den Streitkräften gegen Ministerpräsident Lumumba. Belgien interveniert. Es kommt zur zeitweisen Sezession der rohstoffreichen Provinz Katanga. Die UNO entsendet Friedenstruppen. Es kommt zur Ermordung von Lumumba.
1963	Mithilfe der UN-Streitkräfte wird Katanga wieder eingegliedert.
1965	Generalstabschef Mobutu übernimmt die Macht und setzt ein zentralistisches, totalitäres Präsidialregime durch.
1971	Umbenennung des Landes in Zaire
1973/74	Im Zuge der „Zairisierung" werden ausländische Vermögen nationalisiert.
1980er-Jahre	Zaire gerät in eine zunehmende wirtschaftliche Krise.
1991/1993	Plünderungswellen zerstören weite Teile der noch existierenden industriellen und administrativen Infrastrukturen.
	Mit Ende des Kalten Krieges setzt auch im Zaire ein politischer Umbruch ein.
1997	Nach mehreren Aufständen wird Mobutu ins Exil gezwungen. Der Rebellenführer und neue Präsident, Laurent Désiré Kabila, benennt das Land in „Demokratische Republik Kongo" um.
1998	Beginn von neuen Aufständen, maßgeblich unterstützt von Ruanda und Uganda.
2001	Präsident Kabila fällt einem Attentat zum Opfer. Nachfolger wird sein Sohn Joseph Kabila. Der Krieg im Kongo, in den nahezu alle Anrainerstaaten verwickelt sind, hält an.
2003	Von Juni bis September entsendet die EU eine 1500 Mann starke Einsatztruppe.
2004	Im April und Juni kommt es zu mehreren Aufständen in der Hauptstadt Kinshasa.

11

Glossar

312-Mark-Gesetz, S. 304
Auf Initiati ve von Arbeits- und Sozialminister Theodor Blank (CDU) und den Sozialausschüssen der christlich-demokratischen Arbeitnehmerschaft (CDA) 1961 vom Bundestag einstimmig verabschiedetes „Gesetz zur Förderung der Vermögensbildung der Arbeitnehmer". Es berechtigt jeden Arbeitnehmer in der Privatwirtschaft, bis zu 312 DM im Jahr (bei zwei und mehr Kindern 468 DM) vermögenswirksam anzulegen. Für diese Lohnanteile braucht er dann weder Lohnsteuer noch Sozialversicherungsbeiträge zu entrichten.

624-Mark-Gesetz, S. 341
Verdoppelung des 312-Mark-Gesetzes auf Initiative von Arbeits- und Sozialminister Walter Arendt (SPD) durch den Bundestag 1970, das die vermögenswirksame Anlage von 612 DM bei Befreiung von Lohnsteuer- und Sozialversicherungszahlungen regelt.

Aktivist, S. 313
Ehrentitel im Rahmen des „sozialistischen Wettbewerbs" der DDR, durch den bessere Arbeitsmethoden erzielt und die Arbeiter und Angestellten zu höheren Arbeitsleistungen angespornt werden sollten. Unterschieden wurde zwischen dem höheren Titel „Verdienter Aktivist", der jährlich an ca. 4000 Berufstätige vergeben wurde, und dem niedrigeren Titel „Aktivist der sozialistischen Arbeit", der jährlich in ca. 300 000 Fällen vergeben wurde.

Angebotsorientierte Wirtschaftspolitik, S. 351, S. 365
Staatliche Wirtschaftsmaßnahmen zur Konjunkturbelebung, die die Verbesserung der Angebotsbedingungen im Wirtschaftsprozess zum Ziel hat. Insbesondere soll die Investitionsbereitschaft der Unternehmen durch die Senkung von Steuern, Abgaben und Lohnnebenkosten sowie durch Subventionsabbau gesteigert werden.

Attentat von Sarajevo, S. 491
Am 28. Juni 1914 wurde der österreichisch-ungarische Thronfolger Franz Ferdinand bei einem Besuch in der bosnischen Stadt Sarajevo ermordet. Der Täter war ein serbischer Nationalist. Österreich-Ungarn verlangte nun u. a. von Serbien, an den Untersuchungen des Attentats mitwirken zu können. Serbien war zwar bereit, diesem Wunsch entgegenzukommen, lehnte aber Eingriffe in seine Souveränitätsrechte ab. Daraufhin erklärte Wien Serbien den Krieg. Da nun die europäischen Bündnisverpflichtungen griffen, wurden binnen kurzer Zeit die Großmächte in den militärischen

Konflikt verwickelt, der sich nun zum Ersten Weltkrieg ausweitete.

Ayatollah, S. 417
In der Übersetzung bedeutet dies „Zeichen Gottes" und stellt eine Ehrenbezeichnung eines hohen schiitischen Rechtsgelehrten dar, der zur individuellen Rechtsfindung befähigt ist und Rechtsgutachten (Fatwa). ausstellen kann.

Balkan, S. 490
Der Balkan, türk. Gebirge, bezeichnet einen Gebirgszug, der das nördliche Donaubulgarien vom südlichen Hochbulgarien trennt. Als Balkanhalbinsel wird hingegen die ins Mittelmeer hineinragende Halbinsel südlich von den Flüssen Save und Donau angesehen. Oft wird der „Balkan" als Synonym für Südosteuropa verwendet, jedoch rechnen sich in ihrem Selbstverständnis meist Griechen, Kroaten und Rumänen nicht zu den „balkanischen Nationen".

Berliner Republik, S. 387
Seit der Bundestagsentscheidung vom 20. Juni 1991 für Berlin als deutscher Hauptstadt und dem 1999 folgenden Umzug des Parlaments und vieler Ministerien von Bonn nach Berlin bürgert sich der Begriff zunehmend als Bezeichnung für das vereinigte Deutschland ein.

Coltan/Tantal, S. 546
Das Mineral Coltan ist eine Mischung aus Niobit und Tantalit, das aus dem Metall Tantal gewonnen wird. Coltan dient als Grundstoff für kleinste Kondensatoren mit hoher elektrischer Kapazität, u.a. für Laptops und Mobiltelefone. Um das Jahr 2000 führte die hohe Nachfrage von solchen Geräten zu einer Vervielfachung des Weltmarktpreises für dieses äußerst seltene Mineral. Eine der wichtigsten Coltan-Minen liegt bei Lueshe in der Region Kivu/Ostkongo.

Club of Rome, S. 350
1968 in Rom gegründete internationale Vereinigung von rund 70 Wissenschaftlern, die 1972 mit ihrem ersten Bericht über die „Grenzen des Wachstums" vor Bevölkerungsexplosion, Rohstoffknappheit und globalen Umweltproblemen warnten, falls in den Industriestaaten der nördlichen Hemisphäre wachstumsorientierte Wirtschaftsformen weitergeführt würden.

DBD, S. 300
Demokratische Bauernpartei Deutschlands (gegründet 1948), deren Aufgabe die „Festigung des Bündnisses

zwischen Arbeitern und Bauern" war und die sich propagandistisch an den staatlichen Kollektivierungskampagnen in der Landwirtschaft beteiligte.

Deutsche Partei, S. 288

1947 gegründete nationalkonservative Partei, die in der Bundesregierung von 1949 bis 1960 vertreten war.

DFD, S. 300

Demokratischer Frauenbund Deutschlands, zu dessen Aufgaben die Gewinnung der Frauen für die Erwerbsarbeit, die Erleichterung des Lebens der werktätigen Frauen sowie ihre politisch-ideologische Umerziehung gehörten.

Dividende, S. 75

Jährlicher, auf eine Aktie anfallender Anteil am Reingewinn eines Unternehmens.

Dreiklassenwahlrecht, S. 134

Das Dreiklassenwahlrecht teilt die Wählerschaft in drei Klassen, von denen jede ein Drittel der Steuern aufbringt. Jede dieser Klassen wählt die gleiche Anzahl von Wahlmännern, die wiederum die Abgeordneten wählen. Um 1850 umfasste in Preußen die erste Steuerklasse 4,7 Prozent der Wahlberechtigten, die zweite 12,6 Prozent und die dritte 82,7 Prozent. Das Dreiklassenwahlrecht galt in Preußen von 1849 bis 1918.

FDGB, S. 300

Freier Deutscher Gewerkschaftsbund: 1945 gegründete Einheitsgewerkschaft und zahlenmäßig stärkste Massenorganisation der DDR, die als Interessenvertretung aller Arbeiter, Angestellten und Angehörigen der Intelligenz eine Monopolstellung innehatte und dadurch im Herrschafts- und Gesellschaftssystem der DDR eine zentrale Rolle spielte.

FDJ, S. 300

Freie Deutsche Jugend: 1946 gegründete Jugendorganisation der DDR für Jugendliche ab 14 Jahren, als einzig offiziell zugelassener Jugendverband Nachwuchsorganisation der SED mit ca. 3 Millionen Mitgliedern. Aufgaben: politisch-ideologische Erziehung und Schulung der Jugendlichen, Organisation der Freizeitgestaltung.

Feministischer Islam, S. 419

Er charakterisiert eine Richtung des Feminismus, die sich bei Begründung und Durchsetzung von Frauenrechten in der islamischen Welt auf den Koran und die Sunna (vorbildhaftes Verhalten des Propheten Mohammad) beruft. Dies erfolgt durch eine Neuinterpretation des Korans und der Scharia. (Vertiefende Informationen siehe Dossier Feministischer Islam unter http://www.qantara.de)

Formierte Gesellschaft, S. 324

Von Bundeskanzler Ludwig Erhard in einer Rede auf dem XIII. CDU-Parteitag in Düsseldorf geprägter Begriff, mit dem er eine neue Gesellschaftsordnung forderte, die nicht mehr „durch soziale Kämpfe geschüttelt", sondern „ihrem Wesen nach kooperativ ist". Sie solle den Interessenpluralismus ablösen, weil dieser ungeeignet sei, „die private Wirtschaft wirksam und widerspruchslos vorwärts zu bringen". Kritiker sahen in dem Begriff eine Absage Erhards an die pluralistische Demokratie und eine Annäherung an autoritäre Gesellschaftsmodelle.

Fruchtwechsel, S. 59

Nach bestimmten Grundsätzen aufeinander folgender Anbau verschiedener Feldfrüchte zur Erhaltung der Bodenfruchtbarkeit.

Führungssektor, S. 60

[engl. Leading Sector] Bereich der Wirtschaft, der sich besonders schnell entwickelt und die Entwicklung in anderen Wirtschaftsbereichen nach sich zieht.

Held der Arbeit, S. 313

Höchster Ehrentitel im Rahmen des „sozialistischen Wettbewerbs" der DDR, durch den bessere Arbeitsmethoden erzielt und die Arbeiter und Angestellten zu höheren Arbeitsleistungen angespornt werden sollten. Der Titel „Held der Arbeit" wurde jährlich nur an ca. 50 Berufstätige verliehen und war mit den höchsten Zuwendungen verbunden.

Imam, S. 405

Als „Anführer" bezeichnet der Begriff Imam zunächst den Vorsteher bzw. Vorbeter in einer Moschee. Aufgrund dieser Funktion ist der Titel Imam bei den Sunniten auch einer der Titel des Kalifen, der der religiös legitimierte Führer der umma ist. Die Schiiten verwenden den Titel für ihre aus den Nachkommenschaft Alis, dem Schwiegersohn des Mohammads kommenden göttlich geleiteten Führer.

Indikationslösung, S. 341

Nach dem 1975 im Bundestag verabschiedeten Gesetz bleibt der Schwangerschaftsabbruch straffrei z. B. nach einer Vergewaltigung (kriminologische Indikation), bei Gefahr für Leben oder Gesundheit der schwangeren Frau (medizinische Indikation) und bei einer schwer wiegenden materiellen Notlage (soziale Indikation).

Intifada, S. 413

Die 1. Intifada (arab.: Erhebung) brach 1987 in den palästinensischen Gebieten Westjordanland, Gaza und Ostjerusalem aus und dauerte bis zum Oslo-Abkommen 1993. Charakteristisch für die erste Intifada, dass die Träger des Aufstands zumeist Jugendliche waren, die sich mit Steinen und brennenden Autoreifen gegen die Israelische Armee zur Wehr setzten. Nach sieben Jahren gespannter Ruhe und erfolglosen Friedensbemühungen kam es im Jahr 2000 zur zweiten Intifada, deren Charakteriska Terroranschläge und als Reaktion israelische Militärschläge sind. Seit Arafats Tod 2004 hat sich die Intensität der Aktionen auf beiden Seiten erheblich reduziert

Islamismus, S. 414

Gemeinhin wird Islamismus mit Fundamentalismus gleichgesetzt. Teilweise basierend auf den Reformislam der Salafia entwickelten sich im 20. Jahrhundert unterschiedliche Ausprägungen. Allen gemeinsam ist die Ablehnung des westlichen Gedankengutes wie z.B. der Aufklärung, die antikoloniale Stoßrichtung, bei gleichzeitiger Übernahme der westlichen naturwissenschaftlichen und technischen Errungenschaften. Die Islamisten sehen in der z.T. wörtlichen Auslegung des Koran und der Sunna (vorbildhaftes Verhalten des Propheten Mohammad) die Lösung aller sozialen und politischen Probleme. Die Art der Durchsetzung ihrer Ideologie reicht von terroristischen Attentaten (wie z.B.: Osama bin Laden) bis hin zu reiner Missions- und Bildungsarbeit.

Junge Pioniere, S. 300

Pionierorganisation „Ernst Thälmann", 1948 gegründeter Kinderverband der DDR für Kinder ab 6 Jahren, der von der FDJ betreut wurde. Aufgaben: siehe FDJ.

Kartell, S. 75

Vereinbarung oder Vereinigung von Unternehmen gleicher oder ähnlicher Produktionsbereiche zu einem gewissen Zweck, die dazu geeignet sind, den Wettbewerb zu beeinflussen. Die rechtliche und organisatorische Selbstständigkeit der Kartellmitglieder bleibt erhalten. Eine Sonderform eines Preiskartells ist das Syndikat.

Katanga, S. 544

Die Provinz Katanga liegt auf einer Hochebene im Südosten des Kongo und gehört zu den größten Kupferproduktionsstätten der Welt. Anfang der 1950er Jahre entstammten 75% der Welt-Kobaltproduktion und rund 90% der westlichen Uranförderung aus Katanga. Regiert wurde Katanga lange Zeit fast ausschließlich von dem mächtigen Bergbauunternehmen UMHK (Union Minière de Haut Katanga), deren Steuern allein zwei Drittel des kongolesischen Staatshaushalts deckten.

Kulturbund, S. 300

1945 gegründete, auf allen Gebieten der Kulturpolitik arbeitende Massenorganisation der DDR, die sich vor allem auf das humanistisch orientierte Bildungsbürgertum stützte, das direktes parteipolitisches Engagement vermeiden wollte.

Lastenausgleich, S. 275

In der Bundesrepublik nach dem Zweiten Weltkrieg zwischen den betroffenen und nicht geschädigten Bevölkerungsteilen im Lastenausgleichs-Gesetz von 1952 geregelter Ausgleich der Vermögensschäden und -verluste, die während des Krieges oder als dessen Folgen (Vertreibung, Flucht, Evakuierung) entstanden sind.

LDP, S. 300

Liberal-Demokratische Partei (gegründet 1945), deren Anhänger vor allem Angestellte, Handwerksmeister und Intellektuelle waren und die sich 1952 zum „planmäßigen Aufbau des Sozialismus" bekannten.

LPG, S. 300

„Landwirtschaftliche Produktionsgenossenschaft": Juristisch selbstständige genossenschaftliche Großbetriebe in der Landwirtschaft, die nach dem Vorbild der sowjetischen Kolchosen ab 1952 durch den Zusammenschluss von Landwirten und landwirtschaftlichen Arbeitskräften zustande kamen. Die teils freiwillig, häufiger jedoch durch ökonomischen und politischen Druck durchgeführte Kollektivierung der Landwirtschaft war 1960 weitgehend abgeschlossen.

MfS, S. 300

Ministerium für Staatssicherheit: 1950 gegründete Überwachungs- und Spionageorganisation zur „Bekämpfung konterrevolutionärer Anschläge auf die sozialistische Staats- und Gesellschaftsordnung der DDR"; gefürchtetes und weit verzweigtes, alle staatlichen und gesellschaftlichen Bereiche umspannendes Spitzel- und Denunziantensystem; verfügte über eigene Gefängnisse in Ost-Berlin und allen Bezirkshauptstädten der DDR.

Militarismus, S. 137

Unter Militarismus versteht man das Übergewicht der militärischen gegenüber den zivilpolitischen Interessen eines Staates. Für die Gesellschaft kann dies zur Folge haben, dass militärische Denkstrukturen und Wertvorstellungen beherrschenden Einfluss erlangen. Der Militarismus ist sehr häufig Kennzeichen eines autoritär-obrigkeitsstaatlichen Systems.

Morgenthau-Plan, S. 258

Ein im September 1944 von dem amerikanischen Agrar- und Finanzpolitiker Henry Morgenthau (1891–1967) vorgelegtes Memorandum, das die industrielle Abrüs-tung Deutschlands nach dem Krieg vorsah: Entmilitarisierung, Aufteilung in einen protestantischen Nord- und einen katholischen Südstaat, Internationalisierung des Ruhrgebietes und Demontage der Industrieanlangen. Deutschland sollte ein Land mit vorwiegend landwirtschaftlichem Charakter werden, um es davon abzuhalten, jemals wieder einen Krieg zu beginnen.

Nachfrageorientierte Wirtschaftspolitik, S. 365

Staatliche Wirtschaftsmaßnahmen zur Konjunkturbelebung, die die Förderung der Nachfragebedingungen im Wirtschaftsprozess zum Ziel hat. Insbesondere soll die Massenkaufkraft durch den Ausbau des Sozialstaats gestärkt werden.

Nationalismus, S. 137

Der Nationalismus ist eine politische Ideologie, in deren Mittelpunkt die Nation bzw. der souveräne Nationalstaat stehen. Er dient häufig zur Integration sozialer Großgruppen. Der Nationalismus kam zum ersten Mal in Frankreich zur Zeit der französischen Revolution (1789) auf und besaß hier demokratische Züge. In Deutschland (und auch in anderen europäischen Staaten) strebte im frühen 19. Jahrhundert die nationale Bewegung einen souveränen Nationalstaat an, dessen Verfassung bürgerliche Freiheiten, Wahlrecht, Gewaltenteilung und Rechtsgleichheit garantieren sollte. Im deutschen Kaiserreich steigerte sich der Nationalismus zu einem Gefühl der deutschen Überlegenheit gegenüber anderen Völkern oder Nationalitäten. Er schuf nach innen ein Zugehörigkeitsbewusstsein und zeigte sich in aggressiv vertretenen nationalen Machtansprüchen nach außen.

NDPD, S. 300

National-Demokratische Partei Deutschlands (gegründet 1948), die die Umerziehung und Integration des national gesinnten Bürgertums und Kleinbürgertums in die „sozialistische Gesellschaftsordnung" gewährleisten sollte.

Neutronenbombe, S. 361

In den 1970er Jahren von US-Physikern entwickelte Mini-Wasserstoffbombe mit einer Mini-Atombombe als Zünder, die zum Einsatz gegen Panzertruppen gedacht war. Sie wirkt durch ihre Neutronenstrahlung, die bei allen Organismen zu schweren Zellschädigungen führt. Die militärische Bedeutung der Bombe liegt darin, dass sie bei Menschen bis zu einer räumlichen Distanz von 1 km zur sofortigen Lähmung und nach wenigen Stunden zum Tod führt, während Gebäude und Material kaum beschädigt werden. Egon Bahrs Äußerung, bei der Entwicklung der Bombe handle es sich um eine „Perversion menschlichen Denkens", führte zu Irritationen bei der US-Regierung.

Ordinarienuniversität, S. 329

Von der Außerparlamentarischen Opposition geprägter Begriff zur Kritik am Übergewicht der Ordinarien, d. h. der Lehrstuhlinhaber, bei universitären Entscheidungen gegenüber wissenschaftlichen Mitarbeitern und Studierenden in der Universität. Als Alternative wurde die „Gruppenuniversität" gefordert, in der die genannten Gruppen drittelparitätisch an allen Entscheidungen beteiligt sein sollten.

Outsourcing, S. 366

Firmenstrategie zur Kostensenkung durch Auslagerung von Dienstleistungen an externe „Outsourcer", die z. B. Gebäudeverwaltung, Kundenservice, Gehaltsabrechnung und Auftragsabwicklung, insbesondere aber Informationstechnologie (z. B. Rechenzentren) in eigener Regie und auf eigenes Risiko übernehmen. Diese Auslagerungsstrategie führt im Sinne des „lean-management"-Konzepts zu Entlassungen und zur Einsparung von Lohn- und Gehaltskosten.

Panslawismus, S. 142

Panslawismus dient als Bezeichnung für das Streben nach einer kulturellen und politischen Vereinigung aller Slawen. Geprägt wurde der Panslawismus durch zwei Hauptrichtungen: Auf dem Balkan versuchten Mitglieder der slawischen Völker angesichts des Auseinanderbrechens des Osmanischen Reiches in der zweiten Hälfte des 19. Jahrhunderts die nationale Unabhängigkeit und den Zusammenschluss aller Slawen zu verwirklichen. Gleichzeitig verbreiteten sich im zaristischen Russland Vorstellungen zu einem Zusammenschluss aller slawischen Völker unter russischer Führung. Von der russischen Seite wurde der Panslawismus zur Durchsetzung eigener Machtansprüche (Präsenz an den türkischen Meerengen, Expansion bis Konstantinopel) genutzt, was die Interessenkonflikte auf dem Balkan verschärfte. Auf der Ebene der internationalen Politik trat Russland nun als „Schutzmacht" der Slawen auf.

Parallelgesellschaften, S. 421

Parallelgesellschaft definiert sich als eine neben der Mehrheitsgesellschaft existierende Minderheiten- Gesellschaft, die völlig eigenständig und geschlossen nach außen agiert. Als Indizien für eine Parallelgesellschaft und ihre Werte gelten kulturelle Homogenität, die ausschließliche Orientierung auf die eigene

Gemeinschaft, eine soweit als möglich wirtschaftliche Abgrenzung und der Ersatz staatlicher Institutionen durch die innergemeinschaftliche Organisation.

Parlamentarische Demokratie, S. 155

Demokratie bezeichnet „unter Ausschluss jeglicher Gewalt- und Willkürherrschaft eine rechtsstaatliche Herrschaftsordnung auf der Grundlage der Selbstbestimmung des Volkes nach dem Willen der jeweiligen Mehrheit und der Freiheit und Gleichheit" (aus der Begründung des Parteiverbots der Sozialistischen Reichspartei SRP 1952 durch das Bundesverfassungsgericht). Grundlegende demokratische Prinzipien sind die Achtung der Menschenrechte, die Volkssouveränität, die Gewaltenteilung, die Verantwortung der Regierung vor dem Parlament, die Unabhängigkeit der Gerichte, das Recht auf Opposition und der Minderheitenschutz. In einer parlamentarischen Demokratie übt das Volk die Herrschaft nicht direkt aus, sondern überträgt sie auf für bestimmte Perioden gewählte Repräsentanten. Die Abgeordneten werden von den verschiedenen Parteien (Parteienpluralismus) nominiert, sind ihrem Gewissen unterworfen und nicht an Weisungen der Wählerschaft gebunden (freies Mandat).

Pauperismus, S. 88

[von lat. „pauper" = Arm] Massenarmut in Europa von etwa 1800 bis 1850, hervorgerufen durch starkes Bevölkerungswachstum bei fehlenden neuen Arbeitsmöglichkeiten; in Deutschland verstärkt durch die Veränderungen im Gefolge der Bauernbefreiung und der Aufhebung des Zunftzwangs.

PGH, S. 300

„Produktionsgenossenschaft des Handwerks": Zusammenschluss ehemals Selbstständiger aus Handwerk und Kleinindustrie und deren Beschäftigten mit dem Ziel, Privatbetriebe und Privateigentum an Produktionsmitteln aus dem Wirtschaftsprozess zu verdrängen.

Räterepublik, S. 155

Die Organisationsform der Räterepublik geht aus dem revolutionären Klassenkampf hervor und versucht, gegen bestehende Herrschaftsverhältnisse die Selbstbestimmung der Menschen herzustellen. Die Urwählerschaft ist in Basiseinheiten organisiert (die Arbeiter eines Betriebes, Wohn- und Verwaltungseinheiten). Im Unterschied zum repräsentativ-parlamentarischen System werden alle öffentlichen Funktionsträger („Räte") direkt gewählt und übernehmen exekutive, legislative und judikative Aufgaben. Die Räte sind der Basis verantwortlich und an ihre Weisungen gebunden (imperatives Mandat). Sie sind jederzeit abrufbar. Nach dem Rätemodell kommen die Interessen von Regierenden und Regierten im einheitlichen Volkswillen zur Deckung, es kennt daher auch keinen Pluralismus unterschiedlicher Parteien. Räteorganisationen gab es 1871 in der Pariser Kommune, in den beiden russischen Revolutionen 1905 und 1917 sowie der deutschen Revolution 1918/19.

Re-Islamisierung, S. 421

Re-Islamisierung bzw. Islamisierung charakterisiert eine Strömung, die in der islamischen Welt verstärkt seit den 70er-Jahren einsetzte. Insbesondere durch den verlorenen Krieg von 1967 gegen Israel war das westliche Modernisierungskonzept der arabischen Nationalisten stark diskreditiert. Die Re-Islamisierung stellte eine Auseinandersetzung mit der westlichen Modernisierungskonzeption dar und stellte dem den Islam als Lösung gegenüber. In der Konsequenz zielt man darauf ab, den Islam und das islamische Gesetz in der ganzen islamischen Welt umfassend zur Geltung zu bringen und damit eine islamische an die Stelle der bisherigen eher westlich geprägten Ordnung zu setzen. Diese Strömung wird von breiten Schichten getragen, was sich in der gesteigerten Medienpräsenz islamischer Themen oder an dem vermehrten Tragen islamischer Kleidung deutlich macht (z. B.: Schleier/Kopftuch). Der Einfluss auf die islamischen Gesellschaften hat seit dieser Zeit, insbesondere im Rechtswesen und der Bildung zugenommen, nicht zuletzt dank des sozialen Engagements der sie tragenden islamistischen Gruppen.

RGW, S. 300

Rat für Gegenseitige Wirtschaftshilfe: 1949 gegründete Organisation zur wirtschaftlichen Integration der Ostblockstaaten; Aufgaben: Koordination der nationalen Volkswirtschaftspläne; Spezialisierung, Arbeitsteilung und Kooperation in der industriellen Produktion.

Rheinbund, S. 70

Gemeint ist hier der Zweite Rheinbund von 1806–1813, eine Konföderation von zunächst 16 deutschen Fürsten unter französischem Protektorat Napoleons I. Die Rheinbundstaaten waren 1806 aus dem Hl. Römischen Reich ausgetreten.

Salafia, S. 414

Dieser Begriff bezeichnet seit 1884 die Bewegung des Reformislam im 19. Jahrhundert, vertreten u.a. durch Jamal ad Din Afghani und Mohammad Abduh. Die islamische Gemeinschaft soll sich an dem Geist der ersten Muslime zur Zeit des Propheten ein Vorbild nehmen, um ein für die Gegenwart geeignetes gesellschaftliches Modell zu entwickeln. Dieser Denkansatz wurde im 20. Jahrhundert für viele Islamisten wie reformorientierte Muslime eine wichtige Basis ihrer Ideologien.

Scharia, S. 403

Heutzutage wird der Ausdruck Scharia (in der wörtliche Übersetzung: Weg zur Wasserstelle) üblicherweise als islamisches Recht verstanden. Im eigentlichen Sinn bedeutet Scharia eine Rechtsfindungsmethode, die es auf der Grundlage von Koran, Sunna und Qiyas (Analogieschluss) ermöglicht, als Muslim zu leben. Es handelt sich somit nicht um ein kodifiziertes Gesetzbuch. Die Rechtsfindung erfolgt traditionsgemäß durch qualifizierte religiöse Rechtsgelehrte. In einigen Ländern wie z.B. Ägypten wird die Scharia als Quelle der Rechtsschöpfung anerkannt, in Ländern wie Saudi-Arabien werden Teile der Scharia als Rechtsordnung angewandt.

Scherif von Mekka und Medina

Der Titel Scherif (arab.: edel, erhaben) bezeichnet einen Abkömmling des Propheten Mohammad. Im Besonderen bezieht es sich nur auf Nachkommen Hassan ibn Ali, des Enkels des Propheten Mohammads. Aus dem Status eines Nachfahren des Propheten ergibt sich ein Anspruch auf soziale Privilegien. Der Scherif Hussein von Mekka und Medina initiierte im 1. Weltkrieg mit englischer Unterstützung (Lawrence von Arabien) einen arabischen Aufstand, mit dem Ziel der Schaffung eines Großarabischen Staates. Dies wurde später durch die Siegermächte des 1. Weltkriegs verhindert. Ein Abkomme des damaligen Scherifen von Mekka und Medina ist der heutige König Abdullah von Jordanien.

Sozialisierung, S. 323

Entsprechend dem Art. 15 GG können gegen eine gesetzlich geregelte Entschädigung „Grund und Boden, Naturschätze und Produktionsmittel zum Zwecke der Vergesellschaftung […] in Gemeineigentum oder in andere Formen der Gemeinwirtschaft überführt werden."

Stapelrecht, S. 70

Seit dem Mittelalter vom Landesherren an Städte verliehenes Recht, herumreisende Kaufleute zu zwingen, ihre Ware eine Zeit lang in der Stadt zum Verkauf anzubieten. Häufig besaßen die Bürger der Stadt dann auch noch ein Vorkaufsrecht.

Subsidiaritätsprinzip, S. 303

Der katholischen Soziallehre entnommenes Prinzip, wonach jede gesellschaftliche und staatliche Tätigkeit subsidiär, d. h. unterstützend und ersatzweise eintretend zu sein hat. Höhere staatliche oder gesellschaftliche Einheiten dürfen demnach nur dann helfend tätig werden und Funktionen niedrigerer Einheiten an sich ziehen, wenn deren Kräfte nicht ausreichen, um diese Funktionen wahrzunehmen.

Tanzimat, S. 406

Die Tanzimat-Epoche (übersetzt Neuordnung) umschreibt die Reformversuche des Osmanischen Reiches im 19. Jahrhundert. Diese oktroyierten Reformen stellten einen Versuch dar, das Osmanische Reich zu modernisieren , um nicht in die Abhängigkeit der europäischen Mächte zu geraten. Diese Neuordnungen umfassten die Bereiche Verwaltung, Bildung, Militär und Rechtswesen – so wurden die Nichtmuslimen den Muslimen rechtlich gleichgestellt. Allerdings führten diese Bemühungen nicht zu dem gewünschten Erfolg. Das Osmanische Reich wurde im 19. Jahrhundert immer mehr zu einem Spielball der europäischen Mächte, bis zu seinem Untergang 1918.

Theokratie, S. 418

Dieser Begriff kommt aus dem Griechischen und bedeutet Gottesherrschaft. Die Theokratie ist eine Herrschaftsform, in der sich die Herrschenden ausschließlich auf den Gotteswillen bzw. ihrer Interpretation des Gotteswillen berufen. Die Herrschaft wird oftmals durch religiöse Führer oder eine Priesterschaft ausgeübt. Die islamische Republik Iran wird oftmals aufgrund des dominierenden Einflusses der Geistlichkeit als Theokratie bezeichnet

Tribale Gesellschaft, S. 403

Bezeichnung für eine Stammesgesellschaft, die zumeist politisch, sozial und kulturell homogen ist und sich auf ein bestimmtes Territorium bezieht. Charakteristisch für eine tribale Gesellschaft ist das Fehlen zentraler politischer und rechtlicher Gewalt. Diese wird ersetzt durch die Autorität verwandtschaftlicher und territorialer Gruppen.

Trust, S. 75

Zusammenschluss mehrerer zuvor selbstständiger Unternehmen unter dem zentralen Management einer Dachgesellschaft.

Umma, S. 403

Als umma wird die Gemeinschaft aller Muslime bezeichnet. Zur Zeit des Propheten Mohammad und der ersten vier Kalifen war sich diese weitgehend politisch und religiös einig. Mit der Zeit zerfiel diese Einheit in verschiedene religiöse Bekenntnisse (z. B: Sunniten und Schiiten). Die Wiederherstellung der Einheit der Urgemeinde dieser frühen Zeit ist das Bestreben vieler

Muslime und gilt als wichtiges Ziel insbesondere der Islamisten.

VdGB, S. 300

Vereinigung der gegenseitigen Bauernhilfe, die sich für eine beschleunigte Kollektivierung der Landwirtschaft einsetzte.

Volksdemokratie, S. 249

Eine Variante der „Diktatur des Proletariats". Unter Führung der kommunistischen Partei wird in einem „klassenmäßig noch uneinheitlichen Staat" so in einer ersten Phase der „Übergang vom Kapitalismus zum Sozialismus" sowie in einer zweiten Phase der „Aufbau des Sozialismus" gesichert. Bei formalen Weiterbestehen des Parteienpluralismus garantiert das System der V. das Führungsmonopol der KP und schaltet eine selbstständige Opposition aus. Eingesetzte Mittel sind z. B.: Einheitslisten bei Wahlen, Säuberung und Anpassung anderer nichtkommunistischer Parteien, Einsatz von Strafjustiz als Mittel politischer Abschreckung, Beseitigung der kommunalen und föderalen Selbstverwaltung durch Zentralisierung sowie staatliche Lenkung und Planung der Wirtschaft. Das System der V. wurde in der DDR und in allen mittel-, ost- und südosteuropäischen Gebieten, die unter Herrschaft der UdSSR standen, umgesetzt.

Vorgezogene Bundestagswahlen 1983, S. 364

Nachdem Bundeskanzler Kohl schon in seiner Regierungserklärung vom 13. Oktober 1982 Neuwahlen für das Frühjahr 1983 angekündigt hatte, enthielten sich bei der Abstimmung über die von Kohl gestellte Vertrauensfrage im Dezember 1982 die meisten Abgeordneten der CDU/FDP-Koalition der Stimme. Nach dieser absichtlich herbeigeführten Niederlage beantragte Kohl beim Bundespräsidenten Karl Carstens (CDU) die Auflösung des Parlaments, die dieser trotz anfänglicher verfassungsrechtlicher Bedenken verfügte. Er setzte Neuwahlen für den 6. März 1983 fest, die der neuen christlich-liberalen Regierungskoalition die erhoffte klare Mehrheit verschafften (CDU: 48,8 %, FDP: 7 %, SPD: 38,2 %, Grüne: 5,6 %).

VVN, S. 300

Vereinigung der Verfolgten des Naziregimes (gegründet 1947), die die Entschädigungsinteressen von Naziopfern vertreten und „antifaschistische Arbeit" leisten sollte.

Yom-Kippur-Krieg, S. 350

Nach einem ägyptisch-syrischen Überraschungsangriff auf Israel am 6. Oktober 1973, dem israelischen Versöhnungsfest Yom Kippur, stößt die israelische Armee weit auf ägyptisches und syrisches Gebiet vor und hält die Sinai-Halbinsel und die Golanhöhen besetzt. Auf Druck der UN, der USA und der Sowjetunion kommt es im November 1973 zu einem Teilrückzug der israelischen Truppen und zur Unterzeichnung eines Sechs-Punkte-Abkommens, das eine Truppenentflechtung vorsieht.

Zwangsbewirtschaftung, S. 275

Eingriff des Staates in das Wirtschaftsgeschehen, um unter Ausschaltung der freien Preisbildung am Markt die Preise und die Verteilung von in einer Volkswirtschaft knappen Gütern, Waren und Dienstleistungen zentral zu koordinieren.

Zwei-plus-Vier-Gespräche, S. 380

Verhandlungen zwischen den Außenministern der beiden deutschen Staaten und der vier Siegermächte seit Mai 1990 über die außenpolitischen Konsequenzen einer deutschen Vereinigung, die am 12. September 1990 mit der Unterzeichnung des Zwei-plus-Vier-Vertrags in Moskau endeten. Da der Vertrag zugleich die 1945 im Potsdamer Abkommen gestellte Forderung nach einer internationalen Friedensregelung erfüllte, wurde die bereits vereinbarte Anerkennung der polnischen Westgrenze nochmals bestätigt, was die polnische Regierung verlangt hatte.

Zunft, S. 70

Zusammenschluss städtischer Handwerker. Nur Meister, die Mitglieder der Zunft waren, durften das Handwerk ausüben und Gesellen und Lehrlinge beschäftigen. Die Zahl der Meister und der Umfang ihrer Produktion wurde begrenzt, so sicherten die Zünfte die Existenz ihrer Mitglieder und schützten sie vor Konkurrenz.

Auswahl wichtiger Internetadressen:

http://www.zum.de
Zentrale für Unterrichtsmedien im Internet e.V.
Nach Fächern geordnete Materialien und Links sowie Chatroom

http://www.schulweb.de/materialien/geschichte.html
Materialien und Projektvorschläge

http://documentArchiv.de
Dokumenten- und Quellensammlung zur deutschen Geschichte

http://historiker.de
„Nachrichtendienst für Historiker" mit zahlreichen Linksammlungen, Diskussionsforen, Artikeln aus Tageszeitungen und Magazinen sowie Hinweisen auf Bücher, CD-Rom, Videos sowie TV-Sendungen

http://bpb.de
Webseite der Bundeszentrale für politische Bildung mit umfangreichen Material, Veranstaltungs- und Filmhinweisen sowie Wettbewerbsausschreibungen

http://www.dhm.de/lemo/html/wk1/
Themenportal zum Ersten Weltkrieg mit zahlreichen Links

http://www.erster-weltkrieg.clio-online.de/
Themenportal zum Ersten Weltkrieg mit zahlreichen Links

http://www.revolution.historicum.net/
Die Französische Revolution - Themenportal von historicum.net

http://uni-wuerzburg.de/rechtsphilosophie/dns/index.html
Dokumente zur Geschichte des Nationalsozialismus

http://shoa.de
Zahlreiche Informationen, Dokumente und Links zur Geschichte des Holocaust

http://suchfibel.de
Online-Einführung in die Arbeit mit dem Internet mit vielen Hinweisen auf spezielle Suchmaschinen und Internetdienste

http://www.qantara.de
Ein Internetportal von der Bundeszentrale für politische Bildung (bpb), Deutsche Welle (DW), Goethe-Institut (GI) und Institut für Auslandsbeziehungen (ifa) zum Thema Islam.

http://www.congo2005.be
Englischsprachige Seite zum Thema belgische Kolonialherrschaft im Kongo.

http://www.krieg-film.de
Datenbank des Remarque-Friedenszentrum zu Kriegs- und Antikriegsfilmen.

Personenregister

Abdülhamit II. 407, 408

Abu Bakr (573–634) 404

Achard, Friedrich Carl 84

Acheson, Dean G. (1893–1971) 289, 294

Ackermann, Anton (1905–1973) 277

Adenauer, Konrad (1876–1967) 242, 273, 276, 281, 282, 283, 288, 289, 291, 292, 294, 295, 296, 298, 303, 322–324, 327, 338, 358, 394, 395, 396, 400, 453, 456, 457, 458

Afghani, Jamaladdin al- 428

Ahlers, Conrad (1922–1980) 324

Ahmad, Markam Muhammad 431

Akin, Fatih (geb. 1973) 439

Albrecht, Wilhelm Eduard (1800–1876) 103

Ali (um 600–661) 404

Amirpur, Katajun 438

Andropow, Juri W. (1914–1984) 286

Annan, Kofi (geb. 1938) 518

Arafat, Jassir (1929–2004) 413, 414, 423, 424, 440, 447

Arndt, Ernst Moritz (1769–1860) 51, 106, 108

Arnold, Karl (1901–1958) 272

Arsenje IV. 511

Atatürk (eigtl. Mustafa Kemal) (1881–1938) 408–410, 425, 447

Augstein, Rudolf (geb. 1923) 293, 324

Avnery, Uri (geb. 1923) 423

Axen, Hermann (1916–1992) 374

Baader, Andreas (1943–1977) 330, 351

Babeuf, Francois (1760–1797) 33

Bachmann, Ingeborg (1926–1973) 335

Bahr, Egon (geb. 1922) 326, 338, 344

Bahro, Rudolf (1935–1997) 346

Barnave, Antoine (1761–1793) 30

Barras, Paul-Francois-Jean-Nicolas de (1755–1828) 46, 48

Bartoszewski, Wladyslaw (geb. 1922) 399

Barzel, Rainer (geb. 1924) 343

Bastian, Gert (1923–1992) 353, 362

Baudouin I. (1930–1993) 542, 543, 552

Beaucamp, Eduard 392

Bebel, August (1840–1913) 134, 136

Beck, Ludwig (1880–1944) 240

Benes, Eduard (1884–1948) 260

Benz, Carl (1844–1929) 97

Berg, Fritz (1901–1979) 307, 309

Benz, Wolfgang 222

Berija, Lawrenti P. (1899–1953) 315

Bessemer, Sir Henry (1813–1898) 97

Beuys, Joseph (1921–1986) 353

Bevin, Ernest (1881–1951) 263, 274, 275

Bidault, Georges (1899–1983) 263, 275

Biermann, Wolf (geb. 1936) 335, 346, 401

Bin Laden, Osama (geb. 1957) 416, 432, 447

Bismarck, Otto (1815–1898) 88, 93, 120, 124, 125, 126, 127, 130, 131, 132, 133, 134, 136, 138, 141, 142, 143, 144, 159,167, 184, 244, 247, 364, 396

Blair, Tony (geb. 1953) 396, 475

Bloch, Ernst (1885–1977) 317

Blomberg, Werner von (1878–1946) 200

Bolz, Eugen Anton (1881–1945) 240, 241

Böll, Heinrich (1917–1985) 353

Bonhoeffer, Dietrich (1906–1945) 238

Bourdon 45, 46

Boutros-Ghali, Boutros (geb. 1922) 557

Bracher, Karl Dietrich (geb. 1922) 184, 200

Bradley, Richard 67

Brandt, Willy (1913–1992) 325, 327, 338–341, 344, 348, 352, 360, 396, 398, 400

Brauchitsch, Walter von (1881–1948) 240

Breschnew, Leonid I. (1906–1982) 286, 287, 344

Brettschneider, Harald 374

Breuer, Rita 436, 437

Briand, Aristide (1862–1932) 448, 450, 488

Broder, Henryk (geb. 1946) 424

Broeck, Henri van den (geb. 1936) 514

Broglie, Victor-Francois de (1718–1804) 22

Brüning, Heinrich (1885–1970) 179, 180, 181, 182, 183, 186, 187, 324

Brüsewitz, Oskar (1929–1976) 346

Bruyn, Günter de (geb. 1926) 320

Buchta, Wilfried 435

Buber, Martin (1878–1965) 202

Bubis, Ignaz (1927–1999) 246–247

Buback, Siegfried (1920–1977) 351

Bulatovic, Momor 507

Bunsen, Christian Karl Freiherr von (1791–1860) 115

Bush, George (geb. 1925) 419, 479, 538

Byrnes, James Francis (1879–1972) 264, 274

Calonne, Charles de 13, 18

Calvin, Johannes (1509–1564) 61

Cannstadt, Wilhelm Zais von 79

Carnegie, Andrew (1835–1919) 92

Carnot, Lazare-Nicolas-Marguerite (1753–1823) 44, 48

Cartwright, Edmund (1743–1823) 97

Ceaucescu, Nicolae (1918–1989) 493, 521

Cengic, Muhamed 509

Chamberlain, Arthur Neville (1869–1940) 216

Chamberlain, Houston Stewart (1855–1927) 198

Chamberlayne, John 68

Chevènement, Jean-Pierre 455

Chiang Kaishek (1887–1975) 524, 533, 560

Chirac, Jacques (geb. 1932) 166

Chruschtschow, Nikita S. (1894–1971) 300, 317, 318

Churchill, Winston Spencer (1874–1965) 224, 248, 249, 251, 252, 255, 257, 259, 289, 358, 451, 452, 506

Cixi (1835–1908) 524, 530, 531

Clay, Lucius D. (1897–1978) 271, 318
Clemenceau, Georges (1841–1929) 52, 164, 167
Clinton, Bill (geb. 1946) 514, 539
Collot d'Herbois 41, 44
Condé, Prinz 22, 28
Corday, Charlotte (1768–1793) 35
Corneille 27
Cosic, Dobrica 508
Coudenhove-Kalergi, Richard Graf (1894–1972) 448, 449
Courtois 44
Couthon 41, 42, 44, 45
Christian IX. (1818–1906) 130

Dahlmann, Friedrich Christoph (1785–1860) 103
Dahrendorf, Ralf (geb. 1929) 329, 340
Daimler, Gottlieb (1834–1900) 97
Daladier, Edouard (1884–1970) 216
Damm, Otto 107
Danton (1759–1794) 28
Dawes, Charles Gates (1865–1951) 163, 165
Defoe, Daniel (1669/70–1731) 67, 68
Delors, Jaques (geb. 1925) 460
Deng Xiaoping (1904–1997) 526, 527, 538, 540, 560
Derby, Joseph Wright of (1734–1797) 59
Derrida, Jacques 479
Desmoulins, Camille (1760–1794) 26, 38
Diderot, Denis (1713–1784) 14
Dittmann, Wilhelm (1874–1954) 154
Djindic 519
Dönitz, Karl (1891–1980) 218
Doyle, Arthur Conan (1859–1930) 549
Dubcek, Alexander (1921–1992) 336
Duesberg 80
Dühring, Eugen Carl (1833–1921) 192, 196, 198
Dulles, John Foster (1888–1959) 294
Durand-Maillane 45
Dürkefelden, Karl (1902–1964) 231, 233
Duschan, Stefan (1308–1355) 511
Dutschke, Rudi (1940–1979) 329

Ebert, Friedrich (1871–1925) 154, 155, 156, 157, 165, 169, 175
Edison, Thomas Alva (1847–1931) 97
Eichel, Hans (geb. 1941) 472
Eichmann, Adolf (1906–1962) 225, 230, 233
Eisenhower, Dwight D. (1890–1969) 252, 261
Eisenmann, Peter 392
Eisner, Kurt (1867–1919) 169, 198
Elser, Johann Georg (1903–1945) 238
Engels, Friedrich (1820–1895) 57, 88, 90, 93, 299
Ensslin, Gudrun (1940–1977) 330, 351
Eppler, Erhard 353
Erbakan 410
Erdogan, Tayyip 410
Erhard, Ludwig (1897–1977) 275, 303, 307, 309, 324, 325, 400, 456, 458, 461, 467
Ernst-August, König von Hannover 103
Erzberger, Matthias (1875–1921) 147, 169
Ewald, Heinrich (1803–1875) 103
Eyth, Max (1836–1906) 89
Ezzat, Heba Rouf 441–443

Fallersleben, August Heinrich Hoffmann von (1798–1874) 100
Fang Lizhi 537
Feng Kuei-Jen 528
Fischer, Joschka (geb. 1948) 502
Flehinger, Dr. Artur 225
Foda, Farag 431
Ford, Henry (1863–1947) 97
Forster, Georg (1754–1794) 56
Fouché, Joseph (1763–1820) 44, 46
Franco, Francisco (1892–1975) 216
Franklin, Benjamin (1706–1790) 16
Franz Ferdinand (1863–1914) 142
Franz Joseph I. (1830–1916) 143
Friedrich VII. Karl Christian (1808–1863) 130
Friedrich Wilhelm II. von Preußen (1744–1797) 30, 31
Friedrich Wilhelm IV. (1795–1861) 110, 114, 115, 122, 198
Frisch, Max (1911–1991) 335
Frowein, Jochen 500
Furet, Francois (1927–1997) 56

Gagern, Heinrich von (1799–1880) 109, 117
Galen, Clemens August Graf von (1878–1946) 238
Galilei, Galileo (1564–1642) 58
Garasani, Ilija (1812–1874) 503
Gaulle, Charles de (1890–1970) 242, 394, 396, 457, 458, 459, 463, 467, 473, 480
Gaus, Günter (1929–2004) 376
Gauss, Carl Friedrich (1777–1855) 97
Genscher, Hans-Dietrich (geb. 1927) 378, 397
Georgievski, Ljubico (geb. 1968) 518
Gervinius, Gottfried (1805–1871) 103
Ghaddafi, Muammar al- (geb. 1942) 412
Giolitti, Giovanni (1842–1928) 208
Gligorov, Kiro (geb. 1917) 507
Gobineau, Joseph Arthur Comte de (1816–1882) 198
Goebbels, Joseph (1897–1945) 229, 242
Goerdeler, Carl Friedrich (1884–1945) 238, 240
Goethe, Johann Wolfgang von (1749–1832) 246
Goldhagen, Daniel (geb. 1959) 197
Goltz, Karl Friedrich Graf von der (1815–1901) 127
Gorbatschow, Michael (geb. 1931) 286, 287, 375, 377, 378, 379, 381, 382, 383
Göring, Hermann (1893–1946) 201
Gouges, Olympe de (1748–1793) 21, 27
Grab, Walter 120
Graf, Willi (1918–1943) 238
Grass, Günter (geb. 1927) 327, 353, 371
Grimm, Jacob (1785–1863) 103
Grimm, Wilhelm (1786–1859) 103
Gröber, Konrad (1872–1948) 202
Groener, Wilhelm (1867–1939) 148, 149, 152, 155, 165
Grosz, George (1893–1959) 174, 175
Grosz, Karoly (geb. 1930) 378
Grotewohl, Otto (1894–1964) 272, 289
Guangxu (1871–1908) 524, 529, 531

Guevara, Ernesto Che (1928–1967) 329

Guillaume, Günter (1927–1995) 351

Gustav III. von Schweden (1746–1792) 31

Gysi, Gregor (geb. 1948) 502

Haas, Ludwig (1875–1930) 174

Haase, Hugo (1863–1919) 154, 198

Habermas, Jürgen (geb. 1929) 242, 479

Haffner, Sebastian (geb. 1907) 138

Hager, Kurt (1912–1998) 374, 382

Halder, Franz (1884–1972) 219

Haller, Christian 371

Halm, Heinz 423

Hansemann, David (1790–1864) 80

Hargreaves, James (um 1720–1778) 97

Harich, Wolfgang (1923–1995) 317

Havemann, Robert (1910–1982) 336, 401

Heartfield, John (1891–1968) 182

Hébert, Jacques René (1757–1794) 31

Hecker, Friedrich Karl Franz (1811–1881) 109

Hegel, Georg Wilhelm Friedrich (1770–1831) 51

Hein, Dieter 118

Heine, Heinrich (1797–1856) 105

Heine, Peter 429

Heinemann, Gustav (1899–1976) 189, 290, 338

Herzfelde, Wieland (1896–1988) 164

Herzog von Braunschweig (1771–1818) 32

Hennecke, Adolf (1905–1975) 274

Henriot 41

Herriot, Edouard 462

Hersch, Jeanne 52

Heuss, Theodor (1884–1963) 265, 273

Heydrich, Reinhard (1904–1942) 225, 226, 229

Heym, Stefan (1913–2001) 401

Himmler, Heinrich (1900–1945) 229, 230

Hindenburg, Paul von (1847–1934) 142, 147, 149, 153, 154, 163, 169, 175, 179, 181, 182, 183, 186, 187, 199, 200, 214

Hissou, Ahmad 432

Hitler, Adolf (1889–1945) 139, 170, 180, 181, 183, 184, 187–247, 392, 398, 491, 492

Hobsbawm, Eric (geb. 1917) 188, 256, 390

Ho Chi Minh (1890–1969) 329

Hoffmann, Heinz (1910–1985) 374

Hollweg, Bethmann 144, 148

Honecker, Erich (1912–1994) 336, 339, 345, 346, 348, 370, 373, 374, 377, 379, 401

Hoover, Herbert C. (1874–1964) 181

Horn, Guyla (geb. 1932) 378

Höß, Rudolf (1900–1947) 230, 233

Hourani, Albert 423

Huber, Kurt (1893–1943) 238

Hugenberg, Alfred (1865–1951) 169, 182

Hunt, Lynn 55

Huntington, Samuel P. (geb. 1927) 420, 430

Husak 346

Hüsgen, Eduard (1848–1912) 136

Hussein (626–680) 405

Hussein, Saddam (geb. 1937) 447, 475

Hussein von Jordanien 413

Inönü, Ismet 409

Irving, David (geb. 1938) 233

Izetbegovic, Alija (geb. 1925) 495, 507, 514

Jacoby, Johann (1805–1877) 127

Jakobsen, Hans-Adolf 222

Jens, Walter (geb. 1923) 371

Johann Erzherzog 111

Jordan, Wilhelm (1819–1904) 116, 122

Kabila, Laurent-Desiré (1939–2001) 546, 561

Kabila, Joseph (geb. 1971) 546, 561

Kadar, Janos (1912–1989) 346

Kahr, Gustav Ritter von (1862–1934) 186

Kahlau, Heinz (geb. 1931) 335

Kaiser, Jakob (1888–1961) 272, 292

Kang Youwei (1858–1927) 529

Kant, Immanuel (1724–1804) 50, 53, 448, 449, 450

Kapp, Wolfgang (1858–1922) 169, 186

Karadzic, Radovan (geb. 1945) 495

Karl I., Karl der Große (747–814) 48

Karl X. (1757–1836) 31

Kasavubu, Joseph (1915–1969) 544

Kelly, Petra (1947–1992) 353

Kennedy, John F. (1917–1963) 256, 287, 318, 322, 327, 343, 554

Kepel, Gilles 438, 440

Kermani, Navid 437

Kershaw, Ian 243

Keynes, John Maynard (188–1946) 325

Khatami, Mohammad 418, 435

Khomeini, Ayatollah (1900–1989) 417, 418, 433, 440

Kiesinger, Kurt-Georg (1904–1987) 325

Kissinger, Henry (geb. 1923) 474, 477

Klein, Cesar (1876–1954) 157, 161

Kocka, Jürgen (geb. 1941) 211, 213, 390

Kohl, Helmut (geb. 1930) 286, 358, 364, 365, 368, 369, 370, 372, 380, 383, 385, 395, 396, 398, 401, 460, 465

Kondratieff, Nikolai (1892–1938) 94–95

Konfuzius (551–479 v. Chr.) 522, 532, 533

Kostunica 519

Kotzebue, August von (1761–1819) 99

Krenz, Egon (geb. 1937) 375, 379

Kroetz, Franz Xaver (geb. 1946) 377

Krone, Heinrich (1895–1989) 322

Krug, Manfred (geb. 1937) 346

Krupp, Alfred (1812–1887) 89, 92

Krupp, Friedrich (1787–1826) 97

Kucan, Milan (geb. 1941) 507

Kunert, Günter (geb. 1929) 346

Lagarde, Paul Anton de (1827–1891) 192

Lambsdorff, Otto Graf (geb. 1926) 354, 355

Landes, David S. (geb. 1924) 69, 96

Landsberg, Otto (1869–1957) 154

Lassalle, Ferdinand (1825–1864) 134

Lazar 510, 511

Lebas 45

Leber, Julius (1891–1945) 237

Lebrun 43

Legendre 46

Legien, Karl (1861–1920) 155
Lemberg, Eugen 107, 108
Lemrini, Amina 436
Lenin, Wladimir I. (1870–1924) 299, 358
Lenk, Kurt (geb. 1929) 53
Leopold II. 542, 543, 547, 548, 550, 552
Lepsius, M. Rainer 454
Leuschner, Wilhelm (1890–1944) 237
Lewald, Fanny (1811–1889) 115, 122
Lichtenberg, Bernhard (1875–1943) 237
Liebig, Justus von (1803–1873) 71, 74, 82, 85, 97
Liebknecht, Karl (1871–1919) 134, 147, 154, 155, 156, 157, 165, 329
List, Friedrich (1789–1846) 70
Liu Shaoqi (1898–1969) 534
Livingstone, David (1813–1873) 542, 550
Lloyd George, David (1863–1945) 164
Lloyd, John S. (1904–1978) 295
Löbe, Paul (1875–1967) 393
Loest, Erich (geb. 1926) 346
Lossow, Otto von (1868–1938) 170
Loth, Wilfried (geb. 1948) 256
Ludendorff, Erich (1865–1937) 142, 147, 149, 153, 170
Ludwig XVI. (1754–1793) 13, 17, 18, 20, 21, 26, 28, 29, 30, 31, 32, 33, 34
Ludwig XVII. (1785–1795) 31
Lumumba, Patrice (1925–1961) 544, 550, 551, 552, 561
Lüthy, Herbert 52
Lüttwitz, Walter von (1859–1942) 186
Lutz, Dieter (1949–2003) 501
Luxemburg, Rosa (1870–1919) 147, 154, 155, 156, 157, 165, 198, 329

Mably 27
Maier, Reinhold (1889–1971) 273
Maizière, Lothar de (geb. 1940) 380
Malenkow, Georgi M. (1902–1998) 315
Mankell, Henning (geb. 1948) 557
Mann, Golo (1909–1994) 282
Mao Zedong (1893–1976) 284, 329, 524, 525, 526, 527, 532, 533, 534, 535, 538, 540–541, 560

Marat, Jean-Paul (1743–1793) 27, 31, 35, 53, 103
Markovic, Ante (geb. 1924) 495
Marr, Wilhelm (1819–1904) 198
Marshall, George C. (1880–1959) 250, 255, 263, 275
Marx, Karl (1818–1883) 53, 57, 88, 90, 93, 299
Matteotti, Giacomo (1885–1924) 209, 215
Mattheuer, Wolfgang (geb. 1927) 345, 348, 388
Matuz, Josef 425
Maududi, Abdul (1903–1979) 415, 429
Mauperthuy, Orry de 26
Max, Prinz von Baden (1867–1929) 149, 153, 154, 157
Maybach, Wilhelm (1846–1929) 97
Mazowiecki, Tadeusz (geb. 1927) 398, 399, 471
Mbeki (geb. 1942) 555
Meinhof, Ulrike (1934–1977) 330, 351
Menderes, Adnan (1899–1961) 410
Mengele, Josef (1911–1979) 227
Meri, Lennart 472
Merlin (de Thionville) 46
Metternich, Clemens Fürst (1773–1859) 98, 100, 101, 102, 108, 110, 119, 164
Miegel, Meinhard (geb. 1939) 369
Mielke, Erich (1907–2000) 316, 374
Milosevic, Slobodan (geb. 1941) 496, 502, 507, 508, 509, 510, 514, 516, 517, 519
Mitscherlich, Alexander (1908–1982) 326
Mitscherlich-Nielsen, Margarete (geb. 1917) 308, 309, 326
Mittag, Günter (1926–1994) 3374
Mitterand, Francois (1916–1996) 368, 383, 395, 396, 398, 460, 465
Mobutu Sese-Seko (1930–1997) 544, 545, 546, 554, 561
Modrow, Hans (geb. 1928) 380, 383
Mohammed (um 570–632) 402, 403, 404, 415, 431, 447
Molotow, Wjatscheslaw M. (1890–1986) 249, 263, 315
Moltke, Helmut James Graf von (1907–1945) 238
Monnet, Jean (1888–1979) 452, 453, 456, 480

Montazeri, Ali Hossein (geb. 1922) 435
Montesquieu, Charles de Secondat (1689–1755) 14, 49
Müller, Armin (geb. 1928) 335
Müller-Armack, Alfred (1901–1978) 280
Mussolini, Benito (1883–1945) 164, 207, 209, 210, 211, 215, 216, 218, 237, 244, 491
Mustafa Resit Pascha 406

Napoleon Bonaparte (1769–1821) 43, 48, 49, 54, 55, 57, 70, 83, 84, 98, 99, 103, 123, 138, 396, 447
Nasser, Gamal Abd-el (1918–1970) 411, 446, 493
Necker (1732–1804) 13, 21, 23
Nefiodow, Leo A. (geb. 1939) 94–95
Nehru, Jawaharlal (1889–1964) 493
Newcomen, Thomas (1663–1729) 97
Niemöller, Martin (1892–1984) 238
Nipperday, Thomas (geb. 1927) 55, 244
Nitti 208
Nolte, Ernst 213
Noske, Gustav (1868–1946) 156, 165

Oberländer, Heinrich 93
Ohnesorg, Benno (1941–1967) 329
Osterhammel, Jürgen 533

Packard, Vance (geb. 1914) 308, 309
Palacky, Frantisek 449, 450
Papen, Franz von (1879–1969) 180, 181, 187
Papst Leo XIII. (1878–1903) 93, 240
Papst Pius VI. (1717–1799) 21
Papst Pius XII. (1876–1958) 237
Pechstein, Max (1881–1955) 160, 161
Peukert, Detlev 239, 241
Pfahl-Traughber, Armin 431
Pfizer, Paul (1801–1867) 102, 108
Pieck, Wilhelm (1876–1960) 272, 283, 289, 295
Pitt, William d. J. (1759–1806) 64
Pleven, René (geb. 1901) 290, 294, 457
Ponto, Jürgen (1922–1977) 351
Popovic, Nenad 515, 517
Preuß, Hugo (1860–1925) 158

Qianlong (1710–1789) 522, 528
Qureshi, Emran 440–443
Qutb, Sayyid (1906–1966) 415, 430

Rapacki, Adam (1909–1970) 323
Rathenau, Walther (1867–1922)
　169, 171, 198
Razumovsky, Dorothea Gräfin 504,
　518
Reagan, Ronald W. (geb. 1911) 286,
　364, 474
Rebentisch, Ernst 223
Rebmann, Georg Friedrich
　(1768–1824) 50
Rees, Laurence 205
Reichardt, Rolf 57
Reimann, Max (1898–1977) 273
Reis, Philipp (1834–1874) 97
Reitter, Heinrich 117
Reuter, Jens 506
Rickman, John (1771–1840) 66
Ritter, Gerhard 51
Robespierre (1758–1794) 35, 37, 38,
　41, 42, 43, 44, 45, 46, 47, 103
Roger-Ducos 49
Rohder, Felicitas 515
Röhm, Ernst (1887–1934) 203
Roosevelt, Franklin Delano
　(1882–1945) 224, 248, 251, 252,
　294
Rousseau, Jean Jacques
　(1712–1778) 27
Roux, Jacques 34
Roy, Olivier 432
Ruge, Arnold (1802–1880) 117, 122
Rugova, Ibrahim (geb. 1944) 496

Sadat, Anwar as (1918–1981) 416
Saint-Just, Antoine de (1767–1794)
　41, 44, 45
Saint-Pierre, Charles Francois 448
Saint-Victor, Paul de 167
Sand, Carl Ludwig (1795–1820) 99
Schabowski, Günter (geb. 1929)
　347
Scheel, Walter (geb. 1919) 338
Scheidemann, Philipp (1865–1939)
　154, 156, 163, 164
Schelsky, Helmut (1912–1984) 305
Schiller, Friedrich (1759–1805) 247
Schiller, Karl (1911–1994) 325, 331
Schiwkow (1911–1998) 346
Schlange-Schöningen, Hans
　(1886–1960) 273, 279

Schleicher, Kurt von (1882–1934)
　181, 187
Schleyer, Hanns-Martin (1915–977)
　351, 355, 356
Schmid, Carlo (1896–1979) 281,
　282, 292
Schmidt, Helmut (geb. 1918) 351,
　352, 353, 355, 356, 357, 364, 367,
　368, 400, 464, 477
Schmidt, Karl Ludwig 202
Schmitt, Eberhard 54
Schmorell, Alexander (1917–1943)
　238
Scholl, Hans (1918–1943) 238
Scholl, Sophie (1921–1943) 238
Schröder, Gerhard (geb. 1944) 166,
　396, 401
Schröder, Richard (geb. 1943) 392
Schulenburg, Friedrich Werner
　Graf von der (1875–1944) 238
Schulin, Ernst 57
Schulze, Hagen (geb. 1943) 391
Schulze, Reinhard 429
Schumacher, Kurt (1895–1952) 272,
　278, 288, 289, 303
Schuman, Robert (1886–1963) 480
Schumann, August 85
Seeckt, Hans von (1866–1936) 169,
　170
Sen, Faruk 438
Sethe, Paul 53
Sharon, Ariel 413
Shdanow, Andrej (1892–1948) 254,
　255
Siebenpfeiffer, Philipp Jakob
　(1789–1845) 103, 104, 105
Siemann, Wolfram 119
Siemens, Werner von (1816–1892)
　91, 97
Sieyés, Emmanuel de (1748–1836)
　13, 18, 43, 49
Sindermann, Horst (1915–1990)
　374
Smith, Adam (1723–1790) 61, 65, 69
Soboul, Albert 52
Sokolowski, Wassili (1897–1968)
　276
Sommer, Theo (geb. 1930) 376
Sorgenicht, Klaus 301
Spaak, Paul-Henri (1899–1972) 457
Springer, Axel (1912–1985) 329
Stalin, Josef W. (1879–1953) 224,
　248, 249, 251, 253, 254, 257, 259,
　263, 275, 289, 291, 295, 298, 299,

300, 310, 313, 315, 317, 492, 493,
　506, 510, 520
Stanley, Henry Morton (1841–1904)
　542, 547, 550
Stauffenberg, Claus Graf Schenk
　von (1907–1944) 238, 241
Stein, Lorenz von (1815–1890) 51
Stepinac, Alojzije 505
Stern, Fritz 387, 390
Stinnes, Hugo (1870–1924) 155
Stoecker, Adolf (1834–1909) 192
Stoudmann, Gérard 516
Strauß, Franz Josef (1915–1988)
　324, 325, 368, 373
Steinbach, Udo 425
Stresemann, Gustav (1878–1929)
　163, 164, 169, 176
Struve, Gustav (1805–1870) 132
Sufflay, Milan 503
Sully, Maximilien (1560–1641) 448
Sun Yatsen (1866–1925) 524, 533
Sundhausen, Holm 509, 512

Talleyrand, Charles Maurice de
　(1754–1838) 49
Tallien 44, 45, 46
Taylor, Frederick Winslow
　(1856–1915) 83
Thaer, Oberst von 152
Thaer, Albrecht (1752–1828) 78
Thatcher, Margaret (geb. 1925)
　364, 383, 459, 463, 464, 467
Thomas, Sidney Gilchrist
　(1850–1885) 97
Thorn, Gaston (geb. 1928) 464
Thumann, Michael 425
Tibi, Bassam 438
Tito, Josip Broz (1892–1980) 493,
　494, 518, 520
Tresckow, Henning von
　(1901–1944) 241
Trotzki, Leo (1879–1940) 329, 358
Truman, Harry S. (1884–1972) 250,
　252, 259, 271, 283, 287
Tudjman, Franjo (1922–1999) 495,
　507, 509, 514
Turgot, Jacques (1727–1781) 13, 17

Ulbricht, Walter (1893–1973) 272,
　298, 299, 301, 316–318, 336, 345,
　400

Vanec 46

Veen, Hans-Joachim (geb. 1944) 388

Verheugen, Günter (geb. 1944) 471

Viebahn, Georg von (1840–1915) 78

Viktor Emanuel III. (1869–1947) 207

Virchow, Rudolf (1821–1902) 134

Vogt, Carl (1817–1895) 119

Vovelle, Michel 54

Walesa, Lech (geb. 1943) 472

Walser, Martin (geb. 1927) 246–247

Watt, James (1736–1819) 60, 97

Weber, Eduard (1804–1891) 103

Weber, Wilhelm Eduard (1804–1891) 97

Wehler, Hans-Ulrich (geb. 1931) 122, 188, 197, 244, 427, 479

Wehner, Herbert (1906–1990) 396

Wei Jingsheng 539

Weizsäcker, Friedrich von (geb. 1912) 353

Werden, Hugo von 89

Wernher 116, 122

Westarp, Kuno Graf von (1864–1945) 150

Wiedemann, Charlotte 435

Wiens, Paul (1922–1982) 335

Wilhelm I. (1797–1888) 124, 126, 132, 134, 166, 167

Wilhelm II. (1859–1941) 140, 142, 143, 144, 147, 149, 154, 165

Wilke, Arthur 80

Willikens, Werner 205, 206

Wilms, Dorothee (geb. 1929) 370

Wilson, Thomas Woodrow (1856–1924) 149, 150, 152, 153, 162, 164

Winkler, Heinrich August (geb. 1938) 120, 188, 245, 391

Wirth, Johann Georg August (1798–1848) 105

Wright, Orville (1871–1948) 97

Wright, Wilbur (1867–1912) 97

Wuermeling, Franz-Josef (1900–1986) 309

York von Wartenburg, Peter Graf von (1904–1944) 238

Young, Arthur (1741–1820) 48, 66

Young, Owen D. (1874–1962) 231, 235

Zakariya, Fuad 431

Zayd, Nasr Hamid Abu (geb. 1943) 431

Zeiss, Carl (1816–1888) 55

Zetkin, Clara (1857–1933) 96

Ziegert 116, 122

Zwahr, Hartmut 387, 388

Sachregister

Abbasiden 447
ABC-Waffen 457
Abgeordnete 22, 27
Abkommen von Ochrid 497
Absatzmarkt 61, 64, 256, 473
Absolutismus 57, 114, 115, 213, 391
Abtreibung (§ 218) 341, 360
Adel/Adlige 13, 16, 17, 21, 22, 27, 36, 38, 39, 41, 56, 59, 61, 68, 109, 133, 137, 208
Adelsprivilegien 21, 52
Adelsrevolte 13
Adria 491
Afghanistan 153, 285, 346, 416, 419, 429, 447, 475, 479
Afrika/Afrikaner 58, 64, 145, 209, 217, 224, 522, 542 – 559
Afrikanische Union 555
Ägäis 490
Agrarpolitik 458, 459, 475
Agrarrevolution 532
Agrarstaat 133
Agrarsubvention 394, 395, 459, 469, 470
Agrarverfassung 70
Agrarwende 83
Agrikultur 82
Ägypten 153, 254, 290, 406, 411, 412, 414, 415, 423, 446, 521
Ägyptenfeldzug (1798 – 1802) 43, 406, 447
Aktien 73, 80
Aktiengesellschaft 73, 80, 83
Aktienwesen 73
Aktionsrat zur Befreiung der Frau 360, 362
Aktivist 274, 313
Aktivbürger 26, 29
Albanien/Albaner 253, 300, 489, 491, 492, 493, 503, 504, 520, 521
Algerien 412, 420, 447
Alldeutscher Verband 193
Alleinvertretungsanspruch der BRD 325, 326
Allgemeiner Deutscher Arbeiterverein 141
Allah 404
Allianz für Deutschland 380, 401
Alliierte 149, 162, 176, 208, 209, 215, 217, 224, 248, 249, 258, 262, 269, 272, 323, 408, 525, 543

Alliierter Kontrollrat 258, 276, 283
Al-Qaida 416, 417, 446, 447
Altersteilzeitgesetz (1989) 367
Amerika 16, 64, 69
Amselfeld (Schlacht auf dem –; 1389) 508, 510 – 511, 515
Amsterdam 469
Anatolien 408
Ancien Régime 52, 54, 56
Angebotsorientierte Wirtschaftspolitik 351, 365
Angola 285, 545
Anjou 36
Ankara 408
Annexion 148, 150, 216, 250, 491
Antifaschistisch-demokratischer Block 272, 301, 302
Antifranzösisches Bündnis Preußen/Österreich 28
Anti-Trust-Gesetzgebung 75
Anti-Hitler-Koalition 217, 248, 298
Antisemitismus 137, 191 – 198, 209, 225, 274
Appeasement-Politik 216, 224
Araber 411, 423
Arabischer Nationalismus 411, 415, 446
Arabischer Sozialismus 411, 412
Arbeiterbewegung 134, 200, 202, 254
Arbeiterklasse 147, 184, 278, 299
Arbeiterkultur 134
Arbeiterorganisationen 93
Arbeiterräte 154, 156, 157
Arbeiterschaft 88, 134, 141, 323, 524
Arbeitslosigkeit 176 – 178, 181, 202, 206, 208, 303, 325, 340, 350, 351, 353, 354, 365, 377, 385, 388, 420, 466
Arbeitsnorm 313, 315, 319
Arbeitszeit 86, 93
Arbeitszeitgesetz (1994) 367
„Arierparagraph" (1933) 236
Aristokratenpartei 23
Aristokratie 14, 27, 39, 52, 56, 61
Armenien 149, 408
Asien 64, 145, 248, 477, 490, 504, 522, 527, 544
Asyl 154
Atheismus 302

Atlantik-Charta (1941) 248, 251
Atombombe 224, 284, 457, 544
Atomenergie 360
Atommacht 527
Atomwaffen 291, 323, 353, 541
Atomwaffensperrvertrag (1968) 285
Attentat (20. Juli 1944) 238, 241
Attentat von Sarajevo (1914) 142, 143, 145, 153, 491, 510, 520
Aufbau Ost 386, 389
Aufklärung 54, 117
Aufrüstung 137, 286, 300, 350, 456, 474
Auschwitz 188, 225 – 236, 246, 247, 500
Außenzoll 458
Außerparlamentarische Opposition (APO) 328 – 333, 338, 344, 350, 393, 400
Auswanderer 99
Authentizitätsbewegung 544
Automobilbau 73, 97, 311
Autorität 14 – 15, 98

Babyj Yar 229, 233
Baden 70, 99, 114, 123, 124, 126, 132
BAföG (Bundesausbildungsförderungsgesetz 1971) 340
Bagdad 447
Balkan 142, 217, 224, 252, 394, 407, 408, 420, 448, 489 – 521
Balkankriege (1912/13) 491
Balkankriege (1991 – 1999) 476
Ballhausschwur (1789) 21, 22, 23
Baltikum 149, 193
Bankenwesen 73, 74, 192
„Barbaren" 522, 523, 529, 531
Basisdemokratie 32
Bastille (Sturm auf die –) 21, 23, 24, 27, 52
Batavische Republik 43
Bauern 16, 36, 41, 59, 84, 105, 111, 208, 469, 522, 523, 524, 531, 532
Bauernbefreiung 70, 110
Bauernunruhen („Grande Peur") 21, 24, 25
Baumwollindustrie 72, 89
Baumwollspinnerei 59, 60, 84
Bayern 54, 79, 105, 126, 164, 186, 260, 276, 310, 339

Beamte 110, 208
Befreiungsbewegung 490
Befreiungstheologie 430
Beijing (Peking) 522, 524, 528, 532, 535, 541, 560
Belgien 43, 70, 77, 78, 80, 100, 105, 123, 142, 144, 145, 163, 224, 254, 453, 456, 458, 463, 475, 542, 543, 547, 552, 554, 555, 561
Belgisch-Kongo 542
Belgrad 254, 489, 497, 506, 515, 516, 519
Benelux-Länder 217, 276, 454, 457, 458
Bergbau 77, 81, 543
Berlin 84, 85, 110, 115, 122, 123, 132, 148, 156, 189, 258, 285, 300, 318, 334, 335, 349, 353, 378, 387, 392, 396
Berliner Blockade (1948/49) 276, 283
Berliner Deklaration (1945) 258, 263
Berliner Kongress (1878) 490, 491, 510, 520
Berliner Mauer 285, 315–322, 334, 335, 337, 378, 379, 400, 401
Berliner Republik 385–389
Bernburg 234
Besatzungsgebiet 249
Besatzungsmacht 259, 260, 261, 288
Besatzungszone 258, 273, 274, 282
Beschäftigungsförderungsgesetz (1985) 367
Beschwerdehefte 13, 20
Betriebliche Mitbestimmung 307, 340
Betriebsverfassungsgesetz 303, 340
Bevölkerungsentwicklung 16, 61, 66, 76, 77, 88, 516
Bevölkerungswachstum 59, 85, 137
Bewegung der Nichtpaktgebundenen Staaten (Blockfreie Staaten) 493, 521
Bewegungskrieg 142
Bildung 74, 171, 329, 335, 340, 425
Bildungsexpansion 335, 340
Binnengrenze 457
Binnenmarkt 460, 466, 488
Binnennachfrage 68
Binnenzoll 21, 70, 458, 459
Blasphemie 15

Blut- und Eisenpolitik 125, 127
Bodenreform 208, 274, 279
Bodenschätze 543, 544, 545, 546, 553, 555
Böhmen 32, 113, 260
Bonn 395
Börsenkrach 176, 186
Bosnien/Bosnier 142, 153, 489, 490, 491, 496, 503, 512, 514, 557
Bosnien-Herzegowina 474, 491, 494, 495, 496, 499, 509, 512, 514, 518, 520, 521
Bosporus 407, 490
Bourgeoisie 52, 90
Boxer-Aufstand (1900) 524, 531, 560
Brandenburg 234
Braunschweig 100
Breschnew-Doktrin 286, 378
Bretagne 35, 36, 38, 43
Brot 46, 47
Brotknappheit 23
Brüssel 120, 426
Brüsseler Kompromiss (1966) 488
Brüsseler Friedenskongress (1848) 120
Bulgarien/Bulgaren 152, 250, 253, 300, 426, 427, 468, 489, 490, 491, 492, 493, 504, 506, 520, 521
Bund der Landwirte (BdL) (1893) 133, 141, 193
Bundesakte 99, 119
Bundesrat 126
Bundesrepublik Deutschland (BRD) 260, 273, 276, 283, 284–297, 303–311, 312, 317, 322, 323–333, 334, 338–344, 348, 349, 350–357, 360–372, 377, 379, 384, 391, 394–401, 456, 457, 459, 473, 480, 501
Bundestag 98, 111, 130, 153, 171, 280, 353, 361, 364, 400
Bundestagswahl 276, 283, 326, 338
Bundesverfassungsgericht 360, 484
Bundesverband Bürgerinitiativen Umweltschutz (BBU) 360
Bundesversorgungsgesetz (1950) 303
Bündnisfall (NATO) 474
Bürgergarde 21
Bürgerinitiativen 360, 361
Bürgerkönigtum 100, 109

Bürgerkrieg 29, 110, 114, 123, 154, 250, 493, 495, 521, 524, 541, 544, 545, 560
Bürgerrechte 27, 78, 105, 119, 198
Bürgertum 41, 51, 54, 61, 110, 123, 124, 208, 215, 306, 313
Bürgerwehr 109, 130
Burschenschaft 99, 101, 106, 108
Burundi 502, 556
Byzanz 447, 489, 490, 503

Calbe 310
Calvinismus 61
Cambrai 23
CARE (Cooperative for American Remittances to Europe) 270–271
Carmagnole 33
Casablanca 248
Centralverband Deutscher Industrieller (1876) 133
Centralverband deutscher Unternehmer 141
Chantilly 23
Charta der deutschen Heimatvertriebenen (1950) 268, 269
Charta der Grundrechte der Europäischen Union (2000) 482, 483, 484
Chemieindustrie 73, 312
Chemnitz 84, 85
China 58, 69, 254, 284, 378, 398, 476, 479, 500, 522–541, 560
Christentum 106, 273, 404, 426, 430, 489
Christlich Demokratische Union (CDU) 272, 274, 275, 281, 288, 299, 323, 325, 332, 338, 353, 369
Christlich-Soziale Arbeiterpartei 192
Christlich-Soziale Union (CSU) 275, 288, 323, 325, 338, 369
Cisalpinische Republik 43
Club of Rome 94, 350
Coltan 546, 556, 557
Cruise-Missile-Marschflugkörper 286, 352

Dampfmaschine 60, 72, 80, 82, 95, 97
Dänemark 112, 125, 130, 131, 132, 144, 186, 217, 224, 459, 460, 467, 468, 469, 488
Dauphiné 25
Dawes-Plan 163, 165

Deflationspolitik 181
Deklaration von Pillnitz (1791) 28, 30
Demilitarisierung 259, 262, 289
Demokraten 111, 120
Demokratie 14, 39, 70, 120, 154, 155, 168, 185, 188, 210, 211, 249, 319, 333, 339, 342, 360, 387, 389, 417, 424, 428, 430, 440, 446, 451, 455, 471, 493, 502, 537, 558
Demokratie Jetzt 384
Demokratische Bauernpartei Deutschlands (DBD) 299, 300
Demokratischer Aufbruch 379
Demokratischer Frauenbund Deutschlands (DFD) 300
Demokratischer Sozialismus 537
Demokratisierung 57, 156, 259, 409
Demonstrationen 315, 323, 329, 353, 360, 379, 380
Demontage 249, 274, 289, 312
Denunziantentum 203
Deportation 225, 226, 228, 236, 408
Despotismus 29, 39, 41, 44
Deutsch-dänischer Krieg (1864) 130, 132
Deutsche Demokratische Partei (DDP) 156, 165, 169, 172, 177
Deutsche Demokratische Republik (DDR) 274, 276, 287, 288, 298 – 302, 310, 312 – 322, 325, 333, 334 – 337, 338, 343, 345 – 349, 351, 368, 370, 371, 373 – 391, 400, 401, 465
Deutsche Kommunistische Partei (DKP) 330
Deutsche Konservative Partei 134, 135, 147, 150
Deutsche Partei (DP) 288
Deutsche Volkspartei (DVP) 156, 169, 172, 177
Deutscher Arbeiterverein 134
Deutscher Bund 78, 98, 99, 100, 101, 111, 119, 123, 125, 130, 132
Deutscher Flottenverein 137
Deutscher Gewerkschaftsbund (DGB) 307, 309
Deutscher Herbst 351, 352, 353, 401
Deutscher Kriegerbund 140
Deutscher Press- und Vaterlandsverein 105
Deutscher Zollverein (gegr. 1834) 70, 83, 124, 126, 130, 132

Deutsches Reich (1871) 124, 128, 129, 139
Deutsches Rotes Kreuz (DRK) 557
Deutsch-französischer Krieg (1870/71) 126, 132, 140, 428
Deutschkonservative Partei 133
Deutschland 70, 71, 72, 77, 78, 79, 83, 104, 105, 106, 109 – 123, 124 – 187, 188 – 247, 248 – 283, 284 – 401, 420, 449 – 467, 469, 475, 492, 493, 496, 515, 520
Deutschland-Vertrag (1952) 291, 292
Deutschnationale Volkspartei (DNVP) 156, 163, 169, 172, 180, 183, 184, 199, 200
Deutschnationaler Handlungsgehilfenverband (DNHV) 193, 197
Dezentralisierung 259
Dialog der Kulturen 422
Dienstbotenwesen 87
Diktatur 199 – 215, 242, 468, 539
Direktorialregierung 48
Direktorialverfassung 47
Dividende 75
Dolchstoßlegende 163, 184
Donau 104
Dreiklassenwahlrecht 132, 134, 141, 149
Dreikaiserabkommen 153
Drei-Stufen-Plan 384
Dresden 84, 85
Dritte Welt 526
Drittes Reich 188 – 247, 393
Dritter Stand 13, 16, 18, 19, 23
Druckindustrie 84
Dschihad 416
Düsseldorf 136

Eden-Vertrag (1786) 64, 69
Einheitliche Europäische Akte (EEA) 460
Einheit von Wirtschafts- und Sozialpolitik 345, 347, 348, 373, 401
Einigungskrieg 448
Einigungsvertrag (1990) 380
Eisenbahnbau 72, 80, 86, 97
Eisenbahngesellschaft 75
Eisenhüttenstadt 310
Eisenindustrie 60
Eiserner Vorhang 249, 252, 255, 377, 378, 471
Einwanderung 422
El-Alamein 218

Elbe 104
Elektrizität 59, 72, 80, 82, 94
Elektroindustrie 72, 73, 75, 312
Elfenbein 542
Elsass 119
Elsass-Lothringen 126, 132, 142, 149, 162, 164, 167
Elysée-Vertrag (1963) 394
Emigranten 30, 51
Emigrantenarmee 28
Emser Depesche 126
Enclosure-Bewegung (Einhegungen) 59, 66
Energiequelle 61
Entcristianisierung 35
England 16, 59, 61, 64, 68, 69, 72, 77, 80, 89, 90, 100, 103, 109, 120, 124, 142, 150, 153, 164, 216, 217, 218, 224, 245, 254, 255, 396, 453, 462, 523
Entnazifizierung 259, 265, 269, 274
Entente cordiale (1904) 142, 153, 491
Entstalinisierung 317, 334, 336
Entvölkerung 548
Erklärung der Menschen- und Bürgerrechte (1789) 21, 26, 54, 55, 245
Erklärung der Rechte der Frau und Bürgerin (1791) 21, 27
Ermächtigungsgesetz 199, 200, 214, 329
Erster Arabisch-Israelischer Krieg (1948/49) 411
Erster Weltkrieg (1914 – 1918) 54, 72, 130, 139, 142 – 153, 161, 163, 173, 197, 198, 212, 216, 221, 244, 264, 390, 408, 411, 412, 448, 452, 491, 520
Essen 97
Estland 472
„Ethnische Säuberung" 448, 494, 515
Ethnische Vielfalt 489
EU-Beitritt 469, 470
Euro (Währung) 460, 466, 488
Europa/Europäer 38, 48, 51, 54, 55, 56, 58, 64, 69, 83, 98 – 123, 145, 188, 193, 224, 249, 276, 285, 287, 288, 291, 294, 295, 298, 354, 362, 368, 371, 379, 385, 390, 394, 396, 406, 407, 408, 414, 420 – 422, 425, 427, 428, 429, 448 – 488, 490, 502,

504, 518, 521, 522, 523, 531, 542, 545, 552, 561

Europäische Atomgemeinschaft (EAG) 289, 457, 460, 488

Europäische Bewegung 451

Europäische Gemeinschaft (EG) 242, 460, 462, 463, 465, 468, 477, 488, 513

Europäische Identität 454 – 455

Europäische Kommission 480, 481, 482

Europäische Konvention zum Schutz der Menschenrechte und Grundfreiheiten (1950) 451, 488, 500

Europäischer Gerichtshof für Menschenrechte 451, 480, 481

Europäisches Parlament 460, 480, 482

Europäisches Währungssystem (EWS) 459, 464

Europäische Union (EU) 387, 388, 394, 395, 396, 397, 410, 411, 424, 425, 426, 427, 428, 440, 454, 460, 462, 468 – 479, 483, 484, 488, 495, 518, 561

Europäische Verteidigungsgemeinschaft (EVG) 290, 291, 292, 457, 462, 467

Europäische Wirtschaftsgemeinschaft (EWG) 289, 410, 457, 458, 459, 460, 463, 464, 480, 488

Europäische Zentralbank 460, 466

Europa-Kongress (1948) 451, 452

Europarat 289, 410, 451, 452, 468, 470, 471, 475, 477, 478, 481, 482, 483, 488

European Free Trade Association (EFTA) 458

Europol 480

„Eurosklerose" 459, 464

Euthanasie 234 – 235, 236

Exekutive 128, 133, 418

Exil 545, 561

Expansionskrieg 448

Expansionspolitik 409, 490

Export 68

Familie 15, 53, 171

Faschismus 169, 207, 209, 210, 211, 212, 215, 243, 251, 263, 492, 502

Felsendom 413, 415

Feministischer Islam 419, 440

Feudalabgaben 13, 25, 55

Feudalgesellschaft 133

Feudalismus 52, 213

Feudalrechte 35

Feudalsystem 21, 25

Feuillants 28

Finnland 149, 253, 254, 468, 488

Fleurus 35

Flottengesetz (Erstes und Zweites) 141

Flüchtlinge 318, 321, 322, 378, 401, 495

Flugschriftenkampagne 13

Föderalisierung 387

Formierte Gesellschaft 324

Fortschrittliche Volkspartei (Fortschrittspartei; 1861) 126, 134, 135, 141, 147, 169

Frankfurt 98, 125, 130, 132, 396

Frankfurter Dokumente 276, 283

Frankfurter Paulskirche 111 – 114, 120, 123, 132, 198

Frankreich 8 – 57, 64, 68, 69, 70, 77, 78, 79, 80, 98, 100, 101, 109, 113, 120, 123, 124, 126, 132, 134, 139, 142, 144, 145, 147, 149, 162, 163, 164, 167, 193, 216, 217, 218, 224, 245, 249, 254, 255, 259, 260, 265, 289, 296, 380, 383, 387, 394 – 396, 397, 406, 411, 420, 428, 437, 446, 449 – 465, 474, 475, 480, 492, 496, 515, 520, 529, 554, 560

Französische Republik 49

Französische Revolution 8 – 57, 98, 99, 105, 108, 242

Frauenarbeit 87

Frauenbewegung 133, 360

Frauen-Clubs 39

Frauenquote 360

Freie Demokratische Partei (FDP) 273, 275, 288, 324, 325, 328, 338, 353, 354, 364, 369

Freie Deutsche Jugend (FDJ) 300, 302

Freier Deutscher Gewerkschaftsbund (FDGB) 300

Freihandel 133

Freihandelszone 480

Freiheitsbewegung 100, 103, 112

Freikorps 156, 165, 169, 186, 214

Friede von Basel (1795) 43

Friede von Camp David (1979) 412, 413

Friede von Campo Formio (1797) 43

Friede von Kücük Kayrana (1774) 406

Friede von Lausanne (1923) 408

Friede von Trianon (1920) 491

Friedensabkommen von Rambouillet (1999) 496

Friedensbewegung 361, 367, 374, 401

Friedensordnung 98, 149, 471

Friedensresolution (1917) 147, 148, 169

Friedenssicherung 448, 474, 500

Friedensvertrag von Brest-Litowsk (1918) 149, 153

Friedensvertrag von Sevres (1920) 408

Friedenswirtschaft 154, 263, 264

Frontstaaten 284

Fruchtwechsel 59

Führerprinzip 191, 195

Führerstaat 199, 203

Fünfjahrplan der DDR 298, 301, 316

Funktionalistischer Ansatz 480

Gagausen 493

Gastarbeiter 420

Gaza-Streifen 413, 423

Gegenrevolution 28, 35

Gegenrevolutionäre 28, 35

Geheime Staatspolizei (Gestapo) 203, 205, 228, 238

Geheimorganisation Consul 169, 173

Geldwertstabilität 466, 467

Gemeinsame Außen- und Sicherheitspolitik (GASP) 460, 462, 475, 476, 478, 480, 483

Generalstände 13, 18, 19, 20

Genussmittelproduktion 84

Georgien 149, 474, 479

Gesetz 26, 32

Gesetzesreligion 404

Gesetzgebung 14

Gesetz über die Verdächtigen (1793) 35, 38

Gesetz zur leistungsfördernden Steuersenkung (1984) 364

Gesundheitsreform 364

Gewalt, ausübende (Exekutive) 14, 156

Gewalt, gesetzgebende (Legislative) 14, 49, 156

Gewalt, richterliche (Judikative) 14, 418

Gewaltenteilung 55, 122, 191, 200, 211, 440
Gewerbefreiheit 84, 118
Gewerbeordnung 118
Gewerbeschulen 74
Gewerbe- und Zunftfreiheit 79
Gewerkschaften 88, 91, 134, 154, 155, 165, 177, 181, 184, 191, 200, 203, 214, 215, 237, 274, 309, 325, 367
Giftgas 145, 146
Girondisten 28, 35, 38
Glasnost (Transparenz) 286, 377, 382
Gleichberechtigung 341
Gleichschaltung 200, 202, 214, 298
Gleichschaltungsgesetz 200
Globalisierung 94, 366, 442, 443, 480
Godesberger Programm (1959) 323, 400
Golfkrieg 416, 447, 474
Görlitzer Vertrag (1950) 397, 400
Göttinger Erklärung (1957) 323
Göttinger Sieben (1837)103, 108
Grafeneck 234
Grande Terreur („Schreckensherr-schaft") 35, 40
Grenada 447
Griechenland/Griechen 100, 101, 119, 123, 188, 217, 224, 250, 252, 406, 408, 426, 454, 468, 469, 488, 489, 491, 492, 493, 504, 506, 520, 521
Großbanken 73
Großbritannien 35, 59, 60, 64, 68, 70, 77, 78, 98, 100, 101, 145, 149, 162, 248, 250, 276, 380, 383, 394, 406, 408, 411, 416, 446, 454, 456, 457, 458, 459, 460, 463, 465, 468, 475, 488, 490, 492, 496, 506, 515, 520, 523, 527, 560
Große Koalition 177, 323 – 325, 327, 328, 338, 400
Große Proletarische Kulturrevolu-tion 526, 535, 540, 541
Großherrliches Handschreiben (1856) 407
Großindustrie 74
Großserbien 502, 503, 508
Grundgesetz der Bundesrepublik 276, 282, 283, 288, 333, 344, 356, 380, 400
Grundherren 59, 110

Grundlagenabkommen (Oslo 1993) 413
Grundlagenvertrag (1972) 338, 339, 343, 344, 345, 401
Grundrechte 128, 132, 171, 199, 209
Gründung der Bundesrepublik 276, 283, 284, 400
Gründung der DDR 276, 283, 284, 400
Grundzinsrechte und -pflichten 25
GRÜNE (Bundestagspartei) 353, 361, 363, 364, 374, 401
Guillotine 34, 54, 103
Guomindang 524, 560

Haager Tribunal 510, 516, 517, 519, 521
Habeas-Corpus-Akte 245
Habsburger 100, 113, 420, 490, 491
Hadamar 234 – 235
Hadithe 403
Hallstein-Doktrin 323, 325, 326, 339, 400
Hamas 416, 433
Hambacher Fest 101, 103, 104, 105, 123, 132
Hambacher Schloss 104, 105, 132
Hamburg 156
Handel 61, 64, 68, 192, 305, 316, 451, 522, 523, 528, 542, 552, 560
Handelsbürgertum 68, 79
Handelskrieg 147
Handelsmonopol 70
Handelsnation 61, 68
Handelsvertrag 13
Händler 16, 19, 47
Handwerk 91, 119, 192, 300, 305
Handwerker 16, 17, 22, 65, 79, 105, 110, 111, 112, 118, 208, 522, 528
Hannover 100, 105, 125, 272
Hartheim 234
Harzburger Front 169, 180, 214
Heeresreform 124
Hegemonie 51, 54, 411
Hegemonialkrieg 448
Hegemonialstreben 288, 492, 493
Heilige Römische Reich deutscher Nation 55
Held der Arbeit 313
Helsinki 352, 488, 513
Helvetische Republik 43
Hep-Hep-Krawalle 198
Herrenchiemsee 276
Herzegowina 142, 153, 490, 503

Hessen 100, 105, 125
Hidschra 403, 447
Himmelstempel 528
Hiroshima 218, 224, 284
Hitlerjugend (HJ) 204, 214, 506
Hitler-Stalin-Pakt (Nichtangriffs-pakt) 216, 224, 237
Hochkultur 522
Hochschulreform 328
Hohenzollern 70, 98, 115, 126
Holland 43, 79, 144, 254
Holocaust 231, 243, 392, 393, 489
Holocaust-Mahnmal 189, 392, 393
Holstein 125, 130 – 131
Hongkong 523, 527, 560
Hoover-Moratorium 181, 187
Hugenotten 136
Hungerrevolte 13

Ideologie 194 – 195
Ideologiekritik 194 – 195, 196
IFOR (Implementation Force) 496, 514
Imam 405, 425
Import 68
Indemnitätsvorlage 126
Indien 124, 254, 490, 500, 521, 523
Industrialisierung 58 – 97, 110, 119, 124, 133, 312
Industrie 62, 68, 70, 71, 74, 77, 81, 82, 87, 91, 141, 176, 192, 304, 305, 312 – 314, 316, 346, 406, 407, 525
Industrieproletariat 51
Industrielle Revolution 58, 369
Industriegesellschaft 88, 94
Industriestaat 133
Inflation 169, 170, 186, 353
Informationsgesellschaft 94 – 95
Informationstechnologie 94 – 95
Ingolstadt 310 – 311
Innerdeutsche Grenze 368
Integration 288, 298, 300, 303, 338, 388, 394, 400, 420, 422, 446, 456 – 467, 480 – 485
Internationaler Währungsfonds (IWF) 289
Internationalismus 120
Intifada 413, 424
Invasionsarmee 28
Investitionshilfegesetz (1952) 304
Irak 290, 394, 408, 412, 416, 424, 426, 427, 432, 446, 447, 479
Irakkrieg (2003) 475, 476, 479, 488

Iran 249, 415, 417 – 419, 426, 427, 433, 434, 435, 440, 447
Irland 64, 77, 454, 459, 468, 488
Islam 402 – 447
Islamische Zeitrechnung 403
Islamismus 414 – 417, 429, 431, 440, 447
Israel 242, 290, 350, 393, 398, 411, 412, 413, 415, 416, 423, 424, 440, 447, 489
Istanbul (Konstantinopel) 448, 490, 503
Istrien 208
Italien/Italiener 48, 77, 78, 100, 103, 105, 117, 119, 123, 144, 145, 162, 164, 207 – 215, 216, 217, 224, 236, 237, 255, 453, 454, 456, 457, 475, 492, 513, 520
Italienarmee 48

Jakobiner 28, 41, 45, 46, 159
Jakobinerclub 31, 43
Jakobinerherrschaft 35
Jalta (Konferenz 1945) 224, 248, 251, 252, 260, 265, 471, 493, 520
Japan 77, 218, 224, 248, 251, 291, 354, 524, 525, 529
Jerusalem 423
Johannesburg 394
Jordanien 412, 413
Juden(tum) 55, 136, 188, 191 – 198, 218, 225 – 236, 411, 489, 492, 504, 505
Judenemanzipation 21, 27
Judenverfolgung 119, 225
Judenvernichtung 188, 225 – 236, 243
Jugendbewegung 328, 349
Jugendschutzgesetz (1984) 367
Jugoslawien 188, 243, 253, 325, 371, 455, 491, 492, 493, 494 – 518, 520, 521
Julirevolution (1830) 100, 105, 123
Junge Pioniere 300
„Junges Deutschland" 100
Jungtürken 408
Jungtürkische Revolution 408

Kaaba 402, 403
Kairo 43
Kaiserdynastie 523, 524
Kaiserreich 133 – 153, 159, 168, 184, 198, 242, 244
Kaisertum 53, 129, 167

Kaiserverehrung 137
Kalifat 405, 408, 429, 447
Kalter Krieg 188, 213, 248, 256 – 257, 274, 282, 284 – 287, 298, 312, 352, 425, 451, 473, 474, 478, 493, 544, 555, 561
Kambodscha 243
Kanada 77, 451, 488
„Kanzelparagraph" (1871) 134, 141
„Kanzlerdemokratie" 323
Kapitalismus 52, 55, 56, 210, 249, 254, 303, 411, 443
Kapitulation 224, 283, 407
Kapp-Putsch (1920) 169, 186
Karlsbader Beschlüsse (1819) 101, 123
Karlsruhe 74
Kartell 75, 459
Kartell-Gesetz (1957) 304
Kaschmirregion 473, 502
Katanga 544, 552, 561
Kaukasus 468
Kaufleute 19, 61, 67, 68, 90, 208
Kautschuk 542, 547, 548
Kemalismus 409 – 411, 425
Kerbela 405
KFOR (Friedenstruppe Kosovo Force) 497, 519
Kiautschou 560
Kiel 130, 148, 149
Kinderarbeit 85, 86
Kindersoldat 556
Kinshasa 553, 555, 561
Kirche 35, 51, 54, 58, 88, 189, 202, 209, 237, 238, 267, 269, 302, 323
Kirchengüter 27
Klassenkampf 75, 90, 156, 257, 274, 299, 313, 541
Klein Wanzleben 84
Klerus 15, 16, 21, 41, 409
Kollektivierung 300, 317, 400
Kolonialkrieg 140
Kolonialpolitik 142, 549, 561
Kolonialverwaltung 543
Kolonie 35, 61, 64, 542, 543, 544, 545
Kolonisierung 561
KOMINFORM (Informationsbüro der Kommunistischen und Arbeiterparteien) 250, 254, 257, 510, 520
KOMINTERN (Kommunistische Internationale) 254
Kommune (Pariser –) 34, 45

Kommunismus/Kommunisten 70, 88, 90, 92, 169, 183, 184, 191, 208, 212, 214, 237, 243, 249, 256, 272, 396, 433, 435, 457, 504
Kommunistische Partei Chinas 525 – 527, 533, 534, 539, 540, 541, 560
Kommunistische Partei der Sowjetunion (KPdSU) 286, 317, 345, 377, 520
Kommunistische Partei Deutschlands (KPD) 156, 165, 169, 172, 178, 180, 181, 184, 187, 199, 200, 203, 237, 272, 273, 277, 278, 283, 290, 382
Kommunistische Partei Italiens (KPI) 208
Kommunistisches Manifest (1848) 57, 88, 90
Kommunitarismus 438
Kondratieffzyklus 94 – 95
Konferenz für Sicherheit und Zusammenarbeit (KSZE; Helsinki1975) 285, 345, 374, 384, 401, 477, 488
Konfessionskrieg 448
Kongo (Zaire) 474, 479, 542 – 559, 561
Kongo-Wirren 544
Königgrätz 139
Königtum 28, 30, 52
Konjunktur 75, 94, 95, 304, 325, 365, 370
Konjunkturkrise 123
Konjunkturtief 110
Konsul 43, 49
Konsulat 49
Konsulatsverfassung 49
Konsumgesellschaft 329, 386
Konsumgüterindustrie 312, 313, 315, 316, 345
Konsumpolitik 337
Kontaktsperregesetz (1977) 352, 356
Konterrevolution 22
Kontinentalsperre 84, 85
Konzentrationslager 203, 226, 236, 237
Konzertierte Aktion 325, 331
Kopenhagen 468
Koran 403, 414, 415, 419, 423, 429, 431, 436
Korea-Krieg 284, 287, 289, 291, 304

Kosovo 488, 494, 496, 497, 499, 500 – 502, 508, 510, 515 – 519, 521
Kosovo-Albaner 493, 494, 496, 497, 517
Kosovo-Kult 511
KPC (Kosovo Protection Corps) 519
Kraft durch Freude (KdF) 204
Kraguevac 504
Krajina 495, 521
Kreisauer Kreis 238
Kriegerdenkmäler 137
Kriegervereine 137, 139, 140
Kriegsflotte 137, 141, 142
Kriegsgefangenenlager 217
Kriegsgefangenschaft 258, 259
Kriegswirtschaft 148, 154, 217, 221
Krim-Konferenz 262
Krimkrieg 406
Kroatien/Kroaten 113, 489, 490, 493, 494, 495, 496, 497, 499, 503, 506, 508, 512, 514, 520, 521
Kuba-Krise (1962) 285, 338, 473
Kulturabkommen (1986) 368
Kulturbund der DDR 300
Kulturkampf 134, 136, 141, 420
Kurdenfrage 410, 421, 427
Kuwait 416, 447
Kyffhäuserbund 137, 141

Laizismus 409, 410
Landsberg 214
Landbevölkerung 110
Landwirtschaft 59, 66, 69, 71, 77, 78, 86, 93, 97, 141, 298, 300, 305, 316, 475, 525, 532, 541
Landwirtschaftliche Produktions-genossenschaft (LPG) 300, 313, 317
„Langer Marsch" 560
Lastenausgleich 275
Lastenausgleichsgesetz (1952) 303
Lausanne 181, 187, 408
Lebensraumideologie 191, 217
Legislative 128, 418
Legislatur 31
Leibeigenschaft 25
Leipzig 84, 85, 156, 349
Leipziger Montagsdemonstratio-nen (1989) 348, 379
Leningrad 217
Libanon 412
Liberal-Demokratische Partei (LDP) 272, 299
Liberalisierung 317, 335, 394, 418

Liberalismus/Liberale 52, 57, 103, 108, 110, 110, 120, 125, 191, 208, 210, 215, 338
Lille 23
Locarno 163, 216
Lohnfortzahlungsgesetz (1970) 341
Lombardei 98
London 90, 119, 379, 396
Londoner Protokoll (1830) 100
Londoner Protokoll (1852) 130
Londoner Sechs-Mächte-Abkom-men (Sechs-Mächte-Konferenz 1948) 276, 283
Lörrach 132
Luxemburg 144, 453, 456, 513
Luxemburger Kompromiss (1966) 459, 482
Luxemburger Vertrag (1956) 296
Lyon 35, 44

Maastrichter Vertrag (1993) 460, 466, 488
Macau 560
Magdeburg 84, 85
Mähren 113, 260, 267
Mainzer Republik 56
Mairevolution in Baden (1849) 114, 123, 124, 132
Makedonien 497, 504, 509, 512, 519, 521
Malmö 130
Malta 469
Manchester 89
Mandschu-Dynastie 560
Marktwirtschaft 61, 275, 303, 410, 468, 493, 526
Marne 153
Marokko 153, 426, 436
Marshallplan (ERP = European Recovery Program) 250, 253, 254, 274, 283, 303, 451, 472, 488
Marsch auf Rom 207, 209
Marsch zur Feldherrnhalle 214
Marseille 35
Marxismus 191, 209, 299, 533, 545
Märzforderungen 109
Maschinenbau 72, 84
Massenarbeitslosigkeit 176
Massenelend 110
Massenproduktion 60, 97
Matrosenaufstand in Kiel (1918) 149, 153, 154

Mazedonien/Mazedonier 474, 476, 479, 489, 491, 494
Medinensische Zeit 403
Medressen 409
Mehlkrieg 13
Meinungsfreiheit 26, 324, 527
Mekka 402, 403, 411, 447
Mekkanische Zeit 403
Memelgebiet 98
Menschenrechte 57, 120, 198, 343, 345, 411, 417, 428, 440, 446, 451, 468, 471, 497, 500 – 502, 514, 516, 527
Menschenrechtserklärung der Vereinten Nationen (UNO-Charta 1948) 500 – 502, 513
Merkantilismus 406
Mexiko 69
MfS (Ministerium für Staatssicher-heit) 300, 315, 316, 336, 346, 374, 376, 380, 381
Migranten 422
Migration 420, 480
Migrationsbewegung 123
Militär 110, 137, 169, 170, 193, 200, 209, 215, 238, 411, 418, 457, 544
Militärallianz 457
Militärbündnis 451
Militärdespotismus 114
Militärgouverneur 258, 259, 275, 276
Militärherrschaft 410
Militarismus 137, 140, 154, 185
Militäropposition 238, 241
Militärregime 524
Ministerrat 481, 482
Missernte 13, 31, 105, 110, 119
Missionar 542, 549
Missionszwischenfall 560
Mitrovica 521
Mittelalter 58, 391, 522
Mitteleuropa 123, 142
Mitteldeutschland 85, 110, 123
Mittelmeer 124, 224, 490
Mittel- und Osteuropa 109, 397
Mobile Eingreiftruppe 476, 555
Mobilität 68
Modernisierung 339, 406, 410, 412, 417, 425, 468, 526, 527, 539, 541, 560
Modernismus 134
Moldawien 468, 493

Monarchie 17, 30, 38, 39, 56, 57, 70, 80, 98, 100, 101, 109 – 112, 117, 118, 128, 159, 209, 250, 407, 523, 524

Mongolei 447

Monopolisierung der Staatsgewalt 299

Monopol 75, 459

Monotheismus 402

Montagnards 45

Montanindustrie 60, 72, 75

Montanmitbestimmungsgesetz (1951) 303

Montanunion (Europäische Gemeinschaft für Kohle und Stahl – EGKS) 289, 294, 456, 457, 460, 461, 462, 488

Montenegro 490, 491, 494, 495, 503, 504, 520, 521

Morgenthau-Plan (1944) 258

Moskau 217, 237, 285, 300, 316, 317, 323, 325, 379, 396, 468, 473

Moskauer Konferenz (1947) 265

Mostar 513

Mozambique 285, 545, 558

Mujtahid 417

Multikulturelle Gesellschaft 438

München 156, 170, 214

Münchener Konferenz 216, 224

Muslime 403, 404, 414, 420, 427, 429, 433, 442, 446, 489, 491, 496, 514, 521

Muslimbruderschaft 414, 415

Nachfrageorientierte Wirtschaftspolitik 365

Nagasaki 218, 224

Naher Osten 411 – 414, 423, 447, 473

Nahost-Konflikt 411 – 414, 440

Namibia 557

Nanjing 560

Nassau 125

Nation 26, 30, 31, 32, 56, 107, 119, 126, 377, 455

Nationalbewegung 98 – 123, 408, 409, 490, 511

Nationalbewusstsein 107

National-Demokratische Partei Deutschlands (NDPD) 299, 300

Nationaldemokratische Partei Deutschlands (NPD) 189, 324, 325, 328, 393

Nationale Front 298, 299

Nationalgarde 29, 32, 45

Nationalismus 54, 57, 107, 108, 112, 119, 185, 408, 409, 433, 477, 490, 491, 503, 504, 511

Nationalkomitee Freies Deutschland 239

Nationalkonvent 28, 32, 35, 36, 38, 41, 43, 44, 45, 46, 47, 55

Nationalliberale Partei (1867) 126, 132, 134, 135, 141, 147

Nationalsozialismus 51, 86, 188 – 247, 251, 261, 265, 267, 274, 390, 391, 393

Nationalsozialistische Deutsche Arbeiterpartei (NSDAP) 169, 170, 172, 178, 179, 180, 181, 183, 187, 199, 200, 207, 211, 214, 220, 240, 244, 261, 296, 324

Nationalstaat 96, 100, 109, 112, 113, 118, 119, 120, 124, 137, 242, 385, 387, 391, 408, 454, 480, 485, 491, 493, 494

National- und Verfassungsstaat 112

Nationalversammlung (Frankreich) 21, 22, 23, 25, 27, 28, 29, 30, 32, 33, 40, 291, 457, 462

Nationalversammlung (Deutschland) 109 – 114, 117, 123, 126, 130, 132, 154, 155, 156, 161, 165, 168, 170, 171, 186

Nationalwille 22

NATO (North Atlantic Treaty Organization) 242, 256, 283, 284, 291, 352, 362, 380, 383, 387, 388, 397, 409, 451, 457, 473 – 479, 488, 493, 496, 497, 500 – 502, 515, 519, 521

NATO-Doppelbeschluss (1979) 352, 356, 357, 361, 364

Naturerfahrung 86

Naturkatastrophe 523, 531, 534, 544, 560

Naturwissenschaften 82, 83, 85

Navigationsakte (1651) 64, 69

Neapel 100, 207

Neofundamentalismus 432, 433

Neue Ostpolitik 285, 338, 339, 344, 364, 368, 400

Neuer Kurs 315, 320

Neues Forum 379, 382, 384

Neutralitätsabkommen 153

Neutronenbombe 361

Niederlande 35, 43, 64, 100, 123, 154, 165, 224, 446, 453, 456, 458, 513

Niedersachsen 260

Nigeria 442

„Nischengesellschaft" 346, 349, 376

Nivellierte Mittelstandsgesellschaft 305, 306

Nizza 469, 470

Norddeutscher Bund 125, 126, 132, 159

Norddeutschland 106, 123, 126

Nordamerika 354

Nordkorea 284

Nordsee 104, 252

Norfolk 66

Normandie 218

Norwegen 144, 217, 224, 459

NÖSPL (Neues Ökonomisches System der Planung und Leitung) 334, 337, 400

Notabelnversammlung 13, 18

Notstandsgesetze 330, 331 – 333, 338

Notverordnungen 168, 179, 186

Nuklearmacht 457

Nürnberger Gesetze 236

Nürnberger Prozesse 259, 283

NVA (Nationale Volksarmee) 300, 318, 400

Oberschlesien 124

Oberste Heeresleitung (OHL) 147, 148, 149, 152, 155, 165

Obrigkeitsstaat 51, 120, 124, 125, 128, 154 – 165

Oder-Neiße-Grenze 325, 327, 397, 399

OEEC (OECD: Organisation für Europäische Wirtschaftliche Zusammenarbeit) 253, 289, 451

Ökologiebewegung 360, 361, 363, 374, 401

Oktoberreform 153, 154

Oktoberrevolution (Russland) 149, 208

Open-Door-Politik 249

Opiumkrieg 523, 528, 529, 560

Opposition 347, 349, 374, 376, 378, 380, 383

Ordinarienuniversität 329

Orient 69, 429

Orientkrise 490

Osmanisches Reich/Osmanen 124, 406 – 408, 420, 425, 426, 427, 428,

440, 447, 448, 489, 490, 491, 509,
511, 512, 520
Ostasien 522
Österreich 32, 35, 43, 78, 80, 98,
99, 100, 103, 113, 114, 117, 118,
123–127, 130, 132, 134, 139, 143,
149, 152, 153, 164, 193, 216, 224,
378, 468, 469, 488, 503
Österreich-Ungarn 77, 142, 144, 153,
490, 491, 509, 512
Osterweiterung EU 468, 469, 470,
471, 472, 488
Osteuropa 217, 218, 248, 257, 377,
379, 383, 454, 458
Ost- und Westkirche 489
Ost-West-Konflikt 248–283, 285,
286, 394
OSZE (Organisation für Sicherheit
und Zusammenarbeit in Europa)
496, 497, 516
Outsourcing 366

Pächter 16, 59
Pahlawi Dynastie 417
Pakistan 442
Palästina/Palästinenser 243, 408,
412, 414, 416, 423, 424, 440
Palästina-Konflikt 413, 447
Palästinensische Befreiungsorga-
nisation (PLO) 413, 414, 416, 423
Panarabismus 412
Paneuropa-Bewegung 448
Panislamismus 414
Panslawismus 142, 414
Parallelgesellschaften 438, 440
Paris 13, 21, 22, 23, 28, 29, 32, 45,
52, 57, 115, 130, 132, 237, 250, 330,
379, 395
Pariser Friedenskongress (1849)
120
Pariser Friedenskonferenz
(1919/20) 162–165, 491, 492, 510,
520
Pariser Verträge (1955) 291, 300,
323
Parlament 16, 17, 101, 113, 126, 128,
168, 407
Parlamentarische Demokratie 154,
155, 158, 161, 191, 208, 242, 249,
255
Parlamentarischer Rat 276,
281–283
Parlamentarismus 99, 125, 137, 163

Partei des Demokratischen Sozia-
lismus (PDS) 386
Partikulargewalt 55
Partisanenarmee 494
Partisanenbewegung 250, 494
Partisanenverbände 217
Partito Nazionale Fascista (PNF)
209, 211
Passivbürger 26
Patriarchalismus 75
Patriotische Gesellschaften 31
Pauperismus 88, 119
Pazifismus 211, 479
Perestroika (Umgestaltung) 286,
287, 378, 381
Pershing-II-Mittelstreckenraketen
286, 352, 353, 361, 362
Persien 153
Peru 69
Petersberger Abkommen (1949)
289
Pfalz 105, 132
PGH (Produktionsgenossenschaft
des Handwerks) 300, 313
Piemont-Sardinien 100, 124, 125
PKK (Kurdische Arbeiterpartei) 410
Planwirtschaft 312–314
Plünderung 25, 561
Poitou 36
Polen 100, 104, 105, 112, 116, 117,
119, 123, 144, 147, 149, 188, 193,
216, 217, 224, 225, 228, 252, 253,
262, 264, 265, 300, 317, 346,
371, 373, 378, 383, 387, 391, 396,
397–399, 468, 471, 472, 474, 482,
506, 520, 521, 538
Polizeistaat 209, 215
Pol-Pot-Regime 243, 502
Polykratie 203
Polytheismus 402
Portugal 145, 468, 469, 488
Posen 116
Post- und Kurierwesen 58
Post- und Telegrafenwesen 131
Potsdamer Abkommen (1945) 259,
262, 264, 274, 283, 398, 520
Prag 237, 378
Prager Frühling (1968) 336
Prairial-Gesetz (Revolutionstribu-
nal) 35, 41
Prairial-Unruhen 47
Präsidialregierung 179, 181, 187, 561
Pressefreiheit 102, 109, 110, 324

Preußen 43, 54, 70, 79, 80, 86, 98,
99, 100, 110, 112, 113, 115, 120, 124,
125, 126, 127, 129, 130, 131, 132,
133, 144, 150, 162, 164, 198
Preußisches Gewerbegesetz (1811)
70, 78
Preußisch-österreichischer Krieg
(1866) 130, 132
Produktionsverhältnisse 312, 317
Proletariat/Proletarier 57, 90, 90,
110, 156
Proletarisierung 119
Protektionismus 458, 459
Protestanten 54
Protestbewegung 524
Protestantismus 133

Quebec 455
Quraisch 402, 404

Racak 516
Radikalenerlass 350
Radikalfaschismus 188, 213
Ramadan 404
Rapallo 163
Rassenideologie 192, 227, 237
Rassentheorie 192
Rassismus 192
Rat der Volksbeauftragten 156,
165, 171
Rätekongress (1918) 155, 165
Räterepublik 154, 155, 156, 165
Rätesystem 158, 165
Rat für Gegenseitige Wirtschafts-
hilfe (RGW) 300, 312, 334, 371, 520
Realpolitik 124
Rebellenbewegung 545, 546
Reform 406, 419, 429, 524, 527, 530,
535, 536, 537, 543
Reformation 99, 391, 427, 448
Reformkommunisten 317, 380
Reformverweigerung 378, 379
Reformpolitik Gorbatschows 286,
377, 378
Reichsadel 55
Reichsarbeitsdienst (RAD) 203
Reichseinheit 124
Reichsgericht 128
Reichsgründung 126, 127, 134, 142
Reichskanzler 169, 181, 183, 187,
199, 200, 214, 242
Reichskirche 55
Reichsnationalismus 137, 140

Reichspogromnacht („Reichskristallnacht" 1938) 139, 225, 228, 236, 246
Reichspräsident 168, 170, 173, 179, 199, 200, 214
Reichsregierung 129, 168, 170, 179, 186
Reichssicherheitshauptamt (RSHA) 225, 228
Reichsstädte 55
Reichstag 126, 128, 129, 133, 141, 147, 148, 149, 153, 168, 170, 173, 179, 181, 182, 199, 200
Reichstagsbrand 214
Reichstagsbrandverordnung 199, 200, 214, 237
Reichsverfassung (1871) 114, 123, 126, 128, 129, 132, 150, 182
Reichsverfassungskampagne 114
Reichsversammlung 116
Reichsverweser 111
Reichswahlgesetz (1849) 116
Reichswehr 168, 169, 170, 174, 181, 186, 200
Re-Islamisierung 410, 415, 421, 440, 444 – 445
Reparationen 162, 163, 164, 165, 176, 180, 181, 186, 187, 262, 263, 274, 288, 312, 314
Repräsentative Demokratie 168
Repräsentativverfassung 54
Republik 111, 112, 128, 154, 159, 165, 168, 169
Republikaner 34, 45, 48
Republikanischer Kalender 35
Republikanismus 409, 418, 433
Republikanische Volkspartei (Türkei) 409, 410
Restauration 53, 98, 99, 119, 123, 132
Revolution 1848/49 in Deutschland 70, 109 – 123, 124, 139, 242
Revolution 1918/19 in Deutschland 154 – 159
Revolution, agrarische 59
Revolutionäre Volksbewegung (MPR) 544
„Revolution von oben" 124, 125
Rezession 94, 95, 141, 176, 324, 336, 350, 353
Rhein 45, 104
Rheinbund 70
Rheinland 84, 98, 163, 180, 224
Roheisenproduktion 77

Rohstoffe 61, 94, 95, 345, 542, 543, 555, 561
Rohstoffpreise 36
Rohstoffquellen 61, 543
Rohstoff- und Energieverbrauch 94
Rom 207, 477, 489
Roma 192, 227, 236, 489, 492, 497
Rostow 217
Rote Armee 217, 218, 257, 315, 378, 560
Rote Armee Fraktion (RAF) 330, 351, 355, 357, 401
Rote Garden 526, 535, 541
Roter Frontkämpferbund (RFB) 181
Rotes Meer 490
Ruanda 546, 555, 556, 561
Rückgabe vor Entschädigung 385
Rückversicherungsvertrag (1887) 142, 153
Ruhrgebiet 124, 156, 163, 170, 177, 186, 263, 274, 288, 289, 312
Rumänien/Rumänen 236, 253, 254, 300, 325, 371, 373, 426, 427, 458, 468, 489, 490, 492, 493, 504, 506, 520, 521
Runder Tisch 380
Russisch-türkischer Krieg (1877/78) 490, 491
Russland 76, 77, 78, 98, 100, 101, 109, 114, 117, 124, 142, 143, 144, 145, 153, 193, 218, 220, 244, 397, 408, 479, 490, 491, 496, 497, 500, 503, 506, 515, 520, 529
Rüstungsindustrie 148, 456, 524

Saarbrücken 98
Saargebiet 186, 224, 265, 276, 288
Saarland 124, 142, 216, 289, 296 – 297
Saarverträge 453
Sachsen 84, 100, 105, 126, 170, 186, 274
Sachsen-Anhalt 84
Säkularisierung 134
Salafia 414
SALT I (1972) 285
SALT II (1979) 285, 353
Samara 405
Sansculotten 32, 33, 36, 41, 43, 46, 103
Sarajevo 142, 143, 489, 514
Saudi-Arabien 412, 415, 416, 432, 433, 441

Scharia 403, 409, 415, 423, 432, 433, 438, 441 – 443
Schengener Abkommen (1985/1990) 397
Schi'a 404, 405
Schiiten 405, 417, 418, 447
Schlesien 110, 123, 162, 264, 383
Schleswig 125, 130 – 131, 186
Schleswig-Holstein 112, 130 – 131, 260
Schleswig-Holsteinische Frage (1848 – 1864) 130 – 131, 132
Schottland 65, 77
Schulpflicht 35, 57
Schul- und Universitätswesen 70
Schumann-Plan (1950) 461, 467
Schutzstaffel (SS) 188, 203, 214, 227, 228, 230, 238
Schutzzölle 133, 141
Schwarzer Freitag 176
Schwarzes Meer 124
Schweden 23, 77, 78, 144, 341, 460, 468, 469, 488, 558
Schweiz 78, 114, 119, 123
Schwerindustrie 72, 300, 313, 316, 411
SDI-Projekt 361
624-Mark-Gesetz 341
Sechs-Tage-Krieg (1967) 412, 415
Sedan (Schlacht bei –; 1895) 138 – 139
Sedantag 138 – 139
Sektion/en 36, 40, 45, 47
Selbstbestimmungsrecht 112, 149, 249, 497
Septembermassaker 28
Serbien/Serben 142, 143, 153, 488, 489, 490, 491, 493, 494, 495, 496, 497, 503, 504, 505, 508, 510, 512, 514, 516, 517, 520, 521
Sezessionskrieg 506
Sicherheitsdienst (SD) 225, 228, 229
Sicherheitsausschuss 39
Sicherheitsrat der Vereinten Nationen 248, 394, 475, 496, 497, 500, 502, 527, 541
Simbabwe 557
Sinti 192, 227, 236
Sizilien 209, 224
Skandinavien 454
Sklaven 41, 55, 543
Sklavenhandel 542
Sklavenjagd 542

Sklaverei 35
Slawonien 495, 503, 521
Slowakei 113, 216, 468
Slowenien/Slowene 113, 468, 494, 504, 506, 508, 513, 521
Slum 553
Soldatenräte 154, 156, 157
Solidarnosc 346, 377
Somalia 285
Sonderwirtschaftszone Shenzen 540
Sonnenstein 234
Souveränität 26, 107, 128, 288, 289, 380, 400, 430, 453, 454, 462, 475, 507, 542
Sowjetische Aktiengesellschaften (SAG) 274, 312
Sowjetische Besatzungszone (SBZ) 259, 260, 274, 275, 276, 282, 283, 311
Sowjetische Militäradministration (SMAD) 272, 273
Sowjetunion (UdSSR) 163, 165, 188, 216, 217, 221, 224, 243, 248 – 257, 259, 262, 264, 265, 274, 284, 286, 287, 300, 312, 315, 316, 319, 323, 336, 338, 345, 352, 373, 379, 380, 383, 384, 390, 398, 400, 409, 412, 416, 453, 459, 474, 478, 520, 521, 524, 526, 544
Sozialdarwinismus 191
Sozialdemokratie 91, 92, 134, 136, 169, 183, 184, 191, 237, 272
Sozialdemokratische Arbeiterpartei 134, 141
Sozialdemokratische Partei Deutschland (SPD) 88, 134, 135, 141, 136, 139, 147, 150, 154, 155, 156, 157, 159, 163, 165, 169, 171, 172, 177, 179, 180, 181, 182, 185, 187, 199, 200, 201, 203, 206, 214, 237, 272, 274, 275, 277, 278, 283, 291, 323, 325, 326, 327, 330, 338, 341, 350, 351, 353, 354, 357, 364, 400, 401
Sozialdemokratische Partei der DDR (SPD) 379
Soziale Differenzierung 366
Soziale Entropie 95
Soziale Frage 88, 91, 93
Soziale Marktwirtschaft 274, 280, 282, 303, 307, 309
Sozialer Frieden 303
„Sozialfaschisten" 169

Sozialgesetzgebung 134, 141, 171
Sozialisierung 155, 323
Sozialismus 93, 208, 212, 254, 272, 278, 298 – 302, 312, 381, 383, 493, 494, 526, 540
Sozialist 92, 208, 240
Sozialistengesetze (1878) 134, 136, 141
Sozialistische Arbeiterpartei (SAP) 134
Sozialistische Einheitspartei Deutschlands (SED) 272, 276, 277, 283, 291, 298 – 302, 310, 313, 315 – 320, 323, 330, 334, 336, 337, 338, 345, 347, 373 – 375, 377, 378, 379, 386
Sozialistische Menschengemeinschaft 312, 335
Sozialistischer Deutscher Studentenbund (SDS) 329, 330, 331, 360
Sozialpartnerschaft 155
Sozialpolitik 75, 88, 172, 364
Sozialpyramide 87
Sozialstaat 88
Sozialstruktur 16
Sozialverfassung 171
Sozialversicherung 87
Sozialversicherungssystem 171
Spa 149
Spanien 35, 43, 78, 100, 250, 447, 458, 468, 469, 475, 482, 488, 489
Spartakusaufstand (1919) 156, 165
Spartakusbund 147, 156
Sparprämiengesetz 304
Spiegel-Affäre (1962) 323 – 324, 327
Srebrenica 479, 496
SS-20-Mittelstreckenraketen 286, 352, 361, 362, 367
Staatshaushalt 18
Staatssozialismus 93, 377, 390, 494
Staatsverschuldung 17, 208, 350, 373
Staatswesen 51, 52
Stabilitätsgesetz (1967) 325, 354, 357
Stabilitätspakt (1996) 460
Städtepartnerschaften 368, 371, 466
„Stahlhelm" 169, 171, 173, 180
Stahlindustrie 456
Stalingrad 218, 220, 221, 224, 238
Stalinisierung 298, 493
Stalinismus 213

„Stalin-Noten" (1952) 290, 291, 294, 298, 312, 315, 400
Stammeskultur 403
Stammesrivalität 544
Standardisierung 71
Stände 17, 18, 30, 51, 57
Ständegesellschaft 16, 109
Ständeordnung 59, 119
Ständeversammlung 110, 120
Stapelrecht 70
Staßfurt 84
Statusgesellschaft 61
Stellungskrieg 142, 145, 153
Steuer/n 16, 17, 18, 25, 27, 111, 472
Steuerprivilegien 13
Strafrechtsreform (1969) 341, 344
Straßburg 389
Straßburger Parlament 482
Streik 91, 149, 156, 165, 169, 186, 215, 315, 319, 346, 373
Studenica 503
Studentenproteste (China) 378, 526, 527, 537, 538, 560
Sturmabteilung (SA) 171, 181, 200, 201, 214
Stuttgart 114, 264
Stuttgart-Stammheim 351
Stutzer (Muscadin) 44, 46
Subsidiaritätsprinzip 303, 460
Süddeutschland 54, 79, 106, 110, 126
Süderweiterung EU 468, 488
Sudeten 267
Sudetenland 216, 224
Südkorea 284
Südosteuropa 100, 142, 468, 489, 490, 492, 521
Südtirol 208
Südwestafrika 140
Südwestdeutschland 70
Suez-Kanal 490
Suez-Krise (1956) 411
Sunna 403, 404, 414, 415, 423
Sunniten 405, 447
Supranationale Strukturen 394, 456, 475, 480
Suren 403
Squadri 215
Synagogenbrand 225
Syrien 254, 408, 412, 427, 446

Tai'ping-Aufstand (1850 – 1865) 523
Taiwan 527, 529, 538, 560

Taliban 416, 429, 442

Tannenberg 153

Tanzimat 406, 447

Tarifautonomie 215

Technologievorsprung 60

Teheran 248

Teilung Deutschlands 248 – 283, 377

Terreur („Schreckensherrschaft") 35, 40

Terrorherrschaft 209

Terrorismus 351, 357, 416, 474

Teuerungsunruhen 28

Textilindustrie 60, 67, 73, 84, 87, 313

Theokratie 418, 431, 433

Thermidorianer 43

Thessaloniki 478, 489

Thrazien 489, 491

Thüringen 170, 186, 279

Tibet 525

Toskana 48

Totalitarismus 211, 213, 385

Transformationsländer 468

Transitabkommen (1971) 339

Transportwesen 88

Treblinka 228

Tribale Gesellschaft 403

Triest 113

Truman-Doktrin 250, 255, 283

Trust 75

Tschechien/Tschechen 113, 119, 397, 468, 471

Tschechoslowakei 216, 224, 253, 262, 276, 285, 520, 521

Tschernobyl 374

Tuilerien 31, 32

Türkei/Türken 250, 394, 406 – 411, 420, 421, 425, 427, 440, 489, 491, 493, 503, 511

Turkifizierung 408

Türkisches Bürgerliches Gesetzbuch (1926) 408, 425

Tyrann/ei 30, 33, 34, 38, 39, 52, 117

UCK (Befreiungsarmee des Kosovo) 496, 497, 517, 518, 519, 521

Uganda 546, 555, 556, 561

Ukraine 149, 193, 227, 468, 478

Umma 403, 404, 405, 432, 433

Umwelt 360, 361, 480, 539

Unabhängige SPD (USPD) 147, 154, 156, 165, 169, 185

Unabhängigkeit 544, 561

Unabhängigkeitserklärung 13, 16, 245, 543

Unabhängigkeitskrieg 448, 506

Ungarn 32, 114, 117, 119, 123, 236, 253, 254, 262, 285, 300, 317, 371, 377, 378, 391, 468, 489, 490, 491, 492, 493, 504, 506, 520, 521

Unionsbürgerrecht 460

Universität 74, 101, 171, 193

UNPROFOR I 495, 514

UNPROFOR II 496, 514

Uran 544

Urbanisierung 73

USA (Vereinigte Staaten von Amerika) 13, 70, 72, 76, 77, 78, 83, 119, 145, 149, 162, 176, 188, 198, 224, 226, 244, 248 – 257, 262, 264, 276, 284, 289, 291, 298, 304, 326, 338, 362, 379, 390, 397, 412, 416, 418, 447, 451, 454, 457, 459, 463, 465, 473 – 479, 484, 488, 496, 515, 526, 544, 545, 554, 555, 557

Ustascha 492, 494, 503, 505, 520

Varennes 28

Vatikan 237

Vendée 35, 36, 43

Venedig 490

Venezien 98

Verdun 145, 146

Vereinigte Arabische Republik 412

Vereinigter Landtag 110

Vereinigung der gegenseitigen Bauernhilfe (VdgB) 300

Vereinigung der Verfolgten des Naziregimes (VVN) 300

Vereinigungsparteitag (1946) 272, 283

Vereinte Nationen (UNO) 255, 291, 339, 343, 345, 387, 401, 497, 501, 544, 555, 556, 557, 558, 561

Verfassung 100, 110, 114, 119, 120, 122, 128, 129, 132, 154, 168, 172, 198, 386, 389, 510

Verfassung (DDR) 276, 282, 283, 301

Verfassung (Frankreich) 14, 21, 22, 27, 28, 29, 48, 55

Verkehr 81

Vernichtungskrieg 448

Versailler Vertrag (1919) 162 – 167, 169, 184, 203, 208, 215, 216, 296, 297, 449

Versailles 13, 19, 21, 23, 124, 126, 132, 164, 166, 167

Versammlungsfreiheit 110, 527

Versöhnungspolitik 242

Versorgungskrise 148, 151

Vertragsgemeinschaft 380

Vertrag über eine Verfassung für Europa (2004) 482, 488

Vertrag von Dayton (1995) 496, 501, 514, 521

Vertrag von Locarno (1925) 163, 165, 216

Vertrag von Rapallo (1922) 163, 165

Vertreibung 260

Veto 22, 32, 128

Vetorecht 32, 132

Viermächteabkommen über Berlin (1971) 285, 339

14-Punkte-Programm (1918) 149, 150, 152, 153

Vietnam 254, 502, 529, 533

Vietnamkrieg (1964) 285, 328, 330, 350, 474

Vojvodina 494, 511

Völkerbund 162, 163, 164, 165, 186, 216, 224, 264, 296, 448, 452, 453

Völkermord 500, 501

Völkerrecht 117, 500 – 502

Völkerschlacht bei Leipzig 99, 123, 137

Volksaufstand (DDR 1953) 315 – 322, 378, 400

Volksaufstand (Ungarn 1956) 317, 493, 521

Volksdemokratie 52, 249, 250, 255, 298, 300, 333

Volkseigenes Gut (VEG) 318

Volksgemeinschaft 191, 204

Volksgerichtshof 240

Volkskammer 299

Volkskammerwahl der DDR 301

Volkskommune 525

Volkskongress 276

Volksrat 276

Volkssouveränität 49, 52, 55, 111, 168

Volksstaat 51

Volkswirtschaft 65, 70, 72

Volkszählung 66, 269

Vorgezogene Bundestagswahl 364

Vormärz 105, 108, 112

Vorparlament 109, 111, 112

Waffenstillstand 149, 153, 154, 165, 476, 495

Wahlrecht 13, 26, 28, 55, 116, 165, 168

Währungsreform 163, 275, 283, 303

Währungsunion 380, 460, 465, 467, 478

Wales 66, 77

Wandel durch Annäherung 326, 339, 352

Wannseekonferenz (1942) 226, 230, 233, 236

Waren 18, 64, 65

Warschau 378

Warschauer Ghetto 236

Warschauer Pakt 284, 285, 286, 300, 318, 336, 378, 400, 521

Warschauer Vertrag (1970) 398, 400

Wartburgfest (1817) 99, 106, 123

Washington D.C. 285, 325, 383, 478

Weber-Aufstand 123

Wehrmacht 188, 217, 218, 221, 222–223

Wehrdienst 86, 346

Wehrpflicht 35, 36, 57, 200, 203, 216, 224, 400

Weimar 156, 167, 168

Weimarer Dreieck 397

Weimarer Koalition 156, 169

Weimarer Republik 128, 156, 168–187, 193, 203, 214, 242, 244, 274, 324

Weimarer Verfassung 155, 156, 158, 172, 199

Weiße Rose 238

Weißrussland 468, 478

Welschtirol 113

Weltanschauungskrieg 448

Weltbank 558

Welthandelsorganisation (WTO) 459, 475, 560

Weltmachtpolitik 142, 249, 527

Weltmarkt 73, 248, 353, 373, 457, 458

Weltwährungsfonds 558

Weltwirtschaftskrise 176–178, 203, 244, 324, 351, 533

Westbank 413

Westeuropa 249, 451, 477, 497, 557

Westfalen 98

Westfälischer Friede (1648) 449

Westjordan 413, 423

Westeuropäische Union (WEU) 291, 296, 457, 462, 477, 488

West- und Süddeutschland 133

Widerstand 237–241, 451

Wiederbewaffnung 290, 293, 295, 323, 457

Wiedervereinigung Deutschlands 242, 286, 288, 291, 292, 300, 377–391, 395, 396, 400–401, 457, 465

Wien 98, 99, 100, 110, 113, 123, 130, 132, 427

Wiener Kongress 98, 99, 100, 105, 119, 123, 132, 198

Wiener Schlussakte (1820) 99

Wilhelmshaven 148

Wirtschaftsbürgertum 133

Wirtschaftsentwicklung 68, 308, 346, 354, 369, 451, 468

Wirtschaftskrise 133, 134, 170, 176, 192, 203, 250, 286, 318, 331, 373, 561

Wirtschaftsliberalismus 43, 61, 124, 325, 456

Wirtschaftsordnung 65

Wirtschaftspolitik 61, 526, 527

Wirtschaftsreform 334

Wirtschaftsverbände 133

Wirtschaftswachstum 312, 334

Wirtschaftswunder 304, 306, 308, 309, 325, 329, 350, 365, 400

Wissenschaft 74

Wissenschaftler 58

Wissenschaftliche Akademie 58

Wissenschaftlich-technische Revolution (WTR) 334

Wissensgesellschaft 366, 369

Wohlfahrtsausschuss 35, 44

Wohlfahrtspartei 410

Wohlfahrtsstaat 120

Wohlfahrtsverbände 177, 271

Wohnraumkündigungsschutzgesetz (1971) 341

World Trade Center 416, 417, 420, 432, 440, 447, 474

Worms 28

Württemberg 70, 79, 80, 99, 126, 158

Yatrib (Medina an-Nabi) 403, 415, 447

Yom-Kippur-Krieg (1973) 350, 412

Young-Plan 180, 182, 186

Zairisierung 544, 561

Zehn-Punkte-Programm zur Deutschlandpolitik (1989) 380, 383

Zehntagekrieg (Jugoslawien/Slowenien 1991) 495, 506

Zensur 13, 105, 110, 132, 161

Zensuswahlrecht 26, 55, 111, 128

Zentralafrika 555, 561

Zentralarbeitsgemeinschaft (1918) 155, 165, 177

Zentralrat der Muslime in Deutschland 421

Zentrumspartei 88, 134, 135, 136, 141, 147, 156, 163, 165, 169, 172, 177, 179, 180, 185, 186, 201, 240, 272, 296

Zivilgesellschaft 411, 446

„Zivilisierung" Afrikas 542

ZK-Plenum der SED (11. Plenum 1965) 336

Zoll 68, 451

Zollbundesrat 126

Zollfreiheit 458

Zollparlament 126

Zollsystem 105

Zollunion 79, 488

Zuckerindustrie 84, 85

Zunftgesetze 70

Zunftmonopol 52

Zunftschutz 119

Zwangsarbeit/er 189, 221, 227, 543

Zwangsbewirtschaftung 275

Zweibund (1879) 153

Zwei-Drittel-Gesellschaft 365

Zwei-Fronten-Krieg 216, 217

Zwei-Lager-Theorie 254–255

Zwei-Parteien-System 407, 409

Zwei-Plus-Vier-Vertrag (1990) 291, 380, 396, 399, 401

Zwei-Staaten-Theorie 300

Zweite Revolution 377, 378

Zweiter Pariser Frieden (1815) 449

Zweiter Weltkrieg 188, 189, 193, 204, 217–224, 233, 248, 254, 257, 264, 391, 409, 412, 420, 423, 451, 471, 473, 489, 492, 507, 525, 543

Zypern 469, 493, 509, 512, 521

Bildnachweis

Umschlag: AKG, Berlin
15.4: AKG, Berlin
18.18: AKG, Berlin
19.21: AKG, Berlin
22.4: Bridgeman Art Library, London (Roger Viollet)
23.6: AKG, Berlin
24.10: AKG, Berlin (Château et Trianons)
29.2: RMN, Paris
33.13: Bridgeman Art Library, London
34.16: AKG, Berlin (Château et Trianons)
36.1: AKG, Berlin
37.6: RMN, Paris
40.12: Bridgeman Art Library, London (Musee Carnavalet)
42.19: RMN, Paris
44.2: AKG, Berlin
48.14: Bridgeman Art Library, London (Giraudon)
50.3: AKG, Berlin
53.11: AKG, Berlin
56.19: AKG, Berlin (Museum für Völkerkunde)
59.1: AKG, Berlin
60.2: Bridgeman Art Library, London
65.6: National Museums of Scotland, Edinburgh
69.17: AKG, Berlin
72.2: Justus Liebig-Gesellschaft, Gießen
72.3: DHM, Berlin
74.4: Deutsches Museum, München
75.5: Corbis, Düsseldorf
84.1: Börde-Museum, Ummendorf
84.2: Picture-Alliance, Frankfurt (dpa/ZB/Peter Förster)
86.1 li: Heinrich Oberländer, Fliegende Blätter, 1888
86.1 re: Heinrich Oberländer, Fliegende Blätter, 1888
87.2: AKG, Berlin
89.3: Historisches Archiv Krupp, Essen
91.9: BPK, Berlin

101.2: Westfälisches Landesmuseum für Kunst- und Kulturgeschichte, Münster
103.5: AKG, Berlin
104.6: AKG, Berlin
106.9c: AKG, Berlin
111.2: Historisches Museum, Frankfurt (Ursula Seitz-Gray)
112.3: BPK, Berlin
113.4: Stiftung Wolfgang Ratjen, Zürich
114.5: Historisches Museum, Frankfurt (Ursula Seitz-Gray)
117.10: BPK, Berlin
118.12: AKG, Berlin
121.15a: DHM, Berlin
121.15b: DHM, Berlin
121.15c: SPIEGEL-Verlag, Hamburg
124 ob: AKG, Berlin
131.8: Schleswig-Holsteinische Landesbibliothek, Landesgeschichtliche Sammlung
134.1: Friedrich Ebert-Stiftung, Bonn
134 un: AKG, Berlin
138.1: AKG, Berlin
140.1: Prof. Dr. Hilke Günther-Arndt, Oldenburg
144.5: DHM, Berlin
146.4: Corbis, Düsseldorf (Hulton-Deutsch Collection)
148.1: BPK, Berlin/VG Bild-Kunst, Bonn 2004
151.5: BPK, Berlin
151.6: AKG, Berlin
154 un: AKG, Berlin
155.1: Süddeutscher Verlag Bilderdienst, München
155 un: Friedrich Ebert-Stiftung, Bonn
157.2: BPK, Berlin
160.9: AKG, Berlin
160.10: BPK, Berlin
162.1: BPK, Berlin
163 un: AKG, Berlin
164.2: BPK, Berlin
166.1: AKG, Berlin
166.2: BPK, Berlin
166.3: BPK, Berlin
166.4: Picture-Alliance, Frankfurt (AFP/Fouet)

174.7: AKG, Berlin
177.1: Rolf Ballhause, Plauen
180.2: AKG, Berlin
180.3: Langewiesche-Brandt Verlag, Ebenhausen
181 ob: AKG, Berlin
182.4: © The Heartfield Community of Heirs/VG Bild Kunst, Bonn 2005
188.1: Bundesarchiv Koblenz 146/75/10/22
189.2: IPON, Berlin (Stefan Boness)
191.1: AKG, Berlin
193.2: Bayerische Staatsbibliothek, München
193.3: Gidal-Bildarchiv im Steinheim-Institut, Duisburg
199.1: Süddeutscher Verlag Bilderdienst, München
201.3: Stiftung Bibliothek des Ruhrgebiets, Bochum
205.6: AKG, Berlin
207.1: ullstein bild, Berlin
209.3: AKG, Berlin
220.6: BPK, Berlin
220.7: BPK, Berlin
220.8: Sammlung Haus der Geschichte, Bonn
225.1: Stadtarchiv Baden-Baden, Baden-Baden
227.3: Auschwitz-Birkenau State Museum, Oswiecim
229.7: Hessisches Hauptstaatsarchiv, Abt. 3008
231.12: ullstein bild, Berlin
231.14: Stadt Offenburg, Offenburg
232.18: Stadt Offenburg, Offenburg
235.2: Archiv des Landeswohlfahrtsverbandes Hessen, Fotosammlung, Gedenkstätte Hadamar
238 un: Picture-Alliance, Frankfurt (dpa)
239.2: Gedenkstätte Deutscher Widerstand, Berlin
240.6: Gedenkstätte Deutscher Widerstand, Berlin
243.1: Bulls Press, Frankfurt (Caldwell)

361.3: Friedrich Ebert-Stiftung, Bonn

363.7: CCC, Pfaffenhofen a. d. Ilm, www.c5.net (Haitzinger)

364 Mi: Picture-Alliance, Frankfurt (dpa)

365.1: CCC, Pfaffenhofen a. d. Ilm, www.c5.net (Hanel)

367.2: Prof. Klaus Staeck/ © VG Bild-Kunst, Bonn 2005

367.3: Haus der Geschichte der Bundesrepublik Deutschland, Bonn (Wilhelm Zimmermann)

368.4: CCC, Pfaffenhofen a. d. Ilm, www.c5.net (Haitzinger)

370.9: CCC, Pfaffenhofen a. d. Ilm, www.c5.net (Haitzinger)

372.14: Haus der Geschichte der Bundesrepublik Deutschland, Bonn

373.1: Ostkreuz, Berlin (Harald Hauswald)

373.2: Presse- und Informationsamt der Bundesregierung, Berlin (Christian Stutterhei)

374.3: Barbara Henniger, Strausberg

377.1: CCC, Pfaffenhofen a. d. Ilm, www.c5.net (Hanel)

378.2: Haus der Geschichte der Bundesrepublik Deutschland, Bonn

379.3: Jürgens Photo, Berlin

380.4: Rolf Henn, Hennweiler (LUFF)

381.6: Haus der Geschichte der Bundesrepublik Deutschland, Bonn

383.11: Haus der Geschichte der Bundesrepublik Deutschland, Bonn

384.14: Friedrich Ebert-Stiftung, Bonn

386.1: Ulrich Kneise, Eisenach

387.2: D-FOTO, Berlin (J. Köhler)

388.3: Ursula Mattheuer-Neustädt/ © VG Bild-Kunst, Bonn 2005

392.1 li: Ute Heimrod – Architektur + Kultur, Berlin (Robert Kruse)

392.1 re: Picture-Alliance, Frankfurt (dpa/Peer Grimm)

395.3: Bellenger, Jacques, Paris

399.9: Wierzbicki, Robert, Choynow (Polen)

403.1: BPK, Berlin (Wolfgang Selbach)

404.2: Dr. Peter W. Schienerl, Nachlass, München

404.3: Dr. Peter W. Schienerl, Nachlass, München

405.4: ullstein bild, Berlin (AP)

408.6: ullstein bild, Berlin

410 ob: ullstein bild, Berlin (Camera Press Ltd.)

411 un: Corbis, Düsseldorf (Bettmann)

412 Mi: Picture-Alliance, Frankfurt (dpa)

413.7: Corbis, Düsseldorf (Bettmann)

415.8: Picture-Alliance, Frankfurt (Atef Safadi)

415 Mi: AP, Frankfurt

416.9: Corbis, Düsseldorf (Reuters)

417.10: AP, Frankfurt (Aurora, Rob)

418 ob: AKG, Berlin

418 un: ullstein bild, Berlin (Piel)

419.11: Picture-Alliance, Frankfurt (dpa/epa)

420.12: Picture-Alliance, Frankfurt (HB-Verlag)

421.13: Picture-Alliance, Frankfurt (dpa)

423.18: Corbis, Düsseldorf (Reuters)

424.19: nach Karikatur aus Al-Aharam Ausgabe Nr. 712/14. vom 20.10.2004 (online)

424.21: CCC, Pfaffenhofen a. d. Ilm, www.c5.net (Espermüller)

432.41: Picture-Alliance, Frankfurt (dpa/epa/afp/Awad)

439.62: timebandits films GmbH, Potsdam

452.1: BPK, Berlin

455.5: Erich Schmidt Verlag, Berlin

456.1: Presse- und Informationsamt der Bundesregierung, Berlin

458.2: Süddeutscher Verlag Bilderdienst, München

458.3: Süddeutscher Verlag Bilderdienst, München

459 un: Picture-Alliance, Frankfurt (dpa)

464.10: Haus der Geschichte der Bundesrepublik Deutschland, Bonn (Peter Leger)

465.13: CCC, Pfaffenhofen a. d. Ilm, www.c5.net (Haitzinger)

466.15: Landesmedienzentrum Rheinland-Pfalz, Koblenz

469.1: Picture-Alliance, Frankfurt (dpa/epa/afp/Bouys)

471.4: CCC, Pfaffenhofen a. d. Ilm, www.c5.net (Löffler)

473.1: CCC, Pfaffenhofen a. d. Ilm, www.c5.net (Wolter)

474.2: ddp Nachrichtenagentur, Berlin (Michael Kappeler)

476.3: CCC, Pfaffenhofen a. d. Ilm, www.c5.net (Plaßmann)

481.1: CCC, Pfaffenhofen a. d. Ilm, www.c5.net (Mohr)

489.1: Photothek.net, Berlin (T. Köhler)

490.2: Corbis, Düsseldorf (Hulton-Deutsch Collection)

491 Mi: AKG, Berlin

493.4: Keystone, Hamburg

495.5: Picture-Alliance, Frankfurt (dpa)

503.12: Interactive.net

505.18: Vladimir Dedijer, „Jasenovac das jugoslawische Ausschwitz und der Vatikan", Freiburg 1989, S. 87

507.23: Keystone, Hamburg

509.27: CCC, Pfaffenhofen a. d. Ilm, www.c5.net (Haitzinger)

510.32: ullstein bild, Berlin (Reuters)

513.36: Picture-Alliance, Frankfurt (dpa)

514.38: CCC, Pfaffenhofen a. d. Ilm, www.c5.net (Haitzinger)

515.42: Corbis (Sygma), Düsseldorf

519.51: Picture-Alliance, Frankfurt (dap/epa/Photo/Attila Kis)

522.1: Corbis, Düsseldorf (Dean Conger)

526.3: Robert Harding Picture Library Ltd., London

526.4: Siemens AG, München

528.5: Corbis, Düsseldorf (Liu Liqun)

529.9: Corbis, Düsseldorf

530.12: ullstein bild, Berlin

531.15: AKG, Berlin

532.16: Getty Images, München (Hulton Archive)

533.19: Siegfried P. Englert und Grill Gert F. „Klipp und klar. 100 x China", Mannheim 1980, S.93

535.25: Keystone, Hamburg

537.33: Picture-Alliance, Frankfurt

538.34: Süddeutscher Verlag Bilderdienst, München

540.38: Hanart TZ Gallery, Hong Kong

540.40: Hilst, van der, Robert, Paris

543.1: Picture Press, Hamburg (Robert Lebeck)

544.2: FOCUS, Hamburg (Don McCullin/Contact Image Press)

545.3: Royal Tropical Institute, HA Amsterdam

546.4: Bruce Bernard, 100 Jahre, S. 654, © 2000 Phaidon Press Limited

547 un: Jean de la Guérivière, Die Entdeckung Afrikas. Erforschung und Eroberung des schwarzen Kontinents, München 2004, S.119

548.11: Simplicissimus von 1905/ VG Bild Kunst, Bonn 2005

549.14: Anti-Slavery International, London

550.17: Royal Museum for Central Africa, Tervuren

550.18: Royal Museum for Central Africa, Tervuren

551.21: Royal Museum for Central Africa, Tervuren

552.22: AKG, Berlin

553.24: AP, Frankfurt (Schalk van Zuydam)

553.25: Getty Images, München (Mark Renders/Stringer)

553.26: SPIEGEL-Verlag, Hamburg

554.27: STUDIO X, Limours (Gamma)

555.30: Getty Images, München (AFP/Eric Feferberg)

556.OB: Picture-Alliance, Frankfurt (Maurizio Gambarini)

558.36: Getty Images, München (AFP/Jack Guez/Staff)

559.37: Picture-Alliance, Frankfurt (dpa)

Alaska

Grönland
dän.

Jan Mayen
1929 norw.

Reykjavik ISLAND
1918 unabh. Kgr.
in Personalunion mit Dänemark

K A N A D A

Labrador
1927 neufundl.

NEUFUNDLAND

NORWEGEN

SCHWEDEN

DÄN.
Danzig

IRISCHER
FREISTAAT
1921 Domin.

GROSS-
BRIT.

DEUTSCH.

NL.

B.

Quebec

London

REICH

TSCH

ÖST. UN

Paris

Ottawa

Chicago

S.

FRANK-
REICH

JUGO

New York

Rom

Washington

V E R E I N I G T E
S T A A T E N

San Francisco

PORTU-
GAL

SPANIEN

ITALIEN

ITALIEN

Los Angeles

Azoren
port.

Tanger
internat.

Gibraltar
brit.

Malta
brit.

New Orleans

Bermuda-In.
brit.

A t l a n t i s c h e r

Madeira
port.

Rio
de
Oro

Libye
ital.

Bahama-In.
brit.

Kanarische In.
span.

MEXIKO

Habana

Mexiko City

KUBA

Jamaika
brit.

H.
DOM.
REP.

Jungfern In.
1917 USA

Dakar

Franz. Westafrika

Brit.-
Hond.

Guadelupe franz.

Kapverdische In.
port.

Gambia
Port.-Guinea

GUATEMALA
HONDURAS

Martinique franz.

Clipperton
1931 franz.

EL SALVADOR
NICARAGUA

Curaçao
ndl.

Sierra Leone

Gold-
Küste

Togo

Nigeria

COSTA RICA

Caracas

Trinidad
brit.

LIBERIA

PANAMÁ

VENEZUELA

Brit. Guayana

Kamerun

KOLUMBIEN

Ndl.

Frz.-

O z e a n

Rio Muni

Franz. Äquatoria

Galápagos-In.
ecuad.

ECUADOR

Fernando-Noronha-In.
bras.

P a z i f i s c h e r

B R A S I L I E N

Ascension
brit.

Angol

PERU

Lima

St. Helena
brit.

BOLIVIEN

Süd-

West-

Rio de Janeiro

Walfischbai
südafrikan.

Afrika

O z e a n

PARAGUAY

Sao Paulo

S

Sala y Gómez

Kapstadt

Oster-I.
chil.

CHILE

URUGUAY

Tristan da Cunha
brit.

Santiago

Buenos Aires
Montevideo

ARGENTINIEN

Gough-I.
brit.

Staaten mit Kolonialbesitz

Belgien
Dänemark
Frankreich
Großbritannien
Italien
Japan
Niederlande
Portugal
Spanien
USA

Falkland-In.
brit.

Südgeorgien
brit.

Bouvet-I.
1929 norw.

Südsandwich-In.
brit.

Mandatsgebiete des Völkerbundes 1920

IRAK 1918 – 1939 unabhängig gewordene Staaten

Südshetland-In.
brit.

Südorkney-In.
brit.